心理学译丛

社会心理学 [第8版]

迈克尔·豪格 (Michael A. Hogg)
格雷厄姆·沃恩 (Graham M. Vaughan)　著

管健　赵礼　等译

SOCIAL
PSYCHOLOGY,8e

中国人民大学出版社
·北京·

关于作者

迈克尔·豪格（Michael A. Hogg）曾就读于布里斯托尔文理学校和伯明翰大学，并在布里斯托尔大学获得博士学位。现任克莱蒙特研究生大学（CGU）社会心理学教授以及社会心理学研究项目负责人，是肯特大学社会心理学荣誉教授，也是实验社会心理学会（SESP）前主席。他曾在布里斯托尔大学、普林斯顿大学、墨尔本大学和昆士兰大学任教。他是许多学术团体，包括心理科学协会（APS）、人格与社会心理学会（SPSP）、社会问题心理研究会（SPSSI）会士。他是 2010 年人格与社会心理学会颁发的迪纳奖（Carol and Ed Diener Award）的获得者。他的研究兴趣是群体行为、群际关系、自我与社会认同；尤其感兴趣于不确定性和极端主义，以及社会影响和领导力。除了出版了近 350 部学术论著（包括科学书籍、章节、论文），他还与多米尼克·艾布拉姆斯（Dominic Abrams）共同担任《群体过程与群际关系》（*Group Process and Intergroup Relations*）主编，担任《领导力季刊》（*The Leadership Quarterly*）副主编，并曾担任《实验社会心理学杂志》（*Journal of Experimental Social Psychology*）副主编。他的两部作品都堪称经典，分别是与约翰·特纳（John Turner）等人合著的《重新发现社会群体》（*Rediscovering the Social Group*, 1987）和与多米尼克·艾布拉姆斯合著的《社会认同过程》（*Social Identifications*, 1988）。最近出版的作品包括与约翰·莱文（John Levine）合编的《群体过程与群际关系百科全书》（*Encyclopedia of Group Processes and Intergroup Relations*, 2010），以及与达尼埃尔·布莱洛克（Danielle Blaylock）合著的《极端主义和不确定性心理学》（*Extremism and the Psychology of Uncertainty*, 2012）。

格雷厄姆·沃恩（Graham M. Vaughan）曾是伊利诺伊大学厄巴纳－香槟分校客座教授、布里斯托尔大学客座讲师、普林斯顿大学客座教授、巴黎人类科学之家（Maison des Sciences de l'Homme）客座研究主任、新加坡国立大学高级访问学者、昆士兰大学访问学者、剑桥大学丘吉尔学院访问学者。作为奥克兰大学的心理学教授，他当了 12 年的系主任。他是新西兰心理学会荣誉会士和前主席，也是澳大利亚社会心理学家协会前主席。格雷厄姆·沃恩在社会心理学领域的主要研究兴趣是态度和态度发展、群体过程和群际关系、族群关系和身份认同、文化和社会心理学史。他在这些主题上发表了大量文章。他在 1972 年出版的《新西兰的种族问题》（*Racial Issues in New Zealand*）是第一本论述该国种族关系的著作。最近出版的书包括与迈克尔·豪格合著的《社会心理学精要》（*Essentials of Social Psychology*, 2010）。

简要目录

目录

中文版序

我们在 1995 年用英语撰写了《社会心理学》一书作为入门教材。谁会想到仅仅三年后，我们就出版了这本书的第 2 版，并且还定期推出了后续的五个版本呢？第 8 版于 2018 年以英文出版，并附有电子书。

我们的目标是将西欧和美国的社会心理学融合在一起，以拓宽对现代社会心理学的理解。21 世纪初，英国、欧洲大陆和澳大拉西亚（澳大利亚、新西兰及邻近岛屿）的社会心理学专业的几乎所有学生使用的都是几本美国版和欧洲版的教材。

美国的社会心理学教材有很多优点。它们包含更广泛的主题、彩色的照片和图表，并在文本框中排有醒目的亮点。欧洲的社会心理学教材在这些方面显得有些吝啬，甚至简陋。

然而，大多美国版的教材也有缺点。它们因文化中心主义而忽视了文化背景的影响。社会行为的例子往往被描述成美国人的日常经验。这给我们为生活在世界任何地方并精通英语的学生写一本教材带来了挑战。诚然，我们的教材也是有限的，因为它只采用英语编写。我们无法胜任的任务由翻译人员接手，他们用土耳其语、西班牙语、希腊语和意大利语翻译出了精彩的版本。

这本最新著作开创了一个崭新而令人振奋的领域——由中国人民大学出版社出版，南开大学管健教授、赵礼博士及其团队精心翻译的第 8 版。我们相信，这将有助于增进中国和其他地区的学生及普通读者对社会心理学的理解。

迈克尔·豪格，洛杉矶

格雷厄姆·沃恩，奥克兰

2020 年 12 月

The Preface for the Chinese Edition

We wrote *Social Psychology* as introductory text in the English language in 1995. Who would have thought that a second edition would appear just three years later – and that others would follow at regular intervals for a further five editions? The eighth edition was published in English in 2018, accompanied by an eBook.

We aimed to blend western European with American social psychology to broaden an understanding of modern social psychological science. At the turn of this century, students of social psychology in Britain, Europe and Australasia were almost entirely served by several American and a couple of European texts.

The American texts offered several advantages. They had a wider range of topics, photos and figures in colour, and eye-catching highlights arranged in text boxes. In contrast, their European counterparts were somewhat sparing, even austere in these respects.

However, most American texts came with a drawback. They were 'culture blind', oblivious to the impact of culture. Examples of social behaviour were often portrayed as the everyday experiences of Americans. This was a challenge to us to write an introduction for students who lived anywhere in the world and who were fluent in English. And yes, our book was also limited since it was written only in English. Tasks that were beyond us were picked up by translators who wrote wonderful versions in Turkish, Spanish, Greek and Italian.

This latest book has created a new and exciting frontier – a careful translation of our eighth edition, translated by Professor Guan Jian, Doctor Zhao Li and their team from Nankai University, published by China Renmin University Press. We trust that this will help students and general readers in China and elsewhere to advance their understanding of social psychology.

Michael Hogg, Los Angeles
Graham Vaughan, Auckland
December 2020

译者序

　　这部《社会心理学》自 1995 年第 1 版以来，至 2018 年已更新至第 8 版，而最新的第 9 版也已于 2021 年 9 月付梓问世。苟日新，日日新，又日新，在不断的自我更新中，目前该书已有英语、土耳其语、西班牙语、希腊语、意大利语等多个语种的版本，而今中文版的出版将为其赢得更多的热爱社会心理学的读者。

　　此书最初的写作动因是 1992 年两位作者迈克尔·豪格和格雷厄姆·沃恩在牛津大学与法雷尔·伯内特（Farrell Burnett）的一次会面。作为出版社的编辑，伯内特认为，学者有责任从全球化的角度出版一本社会心理学教材，而当时国际上几乎所有的社会心理学教材都是美国版。新的教材并非抛弃或与当前教材之体系相割裂，而是兼容并包，适合全球各种文化语境下的使用者的研习和阅读。此书几经再版，几经修订，其编辑委员会涵盖了 17 位来自美国和欧洲的著名社会心理学家，他们代表着不同学派、不同资历、不同国家的社会心理学范式，这使得该书日益成为具有全球视野的经典读物。我最初见到这本书是在香港中文大学，当时它是学生们学习社会心理学课程的必备教材；之后在熟稔社会心理学欧洲取向的北京大学方文教授的推荐下，中国人民大学出版社基于多年的学术敏感度，迅速捕捉到当代中国急需推出这样的社会心理学教材，其内容既不偏颇于固有的学科特色，也更全面和系统地观照各种文化语境下的研究和思考。

　　本书的主要特点为：

　　第一，文化语境的包容性。本书采用全球化的多元视角，关注多民族和多文化背景下的社会心理学研究。当今世界正处在大发展、大变革、大调整的时期，世界多极化、经济全球化，科学技术日新月异，思想文化交流交融交锋更加频繁。多元文化语境视角秉承社会心理学的学科体系、学术体系和话语体系，有助于会当凌绝顶，一览众山小。

　　第二，研究结果的前沿性。本书在二十余年的修订中，不断加入最新的研究成果和前沿内容，使其兼具自身经典性的同时，又照顾到研究者和阅读者跟从学科前沿进行的科学之旅不会过于枯燥，既充满了对当今世界发生的种种现实问题的社会心理学透析，又提供了科学的理解方法和框架体系。

　　第三，逻辑条理的清晰性。从多年来讲授社会心理学这门课程的授课教师的视角看，最初拿到这本书的时候，我很诧异于本书逻辑的清晰性，因为它可以使从个体到群体、从人际到群际、从自我到文化的教学过程一气呵成，行云流水。

　　第四，语言使用的流畅性。本书在写作风格上深入浅出，在富于哲理的案例和饶有风趣的叙事中，使读者能感受到阅读的乐趣和知识的浸润。

　　第五，结构布局的丰富性。本书除了包含教材应具备的各类材料之外，还增加了大量的可供读者阅读的模块，例如章前提示和思考、核心概念提取、主题专栏、章节小结、章后思考、延伸阅读，以及非常丰富的文学和影视作品导引。

　　本书的翻译工作是在团队成员的通力合作下完成的。作为牵头人，谨将各章译者罗列如下，深表谢忱！本书共十六章，具体分工如下：我和赵礼博士将全书的译文框架统一，供各章译者参考。杭宁博士（中文版序和英文版序）、王祯博士（阅读材料）、张曜博士（第 1 章）、张斌副教授（第 2 章）、王皓星博士（第 3 章）、荣杨博士（第 4 章）、张卉博士（第 5 章）、陈姝羽博士（第 6 章）、孙思玉副教授（第 7 章）、郭倩琳博士（第 8 章）、郑晓芳博士（第 9 章）、程婕婷副教授（第 10 章）、赵礼博士（第 11 章）、张梦璇副研究员（第 12 章）、金淑娴博士（第 13 章）、刘小睿博士（第 14 章）、吴梦瑄博士（第 15 章）、杨晶晶博士（第 16 章）等译者辛苦将各章文稿译出，然后集中在一起互相审读，同时赵礼博士进行二次审读，我负责再次审读和对全书的统一校对。

由衷感谢迈克尔·豪格教授和格雷厄姆·沃恩教授特意为中译版撰写了序言！衷心感谢中国人民大学张宏学编辑和郦益编辑的辛苦工作和艰辛付出！本书得到了国家社会科学基金重点项目（21ASH011）的支持。

翻译过程中，恐有疏漏之处，敬请读者批评指正！

管健

南开大学

2022 年 1 月 19 日

英文版序

这是我们的第 8 版《社会心理学》。撰写欧洲社会心理学的想法最初诞生于 1992 年在牛津大学与法雷尔·伯内特的会面。伯内特当时是哈韦斯特·惠特希夫（Harvester Wheatsheaf）出版公司的心理学编辑。我们决定写这本书，是因为我们觉得有必要专门为英国和欧洲大陆的大学生写一部全面的社会心理学教材。我们认为，这本书应该从欧洲而不是美国的视角来研究社会心理学，不仅要从主题、研究方向和研究兴趣出发，而且要从社会心理学呈现的风格和水平以及读者所处的文化语境出发。然而，欧洲的社会心理学教材不能忽视或掩盖美国的社会心理学——因此，与其他欧洲社会心理学教材不同，我们将美国主流社会心理学置于本书的框架内，对其进行详细的介绍，并将其与欧洲社会心理学所做的工作充分融合。我们希望这能成为完整而全面的社会心理学。你不需要在美国版和欧洲版之间转换，就可以知道社会心理学是真正的国际性科学研究领域——在这方面欧洲的研究现在已经有了一个重要的和公认的形象。本书的第 1 版于 1995 年出版，在整个欧洲被广泛采用。

随后的版本紧接着上一版而来——当前一个版本甫一现世，我们似乎就在努力准备下一个版本了。第 2 版是在格雷厄姆·沃恩担任剑桥大学丘吉尔学院访问学者和迈克尔·豪格担任普林斯顿大学客座教授期间写成的。该版本出版于 1998 年初，并于当年在肯特大学召开的英国心理学大会上发布。这一版修订较少，尽管内容和范围有更新，在社会心理学一些应用主题上加深了剖析，但主要改善的是排版布局和呈现方式。

第 3 版于 2002 年出版。和第 1 版相比，这一版为了适应这一领域的显著变化有重大的修订。结构和取向保持不变，但是有些章节被删除了，有些完全重写了，有些合并了，有些被编入了全新的章节。此外，内容也得到了更新，排版布局和呈现方式也显著改善。这么大的修改有赖于我们的顾问编辑委员会、英国和欧洲各地的讲师的大量投入，还与我们的出版商培生教育集团在不同地方 [布里斯托尔、格拉斯哥和索恩伯里（Thornbury）] 召集的多次会面有关。

第 4 版于 2005 年出版。我们扩大了我们的顾问编辑委员会，涵盖了 17 位欧洲顶尖的社会心理学家，他们代表着欧洲不同学派、不同资历、不同国家的社会心理学面向。然而，最关键的变化是这一版现在是全彩的。我们还大胆地走了一步——封皮上只有空椅子，根本没有人；这与社会心理学的内容大相径庭。奥克兰是第 4 版最初计划修订的地点，后来在伦敦举行了一系列长时间的会议，最后在布莱顿的格兰德酒店（Grand Hotel）度过了富有成效的几天。

第 5 版于 2008 年出版，这是一次非常重大的修订：许多章节全部或几乎全部重写。我们喜欢第 4 版的"空椅子"封皮，于是决定延续这一主题，但要更有趣一些——于是封皮展示了过去在英国和法国海滩度假胜地常见的维多利亚风格的海水浴场。最初我们商议在我们最喜欢的写作静修处 [努萨（Noosa，位于澳大利亚布里斯班正北）] 进行修订工作，后来与培生团队在布里斯托尔、伦敦、伯明翰甚至希思罗机场进行了一系列长时间的会晤。最后我们回到努萨落实计划，实际的写作是在奥克兰和洛杉矶完成的。

第 6 版于 2011 年出版，这是一次相对比较重大的修订：为了反映社会心理学领域的变化，我们彻底更新了内容，并重新命名和重新定位了一些章节。我们还招募了迈克尔在克莱蒙特研究生大学的社会认同实验室的成员，并谨慎地检查了参考文献。2007 年 11 月，格雷厄姆和迈克尔待在洛杉矶郊外圣莫尼卡山区迈克尔的新家里，制定了修订第 5 版内容的计划，并付诸超过一个星期的行动。随后在伦敦又与培生团队进行了多次会面，其中有两次特别令人难忘：一次我们去了附近的一个午餐地点会面，直到傍晚才重新出来；还有一次，我们冒险去了科文特花园的卡鲁西奥（Carluccio's）高档餐厅，我们的编辑珍妮·韦布（Janey Webb）差点错过飞往斯德哥尔摩的航班。该版本是在 2009 年底和 2010 年初撰写的，当时迈克尔在洛杉矶，格雷厄姆在奥克兰。

第 7 版于 2014 年出版，本打算做个简单的修订，但我们太激动了——我们最终收录了 250 多篇新的参考文献，并将我们的顾问编辑委员会扩大到来自欧洲各地的 22 位学者。与培生团队［珍妮·韦布和蒂姆·帕克（Tim Parker）］最初计划于 2010 年 2 月在天寒地冻的英国伦敦进行会面。2011 年 12 月在奥克兰，迈克尔拜访了格雷厄姆，最终敲定了修订计划并开始写作——当时的奥克兰一直下着暴雨，刮着大风。一年后，也就是 2012 年 12 月，迈克尔与培生团队的尼哈（Neha Sharma）和珍妮在布里斯托尔外的一家酒吧进行了最后一次会面。所以，我们愿意把第 7 版看作对气候剧变的胜利。实际写作是在 2012 年下半年和 2013 年初完成的，当时迈克尔在洛杉矶和旧金山，格雷厄姆在奥克兰。

■ 第 8 版

在准备第 8 版时，为了反映该领域的重要进展（有 250 多篇新的参考文献），我们重点聚焦于材料内容的更新，但没有做巨大的改变。我们保留了以前版本的结构和取向，文本内容仍旧沿用相同的科学和教育哲学框架。我们改进了整个叙述方式：主要重写了大部分文本以提高可利用性；更新了真实世界的例子，并提供了新的数字、表格和图片。具体更多明显的变化包括：

- 更新和扩展了情感和情绪的范围，增加了关于情绪调节的内容。
- 更新和扩展了谣言的范围，增加了关于流言的内容。
- 扩展了对社会性归因的讨论。
- 增加了更多关于自我觉知和身份融合的内容。
- 大范围修订和改组了态度－行为章节，并增加了关于健康和内隐联想测验（IAT）的新材料。
- 新增了道德章节。
- 重写和更新了关于群体偏常者和边缘成员的内容。
- 更新和扩展了对信任和领导力的讨论。
- 更新和扩展了对矛盾的性别歧视和对性少数者的歧视的讨论。
- 大范围更新和扩展了关于极端化、社会困境、群际情绪、群际焦虑和群际接触的内容。
- 大范围更新和修改了攻击和亲社会章节，增加了关于志愿者和殉道者的新材料。
- 更新并扩展了对人际关系的讨论，特别是增加了关于网络上的依恋风格和亲密关系的新材料。
- 在语言范畴模型、欺骗、计算机媒介沟通和基于社交媒体的沟通等方面都有新的扩展材料。
- 增加了关于面子维护、紧密型和松散型文化的新材料，拓展了对多元文化社会和如何管理它们的讨论。

为了准备第 8 版的修订，我们从顾问编辑委员会那儿获得了第 7 版的反馈，我们还咨询了曾使用过该书的老师、导师或学生，并尽可能多地获得同事、研究生和本科生的反馈——我们将这本书视为我们作为作者与所有以不同身份使用这本书的人之间的真诚伙伴关系的结晶。我们还要感谢我们在哈洛（Harlow）的培生公司的出色团队——尼哈和娜塔莉亚（Natalia Jaszczuk）监控了早期的计划阶段，我们的长期编辑珍妮·韦布后来监控了整个过程。提交书稿后则由梅拉妮·卡特（Melanie Carter）和艾玛·马尔尚（Emma Marchant）与我们接洽，她们负责文本制作的最后阶段。她们的热情、幽默、鼓励和智慧让我们保持活力，她们的时间提示、出色的编辑、惊人的洞察力和效率让我们不敢懈怠。

2013年12月，迈克尔在伦敦与尼哈会面，地点就在圣马丁特拉法尔加广场附近，当时纪念纳尔逊·曼德拉的仪式正在那里举行。2014年，娜塔莉亚和迈克尔在伦敦再次会面。2016年3月，娜塔莉亚和迈克尔在伯明翰的阿斯顿大学又一次会面。最后一次出版会议特别令人难忘；在2016年6月23日，也就是英国脱欧公投的当天，我和珍妮在布里斯托尔北部的一家酒吧里会面。这一版是2016年写的，当时格雷厄姆在奥克兰，迈克尔在洛杉矶和旧金山的家之间来回奔波，还在罗马担任罗马大学的访问研究教授。

怎样使用本书

第8版将社会心理学作为一个国际性的科学研究领域，因此包含最新和最全面的内容，书写了欧洲的社会心理学视角，描绘了在英国和欧洲文化和教育背景下生活的人。然而，在这个有廉价旅行和互联网的世界里，我们都大量地暴露在不同的文化、科学和教育环境中——本书似乎不会显得和世界上其他地方的社会心理学课程格格不入。

为了促进自主学习，本书有以下教学特点。在第1章的结尾，我们概述了要点并回顾了资源，以便找出更多社会心理学的具体主题。一些材料出现在主题专栏里——通常每章有六个或更多的主题专栏。我们设计这些专栏是为了反映这样一个事实，即社会心理学是一门辩证的基础和应用科学，理论的发展和实证检验有助于我们理解我们周围的世界和我们自己的日常生活，这反过来又反馈到理论发展中。为此，我们将主题专栏标记为：（1）**经典研究**（聚焦并描述一项经典的、被高频引用的概念性或实证研究）；（2）**重点研究**（聚焦和突出概念性或实证研究的具体相关部分）；（3）**我们的世界**（将你的注意力集中在社会问题、社会政治和历史事件上——展示或暗示社会心理学如何帮助理解它们）；（4）**你的生活**（将你的注意力集中在你自己日常生活中的现象上——展示或暗示社会心理学如何帮助理解它们）。

每一章以章节目录和一些问题开始，旨在启发你在学习科学的观点之前思考章节内的主题，并以一份详细的小结、一个关键词列表、一些思考题和一个带注解的延伸阅读列表作为结束。在每一章的末尾，我们还有一个叫作"文学和影视"的部分。社会心理学是日常生活的一部分，因此，毫不奇怪，社会心理学的主题经常被流行媒体创造性地和生动地探索。在"文学和影视"部分，你会看到一些我们认为与社会心理学主题特别相关的经典作品和当代作品。

与早期版本一样，第8版有一个逻辑结构，即各章之间前后衔接。然而，并不是必须从头读到尾。这些章节被谨慎地交叉引用，因此章节或章节组几乎可以以任何顺序独立阅读。

然而，有些章节最好按顺序阅读。例如，最好在阅读第6章之前阅读第5章（都涉及态度），在阅读第9章之前阅读第8章（都涉及群体过程），在阅读第11章之前阅读第10章（都涉及群际行为）。当你阅读第16章（文化）时，回想第4章（自我与身份认同）也会很有趣。第1章描述了本书的结构，以及我们为什么决定写它和我们应该如何阅读它——在开始后面的章节之前，有必要先读一下第1章的最后一节。第1章还界定了社会心理学及其目标、方法和历史。在你学习了其他章节并熟悉了一些社会心理学的理论、主题和问题之后，再读一下这些材料可能会有所收获。

　　我们的书的主要读者对象是学生，当然我们希望它也对社会心理学教师和研究者有用。我们将感谢各位抽出时间与我们分享你们的反馈。

迈克尔·豪格，洛杉矶

格雷厄姆·沃恩，奥克兰

2017 年 2 月

社会心理学（第 8 版）

第 **1** 章

社会心理学引言

章节目录

你怎么认为?

1. 对自愿参与实验的人隐藏心理学实验的真实目的和本质是否合乎道德?
2. 你认为，进化论或神经科学对社会行为的解释在多大程度上是完整的?
3. 社会心理学教科书经常传递出这样的印象，即社会心理学主要是美国的一门学科。你对此有什么看法吗?

■ 一、什么是社会心理学?

社会心理学（social psychology）是"关于个人的思维、情感和行为如何受到他人实际的、想象的或暗示的在场的影响的科学研究"（G. W. Allport, 1954a, p. 5）。这是什么意思？社会心理学家到底是做什么工作的？他们怎么做这份工作？他们研究些什么？

社会心理学家感兴趣的是解释人的行为，一般不研究动物。动物研究有时能用于识别普遍存在于人类的过程（如社会促进——见第8章），某些社会行为原理可能足够普遍，完全适用于人类和其他灵长类动物（如 Hinde, 1982）。不过一般说来，社会心理学家认为，除非我们对进化起源感兴趣，动物研究在解释人类社会行为这件事上不会给我们带来很大帮助（如 Neuberg, Kenrick, & Schaller, 2010; Schaller, Simpson, & Kenrick, 2006）。

社会心理学家研究**行为**（behaviour），因为行为是可以观察和测量的。行为不仅指明显的动作（如跑步、接吻和驾驶），还包括更加细微的动作，如抬起眉毛、嘲弄的微笑或我们的着装方式，以及对人类行为至关重要的，如我们说的和写的内容。在这个意义上，行为是可以公开验证的，同时行为起着沟通的作用。行为的意义取决于行动者和观察者的动机、目的、视角和文化背景（见第15章）。

社会心理学家不仅对行为感兴趣，还对情感、思维、信念、态度、动机和目的感兴趣。这些都是不可直接观察的，不过可以以不同的信心程度从行为推测出来，还可以影响甚至决定行为。这些无法观察的过程和外显行为之间的关系本身就是研究的重点，正如我们在态度－行为关系的研究（见第5章）和偏见与歧视的研究（见第10章）中看到的那样。无法观察的过程发生在人脑内部，它们是行为的心理维度。社会心理学家并不止步于从社会行为得到潜在的心理过程，他们几乎总会向前迈一步——他们几乎总会将行为的心理方面映射到人类心智的基本认知过程和结构上，有时还映射到大脑中的神经化学过程上（见第2章）。

社会心理学之为社会的，原因在于它处理人们如何受到实际在场的他人（如观众——见第8章），或者被想象为在场的他人（如预期要在观众面前表演），甚至仅仅被暗示为在场的他人

社会心理学
关于个人的思维、情感和行为如何受到他人实际的、想象的或暗示的在场的影响的科学研究。

行为
人们实际做的可以客观测量的事情。

科学
包括收集数据以检验假设在内的研究世界的方法。

理论
彼此相关的一系列解释现象的概念和原理。

数据
可以公开验证的观察。

的影响。最后一种影响更为复杂，它处理的是我们的经验，即作为人的经验根本上是"社会的"这种社会本质。比如，我们倾向于用词语思考；词语来自语言和沟通；没有社会互动就不会有语言和沟通（见第15章）。这样，思维这种我们独处时可能发生的内化的和私人的活动就显然是建立在暗示的在场的基础上的。作为暗示的在场的另一个例子，不妨设想一下：即使没有人盯着你，即使完全没有被抓到的可能，你也不会乱丢垃圾。这是因为你作为一个社会成员已经建立和内化了一项禁止你乱扔垃圾的社会惯例或规范。这样一项规范暗示着他人的在场，即使他们不在场的情况下，它对行为仍有影响（见第7章和第8章）。

社会心理学是一门**科学**（science），因为它使用科学方法来建构和检验理论。就像物理学用电子、夸克和自旋之类的概念来解释物理现象一样，社会心理学用失调、态度、归类和认同之类的概念来解释社会心理现象。在坚持使用科学方法的研究者看来，没有任何**理论**（theory）仅仅因为合乎逻辑，或者似乎说得通就是"正确的"。相反，理论的有效性基于它和事实的对应关系。社会心理学家从**数据**（data）和／或先前的理论中建构理论，然后进行经验研究，在经验研究中，数据被收集起来以检验该理论（见"科学方法"部分和图1.2）。

（一）社会心理学及其近邻

社会心理学位于许多相关学科和分支学科的交汇处（见图1.1）。它是普通心

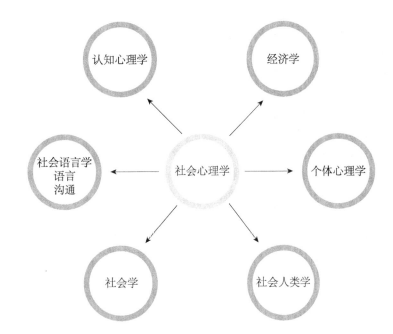

图 1.1 社会心理学和一些科学近邻

社会心理学借鉴了普通心理学中的一些分支学科，并和其他学科，主要是社会科学中的一些学科有联系。

理学的一个分支学科，所以它致力于用人类心智中发生的诸过程来解释人类行为。它与个体心理学的不同之处在于，它解释了前文所定义的社会行为。例如，一个普通心理学家可能会对造成人们高估硬币大小的知觉过程感兴趣，社会心理学家可能会关注硬币具有价值这一事实（这就暗示着有他人在场，因为某物的价值通常取决于他人的想法），而被知觉到的价值可能会影响对大小的判断。大量的社会心理学研究关注个人之间或群体成员之间的面对面互动，而普通心理学关注的是人们对刺激（如形状、颜色、声音）的反应，这些刺激不一定是社会性的。

我们可以从个体心理学这一侧，也可以从社会心理学这一侧出发接近两者的边界。例如，西格蒙德·弗洛伊德在提出了一种包罗万象的、影响深远的关于个人心智的理论之后，在他的1921 年的论文《群体心理学和对自我的分析》（Group Psychology and the Analysis of the Ego）中提出了一个社会心理学理论。弗洛伊德式的，或者说心理动力学的概念在社会心理学上留下了持久的烙印（Billig, 1976），在对偏见的解释中尤其如此（见第 10 章）。20 世纪 70 年代后期以来，社会心理学一直受到认知心理学的强烈影响。它采用了认知心理学的方法（如反应时）和概念（如记忆）来解释各种各样的社会行为。事实上，这种被称为社会认知（见第 2 章）的社会心理学取向是当代社会心理学的主要取向（Fiske & Taylor, 2013; Moskowitz, 2005; Ross, Lepper, & Ward, 2010），并涵盖了这门学科的几乎所有领域（Devine, Hamilton, & Ostrom, 1994）。近年来，神经科学（脑的生物化学研究；Gazzaniga, Ivry, & Mangun, 2013）也影响了社会心理学（Lieberman, 2010; Todorov, Fiske, & Prentice, 2011）。

社会心理学与社会学以及社会人类学也有联系，这种联系主要表现在对群体、社会和文化规范、社会表征、语言和群际行为的研究等方面。社会学关注的是群体、组织、社会类别和社会是如何组织起来的，它们是如何发挥功能和发生变化的。社会人类学与社会学非常相似，不过长期以来一直关注的是"异域"社会（即主要存在于发展中国家或在这些国家至今仍存在的非工业化部落社会）。在社会心理学和社会学这两门学科中，解释的水平（即研究和理论的关注点）都是整个群体，而非组成该群体的个人。社会学和社会人类学是社会科学，而社会心理学是行为科学，这是一个对如何研究和解释人类行为有着深远影响的学科差异。

某些形式的社会学（如微观社会学、心理学的社会学、社会学的心理学）与社会心理学密切相关（Delamater & Ward, 2013）——根据法尔（Farr, 1996）的研究，存在一种社会学形式的社会心理学，它起源于米德（G. H. Mead, 1934）和赫伯特·布卢默（Herbert Blumer，1969）的符号互动论（symbolic interactionism）。社会心理学处理很多与社会人类学相同的现象，但关注的是个体的人类互动和人类认知如何影响"文化"，以及反过来被文化影响或建构（Heine, 2016；Smith, Bond, & Kağitçibaşi, 2006；见第16章）。这里，解释的水平是群体中的个人。

正如社会心理学和个体心理学的边界是从两个方向达到的，社会心理学和社会学的边界也是这样。例如从社会学这一边，卡尔·马克思的文化史和社会变革理论已得到扩展，纳入了对个体心理学地位的考虑（Billig, 1976）。从社会心理学这一边，关于群体和个体行为的群际观点借鉴了社会学变量和概念（Hogg & Abrams, 1988；见第11章）。当代社会心理学还与社会语言学以及对语言和沟通的研究（Gasiorek, Giles, Holtgraves, & Robbins, 2012; Holtgraves, 2010, 2014；见第15章），甚至文学批评（Potter, Stringer, & Wetherell, 1984）接壤。它还与经济学有交集，在经济学中行为经济学家"发现"经济行为不是理性的，因为人们受到他人的影响，不管这种影响是实际的影响，还是想象的或暗示的影响（Cartwright, 2014）。社会心理学还借鉴了诸多领域，如体育心理学、健康心理学和组织心理学中的应用研究，并受到这些研究的影响。

社会心理学位于不同学科的交汇处，这正是它在智识上和实践上的吸引力的一部分。但这也给究竟是什么构成了作为一门独立学科的社会心理学这个问题带来了争论。如果我们过于偏向个人认知过程，那么也许我们从事的是个体心理学或认知心理学。如果我们过于偏向语言的作用，那么也许我们就是研究语言和传播的学者。如果我们过于强调社会结构在群际关系中的作用，那么也许我们就是社会学家。社会心理学的确切构成问题引发了激烈的元理论争论（即关于哪种理论才是恰当的社会心理学理论的争论），这构成了社会心理学研究的背景（见"社会心理学中的理论"部分）。

（二）社会心理学的主题

定义社会心理学的一个办法是基于社会心理学家的研究内容。本书是对社会心理学家研究的主要现象的全面介绍，所以社会心理学可以通过本书和其他以社会心理学教科书形式出现的出版物的内容来定义。简单看一下本书的目录，我们就会对社会心理学的范围有一个大致的了解。社会心理学家研究范围广泛的主题，包括从众、劝服、权力、影响力、服从、偏见、偏见消除、歧视、刻板印象化、讨价还价、性别歧视和种族歧视、小群体、社会类别、群际关系、人群行为、社会冲突与和谐、社会变迁、过度拥挤、应激、物理环境、决策、陪审团、领导力、沟通、语言、言语、态度、印象形成、印象管理、自我呈现、身份认同、自我、文化、情感、吸引力、友谊、家庭、爱情、浪漫、性别、暴力、攻击、利他主义和亲社会行为（社会积极评价的行为）。

仅根据研究内容来定义社会心理学的一个问题是：社会心理学和其他学科尚未得到恰当的区分。举例来说，"群际关系"不仅是社会心理学家关注的焦点，也是政治学家和社会学家关注的焦点。不仅社会心理学家研究家庭，临床心理学家也研究家庭。使社会心理学与众不同的是它的研究内容、研究方法和它所寻求的解释水平的结合。

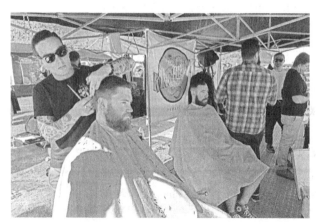

从众 文身和蓄须在当下是时尚。

二、研究方法

（一）科学方法

社会心理学采用科学方法研究社会行为（图 1.2），是方法——而非使用它的人、研究的事物、发现的事实或提出的解释——把科学和其他获得知识的途径区分开来。而社会心理学和物理学、化学或生物学的主要区别在于社会心理学研究人类的社会行为，另外几门学科研究非有机现象以及化学和生物过程。

科学涉及在已有知识、思辨和偶然或系统观察的基础上提出**假设**（hypotheses，预测）。假设是关于什么导致什么发生的正式陈述；陈述它们的方式要使得我们能对它们进行经验验证，即在经验上看它们是否正确。例如，我们可能假设芭蕾舞演员在观众面前的表现要比独舞时更好，这个假设可以通过测量和比较他们独舞时的表现和在观众面前的表现在经验上得到验证。

严格地说，经验验证可以证伪假设（导致研究者拒绝该假设，对它进行修改或以其他方式对它进行验证），但不能证实它们（Popper, 1969）。如果支持一种假设，我们对它为真的信心就会增加，并且可能会生成更精细的假设。例如，如果我们发现芭蕾舞演员在观众面前确实表现得更好，那么我们可以假设这仅在已经充分训练的情况下才会发生；用科学的话语来说，我们假设观众在场对表演的影响（在一定程度上）取决于事先的排练。科学方法的一个重要特征是重复，重复可以杜绝一个发现只是与验证当时的环境有关的那种可能性，它还能防止欺诈。

科学的替代品是教条或理性主义。某个事件为真，是因为有权威（如古代的哲学家、宗教经典、魅力型领袖）说它为真，或者因为人们就是认为它为真。有效的知识是通过纯粹理性获得的，并建立在信仰和信念的基础上，例如通过很好地学习，不加批判地接受和相信权威的说法。尽管以哥白尼、伽利略和牛顿等人为拥护者的科学革命发生在 16 世纪和 17 世纪，但教条和理性主义仍然是获得知识的很有影响的替代途径。

作为一门科学，社会心理学可以运用各种不同的方法对假设进行经验验证（Crano & Brewer, 2015）。方法有两大类，实验方法和非实验方法，每一类都有自己的优势和局限。适当方法的选择取决于要研究的假设的性质、进行研究的可用资源（如时间、金钱、研究参与者）以及对该方法的伦理考量。如果假设被不同的研究团队使用不同的方法多次证实，对假设的有效性的信心就会增强。方法论上的多元主义有助于最大限度地减少得到的结论是一种特定方法的假象的可能性，不同研究团队的重复研究有助于避免**证实偏差**（confirmation bias），这种偏差发生在研究人员过于沉浸在自己的理论中以致失去解释数据的客观性时（Greenwald & Pratkanis, 1988; Johnson & Eagly, 1989）。

（二）实验方法

实验是一种假设检验，在这种假设检验中，我们做一件事来考察这件事对另一件事的影响。例如，如果我假设汽车耗油太多是因为轮胎充气不足，那么我可以进行一项实验，可以记录平常一周的油耗，然后给轮胎打气，并再次记录平常一周的油耗。如果油耗减少了，那么我的假设就得到了支持。不经意的实验是人们了解这个世界的最普遍、最重要的方式之一。这是一种非常强大的方法，因为它使我们得以确定事件的原因，从而控制自己的命运。

假设
关于什么和什么并存或什么导致了什么的经验上可验证的预测。

证实偏差
寻求、解释和创造信息以验证对事件原因的现有解释的倾向。

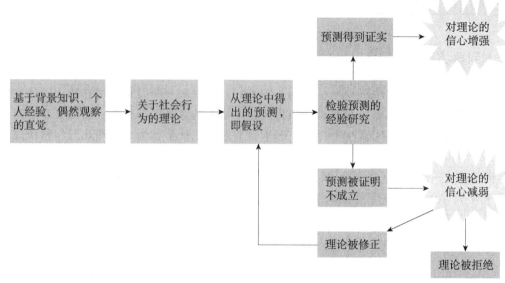

图 1.2　社会心理学家使用的科学方法的一个模型

毫不奇怪，系统实验是科学中最重要的研究方法。实验涉及以操纵一个或多个**自变量**（independent variables）的形式进行的干预，然后就是测量这个处理（操纵）对我们关心的一个或多个**因变量**（dependent variables）的作用。在上面的这个例子中，自变量是轮胎的充气状态，可以对它进行操纵，创建两个实验条件（较低压力和较高压力），因变量是油耗，这是周末加油时测得的。一般而言，自变量是研究者假设将产生影响且可以改变的维度（如在这个例子里是胎压，在芭蕾舞那个例子里是是否存在观众）。因变量是研究者假设随自变量变化而发生变化的维度（油耗或芭蕾舞演员的表现）。因变量的变化取决于自变量的变化。

社会心理学在很大程度上是实验性的，因为大多数社会心理学家只要有可能就倾向于通过实验检验假设，而我们对社会行为的了解大多基于实验。事实上，社会心理学科学研究中历史最久、最负盛名的学术团体之一就是实验社会心理学会（Society of Experimental Social Psychology）。

可以设计一项典型的社会心理学实验来检验以下假设：暴力电视节目会增加幼儿的攻击性。一种方法是将 20 个孩子随机分配到两个条件下，在这两个条件下，他们分别观看暴力或非暴力节目，然后观察孩子在稍后玩耍时表现出的攻击行为的数量。参与者（在这个例子里是孩子）的随机分配减少了两种情况下参与者之间出现系统性差异的机会。如果在年龄、性别或家庭背景方面存在系统性差异，那么对攻击行为的任何显著影响就有可能是年龄、性别或家庭背景而不是电视节目中的暴力造成的。也就是说，年龄、性别或家庭背景会和自变量混杂。同样，除了在暴力程度上不同，在每个条件下观看的电视节目在所有方面都应相同。例如，如果暴力节目中含有更多行动，那么我们将无法知道随后的攻击行为的差异是由于暴力还是由于行动，或者是两者共同造成的。观看这两个节目的环境也应相同。如果在明亮的红色房间中观看了暴力节目，而在蓝色房间中观看了非暴力节目，则任何影响都可能是由房间的颜色，或由暴力造成的，或两者兼而有之。在实验中避免**混杂**（confounding）是极其重要的：实验条件在所有方面都必须相同，除了在我们操纵的自变量上可以有差异。

我们还必须注意测量实验效应的方式，即对因变量进行评估的那种具体的测量方式。在我们的例子里，鉴于孩子的年龄，使用问卷来测量攻击行为很可能就

自变量
情境中的一些可以自行改变或被实验者操纵，从而对因变量产生影响的特征。

因变量
随自变量的变化而发生变化的变量。

混杂
两个或两个以上的自变量都发生了变化，以至于无法知道是哪一个造成了影响。

不适合。更好的技术是对行为进行无干扰的观察，不过我们把什么行为编码为"攻击"呢？我们的标准必须对变化敏感，换句话说，大声说话或用武器猛烈攻击可能是不敏感的，因为所有孩子在玩耍时都会大声说话（存在天花板效应），而实际上几乎没有孩子会用武器猛烈攻击另一个孩子（存在地板效应）。此外，如果记录或编码行为的人知道孩子处于哪个实验条件，这也会造成错误，因为知道这一点会损害编码的客观性。编码员对实验条件和研究假设知道得越少越好。

专栏 1.1　　我们的世界

极端化和屠杀无辜者的行为

极端化已成为全球范围内的一个紧迫问题。一般认为极端化是在很大程度上孤立的个人受到恐怖主义意识形态的灌输和启发，从而对无辜者进行骇人听闻的屠杀的一种重要的方式。这样的例子很多，如 2011 年 7 月挪威的恐怖袭击事件，在这次事件中，安德斯·贝林·布雷维克杀害了 77 人，其中大部分是参加夏令营的人。又如 2016 年 7 月的袭击事件，穆罕默德·拉胡艾杰·布赫莱勒在尼斯的盎格鲁街驾驶卡车向庆祝法国国庆日的人们发动袭击，造成 86 人死亡。

极端化的社会心理机制是什么？你会如何着手研究它？你会研究哪些原因？相对于社会经济原因，心理原因有多重要？你能做一些实验室实验或现场实验吗？或者唯一的选择是非实验性的，如个案研究或档案研究？

请结合本章对社会心理学的性质和研究方法的讨论来思考上述问题。

这里使用的例子是一项简单的实验，这项实验只有一个自变量，这个自变量有两个取值，我们把这种只有一个自变量的实验设计称为单因素设计，大多数社会心理学实验更为复杂。例如，我们也许会提出一个更为结构化的假设，即包含现实暴力的电视节目会增加幼儿的攻击行为。为了检验这个假设，我们将采用双因素设计。这两个因素（自变量）包括节目的暴力程度（低或高）和节目的现实性（现实或幻想）。参与者将被随机分配到四个实验条件下，在这些条件下，他们分别观看一个非暴力的幻想节目、一个非暴力的现实节目、一个暴力的幻想节目以及一个暴力的现实节目。当然，自变量不限于两个取值。例如，我们也许会预测，中等程度的暴力节目会增加攻击行为，而极端暴力节目会令人反感，攻击行为实际上会被抑制。现在我们的自变量，即节目中的暴力这个自变量就可以分为三个水平（低、中、高）。

1. 实验室实验

经典的社会心理学实验是在**实验室**（laboratory）中进行的，这样做是为了控制尽可能多的潜在混杂变量。研究者的目的在于分离和操纵变量的单个方面，而这个方面通常不会孤立地出现在实验室之外，实验室实验意在创造人为的条件。社会心理学实验室可以配备计算机、电线和闪光灯，甚至配备医学设备和复杂的脑成像技术，不过通常它只是一个摆放着桌椅的房间。例如在实验室中，我们的芭蕾舞假设可以以一个新假设的形式来进行检验，在这个新假设中，我们预测一个人在观众面前执行他学得很好的任务会更快。我们可以在不引起注意的情况下记录每个人脱下衣服再穿上衣服（一个学得很好的任务）的时间，要么是独自在一个房间里，要么是在另外两个人（观众）的监督下。我们可以把这些速度和穿着不同寻常的、既不好穿也不好脱的衣服（穿和脱这样的

实验室
收集数据（通常采用实验的方法）的地方，通常是一个房间。

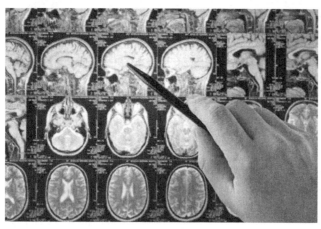

脑成像 社会神经科学家们利用功能性磁共振成像（fMRI）等新技术来确定社会行为的相关事件、后果和原因。

衣服就是学得不好的任务）的人的速度进行比较。事实上，马库斯（Markus, 1978）在研究观众对任务绩效的影响时就使用了这种方法（详见第8章）。

社会心理学家对研究作为社会行为的相关事件的、作为社会行为的后果以及原因的生物化学过程和大脑活动越来越感兴趣。这就产生了一系列实验方法，使得社会心理学实验室看起来更像生物学或物理学实验室。举例而言，一位研究与他人的互动如何使我们感到焦虑和压力的心理学家可以测量我们唾液中皮质醇这种激素的水平的变化（如 Blascovich & Seery, 2007; Townsend, Major, Gangi, & Mendes, 2011）。使用**功能性磁共振成像**（fMRI）的社会神经科学研究已经很流行。这需要把参与者放在一个巨大的、非常昂贵的磁筒中以测量其大脑的电化学活动（Lieberman, 2010; Todorov, Fiske, & Prentice, 2011）。

实验室实验使我们能够建立变量间的因果关系，不过实验室实验也有很多缺点。由于实验条件是人为的和高度受控制的，社会神经科学实验尤其如此，实验室发现不能直接推广到实验室之外的"真实"世界中不那么"纯净"的条件下。但是，实验室的发现处理的是关于人类社会行为的各种理论的问题，在实验室实验的基础上，我们可以将这些理论推广到不同于实验室之内的条件。实验室实验故意降低**外部效度**（external validity）或**生活现实性**（mundane realism）（即实验条件和参与者在现实世界中通常遇到的条件在多大程度上是相似的），但应保持较高的**内部效度**（internal validity）或**实验现实性**（experimental realism）（即操纵应对参与者有充足的心理学影响和意义）（Aronson, Ellsworth, Carlsmith, & Gonzales, 1990）。

实验室实验容易受到各种偏差的影响。**被试效应**（subject effects）能导致参与者的行为是实验的假象，而不是对操纵的自发的和自然的反应。假象可以通过小心地避免**需要特征**（demand characteristics; Orne, 1962）、评估忧虑和社会赞许性（Rosenberg, 1969）来减少。需要特征是实验的某些特征，这些特征似乎"需要"被试做出特定的反应：它们泄露了有关实验假设的信息，并且告诉依从性较好的参与者怎样做出反应从而证实假设，这样参与者对实验假设就不再是一无所知。毫不奇怪，参与者可能希望把自己最好的一面展示给实验者和在场的其他参与者，这就会以不可预测的方式对被试对操纵的自发反应产生影响。此外，还有**实验者效应**（experimenter effects）。实验者通常是知道实验假设的，他可能无意中传达了某些线索，这些线索最终导致参与者以证实假设的方式做出反应。可以通过**双盲**（double-blind）程序把实验者效应控制在最低程度，在双盲程序中，实验者也不知道当下运行的是哪个实验条件。

从20世纪60年代起，实验室实验就倾向于靠心理学本科生作为参与者（Sears, 1986）。原因很实在：心理学本科生为数众多，招之即来。在大多数大学中有研究参与计划或"被试池"，心理学学生参与实验以换取课程学分或完成课程要求。批评者经常抱怨，这种对特定类型参与者的过分依赖可能会造成人们对社

功能性磁共振成像
社会神经科学中用来测量大脑中电化学活动发生的位置的方法。

外部效度（生活现实性）
实验环境和日常生活环境的相似性。

内部效度（实验现实性）
实验中所做的操纵的心理学影响。

被试效应
由于需要特征和/或参与者希望取悦实验者而产生的非自发的效应。

需要特征
实验的某些特征，这些特征似乎"要求"被试做出某种反应。

实验者效应
由实验者无意中传达的实验假设的线索产生的效应。

双盲
一种减少实验者效应的程序，在这种程序中，实验者也不知道当下运行的实验条件。

会行为的看法的扭曲，这种扭曲的看法很难推广到其他人群。实验社会心理学家辩护说，被推广的是理论而不是实验发现，重复和方法论多元主义确保了社会心理学是关于人的，而不仅仅是关于心理学学生的。

2. 现场实验

社会心理学实验也可以在实验室之外更加自然的环境中进行。例如，对于长时间的目光接触令人不适并造成冲突这个假设，我们可以用下面的办法来验证：实验者站在交通信号灯旁，凝视停在信号灯前的汽车司机，或者漫不经心地看相反的方向。因变量是变灯时汽车开走得有多快（Ellsworth, Carlsmith, & Henson, 1972；见第 15 章）。现场实验有很高的外部效度，并且参与者通常完全不知道正在进行实验，所以没有针对实验的反应性行为（即这样的实验没有需要特征）。不过现场实验对无关变量的控制较少，有时很难进行随机分配，并且可能难以获得准确的测量或对主观感觉的测量（一般只能测量到外显行为）。

（三）非实验方法

系统实验往往是科学的首选方法，事实上它通常和科学画上等号。不过在很多情况下，根本不可能进行实验来检验假设。例如，关于行星系统和星系的理论可能有这样一个严重的问题：我们无法移动行星来观察会发生什么！同样，关于生物性别和决策之间的关系的社会心理学理论也不适合用实验来验证，因为我们无法通过实验来操纵生物性别并观察会产生什么影响。社会心理学还面临可能禁止实验的伦理问题。例如，一个人是暴力犯罪的受害者，那么关于暴力犯罪对其自尊的影响的假设就很难通过实验进行检验——我们无法把参与者随机分配到两种情况下，使一组遭受暴力犯罪，然后观察会发生什么。

在不可能或不适合进行实验的地方，社会心理学家可以选择一系列非实验方法。这些方法不涉及在随机分组的前提下对自变量进行操纵，所以几乎不可能得出可靠的因果结论。例如，我们可以将遭受暴力犯罪的人的自尊与未遭受暴力犯罪的人的自尊进行比较。任何差异都可以归因于暴力犯罪，也可以归因于两组之间其他不受控制的差异。我们只能得出结论说，自尊与是否成为暴力犯罪的受害者之间存在**相关**（correlation）。没有证据表明一个变量是另一个变量的原因（就是说，成为受害者会降低自尊，或低自尊会增加成为受害者的可能性）。两者可能是相关的，或者说，是某个第三变量的共同效应，长期失业就是这样一个第三变量，它独立地降低了自尊并增加了成为受害者的可能性。通常，非实验方法涉及对自然发生的变量之间的相关性进行检验，因此不允许我们得出因果结论。

1. 档案研究

档案研究（archival research）是一种可以用于调查大规模的、广泛存在的现象的非实验方法，这些现象在时间上可能离我们很远。研究者会汇集其他研究者收集的数据，而其他研究者可能出于很多原因收集了这些数据，这些原因和这个研究者本人收集数据的目的往往并无联系。例如，贾尼斯（Janis, 1972）使用档案研究法发现，凝聚力过强的政府决策团体会做出造成灾难性后果的错误决定，因为他们采用了错误的决策程序（这种决策程序被称为"团体迷思"；见第 9 章）。贾尼斯考察了与 1961 年的猪湾事件——美国试图入侵古巴遭到失败——有关的对当时的决策过程的传记叙述、自传叙述和媒体叙述，并基于这些考察建构了自己的理论。档案研究的其他例子还有福格尔森（Fogelson, 1970）对 20 世纪 60 年代美国城市暴

相关
一个变量的变化可靠地映射到另一个变量的变化上，但无法确定这两个变量中是哪一个引起了这种变化。

档案研究
涉及汇集或报告他人收集的数据的非实验方法。

动档案的分析和西蒙顿（Simonton, 1980）对战争档案和二手资料的分析（见第8章）。

档案方法通常用于比较不同文化或国家之间在诸如自杀、心理健康或育儿策略等方面的差异。档案研究没有针对实验的反应性行为这样的问题，但它也有可能不可靠，因为研究人员通常无法控制一手资料的收集，而一手资料的收集可能会在其他方面出现偏差或不可靠（如重要资料丢失）。研究人员只能将就着使用现有的资料。

2. 个案研究

个案研究（case study）可以对单个案例（一个人或一个小组）或单个事件进行深入分析。个案研究通常采用一系列数据收集和分析技术，包括结构化、开放式访谈和问卷调查以及行为观察。个案研究非常适合研究实验室中无法呈现出来的异常或罕见现象，如怪异的邪教、大规模屠杀或灾难。作为假设的来源，个案研究是有用的，但是研究结果可能存在来自研究者或被试的偏倚（研究者知道假设，存在需要特征，参与者受到评估忧虑的影响）；此外，研究结果可能不容易推广到其他个案或事件中。

3. 定性研究和话语分析

与个案研究密切相关的是一系列主要对自然发生的行为进行详细分析的非实验方法。在这些方法中，有些会细心地分析**话语**（discourse）：谁对谁说了什么，在什么背景下说的，可能揭示内心世界的潜台词是什么，人们的动机是什么，说这番话是打算做什么。**话语分析**（discourse analysis）（Augoustinos & Tileaga, 2012; Edwards, 1997; Potter & Wetherell, 1987; Wetherell, Taylor, & Yates, 2001）借鉴了文学批评以及语言是一种表演的观念（如Hall, 2000），在话语分析的根本主张里，我们能看到对主流社会心理学的原则上的批判（参照Billig, 2008）。话语分析是同时基于语言和交际的方法论和社会心理学研究方法（见第15章），它在包括偏见研究（如Van Dijk, 1987; Verkuyten, 2010）在内的许多领域非常有用。

4. 调查研究

另一种非实验方法是用调查来收集数据。调查可以采用结构化访谈来进行，在结构化访谈中研究者会向参与者询问一些精心选择的问题并记下回答；也可以采用问卷来进行，在问卷中参与者会面对书面问题并写下自己的回答。无论哪种情况，问题都可以是开放的（即被调查者可以根据自己的意愿给出尽可能多或尽可能少的细节），也可以是封闭的（预先设计好数量有限的答案，例如被调查者在9点量表上选择一个数字）。举例来说，要调查移民工人的偏见，可以向被调查者提出一系列预先设计好的问题，概括答案的要点或者给答案赋一个值。被调查者也可以记录自己的答案，他们可以自己写一段话或在问卷的刻度尺上圈出一个数字。

调查可以用来从大量参与者样本中获取大量数据；对结论的推广通常不是问题。但是像个案研究和定性方法一样，这种方法会受到实验者偏差、被试偏差和评估忧虑的影响。匿名和保密的问卷可以最大限度地减少实验者偏差、评估忧虑和某些被试偏差，不过需要特征可能仍然存在。此外，设计得不好的问卷也可能因为"反应定式"而获得有偏差的数据，也就是说，一些被调查者倾向于不假思索地同意问卷中的陈述，或者选择中庸的或极端的回答。

个案研究
对单个案例（或个体）的深入分析。

话语
特定情境或社会历史环境中的整个沟通事件或情节。

话语分析
一套用来分析文本——特别是自然出现的语言——以理解它的意思和意义的方法。

5. 现场研究

最后一种非实验方法是现场研究。前面我们描述了现场实验，现场研究基本上是相同的，但是没有任何干预或操纵。现场研究涉及对行为的观察、记录和编码。在大多数情况下，观察者不参与行为，这样就做到了不产生干扰；观察者不影响正在进行的行为，这样就做到了"隐身"。例如，可以通过隐藏在角落里进行观察的方式研究学生在食堂的行为。有时做不到"隐身"，研究者就采用相反的策略——完全参与到行为中。举例来说，做一个"隐身"的帮派行为观察者就非常困难，不过你可以成为街头帮派的正式成员并通过暗中记录来研究街头帮派的行为（如 Whyte, 1943；见第 8 章）。现场研究非常适合研究自然情境下的自发行为，但是特别容易出现实验者偏差、缺乏客观性、结论难以推广等问题，并且研究者对所研究行为的影响可能会导致失真。再就是你加入帮派的话还会有个人危险！

（四）数据及其分析

社会心理学家喜欢数据，渴望以任何方式收集数据。近年来，互联网为数据收集提供了新的机会。这是一种从大量不同人群中收集数据的廉价、快速而有效的方式，它正在变得越来越流行。一个特别流行的基于网络的资源是亚马逊的机械特克（MTurk），使用得当的话，它可以采用多种方法生成高质量数据（Buhrmeister, Kwang, & Gosling, 2011; Mason & Suri, 2012; Paolacci & Chandler, 2014; Paolacci, Chandler, & Ipeirotis, 2010）。

研究提供了数据，对这些数据进行分析就可以得到支持假设或不支持假设的结论。进行什么类型分析至少取决于：

- 所获得数据的类型，例如"是"还是"否"这样的二分变量、温度或反应潜伏期之类的连续变量、9 点量表上的位置、选择的等级排序和开放的书面回应（文本）。
- 获得数据的方法，例如受控实验、开放式访谈、参与式观察、档案研究。
- 研究的目的，例如深入描述一个特定的案例，考察接受不同治疗的两组参与者之间的差异，考察两个或多个自然发生的变量之间的相关性。

绝大多数情况下，社会心理学知识是在定量数据的统计分析的基础上得到的。数据以数字（也就是量）的形式呈现，或转换为数字的形式，然后以各种形式化的方式［即通过**统计**（statistics）］得到分析。例如要确定女性是否比男性更友好，我们可以对男性和女性的访谈记录进行比较。我们对访谈记录进行编码，计算受访者对面试官做出正面评价的频率，然后比较 20 位女性的平均数和 20 位男性的平均数。在这种情况下，我们想知道男性和女性之间的差异是否"总体上"大于男性内部的差异和女性内部的差异。要做到这一点，我们可以使用名为 t 检验（t test）的简单统计检验，这个检验要计算 t 这个统计量，t 的计算一方面要用到女性和男性的平均友好程度得分的差值，另一方面要用到两种性别内部得分的变异程度。t 值越大，相对于性别内部的差异，性别间的差异就越大。

判断组间的差异在心理学上是否有意义取决于这个差异的**统计显著性**（statistical significance）。社会心理学家坚持一个约定俗成的惯例：如果得到的 t 值具有小于 1/20（即 0.05）的偶然发生概率（如果我们随机选择了 100 组，每组 10 位男性和 10 位女性，只有在 5 组或更少的几组中我们计算出的 t 值会等于或大于我们在实际研究中计算出的 t 值），那么得到的差异就是统计显著的，即男性和女性受访者之间的友好程度确实存在差异（见图 1.3）。

统计

为了研究效应的大小和／或显著性对数据进行形式化的数字处理。

t 检验

检验一个条件下的平均值大于另一个条件下的平均值的效应在统计上是否显著的程序。

统计显著性

统计显示一个效应不会以 20 次中多于 1 次的机会随机发生，此时如果这个效应——或更大的效应——发生了，那么它就是统计显著的。

　　t 检验非常简单，但原理却和社会心理学家用来检验两个或多个分组是否存在显著差异的更复杂的统计技术相同。社会心理学家使用的另一种主要的数据分析方法是相关，它评价的是两个或多个变量的同时出现是否有意义。同样，尽管下面的示例很简单，但它的原理对于一系列相关技术都是相同的。

　　为了研究思想僵化的人是否倾向于持有更为保守的政治态度这一问题（Rokeach, 1960；见第 10 章），我们可以让 30 个参与者回答一个测量认知僵化（教条主义：一些僵化不变的态度）和政治保守主义（如对右翼的政治和社会政策的支持和拥护）的问卷。如果我们按照教条主义增加的顺序对 30 个参与者进行排名，并且发现保守主义也是增加的，即最不教条的人最不保守，最教条的人最保守，那么我们可以说这两个变量呈正相关（见图 1.4，其中点代表个人，按照他们在教条主义和保守主义这两个尺度上的得分得到他们在坐标系中的定位）。如果我们发现保守主义随教条主义的增加而系统地减少，那么我们就可以说这两个变量呈负相关。如果这两个变量之间没有系统的关系，它们就不相关——相关为零。可以计算出一个统计量的值，以数字方式表示相关性。举例来说，被称为皮尔逊相关系数的统计量的值在 −1（理想的负相关）和 +1（理想的正相关）之间变化。除了其他因素，考虑到人数，我们还可以知道这种相关在约定俗成的 5% 的水平上是否具有统计显著性。

　　尽管对定量数据进行统计分析是社会心理学的基础，一些社会心理学家却发现这种方法不

例1：差异显著。*t* 值比较大，因为两组的均值差异比较大，性别分组内部的差异比较小。

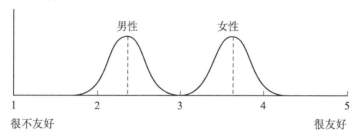

例2：差异不显著。*t* 值比较小，因为尽管两组的均值差异仍然比较大，但性别分组内部的差异也比较大。

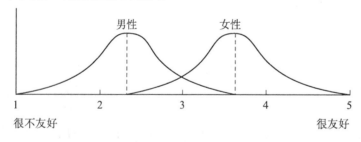

例3：差异显著。*t* 值比较大，因为尽管两组的均值差异比较小，但性别分组内部的差异也比较小。

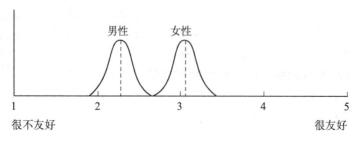

图 1.3 20 位男性和 20 位女性受访者的友好程度得分分布：使用 *t* 统计量

适合他们的目的，因此倾向于更为定性的分析。例如，对人们对失业或偏见的解释的分析有时会受益于更为话语性的和非定量的分析，在这样的分析中，研究者试图对话语进行分析，从而超越表面的解释，深入背后的信念和原因。定性分析的一种形式是话语分析（如 Augoustinos & Tileaga, 2012; Potter & Wetherell, 1987; Tuffin, 2005; Wetherell, Taylor, & Yates, 2001）。话语分析把所有"数据"都视为"文本"，就是说，它是一种交流活动，这种交流活动有着多层次的意义，只有在更广阔的社会背景下考虑文本才能得到解释。例如，话语分析者认为，我们不应该只看到人们对问卷中态度陈述的反应的"票面价值"，更不应该对这种"票面价值"进行统计分析。相反，他们认为我们应该解释人们的反应传达的内容。只有把反应理解为镶嵌在直接的背

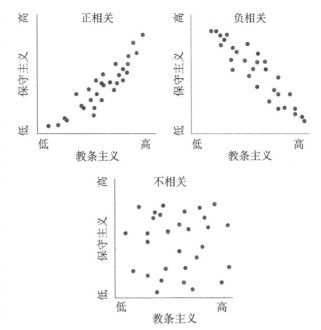

图 1.4　30 位受访者的教条主义与保守主义的相关：使用皮尔逊相关系数

景和广阔的社会历史背景中的社会交际因素的复杂结合，我们才有可能做到这一点。话语分析不仅仅是一种研究方法，它还是对"常规"的社会心理学方法和理论的系统性批判（见本章后面的"实证主义和后实证主义"部分）。

■ 三、研究伦理

　　作为研究者，社会心理学家面临着重大的伦理问题。显然，伪造数据或以有偏差或片面的方式报告结果是不道德的，这会严重歪曲已完成的工作、做出的发现以及正在研究的假设和理论。就像在生活中一样，科学家有时会作弊，这不仅会阻碍科学进步，还会损害该学科的声誉，而且会给相关人员造成职业生涯和个人生活上的可怕后果。不过在心理学和生物医学中，作弊是非常罕见的，且各个学科之间差异不大（Stroebe, Postmes, & Spears, 2012）。社会心理学的研究在很大程度上是团队研究，这种研究性质有助于防止承受着巨大的论文发表压力的科学家"走捷径"。

　　研究伦理也和对参与者的处理有关。举例来说，让实验参与者处于令人尴尬的或可能对他们的自我概念造成不良影响的条件下是合乎道德的吗？如果这样的研究很重要，那么参与者的权利是什么，研究者的道德义务是什么，进行决策时有哪些准则可以遵循？尽管伦理考量最常出现在实验中［如米尔格拉姆（Milgram, 1974）的服从研究；见第 7 章］，但非实验研究者也可能会遇到这方面的问题（见专栏 1.2）。例如，对人群行为进行非参与式观察的研究者不去阻止人群中的暴力袭击行为是合乎道德的吗？

　　美国心理学会在 1972 年建立了一套指导研究者进行涉及人类研究的伦理准则，并在 2002 年对这套准则进行了修订和更新（APA, 2002）。这些准则也反映在欧洲各国心理学会的伦理守则中。研究者在进行研究设计时应牢记这些指南，然后获得大学或院系的研究伦理委员会的正式批准。最受关注的五个伦理准则是：避免伤害、尊重隐私、合理使用欺骗、知情同意和事后说明。

专栏 1.2　　　　　　　　　　　　你的生活

研究伦理是否适用于你在日常生活中检验的假设？

我们经常在自己的日常生活中进行社会心理学研究。例如，你可能想证实你最好的朋友看重和你的友谊胜过和其他人的友谊。为了检验这个假设，你决定给他设置一些小挑战，比如和你一起去看一场高尔夫球比赛——你是高尔夫球的铁杆球迷，他却觉得看高尔夫球和看油漆变干一样乏味。如果他和你一起去，并且努力表现出看得很投入的样子，你的假设就得到了支持。如果他在最后一刻放弃了，或者他去是去了，可是看起来很痛苦，不停地发牢骚，破坏了你的心情，你的假设就不成立了。进行这种研究是合乎道德的吗？

当然了，我们经常做这种私人"研究"以了解我们的世界。我们并未从研究伦理的角度来考虑问题。也许我们应该从研究伦理的角度来考虑一下？毕竟，你可以说，"参与者"的福利是有风险的，你没解释你要检验的假设就是使用了欺骗手段。你怎么看——研究伦理适用于我们在日常生活中的假设检验吗？

（一）参与者的切身利益

显然，使人受到身体伤害是不道德的。例如，使用电击引起可见的烧伤无论如何是说不过去的。不过在大多数情况下，是否涉及非轻微的伤害很难确定，如果涉及，伤害程度是多少，是否要在事后说明中进行告知（见本章稍后的"事后说明"部分）也很难说。例如，告诉实验参与者他们在单词联想任务中做得不好，这可能会对自尊产生长期的影响，因而被认为是有伤害的；但是，这种影响也可能很小、很短暂，甚至是微不足道的。

（二）尊重隐私

社会心理学研究通常涉及对隐私的侵犯。参与者也许会被问到一些隐私的问题，也许在自己不知情的情况下就进入了研究者的观察视野，他们的情绪、知觉和行为也许会被操纵。有时很难判断研究主题是否会使对隐私的侵犯变得正当。在另外一些情况下，对这个问题的回答就是毫无疑义的。例如，有关性行为的隐私问题对于艾滋病风险行为（即可能使人们感染 HIV 和罹患艾滋病的行为）研究就是必不可少的。对隐私的关切通常可以通过对从个人那里获得的数据完全保密来满足，就是说，只有研究者知道谁说了什么或做了什么。要从数据中删除个人身份（匿名化），研究结果要作为大群体的均值来报告，不再有用的数据通常要销毁。

（三）欺骗的使用

如我们所见，实验室实验涉及操纵人们的认知、情感或行为，以研究自变量的自发的、自然的和非反应性的效应。参与者需要对实验假设一无所知，因此实验者通常会隐瞒实验的真实目的。一定程度的欺骗往往是必要的。20 世纪 80 年代中期之前发表的实验中，有 50% ～ 75% 涉及某种程度的欺骗（Adair, Dushenko, & Lindsay, 1985; Gross & Fleming, 1982）。使用欺骗似乎意味着"要花招""说谎"，所以它招致了激烈的批评，如鲍姆林德（Baumrind, 1964）对米尔格拉姆（Milgram, 1963, 1974）的服从研究的批评（见第 7 章）。社会心理学家面对的挑战是：如果他们不能在没有欺骗的情况下进行实验，他们就要放弃对照实验研究，转而采取角色扮演或模拟的方法（如 Kelman, 1967）。

　　这可能是一个极端的要求，因为社会心理学知识已经通过使用欺骗的经典实验得到了极大的丰富（本书描述了很多这样的实验）。尽管某些实验似乎使用了过多的欺骗，但实际上绝大多数社会心理学实验所使用的欺骗都是微不足道的。例如，可以将一项实验作为对群体决策的研究加以介绍，而实际上它却是偏见和刻板印象化研究的一部分。此外，没有证据表明在社会心理学实验中使用欺骗有什么长期的负面影响（Elms, 1982），实验参与者本人往往对巧妙实施的欺骗留有深刻的印象，而不是感到沮丧或气愤，他们会把欺骗看作必要的信息隐瞒或必要的策略（Christensen, 1988; Sharpe, Adair, & Roese, 1992; Smith, 1983）。对于本章开头"你怎么认为？"中的第一个问题，你会怎么回答呢？

（四）知情同意

　　在实验中维护参与者权利的一种方法是获得他们的知情同意。原则上，人们应在充分了解他们同意参与的研究内容的基础上自由地（最好以书面形式）表示同意参与，并且他们必须有完全的自由随时退出研究，而不受任何惩罚。研究人员不能用说谎或隐瞒信息的办法诱使人们参与，也不能让说"不"或退出研究对人们来说有任何困难（即通过社会压力或通过行使个人的或制度化的权力）。但是在实践中，"充分告知"之类的术语很难定义，而且正如我们刚刚看到的，实验通常需要一些欺骗来使参与者保持不知情。

（五）事后说明

　　参与者在参与实验后应得到充分的事后说明。事后说明旨在确保人们离开实验室时更加尊重和理解社会心理学。更具体地说，事后说明涉及对实验及其更广泛的理论和应用环境的详细说明。对任何欺骗都要做出解释和这样做之所以有必要的说明，解释和说明要做到使所有参与者都满意的程度，此外，还要注意确保操纵的影响得到消除。但是，对欺骗批评得最激烈的人（如 Baumrind, 1985）认为，欺骗破坏了人类的基本信任，欺骗的根本上的错误是无论怎样的事后说明都是无法纠正的。

　　社会心理学家经常对社会敏感现象或社会敏感问题（如刻板印象化、偏见和歧视）进行有意义的研究和报告（见第 10、11 和 15 章）。在这种情况下，研究人员必须格外小心，确保研究的进行和研究的报告都不会因个人偏见而产生偏差，也不会受到公众的误解、歪曲或滥用。举例来说，对从众的性别差异的早期研究发现，女性比男性更为从众。当然，这一发现助长了女性比男性更有依赖性的观点。后来的研究发现，男性和女性一样从众，一个人是否从众在很大程度上取决于他对从众任务的熟悉程度和信心。早期的研究使用了男性比女性更为熟悉的任务，很多研究者对此并未进行深入分析，因为这些发现证实了他们的假设（第 7 章和第 10 章）。

■ 四、理论和理论化

　　范·兰格（Van Lange, 2013）认为，好的理论应揭示真相，以更为普遍的抽象原理描述具体细节，把现有的理论向前推进，以能和现实世界对话并适用于现实世界的方式进行架构。在某些方面，这呼应了勒温早年提倡的全周期研究，即基础研究发展理论，而应用研究涉及将理论应用于社会问题，两者相互促进（如 Lewin, 1951; Marrow, 1969）。

　　社会心理学家构建人类社会行为的理论，并检验和应用这些理论。一个社会心理学理论是一组整合在一起的命题，它们通常根据一个或多个社会心理学过程来解释社会行为的原因。理论建立在对社会行为的明确假设的基础上，并包含一些定义好的概念以及关于概念之间的关系的形式陈述。理想情况下，这些关系是因果关系，可以归因于社会和/或心理过程的运作。理论如此这般的架构起来，然后就生成了一些可以进行经验验证的假设。社会心理学理论在严格性、可检验性和普遍性等方面差异很大。一些理论是和特定现象联系在一起的小范围的微理论，另一些理论则是解释整类行为的相对宏大而普遍的理论。有些理论甚至到了"大理论"（如进化论、马克思主义、广义相对论和心理动力学理论）的地位，因为它们提供了社会心理学的普遍视角。

社会认同论（如 Tajfel & Turner, 1986；见第 4 章和第 11 章）是相对普遍的中观社会心理学理论的一个很好的例子。它解释了群体中的人们的行为与他们作为群体成员的自我概念之间的关系。该理论整合了一些兼容的理论（或子理论），这些理论关注或强调以下几方面（见 Abrams & Hogg, 2010; Hogg, 2006）：

- 群际关系和社会变化。
- 与群体成员和群体行为有关的动机过程。
- 群体内部的社会影响和从众过程。
- 与自我概念和社会知觉有关的认知过程。

这些方面和其他相关过程共同作用，就产生了和人际行为不同的群体行为。这一理论对一系列群体现象做出了可验证的预测，包括刻板印象化、群际歧视、群体中的社会影响、群体凝聚力、社会变化，乃至语言和种族。

社会认同　穿连帽衫的街头少年也有自己的群体，他们这样穿着是为了强调群体成员身份和社会身份。

（一）社会心理学中的理论

社会心理学中的理论通常可以归纳为不同的类型（Van Lange, Kruglanski, & Higgins, 2012），它们反映了不同的元理论。正如理论是解释现象的一组相互关联的概念和原理一样，**元理论**（metatheory）也是一组相互关联的概念和原理，它回答了哪些理论或哪些理论类型是合适的这个问题。某些理论可以被其支持者扩展到解释几乎所有人类行为的程度——这时它就成了上面提到的"大理论"。在本小节中，我们将讨论对社会心理学有影响的几种主要的理论类型。

1. 行为主义

行为主义的或学习的观点来自伊万·巴甫洛夫早期关于条件作用的研究和 B. F. 斯金纳关于操作性条件作用的研究。**激进的行为主义者**（radical behaviourists）认为，可以用强化程序来解释和预测行为——与积极结果或积极环境相关的行为，其强度和频率会增加。不过**新行为主义**（neo-behaviourism）在社会心理学家中更受欢迎，它援引不可观察然而会起作用的构念（如信念、感觉、动机）来解释行为。

社会心理学中的行为主义观点产生了强调情境因素和强化/学习在社会行为中的作用的理论。一个例子是人际吸引力的增强效应模型（如 Lott, 1961；第 14 章）：

元理论
一套相互关联的概念和原理，用于确定哪些理论或理论类型是恰当的。

激进的行为主义者
用强化程序来解释可观察行为，而不借助于任何不可观察的构念（如认知）的行为主义者。

新行为主义者
试图从情境因素和信念、感觉、动机等不可观察然而会起作用的构念来解释可观察行为的行为主义者。

人们会喜欢上和他们的积极经验有关联的人（如我们喜欢赞美我们的人）。另一个更普遍的例子是社会交换理论（如 Kelley & Thibaut, 1978；第 14 章）：社会互动的性质取决于人们对涉及的报酬和成本的评估。社交示范是另一种宽泛的行为主义视角：我们模仿我们看到的别人的得到强化的行为，从而进行替代学习（如 Bandura, 1977；第 12 章）。最后，驱动理论（Zajonc, 1965；第 8 章）解释了习得的反应的强度如何影响我们在观众面前表现得更好还是更差。

2. 认知心理学

批评者认为，行为主义理论夸大了人作为外部影响的接收者的被动地位。**认知理论**（cognitive theories）通过关注人们的认知过程和认知表征如何主动地解释和改变他们的环境来恢复这种平衡。认知理论起源于库尔特·考夫卡和沃尔夫冈·柯勒在 20 世纪 30 年代提出的格式塔心理学；在很多方面，社会心理学一直以来都是以认知为根本视角来看待问题的（Landman & Manis, 1983; Markus & Zajonc, 1985）。社会心理学中最早的认知理论之一是库尔特·勒温（Kurt Lewin, 1951）的场论，它以多少有些复杂的方式处理了人们对社会环境特征的认知表征如何产生以特定方式行为的动力这一问题。勒温通常被认为是实验社会心理学之父。

20 世纪 50 年代和 60 年代，各种认知协调理论主导了社会心理学（Abelson et al., 1968）。这些理论假设：我们对自己、对自己的行为，以及对世界的认知如果是对立的或是以其他方式不相容的，就会产生令人不舒服的认知唤起状态，这种状态会促使我们解决认知冲突。这种观点已经被用来解释态度的改变（如 Aronson, 1984；第 6 章）。20 世纪 70 年代，归因理论主导了社会心理学。归因理论关注的是人们如何解释自己和他人行为的原因，以及不同的因果解释会带来怎样的后果（如 Hewstone, 1989；第 3 章）。最后，20 世纪 70 年代后期以来，社会认知一直是社会心理学的主流视角。社会认知视角包含很多理论，这些理论具体讨论了认知过程（如归类）和认知表征（如模式）如何影响行为，以及它们如何受到行为的影响（如 Fiske & Taylor, 2013；第 2 章）。

3. 神经科学和生物化学

社会认知的最新发展是对社会行为在神经科学和生物化学方面的相关变量的关注。这种取向被称为**社会神经科学**（social neuroscience）或社会认知神经科学，它基于这样一种观点：心理活动是发生在大脑中的，因此认知必然和大脑的电化学活动有关（如 Harmon-Jones & Winkielman, 2007; Lieberman, 2010; Ochsner, 2007; Ochsner & Lieberman, 2001; Todorov, Fiske, & Prentice, 2011；见第 2 章）。社会神经科学使用脑成像方法，如 fMRI 来探测和定位与社会思维和社会行为相关的大脑活动。我们是生物，所以社会行为在神经科学和生物化学方面一定会有一些相关变量，这个总的想法在其他更为关注社会行为的生化标记物（例如将人的血液或唾液中皮质醇的含量作为应激的标记）的理论化工作中也有体现（见 Blascovich & Seery, 2007）。

4. 进化社会心理学

另一种理论发展是**进化社会心理学**（evolutionary social psychology）（Caporael, 2007; Kenrick, Maner, & Li, 2005; Neuberg, Kenrick, & Schaller, 2010; Schaller, Simpson, & Kenrick, 2006; Simpson & Kenrick, 1997）。在 19 世纪的达尔文理论（Darwin, 1872）、现代**进化心理学**（evolutionary psychology）和社会生物学（如

认知理论
从人们主动地解释和表征自己的经验，然后计划行动的角度对行为做出的解释。

社会神经科学
对与社会认知、社会心理过程和现象相关的大脑活动的研究。

进化社会心理学
进化心理学的一种延伸，认为人类复杂的社会行为具有适应性，有助于个体、近亲和整个物种的存续。

进化心理学
一种理论取向，把"有用"的心理特征，如记忆、知觉或语言，解释为通过了自然选择的生物适应。

Wilson, 1975, 1978）的基础上，进化社会心理学家认为人类的很多行为建立在我们这个物种的祖先的过去的基础之上。巴斯和里夫（Buss & Reeve, 2003, p. 849）指出，进化过程形成了"家庭内部的合作与冲突、合作联盟、人类的攻击行为、利他行为"。这些行为对物种具有生存价值，因此随着时间的推移，它们就成了我们遗传构成的一部分。

生物学的观点可以被推向极端，被用作大多数行为甚至所有行为的最高解释。然而当 2003 年人类基因组图谱最终确定时，研究人员认为构成人类 DNA 的 20 000 ～ 25 000 个基因和 30 亿个化学碱基对不足以解释人类行为的巨大多样性——行为的情境和环境起着重要作用（如 Lander et al., 2001）。当然，这就是社会心理学介入的地方。尽管如此，进化社会心理学和本书中涉及的几个主题密切相关，例如领导力（第 9 章）、攻击（第 12 章）、亲社会行为（第 13 章）、人际吸引（第 14 章），以及非言语行为和人类空间行为（第 15 章）。

5. 人格和个体差异

社会心理学家经常根据人们之间持久的（有时是天生的）人格差异来解释社会行为。例如，好的领导者具有魅力型人格（第 9 章），具有偏见型人格的人会表现出偏见（第 10 章），而过分从众的人则具有从众型人格（第 7 章）。总体上说，社会心理学家现在认为人格和人格差异充其量只是对社会现象的部分解释，而在最坏的情况下则是对现象的不充分的重新描述。这种看法的产生至少有两个原因：

- 事实上，几乎没有证据表明存在稳定的人格特质。人们在不同的时间和情境下以不同的方式行为——他们受情境和背景的影响。
- 如果把人格定义为行为的跨情境一致性，那么人格就不是一种对行为的解释；相反，人格就是一种需要得到解释的东西。为什么有些人会对抗社会和环境对行为的影响？他们对造成他们以这种方式行为的情境又做何理解？

总之，大多数当代人格理论将人格视为和很多其他因素相互作用共同影响行为的因素之一（如 Funder & Fast, 2010; Snyder & Cantor, 1998）。

6. 集体主义理论

人格和个体差异理论可以和集体主义理论进行对比。在集体主义理论看来，人们都是他们在构成社会的社会类别和群体的矩阵中所处位置的产物，而集体主义理论关注的就是作为这样的产物的人。人们以某种方式行为不是因为人格或个人倾向，而是因为他们内化了影响特定情境中的行为的群体规范。早期的集体主义观点是威廉·麦独孤（William McDougall, 1920）的"群体心智"理论（第 11 章）。在群体中，人们会改变思考、处理信息和行动的方式，因此群体行为和人际行为大不相同，于是就出现了群体心智。

最近，欧洲的社会心理学家详尽阐述并大大发展了这个想法，他们强调在更广阔的社会背景下群际关系在塑造行为这件事上发挥的作用（如 Tajfel, 1984）。其中，社会认同论也许是最成熟的一个理论（如 Tajfel & Turner, 1986；第 11 章）。对群体中人的行为的解释受到了群际社会关系分析的强烈影响。集体主义理论采取了"自上而下"的取向，按这种取向，只有参照群体、群际关系和社会力量才能恰当地解释个体的社会行为。相反，个体主义理论是"自下而上"的：个体的社会行为是个体的认知或人格建构出来的。

很多社会心理学理论包含两种或两种以上不同观点的成分，而这些观点和其他观点通常只是强调不同的理论。元理论通常不会有意地、大张旗鼓地显示出来（但请参见 Abrams & Hogg, 2004）。

（二）危机中的社会心理学

社会心理学是在元理论对立的背景下产生的，这种对立不时会从背景中凸显出来，凸显到前景中，成为激烈的公开辩论的焦点。例如在 20 世纪 60 年代末和 70 年代初，很多社会心理学家认为这门学科陷入了危机，这种危机严重侵蚀了人们对它的信心（如 Elms, 1975; Israel & Tajfel, 1972; Rosnow, 1981; Strickland, Aboud, & Gergen, 1976）。在这种危机中，大家有两个主要的关切点：

- 社会心理学过于还原主义（它主要通过个体心理学来解释社会行为，因而未能触及人类经验的本质属性：社会性）。
- 社会心理学过于实证主义（它遵循的是一个扭曲的、不适宜的和会给人带来误导的科学模型）。

（三）还原主义和解释水平

还原主义（reductionism）用较低分析水平的语言和概念来解释现象，包括社会用群体来解释，群体用人际过程来解释，人际过程用个人内在的认知来解释，认知用神经心理学来解释，神经心理学用生物学来解释，等等。还原主义的理论化工作的问题是，它可能根本就没回答最初提出的那个科学问题。例如，将手臂伸出车窗示意要转弯的动作可从肌肉收缩、神经冲动、对社交习惯的理解和遵守等方面来解释。如果**解释水平**（level of explanation）和问题水平不匹配，那么这个问题事实上并未得到回答。

一定程度的还原主义可以对理论化工作起到加强作用，程度过高的还原主义却会造成解释上的断层。社会心理学被批评为本质上是还原主义的，因为它试图单纯用非社会的内在认知和动机过程来解释社会行为（如 Moscovici, 1972; Pepitone, 1981; Sampson, 1977; Taylor & Brown, 1979）。基于相同的理由，我们也可以批评社会认知神经科学和进化社会心理学的最新进展，这些新进展不是以神经活动来解释行为，就是以遗传倾向来解释行为（参照 Dovidio, Pearson, & Orr, 2008）。对于本章开头"你怎么认为？"中的第二个问题，你现在会怎么回答呢？

还原主义可能在解释群体过程和群际关系方面有着特殊的问题。仅仅从人格、人际关系或内在过程的角度看待这些现象，社会心理学可能忽略了它们的一些重要的方面，如偏见、歧视、刻板印象化、从众和群体凝聚力，即在这些重要的方面未做完整的解释（Billig, 1976; Hogg & Abrams, 1988; Turner & Oakes, 1986）。更糟的是，对社会建构的观念和行为做还原主义的解释可能带来不良的社会政治后果。法恩把这一指控推向了社会神经科学领域，他认为某些 fMRI 研究强化了性别刻板印象（Fine, 2010）。

威廉·杜瓦斯（Willem Doise, 1986; Lorenzi-Cioldi & Doise, 1990）提出，解决这个问题的一个方法是承认不同解释水平的存在，在建构理论时把不同水平的概念（见专栏 1.3）从形式上整合（杜瓦斯用了法语术语"articulate"）起来。很多社会心理学家都采纳了这个想法（见 Tajfel, 1984）。最成功的尝试之一可能是社会认同论（如 Tajfel & Turner, 1986；见第 11 章），它把个体的认知过程、社会互动过程和大规模的社会力量整合在一起来解释群体行为。杜瓦斯的想法还被用来重新解释群体凝聚力（Hogg, 1992, 1993）、归因（Hewstone, 1989）和社会表征（如 Doise, Clémence, & Lorenzi-Cioldi, 1993; Lorenzi-Cioldi & Clémence, 2001）。组织心理学家也主张对不同的分析层次进行整合——他们用的是"跨层次研究"这种说法（Wilpert, 1995；另见 Haslam, 2004）。

还原主义
用较低分析水平的语言和概念来解释现象，通常解释力会受损。

解释水平
用来解释现象的概念、机制和语言的类型。

专栏 1.3　　　　　**经典研究**

社会心理学中的解释水平

个体内的

对与人们对社会环境经验的表征和组织有关的心理过程的分析（如认知平衡研究）。

人际的和情境的

对在周围情境中的个体间互动的分析，但不考虑情境之外的社会位置因素。关注的是在特定时间、特定情境下的特定个体之间的关系的动力学（如一些归因研究、使用博弈矩阵的研究）。

社会位置的

对特定情境中的个体间互动的分析，但要考虑情境之外的社会位置（如地位、身份）的作用（如对权力和社会身份的一些研究）。

意识形态的

对个体间互动的分析，考虑一般社会信念以及群际社会关系的作用（如对社会身份、社会表征和少数人影响的一些研究，考虑到文化规范和价值观的作用的研究）。

来源：Hogg, 1992, p. 62; Lorenzi-Cioldi & Doise, 1990, p. 73; Doise, 1986, pp. 10-16.

（四）实证主义和后实证主义

实证主义（positivism）是对科学方法不加批判地接受，把它视为获得真正知识的唯一途径的观点。实证主义是法国数学家和哲学家奥古斯特·孔德在 19 世纪初提出的，它在当时非常流行，一直流行到 19 世纪末。查尔斯·狄更斯 1854 年的小说《艰难时世》中的葛擂更（Gradgrind）先生就是实证主义的一个缩影：科学是一种宗教。实证主义的更为现代的单薄的刻板形象体现在怪异的、像书呆子一样的人物上，如电影《回到未来》中的"博士"（Doc），还有那部极受欢迎的电视连续剧《生活大爆炸》中的主人公谢尔顿（Sheldon）和他的朋友们。

很多批评认为社会心理学是实证主义的（如 Gergen, 1973; Henriques et al., 1984; Potter, Stringer, & Wetherell, 1984; Shotter, 1984）。有观点认为，社会心理学家最终是在研究自己，所以他们无法达到研究化合物的化学家或研究地形的地理学家这样的客观水平。既然无法达到完全的客观性，那么科学方法，特别是实验方法就根本不适合社会心理学。社会心理学只能伪装成一门科学，它无法成为一门真正的科学。批评者认为，社会心理学家提出的基本因果机制（如归类、归因、认知平衡、自我概念）只是"最佳猜测"概念，这些概念可以解释一些在历史和文化上受到限制的数据，而这些数据会带有它们"固有"的、不可避免的偏差。批评者还认为，把人类视为可以通过实验操纵的对象或变量的集合，我们不仅使自己脱离了丰富的主观数据或内省性数据的富矿，还使人失去了人性。

这些批评为传统社会心理学提供了一些相当激进的后实证主义备择方案。这方面的例子有：社会建构主义（Gergen, 1973）、人本主义心理学（Shotter, 1984）、行为发生学（Harré, 1979）、话语分析或话语心理学（Augoustinos & Tileaga, 2012; Edwards, 1997; Potter & Wetherell, 1987）、批判心理学（Billig, 2008）和后结构主义观点（Henriques et al., 1984）。这些备择方案之间存在差异，但它们都强调要理解作为整体的人是在历史中建构出来的，他们都试图理解自身和他们的世界。在研究方法上，这些方案都倾向于强调对人们关于思维、情感和行动的相对自发的叙述进行深度主观分析（通常称为解构）。主体性被视为良好研究的优点，而非障碍。话语心理学和"主流"社会心理学根本无法用同一个标准来衡量，这个事实最近使一些学者感到担忧，并促使他们提议做出某种程度的和解（如 Rogers, 2003; Tuffin, 2005）。

实证主义

不加批判地接受科学，把科学视为获得真正知识的唯一途径：科学是一种宗教。

大多数主流社会心理学家对实证主义的问题的回应不那么强烈，他们也并非想要稀释或放弃科学方法；相反，他们严格采用"最佳实践"的科学研究和理论化方法来处理实证主义的弊端（如 Campbell, 1957; Jost & Kruglanski, 2002; Kruglanski, 1975; Turner, 1981a）。例如，社会心理学概念（如攻击、利他、领导力）的**操作性定义**（operational definitions）是至关重要的——实证主义的一个关键特征就是科学概念应以一种具体的、允许测量的方式进行定义。此外，作为科学家，我们要注意自己的主观性，还要承认自己的偏差，并把这些偏差明确指出来。我们还要对还原主义的缺陷保持敏感，并在适当的条件下把不同层次的分析合为一个整体（如前所述）。我们还要认识到，实验的参与者是真实的人，他们在进入实验室时不会抛弃过去的历史，成为单薄的"变量"。文化、历史、社会化和个人动机都存在于实验室中——实验是社会情境（Tajfel, 1972）。最后，还要重视语言，因为这可能是人们表征世界、思考、计划行动和操纵周围世界的最重要的方式（第 15 章）。语言还是社会变量的缩影，它是以社会的方式建构出来、被人们内化、支配个人的社会认知和行为。

■ 五、历史背景

社会心理学不是一门静止的科学。它有着悠久的历史，把一门科学放在适当的历史背景下思考，以了解它的真正本质，这是非常有价值的。下面我们简要地谈谈社会心理学的历史。古典形式的社会和政治哲学思考诸如先天与后天（nature-nurture）的争论、社会起源和国家功能等问题，可是这些思考大多是一种缺乏事实收集的思辨性工作（Hollander, 1967）。研究社会生活的经验方法直到 19 世纪后半叶才出现。

（一）19 世纪的社会心理学

1. 英国和欧洲的影响

作为一门独立学科的社会心理学，其发展的重要先驱是一些德国学者的工作，这些学者就是所谓的民族心理学家。1860 年，施泰因塔尔（Heymann Steinthal）和拉扎勒斯（Moritz Lazarus）创立了一份专门致力于**民族心理学**（*Völkerpsychologie*）研究的期刊。这份期刊既刊登理论文章，也刊登事实方面的研究。和普通心理学（后来在冯特那里得到了详细的说明）进行个体意识的研究相反，受哲学家黑格尔影响的民族心理学进行的是集体意识的研究。施泰因塔尔和拉扎勒斯对集体意识这个概念的解释不尽相同：一个认为这是个体内部的社会的思维方式，一个认为这是一种可以笼罩整个人群的大范围的思维方式（super-mentality）。

19 世纪 90 年代和 20 世纪初，群体心智这个概念成了社会行为的主流解释。在法国学者古斯塔夫·勒庞（Gustav LeBon, 1896/1908）的作品中可以找到一个极端的例子，他认为人群经常表现不良，这是因为个体的行为受到了群体心智的控制。英国心理学家威廉·麦独孤（William McDougall, 1920）甚至写了一整本书来解释集体行为，书名就叫《群体心智》。很久以后，所罗门·阿希（Solomon Asch, 1951）观察到，这些研究者面对的更广泛的问题并未消失，要理解一个人行为的复杂性，我们需要在群体关系的背景下审视这个人。

2. 早期文献

20 世纪初有两本社会心理学著作，作者分别是邦奇（Bunge, 1903）和奥拉诺

操作性定义
以允许操纵或测量的方式定义一个理论术语。

民族心理学
研究集体心智的社会心理学的早期视角，盛行于 19 世纪中后期的德国。

（Orano, 1901）。这两本书是非英文著作，所以在英国和美国关注度较低。更早一些，美国人鲍德温（Baldwin, 1897/1901）在一本主要研究儿童的社会和道德发展的书中触及了社会心理学。法国社会学家加布里埃尔·塔尔德（Gabriel Tarde, 1898）的一本书对社会心理学应采用何种数据、采取哪个水平的解释做了明确的提示。他的取向是自下而上的，他在和埃米尔·涂尔干的辩论中提出了这种取向。涂尔干认为人的行为方式是由被社会造就的社会法则决定的；但塔尔德却主张，社会行为的科学必须来自个体的心理学。他的社会心理观比其他早期著作中的任何一个都更接近当前的思想（Clark, 1969）。

引起英语世界注意的两本早期著作分别来自麦独孤（McDougall, 1908）和美国社会学家罗斯（E. A. Ross, 1908）。两者看起来都不像现代社会心理学文献。举例来说，麦独孤那本书的中心主题是几种主要本能、初级情绪、情感的本质、道德行为、意志、宗教观念和性格结构。大家不妨拿这几个主题和本书的主题做个比较。

（二）实验的兴起

1924 年，弗劳德·奥尔波特出版了一本很有影响力的教科书，它为社会心理学设定了议程，在随后的一些年这个议程得到了心理学系很多教师的迅速而持久的追随。遵循行为主义者约翰·华生（John Watson, 1913）给整个心理学提出的那个宣言，奥尔波特认为，只有当社会心理学成为一门实验科学时，它才能蓬勃发展。加德纳·墨菲和洛伊丝·墨菲（Gardner Murphy & Lois Murphy, 1931/1937）接受了挑战，他们自豪地出版了一本名叫《实验社会心理学》的书。书中收录的研究并不都是真正的实验，但是作者关于这门学科的意图非常明确。

尽管早期的文献并未显示这一点，但 19 世纪末的十年的确定了一个议程，在这个议程中，社会心理学将和更为广泛的普通心理学密不可分地纠缠在一起。社会心理学自身的后续发展反映了大学心理学系定义和教授心理学的方式，特别是在美国：美国迅速取代了德国，成了心理学研究的主导国家。正如威廉·冯特于 1879 年在莱比锡建立的心理学实验室为德国的心理学提供了实验基础一样，在美国大学建立的实验室也为美国的心理学提供了实验基础。1890 年到 1910 年期间，从事心理学研究的实验室迅速发展（Ruckmick, 1912）。在那二十年中，31 所美国大学建立了实验设施。这些院系教授的科目被明确定义为实验科学。因此，在美国，社会心理学很早就把**实验方法**（experimental method）视为试金石就显得不足为奇了。到奥尔波特于 1924 年出版他那本书时，这个趋势已经得到了很好的确立。

1. 社会心理学的第一次实验是什么时候？

这是一个很自然的问题，不过答案却很模糊。印第安纳大学拥有历史最悠久的心理学实验室之一。诺曼·特里普利特（Norman Triplett, 1898）就是在这里进行了通常被称为社会心理学第一次实验的研究——社会易化实验（见第 8 章）。奥尔波特（Allport, 1954a）认为冯特在莱比锡做的是实验心理学工作，而特里普利特在印第安纳大学做的是科学的社会心理学研究。不过当时的文献中却出现了另一番景象。

特里普利特是一位成熟的老师，此后攻读研究生，他的硕士论文发表于 1898 年。他的导师是两位实验心理学家，他的研究是在当时世界上最好的实验室里做的。他的灵感来自日常生活中的大众智慧，他认为竞技自行车选手在比赛或有人带节奏时会比一个人骑时骑得更快。19 世纪 90 年代，骑自行车这项运动大为流行，并获得了广泛的媒体报道。特里普利特给出了自行车选手在比赛中或在有人带节奏的情况下表现出色的原因，其中有些非常有意思：

实验方法

有目的地操纵自变量，以研究其对一个或多个因变量的影响。

社会易化　这些照片反映的一个想法引起了特里普利特的注意。金牌得主布拉德利·威金斯在伦敦奥运会上完成了计时赛和公路赛的比赛。独自参赛的话，他会不会骑得更快？还是和别的选手一起参赛骑得更快？为什么？

- 前面的领跑者（这里该说"领骑者"）提供了吸力，把后面的骑手往前拉，这就有助于节省能量，或者前面的骑手为后面的骑手挡了风。
- 流行的"大脑担忧"理论预测：独自骑行的骑手表现不佳，是因为他们担心自己的速度是否足够快。这会造成大脑和肌肉的疲惫，使它们麻木并抑制运动表现。
- 朋友通常会充当"领骑者"，这无疑会使骑手保持精神振奋。
- 在比赛中，追赶的骑手可能会被前面的轮子催眠，从而为自动骑行为随后的受控爆发留出更多能量。
- 一种动力理论（特里普利特最青睐的解释）提出，另一个骑手的出现唤起了一种"竞争本能"，这种本能会释放"神经能量"（类似现代的唤起概念）。看到另一个人运动速度更快会激发更大的努力，并释放出单独一个骑手无法独自达到的神经能量。骑手运动的能量和关于那个运动的观念成比例。

在特里普利特最著名的实验中，儿童在两个条件下工作：或是独自工作，或是成对工作。他们的工作是用两个渔线卷轴把丝线绕在一个轴辘上。每个卷轴都通过一圈绳子连接到 2 米外的滑轮上，每根绳子上都贴了一面小旗。要完成一个试次，小旗必须绕着滑轮转四周。一些孩子的比赛速度较慢，一些孩子的比赛速度较快，还有一些孩子没怎么受到影响。速度较快的孩子表现出了"竞争本能和运动更快的观念的唤起"效应（Triplett, 1898, p. 526）。速度较慢的孩子受到了过度的刺激，正如特里普利特所说："要崩溃了！"

特里普利特借鉴了当时的动力理论，把关注的重点放在观念－运动反应上，即竞争对手的身体运动对另一个选手会起到刺激作用。本质上，特里普利特在说明运动观念被参与者用作线索时强调了非社会的线索。

在特里普利特做完这项研究之后的十年中，主要期刊很少提及这项研究。它被编进了一般资料的目录，但是没被编在任何带有"社会"含义的标题之下。显然，特里普利特既不是社会心理学家，也没被认为是社会心理学家。如果我们采用修正主义的历史观，我们可以说他的实验的精神实质是社会易化研究。在科学史上，甚至在文明史上，寻找创始人或第一个想法都不是新现象。特里普利特的研究带有起源神话的特征。还有其他一些研究，甚至更早的研究，也可以被称为社会心理学中的"第一"（Burnham, 1910; Haines & Vaughan, 1979）。沃恩和格林（Vaughan & Guerin, 1997）指出，体育心理学家声称特里普利特是他们的同行。

（三）后期影响

行为主义（behaviourism）在社会心理学发展早期发挥了影响，此后，社会心理学的发展受到很多其他重要发展的指引，其中一些来自主流心理学之外。

1. 态度测量

其中一个发展是改进了建构量表以测量态度的方法（Bogardus, 1925; Likert, 1932; Thurstone, 1928; 见第 5 章）。有一些研究是发表在社会学期刊上的。这一点也不奇怪——社会学家经常倡导对纯粹的个人行为分析至关重要的社会心理学方法。社会心理学中仍然有一个叫作社会学的社会心理学的分支（如 Delamater & Ward, 2013；见 Farr, 1996）。在态度的背景下，托马斯和兹纳涅茨基（Thomas & Znaniecki, 1918）将社会心理学定义为对态度而非对社会行为的科学研究（见第 5 章）。

2. 社会群体研究

群体一直是社会心理学的核心焦点（见第 8、9 和 11 章）。实验社会心理学之父库尔特·勒温将他的大部分精力投入对群体过程的研究中（Marrow, 1969）。例如，勒温的一项富有想象力的研究是关于领导风格对小群体行为的影响的实验（Lewin, Lippitt, & White, 1939；另见第 9 章），1945 年他建立了一个专门从事群体动力学研究的中心（该中心仍然存在，现冠以其他机构名称隶属于密歇根大学）。

群体也是工业心理学家关注的焦点。在工厂环境中进行的一项著名研究表明，劳动生产率不只受到工作的物理条件的影响，还更多地受到工作群体的心理特征和管理层对工人的关切程度的影响（Roethlisberger & Dickson, 1939）。这类研究的一个重要成果是巩固了一种理论和应用可以并肩发展的社会心理学方法。事实上，勒温经常被引用的一句话是："没有什么比一个好的理论更实用。"他是所谓"全周期"研究的热烈拥护者，在"全周期"研究中，基础研究和应用研究是互相影响的。

3. 通用教科书

20 世纪 30 年代是社会心理学研究蓬勃发展的十年，也是有影响力的教科书大量出版的十年。卡尔·默奇森（Carl Murchison, Ed., 1935）主编了第一部《社会心理学手册》，这本重量级的书宣告了社会心理学是一个值得认真对待的领域。稍后，墨菲夫妇教科书的增订版（Murphy & Murphy, 1931/1937）总结了 1 000 多项研究的发现，不过这本书主要是用作备查的工具书。也许当时使用最广泛的教科书是拉皮埃尔和法恩斯沃思（LaPiere & Farnsworth, 1936）撰写的。另一本由克林伯格（Klineberg, 1940）撰写的教科书也很受欢迎。它以文化人类学方面的论述为特色，并强调文化在人格发展中的作用。第二次世界大战刚结束时，克雷奇和克拉奇菲尔德（Krech & Crutchfield, 1948）出版了一本非常有影响的著作，强调了社会心理学的现象学取向，这种取向关注人们实际上如何感受这个世界以及如何描述他们的经历。

20 世纪 50 年代以来，上架的教科书数量呈指数级增长。由于明显的历史和人口原因（第二次世界大战遗留的影响以及目前 3.25 亿说英语的人口），大多数

行为主义
强调用强化程式来解释可观测的行为。

教科书是在美国出版的，到现在仍然是这样。这些文献主要报告了基于美国的研究和观念，但是在过去十年左右的时间里，情况发生了非常显著的变化——基于欧洲的研究和观念现在已是本书不可或缺的一部分。不过可以理解的是，美国教科书是为美国院校的美国学生编写的，对于居住在欧洲、大洋洲等地的人们来说可能在文化上显得陌生。我们乐于相信，你正在阅读的这本书纠正了这种文化倾斜。

角色过渡 在拉丁美洲，生日可以说标志着人生的重要变化。15 岁生日（quinceañera）标志着一个女孩从女孩到女人的变化——一个长大成人的契机。

4. 知名实验

很多社会心理学实验对教师和学生都具有持久的吸引力。它们还对心理学以及其他学科产生了更广泛的影响，其中一些甚至进入了流行文化。这里我们只是简单地介绍一下这些研究，更为详细的介绍将留到后面的章节。

穆扎费尔·谢里夫（Muzafer Sherif, 1935）做了一项规范形成的实验，这项实验引起了一些心理学家的关注，他们希望明确地指出社会心理学的"社会"之处（第 7 章）。所罗门·阿希（Asch, 1951）说明了群体压力在使一个人服从这件事上的巨大作用（第 7 章）。谢里夫夫妇（Sherif & Sherif, 1953）研究了资源竞争对群际冲突的影响（第 11 章）。利昂·费斯廷格（Leon Festinger, 1957）在实验中发现较小的奖励比较大的奖励更能改变态度，这一发现使当时正统的强化理论家感到恼火（第 5 章和第 6 章），但是很好地支持了费斯廷格本人的认知失调理论（Festinger & Carlsmith, 1959）。"认知失调"这个术语现在成了日常谈话中常用的说法（一般用得不准确）。斯坦利·米尔格拉姆（Stanley Milgram, 1963）对破坏性服从的研究凸显了当权威人物命令一个人执行不道德的命令时那个人面临的困境，这项研究受到了质疑社会心理学中实验方法的批评者的激烈批评（第 7 章）。亨利·泰弗尔（Henri Tajfel, 1970; Tajfel, Billig, Bundy, & Flament, 1971）做了一项分水岭般的实验，表明仅仅被归类到某一群体就足以产生群际歧视（第 11 章）。

最后，菲利普·津巴多（Phillip Zimbardo, 1971）在斯坦福大学心理学系的地下室建立了一个模拟监狱，用来研究去个体化以及角色的现实性和极端性（第 8 章）。这项研究引起了爱看电视真人秀节目的大众的极大兴趣，以至于两位著名的英国社会心理学家亚历克斯·哈斯拉姆（Alex Haslam）和斯蒂芬·赖歇尔（Stephen Reicher）被委托担任顾问，在 2002 年BBC 的一档电视节目上重做了这项实验（Reicher & Haslam, 2006）。2015 年还出了一部好莱坞风格的电影，名字就叫《斯坦福监狱实验》，这部电影以惊悚片的形式对这项实验进行了戏剧化的演绎。

5. 知名项目

审视学科发展的一种方式是聚焦社交网络，问"谁是谁""谁影响了谁"。以这种方式来看，充满魅力的库尔特·勒温的以群体为中心的研究对美国其他社会心理学家产生了重大影响（Marrow, 1969）。他的学生之一是利昂·费斯廷格，而费斯廷格的学生之一是斯坦利·沙赫特。后者在情绪的认知标签化方面的工作是费斯廷格的社会比较概念（即个人以他人为基线来评价自己的思维、情感和行为）的衍生物。

还有其他几个研究团队，他们的研究项目对这门学科产生了持久的影响。第二次世界大战的一些情况引起了两个研究团队的关注。受这样一种可能性（即德国的专制统治和法西斯主义兴起可能源于这个民族的人格和儿童教养实践）的启发，有一个团队研究了权威人格（Adorno, Frenkel-Brunswik, Levinson, & Sanford, 1950）——在美国着手开展了雄心勃勃的对权威主义的跨文化研究（第 10 章）。另一个团队研究了态度改变。由卡尔·霍夫兰（Carl Hovland）领导的耶鲁态度改变项目发展并检验了他们的理论，这些理论解释了劝服技术和劝服过程以及宣传是如何改变人们的态度的（Hovland, Janis, & Kelley, 1953；见第 6 章）。

约翰·蒂博和哈罗德·凯利（John Thibaut & Harold Kelley, 1959）基于社会交换的经济模型，提出了一种研究人际关系的取向（第 14 章）。这种取向不只被用于亲密关系研究，还对社会心理学产生了巨大影响。例如，莫顿·多伊奇（Morton Deutsch; Deutsch & Krauss, 1960）把交换原则用到了人际谈判的研究上。这再次显示了勒温的影响所及——所有这些学者（蒂博、凯利、多伊奇）都是勒温的学生。

到了现代阶段，认知取向就占据了主导地位。内德·琼斯（Ned Jones; Jones & Davis, 1965）着眼于普通人对因果关系的看法，提出了归因理论（第 3 章）。达利和拉塔内（Darley & Latané, 1968）通过引入创新的认知模型研究了亲社会行为，探讨了人们如何解释紧急情况以及有时何以未能帮助受害者（第 13 章）。

弗里茨·海德（Fritz Heider, 1946）和所罗门·阿希（Solomon Asch, 1946）早期关于社会知觉的工作在 20 世纪 70 年代转型为当代的社会认知（见第 2 章）。这一转型过程中的关键人物有沃尔特·米歇尔（Cantor & Mischel, 1977），他探讨了知觉到的行为特征可能成为刻板印象；还有理查德·尼斯贝特和李·罗斯（Richard Nisbett & Lee Ross, 1980），他们研究了认知启发式（心理捷径）在社会思维中的作用。

（四）期刊

期刊在科学中至关重要。它们是科学家交流思想、交换意见、通报发现的最主要的论坛。截至 20 世纪 50 年代，重要的早期期刊有《异常与社会心理学杂志》（*Journal of Abnormal and Social Psychology*）和《人格杂志》（*Journal of Personality*）。社会学杂志《社会计量学》（*Sociometry*）也接受社会心理学的稿件。

20 世纪 60 年代起，对发表平台的需求不断增加。这不仅反映了世界各地社会心理学家人数的增长，也反映了地区和分支学科的需求。《异常与社会心理学杂志》于是一分为二，一部分致力于异常心理学，另一部分名为《人格与社会心理学杂志》（*Journal of Personality and Social Psychology*；1965 年创刊）。《社会计量学》更名为《社会心理学季刊》（*Social Psychology Quarterly*；1979 年创刊），以便更准确地反映其社会心理学内容。《英国社会与临床心理学杂志》（*British Journal of Social and Clinical Psychology*；1963 年创刊）［约在 1980 年拆分为《英国社会心理学杂志》（*British Journal of Social Psychology*）和《欧洲社会心理学杂志》（*European Journal of Social Psychology*；1971 年创刊）］代表了英国人和欧洲人的研究兴趣。

《实验社会心理学杂志》（*Journal of Experimental Social Psychology*；1965 年创刊）和后来的《人格与社会心理学通报》（*Personality and Social Psychology Bulletin*；1975 年创刊）满足了对实验研究期刊的进一步需求。其他致力于社会心理学的期刊包括《应用社会心理学杂志》（*Journal of Applied Social Psychology*；1971 年创刊）、《社会认知》（*Social Cognition*；1982 年创刊）、《语言与社会心理学杂志》（*Journal of Language and Social Psychology*；1982 年创刊），以及《社会与人际关系杂志》（*Journal of Social and Personal Relationships*；1984 年创刊）。在过去二十年中，又有一些期刊加入进来，包括《人格与社会心理学评论》（*Personality and Social Psychology Review*）、《社会心理学和人格科学》（*Social Psychological and Personality Science*）、《群体过

程与群际关系》(*Group Processes and Intergroup Relations*)、《自我与身份认同》(*Self and Identity*)、《群体动力与社会影响》(*Group Dynamics and Social Influence*)。

从发表的文章来看，在 20 世纪 60 年代到 70 年代的十年间，社会心理学研究出现了爆发式增长。此后，发表文章的速度加快了。在过去的十几年里，我们看到了社会心理学，乃至更广泛的心理学领域的期刊危机。出版物如此之多，选择阅读什么都成了一件困难的事。一个重要的标准是期刊的质量（即影响因子和编辑委员会的水平），可是现在有这么多期刊，有这么多提交的文章，对质量至关重要的编辑审稿过程也不堪重负了。这一点，再加上电子化访问的巨大潜力，引发了关于科学交流和出版的替代形式的激烈争论（Nosek & Bar-Anan, 2012）。

六、欧洲社会心理学

尽管正如我们的历史回顾所表明的那样，社会心理学和整个心理学都是在欧洲诞生的，但美国却很快就在观念、期刊、书籍和组织方面都占据了领导地位。领导地位转移的一个重要原因是 20 世纪 30 年代欧洲法西斯主义的兴起。以德国为例，1933 年，犹太教授被开除出了大学，从那以后，直到第二次世界大战结束，为了宣传雅利安学说，犹太作者的名字被从教科书中删除（Baumgarten-Tramer, 1948）。这导致了欧洲社会心理学家和其他学者在战前大量流亡美国。到 1945 年，欧洲的社会心理学已被摧残殆尽，和美国这一领域的快速发展相比就更是如此。这块大陆被六年的战争毁掉了，欧洲社会心理学几乎不复存在。

从 1945 年到 20 世纪 50 年代，美国提供了资源（如资金和学术联系），以（重新）建立欧洲社会心理学中心。尽管部分是一种科学上的姿态，但这也是更广泛的冷战战略的一部分，旨在为西欧提供知识环境以对抗苏联阵营。这些中心和美国联系在一起，而不是彼此联系。事实上，欧洲社会心理学家之间的联系非常少，他们往往彼此不认识，而是倾向于与美国的大学保持联系。欧洲，包括英国在内，基本上是美国社会心理学的前哨。从 1950 年到 20 世纪 60 年代末，英国的社会心理学在很大程度上是以美国的思想为基础的。同样，在荷兰、德国、法国、比利时，大部分工作也是受美国思想的影响（Argyle, 1980）。

欧洲慢慢重建了自己的基础设施，欧洲的社会心理学家逐渐意识到美国思想的霸权以及欧美在思想、文化和历史上的差异。那时，欧洲最近的经历是在其境内发生的战争和冲突（1914 年到 1918 年的第一次世界大战，然后是 1936 年到 1939 年的西班牙内战、1939 年到 1945 年的第二次世界大战，紧接着又演变成冷战），而美国境内的最后一场重大冲突是 1861 年到 1865 年的内战。毫不奇怪，欧洲人认为自己更关心群际关系和群体，而美国人可能对人际关系和个体更感兴趣。欧洲人推动了更为社会的心理学。欧洲学者之间显然需要更好的交流渠道，他们需要在思想和组织上保持一定程度的独立。

这个方向上的第一步始于 20 世纪 50 年代初，由挪威的埃里克·林德（Eric Rinde）发起，他与美国人戴维·克雷奇（David Krech）合作，召集了几位美国学者和 30 多位欧洲社会心理学家共同开展关于威胁和拒绝的跨国研究。其更大的目标是鼓励国际合作并增加培训机构以培训欧洲社会科学家。在这个项目的基础上，美国学者约翰·兰泽塔（John Lanzetta）和路易吉·彼得鲁洛（Luigi Petrullo）于 1963 年策划了在索伦托（Sorrento）举办的欧洲实验社会心理学大会（European Conference on Experimental Social Psychology）。在 28 位与会者中，有 5 位美国学者和 21 位来自 8 个国家的欧洲学者。组委会［穆尔德（Mauk Mulder）、帕热斯（Robert Pages）、罗默特韦特（Ragnar Rommetveit）、泰弗尔和蒂博］还负责为欧洲实验社会心理学的发展起草一份提案。

会议决定举办第二次欧洲大会和一次暑期学校（后来于 1967 年在鲁汶举办）。第二次欧洲大会于 1964 年在弗拉斯卡蒂（Frascati）举办，会上选举产生了一个"欧洲计划委员会"［亚霍达（Gustav Jahoda）、莫斯科维奇、穆尔德、尼坦（Jozef Nuttin）和泰弗尔］，以进一步探讨欧洲社会心理学的正式结构。1966 年在巴黎附近的华幽梦（Royaumont）举办的第三次欧洲大会批准了一个组织机构；欧洲实验社会心理学会（European Association of Experimental Social Psychology, EAESP）就正式诞生了。莫斯科维奇是主席，学会大约有 44 名成员。

EAESP 于 2008 年更名为欧洲社会心理学会（European Association of Social Psychology, EASP），五十多年来，它一直是欧洲社会心理学发展的一个巨大成功的焦点，目前学会约有 1 200 名成员。大多数成员来自荷兰、英国和德国（按人数多少排序），然后是意大利、法国，还有美国。它是整合在一起的、充满活力的社会心理学力量，多年来，它和国际上主要的社会心理学组织［人格与社会心理学会（Society for Personality and Social Psychology）、实验社会心理学会、社会问题心理学研究会（Society for the Psychological Study of Social Issues）］建立了密切的联系。学会每三年举办一次会议，上一次会议，也就是第 18 次全体会议，是 2017 年 7 月在西班牙的格拉纳达举办的（此前五次会议的举办地分别是圣塞瓦斯蒂安、维尔茨堡、奥帕蒂亚、斯德哥尔摩和阿姆斯特丹），来自欧洲和世界其他地区约 50 个国家的近 1 500 名代表参加了会议。

欧洲的期刊和教科书为欧洲社会心理学提供了更多关注点。1971 年创刊的《欧洲社会心理学杂志》和 1990 年创刊的《欧洲社会心理学评论》（*European Review of Social Psychology*）均被认为是世界上最权威的社会心理学期刊。EASP 还是于 2010 年创刊的、现在富有影响力的《社会心理学和人格科学》的合作伙伴。

欧洲使用的教科书主要是美国的，最近主要是美国教科书的欧洲改编本。不过欧洲也有很多值得注意的教科书，这可能要从莫斯科维奇的《社会心理学概论》（Moscovici, 1973）算起，然后是泰弗尔和弗雷泽的《社会心理学入门》（Tajfel & Fraser, 1978），以及莫斯科维奇的《社会心理学》（Moscovici, 1984）。当然，除了我们这本书（1995 年首次出版，现在是第 8 版）——不谦虚地说，我们这本书写得还不错——最近的其他欧洲教科书包括休斯通、施特勒贝和乔纳斯的《社会心理学导论》（Hewstone, Stroebe, & Jonas, 2012；现在出到第 5 版[①]），还有萨顿和道格拉斯的《社会心理学》（Sutton & Douglas, 2013）。

20 世纪 70 年代初以来，欧洲社会心理学经历了一次强有力的复兴（Doise, 1982; Jaspars, 1980, 1986）。最初，它自觉地将自己和美国社会心理学对立起来，并采取了明确的批判立场。然而自 20 世纪 80 年代后期以来，欧洲社会心理学虽然并未放弃其批判取向，却获得了极大的自信和国际认可。它对美国社会心理学，进而对国际视角的影响，也已得到广泛认可（如 Hogg & Abrams, 1999）。莫兰、豪格和海恩斯（Moreland, Hogg, & Hains, 1994）记录了群体过程研究的热潮如何几乎完全是由于欧洲的研究和视角而兴起的（从美国三大社会心理学期刊过去二十年的出版趋势中，我们可以清楚地看到群体过程研究的热潮）。也许正是通过社会表征（第 3 章）、社会认同和群际行为（第 11 章）、少数人影响（第 7 章），以及最近的社会认知（第 2 章）等方面的工作，欧洲社会心理学才拥有并将继续拥有极其明显和重要的国际影响。现在，请重新考虑一下你对本章开头"你怎么认为？"中的第三个问题的回答。

欧洲是一个拥有多种语言的大陆，不同国家和地区对社会心理学的不同方面有自己的侧重，这种多样性由来已久，如法国的社会表征研究、德国的政治心理学和群体过程研究、荷兰的社会正义和社会认知研究、瑞士法语区的认知发展研究、瑞士德语区的目标导向行动研究，以及斯堪的纳维亚半岛的应用和社会建构主义研究。2010 年对英国心理学进行的国际基准评估表明，英国社会心理学在社会认同、偏见和歧视、态度、健康行为、话语分析和批判心理学等方面的研究投入很大；大量的研究发表在本国的社会心理学期刊上。不过考虑到英语是科学的全球通

---

① 第 7 版已于 2021 年出版。——译者注

用语言这一事实，欧洲社会心理学家也用英语发表，这样他们的想法就能在国际上和欧洲内部产生最大的影响，欧洲大多数期刊、丛书和教科书都以英语出版。

历史地看，有两个人物对欧洲社会心理学产生了特别的影响：亨利·泰弗尔和塞尔日·莫斯科维奇。布里斯托大学的泰弗尔（Tajfel, 1974）彻底改变了我们对群际关系的看法。他的社会认同论关注的是一个人的认同如何建立在对一个群体的归属感上，以及这种社会认同是如何塑造群际行为的。它质疑谢里夫对客观的利益冲突是群际冲突的必要因素的论证（第 11 章）。莫斯科维奇（Moscovici, 1961）在巴黎的人类科学之家（Maison des Sciences de l'Homme）重新激起了人们对 19 世纪社会学家涂尔干及其社会表征概念的兴趣（第 3 章）。此外，他还对从众过程进行了全新的诠释——提出了一个全新的关注点，即少数群体如何影响多数群体并因此带来社会变革（第 7 章）。

■ 七、关于本书

我们希望在这本导论性的书里反映作为当代社会心理学的一部分的欧洲社会心理学。我们自然地整合了美国和欧洲的研究，不过需要强调的是，这本书是在优先考虑欧洲而非美国的科学和社会历史状况的基础上进行组织的。英国和欧洲的社会心理学学生一般是美国教科书和欧洲教科书混用。美国教科书全面、详尽，而且制作精良，但是对英国和欧洲的大学而言定的基调太低，没能很好地覆盖欧洲主题，再就是——很容易理解——美国教科书是建立在美国人的日常文化经验的基础上的。欧洲教科书通常是由不同作者分头撰写各自的章节，然后合在一起，它们优先考虑欧洲的情况，但是往往风格不统一，制作得也不够好，对社会心理学的覆盖也不全面。我们这本书满足了英国和欧洲的社会心理学学生对一本全面的社会心理学入门书的需要。

我们的目的是为大学心理学专业的学生撰写社会心理学入门书。它的语言以有文化的成年人为对象。不过这是一本导论，所以我们会特别注意将专业术语（即科学或社会心理学术语）变得通俗易懂。本书旨在对主流社会心理学做一个全面且无遗漏的介绍。我们覆盖了经典和当代的理论和研究，在大多数情况下采用了最能准确反映科学探索过程的历史视角。详细程度和覆盖范围是由英国和欧洲社会心理学本科生课程的范围和强度决定的。我们试图把欧洲和美国社会心理学最重要、最持久的特征结合在一起。因此，这本书可以说是一部国际化的教科书，但也是一部专门针对英国和欧洲的思想、文化和教育背景的教科书。

很多社会心理学教科书把基本理论和基础研究与应用理论和应用研究区分开来，通常是把"应用"章节——主要涉及健康、组织、正义或性别——留到书的最后。库尔特·勒温认为，没有什么东西比一个好的理论更实用，和这个观点相似，我们的理念是，基础和应用是交织在一起的，或者说最好被理解为是交织在一起的：它们自然地相互依赖。因此，应用型课题与基本理论和基础研究是交织在一起的。目前，社会心理学的一些重要应用领域包括人的发展（如 Bennett & Sani, 2004; Durkin, 1995）、健康（如 Rothman & Salovey, 2007; Stroebe, 2011; Taylor, 2003）、性别（如 Eagly, Beall, & Sternberg, 2005）、组织（如 Haslam, 2004; Thompson, & Pozner, 2007）、法律和刑事司法（如 Kovera & Borgida, 2010; Tyler & Jost, 2007）、政治行为（如 Krosnick, Visser, & Harder, 2010; Tetlock, 2007），以及文化（如 Heine, 2010, 2016; Smith, Bond, & Kağitçibaşi, 2006）——文化现在已成为当代社会心理学不可或缺的一部分（见第 16 章）。语言和沟通（如 Holtgraves, 2010）是社会心理学的核心主题，不过通常被视为一种应用，这个主题也有自己独立的一章（第 15 章）。

本书在结构上是这样的：第 2 章至第 5 章讨论人们头脑中发生的事情——认知过程和认知

表征，包括我们如何看待自己以及我们的态度是如何构成的。第 6 章继续介绍态度这个主题，不过重点关注态度是如何改变的以及人们是如何被劝服的。紧接着就进入第 7 章，在第 7 章里，我们更广泛地讨论人们如何互相影响。群体在社会影响中起着关键作用，所以在第 7 章之后，我们就顺理成章地进入论述群体过程（包括领导力）的第 8 章和第 9 章。第 10 章和第 11 章扩大了对群体的讨论，考虑了群体之间发生的事情——偏见、歧视、冲突和群际行为。令人遗憾的是，群际行为往往涉及冲突，这就引出了第 12 章对人类攻击行为的讨论。

为了避免大家对人类感到失望，第 13 章讨论人们如何变得利他，并能进行无私的、带着善意和支持的亲社会行为。第 14 章继续强调人类行为中更积极的方面，讨论人际关系，包括人际吸引、友谊和爱，不过也会谈到人际关系破裂。人际互动的核心是沟通，其中口头语言是最丰富的沟通形式：第 15 章讨论语言和沟通。第 16 章讨论社会行为的文化背景——对文化差异、跨文化的普遍性和文化在当代社会中的意义做了探讨。

每章都被整合到整本教科书的普遍逻辑中，但是它们都是独立的。本书有大量和其他章节相互参照的地方，每章末尾都有对该章所涉及主题进一步的、更为详细的介绍。我们还推荐了和每章主题相关的经典和当代文学和影视作品。

本书提到的很多研究可以在"历史背景"一节中提到的社会心理学期刊中找到——可以查看这些期刊以了解最新的研究情况。此外，还有三本社会心理学期刊专门对社会心理学主题进行学术性的前沿综述和评论，它们是《实验社会心理学进展》（*Advances in Experimental Social Psychology*）、《人格与社会心理学评论》和《欧洲社会心理学评论》。普通心理学理论和评论期刊，如《心理学年度评论》（*Annual Review of Psychology*）、《心理学通报》（*Psychological Bulletin*）和《心理学评论》（*Psychological Review*）也有社会心理学方面的专题报告。

对社会心理学的简短介绍，请参看鲍利克和罗森茨维格所编的《国际心理学手册》（Pawlik & Rosenzweig Eds., 2000）中豪格所写的那一章（Hogg, 2000a）。关于只关注欧洲社会心理学基本内容的精简的入门书，请参看豪格和沃恩的《社会心理学精要》（Hogg & Vaughan, 2010）。关于社会心理学的最权威、最详尽的信息来源无疑是现在的社会心理学手册，一共有四本：（1）菲斯克、吉尔伯特和林赛所编的《社会心理学手册》（Fiske, Gilbert, & Lindzey Eds., 2010），现在出到第 5 版。（2）豪格和库珀所编的《SAGE 社会心理学手册：精简学生版》（Hogg & Cooper Eds., 2007）。（3）克鲁格兰斯基和希金斯所编的《社会心理学：基本原理手册》（Kruglanski & Higgins Eds., 2007），现在出到第 2 版[①]。（4）休斯通和布鲁尔所编的四卷本《Blackwell 社会心理学手册》，每卷都是一本独立的书，每本书由两位编者负责：泰瑟尔和施瓦茨负责《个体内过程》（Tesser & Schwartz Eds., 2001），弗莱彻和克拉克负责《人际过程》（Fletcher & Clark Eds., 2001），豪格和廷代尔负责《群体过程》（Hogg & Tindale Eds., 2001），布朗和盖特纳负责《群际过程》（Brown & Gaertner Eds., 2001）。

鲍迈斯特和福斯所编的两卷本、1 020 页的《社会心理学百科全书》（Baumeister & Vohs Eds., 2007）是短篇综述文章的绝佳来源。这本书有 550 多个条目，它们都是由世界各地顶尖的社会心理学家撰写的。此外，还请留意即将于 2017 年或 2018 年出版、由豪格主编的《牛津社会心理学百科全书》（*Oxford Encyclopedia of Social Psychology*）[②]，这本书也非常全面，并且距离现在更近。另外两部更有针对性的百科全书是赖斯和斯普雷彻所编的《人类关系百科全书》（Reis & Sprecher Eds., 2009），以及莱文和豪格所编的《群体过程与群际关系百科全书》（Levine & Hogg Eds., 2010）。最后，豪格所编的《SAGE 心理学基准：社会心理学》（Hogg Eds., 2003）是一部包含 80 篇社会心理学基准研究论文的编辑注释合集，收录了这门学科中很多极具影响力的经典研究。

---

① 第 3 版已于 2020 年出版。——译者注

② 该书最终于 2022 年出版。——译者注

全书分为四卷，每卷又分为几个部分，每个部分之前都有简要的导论。

小结

- 社会心理学是关于个人的思维、情感和行为如何受到他人实际的、想象的或暗示的在场的影响的科学研究。尽管也可以按研究内容来描述社会心理学，但把它描述为一种看待人类行为的方式还是更为有用。
- 社会心理学是一门科学。它采用科学的方法来研究社会行为。这涉及多种用于收集数据以检验假设和建构理论的经验方法，不过实验通常是首选方法，因为它是了解是什么导致了什么的最佳手段。方法要做到和研究问题相匹配，方法论上的多元主义是值得赞赏的。
- 社会心理学的数据通常会转换为数字，然后通过统计程序得到分析。通过统计分析可以得出结论：研究中观察到的结果是真实的效应还是某种偶然事件。
- 社会心理学在研究伦理、理解社会行为的适当研究方法、社会心理学理论的有效性和效力、哪些类型的理论本质上是"社会心理学的"等问题上有很多争论，这些争论使社会心理学变得更加活跃。
- 虽然社会心理学起源于 19 世纪德国的民族心理学和法国的人群心理学，但实际上其真正开始于 20 世纪 20 年代的美国，采用实验方法是现代社会心理学开始的标志。20 世纪 40 年代，库尔特·勒温为社会心理学提供了重要动力，此后，这门学科得到了飞速发展。
- 尽管社会心理学起源于欧洲，但美国很快就占据了这门学科的主导地位，20 世纪 30 年代欧洲法西斯主义的兴起加速了这一过程。但是，20 世纪 60 年代末以来，欧洲社会心理学得到了快速而持续的复兴，其动力来自对欧洲特有的知识和社会历史状况的优先考虑，即发展一种更加重视集体现象和群体水平的、分析性的、更加"社会"的社会心理学。现在，欧洲社会心理学已成为和美国社会心理学同等重要并且互相补充的伙伴。

关键词

Archival research 档案研究
Behaviour 行为
Behaviourism 行为主义
Case study 个案研究
Cognitive theories 认知理论
Confirmation bias 证实偏差
Confounding 混杂
Correlation 相关
Data 数据
Demand characteristics 需要特征
Dependent variables 因变量
Discourse 话语
Discourse analysis 话语分析
Double-blind 双盲
Evolutionary psychology 进化心理学
Evolutionary social psychology 进化社会心理学
Experimental method 实验方法
Experimental realism 实验现实性
Experimenter effects 实验者效应
External validity 外部效度
fMRI 功能性磁共振成像

Hypotheses 假设
Independent variables 自变量
Internal validity 内部效度
Laboratory 实验室
Level of explanation 解释水平
Metatheory 元理论
Mundane realism 生活现实性
Neo-behaviourism 新行为主义
Operational definition 操作性定义
Positivism 实证主义
Radical behaviourist 激进的行为主义者
Reductionism 还原主义
Science 科学
Social neuroscience 社会神经科学
Social psychology 社会心理学
Statistical significance 统计显著性
Statistics 统计
Subject effects 被试效应
t test *t* 检验
Theory 理论
Völkerpsychologie 民族心理学

文学和影视

《海滩》

亚历克斯·嘉兰于 1997 年创作的小说（也是莱昂纳多·迪卡普里奥于 2000 年主演的同名电影）。一群背包客在泰国一座偏远的小岛上建立了自己的社会。他们应该隐藏自己个人的身份而接受群体的身份。这本戏剧性的书涉及许多与自我和身份认同、亲密关系、规范和从众、影响力和领导力，以及冲突和合作有关的社会心理学主题。这本书给人的感觉可能是《现代启示录》（弗朗西斯·福特·科波拉于 1979 年拍摄的传奇战争电影）遇上了《蝇王》（威廉·戈尔丁于 1954 年撰写的经典小说，讲述了一群被困在岛上的男孩的故事）。

《战争与和平》

列夫·托尔斯泰的杰作，讲的是社会和社会历史对人们生活的影响。它在显示宏观和微观分析如何相互影响又不能被对方取代这方面做得非常出色。这是一部出色的关于社会心理学的文学作品，它展示了人们的日常生活如何处于强大的人际、群体和群际过程的交汇处。列夫·托尔斯泰、爱弥尔·左拉、查尔斯·狄更斯和乔治·艾略特的其他经典小说也完成了相同的社会心理分析。

《悲惨世界》

维克多·雨果的代表作，19 世纪的经典文学名著。它探讨了十七年间（1815 年至 1832 年）巴黎的传统、制度和历史事件背景下的日常生活和各种关系。喜欢音乐剧的人知道，这部电影在 2012 年被改编成了同名音乐电影，汤姆·霍伯导演，休·杰克曼（饰主角冉·阿让）、罗素·克劳、安妮·海瑟薇和阿曼达·塞弗里德领衔主演。

《格列佛游记》

乔纳森·斯威夫特于 1726 年创作的讽刺人性的作品。这本书几乎和我们教科书中的所有主题都有关系。关于大端派（Big-Endians）和小端派（Little-Endians）的部分与第 11 章关于群际行为的内容特别相关。斯威夫特提供了一个有趣的、非常全面而有见地的社会描述，这个社会根据人们吃鸡蛋时是从鸡蛋大端还是小端剥开而分成两派——这与第 11 章介绍的最简群体研究有关，也与人们怎样如此深入地读出环境中的微妙特征这一总主题有关。

请你思考

1. 社会心理学家研究什么？你能举一些跨学科研究的例子吗？

2. 社会心理学研究有时会用到实验。为什么？

3. 你对社会心理学的解释水平知道些什么？什么是还原主义？

4. 如果你或你的导师要进行社会心理学研究，那么你们需要得到伦理上的批准。为什么会这样？得到伦理上的批准需要满足哪些条件？

5. 如果米尔格拉姆的服从研究中"施加"的电击等级是 150 伏而不是最大的 450 伏，这能否使这项实验更加合乎道德？

延伸阅读

Allport, G. W. (1954). The historical background of modern social psychology. In G. Lindzey (Ed.), *Handbook of social psychology* (Vol. 1, pp. 3–56). Reading, MA: Addison-Wesley. 经典且常被引用的社会心理学史综述，涵盖了直至 20 世纪 50 年代这一时段。

Aronson, E., Ellsworth, P. C., Carlsmith, J. M., & Gonzales, M. H. (1990). *Methods of research in social psychology* (2nd ed.). New York: McGraw-Hill. 翔实、文笔优美和经典的社会心理学研究方法著作。

Crano, W. D., & Brewer, M. B. (2015). *Principles and methods of social research* (3rd ed.). New York: Routledge. 一部翔实且非常值得阅读的社会心理学研究方法著作。

Dawkins, R. (2011). *The magic of reality: How we know what's really true*. London: Bantam Press. 行为和进化生物学家理查德·道金斯提到，科学确实旨在揭示什么为真——无论是地震、超新星、基因，还是嫉妒的本质。

Denzin, N. K., & Lincoln, Y. S. (Eds.) (2011). *The SAGE handbook of qualitative research* (4th ed.). Thousand Oaks, CA: SAGE. 这本学术畅销著作被认为是定性研究的黄金标准。

Ellsworth, P. C., & Gonzales, R. (2007). Questions and comparisons: Methods of research in social psychology. In M. A. Hogg & J. Cooper (Eds.), *The SAGE handbook of social psychology: Concise student edition* (pp. 24-42). London: SAGE. 一篇简单易读的关于如何从社会心理学中的研究问题转向研究本身以及如何选择研究方法的概述。

Farr, R. M. (1996). *The roots of modern social psychology: 1872-1954*. Oxford, UK: Blackwell. 一部学术性和挑衅性地探讨现代社会心理学的知识根源的著作。作者法尔是著名的社会心理学史评论家。

Goethals, G. R. (2007). A century of social psychology: Individuals, ideas, and investigations. In M. A. Hogg & J. Cooper (Eds.), *The SAGE handbook of social psychology* (pp. 3-23). London: SAGE. 一篇易读、全面和包容性的社会心理学史综述。

Howell, D. C. (2010). *Statistical methods for psychology* (8th ed.). Belmont, CA: Duxbury. 被高度推崇且经常使用的心理统计基础导论。它使用了我们都非常喜欢的常用方程和公式，且极易阅读。

Jones, E. E. (1998). Major developments in five decades of social psychology. In D. T. Gilbert, S. T. Fiske, & G. Lindzey (Eds.), *The handbook of social psychology* (4th ed., Vol. 1, pp. 3-57). Boston, MA: McGraw-Hill. 对奥尔波特（Allport, 1954）的论述的回顾和推进，涵盖了 1935 年到 1985 年这一时段。除了对经典的发展外，还涉及社会比较、认知失调、态度改变、从众、个人感知和归因等研究的进展。

Rosnow, R. L., & Rosenthal, R. (1997). *People studying people: Artifacts and ethics in behavioral research*. New York: Freeman. 一部介绍可能扭曲人类行为研究的明显偏差的著作，也包含了对伦理问题的阐述。

Ross, L., Lepper, M., & Ward, A. (2010). History of social psychology: Insights, challenges, and contributions to theory and application. In S. T. Fiske, D. T. Gilbert, & G. Lindzey (Eds.), *Handbook of social psychology* (5th ed., Vol. 1, pp. 3-50). New York: Wiley. 对社会心理学史的最新概述和解释。

Sansone, C., Morf, C. C., & Panter, A. T. (Eds.) (2004). *The SAGE handbook of methods in social psychology*. Thousand Oaks, CA: SAGE. 超过 550 页，共 22 章，全面涵盖了社会心理学的定量和定性研究方法，包括对研究伦理、项目开发、文化敏感性、跨学科和应用研究的探讨。

Tabachnik, B. G., & Fidell, L. S. (2013). *Using multivariate statistics* (6th ed.). Boston, MA: Pearson. 一本公认的"圣经"，展示了如何操作、解释和报告心理学中的多元统计。

Van Lange, P. A. M., Kruglanski, A. W., & Higgins, E. T. (Eds.) (2013). *Handbook of theories of social psychology*. Thousand Oaks, CA: SAGE. 囊括了所有重要的社会心理学理论，相关领域的专家或理论家对它们进行了清晰而简明的阐述。

第 **2** 章

社会认知与社会思维

你怎么认为？

1. 你参加了一个工作面试，面试官琼斯女士可能是你未来的老板。她认为你聪明、真诚，又能在公司有所作为。可是，当她讲到一个笑话时，你却没有笑。她据此怀疑你可能是个没有幽默感的人！她可能对你形成了什么样的整体印象？

2. 约翰把头发染成了多种颜色，且每隔一两周他就会改变发色。在心理学系的师生见面会上，你能在人群中立即找到他吗？如果在北京最大的会计师事务所的董事会议上呢？你能在人群中立即找到他吗？

3. 朱莉和罗莎记忆中的艾伦截然不同。朱莉在脑海中盘点她所认识的各位律师时，会记起艾伦；罗莎想到艾伦时，会想到他的古怪笑容和对畅销小说的了解。为什么她们记忆中的艾伦差异如此之大呢？

4. 2008 年，美国总统候选人希拉里·克林顿在第一次竞选总统时，声称曾经在波斯尼亚机场低头躲避狙击手的射击。然而，事实上她受到了非常和平的迎接。事后她解释道："我记错了。"她在说谎吗？抑或是她的记忆不可靠？哪些因素会影响目击者对事件的回忆呢？

一、社会心理学与认知

在第 1 章中我们学习到，社会心理学研究"人们的想法、感受和行为如何被他人影响，以及如何影响他人"。在这个定义中，想法扮演了关键的角色：人们对他们周边的社会世界展开思考，并基于这些想法做出相应的行为。当社会心理学家在讨论"想法"这一概念时，他们通常会使用一个更为专业的词语："认知"。在日常对话中，我们会混用想法和认知。可是，社会心理学家在使用这两个概念时，其所指的意义有所不同。想法指的是我们的内部语言和符号，是在意识层面的，至少是我们可以觉知到的。认知所涉及的范围更为广泛，还包括自动化的心理过程，该过程我们意识不到，或是需要耗费一定努力方可对其有所觉察，更不用说用语言或符号捕获到它。认知好比是电脑的程序或操作系统：它在后台自动操作，运行电脑的所有功能。

认知与想法都发生于人类的头脑中。它们是介于外面的世界和人们随后所做的事情之间的心理活动。认知和想法的运作可以通过人们的言行进行推断，包括行动、表情、言论和写作。如果我们能理解认知，我们就能理解人的行为方式和原因。**社会认知**（social cognition）是社会心理学领域的一种研究路径，它聚焦于认知如何受到更广泛和更直接的社会背景的影响，以及认知如何影响我们的社会行为。

20 世纪 80 年代，社会认知领域的研究呈井喷式发展。根据泰勒（Taylor, 1998）的研究，在社会认知研究发展的鼎盛时期，社会心理学领域最权威的学术期刊《人格与社会心理学杂志》接收的 85% 的投稿属于社会认知的研究范畴。社会认知是解释社会行为的主流视角（如 Dijksterhuis, 2010；Fiske & Taylor, 2013；Macrae & Quadflieg, 2010；Moskowitz, 2005）。社会认知视角告诉我们人类如何处理和存储有关"人"的信息，以及这些信息如何影响理解他人、与他人互动。社会认知领域的研究借鉴了认知心理学、神经科学的研究方法和技术手段（Gazzaniga, Ivry, & Mangun, 2013；Todorov, Fiske, & Prentice, 2011），对其进行完善改造，使之适用于社会心理学研究。社会认知视角对社会心理学产生了深远的影响，这种影响力还将持续（Devine, Hamilton, & Ostrom, 1994）。

社会心理学中的认知简史

威廉·冯特（Wilhelm Wundt, 1897）是现代实证心理学的奠基人之一。他曾经使用自我观察和内省法对认知（人的主观体验）进行探索，他认为理解认知是心理学的主要研究目标。内省法由于其科学性不足，而后日渐被人所摒弃。这些数据和理论具有鲜明的个人特质，它们实际上属于自传体，因此难以对其进行反驳或将其概括化。

心理学家认为，理论应该构建于可公开观察和可重复的数据基础之上，因此研究视角由关注内部（认知）事件转向研究外部的、可观测的行为。研究重心的转变最终发展为 20 世纪早期**行为主义**（behaviourism）的繁盛（如 Skinner, 1963；Thorndike, 1940；Watson, 1930），"认知"在近半个世纪的时间内成为心理学家羞于提及的话题，备受冷落。行为主义者关注外显的行为，认为行为（如摆手）是对环境中可观测刺激（公交车）的反应，个体的行为基于过去得到的惩罚或是奖励（搭乘公交车）。

20 世纪 60 年代，心理学家重拾对认知的研究兴趣。导致研究兴趣转变的原因有以下几点：行为主义理论繁杂冗长，且难以解释人类的语言和沟通现象（见 Chomsky, 1959）；研究者希望了解个体如何符号化地表征外部世界，以及如何操纵这些符号。此外，信息的操纵和传递开始主导世界：信息加工日渐成为心理学的研究焦点（Broadbent, 1985；Wyer & Gruenfeld, 1995）。随之而来的计算机革命延续了

社会认知
影响社会行为并被社会行为所影响的认知过程和结构。

行为主义
强调用强化程序来解释可观测的行为。

这种发展趋势，计算机革命鼓励并使心理学家能够对高度复杂的人类认知过程进行建模或模拟。计算机成为人类心智的隐喻，研究者用电脑软件、程序代表认知。认知心理学，有时也被称为认知科学，重返科学研究的视野（如 Anderson, 1990; Neisser, 1967）。

一直以来，社会心理学对认知有着浓厚的研究兴趣，这点有别于普通心理学（Manis, 1977; Zajonc, 1980）。社会心理学对认知的关注至少可以追溯到实验社会心理学之父——库尔特·勒温。勒温（Lewin, 1951）以**格式塔心理学**（Gestalt psychology）为基础，认为对社会行为最有效的理解是，它是人类对其世界的认知以及对这种认知的操纵的功能。认知和思维在社会心理学中处于中心地位。在社会心理学领域，至少有四种伪装后的理论关注认知（Jones, 1998; Taylor, 1998），包括认知一致性、朴素科学家、认知吝啬者和目标明确的策略家。

第二次世界大战之后，在 20 世纪四五十年代，对态度改变的研究掀起了一股热潮，在此期间产生了一些理论，这些理论有一个共同的假设，即人们努力追求**认知一致性**（cognitive consistency）：人们厌恶不同认知之间的冲突和差异，因此有强烈的驱力减少不同认知之间的冲突（如 Abelson et al., 1968; Festinger, 1957; Heider, 1958; 另见第 5 章和第 6 章）。虽然越来越多的证据表明人们对于认知不一致的容忍度非常之高，认知一致性理论自 60 年代起也风光不再，但是该理论至今依然具有一定的影响力（Gawronski & Strack, 2012）。

20 世纪 70 年代初期，**朴素科学家（心理学家）**（naive scientist/psychologist）模型逐渐兴起，该理论认为人们需要为行为和事件寻找原因和解释，给所处的世界赋予意义。该模型为 20 世纪 70 年代在社会心理学领域占据主导地位的行为**归因**（attribution）理论奠定了基础（见第 3 章）。朴素科学家模型假设人们在进行类似科学的因果分析时是基本理性的。任何偏离正态分布的归因偏误或偏差都可被追溯到有限或不准确的信息，以及诸如个人利益之类的动机。

但在 20 世纪 70 年代后期，研究者开始清楚地认识到，即使在理想的情况下，人们也算不上是非常谨慎的科学家。真实的情况是，人类处理信息的能力非常有限，因此在很多情况下会走认知捷径：人是**认知吝啬者**（cognitive misers）（Nisbett & Ross, 1980; Taylor, 1981）。与社会思维相关的各种错误和偏差并非源自理想的信息处理形式，而是社会思维的内在本质属性。从认知吝啬者的理论视角来看，完全没将动机纳入考量。然而，随着这种观点日益发展成熟，动机的重要性再次凸显（Gollwitzer & Bargh, 1996; Showers & Cantor, 1985）——社会思考者又变成了**动机策略家**（motivated tactician）。

> 一位全身心投入的思考者有多种认知策略，他们会基于目标、动机和需求从诸多认知策略中进行选择。在很多情况下，动机策略家会基于适应性和准确性的考虑做出明智的选择；在有些情景中，他还会为了速度或自尊心而采取防御性措施。（Fiske & Taylor, 1991, p. 13）

社会神经科学（social neuroscience）是当今社会心理学的发展前沿，也被称为认知神经科学或社会认知神经科学（Harmon-Jones & Winkielman, 2007; Lieberman, 2010; Todorov, Fiske, & Prentice, 2011）。从很大程度上来讲，社会神经科学是一种方法论，即通过功能性磁共振成像（fMRI）技术检测并定位大脑中与认知活动或认知功能相关的电活动。例如，当人们对朋友、陌生人或是某一类人进行积极或消极的思考时，抑或是当他们对不同行为进行归因时，他们的不同脑区就会"发光"。社会神经科学现已被广泛应用于各种社会心理现象的研究中，例如人际过程

格式塔心理学
该学派认为整体影响各组成部分，而不是部分影响整体。

认知一致性
一种社会认知理论模型，认为个体体验到认知冲突时会有不愉快的体验，因此会试图减少认知之间的不一致性。

朴素科学家（心理学家）
一种社会认知理论模型，认为人是理性的、科学的，会使用因果分析的方式来理解所处的世界。

归因
为自己和他人的行为寻求解释的过程。

认知吝啬者
一种社会认知理论模型，认为人会使用简单、认知能耗最小的方式产生一般适应性行为。

动机策略家
一种社会认知理论模型，认为人有多种认知策略可供选择，个体会根据目标、动机和需要，在多种策略中进行选择。

社会神经科学
对与社会认知、社会心理过程和现象相关的大脑活动的研究。

（Gardner, Gabriel, & Diekman, 2000）、归因推论（Lieberman, Gaunt, Gilbert, & Trope, 2002）、偏见和去人性化（Harris & Fiske, 2006）、社会排斥经历（Eisenberger, Lieberman, & Williams, 2003），甚至是宗教信念（Inzlicht, McGregor, Hirsh, & Nash, 2009）。

二、形成对他人的印象

我们在描述别人时，即使是刚认识的人，也会使用人格特征对其进行描述（Gawronski, 2003）。人们会花费大量的时间去思考别人。我们会对遇到的人、别人向我们描述的人或在媒体上看到的人形成印象。我们将这些印象传达给他人，并以此作为决定我们将如何感受和行动的依据。印象的形成和人的感知是社会认知的重要方面（Schneider, Hastorf, & Ellsworth, 1979）。然而，我们形成的印象受某些信息的影响比其他信息更多。

（一）哪些信息是重要的？

根据所罗门·阿希（Solomon Asch, 1946）的**配置模型**（configural model），在形成第一印象时，某些特定信息的权重更高，这些特质被称为**中心特质**（central traits）。其他信息，即所谓的**外围特质**（peripheral traits），对印象形成的影响要小得多。中心特质和外围特质存在或多或少的内在关联，因此，两者在构建个体的整体印象时都发挥了一定的作用。中心特质影响其他特质的意义，并影响特质之间的关系，也就是说，中心特质对印象的综合配置起决定性作用。

为了探究这一观点，阿希让学生被试阅读两组描述某个人的词语，每组包含7个形容词（见图2.1）。这两组词只有一词之差：一组包含热情一词，另一组则包含冷漠一词。然后，研究者要求被试在两极维度上对目标人物进行评价，如慷慨/不慷慨、快乐/不快乐、可靠/不可靠。阿希发现，当词语列表包含热情一词时，被试对这个人的评价远远优于冷漠。如果用礼貌/直率代替热情和冷漠这两个词，所形成的印象上的差异就不那么明显了。阿希认为，热情/冷漠是一个中心特质维度，比礼貌/直率这个外围特质维度对印象形成的影响更大。后续的研究证实，热情确实是社会认知和印象形成的基本维度（Cuddy, Fiske, & Glick, 2008; Fiske, Cuddy, & Glick, 2007; Kervyn, Yzerbyt, & Judd, 2010）。热情也与两个人的依恋程度有密切关联（Williams & Bargh, 2008；另见第14章）。

哈罗德·凯利（Harold Kelley, 1950）在自然情境中重复了阿希的实验。他在向学生介绍一位客座讲师时，以这样一句话结尾："人们认为他是一个相当冷漠（或非常热情）、勤奋、挑剔、务实和坚定的人。"之后，这位讲师给若干个班级上了一堂完全相同的课程。一半班级的学生听到的介绍是"相当冷漠"，另一半班级的学生听到的是"非常热情"。讲座结束后，研究者让学生从多个维度对这位讲师进行评价。与听到"非常热情"相比，听到"相当冷漠"的学生对这位讲师的评价为不善于交际、以自我为中心、不受欢迎、拘谨、易怒、没有幽默感和无情，并且他们不太愿意提问和参与课堂互动。该研究支持了格式塔的观点，即印象是基于中心线索形成的综合体。

然而，针对该理论的批评聚焦于：人们如何确定某一特质是中心特质呢？格式塔理论认为，某一特质的中心性取决于它与其他特质的关联程度。有些研究者认为，所谓的中心性其实是由语境造成的（如 Wishner, 1960; Zanna & Hamilton, 1972）。在阿希的实验中，热情/冷漠是中心特质，因为它与其他线索特质的维度不

配置模型
阿希基于格式塔理论提出的印象形成模型，认为中心特质对印象形成起决定性作用。

中心特质
根据阿希提出的关于印象形成的配置模型，对印象形成起较大影响的特质。

外围特质
根据阿希提出的关于印象形成的配置模型，对印象形成影响较小的特质。

- 聪明

- 灵巧

- 勤奋

- ■   空白处是：

    热情/冷漠
    或
    礼貌/直率

- 坚定

- 务实

- 好奇

根据不同的中心特质，选择其他特质的比例(%)：

其他特质	呈现在列表中的中心特质			
	热情	冷漠	礼貌	直率
慷慨	91	8	56	58
智慧	65	25	30	50
快乐	90	34	75	65
善良	94	17	87	56
可靠	94	99	95	100

图 2.1 基于中心特质和外围特质对虚拟人物的印象

阿希给被试呈现 7 个特质词语，用于形容一位虚拟的人物。表中使用了"热情"或"冷漠"，抑或是"礼貌"或"直率"。当"热情"与"冷漠"二词互换时，被试选择其他特质词语形容该虚拟人物的比例发生显著变化；当"礼貌"与"直率"互换时，差异则不明显。

来源：Asch, 1946.

同，并与评价印象的词语存在语义上的相关。人们倾向于从两个维度对他人进行评价——社会性优/差、能力优/差（Rosenberg, Nelson, & Vivekanathan, 1968），也即菲斯克等人所提出的"热情"和"能力"维度（Cuddy, Fiske, & Glick, 2008; Fiske, Cuddy, & Glick, 2007）。显而易见，热情/冷漠是社会性优/差维度，研究中用于评价印象的特质词语（慷慨、智慧、快乐、善良、可靠）也属于该维度，而研究中的其他线索特质（聪明、灵巧、勤奋、坚定、务实、好奇）则属于能力优/差维度。

（二）印象形成的偏差

1. 首因和近因效应

信息的呈现顺序会极大地影响印象的形成。阿希（Asch, 1946）在另一项实验中使用六个特质词语对某个人进行描述。一半被试看到的词语列表是：聪明、勤奋、冲动、具有批判性、固执和嫉妒（即积极特质在前，消极特质在后）。另一组被试看到的词语呈现顺序完全相反。阿希发现，印象形成过程存在**首因**（primacy）**效应**：先呈现的特质对最终印象的形成影响更大。因此，与先呈现消极信息相比，当积极信息先呈现时，人们会对这个人做出更积极有利的评价。这种现象背后的原因或许是早期信息发挥了中心线索的作用，也有可能是人们对早期信息加工倾注了更多的注意资源。

近因（recency）**效应**也偶有发生，即晚呈现的信息比早期信息更具影响力。近

首因
一种呈现顺序效应，即较早呈现的信息对社会认知的影响更大。

近因
一种呈现顺序效应，即后来呈现的信息对社会认知有更大的影响。

因效应可能发生在你分心的时候（比如加班、被信息轰炸、疲惫），也有可能发生在你对了解某个人毫无兴趣，但随后你却必须了解这个人的时候（比如不得不与之共事）。此时，你会更留心关注后期呈现的信息。在多数情况下，首因效应更为常见（Jones & Goethals, 1972）——第一印象确实非常重要。

2. 积极与消极属性

在没有负面证据的情况下，人们倾向于对他人做出好人假设，并形成积极的印象（Sears, 1983）。然而，负面信息会快速吸引我们的注意力，并在随后的印象中占据重要位置，将整体印象向负面拉扯（Fiske, 1980）。此外，负面印象一旦形成，后续呈现的积极信息就很难将其改变（如 Hamilton & Zanna, 1974）。我们之所以对负面信息特别敏感，有两个可能的原因：

- 这些负面信息或许是不常见的、与众不同的或是极端的，此类信息会吸引更多的注意力（Skowronski & Carlston, 1989）。
- 这些信息蕴含着潜在的危险，因此觉察此类信息对个体乃至物种来说都具有生存价值。

3. 个人建构和内隐人格理论

乔治·凯利（George Kelly, 1955）认为，个体表征他人的方式是独一无二的。简单来说，**个人建构**（personal constructs）可以被视为一系列的双极维度。例如，在形成对他人的印象时，我可能会认为幽默感是最重要的核心原则，而你则会围绕智力这个核心特质组织印象。我们拥有不同的个人建构体系，因此，对同一个人会形成截然不同的印象。个人建构体系是人际知觉的适应性形式，随着时间的推移而发展起来，因此不易改变，具有一定的稳定性。

另外，**内隐人格理论**（implicit personality theories）（Bruner & Tagiuri, 1954; Schneider, 1973; Sedikides & Anderson, 1994）、人格的常人理论（lay theories of personality）（Plaks, Levy, & Dweck, 2009）或人性哲学（philosophies of human nature; Wrightsman, 1964）关注若干特征构成特定人格类型的一般原则。例如，罗森堡和塞德拉克（Rosenberg & Sedlak, 1972）发现，人们普遍认为聪明的人是友好的，而不是自私的。内隐人格在同一文化内具有一致性，但不同文化之间存在差异（Markus, Kitayama, & Heiman, 1996）。与人格建构相似，内隐人格基于个人的生活经验形成，具有强烈的个性化色彩，不易发生改变（Smith & Zárate, 1992）。

4. 外貌

虽然人们认为自己生活经验丰富，不会被外貌所左右，但研究发现事实并非如此。因为外貌通常是我们获取的关于他人的第一项信息，它对第一印象的形成有很大的影响，且正如我们在前面所讨论的，首因效应对印象有持久的影响（Park, 1986）。以貌取人并不完全是一件坏的事情，基于外貌的印象判断准确度可能会出乎意料的准确（Zebrowitz & Collins, 1997）。我们做出的最直接的基于外貌的判断是某人是否有外貌吸引力。研究发现，我们倾向于认为外貌吸引力高的人是"好"的（Dion, Berscheid, & Walster, 1972），他们有趣、热情、外向、擅长社交，并且具有德国诗人弗里德里希·席勒（Friedrich Schiller, 1882）所说的"内在美，一种精神和道德的美"。

外貌吸引力会影响到个体的就职单位、吸引力和爱情（见第 14 章），甚至对职业生涯也有影响。例如，海尔曼和施托佩克（Heilman & Stopeck, 1985）的研究发现，人们认为有吸引力的男性管理者比没有吸引力的男性管理者更有能力；认为有

个人建构
以个体独特的方式对他人性格进行描述。

内隐人格理论
以个体独特的方式对他人性格进行描述，并对其行为进行解释。

吸引力的女性得到晋升机会是因为她们的外貌，而不是由于她们的能力（见第 10 章）。更具体的数据来自对身高与收入、体重与收入之间关系的研究。在大多数西方国家，高个子男性（某种程度上也包括女性）和较瘦的女性被认为更具吸引力。一项元分析追溯了 45 项研究，涉及 8 500 名英国、美国被试，发现身高 6 英尺（1.83 米）的人在 30 年的职业生涯中，平均比身高 5 英尺 5 英寸（1.65 米）的人多赚近 16.6 万美元。在控制了性别、年龄和体重的情况下，结果也是如此（Judge & Cable, 2004）。另一项在德国和美国进行的研究探索了体重（不包括过度肥胖）和收入之间的关系，研究发现随着女性体重的增加，她的收入会随之减少；然而，对于男性来说，两者之间的关系正好相反（Judge & Cable, 2011）。

5. 刻板印象

印象形成还受到群体成员身份的强烈影响，例如公众对于某个民族、国籍、性别、种族、阶层的个性、态度和行为的认知，即**刻板印象**（stereotype；详见第 3 章、第 10 章和第 11 章）。当我们初见某人时，关于这个陌生人最凸显的特征是他的类别身份（比如所属族群），这些信息会自动生成一个与刻板印象相符的印象。海尔和格鲁内（Haire & Grune, 1950）的研究发现，当要求被试根据与刻板印象一致的信息撰写一段描述"工人"的文字时，他们很容易就完成了这项任务；但当加入一条与刻板印象相冲突的信息后（这个人很聪明），被试在完成该任务时就会遇到巨大的困难，他们会忽视这条冲突信息，歪曲事实，耗费更长的时间完成任务，甚至有人将主角的身份从"工人"提升为"主管"。

6. 社会评判

人们形成对他人的印象是为了对其做出判断：这个人是不是刻薄的、友好的、聪明的、乐于助人的，等等。如果在特定的情境中，受到社会规则的影响（如规范、习俗、法律），禁止对目标人物进行**社会评判**（socially judgeable），那么人们不太可能对该人形成印象并做出评判（Leyens, Yzerbyt, & Schadron, 1992; Yzerbyt, Leyens, & Schadron, 1997; Yzerbyt, Schadron, Leyens, & Rocher, 1994）。然而，如果目标人物被认为是可以进行社会评判的，那么，评判结果会趋向两极化；而且，目标越被认为可以进行社会评判，人们对判断结果越有信心。换言之，如果出于"政治不正确"而被惯例或法律禁止，人们就不会基于刻板印象对某人做出评判；然而，一旦惯例允许或是行为合法化，人们会很乐意基于刻板印象对他人进行评判。

（三）认知代数

印象形成涉及将一个人的信息（即随着时间的推移而出现的特征）依次整合成一个完整的形象。这个整体形象是评价性的，信息本身也是如此。试想，如果有人问你对某个在聚会上遇到的人的印象，你可能会回答："他看起来很友好、很有趣，总的来说，是个不错的人。"从你的回答中不难得知，这个人留给你的印象是积极的。印象形成在很大程度上是一个评价的问题，而非描述。**认知代数**（cognitive algebra）是研究印象形成的一种取向，聚焦于个体如何赋予特质积极或消极的效价，以及我们如何将这些效价整合为一个整体评价（Anderson, 1965, 1978, 1981）。认知代数有三种主要模型：相加模型、平均模型和加权平均模型（见表 2.1）。

刻板印象
人们对社会群体及其成员所普遍共有的、简化的评价性印象。

社会评判
关于评价某一目标人物可否为社会所接受的看法。

认知代数
一种研究印象形成的取向，主要研究人们如何将具有不同效价的特质整合，并最终形成一个积极或消极的整体印象。

表 2.1 基于相加模型、平均模型和加权平均模型的印象形成

	相加模型 所有特质权重为 1	平均模型 所有特质权重为 1	加权平均	
			潜在的"朋友" 加权	潜在的"政客" 加权
初始特质				
聪明（+2）			2	3
真诚（+3）			3	2
无聊（-1）			3	0
初始印象	+4.0	+1.33	+3.33	+4.00
得知他很幽默（+1）后而 调整的印象	+5.0	+1.25	（权重=1） +2.75	（权重=0） +3.00
得知他很慷慨（+1）后的 最终印象	+6.0	+1.20	（权重=2） +2.60	（权重=1） +2.60

1. 相加模型

相加模型（summation）认为，整体印象是所有特质的累加值。假设我们有一个心理评分表，分值介于 -3（非常消极）到 +3（非常积极）之间，我们给每一项特质赋值，例如聪明（+2）、真诚（+3）、无聊（-1）。如果我们遇到一位同时具备以上特质的人，那么我们对他的整体印象是上述特质的总和，即 +2 + 3 -1= +4（见表 2.1）。如果得知这个人很幽默（+1），那么，对他的印象分值将提高到 +5。如果我们了解到他很慷慨（+1），那么对他的印象分值则提升到 +6。每条信息都会影响最终形成的印象，所以，为了给他人留下一个好印象，你应该多多展示自己的每一个积极特质，哪怕是稍微正面的。在上述例子中，隐瞒自己很无聊的事实会是明智之举，现在，你留给别人的印象是 +2+3+1+1 = +7。

2. 平均模型

平均模型（averaging）认为，总体印象是每条信息的累积平均。以前面的例子来看，我们形成的初始印象分值是（+2+3-1）/3 = +1.33（见表 2.1）。后续增加的信息"这个人很幽默"（+1）会使印象分值下降到 +1.25，即（+2+3-1+1）/4 = +1.25。当得知这个人很慷慨（+1）的信息后，对该人的印象分值会进一步下降到 +1.20，即（+2 + 3 - 1 + 1 + 1）/5 = +1.20。因此，出于给他人留下一个好印象的考虑，你应该只展示自己最优秀的一面。在这个例子中，你最好只展现自己真诚的一面，那么你留给别人的印象是 +3，而无须展示其他特质。

3. 加权平均模型

虽然很多研究证据支持平均模型，但该模型仍存在一些局限。首先，信息的效价可能不是固定的，而是取决于印象形成时的情境。此外，情境也可能影响信息的相对重要性，从而影响印象形成中的权重。上述原因催生了**加权平均模型**（weighted averaging）。例如（见表 2.1），如果你在评估某人是否适合做朋友，赋予聪明、真诚和无聊的权重可能会是 2、3 和 3。加权平均后的总体印象得分为

相加模型
通过将所有特质属性的效价相加，形成正面或负面印象的方法。

平均模型
通过将所有特质属性的效价进行平均，形成正面或负面印象的方法。

加权平均模型
通过将所有特质属性的效价先加权再平均，形成正面或负面印象的方法。

$[(+2 \times 2) + (+3 \times 3) + (-1 \times 3)]/3 = +3.33$。如果你把这个人作为政客进行评估，则权重可能会调整为 3、2 和 0，从而得出印象的加权平均分为 $[(+2 \times 3) + (+3 \times 2) + (-1 \times 0)]/3 = +4.00$。表 2.1 显示了不同权重的附加信息对整体印象的影响。（参考本章开篇的"你怎么认为？"中的第一个的问题，琼斯女士会通过哪些不同的方式形成对你的印象？）

权重反映了在不同的印象形成情境中，个体对信息重要性的认识。权重的大小可通过多种方式确定。例如，已有研究发现，负面信息（如 Kanouse & Hanson, 1972）和早呈现的信息（上文中讨论的首因效应）可能会被赋予更大的权重。令人感到困惑的是，加权平均模型似乎和阿希的中心特质理论如出一辙。在加权平均模型中，类似于中心特质的信息在印象形成过程中占据更大的权重。阿希的中心特质理论和加权平均模型的区别在于：对于后者来说，中心特质只是更凸显、权重值更高的信息；而对于阿希的理论来说，中心特质对外围特质的意义有着切实的影响，使得关于某人的信息组织方式发生了改变。阿希的理论观点保留了对特质和印象的"质"的关注，而认知代数注重信息的"量"，并且只受到"量"的影响。

近年来，社会认知领域倾向于用"认知图式"的概念取代"中心特质"（Fiske & Taylor, 2013），新近的观点认为，在社会认知过程中，"热情"和"能力"是稳定的核心组织原则（Cuddy, Fiske, & Glick, 2008; Fiske, Cuddy, & Glick, 2007）。"热情"和"能力"的评价效应是有层次的，例如在竞争情境中，未来的能力（潜力）可能比过去的能力（成就）获得更多正面评价，取得更积极的结果（Tormala, Jia, & Norton, 2012）。

■ 三、社会图式与类别

图式（schema）是"一种认知结构，是关于某一概念或刺激类型知识的表征，包括它的属性以及这些属性之间的关系"（Fiske & Taylor, 1991, p. 98）。它是一套相互关联的认知（如思想、信念、态度），使我们能够在有限信息的基础上，快速了解某个个体、情境、事件或地点。特定的线索可以激活某一个图式，然后，图式会自动"填补"上缺失的细节信息。

举例来说，假设你正在巴黎旅行。多数人有一个关于巴黎的图式，即一个人在巴黎可以做什么的知识库，包括在林荫大道上漫步、在公园闲坐、在街边咖啡馆喝咖啡、在书店里徜徉，或是觅一间法式餐厅大快朵颐。毫无疑问，真实的巴黎生活肯定会更加艰辛和多样化，但是，关于巴黎的图式可以帮助你解读发生在身边的事件，指导你在当地如何行事。当你身在巴黎时，你可能会去光顾当地的餐厅。当你到达餐厅时，"餐厅图式"被激活，该图式包括一系列在餐厅里可能会发生的事情（例如被侍者带到餐桌旁，看菜单，点餐，吃饭，聊天，喝酒，买单，离开）。此类关于事件的图式被称为**脚本**（script；见下文的"脚本"部分）。当你在餐厅就餐时，根据餐厅服务员的口音，你判断出他是一位英国人。"英国人"这一身份又包含了一系列关于这个人可能具备的思维方式、行为特征的假设。广为流传的关于某个群体的图式被称为"刻板印象"（第 10、11 和 15 章）。

图式一旦被激活，将加速自上而下的、概念驱动的信息加工过程，而非自下而上的、数据驱动的加工过程（Rumelhart & Ortony, 1977）。我们倾向于用先验知识和已有概念填补信息空白，而不是直接从当前环境中获取。认知图式的概念最早出现于巴特利特（Bartlett, 1932）关于非社会化记忆的研究中，该研究聚焦于个体如何主动建构和组织记忆，以期促进对行为的理解。这一概念还出现于阿希（Asch, 1946）提出的印象形成的配置模型（详见本章前文）、海德（Heider, 1958）提出的个人知觉平衡理论（详见第 5 章）和格式塔心理学（Brunswik, 1956; Koffka, 1935）中。以上这些理论取向都基于这样的假设，即对社会世界的简化、整体的认知表征

图式
表征关于概念或刺激类型的知识的认知结构，包括它的属性以及这些属性之间的关系。

脚本
关于事件的图式。

是用来解释刺激和规划行为的相对稳固的模板。

图式理论的替代观点认为，知觉是对现实世界未经筛选的、真实的表征（如 Mill, 1869 ）。如前所述，印象形成是将诸多特质综合起来的认知代数（如 Anderson, 1981 ）；记忆是通过刺激间的重复联结而被动实现的（如 Ebbinghaus, 1885 ）。

（一）图式的类型

图式可分为多种不同的类型。它们都会对编码新信息（内化和解释）、记忆旧信息和推测缺失信息产生影响。最常见的图式包括个体图式、角色图式、事件图式或脚本、无内容图式和自我图式。

1. 个体图式

个体图式是关于特定个体的知识结构。例如，你可能有关于某个挚友的个体图式（例如，她很善良、聪明，在公司里少言寡语，经常泡咖啡馆，不喜欢外出徒步），或是关于某位政客、某位知名作家、某位邻居的个体图式。

2. 角色图式

角色图式是关于特定角色的知识结构，例如飞行员（他们可以驾驶飞机，绝无可能在机舱内看到他们畅饮威士忌）和医生（虽然是陌生人，但是他们可以问一些非常隐私的个人问题，还可以让你脱掉衣服）。虽然角色图式适用于特定**角色**（roles，即职责或行为类型相同的一类人；见第 8 章），但有时也可以被认为是关于社会群体的图式，如果这一图式是被大众普遍认同的，那就可被称为社会刻板印象（第 10 章和第 11 章）。

3. 脚本

关于事件的图式通常被称为脚本（Abelson, 1981; Schank & Abelson, 1977 ）。我们有参加讲座的脚本、去电影院的脚本、参加聚会的脚本、做报告的脚本、去餐厅就餐的脚本等。例如，经常去观看足球比赛的人对球场内外可能会发生什么事情了然于胸。试想，如果你从未观看过足球比赛，甚至是从未听说过足球（第 3 章专栏 3.4 描述了一个这样的场景），你在观看足球比赛时会有何感受？正是由于缺乏相关的脚本，在国外旅居的人（如新移民；见第 16 章）常常会感到迷茫、恐惧和缺乏效能感。

4. 无内容图式

无内容图式不涉及关于特定类别的信息，而是由有限的信息处理规则组成。无内容图式会包含这样的规定：如果你喜欢约翰，而约翰喜欢汤姆，那么为了保持平衡，你也应该喜欢汤姆［详见海德的平衡理论（Heider, 1958 ）；见第 5 章］。无内容图式还有可能会明确说明如何对某人的行为进行归因［如凯利的因果图式观点（Kelley, 1972b）；见第 3 章］。

角色
区分群体内部不同活动的行为模式，以及为了群体的更大利益而相互关联的行为模式。

5. 自我图式

最后，我们将介绍人们关于自我的图式。个体对自我相关信息的表征和存储方式与对他人相关的信息处理方式相似，但是，自我相关信息的表征和存储方式更复杂、更多样。自我图式是个体关于"我是谁"的概念，即自我概念的组成部分。相关内容将在第 4 章进行详述。

（二）类别与原型

如果要使用图式知识，首先需要将某个人、事件或情境归类为特定的图式。在哲学家路德维希·维特根斯坦（Ludwig Wittgenstein, 1953）早期工作的基础上，认知心理学家认为，人在认知上将类别表征为属性的**模糊集合**（fuzzy sets），即所谓**原型**（prototypes），类别的实例之间以及与类别原型之间具有**家族相似性**（family resemblance；如 Cantor & Mischel, 1977, 1979; Mervis & Rosch, 1981; Rosch, 1978）。同一类别内的实例并不完全相同，实例彼此之间和与原型之间有不同程度的差异，原型是评估类别家族相似性以及决定类别成员资格的标准（见专栏 2.1）。

以音乐会这个类别为例，音乐会在音乐类型（重金属、古典四重奏）、场地（露天、音乐厅）、听众人数（小酒吧、格拉斯顿伯里音乐节）、表演时间（一两小时、若干天）等方面都有很大的差异，但它们确实共享独特的家族相似性。原型是一组模糊属性的集合，而不是一个有明确条条框框的特征列表（甚至是否有音乐也不是一个决定性属性，比如歌剧、芭蕾甚至电梯里也有音乐）。

通常情况下，原型是类别的平均或典型成员代表，但情况并不总是如此（Chaplin, John, & Goldberg, 1988）。在某些情况下，原型可能是典型成员（如典型的环保主义者），而在其他情况下，原型可能是极端成员（最激进的环保主义者）。当社会类别处于竞争关系中时（如环保主义者与开发商），极端原型可能会占上风，这种分析被用来解释人们如何遵从更极端或两极化的群体规范（如 Abrams, Wetherell, Cochrane, Hogg, & Turner, 1990; Gaffney, Rast, Hackett, & Hogg, 2014; 见第 7 章）。

作为模糊集合的类别　大学讲师是怎样的？嗯，那么，我对他或她有多少了解？请阅读专栏 2.1 "你的生活"，看看能否从中找到些许线索。

类别的组织方式是等级化的，包容性较低的类别（成员和属性较少）嵌套在包容性较强的类别（成员和属性较多）之中（见图 2.2）。一般来说，人们最常使用的是中间层次类别，而不是包容性很强或排他性很强的类别。这些基本层次类别既不会太宽泛，也不会太特别，它们即布鲁尔所说的最佳特征（Brewer, 1991; Leonardelli, Pickett, & Brewer, 2010）。例如，多数人更有可能将某一事物识别为汽车，而不是交通工具（过于宽泛）或宝马敞篷车（过于特别）。

基本层次类别是默认选项，但实际上，在社会感知过程中很少使用默认选项，归类层次的选择主要取决于情境和动机因素（Brewer, 1991; Cantor & Kihlstrom, 1987; Hampson, John, & Goldberg, 1986; Turner, 1985）。

除了对类别进行抽象表征（即原型），人们还会用具体实例，即**范例**（exemplars; Smith & Zárate, 1992）来表征类别。例如，欧洲人可能用贝拉克·奥巴马或唐纳德·特朗普来表征"美国人"这一类别。

模糊集合
类别被认为是围绕着原型组织的模糊特征集合。

原型
对某一类别的典型特征、理想特征的认知表征。

家族相似性
界定类别成员的属性。

范例
某一类别成员的具体实例。

专栏 2.1　　　你的生活

类别是基于原型组织的模糊集合

以下是一个简短的练习，用于说明类别作为模糊集合的性质：

试想"大学讲师"这个类别，此时，立即出现在你脑海中的信息就是大学讲师的原型，它很有可能是一组特征和形象。

记住刚才的原型，尝试把它写下来。你可能会发现，这比你预想的要困难得多。当你试图记录原型时，原型可能会变得模糊不清、不精确。

现在，请回想一下所有你能想到的大学讲师。他们或许是曾经在公共课或专业课上教过你的老师，或许是你在教师办公室打过照面的老师，也有可能是你在心理学系办公室附近偶遇的老师。或许，还包括你在书本和报纸上读到的讲师，或者在电影或电视上看到的讲师，这些都是"大学讲师"这一类别的实例。

在这些实例中，哪一个最像原型？哪一个实例完美契合大学讲师的原型？或是它们都或多或少地有一些原型的特征？在这些实例中，哪些是最不像原型的？这个最不像原型的实例，是不是几乎没有任何该类别的家族相似性？你应该明白，原型的范围是很大的（这个类别是相对多样的，是一个模糊的集合，包含了具有家族相似性的实例），并且，没有一个实例是与原型完美契合的（原型是一种认知结构）。

最后，将你的"大学讲师"原型与其他同学的原型进行比较。你可能会发现，大家的原型有很多相似之处。社会群体（如讲师）的原型是由社会群体成员（如学生）共有的。如果某一社会群体成员（如学生）共享关于另一个"社会群体"（如讲师）的原型，该原型就可以被称为社会刻板印象。

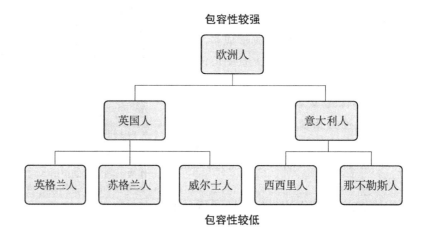

图 2.2 按包容程度划分的类别
类别是按层次组织的，因此包容性较低的（较小的）类别嵌套在包容性较强的（较大的）类别之中。

在对新的实例进行归类时，人们有时会使用范例作为标准，而不是原型。布鲁尔（Brewer, 1988）认为，当人们对某一个类别越来越熟悉时，他们就会从原型表征转变为范例表征；而贾德和帕克（Judd & Park, 1988；另见 Klein, Loftus, Trafton, & Fuhrman, 1992）则认为，人们在表征自己所属的群体时，会同时使用原型和范例，当表征外群体时，则只使用范例。关于原型与范例的适用条件，社会心理学家们尚未得出明确的答案（Fiske & Neuberg, 1990; Linville, Fischer, & Salovey, 1989; Park & Hastie, 1987）。类别表征的"混合"模型模糊了基于抽象的原型和基于实例的范例之间的区别，但这种做法的可行性仍有待进一步探讨（Hamilton & Sherman, 1994）。

除了将类别表征为原型或范例，我们还可以将其表征为属性（如特质、信念或行为）的**联想网络**（associative networks），这些属性之间存在情感的、因果关系的，或是仅仅是非常微弱的联系（如 Wyer & Carlston, 1994）。

一旦完成了对个体、事件或情境的归类，相关的图式就会被激活。图式和原型存在相似性，事实上，它们经常被互换使用。区别它们的方法之一是看它们的组织方式：原型是相对模糊的、无组织的、对某一类别的模糊描述，图式则是对特征及其相互关系的高度组织化描述（Wyer & Gordon, 1984）。

（三）归类与刻板印象化

刻板印象是得到广泛认同的、对某一社会群体成员的概括（Leyens, Yzerbyt, & Schadron, 1994; Macrae, Stangor, & Hewstone, 1996）。从本质上来讲，他们是关于社会群体的图式。当该图式被应用于外群体时，简化的形象就会基于群体间显著的差异而形成；有时候，这个差别甚至是人为制造出来的，并且该形象通常是贬义的（例如在身体外观方面；Zebrowitz, 1996）。专栏 2.2 介绍了林森和哈根多恩（Linssen & Hagendoorn, 1994）的研究。在该研究中，他们探索了欧洲人对北欧和南欧国家的刻板印象。在另一项关于中欧和东欧国家的研究中，波普和林森（Poppe & Linssen, 1999）发现，地理特征被赋予了评价价值，附加在关于国家的刻板印象上。

刻板印象和刻板印象化是偏见和歧视（见第 10 章）以及群际行为（见第 11 章）的核心内容。刻板印象这一概念最初是由沃尔特·李普曼（Walter Lippman, 1922）在学界使用的，它被视为简化的心理形象，作为有助于解释社会世界中令人困惑的多样性的模板。学界通过几十年对刻板印象内容和形式的研究，现已得出一系列明确的结论（Brigham, 1971; Katz & Braly, 1933; Oakes, Haslam, & Turner, 1994; Tajfel, 1978）：

- 对于人数众多的庞大群体，人们倾向于使用少数的、粗糙的共同属性对其进行描述。
- 刻板印象的改变需要一个漫长的过程。
- 刻板印象一般会随着社会、政治或经济的变化而改变。
- 刻板印象是在年龄很小的时候获得的，通常在儿童对刻板印象群体有任何了解之前就已经习得了（但是也有研究表明，有些刻板印象形成于儿童晚期，也就是 10 岁以后；Rutland, 1999）。
- 当社会关系紧张、群际冲突频发时，刻板印象会变得充满敌意，广为流传，并且极难改变。
- 刻板印象并非不准确的或错误的；相反，它们让特定的群际关系变得有意义。

1. 知觉加重

虽然刻板印象通常被认为与社会类别有关（如 Allport, 1954b; Ehrlich, 1973），但亨利·泰弗尔（Henri Tajfel, 1957, 1959）首次具体说明了归类过程是如何导致刻板印象化的。根据泰弗尔的推理，在对某个焦点维度做出判断时，人们会依赖于可能对决策产生帮助作用的外周维度（另见 Bruner & Goodman, 1947）。这是人脑理解世界的一个基本特征。例如，如果红葡萄酒被染成白色，或者白葡萄酒被染成红色（使用一种无味的着色剂），那么人们在品尝、判断酒的味道时，会根据颜色进行判断，他们会分别报告自己在品尝的是白葡萄酒或红葡萄酒（Goode, 2016）。

联想网络
节点或想法通过联想进行联结的记忆模型，认知激活可以沿着这些网络进行传播。

专栏 2.2　　　　　　　**重点研究**

学生对南欧、北欧的刻板印象

1989 年 12 月和 1990 年 1 月，胡布·林森和劳克·哈根多恩（Hub Linssen & Louk Hagendoorn, 1994）向丹麦、英国、荷兰、比利时、德国、法国和意大利的 277 名 16 岁和 18 岁的学生发放了一份调查问卷。该问卷请学生们评估欧洲不同国家的人在 22 个特征上的占比，这些特征可以聚合为四个维度：

1. **强势**，如骄傲、自信、进取。
2. **效率**，如勤奋、科学、富有。

3. **共情**，如乐于助人、友善。
4. **感性**，如享受生活、信仰宗教。

研究发现，欧洲南北之间存在显著的区别，与北欧人相比，学生们认为南欧人更加感性，效率更低。这些刻板印象与南欧和北欧国家之间的其他差异无关（如规模、政治影响力、社会组织形式）。

来源：Linssen & Hagendoorn, 1994.

再举一个例子，如果你需要判断一些线条的长度（焦点维度），目前已知所有标 A 的线条都比标 B 的线条长（周边维度），那么，你可能会用 A/B 标签来帮助你做出长度的判断。泰弗尔和威尔克斯（Tajfel & Wilkes, 1963）对这个想法进行了验证。他们让被试判断一系列线条的长度，每次呈现一条，以不同的顺序多次呈现。实验设置了三种条件：（1）线条被随机标记为 A 或 B；（2）所有较短的线条都被标记为 A，所有较长的线条都被标记为 B；（3）没有标签。研究发现，在第二种实验条件下，被试会使用标签信息来帮助判断，并倾向于低估 A 线的平均长度，高估 B 线的平均长度。如果我们换一种表述方式，这个实验与社会刻板印象化之间的关系会变得更为明显。试想，用歌唱能力代替线条长度，用威尔士人/英格兰人代替 A/B 标签，因为人们可能认为威尔士人能歌善舞（即存在一种社会刻板印象），所以将人们归类为威尔士人或英格兰人，会使得歌唱能力这一焦点维度产生知觉扭曲，即归类导致了刻板印象化。

加重原则

归类加重了群体内部的相似性和群体之间的差异性。当归类和（或）维度具有主观重要性、相关性或价值时，这种效应还会被进一步放大。

社会认同论

基于自我归类、社会比较和从内群体属性出发构建共同自我定义的群体成员身份和群际关系理论。

自我归类理论

由特纳等人提出，探索归类过程如何制造出社会认同以及群体和群际行为的理论。

泰弗尔（Tajfel, 1957, 1959）的 **加重原则**（accentuation principle），得到了诸多使用物理和社会刺激的实验的证实（见 Doise, 1978; Eiser, 1986; Eiser & Stroebe, 1972; McGarty & Penny, 1988; McGarty & Turner, 1992; Taylor, Fiske, Etcoff, & Ruderman, 1978; Tajfel, 1981a）。加重原则的要点如下：

- 对刺激的归类会加重类别内的相似性和类别间的差异性，这些差异被认为与归类相关。
- 当该归类对被试来说有重要意义、价值时，加重效应就会增强。

此外，科尔内耶、克莱因、兰伯特和贾德（Corneille, Klein, Lambert, & Judd, 2002）的研究表明，当人们对判断的维度不确定时，加重效应会更为明显。当要求比利时人以英尺为单位判断长度和要求美国人以厘米为单位判断长度（非日常用的单位）时，加重效应要比比利时人使用厘米和美国人使用英寸（熟悉的单位）时更为明显。

加重原则是泰弗尔关于群际关系和群体成员的理论的核心，它为约翰·特纳（John Turner）及其同事后来提出社会认同论（social identity theory）和**自我归类理论**（self-categorization theory）提供了前期基础（如 Hogg & Abrams, 1988; Tajfel & Turner, 1986; Turner, 1982; Turner, Hogg, Oakes, Reicher, & Wetherell, 1987; 另见 Abrams & Hogg, 2010; Hogg, 2006）；这些理论将在第 11 章中进行详述。然而，泰弗尔（Tajfel, 1981a）认为，虽然归类可以将刻板印象化的过程解释为依赖于情境的、不同程度

的知觉扭曲，但它无法解释特定群体的特定刻板印象是如何产生的这一问题。

2. 超越加重原则

刻板印象不仅仅是一个群体的成员对另一个群体所持有的共享信念，也是对其他群体属性的普遍看法（Von Hippel, Sekaquaptewa, & Vargas, 1995）或社会表征（Farr & Moscovici, 1984; Lorenzi-Cioldi & Clémence, 2001; 另见第 3 章和第 5 章）。为了丰富我们对刻板印象的理解，我们可能需要超越单纯的认知过程，并且需要

- 重新纳入对特定刻板印象内容的分析（Hamilton, Stroessner, & Driscoll, 1994）（专栏 2.3）。
- 了解刻板印象是如何在语言和交流中形成、表征和使用的（Maass, 1999; Maass & Arcuri, 1996）。
- 思考刻板印象的社会功能和群际关系的社会历史背景（Tajfel, 1981a; 另见 Hogg & Abrams, 1988; Leyens, Yzerbyt, & Schadron, 1994; Oakes, Haslam, & Turner, 1994）——第 3 章和第 11 章将对该问题进行更深入的探讨。

 **专栏 2.3**　　　**重点研究**

刻板印象内容分析为不同类型的偏见提供了证据

苏珊·菲斯克（Susan Fiske）及其同事提出了刻板印象内容模型，认为社会知觉围绕着两个维度进行组织，分别是热情（或社会性）和能力（Cuddy, Fiske, & Glick, 2008; Fiske, Cuddy, & Glick, 2007; Fiske, Cuddy, Glick, & Xu, 2002; Fiske, Xu, Cuddy, & Glick, 1999）。个体及其所属的社会群体，可以被积极地看作热情而能干的，也可以被消极地看作冷漠而无能的，或者被矛盾地视为热情而无能的，或是冷漠而能干的。

对外群体持有矛盾的刻板印象是很常见的。当一个群体被视为无能但热情的时候，就会出现家长式偏见，即这个群体可能被人喜欢但不被尊重。例如，对非裔美国人的刻板印象可能会使人们将他们贬低为无能的，但同时又会称赞他们是擅长运动的、有音乐感的、有节奏感的（Czopp & Monteith, 2006）。同理，对女性的刻板印象可能会使人们将她们消极地描述为能力不足，而积极地描述为有教养和有魅力［使用矛盾性别歧视量表（Ambivalent Sexism Inventory）测量］，这就是所谓的仁慈性别歧视，它会唤起那些遵循传统性别角色刻板印象的男性对女性的保护欲（Glick & Fiske, 1996; 见第 10 章对性别歧视的讨论）。

当一个群体被视为冷漠但有能力时，就会出现嫉妒性偏见。该群体可能得到尊重和钦佩，但不

被喜欢。例如，对犹太人的刻板印象可能会使人们贬抑他们的贪婪，但却欣赏他们的聪明（Glick, 2002）；对亚裔美国人的刻板印象［通过反亚裔美国人刻板印象量表（Scale of Anti-Asian American Stereotypes）评估］可能会使人们欣赏他们的聪明和勤奋，但却不喜欢他们不善于和家族之外的人进行社交（Lin, Kwan, Cheung, & Fiske, 2005）。

尼古拉斯·凯尔万（Nicolas Kervyn）及其同事的研究发现了热情和能力维度的补偿效应（Kervyn, Yzerbyt, & Judd, 2010）。当人们对两个目标（个人或群体）进行评判时，如果他们认为其中一个在能力维度上更占优势，那么，他们就有可能在热情维度上给予另一个目标更积极的评判。例如：

> 在大学里，那些勤奋学习、功课全 A 的学生会被视为书呆子。每个人都想要抄他们的笔记和总结，但在举办派对时没有人会想邀请他们。与此形成鲜明对比的是，一名啦啦队校队的女生每周五晚上至少会被邀请参加三个不同的派对，但是，当她要完成小组作业时，就会很难找到合作伙伴。（Kervyn, Yzerbyt, & Judd, 2010, pp. 155-156）

　　虽然刻板印象具有惯性，但它们并非一成不变。社会情境和人类动机都会对其产生影响。社会情境的即时或持久变化（例如，一个人将自己与谁比较，以及出于什么目的进行比较）会影响刻板印象的性质和它的表达方式（如 Oakes, Haslam, & Turner, 1994）。一般来说，如果刻板印象很容易从记忆中提取出来（可能是因为我们经常使用它们，而且它们对个体的自我概念有重要意义），且它们能够很好地解释人们的态度和行为（即，它们与"现实"很吻合），那么，它们就会持续存在。如果可及性或适合性发生改变，那么刻板印象也会随之改变。

　　由于刻板印象有多种用途，所以动机扮演着重要的角色。除了有助于节省认知资源和减少自我不确定性（Hogg, 2007b, 2012），刻板印象还可以阐明社会角色（Eagly, 1995）、权力差异（Fiske, 1993b）和群际冲突（Robinson, Keltner, Ward, & Ross, 1995），证明现状的合理性（Jost & Banaji, 1994; Jost & Kramer, 2002; Jost & Van der Toorn, 2012），或者有助于形成积极的群体认同感（Hogg & Abrams, 1988）。

四、我们如何使用、获得和改变图式

（一）使用图式

　　人、情境和事件拥有丰富的特征，以至于在进行分类的时候，我们可能无法立即确认应该使用哪些特征作为归类标准，哪些图式可供使用（见图 2.3）。例如卡拉是一位来自阿伯丁的女天主教徒，她机智、好读书、不爱运动，是一名工程师。在对她进行归类和使用图式时，该使用哪条线索？

　　由于人们最常使用的是基础类别，它们既非有很强的包容性，也不是非常特殊（Mervis & Rosch, 1981; Rosch, 1978; 见上一节），人们最初获取的是亚型，而不是上级或下级类别（如职业女性，而不是女人或律师；Ashmore, 1981; Pettigrew, 1981），获取的是社会刻板印象和角色图式，而不是特质图式（如政客，而不是聪明人）。人们也更有可能使用包含易于识别特征线索的图式，如肤色、衣着或外貌（Brewer & Lui, 1989; Zebrowitz, 1996），或在特定情境中与众不同的特征，如一群女性中唯一的单身男性。习惯性使用或是包含鲜明记忆的图式（Bargh, Lombardi, & Higgins, 1988; Bargh & Pratto, 1986; Wyer & Srull, 1981），以及在特定情境中与自我相关的图式，更有可能被调用。例如，一个种族主义者（种族对其来说很重要，与种族相关的记忆鲜明突出，习惯性地用种族来加工个人信息）会比非种族主义者更倾向于使用种族图式。最后，人们倾向于激活与情绪一致的图式（Erber, 1991）和基于早期而非后期信息的图式（即首因效应；见本章前面内容）。

　　上述自动化图式提供线索的过程具有一定的准确度（Swann, 1984），其功能性和准确性可以满足即时的互动需求。但有时人们需要使用更准确的图式，精确匹配当前的数据。在这

常用图式　社会情境可以激活多种图式。母亲是不是在家里照顾孩子考虑做饭的人？或许她正在做一些相当危险的事情——比如，攀岩！

种情况下，理论驱动的认知就会转向数据驱动的认知（Fiske, 1993a；见图 2.3）。如果犯错成本升高，人们会更加关注数据，并可能使用更准确的图式。

当结果（即奖励和惩罚）取决于他人的行为或态度时，犯错的代价就格外重要了（Erber & Fiske, 1984; Neuberg & Fiske, 1987）。在这种情况下，人们会探究更多的信息，更密切地关注数据，特别是关注与图式不一致的信息，还会更仔细地关注他人。当人们需要解释或证明他们的决定或行动时，犯错的代价也会很重要。在这种情况下，人们会对数据更敏感，给予更多关注，一般还会伴有更复杂的认知，以提高准确性（Tetlock & Boettger, 1989; Tetlock & Kim, 1987）。

如果犹豫不决的代价很高，人们就会倾向于快速做出决策或形成印象。无论这个决策或印象多么不准确，总归好过没有达成决策或形成印象。因此，在这种情况下，人们非常依赖于图式。绩效压力（即在时间不足的情况下做出判断或执行任务）会使人们对图式的依赖度升高。例如，在一项研究中，当处于时间压力下时，持有保守性别角色态度的男性和女性会歧视女性求职者，而持有激进性别角色态度的女性则会歧视男性求职者（Jamieson & Zanna, 1989）。

干扰和焦虑也会增加知觉到的犹豫不决成本，使人们更加依赖图式加工（Wilder & Shapiro, 1989）。当一个人承担向他人传递信息的任务（例如正式的演讲）时，井井有条、果断和清晰就变得更加重要，因此，依赖于图式也随之变得非常重要（Higgins, 1981）。尤其是当一个人在谈论技术性的内容（科学模式），而不是在讲述需要丰富的描写和人物形象的故事（叙事模式）时，这种情况可能更为明显（Zukier, 1986）。

在使用关于不受欢迎社会群体的图式时，贬低性的刻板印象往往会被激活。因此，人们应该意识到，图式加工是不准确的。人们应该刻意让自己不过度依赖于图式。虽然有时这样做会奏效，但基于本章所介绍的加工过程背景，人为的控制往往是微不足道的（Ellis, Olson, & Zanna, 1983）。然而，图式使用的程度和类型还受到个体差异的影响：

- 归因复杂性：人们对他人解释的复杂程度各不相同（Fletcher, Danilovics, Fernandez, Peterson, & Reeder, 1986）。
- 不确定性倾向：与有意获取更多信息的人相比，有的人更倾向于保持无知但确定的状态（Sorrentino & Roney, 1999）。
- 认知的需要：人们在思考事物的深度方面存在差异（Cacioppo & Petty, 1982）。
- 认知闭合的需要：人们在梳理思路并做出决策或判断的速度上有所不同（Kruglanski & Webster, 1996）。
- 认知的复杂性：人们在认知过程和表征复杂性上有所不同（Crockett, 1965）。

人们关于自我的图式也各不相同（Markus, 1977；见本章前面内容）。一般来说，在自我图式中占据重要地位的属性，其在个体对他人的认知图式中也非常重要（Markus, Smith, & Moreland, 1985）。个体在图式长期**可及性**（accessibility，即频繁使用、易于记忆）方面的差异，会显著影响个体在知觉他人时的图式使用。例如，巴蒂奇、阿索尔、梅斯和阿罗诺夫（Battisch, Assor, Messé, & Aronoff, 1985）进行的

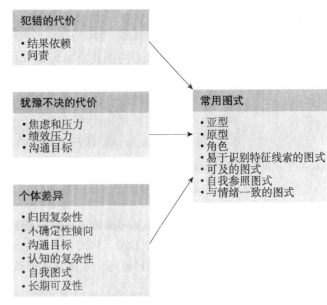

图 2.3　影响常用图式的若干重要因素

有些图式比其他图式更为常用，其使用受到一系列个人因素和信息处理因素的影响。

可及性

回忆起已经存储在头脑中的类别或模式的容易程度。

一项研究表明，在社会互动过程中，人们对他人的习惯取向会对图式加工产生影响（有的人更具有支配性和控制性，有的人更具有依赖性和依存性）。

性别图式和政治图式是两种得到广泛研究的图式。人们在这两种图式上存在个体差异。人们往往在其性别或性别角色图式的传统性或保守性方面存在差异（Bem, 1981），这会影响到人们在知觉他人的时候，认为对方在多大程度上偏向男性化或女性化（见第 10 章）。政治图式似乎建立在政治专长和知识的基础上，使用政治图式可以预测快速编码、思维聚焦和相关回忆提取（Fiske, Lau, & Smith, 1990; Krosnick, 1990）。

（二）获得图式

我们可以通过间接的方式获得图式。例如，你可能会根据别人告诉你的关于讲师的信息而获得关于讲师的图式。然而，一般来说，图式是通过与类别实例的接触（例如在文献、媒体或当面互动中接触到讲师）来构建或修改的。图式的获取和发展涉及一系列的过程：

- 随着接触到的实例越来越多，图式变得越来越抽象，越来越少地依赖于具体实例（Park, 1986）。
- 随着接触到的实例越来越多，图式会变得更加丰富、复杂，即对某个人或事件的经验越多，就会产生更复杂的关于该人或事件的图式（Linville, 1982）。
- 随着复杂性的增加，图式的组织方式也会变得更加紧密，即图式元素之间的联系越来越复杂（McKiethen, Reitman, Rueter, & Hirtle, 1981）。
- 组织的增多会产生一个更紧凑的图式，这个图式类似于单一的心理建构，它以全或无的方式被激活（Schul, 1983）。
- 图式变得更有弹性，它们能够更好地兼容例外情况，不会因为它们可能会威胁到图式的有效性而被摒弃（Fiske & Neuberg, 1990）。
- 整个过程进展顺利的话，图式在映射社会现实时会变得更加准确。

（三）改变图式

图式使我们觉得社会世界是有秩序的、结构化的和连贯的，因为图式都看似非常准确。如果没有图式，人们会觉得社会世界非常复杂且不可预测。正因为如此，图式很难发生改变（Crocker, Fiske, & Taylor, 1984）。人们非常抵触会破坏既有图式的信息，他们一般对其置之不理，或是会重新解释这些信息。例如，罗斯、莱珀和哈伯德（Ross, Lepper, & Hubbard, 1975）在研究中让被试基于目标个体决策质量高、低的信息（在 25 道题目中答对 24 道或 10 道），对目标个体形成印象。随后，告知被试上述信息是错误的，并让被试预测目标个体在随后任务中的表现，结果发现，已经形成的印象仍然会对被试的预测产生影响，他们预测目标个体平均会答对 19 道或 14.5 道。

美国的庭审律师常常会利用这一点。他们在法庭上出示不可接受的证据，法官听闻后会立即指示陪审团不予理会。但是，基于这些证据形成的印象不会因法官的指示而消失。印象是挥之不去的（Thompson, Fong, & Rosenhan, 1981）。

人们会仔细斟酌自己的图式，收集各种支持性证据（Millar & Tesser, 1986）。此外，还通过不加批判地依赖自己先前的判断来保护自己的图式，即通过使用先前的判断来证明和合理化当前的图式，而先前的判断则是基于更早的判断形成的。图式形成的原始根基随着时间的推移会逐渐消失，难觅踪迹，更不用说批判性地对其进行重新审视了（Schul & Burnstein, 1985）。

然而，如果图式真的出了错，它也会发生改变。例如，你根据电视娱乐节目中看到的信息，形成了狮子是可爱、善良、有趣的图式，如果你在野外徒步时遇到了真正的狮子，假使你能幸存下来的话，那么你脑海中关于狮子的图式肯定会发生剧烈变化。罗特巴特（Rothbart, 1981）研究了社会归类是如何运作的，并提出了改变图式的三种方式：

- **簿记**（bookkeeping）：在不断积累证据的情况下，缓慢改变。
- **转换**（conversion）：积累了大量的否证证据后，突然发生剧烈变化。
- **亚型化**（subtyping）：图式蜕变为子类，以容纳否证证据。

研究证据倾向于支持亚型化模式（Weber & Crocker, 1983；详见第 11 章对刻板印象变化的讨论）。例如，一位认为男性有暴力倾向的妇女，在遇到许多没有暴力倾向的男人后，会形成一个非暴力男性的亚型，与暴力男性形成对比。

与那些完全无法被证伪的图式相比，图式改变取决于图式在逻辑上或实践上被证伪的程度（Reeder & Brewer, 1979）。逻辑不通的图式相对来说很容易被反证所改变。如果我关于一个陌生人的图式是"他是诚实的"，那么，他作弊的证据很可能会改变我的图式（诚实的人不会作弊）。可以在实践中被否定的图式也相对容易改变。这些图式在实践中遇到实例的概率较高，例如，友善就是一种常常在日常生活中展现出来的特质（Rothbart & Park, 1986）。再比如，在日常生活中展现怯懦的机会较少，所以怯懦的图式在实践中被推翻的可能性较小。

■ 五、社会编码

社会编码是指个体在头脑中对外部社会刺激进行表征的过程。社会编码至少包括四个关键阶段（Bargh, 1984）：

- 前注意分析：对环境进行自动的、无意识的扫描。
- 焦点注意：刺激物一旦被注意到，就会被有意识地识别和归类。
- 理解：刺激物被赋予意义。
- 阐释推理：将刺激与其他知识联系起来，以便开展复杂的推理。

社会编码在很大程度上取决于什么吸引了我们的注意力。而注意力又受到凸显性、生动性和可及性的影响。

（一）凸显性

能够吸引注意力的刺激就是凸显的刺激。在社会认知中，**凸显性**（salience）指的是某刺激物相对于其他刺激物与众不同的属性。请回顾本章开头"你你怎么认为？"中的第二个问题。例如，一名男性在一群女性群体中是凸显的，但在性别平衡的群体中就觉察不到他有任何特别之处了；一名处于孕晚期的女性在大多数场合下是凸显的，但在医院妇产科就不会引起关注了；一个穿着鲜艳 T 恤的人在葬礼上是凸显的，但在海滩上却不是。凸显性是刺激域的一种属性。人之所以能凸显，是因为：

- 他们在当前情境中是新奇的（单身男人、孕妇）或形象的（穿着鲜艳的 T 恤）（McArthur & Post, 1977）。
- 他们的行为方式不符合先前对他们作为个体、作为特定社会类别或作为普通

簿记
通过积累与图式不一致的信息，逐步实现图式的变化。

转换
积累了大量与图式冲突的信息后，图式突然发生剧烈变化。

亚型化
与图式冲突的信息导致图式发生变化，形成子类别。

凸显性
某刺激物的属性使其从其他刺激物中脱颖而出，并成功吸引注意力。

人的期望（Jones & McGillis, 1976）。

- 对你的目标来说，他们很重要，他们出现在你的视野中央，或者你被告知要注意他们（Erber & Fiske, 1984; Taylor & Fiske, 1975; 见图 2.4）。

相对于不凸显的人，凸显的人会吸引更多的注意力，在群体中他们往往更具影响力。他们也对自己的行为负有更多的个人责任，受环境的影响较小，而且他们通常会受到更多的评价（McArthur, 1981; Taylor & Fiske, 1978; 见图 2.4）。由于凸显的人会吸引更多的注意资源，他们主导了我们的想法，增加了印象的一致性（即组织性和一致性）。人们可能回忆不起很多关于凸显的人的事情，然而，他们却很容易获得对这个人的连贯性印象。例如，如果你不喜欢高个子的男人，现在，你去参加一场聚会，聚会上遇到一位身材非常高大的男性，他从人群中脱颖而出，你可能会对他有非常负面的感觉，觉得他主导了谈话，并且不受其他人的影响。虽然你不一定能回忆起很多关于他的行为的准确信息，但你会对他这个人形成相当一致的印象。

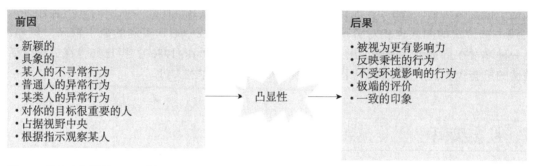

图 2.4 社会凸显性的因果示例

对于社会认知来说，凸显性是刺激物与社会情境中其他刺激物关系的属性。它可预测知觉、思维和行为的后果。

（二）生动性

凸显性是刺激在特定情境中相对于其他刺激的属性，而**生动性**（vividness）则是刺激本身的一种内在属性。生动的刺激

- 能够引起情感上的关注（如恐怖袭击）。
- 具体和形象（如恐怖袭击的血腥及其详细描述）。
- 与你的时空距离接近（例如，最近在你所在的城市发生的恐怖袭击）（Nisbett & Ross, 1980）。

生动的刺激应该像凸显的刺激一样吸引注意力，因此理应具有类似的社会认知效应。然而，研究并没有证实这一点（Taylor & Thompson, 1982）。生动的信息（例如通过直接经验或风趣的语言，并配以图片或录像）可能比苍白的信息更有趣，但并非更有劝服力。生动性的外在影响往往可归因于与生动性并存的其他因素。例如，生动的刺激可以传递更多的信息，因此，影响社会认知的可能是信息量而非生动性。

生动性

刺激本身的一种内在属性，能使其脱颖而出，吸引注意力。

启动

记忆中可及的类别或图式的激活，会影响人们处理新信息的方式。

（三）可及性

注意力往往不是被"外面"的刺激属性所引导，而是被我们脑海中已经存在的类别或模式的可及性，或是易回忆性所引导（Higgins, 1996）。当记忆中的一个刺激特征高度可及并进入意识层面时，即发生了**启动**（priming）。它们很容易出现在脑海中，并且有助于理解模棱两可的社会信息。它们是我们经常使用的、最

近使用过的，并且与当前的目标、需要和期望相一致的类别（Bruner, 1957, 1958）。例如，那些非常关注性别歧视的人（即性别歧视是一个可及的类别）可能会发现，性别歧视无处不在。对于他们来说，性别歧视很容易被启动，并被用于解释社会世界。有些类别的可及性是长期的，这些类别在很多情境中会被习惯性地启动（Bargh, Lombardi, & Higgins, 1988），并因此产生深远的影响。巴格和托塔（Bargh & Tota, 1988）认为，抑郁症可能部分归因于消极自我图式的长期可及性。

在对可及性的研究中，研究者让被试暴露于可以启动特定类别的线索中。这种做法可以让人们在意识层面觉察不到线索和类别之间的联系。然后，研究者让被试对模棱两可的行为进行解释（Higgins, Bargh, & Lombardi, 1985）。例如，被试会看到诸如冒险或鲁莽这样的词，然后需要对"在独木舟上拍摄激流"这样的行为进行解释。对行为的解释会因线索词所启动的类别不同而不同。例如，美国的研究表明，与非裔美国人有关的词语可以启动种族类别。白人被试被启动后，会将模棱两可的行为解释为更具敌意和攻击性，这与种族刻板印象是一致的（Devine, 1989）。

一旦类别被启动，在对刺激进行编码时，人们就会倾向于以类别一致的方式解释刺激。对于模棱两可的刺激来说尤为如此。然而，当人们意识到一个类别已经被启动的情况下，他们往往会将刺激与该类别进行对比，也就是说，他们会以类别不一致的方式解释这些刺激（Herr, Sherman, & Fazio, 1983; Martin, 1986）。例如，性别通常是一个可及的类别，它很容易被启动，并被用来解释行为（Stangor, 1988）；但是，如果你知道性别已经被启动，你可能会努力地避免根据性别类别对行为进行解释。

六、关于人的记忆

社会行为在很大程度上依赖于我们如何存储关于他人的信息，从而记住关于他们的内容（Fiske & Taylor, 2013; Martin & Clark, 1990; Ostrom, 1989b）。社会心理学对个体记忆的研究借鉴了认知心理学的记忆理论，主要是联想网络或命题记忆模型（如 Baddeley, Eysenck, & Anderson, 2009）。其总体思路是，我们存储的命题（如"学生读了这本书""这本书是关于社会心理学的""这位学生梳一条马尾辫"）是由节点或想法（如书、马尾辫、学生、读）组成的，并由节点或想法之间的关系使它们联结起来。由于节点之间彼此有关联（如学生和马尾辫），联结之间也是存在关联的，但关联强度有所不同。在认知演练（如回忆或思考这些命题）中被激活的联结越多，联结强度就越高，与某一特定观念的联结（即备用的检索路径）越多，就越有可能被回忆起来。

回忆是节点被激活的过程，激活后会沿着已建立的联想联结扩散到其他节点。例如，学生节点激活了马尾辫节点，因为二者之间有很强的联想联结。最后，有必要对长时记忆和短时记忆进行区分。长时记忆是指存储在头脑中的大量信息，而短时记忆（或称工作记忆）是指在特定时间内注意的焦点，是存在于意识层面的少量信息。

上述记忆模型适用于对个体的记忆。就我们对某人的一般印象而言，我们更有可能回忆起与我们的印象不一致的信息，而非一致的信息（Hastie, 1988; Srull & Wyer, 1989; Wyer & Carlston, 1994）。这是因为不一致的信息会吸引注意力，并产生更多的认知和思考，从而强化联结和检索路径。然而，在以下情况下，对不一致信息的回忆没有优势：

- 我们已经有了一个稳定的既定印象（Fiske & Neuberg, 1990）。
- 不一致是描述性的，而不是评价性的（Wyer & Gordon, 1982）。
- 我们正在做一个复杂的判断（Bodenhausen & Lichtenstein, 1987）。
- 事后我们有时间思考我们的印象（Wyer & Martin, 1986）。

（一）关于人的记忆的内容

回想一下你最好的朋友。此时，大量的细节浮现于脑海：她的好恶、态度、信仰和价值观，她的个性特征，她做的事情，她的长相，她的穿着，她通常去哪里。这些信息在具体和可直接观察的程度上有所不同：从非常具体和可直接观察的外表，到行为，再到不能直接观察但可以通过推理获取的特质（Park, 1986）。贯穿这一连续体的是一种普遍的趋势，即人们把积极的、可取的特征集中在一起，而把消极的、不可取的特征分开。

大多数对关于人的记忆的研究都聚焦于特质。特质是以命题形式存储的（"玛丽是个刻薄、令人讨厌的人"），它基于对行为和情境的精心推理。推理过程主要依赖于对个体行为进行归因（见第 3 章）。特质信息的存储在两个连续体上得到组织：社会赞许性（如热情、愉快、友好）和能力（如聪明、勤奋、高效）（见 Cuddy, Fiske, & Glick, 2008; Fiske, Cuddy, & Glick, 2007）。特质记忆可以是相当抽象的，并且可以渲染对行为和外表的具体记忆。

行为通常被认为是有目的的行动，因此，对行为的记忆可能会依据行为目标得到组织。例如，"迈克跑去赶公共汽车"这一行为是以迈克赶公共汽车这一目标得到存储的。在这方面，虽然行为比特质更具体、更可观察，但也涉及一些对行为目的的推理（Hoffman, Mischel, & Mazze, 1981）。

对外貌的记忆通常基于可直接观察到的具体信息（"鲍里斯有一头不羁的金发和一张大脸"），并以类比而非命题的形式存储。换句话说，外貌是直接存储的，就像脑海中的一幅图画，它保留了所有的原始空间信息，而不是作为一组具有符号意义的命题解构出来的。实验室研究显示，我们对面孔的记忆是非常准确的：我们可以在很长的时间内回忆出面孔信息，正确率高达 100%（Freides, 1974）。然而，我们在识别与自己不同种族个体的面孔时往往不太准确（Malpass & Kravitz, 1969）。其中一个解释是，我们只是较少关注或较肤浅地处理外族人的面孔（Devine & Malpass, 1985）。事实上，肤浅的编码破坏了一般的面孔记忆，对面孔记忆不佳的一个补救措施就是给予更多的注意资源（Wells & Turtle, 1988）。

在需要目击者证词的自然情境中，我们对外表的记忆也非常不准确，例如作为目击证人辨认或描述犯罪的陌生人（Kassin, Ellsworth, & Smith, 1989; Loftus, 1996）。这可能是因为目击者或受害者通常无法清楚地看到犯罪者。犯罪现场可能是令人畏惧的、出乎意料的、混乱的，犯罪事件持续时间非常短。而且犯罪者可能戴着面具或进行了其他伪装，或是透过脏兮兮的车窗被瞥见。更广义地说，即使目击者非常自信地提供证词，也应对其谨慎对待（见专栏 2.4）。但是，在满足某些条件的情况下，目击者证词的准确性会提高（Shapiro & Penrod, 1986; 见专栏 2.5）。

专栏 2.4   我们的世界

目击者的证词往往非常不可靠

2005 年 7 月 22 日，即 7 月 7 日伦敦爆炸案发生两周后，7 月 21 日爆炸未遂案发生后的第二天，一名被警方监视的巴西电工身着笨重的冬衣进入伦敦斯托克维尔地铁站。那是一个炎热的仲夏日，便衣警察跟着他进站，命令他停下来。但他却跑了起来，翻越障碍，跳上地铁。警察把他按倒在地，朝他的头部开了五枪。当时有许多目击者，但这些目击者对发生的事情给出了截然不同的证词。据《卫报》（2005 年 7 月 23 日, p. 3）报道，一名目击者报告说，该男子被 3 名便衣警察追赶，现场有 5 声枪响；另有目击者报告说，有 10 名警察携带机枪，现场有 6～8 声枪响；还有目击者报告说，枪声是由一支带消音器的枪发出的；另一名目击者报告说，有 20 名警察携带巨大的黑色枪支；还有一名目击者报告说，该男子有一条带电线的炸弹带，现场发出了两声枪响。

在同一事件中，不同的目击者所看到的情形可能大相径庭。尤其是在情况发展迅速、混乱和令人恐惧的情况下，目击者的证词可能非常不可靠。（请思考本章开头"你怎么认为？"中的第四个问题，也许希拉里·克林顿实际上并没有说谎。）

专栏 2.5 **我们的世界**

使目击者证词更准确的因素

　　虽然目击者的证词往往不可靠，但通过一些特定方式可以提高其准确性。

目击者：

- 在脑海中重现犯罪现场，回想其他线索。
- 将此人的面部特征与符号性信息建立联系。
- 有较长的时间观察这个人的脸。
- 在案发后很短的时间内提供证言。
- 习惯性地关注外部环境。

- 一般会形成生动的心理形象。

被观察者：

- 脸上没有伪装物。
- 年龄小于 30 岁。
- 看起来不诚实。

来源：Shapiro & Penrod, 1986; Valentine, Pickering, & Darling, 2003; Wells, Memon & Penrod, 2006.

（二）关于人的记忆的组织

　　一般来说，我们对人的记忆是关于其特征、行为和外表的信息集合。然而，我们也可以用一种非常不同的方式来存储关于人的信息：我们可以将人按照属性或群体进行分组。因此，社会记忆可以按个人或按群体来组织（Pryor & Ostrom, 1981；见图2.5）。在大多数情况下，首选的组织模式是按个人组织，因为这能产生更丰富、更准确的关于人的记忆，而且更容易被回忆起来（Sedikides & Ostrom, 1988）。在本章开头"你怎么认为？"中的第三个问题里，朱莉和罗莎对艾伦有着不同的记忆。当某人对我

关于人的记忆　你觉得你能准确描述这些劫匪吗？他们有多少人？他们的年龄有多大？他们穿什么衣服？在网上查一下目击者证词的可靠性。

个体信息

乔瓦纳是个电影迷。
玲玲是一名游泳运动员。
大卫是一名医学院学生。
乔瓦纳是一名医学院学生。
大卫是一名游泳运动员。

按个人进行组织

乔瓦纳　　　　大卫　　　　玲玲
电影迷　医学院学生　医学院学生　游泳运动员　游泳运动员

按群体进行组织

电影迷　　　医学院学生　　　游泳运动员
乔瓦纳　　乔瓦纳　大卫　　大卫　玲玲

图 2.5　个体记忆依据个人或群体进行组织
我们可以用两种不同的方式对个体信息进行组织：一种是以个体为中心聚合特质，另一种是以特质或群体为中心聚合个体。
来源：Fiske & Taylor, 1991.

们来说很重要时，就特别有可能按个人来组织记忆，因为他们是我们熟悉的、真实的人，是我们希望在许多特定的情况下与之互动的个体（Srull, 1983）。

　　当与陌生人初次接触时，很可能对其按群体成员身份进行组织，即根据一个凸显的社会类别的刻板印象属性（如年龄、种族、性别；见第 10 章）对个体进行分类、描述和存储。随着时间的推移，基

于群体的组织可能会转变为基于个人的组织。例如，一位你只遇到过几次的讲师教了一门你不是很感兴趣的课程，你对他的记忆很可能会根据"讲师"这个群体的刻板印象属性来组织。如果你对这个人有更多的了解，你可能会发现，你的记忆会逐渐或突然把讲师作为一个独特的个体来重新组织关于他的记忆。

关于基于个人和基于群体的记忆之间的关系，有一种观点认为，它们可以作为本质上不同的表征形式共存（Srull & Wyer, 1989; Wyer & Martin, 1986）。这些不同的表征形式可能与个体的身份认同有关，有的身份认同是基于人际关系的，而有的身份认同则基于群体成员身份。这种观点与社会认同论一致，社会认同论认为群体行为与人际行为截然不同（如 Hogg & Abrams, 1988; Tajfel & Turner, 1986; 见第 11 章）。

（三）使用关于人的记忆

在做出社会判断时，人们会借助于关于个人的记忆，这种想法似乎不无道理。事实上，并非每次都会如此。黑斯蒂和帕克（Hastie & Park, 1986）综合了大量研究的结果，得出的结论是：人们的默认设置是即时形成对他人的印象，也就是说，非常依赖传入的数据，这些数据被图式同化后产生印象。记忆和判断之间的关联性很小。通常来讲，人们不会借助记忆并做出基于记忆的判断，但当人们借助记忆并做出判断时，记忆与判断之间有很强的相关性。人们在互动或判断任务时，目标和目的会影响个体是进行即时判断还是基于记忆进行判断。

一般性原则认为，当互动的目标变得越来越具心理吸引力、越来越不肤浅时，对他人信息的回忆效果就会提高（Srull & Wyer, 1986, 1989; Wyer & Srull, 1986）。心理层面卷入的互动需要更深层次的信息加工，涉及更复杂、更多样的元素之间的联系，从而形成整合的记忆（Greenwald & Pratkanis, 1984）。矛盾的是，指示某人记住另一个人（心理上不太吸引人）会比要求某人形成印象的效果差，而后者又会比要求某人产生共情的效果差。专栏 2.6 列举了若干目标及其对个体记忆的影响。

专栏 2.6　你的生活

目标及其对个体记忆的影响

日常生活中遇到的人给你留下的印象很大程度上取决于你需要或你想记住什么，即你的互动和记忆目标。试想，当对方是银行出纳员、电影明星、亲密的朋友或恋人时，你记忆的目标有何不同？社会心理学家已经确定了一些社会互动目标，以及它们如何影响你对他人的记忆。

目标	影响
理解	有限的记忆
记忆	可变的记忆，以临时安排的方式进行组织，通常是按照心理层面不相关的类别进行组织
形成印象	好的记忆，依据特质进行组织
共情	好的记忆，依据目标进行组织
与自己比较	优异的记忆，依据心理层面的类别（特质或目标）进行组织
预期互动	优异的、条理清晰的记忆，组织结构尚不明确
实际互动	可变的记忆，取决于同时存在的其他目标

来源：Fiske & Taylor, 1991.

七、社会推理

从多个角度来看，社会推理是社会认知的核心。推理过程可以是非常正式和抽象的，也可以是直观和具体的。我们通过这些推理过程来识别、抽取和组合信息，以形成印象和做出判断。处理社会信息的方式有两种：（1）以自上而下的演绎方式，自动地依赖于一般的图式或刻板印象；（2）以自下而上的归纳方式，有意地依赖于具体事例。这种差异以不同的方式存在于社会认知的过程中。

我们已经讨论过阿希的配置模型（印象是基于整体图像）和安德森的认知代数模型（印象基于是信息碎片的整合）之间的区别。之后，布鲁尔（Brewer, 1988, 1994）提出了双过程模型，该模型将相对自动的、基于类别的社会信息加工与更深思熟虑、个性化的、基于属性的加工进行了对比。菲斯克和纽伯格（Fiske & Neuberg, 1990; Fiske & Dépret, 1996）提出的连续模型与双过程模型关系密切，连续模型对基于图式和基于数据的推理进行了类似的区分。

关于态度的研究提出了另外两种区分理论（Eagly & Chaiken, 1998；详见第 6 章）。佩蒂和卡乔波（Petty & Cacioppo, 1986b）的"详尽可能性模型"区分了中心路径加工和外周路径加工：前者是人们深思熟虑地、有意识地对信息进行思考，后者是人们根据刻板印象、图式和其他认知捷径快速地做出不假思索的决定。柴肯（Bohner, Moskowitz, & Chaiken, 1995; Chaiken, Liberman, & Eagly, 1989）的启发式－系统式模型与之几乎相同，指人们或是仔细地、系统地处理信息，或者自动地依赖认知启发式。

一般来说，社会认知研究者对推理过程进行研究时，会将其与最理想的过程进行比较，该过程也被称为**规范模型**（normative models），可以产生最佳的推理。这些规范模型被统称为**行为决策理论**（behavioural decision theory; Einhorn & Hogarth, 1981）。社会推理的直觉策略涉及一系列偏差和错误，这些偏差和错误会导致次优推理，即推理结果达不到行为决策理论所描述的推理结果（如 Fiske & Taylor, 2013; Nisbett & Ross, 1980）。

（一）偏离常态

1. 社会信息的收集和取样

推理的第一步是收集数据并从这些数据中抽取样本，该过程对图式的依赖度很高。对图式的过度依赖可能会导致人们忽略潜在的有用信息，或者夸大误导性信息的重要性。例如，遴选委员会成员认为，他们会根据候选人提供的信息对候选人进行客观评价。然而，经常发生的情况是，个人图式会被迅速地、往往是无意识地激活，并被用作评价候选人的基础。这种对个人图式的依赖被称为"临床判断"，尽管并不完全是坏事，但它可能会导致次优的推理和判断（Dawes, Faust, & Meehl, 1989）。

人们还可能受到极端例子和小样本的过度影响（小样本很少能代表大型群体，这就是所谓的小数定律）；他们可能对样本中的偏差，以及样本在总体中的典型性不感兴趣。例如，在欧洲，有大量的媒体报道了伊斯兰宗教极端分子的仇恨言论，他们宣扬反西方的暴力和恐怖主义。由此，有些人做出推断，认为全世界 16 亿穆斯林都会有类似的行为。然而，这种推断是有极大缺陷的——它是基于不具代表性的信息做出的（大多数大众媒体所报道的是极端的，而不是普通的案例），这些信息只描述了极少部分行为极端的非典型穆斯林。

规范模型
进行准确社会推理的理想过程。

行为决策理论
一套进行准确社会推理的规范模型（理想过程）。

2. 回归

个别事例通常比它们所属总体的平均状况更为极端。对总体平均状况的**回归**（regression）出现于诸多实例中。例如，你第一次去某家餐馆用餐，你的用餐体验特别棒，对其他朋友提起这家餐厅时，赞不绝口。然而，第二次光顾的时候，你觉得这家餐厅不过如此。再次光顾时，你对它的评价是一家还不错的餐厅，再下一次，你觉得它不过是普通水平罢了。这就是一个回归的例子。这家餐厅的真实水平可能是中等偏上，但是，你很难通过一次用餐获得对它的真实印象，若干次光顾后，对它的客观评价方可渐渐清晰。在形成印象的过程中，控制回归效应的方法是从有限的信息（一个或几个案例或实例）中做出推断时要保守和谨慎。然而，人们往往不会这样做，绝大多数人对回归效应一无所知，在形成印象和做出判断时，也不会控制它的存在（Kahneman & Tversky, 1973）。

然而，如果最初的信息因其他信息的存在而显得不那么具有诊断性，那么人们就会被诱导做出更保守的推断。例如，得知"汉斯踢了一只猫"后，可能会对他形成一个极端和负面的印象：踢猫是判断一个人是否令人讨厌的诊断性标准。然而，如果这条信息被其他信息冲淡（Nisbett, Zukier, & Lemley, 1981），即他是一个坚定的自然环境保护主义者，喜爱写诗和收集古董，驾驶混合动力车，照顾体弱多病的母亲，那么对他的印象很可能会变得不那么极端，因为使用"他踢猫"这个诊断性信息的倾向被削弱了。

3. 基础概率信息

基础概率信息（base-rate information）是关于某类事件的一般性信息，通常指的是事实和统计数据。例如，如果我们了解到有 5% 的大学讲师上课非常糟糕，或者有 7% 的社会保障金领取者宁愿领取救济金也不愿工作，这就是基础概率信息。研究表明，长期以来，人们在进行推论时并未充分利用这种信息，尤其是当存在具体的奇闻逸事时（Bar-Hillel, 1980; Taylor & Thompson, 1982）。因此，根据媒体对呆板讲师或社会保险骗子的生动而富有色彩的报道，即使人们手头有相关的基础概率信息，也会倾向于推断这些信息是上位类别的刻板印象属性。

基础概率信息被忽视的主要原因并不是它与生动的个别事例相比显得苍白无力、毫无趣味，而是人们往往意识不到基础概率信息与推理任务的相关性（Bar-Hillel, 1980）。当人们清楚地认识到基础概率信息比其他信息（如个案研究）与推理任务更相关时，就会增加对基础概率信息的使用频率。

4. 共变和虚假相关

对共变性的判断是对两件事情关联程度的判断，它对社会推理至关重要，并构成图式的基础（如前所述，图式是关于行为、态度或特质共变性的信念）。为了准确地判断共变，例如头发颜色和一个人有趣程度之间是否存在共变关系，我们应该考虑有多少金发碧眼的人是有趣或无趣的，有多少黑发碧眼的人是有趣或无趣的。科学的研究方法提供了用以评估共变性的统计程序（第 1 章）。

可是，在进行共变性判断时，人们常常置常模标准于不顾（Alloy & Tabachnik, 1984; Crocker, 1981）。一般来说，这是因为他们受到先前假设（即图式）的影响。人们一般对否定图式的信息不感兴趣，倾向于只搜索或识别与图式一致的信息。因此，在评估头发颜色和有趣程度之间的关系时，人们可能有"金发女性更有趣"的社会图式，"有趣金发女性"的实例会比"无趣金发女性"或"参加舞会的黑发女性"的例子更容易浮现在脑海中。

回归
对某一类别实例的初步观察比随后的观察更为极端的趋势。

基础概率信息
关于整类事件的统计信息。

当假设两个变量之间存在关联时，人们往往会高估相关性的程度，或者发现一个实际上不存在的相关。查普曼（Chapman, 1967）在研究中展示了这种现象的存在，称其为**虚假相关**（illusory correlation）。在实验中，他向学生展示一些配对词的列表，如 lion/tiger（狮子 / 老虎）、lion/eggs（狮子 / 鸡蛋）、bacon/eggs（培根 / 鸡蛋）、blossoms/notebook（花朵 / 笔记本）、notebook/tiger（笔记本 / 老虎）。然后，学生们必须回忆每个单词与其他单词配对的频率。虽然每个单词与其他单词配对的次数相同，但参与者会高估有意义的配对（如 bacon/eggs）和特别的配对（如 blossoms/notebook 比列表中的其他单词都要长）的出现频率。

查普曼认为，虚假相关的存在有两个基础，分别是**联想意义**（associative meaning；某些项目基于事先的预期"应该"在一起，因而被认为是同类）和**配对独特性**（paired distinctiveness；某些项目共享一些不寻常的特征，因而被认为是同类）。

基于差异性的虚假相关有助于对刻板印象化进行解释，特别是对少数群体的负面刻板印象（Hamilton, 1979; Hamilton & Sherman, 1989; Mullen & Johnson, 1990; 另见第 11 章）。汉密尔顿和吉福德（Hamilton & Gifford, 1976）让被试回忆对 A 群体和 B 群体的描述。在实验中，对 A 群体的描述是 B 群体的两倍，对于每一组来说，正面描述都是负面描述的两倍。在进行回忆时，被试回忆出更多与 B 群体（较少被提及）有关的负面描述。在进行重复实验时，研究者调整了正面、负面描述的比例，使得负面信息多于正面信息，在这种情况下，被试会高估正面描述 B 群体的信息数量。

现实生活中，消极事件之所以具有独特性，是因为人们认为消极事件比积极事件更罕见（Parducci, 1968）；而少数群体之所以具有独特性，是因为人们与他们的接触往往比较少。因此，基于独特性的虚假相关的条件得到了满足。还有证据表明，针对少数群体的负面刻板印象化是基于联想意义，即人们有先入为主的观念，认为负面属性与少数群体有关（McArthur & Friedman, 1980）。

虽然虚假相关参与了刻板印象的形成和使用，但它的作用可能仅限于人们基于记忆的判断，而不适用于需要做出即时判断的情况（McConnell, Sherman, & Hamilton, 1994），毕竟虚假相关的前提是人们必须记住独特性或联想性信息。

更为激进的是，有观点认为刻板印象不是"虚假的"；相反，它们是理性的，甚至是有意为之的认知建构，以便将外群体与内群体区分开来，并对内群体做出有利评价（Leyens, Yzerbyt, & Schadron, 1994; McGarty, Haslam, Turner, & Oakes, 1993; Oakes, Haslam, & Turner, 1994）。对于刻板印象持有者来说，刻板印象差异具有功能适应性——它们是"真实的"，并且由于将自己归类为另一群体的成员，这些差异会自动地（以及战略性地，例如通过修辞的方式）得到加重。

（二）启发式

通过上述讨论不难意识到，与行为决策理论提供的标准比起来，我们在做出推论时的表现是多么糟糕。也许原因在于，我们用于处理即时信息的短时记忆容量有限，但长时记忆的容量巨大。以计算机做比喻，前者是 RAM（random access memory），即随机存取存储器，后者是硬盘容量。将信息以图式化的方式存储在长时记忆中，并调用图式来辅助推理，这样做益处多多。因此，社会推理可能在很大程度上是由理论 / 图式驱动的，其结果是它偏向于保守的、支持图式的推理实践。尽管在社会推理方面的表现非常糟糕，但人类似乎还是糊弄过去了。也许，在多数情况下，这个过程足以满足我们大部分的推理需求，因此，我们应该关注这些"足够的"过程，而不是最佳的过程。

正是基于这种想法，特沃斯基和卡尼曼（Tversky & Kahneman, 1974; Kahneman &

虚假相关
认知上夸大两个刺激或事件共同发生的概率，或者发现实际上并不存在的共变关系。

联想意义
一种虚假相关，即根据事先的预期，认为某些项目"应该"属于同一类，而将其归为同类。

配对独特性
一种虚假相关，即某些项目因为共享一些不同寻常的特征而被归为同类。

Tversky, 1973）详细阐述了人们将复杂的问题解决简化为简单的判断操作的认知捷径，并称之为**启发式**（heuristics）。三种重要的启发式是：（1）代表性；（2）可得性；（3）锚定和调整。

1. 代表性启发式

在决定某人或某事为一个类别实例的可能性有多大时，人们往往简单地估计该实例与该类别的典型或平均成员的表面相似性。**代表性启发式**（representativeness heuristic）是一种相关性判断，它不考虑基础概率信息、样本大小、信息质量和其他规范性原则。尽管如此，它的速度快、效率高，并且在多数情况下，其推理准确性足以满足目标的需求。例如，请思考以下信息："史蒂夫非常害羞和孤僻，总是乐于助人，但对人或现实世界兴趣不大。他有着温顺而整洁的灵魂，他有着秩序和结构的需求，执着于细节。"（Tversky & Kahneman, 1974）采用代表性启发式会很快地推断出史蒂夫是位图书管理员，而不是农民、外科医生或空中飞人艺术家。通常情况下，这个判断可能是正确的。

2. 可得性启发式

可得性启发式（availability heuristic）用于根据实例或关联在脑海中出现的速度，来推断一个事件的发生频率或概率。如果实例很容易获得，我们就会倾向于夸大频率。例如，如果个体接触到许多关于暴力极端分子的媒体报道，那么在进行推论时这些信息就很容易被获取，并使个体倾向于夸大对暴力事件总体频率的估计。同样，如果刚看过电影《发条橙》，你在对留短发、穿大靴子、拿拐杖的保罗形成印象时，可能会高估他有暴力倾向的可能性。

在很多情况下，可得性足以作为推断的基础，毕竟容易想到的事物可能本来就数量很多。然而，可得性会受到偏差的影响，因为它没有控制诸如接触到不寻常样本的特异性等因素。

3. 锚定和调整

在进行推理时，我们往往需要一个起点，即锚点，从这个起点出发调整随后的推论（如 Wyer, 1976）。**锚定和调整**（Anchoring and adjustment）是一种将推理与初始标准联系在一起的启发式。例如，关于他人的推理往往锚定在关于自己的信念基础上，我们会参照自我图式来判断他人的聪明、艺术或善良程度。锚点也可以来自直接的语境。例如，格林伯格、威廉姆斯和奥布赖恩（Greenberg, Williams, & O'Brien, 1986）在一项模拟陪审团研究中，要求被试先考虑最严厉的判决，结果发现被试以此为锚，后续只做了小幅调整，最终做出了一个相对比较严厉的判决。当要求被试先考虑最宽松判决时，被试会以这个判决为锚，最终做出相对宽松的判决。

（三）改善社会推理

社会推理不是完美无瑕的。我们是有偏差的，会误导人和事，会犯错误。然而，许多这些缺点在实际生活中可能更为明显（Funder, 1987）。社会认知和社会神经科学实验中所提供的情境是非自然的，可能不适用于现实生活中的推理过程。事实上，直觉推理过程可能更适用于日常生活。例如，当在街上遇到一只斗牛梗时，我们可能会适应性地依靠可得性启发式（媒体对斗牛梗攻击的报道）而逃跑，而不是采用更耗时的规范程序：实验室里的谬误可能不适用于现场情境。

然而，推断错误有时会导致严重的后果。例如，对少数群体和次优群体的

启发式
认知捷径，在多数情况下为多数人提供足够准确的推论。

代表性启发式
一种认知捷径，即根据实例与类别的总体相似性，将实例分配到某一类别中。

可得性启发式
一种认知捷径，即根据实例或关联在脑海中出现的速度来判断事件的发生频率或概率。

锚定和调整
一种认知捷径，即根据初始标准或图式进行推论。

负面刻板印象可能部分归咎于推断错误。在这种情况下，思考如何改进社会推理，可能会有所获益。基本原则是，使社会推理较少地依赖直觉推理策略。改善社会推理可以通过开展科学、理性思维和统计技巧教育来实现（Fong, Krantz, & Nisbett, 1986; Nisbett, Krantz, Jepson, & Fong, 1982）。

八、情感和情绪

社会认知研究视角关注的是思维而非感受，但近年来出现了一场"情感革命"（如 Forgas, 2006; Forgas & Smith, 2007; Haddock & Zanna, 1999; Keltner & Lerner, 2010; Wetherell, 2012），即探索感受（情感、情绪和心境）如何影响社会认知，以及社会认知如何被感受所影响。

一般来说，在没有强烈情绪诱发事件的情况下，人们处于一种微弱的好情绪中，感觉到些许的开心。该现象可从进化的角度解释：与好心境相关的行为是促进自我保护和繁殖成功的行为（Diener, Kanazawa, Suh, & Oishi, 2015）。然而，当更明显的情绪诱发事件发生时，情况就会发生变化。不同的情境（葬礼、聚会）会唤起不同的情绪（悲伤、快乐），同样的情境（考试）也会在不同的人（差生、优等生）身上唤起不同的情绪（威胁、挑战）。

（一）情感的前因

人们会处理有关情境和自己的希望、愿望、能力的信息，基于这些认知评价，不同的情感反应和生理反应也随之而来。从根本上说，情感反应（情绪）是一种与损益评价相联系的行动准备模式，其中的评价过程是连续的，而且基本上是自动进行的（见专栏 2.7）。

专栏 2.7　　　　**重点研究**

我们如何决定何时做出情感反应

根据理查德·拉扎勒斯和克雷格·史密斯（Richard Lazarus & Craig Smith）的观点，情感反应建立在七种评价的基础上，这些评价可以被定格为人们在特定情境中向自己提出的问题。共有两个评价维度，即初级评价和次级评价，这两个维度与所有的情感相关。

初级评价

1. 当前情境中正在发生的事情与我的需要或目标的相关性（重要性）如何？

2. 这与我的需要或目标是一致（好）还是不一致（坏）的？

次级评价

这些评价与责任和应对有关。

1. 我对当前情境中发生的事情负有多大的责任？

2. 他人或其他因素对此应承担多大的责任？

3. 我能否对这种情况采取行动，使它按照我的意愿发展？

4. 无论这种情况如何发展，我都能处理和调整它吗？

5. 我期望当前的情况发生改善还是变得更糟？

这七种评价共同作用，会产生一系列多样的情感反应和情绪。例如，如果某件事很重要，状况很糟糕，并且当前这种局面是由他人造成的，我们就会感到愤怒，并且非常想对对方采取行动以解决当前的问题。如果某件事很重要，状况很糟糕，但却是由我们自己造成的，那么我们会感到羞耻或内疚，并主动想去弥补当前的问题。

来源：Lazarus, 1991; Smith & Lazarus, 1990.

基于简单初级评价和复杂次级评价的划分，研究表明，与某事是好 / 坏还是无害 / 危险有关的初级评价发生在杏仁核。杏仁核是"古旧脑"的一部分，负责快速的、与自主神经系统相关的、具有明确生存价值的情绪反应（Baxter & Murray, 2002; Russell, 2003）。

因此，初级评价会在有意识地认识到评价目标之前，迅速地产生情绪（Barrett, 2006）。例如，害怕蛇的人在看到蛇的照片时，哪怕仅仅呈现给他很短的时间，短到无法识别该图像，这个人也会迅速地表现出恐惧的生理症状（Öhman & Soares, 1994）。此外，当人们把注意力集中在消极而不是积极刺激上时，大脑活动可能会特别迅速（Ito, Larsen, Smith, & Cacioppo, 1998）。

次级评价产生的情绪更复杂，也更缓慢。例如，羡慕是一种复杂的情绪。当自己错过了一些令人愉快的、有价值的东西，但别人却得到的时候，羡慕之情会油然而生。羡慕的感受在很大程度上受到"本来应该是我的"这种反事实评价的影响。如果我们与预期愿望非常接近却仍与之失之交臂，羡慕的感受会更加强烈（Van den Ven & Zeelenberg, 2015）。

吉姆·布拉斯科维奇（Jim Blascovich）及其同事提出了唤起调节的生物－心理－社会模型，用来描述挑战和威胁如何激发行为表现，并产生与面对和回避相关的情绪（Blascovich, 2008; Blascovich & Tomaka, 1996）。当感觉到自己有需求时，人们会评估自己应对需求的资源：如果感知到的资源等于或超过需求，人们就会体验到一种挑战感，从而激发与面对相关的情绪和行为（战斗）；如果感知到的资源不足以满足需求，人们就会体验到一种威胁感，从而激发与回避相关的情绪和行为（逃跑）。

（二）情感的后果

情感、情绪和心境会渗透到思维、判断和行为中，进而对其产生影响。**情感渗透模型**（affect-infusion model）描述了心境对社会认知的影响，该理论认为，情感渗透仅仅会发生于人们以开放和建设性的方式处理信息时，包括对刺激细节和记忆中的信息进行主动的阐述（Forgas, 1994, 1995, 2002）。

根据福加斯的观点，人们可以通过四种不同的方式来处理关于彼此的信息：

- 直接访问：直接访问存储在记忆中的图式或判断。
- 动机加工：基于特定的动机做出判断，以实现目标或"修复"当前的心境。
- 启发式加工：依靠各种认知捷径或启发式加工。
- 实体式加工：从各种信息源中审慎地、细心地建构判断。

当前的心境状态不会对直接访问和动机加工产生影响，但会干扰涉及启发式加工和实体式加工的判断。在后一种情况下，情感渗透到认知过程中，从而使社会判断要么间接（情感启动了目标判断）、要么直接（情感作为关于目标的信息）反映当前的情绪。例如，在启发式加工中，心境本身可能就是一种决定反应的启发式，心境不好会对他人产生负面反应（即心境一致性）。在实体式加工中，我们考虑得越多，心境一致性效应就越大。

情感会对社会记忆和社会判断产生影响。例如，人们往往更容易回忆起与当前心境一致的信息，当自己处于积极心境中时，对他人和自己的评价也更积极。与情感渗透模型一致，心境对自我认知的影响对于自我的外围方面比中心方面更大。外围方面比中心方面更不牢固，因此需要更多的阐释和构建（如 Sedikides, 1995）。刻板印象化也受到心境的影响。当群体成员资格模棱两可时，好心境会增加对刻板印象的依赖（Forgas & Fiedler, 1996），但消极的情感会鼓励人们纠正草率做出的对外群体的消极

情感渗透模型
将情感注入认知，使社会判断反映当前的心境。

评价（Monteith, 1993）。

情感渗透的一个具体后果是情绪对决策的影响。通常情况下，我们认为情绪是好决策的毒药，因为它将非理性注入决策过程中。泽伦贝格及其同事的观点却耐人寻味，他们认为情绪通过优先和集中注意力以及设定行为目标来帮助决策（Zeelenberg, Nelissen, Breugelmans, & Pieters, 2008）。情绪不仅仅是一个效价的问题（好与坏），每一种情绪都有相当独特的认知成分，代表特定意义，对目标进行阐释，指挥和激励着行动。例如，遗憾、失望、内疚和羞愧都是消极的情感，但它们各自有不同的主观意义，并能激发不同的决策和后续行动。

（三）情绪调节

人们并非会表达出自己的所有情绪。例如，集体主义社会不赞成公开的情绪表达（见第 16 章）——然而，情境有助于克服这一点。关于奥运会和全国性比赛运动员表达自豪感的五项档案研究证实了普遍的文化差异（中国奖牌获得者表达的自豪感比美国人少），但研究同时发现，这种情况只发生在中国人比非中国人强的时候。当中国人的成绩超过中国人时，他们并没有表达自豪感，而美国人不管他们的成绩超过谁，总是会表达自豪感（Van Osch, Zeelenberg, & Breugelmans, 2016）。

这就引出了一个更广泛的问题，即我们如何以及何时调节我们的情绪表达。如果你的目标是保持冷静，那么你如何抑制愤怒或焦虑感受的表达？研究趋向于认同这样的观点，即人们会调节自己的情绪，他们这样做是为了推进自己的目标（Gross, 2014, 2015; Koole, 2009）。例如，有些人可能会决定不表现出他们的愤怒，以应对特定情况（工具性目标）或继续感受快乐（享乐性目标）。

韦布及其同事采纳了行动控制的视角，聚焦于自我调节（Webb, Schweiger Gallo, Miles, Gollwitzer, & Sheeran, 2012）。情绪调节失败源自自我调节任务的困难，包括识别调节的需要，决定是否和如何调节，以及制定调节策略。人们可以通过形成实施意图或进行"如果—那么"规划来有效地克服这些困难。

（四）超越认知和神经科学

尽管近年来关于情感和情绪的研究已经取得了长足的进步，但仍然存在一些有待解决的问题，若干关键事项进入了研究者的视野。例如，人们对评价刺激物的自我报告测量的可靠性存疑（Parkinson & Manstead, 1992），因为它们是基于语义的，并且受到交流动机和目标的影响。因此，我们需要更多地了解初级评价如何与刺激的效价、新颖性、凸显性或强度互动联系。我们还需要了解初级评价是如何引起意识经验的（Keltner & Lerner, 2010）。

关于情感和情绪的社会认知研究，也就是我们在本章讨论的内容，往往集中在认知过程上，并且越来越多地关注于基本初级情绪背后的神经科学问题。然而，情感和情绪是群体生活和群际关系的重要方面，目前关于集体和群际情绪的文献越来越多，我们将在第 11 章中进行讨论（如 Goldenberg, Halperin, Van Zomeren, & Gross, 2016; Iyer & Leach, 2008; Mackie, Maitner, & Smith, 2009）。

玛格丽特·韦瑟雷尔（Margaret Wetherell, 2012）担心当代社会心理学对情感和情绪的研究过度拘泥于对与简单或基本情绪相关的认知和神经过程的探索。她认为，我们的生活受到大量复杂而微妙的情绪的显著影响，而这些情绪可能与日常话语中所蕴含的语义有着更为密切的联系。情绪，无论是感受到的还是表达出来的，都是为了与他人沟通和"达成特定目标"。

九、社会认知中的 "社会性" 在哪里？

社会心理学致力于描述影响社会行为和受社会行为影响的认知过程和结构，现代社会认知的概念出现于 20 世纪 70 年代末，该领域的研究已取得了长足的进展。然而，一些批评者质疑社会认知是不是过于成功。它可能使社会心理学在认知心理学以及最近的神经科学的方向上走得太远，同时也转移了人们对社会心理学中许多传统主题的关注。有人担心社会认知中可能没有任何 "社会性"（Kraut & Higgins, 1984; Markus & Zajonc, 1985; Moscovici, 1982; Zajonc, 1989）。

许多社会认知过程和结构似乎很少受到社会背景的影响，它们可以准确地解释社会性刺激（例如人）对非社会性认知的表征。在这方面，批评者将社会认知取向定性为**还原主义**（reductionism）（见第 1 章），他们主要关注三个方面：（1）未能正确处理语言和交流这两个基本的社会变量；（2）未能回答人与人之间的互动过程；（3）未能将认知过程与更广泛的人际、群体和社会过程联系起来。然而，也有一些例外的研究，例如马斯和阿尔库里（Maass & Arcuri, 1996）关于语言和刻板印象化的研究（见第 15 章），以及关于集体自我和群体行为的自我归类研究（Turner, Hogg, Oakes, Reicher, & Wetherell, 1987；见第 11 章）。最近，研究者们尝试系统地将社会认知（重新）社会化（如 Abrams & Hogg, 1999; Levine, Resnick, & Higgins, 1993; Moskowitz, 2005; Nye & Bower, 1996; Wyer & Gruenfeld, 1995）。

然而，社会认知的一个分支打着社会神经科学的旗号，向着还原主义的方向大力发展（如 Harmon-Jones & Winkielman, 2007; Lieberman, 2010; Ochsner, 2007; Ochsner & Lieberman, 2001）。社会神经科学由于专注于行为的大脑相关性，似乎会遭遇传统社会认知研究的所有问题；除此之外，将复杂的社会行为映射到大脑的局部电化学活动上无疑会带来更多的问题。

尽管社会神经科学的倡导者们在这种特殊形式的还原主义中看到了许多价值和对社会心理学的核心贡献，但许多其他社会心理学家却对此持谨慎态度，他们想知道关于大脑哪个部分 "亮起来" 的知识如何帮助我们理解复杂的社会行为，如谈判、社会困境和从众。例如，法恩（Fine, 2010）使用 "神经性别歧视" 一词来表达对社会神经科学和性别差异 fMRI 研究中的还原主义倾向可能会强化性别刻板印象的担忧。关于社会神经科学在解释群体过程和群际关系方面的利弊讨论，详见普伦蒂斯和埃伯哈特所编的著作（Prentice & Eberhardt Eds., 2008）。

小结

- 社会认知是指影响社会环境和受社会环境影响的认知过程和结构。社会认知假设人处理信息的能力有限，是认知上的吝啬者，会采取各种认知捷径；或者是成为动机策略家，根据自己的目标、动机和需要，在一系列认知策略中进行选择。

- 我们对他人形成的总体印象是由刻板印象、负面信息、第一印象和特殊的个人建构所主导的。在形成对他人印象的过程中，我们会对各个组成部分进行加权，然后以复杂的方式对它们进行平均；或者某些组成部分可能会影响对所有其他组成部分的解释，并在所形成的印象中占主导地位。

    - 图式是表征有关人、事件、角色、自我和一般信息处理的知识的认知结构。一旦被激活，图式会使信息处理和推理的各方面出现偏差，从而使图式无坚不摧。

    - 类别是围绕一个原型组织起来的模糊的特征集。它们在包容性方面是分层次的，即包容性较低的类别是包容性较强的类别的子集。归类过程会在人们认为与归类相关的维度上加重感知到的类别内相似性和类别间差异性。这种加重效应是刻板印象化的基础，但它需要考虑到群际关系才能提供充分的解释。

还原主义
用较低分析水平的语言和概念来解释现象，通常解释力会受损。

- 在处理有关他人的信息时，我们倾向于依赖与亚型、刻板印象、当前心境、易于识别的特征、可及的类别和自我相关信息有关的图式。然而，当做出错误推断的成本增加、犹豫不决的成本较低，以及意识到图式加工可能不准确时，人们对图式的依赖性就会降低。
- 随着时间的推移，图式会变得更加抽象、复杂、有组织、紧凑、有弹性和准确。它们很难改变，但与图式不一致的信息会对其进行修改，主要的修改方式是形成亚型。
- 信息的编码在很大程度上受刺激的凸显性和现有图式的认知可及性的影响。
- 我们主要是根据个体的特质对其进行记忆，但也会根据个体的行为和外表来记忆。他们可以作为单个的人，也可以作为类别成员得到认知存储。
- 我们的推理过程远远没有达到理想的状态。我们受到图式的摆弄，无视回归效应和基础概率信息，感知到虚假相关。我们依赖认知上的捷径（启发式），如代表性、可得性、锚定和调整，而不是依赖最优化的信息处理技术。
- 情感和情绪由认知评价对其进行支撑，包括对责任的评价，以及我们在特定情境中处理需求的需要、目标和能力的评价。反过来，情感又会对社会认知产生影响，只有当人们开放地、建设性地处理信息时，情感才会渗透进社会认知，包括对刺激细节和记忆中的信息进行积极的阐述。
- 社会认知研究视角一直被批评过于认知化，没有将认知过程和结构与语言、社会互动及社会结构恰当地联系起来，因而未能解决社会心理学所关注的许多核心问题。这种情况近年来有所改善，然而，社会神经科学可能会在更大程度上受到这些局限性的影响。

关键词

Accentuation principle 加重原则
Accessibility 可及性
Affect-infusion model 情感渗透模型
Anchoring and adjustment 锚定和调整
Associative meaning 联想意义
Associative network 联想网络
Attribution 归因
Availability heuristic 可得性启发式
Averaging 平均模型
Base-rate information 基础概率信息
Behavioural decision theory 行为决策理论
Behaviourism 行为主义
Bookkeeping 簿记
Central traits 中心特质
Cognitive algebra 认知代数
Cognitive consistency 认知一致性
Cognitive miser 认知吝啬者
Configural model 配置模型
Conversion 转换
Exemplars 范例
Family resemblance 家族相似性
Fuzzy sets 模糊集合
Gestalt psychology 格式塔心理学
Heuristics 启发式
Illusory correlation 虚假相关
Implicit personality theories 内隐人格理论
Motivated tactician 动机策略家

Naive scientist/psychologist 朴素科学家（心理学家）
Normative models 规范模型
Paired distinctiveness 配对独特性
Peripheral traits 外围特质
Personal constructs 个人建构
Primacy 首因
Priming 启动
Prototype 原型
Recency 近因
Reductionism 还原主义
Regression 回归
Representativeness heuristic 代表性启发式
Roles 角色
Salience 凸显性
Schema 图式
Script 脚本
Self-categorization theory 自我归类理论
Social cognition 社会认知
Social identity theory 社会认同论
Social judgeability 社会评判
Social neuroscience 社会神经科学
Stereotype 刻板印象
Subtyping 亚型化
Summation 相加模型
Vividness 生动性
Weighted averaging 加权平均模型

文学和影视

《朗读者》

2008 年由史蒂芬·戴德利执导，拉尔夫·费因斯、詹妮特·海因和大卫·克劳斯主演的一部电影。一个十几岁的男孩迈克尔（Michael），在二战后的德国与一位中年女性汉娜（Hanna）发展出了一段情人关系，这深深地影响了他。汉娜突然消失，八年后，当因战争罪受审时，她又重新出现在迈克尔的生活中。迈克尔长久以来对汉娜的印象被戏剧性地颠覆了。迈克尔处理这个问题的方法之一就是关注他对汉娜印象中积极的一面，即她在生活中某一方面的脆弱性。

《跳出我天地》

2000 年由史蒂芬·戴德利执导，朱丽·沃特斯主演的电影。故事发生在英格兰北部的一个矿区小镇，背景是 1984 年的矿工罢工。比利·艾略特（Billy Elliot）是一个 11 岁的男孩，他拒绝了传统的男性拳击活动，而想要成为一名芭蕾舞者。这部电影展示了当人们违反社会脚本，以反刻板印象的方式做出超出角色的行为时，会发生什么。

《国王的演讲》

2010 年由汤姆·霍伯执导，科林·费尔斯、杰弗里·拉什和海伦娜·伯翰·卡特主演的历史剧，主要讲述了国王乔治六世（费尔斯饰）和他的澳大利亚语言治疗师莱昂内尔·洛格（Lionel Logue，拉什饰）之间的关系。洛格的任务是治疗国王的口吃。这是一项非常重要和紧迫的任务，因为当时的历史背景是纳粹德国正在准备战争，而英国君主制则因爱德华八世退位的丑闻而动摇。影片通过在巨大的社会和技术变革时期乔治六世和洛格之间的关系，刻画了与文化、职业和地位相关的期望的冲突。

《永不妥协》

史蒂文·索德伯格于 2000 年拍摄发行的传记电影，由朱莉娅·罗伯茨主演，饰演埃琳·布罗克维奇（Erin Brockovich）。1993 年，布罗克维奇是一个有三个孩子的失业单亲妈妈，后为律师埃德·马斯里（Ed Masry，阿尔伯特·芬尼饰）工作。她说服马斯里允许她对加利福尼亚州一家大型能源公司（Pacific Gas and Electricity Company, PG&E）提起集体诉讼，控告该公司用高致癌性的六价铬污染地下水。布罗克维奇成功地说服了 634 名原告加入诉讼，并赢得了这场官司，法官命令 PG&E 支付 3.33 亿美元的巨额和解金。在整个过程中，布罗克维奇面对并克服了一系列性别、婚姻、教育和社会经济方面的刻板印象。

请你思考

1. 你或许听说过这样一句话：人们有时会"以貌取人"。以这句俗语为出发点，概述我们如何形成对他人的第一印象。
2. 图式和刻板印象是一回事吗？如果不是，它们有什么不同？
3. 为什么刻板印象改变得很慢？
4. 目击者证词的可靠性如何？应用你所知道的关于个体记忆的知识回答这个问题。
5. 思维会受到我们的心境的影响吗？

延伸阅读

Devine, P. G., Hamilton, D. L., & Ostrom, T. M. (Eds.) (1994). *Social cognition: Impact on social psychology*. San Diego: Academic Press. 顶尖专家探讨了社会认知视角对社会心理学中众多主题的影响。

Dijksterhuis, A. (2010). Automaticity and the unconscious. In S. T. Fiske, D. T. Gilbert, & G. Lindzey (Eds.), *Handbook of social psychology* (5th ed., Vol. 1, pp. 228−267). New York: Wiley. 对社会认知的核心——自动化认知过程的详细且全面的综述。

Fiske, S. T., & Taylor, S. E. (2013). *Social cognition: From brains to culture* (2nd ed.). Los Angeles: Sage. 菲斯克和泰勒的经典社会认知著作最新版——全面、翔实且文笔优美，涵盖了社会神经科学的新进展。

Forgas, J. P., & Smith, C. A. (2007). Affect and emotion. In M. A. Hogg & J. Cooper (Eds.), *The SAGE handbook of social psychology: Concise student edition* (pp. 146−175). London: SAGE. 全面且通俗易懂地概述了我们所了解的社会认知的前因和人类情感的后果。

Hamilton, D. L. (Ed.) (2004). *Social cognition: Essential readings*. New York: Psychology press. 经典的社会认知章节合集。这本书有一个介绍性概述章节，并且每一篇都有较短的介绍性章节。

Keltner, D., & Lerner, J. S. (2010). Emotion. In S. T. Fiske, D. T. Gilbert, & G. Lindzey (Eds.), *Handbook of social psychology* (5th ed., Vol. 1, pp. 317−352). New York: Wiley. 关于情感和情绪的最新且翔实的概述。

Lieberman, M. D. (2010). Social cognitive neuroscience. In S. T. Fiske, D. T. Gilbert, & G. Lindzey (Eds.), *Handbook of social psychology* (5th ed., Vol. 1, pp. 143−193). New York: Wiley. 来自顶尖研究者的最新且尤为翔实的社会神经科学概述。

Macrae, C. N., & Quadflieg, S. (2010). Perceiving people. In S. T. Fiske, D. T. Gilbert, & G. Lindzey (Eds.), *Handbook of social psychology* (5th ed., Vol. 1, pp. 428−463). New York: Wiley. 全面概述了我们对人的认知——我们如何形成并使用我们对人的认知表征。

Moskowitz, G. B. (2005). *Social cognition: Understanding self and others*. New York: Guilford. 一部相对较新且全面的社会认知著作，作为对该主题的介绍，其写作风格通俗易懂。

Todorov, A., Fiske, S. T., & Prentice, D. A. (2011) *Social neuroscience: Towards understanding the underpinnings of the social mind*. New York: Oxford University Press. 一部全面探讨社会认知神经基础的著作。

第 **3** 章

归因与社会解释

你怎么认为？

1. 海伦对于丈夫刘易斯回避和老板谈加薪感到很生气。刘易斯认为时机还不合适，海伦却说他只是无法面对他人。这两种归因方式有什么不同？

2. 你在报纸上读到一起关于强奸案件的报道，报道中辩护律师指出作为受害者的那位年轻女性衣着撩人。这其中的归因谬误是什么？

3. 工作市场开始紧缩，拉伊娜担心自己可能被裁员。而后，她听到有谣言说最糟糕的情况来了——许多员工将被解雇，于是她迫不及待地把它传给见到的下一个同事。为什么拉伊娜想进一步散播谣言呢？

一、寻找行为的起因

人们一心寻找、建构并检验有关自身经历的解释。我们试图理解自身所处的世界，让它足够井然有序、富于意义，从而做出适应性行动，如果没有这种对世界的理解，则会感到不适。特别是，我们需要理解他人。生活中，大部分人会构建起合理的解释（或者说理论）来说明人们为什么行为各异。就此而言，我们都是"朴素的"或"业余的"心理学家。这是极其有用的，因为能使我们预测（准确性是多样的）他人会做出怎样的行为，也可能影响他人是否会以某种方式行为。正因如此，我们对于命运有了些许掌控。

人们不仅对物理现象（如地震、季节），也对人类行为（如生气、特定态度）构建解释。通常这样的解释是具有因果关系的，某种条件会被赋予起因的角色。因果解释正是预测和控制的有力基础（Hilton, 2007）。

本章中，我们将探讨人们如何推断自己与他人行为的起因，以及这些推断的前因后果。社会心理学中关于因果推断的理论统称为 **归因理论**（attribution theories）（Hewstone, 1989; Ross & Fletcher, 1985; Smith, 1994; Trope & Gaunt, 2007; Weary, Stanley, & Harvey, 1989）。**归因**（attribution）理论的主体部分主要由七个理论侧重点组成：

- 海德（Heider, 1958）的朴素心理学理论。
- 琼斯和戴维斯（Jones & Davis, 1965）的对应推断理论。
- 凯利（Kelley, 1967）的共变模型。
- 沙赫特（Schachter, 1964）的情绪易变性理论。
- 贝姆（Bem, 1967, 1972）的自我知觉理论。
- 韦纳（Weiner, 1979, 1985）的归因理论。
- 德尚（Deschamps, 1983）、休斯通（Hewstone, 1989）和贾斯珀斯（Hewstone & Jaspars, 1982，1984）的群际视角。

下面我们将首先讨论前六个方面，然后探讨群际归因。

二、人们如何归因

（一）人作为朴素心理学家

弗里茨·海德（Fritz Heider, 1958）认为，对于社会心理学家来说，重要的是研究人们朴素的或常识性的心理学理论，因为这种理论影响着普通民众的日常感知和行为。例如，相信星座学说的人和不信星座学说的人很可能有不同的期望和行动方式。海德认为，人们就像有着天生直觉的心理学家，构建着关于人类行为的因果关系理论，而由于这些理论与科学的社会心理学理论形式相同，所以实际上人人都是直觉或**朴素心理学家**（naive psychologists）。

海德的思想基于三个原则：

- 由于感觉到自身行为是被激发的而不是偶然产生的，我们会去寻找他人行为的原因，从而发现他们的动机。人类思维似乎普遍涉及对起因的探索，在解释或评论事物时难免会运用因果关系式的语言。海德和西梅尔（Heider & Simmel, 1944）在一项精巧的实验中证明了这一点。在被要求描述抽象几何图

归因
为自己和他人的行为寻求解释的过程。

朴素心理学家
一种社会认知理论模型，认为人是理性的、科学的，会使用因果分析的方式来理解所处的世界。

形的运动时，人们会形容它们类似人一样怀有意图且以特定的方式行动。如今，我们依然可以看到相同的现象，即人们常常高度情绪化地把计算机生成图像赋予拟人化的动机。人们对因果解释有着普遍需求，而最能有力证明这一点的是：几乎所有社会都会建构一个原始的神话传说，那是一种添枝加叶式的对生命原初意义的因果解释，这通常就是宗教的核心。

- 由于建构因果关系理论是为了能预测和控制环境，我们倾向于寻找周围世界稳定持久的特质，并试图发现那些引发行为的人格特质和人们持续的能力，或者是场景的稳定特性。

- 我们可以把行为归因于个人因素（如人格、能力）或环境因素（如情境、社会压力）。前者的例子属于**内归因**（internal attribution）或**秉性归因**（dispositional attribution），而后者属于**外归因**（external attribution）或**情境归因**（situational attribution）。例如，你在派对上认识的某人看起来淡漠疏离，你可能想知道他本来就是个淡漠疏离的人还是因为没有享受派对才表现成这个样子。海德认为，由于内在原因或意图是向我们隐藏起来的，只有当排除了清晰的外因时我们才能推测内因的存在。然而，稍后我们会看到，人们是有偏差倾向的，即使当外部原因存在的证据摆在面前时，人们也偏好内归因而不是外归因。我们似乎已准备好将行为归因于人们稳定的特质。谢勒（Scherer, 1978）发现，人们对于完全陌生的人仅凭电话里的声音就会做出关于他们稳定的人格特质的假设。

海德指明了归因研究的主题和前景，这为后续更完善的归因理论铺垫出一张蓝图。

（二）从行为到秉性

内德·琼斯和凯斯·戴维斯的**对应推断**（correspondent inference）理论（Ned Jones & Keith Davis, 1965; Jones & McGillis, 1976）解释了人们如何推断某人的行为与某种潜在秉性或人格特质相符，即我们如何推断出一次友好之举是因其潜在秉性使然。人们喜欢做出对应推断（把行为归因于潜在秉性），因为秉性是稳定的原因，使人们的行为有预测性，增加我们对世界的掌控感。

我们梳理了有助于做出对应推断的五类信息源或线索（见图 3.1）：

- 自由选择的行为比在明显受制于外部威胁、在引诱或限制下发生的行为更能反映一种秉性。

- 具有相对唯一效应的行为，即带来**非共同效应**（non-common effects）的行为，比具有共同效应的行为能告诉我们更多关于秉性的信息。人们假设其他人会意识到非共同效应，并会有意展示特定的行为来产生非共同效应，这种倾向被称为**结果偏差**（outcome bias; Allison, Mackie, & Messick, 1996）。举例来说，如果一个人不得不从行为 A 和 B 中选择，两种行为都产生几乎相似的效果（即没有非共同效应）或者产生很多差异化的效果（即有很多非共同效应），那么这个选择透露出的关于这个人的秉性的信息会很少。然而，如果行为产生的是少量的差异化效果（即少量非共同效应，例如行为 A 只引起恐惧，而行为 B 只引起愉悦），那么对这个行为的选择确实能告诉我们一个人的秉性。

- 社会赞许行为告诉我们的关于一个人的秉性的信息很少，因为很容易受到社会规范的控制。而社会不赞许的行为通常是反规范的，也因此是做出对应推断的一个更好的考量基础。

- 对于那些给我们自身带来重要影响的他人的行为，也就是有**利害相关**（hedonic relevance）的行为，我们会做出更自信的对应推断。

内归因（秉性归因）
把我们自己的或他人的行为归因于内在或秉性因素。

外归因（情境归因）
把我们自己的或他人的行为归因于外在的或环境的因素。

对应推断
把行为原因归结为潜在秉性的归因方式。

非共同效应
相对其他行为而言，行为的效应是唯一的。

结果偏差
相信某种行为产生的结果是由选择这种行为的人有意造成的。

利害相关
对自我有重要的直接影响的行为。

线索

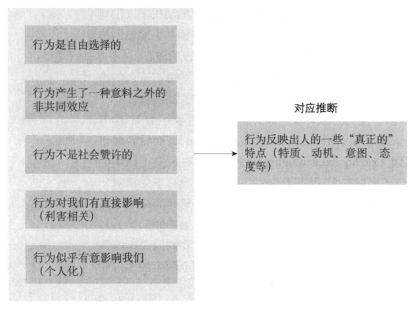

图 3.1　我们如何做出对应推断

我们依据五种信息源来对一个人的行为做出和潜在秉性对应的推断。

对于那些看似有意直接惠及或伤及我们的他人行为，也就是高**个人化**（personalism）的行为，我们会做出更自信的对应推断。

一些实验为检验对应推断理论提供了支持。琼斯和哈里斯（Jones & Harris, 1967）发现，美国学生对其他学生的演讲做出归因时，倾向于对自由选择了社会上不受欢迎的立场的情况做出更多对应推断，比如自由选择为支持当时的古巴领导人菲德尔·卡斯特罗做演讲。

在另一项实验中，琼斯、戴维斯和格根（Jones, Davis, & Gergen, 1961）发现，被试对于脱离角色的行为会做出更多对应推断。比如，正在申请宇航员工作的某人会表现出友好外向的行为，即便这项工作需要的是安静、保守、内向的人。

对应推断理论具有一些局限性，并且它作为一种归因理论的重要性在下降（Hewstone, 1989; Howard, 1985）。例如，该理论认为对应推断主要取决于对意图的归因，然而无意的行为（如粗心大意的行为）也可以是对应推断（如此人是个粗心大意的人）的强大基础。

关于非共同效应的观念也存在问题。对应推断理论坚持认为人们通过比较两种行动（选择的和未选择的）来评估效应的共性，而研究表明人们其实不会参与未发生的行为，因此无法准确计算效应的共性（Nisbett & Ross, 1980; Ross, 1977）。更常见的情况是，虽然我们可能依据情境因素纠正秉性归因，但这是个深思熟虑的过程，而对应推断本身是相对自动化的（Gilbert, 1995）。

（三）人作为日常科学家

个人化
看似对于自己而非他人有直接意图的施惠或伤害行为。

共变模型
凯利的归因理论，认为人们会把行为原因分配给和该行为共变联系最紧密的因素。

一贯性信息
关于一种行为 Y 总是与刺激 X 共同出现的可能性的信息。

特异性信息
关于是只由一种刺激还可由多种刺激引发一个人的普遍反应的信息。

一致性信息
关于其他人对刺激 X 的反应方式的相同程度的信息。

最著名的归因理论是哈罗德·凯利（Harold Kelley, 1967, 1973）的**共变模型**（covariation model）。为了发现行为的起因，人们表现得与科学家极为相像，识别出哪些因素与行为紧密相关、共同变化，而后将该因素赋予成因的角色。这一过程类似于统计技术中的 ANOVA（方差分析），因此凯利的模型也叫作 ANOVA 模型。人们运用这个共变原则来决定是把行为归因于内在秉性（如人格）还是外在环境因素（如社会压力）。

为了做出决策，人们会评估有关某个人（如汤姆）的某种特定行为（如大笑）以及某种潜在原因（如一位喜剧演员）的三类共现信息：

- **一贯性信息**（consistency information）：汤姆总是（高一贯性）还是偶尔（低一贯性）被这个喜剧演员逗得大笑？
- **特异性信息**（distinctiveness information）：汤姆会被一切事物逗得大笑（低特异性）还是只会被这个喜剧演员逗得大笑（高特异性）？
- **一致性信息**（consensus information）：是每个人都会被这个喜剧演员逗得大笑

（高一致性）还是只有汤姆会被逗得大笑
（低一致性）？

　　当一贯性低时，人们会给这种潜在原因打**折扣**（discount），并寻找替代原因（见图 3.2）。如果汤姆有时会被该喜剧演员逗得大笑，而有时不会，那么很有可能大笑的原因既不在于该喜剧演员也不在于汤姆自身，而是一些其他共变因素。例如，汤姆在观看喜剧表演前是否抽了大麻，或者喜剧演员是否讲了个好笑的笑话（对折扣最可能发生的条件的综述见 McClure, 1998）。当一贯性高，而且特异性与一致性也高时，可以外归因于喜剧演员（汤姆大笑的原因在于喜剧演员）；但是当特异性与一致性都低时，则可以内归因于汤姆的人格（汤姆对着喜剧演员大笑是因为汤姆很容易捧腹大笑）。

一致性信息　观众席上的每个人都以相同的方式回应脱口秀喜剧演员。显然，他的一连串笑话奏效了！

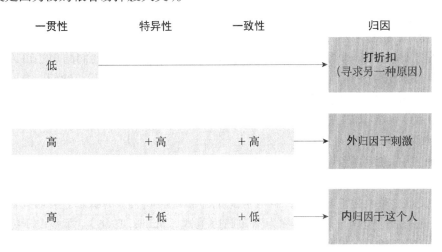

图 3.2　凯利的归因理论
凯利的共变模型认为，人们在归因之前会考虑：（1）一贯性；（2）一个人行为的特异性；（3）其他观察者对此人行为的反应的一致性程度。

　　麦克阿瑟（McArthur, 1972）检验了凯利的理论，他让被试给一系列行为做出内归因或外归因，每一种行为都伴随着由高、低一贯性、特异性和一致性信息组合而成的八种可能情境之一。尽管理论大体上得到了支持（综述见 Kassin, 1979），但是存在人们过少使用一致性信息的倾向。此外需要总体考虑几个问题：

- 人们可以使用被打包组合的一贯性、特异性和一致性信息来归因（实验验证凯利模型的例子）并不意味着人们在事件发生的正常过程中也这样归因。
- 有证据表明，人们实际上很不擅长评估共变性——他们是糟糕的统计学家（Alloy & Tabachnik, 1984）。
- 无法确保人们使用共变原则——他们可能把原因归结为最凸显的特征或任何看上去有相似效果的因子（Nisbett & Ross, 1980）。
- 如果人们确实在共变或相关的基础上归因，那么他们的确是朴素科学家（Hilton, 1988）——共变关系不是因果关系。

折扣
如果某种原因和某种行为之间没有连贯一致的关系，那么这种原因会被打折扣，而其他可能的原因则会受到青睐。

共变模型的另一个缺点是一贯性、特异性和一致性信息需要多重观察。有时我们掌握了这样的信息：也许汤姆确实经常因几乎任何事物而发笑（低特异性），并且他人并没有觉得这个喜剧演员特别可笑（低一致性）。在其他时候，我们也许没有完整的信息，甚至在诸多观察之后也没有任何信息。此时，我们怎么归因呢？

为了解答这一点，凯利（Kelley, 1972b）引入了**因果图式**（causal schemata）的概念，即从经验中获得的关于某些特定原因如何互动从而产生某种特定效应的信念或预想。这样的一种因果图式是，某种特定效应的产生需要至少两种原因（称为"必多因"图式）。例如，酒驾必定是某人喝过一定量的酒且正在驾驶着一辆车。因果图式的概念尽管有实证支持（Kun & Weiner, 1973），并帮助解决了由单一观察引起的问题，但依然没有被全盘接受（Fiedler, 1982）。

■ 三、归因理论的延伸

（一）解释我们的情绪

归因有可能在我们如何体验情绪的过程中发挥作用（Schachter, 1964, 1971；综述见 Reisenzein, 1983）。情绪有两个独特成分，即未区分状态的生理唤起和将唤起标签化的认知成分，后者决定了体验到哪种情绪。通常唤起和标签步调一致，并且我们的想法可以引发关联性唤起（例如，识别出一条狗是罗威纳犬可能会产生体验为恐惧的唤起）。然而，有时最初未解释的唤起可能会被体验为不同的情绪，这取决于我们对体验如何归因。沙赫特和辛格（Schachter & Singer, 1962）的一项经典研究着重关注了"情绪易变性"（emotional lability）这种有趣的可能性（见专栏 3.1 和图 3.3）。

沙赫特的工作一度可能具备应用于心理治疗的巨大潜力（Valins & Nisbett, 1972）。如果情绪取决于贴的是哪种认知标签，那么，通过对未区分的唤起进行归因，举例来说，仅仅通过对唤起重新归因，就有可能把抑郁转换成欢快的状态。有研究者设计出一种范式来检验这个想法，称为错误归因范式（Valins, 1966）。那些由于将唤起内归因而感到焦虑、自我感觉不好的人，被鼓励把唤起归因于外在因素。例如，可以鼓励一些害羞的人把有关与陌生人见面的唤起归因于寻常的环境原因而非人格缺陷，这样就不再会感到害羞了。一系列实验使用了这种干预方法，并获得了一些成功（如 Olson, 1988; Storms & Nisbett, 1970）。

因果图式
基于经验的关于特定种类原因如何互动从而产生一种效应的信念。

 专栏 3.1　　　　　**经典研究**

情境会影响我们如何给情绪贴标签

19世纪末，著名心理学家威廉·詹姆斯扭转了关于我们如何体验情绪的通常解释。作为普罗大众，我们可能会相信自己的心理意象引起了身体的反应，由此把我们的感觉定义为一种情绪。然而，詹姆斯认为是身体首先自动地对刺激做出反应，而后我们在身边发生的事情的基础上理解身体的反应：如果看见一只熊，我们会跑，过一会儿加快的

心跳告诉我们自己在害怕。

斯坦利·沙赫特的一项关于"情绪易变性"的实验把这个想法带入了实验室，还赋予了归因的意味（Schachter & Singer, 1962）。男学生被注射肾上腺素（肾上腺素药物）或者控制条件下的安慰剂（盐水）。被注射药物的学生被分配到以下三种情况之一：（1）正确告知这会引起生理唤起症状（呼吸急

促，心跳加快）；（2）不给出任何解释；（3）错误告知他们可能会有轻微头疼和头晕的症状。在一名实验同伴的陪伴下，被试在一个房间中等待完成一些文书工作。对于一半被试，同伴表现出欢快的样子（做一些滑稽的动作，如折纸飞机）；而对于另一半被试，同伴则表现得很愤怒（撕碎纸张并且跺脚）。

沙赫特和辛格预测，没有被告知药物反应的被

试会体验到唤起并会在直接的环境中寻找原因（见图 3.3）。同伴的行为会作为凸显的线索，引导被试在欢快的条件下感到欢快而在愤怒的条件下感到愤怒。另外两个药物组和控制组的情绪不会受到同伴行为的影响：控制组被试没有体验到唤起，而被正确或错误告知的被试已经有了对他们唤起的解释。实验结果极大地支持了这些预测。

然而，对情绪易变性研究的最初热情和对错误归因的临床应用在后来的批判声中日趋衰落（Buchanan & Seligman, 1995; Forsterling, 1988; Reisenzein, 1983）：

- 情绪易变的程度可能显著低于最初所想的那样（Maslach, 1979）。环境线索不会被轻易采纳作为从还未解释的唤起中推断情绪的基础，而且由于未解释的唤起本质上是不愉快的，人们倾向于给它贴上负面的标签。
- 错误归因的效果是不可靠的、短暂的，也很大程度上受限于实验室研究（Parkinson, 1985）。归因过程是否作为中介机制尚不清楚，而且无论如何都受制于有限的情绪诱发刺激。

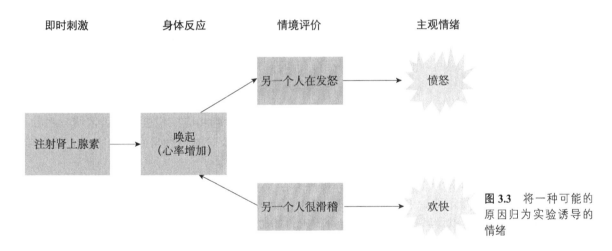

图 3.3　将一种可能的原因归为实验诱导的情绪

更普遍的观点认为，认知（特别是对周边情况的认知评价）在情绪产生和体验中扮演着重要角色，这促使情感和情绪研究在当代重获新生（如 Blascovich, 2008; Forgas, 2006; Forgas & Smith, 2007; Haddock & Zanna, 1999; Keltner & Lerner, 2010; 见第 2 章）。事实上，归因理论推动了对认知评价概念的后续探索（如 Lazarus, 1991）。

（二）对我们自身的行为进行归因

情绪被视为是贴上了认知标签的唤起，其重要启示之一是人们有可能为自身行为做出更笼统的归因。这一观点在达里尔·贝姆（Daryl Bem, 1967, 1972）的**自我知觉理论**（self-perception theory）中得到了详细阐述。（由于这是对人们如何建构自我概念的一种解释，我们将在第 4 章探讨自我与身份认同的本质时进行描述。）

自我知觉理论
贝姆的观点，认为我们只能通过自我归因来获得对自己的认识，例如我们从自己的行为中推断出自己的态度。

（三）任务绩效归因

归因理论的另一延伸聚焦于人们对自己和他人的任务绩效进行归因，如考试成功还是失败（Weiner, 1979, 1985, 1986）。在对成就进行归因时，我们会考虑绩效的三个维度：

- 控制点：绩效是由行动者（内在的）还是情境（外在的）引起的？
- 稳定性：内在或外在的原因是稳定的还是不稳定的？
- 可控性：在哪种程度上未来任务的绩效是行动者可控的？

这三个维度产生了任务绩效的八种不同解释类型（见图 3.4）。举例来说，如果学生是聪明的（因此，失败是外在的），而且被旁边患了花粉热的同学打喷嚏所干扰（不稳定的和不可控的，因为在未来考试中打喷嚏的同学可能不在那里或者服用了抗过敏药物，也可以选择坐在远离打喷嚏同学的位置上），那么考试失败也许会被归因于"他人不寻常的妨碍"（图 3.4 中的右上角方框）。

图 3.4 成就归因作为控制点、稳定性和可控性的函数

我们如何对某人的成就进行归因取决于：
- 控制点：绩效是由行动者（内在的）还是情境（外在的）引起的？
- 稳定性：内在或外在的原因是稳定的还是不稳定的？
- 可控性：在哪种程度上未来任务的绩效是行动者可控的？

韦纳认为，人们首先决定某人是成功还是失败，而后体验到相应的积极或消极情绪。之后，人们对绩效做出归因，这些归因会引发更多特定情绪（如骄傲对应将做得好归因于能力强）和期望，而期望会影响未来的绩效。

这一观点得到了很好的实验支持，实验通常在角色扮演的条件下给被试提供关于绩效的评价结果以及控制点、稳定性、可控性的信息（如 De Jong, Koomen, & Mellenbergh, 1988; Frieze & Weiner, 1971）。然而，批评者提出可控性也许没有开始想得那么重要，并且想知道人们在实验室这种控制条件之外多大程度上真正以这种方式分析成就。后来，韦纳（Weiner, 1995）把研究重点放在对责任的评判上：在归因的基础上，人们会对责任做出判断。正是这些后来的判断，而非归因本身，影响着情感体验和行为反应。

四、归因理论的应用

人们需要发现自己和他人行为的原因以便规划自身的行动，把这种归因理论的观点加以应用对社会心理学产生了深远的影响。我们已经看到两个例子：成就归因和作为治疗技术的唤起再归因。在此，我们探索另外两种应用：归因风格和人际关系。

归因风格
一种对行为做出特定类型的归因的人格倾向。

（一）个体差异与归因风格

研究表明，人们在归因的方式上存在差异，即具有不同的**归因风格**（attributional

styles）。这是因为他们感受到的对所接收的强化和惩罚的控制水平存在差异（Rotter, 1966）。内归因者认为，他们对自己的命运有很强的个人掌控力——事情发生是因为他们使得事情发生。外归因者是更宿命论的，他们认为发生在自己身上的事几乎无法掌控；事情发生只是偶然的、幸运的或是由强大的外部实体推动的。为了测量人们的控制点，罗特研发了一个包含 29 道问题的量表。这个量表将控制点和一系列行为关联起来，包括政治信念、成就行为和对疾病的反应。此量表的一个问题是，它也许测量的不是单一的结构（如单一人格维度），而是若干个相对独立的有关控制的信念（Collins, 1974）。

归因风格个体差异的概念，即做出独特的有别于他人的因果推断的个体倾向性，随着时间的推移和情境的转换，支撑发展出诸多测量归因风格的问卷（Metalsky & Abramson, 1981）。这其中最广为人知的或许是 ASQ ——归因风格问卷（Attributional Style Questionnaire）（Peterson et al., 1982; Seligman, Abramson, Semmel, & Von Baeyer, 1979）。它测量人们对痛苦事件的解释种类，有三个维度：内在 / 外在，稳定 / 不稳定，整体 / 局部。整体 / 局部维度指的是原因有多么宽泛或狭隘，"经济"是对某人被裁的整体解释，而某家特定的公司倒闭是一种局部的解释。将厌恶事件视为由内在的、稳定的、整体的因素引起的人具有一种"抑郁性归因风格"（即，玻璃杯一半是空的），这可能带来无助、抑郁并引发健康问题（Abramson, Seligman, & Teasdale, 1978; Crocker, Alloy, & Kayne, 1988）。

另一个略有差别的量表是 ACS——归因复杂度量表（Attributional Complexity Scale），是由弗莱彻等（Fletcher et al., 1986）研发的，测量人们对事件归因的复杂度的个体差异。

把归因风格看作一种人格特质的观点也存在一些问题，比如 ASQ 和 ACS 只提供了跨情境时个体在归因方面一致性的有限证据（如 Cutrona, Russell, & Jones, 1985）。有问题的还有归因风格、习得性无助和临床抑郁症之间的联系。虽然超过 100 项研究（涵盖了约 15 000 名被试）发现归因风格和抑郁之间存在平均 0.30 的相关关系（Sweeney, Anderson, & Bailey, 1986），但这并不能建立因果关系，因为该相关中一个因子只解释了另一个变量 9% 的变异。

更有助于说明这个问题的一些研究表明，在某一时间测量的归因风格可以预测几天之后的抑郁症状（Nolen-Hoeksma, Girgus, & Seligman, 1992），但因果关系仍然不能建立起来，这是由于在实验情境下诱导临床抑郁症显然有违伦理。对短暂情绪的研究给我们留下了大量的实验证据，而这只是抑郁的一种比较苍白的类比。将关于细微的实验室任务做得好或不好的感觉一概而论地放大到临床抑郁症，这是否合理呢？

（二）人际关系

归因在人际关系中扮演着重要的角色（见第 14 章），特别是亲近的关系（如友情和婚姻）。在这类关系中人们互相交流归因，例如解释、辩护或为行为开脱，以及归咎且施加负罪感（Hilton, 1990）。

典型的人际关系一般经过三个基本阶段：形成、维持和消解（Harvey, 1987; 另见 Moreland & Levine, 1982; Levine & Moreland, 1994）。在形成阶段，归因可减少模糊性、促进沟通和理解关系（Fincham, 1985）。在维持阶段，由于稳定的人格和关系得以建立，归因的需求被弱化。消解阶段的特征是归因增加以便于重新理解关系。

人际关系中一个常见的情况是归因冲突（Horai, 1977），即伴侣对行为原因做出差异化的解读，并且对采用哪种归因的意见不一致。通常伴侣甚至在因果顺序上无法达成一致，一方声称"我退缩是因为你唠叨"，另一方声称"我唠叨是因为你退缩"。以异性恋情侣为主的研究表明，归因冲突和关系的不满意度有很强的相关（Kelly, 1979; Orvis, Kelley, & Butler, 1976; Sillars, 1981）。

大多数研究聚焦于归因在异性恋婚姻满意度中的作用（如 Fincham & Bradbury, 1991;

归咎　伴侣有时不能在何为因何为果上意见一致。例如，是唠叨指责导致了退缩回避，还是退缩回避导致了唠叨指责呢？

Fletcher & Thomas, 2000; Noller & Ruzzene, 1991），其目的是区分苦恼的和不苦恼的配偶关系，从而为功能失调的婚姻关系提供心理治疗方面的依据。相关性研究（如 Fincham & O'Leary, 1983; Holtzworth-Munroe & Jacobson, 1985）发现，幸福的（不苦恼的）婚姻配偶倾向于把正面行为归功于伴侣，通过引入内在的、稳定的、整体的和可控的因素来解释；把负面行为通过归结为外在的、不稳定的、局部的和不可控的原因来化解。苦恼的伴侣的做法恰恰相反。

女性通常用因果思维思考关系，而男性只有在关系出现功能失调时才这样思考。从这个角度来说，和普遍流行的观点相反，男性可能是对婚姻失调更具诊断力的指标：当男性开始分析关系时，警钟应该敲响了！

是归因的动态变化导致了功能失调的婚恋关系，还是功能失调的关系扭曲了归因的动态变化呢？芬彻姆和布拉德伯里（Fincham & Bradbury, 1987；概述见 Hewstone, 1989）解决了这一关键的因果关系问题，他们间隔 10～12 个月两次测量了 39 对已婚夫妇的责任归因和婚姻满意度，发现第一次情况下的归因可以有效预测 10～12 个月后的婚姻满意度，不过只适用于妻子。

另一项纵向研究（尽管只有 2 个月）证实，归因确实会对后续的关系满意度产生因果效应（Fletcher, Fincham, Cramer, & Heron, 1987）。此后更充分的、控制更好的纵向研究重复验证了这些结果，而且夫妻双方都是如此（Fincham & Bradbury, 1993; Senchak & Leonard, 1993）。

五、归因偏差

认知吝啬者
一种社会认知理论模型，认为人会使用简单、认知能耗最小的方式产生一般适应性行为。

动机策略家
一种社会认知理论模型，认为人有多种认知策略可供选择，个体会根据目标、动机和需要，在多种策略中进行选择。

对应偏差
一种普遍的归因偏差，即人们倾向于认为行为反映了（对应于）稳定的潜在人格属性。

基本归因偏误
把别人的行为更多归因于内在而非情境原因的偏差。

归因过程显然是存在偏差的，引起偏差的可以是人格、人际动力，或是为了满足沟通的需要。我们不会以完全不带感情的、公正客观的方式来完成给行为归因的任务，而且归因背后的认知机制可能本身就是带有瑕疵的，因而也是次优的。

由于归因偏差和"偏误"的证据不断积累，认识视角也随之转变。不同于把人视为朴素科学家甚或统计学家（这种情况下认为偏差只是理论上的细微差别），现在我们把人想成**认知吝啬者**（cognitive misers）或者**动机策略家**（motivated tacticians）（Moskowitz, 2005; Fiske &Taylor, 2013; 见第 2 章）。人们运用认知捷径（称作启发式）来做出归因，即便不总是那么精准或正确，依然比较令人满意且具有适应性。有时这种捷径的选择和归因的选择受到个人动机的影响。

偏差完完全全是日常社会感知的适应性特征（Fiske & Taylor, 2013; Nisbett & Ross, 1980; Ross, 1977）。在这一部分，我们将讨论一些最重要的认知偏差。

（一）对应偏差和基本归因偏误

最广为人知的一种归因偏差是**对应偏差**（correspondence bias）——人们倾向于把行为过度归因于稳定的人格秉性（Gilbert & Malone, 1995）（见专栏 3.2）。这种偏差最初被称为**基本归因偏误**（fundamental attribution error）。尽管对应偏差与基本归因偏误并不等同（Gawronski, 2004），但它们却常常互通使用。标签偏好的改变反映出这种偏差或偏误也许并不是开始想的那样 "基本"（见 "文化和发展因素" 部分）。

　　基本归因偏误最早由罗斯（Ross, 1977）提出，指的是这样一种归因倾向：即便有外在的 / 环境的原因存在，人们还是倾向于对他人的行为做出秉性归因。举个例子，在之前提到的研究中，美国的被试阅读一些关于古巴总统菲德尔·卡斯特罗的演讲稿，这些演讲稿表面上看是由学生所写的（Jones & Harris, 1967）。演讲稿或支持或反对卡斯特罗，表面上作者或是自由选择写作的或是按照要求写作的。当有选择时，不出所料，被试认为那些写了支持卡斯特罗的演讲稿的人喜欢卡斯特罗，而写了反对卡斯特罗演讲稿的人不支持卡斯特罗，即形成了一种内在和秉性归因（见图 3.5）。

　　然而，当演讲稿作者是按照要求来写作的时，依然存在秉性归因。尽管充足的证据表明有外在原因，但被试会在很大程度上无视这一点并偏向于做出秉性解释——基本归因偏误。（考虑到这些，你怎么解释海伦和刘易斯的不同观点？参见本章开头 "你怎么认为？" 中的第一个问题。）

 专栏 3.2　　　　　　　　我们的世界

政治竞选活动中的对应偏差

　　人们很容易落入对应偏差的陷阱，这种固有的倾向性可以被政治活动所利用。在 2016 年美国总统大选中，共和党大肆散播关于民主党竞选人希拉里·克林顿过去行为的信息，把她描绘成不可靠的、令人讨厌的形象，共和党竞选人唐纳德·特朗普反复用到 "狡诈的希拉里" 这个词。作为回应，民主党基于特朗普的行为（他发的推特和竞选演讲）把他刻画成不稳定的、敏感的自恋者，很危险

也不适合当总统。

　　两种情况下的党派选民似乎都更乐于把关注点聚焦在总统竞选对手的人格缺陷上，而忽视党派竞选人所代表的更复杂的政策图景。当选举变得私人化，着眼于夸大或伪造竞选对手的个人缺点时，那就被对应偏差和终极归因偏误玩弄于股掌之中了。

图 3.5　基本归因偏误：基于演讲稿写作选择的自由度对作者态度进行归因

- 可以自由选择写作关于支持或反对卡斯特罗的演讲稿的学生分别被归因为具有支持或反对卡斯特罗的态度。
- 当作者无法选择而仅仅是按要求写作演讲稿时，也普遍存在同样的倾向——归因于潜在秉性（基本归因偏误），尽管不那么强烈。

来源：Jones & Harris, 1967.

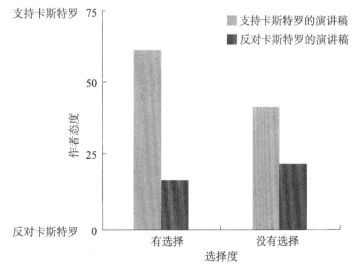

基本归因偏误（或对应偏差）在社会心理学实验室内外都得到反复证明（Gawronski, 2004; Gilbert, 1998; Jones, 1979, 1990; Nisbett & Ross, 1980）。对应偏差可能也导致了许多更普遍的解释倾向，例如人们更倾向于把道路事故归因于司机而不是车或道路状况（Barjonet, 1980），而一些人倾向于把贫穷和失业归因于个人而不是社会状况（见本章后面对关键词"公正世界信念"的讨论）。

佩蒂格鲁（Pettigrew, 1979）指出基本归因偏误在群际背景下可能发展成不太一样的形式，并把这种情况下群体对内群体和外群体的行为的归因称作终极归因偏误（见本章后面的"群际归因"部分）。对应偏差和基本归因偏误与另外两种偏差紧密相连：结果偏差（如 Allison, Mackie, & Messick, 1996），指人们假设一个人以特定方式行事有意造成该行为的所有结果；**本质主义**（essentialism）（Haslam, Rothschild, & Ernst, 1998; Medin & Ortony, 1989），指行为反映了人们或所属群体潜在的、不变的、往往与生俱来的特性。

当本质主义导致人们把对外群体的负面刻板印象属性归因于外群体成员本质的、不变的人格属性时，它可以极具破坏力（如 Bain, Kashima, & Haslam, 2006; Haslam, Bastian, Bain, & Kashima, 2006; Haslam, Bastian, & Bissett, 2004）。证据显示，群体可以利用本质主义有策略地歧视外群体（Morton, Hornsey, & Postmes, 2009）。如果外群体懒散的、受教育程度低的刻板印象属性被认为是群体成员不变的、也许由基因导致的属性，那么这些刻板印象会变本加厉、贻害不浅，即认为人们自身就具有一些恒久不变的人格特征，如懒惰、不道德和愚蠢。

研究者对对应偏差提出了不同的解释，包括：

- 注意点。行动者的行为比背景引起更多关注，在认知中不合比例地凸显出来，其形象与情境背景对比鲜明，因此在因果联系上代表性过高（Taylor & Fiske, 1978）。于是，行动者及其行为形成了海德（Heider, 1958）所谓的一个"因果单元"（causal unit），这种解释还是比较说得通的。把注意点从行动者转移到情境的实验程序设计增加了情境归因而非秉性归因的倾向（如 Rholes & Pryor, 1982）。当人们真正想从一个人的行为中找出一种情境时，他们会聚焦在情境上而且不太可能跳至秉性归因，即对应偏差消失了或反转了（如 Krull, 1993）。

- 差别遗忘。归因需要记忆中对因果相关信息的表征。有证据表明，相比秉性原因，人们更倾向于忘记情境原因，从而随着时间推移产生秉性归因转向（如 Moore, Sherrod, Liu, & Underwood, 1979; Peterson, 1980）。其他研究显示了相反的效应（如 Miller & Porter, 1980）；芬德（Funder, 1982）认为，转变的方向取决于对信息加工的关注点，并且这种转变在行为被归因后会马上发生。

- 语言促进。尼斯贝特和罗斯（Nisbett & Ross, 1980）观察到一个有趣的现象：英语语言的建构方式使得用相同的词语描述行动与行动者相对容易，然而以这种相同方式描述情境就难多了。我们可以谈论一个善良或诚实的人，也可以是善良或诚实的行动，但不能是一个善良或诚实的情境。英语语言可能促进了秉性解释（Brown & Fish, 1983; Semin & Fiedler, 1991）。

文化和发展因素

对应偏差最初被称作基本归因偏误，这是因为它被认为是感知经验和认知活动的自动化的普遍结果（如 McArthur & Baron, 1983）。然而，证据显示发展的因素和文化都可能影响对应偏差。在西方文化中，年幼的儿童用具体的情境来解释行动，只有到了童年后期才学会秉性归因（Kassin & Pryor, 1985; White, 1988）。况且，这种发展次序本身也不一定是普遍的。印度儿童完全没有转向秉性解释的变化，但却有向更多情境性解释转变的趋势（Miller, 1984）。我们在讨论儿童归因中特定的文化与发展差异时，会再提及这一点（见图3.7）。

本质主义

一种普遍的倾向，认为行为反映了人们或其所属群体潜在的、不变的，往往是与生俱来的属性。

这些差异很可能反映了关于社会解释的不同文化规范，或者西方与非西方关于自我概念的更基本的差异，即独立自主的西方自我和相互依存的非西方自我（Chiu & Hong, 2007；见第 4 章和第 16 章）。对应偏差是西方文化中相对普遍存在的、有社会价值的特征（Beauvois & Dubois, 1988; Jellison & Green, 1981），而在非西方文化中虽然也存在却不太占主导地位（Fletcher & Ward, 1988; Morris & Peng, 1994）。

如前所述，基本归因偏误并不像最初所想的那样"基本"。从很多方面来看，它也许是一种规范化的思维方式（见第 7 章和第 8 章对规范的探讨）。这也是吉尔伯特和马隆（Gilbert & Malone, 1995）建议使用"对应偏差"这个名词代替"基本归因偏误"的原因之一。事实上，根据加夫龙斯基（Gawronski, 2004）的观点，这两个构念有微妙的区别，即从技术层面上看，基本归因偏误是低估情境因素的倾向，而对应偏差是从受情境所限的行为推断对应秉性的倾向。

（二）行动者 - 观察者效应

想象上次一位店员粗鲁地对待你。你可能会想"多么粗鲁的一个人啊！"，虽然冒昧一点讲——换个角度来看，你做出了一个关于店员持久人格的内在归因。与此形成对比的是，你怎么解释上次你对某人发怒呢？这时也许不是从你的人格的角度，更有可能是从外在因素的角度来归因，比如时间紧迫或者压力。**行动者 - 观察者效应**（actor-observer effect，或自我 - 他人效应）是对应偏差的一种延伸，指的是人们把他人行为内归因于秉性因素而把自己的行为外归因于环境因素的倾向（Jone & Nisbett, 1972）。

研究提供了充足的证据支持这一效应（Watson, 1982）及其延伸和条件。举例来说，我们不仅会对他人行为做出相较于对自己行为的更多气质归因，而且认为他人的行为比自己的更加稳定、更可预测（Baxter & Goldberg, 1988）。行为的效价也很重要。人们会对社会赞许行为比社会不赞许行为做出更多秉性归因，不管行动者是谁（如 Taylor & Koivumaki, 1976）；而且行动者比观察者在正面行为上更多被归因于秉性，在负面行为上更多被归因于情境（如 Chen, Yates, & McGinnies, 1988）。

如果某人知道其行为是秉性导致的，行动者 - 观察者效应可以倒转过来。例如，你知道自己擅长照顾受伤的动物而且过去经常做这类事情时，你可能会"收养"一只受伤的刺猬（Monson & Hesley, 1982）。最后，如果行动者被鼓励在被归因的行为上与观察者互换角色，那么行动者 - 观察者效应可以消失或反转，这时行动者变得更秉性化而观察者更情境化（如 Frank & Gilovich, 1989）。

对行动者 - 观察者效应有两种主要解释：

- **感知点**。这种解释类似于本章前面所描述的用"注意点"解释对应偏差的情况。对于观察者，行动者及其行为是具象的，与情境背景形成反差。然而，由于行动者不能"看见"自己的行为，情境背景成了与自我背景相对的形象。行动者和观察者对于行为确实有不同的视角，因此解释的方式也不同（Storms, 1973）。毫无疑问，感知凸显性在因果解释中发挥了重要作用。麦克阿瑟和波斯特（McArthur & Post, 1977）发现，观察者在行动者被强光照亮时比在暗淡条件下对其行为会做出更多秉性归因。

- **信息差异**。行动者倾向于做出外归因而观察者与之相反的另一个原因是，行动者拥有更丰富的信息来推测出他们在其他情况下如何表现。他们也许真的知道在不同的状况下他们的表现是不同的，也因此较为准确地认识到他们的行为受到情境的控制。观察者对这种自传式信息并不知情。他们看见行动者在一种情境下或变化幅度有限的情境下以特定方式行事，并且没有关于行动

> **行动者 - 观察者效应**
> 将我们自身的行为归因于外在环境因素，而将他人行为归因于内在原因的倾向。

者如何在其他情境下行事的信息。因此，进行秉性归因是合理的假设。这种解释首先由琼斯和尼斯贝特（Jones & Nisbett, 1972）提出，也的确得到了一些实证支持（Eisen, 1979; White & Younger, 1988）。

（三）错误共识效应

凯利（Kelley, 1972a）把一致性信息识别为人们用于对他人行为进行归因的三类信息之一（见本章前面内容）。归因的朴素科学家模型出现的最早裂痕之一是由麦克阿瑟（McArther, 1972）发现的，即归因者实际上不怎么用一致性信息甚至会无视它（Kassin, 1979）。

错误共识效应　这个在严冬的北极破冰入水者发现了一个归因偏差。谁还会在早餐前来这里游泳？

后来变得明朗化，人们不是忽视一致性信息，而是提供他们自己的一致性信息。人们把自己的行为视作典型的，并假设在相似的环境中其他人也会以相同的方式行动。

罗斯、格林和豪斯（Ross, Greene, & House, 1977）最先证明了**错误共识效应**（false consensus effect）。他们询问学生是否同意穿着带有"在乔家吃"标语的三明治板在校园内走30分钟。那些同意的学生估计同伴中有62%的人也会同意，而那些拒绝的人估计67%的同伴也会拒绝。

100多项研究检验了错误共识效应的稳健属性（Marks & Miller, 1987; Mullen, Atkins, Champion, Edwards, Hardy, Story, & Vanderklok, 1985; Wetzel & Walton, 1985）。这种效应的存在具有多种原因：

- 我们通常寻找相似的他人，所以不会惊讶于发现其他人与我们相似。
- 我们自己的观点对于我们如此显眼，位于我们意识的前线，以至于它们遮盖了其他观点的可能性。
- 我们有动机把自己的观点和行动建立在感知到的共识之上，以此来获得认可并给自己建造一个稳定的世界。

对于重要的、非常在乎的（如Granberg, 1987）以及十分肯定的（如Marks & Miller, 1985）信念，错误共识效应更强。另外，外在威胁、积极特质、感知到的他人相似性和少数群体身份也会扩大对共识的感知（如Sanders & Mullen, 1983; Sherman, Presson, & Chassin, 1984; Van der Pligt, 1984）。

（四）自我服务偏差

本章前面（另见第2章）讨论过社会认知的动机策略家模型（Fiske & Taylor, 1991），与之一致，归因受到我们对自身积极形象的渴望的影响（见第4章）。我们做出归因以满足**自我服务偏差**（self-serving biases）。总体而言，我们认为自己正面的行为和成功值得自我表扬，反映了我们的本性、做正面事情的意图和努力（自我增强偏差）。同时，我们把自己的负面行为和失败解释为强制的、规范的限制和其他外在情境因素所致，不能反映出我们"真正"是什么样的人（自我保护偏差），这是一种跨越很多文化的稳健的效应（Fletcher & Ward, 1988）。

自我服务偏差显然是服务于本我的（Snyder, Stephan, & Rosenfield, 1978）。然

错误共识效应
把我们自身的行为视作比真实情况下更典型的行为。

自我服务偏差
为了保护、提升自尊或自我概念而扭曲归因。

而，米勒和罗斯（Miller & Ross, 1975）提出还有一个认知成分，尤其是在自我增强方面。人们通常期望取得成功，也因此愿意揽功。如果他们尽了努力获得成功，就会把成功与自身努力相关联，而且通常夸大他们对于成功表现的控制程度。这些认知的因素可能一起促成了成功的内归因。总之，认知因素和动机因素都有可能发挥作用（Anderson & Slusher, 1986; Tetlock & Levi, 1982），并且很难把纠缠在一起的二者区分开（Tetlock & Manstead, 1985; Zuckerman, 1979）。

自我增强偏差比自我保护偏差更常见（Miller & Ross, 1975），一部分原因是低自尊的人不倾向于把失败外归因而保护自身；相反，他们对失败做出内归因（Campbell & Fairey, 1985）。这两种偏差形式都可以消解于不想被看作吹嘘成功或为失败撒谎的愿望（如 Schlenker, Weingold, & Hallam, 1990），但不会完全消失（Riess, Rosenfield, Melburg, & Tedeschi, 1981）。我们大多数人偶尔使用的一类自我服务偏差是**自我妨碍**（self-handicapping），琼斯和伯格拉斯这样描述它：

> 我们提出，自我妨碍者极力寻找并夸大阻碍，涵盖任何可以导致在结果平庸时减少个人责任，而成功时提升个人责任的因素。（Jones & Berglas, 1978, p. 202）

人们预期到失败时会以这种方式自我妨碍，不管是在工作中、运动中还是在治疗场景中，"生病"能让人从生活中脱离出来。一个人经常会在不佳的表现发生之前就有意地、公开地归因于外在。核查专栏 3.3 和图 3.6 中关于药物选择的实验。

自我服务归因出现的另一种情况是在责任归因（Weiner, 1995）受到结果偏差的影响时（Allison, Mackie, & Messick, 1996）。某人涉及的事故后果越严重，人们越倾向于把更大的责任归因于个人（Burger, 1981; Walster, 1966）。例如，对于一艘超级油轮的船长，当轮船泄漏几百万升油时，我们给船长的责任归因高于一艘小渔船漏几升油的情况，尽管实际上责任程度可能是一样的。

这个效应很可能反映了人们坚持一种**控制幻觉**（illusion of control）的倾向（Langer, 1975），它来自对公正世界的信念（Furnham, 2003; Lerner, 1977）。人们喜欢相信坏事发生在"坏人"身上，好事发生在"好人"身上（也就是报应），并且相信人们对于结果有控制力和责任。这样的归因模式使得世界看起来是可控的、安全的，是一个我们可以决定自己命运的地方。

公正世界信念（belief in a just world）可以导致一种归因模式，即认为受害者要为他们的不幸负责——贫穷、压迫、悲剧和不公的出现都是由于受害者罪有应得。公正世界假设的实际例子包括这样一些观点，比如：失业者应为失去工作负责，强奸受害者应为遭受的暴力负责。另一个例子是很多人依然坚信的观点，即认为大屠杀中的 600 万犹太人受害者要为他们自己的命运负责——这是他们的报应（Davidowicz, 1975）。回想本章开头"你怎么认为？"中的第二个问题。公正世界信念也是很多宗教意识形态的重要组成部分（Hogg, Adelman, & Blagg, 2010）。

自我妨碍
为即将发生的事件中我们预期的失败或不良表现公开提前地做出外归因。

控制幻觉
高于真实情况地相信我们对自己的世界的控制力。

公正世界信念
相信世界是公正的、可预测的，好事会发生在好人身上，坏事会发生在坏人身上。

专栏 3.3　你的生活

自我妨碍——为你的失败辩解

想象你在等待一场考试，你感觉很困难，并且完全可以预期到会失败。你可能会确保让尽可能多的人知道你没有复习，对这个科目并不感兴趣，而且需要在头脑麻木的宿醉中清醒过来。你接下来的失败就这样被归结为外在原因，似乎没有在为自己的失败找借口。

为了研究这一点，伯格拉斯和琼斯（Berglas & Jones, 1978）让心理学入门课程的学生解决一些问题，这些问题有些可解、有些无解。他们被告知做得非常好，而在继续解决第二项任务之前，可以选择服用药物 "Actavil" 或 "Pandocrin"。表面上，Actavil 会提高智力功能和表现，而 Pandocrin 的效果恰恰相反。与预测相符，成功完成可解任务的学生对自己的能力感到更自信，因此选择了 Actavil 来进一步提高（见图 3.6）；成功完成无解任务的学生把他们的表现外归因于运气，于是选择 Pandocrin 来更容易地对第二项任务中可预期的失败做辩解。

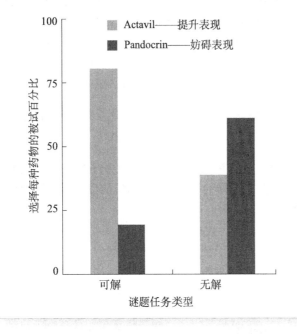

图 3.6 自我妨碍：药物选择取决于谜题的可解程度

- 在可解谜题中表现优异的学生可能会向内归因（比如归因于能力）：由于预期在第二项相似任务中取得同样好的成绩，他们选择了可以提升表现的药物 Actavil，而不是会损害表现的药物 Pandocrin。
- 在无解谜题中表现出色的学生可能会向外归因（比如归因于运气）：由于预期在第二项任务中有同等表现，他们选择了会损害表现的药物，即自我妨碍选项。

来源：Jones & Berglas, 1978.

公正世界信念也可能导致自责。创伤事件的受害者，比如遭受乱伦、衰弱性疾病、强奸和其他形式暴力的人，可能会强烈体验到世界不再稳定、有意义、可控或公正。讽刺的是，恢复控制幻觉的一种方式是对事件负些责任（Miller & Porter, 1983）。

六、群际归因

归因理论主要关心人们如何对自己或他人的行为做出秉性或情境归因，以及扭曲这个过程的某些偏差。这个视角和人际关系紧密相连：人们作为独特的个体会对自己或其他独特个体的行为做出归因。然而，还有另外一种归因场景——群际归因，即个体作为群体成员时，对自己作为内群体成员以及他人作为或内或外群体成员的行为做出归因（Deschamps, 1983; Hewstone, 1989; Hewstone, & Jaspars, 1982, 1984）。

群际归因（intergroup attribution）的例子不胜枚举。一个例子是把国家的经济社会顽疾归因于少数移民群体（例如欧洲的中东和北非难民、英国的东欧人和美国的墨西哥人）。另一个例子是用某人所属群体的刻板印象化的特征来解释行为。比如，对绩效的归因与性别或种族刻板印象是一致的（Inzlicht & Schmader, 2011）。

群际归因有两种功能，分别与内群体偏差和自尊相关。若进一步探讨自我服务偏差在群际关系中的延伸，**族群中心主义**（ethnocentrism）可以被看作一种内群体服务偏差。内群体成员的社会赞许（正面的）行为和外群体成员的社会不赞许（负面的）行为被内归因于秉性，而负面的内群体行为和正面的外群体行为被外归因于情境因素（Hewstone & Jaspars, 1982; Hewstone, 1989, 1990）。这种倾向在西方文化中比非西方文化中更为普遍（Fletcher & Ward, 1988），而且在团队体育活动背景下很常

群际归因

根据群体成员身份给自己或他人的行为分配原因的过程。

族群中心主义

相对于其他群体，对我们自己所属群体的全方位评价偏好。

见，即把自己团队的成功归因于内在稳定的能力而非努力、运气或任务难度——我们水平高，他们运气好。相比于对应的群体保护偏差，这种群体提升偏差更强也更一致（Mullen & Riordan, 1988; Miller & Ross, 1975）。

佩蒂格鲁（Pettigrew, 1979）曾描述过一种相关的偏差，叫作**终极归因偏误**（ultimate attribution error）。这是罗斯（Ross, 1977）提出的基本归因偏误的延续，其关注点在于对外群体行为的归因。佩蒂格鲁认为，对负面的外群体行为的归因是有内在倾向的，而正面的外群体行为会被归因于外在环境，以使我们不喜欢的外群体形象得以保留。终极归因偏误只涉及对外群体行为的归因，而更广阔的群际视角也关注内群体归因。

泰勒和贾吉（Taylor & Jaggi, 1974）在印度南部进行了一项早期的群际归因研究，该研究以印度教徒和穆斯林的群际冲突为背景。印度教被试阅读一段关于印度教徒或穆斯林如何对待自己的描述——以社会赞许的行为方式（提供避雨的地方）或社会不赞许的方式（拒绝庇护），然后从对该行为的几种解释中做出选择。结果如预期所料，印度教被试对印度教徒（内群体）的社会赞许行为比社会不赞许行为做出更多内归因解释；而当印度教被试给穆斯林（外群体）的行为归因时，这种差异消失了。

休斯通和沃德（Hewstone & Ward, 1985）进行了一项更加完整而系统的后续研究，该研究以马来西亚和新加坡的马来人和华人作为研究对象。被试按照短文中描述的马来人或华人的社会赞许 / 不赞许行为做出内归因或外归因。在马来西亚，马来人表现出明显的族群中心主义归因偏差——与华人的类似行为相比，他们将马来人的正面行为更多归因于内在因素，将负面行为更少归因于内在因素（见图 3.7）。内群体提升效应比外群体贬低效应更强。华人被试没有表现出族群中心主义偏差，而是倾向于对马来人也做出相似的归因。在新加坡，唯一的显著效应是马来人被试对马来人的积极行为做出内归因。

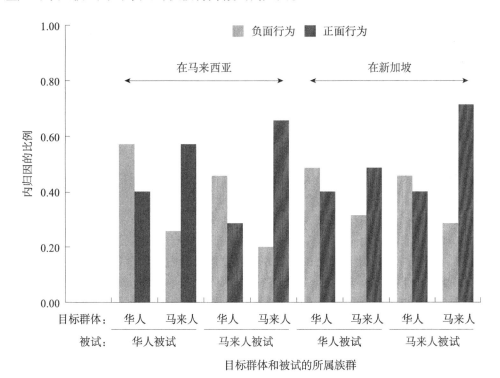

图 3.7 正面和负面行为的内归因作为归因者所属族群（马来人或华人）的函数

马来人显示出明显的族群中心主义归因偏差——与华人的类似行为相比，他们将马来人的正面行为更多归因于内在因素，将负面行为更少归因于内在因素。这个效应更多地出现在马来西亚而非新加坡，那里马来人是多数群体而华人是少数群体。华人没有表现出族群中心主义偏差。

来源：Hewstone & Ward, 1985.

终极归因偏误

将外群体的不良行为和内群体的良好行为内归因，以及将外群体的良好行为和内群体的不良行为外归因的倾向。

休斯通和沃德用马来西亚和新加坡群际关系的性质解释这些结果。在马来西亚，马来人明显是多数群体而华人是少数群体。此外，这两个群体的关系紧张，相对有冲突，因为马来西亚当时在奉行族群同化政策。马来人和华人总体上都共享着对华人的负面**刻板印象**（stereotype）和对马来人的正面刻板印象。形成反差的是，在新加坡，族群政策更宽容，华人占人口多数，也更少出现族群刻板印象。

这种分析所传达出的信息是，族群中心主义归因不是反映社会认知的普遍倾向，而是取决于社会历史背景下的群际动态。群体成员对内群体和外群体行为做出的归因种类受到群际关系性质的影响。

与此一致的是，休斯通（Hewstone, 1989）认为对归因更全面的分析可以更准确地描述为社会解释，这需要对不同的**解释水平**（levels of explanation）（见 Doise, 1986；另见第 1 章）做出一个细致明确的说明。换句话说，我们需要知道个体的认知过程、人际互动、群体成员动态以及群际关系如何产生影响和被影响，以及如何互相关联。

有关族群中心主义的群际归因的进一步证据来自美国教育背景下种族之间的态度研究（Duncan, 1976; Stephan, 1977），以色列人和阿拉伯人（Rosenberg & Wolfseld, 1977）以及孟加拉国印度教徒和穆斯林（Islam & Hewstone, 1993）之间的种族关系研究，还有以种族、性别和社会阶层作为基础的成败归因研究（Deaux & Emswiller, 1974; Feather & Simon, 1975; Greenberg & Rosenfield, 1979; Hewstone, Jaspars, & Lalljee, 1982）。

麦基和阿恩（Mackie & Ahn, 1998）发现，结果偏差即假设行为结果由选择该行为的人有意造成，受到行为者是不是其所属群体成员以及结果是否具有赞许性的影响。他们发现结果偏差在行为者是内群体成员并且产生赞许性的结果时存在，而当结果不受赞许时不存在。

至少有两个过程可能引发族群中心主义群际归因：

- **认知过程**：社会归类产生了与类别相符的期望，形式包括预期（Deaux, 1976）、图式（如 Fiske & Taylor, 1991）、群体原型或刻板印象（如 Abrams & Hogg, 2010; Turner, Hogg, Oakes, Reicher, & Wetherell, 1987; 见第 11 章）。与我们的刻板印象或预期一致的行为被归因于稳定的内在因素，而和预期不一致的行为被归因于不稳定的或情境的因素（如 Bell, Wicklund, Manko, & Larkin, 1976; Rosenfield & Stephan, 1977）。当人们对行为的解释可以证实他们的预期时，他们也许仅仅依赖于刻板印象所暗示的秉性，不怎么考虑更多其他的因素（Kulik, 1983; Pyszczynski & Greenberg, 1981）。

- **自尊过程**：人们所需要的安全自尊可以通过自我偏袒式地比较内群体和相关的外群体来培养。这个过程是**社会认同论**（social identity theory）的一个基本方面（如 Tajfel & Turner, 1986；另见 Hogg & Abrams, 1988；见第 11 章）。由于人们从他们所属的群体中获得社会认同（从群体定义的特征出发对他们自己的描述和评价），他们有兴趣维持或获得一个比相对于外群体更积极的内群体形象。族群中心主义的归因偏差显然可以实现这个目的：它把好事归因于内群体，而把坏事归因于外群体，同时对与内群体有关的坏事以及与外群体有关的好事进行外归因。

归因与刻板印象化

社会归因和内群体归因的过程显著影响我们对社会中群体的刻板印象，反过来也被刻板印象所影响。刻板印象化不仅是个体的认知活动（见第 2 章），还具有自我防御的功能（让人在和他人对比中感觉良好）和社会功能（让人融入其他人的世界观）（Snyder & Miene, 1994）。

刻板印象
人们对社会群体及其成员所普遍共有的、简化的评价性印象。

解释水平
用来解释现象的概念、机制和语言的类型。

社会认同论
基于自我归类、社会比较和从内群体属性出发构建共同自我定义的群体成员身份和群际关系理论。

群体调用并加重既有的刻板印象以便把大规模的负面事件归因于某个外群体，也就是替罪羊（Tajfel, 1981a）。例如，在 20 世纪 30 年代的德国，犹太人被指责造成了那时的经济危机。这是政治上的权宜之计，调用了"吝啬的犹太人"的刻板印象来简化地解释金钱紧缺：没有钱是因为犹太人把钱私藏了。在 2016 年 6 月英国脱欧公投的准备阶段，移民占国家便宜的刻板印象被"离家者"激活。刻板印象也可能被用来为实施或策划的攻击外群体的行动辩护（如 Crandall, Bahns, Warner, & Schaller, 2011）。例如，一个群体可能发展出对一个外群体头脑迟钝、简单、懒惰、能力不足的刻板印象，从而对该群体受到的经济和社会剥削做出解释或辩护。

■ 七、社会知识与社会性归因

人们不会每天早上醒来就重建一套解释大千世界的新说辞。一般而言，我们依照的是烂熟于心的推演剧本（Abelson, 1981）和普遍的因果模式。只有当事件出乎意料、出离预期（如 Hastie, 1984; Langer, 1978; Pyszczynski & Greenberg, 1981），我们心情低落（Bohner, Bless, Schwarz, & Strack, 1988）、感到失控（Liu & Steele, 1986），或者谈话的目标涉及归因（例如我们想要向某人提供特定的解释或对行为进行辩护）（Hewstone & Antaki, 1988; Lalljee, 1981; Tetlock, 1983）时，我们才会停下来想一想，并给出来龙去脉的归因性解释。通常我们凭借着习得的丰富的文化知识宝藏，自然而然地解读周边正在发生的事情。这种知识驻扎在文化信仰、社会刻板印象、集体意识形态和**社会表征**（social representations）中（见专栏 3.4）。

专栏 3.4　你的生活

奇怪的风俗：归因的文化背景

居恩·谢明（Gün Semin）讲述了这么一个虚构的故事。一名巴西原住民参观里约热内卢之后回到亚马孙雨林深处的部落家中叙说起自己的所见所闻（Semin, 1980, p. 292）：

在一些特殊的日子，比你们一辈子见到的还多的人涌入一个巨大的祭祀场所，那是一个敞棚，你们无法想象它有多么大。人们反复呼喊着、吟唱着进来，带着他们的神的符号。当大家集合完毕后，所有的异灵就被呼喊吟诵声驱逐走了。随后，神父们身着鲜艳的服装在约定时间到达，当三个高大的黑衣神父入场时呼喊升级为战吼。那些围绕着神圣的圆状物跑

的神父把它们放下，在高级神父的命令下开始宗教仪式。接着，在主神父发出一个尖锐的声音后，他们都跟着一个神圣圆状物跑，接住它时只是把它踢开。每当神圣之物进入两个门之一并触击到神圣之网时，教徒们便开始响彻天际地呼喊，而多数神父开始集体式狂欢直到主神父向他们吹哨。

这当然是某个不懂游戏目的或规则的人对足球比赛的描述。它说明了很重要的一点：为了让解释更有意义，需要依托社会习得的文化知识，将解释扎根在更广阔、更通俗易懂的框架之内。

（一）社会表征

莫斯科维奇的社会表征理论（如 Farr & Moscovici, 1984; Lorenzi-Cioldi & Clémence, 2001; Moscovici, 1961, 1981, 1988; Purkhardt, 1995）描述了有关事物因果联系的文化知识如何被建构和传递的一种可能方式（见第 5 章对社会表征和态度间关系的探讨）。社会表征是群体成员之间共享的理解，形成于非正式的日常交流之

社会表征

把不熟悉的、复杂的现象转化为熟悉的、简单的形式，并对其进行集体详尽的解释。

中。社会表征把不熟悉的和复杂的转化为熟悉的和简单直接的，因此提供了一个常识框架来理解我们的经验。

一个人或有专业兴趣的群体会发展出关于普遍发生的现象的一套复杂的、不明显的、技术化的解释（例如用生物的或社会的因素而不是灵性力量来解释心理疾病）。这吸引了公众注意，并通过外行之间非正式的讨论而变得广为流传（即简化、扭曲和仪式化）。此时形成的就是社会表征，一套被接受的、不容置疑的常识性解释，它驱逐异端而成为正统解释。

莫斯科维奇最初关注精神分析理论的发展，不过他的分析同样可以应用到其他那些被转化并简化成为流行意识一部分的正式理论以及复杂现象，例如进化论、相对论、营养和健康理论、马克思主义和气候变化。社会表征理论受到了一些批评，这往往是由于它不太清晰的架构方式（如Augoustinos & Innes, 1990）。然而，社会表征理论确实提及日常的社会互动如何建构常识或朴素的因果理论而被用以广泛地解释事件（Heider, 1958）。当世界变得越来越复杂时，社会表征视角变得极具吸引力——例如，可以帮助解释"伊斯兰国""基地"这类恐怖组织的形成与发展中所环绕的复杂难解的动力因素如何被误导性地归结为伊斯兰世界和西方之间一场简化的冲突。

对社会表征的批评之一是很难定量地分析社会表征。这个问题如今已经大体上得到解决。合适的定量技术已发展出来（Doise, Clémence, & Lorenzi-Cioldi, 1993），对方法论的实用性描述也已经发表（Breakwell & Canter, 1993）。这些方法包括对访谈、问卷、观察数据和档案材料的定量和定性分析。关于这种方法多元化的一个很好的例子是乔德莱特（Jodelet, 1991）在法国艾奈堡（Ainay-le-Chateau）社区对心理疾病的社会表征的经典描述，研究中采用了问卷、访谈和民族志观察方法。

如同规范（见第 7 章和第 8 章），社会表征往往扎根在群体之中，而且在不同的群体中也各有不同，因此群际关系常常围绕着社会表征的冲突（Lorenzi-Cioldi & Clémence, 2001）。举例来说，在西方国家，促进健康生活方式的态度和行为与更高的社会地位相关，而健康促进的信息往往来自中产阶级职业群体（Salovey, Rothman, & Rodin, 1998）。社会表征分析提出，这些信息在促进非中产阶级人群的健康生活方式时相对不那么有效，因为它们与这些人关于美好生活的更广阔的表征框架不相符。

欧盟为社会表征研究提供了肥沃的土地（如 Chryssochoou, 2000），这与欧洲认同动力学研究紧密相连（如 Cinnirella, 1997; Huici, Ros, Cano, Hopkins, Emler, & Carmona, 1997）。欧盟，从很多方面来看是一个典型的社会表征——它是相对新颖的、技术性的概念，且植根于复杂的经济事务中，例如自由贸易和补贴。但是欧盟如今成了欧洲话语中被广为接受的部分，常常强调更情感化的国家与欧洲认同议题——虽然最近的全球以及欧洲内部经济与移民危机重新聚焦于国家边界与国家认同的本质、与单一货币相关的贸易问题和欧洲央行的概念。

（二）谣言与流言

社会表征建构的方式类似于谣言（rumour）发展传播的过程（Allport & Postman, 1947; DiFonzo & Bordia, 2007）。奥尔波特和波兹曼（Allport & Postman, 1945）做过的一项关于谣言的早期研究发现，如果实验参与者向他人描述一张他人从未见过的照片，而后让这个人向另一个人复述，如此重复继续下去，五次复述后最初的细节描述只有 30% 的内容被保留下来。奥尔波特和波兹曼指出了与谣言传播相关的三个过程：

- 平稳化：谣言很快变得更简短，细节更少，复杂度更低。
- 锐化：谣言的某些特征被选择性地强调和放大。
- 同化：谣言被歪曲，以符合人们既有的偏见、偏向、兴趣和议程。

更多在自然状态下的研究却发现，谣言在传播中歪曲较少（如 Caplow, 1947; Schachter & Burdeck, 1955）。

谣言是否被歪曲，甚至谣言是否被传播，似乎取决于听到谣言的人有多么焦虑（Buckner, 1965; Rosnow, 1980）。不确定性和模糊性增加了焦虑和压力，致使人们搜寻信息来把焦虑理性化，这反过来加强了谣言传播。（看一看本章开头"你怎么认为？"中的第三个问题。这就是为什么拉伊娜想要传播谣言。）谣言是被歪曲了还是变得更精确了，取决于人们是否采取批判的方式对待谣言。批判时，谣言变得精练；不批判时（时常伴随着危机），流言则被歪曲。

谣言总是有源头的，这个源头往往是为了某些原因而故意精心炮制谣言。股市是一个编造谣言的完美场景——当然，这对普通人的日常生活可能会造成严重的后果。20 世纪 90 年代末期，谣言在互联网初创企业估值泡沫中扮演了重要的角色，这些互联网企业的市值之后在 2000 年初纳斯达克狂跌时崩盘。更为近期的是，脸书作为公共企业在 2012 年 5 月上市过程中伴随着大肆鼓吹宣传，而在接下来的两周里脸书的股价下跌了 25%。谣言也在 2008 年末至 2009 年初的全球股市暴跌中（市值跌了过半）以及 2011 年 8 月和 2012 年 5 月对希腊经济衰退的报道引发股市萧条中起了重要作用。

谣言被别有用心捏造的另一个原因是去诋毁他人或群体。一个组织可以散布关于其竞争者的谣言来破坏它的市场份额（Shibutani, 1966），或者一个群体可以散播谣言来把四处遍布的危机嫁祸给另一个群体。一个很好的例子是阴谋论的炮制繁衍，我们将在下一节讨论。

不过，先要说说什么是流言（gossip）。流言是一种非正式谈话，指在第三方不在场时背后议论他人（通常但不必然怀有恶意）（Foster, 2004; 另见 Baumeister, Zhang, & Vohs, 2004; Smith, 2014）。从这个角度来说，流言比谣言范围要窄——谣言是关于群体的重要话题（一波可能的裁员），而流言是关于不在场他人的个人特质（同事的尴尬性事）。流言通过诽谤那些违反了规范的人来监督规范化行为；增加流言圈内人之间的凝聚力；给传播流言的人赋权——让他们显得"在局内"，有秘密信息的知情权，比流言的受害者更优越。从这些方面来看，流言具有很明确的社会表征功能，当然，对于很多人来说传播流言也只是娱乐消遣而已。

（三）阴谋论

阴谋论（conspiracy theories）是简化的、详尽的因果关系理论，指把四处遍布的天灾人祸归因于某些社会群体有意组织的行动，将它们视为有阴谋的组织，妄图毁灭并主宰其他人类（Graumann & Moscovici, 1987）。这些群体也被感知为有高度的实体性（独特的、同质的、内观的——见第 8 章），甚至是派系化的（Grzesiak-Feldman & Suszek, 2008）。

记录得最完整的阴谋论之一是从中世纪开始流传的关于犹太人世界阴谋的虚构故事（Cohn, 1966），它隔一段时间便会浮现出来，常常导致大量系统性的迫害。其他阴谋论包括相信移民有意策划破坏经济，同性恋者故意传播 HIV，（中世纪的）女巫和（近期的）"伊斯兰国"是几乎每一次引起关注的世界灾难的背后推手（如 Cohn, 1975）。研究表明，越是那些自己喜欢搞阴谋诡计的人越容易支持阴谋论（Douglas & Sutton, 2011）。

阴谋论时盛时衰，尤其在 17 世纪中叶至 18 世纪中叶期间格外流行：

> 在各个地方人们觉察出天罗地网的阴谋布局，层出不穷的密电线索；有法院阴谋、幕后阴谋、部长阴谋、派系阴谋、贵族阴谋，到 18 世纪末甚至出现了关于超越国界、横跨大西洋的庞大秘密组织的阴谋。（Wood, 1982, p. 407）

颇有建树的阴谋论理论家们凭借登峰造极的高超技艺和叹为观止的多重手段，甚至可以把最光怪陆离的事件解释为隐藏的密谋者们阴险迂回的策划和神秘莫测的

阴谋论
将广泛而复杂的、令人担忧的事件解释为具有高度组织化的小群体阴谋者蓄意策划的行动。

诡计。毕利希（Billig, 1978）认为，这正是阴谋论的迷人之处——极其高效地减少了不确定性（Hogg, 2007b, 2012）。相比于解释范围窄的复杂情境因素，阴谋论提供了一种有可持续倾向的因果解释，能够解释大范围事件。不仅如此，由于是高度可见的小群体导致的而非复杂的社会历史环境造成的，令人担忧的事件变得可控可治了（Bains, 1983）。

可以预见的是，阴谋论对于反面证据几乎免疫。例如，在2006年12月，历时三年耗资350万英镑的针对戴安娜王妃1997年死因的调查公布于世——虽然完全没有任何证据表明英国皇室和英国政府一起策划了戴安娜之死以阻止她嫁给一个埃及穆斯林，这个阴谋论依然继续存在。还有关于2001年美国"9·11"恐袭事件的阴谋论——一些美国人完全确信这是美国政府做的，而在伊斯兰世界的一些地区很多人认为这是以色列做的（Lewis, 2004）。最近的一个阴谋论是：贝拉克·奥巴马总统不仅仅是黑人，估计也不是白人，而且根本就不是美国人！（见专栏3.5。）

专栏3.5　　　　我们的世界

奥巴马是黑人，并且不是真正的美国人

为什么贝拉克·奥巴马——一个中西部的"白如牛奶"的母亲和一个肯尼亚"黑如沥青"的父亲生的孩子（Obama, 2004, p. 10）被认为是一个非裔美国人，而从来不被认为是白种人呢？（Halberstadt, Sherman, & Sherman, 2011, p. 29）

这是一个降格继嗣的例子——当父母来自不同的阶层群体，通常是不同种族时，把孩子归类为次一级的群体的倾向。杰明·哈伯施塔德（Jamin Halberstadt）和他的同事认为降格继嗣是一种偏差，这种偏差存在于我们对多数和少数群体成员的特征进行比较和归类的方式之中，也存在于我们给少数群体的独有特征赋予多少重要性之中。（见第2章对凸显或能吸引注意的刺激的详细讨论。）

在奥巴马的事例中，降格继嗣的偏差已经升级为一个阴谋论。在美国，四分之一的成年人是"出生论者"，主要由右翼保守派人士组成。他们相信奥巴马不是在美国出生，因此不符合总统资格，而且民主党用阴谋掩盖它。

虽然有太多无可争辩的证据证明奥巴马在夏威夷出生（他的出生证明在2008年公开，在2011年4月再度公开），但出生论者并没有胆怯。2011年5月13日盖洛普的一项调查显示，23%的共和党支持者依然是出生论者。阴谋论理论家是锲而不舍的。由于坚信奥巴马在国外出生越来越难，一些出生论者转变为"学校论者"，即相信奥巴马是黑人因而不可能不通过作弊、走后门进入哈佛，而且要注意了，民主党也将用阴谋来掩盖这一点。

（四）社会性归因

归因作为社会知识的重要性在涉及人们解释大型社会现象的研究中浮现出来。通常这类研究支持的观点是，对特定现象的归因是在更广阔的社会建构的信念体系中建立形成的。

例如，天主教徒和非天主教的基督教徒在解释社会现象时的归因风格有微妙的差别，特别是关于"救赎"的宗教概念（Li, Johnson, Cohen, Williams, Knowles, & Chen, 2014）。天主教徒是受外在激励的，用外在因素（包括仪式、教皇、神父）解释人们的行为、困境和最终救赎，而非天主教的基督教徒是内在激励的，以个人内化的宗教信条的形式作为内在因素来提供解释（例如清教徒的工作伦理——Furnham, 1984; Weber, 1930）。

社会经济地位和政治意识形态也影响归因和社会解释。例如，有关贫困解释的研究表明，富人和穷人都倾向于把贫困归因于穷人的行为而不是人们所处的环境（如 Feagin, 1972; Feather,

1974）。在更具有左派或自由意识形态的人群中以及贫困广泛存在的发展中国家，这种个体主义倾向不那么强烈（Pandey, Sinha, Prakash, & Tripathi, 1982）。

对财富的解释一般取决于政治隶属关系。在英国，保守派常常把财富归因于积极的个人品质——节约和努力工作，而工党支持者则归因于不道德的个人品质——无情的决断（Furnham, 1983）。毫无意外，跨文化的差异也存在，例如，个体主义的解释在中国香港非常普遍（Forgas, Morris, & Furnham, 1982; Furnham & Bond, 1986）。

类似地，对失业给出的解释受到人们更广阔的信念和价值系统的影响（第 5 章）。例如，澳大利亚学生偏向于对失业做出社会性的而不是个体性的解释；他们提名有缺陷的政府、社会变迁和经济萧条作为失业更正当的原因而不是缺少动机或个人的缺陷（Feather, 1985; 另见 Feather & Barber, 1983; Feather & Davenport, 1981）。然而，政治上更保守的学生更少强调社会性的解释。在英国进行的研究也显示了同样的结果，社会性解释比个体性解释更显著，并且失业者和未失业的被试在这一点上总体保持一致（Furnham, 1982; Gaskell & Smith, 1985; Lewis, Snell, & Furnham, 1987）。

其他研究关注人们对暴乱的解释（社会动荡、人群行为与暴乱在第 11 章有详细讨论）。暴乱是极其复杂的现象，同时具有近端和远端起因——某个事件或行动可能引发了暴乱，但只是由更广泛的条件复合造成的。例如，1992 年洛杉矶暴乱的近端原因是，被起诉殴打骑摩托车的黑人罗德尼·金的白人警察被宣告无罪（见专栏 11.1）；然而，如果没有美国当时种族骚乱和社会经济窘迫的背景，仅仅这一个事件不太可能引起一场暴乱。

正如对贫困、财富和失业的解释，人们对某一次具体的暴乱的解释受到他们社会政治观点的影响（如 Litton & Potter, 1985; Reicher, 1984, 2001; Reicher & Potter, 1985; Schmidt, 1972）。保守派成员倾向于识别出越轨行为或者个体或社会的病理行为，而持有更自由的社会态度的人倾向于识别出社会环境因素。

例如，施密特（Schmidt, 1972）分析了印刷媒体中对 1967 年在美国城市接连发生暴乱的解释。这些解释可以划归为三个维度：（1）合法－非法；（2）内在－外在；（3）体制－环境。前两个维度是强相关的，其中合法的原因与外在的原因（如城市振兴错误、贫民窟状况）相连，而非法的原因与内在的原因（如犯罪意图、暴力信仰）相连。来自右派政党的媒体倾向于识别出非法的内在原因，而划归为"中－左"派（自由派）的媒体强调合法的外在原因。

最后，斯奈德曼、哈根、泰特洛克和布雷迪（Sniderman, Hagen, Tetlock, & Brady, 1986）研究了人们对种族不平等和不同政策偏好的解释。他们使用一个包含（1972 年）美国白人的国家样本，并关注教育水平的影响。研究者发现，教育程度低的白人采取"情感驱动"的推理方法，他们始于自己对黑人的感觉（主要是负面的），之后直接跳至提倡尽可能少的政府援助。做出提议后，他们"原路返回"补全干预链来为倡议辩护，理由就是黑人要为他们自己的劣势负个人责任。相反，受到更好教育的白人采取"认知驱动"的推理方法，他们的推理不只是向前推进也会向后倒推。他们的政策建议建立在对不平等的归因基础上，而他们的归因反过来受到他们的政策偏好的影响。

（五）文化的贡献

归因与社会解释不但受到宗教意识形态、社会政治价值观、教育地位、群体成员身份和所属族群的影响，而且受到文化的影响，这一点也许不足为奇。来自不同文化的人常常做出不一样的归因，运用不一样的归因方式，或者以不同方式处理关于社会解释的整个任务（Chiu & Hong, 2007; Heine, 2016; Smith, Bond, & Kağitçibaşi, 2006）。因此，跨文化中潜在的人际误解是巨大的。

例如，西非的赞德人有一个因果双重理论，即在巫术作为远端原因的背景下，常识作为近端原因发挥解释作用（Evans-Pritchard, 1937; 另见 Jahoda, 1979）。具有讽刺意味的是，这与温和的基督教徒在以神作为远端原因的背景下将科学原则作为近端原因的信仰大同小异。对于赞德人来说，区分内－外归因没有什么意义。

　　另外一个例子来自列维－布留尔（Levy-Bruhl, 1925）的报告：新几内亚的莫图莫图（Motumotu）原住民把胸膜炎的流行怪罪于某个传教士、他的绵羊和两只山羊，以及维多利亚女王的肖像。这种归因虽然起初显得极其古怪，却容易用社会表征来解释。这比物理学的某些理论（比如对多重宇宙的猜测、粒子形状如弦或膜的假设，它们作为统合理论的一部分解释宇宙的起源结构）要离奇得多吗（Hawking, 1988; Hawking & Mlodinow, 2010）？霍根惊呼道："这不再是物理学，而是混着数学的科幻小说。"（Horgan, 2011, p. B7）

　　跨文化归因研究的领域之一是对应偏差（本章前面讨论过）。我们在西方文化中看到，人们倾向于对他人行为做出秉性归因（Gilbert & Malone, 1995; Ross, 1977），并且这种秉性归因会随着个体发生过程而越发明显（如 Pevers & Secord, 1973）。然而在非西方文化中，人们较少倾向于做出秉性归因（Carrithers, Collins, & Lukes, 1986; Morris & Peng, 1994）。这也许在某种程度上反映出在更崇尚集体主义的非西方文化中社会角色具有更广泛而全包式的影响（Fletcher & Ward, 1988; Jahoda, 1982），也反映出一种主张情境相依、条件制约思维的整合世界观（Shweder & Bourne, 1982）。

　　为了进一步研究秉性归因中文化的角色，米勒（Miller, 1984）比较了北美和印度的中产阶级，各自选取了四个年龄组（成人组、15岁、11岁和8岁）。被试自述亲社会的和反社会的行为，并自发地给出导致此行为的解释。米勒给这些回答编码，识别出秉性归因和情境归因的比例。年龄最小的组中几乎没有跨文化差异（见图3.8）。但是随着年龄增长，两个群组出现了分化，主要是美国人的秉性归因逐渐增加了；对于情境归因，结果是相反的。

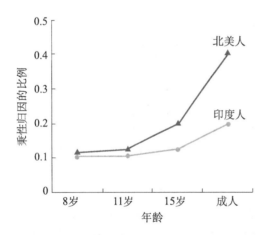

图3.8　秉性归因作为年龄和文化背景的函数

北美人和印度人最初在对行为的秉性归因的比例上没有差异。但是到了15岁，差异开始显现，成年时得到强化。美国人比印度人显著地做出更多秉性归因。

来源：Miller, 1984.

　　这项研究教给我们的重要一课是，文化因素对于归因和社会解释具有重要影响。（我们将在第16章再次探讨社会行为中文化的角色。）

■ 小结

● 人们是朴素心理学家，试图理解自己和他人行为的原因。

● 如同科学家，人们在决定是把行为内归因于人格特质和秉性还是外归因于环境因素时会考虑一致性、一贯性和特异性信息。

● 归因会给我们的情感、自我概念、与他人的关系带来深远的影响。内归因或外归因的倾向性可能存在个体差异。

- 归因时人们其实是糟糕的科学家。偏差是多种多样的，最明显的倾向是把他人行为归因于气质而把自身行为归因于外界。还有一种倾向是，为了保护自我概念，把自身的失败归因于外在而把成功归因于内在。
- 对内群体和外群体成员的行为的归因是带有族群中心主义和基于刻板印象的。然而，这种偏差受到真实的或感知到的群际关系本质的影响。
- 刻板印象可能源自对群体的需要，导致把大规模的痛苦事件归咎于那些拥有与事件存在因果联系的（刻板印象化）特质的外群体。
- 只有当已有的社会知识（脚本、因果图式、社会表征、文化信仰）无法自动解释事物时，人们才会转而做出归因。
- 社会表征是在沟通交流过程中社会性建构的、以群际关系为背景的、把复杂现象简单化的因果关系理论。谣言与流言在社会表征中发挥着关键的作用。
- 阴谋论是一种特别古怪、可惜却盛行的因果论，常常面对排山倒海的反面证据依然坚持到底。
- 人们的世界观和社会中的身份认同（如宗教、财富、政治、文化）显著影响如何归因以及解释社会现象（如贫穷、失业、暴动）。

关键词

Actor-observer effect 行动者－观察者效应
Attribution 归因
Attributional style 归因风格
Belief in a just world 公正世界信念
Causal schemata 因果图式
Cognitive miser 认知吝啬者
Consensus information 一致性信息
Consistency information 一贯性信息
Conspiracy theory 阴谋论
Correspondence bias 对应偏差
Correspondent inference 对应推断
Covariation model 共变模型
Discount 折扣
Distinctiveness information 特异性信息
Essentialism 本质主义
Ethnocentrism 族群中心主义
External (or situational) attribution 外归因（情境归因）
False consensus effect 错误共识效应

Fundamental attribution error 基本归因偏误
Hedonic relevance 利害相关
Illusion of control 控制幻觉
Intergroup attributions 群际归因
Internal (or dispositional) attribution 内归因（秉性归因）
Level of explanation 解释水平
Motivated tactician 动机策略家
Naive psychologist 朴素心理学家
Non-common effects 非共同效应
Outcome bias 结果偏差
Personalism 个人化
Self-handicapping 自我妨碍
Self-perception theory 自我知觉理论
Self-serving bias 自我服务偏差
Social representations 社会表征
Social identity theory 社会认同论
Stereotype 刻板印象
Ultimate attribution error 终极归因偏误

文学和影视

《刺杀肯尼迪》

一部 1991 年由奥利佛·斯通执导的电影。凯文·科斯特纳饰演一位新奥尔良地区的律师，他重新审理一起案件，寻找谁是在 1963 年 11 月 22 日达拉斯刺杀了肯尼迪的真正凶手及该事件背后的过程。这是一部与阴谋论碰撞的绝佳电影，对于令人不安的事件人们有需求建构一种因果解释，不管这种解释有多么离奇。电影由汤米·李·琼斯和茜茜·斯派塞克联合主演。

《拨开迷雾：山达基教与信仰囚笼》

一部 2015 年屡次获奖的纪录片，由亚历克斯·吉布尼执导。它改编自较早前由劳伦斯·赖特于

2013年所写的一本书。在存档录像、戏剧化重构和采访的辅助下，影片讲述了 L. 罗恩·哈伯德创立的山达基教的源起、历史和本质。电影记录下一个群体可以为了保护其意识形态和世界观而达到的可怕程度——任何分歧都被视为异端或亵渎，会受到残忍的重罚，以此来确保每个人都信仰这个群体对事物本质的解释。

《麦克白》

莎士比亚于1606年至1607年创作的悲剧，故事中三个邪恶的女巫预言麦克白在血腥的权力攀升中会犯下一系列恶行，包括谋杀苏格兰国王邓肯。与因果有关的问题是：是预言导致了事件，还是存在其他更复杂的起因？如果喜欢电影，可以看2015年贾斯汀·库泽尔执导的一部广受赞誉的同名电影，由迈克尔·法斯宾德饰演麦克白，玛丽昂·歌迪亚饰演麦克白夫人。

《律政俏佳人》

一部2001年获奖的喜剧，由罗伯特·路克蒂克执导，瑞茜·威瑟斯彭主演。威瑟斯彭饰演的艾丽·伍兹（Elle Woods）是一位刻板印象化的金发美女——自信洋溢的加利福尼亚州南部女大学生联谊会女孩。虽然听起来就像千千万万类似的电影那样，不过这部影片实际上挺有趣的，相对精巧，而且还有更多内容可挖掘。影片可作为很好的媒介来探索人们如何从外表和行为建构某人的个性，而后被锁定的对象又如何难以脱离人设限定。艾丽，就像多数人一样，比她的外表看起来更复杂，也没那么肤浅，而且她的一些行为引人思考。但是当她试图被严肃认真地看作一名法学学生和一个人时，她发现周围的人依旧按照表面的线索构造她的个性。

■ 请你思考

1. 什么是控制点？控制点如何影响我们援引努力、能力、命运与机会来解释行为？而这对我们自身的成功又有什么影响？

2. 是归因的过程导致了亲密关系中的问题，还是反过来呢？

3. 有时心理捷径会导致我们出错。对应偏差就是这样的一种偏误。什么是对应偏差？它是怎么产生的？如何抵御它？

4. 什么是自我妨碍？列举出一个在现实中应用的场景。

5. 阴谋论这个名词已经走进了日常生活语言。社会心理学能帮助我们理解以至抗击阴谋论吗？

■ 延伸阅读

Fiske, S. T. & Taylor, S. E. (2013). *Social cognition: From brains to culture* (2nd ed.) Los Angeles: Sage. 菲斯克和泰勒的经典社会认知著作最新版——全面、翔实且文笔优美，涵盖了社会神经科学的新进展。

Fletcher, G., & Fincham, F. D. (Eds.) (1991). *Cognition in close relationships*. Hillsdale, NJ: Erlbaum. 一批顶尖学者撰写的关于亲密关系的归因和其他社会认知取向的章节合集。

Hewstone, M. (1989). *Causal attribution: From cognitive processes to collective beliefs*. Oxford: Blackwell. 全面且翔实的归因理论和研究综述，其中还包括对欧洲视角的综述，这些视角将归因过程定位在社会和群际关系背景中。

Hilton, D. J. (2007). Causal explanation: From social perception to knowledge-based causal attribution. In A.W. Kruglanski & E. T. Higgins (Eds.), *Social psychology: Handbook of basic principles* (2nd ed., pp. 232-253). New York: Guilford. 一篇全面的归因过程和社会解释研究综述。

Macrae, C. N., & Quadflieg, S. (2010). Perceiving people. In S.T. Fiske, D.T. Gilbert, & G. Lindzey (Eds.), *Handbook of social psychology* (5th ed., Vol. 1, pp. 428-463). New York: Wiley. 全面综述了我们对人的认知——我们如何形成并使用我们对人的认知表征。

Moskowitz, G. B. (2005). *Social cognition: Understanding self and others*. New York: Guilford. 一部相对较新且全面的社会认知著作，作为对该主题的介绍，其写作风格通俗易懂。

Smith, E. R. (1994). Social cognition contributions to attribution theory and research. In P. G. Devine, D. L. Hamilton, & T. M. Ostrom (Eds.), *Social cognition: Impact on social psychology* (pp.77-108). San Diego, CA: Academic Press. 一篇聚焦于归因过程的社会认知维度的综述。

Trope, Y., & Gaunt, R. (2007). Attribution and person perception. In M. A. Hogg, & J. Cooper (Eds.), *The SAGE handbook of social psychology: Concise student edition* (pp.176-194). London: SAGE. 一篇相对较新、全面且易读的归因研究概述。

Weary, G., Stanley, M. A., & Harvey, J. H. (1989). *Attribution*. New York: Springer-Verlag. 探讨了归因理论的应用，以及归因过程在临床情境和实验室外日常生活中的作用。

第 4 章

自我与身份认同

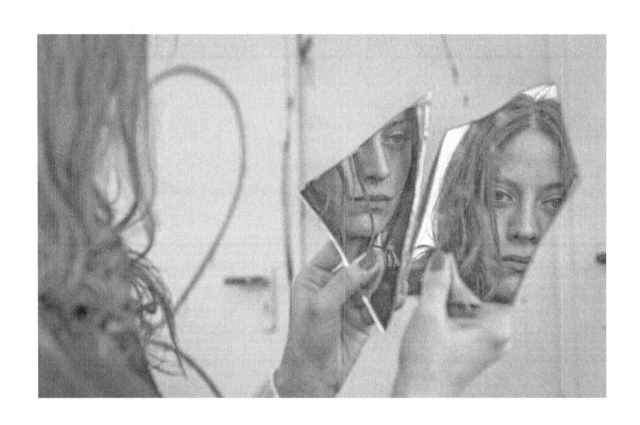

章节目录

一、你是谁?

二、历史背景中的自我与身份认同

　（一）心理动力学的自我

　（二）个体自我与集体自我

　（三）集体自我

　（四）基于符号互动论的自我

三、自我觉知

四、自我认识

　（一）自我图式

　（二）调节定向理论

　（三）来自行为的推论

　（四）社会比较和自我认识

五、多重自我与身份认同

　（一）自我与身份认同的类型

　（二）自我与身份认同的情境敏感性

　（三）寻求自我一致性

六、社会认同论

　（一）个人认同与社会认同

　（二）社会认同凸显过程

　（三）社会认同凸显结果

七、自我动机

　（一）自我评估和自我验证

　（二）自我增强

八、自尊

　（一）自尊和社会认同

　（二）个体差异

　（三）追求自尊

九、自我呈现和印象管理

　（一）策略性自我呈现

　（二）表现性自我呈现

十、自我与身份认同中的文化差异

你怎么认为?

1. 你的身份认同在多大程度上是独一无二的，从而使得你区别于其他人?

2. 你承认自己被动地追求在别人眼中的良好形象吗?

3. 曼弗雷德问：如果人们都想要自我感觉良好，那么低自尊的个体是追求失败了吗? 请帮助曼弗雷德澄清这个明显的悖论。

4. 安德烈娅发现你正在学习社会心理学，她寻求你的建议，如何以最好的方式向他人展现自己。你可以给她一些建议吗?

一、你是谁?

看看你的钱包，你会发现卡片上面有你的名字，也许还有一张你相当可怕的照片。当你遇见别人时会发生什么？你会非常快地知道对方的姓名，随后你会确定他们的职业、态度和喜好等，你也会尝试找出共同的熟人。在更为正式的场合，人们有时会通过穿上制服、展现华丽的名片或者佩戴通常令人尴尬的姓名或角色徽章来展现身份。在互联网这个崭新的世界里，人们可以通过脸书和其他社交媒体建构和培育或多或少真实的自我和身份。

你的身份认同和你的自我概念支撑着你每天的生活。知道自己是谁，可以使你知道你应该想什么、做什么，以及其他人会如何思考和对待你；知道他们是谁，可以使你预测他们会想什么、做什么。知道我们的身份将有助于规范和组织我们与他人互动的方式，反之，身份认同也建立在社会互动和社会结构的基础上。

许多学者认为，反身性思维，即思考我们自己的能力，将我们与几乎其他所有动物区分开来。反身性思维意味着我们可以思考我们自己，思考我们是谁、我们想成为什么样的人，以及我们希望他人如何看待我们。人类具有高度发展的自我意识，自我与身份认同是人类的基本部分。我们不应对社会心理学家对自我特别感兴趣而感到惊讶。

在这一章中，我们将探讨自我——它从何而来，它是什么，以及它是如何影响思想和行为的。因为自我和身份认同是影响社会互动和感知的认知**结构**（constructs），它们本身也受到社会的影响，所以本章内容几乎与其他所有章节都存在联系。自我是非常受欢迎的研究热点（如 Leary & Tangney, 2003; Sedikides & Brewer, 2001; Swann & Bosson, 2010），阿什莫尔和朱西姆（Ashmore & Jussim, 1997）报告，在 20 世纪 90 年代中期之前的二十年间里共发表了 31 000 篇关于自我的社会心理学论文。当前有一个自我与身份认同国际学会，以及一个名称颇具想象力的学术期刊《自我与身份认同》（*Self and Identity*）。

二、历史背景中的自我与身份认同

从历史上看，自我是一个相对较新的概念（Baumeister, 1987）。在中世纪，社会关系是确定的、稳固的，在宗教方面是合法的。人们的生活和身份是根据他们在社会秩序中的位置来绘制的——通过诸如家庭成员身份、社会地位、出生顺序和出生地等先赋属性。在许多方面，你所看到的就是你所得到的。因此，存在复杂的个体自我潜伏在其中的想法是多余的且难以想象的。

所有的这些都在 16 世纪开始改变，并且从那时起这种改变就已形成势头。其中，改变的力量包括：

- 世俗化："来世创造成就"的观念被"你应该在今世积极追求个人成就"的观念所取代。
- 工业化：愈发将人视为从一个地方迁移到另一个地方工作的生产单位，因此具有可移动的个人身份，该身份并未被固定在诸如大家庭之类的静态社会结构中。
  - 启蒙运动：人们认为，他们可以通过推翻保守价值体系和压迫性政权（例如 18 世纪后期的法国和美国革命），为自己组织和建构不同的、更好的身份和生活。
  - 精神分析：弗洛伊德关于人类心智的理论明确了以下主张——自我是高深莫测的，因为它潜伏在无意识的幽暗深渊中（见"心理动力学的自我"部分）。

精神分析对我们思考自我和身份认同的方式提出了异议：它将行为归因于潜藏在

结构
无法观测的抽象的或理论性的概念或变量，用于解释或阐明现象。

个体意识深处的复杂动力。在本书的前文（见第 3 章；另见第 5 章），我们探讨了社会表征理论，该理论引用了精神分析作为新颖的想法或分析如何完全改变人们思考世界的方式的示例（如 Moscovici, 1961; 见 Lorenzi-Cioldi & Clémence, 2001）。

　　这些以及其他社会、政治和文化的改变使人们将自我和身份认同视为复杂且不确定的，自我和身份认同理论在这片肥沃的土壤中传播并蓬勃发展。

（一）心理动力学的自我

　　弗洛伊德（如 Freud, 1921）相信未社会化的、自私的力比多冲动（本我）受到内化社会规范（超我）的压制和约束，但这种被压抑的冲动会时不时以奇特的方式浮出水面。弗洛伊德的自我观认为，只有使用催眠或者心理治疗等特殊程序来揭示被压抑的想法，你才可以真正了解自己或者其他人。他关于自我、身份认同和人格的观点对社会心理学影响深远，例如阿多诺、弗伦克尔-不伦瑞克、莱文森和桑福德（Adorno, Frenkel-Brunswik, Levinson, & Sanford, 1950）具有影响力的关于偏见的权威人格理论就是一种心理动力学理论（见第 10 章）。

（二）个体自我与集体自我

　　和其他许多心理学家一样，弗洛伊德认为自我是非常个人和隐秘的，它是个性的顶点，是独特地描绘一个人类个体的内容。当有人说"我是……"时，他们正在描述是什么使他们区别于其他人。但是请思考一下，"我是英国人""我来自布里斯托尔""我是社会心理学家"——这些都是对自我的描述，但它们也是对许多其他人自我的描述（有 6 400 万英国人，其中超过 440 000 人目前居住在布里斯托尔，还有成千上万的社会心理学家）。因此，自我也可以是共享或集体的自我——"我们"（we/us）。

　　一个多世纪以来，社会心理学家在为如何解释这个论题——自我是个体现象还是集体现象而争论不休。这场争论产生了对立的阵营，个体自我的拥护者和集体自我的拥护者在文献著作中竞相角逐。公平地讲，个体自我的拥护者常常占据上风，很大程度上是因为社会心理学家认为群体是由彼此互动的个体组成的，而不是由具有共享身份集体感的个体组成的。作为行为科学，社会心理学的重点是个体在群体中的互动，而群体作为集体则是诸如社会学和政治学等社会科学的重点（见第 1 章和第 11 章）。

　　弗劳德·奥尔波特的著名论断总结了这种群体观，即"没有一种群体心理本质上不是彻底的个体心理"（Allport, 1924, p. 4），这使集体自我很难作为研究课题繁荣发展。

（三）集体自我

　　但并不总是如此。在社会心理学的早期，情况大不相同（见 Farr, 1996; Hogg & Williams, 2000）。威廉·冯特是将心理学作为实验科学的创始人，他提出社会心理学是针对以下内容的研究：

> 那些由人类生活共同体创造的精神产物，仅仅从个人意识角度是无法解释的，因为它们以许多人的互动为前提。（Wundt, 1916, p. 3）

　　冯特的社会心理学研究集体现象，例如语言、宗教、习俗和神话；根据冯特的观点，集体现象无法依据孤立个体的心理被理解。社会学的奠基人之一埃米尔·涂尔干（Emile Durkheim,

1898）受冯特对集体生活兴趣的影响，同样主张集体现象不能依据个体心理来解释。

其他许多早期的社会心理学家也赞同自我从群体中获取其属性的观点，例如研究集体行为和人群的早期理论家（如 LeBon, 1908; Tarde, 1901; Trotter, 1919; 另见第 11 章）。值得注意的是，威廉·麦独孤在其著作《群体心智》（McDougall, 1920）中指出，个体之间的互动产生了"群体心智"，它是现实存在的，也在本质上区别于由孤立个体组成的群体，即存在以群体生活为基础的集体自我。尽管用古雅的老式语言来表达，但该观点与之后的实验社会心理学有直接渊源，后者证实人际互动具有持续影响他人的新特性，例如穆扎费尔·谢里夫（Muzafer Sherif, 1936）关于规范如何从互动中产生并被内化以影响行为的研究，以及所罗门·阿希（Solomon Asch, 1952）关于规范遵从的部分研究。

自 20 世纪 80 年代初以来，人们对集体自我的概念重新产生了兴趣，这主要是由欧洲关于社会互动中出现的社会表征的研究（如 Farr & Moscovici, 1984; Lorenzi-Cioldi & Clémence, 2001; 见第 3、5、7、8 章），以及关于社会认同在群体过程和群际行为中的作用的研究（如 Tajfel & Turner, 1986; 另见 Hogg, 2006; Hogg & Abrams, 1988; 在本章稍后讨论，并在第 11 章有完整论述）所引发的。

（四）基于符号互动论的自我

集体自我概念的另一个转折点是承认自我是由社会互动产生和塑造的。早期的心理学家，如威廉·詹姆斯（William James, 1890），将自我作为意识流的"主我"（I）和作为知觉客体的"客我"（me）区分开。通过这种方式，"客我"（me）可以意识到"主我"（I），所以反身性知识成为可能，人们因此可以了解自己。但是，这并不是说人们的自我认识特别准确，人们往往在未意识到的情况下重建对自己的认识（Greenwald, 1980）。总体来说，尽管人们可能会依据他们的态度和偏好意识到自己是谁，但是他们却很难知道自己是如何获得这些认识的（Nisbett & Wilson, 1977）。

然而，人们确实可以意识到"客我"；根据**符号互动论**（symbolic interactionism），自我产生于人类互动（Mead, 1934; 另见 Blumer, 1969）。米德认为，人类互动在很大程度上是符号的。当我们与他人互动时，主要是依据含义丰富的词语和非语言线索，因为它们所象征的内容远远超出了在行为本身表面上可获得的内容（见第 15 章）。米德认为，社会通过个体思考自己的方式来影响个体，自我概念通过人与人之间的互动而产生并不断被调整。如果他们想有效地交流，那么互动中涉及的符号必须具有共通的含义。如果你对朋友说"今晚出去吃饭吧"，所有人都需要知道这意味着什么，并且它开放了每个人都知晓的各种选择。

有效地互动也有赖于我们可以扮演其他人的角色。当然，这需要从外部观察，像其他人那样看自己，即作为社会客体的"客我"（me），而不是作为社会主体的"主我"（I）（参照 Batson, Early, & Salvarani, 1997）。因为其他人经常将我们视为某个类别（例如学生）的代表，"客我"可能更经常被视为集体"客我"——我们甚至可能将它视为"我们"（us）。我们社会所拥有的对世界的表征或看法是通过与他人进行符号性的互动来交换的。只有当我们可以扮演其他人的角色，并因此像其他人（最终像社会）一样看待我们自己时，我们的互动才是有效的。通过这种方式，我们构建了反映我们生活在其中的社会的自我概念；我们构成于社会性。

符号互动论
关于自我如何从人类互动中产生的理论，涉及人们交换的符号（通过语言和手势），这些符号通常是双方都认可的，代表抽象的属性而不是具体的物体。

符号互动论为自我如何形成提供了非常复杂的模型。然而它也形成了非常直接的预测。因为自我概念的形成来源于像他人看我们一样看自己［**镜中自我**（looking-glass self）的概念］，所以我们如何看自己应该受到他人如何看我们的密切影响。施洛格和舍恩曼（Shrauger & Schoeneman, 1979）回顾了 62 项研究以确定该预测是否正确。研究者发现，人们不会像别人看他们那样看自己，而是像他们认为别人看他们那样看自己。专栏 4.1 和图 4.1 介绍了有关镜中自我的最新研究示例。

镜中自我　根据乔治·米德的观点，我们的自我概念来源于像他人看我们一样看我们自己。破碎的镜子是她自我概念的隐喻吗？

人们不会像别人看他们那样看自己，而是像他们认为别人看他们那样看自己，这一观点的一种含义是，我们在建构自我意识时实际上并没有扮演他人。另一种解读是，社会互动中的沟通过程是嘈杂且不准确的。它受到一系列自我建构动机（为了以特定的方式看待他人，以及被他们看待）的影响，这些动机共同构建了一个关于他人以及他人对我们的看法的不准确形象。人们大多不知道别人对自己的真实看法（Kenny & DePaulo, 1993），但这也许是幸运的。一位智者曾经说过："如果你真的想听听人们有多喜欢你，那么你最好听他们在你的葬礼上说些什么！"

![专栏图标] **专栏 4.1**　　　　**重点研究**

公共与私人自我呈现

黛安娜·泰斯（Dianne Tice, 1992）进行了一项实验，要求本科学生充当临床心理学研究实习生的"刺激者"。他们的任务是使用对讲机系统来回答口头问题，以反映其人格的一个方面。实际上，是让这些参与者描述自己，以使他们在不同的情境下表现出情绪始终稳定（意味着无反应）或者情绪反应积极。

实验包括两种条件：（1）私人条件下，学生认为没有人在观察他们；（2）公开条件下，学生认为存在一名临床心理学实习生在密切地监控他们的行为（这实际是个骗局，因为没有人在监视学生）。在下一阶段，要求他们根据自己真实的反应程度给自己评分。评分采用 25 点量表，从 1（稳定 = 无反应）到 25（反应积极）。

泰斯倾向于公开条件下将唤起镜中自我。正如所预测的，在公开条件下对自我的后续描述比在私人条件下发生了更为彻底的改变（见图 4.1）——这表明学生并不是像别人看他们那样看他们自己，而是像他们认为别人看他们那样看自己。

正如我们在本章中发现的，我们的自我概念与我们如何增强自我形象有关。人们通常高估自己的优点，高估自己对事件的控制，并且是不切实际地乐观——塞迪基德斯和格雷格（Sedikides & Gregg, 2007）将此称为自我增强三联征。

镜中自我
自我来源于像他人看我们一样看我们自己。

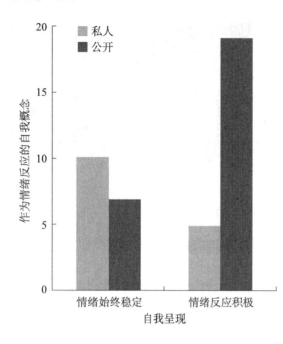

图 4.1　对自身情绪始终稳定或情绪反应积极的设想作为公开或私人条件下自我呈现的函数

● 人们被要求呈现更少的情绪反应（即更为稳定）或者更多的情绪反应。

● 接下来，他们对自己的"真实"情绪反应进行 25 点的评分，评分范围从低（情绪反应更少）到高（情绪反应更多）。

● 当他们认为自己之前的行为是公开的时，他们的自我概念就会向行为的方向贴近：情绪反应更少的人得分接近 1，情绪反应更多的人得分接近 25。

来源：Tice, 1992, study 1.

■ 三、自我觉知

若关于自我的真相为人所知，你就不会花费所有的时间思考自己。自我觉知的产生和发展有不同的原因和一系列结果。虽然我确信大家能想到一些几乎全部时间都只思考自己的人（我们将在本章稍后讨论自恋）！

谢利·杜瓦尔和罗伯特·维克隆德（Shelley Duval & Robert Wicklund, 1972）在《客观自我觉知理论》一书中指出，自我觉知是一种状态，在这种状态中，你觉察到自己是一个客体，就像你可以觉察到一棵树或另一个人一样。当你客观地觉知自我时，你会把自己实际的样子和你想成为的样子——理想、目标或者其他标准——进行比较。这种比较的结果常常使人们意识到自己存在缺点，并伴随着与此相关的消极情绪。然后，人们尝试使自己更接近理想标准来克服自身缺点。这可能非常困难而导致人们放弃尝试，并因此对自己的评价更为负面。

当你将注意力集中在自己身上，例如在观众面前（见第 6 章）或者捕捉镜子中自己的形象时，客观自我觉知就会产生。事实上，在实验室研究中，一种非常普遍的提高自我觉知的方法就是让被试站在镜子前。查尔斯·卡弗和迈克尔·沙伊德尔（Charles Carver & Michael Scheier, 1981）为自我知觉理论提出了一个限定条件，在该限定条件中，他们将可以觉察到的自我区分为两种类型：

● **私人自我**：你的私人想法、感觉和态度。
● **公共自我**：别人如何看你，即你的公众形象。

私人自我觉知会引导你努力使自己的行为符合内化的标准，而公共自我觉知则会让你以积极的角度向他人展示自己。

觉知自我可能令人非常不舒服。我们都会时不时地感觉到自我意识，并且非常熟悉它是如何影响我们的行为的——我们感到焦虑，变得结结巴巴，或者在工作中出现错误。我们甚至会感到有些偏执（Fenigstein, 1984）。但是，有时候觉知自我可能是一件非常好的事情，尤其是当我们完成了伟大壮举的时候。2003 年 12 月上旬，英格兰队赢得了橄榄球世界杯冠军之后，在伦敦进行游行庆祝，最后在特拉法加广场上，站在敞篷大巴上面对 75 万人，球队队员们虽然看起来很冷，但肯定很享受人群的追捧。

当我们用不太严格的标准比较自己时，自我觉知也可以使我们感觉良好，例如当我们将自己与"大多数人"或者以更为不幸的人为标准进行比较时（Taylor & Brown, 1988; Wills, 1981）。自我觉知还可以增进内省、强化情绪，并提高在那些不需要过多技巧、可控且"对努力敏感的"任务上的表现，例如检查自己写的文章。

与客观的自我觉知相对立的是处于低客观自我觉知的状态。由于较高的自我觉知可能会带来压力或是令人厌恶，人们可能尝试通过饮酒或采取更为极端的措施（例如自杀）来避免这种状态（Baumeister, 1991）。较低的自我觉知也被认为是**去个体化**（deindividuation）的关键组成部分，在这种状态下，人们无法意识到自己是独特的个体，无法监控自己的行为，并且会冲动行事。较低的自我觉知可能与人群的行动方式，以及其他形式的社会动荡有关。阅读第 11 章和第 12 章可了解它是如何在小群体和人群背景中实现的。

自我觉知是指觉知到自我。但是，最近的研究表明，无意识地将注意集中在自我上以及努力使行为与标准相匹配可以获得相同的效果。西尔维亚和菲利普斯（Silvia & Phillips, 2013）报告了两项研究，这些研究不是通过常用的外显镜像方法启动自我觉知，而是使用名字进行阈下启动。两种方法的启动效果是相同的，这表明自我觉知可以被阈下启动，因此它不是一个审慎的觉知现象，而是自动的注意现象。西尔维亚和菲利普斯建议，也许应该更多地谈论自我聚焦的注意而非自我觉知。

■ 四、自我认识

当人们觉知自我时，他们会觉知到什么？我们对自己了解多少？我们又是如何获得对自己的认识的？构建自我认识与构建他人表征的方式大致相同，经历的过程也相同。在第 2 章和第 3 章讨论社会思维和归因时，我们研究了其中一些普遍过程。

（一）自我图式

在前面的章节（见第 2 章），我们了解到有关其他人的信息是如何以**图式**（schema）的形式存储的。我们通过类似但更为复杂和多样的方式在认知中储存关于自我的信息，即独立的特殊情境节点，不同的情境激活不同的节点，并因此激活自我的不同方面（Breckler, Pratkanis, & McCann, 1991; Higgins, Van Hook, & Dorfman, 1988）。你现在可能想问："所以……自我在大脑的什么地方？"研究表明，不存在任何一个单独的大脑系统或脑区负责一个人的自我感觉；相反，关于自我的体验来自广泛分布的大脑活动，这些活动遍及大脑内侧前额叶和内侧丘脑前皮质（如 Saxe, Moran, Scholz, & Gabrieli, 2006）。

自我概念既不是单一、静态、块状的实体，也不是对自我看法的简单平均；它是复杂且多面的，并具有大量独立的自我图式（**Markus**, 1977; Markus & Wurf, 1987）。人们倾向于在某些维度上对自己有清晰的概念（即自我图式），而其他维度则不然。也就是说，某些维度是图式化的，某些维度则是非图式化的。人们在对自己重要的维度上是自我图式化的，在这些维度上他们认为自己是极端的，并且他们确信在这些维度上相反的观点不成立。例如，如果你认为自己见多识广，并且见多识广对你来说很重要，那么你在这个维度上就是自我图式化的——这是你的自我概念的一部分。如果你不认为自己见多识广，并且这个确实不会使你感到烦恼，那么见多识广就不是你的自我图式之一。

去个体化
人们失去社会化的个体身份认同感，并从事非社会化通常是反社会行为的过程。

图式
表征关于概念或刺激类型的知识的认知结构，包括它的属性以及这些属性之间的关系。

大多数人具有复杂的自我概念，其中包含相对大量的分离的自我图式。帕特丽夏·林维尔（Patricia Linville, 1985, 1987；见本章"多重自我与身份认同"部分）曾提出，这种多样性通过确保始终存在可以获得满足感的自我图式，帮助人们缓解生活事件的消极影响。人们在如何使用自我图式方面非常具有策略性——林维尔用生动的习语来描述我们通常的做法："不要把你所有的鸡蛋都放在同一个认知的篮子里。"

严格分离的自我图式存在缺点（Showers, 1992）。如果某些自我图式非常消极而某些非常积极，那么事件可能会通过启动积极或者消极的自我图式而导致极端的情绪波动。通常，整合度更高的自我图式是更可取的。例如，如果詹姆斯认为自己是一名出色的厨师，但却是一名糟糕的音乐家，他拥有分离的自我图式——启动其中一个或另一个自我图式的情境会导致非常积极或非常消极的情绪。与此形成对照的是莎莉，她认为自己是一名相当不错的厨师，但却不是一名出色的音乐家，她所拥有的自我图式间的界限不是那么清晰——情境对情绪的影响也不会那么极端。

自我图式对信息处理和行为的影响方式与他人图式大致相同（Markus & Sentis, 1982）。自我图式信息更容易被注意到，在认知中被过度表达，并且与更长的处理时间相关。自我图式不仅仅被用以描述我们是怎样的人。马库斯和努里乌斯（Markus & Nurius, 1986）提出，我们拥有大量可能的自我，即未来导向的图式，这些图式描述了我们想成为什么样的人，或者我们害怕成为什么样的人。例如，一名研究生可能拥有的未来自我是成为一名大学讲师或者摇滚乐手。

希金斯（Higgins, 1987）的**自我差异理论**（self-discrepancy theory）提供了另一种观点。希金斯提出，我们拥有三种自我图式：

- 现实自我：我们目前是什么样。
- 理想自我：我们想成为什么样。
- "应该"自我：我们认为应该是什么样。

理想自我和"应该"自我虽然是"自我向导"，但它们可调动不同类型的自我相关行为。同样的目标——例如富裕——可以被构建为理想（我们努力实现富裕）或"应该"（我们努力避免不富裕）。现实与理想或"应该"的差异促使改变以减少这种差异，我们通过这种方式进行**自我管理**（self-regulation）。（第 13 章会讨论在亲密关系背景下的自我管理。）此外，这些自我差异使我们在情感上很脆弱。当我们无法解决现实－理想差异时，我们会感到沮丧（例如失望、不满、悲伤）；当我们无法解决现实－应该差异时，我们会感到烦躁（例如焦虑、威胁、害怕）。在专栏 4.2 和图 4.2 中可阅读希金斯及其同事是如何检验自我差异理论的。

自我差异理论
希金斯关于现实－理想和现实－"应该"自我比较结果的理论，这种比较可以揭示自我差异。

自我管理
使自身行为符合理想或本应达到的标准的策略。

调节定向理论
促进定向使人们在建构自我感觉时是接近导向的，预防定向使人们在建构自我感觉时更加谨慎和回避。

（二）调节定向理论

自我差异理论和自我管理的一般概念已被阐述为**调节定向理论**（regulatory focus theory; Higgins, 1997, 1998）。希金斯提出，人们有两个独立的自我管理系统，称为促进系统和预防系统，它们与追求不同类型的目标有关。

- 促进系统关注实现个人希望和抱负：个人理想。它会对是否存在积极事件产生敏感性。促进定向的个体采用接近策略来实现其目标，例如促进定向的学生会寻找提升成绩的方法，发现新的挑战并将问题视为有趣的障碍来克服。

- 预防系统关注履行个人职责和义务：个人责任。它会对是否存在消极事件产生敏感性。预防定向的个体采用规避策略来实现其目标，例如预防定向的学生会避开新的环境和新的人，更专注于避免失败，而不是取得尽可能高的分数。

有些人习惯性地更加专注于接近，而有些人则更加专注于预防，这是一种在儿童时期就出现的个体差异（Higgins & Silberman, 1998）。如果儿童因为行为符合期望（积极事件）而被习惯性地拥抱和亲吻，且撤回爱意被作为一种惩戒（缺乏积极事件），就会产生促进定向。如果儿童被鼓励去警惕潜在的危险（缺乏消极事件），并当他们的行为不合期望（消极事件）时被惩罚和叱喝，就会产生预防定向。在个体差异的背景下，调节定向也会受到即时环境的影响，例如通过构建情境使人们关注于预防或者促进（Higgins, Roney, Crowe, & Hymes, 1994）。

研究表明，促进定向的个体特别容易回忆起与他人追求成功相关的信息（Higgins & Tykocinski, 1992）。洛克伍德及其同事发现，促进定向的个体会从那些强调实现成功策略的积极榜样中寻找灵感（Lockwood, Jordan, & Kunda, 2002）。他们对以收益和非收益为框架的任务也表现出更高的动机和毅力（Shah, Higgins, & Friedman, 1998）。预防定向的个体的行为则截然不同——他们回想与他人避免失败相关的信息，并在那些强调避免失败策略的消极榜样中最受启发，对以损失和非损失为框架的任务表现出动机和毅力。

专栏 4.2　　经典研究

自我差异理论：使用自我向导的影响

托里·希金斯及其同事通过比较现实自我与理想自我或"应该"自我在属性上的不同来测量自我差异（Higgins, Bond, Klein, & Strauman, 1986）。

他们通过问卷的方式来鉴别哪些学生的两种差异均属于高水平，哪些学生的差异属于低水平。几周后，相同的学生们参加一项实验，该实验在启动程序的前后分别测量沮丧或烦躁情绪。"理想"启动组被试被要求讨论自己和父母对他们的期望，"应该"启动组被试被要求讨论自己和父母对他们的职责与义务的看法。

研究假设，现实－理想差异会导致个体感到沮丧（而不是烦躁），而现实－"应该"差异则会导致个体感到烦躁（而不是沮丧）。假设均得到了支持，如图 4.2 中的结果所示。

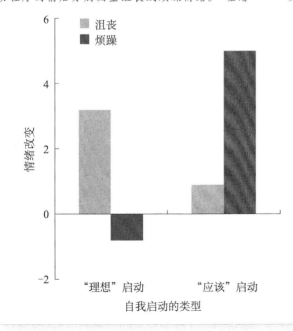

图 4.2　启动理想自我会导致沮丧，而启动"应该"自我会导致烦躁

具有高水平现实－理想和现实－"应该"自我差异的个体感到：

- 被启动关注理想自我后，沮丧情绪会增加，烦躁情绪则不然。
- 被启动关注"应该"自我后，烦躁情绪会增加，沮丧情绪则不然。

来源：Higgins, Bond, Klein, & Strauman 1986, Experiment 2.

　　调节定向理论也对群际关系背景，以及人们对内群体和相关外群体的态度与行为进行了探索（如 Jonas, Sassenberg, & Scheepers, 2010；见第 11 章）。研究表明，在群际背景下，测量或操纵促进定向会增强个体对内群体积极的情感相关偏差和行为倾向，而预防定向则会增强个体对外群体消极的情感相关偏差和行为倾向（Shah, Brazy, & Higgins, 2004）。

（三）来自行为的推论

　　获悉"你是谁"最典型的方法是调查你对这个世界的个人想法和感受——对这个世界的想法和感受是了解"你是什么样的人"的一个非常有用的线索。

　　但是，当这些内部线索很弱时，我们可能会根据自己所做的事情，即我们的行为来推断自我。这个想法支持达里尔·贝姆的**自我知觉理论**（self-perception theory; Bem, 1967, 1972）。贝姆认为，我们不仅会对他人的行为进行归因（见第 3 章），同样会对自己的行为进行归因，并且自我归因和他人归因之间没有本质区别。此外，正如我们会通过对他人的行为进行内在的秉性归因来形成对他人人格的印象一样，我们也会形成关于"我们是谁"的概念——不是通过内省，而是通过对自己的行为进行内归因。举例来说，我知道自己喜欢吃咖喱，因为如果有机会，我吃咖喱是出于自己的自由意志，并且它优先于其他食物，而且并不是每个人都喜欢咖喱——我可以对自己的行为进行内归因。

　　我们对自己的感知也可以建立在简单地想象自己以特定方式行动的基础上（Anderson & Godfrey, 1987）。例如，运动心理学家卡罗琳·范·吉恩（Caroline van Gyn）及其同事将跑步者分为两组，一组在健身单车上进行力量训练，另一组没有。每个小组中又有一半的跑步者使用意象（也即想象自己进行短跑训练），而另一半没有。当然，汗流浃背的力量训练本身就会提高后续的表现，但值得注意的是，那些想象自己进行短跑训练的个体比那些未进行想象训练的个体做得更好。研究人员认为，意象影响了自我概念，进而产生了符合自我概念的表现（Van Gyn, Wenger, & Gaul, 1990）。

　　自我归因对动机有影响。如果一个人被巨大的奖赏或可怕的惩罚诱使去完成一项任务，任务表现就会被归因于外部，并因此减弱行为表现的动机。如果任务表现可被归因的外部因素很少或者没有，我们就不能轻易地避免将表现内归因于享受或者承诺，因此行为动机就会增强。这被称为**过度理由效应**（overjustification effect；见图 4.3），现在有大量证据支持这一效应（Deci & Ryan, 1985）。

　　例如，马克·莱珀（Mark Lepper）及其同事让幼儿园的儿童画画，其中一些儿童是自愿作画，而其余的儿童则是在给予奖励的承诺下被劝诱作画，随后确实给予奖励。几天后，秘密地观察儿童们的玩耍过程，那些之前因为画画而得到奖励的儿童花费在画画上的时间是另一组的一半，那些没有获得外部奖励的儿童似乎对画画有更多的内在兴趣（Lepper, Greene, & Nisbett, 1973）。

自我知觉理论
贝姆的观点，认为我们只能通过自我归因来获得对自己的认识，例如我们从自己的行为中推断出自己的态度。

过度理由效应
在我们的行为缺少明显外部决定因素的情况下，我们假设我们自由地选择行为是因为我们喜欢它。

　　约翰·康德里（John Condry, 1977）在一篇综述中总结道，引入外部奖励可能适得其反，因为这会降低原本是内部驱动型任务的动机和乐趣。这里，教育启示是显而易见的。父母喜欢给自己的孩子讲故事，并且他们鼓励孩子通过自己阅读来享受故事。但是，如果阅读伴随着奖励，孩子的内在乐趣就会受到威胁。那么，奖励可能发挥任何有用的作用吗？答案是肯定的。诀窍是减少依赖视任务而定的奖励，并更多地利用视表现而定的奖励。当人们将注意力转移到他们的表现特征上时，即使是令人感到无聊的任务也会变得生动起来（Sansone, Weir, Harpster, & Morgan, 1992）。思考一下，如何在单调的健身计划中维持兴趣，尤其是你不得不独自锻炼时。当然，你可以听音乐或看电视。但一种视表现而定的策略就是设定可衡量的目标，例如室内健身脚踏车上的距离、心率以及消耗的卡路里。

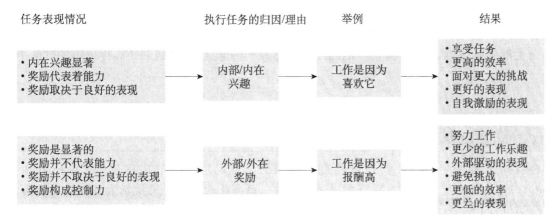

图 4.3　过度理由效应

如果任务表现存在明显的外部原因，则一个人执行任务的动机会减弱，任务表现也会受到妨害——如果表现可以被内归因，则这种过度理由效应将被逆转。

（四）社会比较和自我认识

你聪明吗？你是怎么知道的？尽管我们可以通过内省和自我知觉来了解自己，但我们也可以通过比较自己与他人来了解自己。这个简单的事实是费斯廷格（Festinger, 1954）的**社会比较理论**（social comparison theory）的核心，该理论描述了人们如何通过与他人比较来了解自己（另见 Suls & Wheeler, 2000; Wheeler, 1991）。人们需要对自己的知觉、态度、情感和行为的有效性充满信心，并且因为关于有效性的客观衡量很少，所以人们将自己的认知、情感和行为建立在他人的这些内容的基础上。特别是，人们寻找相似的人来验证自己的知觉和态度，在某种程度上，可以理解为人们将自己的态度和自我概念锚定在他们认为自己所属的群体上。

在表现方面，我们会尝试将自己与略逊于我们的人做比较，即向下社会比较，它能传递一种评价性的积极自我概念（Wills, 1981）。然而，我们的选择往往是受限的，例如家里的弟弟妹妹们常常别无选择，只能将自己与更有能力的哥哥姐姐们做比较。的确，向上比较有时可能对自尊产生有害的影响（Wood, 1989）。

我们怎样才能避免这种情况呢？根据亚伯拉罕·特塞尔（Abraham Tesser, 1988）的**自我评价维护模型**（self-evaluation maintenance model），我们会尝试淡化与另一个人的相似性或退出与那个人的关系。梅德维奇及其同事沿此思路进行了一项有趣的研究（Medvec, Madley, & Gilovich, 1995）。他们对 1992 年巴塞罗那奥运会奖牌获得者的面部表情进行了编码，发现铜牌获得者明显比银牌获得者更满意。梅德维奇及其同事认为，银牌获得者被迫与金牌获得者进行了不利的向上比较，而铜牌获得者则与其他没有获得奖牌的运动员进行了自我增强的向下比较。

向下比较同样发生在群体间。为了感到"我们"比"他们"更好，群体会尝试将自己与较差的群体进行比较。群际关系在很大程度上是一种基于社会比较的斗争，目的是使自己的群体比相关外群体更具评估优势（见 Hogg, 2000c; Hogg & Gaffney, 2014; Turner, 1975）。因为我们倾向于根据自己所属的群体来描述和评价自己，这个过程就会提高自我评价和自尊（Tajfel & Turner, 1986——见第 11 章）。

体育运动提供了一个完美的情境，在其中可以看到这一过程的结果。当葡萄牙队在 2016 年欧洲足球锦标赛决赛中击败东道主法国队时，大多葡萄牙人感到非常振奋。鲍勃·西奥迪尼（Bob Cialdini）及其同事将这种现象称为

社会比较理论
将我们的行为和观点与他人的进行比较，以建立正确的或为社会所认可的思维和行为方式。

自我评价维护模型
被迫进行有损自尊的向上比较的人们，可以淡化或否认与目标人物的相似性，也可以退出与目标人物的关系。

沾光效应（basking in reflected glory, BIRGing; Cialdini et al., 1976）。为了说明这种效应，他们进行了一些实验，通过对一项常识测试的反馈来提高或降低自尊；之后学生被试们被看似偶然地问及最近一场足球比赛的结果。自尊被降低的被试更倾向于把自己与胜利的队伍而不是失败的队伍联系在一起——他们倾向于称胜利的球队为"我们"，而称失败的球队为"他们"。

五、多重自我与身份认同

将自我描述为单一的统一实体可能是不准确的。肯尼思·格根在其著作《自我概念》（Kenneth Gergen, 1971）中，将自我概念描述为包含一系列相对分离且通常颇为多样的身份丛，每个身份都与一个独特的知识体系相关联。这些身份起源于一系列不同的社会关系，这些社会关系形成或已形成我们生活的锚定点，从与朋友和家人的亲密私人关系，到工作组织和职业定义的关系与角色，再到被民族、种族、国籍和宗教定义的关系。

如前文所述，我们在自我复杂性方面有所不同（Linville, 1985）。我们当中的部分个体比其他人拥有更为多样且广泛的自我——相较于那些自我的方面较少且相对相似的个体，拥有许多独立的自我方面的个体其自我复杂性更高。布鲁尔及其同事（Brewer & Pierce, 2005; Roccas & Brewer, 2002）对自我复杂性概念做出了略微不同的强调，他们关注被群体关系定义的自我（社会身份），关注身份之间的关系而不是个体所拥有身份的数量。如果人们拥有分离的社会身份，这些身份无法共享许多属性，那么他们拥有复杂的社会身份；而如果人们拥有重合的社会身份，这些身份共享许多属性，那么他们拥有简单的社会身份。

格兰特和豪格（Grant & Hogg, 2012）最近提出并用实证研究表明，一个人拥有的身份的数量以及它们之间重叠的影响，特别是对群体认同和群体行为的影响，也许可以用社会身份凸显性这个一般属性——在一个人自我概念中，一个特定的身份主观上和总体上是如何在特定情境下凸显的——来更好地解释。

（一）自我与身份认同的类型

社会认同论学者（Tajfel & Turner, 1986）认为存在两种广泛的身份认同，它们定义了不同类型的自我：

- **社会认同**（social identity）：用群体成员身份定义自我。
- **个人认同**（personal identity）：用个人特质和亲近的个人关系定义自我。

现在回想本章开头"你怎么认为？"中的第一个问题。

布鲁尔和加德纳（Brewer & Gardner, 1996）提出了一个问题，即"'我们'是谁？"，并区分了三种形式的自我：

- **个体自我**：基于区分自我与全部他人的个人特征。
- **关系自我**：基于与重要他人的联系和角色关系。
- **集体自我**：基于区分"我们"与"他们"的群体成员身份。

最近，研究者提出存在四种身份认同类型（Brewer, 2001; Chen, Boucher, & Tapias, 2006）：

沾光效应
沐浴在他人的荣耀下；即略提知名人物以把自己与理想的人或团体联系起来，从而改善其他人对自己的印象。

社会认同
从我们的社会群体成员身份中所得到的自我概念。

个人认同
根据个人特质或者独特的人际关系来定义自我。

- 基于个人的社会身份：强调个别群体成员将群体属性内化为其自我概念的一部分。
- 关系社会身份：对自我的定义涉及在群体环境中互动的特定他人——与布鲁尔和加德纳（Brewer & Gardner, 1996）的关系身份认同以及马库斯和北山（Markus & Kitayama, 1991）的"互依自我"相对应。
- 基于群体的社会身份：等同于上面定义的社会认同。
- 集体身份：群体成员不仅共享自我定义的属性，而且参加社会行动，以塑造一个关于群体代表什么以及其他人如何描述和看待该群体的形象。

关系自我很有趣。尽管从某种意义上说，它是一种人际形式的自我，但是它也可以被视为集体自我的一种特殊类型。例如，东亚文化根据关系网络来定义群体（Yuki, 2003），而女性比男性更重视自己与群体内其他成员的关系（Seeley, Gardner, Pennington, & Gabriel, 2003；另见 Baumeister & Sommer, 1997; Cross & Madson, 1997）。通常认为，东亚人和女性分别比西欧人和男性更为集体主义。

表 4.1 显示了一种根据身份认同水平（社会 / 个人）和属性类型（身份界定 / 关系界定）对不同类型的自我和自我属性进行分类的方法。

表 4.1　自我和自我属性取决于身份认同水平（社会 / 个人）和属性类型（身份 / 关系）

	身份属性	关系属性
社会认同	集体自我	集体关系自我
	与其他人共享的属性，将个体与特定的外群体或一般的外群体区分开。	定义作为内群体成员的自我如何与特定内群体或外群体成员相关联的属性。
个人认同	个体自我	个体关系自我
	自我特有的属性，将个体与特定个体或其他一般个体区分开。	定义作为独特个体的自我如何与作为个体的他人相关联的属性。

（二）自我与身份认同的情境敏感性

多重自我的证据来自一些实证研究，在这些研究中情境因素是多样的，以便发现人们对自己的描述和行为表现是不同的。例如，拉塞尔·法齐奥（Russell Fazio）及其同事通过询问被试诱导性问题使他们以完全不同的方式描述自己，这些问题让他们在自我认识的储备中搜寻以不同方式呈现自我的信息（Fazio, Effrein, & Falender, 1981）。

其他研究人员多次发现，聚焦于群体成员身份的实验程序与聚焦于个人和人际关系的实验程序使人们表现出截然不同的行为。考虑"最简群体"研究，在这些研究中，被试被分为两组：（1）被认同为个体；（2）随机地或者通过一些最小的或不重要的标准被明确地归类为群体成员（Tajfel, 1970; 见 Diehl, 1990 以及第 11 章）。研究一致发现，归类使人们排斥外群体，遵守内群体规范，表达有利于内群体的态度和情感，体现了对内群体的归属和忠诚。此外，最简群体归类的这些影响通常是非常迅速且自动产生的（Otten & Wentura, 1999）。

关于"我们有很多自我，并且情境因素使不同的自我发挥作用"这一观点存在一些分歧。社会建构论学者认为，自我完全依赖于情境。这种立场的一种极端观点认为，我们根本未将自我认识作为认知表征存储在我们的大脑中；相反，我们通过交谈来建构一次性的自我（如 Potter & Wetherell, 1987; 见第 1 章和第 5 章对话语分析的讨论）。佩妮·奥克斯（如 Oakes, Haslam, & Reynolds, 1999）提出了一种不那么极端的版本，不强调交谈的作用，但仍然认为自我概念高度依赖于情境。一种折中的观点认为，人们的确具有自我的认知表征，这些认知表征作为知觉、归类和行为的组织原则存在于大脑中，但却临时或者永久地受到情境因素的调节（如 Abrams &

Hogg, 2001; Turner, Reynolds, Haslam, & Veenstra, 2006 ）。

（三）寻求自我一致性

"我们有很多自我"需要被正确看待。尽管我们可能拥有各种相对分离的自我，但我们也有一个追求——找到并维持一个合理整合的自我图像。自我概念的一致性为我们的生活提供了连续的主题——一个"自传"，将我们各种各样的身份和自我共同编织成一个完整的人。对于拥有高度碎片化自我的人（例如某些精神分裂症、遗忘症或阿尔茨海默病患者）而言，让自我一致性有效地发挥作用是极其困难的。

为了建构一致的自我感觉，人们会使用很多策略（Baumeister, 1998）。以下是一些你可能使用过的策略：

- 将你的生活限制在一组有限的环境中。因为不同的自我会随着环境的不断变化发挥作用，你将保护自己免受自我概念的冲突。
- 不断修改和整合你的"自传"以适应新的身份，在这个过程中，任何令人不安的矛盾得以消除。实际上，为了让自身历史服务于你，你正在改写它（Greenwald, 1980 ）。
- 将自我的改变外归因于不断变化的环境，而不是内归因于"你是谁"的根本性变化。这是一种**行动者 - 观察者效应**（actor-observer effect ）的应用（Jones & Nisbett, 1972；另见第3章）。

我们还可以发展自我图式，它包含一组我们认为使自己区别于他人的核心属性，它使我们独一无二（Markus, 1977；请参阅本章前面讨论的"自我图式"）。然后，我们倾向于在自我中不成比例地识别这些属性，维护主旋律的一致性，传递出自我是稳定且一致的感觉（Cantor & Kihlstrom, 1987 ）。

总之，为了使自我概念显得稳定且一致，人们会找到建构自己生活的方法。

■ 六、社会认同论

行动者 - 观察者效应
将我们自身的行为归因于外在环境因素，而将他人行为归因于内在原因的倾向。

社会认同论
基于自我归类、社会比较和从内群体属性出发建构共同自我定义的群体成员身份和群际关系理论。

自我归类理论
由特纳等人提出，用于探索归类过程如何制造出社会认同以及群体和群际行为的理论。

因为**社会认同论**（social identity theory）是关于自我和身份认同，以及群体和群际行为的理论，所以在这里稍做介绍，第11章将对其进行全面讨论（见 Abrams & Hogg, 2010; Hogg, 2006; Hogg & Abrams, 1988, 2003 ）。

社会认同论起源于亨利·泰弗尔对社会归类、群际关系、社会比较，以及偏见和刻板印象化的研究（如 Tajfel, 1969, 1974），通常被称为群际关系的社会认同论（Tajfel & Turner, 1986）。约翰·特纳及其同事在后续发展中明确了自我和他人社会归类的作用，以拓宽该理论从而更泛化地理解群体行为（Turner, Hogg, Oakes, Reicher, & Wetherell, 1987），他们称其为群体社会认同论，或**自我归类理论**（self-categorization theory ）。

（一）个人认同与社会认同

如上所述，社会认同论学者提出存在定义不同自我类型的两大类认同：（1）社会认同，它根据群体成员身份（如一个人的所属族群）来定义自我；（2）个人认同，它根据特殊的人际关系和特质（如一个人与其恋人的关系，或者一个人是机智的）来定义自我。我们拥有的社会身份和我们认为自己所属的群体一样多，拥有的个人身份和我们所涉及的人际关系，以及我们认为所具有的特质属性丛一样多。

社会认同是本部分的焦点，它与群体和群际行为有关，例如族群中心主义、内群体偏好、群体团结、群际歧视、从众、规范行为、刻板印象化和偏见。社会认同是自我概念非常重要的方面。例如，希特林、王和达夫（Citrin, Wong, & Duff, 2001）描述了一项研究，研究中 46% 的美国人报告他们认为身为美国人的社会认同是他们生命中最重要的事情；相反，个人认同与积极和消极的人际关系以及特殊的个人行为有关。

（二）社会认同凸显过程

在任何给定情况下，我们的自我感觉以及相关的感知、情感、态度和行为都取决于是社会认同还是个人认同，以及是何种特定的社会认同或个人认同作为自我概念在心理上凸显的基础。管理社会认同凸显性的原则完全取决于社会归类过程（Oakes, 1987），取决于人们理解自己与他人、降低自己与他人的不确定性的动机（Hogg, 2012），以及对自己感觉相对积极的动机（如 Abrams & Hogg, 1988）——见图 4.4。

人们使用有限的知觉线索（某人的长相、说话的方式、表达的态度、行为的方式）对他人进行归类。通常情况下，我们首先"尝试"那些可及的归类，因为它们的使用频率高，对我们很重要或者在情境中非常明显。归类可使我们所拥有的该类别的所有附加图式信息发挥作用。这些信息在认知中被存储为**原型**（prototype），原型通过或多或少相关属性的模糊集合，而不是通过精确的属性清单来描述并规定该类别的属性。

类别原型能加重与内群体的相似之处，但也能加重群际差异——它们遵循所谓的**元对比原则**（meta-contrast principle）。因此，群体原型通常不会被标识为平均或典型的成员或属性，而是理想的成员或属性。群体原型的内容也可能因情境而异。例如，在与其他"英国人"互动的情境中和与美国人互动的情境中，英国特性可能会略有不同。记忆中的类别属性与情境因素相互作用以产生特定情境中的原型。存储在记忆中的类别属性充当锚点，它确保核心认同的完整性，并对影响原型的情境数量和类型加以限制（Van Bavel & Cunningham, 2010）。

最后，如果归类合适，它就能恰当地说明人与人之间的相似性和差异性（称为结构适配性），并且能很好地解释人们为什么以特定方式行事（称为规范适配性）。由此就可认为，这一归类作为自我和他人归类的基础在心理上是凸显的。

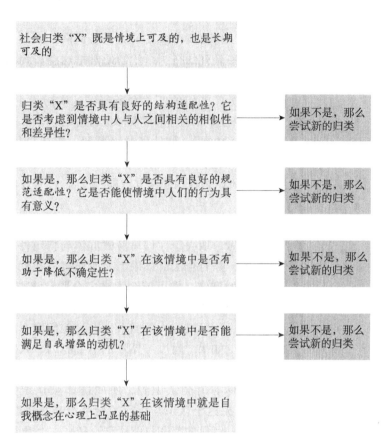

图 4.4 社会认同论的序列模型，特定情境下特定的自我概念可由此在心理上变得凸显

原型
对某一类别的典型特征、理想特征的认知表征。

元对比原则
一个群体的原型是该群体中"与内群位置的差异"和"与外群位置的差异"之比最大的位置。

（三）社会认同凸显结果

当归类在心理上凸显时，人们对自己和他人的看法就会变得去个性化。这意味着人们不再将自己或他人视为独特的多面个体，而是类别原型或多或少的完整化身，即通过由特殊内群体或外群体原型所定义的群体成员身份这种相对狭隘的镜头看待他们。斯万及其同事曾提出，当这个过程是极端的时，认同融合就会发生，即一个人的个人认同与群体相融合，从而与社会认同相融合（Swann, Jetten, Gomez, Whitehouse, & Bastian, 2012）。由于在群体内，自我不存在以原型为基础的差异，行为就会变得极端化（Swann, Gómez, Seyle, Morales, & Huici, 2009）。

除了将自我概念转换为社会认同，人们也会依照相关的原型去思考、感受和行动。该过程会产生一系列的行为，我们通常把这些行为与群体内的个体联系起来，也与群体对待彼此的方式联系起来，这是本书反复提及的主题。

行为（人们的所思和所行）的实际性质取决于相关原型的具体内容，以及人们对其所属群体在社会中地位和群际关系性质的信念（Tajfel & Turner, 1986; 见 Ellemers, 1993; Hogg & Abrams, 1988）。群体地位很重要，因为群体定义了社会认同，而社会认同定义了我们的自我概念；因此，特定群体的评价性含义（它享有的地位和声望）反映了别人对我们的尊重，并影响我们对自己的尊重，即我们的自尊（Crocker & Major, 1994; 见第10章对社会污名的讨论）。

因此，人们努力获取有声望群体的成员资格，或者努力维护或提高所属群体的声望。他们会如何做，取决于他们对所属群体与特定外群体之间地位关系性质的理解——是否可渗透，是否稳定，是否合法？如果目前所属群体在社会中的评价普遍不佳，并且你认为自己可以加入更有声望的群体，你可能会尝试完全脱离该群体；但是，这可能是非常困难的，因为在现实中，群体之间的心理界限是无法渗透或不可逾越的。例如，英国的各种移民群体可能发现，他们很难"通过"界限成为英国人，因为他们看上去根本不像英国人，或者容易被口音中的细微线索"出卖"。如果"通过"界限是不可能的，人们可能会尝试确保用于定义所属群体的属性是正面的，或者将注意力集中于声望更低的群体，与那些群体相比，他们看起来会比较好。

群体有时会认识到，所属群体被认定为低地位的全部依据是不合法、不公平和不稳定的。如果这个认识与可行的变革策略相关联，那么各个群体将直接相互竞争以取得地位上的优势——竞争的范围可能从言论和民主上升到恐怖主义和战争。

■ 七、自我动机

由于自我和身份是良好适应性生活的关键参考点，人们会积极主动地寻求自我认识。从人格测试到诸如占星术和手相学等无把握的实践活动，整个行业都是基于对自我认识的探索。然而，人们并不是不动情感地进行寻求，他们更偏好自己想要知道的内容，并且当探索发现自己没有预料到或不想被发现的内容时，他们会感到沮丧不安。

社会心理学家已经确定了三类动机，它们相互作用来影响自我构建以及对自我认识的寻求：

- 自我评估会激发寻求与自我相关的有效信息。
- 自我验证会激发寻求符合我们自我形象的信息。
- 自我增强会激发寻求使我们看起来更好的信息。

（一）自我评估和自我验证

第一个动机是对获得关于自己的准确和有效信息的简单期望，即**自我评估**（self-assessment）动机（如 Trope, 1986）。人们力图寻找到关于自己的真相，不管真相是多么不利或令人失望。

但是人们也喜欢去寻求确证，即通过**自我验证**（self-verification）的过程寻找自我一致的信息（如 Swann, 1987），以便证实与自己相关的已知内容。所以，举例来说，那些具有消极自我形象的人实际上会寻找消极信息来证实最糟糕的情况。尽管自我验证中的"自我"最初被视为特殊的个人自我，但研究表明，自我验证同样可以发生在群体层面。人们寻找信息并以特殊方式行事意在验证他们的社会认同（Chen, Chen, & Shaw, 2004）。

（二）自我增强

最重要的是，我们喜欢了解自己的优点——我们寻找对自己有利的新认识，同时修正已有的但对自己不利的看法。我们被**自我增强**（self-enhancement）动机所指引（如 Kunda, 1990）。这种意在提升自我积极性的动机，有一个镜像，即自我保护，它可以抵挡自我消极性。研究表明，自我增强功能的运作是常规且相对全局性的，但自我保护功能通常只有在一个或一系列威胁到特定的自我相关利益的事件中才会运作起来（Alicke & Sedikides, 2009）。

自我肯定理论（self-affirmation theory）描述了自我增强动机的一种表现形式（Sherman & Cohen, 2006; Steele, 1988）。人们公开地努力去证实自己的积极方面；这可以通过吹嘘而公开完成，也可以通过合理化或暗示来更巧妙地完成。当自尊的某个方面受到损害时，自我肯定的冲动会特别强烈。所以，如果有人宣称你是名糟糕的艺术家，你可能会以尽管这可能是真的，但你是一个优秀的舞蹈家来进行反驳。自我肯定建立在人们需要维持整体自我形象的基础上，即自我是有能力的、优良的、连贯

自我肯定理论　"干得好，兄弟！"

的、统一的、稳定的、能够自由选择的、能够控制重要结果的等。从根本上，我们喜欢被视为有道德的人。因此，我们从事一系列的行为旨在建立甚至维护我们的道德信誉（Merritt, Effron, Fein, Savitsky, Tuller, & Monin, 2012; Monin & Miller, 2001）。专栏 4.3 介绍了克劳德·斯蒂尔（Claude Steele, 1975）的研究，他在宗教信仰的背景下研究了自我肯定过程。

在寻求自我认识的过程中，哪种动机更为基本且更可能"占据上风"——是自我评估、自我验证还是自我增强？通过一系列实验，塞迪基德斯（Sedikides, 1993）将三种动机一一进行对比。他使用的是自我反思任务，在这种任务中被试可以针对自我的不同方面向自己提出或多或少的诊断性问题——提出的诊断性问题越多表明自我反思越强，而不同自我动机的作用会使自我反思的焦点有所差异：

- 自我评估：对自我外围特质的反思多于对自我中心特质的反思，无论这个属性是否值得拥有，都表明有动力去发现更多自我（人们对自己的中心特质已经有所了解）。
- 自我验证：对自我中心特质的反思多于对自我外围特质的反思，无论这个属性是否积极，都表明有动力去确认自己已知的自我内容。

自我评估
寻找与自己相关的新信息的动机，以便认清我们究竟是什么样的人。

自我验证
寻找可以验证和确认我们关于自己已有认识的信息。

自我增强
发展和提升良好自我形象的动机。

自我肯定理论
人们通过关注和肯定自己在其他领域的能力来减少威胁对自我概念的影响。

- 自我增强：对自我积极特质的反思多于对自我消极特质的反思——无论该属性是否处于中心位置——表明了认识自我积极部分的动力（见专栏 4.4）。

 专栏 4.3　　　　　　经典研究

发生于盐湖城的自我肯定

斯蒂尔（Steele, 1975）报告了一项在盐湖城进行的研究，在该研究中，一名女性研究人员假扮为社区成员给白天在家的摩门教女性打电话。研究人员询问女性被试是否愿意列出她们厨房中全部的物品以帮助社区食品合作社的发展，同意的人将在下一周接受回访。由于社区合作在摩门教徒中是非常强烈的道德观念，约有 50% 的女性被试同意了这项耗时的请求。

除了这个基准条件外，研究还包括三种其他条件，是由两天前一个完全不相关的研究人员假扮民意调查员进行的通话所引起的。在那次通话中，民意调查员顺便提及：大家都知道，作为其社区的成员，他们

- 不参与社区合作项目（对其自我概念核心部分的直接威胁）。
- 不关心驾驶员的安全和保健（对其自我概念相对无关部分的威胁）。
- 参与社区合作项目（对其自我概念的正强化）。

与自我肯定理论一致，两种威胁都极大地增加了第二次致电中女性被试同意帮助食品合作社的可能性——约 95% 的女性被试同意帮助。在自我概念得到正强化的女性被试中，有 65% 同意帮助合作社。

 专栏 4.4　　　　　　你的生活

增强或保护自我积极方面的技巧

你可能已经注意到人们（也许是你！）是多么倾向于增强自我。想一想你可能会使用的所有方法……然后继续阅读。下面是人们常用的一些技巧——你觉得它们熟悉吗？

- 他们为自己的成功邀功，却拒绝对失败负责（如 Zuckerman, 1979）；这是一种自我服务偏差（见第 3 章）。
- 相较于成功或表扬，他们更容易忘记失败的反馈（如 Mischel, Ebbesen, & Zeiss, 1976）。
- 他们不加鉴别地接受赞扬，却带着怀疑的目光接收批评（如 Kunda, 1990）。

- 他们试图驳斥人际批评是由偏见引起的（如 Crocker & Major, 1989）。
- 他们对自我认识进行有偏差的检索，以支持良好的自我形象（如 Kunda & Sanitoso, 1989）。
- 他们对定义自我的模糊特质的含义进行有利的解释（如 Dunning, Meyerowitz, & Holzberg, 1989）。
- 他们说服自己，他们的缺点是人类普遍存在的共有属性，但他们的优点则是罕见和独特的（如 Campbell, 1986）。

塞迪基德斯发现，自我增强是最有力的，自我验证远远地排在第二位，自我评估则排在更为遥远的第三位。高度评价自己的愿望是主宰一切的，它支配着对准确的自我认识的追求和对可确认自我认识的信息的追求。（这适用于你吗？参见本章开头"你怎么认为？"中的第二个问题。）

因为自我增强是如此重要，所以人们已经发展出一套强大的策略和技巧来追求它。人们通过精心设计的自我欺骗来增强或保护其自我概念的积极性（Baumeister, 1998）。甚至有人提出名字 - 字母效应，即人们更喜欢出现在自己名字中的字母，这反映了自尊，并且实际上可以用于自尊的间接测量（Hoorens, 2014）。

■ 八、自尊

为什么人们有如此强烈的动机去高度评价自己，即自我增强？研究表明，人们通常具有乐观的自我感觉——他们以"过于乐观的态度"看待或者尝试看待自己。例如，被威胁或被困扰的人经常展现出德尔·保卢斯和卡伦·莱维特（Del Paulhus & Karen Levitt, 1987）所描述的自动自负——一种广受欢迎的自我形象。谢莉·泰勒和乔纳森·布朗（Shelley Taylor & Jonathon Brown, 1988）在他们关于错觉和幸福感的联系的综述中得出结论，人们通常高估自己的优点，高估自己对事件的控制，并且盲目乐观。塞迪基德斯和格雷格（Sedikides & Gregg, 2003）将人类思维的这三个特征称为自我增强三联征。

例如，一项以美国为背景的研究发现，成绩很差的学生（排名后 12%）认为他们是成绩相对较高的学生（排名前 38%）（Kruger & Dunning, 1999）。根据帕特丽夏·克罗斯（Patricia Cross, 1977）的研究，你们的讲师也表现出积极的偏差，94% 的人认为他们的教学能力高于平均水平！研究充分证明，我们有高估自己优点的倾向（Brown, 2012; Guenther & Alicke, 2010; Williams & Gilovich, 2012），这被称为高于平均效应。这种偏差在年轻驾驶员中的应用示例可参见专栏 4.5 和图 4.5。

专栏 4.5　我们的世界

年轻驾驶员的自我增强

年轻驾驶员对自身驾驶能力和谨慎程度的感知决定了他们对避免车祸的乐观程度。另一个因素则是在避免车祸方面感知到的运气！

人们能准确地判断自己的驾驶水平吗？尼基·阿尔（Niki Harré）及其同事通过一项有关年轻驾驶员自我增强偏差和车祸乐观倾向的研究回答了这个问题（Harré, Foster, & O'Neill, 2005）。300 多名理工学院的男女学生（年龄为 16 ～ 29 岁）在 10 个项目上，对自己与同龄人的驾驶能力进行了比较。

每个项目都是 7 点作答量表，从 1 分（非常低）到 7 分（非常高），中位值 4 分标记为相同。因子分析表明，10 个项目反映了两个基本维度：感知到的驾驶能力（例如，相较于同龄人，你认为自己的驾驶熟练程度更高还是更低？）和感知到的驾驶谨慎程度（例如，相较于同龄人，你认为自己的驾驶安全程度更高还是更低？）。

在所有量表和项目中均出现了自我增强偏差。图 4.5 呈现了熟练和安全项目的结果。大多数人认

为，自己在熟练和安全方面都高于或者显著高于平均水平。尽管在年龄上不存在差异，但是在性别上存在差异：在与同龄人比较时，男性被试对自己的熟练评分略高，而女性被试对自己的安全评分略高。

对车祸风险的乐观倾向也得到了测量：同样是相较于同龄人，年轻驾驶员预估自己发生车祸的可能性。感知到的驾驶能力和谨慎程度，加上另一项测量——驾驶员认为运气会帮助他们避免车祸——是车祸风险乐观倾向的重要预测因素。

阿尔及其同事指出，他们的研究设计并不是为了确定哪些年轻驾驶员存在偏差，因为这样做需要测量一个人在驾驶时实际的熟练和安全水平。然而，这些驾驶员对自己的看法过于乐观。其他研究表明，乐观的驾驶员可能会忽视安全信息，因为他们不相信这与自己有关（Walton & McKeown, 1991）。考虑到安全驾驶是降低道路伤亡人数的主要策略，这是个令人担忧的问题。

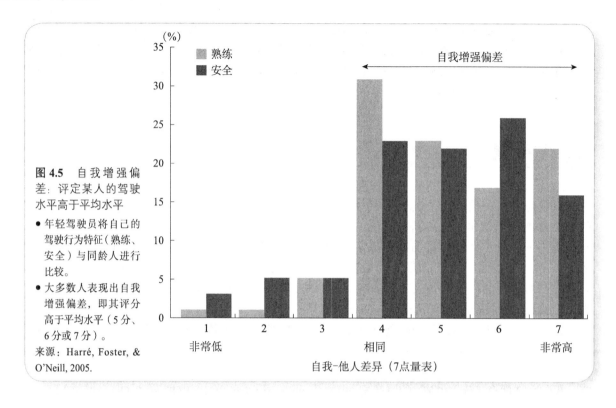

图 4.5 自我增强偏差：评定某人的驾驶水平高于平均水平

● 年轻驾驶员将自己的驾驶行为特征（熟练、安全）与同龄人进行比较。

● 大多数人表现出自我增强偏差，即其评分高于平均水平（5分、6分或7分）。

来源：Harré, Foster, & O'Neill, 2005.

未能表现出这些偏差的人可能倾向于出现抑郁和其他形式的精神疾病（如 Tennen & Affleck, 1993）。因此，基于积极错觉的自我概念积极偏差是具有心理适应性的。专栏4.6描述了应对自我概念威胁的几种方式。

 专栏 4.6　　　　　**我们的世界**

对自我概念的威胁会损害你的健康：应对方式

对自我概念的威胁存在三个主要来源，所有这些都会影响我们的自我价值：

● **失败**：从考试失败，到面试失败，再到以离婚告终的婚姻破裂。

● **矛盾**：不同寻常和意想不到的积极或消极事件使我们对自己是何种人产生怀疑。

● **压力源**：可能超出我们应对能力的突发性事件或持续性事件，包括丧失亲人、孩子生病和对工作过度投入。

对自我概念的这些威胁不仅会引起消极情绪以至自残和自杀，还会导致身体疾病（Salovey, Rothman, & Rodin, 1998）。它们会影响我们的免疫反应、神经系统活动和血压。一项研究发现，当人们被提醒存在显著的自我差异时，他们血液中的自然

杀伤细胞的活性水平会下降（Strauman, Lemieux, & Coe, 1993），而这些细胞在保护人体免受癌症和病毒感染方面非常重要。

以下是人们尝试应对自我概念威胁的几种方式：

● **逃避**：人们可能会在物理上使自己远离威胁环境。在智力和创造力任务中表现不佳的被试，被要求在另一间配备镜子和摄像机（为了提高自我意识）的房间等待后，他们会比任务表现好的被试更快地逃离现场（Duval & Wicklund, 1972）。

● **否认**：人们可能会饮酒或服用其他药物，或从事危险且"仅为了有趣"的行为。这不是一种非常具有建设性的应对机制，因为它会造成额外的健康问题。

● **轻视威胁**：这是一种更具有建设性的策

略，其途径是重新评估自我受到威胁的方面，或者重申自我的其他积极方面（Steele, 1988）。例如，泰勒（Taylor, 1983）发现，面临死亡可能性的乳腺癌患者通常会表达和重申他们感受到的是最基本的自我方面——一些人会放弃没有前途的工作，一些人转向写作和绘画，还有一些人重申重要关系。

● **自我表达**：这是应对威胁非常有效的方式。个体书写或谈论针对自我概念威胁的情绪和身体反应是非常有用的应对机制，它能减少情绪激动、头痛、肌肉紧张和心跳加速，并提高免疫系统功能（Pennebaker, 1997）。大多数益处来自可以增强理解和自省的交流。

● **攻击威胁**：人们可以直接面对威胁，其途径是诋毁威胁的基础（"这是对我的能力的无效检验"），拒绝对威胁承担个人责任（"狗吃了我的文章"），在事件发生前为失败找借口[在去考试的路上，宣称自己宿醉严重——**自我妨碍**（self-handicapping; Berglas, 1987; 见第 3 章）]，或直接控制问题，例如寻求专业帮助或清除会引发威胁的任何诱因。

然而，关于一个人有多么优秀的极度夸张感是令人恶心的过度多情。它也是适应不良的，因为它不符合现实。虽然对自己感觉良好很重要，但它需要通过某种程度的自我概念准确性来平衡（Colvin & Block, 1994）。通常情况下，自我概念积极偏差很小，不会对自我概念准确性构成严重威胁（Baumeister, 1989），当需要做出重要决定时，人们会暂停自我错觉（Gollwitzer & Kinney, 1989）。然而，积极的自我形象和相关的自尊仍是大多数人在大多数时候的重要追求。

对**自尊**（self-esteem）的追求是一种适应性的、全球性的人类追求，它贯穿人的一生（如 Wagner, Gerstorf, Hoppmann, & Luszcz, 2013）。然而，个体追求自尊的方式因个人、群体和寿命而异。不同文化之间存在显著的差异（Falk & Heine, 2015）。例如，尽管日本社会强调集体性和相互联系并进行自我批评，但研究表明，这只是满足自尊的另一种不同方式——在西方国家，自尊更为直接地通过公开的自我增强来满足（Kitayama, Markus, Matsumoto, & Norasakkunkit, 1997）。马克·利里（Mark Leary）及其同事认为，自尊是成功社会联结的映射（Leary, Tambor, Terdal, & Downs, 1995），正如我们将在下一小节所看到的。

（一）自尊和社会认同

正如我们在上文所看到的（另见第 10 章和第 11 章），自尊与社会认同密切相关——通过认同一个群体，个体的自我概念与该群体在社会中的威望和地位相关联。因此，在所有条件相同的情况下，被认定属于肥胖者的群体比被认定属于奥林匹克运动员的群体更不可能产生积极的自尊（Crandall, 1994）。然而，这存在一个普遍性警告：被污名化群体的成员通常在避免**污名**（stigma）影响自尊方面极具创造性（Crocker & Major, 1989; Crocker, Major, & Steele, 1998; 见第 10 章）。

在实践中，与社会比较理论（见本章前文和第 11 章）相一致，当自尊与社会认同联系在一起时会存在几种结果。这取决于在与自身群体相关的外群体比较后所感知到的地位。以杰西·欧文斯为例，他是 1936 年柏林奥运会上的明星运动员，4 枚金牌的获得者。作为美国队的一员，他在以希特勒白人至上主义为主张的大师赛背景下，成功展示了美国强于德国的运动优势。在回国时，欧文斯却并不开心，作为非裔美国人，他只是弱势少数群体的一员。

民族和种族是与社会认同相关的自尊的重要来源。研究表明，少数族群成员经

自我妨碍
为即将发生的事件中我们预期的失败或不良表现公开提前地做出外归因。

自尊
对自己的感觉和评价。

污名
一种导致群体成员被负面评价的群体属性。

自尊 她希望看起来像这样。她离目标还有多远？

常报告有自尊降低的感觉，但只有与优势群体进行族际比较的时候如此（如 Cross, 1987）。

一些关于族群认同和自我价值的初期和经典研究是 20 世纪 30 年代到 40 年代在美国进行的，并且仅限于对非裔美国儿童和美国白人儿童的研究（见专栏 4.7）。后续的研究关注其他非白人少数族裔，例如美国原住民、"奇卡诺人"、华裔和法裔加拿大人（综述见 Aboud, 1987）、新西兰毛利人（如 Vaughan, 1978a），以及澳大利亚原住民（Pedersen, Walker, & Glass, 1999）。一直以来，非白人少数族裔儿童表现出明显的外群体偏好，并希望自己是白人。

虽然来自少数族群的前青春期儿童可能更愿意成为多数族群的成员，但这种效应会随年龄的增长而逐渐消退（例见专栏 11.3）。处于弱势地位的年幼儿童很可能经历现实自我与理想自我之间的冲突（见专栏 4.2）。随着年龄的增长，他们可以用不同的方式来解决这个问题：

- 他们可以避免进行自我伤害的群际比较（见第 11 章）。
- 他们可以与其他内群体成员一起，寻求建立与多数群体更加平等的地位（同样见第 11 章）。
- 他们可以认同或发展内群体特征，例如他们的语言和文化，这些特征能提供独特和积极的感觉（见第 16 章）。

专栏 4.7　经典研究

自卑和少数族群地位

儿童族群认同研究在社会心理学领域有着悠久的历史。最早的一些研究是由两位非裔美国人——肯尼思·克拉克和玛米·克拉克（Kenneth Clark & Mamie Clark, 1939a, 1939b, 1940）开展的。克拉克夫妇给年幼的非裔美国儿童展示一对黑、白色的玩偶，以探究儿童的族群认同和族群偏好。霍洛维茨（Horowitz, 1936, 1939）独立地使用另一种不同的方法，即黑人和白人的素描来测试白人儿童对族群之间差异的意识和对黑人的态度。玛丽·古德曼（Mary Goodman, 1946, 1952）与哈佛大学社会心理学家戈登·奥尔波特合作，对托儿所中白人儿童和非裔美国儿童的种族意识和态度进行了更详细的研究。她扩展了克拉克的方法，通过加入玩偶游戏技术，使孩子们投射出对内族群和外族群的态度。

这些研究使用了来自美国不同州的不同样本，并在不同的时期进行了广泛的测验。他们的研究结果一致表明，在进行族群比较时，

- 白人儿童更喜欢白人儿童。
- 非裔美国儿童更喜欢白人儿童。
- 非裔美国儿童的自尊较低。

古德曼将这个主要效应称为"白色胜过棕色"。对这些研究影响更为广泛的认识促使肯尼思·克拉克在美国最高法院具有里程碑意义的案件——布朗诉托皮卡教育委员会案（1954）中出庭做证。他在案件证词中提到，随着时间的推移，黑人儿童的自尊遭到广泛损害。从此案开始，主张取缔学校隔离的法律裁定促进了美国民权运动合法化（Goodman, 1964）。

尽管后续有研究者认为，"玩偶研究"在方法上存在缺陷（Hraba, 1972; Banks, 1976），但对在其他国家进行的族群认同研究趋势的分析指出，至少存在两种稳定的模式（Vaughan, 1986）：

- 在进行群际比较时，处于弱势（教育、经济、政治）的少数族群的典型特征是自尊下降。
- 族群之间地位关系的社会变化可以显著提升少数族群的自豪感和个人自我价值感。

关于第二种模式，赫拉巴和格兰特（Hraba & Grant, 1970）记录了在 20 世纪 60 年代后期美国黑人权利运动取得成功之后，在非裔美国儿童中名为"黑人是美丽的"现象。（第 10 章将详细讨论社会污名和自尊，第 11 章将讨论社会变革的基本过程。）

（二）个体差异

我们都知道，有些人似乎对自己的评价非常低，而有些人似乎对自己的印象却非常积极。这些差异是否反映了自尊持久和深层次的差异？这些差异是其他行为和现象的原因、结果，还是仅仅与之相关？

有一种观点在一定程度上已经变得根深蒂固，尤其是在美国，即低自尊是造成一系列个人和社会问题的原因，例如犯罪、行为不端、药物滥用、意外怀孕和学业不佳。这一观点催生了巨大的产业以及随之而来的一些准则来提升个人自尊，尤其是在儿童养育和学校环境中。然而，一些批评的声音认为，低自尊可能是现代工业社会中压力和疏离环境的产物，而自尊"运动"好比是"泰坦尼克号"上重新摆放躺椅的练习，只会产生自私和自恋的个体。

那么，真相是什么呢？首先，研究表明，个体的自尊倾向于在中等和非常高之间变化，而不是在低和高之间变化。大多数人对自己感觉相对积极——至少美国的大学生是这样的（Baumeister, Tice, & Hutton, 1989）。然而，日本本土或在美国学习的日本学生自尊得分较低（Kitayama, Markus, Matsumoto, & Norasakkunkit, 1997; 另见第 16 章）。

即使我们把注意力集中在那些低自尊的人身上，也没有证据表明低自尊像之前宣称的一样会导致那些社会痼疾。例如，鲍迈斯特、斯马特和博登（Baumeister, Smart, & Boden, 1996）在文献中搜寻了支持低自尊导致暴力这一普遍观点的证据（另见第 12 章）。他们的发现恰恰相反：暴力与高自尊有关；更具体地说，当高自尊个体乐观的自我形象受到威胁时，暴力似乎就会发生。

然而，我们不应该把所有高自尊的个体混为一谈。与常识相符，一些高自尊的个体是不张扬、自信和无敌意的，而另一些人是敏感、傲慢、自负和过分自信的（Kernis, Granneman, & Barclay, 1989）。后一类个体也觉得自己是"特别的"，且比别人优越，他们实际上具有相对不稳定的自尊——他们是**自恋**（narcissistic）的（Back, Küfner, Dufner, Gerlach, Rauthmann, & Denissen, 2013）。科尔文、布洛克和丰德（Colvin, Block, & Funder, 1995）发现，后一种类型的高自尊个体更可能在人际关系上出现适应不良。一些人格理论家认为，自恋通常与马基雅维利主义和精神变态联系在一起，它们被不祥地称为人格的"黑暗三联征"（Paulhus & Williams, 2002）——拥有这些特质的领导者尤其具有破坏性（见第 9 章）。

自恋的个体也可能更容易出现攻击性行为，特别是当他们感觉自我（ego）受到了威胁时（Baumeister, Smart, & Boden, 1996）。布什曼和鲍迈斯特（Bushman & Baumeister, 1998）进行了一项实验室研究来验证这一观点。在写完一篇随笔后，学生被试会收到对该篇随笔的评价，评价是"自我威胁"或是"自我膨胀"。随后，他们获得对曾经冒犯他们的人采取攻击性行动的机会。自尊并不能预测攻击性行为，但自恋却可以——自恋的个体对那些他们认为激怒和冒犯自己的人更具有攻击性。对这个观点的一个有趣扩展聚焦于群体水平的自恋（集体自恋），并显示经历过地位威胁的自恋群体比非自恋群体更有可能诉诸集体暴力（Golec de Zavala, Cichocka, Eidelson, & Jayawickreme, 2009）。

自恋
不稳定的人格特质，包含自爱以及对自己膨胀或夸大的看法。

总的来说，将自尊作为一种持久特质的研究为高/低自尊者的形象提供了相当清晰的图景（Baumeister, 1998；见表4.2）。两者存在两个主要的与特质自尊相关的根本差异（Baumeister, Tice,& Hutton, 1989; Campbell, 1990）：（1）自我概念混淆——高自尊者拥有比低自尊者更通透、一致和稳定的自我认识。（2）动机导向——高自尊者具有自我增强导向，他们会利用自己的积极特征，并追求成功；而低自尊者具有自我保护导向，他们会试图弥补自己的缺点，并避免失败和挫折。（知道这一点后，你可能想了解更多有关曼弗雷德的信息。参见本章开头"你怎么认为？"中的第三个问题。）

表 4.2   高自尊者与低自尊者的特征

高自尊者	低自尊者
面对失败时坚持不懈且有弹性	容易受到日常事件的影响
情绪和情感上很稳定	心境和情感上波动大
灵活性和可塑性较差	灵活和可塑
不容易被说服和影响	容易被说服和影响
渴望与获得成功及认可之间没有冲突	想要获得成功及认可，但对其持怀疑态度
对幸福和成功的生活反应积极	对幸福和成功的生活反应消极
自我概念通透、一致、稳定	自我概念粗略、不一致、不稳定
具有自我增强的动机导向	具有自我保护的动机导向

（三）追求自尊

人们为什么追求自尊？这似乎是个愚蠢的问题——显然，自尊让你感觉良好。当然，这有一定道理，但仍存在一些需要强调的因果关系——无论是什么原因引起的愉悦心情都可能会使人产生乐观的看法，进而导致自尊失真。所以，不是自尊产生快乐，而是感到快乐会提升自尊。

1. 畏惧死亡

人为什么追求自尊？一个有趣又有些令人沮丧的原因是，人们这样做是为了克服自身对死亡的畏惧。格林伯格、佩什辛斯基和所罗门（Greenberg, Pyszczynski, & Solomon, 1986; Greenberg, Solomon, & Pyszczynski, 1997; Pyszczynski, Greenberg, & Solomon, 1999, 2004; Solomon, Greenberg, & Pyszczynski, 1991）在他们的**恐惧管理理论**（terror management theory）中提出了这一观点。他们认为，死亡的必然性是人类面临的最基本威胁，思考自己的死亡会导致"麻痹性恐惧"。因此，对死亡的畏惧是人类生存中最强劲的动力因素。无论自尊如何获得，它都可以抵御这种威胁。

恐惧管理理论

认为人类最基本的动机是减少对死亡必然性的恐惧。在有效的恐惧管理中，自尊可能是核心因素。

高自尊使人们可以摆脱由于不断思考自己死亡的必然性而产生的焦虑，即对自尊的追求建立在与死亡相关的恐惧上。高自尊使人们对自己感觉良好——他们觉得自己是永生的，并乐观激昂地面对生活。提升自尊以抵抗对死亡的畏惧的一种方法是，认同和捍卫文化体系及其相关的世界观来获得象征上的不朽——文化体系在我们死后仍会长久存在。

为了支持该分析，格林伯格及其同事进行了三个实验，在这些实验中，被试收到或未收到积极成功的人格反馈（操纵自尊），随后要么观看一段关于死亡的视频，要么预测痛苦的电击（Greenberg et al., 1992）。他们发现，自尊提升的被试其生理唤起水平较低，并报告更少的焦虑（见图 4.6）。

另一个可以缓解死亡焦虑的因素是谦逊。佩林·克塞比尔（Pelin Kesebir, 2014）通过五项研究发现，谦逊作为一种个体差异或人格特质，或者作为一种实验启动的暂时状态能缓解对死亡的恐惧。克塞比尔的解释是，谦逊是一种美德，它体现了宽容、慷慨和乐于助人，与神经质和自恋形成鲜明对比。谦逊的人更少关注自我。高自尊个体可能会通过防御性甚至攻击性行为回应与死亡有关的想法（Bushman & Baumeister, 1998），谦逊个体可能有幸拥有"存在性焦虑缓冲器"。

2. 作为"社会测量仪"的自尊

人们追求自尊的另一个原因是，自尊是社会接纳和归属感的可靠指标或内部监测器。在这方面，自尊被称为"社会测量仪"。利里及其同事已经证明，自尊与减少社会拒绝和排斥所引起的焦虑存在较强相关性（约0.50；如 Leary & Kowalski, 1995），存在充分的证据表明，人们普遍受到建立关系和归属的需要的驱使（如Baumeister & Leary, 1995；此外，第 8 章将讨论社会排斥的后果，第 14 章将讨论社会隔离的后果）。利里认为，拥有高自尊并不意味着我们已经战胜了对死亡的畏惧，而是我们已经战胜了来自孤独和社会拒绝的威胁。

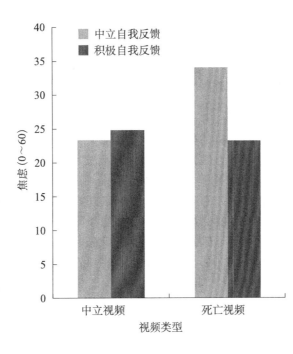

图 4.6 焦虑作为积极或中立自尊反馈以及观看死亡视频的函数

在观看了一段外显条件下的死亡视频后，未通过积极反馈预先提升自尊的个体会比预先已经提升自尊的个体感到更加焦虑（基于 0 ～ 60 量表）。

来源：Greenberg et al., 1992, Experiment 1.

利里及其同事进行了一系列实验来支持他们的观点（Leary, Tambor, Terdal, & Downs, 1995）。他们发现，高自尊被试在一般的和特定的真实社会环境中均表现出更好的融入性。他们还发现，由于个人原因而被社会排斥在群体之外会降低被试的自尊。

部分恐惧管理理论的批评者担心该理论是不可证伪和过度延伸的，因为它试图用单一的动机来解释人类所有的行为（Martin & Van den Bos, 2014）。还有部分批评者更具体地提出，高自尊可能是克服存在不确定性，或者是克服我们是谁以及我们在世界上位置不确定性的反应，而不是克服与死亡相关恐惧的反应（Hohman & Hogg, 2011, 2015; Van den Bos, 2009）。

■ 九、自我呈现和印象管理

自我是在与他人的互动中建构、调整和发挥作用的。由于我们所表现的自我会影响他人的反应，我们会试图控制所呈现的自我。社会学家欧文·戈夫曼（Erving Goffman, 1959）在《日常生活中的自我呈现》一书中，将这种**印象管理**（impression management）的过程比作戏剧，在戏剧中，人们为不同的观众展现不同

印象管理
人们使用各种各样的策略来使别人从积极的角度看待他们。

的角色。数以百计的研究表明，人们在公共场合和私人场合的行为是不同的（Leary, 1995）。

自我呈现的动机包括两类：策略性和表现性。马克·斯奈德（Mark Snyder, 1974）关于**自我监控**（self-monitoring）个体差异的研究表明，高自我监控者会采用策略性自我呈现策略，因为他们通常会塑造自己的行为，以便投射出他们所感觉到的观众或情景要求的印象；而低自我监控者会采用表现性自我呈现策略，因为他们的行为对不断变化的环境要求反应较少。

（一）策略性自我呈现

在琼斯（Jones, 1964）的经典研究的基础上，琼斯和皮特曼（Jones & Pittman, 1982）区分出五种策略性动机：

- 自我提升：试图让他人认为你是有能力的。
- 逢迎讨好：试图让他人喜欢你。
- 威胁：试图让别人认为你很危险。
- 榜样化：试图让别人将你视为在道德上值得尊敬的人。
- 哀求：试图让别人怜悯你的无助和需求。

自我监控
谨慎地控制我们如何展现自己。自我监控存在情境差异和个体差异。

表现这些动机的行为是相当明显的（见第 6 章关于劝服策略的内容）。事实上，逢迎讨好和自我提升服务于社会交往中两个最常见的目标：让人们喜欢你，以及让人们认为你是有能力的（Leary, 1995）。正如前文（第 2 章）提到的，在我们形成的对他人的印象中，两个最基本和普遍的维度是热情和能力（如 Cuddy, Fiske, & Glick, 2008; Fiske, Cuddy, & Glick, 2007）。有关讨好的研究表明，讨好不会影响观察者对个体的喜好，但对目标对象却有很大影响——人们很难抗拒奉承（Gordon, 1996）。（运用专栏 4.8 为安德烈娅提供建议。参见本章开头"你怎么认为？"中的第四个问题。）

专栏 4.8   你的生活

关于如何展现自己以获得他人喜爱的一些建议

想想你可能会做些什么来获得他人的喜爱。我们都喜欢被他人喜爱，但是知道如何最好地实现则是一个很大的挑战。幸运的是，社会心理学提供了一些非常可靠的答案。

通过策略性自我呈现获得他人喜爱的关键是要保证行为的相对微妙，这样看起来就不会过于像讨好行为。根据内德·琼斯（Ned Jones, 1990）的研究，你有四种主要的策略可以采用：

- 同意他人的观点（用相似性增加吸引力——见第 13 章），但要使其可信，途径包括：（1）平衡重要问题上的一致意见与琐碎问题上的分歧；（2）平衡强烈赞同与微弱分歧。

- 有选择地保持谦逊，途径包括：（1）在不重要的问题上自嘲自己的立场；（2）在无关紧要的内容上放低自己。

- 尽量避免表现得过于渴望他人的认可。试着让别人为你做策略性自我呈现，如果是由你决定的，就谨慎使用这种策略，在可被预测到的情况下不要使用该策略。

- 沐浴在他人的荣耀中着实有用。漫不经心地提及自己与成功者的联系，且只有当联系不会伤害你时，才与失败者建立联系。

来源：Jones, 1990.

（二）表现性自我呈现

策略性**自我呈现**（self-presentation）侧重于操纵他人对你的看法。相比之下，表现性自我呈现是通过我们的行动来展示和证实我们的自我概念——关注的焦点更多是自己而不是他人（Schlenker, 1980）。但我们并非不切实际，我们通常会寻找那些我们认为有可能证实我们自我概念的人。自我呈现的表现性动机是强烈的。除非特定认同或自我概念被他人承认和证实，否则它是没有价值的——如果我认为我是一个天才，但没有人这样认为，那它对我就没有价值。身份认同需要社会确认才能存在并发挥有用的功能。

例如，尼古拉斯·埃姆勒和史蒂夫·赖歇尔（Nicholas Emler & Steve Reicher, 1995）的研究表明，男孩的不端行为几乎都以公开的或者以可被公开证实的形式进行，因为它的首要功能是身份确认，即确认拥有不良声誉。成为一个隐蔽的行为不端者没有什么意义。其他研究证实，人们更喜欢那些允许他们按照自我概念行事的社会环境（如 Snyder & Gangestad, 1982），也更喜欢认可本人自我形象的伙伴（Swann, Hixon, & de la Ronde, 1992）。

对行为表现的社会确认似乎也与自我概念的改变有关。请参考图 4.1 中泰斯的实验，她要求被试表现出情绪稳定或者情绪波动。一半被试的行为是公开的，另一半是私人的。然后全部被试均完成对"真实自我"情况的自我评价。泰斯发现，只有公开表现的行为才会被内化为对自我的描述。改变自我概念很重要的一点是，他人会以一种特殊的方式来看待你——这就是社会确认。仅依靠你个人以这种方式来感知自己是不够的（Schlenker, Dlugolecki, & Doherty, 1994）。

斯奈德（Snyder, 1984；见图 10.10）的研究设计支持了公开行为对自我概念的影响。观察者被引导相信他们将遇到的目标对象是性格外向的陌生人。随后，斯奈德监控发生的情况。这种期望约束了目标对象的行动表现像外向的人。反过来，这证实了期望并加强了约束，使目标对象相信他或她确实是外向的人。

身份展示　不久的将来，她们将穿上便服走出去。对她们而言，"内在"感觉良好也将是一项困难的工作。

期望创造现实的过程可以产生良好的积极结果——这被称为米开朗基罗现象（Drigotas, Rusbult, Wieselquist, & Whitton, 1999; Rusbult, Finkel, & Kumashiro, 2009；另见第 14 章）。在亲密关系中，伴侣经常积极地看待彼此，并彼此抱有积极的期望——而这些积极的期望能引导每个人朝理想自我迈进。如果我肯定你的理想自我，那你就会越来越像你的理想自我，反之亦然。当然，相反的情况也可能发生——如果关系异常，每个人就只能看到对方的缺点。

十、自我与身份认同中的文化差异

我们将在第 16 章详细讨论文化和文化差异。然而，对于自我和身份认同而言，有一个普遍性发现。西欧、北美和澳大利亚等西方文化倾向于个体主义，而南欧、拉丁美洲、亚洲和非洲等大多数其他文化则倾向于集体主义（Triandis, 1989；另见 Chiu & Hong, 2007; Heine, 2016; Oyserman, Coon, & Kemmelmeier, 2002）。人类学家

自我呈现
通过刻意给自己创建特别印象（通常是良好的印象）的方式来行事。

互依自我　来自传统集体主义文化的女性有很强的家庭关系，她们不会挑起冲突，并且在公共场合往往穿着端庄。

格尔茨讲得很好：

> 在西方观念里，人是一个有界限的、独特的、或多或少整合的、有动机的认知集合体，是一个包含意识、情绪、判断和行动的动力中心，这一动力中心被组织成的一个独特整体，与其他的整体以及社会和自然背景形成对比，无论在我们看来多么无法改正，这也是世界文化的背景下非常独特的想法。（Geertz, 1975, p. 48）

马库斯和北山（Markus & Kitayama, 1991）描述了个体主义文化中的人如何拥有独立自我，而集体主义文化中的人如何拥有互依自我。尽管，在这两种情况下，人们都在寻求连贯的自我感觉，但独立自我建立在"自我是独立的且与他人分离的，并通过内在思想和情感显露出来"这一观点的基础上。互依自我建立在与他人的联系和关系的基础上，它是通过一个人的角色和关系来表现的。"自我……被个体的周围关系所定义，这些关系通常来源于亲属网络，并被孝道、忠诚、尊严和正直等文化价值观所支撑"（Gao, 1996, p. 83）。表 4.3 显示了独立自我和互依自我的不同之处。我们将在第 16 章继续讨论自我的文化差异。

表 4.3　独立自我与互依自我的差异

	独立自我	互依自我
自我定义	独特、自主的个体，独立于环境，由内在特征、情感、思想和能力来表现。	与他人相关联，嵌入社会背景中，由角色和关系来表现。
自我结构	统一且稳定，在不同情境和关系中保持稳定。	易变且不稳定，在不同情境和关系中不断变化。
自我活动	个体是独特的和自我表现的，行动忠于内心的信念和情感，直率且坚定自信，追求自己的目标以及可以区别于他人的特质。	归属、融入，行为举止与角色相称并符合群体规范，委婉且回避冲突，致力于促进群体目标和群体和谐。

来源：Markus & Kitayama, 1991.

维尼奥尔斯、克里斯索库和布雷克韦尔（Vignoles, Chryssochoou, & Breakwell, 2000）通过一篇关于自我概念的文化背景的概念综述得出结论，拥有独特且完整自我感觉的需求可能是普遍的。但自我区分在个体主义和集体主义文化中意味着完全不同的内容：前者是孤立且有界限的自我，从独立性中获得意义；后者则是关系自我，从与他人的关系中获得意义。

与本章开篇对自我这一概念的历史分析相一致，关于个体主义文化和集体主义文化的起源以及与之相关的独立自我与互依自我概念，最合理的解释可能是来自经济活动的角度。在过去的二三百年里，西方文化发展出了基于劳动力流动性的经济体系。人是生产单位，被预期从劳动力需求低的地方迁移到劳动力需求高的地方——他们被期望围绕着流动且短暂的关系来处理他们的生活、关系和自我概念。

独立、分离和独特性已经变得比联结性和长期维持持久的关系更为重要——这些价值观已经成为西方文化的关键特征。自我概念反映了规范经济活动的文化因素。

小结

- 在过去的二百年里，现代西方关于自我的观念逐渐具体化为一系列社会和意识形态力量的结果，包括世俗化、工业化、启蒙运动和精神分析。作为一门新兴的科学，社会心理学倾向于将自我视为个体性的本质。

- 事实上，自我和身份认同有许多不同的形式。其中集体自我（根据与内群体成员共享且区分于外群体成员的属性来定义）、个体自我（根据使个体区别于他人的属性来定义）和关系自我（根据个体与特定其他人的关系来定义）最为重要。

- 人们在不同的情境中会体验到不同的自我，但他们同样觉得自己有一致的自我概念，并会将所有这些自我相互关联或整合起来。

- 人们不会持续地、有意识地觉知自我。自我觉知有时会让人很不舒服，有时又会让人很振奋——这取决于我们觉知到自我的哪些方面，以及这些方面的相对优势。

- 自我认识以图式的形式存储。我们拥有许多自我图式，它们的清晰度各不相同。特别是，我们拥有关于现实自我、理想自我和"应该"自我的图式。我们经常将现实自我与理想自我、"应该"自我做比较——现实－理想自我差异使我们感到沮丧，而现实－"应该"自我差异使我们感到烦躁。预防定向或促进定向的程度会影响我们构建和调节自我感觉的方式。

- 除了内省，人们还通过许多方式来构建自我概念。人们可以观察自己说了什么、做了什么，并且如果行为不存在外部原因，他们就会认为行为反映了真实自我。人们可以通过与他人比较来认识自己——他们将自己的态度与相似他人进行比较，但将自己的行为与略微较差的他人进行比较。集体自我也建立在向下比较的基础上，但却是与外群体做比较。

- 集体自我与群体成员身份、群际关系，以及我们与群体中的个体交往时具体和一般行为的范围有关。

- 自我概念的基础是三种主要的动机：自我评估（发现自己实际是什么样的人）、自我验证（确认自己是什么样的人）和自我增强（发现自己是多么优秀的人）。人们以自我增强为主要动机，自我验证远远地排在第二位，自我评估排第三位。这可能是因为自我增强服务于自尊，而自尊是自我概念的关键特征。

- 有些人的自尊通常高于其他人。高自尊者具有清晰稳定的自我感觉，具有自我增强导向；低自尊者的自我概念不清晰，具有自我保护导向。

- 人们追求自尊有很多原因，其中一个原因是自尊可作为社会融合、接纳和归属的良好内在指标。高自尊可能表明个体已经成功地克服了孤独和社会排斥。为了保护或增强自尊，人们可以策略性地（操纵他人对自己的印象）或表现性地（以投射积极自我形象的方式行动）谨慎管理他们所投射出的印象。

- 西方个体主义文化强调独立自我，而其他（集体主义）文化则强调互依自我（根据关系和与他人相关的角色来定义自我）。

关键词

Actor-observer effect 行动者－观察者效应
BIRGing 沾光效应
Constructs 结构
Deindividuation 去个体化
Impression management 印象管理
Looking-glass self 镜中自我
Meta-contrast principle 元对比原则
Narcissism 自恋
Overjustification effect 过度理由效应
Personal identity 个人认同

Prototype 原型
Regulatory focus theory 调节定向理论
Schema 图式
Self-affirmation theory 自我肯定理论
Self-assessment 自我评估
Self-categorization theory 自我归类理论
Self-discrepancy theory 自我差异理论
Self-enhancement 自我增强
Self-esteem 自尊
Self-evaluation maintenance model 自我评价维护模型

Self-handicapping 自我妨碍
Self-monitoring 自我监控
Self-perception theory 自我知觉理论
Self-presentation 自我呈现
Self-regulation 自我管理
Self-verification 自我验证

Social comparison theory 社会比较理论
Social identity 社会认同
Social identity theory 社会认同论
Stigma 污名
Symbolic interactionism 符号互动论
Terror management theory 恐惧管理理论

文学和影视

《看不见的人》

拉尔夫·艾里森于 1952 年出版的小说，讲述了生活在美国的黑人是如何被白人"无视"的。它展示了排斥、否认身份认同及存在的后果。

《无间道风云》

由莱昂纳多·迪卡普里奥、马特·达蒙和杰克·尼科尔森主演的戏剧性暴力电影，讲述了 2006 年发生在波士顿的爱尔兰裔犯罪集团的故事。但这也是对拥有多重身份认同和在心力交瘁的两面生活中所承受的压力的研究——比利·科斯蒂根（Billy Costigan）是潜伏到暴民中的卧底警察，而科林·沙利文（Colin Sullivan）是潜伏到警察中不知悔改的犯罪分子。

《死侍》

2016 年上映的一部根据漫威漫画改编的超级英雄电影，由瑞安·雷诺兹饰演韦德·威尔逊（Wade Wilson）。威尔逊被一个恶意的、企图帮他治愈癌症的人弄得全身烧伤，伤疤导致严重毁容。他的外表被改变了，人们厌恶他的现实身份，所以他假扮成另一个自我——死侍作为回应，成为一个蒙面的正义使者，跟踪伤害过他的阿贾克斯（Ajax）。通过观看这部电影，我们可以正视本章所讨论的自我、自我评估、自我验证和自我增强等重要问题。

《美食、祈祷和恋爱》

这部 2010 年上映的爱情喜剧由瑞恩·墨菲执导，朱莉娅·罗伯茨领衔主演，哈维尔·巴登和维奥拉·戴维斯主演。本质上是一场"寻找自我"的漫长旅程，罗伯茨饰演的角色伊丽莎白·吉尔伯特（Elizabeth Gilbert）拥有一切，然后因离婚而陷入身份混乱。她迷失、困惑，不清楚自己是谁，于是她在中年开始了一段自我探索之旅，游历三种截然不同的文化——意大利、印度和印度尼西亚。她在意大利发现了食物的真正乐趣，在印度发现了灵性的力量，在印度尼西亚发现了真爱的内在平和与平衡。

请你思考

1. 你有镜中自我吗？你在公开和私人场合会以不同的方式表现自己吗？为什么？
2. 如果你实际的样子和你想要成为的样子不同，或者和你认为自己应该的样子不同，你可能如何发现这些差异？
3. 人们通常通过什么方式来增强自我价值感？
4. 对自我价值感的威胁如何损害你的健康？
5. "你客观地觉知到自己"是什么意思？

延伸阅读

Abrams, D., & Hogg, M. A. (2001). Collective identity: Group membership and self-conception. In M. A. Hogg & R. S. Tindale (Eds.), *Blackwell handbook of social psychology: Group processes* (pp. 425–460). Oxford, UK:

Blackwell. 详细探讨和论述了自我概念与群体成员之间的关系，重点聚焦于集体自我和社会认同。

Baumeister, R. F. (Ed.) (1993). *Self-esteem: The puzzle of low self-regard*. New York: Plenum. 一部由众多顶尖的自尊研究者撰写的章节合集，每一章都描述并概述了其研究计划和一般结论。

Baumeister, R. F. (Ed.) (1999). *The self in social psychology*. Philadelphia, PA: Psychology Press. 围绕 23 部关于自我的重要和经典文本，详细概述了关于自我和身份认同的理论和研究。每套阅读材料都有一个完整的导论章节。这是研究自我和身份认同的极好资源。

Leary, M. R., & Tangney, J. P. (Eds.) (2012). *Handbook of self and identity* (2nd ed.). New York: Guilford. 一部由自我和身份认同领域的顶尖学者撰写的最新且覆盖面广泛的学术章节合集。

Oyserman, D. (2007). Social identity and self-regulation. In A. W. Kruglanski & E. T. Higgins (Eds.), *Social psychology: Handbook of basic principles* (2nd ed., pp. 432–453). New York: Guilford. 详细且最新的自我和身份认同综述，特别强调了集体认同。

Sedikides, C., & Gregg, A. P. (2007). Portraits of the self. In M. A. Hogg & J. Cooper (Eds.), *The SAGE handbook of social psychology: Concise student edition* (pp. 93–122). London: SAGE. 一篇详细但易于理解的自我和身份认同研究和理论概述。作者塞迪基德斯是致力于自我研究的国际领军人物。

Swann, W. B., Jr, & Bosson, J. K. (2010). Self and identity. In S. T. Fiske, D. T. Gilbert, & G. Lindzey (Eds.), *Handbook of social psychology* (5th ed., Vol. 1, pp. 589–628). New York: Wiley. 全面且最新的自我和身份认同综述——出自最新版本的社会心理学权威手册。

第 **5** 章

态　度

你怎么认为？

1. "态度"一词在日常生活中有许多不同的含义。比如，它可以表示猎狗在认为猎物出现时采取的姿势，或者足球教练对有"态度问题"的运动员感到失望。既然该词有如此多的日常含义，那么其是否值得纳入心理学词典呢？

2. 公民有时会认为向调查公司付费以评估人们的政治态度是浪费钱。一次民意测验可能会与同时进行的另一民意测验相矛盾，民意测验对真实投票的预测并不总是非常可靠——2016 年 6 月 23 日的英国脱欧公投就是典型的例子。因此，尝试将人们的态度与行为联系起来有何作用呢？

3. 瑞塔对人们的态度进行测量并且相信她清楚是什么促使人们做出选择。她对心理学家的建议是，如果想要获得人们的态度就问他们。她是对的吗？

4. 人们有时可能没有意识到或隐瞒他们的态度，我们如何才能揭示这些隐藏的态度呢？

■ 一、态度的结构与功能

（一）态度简史

态度（attitude）不仅仅是日常语言中的词语，也被认为是社会心理学中最不可或缺的概念。在当时极具影响力的《社会心理学手册》中，戈登·奥尔波特写道：

> 在当代美国社会心理学中，态度可能是最独特、最不可或缺的一个概念。没有其他任何一个概念在实验与理论文献中比它出现得更加频繁。（Allport, 1935, p. 798）

在奥尔波特写作的历史背景下，他的这一观点并不引人注目。其他的一些学者，如托马斯和兹纳尼茨基（Thomas & Znaniecki, 1918），以及沃森（Watson, 1930），他们之前已经把社会心理学和态度研究等同起来——实际上就是将社会心理学定义为对态度的科学研究！20世纪30年代早期也出现了最早的基于问卷的态度测量量表。根据奥尔波特的观点，态度是

> 一种心理和神经准备状态，通过经验组织起来，对个人对所有与之相关的事物和情境的反应施加指令或动态的影响。（Allport, 1935, p. 810）

奥尔波特不知道这样一个流行的概念会在未来几十年成为争议的中心。例如，一种激进的行为观点认为，态度只不过是想象的虚构——人们创造态度以解释已经发生的行为。在描绘社会心理学中态度研究的历史时，麦奎尔（McGuire, 1986）根据研究兴趣的变迁划分了三个主要阶段：

- 专注于态度测量及其如何与行为相关（20世纪20年代和30年代）。
- 关注个体态度的动态变化（20世纪50年代和60年代）。
- 关注态度和态度系统的认知与社会结构和功能（20世纪80年代和90年代）。

"态度"一词起源于拉丁语 *aptus*，意思是"适合并随时准备采取行动"。其原意指的是可直接观察到的东西，如拳击场上的拳击手。但如今，态度研究者将"态度"定义为一种心理概念，虽然不能直接观察到，但其先于行为，并指导我们对行动的选择和决策。

心理学和社会科学中对态度的研究已经引起了极大的兴趣，可能有成千上万的研究涵盖了几乎所有能想到的可以表达态度的主题。在20世纪60年代和70年代，态度研究进入了悲观和衰退时期。从某种程度上来说，这反映了对表达的态度与公开的行为之间明显缺少关系的担忧。

然而，在20世纪80年代，由于认知心理学对社会心理学的影响，态度再次成为社会心理学家关注的焦点（综述见 Olson & Zanna, 1993; Tesser & Shaffer, 1990）。这种复苏聚焦于信息处理和记忆，以及情感和情绪对态度的形成和改变的影响（Haddock & Zanna, 1999; Lieberman, 2000; Murphy, Monahan, & Zajonc, 1995）；态度的强度和可及性；态度如何与行为相关（Ajzen, 2001）；态度的内隐测量（Crano & Prislin, 2006; Fazio & Olson, 2003）。最近的研究关注态度现象的生物化学维度（Blascovich & Mendes, 2010），以及与态度相关的神经活动（Stanley, Phelps, & Banaji, 2008）。

态度

对具有社会意义的物体、群体、事件或符号的一种相对持久的信念、感觉和行为倾向的集合；对某人、物体或问题的总体感觉或评价（积极或消极的）。

在这里，我们认为态度是人类生活的基础并且普遍存在。日常生活中如果没有态度，人们就难以对事件做出解释和反应，且在试图做出决定以及理解与他人的关系时会存在困难。态度继续吸引着研究人员，尽管有时会引起争议，但其仍然是社会心理学的关键。现在让我们来剖析一下态度。

（二）态度的结构

态度中基本的心理学问题是，态度是一个单一的构念还是有很多不同的组成部分。

1. 单因素

早期的**单因素态度模型**（one-component attitude models）将态度定义为"对心理对象的情感"（Thurstone, 1931, p. 261），以及"与心理对象有关的积极或消极情感的程度"（Edwards, 1957, p. 2）。你能有多简单地区分开来你是否喜欢某一对象呢？事后来看，情感的显著特征可以被认为是普拉特卡尼斯和格林沃尔德（Pratkanis & Greenwald, 1989）提出的更复杂的社会认知模型的基础（见下一小节）。

2. 双因素

奥尔波特（Allport, 1935）倾向于**双因素态度模型**（two-component attitude model）。在瑟斯顿的"情感"要素上，奥尔波特增加了第二个要素——心理准备状态。心理准备是一种倾向，其影响我们如何决定什么是好的或坏的，想要的或不想要的……因此，态度是私密的且外部不可观察的。其只能通过内省检查我们自己的心理过程来推断，或者通过我们的言行来推断。态度是无法看到、触摸或通过身体检查获得的，这是一个假设性的构念。

3. 三因素

第三个观点是**三因素态度模型**（three-component attitude model），起源于古代哲学：

> 人类的经验分为思想、感觉和行动三部分，虽然在逻辑上无法让人信服，但其在印欧思想中是如此普遍（在古希腊、琐罗亚斯德教和印度哲学中均可发现），以至于认为它符合我们概念化方式中的一些基本东西，也许……反映了大脑的三个进化层次：大脑皮层、边缘系统和旧脑。（McGuire, 1989, p. 40）

三因素态度模型在 20 世纪 60 年代和 70 年代特别流行（如 Breckler, 1984; Krech, Crutchfield, & Ballachey, 1962; Ostrom, 1968; Rosenberg & Hovland, 1960）。希梅尔法布和伊格利（Himmelfarb & Eagly, 1974）将态度描述为对具有社会意义的物体、群体、事件或符号的一种相对持久的信念、感觉和行为倾向的集合。这一定义不仅指出态度包括三个因素，而且强调态度是

- 相对永久的：它们在时间和环境中持续存在；短暂的感觉并不是态度。
- 仅限于具有社会意义的事件或事物。
- 可概括的和能够抽象概念的。如果你把一本书扔到脚趾上且发现很疼，这不足以形成一种态度，因为这是在某时某地的单一事件。但如果这种经历使你不喜欢书或图书馆，或者总体上笨拙，那么这种不喜欢是一种态度。

可见，态度是由思想和观念、喜欢和不喜欢的感受，以及行为倾向组成的。尽管"三位一体"很有吸引力，但这个模型通过预先判断态度和行为之间的联系提出了一个问题（Zanna & Rempel, 1988），这本身就是一个棘手而复杂的问题，对此将在本章后面详细说明。可以说，大多数对态度的现代定义包含了信念和情感结构，并且关注如下问题：如果两者都可以被测量，那么得到的数据是如何有助于预测人们的行为的？（基

单因素态度模型

态度由对对象的情感或评价组成。

双因素态度模型

态度由对行动的心理准备组成。它也会指导可供评判的反应。

三因素态度模型

态度由认知、情感和行为三部分组成。这种三重划分遵循一种古老的传统，即强调人类经验以思想、感觉和行动为基础。

于你目前所读到的内容，试着回答本章开头"你怎么认为？"中的第一个问题。）

（三）态度的功能

想必，态度的存在是因为它们是有用的——它们服务于某一目的，具有某一功能。目前，我们所考虑的取向至少有一个隐含的目的假设。一些说法更为明确，如卡茨（Katz, 1960）提出，存在各种各样的态度，每一种都有不同的功能，例如：

- 知识性。
- 工具性（达到目的或目标的手段）。
- 自我防卫（保护个体自尊）。
- 价值表达（允许人们展示可以独特地识别和定义他们的价值）。

态度可节省认知资源，因为我们不需要"从零开始"来判断我们应该如何与一个特定的事物或情境建立联系（Smith, Bruner, & White, 1956）。这一功能与**图式**（schema）或**刻板印象**（stereotype）的效用相似，符合当代社会认知中的认知吝啬者或动机策略家模型（如 Fiske & Taylor, 2013；见第 2 章）。

总而言之，任何一种态度的主要功能都是实用主义的，即对对象的评价（Fazio, 1989）。无论态度是积极的还是消极的（即我们对对象的感觉是好是坏），这一观点都应该成立。仅仅拥有一种态度是有用的，因为它提供了一种对态度对象的定位。例如，如果我们不能区分安全的蛇和致命的蛇，那么对蛇采取消极的态度（相信它们是危险的）是有用的。然而，要想真正实现这一功能，态度必须是可及的。我们将在本章后面讨论态度和行为之间的关系时进一步阐述最后一点。

（四）认知一致性

在 20 世纪 50 年代末和 60 年代，**认知一致性理论**（cognitive consistency theories；见 Gawronski & Strack, 2012）主导了社会心理学，其对**认知**（cognition）的重视对社会心理学中过分简化的强化解释（如桑代克、赫尔和斯金纳的学习理论）造成了致命的打击（Greenwald, Banaji, Rudman, Farnham, Nosek, & Mellott, 2002）。这些理论中最著名的是认知失调理论（cognitive dissonance theory）（Cooper, 2007; Festinger, 1957），鉴于其在解释态度改变中的重要性，我们将在第 6 章进行讨论。另一个早期的例子是平衡理论。

除了明确信念是态度结构的基石，一致性理论还关注人们信念之间的不一致。这些理论在对一致性和不一致性的定义上有所不同，但它们都假设人们对不一致的信念感到厌恶。如果一种思想与另一种思想相矛盾，那么这两种思想就不一致。而这种心态是令人烦恼的。这种不和谐被称为失调。一致性理论认为，人们有动机去改变一个或多个不一致的信念，以使整个信念系统处于和谐状态，其结果就是恢复一致性。

平衡理论

对态度结构有最明确影响的一致性理论是由弗里茨·海德提出的**平衡理论**（balance theory）（Heider, 1946；另见 Cartwright & Harary, 1956）。海德的思想以格式塔心理学为基础，格式塔心理学是 20 世纪初在德国流行的一种知觉研究取向，

图式
表征关于概念或刺激类型的知识的认知结构，包括它的属性以及这些属性之间的关系。

刻板印象
人们对社会群体及其成员所普遍共有的、简化的评价性印象。

认知一致性理论
一组强调人们试图在各种认知之间保持内在的协调、秩序和一致性的态度理论。

认知
人们关于自己及其所处环境的知识、信念、思想和想法。也可指获得知识的心理过程，包括感知觉、记忆和思维。

平衡理论
根据海德的观点，人们更喜欢彼此一致的态度，而不是不一致的态度。个体（P）会保持对他人（O）和环境要素（X）的态度和关系的一致性。

海德将其应用于人际关系。格式塔心理学家认为，人的心智是一个人的"认知领域"，它包括与人对个体、物体和事件的感知相关的相互作用的力量。

平衡理论关注的是个体认知领域的 P-O-X 单元。想象一个由三个要素组成的三元组：一个人（P），另一个人（O），以及一种态度、一个物体或一个主题（X）。如果三元组是平衡的，那么它就是一致的，而是否平衡是通过计算元素之间关系的数量和类型来评估的。例如，P 喜欢 X 是一种正（＋）关系，O 不喜欢 X 是负（－）关系，P 不喜欢 O 是负（－）关系。

在两个人和一个态度对象之间有 8 种可能的关系组合，其中 4 种是平衡的，4 种是不平衡的（图 5.1）。如果三元组中存在奇数个正关系，那么该三元组是平衡的，并且可以出现多种组合方式。如果 P 喜欢 O，O 喜欢 X，P 喜欢 X，那么该三元组是平衡的。从 P 的角度来看，平衡理论在预测人际关系的过程中能起到类似"占卜魔杖"的作用：如果 P 喜欢 X，那么任何与之相匹配的 O 也会有同样的感觉。同样，如果已经确定 P 喜欢 O，那么 O 将被期望以类似于 P 的方式评价对象 X。相反，如果 P 喜欢 O，O 喜欢 X，而 P 不喜欢 X，那么这种关系是不平衡的。平衡理论所依据的一致性原则意味着，在不平衡的三元组中，人们可能会感到紧张，并有动力去恢复平衡。恢复平衡通常采用所需努力最少的方式。所以在上一个例子中，P 可以决定不喜欢 O，或者改变他 / 她对 X 的看法，这取决于哪种选择更容易。

相比平衡结构，不平衡结构通常更不稳定，也更令人不愉快。然而，由于缺乏相互矛盾的信息，人们假设他人会喜欢他们自己喜欢的东西。此外，我们经常倾向于同意其他人的观点——或者用平衡理论的语言来说，P 和 O 寻找同意他们如何评价 X 的结构，而不是不同意的结构（Zajonc, 1968）。同样，人们并不总是寻求解决矛盾。有时，他们组织自己的信念，使其中的要素保持孤立，来抵制改变（Abelson, 1968）。例如，如果 P 喜欢歌剧而 O 不喜欢，P 和 O 彼此喜欢，P 可能会决定将"歌剧"要素从三元组中分离出来，即在 O 不在场的时候欣赏歌剧。

总而言之，关于平衡理论的研究已经非常广泛且大多是支持性的结论（Gawronski & Strack, 2012）。关于在此传统下以态度为中心的研究的最近示例请参见加夫龙斯基、加夫尔瑟和布兰克

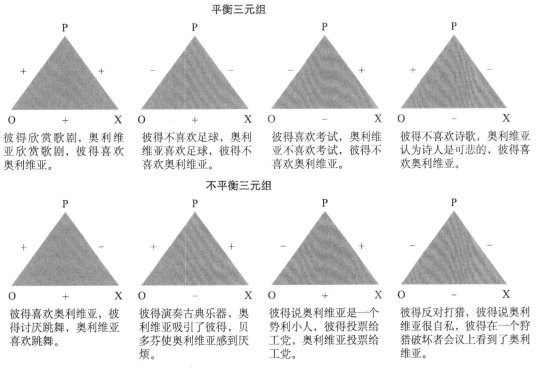

图 5.1　海德的态度改变理论中的平衡与不平衡三元组示例

在平衡的三元组中，关系是一致的；而在不平衡的三元组中，关系则不一致。

的论文（Gawronski, Walther, & Blank, 2005）。

（五）认知与评价

　　上文所述的单因素态度模型，将情感（Thurstone, 1931）或评价（如 Osgood, Suci, & Tannen-baum, 1957）作为态度的核心成分。这个简单的想法在普拉特卡尼斯和格林沃尔德（Pratkanis & Greenwald, 1989）的**社会认知模型**（socio-cognitive model）中以更复杂的形式再现。在社会认知模型中，态度被称为"一个人对思维对象的评价"（p. 247）。态度对象（见图5.2）在记忆中可表示为：

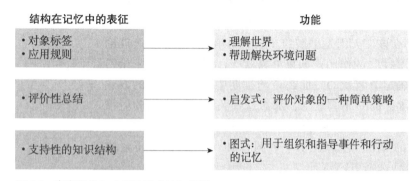

结构在记忆中的表征	功能
·对象标签 ·应用规则	·理解世界 ·帮助解决环境问题
·评价性总结	·启发式：评价对象的一种简单策略
·支持性的知识结构	·图式：用于组织和指导事件和行动的记忆

图 5.2　态度结构与功能的社会认知模型
这一理论借鉴了社会认知和记忆的研究。就像物理对象甚至人可以在记忆中被表现出来一样，态度对象也可以。
来源：Pratkanis & Greenwald, 1989.

- 对象标签和应用该标签的规则。
- 评价性总结。
- 支持评价的知识结构。

　　例如，"鲨鱼"这一态度对象在记忆中可能是一种拥有锋利牙齿的特别大的鱼（标签）；生活在海里，吃别的鱼，有时也吃人（规则）；非常可怕，游泳时最好避免（评价性总结）；无论是科学的还是虚构的，都对我们的身体健康构成显而易见的威胁（知识结构）。然而，尽管重点在于认知，但普拉特卡尼斯和格林沃尔德强调的是评价的成分。

　　态度的评价维度当然是偏见研究的焦点，其中的关键问题是一个群体的成员对另一个群体的成员怀有消极的态度（Dovidio, Glick, & Rudman, 2005; Jones, 1996; 见第 10 章）。在态度研究相关文献中，各种术语几乎可以互换地用于表示这种评价成分，如"影响""评价""情绪""感受"，这表明迫切需要对术语进行整理和标准化（Breckler & Wiggins, 1989a, 1989b）。最近关于情感和情绪的研究（见第 2 章）通过关注对刺激的认知评价在人们情感和情绪体验中的作用，帮助我们厘清了一些问题（如 Blascovich, 2008; Lazarus, 1991; 另见 Keltner & Lerner, 2010）。当我们把这一观点应用于态度研究时，我们可以区分出情感（对态度对象的情感反应）和评价（关于对象的特定思想、信念和判断）。

（六）决策与态度

1. 我们是否执行认知代数呢？

　　信息处理（information processing）取向强调获取知识以及形成和改变我们的态度是多么复杂。根据**信息集成理论**（information integration theory）（Anderson, 1971, 1981; 见第 2 章），我们使用**认知代数**（cognitive algebra）从我们收到的关于态度对象的信息中构建我们的态度。人们是老练的问题解决者和对新信息警惕的评价者。我们如何接收和结合信息为态度结构奠定了基础。某些项目的凸显性和它们被接收的顺序成为决定它们以何种方式被处理的重要因素。当新的信息到来时，人们会对其进行评价，并将其与存储在记忆中的现有信息结合起来。例如，卫生当局警告某种品牌的食品可能会导致严重疾病，这可能会致使人们重新评价自己的态度，改变自己的行为，不再食用该品牌的食品。

社会认知模型
强调评价成分的态度理论，认为对一个事物的认识及评价性总结表征于记忆之中。

信息处理
与态度相关，对信息进行评价，是人们获得知识以及形成和改变态度的方法。

信息集成理论
认为一个人的态度可以通过对一个事物的积极和消极评价的平均值来估计。

认知代数
一种研究印象形成的取向，主要研究人们如何将具有不同效价的特质整合，并最终形成一个积极或消极的整体印象。

在诺曼·安德森（Norman Anderson）的取向中，我们通过认知代数获得和重新评价态度。我们会对关于一个态度对象的信息进行整理并储存在记忆中，在心理上对这些信息的值进行平均。人们会习惯性地使用数学运算，例如：你认为你的一个朋友害羞、精力充沛且富有同情心，那么你对他的总体态度就是你对这些品质的评价的平均值；而对于另一个外向、精力充沛且富有魅力的朋友，你会计算出一个不同的平均值。

2. 态度与无意识判断

帕特丽夏·迪瓦恩（Patricia Devine, 1989）对经典态度理论提出了挑战，认为人们的态度是由他们未察觉的、内隐的无意识判断所支撑的。因为这些判断是自动的和无意识的，他们较少受到社会赞许性偏差（即别人可能的反应）的影响。因此，它们应该是对一个人"真实"态度的更可靠的衡量，甚至可能与人们的实际行为关系更密切（Schwarz, 2000）。

其他学者则更加谨慎，并提出内隐测量可能与外显测量（态度）一样依赖于情境，只是以不同的方式来依赖（Glaser & Banaji, 1999）。内隐测量与外显自我报告和外显行为的相关性都很弱（Hilton & Karpinski, 2000），群际态度的内隐测量和外显测量之间的相关性通常很低（Dovidio, Kawakami, & Beach, 2001）。考虑到态度理论的发展，范·德·普利格特和德·弗里斯（Van der Pligt & de Vries, 2000）提出了决策策略连续体，即从一端的直觉到另一端的受控信息处理（如 Anderson, 1971）。

关于如何最好地描述态度的争论仍在继续，而且几乎没有减弱的迹象。态度究竟是指示性的和有组织的准备状态（奥尔波特），还是代数计算的结果（安德森），或者是无意识判断（迪瓦恩）呢？

■ 二、态度能预测行为吗？

既然科学家们在对态度的定义方面无法达成共识，那么为什么还要研究态度呢？其中的一个解释是，态度可能有助于预测行为——如果我们改变人们的态度，我们也许就能够改变他们的行为。也许是开玩笑，克拉诺和普里斯林（Crano & Prislin, 2006）曾写道："态度因为可以预测行为而被认为是社会心理学皇冠上的宝石。"（p. 360）正如我们所知道的，一些行为科学家已经开始质疑这个假设。

例如，格雷格森和斯塔西（Gregson & Stacey, 1981）发现，人们的态度和他们报告的饮酒量之间只存在很小的正相关关系。此外，没有证据表明，侧重于改变态度而不是采取经济鼓励措施（如避免罚款、增加税收）对控制酒精消耗有更大的优势。这类发现使一些批评者对态度概念的效用产生了质疑：如果态度测量与人们的实际行为没有关系，那么这个概念还有什么用呢？甚至拉皮埃尔（LaPiere, 1934）关于种族态度的一项早期且引用广泛的研究也揭示出人们的"言"与"行"之间存在着明显的不一致（见专栏 5.1；另见第 10 章）。

📠 专栏 5.1　　　　经典研究

态度真的能预测行为吗？

社会学家理查德·拉皮埃尔（Richard LaPiere, 1934）对华裔美国人的偏见性态度和歧视行为之间的差异很感兴趣。20 世纪 30 年代初，美国人的反亚裔偏见非常强烈。在两位年轻的华裔朋友的陪同下，拉皮埃尔开始了一次长达 1.5 万多公里的美国观光之旅。他们共下榻了 66 家旅馆、大篷车旅店和游客住宅，在 184 家餐馆用餐。从一个地方到另一个地方时，拉皮埃尔担心他的朋友们可能不会被接受，但事实证明，他们只有一次被拒绝服务。

在他们旅行六个月后，拉皮埃尔给他们去过的所有地方发了一份问卷，询问："你们会接受华裔作为客人入住吗？"在给了回复的 81 家餐厅和 47 家酒店中，92% 表示不接受华裔顾客！只有 1% 表示会接受，其余的则表示"不确定，要视情况而定"。这些来自昔日店主的书面回复直接与他们的行为方式相矛盾。

当然，这项研究并不是经过科学设计的——也许那些回复信件的人并不是那些与这对华裔夫妇面对面的人；也许如果他们被告知这对夫妇受过良好的教育且穿着得体，他们可能会做出不同的书面回应；也许在这六个月时间里，他们的态度有所改变。不过，拉皮埃尔发现的问题对态度概念的效用提出了早期的挑战。

拉皮埃尔的研究强烈地质疑了问卷的预测效用，虽然研究人员使用了更复杂的方法来研究态度和行为之间的关系，但仍然发现问卷对态度的测量结果和实际行为的测量结果之间的一致性相对较低。在回顾了这项研究之后，威克（Wicker, 1969）得出结论，态度和行为之间的相关性很少能达到 0.30（即在平方后，只有 9% 的行为变异是由态度引起的）。事实上，威克发现，态度和行为之间的平均相关性只有 0.15。这个结论在 20 世纪 70 年代被当作确凿的证据——态度这个概念毫无价值，因为它几乎没有预测能力。一种绝望之感弥漫在这个研究领域中（Abelson, 1972）。不过，有关态度的研究仍在继续（Banaji & Heiphetz, 2010; Fazio & Olson, 2007），并且这一主题在本书中会用两章进行阐释。

日渐明显的是，态度和公开行为并不是一对一相关的，也并不是所有的行为都可以通过口头报告的态度被准确地预测。有一些条件会促进或破坏态度和行为之间的对应关系（Doll & Ajzen, 1992; Smith & Stasson, 2000）。例如，态度 - 行为的一致性可能因以下因素而变化：

- 态度的可及性（见本章后面的"态度可及性"部分）。
- 态度是不是公开表达的，是在群体中表达，还是私下表达，比如在回答问卷时的情境。
- 个体对一个具有规范性态度的群体的认同程度。

现在让我们来看看一些研究，这些研究探索了为什么态度 - 行为的一致性常常很弱，以及哪些因素可以增强这种一致性。

（一）信念、意图和行为

马丁·费什拜因（Martin Fishbein, 1967a, 1967b, 1971）同意瑟斯顿（Thurstone, 1931）的观点，即态度的基本成分是情感。然而，如果仅仅用单因素两极性评价量表（比如好 / 坏）来衡量一种态度，就不能可靠地预测一个人之后的行为。更好的预测取决于态度、信念和行为意图之间的相互作用，以及它们与后续行为之间的联系。

在这种模式中，我们需要知道一个人信念的强度和价值：在最终的行动中，有些信念会比其他信念更有分量。例如，一个人的宗教信仰的强弱可能在其关于道德行为的决策过程中起到关键作用——道德观可能在态度 - 行为关系中发挥非常重要的作用（Manstead, 2000）。如果没有这些信息，对行为的预测就是一件不确定的事情。

如表 5.1 中的实例所示，一个年轻、性活跃的异性恋男性可能强烈或不强烈地相信，避孕药和避孕套这两种避孕方式的某些方面是正确的。信念强度（或期望）对于事实有一个概率估计，范围从 0 到 1；例如，他可能非常相信（0.90）避孕药是一种非常可靠的避孕方式。避孕药的可靠性是一件"好事",所以他对避孕药的评价（或价值）是 +2（基于从 −2 到 +2 的 5 点量表）。信念的强度和评价相互作用,最终得到 +1.80。（同安德森一样,费什拜因的观点也包含了人们能够进行认知代数运算的观点。）

接下来,这个年轻人可能相对肯定（0.70）避孕套不太可靠（−1）,即 −0.70。同样,他认为在性接触中使用避孕套可能会令人尴尬。即使他进一步认为使用避孕套没有已知的副作用,也不足以抵消其他两种观点的影响。根据表 5.1 中的假设代数,可以得出结论,这个年轻人使用避孕套的意愿可能会很低——如果他有的话。只有掌握了所有这些信息,我们才能更有把握地预测他未来的行为。

表 5.1 一名年轻男性对避孕的假想态度：信念的强度和价值

属性	男性对女性服用避孕药的信念					男性对男性使用避孕套的信念				
	信念的强度		信念的价值		结果	信念的强度		信念的价值		结果
可靠性	0.90	×	+2	=	+1.80	0.70	×	−1	=	−0.70
尴尬程度	1.00	×	+2	=	+2.00	0.80	×	−2	=	−1.60
副作用	0.10	×	−1	=	−0.10	1.00	×	+2	=	+2.00
结果					+3.70					−0.30

注：在该实例中,信念的强度是指一个人认为这个信念正确的概率（从 0 到 1）。信念的价值采用两极性量表来评估（在这种情况下,从 +2 到 −2）。

这种预测方法还提供了一种测量手段,即期望－价值技术。在随后与同事伊塞克·艾奇森（Icek Ajzen）的工作中,费什拜因发展出了理性行为理论,将信念与意图和行为联系起来（Ajzen & Fishbein, 1980; Fishbein & Azjen, 1974）,对此我们将在本小节后面详细讨论。这项研究得出的一个重要结论是,如果对态度的衡量是具体的而不是笼统的,行为预测就能得到改善。

1. 特殊态度

艾奇森和费什拜因认为,态度研究要么试图从一般态度来预测具体的行为,要么相反,所以低相关性是可以预期的。本质上,这就是拉皮埃尔所做的。艾奇森和费什拜因认为,通过测量于行为来说非常特殊的态度,可以更好地预测行为。

一个通过特殊态度预测特定行为的例子是,学生对心理学考试的态度,可以预测他 / 她为该考试采取的勤奋程度。与之相比,一个通过一般态度预测一般行为的例子是,通过对整个心理学的态度,预测一般与学习更多的心理学相关的行为,如阅读杂志文章或与你的导师交谈。一般来说,你对心理学有多感兴趣并不代表你对某一特定心理学考试准备得有多好。

戴维森和雅卡尔（Davidson & Jacard, 1979）进行了一项为期两年的纵向研究,他们在不同的特异性水平上测量了女性对节育的态度,并将其作为她们实际使用避孕药的预测因素。与实际的药物使用相关的测量指标,从一般到特殊如下所示（括号中表示相关系数）："对避孕的态度"（0.08）,"对避孕药的态度"（0.32）,"对使用避孕药的态度"（0.53）,以及"对在接下来的两年中使用避孕药的态度"（0.57）。可见,最后一项指标与避孕药的实际使用相关度最高。这非常清楚地表明,问题越接近实际行为,行为预测就越准确。[将态度作为行为预测因素的**元分析**（meta-analysis）见 Kraus, 1995。]

元分析
结合来自不同研究的数据来衡量整体信度和特定效度的统计程序。

多重行为标准
基于几种特殊行为的平均或组合的一般行为指标。

2. 一般态度

然而,一般态度有时也可以预测行为——但只适用于我们采用**多重行为标准**（multiple-act criterion）时（Fishbein & Ajzen, 1975）。此处的观点是指,一般态度预测多种行为（行动）比其预测某一特定单一行为要好得多，因为单一的行为通常受到多个因素的影响。例如，在某一天参加纸张回收计划的特定行为受到许多因素的影响，甚至包括天气。然而，从事这种行为的人可能会声称自己具有"环保意识"，这是一种普遍的态度。环境态度无疑是这种行为的一个决定因素，但它们不是唯一的，甚至可能不是主要的决定因素。

3. 理性行为

这些与态度和行为的特殊性相关的观点被扩展和整合为一个有关态度－行为关系的深远理论——**理性行为理论**（theory of reasoned action）（Ajzen & Fishbein, 1980; Fishbein & Aizen, 1974）。这个理论包含了信念、意图和行动三个过程，且包括以下组成部分：

- 主观规范：一个人认为别人相信什么的产物。重要他人会直接或间接地表明"你该做什么"。
- 对行为的态度：一个人对目标行为的信念，以及这些信念如何被评价的产物（见表 5.1 中的认知代数）。请注意，此处是指对行为（如戴维森和雅卡尔的研究中使用避孕药）的态度，而不是对事物（如避孕药本身）的态度。
- 行为意图：行动的内部声明。
- 行为：行动执行。

通常，在个人的态度是赞同的，社会规范也是赞同的情境下，人们会采取行动。在对该理论的早期检验中，费什拜因及其同事（Fishbein & Coombs, 1974; Fishbein & Feldman, 1963）给参与者一系列关于不同态度对象属性的陈述，如政治候选人。参与者估计期望值，即对象（候选人）具有各种属性的可能性有多大，并给这些属性一个赋值。这些期望值和赋值通过询问参与者有多喜欢或不喜欢该对象来确定，且被用来预测参与者对态度对象的感觉。此得分和参与者的感受之间的相关性很高。还有研究报告，将人们的投票意向与他们的实际投票进行比较，相关系数如下：

- 在 1976 年美国总统选举中，相关系数为 0.80（Fishbein, Ajzen, & Hinkle, 1980）。
- 在关于核能的公投中，相关系数为 0.89（Fishbein, Bowman, Thomas, Jacard, & Ajzen, 1980）。

总的来说，如果知道某人非常具体的行为意图，那么就能有效地预测他们实际上会做什么——他们的行为。对相关研究的元分析表明情况确实如此，但仍存在一些障碍，如与行为机会有关（Gollwitzer & Sheeran, 2006; Webb & Sheeran, 2006）。

理性行为理论

由艾奇森和费什拜因提出的关于态度和行为之间关系的理论，认为有规范性支持的特殊态度可预测行为意图，行为意图又可预测实际行为。

计划行为理论

艾奇森对理性行为理论的修正，认为如果人们相信他们能够控制某种行为，那么通过态度来预测该行为的能力就会有所提高。

4. 计划行为

理性行为理论不仅强调人类行为的合理性，而且相信行为受人的意识控制，例如"如果我真的想，我知道我可以停止吸烟"。然而，有些行为比其他行为更不受人们控制。

这促使艾奇森（Ajzen, 1989; Ajzen & Madden, 1986）对理性行为理论进行了扩展，将行为控制的作用纳入考虑之中。行为控制感知是指一个人基于过去的经验和当前的障碍所获得的信念，即认为执行一种行为是容易的还是困难的。例如，学生想在他们的课程中得到 A，这并不奇怪：A 被学生高度重视（态度），是他们的家人和朋友希望他们得到的分数（主观规范）。然而，除非把学生对自己能力的看法考虑在内，否则实际得 A 的预测是不可靠的。

艾奇森认为，行为控制感知既与行为意图有关，也与行为本身有关，他将这一理论称为**计划行为理论**（theory of planned behaviour）。在随后的元分析中，理查德·库克和帕斯卡·希兰（Richard Cooke & Pascal Sheeran, 2004）称，计划行为理论"可能在解释认知和行为之间关系的社会心理学中占主导地位"（p. 159；另见 Ajzen & Fishbein, 2005）。理性行为理论和计划行为理论二者并不冲突。图 5.3 展示了每个理论中的概念，以及它们之间是以何种方式相联系的。那么，请运用这些理论回答本章开头"你怎么认为？"中的第二个问题。

在一项研究中，贝克和艾奇森（Beck & Ajzen, 1991）首先让学生自我报告他们过去不诚实的程度。选取的行为包括考试作弊、入店行窃和为了避免完成书面作业而说谎——这些行为都是经常被报告的。他们发现，测量学生对这些行为的控制感知，可以提高对未来行为预测的准确性，并且在某种程度上能提高行为的实际表现。这在作弊行为中是最成功的，因为作弊比入店行窃或说谎更有预谋。

在另一项研究中，马登、埃伦和艾奇森（Madden, Ellen, & Ajzen, 1992）测量了学生对 9 种行为的控制感知，它们从"睡个好觉"（很难控制）向"补充维生素"（很容易控制）过渡。把两个预测因子（睡眠和维生素）和其结果（意图和行动）之间的相关系数平方（即 r^2），来比较预测能力。控制感知提高了对意图和行动的预测精度，而且这种提高在预测行为本身方面非常有效。该效应在图 5.4 中下方两条线的陡峭坡度中表现明显，这一结果已在一项涉及 30 种行为的独立研究中得到证实（Sheeran, Trafimow, Finlay, & Norman, 2002）。

通过对理性行为理论和计划行为理论二者进行批判性评价，托尼·曼斯蒂德和黛安娜·帕克（Tony Manstead & Dianne Parker, 1995）认为，计划行为理论中包含的行为控制感知是对原始理论的改进。在阿尔米塔奇和康纳（Armitage & Conner, 2001）的元分析中，行为控制感知成为一个重要的变量，在预测实际行为中占比高达 20%。

计划行为理论还被用于预测反核意图或基于反核态度的行为（Fox-Cardamone, Hinkle, & Hogue, 2000），以及预测英国司机的行为（如 Conner, Lawton, Parker, Chorlton, Manstead, & Stradling, 2007; Parker, Manstead, & Stradling, 1995）。有关司机行为的研究，测量了司机的意图和他们的行为，如超速、插队、鲁莽穿行，以及在高速公路非法超车。康纳及其同事还在研究中

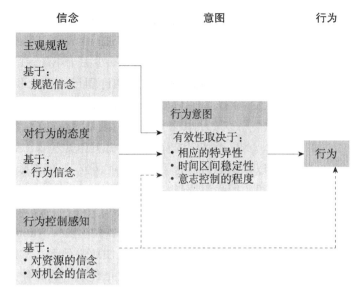

图 5.3 理性行为理论（TRA）与计划行为理论（TPB）的比较

实线表示原始理性行为理论中的概念和联系，虚线表示计划行为理论中引入的新概念。

来源：Aizen & Fishbein, 1980; Madden, Ellen, & Ajzen, 1992.

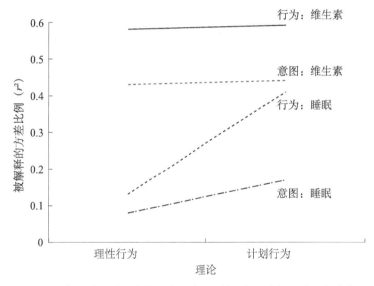

图 5.4 理性行为理论和计划行为理论的比较：将行为控制感知作为变量的影响

来源：Madden, Ellen, & Ajzen, 1992.

通过隐蔽摄像头记录了实际的驾驶行为——包括模拟器驾驶和真实的上路驾驶。他们发现，计划行为理论可为减少道路超速行为干预措施的制定提供基础。超速倾向部分是因为司机存在想要超速的意图，部分是因为缺少关于不超速的道德规范，这本身就是一个棘手而复杂的问题。

除了与理性行为理论和计划行为理论相关的变量，人们的道德价值观也可能在行为决定中发挥作用（如 Gorsuch & Ortbergh, 1983; Manstead, 2000; Pagel & Davidson, 1984; Schwartz, 1977）。例如，如果想知道某人是否会向慈善机构捐款，最好弄清楚慈善行为在其生活中是否优先。在这个特定的背景下，梅奥和奥尔森（Maio & Olson, 1995）发现，一般的利他主义价值观可以预测慈善行为（捐赠癌症研究），但仅限于在强调个人价值观表达的情境下；在强调奖励和惩罚（即强调功利主义）的情境下，价值观并不能够预测捐赠行为。

习惯也可以预测未来行为。一种行动可能变得相对无意识（在本章后面讨论），并且可以独立于计划行为理论运作。特拉菲莫（Trafimow, 2000）发现，有使用避孕套习惯的男、女学生报告说，他们下次还会继续使用避孕套。实际上，习惯使用避孕套的人并不"需要"使用理性决策，比如思考他们的态度是什么，或者什么规范是合适的。一项针对酗酒行为的计划行为理论研究发现，学生如何看待自身饮酒史可以预测他们未来的行为（Norman & Conner, 2006）。例如，如果比尔认为自己是一个酗酒者，他就不会那么在意自己对酗酒的态度，并且觉得对自己饮酒量的控制力较弱。

5. 促进健康行为

理性行为理论和计划行为理论都被用来理解人们对自己健康的态度，并确定可能阻碍健康态度转化为健康生活方式的障碍（Conner, Norman, & Bell, 2002; Stroebe, 2011）。例如，黛比·特里（Debbie Terry）及其同事（Terry, Gallois, & McCamish, 1993）研究了安全性行为作为应对HIV感染威胁的一种反应（见专栏5.2）。具体而言，目标行为包括一夫一妻制关系、非插入式性行为和使用避孕套。图5.3所示的所有变量都被应用于此研究设计。对于采取安全性行为的情境，需要考虑到行为控制感知这一特殊变量，特别是在性伴侣双方都不完全有信心控制另一方意愿的情况下。一个实际的问题是，在下一次性行为中，女性对是否使用避孕套所感知到的控制程度如何。

另一与理性行为理论和计划行为理论相关的是**保护动机理论**（protection motivation theory；见专栏5.3和图5.5），它聚焦于人们如何保护自己的健康、保持更好的做法和避免危险行为。综合来看，三种理论都有一个共同的观点，即防范的动机来自感知到的威胁和避免潜在负面结果的愿望（Floyd, Prentice-Dunn, & Rogers, 2000）。

这些理论适用于各种健康问题，包括HIV感染预防（Smith & Stasson, 2000）、避孕套使用和安全性行为（Sheeran & Taylor, 1999）、饮酒（Conner, Warren, Close, & Sparks, 1999）、吸烟（Godin, Valois, Lepage, & Desharnais, 1992）和健康饮食（Conner, Norman, & Bell, 2002）。

健康的生活方式可能不只是个体态度转化为个体行为的问题，也是理性行为理论和计划行为理论的焦点。健康的生活方式也可能是一个身份问题，健康的行为是一个群体的规范，一个人强烈认同这个群体是他在社会中的关键部分（Jetten, Haslam, & Haslam, 2012）。例如，格兰特及其同事发现，对以运动来定义的群体有强烈认同感的健康成年人会报告更高水平的体育活动，这是因为他们觉得他们实际上能够做运动并从中获得好处（Grant, Hogg, & Crano, 2015）。

保护动机理论
采纳健康行为时需要在感知到的疾病威胁和个人应对健康养生的能力之间寻求认知平衡。

专栏 5.2. **我们的世界**

理性行为、计划行为和安全性行为

事实证明，理性行为理论和计划行为理论在理解和促进负责任的性行为方面是有用的

社会心理学家日益把注意力转向促进健康实践，例如避免滥用酒精、烟草和其他物质，促进口腔卫生，接种预防传染病疫苗，参与官颈抹片检查，以及使用防晒产品（另见第 6 章）。

另一应用领域在于促进避孕措施的使用，以避免意外怀孕。专业的卫生人员还关切 HIV 和艾滋病的传播。（我们在第 2 章中注意到，有些人倾向于低估他们性行为的风险。）

在这种背景下，社会心理学家发起了一场协调一致的研究活动，以推广避孕套使用、安全性行为和一夫一妻制关系。一些研究人员明确承认费什拜因和艾奇森的理性行为理论（Fishbein & Ajzen, 1974; Ajzen & Fishbein, 1980）可以作为解释人们对安全性行为意愿变化的模型（见 Terry, Gallois, & McCamish, 1993）。这项工作的一个特点是，它关注人们事实上能够在多大程度上控制自己的健康。拥有这种控制感的女性更可能系安全带，做乳房检查，采取避孕措施，在专一的关系中发生性关系，以及讨论其伴侣的性行为和静脉注射药物史。

除了控制感，其他因素，如对避孕套提议者（那些开始使用避孕套的人）的看法，以及对安全性行为的期望和体验，都与安全性行为的开始有关（Hodges, Klaaren, & Wheatley, 2000）。加上这些因素，文化背景也在性别和性平等中发挥着作用。例如，康利、柯林斯和加西亚（Conley, Collins, & Garcia, 2000）发现，相比于欧裔美国人，华裔美国人对女性避孕套提议者的反应更消极；此外，相比于华裔或欧裔美国人，日裔美国人认为女性避孕套提议者的性吸引力更低（另见第 16 章）。

与伴侣进行安全性行为的一个难题是，这不是一种完全受个人意志控制的行为，而跑步通常是。理性行为理论及作为其延伸的计划行为理论（见图 5.3）为心理学家和其他专业卫生人员提供了一个框架，使他们能有针对性地研究有可能鼓励安全性行为和其他健康行为的特定变量。

专栏 5.3 **我们的世界**

我们能保护自己不受主要疾病的侵袭吗？

根据美国疾病控制与预防中心（CDC）的数据，心脏病和癌症是 2014 年美国最主要的死亡原因（120 万人死亡），这一数据符合大多数西方国家的状况。众所周知，对这两种疾病的预防行为包括例行体检、定期血压测量、每周进行三次至少 20 分钟的有氧运动、低盐低脂的均衡饮食、保持健康体重，以及不吸烟。健康心理学家面临的一个重大挑战就是找到一种健康促进模型，这种模型能够足够稳健到可以用来鼓励人们参与这些预防行为。

弗洛伊德、普伦蒂斯－邓恩和罗杰斯（Floyd, Prentice-Dunn, & Rogers, 2000）认为，保护动机理论就是这样一个模型。这个模型最初被用来解释对不适的健康态度和行为恐惧诉求的影响，它源于费什拜因的期望－价值理论和理性行为理论。保护动机理论的其他组成部分包括内在和外在奖励（与社会学习理论相关）的作用，以及班杜拉（Bandura, 1986, 1992）的自我效能感概念，而自我效能感又与计划行为理论中的行为控制感知（Ajzen, 1998）密切相关。

通过对 65 项研究和 20 多个健康问题的元分析，弗洛伊德、普伦蒂斯－邓恩和罗杰斯认为，以下因素可促进适应意图和行为：

- 对健康威胁严重程度的感知提升。

- 个体在威胁下的脆弱性。
- 采取保护行动有效性的感知。
- 自我效能感。

例如，在考虑乔会继续吸烟还是决定戒烟的原因时，保护动机理论列举了两个协调认知过程：

1. 威胁评估：吸烟有内在奖励（例如口腔的味道、尼古丁的效用）和外在奖励（例如他的朋友认为吸烟很酷）。与之相权衡的是，乔认为自己的健康受到严重威胁（例如在医生候诊室阅读了最新的宣传册后），自己的身体是脆弱的（例如因为一位吸烟的近亲死于肺癌）。

2. 应对评估：乔会考虑应对效能（尼古丁替代疗法是否有效）和**自我效能感**（self-efficacy，他认为自己是否可以坚持该疗法）。

乔对其威胁评估和应对评估的权衡，决定了他的保护动机水平，以及他是否决定戒烟（见图 5.5）。

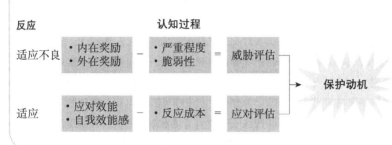

图 5.5 保护动机理论中的协调认知过程
该理论源于健康促进研究，认为健康行为方式的采纳取决于若干认知过程，这些认知过程引导人们在健康威胁和应对健康养生能力间寻求平衡。
来源：Floyd, Prentice-Dunn, & Rogers, 2000.

总的来说，社会心理学在公共卫生领域有着巨大的应用潜力。然而，许多人认为这种潜力还没有完全实现，他们把社会心理学的分支学科专业化、与其他学科的联系不紧密、研究方法论和出版惯例等视为障碍（Klein, Shepperd, Suls, Rothman, & Croyle, 2015）。

（二）态度可及性

态度表现在记忆中（Olson & Zanna, 1993），而可及的态度是指那些更容易从记忆中被回忆出来，因此能够更快地表达出来的态度（Eagly & Chaiken, 1998）。可及的态度能对行为产生强烈的影响（Fazio, 1986），并与更高的态度－行为一致性相关（Doll & Ajzen, 1992）。它们也更稳定，在判断相关信息时更有选择性，对变化更有抵抗力（Fazio, 1995）。有证据表明，情感评价比认知评价更快，这表明在记忆中更容易获得更多的评价性态度（Verplanken & Aarts, 1999; Verplanken, Hofstee, & Janssen, 1998）。

大多数关于态度可及性的研究关注高度可及的态度，以法齐奥（Fazio, 1995）的态度模型作为记忆中对象和评价之间的关联。该模型背后的基本原理是，一种态度对个人来说是"方便"的、功能性的和有用的，就意味着它可以在记忆中自动激活。自动激活的可能性取决于对象与评价之间关联强度（Bargh, Chaiken, Govender, & Pratto, 1992）。因此，高强度的对象－评价关联是具有高度功能性的，因为它们可以帮助我们做决策。

尽管态度可及性背后的观点在直觉上很有吸引力，并取得了一系列研究支持（如 Fazio, Ledbetter, & Towles-Schwen, 2000），但也有证据表明，内隐测量（对象－评价关联）与外显的自我报告（人们实际上说了什么）相关很弱（Hilton & Karpinski, 2000）。我们在本章后面探讨态度测量时，会再回到这一问题。

可及的态度不仅可以促进决策，也可以定向视觉注意和归类过程（Roskos-Ewoldsen & Fazio, 1992; Smith, Fazio, & Cejka, 1996），还有助于释放资源以应对压

自我效能感
对我们拥有在特定任务中成功的能力的期望。

力（Fazio & Powell, 1997）。那么，可及的态度是如何影响归类方式的呢？史密斯、法齐奥和塞伊卡（Smith, Fazio, & Cejka, 1996）发现，当描述一个物体时，我们会从许多可能的类别中选择一个可及的类别。例如，当参与者复述他们对乳制品的态度时，他们更可能被暗示酸奶是乳制品。与此同时，如果人们对健康食品的态度在实验中得到了强化，因此在记忆中更可及，酸奶就更有可能被认为是一种健康食品（Eagly & Chaiken, 1998）。

法齐奥的研究证实了早期的发现，即对刺激的感知可能会偏向于个体态度（Lambert, Solomon, & Watson, 1949; Zanna, 1993）。然而，他还发现，成本与高度可及的态度有关。回想一下，可及的态度会在时间上保持稳定。因此，如果态度对象发生变化，对该对象的可及的态度可能会发挥较差的作用（Fazio, Ledbetter, & Towles-Schwen, 2000）。可及性会导致我们对变化不敏感——我们已经习惯了自己的方式。因此，那些对某一特定物体持消极态度的人可能无法察觉这个"物体"是否变得更好或更糟（见专栏 5.4）。

专栏 5.4　　重点研究

可及的态度可能代价高昂

高度可及的态度可能会带来高成本。法齐奥、莱德贝特和托尔斯 - 施文（Fazio, Ledbetter, & Towles-Schwen, 2000）运用计算机技术在多个实验中验证了这一想法。根据早期的数据，24 张同性面孔数码照片被配对，每一对图片中都有一张是相对有吸引力的，而另一张则不是。每对图片可以创建五个合成（复合）图像，它们的吸引力取决于每张图片在合成过程中所占的比例（如 67%/33%、50%/50%、13%/87%）。

在实验的第一部分，参与者分别"形成"高可及态度（HA）和低可及态度（LA）。HA 组参与者口头评价合成图像的吸引力，而 LA 组参与者口头估计合成图像中的人可能的身高。第二部分涉及察觉图像中的变化。参与者被告知，他们将看到更多的面孔，其中一些是他们之前看过的人的不同照片，他们需要快速且准确地判断每张照片是相同的还是不同的。HA 组参与者比 LA 组参与者反应更慢，且犯错误更多。在一项实验中，他们注意到合成图像的变化更少。

所有的态度都是功能性的，可及的态度尤其如此，因为它们通常处理的是稳定的对象、事件和人。然而，如果态度对象随着时间的推移而改变，那么一种高可及态度可能会变得不正常——它被时间卡住了。

另一种对可及性进行概念化的方式来自联结主义的角度。一种可及的态度是大脑中的一个认知节点，它与其他认知节点（通过学习，或许还有条件作用）紧密相连，因此焦点态度可以通过许多不同的方式，沿着许多不同的认知路径被激活。根据弗兰克·范·奥弗沃尔和弗兰克·西布勒的说法，

> 这使得我们可以把思维看作一种自适应的学习机制，从而发展出对世界的准确的心理表征。学习被建模为现有知识在网络上适应新信息的过程……该网络通过改变与态度对象之间的关联权重，来更好地表征对象之间共现的累计历史及其属性和评价。（Van Overwalle & Siebler, 2005, p. 232）

范·奥弗沃尔和西布勒认为，联结主义取向既符合态度改变的双加工模型（见第 6 章），又符合由费什拜因引入的信念上的代数权重概念（见表 5.1 中的例子）。

（三）态度强度与直接经验

强烈的态度能引导行为吗？关于对绿色和平组织的态度的研究表明确实如此（Holland, Verplanken, & Van Knippenberg, 2002）：对该组织持积极态度的人比持消极态度的人更愿意捐款。

几乎可以确定，强烈的态度必须是高度可及的，它们相较于软弱的态度更容易出现在脑海中，也更容易影响行为。态度是与对象相关的评价，相关的强度可以从"无联系"（即无态度），到弱联系，再到强联系变化。只有高强度的相关才会**自动激活**（automatic activation）一种态度（Fazio, 1995; Fazio, Blascovich, & Driscoll, 1992; Fazio & Powell, 1997; Fazio, Sanbonmatsu, Powell, & Kardes, 1986; 见图 5.6）。

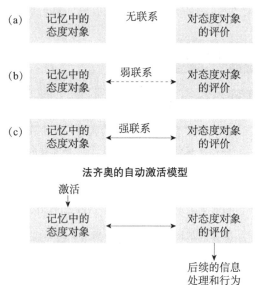

图 5.6　态度何时是可及的呢？
强烈的态度相较于软弱的态度更具有可及性。它可以自动激活且对行为产生更大的影响。

对事物的直接经验和对其有既得利益（即对你的生活有强烈影响）会使态度更具可及性，并能加强它对行为的影响。例如，居住在核反应堆附近的人们会对核反应堆的安全性有更强烈和更明确的态度。他们更容易被自己的态度所鼓舞——他们可能会更多地参与抗议活动，或者更有可能搬家。

另一例子是对医生协助自杀的态度（Haddock, Rothman, Reber, & Schwarz, 1999）。随着对这种死亡形式的主观体验的增加——包括它的确定性、强度和重要性——对医生协助自杀的相应态度也变得更强。它变得更加确定、更加强烈和更加重要。

你越经常思考一种态度，它就越有可能通过更容易的决策重现并影响你的行为（Fazio, Blascovich, & Driscoll, 1992）。鲍威尔和法齐奥（Powell & Fazio, 1984）发现，在六个不同的场合询问人们的态度会使其更具可及性，而只问一次则不然。一般态度的激活可以影响在特定情况下的行为。如果一般态度不曾被激活，它就不会影响行为。因此，法齐奥模型的激活步骤是至关重要的，因为只有激活的态度才能指导后续的信息处理和行为。想想在比赛开始前，体育教练会问一个队伍"谁是最好的队伍？"，并要求对方回答"我们是！"，如此重复几次，来鼓舞士气。

自动激活

根据法齐奥的说法，与情景线索有较强评价性关系的态度更易于从记忆中自动浮现。

除了强度的作用，态度也会随着对态度对象的直接经验的增加而变得更具可及性。通过实际经验形成的态度与行为更加一致（Doll & Ajzen, 1992; Regan & Fazio, 1977）。假设玛丽参加过数次心理学实验，而威廉只阅读过相关信息，那么相比于威廉，我们对玛丽的未来参与意愿预测会更准确（Fazio & Zanna, 1978）。再如，如果你遇到不明飞行物，你对不明飞行物的态度很难预测你将如何行动；相比之下，通过你对导师的态度很容易预测你的课堂行为。同样，想想那些被发现血液中酒精含量过高的人将来酒驾的可能性会降低，也是一种安慰。可惜，情况并不总是如此。

因此，虽然直接经验对态度可及性的影响看起来很有吸引力，但确定其实际效力是一项困难的任务。我们将在本章后面态度形成的部分再次考虑直接经验的作用。

除了态度可及性和对态度对象的直接经验，诸如态度凸显性、矛盾性、情感－认知一致性、态度极端性、情感强度、确定性、重要性、拒绝范围和非承诺等问题也都被归入"态度强度"这个一般标题之下，成为态度研究的常见主题。不足为奇，态度强度可能由许多相关概念组成，而不仅仅是一个（Krosnick, Boninger, Chuang, Berent, & Carnot, 1993）。虽然态度强度的一些维度是紧密相关的，但大多数不是。

（四）反思态度与行为的联系

让我们对研究所得进行盘点（Glassman & Albarracín, 2006）。随着态度的形成，当下列情况发生时，它们与未来行为的相关会更强：

- 态度是可及的（容易回忆）。
- 态度随时间的推移是稳定的。
- 人们对态度对象有直接的经验。
- 人们经常报告他们的态度。

当相关信息——如有说服力的论据——与实际行为相关并片面支持态度对象的时候，态度－行为的联系就会更强。我们将在下一小节讨论态度形成的话题，并在第 6 章中讨论劝服性论据在态度改变中的作用。

（五）调节变量

虽然一般态度难以预测单个行为，但通过考虑表明态度－行为关系何时更强、何时更弱的调节变量，预测可以得到改善。**调节变量**（moderator variable）包括情境、个性、习惯、控制感和直接经验。态度本身也可以起到调节作用——例如，表示个体自我概念和核心价值观的态度比简单地将奖励最大化和惩罚最小化的态度具有更强的态度－行为一致性（Verplanken & Holland, 2002; Maio & Olson, 1994）。讽刺的是，调节变量可能被证明比一般潜在态度有更强的预测力。考虑以下两种情况。

1. 情境变量

情境或环境的某些方面会导致人们的行为与他们的态度不一致（Calder & Ross, 1973）。弱的态度尤其易受环境的影响（Lavine, Huff, Wagner, & Sweeney, 1998），而且在很多情况下，背景凸显的社会规范会压倒人们潜在的态度。例如，如果大学生希望彼此穿牛仔裤或休闲装，这些期望就代表了一种有力的校园着装规范。

在态度－行为关系中，规范一直被认为是重要的，但是它们通常是与态度分开的：态度在"内"（私人的、内化的认知结构），规范在"外"（公共的、表示他人累计期望的外部压力）。这种规范的观点受到了社会认同论的挑战（见第 11 章），后者认为不存在这种区别——态度可以是私人的、特质的，但更通常的是群体的规

调节变量
为了提高预测力而限定一个其他简单假设的变量（例如，A 导致 B 仅在 C 存在时成立，C 就是调节变量）。

范属性，群体认同促使个体将群体的规范属性，包括态度内化于自身，并成为自我的一个方面（如 Abrams & Hogg, 1990a; Hogg & Smith, 2007; Turner, 1991; 见第 7 章）。

这一观点被应用到态度 – 行为关系中，认为如果态度和相关行为是人们所认同的、背景凸显的社会群体的规范属性，那么态度更有可能表现为行为（Hogg & Smith, 2007; Terry & Hogg, 1996; Terry, Hogg, & White, 2000）。为了验证这一点，特里和豪格（Terry & Hogg, 1996）对学生进行了两项纵向问卷调查，调查他们定期锻炼和防晒的意向。当参与者强烈地认同与自己相关的学生同龄群体，且认为他们经常锻炼或者有防晒习惯时，他们的以上两种意向会更强烈（图 5.7）。

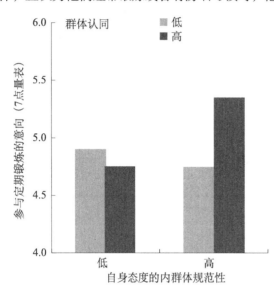

图 5.7 规范和群体认同在态度 – 行为一致性中的作用

当学生们感到他们对锻炼的态度与他们强烈认同的同龄学生群体一致时，他们表达了更强烈的参与定期锻炼的意向。

来源：Terry & Hogg, 1996.

2. 个体差异

社会心理学家倾向于分为两大阵营，一种倾向于用情境来解释社会行为，另一种倾向于用个性和个体差异来解释社会行为（Ross & Nisbett, 1991）。尽管这种区别在近几年变得不那么明显（Funder & Fast, 2010），但它仍然影响着态度研究。例如，米歇尔（Mischel, 1968）认为，情境特点比人格特质预测行为更加可靠（另见第 9 章有关人格与领导力之间的弱相关性的报告）。而贝姆和艾伦（Bem & Allen, 1974），以及沃恩（Vaughan, 1977）发现，在人格量表中答案始终如一的个体，相较于答案变化的个体，在不同的相关情境下更可能采取相同的行为。例如，在不同的社会环境中，一个在外向 – 内向量表上得分高的人更有可能表现得外向，而得分低的人则更有可能表现得内向。另外，那些在评分中表现不稳定（中档得分）的人行为不一致。

因此，了解人们的行为习惯如何与他们对行为的控制程度相关是很有用的（Langer, 1975; Petty & Cacioppo, 1981; Triandis, 1980; Verplanken, Aarts, Van Knippenberg, & Moonen, 1998）——习惯研究最近经历了一次复兴（见 Neal, Wood, Labrecque, & Lally, 2012; Wood & Neal, 2007）。特里安迪斯（Triandis, 1977）提出了一个类似费什拜因和艾奇森理论的模型，其中包括习惯因子，来反映一个人过去完成某一特定动作的次数。例如，吸烟是许多人的习惯性行为，部分是因为生理和 / 或心理上的依赖。因此，吸烟者的行为可能与他们对香烟的态度没有什么关系。奥斯坎普（Oskamp, 1984）报告说，大约 70% 的吸烟者同意"吸烟是导致肺癌的原因之一"，以及"吸烟导致疾病和死亡"。

通过对"习惯"研究的回顾，巴斯·韦普兰肯和亨克·阿尔茨（Bas Verplanken & Henk Aarts, 1999）得出结论，当习惯根深蒂固时，态度和行为以及意图和行为之间的关系接近于零，而当习惯较弱时则相当大。然而，心理学家在捍卫他们的理论方面是非常警惕的！在这个例子中，艾奇森（Ajzen, 2002）并没有发现习惯行为和计划行为之间的不一致：

　　计划行为理论和理性行为理论并不认为个体在每次实施一个经常执行的行为之前都要回顾他们的行为、规范和控制信念。相反，态度和意图一旦形成并稳固下来，就被认为是自动激活的，且无须有意识监督就能引导行为。（Ajzen, 2002, p. 108）

　　心境（mood）作为调节变量，被认为既是情境变量也是人格变量。卡罗琳·塞姆勒和尼尔·布鲁尔（Carolyn Semmler & Neil Brewer, 2002）研究了试验诱发的心境对陪审员信息处理和决策的影响。他们发现悲伤并不会影响陪审员的判断，尽管他们会增加一些不相干的想法。然而，愤怒的陪审员实际上报告了更多不相干的想法，在证人的证词中识别出更少的不一致之处，并且对被告做出了更严厉的判决。

　　如果我们用"情感"（affect）和"情绪"（emotion）来代替"心境"（mood），我们就会调用前面讨论过的态度结构三因素模型的一部分。在这个更宽广的背景下，已经有相当多的研究探索了对态度对象基于情感的评价（例如，"我讨厌西兰花，但我喜欢冰激凌"），尤其可见于劝服情境和广告中（见第 6 章）。

　　认知偏差，其中之一是自我－他人差异（见第 4 章），也是态度－行为一致性的调节因素。安吉拉·帕格里亚和罗宾·鲁姆（Angela Paglia & Robin Room, 1999）以 800 余人为样本，研究他们在饮酒时期望发生什么，以及他们认为酒精应该有多容易获得，结果发现，对更严格限制酒精供应的支持部分源于人们期望发生的事情，既包括他们自己的饮酒，也包括其他人的饮酒。研究结果存在明显的自我－他人差异：人们期望酒精对他人的负面影响比对自己的更大！此外，偏差越大，对限制饮酒的支持就越强烈。

　　最后，有些人比其他人更关注所谓的自我认同——他们对自己在社会中所扮演的角色的自我意识；虽然与社会认同相似（见第 11 章），但自我认同更关注个体角色而不是群体成员身份（Terry, Hogg, & White, 1999；另见第 4 章）。自我认同被视为是影响人们行为意图的因素，这是之前讨论过的计划行为理论的一个组成部分（Hagger & Chatzisarantis, 2006）。在一项研究中，如果献血者是个体自我认同的重要组成部分，那么他们更有可能表达献血的意愿（Charng, Piliavin, & Callero, 1988）。

三、态度形成

　　态度的学习是社会化过程的一部分（Fishbein & Ajzen, 1975; McGuire, 1969; Oskamp, 1977）。它们通过直接经验或间接地与他人的互动而发展，或者说它们是认知过程和思维的产物。社会心理学家一直以来主要关注作为**态度形成**（attitude formation）之基础的基本心理过程，而不是探索特定类别的态度是如何发展的。对这些过程的研究通常采用实验室实验，而不是调查或民意测验。

（一）行为取向

1. 直接经验的影响

　　态度往往通过对态度对象的直接经验而形成。对于这种情况的发生有几种解释：纯粹接触、经典条件作用、操作性条件作用、社会学习和自我认知。

　　直接经验提供了关于对象属性的信息，这形成了我们的信念，以及我们有多喜欢或不喜欢这个对象（Fishbein & Ajzen, 1975）。即使是轻微的创伤经历也会引发消极的态度（Oskamp, 1977; Sargant, 1957），并使某些信念比其他信念更凸显。如果你第一次看牙医很痛苦，你可能会认为牙医是在伤害你而不是帮助你，尽管他们带着

态度形成
我们形成态度的过程，主要源自我们自己的经历、他人的影响和我们的情绪反应。

友好的微笑。

单纯地多次接触一个对象可能会影响我们对它的评价方式，即所谓**纯粹曝光效应**（mere exposure effect; Zajonc, 1968）。第一次听到一首新歌，你可能既不太喜欢，也不太讨厌；但是通过重复，你的反应可能在一个方向或另一个方向上加强。然而，持续反复接触的效果会减弱。例如，人们对候选人照片的喜爱程度在大约 10 次曝光后趋于平稳（Bornstein, 1989）。当我们缺乏关于某一问题的信息时，纯粹接触会产生最大的影响。例如，在选举中，现任议员通常比其他候选人更有优势，仅仅是因为人们对他们的名字更熟悉。

2. 经典条件作用

重复的关联可能导致一个原本的中性刺激诱发先前仅由另一刺激引起的反应。在**评价性条件作用**（evaluative conditioning）的特定情境下，当一个对象持续地与其他积极或消极的刺激配对时，对该对象的喜爱程度就会发生变化（De Houwer, Thomas, & Baeyens, 2001; Jones, Olson, & Fazio, 2010）。例如，儿童最初没有政党偏好，但受到父母多年对某一政党的狂热支持的影响，他们在成年后会为该政党投票——这种经典条件作用成为后来政治态度的基础。有很多态度都是通过经典条件作用形成的（Zanna, Kiesler, & Pilkonis, 1970）。

评价性条件作用拥有难以置信的稳健性——已在超过 250 项研究中得到证明（Hofmann, De Houwer, Perugini, Baeyens, & Crombez, 2010）。然而，有一个问题是评价性条件作用所需要的意识程度——它是下意识地自动发生的，

经典条件作用　轻松的环境产生好心情，容易将这种情绪与当下的某个人联系起来，进而增进彼此的好感。

纯粹曝光效应
反复接触某一对象，会使该对象更具吸引力。

评价性条件作用
当一个刺激与积极或消极的刺激相结合时，它会变得更受欢迎或更不受欢迎。

态度扩散效应
对一个人（或态度对象）的喜欢或不喜欢，不仅会影响对与其直接相关的第二个人的评价，也会影响对仅仅与第二个人相关的其他人的评价。

还是需要人们意识到这种共现关系？以上争论都缺乏决定性的证据（Krosnick, Betz, Jussim, & Lynn, 1992; Olson & Fazio, 2002）。最近的一项综述得出结论，这个问题仍然没有解决，部分是因为研究阈下评价性条件作用非常困难，但其自动性的某些方面已经得到证实（Sweldens, Corneille, & Yzerbyt, 2014）。

经典条件作用可能是一种有力的，甚至是潜在的态度学习形式。有研究表明，如果在参与者阅读劝服性信息时提供软饮料，他们会比那些没有被提供软饮料的参与者更容易被所阅读的内容劝服（Janis, Kaye, & Kirschner, 1965）。在另一项研究中，听好听的吉他音乐作为民谣的伴奏的参与者比不听的参与者更容易被劝服（Galizio & Hendrick, 1972）。通过经典条件作用，与软饮料或吉他音乐相关的积极情感就和劝服性信息联系在了一起。

这一系列研究得到一个有趣的推论——**态度扩散效应**（spreading attitude effect）。伊娃·沃尔瑟（Eva Walther, 2002）举了这样一个例子：玛丽在一次会议上注意到彼得和保罗在谈话。她几乎不认识其中的任何一个——他们在情感上是中立的。然后她看到彼得在和她不喜欢的马克说话。首先，彼得现在不那么讨人喜欢了

（评价性条件作用）；其次，保罗也不那么讨人喜欢了（态度扩散效应）。彼得的"坏"同伴对仅仅和他有关系的人（即保罗）产生了连锁反应。

3. 操作性条件作用

产生积极后果的行为会得到强化且更有可能被重复，而产生消极后果的行为则不会。例如，父母会使用言语强化来鼓励孩子的可接受行为——用保持安静、团队合作来赢得表扬。有几项关于正强化对亲社会行为的影响的研究，在这些研究中，当孩子表现慷慨时给予奖励（例见Rushton & Teachman, 1978；第 13 章图 13.3）。然而，当孩子们打架的时候，奖励会被取消，或者会受到诸如责骂之类的惩罚。操作性条件作用可以由强化的频率、时间间隔和大小来加速或减慢（Kimble, 1961）。当父母奖励或惩罚他们的孩子时，他们正在塑造孩子对许多问题的态度，包括有关宗教、政治的信念和做法。

成年人的态度也可以被言语强化所塑造。切斯特·英斯科（Chester Insko, 1965）发现，学生对一项态度调查的回应被一周前的一次显然无关的电话谈话影响，在那次谈话中，采访者用"好"这一强化因素对特定观点进行了"奖励"。

经典条件作用和操作性条件作用都强调直接强化物在行为的获得和维持中的作用。如果我们将其定义为行为类型，这就与态度有关；如果将其定义为评价性反应，这就变得相当直接了（Fishbein, 1967a; Osgood, Suci, & Tannenbaum, 1957）。

4. 观察学习

态度形成也可以被视为一种社会学习过程，它不依赖于直接的强化因素，但包括一个**模仿**（modelling）的过程（Bandura, 1973；另见第 12 章和第 14 章）。模仿包括观察：人们不是通过直接体验积极或消极的结果，而是通过观察他人反应的结果来学习新的反应。如果一个重要他人的态度或行为引发了一个积极的回应，那么你将更有可能获得这一态度或行为。通过这种方式，族群态度就可以被灌输给那些本来很天真的孩子，如果这些榜样是他们生活中重要的成年人的话。这在持族群诽谤和侮辱态度的儿童身上得以体现，他们声称仇恨某一族群，但他们不能正确地定义该群体或对其成员没有事实了解（Allport, 1954b；另见第 11 章）。

观察学习 "原来你就是这样切蔬菜的！"年幼的孩子会模仿重要的成年人的行为。

（二）认知发展

当然，态度形成也可以被看作一个认知过程，根据认知一致性理论（如第 6 章讨论的平衡和认知失调），我们会在越来越多的认知元素（如信念）之间建立联系（平衡的或协调的）。随着相关元素数量的增加，更有可能形成一个概括的概念——一种态度。同样，信息整合理论将态度学习视为一个过程，在这个过程中，关于态度对象的越来越多的信息条目会被整合在一起（例如通过对信息进行加权平均）。

模仿
一个人重现现实生活或象征性榜样的行为、态度和情绪反应的倾向。也叫观察学习。

认知取向和行为取向之间的区别在于，它们给予内部事件和外部强化的相对权重不同。虽然社会认知是社会心理学的主导范式（第2章和第3章），但我们不应该忽视行为取向的一些优势。后者与学习研究有关，经常涉及发展性数据（来自有关动物或儿童的研究）。因此，学习理论对于研究态度习得的社会心理学家仍有吸引力。

一种既具有行为特色又具有知觉特色的有趣取向是贝姆（Bem, 1972）的**自我知觉理论**（self-perception theory；详见第4章）。贝姆提出，人们通过审视自己的行为并自问"我为什么要那样做？"来了解自己是什么样的人，从而了解自己的态度。一个人可能会因为一些不明显的原因而行动，然后根据最现成的原因来决定他们的态度。例如，如果你经常长时间散步，你可能会得出这样的结论："我一定喜欢它们，因为我一直都在这样做。"贝姆的理论表明，人们的行为和态度形成并没有太多的深思熟虑。

（三）学习的来源

态度最重要的来源之一是周围人的行为。然而也可以从书籍、媒体和互联网上学习态度。

1. 父母与同龄人

人们在很小的时候就会很快形成态度，所以一个人的态度最重要的来源之一是其父母，然后是其同龄人。对于孩子们来说，他们的父母有着强大的影响力，包括前面提到的所有学习方式（经典条件作用、操作性条件作用和观察学习）。父母和孩子的特殊态度之间一般是正相关，但令人惊讶的是相关性较弱；而对于一般态度，这种相关性更强（Connell, 1972）。

詹宁斯和尼米（Jennings & Niemi, 1968）发现，高中生对特定政党的偏好与父母的选择之间的相关系数为0.60，孩子和父母对宗教的选择之间的相关系数为0.88。当然，这种相关性可能会受到父母反对的制约，这是青少年的共同经历。许多高中学生故意采取或看似采取与他们的父母不一致的态度，也许是为了对立，但也可能是因为他们正在形成一个新的身份以及符合他们日益重要的同龄群体的相关态度（Tarrant, 2002）。卡塞尔、克斯特纳和列克斯（Kasser, Koestner, & Lekes, 2002）在一项有关价值观的纵向研究中发现，童年环境因素（如教养方式）与成年后的价值观之间存在密切联系。5岁时接受控制型教养方式的孩子，在成年后会表现出更高的从众价值观和更低的自我导向价值观。本章后面将继续讨论价值观。

2. 大众媒体和互联网

大众媒体强烈地影响着态度，毫无疑问，视觉媒体，特别是电视，在儿童态度的形成中起着重要的作用，特别是当态度不是很坚定的时候（Goldberg & Gorn, 1974）。查菲、杰克逊－比克、杜拉尔和威尔逊（Chaffee, Jackson-Beeck, Durall, & Wilson, 1977）的一项研究表明，在7岁之前，美国儿童大部分的政治信息来自电视，这影响了他们对政治和政治制度的看法（Atkin, 1977; Rubin, 1978）。

而在对成年人的研究上，麦凯和科维尔（MacKay & Covell, 1997）报告了观看广告中女性色情图片与对性侵犯持同情态度之间的关系（另见第12章）。总的来说，电视对成年人的影响比对孩子的影响要小得多；然而，对过去半个世纪美国人种族态度变化进行广泛统计分析后显示，媒体报道不仅反映而且帮助塑造了公众意见（Kellstedt, 2003）。长期的自由主义之后就是保守主义时期，而这些时代都对美国媒体的暗示做出了反应。

广告对儿童态度的影响是众所周知的。例如，阿特金（Atkin, 1980）发现，经

自我知觉理论

贝姆的观点，认为我们只能通过自我归因来获得对自己的认识，例如我们会从自己的行为中推断出自己的态度。

常看电视的孩子相信裹着糖衣的糖果和麦片对他们有好处的可能性是很少看电视的孩子的两倍。在同一项研究中，在看了一个马戏团的壮汉吃早餐麦片后，一组中有三分之二的孩子相信早餐麦片也能让他们变得强壮！这些发现特别值得关注，因为有一些儿童犯下了谋杀罪行（例如，1993 年两个 10 岁男孩在利物浦谋杀了 2 岁的詹姆斯·巴杰尔），而且谋杀的方式与某些电影中所描述的非常相似。媒体对攻击性的影响将在第 12 章中讨论。

这些早期的研究缺少互联网在态度学习中的作用。随着研究的积累（如 Bargh & McKenna, 2004; Green & Carpenter, 2011; Wallace, 1999），有一件事我们可以确定——毫无疑问，绝大多数人通过互联网搜索来学习和调整他们的态度。然而我们也知道，互联网在支持和巩固一个人的现有态度方面，是一个方便的信息来源，但在态度改变或获得新的态度方面并不然。自由主义者上自由主义的网站，保守主义者上保守主义的网站，等等。

四、态度相关概念

（一）价值观

虽然本章是关于态度的，但特定的态度通常由更广泛的**价值观**（values）构成（如 Bernard, Maio, & Olson, 2003; Maio, 2010; Rohan, 2000）。价值观和态度在某些方面是相似的，但在其他重要方面是不同的，并且通常采用不同方法来测量。测量态度是为了反映人们对某一对象的好感度，而测量价值观则是为了衡量它们作为生活指导原则的重要性。例如，早期的价值观测量就聚焦于六种广义价值观对于人们的重要性（Allport & Vernon, 1931）：

- 理论价值观：对问题解决，即事物如何运作的基础感兴趣。
- 经济价值观：对经济、金融和货币事务感兴趣。
- 审美价值观：对艺术、戏剧、音乐等感兴趣。
- 社会价值观：关心他人，以社会福利为导向。
- 政治价值观：对政治结构和权力安排感兴趣。
- 宗教价值观：关注神学、来世和道德。

米尔顿·罗克奇（Milton Rokeach, 1973）后来提出，价值观不应该从兴趣或活动的角度来考虑，而应该更多地从优先目标（最终状态）的角度来考虑。他区分了终极价值观（如平等和自由）和工具价值观（如诚实和雄心）。罗克奇发现，终极价值观，如平等，可以显著地影响一个人在种族问题上的态度。从这个观点来看，价值观是一个影响更具体态度的更高层次的概念。例如，测量价值观可以帮助预测人们对失业者的态度（Heaven, 1990）、对劳工行动的态度（Feather, 2002）和对公正世界信念的态度（Feather, 1991）。当价值观被启动时，我们更有可能做出与我们的价值观一致的选择。例如，如果信息增强了我们对环境的看法，我们就更有可能以一种环境友好的方式行事（Verplanken & Holland, 2002）。

希默尔魏特、汉弗莱斯和耶格（Himmelweit, Humphreys, & Jaeger, 1985）进行了一项跨越近二十五年的纵向研究，以探究社会心理对英国选举的影响。他们发现，特殊态度通常不是很好的预测因素，而更广泛的社会政治价值观和政党认同则是更好的预测因素。在另一项大规模研究中，休斯通（Hewstone, 1986）探究了法国、意大利、德国和英国学生对欧洲一体化的态度，发现普遍的价值取向的变化对一体化态度的改变有一定的影响。

价值观
一种高阶概念，旨在为态度的组织提供结构。

诺尔曼·费瑟（Norman Feather, 1994）认为，价值观是关于理想行为和目标的普遍信念，带有一种"应该"的特质。它们超越态度并影响态度的形式。价值观为评价行为、证明观点和行为、计划行为、在不同选择之间做决定、参与社会影响，以及向他人展示自我提供了标准。在个体内部它们被组织成等级，而且其相对重要性在一生中可能会发生改变，价值观因个体、群体和文化而异。

费瑟（Feather, 2002）在一场劳资纠纷背景下检验了其中的一些原则。他发现，没有卷入纠纷的人会根据权威、财富、权力、平等和亲社会等价值观对雇主和工会的行为（如程序公平）质量做出判断。另一些人则探索了整体文化是如何被潜在的价值体系所刻画和区分的（如 Hofstede, 1980; Schwartz, 1992; Schwartz et al., 2012; 见第 16 章）。

价值观可以预测行为吗？如果目标行为是一种具体的行为，这是非常不可能的，因为价值观是一种比态度更一般的概念。尽管巴迪和施瓦茨（Bardi & Schwartz, 2003）发现了某些价值观和自我报告的一致性行为（如传统主义和遵守传统节日习俗）之间的相关，但他们没有收集实际的行为数据。

（二）意识形态

意识形态（ideology）与"价值观"一词在某种程度上是重叠的。意识形态是一种整合的、广泛共享的信念体系，通常与社会或政治有关，具有解释功能（Thompson, 1990）。它们还规定了更具体的价值观、态度和行为意图（如 Crandall, 1994）。最常见的是宗教和社会政治意识形态，它们分裂社会，并成为世界上最顽固的群际冲突的基础（见第 10 章和第 11 章）。

意识形态可以维持现状——使事物的状态看起来是完全自然的（自然主义谬误），使现状合理化和合法化（Jost & Hunyadi, 2002; Jost & van der Toorn, 2012; Major, Quinton, & McCoy, 2002），强化等级社会关系（如 Sidanius, Levin, Federico, & Pratto, 2001; Sidanius & Pratto, 1999）。然而，它们也可以挑战现状——将其视为不自然的、不合法的等。

菲利普·泰特洛克（Philip Tetlock, 1989）提出，罗克奇（Rokeach, 1973）所说的终极价值观是许多政治意识形态的基础。例如，马基雅维利主义作为一种意识形态，以马基雅维利（一位 16 世纪的佛罗伦萨外交家）的名字命名，是指在追求和维持政治世界的权力时，狡诈和欺骗是正当的（Saucier, 2000）。意识形态因以下两点而不同：

- 它们可能会对特定的价值观赋予不同的优先权：传统上，我们可能会认为自由主义者和保守主义者会以相反的方式对"个人自由"和"国家安全"进行排名。
- 有些意识形态是多元的，有些是一元的。多元的意识形态可以容忍价值观的冲突。例如，新自由主义作为一种多元意识形态，既强调经济增长，也关注社会正义。一元的意识形态对冲突是难以容忍的，它以非常简单的方式看待问题（见第 10 章对权威主义的讨论）。一元的意识形态的一个例子是摩尼教——认为世界被善与恶的原则划分。

迈克尔·毕利希（Michael Billig, 1991）提出，我们日常中大部分的思考来自他所称的意识形态困境。例如，教师面临着既要成为权威又要鼓励师生平等的困境。价值观发生冲突，就会引发群体之间的态度冲突。例如，卡茨和哈斯（Katz & Hass, 1988）报告，当社群主义和个体主义等价值观发生冲突时，社群内的族群态度会出现两极分化。

意识形态，尤其是更为传统的意识形态，也与社会极端主义有牵连。意识形态，由于其包罗万象的解释功能，为不确定性提供了极其舒适的缓冲；不确定该想什么，该做什么，一个人是谁，以及最终存在的本质（Hogg, 2012, 2014; Hogg, Kruglanski & Van den Bos, 2013; Martin & Van den Bos, 2014; Solomon, Greenberg, Pyszczynski, &

意识形态

一套系统相关的信念，其主要功能在于解释。它会限制思维，使持有者难以摆脱它的模式。

Pryzbylinski, 1995; Van den Bos, 2009）。人们会不遗余力地保护和推广他们的意识形态，以及定义这种意识形态的群体。宗教意识形态之所以如此强大和持久，以及宗教极端主义之所以出现，恰恰是因为有组织的宗教是可以减少不确定性的群体，它们拥有复杂的意识形态，以定义自我和认同，并规范生活中的世俗部分和存在方面（Hogg, Adelman, & Blagg, 2010）。

根据**恐惧管理理论**（terror management theory）（如 Greenberg, Solomon, & Pyszczynski,1997; Pyszczynski, Greenberg, & Solomon, 1999; Solomon, Greenberg, & Pyszczynski, 1991），人们可能会为了缓冲自己在死亡时遭遇的麻痹性恐惧而认同一种意识形态，并捍卫自己的世界观。许多研究表明，凸显死亡会导致对世界观的防御。然而，批评者担心这个理论太过宽泛而无法证伪（Martin & Van den Bos, 2014），并且低估了对来世的不确定性所扮演的角色（Hohman & Hogg, 2011, 2015）。

（三）社会表征

社会表征（social representations，已在第 3 章充分讨论过）在与态度的关系方面和意识形态有些相似。塞尔日·莫斯科维奇（Serge Moscovici, 1961）基于法国社会学家埃米尔·涂尔干关于"集体表征"的早期著作首先提出了这一概念。社会表征指的是人们通过社会互动来阐述对世界的简化且共享的理解的方式（Deaux & Philogene, 2001; Farr & Moscovici, 1984; Lorenzi-Cioldi & Clémence, 2001; Moscovici, 1981, 1988, 2000; Purkhardt, 1995）。

莫斯科维奇认为，人们的态度和信念由他人的信念和言论所塑造，并与所在社区的其他成员共享：

> 我们对事件的反应，我们对刺激的反应，都与被给予的定义相关，且在我们所属社区的所有成员身上都是相同的。（Moscovici, 1983, p. 5）

因此，特殊态度由更广泛的表征结构所构成并嵌入其中，而这些结构又植根于社会群体。从这个意义上说，态度往往反映了人们所生活的社会或群体。

这种态度观反映了一个对社会行为更广泛的"自上而下"的视角，这一直是欧洲社会心理学的一个特点（见第 1 章）。这促使美国社会心理学家威廉·麦奎尔（William McGuire, 1986）指出，"这两种运动的作用互补的"，因为欧洲的集体表征概念强调群体成员有多相似，而美国的个体主义传统则强调差异（另见 Tajfel, 1972）。

社会表征可能会影响对"嵌套"其中的态度的评价语气。如果对总体表征的评价语气发生变化，对嵌套态度的评价语气也会发生变化，反之亦然（Moliner & Tafani, 1997）。社会表征也体现影响内在态度的因果信念。例如，考虑一项对穆斯林和基督教徒如何表征始于 2003 年的第二次伊拉克战争的研究，该研究聚焦于每个群体用以解释冲突的因果网络（Rafiq, Jobanuptra, & Muncer, 2006）。穆斯林和基督教徒一致认为，种族歧视、宗教偏见和中东冲突历史之间存在因果关系（有时是双向的）；然而，相比穆斯林，基督教徒更有可能相信这场战争与在伊拉克搜捕恐怖组织有关——这是当时的美国总统乔治·沃克·布什一再强调的一个原因。

恐惧管理理论
认为人类最基本的动机是减少对死亡必然性的恐惧。在有效的恐惧管理中，自尊可能是核心因素。

社会表征
把不熟悉的、复杂的现象转化为熟悉的、简单的形式，并对其进行集体详尽的解释。

五、态度测量

（一）态度量表

我们应该如何测量态度，外显式还是内隐式呢？有些形式的态度测量是完全外显的：人们

期望－价值模型

对态度对象的直接经验会告诉人们该对象在未来被喜欢或不喜欢的程度。

语义细分法

一种在由两极（相反）的形容词组成的量表上进行评级的态度测量方法。（也是一种测量单词或概念内涵的技术。）

瑟斯顿量表

一份包括 22 个项目的 11 点量表，每一点包括 2 个项目。每一个项目包括从非常不赞同到非常赞同的取值。受访者选择他们同意的项目，用这些项目的平均量表值作为其态度。

李克特量表

测量人们对关于某一态度对象的赞同或不赞同陈述的同意／不同意程度的量表。首先需要测试许多项目，在项目分析之后，只保留那些相互关联的项目。

只是被询问同意或不同意各种各样有关他们的信念的陈述。尤其是在 20 世纪 30 年代态度研究的早期，外显测量被认为可以了解人们真正的信念和观点。美国媒体利用民意测验（特别是盖洛普民意测验）来预测选举结果，并发现了选举候选人的想法和他们可能采取的行动。这导致态度问卷的疯狂发展。瑟斯顿、李克特、哥特曼和奥斯古德开发了几种在当时技术上较为复杂的量表，这些量表在专栏 5.5 中进行了简要描述。

一个关键的挑战在于，如何超越简单地对不同项目的分数进行加总的量表，设计出拥有单个项目与特定行为之间最佳匹配的量表。费什拜因和艾奇森（Fishbein & Ajzen, 1974）通过测量态度的评价成分和信念成分来应对这一挑战。他们提出了**期望－价值模型**（expectancy-value model），在这个模型中，每一个隐藏在态度背后的信念都是通过它与态度对象之间的关系强度来加权的。这个模型的主要元素在本章的前面已有介绍（另见表 5.1）。虽然尚存批评（见 Eagly & Chaiken, 1993），但这一技术已经在各个方面取得了预测上的成功，包括市场营销和消费者研究（Assael, 1981）、政治（Bowman & Fishbein, 1978）、计划生育（Vinokur-Kaplan, 1978）、课堂出勤（Fredericks & Dossett, 1983）、安全带使用（Budd, North, & Spencer, 1984）、HIV 感染预防（Terry, Gallois, & McCamish, 1993），以及母亲的喂养方式（Manstead, Proffitt, & Smart, 1983）。

（二）当今态度量表的使用

李克特量表和**语义细分法**（semantic differential）的组合，已被成功地用于测量相当复杂的评价。例如，可以要求选民使用语义细分量表来评价各种问题。然后使用李克特量表，询问他们对每位候选人在特定问题上的立场的看法。结合这两种方法，我们可以预测他们会给谁投票（Ajzen & Fishbein, 1980）。

 专栏 5.5　　**经典研究**

态度量表

四种早期态度量表的开发激发了大量关于人们对社会和政治问题的态度的研究。

瑟斯顿量表

瑟斯顿（Thurstone, 1928）发表他的里程碑式论文《态度可以被测量》时，他的方法是基于实验心理学中的心理物理量表法。在一项关于宗教态度的研究中，他收集了 100 多个从极端支持到极端反对的观点，对其进行统计分析，并精炼为一份量表（Thurstone & Chave, 1929）。然后，参与者将这些陈述按照赞同－不赞同连续性分为 11 个类别。他们的回答被用来选择最终的 22 个项目，11 个类别中的每一个都有 2 个项目，采用评委间最一致的选项。该量表可以用来测量其他人对这个问题的态度。在**瑟斯顿量表**（Thurstone scale）中，一个人的态度得分是通过对所支持项目的量表值进行平均计算得出的。

李克特量表

瑟斯顿量表的构建是冗长乏味的，所以李克特（Likert, 1932）开发了一种技术，可以相对轻松地获得相当可靠的态度，即所谓的**李克特量表**（Likert scale）。受访者使用 5 点量表来表示他们对一系列陈述的同意程度或不同意程度。分数被标签为"非常同意""同意""不确定""不同意""非常不同意"，取值为从 5 到 1。

一个人的得分是所有陈述得分的加总，这个总分被用作一个人态度的指数。通常情况下，对每一个问题的回答与总分的相关度并不相同。那些相关性差的项目被认为是不可靠的，并且会被删除。任何模棱两可的项目——不能区分持不同态度的人——都会被删除。剩下的部分构成最后的量表，对这些回答进行汇总，就可以测量一个人的态度。

在可能的情况下，项目的选择会使得其中一半的"同意"代表一种积极的态度，另一半则代表一种消极的态度。后者的得分在项目分数相加时是反向的（即 5 变成 1，4 变成 2，等等）。这个程序控制了**默许心向**（acquiescent response set），这种偏差可能会影响各种心理测量（如人格）量表。

哥特曼量表

瑟斯顿量表和李克特量表的分数并没有唯一的意义，因为两个人可以得到相同的分数（平均或总和），但是同意的却是截然不同的项目。哥特曼（Guttman, 1944）尝试了一种不同的方法——通过一系列从最小极端到最大极端的连续排列的陈述来测量单一的、单向度的特质。这一量表具有**单向度**（unidimensionality）。这些陈述不同于那些易被赞同的说法，也不同于那些很少有人赞同的说法。**哥特曼量表**（Guttman scale）的项目是累加的：接受一个项目意味着接受所有其他不那么极端的项目。然后，我们就可以通过了解一个人会接受的最极端的项目来预测他对不那么极端的陈述的反应。

思考以下与族际社会接触有关的项目：我可以接受移民族群 X 的成员（1）进入我的国家，（2）进入我的社区，（3）进入我的房子。同意（3）表示同意（1）和（2），同意（2）意味着同意（1），但不一定同意（3）。在实践中，很难制定一个完美的单向度量表，这表明人们的反应是多维的，而不是单维的。

奥斯古德的语义细分法

奥斯古德（Osgood, Suci, & Tannenbaum, 1957）通过关注人们给予一个词或概念的隐含意义来避免使用意见陈述。对词语内涵的研究表明，评价——词语所隐含的好与坏是一个重要的潜在维度。"朋友"这个词往往被认为是好的，而"敌人"这个词被认为是坏的。根据奥斯古德的说法，这个评价维度与我们对态度的定义相对应。因此，我们也许可以通过让人们在一系列评价性语义量表上评价一个特定的概念来测量态度。"核能"这一概念可以通过几个评价（如好 / 坏、美好 / 讨厌、愉快 / 不愉快、公平 / 不公平、有价值 / 无价值）量表（7 点）来测量。态度得分在使用的各个量表中取平均值。奥斯古德量表不需要态度相关问题，量表使用的语义越多，其信度就越高。缺点在于这种测量可能过于简单：它处理的是概念的评价意义，而不是意见，而意见恰恰是其他经典量表的核心。

李克特量表对于许多现代问卷也有显著的贡献，这些问卷以被测态度可能有许多潜在的维度为前提。强大的计算机程序的可用性意味着研究人员有可能从多种多样的统计方法（如因子分析）中选择分析问卷数据的底层结构。李克特用一种相当简单的方法检验单维性，即计算项目 - 总分相关。相比之下，因子分析则是从构成问卷量表的所有项目之间的相关矩阵开始，然后估计是否需要一个或多个一般因素（或维度），以解释受访者对问卷的反应模式的差异。例如，你对你的国家拥有核武器的态度可能取决于你对战争、核污染以及与他国关系的反应。每一态度都可能在不同的维度上被测量，因此问卷可能包含几个子量表（见 Oppenheim, 1992）。

有时，因子分析揭示了一组项目背后的子结构，这些子结构可能既有趣又微妙。格利克和菲斯克（Glick & Fiske, 1996）在编制"对女性的性别歧视"量表的过程中，发现了两个子量表——"敌意性别歧视"和"善意性别歧视"存在的证据，并指出了参与者隐藏的矛盾心理（见第 10 章）。

一份可靠的态度问卷的开发依赖于一整套方法论上的注意事项——例如，即使是像项目顺序这样简单的问题也会影响回答。（关于问卷构建的内容见 Crano & Brewer, 2015; Oppenheim, 1992; Schwarz, 1996; Schwarz & Strack, 1991。）

默许心向

一种同意态度问卷中项目的倾向。如果只有同意态度问卷中的全部或大部分项目才能获得高分，这就会导致解释上的歧义。

单向度

哥特曼量表由单一的维度（由低到高）组成。它也是累积的；也就是说，与得分最高的项目一致意味着与所有得分较低的项目一致。

哥特曼量表

一种把赞同陈述和不赞同陈述都进行分层排列的量表。赞同强的陈述意味着赞同弱的陈述，不同意弱的陈述意味着不同意强的陈述。

（三）生理测量

态度，特别是那些有很强的评价或情感成分的态度，也可以通过生理指标间接测量，包括皮肤电阻（Rankin & Campbell, 1955）、心率（Westie & DeFleur, 1959）和瞳孔扩张（Hess, 1965）等。当一个人靠近你的时候，你的心跳是否会加快？如果是这样，我们可以推测你的态度有些强烈！

生理指标测量与自我报告测量相比，有一个很大的优势：人们可能没有意识到他们的态度正在被评估，即使他们意识到了，他们也可能无法控制自己的反应。这就是为什么有时会在刑事调查中使用多导生理记录仪或测谎仪。态度的另一种生理指标是血液或唾液中的皮质醇水平（Blascovich & Tomaka, 1996；见第2章对情感和情绪的讨论）。例如，当人们的身份受到威胁时（Townsend, Major, Gangi, & Mendes, 2011），以及在跨种族的冲突中人们可能担心表现出偏见时（Trawalter, Adam, Chase-Lansdale, & Richeson, 2012），皮质醇就可被用作压力水平的指标。

然而，生理指标测量也有缺点，因为它们中的大多数对态度以外的变量敏感（Cacioppo & Petty, 1981；另见 Blascovich & Mendes, 2010; Blascovich & Seery, 2007）。例如，皮肤电阻会在出现新奇或不协调的刺激时发生变化，而这些刺激可能与所讨论的态度无关。同样，心率对任务要求也很敏感——问题解决任务会提高心率，而警觉性任务（比如观看VDU屏幕）通常会降低心率。此外，这些指标提供的信息有限：它们只能指示感受的强度，而不能指示方向；两个对于一个问题有着同样强烈，但方向完全相反的情绪的人是无法被区分开来的。

面部表情是区分积极和消极态度的一个方法。基于达尔文的观点，不同的面部表情可以传达不同的情绪（见第15章），卡乔波及其同事（Cacioppo & Petty, 1979; Cacioppo & Tassinary, 1990）将面部肌肉运动与潜在的态度联系起来。他们推断，赞同自己所听演讲的人的面部动作与不赞同的人的面部动作不同。为了验证这一点，他们在持保守或自由立场（对大学生饮酒或住院部探访时间的规定更严格或更宽松）的演讲开始之前和进行时，对特定的面部肌肉运动（与微笑或皱眉有关）进行了记录。在演讲开始之前，不同的肌肉运动模式与同意和不同意有关。当人们真正去听演讲时，这些差异变得更加明显。因此，面部肌肉运动是区分对某一话题持积极态度的人和持消极态度的人的有效方法。

如果态度作为一种内部状态，可以通过心率和面部表情等外部生理指标推断出来，那么为什么不更进一步，测量大脑中的电活动呢？这个观点是**社会神经科学**（social neuroscience）的基础（如 Harmon-Jones & Winkielman, 2007; Lieberman, 2010; Ochsner, 2007; Todorov, Fiske, & Prentice, 2011；见第2章），在态度测量的背景下，脑电活动的强度和形式以及它在大脑中发生的位置应该可以指示态度为何。

例如，莱文（Levin, 2000）通过测量事件相关电位（ERPs）来研究种族态度。一个ERP波形包括几个部分，每一部分表示不同类型的处理。在莱文的研究中，白人被试观察一系列白人和黑人的面孔，一个ERP成分表明，白人的面孔得到了更多的关注——这表明被试更深入地处理种族内群体，而更肤浅地处理种族外群体。这与其他实验证据一致，即人们倾向于在知觉上区分内群体成员而不是外群体成员——这被称为**相对同质性效应**（relative homogeneity effect；见第11章）。此外，外显态度测量显示，偏见更多的被试表现出更多的内群体评价（Ito, Thompson, & Cacioppo, 2004）。

社会神经科学
对与社会认知、社会心理过程和现象相关的大脑活动的研究。

相对同质性效应
一种认为外群体成员都是一样的，而内群体成员则更具有差异性的倾向。

（四）外显行为测量

我们还可以通过记录人们的行为来测量和推断人们的态度。有时候，人们真正做的和说的并不一致。例如，人们口头报告的行为（如吸烟、卡路里消耗和口腔卫生习惯），可能与他们实际的身体状况不太相符。然而，如果我们不从表面上看说了什么，而是考虑整个情境（说的是什么，如何说的，伴随的非言语线索，以及上下文的所有情况），我们就可以更好地从人们说了什么来推测行为（见第 15 章）。

无干扰测量

对垃圾箱中的空啤酒瓶和威士忌酒瓶进行计数，是你所在社区对酒精的态度的**无干扰测量**（unobtrusive measures）的例子，而药剂师的记录则能展示哪些医生开了新药。身体痕迹和档案记录可以为人们的态度提供证据（Webb, Campbell, Schwartz, & Sechrest, 1969）。在博物馆里，陈列柜上鼻子或手指所印的痕迹数量可能会显示出这个展览有多受欢迎，而痕迹的高度可能会显示出参观者的年龄！公共记录和档案信息可以提供关于过去和现在社群态度的证据——例如，权威主义的消长和偏见的变化（Simonton, 2003）。

性别角色态度的改变可能会在儿童读物中的男性和女性角色上有所反映。当电视出现后，图书馆对小说类书籍的回收量减少了，而纪实文学则没有——表明了电视对人们行为的一种影响。如果一本书或一部戏剧得到好评，它会更受欢迎吗？下载统计数据还可以显示观看偏好的趋势。在一个我们的每一次选择都被基于网络的跟踪系统监控的世界里，这类数据越来越容易获得，这些系统甚至可以根据我们过去的行为向我们推送广告。

非言语行为（见第 15 章）也可以作为一种对态度进行无干扰测量的方法。比如，相互喜欢的人往往会坐得更近——所以物理距离可以作为"社会距离"和亲密容忍度的一个指数（Bogardus, 1925）。在候诊室里，与其他特定群体的成员坐得很远的陌生人，可能表明了群际反感，或者他们只是对如何与特定的外群体互动感到焦虑（Stephan & Stephan, 2000）。人际距离也可以用于测量恐惧。在一项研究中（Webb, Campbell, Schwartz, & Sechrest, 1969），成年人给围坐成一圈的孩子讲鬼故事，孩子们的圈子随着一个接一个的恐怖故事变得越来越小！

然而，总的来说，无干扰测量结果可能不如自我报告的态度可靠。它们的价值在于其局限性不同于标准测量。想要对有效结果更有信心的研究人员会同时使用两种方式，然后将数据关联起来。

在本节中，我们讨论了无干扰测量。有没有可能有一种干扰测量会起作用？一个例子就是**虚假情报法**（bogus pipeline technique; Jones & Sigall, 1971），它被设计用来说服参与者不能隐藏自己的真实态度。参与者被连接到一台据说是测谎仪的机器上，他们被告知，这台机器可以测量情绪反应的强度和方向，从而揭示他们的真实态度，并暗示说谎没有任何意义。参与者通常会发现这种欺骗是可信的，并且不太可能去掩盖社会上不能接受的态度，比如种族偏见（Allen, 1975; Quigley-Fernandez & Tedeschi, 1978），以及社会上不受欢迎的或潜在的尴尬行为，比如过量饮酒、吸食可卡因和频繁口交（Tourangeau, Smith, & Rasinski, 1997）。所以，在下次大学开放日试用心理设备时要小心！在一项关于白人对非裔美国人的态度的研究中，尼尔（Nier, 2005）使用虚假情报法来比较内隐（见下一小节）和外显态度测量。他报告了两种测量方法的相似结果。这表明，在种族问题上做出社会认可的回应，而不是透露个人"真实"（可能是负面的）态度的倾向降低了。

无干扰测量
一种既不干扰正在研究的过程，也不引起人们行为不自然的观察方法。

虚假情报法
一种测量技术，使人们相信"测谎仪"正在监测他们的情绪反应，从而测得他们的真实态度。

（五）内隐态度测量

本小节及相关文献使用了两个术语："内隐的"和"无干扰的"。尽管这两种方法都可用来测量态度，但约翰·基尔斯特罗姆（John Kihlstrom, 2004）在概念上做出了区分。基尔斯特罗姆认为，尽管无干扰的方法对接下来的讨论没有太大影响，但它评估的是人们意识到但可能不愿透露的态度，而内隐的方法评估的是人们实际上没有意识到的态度。

社会心理学家已经试验了各种内隐（或无干扰）测量，以规避人们隐藏他们潜在态度，即以社会期待的方式回应的倾向（Crosby, Bromley, & Saxe, 1980; Devine, 1989; Gregg, Seibt, & Banaji, 2006）。以下我们将讨论三种方法：语言使用偏差检测、态度启动和内隐联想测验（IAT）。

1. 语言使用偏差检测

安妮·马斯（Anne Maass）及其同事（Franco & Maass, 1996; Maas, 1999; Maass, Salvi, Arcuri, & Semin, 1989）发现，在语言的使用方式中存在积极的内群体偏差和消极的外群体偏差。人们更倾向于用抽象的而不是具体的术语来谈论外群体不受欢迎的特点，反之亦然。因此，抽象语言与具体语言使用的比率，与受欢迎的和不受欢迎的特征有关，可以作为衡量对特定群体的基本态度的指标。其他的技术包括对话语进行详细分析，以揭示隐藏的态度（Van Dijk, 1987, 1993；见第15章），以及非言语沟通（Burgoon, Buller, & Woodall, 1989；见第15章）。（请思考本章开头"你怎么认为？"中的第三个问题。）

2. 态度启动

法齐奥及其同事（Fazio, Jackson, Dunton, & Williams, 1995）使用**启动**（priming）法来探索当潜在态度与"正确"反应一致时，我们如何更快地做出判断。在观看一组黑人和白人的照片时，"被试通过按键来判断一张特定照片呈现后很快出现的一个形容词（来自一系列积极和消极的形容词）是'好的'还是'坏的'"。当一个积极形容词跟在一个黑人的照片后面时，白人被试对它的反应比较慢，而当一个积极形容词跟在一个白人的照片后面时，黑人被试对它的反应比较慢。

川上、杨和多维迪奥（Kawakami, Young, & Dovidio, 2002）使用相似的原理来探索，当一个社会类别被激活时，刻板印象判断是如何随之而来的。学生被试分为启动组和控制组（非启动组）。包括两个阶段：

- 启动"老年人"这一类别。研究人员在电脑屏幕上以随机的顺序向被启动的小组展示两组照片，分别是老年人和大学生，每次一张，时间为250ms。每张照片后面紧随单词年老吗？（old？），参与者通过按键回答是/不是。
- 激活刻板印象。研究人员向两组被试展示一组由单词（字母颠倒的）和非单词组成的字符串，并要求他们回答字符串"是"或"不是"真实的单词。真实的单词既包括表示年龄刻板印象的（如严肃的、怀疑的、年长的、养老金领取者），也包括不表示年龄刻板印象的（如务实的、嫉妒的、教师、花商）。

启动

记忆中可及的类别或图式的激活，会影响人们处理信息的方式。

反应时（反应所花费的时间）上有两个显著的效应，如图5.8所示。首先，启动组的反应时比控制组要长。老年人的概念很可能激活了人们记忆中的行为表征，这些人在心理和生理上都比年轻人慢。参与者在做出反应时无意中放慢了速度。其次，启动组（而不是控制组）对与年龄有关的词语的反应更快。

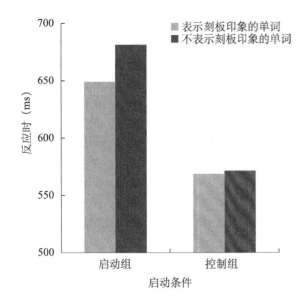

图 5.8 启动"老年人"这一类别会激活刻板印象

- "老年人"这一类别是通过让被试选择照片中的人是不是年老的来启动的。
- 然后,启动组被试判断字符串是真词还是假词。真词中有一半表示年龄刻板印象。

来源: Kawakami, Young, & Dovidio, 2002.

3. 内隐联想测验

与态度启动类似,托尼·格林沃尔德及其同事(Greenwald, Banaji, Rudman, Farnham, Nosek, & Mellott, 2002; Greenwald, McGhee, & Schwartz, 1998; 另见 Kihlstrom, 2004)使用计算机显示器并结合键盘上的反应,开发了**内隐联想测验**(implicit association test, IAT)。例如,通过比较日裔美国人和韩裔美国人的反应时,他们希望揭示潜在的负面的族际态度。当一个日本名字和一个好的词搭配在一起时,日本人的反应会更快,而当一个韩国人的名字和一个好的词搭配在一起时,韩国人的反应也会更快。(请回顾本章开头"你怎么认为?"中的第四个问题。)赫雷克和麦克莱莫尔(Herek & McLemore, 2013)对使用 IAT 测量对性少数群体的偏见做了最新的回顾。IAT 作为一种测量社会上不受欢迎的潜在态度的可靠方法已经变得非常流行。然而,多年来,人们对其有效性提出了各种担忧,详见专栏 5.6。

> **内隐联想测验**
> 一种测量态度的反应时测验,尤其可测量人们拟掩盖的、不受大众欢迎的态度。

专栏 5.6　　重点研究

内隐联想测验

社会心理学家发明了一种巧妙的方法——内隐联想测验(IAT)来解决在人们可能想要隐藏真实想法的情况下测量潜在态度的问题(Greenwald, McGhee, & Schwartz, 1998)。

态度是一种联想性的心理网络,如果存在一种态度,联想会比不存在这种态度时更强;基于这一假设,人们会"更快地把有关联的概念联系起来,而不是没有关联的概念"。因此,如果你不喜欢房地产开发商,那么相比于那些对开发商没有负面态度的人,你会更快地对"讨厌"这个词做出肯定的回答,对"好"这个词做出否定的回答。IAT 要求

被试按下键盘上的不同键或按钮来匹配概念(例如阿尔及利亚人、懒惰的)。实际情况是,当一种态度存在时,相关概念共享一个反应键使得人们的反应快得多。

近年来,IAT 作为一种间接测量偏见的方法,在美国等西方社会非常流行(见第 10 章)。支持者认为,IAT 内部是一致的,并且在一定程度上与偏见和内隐态度的其他测量方法相关(Cunningham, Preacher, & Banaji, 2001; Greenwald, Banaji, Rudman, Farnham, Nosek, & Mellott, 2002)。然而,IAT 也遭到了一些批评。根据对社会认知研究中的

内隐测量的回顾，法齐奥和奥尔森（Fazio & Olson, 2003）指出，很多与 IAT 有关的数据是基于"已知群体"（know-groups）——他们以一种预期的方式进行区分，即赞同他们的内群体优先于某一特定外群体，如日裔美国人与韩裔美国人，或犹太教徒与基督教徒。法齐奥和奥尔森希望有更有力的证据来证明 IAT 具有预测效度（即 IAT 的结果能否预测实际行为）。为此，费德勒、梅斯纳和布鲁姆克（Fiedler, Messner, & Bluemke, 2006）增加了对 IAT 方法论的关注。

格林沃尔德及其同事对 122 项比较自我报告和 IAT 的预测效度的研究进行了元分析（Greenwald, Poehlmann, Uhlmann, & Banaji, 2009）。他们推测，研究在社会敏感性方面会有所不同，那些高度敏感的研究很可能受制于**印象管理**（impression management）。他们的结论是：所评估的态度领域在社会敏感性方面有很大差异，从高（例如对非裔美国人的态度）到低（例如对酸奶的态度）；在同一社会敏感领域内，IAT 的预测效度明显优于自我报告测量。

对此，弗雷德里克·奥斯瓦德（Frederick Oswald）及其同事对群际偏见研究进行了大规模的元分析（Oswald, Mitchell, Blanton, Jaccard, & Tetlock, 2013），提出了对 IAT 预测效度的进一步担忧。他们报告说，IAT 和群际偏见的外显测量（特别是外显的种族偏见和民族偏见）之间的相关性很低。他们认为，IAT 作为一种现在被广泛研究的态度间接测量方法，应该更好地预测不同种族和民族之间的行为。

然而，归根结底，虽然有一些局限性，但 IAT 仍然是一个有用的研究工具。

（六）结语

态度通常被视为有三个组成部分：认知、情感和行为。传统的问卷研究使用信念项目来测量对一个态度对象的情感（喜欢或不喜欢）程度。一份经过充分研究的问卷通常基于涉及统计分析的定量量表。早期的问卷数据通常无法与真实的行为结果（如选举结果）对应。最近，有一种转向使用内隐测量法的趋势，目的是揭示人们可能试图隐藏的东西，并了解态度的结构和功能。态度的内隐测量可能会产生一致有效和可靠的结果。但是，如果我们让格林沃尔德及其同事对 IAT 有最后的发言权，那么当一个态度主题是社会敏感问题时，这个目前最流行的内隐测量是显而易见的赢家。

还要注意，一种态度未被检测到并不一定意味着它不存在；我们选择的测量它的方式可能会限制我们挖掘它的能力。此外，一种态度可能会在一段时间后"重新出现"。考虑一下近年来一些国家的数据公开显示的反移民和种族歧视态度。在种族问题上，这是过去所流行的一种态度的重新出现，还是被致力于社会平等的自由规范所"压制"的普遍态度的一种公开表达呢？第 10 章将会讨论其中的一些问题。

■ 小结

- 多年来，态度一直是社会心理学家的主要兴趣所在，被认为是社会心理学中最重要的概念。
- 态度结构理论认为，态度是对有社会意义的对象（包括人和问题）的持久的一般性评价。有人强调，态度是对社会对象的信念和行为倾向的相对持久的组织。
  - 态度结构研究大多是从认知的角度进行的。平衡理论和认知失调理论（见第 6 章）表明，人们努力在他们的态度和信念上保持内在一致。
  - 态度和行为之间的联系一直是争议的来源。态度测量的预测能力明显较差，导致人们对态度本身的概念失去信心。费什拜因认为，态度确实可以预测行为。但是，如果预测的是一个具体的行为，态度的测量也必须是具体的。

印象管理
人们使用各种各样的策略来使别人从积极的角度看待他们。

- 理性行为和计划行为相关理论强调将具体行为与实施该行为的意图测量联系起来的必要性。影响预测行为的其他变量包括来自他人的规范和个人对行为的控制程度。

- 强烈的态度与态度对象有很强的评价性关联。它在记忆中更容易被激活以执行相关行为。一种高度可及的态度可能需要付出代价；高可及性会导致对态度对象的变化不敏感。

- 高度可及的态度更有可能被付诸行动。

- 通过考虑调节变量（情境和人格因素），态度对行为的预测力可以得到部分提高。

- 态度是习得的。它们可以通过直接经验、条件作用、观察学习，以及从行为中推断（自我知觉）而形成。

- 父母和大众媒体是孩子态度学习的有力来源——而同龄人和互联网也迅速变得重要起来。

- 价值观是一种高阶概念，在态度方面起着引导和组织作用。意识形态和社会表征是其他相关概念。

- 态度测量非常重要但又存在困难。20 世纪 30 年代的传统态度量表现在已经不常用了。虽然许多现代测量的回答格式仍然以旧的李克特量表为基础，但数据是通过复杂的统计程序进行分析的。

- 各种生理和行为指标，包括外显的和内隐的，都被用于测量态度。内隐联想测验（IAT）非常流行，尤其是在需要对社会敏感话题进行更有效的测量时。脑成像技术也被用于记录与内隐态度相关的神经过程。

■ 关键词

Acquiescent response set 默许心向
Attitude 态度
Attitude formation 态度形成
Automatic activation 自动激活
Balance theory 平衡理论
Bogus pipeline technique 虚假情报法
Cognition 认知
Cognitive algebra 认知代数
Cognitive consistency theories 认知一致性理论
Evaluative conditioning 评价性条件作用
Expectancy-value model 期望 - 价值模型
Guttman scale 哥特曼量表
Ideology 意识形态
Implicit association test 内隐联想测验
Impression management 印象管理
Information integration theory 信息集成理论
Information processing 信息处理
Likert scale 李克特量表
Mere exposure effect 纯粹曝光效应
Meta-analysis 元分析
Modelling 模仿
Moderator variable 调节变量
Multiple-act criterion 多重行为标准

One-component attitude mode 单因素态度模型
Priming 启动
Protection motivation theory 保护动机理论
Relative homogeneity effect 相对同质性效应
Schema 图式
Self-efficacy 自我效能感
Self-perception theory 自我知觉理论
Semantic differential 语义细分法
Social neuroscience 社会神经科学
Social representations 社会表征
Sociocognitive model 社会认知模型
Spreading attitude effect 态度扩散效应
Stereotype 刻板印象
Terror management theory 恐惧管理理论
Theory of planned behaviour 计划行为理论
Theory of reasoned action 理性行为理论
Three-component attitude model 三因素态度模型
Thurstone scale 瑟斯顿量表
Two-component attitude model 双因素态度模型
Unidimensionality 单向度
Unobtrusive measures 无干扰测量
Values 价值观

文学和影视

《办公室笑云》

这部 BBC 电视剧于 2001 年首次播出。故事发生在一个英国郊区的办公环境中，剧中戴维·布伦特（David Brent，由瑞奇·热维斯饰演）和加雷思·基南（Gareth Keenan，由麦肯锡·克鲁克饰演）对传统和现代抱有偏见，他们的滑稽动作让人非常尴尬，也很好地表现了偏见性态度是如何在行为中显露出来的。由史蒂夫·卡瑞尔主演的美国改编版于 2005 年首播，共播出了 9 季 2 101 集，它在过去和现在都非常受欢迎。

《杀死一只知更鸟》

哈珀·李所著的一部小说，获得了 1961 年普利策奖。这部小说以 20 世纪 30 年代的美国南部为背景，通过一个 10 岁孩子斯科特（Scout）的视角（对天真的侵蚀），探讨了种族不平等、偏见性态度。斯科特的父亲阿蒂克斯·芬奇（Atticus Finch）是一位道德英雄，他在与种族偏见的斗争中表现出同情、正直和宽容等人类最高价值观。这部感人的小说不仅与本章的态度有关，也与第 10 章深入探讨的偏见有关。

《傲慢与偏见》

简·奥斯汀于 1813 年创作的一部经典小说，描写了当时乡村社会中上流阶层的生活与爱情，主角是伊丽莎白（Elizabeth）和达西（Darcy）。这个社会的主要特征之一是，由于存在着强大的规范压力，人们被禁止表达自己真实的态度，因此可能会产生误解。1995 年由 BBC 改编的 6 集迷你剧堪称经典——科林·费尔斯饰演的穿湿衬衫的达西先生成为英国电视中难忘的一幕。

请你思考

1. 我们所做的并不总是遵循我们所想的，为什么呢？

2. 什么是计划行为理论？如何利用它来提高态度测量的预测能力？请列举一个研究实例。

3. 讨论并阐述态度可及性和态度强度的含义。

4. 态度是如何习得的？

5. 请概述态度、价值观和意识形态之间的关系，并分别举出一个例子。

延伸阅读

Banaj, M. R., & Heiphetz, L. (2010). Attitudes. In S. T. Fiske, D. T. Gilbert, & G. Lindzey (Eds.), *Handbook of social psychology* (5th ed., Vol. 1, pp. 353–393). New York: Wiley. 对态度研究最新、全面和翔实的探讨。

Eagly, A. H., & Chaiken, S. (2005). Attitude research in the 21st century: The current state of knowledge. In D. Albarracin, B. T. Johnson, & M. P. Zanna (Eds.), *The handbook of attitudes* (pp. 742–767). Mahwah, NJ: Eribaum. 来自两位顶尖的态度研究者的另一篇精彩综述。

Fazio, R. H., & Olson, M. A. (2007). Attitudes: Foundations, functions, and consequences. In M. A. Hogg & J. Cooper (Eds.), *The SAGE handbook of social psychology: Concise student edition* (pp. 123–145). London: SAGE. 一篇可读性很强却又翔实的态度理论和研究概述。

Gawronski, B., & Strack, F. (Eds.) (2012). *Cognitive consistency: A fundamental principle in social cognition.* New York: Guilford Press. 一部由顶尖社会心理学家撰写的有关认知一致性各方面的最新的 21 章合集。

Kihlstrom, J. F. (2004). Implicit methods in social psychology. In C. Sansone, C. C. Morf, & A. T. Panter (Eds.), *The SAGE handbook of methods in social psychology* (pp. 195–212). Thousand Oaks, CA: SAGE. 回顾了各种测量无意识（即内隐）态度、信念和其他心理状态的方法。

Maio, G. R. & Haddock, G. (2010). *The psychology of attitudes and attitude change.* London: SAGE. 一部由两位顶尖的态度研究者撰写的致力于态度科学的中高水平著作。

Oppenheim, A. N. (1992). *Questionnaire design, interviewing and attitude measurement* (2nd ed.). London: Pinter. 一份图文并茂、内容全面的指南，附有简单易懂的示例。

Robinson, J. P., Shaver, P. R., & Wrightsman, L. S. (Eds.) (1991). *Measures of personality and social psychological attitudes.* New York: Academic Press. 一份可用于社会心理学和人格研究的量表原始资料。

Schwarz, N. (1996). Survey research: Collecting data by asking questions. In G. R. Semin, & K. Fiedler (Eds.), *Applied social psychology* (pp. 65-90). London: SAGE. 一份简要但带有具体实例的问卷设计鸟瞰图。

Terry, D. J., & Hogg, M. A. (Eds.) (2000). *Attitudes, behavior, and social context: The role of norms and group membership*. Mahwah, NJ: Erlbaum. 一部从群体规范、群体身份和社会认同的视角探讨态度和态度现象的章节合集。

第 6 章

劝服与态度改变

章节目录

一、态度、论据和行为
二、劝服传播
　（一）传播者
　（二）信息
　（三）受众
三、劝服的双过程模型
　（一）详尽 – 可能性模型
　（二）启发式 – 系统式模型
四、顺从
　（一）提高顺从性的策略
　（二）行动研究

五、认知失调和态度改变
　（一）心血辩护
　（二）诱导性顺从
　（三）自由选择
　（四）自我的角色
　（五）替代性失调
　（六）对失调的不同看法
　（七）认知失调的新视角
六、劝服阻力
　（一）抗拒
　（二）预警
　（三）预防接种
　（四）态度可及性和强度

你怎么认为？

1. 你希望出售自己的爱车，有人向你提供了一个你认为合适的价格，但在查看自己的银行存款余额后，这些可能的买家将价格压低了 15% 并声称这是他们所能负担的全部。你认为这种策略能够行得通吗？
2. 你刚刚参军，与其他学员一起听了一个身负战时生存技巧的军官的精彩演讲。而在此之余，他要求你吃下一些油炸蚱蜢，并说："尝试代入真实情景！要知道你可能有一天不得不这样来保命！"不管你的第一反应如何，你选择顺从并吃了它们。相较于冰冷疏离的表述而言，如果这位军官表述的方式是温暖友善的，你是不是有可能会更喜欢这份佳肴？

一、态度、论据和行为

从前文中（见第5章）我们可以看到，尽管态度和行为之间的关系一般是微弱的，但在正确的环境下，是可以透过人们的态度预测人们会说什么以及做什么的。所以，如果你想要影响人们的行为，可以尝试先去影响他们的态度。当然，这一信念在政治宣传和商业广告的核心中也有体现，这二者力求通过改变人们的态度，劝服他们支持候选人并为之投票，或是购买商品。

在这一章中，我们会探讨态度改变的认知动力，以及个体如何能改变其他个体的态度。我们也会探讨态度和行为之间的差异，且不将这一差异视作态度理论中尴尬的一部分，而是探讨差异实际上如何参与**态度改变**（attitude change）的发生过程。在后续的章节（第7、8、9章）中，我们将会聚焦态度如何被群体规范支配，以及群体历程如何能改变群体规范和人们的态度。

关于劝服与态度改变的文献众多（Albarracín & Vargas, 2010; Maio & Haddock, 2010; Visser & Cooper, 2007），包含数以千计的研究和大量的理论与观点。在我们的讨论中，我们聚焦于两种取向：第一种取向聚焦于人们用论据（也可能是行为）劝服别人改变主意是必要的。研究集中于劝服信息的性质、来源和目的。显而易见，其应用领域涉及政治宣传和广告。

第二种取向聚焦于目标人群的行为。事实上我们可以通过某种特定方式，使人们做出某种行为，从而改变他们潜在的态度。这条态度改变的路径是**认知失调**（cognitive dissonance）的焦点所在，认知失调理论是本书前文所提到的态度一致性理论之一（见第5章）。

第一种取向始于一个前提：你和人们讲道理是为了改变他们的想法和行为。而在第二种取向中，讲道理这个过程消失了。简单地劝说别人做出不一样的行为（即使你不得不使用诡计）之后他们也可能会变向思考（即态度改变），然后会继续按照你所希望的方式行动。

二、劝服传播

态度改变

个人态度的所有重大改变。在传播过程中，会涉及传播者、传播对象、使用的媒介以及其受众的特点。态度改变也可以通过诱导某人做出与现有态度背道而驰的行为发生。

认知失调

同时拥有两种相反的认知而产生的心理紧张状态。人们往往会通过改变或拒绝其中一种认知来降低这种紧张感。费斯廷格提出，人们在态度、信念和行为中寻求和谐，并试图减少因这些因素间的不一致产生的紧张感。

劝服传播

旨在改变受众态度和相关行为的信息。

公众的接受力是非常有限的，同时他们的理解力也不强。与此同时，他们遗忘得也很快。既然事实如此，那么所有有效的宣传必须限于少数的几项基本内容，且这些内容必须尽可能用标准化的方式来表述。这些宣传标语应该不断重复直到个体能够抓住其中涉及的要点。如果遗忘了上述原则，试图使宣传变得笼统而抽象，宣传就会变得无效，因为民众是无法消化或记住用这样的方式呈现给他们的信息的。所以信息需要传播的范围越广，宣传就越有必要找出心理层面上最有效的行动计划。（Hitler, *Mein Kampf*, 1933）

还有哪位传播者能比阿道夫·希特勒更加有戏剧张力、更引人入胜、更令人胆寒？在20世纪三四十年代的纳粹集会上，如果他的众多受众知道希特勒对于他们的看法，他们或许不会对他留下如此深刻的印象。希特勒（当然还有其他政治煽动家）的极端例子将关于劝服传播的研究与领导力（见第9章）、修辞学（如 Billig, 1991, 1996）和社会动员及人群行为（见第11章）联系在一起。

然而，关于**劝服传播**（persuasive communication）和态度改变的研究普遍更狭隘地专注于且被最彻底地应用于广告和市场营销（Johnson, Pham, & Johar, 2007），它们基于一个基本假设：行为改变"显然不可能在态度改变未发生的情况下发生"（Schwerin & Newell, 1981, p. 7）。

长期以来，社会心理学家一直对劝服及如何使劝服信息变得有效感兴趣。系统研究始于第二次世界大战末期，当时罗斯福总统担心美国在欧洲取胜后会丧失与日本继续作战的意志。卡尔·霍夫兰受美国陆军部委托，开始研究如何利用宣传为美国的战争力量争取支持——正如希特勒和纳粹党对德国战争力量所做的一样。

战争结束后，霍夫兰在耶鲁大学开展了首个以劝服社会心理学为关注点的合作研究项目。地缘政治需求再次带来了科研经费（这一次是受到冷战的影响）——美国对苏联威胁的感知，以及它"想要证明自己的阶级路径是正当的，并渴望赢得民心和征服民众思想"（McGuire, 1986, p. 99）。本次研究过程的主要特征在研究团队的著作《传播与劝服》（Hovland, Janis, & Kelley, 1953）中有概述。他们认为，理解人们为什么注意、理解、记忆并接受一个劝服性信息的关键在于研究信息传播者的性格、信息的内容和信息接收者的性格。

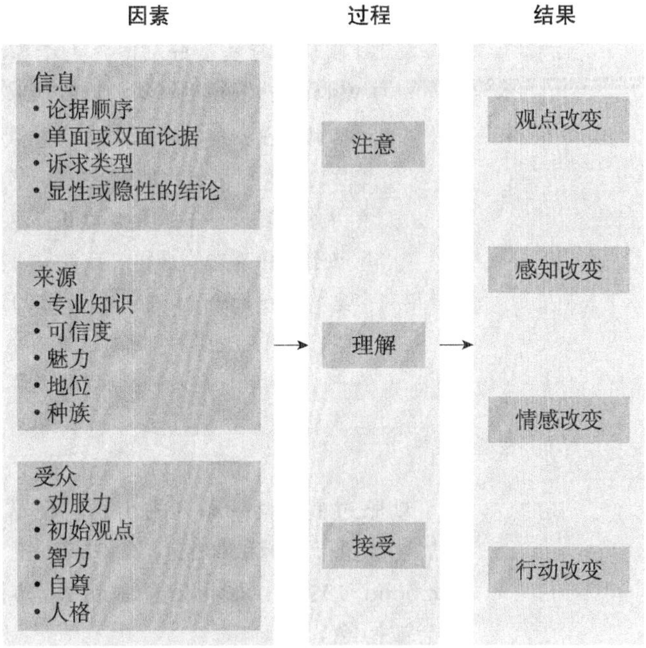

耶鲁取向的一般模型（如图 6.1 所示）仍然是当代市场营销和广告传播理论的基础（见 Belch & Belch, 2012）。霍夫兰、贾尼斯和凯利（Hovland, Janis, & Kelley）基于问题"谁对谁说了什么？产生了什么样的效果？"研究了劝服中涉及的三个一般变量：

- 传播者，或信息源（谁）。
- 传播，或信息（是什么）。
- 受众（对谁）。

他们还确定了劝服过程的四个步骤：注意、理解、接受和保留。这一历时三十年的研究项目产生了大量数据。专栏 6.1 是对其贴近现实的主要发现的总结。如果你打算让一场公众活动尽可能有劝服力，你需要牢记：传播者个体、信息策略和演讲风格比其他因素更有效，同时应当考虑受众的本质需要。

并非耶鲁大学的所有发现都得到了证实。鲍迈斯特和科温顿（Baumeister & Covington, 1985）发现，高自尊的人和低自尊的人一样容易被劝服，只是他们不愿意承认这一点。当劝服发生时，人们甚至可能否认它。贝姆和麦康奈尔（Bem & McConnell, 1970）报告称，当人们屈从于劝服时，他们很容易忘记自己最初的观点。

图 6.1 传播与劝服研究的耶鲁取向

在这一经典研究中，我们发现各种信息、来源和受众因素都会影响人们被劝服的程度，有关这些信息因素的细节详见专栏 6.1。

来源：Janis & Hovland, 1959.

专栏 6.1　　**你的生活**

劝服传播可以改变态度

我们都喜欢按照自己的方式做事，因此希望能够劝服人们改变他们的态度从而以我们的方式看世界。但你怎么构建一次有劝服力的传播呢？这其中涉及很多因素。幸运的是，（针对政治宣传、消费者广告，当然还有你）社会心理学家已经了解了很多关于这些（使传播过程有劝服力的）因素的东西。

谁：来源因素

- **专业性**：专家相较于非专家更具有劝服力。一个似乎知道实情的人陈述相同的论据时会更有劝服力（Hovland & Weiss, 1952）。

- 名气和吸引力：这些因素使传播者的传播效率更高（Kiesler & Kiesler, 1969）。
- 语速：语速快的传播者比语速慢的传播者更有劝服力。快速讲话会给受众留下"知道我在说什么"的印象（Miller, Maruyama, Beaber, & Valone, 1976）。

是什么：信息因素

- 感知操纵：当我们认为信息不是有意要对我们进行操纵时，我们更容易被劝服（Walster & Festinger, 1962）。
- 语言的力量：相较于无力的语言风格（频繁回避、反问语句、犹豫停顿），信息在强有力的语言风格中更具有劝服力。无力的风格会让受众对论据和说话者留下负面的印象（Blankenship & Holtgraves, 2005）。
- 恐惧：能引起恐惧的信息非常有效率。举个例子，我们可以向人们展示癌变的图片以阻止其吸烟（Leventhal, Singer, & Jones, 1965）。

对谁：受众因素

- 自尊：低自尊的人比高自尊的人更容易被劝服（Janis, 1954; 但请参见 Baumeister & Covington, 1985）。
- 注意力分散：人们在注意力分散的时候比注意力集中的时候更容易被劝服，至少在信息简单的时候是这样的（Allyn & Festinger, 1961）。
- 年龄：处于"易受影响的年龄"的人比年长者更容易被劝服（Krosnick & Alwin, 1989）。
- 当一条信息中的论据是高质量的时：高自我监控者更容易被有吸引力的人劝服，低自我监控者更容易被专家劝服（Evans & Clark, 2012）。

劝服过程包括一系列的步骤。在这些步骤中，受众至少要注意传播者的信息，理解其内容，并思考其所说的话（Eagly & Chaiken, 1984）。在这一过程中，受众的思想至关重要（Petty & Cacioppo, 1981）；如果信息激起了赞同感，它最终会被接受，但如果接收者内心强烈反对，它就会被拒绝。

人们可以察觉劝服的企图。我们很难不受到商业广告、公共教育和政治宣传的影响。值得一提的是，大多数人认为他们相较于别人更不容易被广告影响。有一种效应被称为**第三人效应**（third-person effect；你我都不会受影响，但他们会）。例如，如果我们看到一个平平无奇的产品在一个陌生环境中使用有吸引力的模特来做广告，我们会认为我们（和那些与我们相像的人）比其他人更了解广告商的把戏。事实上，我们也很容易受影响。朱丽叶·达克（Julie Duck）和她的同事们针对政治广告和艾滋病预防信息背景下的第三人效应进行了一系列研究（见 Duck, Hogg, & Terry, 2000）。

在接下来的三个部分，我们将着眼于劝服链条中的三个环节：传播者、信息和受众。在任意给定的背景下，考察所有三个环节或同时分析一个以上环节的研究发现，它们之间常常存在交互作用。例如，一个论据应当呈现单面还是双面例子取决于受众的智商。

（一）传播者

第三人效应
多数人认为，他们受广告的影响比别人小。

耶鲁传播项目很早就表明，有一组变量与信息源（传播者）的特征相关。这些变量对我们对信息的接受度有显著影响。拥有丰富的专业知识、有魅力的外表和广泛的人际交往与语言技能会使传播者的工作更有效（Triandis, 1971）。我们也更容易被我们觉得熟悉、亲近和有吸引力的人，以及有权有势、能控制我们可能受到的各种强化措施的人所影响。在所有这些情况下，影响力的来源最有可能劝服我们改变态度和行为。

信息来源可信度

传播者的可信度影响着劝服信息的可接受度。但吸引力、亲和力和相似度也起着非常重要的作用。源头吸引力被广告业无情地利用。举个例子，演员乔治·克鲁尼曾在世界各地为马提尼、雀巢和丰田做电视广告。大卫·鲍伊和邦·乔维等摇滚巨星都曾分别为日本清酒和艾德维尔（Advil）做过著名的广告。这些广告宣传基于一个假设：有吸引力的、受欢迎的、令人喜欢的代言人是有劝服力的，由此有利于提高消费者对产品的需求。而态度研究普遍支持这一假设（Chaiken, 1979, 1983）。

吸引力也会显著影响政治进程。人们倾向于给更有吸引力的候选人投票，即便吸引力较低的候选人更能胜任工作（Wänke, 2015）。例如，2004 年的一项针对美国选举的研究发现，选举结果 70% 可以归因于选民基于面部吸引力对能力的推论（Todorov, Mandisodza, Goren, & Hall, 2005）。

相似度也会起到一定的作用。我们喜欢与自己相似的人，由此我们更容易被相似的（而不是不相似的）人劝服。例如，你的同辈群体中的成员会比陌生人更有劝服力。然而事情并非那么简单（Pretty & Cacioppo, 1981）。当劝服的焦点是品味或者判断时（例如，谁是意大利有史以来最优秀的足球运动员），来源相似的信息比来源不相似的信息更容易被接受。但当焦点是一个事实时（例如，你的国家在哪届奥运会上获得了最多的金牌），来源不相似的信息更有劝服力（Goethals & Nelson, 1973）。

没有传播变量能独立起效。在劝服过程中最有效的是三类变量的交互作用（括号中给出了"传播语言"的术语）：

- **来源**（source，发送者）：传播来自谁?
- **信息**（message，信号）：使用什么媒介，涉及什么类型的论据?
- **受众**（audience，接收者）：谁是目标?

举个例子，斯蒂芬·博克纳和切斯特·英斯科（Stephen Bochner & Chest Insko, 1966）的研究探索了来源可信度与目标和来源意见差异之间的联系。博克纳和英斯科预测，受众会更注意更可信的传播者，当目标和来源双方意见比较不一致的时候，态度改变的空间也比较大。

这项研究的参与者是学生，研究最初他们会被问及需要多少睡眠才能保持健康。他们中的大多数回答为 8 小时。之后让他们接触专业程度和可信度各不相同的两种信息来源：一种是获得过诺贝尔奖、在睡眠研究上有专长的生理学家（可信度较高），另一种是基督教青年会讲师（可信度较低）。差异量被处理为学生意见与来源意见之间的分歧量。如果来源说 5 小时的睡眠足够了，那么与 8 小时的典型观点相比差异为 3 小时，其观点转变的压力应该高于差异只有 1 小时的情况。然而如果信息来源说 2 个小时就足够了，会发生什么呢? 请看图 6.2 中的结果。

当学生和信息来源之间的差异为中等水平时，观点的改变会更多地发生。看来制造极端的差异并不是影响受众的好策略。如果彼此差异太大，受众会对此抵制，并想办法诋毁传播者（"他们都不知道自己在说什么！"）。然而这种差异效应会受到来源可信度的影响。当差异显著时，专家能引起最大限度的态度变化。在博克纳和英斯科的研究中，变化最大的差异出现在高可信度来源提倡睡 1 小时，而学生认为睡 8 小时的情况，差异达到 7 小时。

研究的交互作用指出了一个或多个变量决定既定结果的细微差别，其中一个例子与来源可信度有关。当信息是简单的（不需要太多的阐述或思考过程）时，来源

来源
劝服传播的出发点。

信息
信息源针对受众的传播。

受众
劝服传播的预定目标。

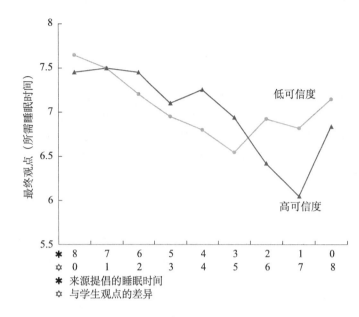

图 6.2 传播者的可信度和立场差异对观点改变的影响

信息中所暗含的立场与大多数人所接受的立场越不一致，更可信的传播者在诱导观点改变方面越有效。

来源：Bochner & Insko, 1966.

可信度担任着一个启发的角色："这个人很有名气，所以他们所说的一定是真的。"然而，越复杂的信息要求越多的阐述或思考过程。

在这样的背景下，扎卡里·托马拉（Zakary Tormala）及其同事发现，信息来源的可信度有不止一个作用，他的劝服力"完全取决于时机"。当信息来源的身份与信息更相符时，人们对信息来源更信任。但是，当信息来源的身份在信息之前出现时，人们更加容易赞同他的看法（Tormala, Briñol, & Petty, 2007）。

在意大利进行的一项关于政治演讲的研究中，米凯拉·梅内加蒂和莫妮卡·鲁比尼（Michela Menegatti & Monica Rubini, 2013）报告了来源和受众之间的交互（或结合）作用。当发言人和受众在政治上持有相似观点时（例如，两者都持有左翼观点或两者都持有右翼观点），这一信息会更有影响力，且很可能表现得更为抽象而非具体。一位老练的政客知道，当受众表现出同情时，抽象的陈述会很有用，而具体的陈述则需要更仔细的斟酌。回想一下希特勒是如何在他的支持者大规模集会时使用口号的。

（二）信息

> 一个重要的观点，如果没有经过有劝服力的传播，那就像没有观点一样。（Bernbach, 2002）

信息本身的属性也会影响劝服效果。例如，什么时候我们应该传递争论双方的观点而不仅仅是我们自己的？答案是，如果受众反对你的论据但又相当聪明，那么传递双方的观点会更有效；如果一个不那么聪明的受众已经对你的论据抱有好感，那么只展示一方的观点会更好一些（Lumsdaine & Janis, 1953; McGinnies, 1966）。

在对照广告中，竞争对手的产品被描述为不如目标产品，这是使用双面信息的一个常见例子。当消费者对购买目标产品不太感兴趣时，对照广告就能奏效（Pechmann & Esteban, 1994）。一名有兴趣且细致的消费者可能会非常仔细地比较，而对照广告仅是为了让目标产品看起来更好。如果消费者对竞争品牌的忠诚度很高，那么新目标品牌的对照广告就不会很有效（Nye, Roth, & Shimp, 2008）。"劝服的双过程模型"一节将探讨如何根据态度改变双过程模型来处理信息。已经研究过的信息变量的其他示例如专栏 6.1 所示。

1. 重复效应

广告行业有一句格言：一条信息只有一遍又一遍地重复时才能被理解和回忆。这句话听上去令人恼火，怀疑论者可能会由此得出这样的结论：这句格言是自私的，因为它为更多的广告提供了理由，从而进一步推进了广告公司的繁荣。然而，我们相信重复并不是广告发挥作用的主要原因。根据雷（Ray, 1988）的研究，广告的主要目标是争取重复最简化，即以最小的曝光获得最大的影响，由此达到最具成本效益的支出。电视广告的曝光强化了人们的偏好，而不仅仅是诱导品牌选择。同时，电视广告的最佳曝光率是每周 2 ～ 3 次（Tellis, 1987）。

我们接下来将看到，一般而言，信息重复的问题会引起对信息处理方式和记忆运作方式的检验。更令人感到惊奇的是，简单地重复一段话就能给人以真理的感觉（Arkes, Boehm, & Xu, 1991; Moons, Mackie, & Garcia-Marques, 2009）！反复地与一个客体接触，显然会增加主体对那个客体的熟悉度。重复一个名字会让这个名字看上去很著名（Jacoby, Kelly, Brown, & Jasechko, 1989）。（还需注意，人们之间熟悉度的增加能够促进人际好感的增加；见第 14 章。）然而，一项电视和网络广告研究发现，重复使用一个焦点词的方式，可能不适用于全新的产品宣传，甚至可能越来越没有效果。但只要对这个品牌有一点点熟悉，情况就会截然不同（Campbell & Keller, 2003）。

另一个影响态度的变量是恐惧。恐惧被媒体用于促使人们恪守法律或关心健康。在 2016 年美国总统大选中，恐惧几乎是共和党总统候选人唐纳德·特朗普的全部策略。

2．恐惧有效吗？

能唤起恐惧的信息可能会增加其劝服力，但一条信息能变得多可怕且仍然有效呢？我们社区中的许多机构以恐吓我们从而听从他们的建议或训诫为目的，使用广告和劝服的形式。卫生工作者可能会造访当地的学校，告诉孩子们吸烟是如何危害健康的。为了把这个问题阐述清楚，他们可能会展示肺部疾病的图片。电视广告可能会提醒你"请勿酒后驾车"，或许还会用公路上的惨案画面来强化这一信息。20 世纪 80 年代末 ，一场传奇性的广告宣传活动将死神与不安全性行为和感染 HIV 的可能性联系在一起。这起到作用了吗？答案很复杂。

贾尼斯和费什巴赫（Janis & Feshbach, 1953）的一项早期研究设置了三种不同的实验条件，并在这些条件下鼓励被试更好地护理他们的牙齿。在低度恐惧条件下，告知被试牙齿患病和牙龈疼痛的后果，并提供如何保持良好的口腔卫生的方法。在中度恐惧条件下，关于口腔疾病的警告更加明确。在高度恐惧条件下，告知被试这种疾病可能会扩散到身体其他部位，并用非常令人不愉悦的幻灯片展示龋齿和患病的牙龈。被试报告他们目前的口腔卫生习惯，并在一周后接受回访。贾尼斯和费什巴赫发现，（假定的）恐惧唤起程度和口腔卫生习惯的改变成反比。低度恐惧组被试在一周后对牙齿进行了最好的护理，其次是中度恐惧组和高度恐惧组。

利文撒尔、沃茨和帕加诺（Leventhal, Watts, & Pagano, 1967）报告了不同的研究发现，该研究考察了令人恐惧的传播如何有助于劝服人们戒烟，被试都是想戒烟的志愿者。在中度恐惧条件下，被试听一段包括肺癌死亡率与吸烟之间关系图表的讲座。在高度恐惧条件下，被试观看一部关于肺癌患者手术的电影。研究结果显示，在高度恐惧条件下，人们更愿意戒烟。

我们如何解释这些结果之间的差异？贾尼斯（Janis, 1967）和麦奎尔（McGuire, 1969）都提出倒 U 形曲线假设可以解释相互矛盾的结果（见图 6.3）。麦奎尔提出了两个会影响我们对劝服信息的反应的参数，其中一个涉及理解，另一个涉及我们对改变的让步程度。我们越能理解呈现给我们的信息，越能构想出实施的方法，我们就越可能遵循特定的信息。

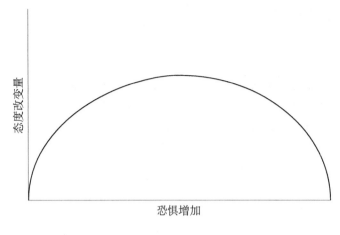

图 6.3　恐惧与态度改变的倒 U 形关系

态度改变程度会随着恐惧上升到中等水平逐步增加。然而在高度恐惧的情况下，态度的改变程度会下降。这可能是由于缺乏对刺激本身的关注，或是由于强烈情绪的破坏性影响，或者二者兼有之。

根据凯勒和布洛克（Keller & Block, 1995）的研究，以及信息处理的双过程模型（见第 2 章和第 5 章），那些不是特别害怕的人可能没有动力去关注信息，因为信息没有充分说明行为的有害后果。当恐惧增加时，唤起、兴趣和对正在发生的事情的关注程度也会增加。然而，一个令人恐惧的想法可能会引起极大的焦虑，甚至导致陷入恐慌的状态，我们会因此分心，错过信息的事实内容，无法正确处理信息或者知道如何行动。

我们不知道的是，贾尼斯和费什巴赫研究中的高度恐惧状态是否比利文撒尔、沃茨和帕加诺研究中的相同状态引起了更多的恐惧。如果是这样，那么曲线关系可能更适合这些数据。无论如何，引起恐惧的信息所能达到的效果可能都是有限的。例如，令人不安的电视画面可能会分散人们对预期信息的注意力，或者即使关注了也可能会让人们心烦意乱，从而因过度焦虑回避之后的信息。

在健康行为的背景下，根据保护动机理论（见第 5 章），恐惧诉求中包括如何应对危险的有效陈述，应该能减少危险的健康行为（综述见 Wood, 2000）。例如，威特、伯科威茨、卡梅伦和麦基翁（Witte, Berkowitz, Cameron, & Mckeon, 1998）在一场减少生殖器疣传播的运动中，将恐惧诉求与自我保护行为的推广结合起来。

一条可怕的信息能否达到其目的，可能取决于对危险的感知（威胁评估）与人们是否相信他们可以纠正行为（应对评估）之间的平衡（见第 5 章图 5.5）。其基本思想与布拉斯科维奇描述挑战与威胁的生物 - 心理 - 社会模型相一致（Blascovich, 2008; Blascovich & Tomaka, 1996; 见第 2 章），即：如果一个人觉得自己没有足够的资源去应对威胁，那么应对威胁的需求就会被认为是一种威胁；如果一个人觉得自己有足够的资源去应对威胁，那么应对威胁的需求就会被认为是一种挑战。

德国一项关于压力相关疾病的研究探索了威胁评估的本质（Das, de Wit, & Stroebe, 2003）。在这项研究中，假设处于健康风险环境中的普通人问自己两个问题（"我有多脆弱？""风险有多严重？"），而长期压力带来的风险可能从相当轻微（如发烧或手脚冰凉）至非常严重（如胃溃疡或心脏病）。一旦接受处于健康风险中这一假设，即使是轻微的风险（针对第二个问题），在他们认为自己非常容易受到威胁（针对第一个问题）的前提下，人们更有可能遵循健康建议。

这表明，要使关于健康风险行为的信息产生效力，应该在更大程度上指出主体的脆弱性，而不仅仅是风险的严重程度。

要理解恐惧信息的影响还需要进一步的研究。如果恐惧如此极端以至于令我们意识到自己死亡的可能，那么恐惧管理过程可能会发挥作用。根据**恐惧管理理论**（terror management theory）（Greenberg, Solomon, & Pyszczynski, 1997; Pyszcynski, Greenberg, & Solomon, 1999; 见第 4 章），伴随我们自身死亡的联想会导致"令人麻痹的恐惧"。这使得我们通过认同并在心理上捍卫我们所认同的文化习俗和意识形

恐惧管理理论
认为人类最基本的动机是减少对死亡必然性的恐惧。在有效的恐惧管理中，自尊可能是核心因素。

态来寻求符号层面的不朽。令人恐惧的信息可能塑造了意识形态上的信念，并引发了对群体的积极认同，而不是与信息焦点相关的态度和行为的改变。

3. 事实还是感受

我们在前面（第 5 章）提到，信念和情感作为态度的组成成分是有区别的（如 Haddock & Zanna, 1999）。在广告行业，事实性广告和评价性广告之间有区别：前者涉及事实的叙述，被认为是客观的；而后者涉及意见，是主观的。以事实为导向的广告，其信息含量高，可能会强调以下一个或多个属性：价格、质量、性能、部件或内容、可用性、特价、口味、包装、保修、安全、营养、独立研制、公司赞助研制或新想法。然而从广告中简单地记忆事实并不能保证购买品牌的变化。此外，如果信息中有事实性的内容，那么人们能够吸收和理解信息的一般结论是很重要的（Albion & Faris, 1979; Beattie & Mitchell, 1985）。

相比之下，评价性广告并不是传递事实或客观陈述，而是以这样的形式让消费者对产品总体感觉"不错"。虽然评价和情感或情绪不是一回事（见第 2 章），但它们是相关的。在评价性广告中一种常见的方式是情感转移，而情感转移本身就建立在联想学习的基础上（Gawronski & Bodenhausen, 2011）。例如，我们都曾被幽默的（评价性）广告逗乐。这会有多有效？也许毫无疑问——非常有效。研究证实，将一个新品牌和与该品牌无关的幽默重复配对，可以培养出对品牌的积极态度，比如让我们喜欢这个产品（Strick, Holland, Van Baaren, Van Knippenberg, & Dijksterhuis, 2013）。

事实和感受之间的区分并不意味着一个特定的广告只包含事实性和评价性材料。相反，在任何广告中，销售策略都倾向于同时使用这两种方法。可以通过与音乐或颜色的微妙联系，或者使用幽默或吸引人的模特，诱使消费者觉得一种产品优于另一种产品。同样，消费者也会认为这个产品更值得购买，因为它更物有所值。

另一个问题在于，诉求（事实或感受）的类型应该符合所持有态度的基础（Petty & Wegener, 1998）。根据爱德华兹（Edwards, 1990）的研究，如果潜在的态度是情绪化的（基于情感），那么诉求应该也是如此；如果这种态度是基于信念（基于认知），那么事实性的诉求更能奏效。米勒夫妇（Millar & Millar, 1990）则认为这二者是不匹配的，例如当态度是情绪化的时候应当使用事实性的诉求。然而，爱德华兹使用的态度对象对于被试来说是未知的（如陌生人的照片或一种虚构的杀虫剂），而米勒夫妇使用的则是一份众所周知的实际上根据被试生成的饮料清单，所以被试可以用有效的论据来反驳诉求。

4. 媒介与信息

柴肯和伊格利（Chaiken & Eagly, 1983）比较了以视频、音频和书面形式呈现信息对受众的相对影响。这些形式对广告有明显的影响。哪个对消费者影响更大：电视、广播，还是印刷媒体？可能要视情况而定。如果信息很简单，就像很多广告一样，那么答案很可能是视频优于音频，音频优于文字。

一个调节变量是受众理解信息的难易程度。如果信息的要点需要目标进行大量处理，那么书面媒体可能是最好的。读者有机会回到过去，仔细思考所读内容之后继续阅读。如果材料相当复杂，那么报纸和杂志就会有自己的用处。然而，与理解信息的难度之间存在有趣的交互作用。在图 6.4 中，多种媒体的有效性之间存在差异：当信息较易理解时，柴肯和伊格利发现视频媒体所带来的观点改变程度是最大的；然而，当信息较难理解时，书面材料所带来的观点改变程度是最大的。直到最近，研究者才把重点放在计算机媒体引起的态度改变上（如 Sassenberg & Boos, 2003；见第 15 章）。

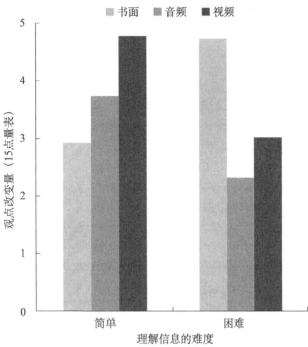

图 6.4 来源形态和信息难度对观点改变的影响

使用音频或视频，而不是印刷文字，能使一条容易理解的信息更容易被接受；然而，对于理解困难的信息使用书面文档会有更好的效果。

来源：Chaiken & Eagly, 1983.

5. 建构一条信息

信息建构的方式或内含的倾向会对其含义产生微妙的影响，从而影响信息是否被接受。例如，如果"平权"议题被认为是"机会平等"而不是"反向歧视"，人们会更喜欢它（Bosveld, Koomen, & Vogelaar, 1997）。罗思曼和萨洛维（Rothman & Salovey, 1997）在他们关于如何促进健康相关行为的综述中发现，信息建构起着重要作用。如果这种行为与疾病检测有关，比如乳房自检，那么信息应该以防止损失为重点来建构；但是如果这种行为会引起积极的结果，比如经常锻炼，那么信息应该以收获为重点来建构。

6. 睡眠者效应

有效服力的信息应该在其传播后就产生最大的影响，信息的效用会随着时间的推移而增加是违反直觉的，而这正是**睡眠者效应**（sleeper effect）所阐释的（Kelman & Hovland, 1953）。耶鲁态度改变项目（Hovland, Lumsdaine, & Sheffield, 1949）的一个早期发现是，二战期间，美国士兵观看以促进他们的英国盟友采取更积极态度为目的的电影，在观影完毕后其传播效果更好。

克尔曼和霍夫兰认为，我们最初会将信息的结论与论据的质量和其他线索（比如信息来源可信度）联系起来。其中，随着时间的推移，对论据的记忆会变得更加持久。以信息来源可信度所扮演的角色为例，它与我们关于每晚需要多少睡眠的观点存在交互作用（先前已讨论，见图 6.2）。如果我们在大约一个月后对极端信息的影响进行测量，"睡眠者效应"预测，可信度较低的信息来源可能与可信度较高的信息来源一样具有效服力，即信息流传了下来，但信息来源没有。

尽管睡眠者效应的可靠性一直饱受质疑（如 Crano & Prislin, 2006; Gillig & Greenwald, 1974），但此效应还是得到了在非常严苛的环境下进行的研究的重复（如 Pratkanis, Greenwald, Leippe, & Baumgardner, 1988）。最近，库卡尔和阿尔瓦拉辛（Kumkale & Albarracín, 2004）的一项元分析确定了在哪些条件下这一效应最为稳健。应用于政界的实验示例，请参见专栏 6.2。

睡眠者效应

当折扣线索（比如无效来源）不再被记起时，有效服力的信息的效用会随着时间的推移而增加。

睡眠者效应与关于少数人影响的文献中提到的潜在影响和转换现象有一些相似之处（Moscovici, 1980；综述见 Martin & Hewstone, 2008；见第 7 章）。在组织中，如果采取正确的行为风格（Mugny, 1982）且不被直接驳回（像外群体一样）（Crano & Seyranian, 2009），持有某种观点的少数人能非常有效地改变大多数人的态度。然而，通常情况下，这一过程最初是有阻力的，之后态度会以突然转换的形式发生改变。

专栏 6.2　我们的世界

负面政治攻击的滞后效应

爆炸式测谎仪的古怪案例

政治运动是检验"睡眠者效应"的成熟背景。

政党经常诉诸攻击对手的信息。这些信息都围绕特定的、容易记住的内容，比如乔·布莱克（Joe

Black）被发现"撒谎""腐败"或"又一次婚内出轨"。这种性质的竞选活动往往不受公众欢迎，甚至可能会使潜在的支持者疏远。现实世界对攻击的反应是防御。一个直接、有力的信息（在政治环境中是很典型的）会变成许多实验室里关于睡眠者效应的研究所发现的"折扣线索"。折扣线索的目的是破坏信息的来源或内容的可信度，或者同时破坏并抑制攻击的影响。

露丝·安·拉里辛和斯宾塞·廷卡姆（Ruth Ann Lariscy & Spencer Tinkham, 1999）在美国佐治亚州的注册选民中测试了睡眠者效应。政治广告基于真实世界的政治格局专门制作，内含微妙的幽默。广告中有两个虚构的候选人在肯塔基州竞选美国国会议员，广告的赞助人是"帕特·米歇尔斯"（Pat Michaels），对手是"约翰·布尔曼"（John Boorman）。

画外音列举了布尔曼关于他在越南的军事记录、他的税收政策和他对肯塔基州人由衷的关心。对于每一种叙述，位于视觉中心的测谎仪都会在图像中显示出剧烈的摆动——撒谎，撒谎，撒谎！当提到布尔曼对肯塔基州的照顾时，测谎仪终于爆炸了。

紧跟着（立即播放或延迟播放）攻击性广告而来的是布尔曼的直接的、防御性的广告。其目的是通过反驳米歇尔斯的攻击和质疑他的可信度来抑制原始信息的影响。米歇尔斯的可信度被设计成在防守信息出现时立即降到最低水平。

为了减少与本州实际候选人的混淆，佐治亚州的选民被要求假设他们是在肯塔基州投票。在攻击广告播放 1 周后和 6 周后的电话回访中，他们被问及支持哪位候选人。当米歇尔斯的可信度最低的时候，只有 19.6% 的选民准备投票给他；然而推迟了 6 周之后，对米歇尔斯的支持率上升到了惊人的 50%。看看睡眠者效应——爆发的测谎仪已经发挥了它的作用："负面广告不仅有害，而且一直到选举日还会造成严重的破坏。"（Lariscy & Tinkham, 1999, p. 26）

来源：Lariscy & Tinkham, 1999.

（三）受众

1. 自尊

20 世纪 50 年代，霍夫兰及其同事在研究中发现，如果信息简单，注意力分散的受众会比注意力集中的受众更容易被劝服，低自尊的人比高自尊的人更容易受到影响（见专栏 6.1）。麦奎尔（McGuire, 1968）提出，劝服力与自尊之间的关系实际上是一条曲线，它遵循图 6.3 所示的倒 U 形关系（用"自尊"代替"恐惧"）。这条曲线表明，无论是低自尊还是高自尊的人，都比自尊水平一般的人更不容易被劝服。他推断，低自尊的人在处理信息时可能会注意力不集中，可能会更焦虑，而高自尊的人则不太容易受到影响，因为他们通常更为自信。研究普遍证实了这种曲线关系（Rhodes & Wood, 1992）。另外，麦奎尔还在智力和劝服力之间建立了类似的曲线关系。

2. 男性和女性

另一个一致但存有争议的发现是女性比男性更容易被劝服（Cooper, 1979; Eagly, 1978）。克拉奇菲尔德（Crutchfield, 1955）是第一个报告了这一点的人，他发现女性比男性更容易服从，更容易受到社会影响。其中一种解释是，在社会化过程中，女性更倾向于合作和不果断，因此，和男性相比，女性对试图影响她们的企图的反抗更小（Eagly, Wood, & Fishbaugh, 1981）。西斯特伦克和麦克戴维（Sistrunk & McDavid, 1971）更倾向于另一种解释——当男性对话题更熟悉的时候，女性比男性更容易受到影响；当话题以女性为导向时，男性比女性更容易受到影响（见第 7 章和第 10 章）。

在劝服力上发现的一致的性别差异可能是由方法上的偏差造成的。在态度研究中使用的劝服信息通常涉及以男性为主导的话题，研究人员也通常是男性。如果主题没有性别偏差，就不会发现男女之间的差异。后续的研究已经解决了这种偏差（如 Eagly & Carli, 1981），并支持主题熟悉性解释。

卡利（Carli, 1990）同时考察了受众和来源方面的性别差异。被试听到一段录音信息，由一名男性或一名女性朗读，他们的说话方式是试探性的或果断的。当朗读者是女性，且语气是试探性的而不是果断的时，男性听众比女性听众更容易被劝服；相比之下，男性朗读者在每种情况下的影响力都是一样的。这表明，与性别相关的劝服是一种复杂的互动，包括谁在说话、谁在倾听，以及信息是否以性别刻板印象的方式来传递。

科维尔等（Covell, Dion, & Dion, 1994）考察了烟草和酒精广告对于不同性别和年龄段的人的有效性。被试是男性和女性青少年和他们的父母。他们对广告产品的形象和质量进行评级，结果发现，相较于质量导向，他们更青睐形象导向的广告。性别上仅在青少年中存在差异，其中女性对形象导向的广告表现出更强的偏好。科维尔等提出，当广告以青少年为目标，以酒精和烟草为特色时，年轻女性可能会特别注意以形象为导向的信息，并认为饮酒和吸烟是有吸引力的。

一般来说，态度改变中的性别差异反映了社会影响下小群体中的性别差异（见第 7 章；综述另见 Carli, 1990）。

3. 个体差异

男性和女性在被劝服的难易程度上可能没有区别，但人与人之间存在的其他区别是否使得一些人更容易被劝服呢？研究主要聚焦于以下方面的个体差异，包括认知需求（Haugtvedt & Petty, 1992）、释怀需求（Kruglanski & Webster, 1996; Krugalanski, Webster, & Klem, 1993）、评价需求（Jarvis & Petty, 1995）、一致性偏好（Cialdini, Trost, & Newsom, 1995）和态度重要性（Zuwerink & Devine, 1996）。除释怀需求之外，在这些需求和偏好上，得分高的人比得分低的人更不容易被劝服。然而，人格变量与劝服之间的关系并不简单。在几乎所有案例中，社会环境都是影响人格与劝服间关系的**调节变量**（moderator variable）。

4. 年龄

随着年龄增长，人们会变得更容易或者更难被劝服吗？对此，有五种可能的关系（Tyler & Schuller, 1991; Visser & Krosnick, 1998）：

易受影响的年龄　受人尊敬的成年人，比如这位老师，对幼儿的态度形成会产生巨大的影响。

调节变量

为了提高预测力而限定一个其他简单假设的变量（例如，A 导致 B 仅在 C 存在时成立，C 就是调节变量）。

- **持续增长**：在成年早期对态度改变的敏感性很高，但在整个生命周期中逐渐降低，态度反映了相关经验的积累（一种负线性相关）。
- **易受影响的年龄**：核心的态度、价值观和信念是在成年早期这一可塑性很强的时期形成的（S 形曲线）。
- **生命阶段**：在成年早期和晚期都有较高的易感性，但在成年中期易感性较低（U 形曲线）。
- **终生开放性**：在某种程度上，个人在一生中都容易受到态度改变的影响。
- **持久性**：个体的大多数基本偏好牢固地建立在成年前的社会化基础之上，此后对态度改变的敏感性较低。

这些假设中哪一个最准确仍然是一个悬而未决的问题。泰勒和舒勒（Tyler & Schuller, 1991）关于对政府的态度的田野研究支持终生开放假设，即年龄通常与态度改变无关。维瑟和克罗斯尼克（Visser & Krosnick, 1998）进行的实验支持生命阶段假设。拉特兰（Rutland, 1999）关于偏见发展的研究则表明，对族群的负面态度只有在儿童后期（大约 10 岁）才会显现出来。

5. 其他变量

至少还有另外两个与劝服过程相关的受众变量。

- 影响劝服力的先验信念。有证据表明，在实际评价中存在**不确认偏差**（disconfirmation bias）。与先验信念不相容的论据会经历更长时间的审查，会受到更广泛的反驳性分析，并且与符合先验信念的论据相比，会被判断得更弱。此外，如果先验信念伴随着情感信念，那么不确认偏差的程度会更大（Edwards & Smith, 1996）。即使论据只包含事实，先验信念也会影响是否考虑事实性信息。1981 年，在一场关于苏联潜艇在瑞典海军基地附近搁浅的政治争论中，争论双方最不愿意接受自己是引战的一方，并质疑这些事实是否真实可靠（Lindstrom, 1997）。在媒体的政治讨论中，这种不确认偏差每天都很明显。例如，2000 年俄罗斯潜艇"库尔斯克号"在巴伦支海沉没的灾难，以及西方国家在救援行动中拒绝提供帮助，引发了与 1981 年类似的争论。

- 认知偏差在态度形成和改变中都很重要（概述见第 3 章）。例如，杜克、豪格和特里（Duck, Hogg, & Terry, 1999）证明了媒介劝服中的第三人效应（前面已经讨论过）。根据这种偏差，人们认为自己比其他人更少受到劝服的影响。他们考察了学生关于艾滋病广告对他们自己、学生（内群体）、非学生（外群体）和一般人的影响的看法。结果显示，自我与他人的差异随学生对学生身份的认同程度而变化：那些并不强烈认同学生身份的人（低认同者）表现出第三人效应，而那些强烈认同学生身份的人（高认同者）更愿意承认对自己和学生群体的影响。

最后，我们应该强调在实践中涉及的三类主要变量——来源、信息和受众是如何相互作用的。例如，一个人是否会选择聘请一个专家来传递信息取决于其要劝服的目标群体。

> 营销研究和劝服理论的指导原则都是"了解你的受众"……市场营销者意识到，占领市场份额的关键是将自己的产品定位于那些最有可能想要或需要它的人。（Jacks & Cameron, 2003, p. 145）

现在让我们来看看劝服过程是如何运作的。

■ 三、劝服的双过程模型

关键问题在于，我们如何处理信息及其内容？劝服的双过程模型提供了答案。该模型有两个变体，一个是由佩蒂和卡乔波（如 Petty & Cacioppo, 1986a, 1986b）提出的，另一个是由柴肯（如 Chaiken, 1987; Chaiken, Liberman, & Eagly, 1989）提出的。它们有共同的元素：都调用了两个过程并基于对记忆的社会认知研究（见第 2 章），都使用了劝服线索。有时可能不仅是劝服线索的质量或者类型起作用，信息处理量也会成为态度改变的基础（Mackie, Worth, & Asuncion, 1990）。在经历了二十年的研究之后，这些理论依旧适用吗？

不确认偏差
注意、反驳与人们先验信念相矛盾的论据并认为其较薄弱的倾向。

广告中的外围线索　霍默·辛普森（Homer Simpson）宣称，啤酒不仅仅是一种早餐饮料。然而，消费者更容易受到能引起良好情绪和健康刺激的印象！

毫无疑问，双过程模型诞生至今仍然是最具影响力的劝服研究范式。在这些模型中，来源和信息可以发挥独特的作用，配合处理信息的动机和能力，能决定劝服互动的结果。（Crano & Prislin, 2006, p. 348）

（一）详尽-可能性模型

根据理查德·佩蒂和约翰·卡乔波的**详尽-可能性模型**（elaboration-likelihood model, ELM），当人们收到有劝服力的信息时，他们会考虑它所提出的论据。然而，他们并不一定会深思熟虑，因为这需要相当的认知努力。人们都是认知战术家，他们只愿意在对自己重要的事情上投入宝贵的认知资本（见第 2 章）。劝服有两种路径，具体采取哪一种取决于人们在信息上投入的认知努力是多还是少。

如果紧跟信息的论据，就使用中心路径。我们消化信息论据，提取出我们所需要的，如果我们不同意某些论据，我们就沉浸在抗辩中。当使用劝服的中心路径时，信息中的要点必须有劝服力，因为我们将花费相当大的认知努力，也就是努力思考这些要点。例如，假设你的医生告诉你，你需要一场大手术，你很有可能需要相当程度的劝服力，你会仔细听医生说的话，尽可能多地阅读有关这个问题的资料，甚至会寻求第二种医疗建议。而当论据没有得到很好的处理时，就会遵循外围路径。通过使用外围线索，我们的行动将变得不那么勤奋。我们更喜欢一个肤浅的突发奇想的消费品，比如广告中一个有吸引力的模特使用的产品。根据详尽-可能性模型，可选路径如图 6.5 所示。

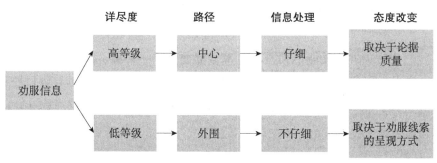

详尽度	路径	信息处理	态度改变
高等级	中心	仔细	取决于论据质量
低等级	外围	不仔细	取决于劝服线索的呈现方式

（劝服信息）

图 6.5　劝服的详尽-可能性模型
来源：Petty & Cacioppo, 1986b.

（二）启发式-系统式模型

谢利·柴肯（Shelley Chaiken）的**启发式-系统式模型**（heuristic-systematic model, HSM）使用略微不同的概念处理相同的现象，区分了系统式处理和启发式处理。当人们扫描并考虑可用的论据时，系统式处理就会发生。在启发式处理的情况下，我们不沉浸于仔细的推理，而是使用认知启发式，比如认为论据越长越好。有劝服力的话语并不总是进行系统式处理。柴肯提出，人们有时会用认知启发式来简化处理信息的任务。

回忆一下，启发式是简单的决策规则或"思维捷径"，是认知失调者和积极的战术家所使用的工具。因此，当我们判断信息的可靠性时，我们会求助于"统计数据不会说谎"或"你不能相信政客"这样的老生常谈，以此方法简单地做出决定。如前所述，当广告公司试图以科学研究或专家意见为依据来宣传产品从而影响消费者时，它们就会积极地运用决策的这一特性。例如，洗涤剂广告经常使用实验室环境，展示技术设备和穿着白大褂的权威人士。

在何种情况下，我们会从启发式处理转向系统式处理？人们似乎有一个充分性阈值（Petty & Wegener, 1998），只要启发式能满足我们对所采取态度的信心需求，这一方式就会被使用；但当我们缺乏足够的信心时，我们就会转向更费劲的系统式处理。

认知在处理劝服信息时起着至关重要的作用，但我们对信息内容的专注程度可能会受到心境等短暂因素的影响。例如，黛安娜·麦基（Diane Mackie）已经证明，仅仅是好心境就能改变我们关注信息的方式（Mackie & Worth, 1989; 另见 Petty, Schuman, Richman, & Stratham, 1993）。比如，背景音乐在广告中被广泛使用，以给受众带来柔和的感觉。这背后有一个隐秘的原因，即"良好"的感觉会让我们难以系统地处理信息。当时间有限时，典型的电视广告会让我们感觉很好并给大脑打开"自动驾驶模式"，即使用外围路径（ELM）或启发式处理（HSM）。

再想想广告商是如何呈现日常商品的：类似能产生良好感觉的背景音乐的线索，有额外的长期"好处"（Gorn, 1982）。营销策略家乔治·贝尔奇和迈克尔·贝尔奇（George Belch & Michael Belch, 2012）指出，通过经典条件作用，一个反复与好心境相联系的产品，在没有音乐或其他积极的背景线索的情况下可以及时获得积极的评价（Gawronski & Bodenhausen, 2011; Strick, Holland, Van Baaren, Van Knippenberg, & Dijksterhuis, 2013）。

然而，已经感受到快乐的人并不总是肤浅地审视信息。如果信息内容与我们的态度一致（因此与我们的好心境一致），那么感受到快乐也会导致更广泛的处理（Wegener, Petty, & Smith, 1995）。这里所涉及的是耶鲁项目提到的三个主要劝服因素中的两个，即支持性信息和愉悦的受众之间的交互作用。

感觉"良好"会让系统处理信息变得困难。当时间有限时，比如当我们看电视广告时，真切的很好的感受会使我们更容易受到外围启发式处理的影响。博纳、柴肯和匈雅提（Bohner, Chaiken, & Hunyadi, 1994）诱导学生产生高兴或悲伤的情绪，进而向他们播放强论据、弱论据和模糊论据，所有论据都有一个非常可靠的来源。当信息明确时，悲伤的被试使用启发式处理时更容易受到影响。悲伤情绪的影响也在模拟法庭中被研究过（Semmler & Brewer, 2002）：当陪审员感到悲伤时，他们洞察证人不一致的准确性（即系统式处理）和他们对证人可靠性与被告是否有罪的感知会得到改善。

提醒一下，社会过程可能是复杂的，正如柴肯和马赫斯瓦兰（Chaiken & Maheswaran, 1994）的一项研究所揭示的，当某些变量存在交互作用时，系统式处理可能会被侵蚀（见专栏 6.3）。

专栏 6.3　　　　**重点研究**

系统式处理可能会被侵蚀

柴肯和马赫斯瓦兰（Chaiken & Maheswaran, 1994）研究了与人们是否使用启发式或系统式处理相关的信息来源、信息变量和任务重要性之间的复杂交互作用。在纽约，学生们被要求对一种新的电话答录机进行评分，实验中有三个自变量：

● **任务重要性**：一些学生认为，由于样本量

小，他们的意见将对这台机器是否会在纽约全境销售产生重要影响；其他学生认为，他们的意见只会对更大的由纽约人组成的样本做出贡献，而不会对结果产生太大的影响。

● **来源可信度**：产品描述是由高可信度的来源（消费者报告）或低可信度的来源（凯

马特商场的销售人员）编写的。

- 信息类型：一项前期测试确定了8种产品功能，其中4种是重要的（例如能放置不同类型的磁带、有来电显示屏），4种是不重要的（例如颜色范围、能壁挂的特殊螺栓）。重要功能与不重要功能之比会被改变，以创建这样的信息——强（4∶2）、模糊（3∶3）或弱（2∶4）。

研究结果显示：

- 对于不重要的任务（他们的意见并不重要），

学生根据来源可信度进行评分——无论信息强弱都使用启发式处理。

- 对于重要的任务（他们的意见真的很重要），学生根据信息内容进行评分——主要信息是明显强或者明显弱的，使用的是系统式处理。信息来源的可信度没有影响这些评分。

- 然而，当任务很重要但信息不明确时，信息来源的可信度确实发挥了作用，这其中同时使用了系统式处理和启发式处理。

来源：Chaiken & Maheswaran, 1994.

总而言之，当人们有动力去关注一条信息并深思熟虑地处理它时，根据详尽－可能性模型（佩蒂和卡乔波），他们会使用一种中心路径来处理它，或者根据启发式－系统式模型（柴肯），他们会系统地处理它。而当注意力降低，认知上变得懒惰时，他们会使用一种外围路径（佩蒂和卡乔波）或求助于启发式这一简单决策规则（柴肯）。

■ 四、顺从

顺从和从众这两个术语经常可以互换使用。然而从科学角度看，它们是有区别的。我们在本章讨论的顺从（compliance），是指对另一个人的要求的表面行为反应。而从众（将在第7章讨论），是指群体通常对个体的态度和信念产生的更持久内化的影响（见Hogg, 2010）。因为顺从与行为的联系更紧密，而从众与态度的联系更紧密，顺从－从众区分与我们之前讨论过的态度－行为关系（第5章；见Sheeran, 2002）存在重合。顺从也与在你之上拥有某种形式的权力的个体密切相关（French & Raven, 1959；见Fiske & Berdahl, 2007）。

我们每天都面临着他人的各种要求和请求。通常情况下，他们会以一种直接明了的方式告诉我们，例如朋友在邀请你共进晚餐时，他们就不会再要求别的。在其他时候，请求会有一个"隐藏的议程"。例如，一个熟人邀请你吃饭以便向你提出资助一个新的商业项目的请求。结果往往是一致的——我们答应了。那么，是什么影响了我们的顺从性？为什么我们在某些情况下比其他情况下更容易受到影响呢？一般来说，当人们使用有效的策略或有力的特质时，他们会影响我们。

（一）提高顺从性的策略

劝服人们答应购买某些产品的请求一直是许多行业的基石。因此多年来，人们设计了许多不同的策略来提高顺从性，这件事并不奇怪。特别是销售人员，他们已经设计和完善了许多间接的程序来诱导顺从，因为他们的生计依赖于此。我们都遇到过这些策略，它们通常涉及"处心积虑"的自我表露，目的是激发不同的情绪，蛊惑你购买（见第4章）。

琼斯和皮特曼（Jones & Pittman, 1982）描述了五种这样的策略：恐吓，试图通过让别人认为你是危险的使你感到恐惧；例证，试图通过让别人认为你是一个道德

顺从
表面的、公开的、短暂的行为和态度改变，以应对请求、胁迫或群体压力。

上值得尊敬的人使你感到内疚；恳求，试图通过让你相信别人是无助和贫穷的来引起你的怜悯；自我推销，试图通过让别人相信你有能力使你获得尊重和信心；逢迎，试图通过让别人喜欢你来确保你顺从接下来的请求。其中，自我推销和逢迎是为社会互动最常见的两个目标服务的：让人们认为你是有能力的和让人们喜欢你（Leary, 1995）——能力和热情是我们评价他人最基本的两个维度（Cuddy, Fiske, & Glick, 2008; Fiske, Cuddy, & Glick, 2007）。

1. 逢迎

逢迎（ingratiation; Jones, 1964）是一种特别常见的策略。一个人试图向另一些人施加影响时，会先同意他们的意见，然后让他们喜欢他，接下来再发出请求。如果你用同意别人的观点的方式来表现得和别人相似以让他们愉悦、让你自己看上去有吸引力、奉承他们、在谈话中套用那些受人尊敬的名字来拔高自己，或者借助于肢体接触，那你就是在逢迎他们。然而，明显的逢迎可能会适得其反，导致"逢迎者的困境"，即逢迎者通过给目标人物留下深刻印象从而获益的形式越明显，这种策略成功的可能性就越小（元分析见 Gordon, 1996）。

援引互惠原则（reciprocity principle）是另一种策略，它基于"以德报德"的社会规范。如果我们帮了别人一个忙，他们就会觉得有义务回报我们。里甘（Regan, 1971）的研究表明，先前得到帮助的人比没得到帮助的人更容易顺从。同样，内疚感的唤起会让人更加顺从。那些感到内疚的人更有可能答应后面的请求，例如打电话以救助当地树木、同意献血，或在大学里参加实验（Carlsmith & Gross, 1969; Darlington & Macker, 1966; Freedman, Wallington, & Bless, 1967）。

你开车等红绿灯的时候被清洗过挡风玻璃吗？如果你还没来得及拒绝，清洁工就给你洗了，那么你就会面临支付服务费的压力。在一些地区（比如葡萄牙），人们可能会将你带到一个容易停放的车位然后向你要钱。这些都是现实生活中劝服别人给钱的例子，涉及互惠原则的激活。

2. 多重请求

另一种非常有效的策略是使用**多重请求**（multiple requests），即使用两步程序来代替单个请求，其中第一个请求被用作第二个实际请求的基础或软化剂。三种典型的变体是登门槛、以退为进和低球策略（见图 6.6；最近的综述见 Cialdini & Goldstein, 2004）。

登门槛策略（foot-in-the-door tactic）建立在这样一种假设之上：如果有人同意一个小的请求，他们就更愿意接受一个大的请求。一些销售人员就在使用这种方法。一开始他们可能会打电话给你，"为了我们正在做的一个小调查"问你几个问题，然后诱使你加入"你所在地区数百名订阅他们产品的人"的行列。

在弗里德曼和弗雷泽（Freedman & Fraser, 1966）的一项研究中，身处家中的人被联系并被提出一个荒唐的请求——允许 6 个人对他们家中所有的东西进行彻底清点。这一请求只有 22% 的人同意。然而，有一部分人之前被要求回答一些关于他们在家使用的肥皂种类等简单的问题，他们则更愿意答应这一请求——有 53% 的人同意了。

登门槛策略可能并不总是奏效。如果第一个请求看起来太小或者第二个请求太大，请求之间的链接就会中断（Foss & Dempsey, 1979; Zuckerman, Lazzaro, & Waldgeir, 1979）。然而萨克斯（Saks, 1978）的一篇综述表明，如果仔细调整该技术，甚至可以诱导人们同意成为器官移植的捐献者。

逢迎
策略性地尝试让别人喜欢你以获得顺从。

互惠原则
有时被称为互惠规范，或所谓"以德报德"。它说明可以通过先帮助他人来获得顺从。

多重请求
通过两个步骤来获得顺从的策略：第一个请求被用作第二个实际请求的基础。

登门槛策略
为了获得顺从而使用的多重请求技术，其中焦点请求之前有一个一定会被答应的较小的请求。

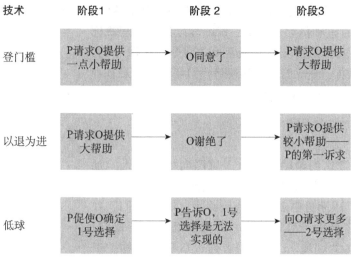

图6.6　诱导顺从的三种经典技术

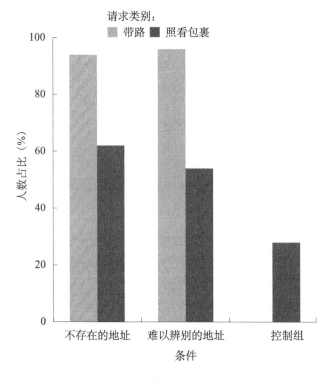

图6.7　登门槛策略：对紧跟着一个不可能请求的可能请求的顺从
图中显示了当被问及一个不存在或难以辨别的地址时回答"我不知道"
的人和愿意带路的人中，答应照看包裹者的比例。
来源：Dolinski, 2000, Experiment 2.

这种策略有一个改进版，即让人们同意一系列分级的请求，而不是从一个小请求直接跳到一个大请求。在最终的请求之前，他们会收到两个日益苛刻的初步请求（Goldman, Creason, & McCall, 1981; Dolinski, 2000）。事实证明，这种方法比经典的登门槛策略更有效。不妨把这看作"登门槛两英尺"技术吧！分级请求经常发生在某人想邀请另一人去约会时。一开始未来的约会对象可能不同意和你约会，但很可能同意和你一起去图书馆学习。你的下一个策略是请求下一次会面并最终确定一个合适的日期。

在波兰进行的一项现场实验中，达留什·多林斯基（Dariusz Dolinski, 2000）安排一个年轻人向弗罗茨瓦夫市的人们问去普鲁士街的路。因为没有这样的街道（或难以辨别），大多数人说自己不知道，但有些人给出了精确的方向！在带路的过程中，又有一位年轻的女士让这些人照看一个大包裹5分钟，因为她要去一栋公寓楼的五层看望一位朋友。控制组则只被要求照看这个包裹，而不负责之前的带路任务。结果发现，实验组对二次请求展现出更高的顺从性（见图6.7；另见第14章对利他主义的讨论）。

各类研究都有充分证据表明登门槛策略确实有效，但究竟是什么心理过程导致了这种结果呢？贝姆（Bem, 1967）的自我知觉理论（DeJong, 1979；见第4章）提供了一种候选解释。通过服从一个小的请求，人们会对自己的行为产生承诺感，并形成一种"给予"的观念。随后的大的请求迫使人们保持一致。多林斯基用同样的方式来解释他的结果。在试图帮助一个陌生人时，即便没有成功，被试仍会认为自己是利他的。因此，他们更容易受到后续请求的影响——即使那个请求更苛刻。

类似地，西奥迪尼和特罗斯特（Cialdini & Trost, 1998）用自我一致性原理来解释这种效应。我们试图以这样一种方式管理我们的自我概念：如果我们进行了一次慈善捐赠，那么我们就应该进行第二次。然而，戈拉西尼和奥尔森（Gorassini & Olson, 1995）对涉及自我概念的剧烈变化是否能调节这种效应持怀疑态度。与此相较，他们认为登门槛策略改变了人们对情境的理解，激活了人们的态度，从而提高了他们的顺从性。自我被排除在这一循环之外。

如果尝试登门槛策略失败了，会发生什么？常识表明，这应该会降低未来顺从发生的可能性。令人惊讶的是，相反的策略，即**以退为进策略**（door-in-the-face tactic），却被证明是可以取得成功的（Cialdini, Vincent, Lewis, Catalan, Wheeler, & Darby, 1975; Patch, 1986）。在以退为进策略中，一个人首先收到一个大请求，然后

以退为进策略

旨在获得顺从的多重请求技术，即在提出焦点请求之前先提出一个更大的一定会被拒绝的请求。

是一个小请求。政客们尤其擅长这门艺术。举例来说，政府向媒体预警，学费将上涨 30%。你会因此生气吗？随后，它又正式宣布，这一增幅"仅"为 10%，这是计划中的实际数字。你可能会松口气，认为这还不错，并因此更容易接受。

西奥迪尼及其同事（Cialdini et al., 1975）通过向学生提出一个大请求来测试这种策略的有效性："在接下来的两年里，你愿意在一个青少年犯罪中心每周做两个小时的志愿服务吗？"几乎没有人同意。然而，当研究人员接着提出一个小得多的请求时，即"你会陪着一群性侵者去动物园两小时吗？"，几乎一半的人同意了。而当第二个请求被单独提出时，只有不到 17% 的人会同意。为了使这种策略产生效果，研究人员指出，最终的请求应该来自提出最初请求的那个人。根据他们的说法，被试认为请求规模的减小是影响者的让步，因此他们感知到回报的压力。如果另一个人提出第二个请求，回报则不是必要的。

低球　一个推销员和他的老板商量后，告诉一个迫切买车的人，新汽车的报价中将不再包括一些有吸引力的"赠品"。

根据西奥迪尼的说法，这种以退为进的技术可能较好地利用了一种对比效应：就像你刚把手伸进热水里之后，温水会让你感觉很凉一样，第二个请求与之前那个更大的请求相比，会显得更合理、更容易被接受。在销售情境中，这个过程会普遍发生。假设你告诉一位房地产经纪人，你想花一大笔血汗钱买一套小公寓，她给你看了一些破旧、定价过高的样房。那么之后高价的公寓（她真正想给你看的公寓！）就会显得非常"物美价廉"。在这一过程中，房地产经纪人就使用了以退为进策略。

在类似情况下使用的另一种多重请求技术是**低球策略**（low-ball tactic）（再次考虑一下本章开头"你怎么认为？"中的第一个问题）（见专栏 6.4）。在这里，影响者半途改变了规则并设法脱身。它的有效性取决于在揭示某个请求的某些隐藏成本之前，是否引导客户同意该请求。它基于这样一个原则，即一旦人们致力于一项行动，他们就更有可能接受该行动成本的小幅增加。人们坚持这种决策的倾向也体现在沉没成本的概念中（Fox & Hoffman, 2002），即一旦决定采取一项行动，即使成本急剧增加，人们也会继续投入。

> **低球策略**
>
> 一种诱导顺从的技术，即使同意请求的人在发现有隐藏的成本后仍然会同意请求。

专栏 6.4　你的生活

购买机票：低球效应的艺术上升

想想你上次买机票的情景，你会发现我们其实非常熟悉低球——航空公司已经将其提升为一种艺术形式。你去一个航空公司的网站，发现有一个非常便宜和方便的航班到你的度假目的地，你很高兴。这样你就可以开始在线预订了。在漫长的付款过程接近尾声的时候，你就要开始支付了，你发现行李要额外收费，食物和饮料要额外收费，娱乐要额外收费，为了避免门口拥挤而预订座位也要额外收费。这是一个典型的"低球"例子。另一个常见的例子是，当有人问"你能帮我一个忙吗？"，在你真正知道别人对你的期望之前，你就同意了。

西奥迪尼、卡乔波、巴塞特和米勒（Cialdini, Cacioppo, Bassett, & Miller, 1978）证明了低球是多么有效。他们要求一半的被试参加上午7点开始的实验，另一半则首先被要求承诺参与一项实验，然后被告知实验将于上午7点开始。后一组人接受了低球操纵，且顺从的人（56%）相较于控制组（31%）更多，也更倾向于遵守约定。

顺从研究展示了顺从是何时以及如何发生的。有时我们做出顺从的决定可能是合理的，因为我们权衡了行动的利弊。然而，我们经常在思考之前就采取行动。根据兰格、布兰科和查诺维茨（Langer, Blank, & Chanowitz, 1978）的观点，多数顺从之所以发生是因为**不在乎**（mindlessness）——我们没有经过思考就同意了。兰格和她的同事们进行了实验，要求人们在几乎没有理由或根本没有理由的情况下服从要求。在其中一项实验中，一个正要使用复印机的人被实验者打断，且实验者要求优先使用机器因为没有理由、不提供信息的理由（我得复印）或正当的理由（我赶时间）。他们发现，只要请求足够小，人们就可能同意，即使是出于伪造的理由。在没有理由的情况下，顺从的可能性较低。

（二）行动研究

大约在霍夫兰和他的同事们研究美军态度改变的时候，旅居海外的德国心理学家库尔特·勒温正在为一个民间机构开展另一项关于后方的战时实践研究。在食品短缺和定量配给的情况下，为了节约供应，他试图劝服美国家庭主妇给家人提供不寻常但营养价值极高的食物，如牛心和牛肾，而不是牛排或烤牛肉。

勒温认为，如果人们积极地参与改变的过程，而不是被动地成为劝服的目标，其改变是最容易实现的。他将实际研究过程中被试的这种参与及其结果称为**行动研究**（action research）。勒温论证道："家庭主妇们积极讨论如何最好地向她们的家人介绍牛心和其他类似食物，这比仅仅给她们做一场劝服演讲要有效得多。"在讨论组中，32%的女性开始提供新的食物，而在演讲组中只有3%的女性开始提供新的食物（Lewin, 1943）。

被试对行为的强调与霍夫兰和他的同事的态度改变计划的一部分相吻合。例如，贾尼斯和金（Janis & King, 1954）考察了被试角色扮演的影响。他们发现，那些发表演讲反对他们立场（即扮演一个角色）的人比那些被动地听一场反对他们立场的人经历了更大的态度改变。

这种对逆态度行为的早期研究为后来费斯廷格的认知失调理论的发展埋下了伏笔，费斯廷格是勒温的学生之一。认知失调的一个关键前提是，人们会主动组织他们的认知，并将其改变，使其与他们的感觉或行为一致（Festinger, 1980）。

最近，行动研究也在解决与吸烟、日晒和危险性行为有关的社区健康问题中发挥了作用，尽管其作用不如某些人期望的那么高（Klein, Shepperd, Suls, Rothman, & Croyle, 2015）。例如，澳大利亚是世界上黑色素瘤发病率最高的国家，希尔和他的同事们（Hill, White, Marks, & Borland, 1993）进行了一项为期三年的研究，主题是与阳光照射有关的态度和行为的变化，并将其命名为"智慧阳光"（SunSmart）健康促进计划。这场运动被称为"SLIP! SLOP! SLAP!"（套上衬衫，涂上防晒霜，戴上帽子），并连续三年在澳大利亚南部的维多利亚州通过媒体进行组织。希尔和他的同事们发现，在这段时间内，4 500名被试与晒太阳有关的行为发生了显著变化。这些变化包括：

- 被晒伤上报人数下降：从11%到7%。
- 戴帽子的人数上升：从19%到29%。
- 防晒霜使用量上升：从12%到21%。
- 被衣服覆盖的身体面积增加：从67%到71%。

不在乎
不假思索地同意请求的行为。即使提供的是伪造的理由，一个小请求也可能被同意。

行动研究
从事社会科学研究的同时进行实践活动，包括参与研究过程和解决社会问题。

这些行为的改变与态度改变有关。对于"被晒黑的人更健康"和"我得皮肤癌的概率很低"等说法，受访者的认同程度有所下降。行动研究方法也被用来减少吸烟（见专栏 6.5）和促进健康的性行为。一项在法国针对 1 400 名 HIV 携带者或患者进行的研究发现，受访者报告说，大众媒体提供的信息，帮助了他们在自己的性生活中使用避孕套，以避免继发感染（Peretti-Watel, Obadia, Dray-Spira, Lert, & Moatti, 2005）。

专栏 6.5 **我们的世界**

戒烟：禁烟运动

禁烟运动在致力于改变一种很难改变的习惯方面取得了一些成功

在过去三十年左右，吸烟已经被大多数西方国家打入冷宫，但吸烟率依旧居高不下（约五分之一的英国成年人仍然吸烟）。但相比之下，东亚和东南亚吸烟的男性比例高达三分之二（66%），而且这一比例还在上升。同时中国 14 亿人口中有 2.85 亿人每天都在吸烟。即便立法禁止在公共场所（如工作场所、餐馆、酒吧、公共交通工具等）吸烟，如果以吸烟者比例的下降来衡量，也只取得了有限的成功。在这些国家中，吸烟率最高的是 20～29 岁年龄组的人群，包括青少年女性和工人阶级（较低的蓝领阶层）。

吸烟者通常很了解与吸烟有关的疾病，如肺癌、肺气肿和心脏病。尽管了解这些知识，现在的吸烟者与从前的吸烟者和从未吸烟者相比仍然低估了吸烟的死亡风险。这种风险感知偏差也适用于那些参与危险性行为的人。

禁烟运动使用了各种各样的媒体和技术手段来劝阻吸烟（Hill, White, Marks, & Borland, 1993）。例如，一项运动采用电视广告和海报宣传，而另一项运动则采用直邮和电台广告一起的方式。许多名人通过在工作场所表演和录制语音信息来提供帮助。人们尝试了一种经典的双边论证技巧，为几种普遍持有的自我豁免信念（self-exempting beliefs）提供反论据，也就是那些适用于使自己摆脱某种习惯的观念。

目标群体也会变化。在 18 岁以下的吸烟者群体中，女性人数超过男性，其中一项运动旨在争取女性的支持，强调不吸烟对健康、美丽和塑身的好处。另一项用的是婴儿贴纸。还有一项运动强调大型服装连锁店无烟工作环境的好处，使用官方微博和电视广告作为补充。现在，社会上形成了一个支持戒烟的环境，并且人们认识到被动吸烟也是有害的，这可能会帮助一些人在未来永久戒烟。

戒烟与吸烟者的戒烟意向又是如何产生联系的？放弃习惯可以追溯到几个阶段。根据比纳和艾布拉姆斯（Biener & Abrams, 1991）的研究，"沉思阶梯"（contemplation ladder）意味着一个人从思想转向行动，包括：

1. 我正在采取行动戒烟——例如减少吸烟量（阶梯顶）。
2. 我开始考虑怎么改变我的吸烟模式。
3. 我想我应该戒烟，但我还没有做好准备。
4. 我想我有一天应该考虑戒烟。
5. 我没有戒烟的想法（阶梯底）。

显然，戒烟不是一蹴而就的决定。从对吸烟有一种不好的态度，到打算戒烟，再到实际上戒烟，都受到态度 行为关系研究所描述的所有调节变量的影响（例如计划行为理论和理性行为理论——见第 5 章）。

五、认知失调和态度改变

人们可以改变他们的想法，正如你所知道的，他们确实改变了。认知失调理论为我们提供了一种令人信服的解释。它的核心前提是，当有两种或两种以上不一致的认知（信息）时，一个人会产生一种不愉快的心理紧张状态。认知是思想、态度、信念或者针对行为的意识状态。例如，如果有人认为一夫一妻制是他们婚姻的一个重要特征，但却有婚外情，他们可能会因此感到内疚和不安（失调）。作为**认知一致性理论**（cognitive consistency theories）家族之一（Gawronski & Strack, 2012），认知失调理论由利昂·费斯廷格（Leon Festinger, 1957）提出，成为20世纪60年代社会心理学家研究最多的课题（见 Cooper, 2007）。

费斯廷格提出，我们在态度、信念和行为中寻求和谐，并试图缓解这些元素之间的不一致造成的紧张感。人们会通过改变一个或更多的认知不一致来缓解失调（例如，在一个人有外遇的情况下，"在没人发现的时候，一点小乐趣无伤大雅"），通过寻找额外的证据来支持一方或另一方（"我的爱人不理解我"），或诋毁认知的来源（"忠诚是杜撰的宗教教义"）。准则似乎是这样的，即失调越严重，越会尝试消除这种失调。经历失调会让人感到生理上的"紧张"，这一点可以通过测谎仪检测到的皮肤导电率变化得到证明。

为了使失调导致态度的改变，两种不同的态度需要相互冲突（见专栏6.6）。因为认知失调是不愉快的，人们倾向于避免接触那些易导致认知失调的思想。根据**选择性接触假说**（selective exposure hypothesis），当潜在的失调信息出现时，人们非常挑剔。但当他们的态度是以下情况时会出现例外，比如非常强（他们可以整合或反对相反的信息），或非常弱（看上去更有利于发现真相然后做出恰当的态度和行为变化）（Frey, 1986; Frey & Rosch, 1984）。

例如，弗雷和罗施（Frey & Rosch, 1984）向被试提供书面资料，在此基础上，他们必须形成"中止或继续聘用一个管理人员"的态度，一半的被试被告知他们的态度是可逆的（他们稍后可以改变主意），另一半则被告知他们的态度是不可逆的。然后他们从包含5项一致信息（支持他们的态度）和5项失调信息（反对他们的态度）的信息库中选择他们想要的额外的信息。被试选择了更多的一致信息而非失调信息，在不可逆条件下，这种效果被大大放大（见图6.8）。

认知一致性理论
一组强调人们试图在各种认知之间保持内在的协调、秩序和一致性的态度理论。

选择性接触假说
人们倾向于回避可能失调的信息。

📚 **专栏6.6**　　　　**我们的世界**

交换学生对国家刻板印象的影响

学生交换计划为旅居国外的人提供了一个极好的机会，他们可以利用从国外的个人经历中获得的新信息，来比较他们对其他国家的刻板印象。从认知失调的角度来看，一个人会期望（或希望）愉快的个人经历会与根深蒂固的对外国的消极态度相冲突，并会引起认知失调，在这种情况下，只有通过改变最初的态度才能解决认知失调。

这一观点在施特勒贝、伦克特和乔纳斯（Stroebe, Lenkert, & Jonas, 1988）对在德国和法国交换一年的美国学生的研究中得到了证明。他们发现，在旅居德国的情况下，现实与现有的态度相匹配，因此没有失调和态度的改变。然而，旅居法国的人发现，现实并不像他们先前认为的那样令人愉快。其间产生了失调感，于是他们带着改变了的态度离开了法国，不幸的是，他们的印象变得更坏了。这些发现与其他关于旅居者态度的研究（如Klineberg & Hull, 1979）是一致的，它们预示了与外群体直接接触对人们的刻板印象的影响的复杂性（见第11章）。

认知失调理论的一个优点是，它是用一种广泛而普遍的方式进行表述的。它适用于许多情况，特别是涉及态度或行为改变的时候。例如，它被用来理解

- 人们后悔的感觉和做出决定后态度的变化。
- 人们接触和寻找新信息的模式。
- 人们为自己的信念寻求社会支持的原因。
- 在缺乏内群体成员支持的情况下，态度的改变表现为一种失调的认知。
- 个体说了或做了与他的惯常信念或习惯相反的事情时，态度会发生改变。
- 改变态度能使伪善的行为合理化（Stone & Fernandez, 2008; Stone, Wiegand, Cooper, & Aronson, 1997）。

认知失调理论的一个特别吸引人的特点是，当人们面对冲突的态度和行为时，它可以产生不明显的关于人们如何做出选择的预测（Insko, 1967）。认知失调研究通常会采用三种不同的研究范式中的一种（Worchel, Cooper, & Goethals, 1988）：心血辩护、诱导性顺从和自由选择。让我们看看这些有什么不同。

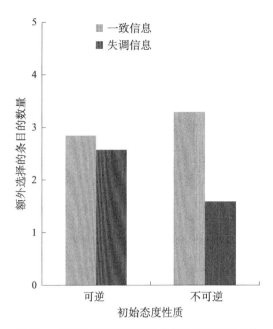

图 6.8　一致和失调信息的选择作为态度不可逆性的函数
来源：Frey & Rosch, 1984.

（一）心血辩护

这里有一件让人震惊的事情。当你在两种选择中做出选择时，你就进入了一种失调状态。假设你今晚需要一些外卖，你做出了买印度菜而不是中国菜的重要决定。即使你已经做出选择，你还是会反复考虑其他的选择。今晚是咖喱之夜——你已经可以品尝到了！咖喱会获得更好的评价，或者中国菜变得不那么有吸引力，或者二者兼而有之——而明天又是新的一天。**心血辩护**（effort justification）范式的运作方式见图 6.9。

> **心血辩护**
> 认知失调的一个特例，即当一个人为了达到一个适度的目标而付出相当大的努力时，矛盾就会产生。

志愿行为　→　大量精力被消耗　→　目标一开始被列为是消极的　→　认知失调　→　目标之后被列为是积极的

图 6.9　心血辩护范式的一般模型

一项关于心血辩护的早期经典研究让女学生志愿者参加一个关于性的小组讨论（Aronson & Mills, 1959）。她们被告知，在加入一个小组前必须先通过一项筛选测试，看她们是否有能力坦率地发言。那些同意的人被分配到两个条件之一：在苛刻的条件下，她们被要求大声朗读一份含有淫秽词语和露骨的性描写的清单；在温和的条件下，她们被要求阅读一些诸如"爱抚"和"卖淫"的单词。在启动后，她们通过耳机听了一场小组讨论，以期在接下来的一周内加入讨论。她们听到的都是些平淡无奇的话，因而一点也不感到羞耻。实际上，讨论是一段录音，被试在其中被灌输了前后矛盾、单调乏味的思想。除了苛刻和温和的启动条件，还有一个控制条件，即被试没有筛选经验。

研究的假设是，苛刻的条件会给被试带来痛苦。然而，她们志愿参加讨论的过程中感受到的尴尬会导致失调的产生。结果是，人们对自己的选择（参加讨论组）的喜爱程度会增加，因为这一

心血辩护　为了到达卡拉帕塔（Kala Patar）的顶峰所付出的心血值得吗？这个徒步旅行者的庆祝举动提供了答案。珠峰可能不得不等待。

选择给他们带来了痛苦，为了使这些行动保持一致，被试需要将小组讨论评价为比其实际情况"更有趣"。这一假设得到了证实。那些经历了苛刻的启动条件的人，认为小组讨论和其他小组成员的有趣程度，比温和或控制条件下都高（见图6.10）。

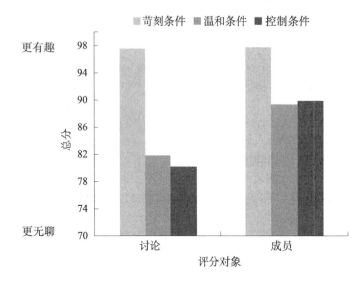

图 6.10 对小组讨论的兴趣作为启动程序的苛刻性的函数
某种程度的"痛苦"让志愿活动显得更有吸引力。
来源：Aronson & Mills, 1959.

后来的研究表明，心血辩护是一种有用的手段，可以引起与憎恶和酗酒相关的行为的变化。例如，库珀和艾克索姆（Cooper & Axsom, 1982）研究了一些女性被试，她们觉得自己需要帮助来减肥，并且愿意尝试一种"新的实验程序"。研究人员要求她们到一个实验室称量体重，并向她们解释这一程序。

在高强度的条件下，这些女性参与了各种费时费力的任务，包括大声朗读绕口令，整个过程持续40分钟。这些任务需要的是精神上的努力而非身体上的锻炼。当强度低时，任务更短、更容易。在控制条件下，志愿者完全不参与任何任务，只是简单地称重，并被要求在晚些时候再次报告。高强度和低强度的两组在三周的时间里分别进行了五轮实验，然后再次称量体重。结果如图6.11所示。

库珀和艾克索姆很受鼓舞地发现，高强度锻炼组的体重减轻，且这并不仅仅是因为女性在五周研究期间表现出兴趣的人为产物。在六个月和一年后再次联系被试，她们同意再次称重。

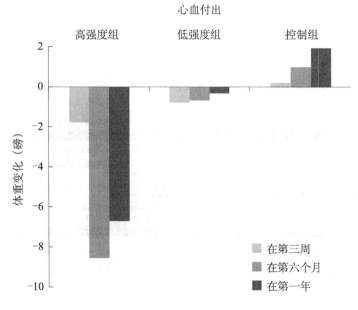

图 6.11 超重女性在付出心血后的体重变化
你可能认为体力活动可以减轻体重。这项研究表明，脑力劳动也是有效减肥的重要组成部分。
来源：Cooper & Axsom, 1982.

经过一段时间后，体重减轻的情况更加明显。六个月后，高强度组中出现了惊人的结果，94%
的人体重减轻了一些，而低强度组中只有 39% 的人成功减重了一些。

（二）诱导性顺从

有时人们被诱导以与他们的态度不一致的方式行事。**诱导性顺从**（induced compliance）范
式的一个重要特征是，诱导不应该太强烈，以免让人们觉得他们被迫违背了自己的意愿。费斯
廷格和卡尔史密斯（Festinger & Carlsmith, 1959）进行了一项常被引用的实验。在这项实验中，
自愿参加心理学实验的学生被要求完成一项极其无聊的任务，时间长达一个小时，他们认为自
己是在为"行为测量"研究做出贡献。

假设你是志愿者，你面前有一块板，板上有几排方形的钉子，每个钉子都被放在一个方形
的孔里。你被要求把每个钉子向左旋转 1/4 圈，然后再向右旋转 1/4 圈。当你完成了这项任务
时，你被告知再来一遍，20 分钟内一遍又一遍地重复这一系列动作。（这不是为了好玩！）当
20 分钟结束时，主试告诉你你已经完成了实验的第一部分，现在你可以开始第二部分了，这
次从另一个钉板上取几卷线，然后把它们全部放回去，一遍又一遍。最后，令人麻木的工作终
于结束了。

此时，主试让你知道一个秘密：你虽然是一个控制组被试，但你现在可以提供"真正的"
帮助。看来实验助理没有出现。你能补上吗？你所要做的就是告诉下一个人这些任务真的很有
趣。主试解释说，他是在考察先入之见对人们完成任务的影响。之后，如果你愿意在将来的某
个时候再次随叫随到地帮忙，主试会提供金钱奖励。幸运的是，你从未被叫到。

在费斯廷格和卡尔史密斯的研究中，一种情况下的被试如果同意以这种方式合作，就会得
到 1 美元的报酬，而另一种情况下的被试如果同意提供帮助，就会得到 20 美元。实验设计还包
括一个控制组，他们没有被要求告诉任何人这个非常无聊的经历有多有趣，他们也没有得到任
何奖励。在后来的一次测试中，所有人都被要求评价这项任务的有趣程度或其他方面。根据诱
导性顺从范式，你同意将你所经历的事情描述成与事实正好相反时，就会产生失调感。你已被
劝服要以一种逆态度的方式行动。

激励的变化附加了一个有趣的转折。得到 20 美元的被试可以用"我是为了 20 美元才这么
做的，这确实是个糟糕的任务"的想法来解释他们的谎言。20 美元在 20 世纪 50 年代中期是一
笔不小的数目。换句话说，在这种条件下可能是不会失调的。与此同时，那些说谎但已经收下 1
美元的人面临着两难境地："我做了一个很无聊的任务，然后告诉别人这很有趣，最后甚至同意
回来再做一遍——为了区区 1 美元！"这其中存在失调。减少持续唤起的一种方法是让自己相
信这个实验真的很有趣。这一经典研究的结果如图 6.12 所示。

两个奖励组的打分证实了主要的预测。1 美元组被试认为这个任务相当有趣，
而 20 美元组被试觉得有点无聊（而控制组被试觉得更无聊）。1 美元组被试将来也
更愿意参加类似的实验。这项实验的重点，也就是用更小的奖励带来更大的态度改
变，已经被重复了好几遍。修改一句老话："如果你要牵一头驴，就用胡萝卜，但如
果你想让驴享受旅程，那就用小胡萝卜。"

说起胡萝卜，我们就会想到吃油炸蚱蜢。津巴多及其同事（Zimbardo, Weisenberg,
Firestone, & Levy, 1965）在一个军事环境中进行了一项有趣的实验，解决了这个"烹
饪"问题。一位权威人士要求被试按照自己讨厌的方式吃蚱蜢，这位权威人士的人
际关系风格是积极（热情）或消极（冷漠）。根据认知失调的诱导性顺从变量，当
传达者是消极的时，**决策后冲突**（post-decisional conflict）（以及随之的态度改变）应
该更大，否则怎么能证明一个人自愿地以一种逆态度的方式行事呢？请阅读专栏 6.7

诱导性顺从
认知失调的一个特例，即当
一个人被劝服以一种与态度
相反的方式行事时，矛盾就
会产生。

决策后冲突
与以一种逆态度的方式行事
有关的失调。通过使态度与
行为一致，可以减少失调。

中关于本研究的内容，并查阅图 6.13 中的结果。

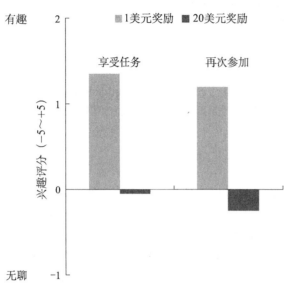

图 6.12 诱导性顺从背景下，激励对评价一项无聊任务的影响

社会心理学的一项反直觉的发现是：通过提供最小的奖励，承诺返回来重复一项无聊的任务会最大化失调感。

来源：Festinger & Carlsmith, 1959.

专栏 6.7　　　经典研究

认识蚱蜢就是喜爱蚱蜢

紧随诱导性服从的态度改变

思考本章开头"你怎么认为？"中的第二个问题。这个场景，实际上是由菲利普·津巴多及其同事（Zimbardo, Ebbesen, & Maslach, 1977）开展的涉及年轻的军事学员的研究。他们让一位受指示的军官向学员们建议，他们可以品尝几只油炸蚱蜢，并对他们施加温和的社会压力，要求他们服从。早前进行的一份关于饮食习惯的问卷调查显示，所有的学员都认为他们应该吃的东西是有限的，而一顿油炸蚱蜢餐就是自己不应该吃的之一。然而军官给他们做了一个关于置身战斗条件下的现代士兵的激情演讲，并提到某种程度上士兵需要从所有地方寻找食物来源。演讲结束后，每个学员都得到了一个盛有 5 只油炸蚱蜢的盘子，并被邀请品尝。

实验的一个重要特点是如何提出要求。对于一半的学员来说，军官是愉悦的、不拘礼节的和宽容的；而对于另一半学员来说则是冷酷的、正经的、严厉的。还有一个控制组，要求他们对两组食物进行评分，但不进行诱导，也就是他们没有品尝油炸蚱蜢的机会。被试所承受的社会压力必须足够微妙，

以能够让他们认为自己可以自由选择是否吃蚱蜢。关于吃的命令不会引起失调，因为这样一来，学员就可以自证他的顺从是有道理的，他会说"是他让我品尝的"。此外，那些听了军官话的学员可能会认为"我这么做是对这位好人的帮助"，以此来证明服从的合理性。然而，那些与消极军官接触的学员可能不会如此评价自己的行为。他们由此产生的经验应该是失调的，而降低失调感的简单方法是改变他们对蚱蜢作为食物来源的感觉。

结果大约 50% 的学员实际上品尝了一些蚱蜢。那些服从的人平均吃了 2 只蚱蜢。图 6.13 所示的结果显示了改变喜欢或不喜欢蚱蜢作为食物的被试的百分比。注意在积极和消极的情况下，都是品尝了的人更喜欢而不品尝的人更不喜欢，这表明需要一定程度的自我辩护来解释一种自愿但令人厌恶的行为。然而，最有趣的结果是关于消极军官的，在这种情况下，失调应该是最大的，正如理论所说，在此条件下，对蚱蜢的喜欢程度发生了最大的改变。

来源：Zmbardo, Ebbesen & Maslach, 1977; Zimbardo, Weisenberg, Firestone & Levy, 1965.

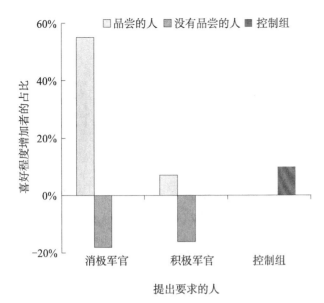

图 **6.13**　军事学员对把油炸蚱蜢当作食物的喜好程度作为军官人际风格的函数

与图 6.12 一样，这里是另一个反直觉的结果：当发出请求的人不太有吸引力时，满足不愉快的请求似乎更有吸引力（见专栏 6.7）。

来源：Zimbardo, Weisenberg, Firestone, & Levy, 1965.

诱导人们采取与他们的态度相反的行动是不容易的，通常需要采取微妙的方法。具有可预见的消极后果的逆态度行为，例如媒体引用的吸烟无害的说法，需要一个复杂的诱导过程。然而，不那么严重或消极的后果，例如只是投票表决吸烟是无害的，可能不那么难实现。然而，该理论预测，一旦人们被诱导采取逆态度的行动，失调感会很强，他们将努力证明他们的行动是合理的（Riess, Kalle, & Tedeschi, 1981）。

（三）自由选择

假设你在不同的行动方案之间进行选择的可能性是相当均衡的，而你必须做出一个决定。这适用于许多日常情况，比如是买这个还是那个，或者去这个旅游景点或其他地方度假，抑或是接受这个或其他的工作机会。根据费斯廷格（Festinger, 1964）对决策过程中冲突的描述，决策前阶段的特征是不确定和不一致，而决策后阶段的特征是相对冷静和自信。

自由选择后的失调减少也可能是押注的一个特征。认知失调理论预测，一旦一个人在两个选择之间做出了选择，押注的人会对结果的成功更有信心。扬格、沃克和阿罗伍德（Younger, Walker, & Arrowood, 1977）在加拿大国家博览会上采访了一些人，这些人要么是准备下注，要么是刚刚在诸如宾果和幸运转轮这样的游戏上下注，他们被要求对自己获胜的信心进行评分。结果发现，已经下注的人更有信心赢（见图 6.14）。

然而，自由选择的这些影响不仅仅能通过失调的减少进行解释。其他研究使用**代表性启发式**（representativeness heuristic）来对比人们对结果的直觉预测和理性预测的偏好（Kahneman & Tversky, 1973；见第 2 章）。举个例子，如果我们选择把买的彩票换成新彩票，我们对中彩票就不那么有信心了。这有些反直觉，因为评估相矛盾的选择的可能性会导致认知负荷过大。这就是为什么，我们有时甚至"克制自己在杂货店排队结账时，不变换所排的队伍；做多项选择题时也不改变答案"（Risen & Gilovich, 2007, p. 21）！

（四）自我的角色

根据阿伦森（如 Aronson, 1999）的观点，自我一致性是失调的核心。人们努力使自己成为有道德和有能力的人（Merrit, Effron, Fein, Savitsky, Tuller, & Monin,

代表性启发式

一种认知捷径，即根据实例与类别的总体相似性，将实例分配到某一类别中。

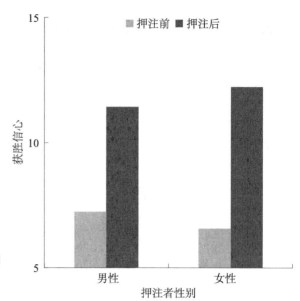

图 6.14 押注前后的获胜信心程度

做出承诺可减少失调。当我们下注时，我们"最好相信"我们赢的机会增加了！

来源：Younger, Walker, & Arrowood, 1977.

2012）。逆态度行为与这一观点是不一致的，因此是令人痛苦的，并由此促使做出改变。这一点在那些对自己评价相对高的人（即他们有更高的自尊）中更加明显。

自我一致性是认知失调的关键，这一观点在**自我肯定理论**（self-affirmation theory）中以稍微不同的形式出现（Steele, 1988; Steele, Spencer, & Lynch, 1993; 另见 Sherman & Cohen, 2006）。如果你的自我概念在某个领域受到挑战，你就可以通过公开在另一个领域对自己做出积极的评价来纠正这个问题。例如，如果你作为一个学者的能力受到挑战，你可以强调（肯定）你是一个很棒的厨师和一个伟大的运动员。从认知失调的角度来看，消极行为对自我意识的威胁尤其大。高自尊的人可以通过自我肯定来应对，因此他们不会感到失调。然而，低自尊的人自我肯定能力较差，会产生严重的失调。这里有一个矛盾：阿伦森（自我一致性）预测在高自尊下会有更大的失调，而斯蒂尔（自我肯定）预测在低自尊下会有更大的失调（见 Tesser, 2000）。

斯通（Stone, 2003）提出，这些涉及自尊的矛盾可以通过对自我标准的重新诠释来解释。当我们评价我们的行为以判断它们是好的或明智的而不是坏的或愚蠢的时，我们使用个人的（个体的）标准或规范的（群体的，或文化的）标准作为准绳。在给定时间内起作用的标准是那些记忆中易获取或长期可及的标准。如果我们认为自己做了愚蠢的事，可能会发生失调；但是除非个人标准已经被带入脑海，否则自尊是不会进入这个等式的。

总的来说，关于自我、自我概念和自尊的认知失调的研究仍然是不断变化的，不过有一点似乎是一致的：

当代的自我失调观至少有一个共同点：它们都对人们如何评价自己行为的意义和重要性做出了重要的假设。（Stone & Cooper, 2001, p. 241）

自我肯定理论

人们通过关注和肯定自己在其他领域的能力来减少威胁对自我概念的影响。

（五）替代性失调

有一些有趣的证据表明，人们可以间接地体验到失调（Cooper & Hogg, 2007; Norton, Monin, Cooper, & Hogg, 2003）。当两个人之间有一种强烈的联系时，比如强烈地认同同一群体，那么一个人所经历的失调可能会被另一个人感受到。例如，一个反吸烟的电视广告可能会引起观众的失调，他们目睹像他们一样"也知道吸烟不健康"的人在吸烟（即做出逆态度的行为）。观众实际上不需要表现出逆态度。如果观众确实参与了逆态度行为，可能会有反弹效应，因为被观察的共同类别成员为观众的失调提供了社会支持。

布莱克·麦金米耶（Blake McKimmie）及其同事的研究发现，群体内对逆态度行为的社会支持能减少失调（McKimmie, Terry, Hogg, Manstead, Spears, & Doosje, 2003）。其他研究者发现，当被试观察到一个内群体成员的伪善行为和一个外群体成员对此的负面评论时，他们对内群体亲环境行为的规范态度的认同会加强，而此认同在外群体成员没有表现出注意到这一伪善行为时最弱（Gaffney, Hogg, Cooper, & Stone, 2012；另见 Focella, Stone, Fernandez, Cooper, & Hogg, 2016）。

（六）对失调的不同看法

认知失调理论在社会心理学中有一段曲折的历史（见 Visser & Cooper, 2003）。费斯廷格的初始想法现在已经被完善。失调并不像费斯廷格最初认为的那样容易产生，在某些情况下，其他理论（如自我知觉理论，下面将讨论）可能比认知失调理论更能解释态度的变化。尽管如此，认知失调理论仍然是针对态度改变和许多其他社会行为最广为接受的解释之一。它已经催生了上千项实证研究，并可能在许多年内继续成为社会心理学理论的一个组成部分（Beauvois & Joule, 1996; Cooper, 2007; Cooper & Croyle, 1984; Joule & Beauvois, 1998）。

自我知觉理论

一些人认为态度的改变并不是通过认知失调理论提出的过程来实现的，一些认知失调实验的结果可以用**自我知觉理论**（self-perception theory）来解释（Bem, 1972；见第 4 章）。比较这两种理论的研究表明，两者都有助于理解态度和行为的改变，但认知失调和自我知觉过程在不同的领域起作用（Fazio, Zanna, & Cooper, 1977）。

为了理解每种理论的适用范围，假设你的态度存在接受和拒绝的界限（Sherif & Sherif, 1967）。如果你赞成将可饮酒年龄保持在 18 岁，你也可以同意 17 岁或 19 岁。对你的立场而言有一个可接受的范围。另外，还有拒绝的范围：你可能会绝对反对法定饮酒年龄为 15 岁或 21 岁。大多数情况下，我们都是在自己的接受范围内行动。有时，我们可能会跳出这一范围，例如当我们在一家餐厅的用餐费是预期的两倍时。如果你觉得你可以自由选择，你就会经历失调。

当你的行为在你的接受范围内时，自我知觉理论最能解释你的反应。因此，如果你愿意比最初的预算多支付至多 25% 的费用，就不存在真正的冲突，例如"我想我愿意多支付那一点点"。然而，当你发现自己的行为超出之前的接受范围时，认知失调理论可以更好地解释你的反应。我们只有通过改变态度来减少我们的失调，例如"我付了两倍于我预算的钱，但这没关系，因为我认为食物非常棒"（Fazio, Zanna, & Cooper, 1977）。因此，态度可以通过自我认知等自我归因过程来改变，也可以通过减少认知失调的感觉来改变。

（七）认知失调的新视角

乔尔·库珀和拉塞尔·法齐奥（Joel Cooper & Russell Fazio, 1984）在他们的新视角（new look）模型中反驳了对认知失调理论的一些质疑。争论是当一个人观察到的行为和信念相矛盾时，如何保持和捍卫态度这个概念。根据库珀和法齐奥的观点，当行为是逆态度的时，我们会试图弄清楚后果可能是什么。如果这些行为被认

自我知觉理论
贝姆的观点，认为我们只能通过自我归因来获得对自己的认识，例如我们从自己的行为中推断出自己的态度。

为是消极和相当严重的，那么我们必须检查我们的行为是不是自愿的。如果答案是肯定的，我们就会承担责任，从随之而来的失调状态中体验唤起，并使得相关的态度一致，减少失调。这一修正，如图 6.15 所示，也包括归因过程，包括我们是否按照我们的自由意志行事，以及外部影响是重要还是不重要。

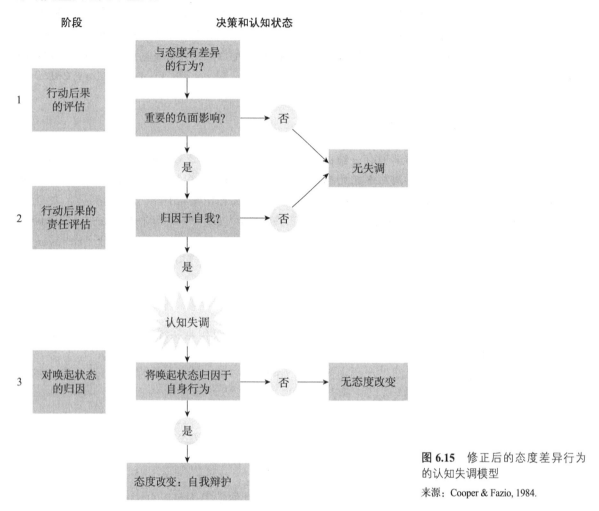

图 6.15　修正后的态度差异行为的认知失调模型

来源：Cooper & Fazio, 1984.

新视角模型得到了大量证据的支持（Cooper, 1999），但是传统的认知失调理论也是如此，后者关注的是失调本身而不是行为的后果（如 Harmon-Jones, 2000）。

六、劝服阻力

到目前为止，我们的讨论主要集中于改变我们态度的因素，这通常是无意识的。然而，失败的劝服尝试要比成功多得多。当我们对一件事有强烈的感觉时，我们可能会非常顽固地拒绝立场改变的尝试（Zuwerink & Devine, 1996）。研究主要集中于抗拒态度改变的三个主要过程：抗拒、预警和预防接种。

（一）抗拒

如果人们认为信息并非有意要具有劝服力，他们就更容易被劝服（见专栏 6.1）。如果怀疑是蓄意劝说就会触发**抗拒**（reactance）过程。回想一下某个人明显试图改变你的态度的情况。你可能会回想起曾经有过不愉快的反应，甚至强化了你现有的态度，也许变得更加反对对方的立场。

杰克·布雷姆（Jack Brehm, 1966）创造了"reactance"（抗拒）一词来描述这个过程，即当有人试图限制我们的个人自由时，我们所经历的一种心理状态。研究表明，当我们有这种感觉时，我们可以进行隐蔽的反驳并试图降低信息源的可信度（Silvia, 2006），然后继续在反向上更明显地改变，这一效果被称为态度负向改变。病人对医生推荐的治疗有时也会有这样的反应（Rhodewalt & Strube, 1985）。

你们中有些人可能熟悉《圣经》中以伊甸园为背景的故事。上帝说："我禁止你吃那个苹果。"夏娃（在蛇的怂恿下）想："好吧！让我们看看味道如何。"布拉德·布什曼和安吉拉·斯塔克（Brad Bushman & Angela Stack, 1996）针对含有暴力内容的影视的警告标签所进行的一项有趣的研究验证了这一观点。他们比较了两种标签：受污染的水果标签，其中警告相对低调，表明一部电影的内容可能有有害的影响；禁果标签，其中的警告更明显，像是某种审查制度，这正是网络急于避免的事情。也许你不会对强烈的警告会增加人们对暴力电影的兴趣这一假设感到惊讶，而在这项研究中，观众的反应也证明了这一点。

（二）预警

预警（forewarning）是劝服意图的先验知识，即告诉一些人你将会影响他们。如果我们事先知道这一点，劝服就不那么有效了（Cialdini & Petty, 1979; Johnson, 1994），尤其是在我们认为重要的态度和问题上（Petty & Cacioppo, 1979）。当人们预先得到警告时，他们就有时间演练可以用作防御的反论证。从这个角度看，预警可以被看作预防接种的一个特例。伍德和奎因（Wood & Quinn, 2003）对预警的研究进行了元分析，得出的结论是，预警在高度参与该问题的人群中会导致抵抗（回力镖效应），但在较少参与的人群中，则会引发与劝服信息略微一致的看法。

（三）预防接种

正如这个术语所表明的，**预防接种**（inoculation）是一种保护形式。在生物学中，我们可以给人注射一种减毒或灭活的病原体以建立其对更强大的病原体的抵抗力。在社会心理学中，我们可能会寻找类似的方法来抵御劝服（McGuire, 1964）。接种技术被描述为"抗拒态度改变的祖辈理论"（Eagly & Chaiken, 1993, p. 561），它是通过将一个人暴露在一个弱化的逆态度论据中而提出的。

麦奎尔将生物学上的接种类比应用于劝服沟通，并区分了两种防御：

- 支持性防御：基于态度的支持。通过提供额外的论据来支持最初的信念，可以增强抵抗性。
- 预防接种性防御：采用相反的论据，可能更有效。一个人知道对手的论据是什么，然后将它们驳倒。

预防接种从一开始就会构成威胁，因为反论据是对一个人态度的攻击（Insko, 1967）。预防接种性防御利用了双面陈述的优势（前面关于劝服信息特征的内容已讨论过）。一般来说，这种防御开始于对人的立场的弱攻击，因为强攻击可能是致命的！然后可以告诉这个人，弱论据不太强，应该很容易反驳，或者提供一个直接驳斥弱论据的论据。对劝服的抗拒增加是因为我们变得有动力去捍卫我们的信念，

抗拒
布雷姆提出的概念，认为人们试图保护他们的行动自由，当他们感知到这种自由被剥夺时，他们将采取行动以重新获得它。

预警
预先知道自己将成为劝服的目标。预警常常会导致对劝服的抗拒。

预防接种
一种让人们抗拒劝服的方法，即通过向他们提供一个稀释的反论据，他们可以借此为以后更有力的反论据构想有效的反驳。

并且我们在这方面获得了一些技能。

麦奎尔和帕帕吉奥吉斯（McGuire & Papageorgis, 1961）对这两种防御方式进行了测试。学生们被要求在15分的范围内，对一系列与健康信念相关的常识进行赞同度打分，比如：

- 如果可能的话，每顿饭后刷牙是个好主意。
- 青霉素几乎毫无例外地给人类带来了巨大的好处。
- 每个人都应该每年做一次胸部 X 光检查，以发现早期结核病的任何迹象。
- 精神疾病是不会传染的。

在实验开始之前，许多学生完全支持这些提议——在15点反应量表上打15分。然后，他们阅读对这些健康信念进行辩护和攻击的论文。防御组（他们的立场得到了支持）的学生得到的信息，要么是支持性的，要么是预防接种性的（他们的立场受到了弱攻击，然后被反驳）。还有两个控制组，一组学生阅读的文章既不攻击也不保护常识，另一组学生阅读的文章攻击但不保护常识。

不足为奇的是，那些既没有被攻击也没有被保护的控制组的被试对常识的接受程度是最高的。关键的发现如图6.16所示：

- 与没有防御措施的控制组相比，支持性防御组的学生对攻击的抵抗能力更强一些（比较条形2和条形4的数据）。
- 与相同的控制组相比，预防接种过的学生抵御强攻的能力大大增强（比较条形1和条形4的数据）。

预防接种显然是对劝服的有力防御（另见 Jacks & Cameron, 2003），特别是当受众要面对一个新的论据时。应对早期对其立场所进行的温和攻击的方式，能在一个更强大的敌人来临时，给他们提供更好的思路。然而，麦奎尔（McGuire, 1964）指出，虽然支持性防御较弱，但不应被忽视。防御在能很好地理解对自己立场的攻击时，是最有效的，这样就可以结合已经建立和排练好的支持性论据进行反驳。例如，那些来到你门前的虔诚的访客，当他们打算告诉你他们宗教的奇迹时，你可以试着劝服他们这是错的。很可能他们以前就听过你的反驳意见。

预防接种已被用在一些广告中。一个例子是发行／宣传广告，一个公司通过发布关于有争

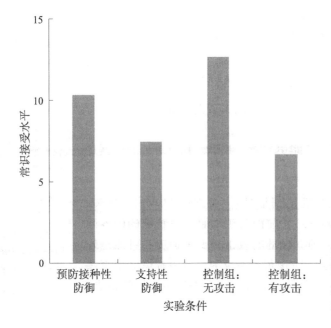

图 6.16　对健康常识的接受程度作为支持性防御和预防接种性防御的函数

对反论据最好的防御方式之一就是接触小剂量的反论据。

来源：McGuire & Papageorgis, 1961.

议观点的媒体公告来保护消费者的忠诚度不受"态度下滑"的影响（见 Burgoon, Pfau, & Birk, 1995）。例如，一家化学公司可能会发布一份关于环境污染的声明，以使其消费者获得预防接种，免受竞争对手或当地绿色政党等其他"敌人"对其不环保行为的指控的影响。这种做法现在很普遍。一家酒精公司可能会资助酒精研究和酒精节制运动，一家时尚公司可能会支持保护野生动物和反对雇用童工。

（四）态度可及性和强度

影响人们抗拒劝服的其他变量还有态度可及性和态度强度。可及的态度更容易出现在脑海中，而且可能更强烈（见第 5 章）。迈克尔·普法乌（Michael Pfau）和他的同事通过将其应用于耐药性研究证实了我们的预期。可及且强烈的态度对劝服有更强的抵抗力（Pfau, Compton, Parker, et al., 2004; Pfau, Roskos-Ewoldsen, Wood, et al., 2003）。在预防接种的情况下，对一个人的态度的初始威胁会使这种态度更具可及性，尤其是如果我们形成反论据的话更是如此。抗拒劝服的成功可以通过强化目标的初始态度反弹到劝服者身上（Tormala & Petty, 2002），即使信息很强有力（Tormala & Petty, 2004a）或来自专家（Tormala & Petty, 2004b）。

为了有效性，劝服信息必须影响人们在现实生活中后来做出的行为决定，即他们的后信息行为。仔细考虑针对高风险行为的行动，例如试图劝阻年轻人不要喝酒。阿尔瓦拉辛、科恩和库卡尔（Albarracín, Cohen, & Kumkale, 2003）发现，关于健康和伤害的警告对提倡戒酒无效。在下一次青少年聚会上，可能没什么机会对别人提供的酒精饮料说"不"之类的话。沉溺于"试饮"的年轻人，在他们的行为和信息的内容之间会立即产生冲突，体验到失调。结果可能是，一个支持性信息反而削弱了其所支持的态度。

在过去十年左右的时间里，对劝服阻力的研究有所增长，并被应用于一系列劝服领域（见 Knowles & Linn, 2004）。当然时至今日，这不仅被邪教用来给其成员洗脑，使其认同邪教的意识形态（Bernard, Maio & Olason, 2003），也成为向恐怖分子灌输对无辜者实施骇人暴行的极端世界观的手段（King & Taylor, 2011）。有效的预防接种或防御价值转换可能会涉及不同的或额外的、能对态度起效的资源（参照 Maio, 2010）。

■ 小结

- 耶鲁项目是一项关于沟通和劝服的有影响力的研究。它着重于三类因素：信息的来源（谁）、信息本身（是什么）和受众（对谁）。

- 经过充分研究的传播者变量是来源可信度，而经过充分研究的信息变量是基于恐惧的诉求。睡眠者效应是一种现象，一些信息会随着时间的推移而产生影响。

- 关于劝服和态度改变的社会心理学研究已经对我们日常生活的两个领域产生了重大影响，即商业广告和政治宣传。

- 劝服信息的习得主要有两种模式。佩蒂和卡乔波的详尽－可能性模型提出，当人们仔细处理一条信息时，他们会使用中心路径来处理它，否则他们会使用外围路径。柴肯的启发式－系统式模型表明，人们在仔细处理信息时会使用系统式处理；另外，他们会使用启发式处理。这些模型并不冲突。

- 有许多技术可以诱使另一个人遵从我们的要求，包括逢迎、互惠和唤起内疚感。还有多重请求技术（登门槛、以退为进、低球），其中第一个请求被作为第二个真实请求的前提。

- 费斯廷格的认知失调理论从一个人的信念之间的冲突、行为和潜在态度之间的差异，以及行为和自我概念之间的差异来解释态度的改变。失调的产生有三种方式：心血辩护、诱导性顺从和自由选择。

- 当传播者的劝服努力显而易见时，抗拒过程就会被触发。建立抵抗性的技术包括预警和预防接种。近年来，制造企业利用预防接种性媒体宣传来提振消费者忠诚度。
- 针对人们更广泛的意识形态和价值体系受到攻击时的防御策略，可能需要与针对特定态度攻击的防御策略不同或额外的认知和社会资源。

关键词

Action research 行动研究

Attitude change 态度改变

Audience 受众

Cognitive consistency theories 认知一致性理论

Cognitive dissonance 认知失调

Compliance 顺从

Disconfirmation bias 不确认偏差

Door-in-the-face tactic 以退为进策略

Effort justification 心血辩护

Elaboration-likelihood model 详尽－可能性模型

Foot- in-the door tactic 登门槛策略

Forewarning 预警

Heuristic -systematic model 启发式－系统式模型

Induced compliance 诱导性顺从

Ingratiation 逢迎

Inoculation 预防接种

Low-ball tactic 低球策略

Message 信息

Mindlessness 不在乎

Moderator variable 调节变量

Multiple requests 多重请求

Persuasive communication 劝服传播

Post-decisional conflict 决策后冲突

Reactance 抗拒

Reciprocity principle 互惠原则

Representativeness heuristic 代表性启发式

Selective exposure hypothesis 选择性接触假说

Self-affirmation theory 自我肯定理论

Self-perception theory 自我知觉理论

Sleeper effect 睡眠者效应

Source 来源

Terror management theory 恐惧管理理论

Third-person effect 第三人效应

文学和影视

《对话尼克松》

1977 年夏天，在因水门事件而被迫下台三年后，美国前总统理查德·尼克松决定澄清事实，通过电视采访修复他的名声。他挑选了风流倜傥的脱口秀主持人大卫·弗罗斯特。接下来，在这部 2009 年的电影中，尼克松（弗兰克·兰格拉饰演）在大部分采访和环境事件中，似乎都聪明地战胜了弗罗斯特（麦克·辛饰演），这是一次劝服和态度改变的练习。

《教父》三部曲

《教父》三部曲（1972，1974，1990），由弗朗西斯·福特·科波拉导演，马龙·白兰度、阿尔·帕西诺、罗伯特·杜瓦尔、詹姆斯·肯恩、罗伯特·德尼罗、黛安·基顿、安迪·加西亚、索菲亚·科波拉等主演。《教父》三部曲讲述的是黑手党通过恐吓所获得的劝服力，以及教父这一真实、隐含或想象的存在。

《骄傲》

这部 2014 年上映的电影由马修·沃楚斯执导，根据 1984 年英国矿工罢工的真实故事改编。一群伦敦的男女同性恋平权活动人士筹集资金来支持受罢工影响的南威尔士的家庭。这催生了一场更广泛的运动，女同性恋者和男同性恋者对矿工进行了支持，从而间接加入了罢工队伍之中——考虑到当时普遍存在的对同性恋的恐惧态度，这一合作最初似乎是不可思议的。然而，随着时间的推移，人们的态度逐渐改变，两个群体之间建立起了一种尊重和宽容的牢固纽带。这部暖心的电影强调了改变人们态度的挑战，特别是当社会变迁迫近和人们的态度植根于根深蒂固的恐惧和偏见时。这部电影也与我们在第 7 章讨论的少数人影响及在第 10 章讨论的偏见有关。

《摩托日记》

这是一部很有吸引力的传记电影，上映于 2004 年，讲述了 23 岁的埃内斯托·格瓦拉（盖尔·加西亚·贝纳尔饰）和他的朋友阿尔贝托·格拉纳多（罗德里戈·德拉·塞尔纳饰）1952 年的摩托车公路骑行之旅。旅行的一开始是年轻人享乐主义的表达，但通过他们遭遇的贫困、不公、压迫，格瓦拉的态度、世界观和生活重心逐渐转变。这次旅行（格瓦拉自己在回忆录中也进行了记述）是埃内斯托转变为传奇的革命家切·格瓦拉的催化剂。

请你思考

1. 大学医生希望你的同学约瑟夫戒烟。她想，她可能会让他看一个里面装着化学溶液和有病的肺的大罐子。为什么这个不能很好地起效果呢？
2. 将恐惧作为劝服信息的基础是否有效？
3. 睡眠者效应被认为是不可靠的。你认为它还有效吗？
4. 描述获得顺从的任何一种多重请求策略。你能想出一个日常使用的例子吗？
5. 如果你的目标是让某人对即将到来的宣传运动进行"预防接种"，你会怎么做？

延伸阅读

Albarracín, D., & Vargas, P. (2010). Attitudes and persuasion: From biology to social responses to persuasive intent. In S. T. Fiske, D. T. Gilbert, & G. Lindzey (Eds.), *Handbook of social psychology* (5th ed., Vol. 1, pp.394–427). New York: Wiley. 对劝服的详细且权威的探讨，其中还包括与生化和脑科学有关的文献。

Banaji, M. R., & Heiphetz, L. (2010). Attitudes. In S. T. Fiske, D. T. Gilbert, & G Lindzey (Eds.), *Handbook of social psychology* (5th ed., Vol. 1, pp.353–393). New York: Wiley. 对态度研究最新、全面和翔实的探讨，其中还包含态度改变的过程，并详细介绍了新近的社会神经科学研究。

Belch, G. E., & Belch, M. A. (2012). *Advertising and promotion: An integrated marketing communications perspective* (9th ed.). New York: McGraw-Hill. 一部著名的教科书，其使用传播理论取向（来源、信息、接收者）来探究如何改变消费者的态度和行为，包含丰富的广告示例和插图。

Bohner, G., Moskowitz, G. B., & Chaiken, S. (1995). The interplay of heuristic and systematic processing of social information. *European Review of Social Psychology, 6*, 33–68. 深入概述了社会信息处理的启发式－系统式模型，将态度改变更广泛地与社会影响联系起来。

Johnson, E. J., Pham, M. T, & Johar, G. V. (2007). Consumer behavior and marketing. In A. W. Kruglanski, & E. T. Higgins (Eds.), *Social psychology: A handbook of basic principles* (2nd ed, pp. 869–887). New York: Guilford Press. 这一翔实的章节探讨了消费者行为领域的劝服和态度改变。

Knowles, E. S., & Linn, J. A. (Eds.) (2004). *Resistance and persuasion*. Mahwah, NJ: Erlbaum. 对劝服的探讨，尤其强调了对劝服的抗拒。

Maio, G. R., & Haddock, G. (2007). Attitude change. In A. W. Kruglanski, & E. T. Higgins (Eds.), *Social psychology: Handbook of basic principles* (2nd ed., pp.565–586). New York: Guilford. 全面综述了我们所了解的态度改变过程。

Maio, G. R., & Haddock, G. (2010). *The psychology of attitudes and attitude change*. London: SAGE. 一部由两位顶尖的态度研究者撰写的致力于态度科学的中高水平著作。

Rothman, A. J., & Salovey, P. (2007). The reciprocal relation between principles and practice: Social psychology and health behaviour. In A. W. Kruglanski, & E. T. Higgins (Eds.), *Social psychology: A handbook of basic principles* (2nd ed., pp. 826–849). New York: Guilford Press. 对健康背景下社会心理过程的详细概述，包括对健康态度和行为的探讨。

Visser, P. S., & Cooper, J. (2007). Attitude change. In M. A. Hogg, & J. Cooper (Eds.), *The SAGE handbook of social psychology: Concise student edition* (pp. 197–218). London: SAGE. 一篇全面且易于理解的态度改变理论和研究概述。

Zimbardo, P. G., & Leippe, M. R. (1991). *The psychology of attitude change and social influence*. New York: McGraw-Hill. 细致考察了社会中的态度和社会影响，尤其注意到劝服、影响力和改变。相关的例子很有说服力。

第 **7** 章

社会影响

你怎么认为？

1. 列兵琼斯在执行战斗任务的军队中服役时，被命令在一个地方设置诱杀装置，而这个地方也被用作儿童游乐场。尽管他对这样做感到非常难过，但他看到他所在小队的其他成员已经在服从命令。列兵琼斯可能会做什么？他会怎样想？什么因素会让他更有可能违抗这项命令？
2. 汤姆进了电梯，电梯里已经有几个人了。和其他人一样，他面对着门。在下一层楼，又有几个人进来，就站在他前面。电梯开动时，他们都转向了后面。汤姆觉得这很奇怪，甚至很愚蠢。他们为什么这么做？他也应该这样做吗？
3. 在玩《平凡的追求》（*Trivial Pursuit*）这个游戏时，萨拉只是同意保罗和约翰关于哪架飞机首先突破音障的决定。他们说她是典型的墨守成规的女性。你怎么认为？
4. 阿列克谢和伊万在一家大型跨国公司工作。他们一致认为，他们的许多就业条件极具剥削性。阿列克谢想要与这家公司一争高下，但伊万惊呼道："我们怎么可能成功呢？我们只有两个人在对抗这个系统！"你会给阿列克谢和伊万什么建议来提高他们成功的机会？

一、社会影响的类型

戈登·奥尔波特（Gordon Allport, 1954a）将社会心理学定义为"试图了解和解释个人的思维、情感和行为如何受到他人实际的、想象的或暗示的在场的影响"（p. 5）。这一被广泛接受并经常引用的社会心理学定义（见第 1 章）为**社会影响**（social influence）研究提出了一个潜在的问题——社会影响研究与整个社会心理学研究有何不同？似乎并无直截了当的答案。相反，我们将关注那些声称正在研究社会影响的社会心理学家所研究的问题。

社会生活涉及大量的争论、冲突和争议，个人或群体试图通过劝服、争辩、举例、命令、宣传或武力来改变他人的思想、情感和行为。人们可以清楚地意识到影响的意图，并且可以对他们和其他人受到不同类型的影响形成印象（见第 6 章）。

社会生活的特征还在于**规范**（norms），即人与人之间在态度和行为上的一致性，或特纳（Turner, 1991）所称的"人与人之间规范性的社会相似性和差异性"（p. 2）。在社会影响乃至在社会心理学中，最有趣的问题之一是"人们如何构建规范，如何符合规范或受这些规范调节，以及这些规范如何变化"。由于规范是极为常见的群体现象，我们将在后面的章节（第 8 章）讨论其结构、起源和某些影响，在本章中，我们将对遵从规范和抵制规范的过程予以讨论。

领导者在规范的制定，以及更广泛的影响和劝服过程中发挥着核心作用。领导力显然是一个影响过程（Hogg, 2010），但它也是一个群体过程，因为规范是群体的属性，有领导者的地方就有追随者。出于这个原因，且由于领导力对于人类的生存至关重要，所以我们将在后文对领导力进行详细探讨（见第 9 章）。

社会影响
态度和行为受他人实际或潜在影响的过程。

规范
态度和行为的一致性，这种一致性定义了群体成员身份并使群体之间得以区分。

顺从
表面的、公开的和暂时的行为和态度改变，以应对请求、胁迫或群体压力。

（一）顺从、服从、从众

我们都熟悉屈服于一个群体或个人的直接或间接压力与被真正劝服之间的区别。例如，你可能只是公开赞成他人的态度，服从他们的要求，或遵从他们的行为，但私下根本不觉得被劝服。在其他情况下，你可能根据他们的观点或行为私下改变你内心的信念。社会心理学家并没有忽视这一点，他们发现区分强制性**顺从**（compliance）和劝服性影响是有用处的（专栏 7.1）。

专栏 7.1

你的生活

我们要去哪里就餐？

你正和朋友们围坐在一起，讨论去哪里吃饭。你一心想吃黎巴嫩餐，但他们都喜欢吃印度菜。一场激烈的辩论接踵而至，最后你发现自己同意印度菜是最好的选择。这究竟发生了什么？你是否只是屈从于压力——你是被迫的，仍然更喜欢黎巴嫩餐，但为了维护和平，选择了顺从？还是你觉得自己之所以被劝服是因为印度菜看起来正是你想要的？经过进一步反思，你所属的这个群体是否经常出去寻觅印度美食？如果你不是深深根植于这个群体，决策的结果或相关感受会有所不同吗？本章将讨论行为顺从和导致态度改变的更深层次的劝服之间的区别。

某些形式的社会影响会使公众产生顺从——一种行为和态度表达上的外在变化，以应对他人要求或作为劝服或胁迫的结果。顺从并不反映内在变化，因此通常仅在行为受到监视的情况

下才能持续存在。例如，儿童可以遵守父母的指示以保持房间整洁，但前提是他们知道父母在监视他们！高压强迫和顺从的一个重要前提是，社会影响的来源被影响对象视为拥有权力；权力是顺从的基础（Moscovici, 1976）。

然而，由于内在精神状态的证据是从所观察到的行为中收集的，所以很难知道顺从的行为是否反映了内化（Allen, 1965）——尽管最近的一些神经科学实验已经开始绘制相对于更深层次的认知变化而言，与顺从行为相关的大脑活动差异（参照 Berns, Chappelow, Zink, Pagnoni, Martin-Skurski, & Richard, 2005）。人们出于自我展示和沟通目的而对其行为进行策略性控制会加剧这一困难。对直接要求下的顺从的研究通常是在态度改变和劝服框架内进行的（见第 6 章）。

与顺从相反，其他形式的社会影响可产生私下接受和内化。主观接受和转换可以产生真正的内化变化（Moscovici, 1976），这种变化在缺乏监督的情况下依然存在。从众不是基于权力，而是基于社会规范的主观有效性（Festinger, 1950），也就是一个人对规范所描述的正确的、适当的、有效的和符合社会期望的信念和行为的信心和确定感。在此情况下，规范成为行为的内在标准，因此没有必要进行监督。在确定群体规范的有效性和自我相关性时，我们通常会求助于我们将其作为群体成员来信任的领导者，这会使我们认为他们颇具魅力（如 Platow, Van Knippenberg, Haslam, Van Knippenberg, & Spears, 2006）和权力（Turner, 2005）。

哈罗德·凯利（Harold Kelley, 1952）在参照群体和成员群体之间做出了有价值的区分。**参照群体**（reference groups）是指在心理上对人们的态度和行为具有重要意义的群体，无论是在积极意义上我们试图按照他们的规范行事，还是在消极意义上我们试图与他们的行为准则相反。**成员群体**（membership groups）是指通过某种客观标准、外部指定或社会共识而所属（我们在其中）的群体。

积极的参照群体是从众的一个来源（如果该群体恰好也是我们的成员群体，则这个来源将得到社会的验证），而消极的参照群体（如果也是我们的成员群体）具有产生顺从的巨大强制力。例如，如果我是一个学生，但我却鄙视作为一个学生的所有属性，并且如果我更愿意担任一名讲师，因为我非常看重讲师的规范，那么"学生"是我的成员群体，也是消极的参照群体，而"讲师"是一个积极的参照群体，但不是我的成员群体。我会遵守学生规范，但是将与讲师的规范保持一致。

强制性顺从和劝服性影响之间的一般性区分是一个以不同形式反复出现在社会影响研究中的主题。这种区分反映了社会心理学的普遍观点，即两个完全独立的过程是造成社会影响现象的原因。因此，特纳及其同事将传统的社会影响视角视为**双过程依存模型**（dual-process dependency model）的代表（如 Turner, 1991）。这种双过程取向目前或许在佩蒂和卡乔波（Petty & Cacioppo, 1986b）的详尽 - 可能性模型，以及柴肯（Bohner, Moskowitz, & Chaiken, 1995）关于态度改变的启发式 - 系统式模型中最为明显（见第 6 章；Eagly & Chaiken, 1993）。

（二）权力与影响力

顺从往往与权力关系相关联，而从众则不然。顺从不仅受到人们用来发出请求的劝服策略的影响，而且还受到人们认为影响源具有多大影响力的影响。**权力**（power）可以解释为施加影响的能力或才能，而影响是行动的力量。例如，约翰·弗伦奇和伯特·雷文（John French & Bert Raven, 1959）确定了社会权力的五个基

参照群体
凯利提出的对我们的行为和态度具有重要心理意义的群体的称呼。

成员群体
凯利提出的根据某种客观外在标准而对我们所属的群体的称呼。

双过程依存模型
社会影响的一般模型，认为有两个独立过程在其中运作——依赖他人获得社会认可和关于现实的信息。

权力
在抵制他人影响力的同时影响他人的能力。

础，雷文（Raven, 1965, 1993）后将其扩展为六个：奖赏权力、强制权力、信息权力、专家权力、法定权力和参照权力（见图 7.1）。

1.奖赏权力	对顺从给予或承诺奖励的能力
2.强制权力	对违规行为给予惩罚或惩罚威胁的能力
3.信息权力	目标者认为影响者比自己拥有更多的信息
4.专家权力	目标者认为影响者通常比自己拥有更多的专长和知识
5.法定权力	目标者认为影响者是由公认的权力结构授权进行指挥和做出决策的
6.参照权力	对影响源的认同、吸引或尊重

图 7.1　人们可以利用许多不同的权力源来劝服他人
来源：Raven, 1965.

因为在心理学中，强化或惩罚人的权力对行为产生的影响几乎是不言而喻的，所以实际上并没有人试图证明奖赏权力和强制权力（Collins & Raven, 1969）。一个问题是，对强化的公式化表述，特别是针对复杂的社会行为，很难预先指定什么是奖励、什么是惩罚，但是却很容易在事后进行指定。因此，对强化的公式化表述往往难以证伪，专注于导致特定个体在特定情境中将某些事物视为强化，而将其他事物视为惩罚的认知和社会过程可能更为有用。

虽然信息可能具有影响力，但显然并非所有信息都具有这种力量。如果我们认真地告诉你，我们知道猪确实会飞，你则不大可能会被劝服。为了劝服你，还必须运行其他影响过程，例如可能必须认为信息与规范性预期相一致，或者强制或奖赏权力可能需要发挥作用。

然而，当信息来自专家时可能会产生影响。博克纳和英斯科（Bochner & Insko, 1966）很好地诠释了专家的力量。他们发现，当信息来自诺贝尔生理学或医学奖获得者，而不是一个声望较低的来源时，被试更容易接受。信息只有在本质上变得难以置信时（例如人们几乎不需要睡眠），才会失去影响力（见第 6 章图 6.2）。

法定权力取决于权威，而服从可能是最好的例证（见"服从权威"部分）。参照权力可以通过一系列过程来运行（另见 Collins & Raven, 1969），包括一致性确认、社会赞许和群体认同（所有这些都将在本章后面的"从众"部分探讨）。加林斯基及其同事的一系列关于合法性和权力的研究表明，那些认为自己拥有合法权力的人更有可能采取行动来实现目标——他们感到自己被赋予了权力（Galinsky, Gruenfeld, & Magee, 2003），而认为自己的权力不合法或与地位无关的人可能具有极大的破坏性（Fast, Halevy, & Galinsky, 2012）。

除了权力作为影响力之外，还有关于社会权力的其他视角（Fiske & Berdahl, 2007; Keltner, Gruenfeld, & Anderson, 2003; Ng, 1996）。例如，菲斯克（Fiske, 1993b; Fiske & Dépret, 1996; Goodwin, Gubin, Fiske, & Yzerbyt, 2000）提出了一种群体内权力失衡的社会认知和归因分析（见第 9 章）。塞尔日·莫斯科维奇（Serge Moscovici, 1976）实际上将权力与影响力进行了对比，将它们视为两个不同的过程。权力是通过统治产生的顺从和屈从来对行为进行控制，从这个意义上讲，如果人们拥有权力，他们就不需要影响力；如果他们可以有效地发挥影响力，他们就不必诉诸权力。还有关于群际权力关系的大量重要的文献（如 Hornsey, Spears, Cremers, & Hogg, 2003; Jost & Major, 2001; 另见第 11 章）。

权力也可以被视为在对追随者有效影响所界定的群体内的角色，即领导地位。然而，正如我们将在第 9 章中看到的那样，权力与领导之间的关系并不明确。有些领导者无疑会通过强制行使权力来施加影响——他们是人们再熟悉不过的专制或独裁型领导者，他们可能会哄骗并使用意识形态的方法来使他们的权力精英与自己保持一致，但最肯定的是会对群众行使权力（如 Moghaddam, 2013）。但是，大多数领导者会通过劝服，以及向群体其他成员灌输他们的愿景来影响群体。群体往往允许他们的领导者具有特殊性和创新性（Abrams, Randsley de Moura, Marques, & Hutchison, 2008; Hollander, 1985），他们认为自己的领导者颇具魅力（Avolio & Yammarino, 2003），以及在很多情况下，他们具有合法权威（Tyler, 1997）。

专注于领导力的研究者们通常将领导力与权力区分开来（如 Chemers, 2001; Lord, Brown, & Harvey, 2001）。领导力是一种影响过程，可以吸引并动员他人实现集体目标；它能使成员了解群体的态度和目标，并激励他们努力实现目标。领导力不是一个要求人们对他人行使权力，或者更极端的是，为了胁迫或强迫他人才能获得顺从的过程。与权力过程相比，领导力实际上可能与从众过程更紧密相关，权力则可能是社会建构，而不是有效领导力的原因（Hogg, 2010; Hogg & Van Knippenberg, 2003; Hogg, Van Knippenberg, & Rast, 2012a; Reid & Ng, 1999）。

约翰·特纳（John Turner, 2005）批判了关于权力和影响力的传统视角。传统视角认为，权力表现为对资源的控制，并且是使人们在心理上依附于群体的影响力的基础。相反，特纳认为对群体的依恋和认同是影响过程的基础。那些有影响力的人被赋予权力，而权力使对资源的控制成为可能。特纳的取向是一种社会认同分析（见第 11 章）。它引用了社会认同论对群体影响力（如 Turner, 1981b；见本章"社会认同与自我归类"部分）和群体领导力的概念化（如 Hogg & Van Knippenberg, 2003；见第 9 章"社会认同与领导力"部分）。

二、服从权威

1951 年，所罗门·阿希发表了一项经典的从众实验的研究结果，在这项实验中，学生被试遵循了由多数人做出的对线段长度的错误判断（详细信息请参阅本章后面的内容）。一些批评者对这项研究完全不感兴趣，他们认为判断线段长度的任务微不足道，对于顺从或抵抗没有重大影响。

斯坦利·米尔格拉姆（Stanley Milgram, 1974, 1992）是其中的批评者之一，他试图重复阿希的研究，但他所采用的任务会对顺从或保持独立的决定产生重要影响。他决定让实验助手看似明显地对另一个人实施电击，以查看真正的被试（不是助手）是否会顺从。在这项研究开始之前，米尔格拉姆需要建立一个控制组，以获取人们在没有来自助手的社会压力的情况下，愿意电击他人的基本比率。对米尔格拉姆而言，这本身就几乎立即成为一个关键问题。实际上，他从未真正进行过最初的从众研究，而控制组成了社会心理学中最具戏剧性的研究计划之一的基础。

一个更大的社会问题影响了米尔格拉姆。阿道夫·艾希曼是一名纳粹官员，最直接负责希特勒的"最终解决方案"的后勤工作——600 万犹太人被系统性屠杀。汉娜·阿伦特（Hannah Arendt, 1963）在她的《艾希曼在耶路撒冷》一书中对他的审判进行了报道，并附有一个令人深思的副标题——"一份关于平庸的恶的报告"。这捕捉到一个可怕的发现——一个适用于艾希曼，后来也适用于其他已被审判的战争罪犯的发现。这些"怪物"可能根本不是怪物。他们通常举止温和、说话温文尔雅、礼貌待人，他们一次次礼貌地解释说，他们这样做并不是因为他们憎恨犹太人（或穆斯林等），而是因为他们被命令这样做——他们只是在服从命令。当然，外表可能是具有欺骗性的。1960 年抓获艾希曼的以色列特工彼得·马尔金发现艾希曼懂得一些希伯来语，并问道：

"也许你还熟悉一些别的词，"我说，"爸爸（Aba）。妈妈（Ima）。听着熟悉吗？"

"爸爸，妈妈，"他沉思着，努力回忆，"我真的不记得了。它们是什么意思？"

"爸爸，妈妈。这就是犹太儿童从父母的怀抱中被撕扯开时尖叫的声音。"我顿了一下，几乎无法控制自己。"我姐姐的儿子，我最好的玩伴，他正好是你儿子的年龄。也像你的儿子一样金发碧眼。你杀了他。"

观察使他真正感到困惑，事实上他等了一会儿，看我是否可以澄清。"是的，"他最后说，"但他是犹太人，不是吗？"（Malkin & Stein, 1990, p. 110）

代理状态

米尔格拉姆构想的一种不加质疑的服从心态，在这种心态下，人们作为代理者将个人责任转移给下达命令的人。

米尔格拉姆在一系列实验中将这些方面整合在一起，其前提是人们应被社会化以尊重国家权威（Milgram, 1963, 1974；另见 Blass, 2004）。如果我们进入一种**代理状态**（agentic state），我们就可以免除自己对接下来发生的事情的责任。他的实验被试是通过广告从社区招募的，并被报告给耶鲁大学的一个实验室，以研究惩罚对人类学习的影响。他们成对到达，并抽签确定他们在研究中的角色（一个是"学习者"，另一个是"教师"）。有关接下来发生的情况，参见专栏 7.2，并查看图 7.2 中的电击发生器。

专栏 7.2　　经典研究

米尔格拉姆对权威服从的早期研究程序

在耶鲁实验室，包括实验者在内，还有一位教师（真正的被试）和一个学习者（实际上是实验助手）。

学习者的角色是学习一张配对的关联词表，而教师的角色是每当学习者根据提示词给出错误的关联词时，就要对学习者施加电击。教师看到学习者被固定在一张椅子上，手臂上涂有电极膏，并被绑上电极。教师无意中听到实验者解释说电极膏是为了防止起泡和灼伤，并听到学习者告诉实验者他患有轻微的心脏病。实验者还解释说，尽管电击可能很痛苦，但不会造成永久性组织损伤。

现在，教师被带进一个单独的房间，里面装有一个电击发生器（见图 7.2）。每当学习者犯错时，教师都会被告知要对学习者施加电击——第一个错误施加 15 伏，下一个错误施加 30 伏，再下一个错误施加 45 伏，以此类推。电击发生器的一个重要特征是附在电压刻度上的描述性标签。教师首先接受了一次 45 伏的示范电击，然后实验开始了。

学习者完成了一些正确的配对，但也犯了一些错误，很快教师就增加到了 75 伏，这时学习者发出了痛苦的哼哼声。在 120 伏时，学习者向实验者大喊，电击太疼了。到 150 伏时，学习者，或者现在更准确地说是"受害者"，要求从实验中解脱出来，而到 180 伏时，他大声疾呼自己再也忍受不了了。受害者在每次电击时都会持续痛苦地哭喊，并在 250 伏时"痛苦尖叫"。到 300 伏时，受害者拒绝对提示词做出反应；教师被告知要将其视为一个"错误答案"。

在整个实验过程中，教师情绪都很激动和紧张，经常要求中断实验。对于这样的请求，实验者以一系列有序的回答进行回应，从温和的"请继续"，到"实验要求你继续下去"和"继续进行下去是绝对必需的"，再到最终的"你别无选择，必须继续下去"。

实验者让一个包括 39 名精神病专家在内的 110 名人类行为专家组成的小组，预测一个心理正常且平衡的人在这项实验中会进行到什么程度。这些专家认为，大约只有 10% 的人会将电击施加到超过 180 伏，没有人会服从到底。这些预测，以及被试实际出乎意料的行为，如图 7.3 所示。

在上述程序的一个细微变体中，被试既看不见受害者也听不见受害者的声音，但在 300 伏和 315 伏时可以听见受害者击打墙壁的声音，然后便没有声音了，几乎所有人都继续到 255 伏，65% 的被试一直持续到最后——对一个没有反应并且先前报告过心脏病的人施加巨大的电击！

这项实验的被试都是相当正常的人：40 个从事不同职业、20～50 岁的男性。但是，他们并不知道，整个实验都包含一个精心设计的欺骗，他们一直都是教师，而学习者/受害者实际上是一个被详加告知应如何反应的实验助手（一个长相和蔼的中年男子）。除了向教师施加的 45 伏示范电击外，实际上并没有真正的电击。

注：米尔格拉姆工作的摘录可参见 http://www.panarchy.org/milgram/obedience.html。

| 1 | 2 | 3 | 4 | 5 | 6 | 7 | 8 | 9 | 10 | 11 | 12 | 13 | 14 | 15 | 16 | 17 | 18 | 19 | 20 | 21 | 22 | 23 | 24 | 25 | 26 | 27 | 28 | 29 | 30 |

15	----	----	75	----	----	135	----	----	195	----	----	255	----	----	315	----	----	375	----	----	435	450
电压	30	45	60	电压	90	105	120	电压	150	165	180	电压	210	225	240	电压	270	285	300	电压	330	345	360	电压	390	405	420	电压	电压
轻微的 电击	----	中度的 电击	----	强烈的 电击	----	非常强烈 的电击	----	剧烈的 电击	----	极度剧烈 的电击	----	严重危险 的电击	----	XXX

图 7.2　米尔格拉姆的电击发生器

参与米尔格拉姆服从研究的被试面对的是一个 15 ～ 450 伏的电击发生器，上面有不同的描述性标签，其中包括令人恐惧的"XXX"这一不近人情的电压值。

来源：Milgram, 1974.

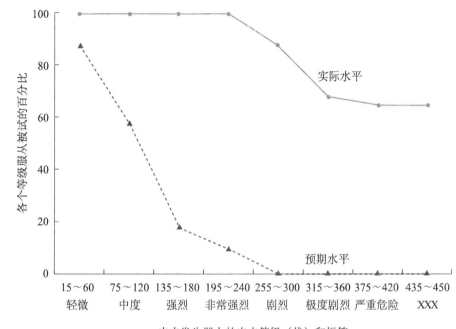

图 7.3　米尔格拉姆的权威服从实验中对受害者的预期电击与实际电击水平

据人类行为"专家"预测，在米尔格拉姆的实验中，心理正常且平衡的人虽会服从命令，但对"能力不足"的学习者施加超过"强烈"电击的情况应是很少的；而实际上，有 65% 的被试服从到了最后，超越了"严重危险"的电击，进入标有"XXX"的区域。

来源：Milgram, 1974.

（一）影响服从的因素

米尔格拉姆（Milgram, 1974）进行了 18 项实验，通过改变不同的参数来研究影响服从的因素。在除一项实验外的所有实验中，被试均为 20 ～ 50 岁的男性，未上过大学，其职业和社会经济水平各不相同。其中，一项以女性为被试的研究获得了与男性被试完全相同的服从水平。为了试图看一看 21 世纪的美国人是否会像 20 世纪 70 年代的美国人那样服从，伯格（Burger, 2009）对原初的米尔格拉姆研究进行了部分重复（考虑到研究伦理，无法完全重复——见"米尔格拉姆实验的伦理遗产"部分）。伯格发现的服从水平仅比 20 世纪 70 年代的原初研究稍低一些。

米尔格拉姆的实验已在意大利、德国、澳大利亚、英国、约旦、西班牙、奥地利和荷兰得到了重复（Smith, Bond, & Kağitçibaşi, 2006）。完全服从的比例从西班牙和荷兰的 90% 多（Meeus & Raaijmakers, 1986），到意大利、德国和奥地利的 80% 多（Mantell, 1971），澳大利亚的男性低至

40%，澳大利亚的女性只有 16%（Kilham & Mann, 1974）。一些研究还修改了实验的架构，例如，梅乌斯和拉伊梅克斯（Meeus & Raaijmakers, 1986）使用行政服从的设置，要求"面试官"对"求职者"进行骚扰。

人们继续实施电击的原因之一可能是，实验以一些非常轻微又无害的电击开始。一旦人们承诺采取行动（即给予电击），之后很难令其改变主意。这一过程反映了沉没成本的心理，即一旦承诺采取行动，即使成本急剧增加，人们也将继续履行自己的承诺（Fox & Hoffman, 2002），这一过程可能类似于劝服策略里的登门槛（Freedman & Fraser, 1966；见第 6 章）。

服从中的一个重要因素是受害者的接近性，即受害者与被试的亲密程度。米尔格拉姆（Milgram, 1974）在许多实验中改变了接近性的程度。我们前面已经看到，在被试看不到受害者也听不到受害者的声音，只能听见击打墙壁的声音的情况下，65% 的被试会对受害者施加直至 450 伏的"极限电击"。在一种接近性更小的情况下，被试既无法看到受害者也完全无法听到受害者的声音，100% 的被试都能把实验完全做完。基线条件（前面已详细描述的状态）产生了62.5% 的服从率。随着从这一基线开始的接近性的增加，服从率会下降。当受害者与被试在同一个房间可见时，40% 的被试服从把电击施加到极限；当教师不得不将受害者的手放在电极上以接受电击时，服从率下降到 30%，但仍然高得吓人。

服从权威 这名警卫的制服象征着对英国君主合法权威的绝对服从。

接近性可以防止受害者去人性化（参照 Haslam, 2006; Haslam, Loughnan, & Kashima, 2008），使人们更容易将受害者视为一个像自己一样活着、呼吸着的人，从而对他们的想法和感受产生共鸣。因此，当准妈妈在看到自己胎儿的部分身体被超声波扫描清楚地显示出来时，她们会对怀孕表达更强烈的承诺（Lydon & Dunkel-Schetter, 1994）；同样，从 12 000 米远处或从深海潜艇按下按钮消灭整座村庄，要比从近距离射击单个敌人容易得多。

另一个重要因素是权威人物的接近性。当实验者不在房间，而是通过电话传达指示时，服从率下降到 20.5%。当实验者根本不下命令，并且被试可以完全自由选择何时终止实验时，仍有 2.5% 的被试坚持到最后。对服从最显著的影响因素可能是群体压力。当两个拒绝服从的同伴（即在 150 ～ 210伏范围内施加电击后，出现反抗并拒绝继续实验的其他人）在场时，被试完全服从的比例降至10%，而两个服从的同伴则将完全服从的比例上升至 92.5%。

群体压力之所以会产生影响，可能是因为他人的行为有助于确认继续施加电击是合法的还是非法的。另一个重要因素是权威人物的合法性，它使人们可以为自己的行为放弃个人责任。例如，布什曼（Bushman, 1984, 1988）让自己的实验助手分别身着制服、整洁的衣服或衣着寒酸地站在那些为停车收费表而摸索找零的人旁边。实验助手拦住路人，并"命令"他们为那个人交停车费的零钱。超过 70% 的人服从了穿制服的实验助手（理由是"他们被要求这样做"），而大约 50% 的人服从了穿着整洁或衣着寒酸的实验助手（通常以利他主义为理由）。这些研究表明，单纯是权威标志就可以创造毫无疑问的服从。

米尔格拉姆的原初实验是在极负盛名的耶鲁大学实验室进行的，而这项研究的目的显然是追求科学知识。如果没有这些道貌岸然的权威作陷阱，又将会发生什么？为此，米尔格拉姆在市中心一座破旧的办公楼里进行了一项实验。这项研究表面上是由一家私人商业研究公司赞助的。服从率有所下降，但仍然高达 48%。

米尔格拉姆的研究解释了人类最大的失败之一，即人们不假思索地服从命令的倾向，他们没有思考：（1）他们被要求做什么；（2）他们的服从会对其他人带来什么后果。然而，服从有时可能是有益的，如果许多组织成员不断地、极力地想要协商命令（想想急诊手术队、机组人员、突击队），那么这些组织恐怕会陷入停滞，或出现灾难性的功能失调。（现在请思考本章开头"你怎么认为？"中的第一个问题。）但是，盲目服从的陷阱也很多，这取决于接近性、群体压力、群体规范和合法性。例如，美国的一项研究表明，即使在隐喻的"警钟"响起的时候，护士在医院的用药失误也可以被归因于她们压倒性地遵从医生的命令（Lesar, Briceland, & Stein, 1977）。

在另一项针对组织服从的研究中，77% 的担任制药公司董事会成员的被试主张继续销售危险药物，只是因为他们认为董事会主席赞成这一决定（Brief, Dukerich, & Doran, 1991）。

在结束关于服从的这部分内容之前，值得注意的是，有人对米尔格拉姆设想的破坏性服从与大屠杀本身之间的联系持保留意见。西奥迪尼和戈尔茨坦（Cialdini & Goldstein, 2004）在对社会影响研究的综述中指出：

- 米尔格拉姆的被试为他们得到的命令感到不安，而许多大屠杀暴行的实施者却乐于服从命令，有时甚至是虐杀。
- 尽管纳粹指挥官和米尔格拉姆研究中的实验者具有明显的合法权威，但实验者也具有专家权威。

赖歇尔、哈斯拉姆和史密斯（Reicher, Haslam, & Smith, 2012）采取了稍微不同的思路，该思路借鉴自领导力的社会认同论（如 Hogg, Van Knippenberg, & Rast, 2012b）。他们利用米尔格拉姆在多项研究中的发现，将结果重新解释为反映了基于群体成员的领导力，而不是对权威人物的服从。被试处于不确定和压力很大的状态下，他们需要别人指导他们应该做什么——他们需要被领导。他们是否施加强烈的电击不是对实验者服从与否的问题，而是实验条件是鼓励认同实验者和实验者所代表的科学团体，还是学习者和学习者所代表的一般团体。

（二）米尔格拉姆实验的伦理遗产

米尔格拉姆实验的一个持久遗产是它在研究伦理问题上引发的激烈争论（Baumrind, 1964; Rosnow, 1981）。回想一下，米尔格拉姆的被试真的相信他们正在施以严重的电击，这会给另一个人造成极大的痛苦。在一位精神科医生的协助下，米尔格拉姆非常谨慎地对被试进行了访谈，并对 1 000 多名被试进行了跟踪调查。结果没有人患上精神疾病，83.7% 的被试说他们对参加实验感到高兴或非常高兴（Milgram, 1992, p. 186）。只有 1.3% 的人对参与实验表示遗憾或非常遗憾。

伦理问题实际上围绕着三个使实验被试承受短期压力的道德困境：

- 研究重要吗？如果不重要，那么这种压力是无法接受的。然而，可能很难客观地评估研究的"重要性"。
- 被试可以随时自由地终止实验吗？米尔格拉姆的被试有多大的自由？从某种意义上说，他们可以自由地做任何他们想做的事情，但是从来没有向他们明确说明他们可以随时随地终止实验——事实上，这项研究的真正目的就是劝服他们停下来！
- 被试是否一开始自由同意参与实验？在米尔格拉姆的实验中，被试没有完全知情同意：他们自愿参加，但是实验的真实性质并未向他们充分解释。

这就引发了社会心理学研究中的欺骗问题。克尔曼（Kelman, 1967）区分了欺骗的两个原因。首先是诱使被试参加原本不太愉快的实验。从伦理上讲，这是一种高度可疑的做法。其次是，为了研究心理过程的自动运转，被试需要对假设保持天真，而这常常涉及对研究的真正目的和所用程序的某种欺骗。这场争论的结果是得出了指导心理学家今后进行研究的伦理准则。准则的主要组成部分是：

- 被试必须在完全知情同意的基础上参与研究。
- 必须明确告知被试，他们可以在研究的任何阶段退出而不会受到处罚。
- 在研究结束时，必须对被试进行全面和诚实的事后说明。

一个现代的大学伦理委员会不太可能会批准那些令人毛骨悚然的欺骗，尽管这些欺骗孕育出了 20 世纪 50 年代、60 年代以及 70 年代初期的许多社会心理学经典研究项目。更可能得到认可的是巧妙地掩盖故事中使用的次要和无害的程序性欺骗手段，这些手段对保持实验社会心理学的科学严谨性至关重要。涉及人类被试的所有现代研究中的主要伦理要求在第 1 章中也有所讨论，参见美国心理学会（APA, 2002）制定的伦理准则，网址为 http://www.apa.org/ethics/code2002.html。

三、从众

（一）规范的形成与影响

尽管社会影响通常表现为对直接要求的顺从和对权威的服从，但社会影响也可以通过**从众**（conformity）这种遵循社会或群体规范的不太直接的方式发挥作用。例如，弗劳德·奥尔波特（Floyd Allport, 1924）观察到，与独处时相比，个人在群体中对气味和重量的判断没有那么极端和保守。似乎在没有直接压力的情况下，群体可能导致成员聚合，从而变得更加相似。

从众与群体接纳　所有群体都有规范。这些女士知道如何为参加"女孩之夜"而穿着打扮。

穆扎费尔·谢里夫（Muzafer Sherif, 1936）明确将这种趋同效应与群体规范的发展联系起来。从人们需要确定和确信自己在做的事情、思想或感觉是正确和适当的这一前提出发，谢里夫认为人们利用他人的行为来确定可能的行为范围：我们可以将其称为**参照系**（frame of reference），或相应的社会比较情境。此类参照系中的平均、中心或中间位置通常被认为比边缘位置更加正确，因此更倾向于被人们所采用。谢里夫相信，这能解释社会规范的起源以及相关的融合，这些融合凸显了群体内部的共识。

为了检验这一观点，他利用**游动效应**（autokinesis）进行了一项经典研究（详见专栏 7.3 和图 7.4），在这项研究中，小组成员对物理运动进行估计。结果发现，在一系列试次中估计值迅速向小组均值聚合，形成社会规范，即使他们后来单独进行估计，也仍然受到这一规范的影响。

规范的起源、结构、功能和效用将在后面章节讨论（见第 8 章）。但是，值得强调的是，施加规范性压力是改变人们行为的最有效的方法之一。例如，我们前面提到（见第 6 章），库尔特·勒温（Kurt Lewin, 1947）试图鼓励美国家庭主妇改变家庭的饮食习惯，尤其是吃更多动物内脏（牛心和肾脏）。三组家庭主妇（每组 13～17 人）参加了一场有趣的讲座，讲座强调饮食习惯的改变对战争有多大价值（那时是 1943 年）。向另外三组不仅提供信息，还鼓励她们相互交谈，并就购买食物达成某种共识（即建立规范）。

一项后续调查显示，该规范在导致行为改变方面比抽象信息要有效得多：信息组中只有 3% 的人改变了行为，而规范组中这一比例达到 32%。随后的研究证实，规范才是关键因素，而不是随后的讨论（Bennett, 1955）。

（二）屈服于多数人群体压力

与谢里夫一样，阿希（Asch, 1952）认为，从众反映了一个相对理性的过程，在这一过程中，人们根据他人的行为来构建规范，以便为自己确定正确的和适当的

从众
由于群体压力而产生的根深蒂固、私人和持久的行为和态度改变。

参照系
相关人员在特定情况下可以使用的、主观上构想的态度或行为维度立场上的完整范围。

游动效应
一种视错觉，一个精确的光点在完全黑暗的环境中似乎在移动。

行为。显然，如果你已经对适当的和正确的事情充满信心和确定性，那么其他人的行为将在很大程度上与你无关，因此也将不会对你产生影响。在谢里夫的研究中，被判断的对象是模棱两可的——被试并不确定，因此规范迅速产生并且在引导行为方面非常有效。阿希认为，如果判断的对象是完全明确的（即人们不会期望判断之间存在分歧），那么分歧或其他看法将不会对行为产生影响，人们将完全不会受到群体影响。

专栏 7.3　　　经典研究

谢里夫的游动效应研究：任意规范的创建

穆扎费尔·谢里夫（Muzafer Sherif, 1936）认为，社会规范的出现是为了在不确定的条件下指导行为。为了验证这一想法，他利用了一种错觉——游动效应。游动效应是一种视错觉：一个固定的光点在完全黑暗的房间里似乎在移动，这种移动实际是在没有物理参照点（即物体）的情况下由眼睛运动引起的。人们被要求估计光点移动的距离，这项任务是非常困难的，并且被试通常会对其估计感到不确定。谢里夫多次呈现光点，并让被试在不知道运动是错觉的情况下，对每个试次中光点移动的距离做出估计。他发现，他们将自己的估计值作为参照点。在经历的 100 个试次中，他们的估计值逐渐集中于一个狭窄的范围内，不同的人采用了自己的个人范畴或规范（见图 7.4a 中的第 1 阶段，当被试单独作答时）。

谢里夫在接下来的几天里继续进行后面几个阶段的 100 个试次，在此期间，被试两人或三人一组，以随机顺序轮流说出他们的估计值。此时，被试将彼此的估计值作为参照点，并迅速聚合于小组均值，因此他们都给出了非常相似的估计（见图 7.4a 中第 2～4 阶段）。

这一规范似乎已被内化。当被试们单独开始并随后作为一个小组继续估计时（图 7.4b 中的第 1～3 阶段），群体规范是他们最终自行进行游动估计时使用的规范（图 7.4b 中的第 4 阶段）。

注：图 7.4 显示的结果基于两组被试，每组三人，他们分别在四个不同的日期（四个阶段）做出 100 次判断。

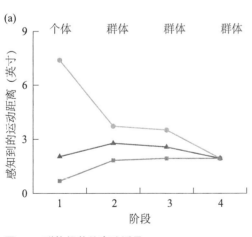
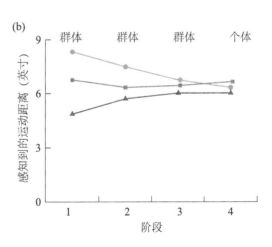

图 7.4　群体规范的实验诱导
- 实验情境使用了游动现象。
- 在条件（a）中，个体 1、2 和 3 以单独实验开始，并确立了个人规范。
- 后来在群体实验中，他们逐渐聚合于群体规范。
- 在条件（b）中，个体 4、5 和 6 以群体实验开始，并聚合于群体规范。
- 后来，当他们进行单独实验时，他们使用已经内化的群体规范作为个人指导。

来源：Sherif, 1936.

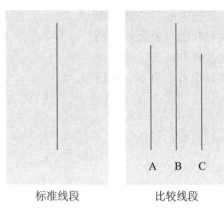

标准线段　　　　比较线段

图 7.5 从众实验中使用的线段样例

阿希从众研究的被试只需简单地说出三条比较线段中的哪一条与标准线段的长度相同。

来源：Asch, 1951.

　　为了验证这一观点，阿希（Asch, 1951, 1956）创立了另一种经典的实验范式。7～9个学生一组围坐在桌子旁，参加一项在他们看来是视觉辨别的任务。他们以固定的顺序轮流说出三条线段中哪一条与标准线段一样长（见图 7.5）。一共进行 18 个试次。实际上，只有一个人是真正的被试，他在倒数第二个作答。其他人都是实验助手，他们被要求在 12 个关键试次中给出错误的判断：在 6 个试次中，选择最长的一条线段；而在另外 6 个试次中，选择最短的一条线段。有一个控制组，被试可以在没有群体影响的情况下私下完成任务。控制组中不到 1% 的被试给出了错误答案，由此可以假定任务是清晰明确的。

　　实验结果很有趣。个体之间存在很大差异，约有 25% 的被试自始至终保持独立，约有 50% 的被试在 6 个或更多的关键试次中给出一致的错误答案，还有 5% 的被试在全部 12 个关键试次中表现出从众。平均从众率为 33%，由整个实验中从众的总次数除以被试人数和实验序列中的关键试次数的乘积计算而得。

　　实验结束后，阿希询问了他的被试从众的原因。所有人都说，由于自己和群体成员之间存在分歧，他们最初都经历了不确定性和自我怀疑，并且逐渐演变成自我意识、害怕被拒绝，以及焦虑甚至是孤独的感觉。被试给出了屈服的不同原因。大多数被试知道他们对事物的看法与群体不同，但他们认为自己的看法可能不准确，群体实际上是正确的。而其他被试不相信这个群体是正确的，只是为了不引人瞩目而随大流。（见本章开头"你怎么认为？"中的第二个问题，想一想这对汤姆的自我怀疑有何影响。）一小部分人报告说，他们实际看到的线段和群体里其他人看到的一样长。独立的被试要么完全相信自己判断的准确性，要么虽在情感上受到影响，但受到个体主义信念的指导，要么按照指示准确无误地完成任务。

　　这些主观陈述应谨慎对待——也许被试只是在口头上证明他们的行为是正当的，并进行自我呈现。例如，伯恩斯及其同事进行的一项 fMRI 研究发现，从众的人实际上可能经历了知觉的变化，而不从众的人其杏仁核区出现了与情绪增强有关的大脑活动——不从众的代价可能是情绪波动和焦虑加剧（Berns, Chappelow, Zink, Pagnoni, Martin-Skurski, & Richard, 2005）。

　　尽管如此，主观陈述表明，即使在刺激完全明确的情况下，人们从众的一个原因可能也是避免责难、嘲笑和社会不认同，这也许与 fMRI 的证据一致。这是真正令人恐惧的事情。阿希（Asch, 1951）在另一个版本的实验中，让 16 个天真的被试面对一个给出错误答案的实验助手。被试认为实验助手的行为荒唐可笑，于是他们公然嘲笑他。甚至连实验者也发现这种情况如此离奇，以至于他无法控制自己，最终还是嘲笑了可怜的实验助手！

　　那么，如果被试不担心社会不认同，是否不会感到从众的压力？为了验证这一观点，阿希对原实验进行了调整，在这一实验变式中，多数判断错误的人公开说出了他们的判断，但一个天真的被试私底下写下了自己的判断。结果从众率降至 12.5%。

　　莫顿·多伊奇和哈罗德·杰勒德（Morton Deutsch & Harold Gerard, 1955）对上述变式进行了扩展。他们想要知道，如果（a）任务不是模棱两可的，（b）被试私下匿名地给出判断，或者（c）被试没有受到群体的任何监视，那么被试是否能够完全消除从众的压力。毕竟，当有一个明显、明确又客观正确的答案存在着，而这个群体根本不知道你在做什么时，你为什么要服从错误的大多数呢？

　　为了检验这一观点，多伊奇和杰勒德让一个天真的被试面对三个实验助手，他们均在关键试次中对线段给出一致的错误判断，正如阿希最初的实验一样。在另一种条件下，被试是匿名的，被隔离在一个个小房间里，但可以私下做出回应，这样群体压力就不存在了。第三种条件是被试面对面做出回应，但要有一个尽可能明确的群体目标，这样可以使群体压力最大化。多伊奇和杰勒德还通过让一半的被试在刺激存在时做出反应（阿希使用的程序），而另一半被试在刺激移除后做出反应（仍存在不确定性），以此来操纵主观上的不确定性。

结果正如预期的那样，降低不确定性和减少群体压力（即群体指责违规行为的动机和能力）能降低从众（图 7.6）。也许最有趣的发现是，即使不确定性很低（存在刺激），并且回答是私下和匿名的，被试的从众率仍约有 23%。

当把被试隔离在小房间中时，他们仍然能够表现出从众，这在方法论上倒是一个意外的结果，现在可以以一种更加简化和资源整合的方式来研究从众。理查德·克拉奇菲尔德（Richard Crutchfield, 1955）设计了一种装置，隔间里的被试相信他们可以通过按下控制台上的按钮来相互通信，按钮闪烁显示了他们的反应，而实际上隔间没有相互连通，实验者才是所有信息交流的源头。通过这种方式，几个人可以同时参与，但所有人都认为他们暴露于一个一致的群体中。使用实验助手这种耗时、昂贵和冒险的做法不再是必要的做法，现在可以在更加可控的和多样化的实验条件下更快地收集数据（Allen, 1965, 1975）。当然，人们现在可以采用克拉奇菲尔德技术——一种更为有效的计算机化变式进行实验。

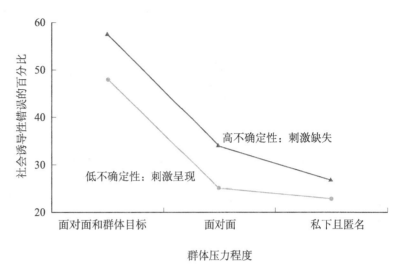

图 7.6 从众作为不确定性和感知到的群体压力的函数

- （a）线段被呈现时（低不确定性），或是（b）线段被移除后（高不确定性），对线段长度进行估计。
- 被试面临着错误且一致的多数人的意见。
- 在高不确定性条件下，影响力（错误百分比）更强。
- 当强调准确性作为重要的群体目标时，影响力会减弱。
- 当判断是私下的和匿名的时，影响力会进一步减弱。

来源：Deutsch & Gerard, 1955.

（三）谁会从众？个体特征与群体特征

个体在从众方面存在着显著的差异，这引发了研究者对人格属性的探索，这些属性使一些人比其他人更容易产生从众行为。从众者往往有较低的自尊，有较高的获得社会支持和社会认可的需求，有自我控制的需求、较低的智商、较高的焦虑感，在群体中会有自责感和不安全感，以及自卑感，认为自己在群体中有相对较低的地位，具有通常意义上的权威人格（Costanzo, 1970; Crutchfield, 1955; Elms & Milgram, 1966; Raven & French, 1958; Stang, 1972）。然而，也有与之不一致的研究发现，而且证据表明，那些在某些情境下表现出从众行为的个体在其他情境下并没有从众，也就是说，从众的情境因素可能比人格更重要（Barocas & Gorlow, 1967; Barron, 1953; McGuire, 1968; Vaughan, 1964）。

艾丽斯·伊格利在从众的性别差异上得出了类似的结论。在一些从众研究中，女性比男性表现出更高的从众水平。对此，可以用这些研究所使用的任务来解释，即女性对这些任务的熟悉程度较低、专业知识较少。因此，女性比男性更具不确定性，进而受到的影响更大（Eagly, 1979, 1983; Eagly & Carli, 1981；见第 6 章和第 9 章）。

弗兰克·西斯特鲁克和约翰·麦克戴维（Frank Sistrunk & John McDavid, 1971）进行的一项研究表明，在识别各种刺激时，男性和女性都会受到群体压力的影响。对于某些被试来说，刺激是传统的男性化项目（例如识别一种特殊类型的扳手），对于另一些被试来说，刺激是传统的女性化项目（例如识别针线活），而对于其他被试来说，刺激是中性的（例如识别某个摇滚明

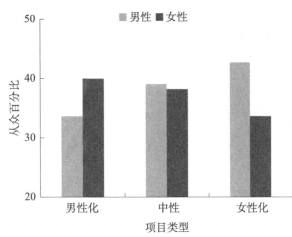

图 7.7 从众作为被试的性别和对任务的性别刻板印象的函数

当任务为男性刻板任务时，更多的女性会从众；当任务为女性刻板任务时，更多的男性会从众。

来源：Sistrunk & McDavid, 1971.

星）。正如预期的那样，女性在男性化项目上、男性在女性化项目上，以及两组在中性（无性别刻板印象）项目上的表现更加从众（见图 7.7）。（萨拉真的是个墨守成规的女性吗？见本章开头"你怎么认为？"中的第三个问题。）

然而，在诸如阿希范式所涉及的公共互动环境中，女性确实比男性更多地表现出从众。一种解释是，这反映出女性对维护群体和谐的更大关注（Eagly, 1978）。但是，后来的一项把重点放在男性的行为上的研究却发现，女性在公共场合和私人场合都会同样地从众，而男性尤其不愿在公共场合受到影响（Eagly, Wood, & Fishbaugh, 1981）。

伯特·霍奇斯（Bert Hodges）及其同事就人们为何有时候不从众——甚至是面对意见一致的多数群体和专家群体时——提供了一个不同的解释视角（Hodges, Meagher, Norton, McBain, & Sroubek, 2014）。他们描述了一种出于无知的言论效应，其中，一群专家邀请一个非专业人士来发表意见。阿希提出了一个他认为是道德两难的问题，但一些被试可能将其解释为一种背景，在这种背景下，他们需要以他们所见的"讲真话"准则为指导，并相信专家们会重视他们的意见。

文化规范

文化规范会影响从众吗？史密斯、邦德和加基特思巴斯（Smith, Bond, & Kağitçibaşi, 2006）对使用阿希范式或其变式的从众研究进行了调查，结果发现存在显著的跨文化差异：从众水平（即错误应答的百分比）从比利时学生的低至 14%（Doms, 1983）到斐济、印度教师的高达 58%（Chandra, 1973）不等，总体平均水平为 31.2%。来自北美和西欧北部受个体主义文化影响的被试的从众水平（25.3%）低于来自非洲、亚洲、大洋洲和南美洲受集体主义或互依文化影响的被试（37.1%）。

一项使用阿希范式对 17 个国家进行的元分析（R. Bond & Smith, 1996）证实，在霍夫施泰德（Hofstede, 1980）集体主义量表中得分高的人比得分低的人更容易表现出从众（另见图 16.1，其中显示了非西方样本与各种西方样本的汇总数据）。例如，在社会团结和责任感方面享有盛誉的挪威人比重视批判性判断、多样化观点和意见的法国人更加循规蹈矩（Milgram, 1961）；而对违背传统规范有强力约束的津巴布韦班图人则非常墨守成规（Whittaker & Meade, 1967）。

集体主义或互依文化中的从众行为通常更多，因为从众被视为社会黏合剂而受到好评（Markus & Kitayama, 1991）。也许更令人惊讶的是，尽管相对于集体主义社会的从众性，西方个体主义社会的从众性更低，但它的绝对值仍然很高；即使从众具有负面色彩，但人们也会发现很难抗拒对群体规范的遵从。

（四）从众的情境因素

从众研究中最受关注的两个情境因素是群体规模和群体一致性（Allen, 1965, 1975）。

1. 群体规模

阿希（Asch, 1952）发现，随着意见一致的群体人数从 1 人增加到 2 人、3 人，再到 15 人，从众行为的比例逐渐增加，然后略有下降，分别是 3%、13%，增加到 35%，再降至 31%。尽管一些研究报告称，群体规模与从众之间存在线性关系（如 Mann, 1977），但最可靠的发现指出，当群体规模增加到 3 ～ 5 人时，从众行为最多，之后群体成员的数量即使继续增加，从众也还是维持原有水平（如 Stang, 1976）。

根据所做判断的类型和个体动机，群体规模可能会产生不同的影响（Campbell & Fairey, 1989）。在面对"品味"这种没有客观正确答案的问题（例如音乐偏好）时，如果你担心能否"融入"某个群体，群体规模就会产生相对线性的影响：人数越多，你受到的影响就越大。当面对一个具有正确答案的问题，而且你担心自己是否正确时，那么通常一个或两个人的观点就足够了，其他人的观点在很大程度上是多余的。

最后，戴维·怀尔德（David Wilder, 1977）观察到，规模可能不是指群体中实际独立个体的数量，而是指群体中看似独立的影响力来源的数量。例如，被视为独立的 3 个人中的大多数将比被视为串通在一起代表一个信息源的 5 个人中的大多数具有更大的影响力。实际上，人们可能发现很难表达四五条以上不同的信息。相反，他们将其他群体成员吸收到这些初始信息源中的一个或另一个中，因此，群体规模超过 3 ～ 5 个成员时，相对缺乏影响。

2. 群体一致性

在阿希的原初实验中，错误的多数意见是一致的，从众率为 33%。后来的实验表明，如果多数人意见不一致，从众率就会大大降低（Allen, 1975）。阿希本人也发现，一个正确答案的支持者（总是给出正确答案的多数人中的一员，因此同意并支持真正的被试）可以将从众率从 33% 降低至 5.5%。

群体规模与从众 这一大群人中的某个人会拒绝加入其他人的行列吗?

看来，保持独立性并不是降低从众的关键因素。相反，大多数人之间任何缺乏一致性的情况似乎都可以有效降低从众。例如，阿希发现，比大多数人更加错误的持不同意见者同样有效。弗农·艾伦和约翰·莱文（Vernon Allen & John Levine, 1971）进行了一项实验，向被要求做视觉判断的被试提供一位具有正常视力的支持者，或是一位戴着厚实眼镜的支持者，后者对自己的视力产生严重怀疑，更谈不上准确判断线段了。在没有任何支持的情况下，被试的从众率为 97%。"称职"的支持者将从众率降低至 36%，但最令人惊讶的是，"不称职"的支持者同样降低了从众率，达到 64%（见图 7.8）。

支持者、持不同意见者和偏常者可能可以有效地降低从众，因为他们打破了大多数人的一致性意见，从而使我们对自己的看法和态度不那么有信心（Koriat, Adiv, & Schwarz, 2016），

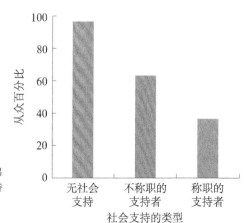

图 7.8 从众作为支持存在与否和支持者能力的函数
即使支持者显然因为视力障碍而无法做出准确判断，在线段判断任务中的社会支持也仍然可以降低从众。
来源：Allen and Levine, 1971.

并提出其他回应或行为方式，或使这些回应的可能性合法化。例如，内梅特和奇利斯（Nemeth & Chiles, 1988）让被试面对四个实验助手，他们都正确地将蓝色幻灯片识别为蓝色，或者其中一人始终将蓝色幻灯片称为"绿色"。然后，被试被安排面对另一小组，他们一致地称红色幻灯片为"橙色"。之前曾接触过持不同意见者的被试更有可能正确地称红色幻灯片为"红色"。

（五）从众的过程

社会心理学家提出了社会影响的三个主要过程来解释从众（Nail, 1986）：信息影响、规范影响和参照信息影响。

1. 信息影响和规范影响

最持久的区别存在于信息影响和规范影响之间（Deutsch & Gerard, 1955; Kelley, 1952）。**信息影响**（informational influence）是人们接受他人信息作为现实证据的过程。我们需要对自己认为正确的看法、信念和感受充满信心。当我们不确定的时候，信息影响就会发挥作用，这可能是因为刺激本身是模棱两可的，或者是因为存在社会分歧。发生这种情况时，我们首先会对现实进行客观检测；或者，我们会进行社会比较，正如费斯廷格和其他研究者所指出的那样（Festinger, 1950, 1954; Suls & Wheeler, 2000）。有效的信息影响会带来真正的认知改变。

在我们已经讨论过的谢里夫（Sherif, 1936）的研究中，信息影响可能是产生聚合效应的原因之一。现实是模棱两可的，被试利用他人的估计作为消除歧义并解决主观不确定性的信息。在这种实验设置中，当被试被告知看似明显的运动实际是一种错觉时，他们并不会表现出从众（如 Alexander, Zucker, & Brody, 1970）；由此推测，由于现实本身是不确定的，他们自己的主观不确定性被解释为对现实的正确和有效的表征，因此信息影响不起作用。与之相反，阿希（Asch, 1952）的刺激被设计为明确的刺激，这样就排除了信息影响。但是，阿希确实注意到，随着比较线段的相似度越来越高，判断任务变得越来越困难，从众率也越来越高。这有何寓意？信息影响通常在不确定的情况下而不是确定的时刻发挥作用。

规范影响　即使面临一项危险活动，同伴群体也会施加强大的压力要求遵从。

相反，**规范影响**（normative influence）是人们顺从他人积极期望的过程。人们需要得到社会的认可和接受，这就导致他们出于工具性的原因"追随"群体，以培养认同和接受、避免谴责或排斥，或实现特定目标。当我们相信群体有权力和能力来对我们的行为进行奖励和惩罚时，规范影响就会发挥作用。为了使这种影响产生效用，我们需要相信群体知道我们正在做什么——其实我们一直受到群体的监视。有效的规范影响会在公共场合产生表面顺从，而不是真正持久的认知改变。相当多的证据表明，人们通常在公共场合遵循多数人的意见，但不一定将其内化，因为它不会延续到私人场合，也不会随着时间的流逝而存在（Nail, 1986）。

毫无疑问，规范影响是阿希范式中从众的主要原因——所判断线段的长度是明确的（信息影响不会起作用），但被试的行为受到了群体的直接监视。我们还看到，

信息影响
接受他人的信息作为现实证据而产生的影响。

规范影响
顺从他人的积极期望，以获得社会认可或避免社会排斥而产生的影响。

私下、匿名和缺乏监视会降低阿希范式中的从众，这大概是规范影响被削弱的原因。

多伊奇和杰勒德（Deutsch & Gerard, 1955）的研究中一个令人费解的特征是，即使在信息影响和规范影响都无法发挥作用的情况下，他们也发现人们的从众行为比例仍旧高达 23%。也许群体中的社会影响需要从其他方面进行解释。

2. 参照信息影响

区分信息影响和规范影响只是社会心理学中区分两种类型的社会影响的众多方式之一。它代表了特纳及其同事所说的社会影响的双过程依存模型（Abrams & Hogg, 1990a; Hogg & Turner, 1987a; Turner, 1991）。人们之所以受到他人的影响，是因为他们依赖他人来获取信息以消除歧义，从而确立主观有效性，或者是出于社会认可和社会接纳的原因。

这一双过程视角受到了挑战，理由是作为对从众的解释，它没有对群体归属感给予足够的重视。毕竟，从众的一个重要特征是，我们受到影响是因为我们在心理上感觉自己从属于这个群体，因此，群体规范是我们自身行为的相关标准。双过程模型脱离了群体规范和群体归属感，而侧重于人际依存，这种依存既可能发生在个体之间，也可能发生在群体成员之间。

这一挑战来自**社会认同论**（social identity theory）（Tajfel & Turner, 1986; 另见 Abrams & Hogg, 2010; Hogg, 2006; 见第 11 章）。该理论提出了可以解释遵从群体规范的一个独立的社会影响过程，称为**参照信息影响**（referent informational influence）（Hogg & Turner, 1987a; Turner, 1981b; 另见 Gaffney & Hogg, 2016）。

当我们对自己所属的群体强烈认同时，就会发生几件事。我们拥有归属感，并根据群体来定义自己。我们还激活记忆系统，并使用即时情况下可用的信息来确定符合我们群体规范的相关属性。我们可以从外群体成员，甚至是无关的个人行为中搜集信息。但是，最直接的来源是内群体成员的行为，尤其是那些我们认为通常是我们所需信息的可靠来源的行为。符合情境的内群体规范遵循**元对比原则**（meta-contrast principle），它捕捉到并强调内群体成员之间的感知相似性，以及所属群体与相关外群体之间的感知差异。

与社会认同过程、群体归属感和群体行为相关的自我归类过程（Turner, Hogg, Oakes, Reicher, & Wetherell, 1987；见第 11 章）使我们从群体的视角来看待自己。我们将自己的思想、情感和行为融入群体规范中，并据此采取行动。在某种程度上，群体成员构建了一个相似的群体规范，自我归类会基于这一规范产生聚合，并增加一致性，这便是典型的从众效应。

参照信息影响在许多重要方面不同于规范影响和信息影响。人们产生从众是因为他们是群体的成员，而不是为了验证物理现实或避免社会排斥。人们不遵循他人而是遵循规范：他人充当适当的内群体规范的信息来源。由于规范是一种内化的表征，人们可以遵守这一规范，而无须群体成员或其他任何人进行监视。

豪格和特纳（Hogg & Turner, 1987a）进行的四项从众实验直接支持了参照信息影响这一理论。例如，在被试私下做出回应（此时没有规范影响）的情况下，只有当被试认为他们外显或内隐地属于同一群体时，他们才会遵从包含正确支持者的非一致的多数人（此时没有信息影响）（另见 Abrams, Wetherell, Cochrane, Hogg, & Turner, 1990）。对参照信息影响的其他支持来自对群体极化（如 Turner, Wetherell, & Hogg, 1989; 见第 9 章）、人群行为（如 Reicher, 1984; 见第 10 章）以及社会认同和刻板印象化（如 Oakes, Haslam, & Turner, 1994; 见第 11 章）的研究。

社会认同论
基于自我归类、社会比较和从内群体属性出发构建共同自我定义的群体成员身份和群际关系理论。

参照信息影响
将自己定义为群体成员，并遵循群体规范的压力。

元对比原则
一个群体的原型是该群体中"与内群位置的差异"和"与外群位置的差异"之比最大的位置。

四、少数人影响与社会变迁

我们对社会影响尤其是对从众的讨论，集中体现在个体屈服于直接或间接的社会影响上，多数情况下人们服从多数人的观点。持不同意见者、偏常者或特立独行者也受到了间接关注，要么被作为考察不同类型的多数人影响的工具，要么被作为从众人格属性的角色。但是，我们都熟悉一个群体中出现的一种与众不同又非常普遍的影响类型：个体或少数人有时会改变多数人的观点。通常，这种影响基于（就个体而言）领导力或（就亚群体而言）合法权力（领导力将在第9章中讨论）。

与多数人相比，少数人通常处于不利的影响地位。通常，他们的人数较少，而且在大多数人看来，他们的合法权力也较少，因此不值得认真考虑。正如我们在前文看到的，阿希（Asch, 1952）发现，单独一个偏离正确的多数（其实是实验助手）的人（真正的被试）会受到嘲弄和取笑。但是有时候，只有很少或没有合法权力的少数人会产生影响，最终使多数人改变自己的观点。例如，在上述研究的一个变式中，阿希（Asch, 1952）发现了完全不同的回应。当11个做出正确判断的真实被试中的多数人面对9个偏离常规或给出错误答案的少数实验助手时，多数人仍能保持独立（即继续做出正确的回应），但对少数人的回应却认真得多——没有人再取笑他们。显然，少数人对多数人有一定影响，尽管在本实验中不足以产生明显的对少数人的遵从。

历史证明了少数人所具有的力量。试试这样想：如果社会影响的唯一形式是多数人的影响，那么在几万年前就已经达到了社会同质化，个人和群体总是被越来越多的多数人的观点和做法所左右。少数人，特别是那些积极的和有组织的少数人，带来了最终产生社会变迁的创新，这种变迁可能是有益的，也可能是有害的。如果没有**少数人影响**（minority influence），社会变迁将很难解释。（见专栏7.4中关于最近一个没有合法权力但挑战美国总统权威的大规模抗议组织的例子。）

少数人影响
少数人群体或拥有权力的少数人使多数人态度发生改变的社会影响过程。

例如，20世纪60年代的美国反战集会对多数人的态度产生了影响，大大加快了美军从越南撤军的速度。同样，20世纪20年代的妇女参政权运动逐渐改变了公众舆论，从而使妇女获得了选举权；80年代初发生在西欧的核裁军运动集会，使公众舆论偏离了核扩散的"好处"；1989年10月发生在莱比锡的大规模示威游行，导致了1989年11月9日民主德国政府的垮台和随后不久柏林墙的倒塌。

专栏7.4   我们的世界

群众抗议

2017年1月21日，发生了也许是人类历史上规模最大的单日全球性集体抗议活动——妇女对特朗普当选美国新总统的抗议。特朗普在前一天刚刚就职。根据美国两位政治学家杰里米·普雷斯曼和埃丽卡·申沃思（Jeremy Pressman & Erica Chenworth）收集的数据，估计全球超过450万男性、女性和儿童，可能多达560万人参加了这场完全和平的抗议游行。尽管有10万抗议者在伦敦抗议，但规模最大的游行当然是在美国（410万～530万人），华盛顿可能有多达100万的示威者，而洛杉矶和纽约两个城市分别有75万人和50万人。

在多大程度上，这可以被视为一种以社会变迁为导向的少数人影响策略（见本章）？在隆冬时节，将如此大的不满情绪转化为如此大规模行动的社会动员的潜在心理是什么（见第11章）？抗议的原因有很多，一个是认为特朗普任职总统是不合法的，因为这是基于不公正的程序（见第11章）。特朗普的主要竞争对手希拉里·克林顿获得了48.2%的总统选票，而特朗普只获得了46.1%的选票，特朗普所获选票比克林顿少了近300万张。另一个原因是，许多美国人，大多是来自不同种族、宗教、民族和残疾人群体的少数人，但也包括妇女，感到他们的新总统对他们不够尊重（见第 9 章对领导力的讨论）。

社会变迁的后果并不总是有益的。2011 年北非和中东地区爆发的被称为"阿拉伯之春"的民众起义，在某种程度上改变了多数人对国家治理的态度，但他们也留下了反叛民兵和恐怖组织可以利用的权力和治理空白。从积极的方面来看，积极的少数人群体的一个优秀范例是绿色和平组织。这个组织虽然人数很少（就"激进主义者"成员而言），但通过一些具有较高知名度的成员和对其观点的广泛宣传，还是对公众舆论产生了重要的影响。

重要的是，少数人和多数人是否通过不同的社会实践获得影响力，更根本的是，他们的潜在心理是否有所不同。最近有一些关于少数人影响的研究和理论概述（Hogg, 2010; Martin & Hewstone, 2003, 2008, 2010; Martin, Hewstone, Martin, & Gardikiotis, 2008），还有一项关于研究结果的早期元分析（Wood, Lundgren, Ouellette, Busceme, & Blackstone, 1994）。

积极的少数人　年轻的激进主义者抗议唐纳德·特朗普就任美国总统。

（一）超越从众

社会影响研究通常采用以下视角，即人们出于规范和信息方面的原因依赖大多数人，因而产生从众行为。莫斯科维奇及其同事对这一视角进行了系统性的批判（Moscovici, 1976; Moscovici & Faucheux, 1972）。他们认为，在有关社会影响的文献中，存在一种以功能主义假设为基础的**从众偏差**（conformity bias）。几乎所有研究都集中于个体或少数人如何受到多数人的影响，遵循多数人的意见，并假定社会影响满足了人类生活的一个适应性需求：与现状保持一致，从而产生一致性，保持稳定，并维持现状。从这个意义上说，社会影响就是从众。显然，从众是对个人、群体和社会的重要需求。但是，有时需要创新和规范的改变才能适应变化的环境。从从众的角度来看，这种改变很难理解，因为需要了解积极的少数人群体的动态。

莫斯科维奇和福舍（Moscovici & Faucheux, 1972）也因"将阿希范式头脚倒置"而闻名。他们巧妙地暗示，阿希的研究实际上是对少数人影响的研究，而不是针对多数人影响。阿希范式似乎在一项明确的物理感知任务中，将一个孤独的个体（真正的被试）与错误的多数人（实验助手）进行对抗。在没有主观不确定性的情况下，这显然是多数人造成的影响吗？也许不是。

我们对所持观点的确定性存在于我们对这些观点达成的共识之中（Koriat, Adiv, & Schwarz, 2016）：模棱两可和不确定性不是"存在于"物体的属性，而是其他人与我们之间的分歧。这一点同样适用于对事物的品味问题（如果所有人都对你的音乐品味持不同意见，你的品味可能会发生改变）和物理感知问题（如果每个人都不同意你对长度的看法，你的感知可能会发生改变）（Moscovici, 1976, 1985a; Tajfel, 1969; Turner, 1985）。

当挑战一个明显正确的看法时，这种不确定感会尤其强烈。阿希的线段并不"明确"；在线段长度上，实验助手和被试之间存在意见上的分歧。事实上，阿希的

从众偏差
社会心理学倾向于将群体影响视为一种单向过程，在这一过程中，个体或少数人总是与多数人保持一致。

唯一被试是面对少数人（会"错误地"判断线段长度的实验助手）的绝大多数人（在实验之外会"正确地"判断线段长度的人，即整个人类成员）中的一员。阿希的被试受到了少数人的影响：保持"独立"的被试却被认为是在从众！美国作家亨利·梭罗（Henry Thoreau, 1854/1997）在其著名的《瓦尔登湖》中恰当地描述了这种意义上的"独立"："如果一个人跟不上其同伴的步伐，很可能是因为他听到了不同鼓手的节拍。"

与传统的从众研究相反，莫斯科维奇（Moscovici, 1976, 1985a）认为群体内部存在分歧和冲突，有三种社会影响模式决定了人们如何应对这种社会冲突：

- 从众：多数人劝服少数人或偏常者，并使之采纳其观点而产生的影响。
- 归一化：相互妥协直至聚合而产生的影响。
- 创新：由少数人制造冲突并加剧，以劝服多数人采纳少数人观点而产生的影响。

（二）行为风格与生成模型

基于这一批判，莫斯科维奇（Moscovici, 1976）提出了社会影响的生成模型。他之所以称之为"生成"模型，是因为它关注的是社会冲突的动力如何产生社会变迁（成为社会变迁的基因）。他认为，为了创造变迁，积极的少数人实际上会竭尽所能地创造冲突，引起关注并使冲突加剧。核心前提是，所有试图影响的行为都会基于影响源与影响目标之间的分歧而产生的冲突。因为人们通常不喜欢冲突，所以他们努力避免或解决冲突。在与少数人意见不一致的情况下，一个随意而普遍的解决方案是简单地解散、诋毁，甚至贬抑少数人（Papastamou, 1986）。

但是，如果少数人"勇敢地面对"多数人，采取一定的行为风格表达对其立场的坚定承诺，以及真正相信多数人应当做出改变以采纳少数人的立场，那么，要将少数人解散是很困难的。在这种情况下，多数人会认真对待少数人，重新考虑自己的信念，并将少数人的立场视为一种可行的选择。

少数人可以采用的最有效的行为风格是，少数人发布的信息在时间和背景上都是一致的，通过做出重大的个人和物质上的牺牲来表明对其立场的投资，以及通过从原则上行动而不是基于别有用心或工具性的动机来表明自主性（Mugny, 1982）。对于有效的少数人影响而言，保持一致是最重要的行为风格，因为它直接表明了替代性规范和身份的存在，而不仅仅是替代性观点。具体来说，它

- 破坏了多数人所建立的规范，并产生了不确定性和怀疑。
- 强调少数人作为一个整体存在（如 Hamilton & Sherman, 1996）。
- 清楚地表明存在替代性连贯一致的观点。
- 对这一观点表现出确定性和坚定的承诺。
- 表明解决冲突的唯一方案是拥护少数人的观点。

从诸如凯利（Kelley, 1967；见第3章）等归因理论家的角度来看，这种一致而独特的行为不能被忽视，这需要加以解释。此外，这种行为很可能被观察者内归因于少数人不变的或是本质主义（如 Haslam, Rothschild, & Ernst, 1998）的属性，而不是暂时性或情境性因素。

所有这一切，都使少数人成为一股更加不可忽视的力量，并成为多数人审议的焦点。总体而言，一致的少数人会增加不确定性。这就引出了一个问题：如果这个少数人群体一次又一次地拥护自己的观点，这是不是最明显和最可行的解决方案？（考虑到这些问题，回想一下本章开头"你怎么认为？"中的第四个问题，阿列克谢和伊万是否有机会对抗这个系统？）

莫斯科维奇及其同事通过一系列巧妙的实验证实了一致性的作用，这些实验被称为"蓝绿

色"研究（Maass & Clark, 1984）。在阿希范式的一个修正版本中，莫斯科维奇、拉热和纳夫舒乔（Moscovici, Lage, & Naffrechoux, 1969）让 4 个被试在一个颜色感知任务中面对两个实验助手，任务要求被试判断因强度不同而有所差异的蓝色幻灯片的颜色。实验助手总是意见一致，把幻灯片称为"绿色"，或者意见不同，三分之二的时间把幻灯片称为"绿色"，而三分之一的时间称为"蓝色"。实验中还有一个控制组，没有实验助手，只有 6 个真正的被试。由图 7.9 可以看出，一致的少数人比不一致的少数人更有影响力（9% 对 2%）。我们可能会觉得，与一致的多数人相比，一致的少数人报告的 9% 的从众率并不那么高（回顾一下阿希报告的平均从众率为 33%）。然而，这个简单的实验强调了一个事实，即 2 个人的少数人可以对 4 个人的多数人产生影响。

在这项实验的一个扩展版本中，研究者对被试的真实颜色阈值在社会影响阶段之后进行了私下测试，得到另外两个值得注意的结果：（1）两个实验组的"绿色"阈值都低于控制组，也就是说，他们错误地将模棱两可的绿色 – 蓝色幻灯片视为"绿色"；（2）在对少数人有抵抗性的实验被试（即那些未公开称蓝色幻灯片为"绿色"的被试）中，这种影响更为明显。

莫斯科维奇和拉热（Moscovici & Lage, 1976）使用相同的颜色感知任务，将一致的和不一致的少数人与一致的和不一致的多数人进行比较，这里还有一个控制条件。和前面一样，唯一能引发从众的少数人是一致的少数人（10% 的从众率）。尽管这与一致的多数人的从众率（40%）不能很好地比较，但与不一致的多数人的从众率（12%）是可比的。然而，这个实验最重要的发现是，整个实验中唯一真正改变蓝 – 绿色阈值的被试是那些少数人中始终保持一致的人。其他研究表明，一致性最重要的方面是少数人成员之间的共时一致性（即共识）（Nemeth, Wachtler, & Endicott, 1977）和感知一致性，而不仅仅是客观重复（Nemeth, Swedlund, & Kanki, 1974）。

加布里埃尔·穆格尼（Gabriel Mugny, 1982）扩展了莫斯科维奇（Moscovici, 1976）对行为风格重要性的关注，他致力于想要努力改变社会实践的真正积极的少数人对行为风格的战略运用。由于少数人通常无能为力，他们必须与多数人进行谈判，而不是单方面采取某种行为风格。穆格尼区分了僵化和灵活的谈判风格，认为在任何问题上都拒绝妥协的僵化的少数人有可能被视为教条主义者而遭到拒绝，而过于灵活、经常改变立场并做出妥协的少数人则有可能被视为前后矛盾而遭到拒绝（典型的"摇摆不定"的案例）。可以有底线，但一定的灵活性比完全僵化更为有效。少数人在核心立场上应继续保持一致，但在较少涉及核心的问题上应采取相对开放的态度和合理的谈判风格（如 Mugny & Papastamou, 1981）。

（三）转换理论

1980 年，莫斯科维奇用他的转换理论（Moscovici, 1980, 1985a）补充了他先前对基于行为风格的社会影响的描述，而这一理论仍然是对少数人影响的首要解释。他早期的取向主要聚焦于少数人的行为风格（尤其是基于少数人一致行为的归因）如何增强其对多数人的影响

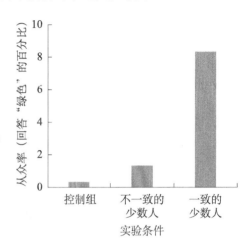

图 7.9 对少数人的遵从作为少数人一致性的函数

虽然不如一致的多数人有效，但六人小组中一致的两个少数人比不一致的少数人更有影响力，四个人受到两个人影响的效果是相当显著的。

来源：Moscovici, Lage, & Naffrechoux, 1969.

转换 如果你和你的朋友一再告诉彼得这是最近重新命名的"摘星塔"，他最终会相信你们吗？

力。而转换理论是对多数人如何处理少数人信息的更具认知取向的解释（见专栏 7.5）。

莫斯科维奇认为，多数人和少数人通过不同的过程施加影响：

- 出于规范或信息依赖上的原因，多数人影响会直接引发公众顺从。人们参与比较的过程，他们更专注于别人所说的话，以了解如何适应他们。多数人的观点大多是没有经过深思熟虑而被动接受的。结果是公众对多数人观点产生顺从，而几乎没有私人态度的改变。
- 少数人会由于偏差性想法产生认知冲突和重组，从而导致间接的，通常是潜在的、私人的观点改变。人们参与验证的过程，他们会仔细检查并慎重考虑其信念的有效性。由于担心被视为少数人群体的一员，结果是几乎没有与少数人公开达成共识，但是私人内部态度的改变可能会在以后出现。积极考虑少数人的观点会使少数人产生**转换效应**（conversion effect）。

莫斯科维奇的双过程模型体现了一个与前面讨论的规范影响和信息影响之间非常相近的区别（参照 Deutsch & Gerard, 1955），它与佩蒂和卡乔波（Petty & Cacioppo, 1986a）对外围 - 中心路径处理的区分，以及柴肯（Bohner, Moskowitz, & Chaiken, 1995）对启发式 - 系统式处理的区分有关（Eagly & Chaiken, 1993；见第 6 章）。

专栏 7.5　我们的世界

互联网上会发生转换吗？

大约有 32 亿人（占世界人口的一半）使用互联网，他们利用互联网进行交流、获取信息和劝服他人。那么，在互联网主导的世界里，积极的少数人如何通过转换来创造社会变迁？一种观点认为，少数人可以轻易地利用其一贯的替代性信息轰击多数人，从而使事情变得更容易。

然而，另一种观点可能更具分量。互联网让人们几乎可以不受限制地自由选择要展示给自己的信息，因此人们会过度选择可以确认其现有的信念，并最终确认其身份和自我概念的网站。这样一来，人们基本上生活在信息"泡沫"中，从而使他们与其他的世界观隔绝。这些泡沫进一步被脸书和谷歌等网站和搜索引擎所强化，这些网站和搜索引擎利用算法有选择地猜测特定用户可能更愿意看到的信息。然而矛盾的是，人们可能受到互联网的保护，而不受其他（多数人或少数人）观点的影响。如果人们无法接触到其他观点，他们就不太可能经历深刻的认知改变，并最终发生转换。

转换理论的经验证据可以围绕三个可验证的假说进行组织（Martin & Hewstone, 2003）：注意方向、思维内容和差异影响。注意方向假说的支持性证据是，多数人的影响导致人们关注其与多数人之间的关系（人际焦点），而少数人的影响导致人们关注少数人信息本身（信息焦点）（如 Campbell, Tesser, & Fairey, 1986）。思维内容假说也得到了证据的支持，即多数人的影响导致对论据的表面审查，而少数人的影响导致对论据的详细评估（如 Maass & Clark, 1983; Martin, 1996; Mucchi-Faina, Maass, & Volpato, 1991）。

差异影响假说——多数人影响产生的公开或直接的影响比私下或间接的影响更多，而少数人影响则产生相反的作用——得到了大多数研究的关注和支持（见 Wood, Lundgren, Ouellette, Busceme, & Blackstone, 1994）。例如，前面提到的莫斯科维奇、拉热和纳夫舒乔（Moscovici, Lage, & Naffrechoux, 1969）以及莫斯科维奇和拉热（Moscovici & Lage, 1976）的研究发现，正如转换理论所预期的那样，通过少数人影响进行转换所花费的时间比通过多数人影响产生顺从的时间要长。有证据表明，面对一致的少

转换效应

少数人的影响导致多数人的态度突然发生急剧的内部转化和私下变化。

数人的被试，虽然他们的颜色阈值并未公开表现（或尚未表现）出变化，但在私下却发生了变化（即转换）。

安妮·马斯和拉塞尔·克拉克（Anne Maass & Russell Clark, 1983, 1986）进行的另一系列研究报告了三项实验，分别考察了在多数人和少数人影响下，人们对同性恋权利问题的公开和私下反应。在其中一项实验中，马斯和克拉克（Maass & Clark, 1983）发现，公开表达的态度往往符合多数人的意见（即如果多数人支持同性恋，那么被试也是如此），而私下表达的态度则转向少数人拥护的立场（见图 7.10）。

也许对差异影响假说最精妙的支持来自莫斯科维奇和佩尔索纳兹（Moscovici & Personnaz, 1980, 1986）进行的一系列有趣的实验，他们采用了前面描述的蓝－绿范式。单个被试在面对一个总是称蓝色幻灯片为"绿色"的实验助手时，被要求判断颜色强度不同但明显是"蓝色"的幻灯片的颜色。被试被诱导相信多数人（82%）会像实验助手一样做出反应，或只有极少数人（18%）会像实验助手一样做出反应。这样，实验助手就成为多数人影响或少数人影响的来源。被试公开说出幻灯片的颜色，然后（这是莫斯科维奇和佩尔索纳兹的巧妙设计）幻灯片被移除，被试私下记录视觉后像的颜色。包括被试在内的大多数人不知道，视觉后像总是互补的颜色。因此，对于蓝色幻灯片，视觉后像为黄色，而对于绿色幻灯片，视觉后像为紫色。

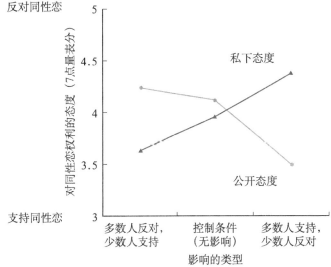

图 7.10 在多数人和少数人影响下，公开的和私下的态度转变

相对于无影响的控制条件，异性恋在同性恋权利上的公开态度密切反映了多数人对同性恋的支持或反对态度。然而，私下态度却反映了少数人对同性恋的支持或反对态度。

来源：Maass & Clark, 1983.

实验分为三个阶段：在影响阶段，被试接触实验助手；而在前一阶段和后一阶段，不存在实验助手，因此不存在影响。实验结果是惊人的（见图 7.11）：多数人影响几乎不会对后像的色度产生作用：后像仍是黄色的，表明被试确实看到了蓝色的幻灯片。然而，对于受少数人影响的被试，后像变成了紫色，表明被试实际上"看到"了绿色的幻灯片！即使在少数人实验助手不存在的情况下，这种影响仍然存在。

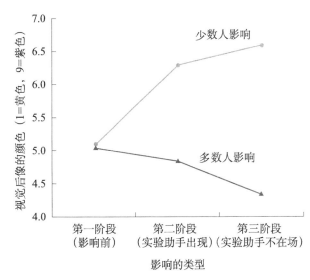

图 7.11 多数人和少数人影响对视觉后像颜色报告的作用

那些接触到错误地将蓝色幻灯片识别为绿色的多数人成员的被试，并没有改变他们的看法；他们的后像也没有发生变化。然而，接触到称蓝色幻灯片为绿色的少数人成员的被试确实改变了他们的看法；他们的后像发生了变化，即使在影响力消失后也继续改变。

来源：Moscovici & Personnaz, 1980.

这一颇具争议的发现清楚地支持了这样一种观点，即少数人影响会产生间接的、潜在的内部变化，而多数人的影响会产生直接的、即时的行为顺从。虽然莫斯科维奇和佩尔索纳兹能够重复这一实验，但其他人的重复并不那么成功。例如，在直接重复中，多姆斯和范·阿韦马特（Doms & Van Avermaet, 1980）在少数人和多数人影响下都发现了后像的改变；而索伦蒂诺、金和利奥（Sorrentino, King, & Leo, 1980）发现，除了被试对实验保持怀疑，在少数人影响下并没有后像发生变化。

为了解释这一矛盾发现，罗宾·马丁（Robin Martin, 1998）对莫斯科维奇和佩尔索纳兹的范式进行了五次仔细的重复。他的研究结果显示，只有密切关注蓝色幻灯片，被试才会表现出一定程度的后像转变，并且这种情况发生在对实验持怀疑态度或接触过许多幻灯片（而不是少数幻灯片）的被试身上。

关键的一点是，使人们更加密切地关注蓝色幻灯片的情况实际上却使他们在幻灯片中看到更多的绿色，从而更偏向于报告绿色的后像。这些发现表明，莫斯科维奇及其同事有趣的后像发现或许并不能反映明显的少数人或多数人影响的过程，而可能是个方法论上的假象。当然，这并不意味着转换理论是错误的，但确实质疑了蓝－绿研究发现作为支持转换理论的证据的地位。马丁（Martin, 1998）得出了一个相对谨慎的结论，即这些发现至少部分是被试对幻灯片关注程度的假象：关注度越高，后像偏移越大。

（四）聚合－发散理论

查兰·内梅特（Charlan Nemeth, 1986, 1995）对多数人或少数人在影响力上的差异给出了稍微不同的解释。由于人们希望与多数人分享态度，所以通过多数人影响发现他们的态度实际上与大多数人不一致是令人惊讶和有压力的。这会导致关注焦点的自我保护性缩小。这就产生了聚合性思维，从而阻碍对其他观点的考虑。相反，由于人们不希望与少数人分享态度，所以与少数人影响相关的分歧既不令人惊讶，又不会带来压力，同时也不会缩小关注的焦点。于是发散性思维的产生成为可能，包括对一系列不同的观点的考虑，甚至是少数人没有提出过的观点。

内梅特认为，以这种方式接触少数人的观点可以激发创新和创造力，产生更多更好的想法，并在群体中做出更好的决策。内梅特（Nemeth, 1986）的聚合－发散理论与莫斯科维奇（Moscovici, 1980）的转换理论的关键区别在于"压力"和信息处理之间的关系：对于内梅特而言，多数人引起的压力限制了信息处理；而对于莫斯科维奇而言，少数人引起的压力将信息处理阐释得更加详尽。

聚合－发散理论得到了采用相对简单的认知任务的研究的支持。相对于多数人影响来说，少数人影响可以提高发散性思维任务的绩效（如 Martin & Hewstone, 1999; Nemeth & Wachtler, 1983）；而对于少数人影响来说，多数人影响可以提高聚合性思维任务的绩效（如 Peterson & Nemeth, 1996）；少数人影响可以导致比多数人影响更具创造性和新颖性的判断（如 Mucchi-Faina, Maass, & Volpato, 1991; Nemeth & Wachtler, 1983）。

例如，内梅特（Nemeth, 1986; Nemeth & Wachtler, 1983）使用阿希的模型和蓝－绿范式发现，受多数人或少数人影响的被试都不假思索地聚焦于多数人的反应；但是少数人影响激发了发散的、新颖的、创造性的思维方式，以及更加积极的信息处理方式，从而增加了得到正确答案的概率。穆基－法伊纳、马斯和沃尔帕托（Mucchi-Faina, Maass, & Volpato, 1991）对佩鲁贾大学的学生采用了另一种研究范式。他们发现，当学生接触传统的多数人和有创造力的少数人时，而不是与之相反接触传统的少数人和有创造力的多数人，或者当多数人和少数人都具有独创性或都具有传统性思维的时候，他们可以产生更多新颖创意，以提升佩鲁贾城市的国际形象。

关于聚合－发散理论的研究还发现，少数人影响促使人们探索解决问题的不同策略，而多数人影响则使人们只能采用多数人认可的策略（如 Butera, Mugny, Legrenzi, & Pérez, 1996; Peterson & Nemeth, 1996），少数人影响鼓励与问题相关的思考，而多数人影响则鼓励与信息相关的思考（如 De Dreu, De Vries, Gordijn, & Schuurman, 1999）。

（五）社会认同与自我归类

我们在本章前面已经提到，参照信息影响理论（如 Abrams & Hogg, 1990a; Hogg & Turner, 1987a; Turner & Oakes, 1989）将作为原型的内群体成员视为关于什么是规范的最可靠的信息来源，以此来定义和描述群体的态度和行为。通过自我归类的过程，群体成员将自己的认知和行为与群体规范保持一致。

从这个角度来看，少数人应该是极其无效的影响力来源。传播少数人观点的社会群体通常被大多数人以社会外群体的名义来污蔑，或者被"心理化"为偏常者。他们的观点被认为无关紧要，他们被嘲笑和轻视，以便抹黑少数人（例如同性恋者、环境保护主义者、知识分子；见第 10 章对外群体歧视的讨论）。多数人的所有抵抗使少数人很难发挥影响力。

那么，从社会认同的角度来看，群体中的少数人如何具有影响力？依据戴维和特纳（David & Turner, 2001）的观点，内群体中少数人的问题在于，多数人进行的群体内社会比较突出和强调少数人的差异性，本质上是将内群体中多数与少数个体之间的对比具体化。

少数人影响产生效果的关键在于，少数人以某种方式使多数人改变其社会比较水平，从而专注于与真正共享的外群体进行群际比较。这一过程会自动超越群体内部的划分，并将注意力集中在少数人的内群体资格上。现在，少数人被视为内群体的一部分，并且存在着间接的态度变化，这种变化可能不会明显地体现出来。例如，如果穆斯林在伊斯兰国家与西方国家之间进行群际比较，而不是停留在伊斯兰国家内部多数人和少数人之间的比较上，那么伊斯兰国家内部的极端派将在伊斯兰国家内部产生更大的影响力。

研究证实，如果少数人被多数人视为内群体的一部分，那么他们的确会发挥更大的影响力（Maass, Clark, & Haberkorn, 1982; Martin, 1988; Mugny & Papastamou, 1982）。例如，最近一项针对美国茶党运动（共和党的一个极右翼派别）的研究发现，当共和党人开始关注共和党和民主党之间真正的群际比较时，他们开始对自己的态度感到不确定，这使得他们对茶党的政治态度更加两极分化（Gaffney, Rast, Hackett, & Hogg, 2014）。

戴维和特纳（David & Turner, 1996, 1999）的研究表明，内群体少数人比外群体少数人能够产生更多间接的态度改变（即发生转换），并且多数人会产生表面顺从。然而，其他研究发现，外群体少数人与内群体少数人具有同样大的间接影响力（综述见 Pérez & Mugny, 1998），并且根据马丁和休斯通（Martin & Hewstone, 2003）的看法，还需要更多的研究来证实转换是由自我归类过程引起的。

（六）既得利益与宽恕契约

总体而言，如果少数人能够避免被多数人归为被鄙视的外群体，并能够被多数人视为内群体的一部分，那么他们的影响力将更大。少数人面临的挑战是，如何在表明一种与多数人立场不同却坚定不移的一致的替代观点的同时，能够做到这一点。少数人如何才能成功地做到鱼和熊掌兼得——既被视为内群体，又保持一个坚定的外群体立场？

一个心理诀窍是在吸引人们过度关注自己独特的少数人观点之前，先建立一个合法的内群体资格。克拉诺关于少数人影响的情境比较模型描述了这种情况的产生（如 Crano, 2001; Crano &

Alvaro, 1998; Crano & Chen, 1998; Crano & Seyranian, 2009）。当少数人的信息涉及弱者或未曾接受的（即相对灵活、不死板或绝对化的）态度时，内群体少数人可能会很有劝服力，因为这一信息是独特的，容易引起注意和详尽阐述，并且由于这一信息从未获得过，而少数人是一个明确的内群体，几乎没有什么威胁会招致对少数人的贬抑或排斥。被视为外群体的少数人很可能会受到贬抑，并不会产生影响力。

当信息涉及强硬的或既得的（即坚定的、不可改变的和绝对的）态度时，少数人则更难占据上风。这一信息不仅格外独特，而且涉及核心群体的属性。少数人及其信息更倾向于直接遭到拒绝。然而，少数人实际上是内群体成员这一事实，使得成员们不愿意去贬抑毕竟是内群体成员的人。解决这一难题的方法是与少数人建立克拉诺所谓的"宽恕契约"。

从本质上讲，多数人认为由于少数人是内群体成员，他们不太可能想要破坏多数人的核心属性，所以多数人对少数人及其观点持宽容态度。这样一来，多数人就可以对内群体内少数人的信息进行开明的阐述，而不会带有防御或敌意，也不会贬抑少数人。对内群体少数人的宽容会引发间接的态度改变。而外群体少数人不会征求宽大处理，因此很可能会因对核心群体态度的威胁而受到强烈的排斥。

这一分析背后的逻辑是，将自己定义为同一群体的成员的人之间发生的分歧既出乎意料又令人不安——这会增加对自己及其属性的主观不确定性，并驱使自己去降低不确定性（Hogg, 2007b, 2012）。在普通的内群体成员身份很重要且"无能为力"的情况下，群体将根据少数人的需要对自身的属性进行一定程度的重新定义，也就是说，少数人的意见是有效的。如果普通的内群体成员身份不重要且容易被否决，那么群体属性将不会按照少数人的定义被重新定义，即少数人的意见将无效。

（七）归因与社会冲击

少数人影响的许多方面都暗示了潜在的**归因**（attribution）过程（Hewstone, 1989; Kelley, 1967; 见第 3 章）。有效的少数人是一贯和一致的，他们与多数人不同，不受自身利益或外部压力的影响，风格灵活。这些因素的结合激发了一种观点，即少数人自由选择自己的立场。因此，很难从个人特质（尽管正如我们前面所看到的，这是一种尝试性策略）或外部诱因，以及威胁的角度来解释其立场。那么，也许少数人的立场实际上有一些内在的价值。这便鼓励人们应认真对待少数人（尽管如此，社会力量对此还是予以反对），至少要考虑他们的立场；这种认知工作是后面态度改变的重要前提。

虽然可以用权力来定义多数人和少数人，但他们当然也涉及人数。尽管"少数人"通常既没有什么权力，也没有那么多人数，但是他们也有权力较小但人数众多的情况。或许不足为奇的是，有研究已经试图仅从相对数量导致社会影响后果的角度来解释少数人影响。

归因

为自己和他人的行为寻求解释的过程。

社会冲击

通常是由群体规模、时间和物理接近性等因素造成的他人对我们的态度和行为的影响。

比布·拉塔内（Bibb Latané）基于**社会冲击**（social impact）理论认为，影响源规模（数量）越大，影响力越大（Latané, 1981; Latané & Wolf, 1981）。然而，随着影响源数量的累积，每一个附加影响源的冲击都会相应减小——单一影响源会产生巨大的冲击，第二个影响源的加入会增加冲击，但不会比第一个大，第三个影响源产生的冲击会更小，以此类推。一个很好的类比是在一个黑暗的房间里打开一盏灯——冲击是巨大的。第二盏灯会增加光亮，但只是增加了一点点。如果你已经打开了 10 盏灯，那么第 11 盏灯的冲击就微乎其微了。有证据确实支持了这一观点：影响源越多，冲击就越大，影响源规模的增大会带来影响力增量的减少（如 Mullen, 1983; Tanford & Penrod, 1984）。

但是，这如何解释少数人实际上能够产生影响这一事实呢？一种解释是，较大的多数人群体对其个别成员的影响已经达到一个平稳的状态：其他成员或"一小部分"多数人的冲击相对较小。尽管少数人观点的冲击相对较小，但尚未达到稳定状态：其他成员或"一小部分"少数人的冲击相对较大。这样一来，暴露于少数人的立场可能反常地比暴露于多数人的立场所产生的冲击更大。

（八）两个过程还是一个过程？

尽管社会冲击视角可以解释在公共行为层面上，多数人和少数人影响之间的数量差异，但即使是拉塔内和沃尔夫（Latané & Wolf, 1981）也承认，它无法解释存在的质性差异，特别是在隐性认知改变这一私人层面上。然而，这些质性差异，尤其是莫斯科维奇（Moscovici, 1980）的转换理论中提出的过程差异，仍然是一些争论的焦点。

例如，有人担心解释少数人和多数人影响的独立过程的假定，会重新激起信息影响和规范影响的对立（Abrams & Hogg, 1990a; David & Turner, 2001; Turner, 1991）。正如我们在本章前面看到的，这种对立在解释其他社会影响现象方面存在问题。相反，少数人或多数人是否具有影响力可能是一种社会认同动力问题，它决定了人们是否能够将自己定义为少数人（多数人）群体的成员（如 Crano & Seyranian, 2009; David & Turner, 2001）。

此外，克鲁格兰斯基和麦基（Kruglanski & Mackie, 1990）进行的理论分析，以及伍德等（Wood, Lundgren, Ouellette, Busceme, & Blackstone, 1994）的元分析共同表明，面对少数人立场的人，尤其是与真实社会中的少数人和多数人面对面的人们，不仅倾向于抵制公开与少数人结盟的表现，而且在私下和认知上也会避免与少数人结盟。这与莫斯科维奇的双过程转换理论是相冲突的。

■ 小结

- 社会影响可以产生表面上对请求的行为顺从、对命令的服从、基于群体规范而内化的从众，以及深层次的态度改变。
- 人们往往更容易受到参照群体不是成员群体的影响，因为参照群体在心理上对我们的态度和行为具有重要意义，而成员群体只是我们根据某种外部标准所从属的群体。
- 在适当的情况下，我们所有人都有可能盲目服从命令，即使这种服从的后果可能伤及他人。
- 服从受到权威人物的接近性与合法性、受害者的接近性，以及对服从与否的社会支持程度的影响。
- 群体规范是非常强大的从众来源，我们都倾向于对多数人屈服。
- 如果任务是明确的并且我们不受监视，从众率可能会降低，尽管即使在这种情况下，也经常会存在少部分从众。多数人缺乏一致性意见，在降低从众方面尤其有效。
- 人们表现出从众行为，可能是为了确保自己的观点和看法的客观有效性，或是为了获得社会赞许性和避免社会不认可，又或者是为了表达或验证自己作为某一特定群体成员的社会身份。
- 积极的少数人有时会影响多数人，这可能是社会变迁的本质。
- 少数人要产生有效影响，应该保持始终如一而非僵化，应被视为做出个人牺牲且出于原则行事，也应被看作内群体的一部分。
- 与基于"无意识"顺从的多数人影响不同，少数人影响之所以可能有效，是因为它会导致潜在的认知改变，这是新的少数人立场带来的认知挑战所产生的思维结果。
- 如果多数人将少数人视为内群体少数人而不是外群体少数人，那么少数人影响会更加有效。

■ 关键词

Agentic state 代理状态
Attribution 归因
Autokinesis 游动效应
Compliance 顺从
Conformity 从众
Conformity bias 从众偏差
Conversion effect 转换效应
Dual-process dependency model 双过程依存模型
Frame of reference 参照系
Informational influence 信息影响
Membership group 成员群体

Meta-contrast principle 元对比原则
Minority influence 少数人影响
Normative influence 规范影响
Norms 规范
Power 权力
Reference group 参照群体
Referent informational influence 参照信息影响
Social identity theory 社会认同论
Social impact 社会冲击
Social influence 社会影响

■ 文学和影视

《美国丽人》《革命之路》

这两部均由萨姆·门德斯执导的极具震撼力的影片，探索了人的从众与独立。由凯文·史派西主演的1999年的电影《美国丽人》堪称经典之作。影片以美国市郊为背景，讲述了令人窒息的对社会角色的遵从，以及当人们拼命想要挣脱束缚时会发生的事情。《革命之路》是一部由莱昂纳多·迪卡普里奥和凯特·温丝莱特联袂主演的2008年的影片，探讨了同一主题，但聚焦于成人生活中的烦琐和常规、青春梦想的失去，以及因改变带来的挑战与后果。

《阳光小美女》

这部由乔纳森·戴顿和维莱莉·法瑞斯执导的喜剧电影，上映于2006年。一个令人震惊的功能失调的家庭开着一辆破旧的大众面包车，从亚利桑那州长途跋涉到洛杉矶，让他们的女儿奥利芙（Olive，阿比盖尔·布雷斯林饰）参加一场极为怪诞的儿童选美比赛。这是一部关于人际关系和家庭的影片（与第14章相关），但也反映了与社会习俗不符，甚至违背社会传统的情况。影片由托妮·科莱特、史蒂夫·卡瑞尔、格雷戈·金尼尔和艾伦·阿金主演。

《艾希曼在耶路撒冷：一份关于平庸的恶的报告》

这是汉娜·阿伦特于1963年撰写的关于纳粹战犯纽伦堡审判的极具影响力的书，书中揭示了这些"怪物"如何给人留下只是服从命令的普通人的印象。

《达格纳姆制造》

这部2010年上映的由奈吉·科尔执导、莎莉·霍金斯主演的轻松愉快的电影，戏剧性地讲述了1968年福特公司缝纫机师在英国达格纳姆的一次罢工（及周边事件）。这是一次成功的罢工，旨在确保妇女同工同酬。这部电影通过抗议和劝服而非暴力和革命来展现社会影响力。

■ 请你思考

1. 女性比男性更能适应群体压力吗？
2. 斯坦利·米尔格拉姆为什么要进行富有争议的权威服从研究？
3. 当人们需要在公众场合发表观点时，社会情境会对他们产生怎样的影响？
4. 与从众相关的三个主要社会影响过程是什么？
5. 少数人真的能通过对抗多数人而带来社会变迁吗？

延伸阅读

Baron, R. S., & Kerr, N. (2003). *Group process, group decision, group action* (2nd ed.). Buckingham, UK: Open University Press. 对群体过程研究中一些重要主题的概述，包括社会影响现象。

Brown, R. J. (2000). *Group processes* (2nd ed.). Oxford, UK: Blackwell. 一部非常易读的群体过程导论，其中强调了群体内的社会影响过程，尤其是从众、规范和少数人影响。

Cialdini, R. B., & Trost, M. R. (1998). Social influence: Social norms, conformity, and compliance. In D. T. Gilbert, S. T. Fiske, & G. Lindzey (Eds.), *The handbook of social psychology* (4th ed., Vol. 2, pp. 151–192). New York: McGraw-Hill. 一篇全面的社会影响研究概述，尤其强调了规范和劝服。

Fiske, S. T. (2010). Interpersonal stratification: Status, power, and subordination. In S. T. Fiske, D. T. Gilbert, & G. Lindzey (Eds.), *Handbook of social psychology* (5th ed., Vol. 2, pp. 941–982). New York: Wiley. 一篇翔实和最新的地位心理学研究概述，也涵盖了对权力的研究。

Fiske, S. T., & Berdahl, J. (2007). Social power. In A. W. Kruglanski, & E. T. Higgins (Eds.), *Social psychology: Handbook of basic principles* (2nd ed., pp. 678–692). New York: Guilford Press. 一篇翔实的权力社会心理学概述。

Hogg, M. A. (2010). Influence and leadership. In S. T. Fiske, D. T. Gilbert, & G. Lindzey (Eds.), *Handbook of social psychology* (5th ed., Vol. 2, pp. 1166–1207). New York: Wiley. 一篇最新且翔实的社会影响过程综述，其中一个主要部分是少数人影响。

Martin, R., & Hewstone, M. (2007). Social influence processes of control and change: Conformity, obedience to authority, and innovation. In M. A. Hogg & J. Cooper (Eds.), *The SAGE handbook of social psychology: Concise student edition* (pp. 312–332). London: SAGE. 一篇全面的社会影响研究综述，涉及从众、服从和少数人影响。

Martin, R., & Hewstone, M. (Eds.) (2010). *Minority influence and innovation: Antecedents, processes and consequences*. Hove, UK: Psychology Press. 一部由少数人影响研究领域众多顶尖学者撰写的章节合集。

Moscovici, S., Mugny, G., & Van Avermaet, E. (2008). *Perspectives on minority influence*. Cambridge, UK: Cambridge University Press. 顶尖学者对少数人影响研究这一著名欧洲主题的概述。

Turner, J. C. (1991). *Social influence*. Buckingham, UK: Open University Press. 对社会影响的学术探讨，采取欧洲视角的批判立场，尤其强调社会认同、少数人影响和群体成员身份及群体规范的重要性。

第 **8** 章

人在群体中

章节目录

一、什么是群体？
　（一）类别与群体实体性
　（二）共同纽带群体和共同身份群体
　（三）群体与集合体
　（四）定义
二、群体对个人表现的影响
　（一）单纯在场和旁观者效应：社会促进
　（二）群体任务分类
　（三）社会抑制和社会冲击
三、群体凝聚力
四、群体社会化

五、规范
　　道德
六、群体结构
　（一）角色
　（二）地位
　（三）沟通网络
　（四）亚群体与横断类别
　（五）偏常者和边缘成员
七、人们为什么加入群体？
　（一）加入群体的原因
　（二）从属和群体形成的动机
　（三）为什么不加入群体？

你怎么认为？

1. 詹姆斯独自在房间时能把复杂的吉他即兴段落演奏得既准确又流畅。但是当朋友们要求他当众表演时，他的演奏就会变得很糟糕。你认为这是为什么呢？
2. 想要确保公司的新成员能够完全忠诚于你的组织和组织目标，可以选择让他们加入组织的程序变得顺畅、容易和愉快，也可以选择通过一系列令人困惑的准入仪式和令人尴尬的困难让人望而生畏。你觉得哪种方式更有效？什么时候采取更有效？为什么这种方式更有效？
3. 当在一个亲近的家庭成员家中享用晚餐后，你会以金钱作为报酬吗？为什么？
4. 安德烈娅写东西整洁迅速，善于记笔记。她就职于一个大公司并有志于晋升职位。她很荣幸老板令其在重要的高管会议上做记录。她喜欢取悦别人，总是赞成他人的意见——当别人讨论和做决定时，她却坐在后面在笔记本上涂写。总是赞成别人的意见明智吗？为什么？

一、什么是群体？

群体（groups）占据了人们大部分的日常生活。人们在群体中生活、工作、休闲、社交和娱乐。群体在很大程度上也决定了我们是什么样的人，过着什么样的生活。评委会、陪审团、委员会和政府机构都影响着我们的工作、生活地点和生活方式。我们所属的群体决定了我们讲何种语言，有何种口音，持有何种态度，接纳何种文化实践，接受何种教育，享受哪类水平的经济，并最终决定了我们是谁。即使是那些我们并不属于的群体，无论我们是选择还是排斥，也对我们的生活产生了深远的影响。在这个紧密的群体影响矩阵中，自治的、独立的、独特的自我可能的确是受限的。

群体存在多方面的差异（Deaux, Reid, Mizrahi, & Ethier, 1995）。有些群体成员众多（如国家或性别群体），有些群体成员很少（如委员会或家庭）；有些群体相对短暂（如一群朋友或陪审团），有些群体持续了数千年（如民族或宗教群体）；有些群体比较集中（如机组成员或评选委员会），有些群体相对分散（如学者或社交媒体上的朋友）；有些群体是高度结构化和有组织的（如军队或救护团队），而有些群体则是非正式组织的（如球迷俱乐部或社区活动小组）；有些群体有非常具体的目标（如流水作业线或环保抗议组织），有些群体的目标则比较笼统（如部落组织或青少年帮派）；有些群体相对专制（如军队或警察），有些群体则相对民主（如大学院系或公社）。

因此，任何社会群体都可以用一系列特征来描述，这些特征突出了本群体与他群体的相似性与差异性。这些特征可以是非常普遍的特征，比如成员规模（如宗教群体与委员会相对比），但也可以是非常具体的特征，如群体实践和信仰（如天主教徒与穆斯林、自由派与保守派、马赛人与基库尤人相对比）。可以通过限制重要维度的数量来减少庞杂的群体多样性，从而产生一个受限制的群体分类。与其他维度相比，社会心理学家更倾向于关注群体规模、群体氛围、任务结构和领导结构。

实体性　一个群体由个体组成，但有时它似乎是一个不可分割的实体。你认为，兰布拉斯大街上的这些街头艺人符合吗？

群体
两个或两个以上的人，他们对自己有共同的定义和评价，并按照这样的定义行事。

实体性
一个群体在多大程度上看起来像一个连贯的、独特的、统一的实体。

（一）类别与群体实体性

人类群体是分类的——有共同特征的人们属于该群体，反之则不属于该群体。因此，人类群体的差异应该体现在类别的总体差异上。类别差异的关键是实体性（Campbell, 1958）。**实体性**（entitativity）是群体的一种属性，是指一个群体在多大程度上看起来是一个独特的、连贯的、有界的实体。高实体性群体边界清晰，内部结构良好，且相对同质；低实体性群体则具有模糊的边界和结构，且相对异质。高实体性群体的成员比低实体性群体的成员更加相互依赖，命运也更加紧密。

群体就实体性而言确实不同（Hamilton & Sherman, 1996; Lickel, Hamilton, Wieczorkowska, Lewis, & Sherman, 2000）。汉密尔顿和利克尔及其同事认为，当群体的实体性降低时，其本质也会发生变化。群体根据实体性逐步降低可划分为四种不同类型：亲密群体、任务群体、社会类别群体和松散联系群体。

（二）共同纽带群体和共同身份群体

社会学家斐迪南·滕尼斯（Ferdinand Tönnies, 1887/1955）于 1887 年首次在社会

科学领域对人类群体的类型进行了一个经典而重要的区分——礼俗社会（*Gemeinschaft*）和法理社会（*Gesellschaft*），即建立在紧密人际关系基础上的社会组织，与建立在更加正式和非个人联系基础上的社会组织。这一区别在当代社会心理学中以一种略微不同的形式重新出现，它关注的是基于相似性或基于分类的群体，以及基于互动或动态的群体之间的一般区别（Arrow, McGrath, & Berdahl, 2000; Wilder & Simon, 1998）。

例如，黛比·普伦蒂斯（Debbie Prentice）及其同事（Prentice, Miller, & Lightdale, 1994）区分了共同纽带群体（基于成员间依恋关系的群体）和共同身份群体（基于对群体直接依恋的群体）。卡伊·扎森贝格（Kai Sassenberg）发现，共同纽带群体成员根据以自我为中心的原则运行，即相比于自身贡献，他们更追求回报最大化、成本最小化——在共同纽带群体中，个人目标比群体目标更为凸显。相反，共同身份群体成员根据利他主义原则运行，即通过自己的贡献使群体的回报最大化、成本最小化——在共同身份群体中，因为群体提供了一个重要的身份来源，所以群体目标比个人目标更为凸显（Sassenberg, 2002; Utz & Sassenberg, 2002）。

伊丽莎白·西利（Elizabeth Seeley）及其同事（Seeley, Gardner, Pennington, & Gabriel, 2003）的研究则发现，男性和女性对群体类型的偏好不同，这可能会影响群体的存在期限。女性更喜欢能使她们觉得与其他成员更亲近的群体（共同纽带更重要）；男性则认为，当他们依附于个体成员和整个群体时，群体是重要的（共同身份更重要）。如果一个群体中的共同纽带消失了，那么这个群体对女性来说可能就不再有价值了，而这个群体的共同身份会对男性保持吸引力。因此，一些男性群体可能比女性群体存在的时间更长，因为他们更重视群体身份。

（三）群体与集合体

并不是所有集合起来的人都可以被视为心理学意义上的群体。例如，长着绿色眼睛的人、牙医候诊室里的陌生人、海滩上的人、等公共汽车的孩子，这些都是群体吗？或许不是。他们更像是社会集合体（不相关个体的集合）而非群体。一个重要的问题是：什么区分了群体和集合体？这个问题很难回答。社会心理学家对这个问题有不同的看法。这些差异在某种程度上受到研究者对群体持个体主义观点还是集体主义观点的影响（Abrams & Hogg, 2004; Turner & Oakes, 1989）。

个体主义者认为，人们在群体中的行为方式与他们在成对或单独行动时的行为方式大致相同，而群体过程实际上只不过是许多人的人际过程（如 Allport, 1924; Latané, 1981）。集体主义者则认为，人们在群体中的行为受到独特的社会过程和认知表征的影响，而这些过程和表征只能在群体中发生和出现（Hogg & Abrams, 1988; McDougall, 1920; Sherif, 1936; Tajfel & Turner, 1986）。

（四）定义

尽管关于社会群体的定义几乎与研究社会群体的社会心理学家一样多，但戴维·约翰逊和弗兰克·约翰逊（David Johnson & Frank Johnson, 1987）确定了七个关键点。群体是

- 相互交往的个体的集合。
- 两个或两个以上的个体组成的社会单元，他们认为自己属于一个群体。
- 相互依赖的个体的集合。
- 为了实现一个目标而联合在一起的个体的集合。
- 试图通过他们共同的联系来满足需求的个体的集合。
- 其互动由一系列角色和规范构成的个体的集合。
- 相互影响的个体的集合。

他们的定义包含了所有这些重点：

> 　　一个群体是两个或两个以上的个体在面对面的交流中，每个人都意识到他是群体中的一员，每个人都意识到其他成员是群体中的一员，每个人都意识到他在努力实现共同目标时的积极互依关系。（Johnson & Johnson, 1987, p. 8）

该定义及前文所述的许多重点未能包含大群体和不区分人际关系的群体。这是对大多数社会心理学典型群体过程的一个相对准确的描述，它通常被明确或隐含地限制在规模小、面对面、短暂性、互动性、以任务为导向的群体中。另外，"群体过程"一般不是指群体的过程，而是指超过两个人的人际过程。近年来，对群体过程的研究越来越受到考虑身份的作用和大规模社会类别之间关系的视角的影响（如 Brown, 2000; Hogg & Tindale, 2001; Stangor, 2016）。

二、群体对个体表现的影响

（一）单纯在场和旁观者效应：社会促进

也许最基本的社会心理学问题是他人的存在对某人行为的影响（见专栏8.1）。戈登·奥尔波特（Gordon Allport, 1954a）问道："当有他人在场时，个体正常独处时的表现会发生什么变化？"（p. 46）当你演奏乐器、修理汽车、背诵诗歌或在健身房锻炼时，有人关注你时你的表现会更好还是更糟呢？

这个问题引起了诺曼·特里普利特（Norman Triplett, 1898）的关注，有人认为他是第一个进行社会心理学实验的人，尽管这方面存在争议（见第1章）。观察到人们在有节奏时比独自骑行时骑得更快、在竞争中比有节奏时骑得更快，特里普利特提出假设：竞争能够提高运动表现。为了验证这一想法，他让孩子们在"竞争机器"上不断地进行绕线圈任务，并证实了自己的假设：两个人一起比赛比单独比赛时，更多的孩子能更快地进行绕线圈任务（详见第1章）。

专栏 8.1　　　　　　　你的生活

可怕的公开演讲

　　当在公众面前做正式演讲时你有多紧张？其实大部分人在演讲时都感到紧张。维珍集团创始人理查德·布兰森在维珍官网上写道：

> 　　我讨厌演讲，但总是不可避免要去演讲……虽然我已经进行了很多次演讲，但今天的演讲几乎与50多年前我学生时代的第一次公开演讲一样真实。当时学校进行了一场比赛，大家必须记住一篇简短的演讲内容并呈现给其他学生。如果你在任何一点卡住就会被"鸣锣"暂停，演讲随即结束。当轮到我时，

我站在同学们面前吓得半死。回想起那令人痛苦的经历，至今仍会冒冷汗。

　　人们有时认为些许焦虑是件好事，因为这能让你保持兴奋和专注，是这样吗？即兴发挥会怎样？明智吗？试想若观众们赤身裸体坐在那里可行吗？做什么能对你有利，让你在公众场合的表现飙升？在阅读本章关于旁观者效应和社会促进的内容时，请思考这些问题。你也可能成为像温斯顿·丘吉尔或贝拉克·奥巴马那样的演说家。

弗劳德·奥尔波特（Floyd Allport, 1920）将这一现象称为**社会促进**（social facilitation），但他认为特里普利特将其过于狭隘地限制在竞争环境中，并认为社会促进本可以扩大到一个更普遍的原则之上。他认为任务表现的提高可能仅仅是由于同类别个体（相同物种的成员）作为共同行动者（做同样的事但不互动）或作为被动观众（被动地观看）**单纯在场**（mere presence）的结果。

直到 20 世纪 30 年代末，社会促进方面的研究依旧非常多，其中很多是针对各种奇异的动物进行的。例如，我们现在知道当被同类"观察"时，或同类也在奔跑、进食或交配时，蟑螂跑得更快，鸡、鱼和老鼠进食量更多，而成对的老鼠在以上情况下则更容易交配。然而研究也表明社会在场也会产生完全相反的效果，如社会抑制或削弱任务表现。

诸如此类相互矛盾的发现，加之对社会在场程度的不精确定义〔早期的研究侧重于互动，而后来的研究侧重于被动的**旁观者效应**（audience effects）〕，导致大约到 1940 年社会促进研究几近消亡。

1. 驱动理论

1965 年，罗伯特·扎荣茨（Robert Zajonc）提出了经典的**驱动理论**（drive theory；见图 8.1），复兴了社会促进研究，并使其在几十年里保持活力（见 Geen, 1989; Guerin, 1986, 1993）。扎荣茨想要解释究竟什么决定了社会在场（主要以被动观众的形式）会促进还是抑制任务表现。

驱动理论认为，因为人是相对不可预测的（你几乎不可能确切知道人们将要做什么），所以他人在场的显著优势就是使人们保持警惕并时刻做好准备。也因此，增强的唤起或动机是对社会在场的本能反应。这种唤起就像一种"驱动力"，为我们在那种情况下的优势反应（如学得最好的、最习惯的）行为提供能量（如促使我们表演）。如果优势反应是正确的（感到任务很容易），那么社会在场就会促使个体表现得更好；如果它是不正确的（感到任务很困难），那么社会在场就会削弱个体的表现。

让我们举例说明。假如你是只会演奏少量曲目的小提琴入门者，有一首曲目你独自演奏时非常容易，因为你学得非常好，几乎从不出错。当你在观众（比如你的朋友）面前演奏这首曲子时，驱动理论则会预测：因为你的优势反应是不出错，所

旁观者效应 她一直在家努力练习。什么决定了她在观众面前表演时会表现得更好或是更糟呢？

社会促进
当同一物种的成员在场时，对擅长且容易的任务表现得更好，对不擅长且困难的任务表现得更差。

单纯在场
他人完全被动的、没有回应的，仅仅是身体在场的观众。

旁观者效应
他人在场对个体任务表现的影响。

驱动理论
扎荣茨的理论，认为同一物种成员的身体在场场本能地导致唤起，从而激发习惯性行为模式的表现。

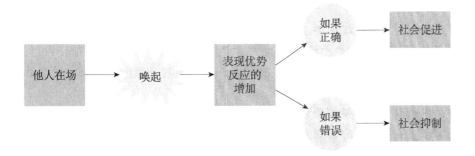

图 8.1 扎荣茨关于社会促进的驱动理论
● 他人在场会自动产生唤起，从而"驱动"优势反应。
● "正确的"优势反应会促进表现，但"错误的"优势反应会削弱表现。
来源：Zajonc, 1965.

以你的表现会有很大提升。相比之下，还有一首曲目你独自演奏时感到非常困难，因为你学得不是很好，几乎永远都做不好。此时在观众面前演奏这首曲子确实是一个草率的决定，驱动理论会预测：因为你的优势反应包含了各种各样的错误，所以表现将会比你独自演奏时糟糕得多。

2. 评价忧虑

虽然早期的研究总体上倾向于支持驱动理论（Geen & Gange, 1977; Guerin & Innes, 1982），但一些社会心理学家质疑单纯在场是否会本能地产生驱动力。尼古拉斯·科特雷尔（Nickolas Cottrell, 1972）提出了**评价忧虑模型**（evaluation apprehension model），他认为人们可以迅速认识到其所接收到的社会奖励和惩罚（比如赞同和反对）是基于他人对我们的评价。因此，社会在场产生了一种基于评价忧虑的习得性唤起（驱动力）。

为支持这一解释，科特雷尔、瓦克、塞克拉克和里特尔（Cottrell, Wack, Sekerak, & Rittle, 1968）发现，当两人组的旁观者并没有关注被试（即被蒙住眼睛）并且单纯在场（即表面上等待参加另一项实验，只是偶然在场）时，被试在三种已学得很好的任务上没有产生社会促进效应。这些旁观者并没有产生太多的评价忧虑。然而，如果一个没有被蒙住眼睛的旁观者仔细观察了被试的表现，并表示出观看的兴趣，那么他们就会产生大量的评价忧虑。这些旁观者也确实起到了社会促进作用。

其他研究并不支持这一观点。例如，黑泽尔·马库斯（Hazel Markus, 1978）让男性被试脱下自己的服装，穿上不熟悉的服装（实验室外套、特殊的鞋子），然后再穿上他们自己的服装。为了尽量减少主试带来的评价忧虑，这个任务被描述为主试并非真正感兴趣的偶然活动。任务在三种条件下完成：（1）独自；（2）在偶然的旁观者面前（低水平评价忧虑）——实验助手背对被试并全神贯注于其他任务；（3）在有意的旁观者面前（高水平评价忧虑）——实验助手仔细观察被试穿衣和脱衣。

实验结果（见图 8.2）在穿熟悉服装这一相对容易的任务上支持了评价忧虑理论，只有有意观察被试的旁观者才能减少完成这项任务所需的时间。然而，在穿不熟悉服装这一比较困难的任务中，仅仅是在场就足以使完成任务的速度慢下来，而有意观察被试的旁观者则没有产生任何额外的效果。这一结果支持了驱动理论，而不是评价忧虑理论。

施密特、吉洛维奇、古尔和约瑟夫（Schmitt, Gilovich, Goore, & Joseph, 1986）进行了类似的实验。他们将被试分配到被认为是附带的任务中，任务包括在电脑上输入名字（一项简单任务），然后反向输入名字，并在其间穿插升序数字来输入一个代码名（一项困难任务）。这些任务在三种条件下完成：（1）主试离开房间后单独完成；（2）一名被蒙住眼睛、戴上耳机的助手在场，并声称他参与了另一项感觉剥夺实验；（3）在主试的密切观察下，即主试留在房间里仔细观察被试的表现。

研究结果（见图 8.3）表明，单纯在场促进了在容易任务上的表现，并阻碍了在困难任务上的表现，而评价忧虑几乎没有额外的影响。单纯在场似乎是社会促进效应产生的一个充分原因，而评价忧虑则对社会促进没有必要的作用。（你能消除詹姆斯练习吉他时产生的疑虑吗？见本章开头"你怎么认为？"中的第一个问题。）

评价忧虑模型

认为同一物种成员的实际存在会产生驱动力，因为人们已经学会对被评价感到不安。

伯纳德·格林和麦克·英尼斯（Bernard Guerin & Mike Innes, 1982）提出，社会促进效应可能只在人们无法看到旁观者，并因此不确定旁观者对他们表演的评价反应时才会产生。为支持这一观点，格林（Guerin, 1989）在一项简单的抄写任务中发现，被试只有被那些看不见的助手观察才会引发社会促进效应。当助手可以被被试清晰地看到时，社会促进效应就不会产生。

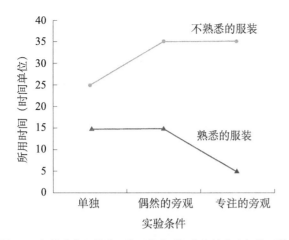

图 8.2　穿熟悉或不熟悉服装所花费时间作为社会在场的函数

● 被试穿自己的服装（容易任务）或不熟悉的服装（困难任务）。
● 他们或者自己单独穿衣服，或者有偶然的旁观者在场，或者有一个专注观察他们的旁观者在场。
● 评价忧虑在容易任务时产生；只有专注的旁观减少了穿衣服的时间。
● 在困难任务中存在驱动效应：偶然的旁观和专注的旁观增加了穿衣服的时间。

来源：Markus, 1978.

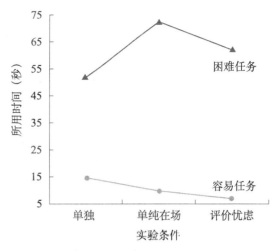

图 8.3　一项简单和困难的打字任务所花费时间作为社会在场的函数

● 被试独自在电脑中输入他们的名字（容易任务）或者反方向输入他们的名字，并在其间穿插数字（困难任务），同时有一位偶然的旁观者在场或者有一位专注的旁观者在场。
● 在容易和困难任务中都存在驱动效应。
● 偶然的旁观提高了在容易任务上的表现，但降低了在困难任务上的表现。专注的旁观没有产生额外的效应。

来源：Schmitt, Gilovich, Goore, & Joseph, 1986.

3. 分散 - 冲突理论

格伦·桑德斯（Glen Sanders, 1981, 1983）认为他人在场会"让我们分心"（另见 Baron, 1986; Sanders, Baron, & Moore, 1978）。他的**分散 - 冲突理论**（distraction-conflict theory）认为，人是注意力分散的一种来源，会使专注于任务和专注于旁观者或共同行动者之间产生认知冲突。当注意力分散单独削弱任务表现时，注意力冲突也会产生驱动力，促进优势反应。这些过程叠加在一起就会削弱在困难任务上的表现，并且，因为驱动力通常会克服注意力分散，从而会提高在简单任务上的表现（见图 8.4）。

为了支持分散 - 冲突理论，桑德斯、巴伦和穆尔（Sanders, Baron, & Moore, 1978）让被试分别完成简单和困难的数字复制任务——要么单独完成，

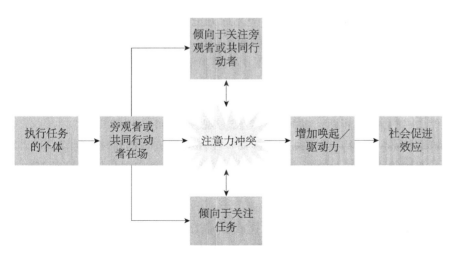

图 8.4　社会促进的注意分散 - 冲突理论

旁观者的在场引发对任务关注与对旁观者关注之间的冲突；注意力冲突产生具有社会促进作用的驱动力。

来源：Baron & Byrne, 1987.

分散 - 冲突理论
同一物种成员的身体在场会分散注意力，并使专注于任务和专注于旁观者之间产生冲突。

要么与进行相同或不同任务的人合作完成。他们推断执行不同任务的人不会成为社会比较的相关来源，因此注意力分散应该是最小的，而执行相同任务的人会成为比较的相关来源，因此注意力会被高度分散。结果与预测一致：相比其他情况，注意力分散情况下的被试在难度较大的任务上出错更多，而在简单任务上正确抄写的数字更多（再次思考本章开头"你怎么认为？"中的第一个问题）。

　　分散－冲突理论还有其他优点。实验表明，不仅是社会在场，任何形式的干扰（噪声、运动、闪光）都可能引发社会促进效应。此外，与评价忧虑模型不同，它还可以容纳动物社会促进效应研究的结果。人们可能很难接受蟑螂在有其他蟑螂观察的情况下也会进食更多，因为它们对评价感到焦虑；然而，即使是地位很低的蟑螂也可能会受到干扰。

分散－冲突理论　即使旁观者看不见你在做什么，他们也会分散你的注意力，削弱你的任务表现。

　　在格罗夫、巴伦和穆尔（Groff, Baron, & Moore, 1983）进行的一项实验中，分散－冲突理论也要比评价忧虑模型更具优势。该研究要求每当有声音响起时，被试就必须对电视屏幕上出现的面部表情进行评分。与此同时，作为一种表面的偶然性活动，他们必须尽可能紧地捏住手中的瓶子（潜伏期和握力度是衡量唤起或驱动力的指标）。被试单独进行实验；或者被坐在一旁的实验助手仔细观察（能极大地分散注意力，因为被试需要把目光从屏幕上移开才能看到观察者）；或者被一个助手仔细观察，这个助手实际上就是屏幕上的人（没有注意力冲突）。正如分散－冲突理论所预测的那样，在第二种情况下被试会更用力地挤压瓶子。

4. 社会促进的非驱动解释

　　我们如何了解"驱动力"在社会促进中起到了作用？驱动力很难测量。可以用生理上的唤起（如手心出汗）来测量驱动力，但没有唤起并不意味着驱动力不起作用。驱动力实际上是一个心理学概念，甚至在我们讨论的语境中可能意味着警觉性。因此，研究者针对社会促进提出几种非驱动解释并不令人感到讶异。

　　社会促进的一种非驱动解释是基于自我知觉理论（Carver & Scheier, 1981; Duval & Wicklund, 1972; Wicklund, 1975）。当人们将自身作为一个客体而把注意力集中在自己身上时，他们会比较自己的实际自我（他们的实际任务表现）和理想自我（他们希望如何表现）。与这一推理思路相关的是自我差异理论（Higgins, 1987, 1998）。（这两种理论在第 4 章都有描述。）实际自我与理想自我之间的差异增加了使实际自我与理想自我保持一致的动机和努力，因此在容易的任务上提高了表现；而对于困难任务，差异太大导致人们放弃尝试，因此任务表现变差。自我意识可以在一系列的环境条件下产生，比如照镜子时、共同行动者或旁观者在场时。

　　查尔斯·邦德（Charles Bond, 1982）仍然关注"自我"在社会促进中的作用，他认为人们关注自我表现是为了尽可能地给别人留下最好的印象。因为在简单任务中可以实现这一目标，所以社会在场能促进任务表现。而在更为困难的任务中，人们则会出现或者预期会出现错误：这会引起尴尬，而尴尬又会影响任务表现。

　　另一种解释社会促进效应的方式不需要唤起自我或驱动力，而是就社会在场的纯粹注意后果而言。这一分析基于一个普遍的观点：当人们的注意力超载时，他们会缩小注意焦点（Easterbrook, 1959）。罗伯特·巴伦（Robert Baron, 1986）认为，人的注意力是有限的，旁观者的存在会使注意力超载。注意力超载会使人们缩小注意范围，优先考虑注意需求，并将注意力集中于少量的中心线索。困难的任务是那些需要注意大量线索的任务，因此注意范围缩小很可能会导致我们把注意力从我们真正应该注意的线索上转移开。由此，社会在场会削弱任务表现。简单的任务只需要注意少量的线索，所以注意范围缩小实际上消除了因注意无关线索而引起的注意力分散，并将注意力集中在中心线索上，由此社会在场提高了任务表现。

让－马克·蒙泰尔和帕斯卡·休格特（Jean-Marc Monteil & Pascal Huguet, 1999）的一项实验很好地支持了这一普遍观点。该实验采用斯特鲁普（Stroop）任务，即被试必须说出不同单词的墨水颜色。有些词是中性的，或与墨水的颜色一致（例如，"红色"是用红色墨水写的）——低反应延迟的简单任务（快速回答）；而其他词与墨水颜色相冲突（例如，"红色"是用蓝色墨水写的）——高反应延迟的困难任务（慢速回答）。被试单独或在其他人在场的情况下执行这项任务。结果发现，社会在场条件下，完成困难任务的延迟时间明显较短。社会在场缩小了人们对墨水颜色的关注，从而减少了词语本身语义的干扰。

最后，托尼·曼斯蒂德和居恩·谢明（Tony Manstead & Gün Semin, 1980）提出了一个类似的基于注意力的模型，但强调自动与受控的任务表现。他们认为，困难任务需要大量注意力，因为它们受到高度的控制。旁观者将注意力从任务表现上转移开，从而使任务表现受到影响。简单的任务几乎不需要注意，因为它们是相当自动化的。旁观者使更多的注意力集中在任务上，从而使任务变得更可控，执行得更好。

5. 社会促进修正

社会心理学家提出并研究了许多最初似乎是基本而直接的社会现象的不同解释。有些解释相对较好，但有些解释还没有经过适当的检验。经过 100 多年的研究，许多问题仍然没有答案。尽管如此，对旁观者效应的研究仍是社会心理学的一个重要课题，因为我们的许多行为都发生在旁观者身体在场的情况下。博登（Borden, 1980）所做的一项调查显示，人们害怕在观众面前讲话的程度比害怕高度、黑暗、孤独甚至死亡更严重！

同样有趣且与现代生活相关的是，社会促进效应可以在虚拟人物在场时发生。帕克和卡特兰博（Park & Catrambone, 2012）让被试完成不同的任务，包括字谜、迷宫和难度不同的模运算。他们或单独，或在另一个人的陪伴下，或在电脑屏幕上虚拟人物的陪伴下完成任务。相对于单独条件，虚拟人物在场与真实人物在场具有完全相同的效果——在容易任务上的表现得到改善，而在困难任务上的表现恶化。

然而，我们应该正确看待单纯在场对行为的实际影响。查尔斯·邦德和琳达·泰特斯（Charles Bond & Linda Titus, 1983）对 24 000 名被试参与的 241 项社会促进实验进行了早期**元分析**（meta-analysis），结果发现单纯在场只能解释行为变异的 0.3% 至 3.0%。

如果我们关注的不仅仅是在场，那么社会在场可能会产生更大的影响。例如，罗内和冯·希佩尔（Ronay & Von Hippel, 2010）发现，男性滑板运动员的表现受到漂亮女性在场的显著影响（表现改善，但也有更多的碰撞），而这又受到睾酮升高这一中介作用的影响。不仅仅是旁观者在场，任务执行者和旁观者之间的关系也是如此，这种情况下激素在冒险行为中扮演着某种角色。

另一项关于社会在场对人们食量的影响的综述表明，个体与社会在场者之间关系的性质会影响人们的食量（Herman, Roth, & Polivy, 2003）。人们往往在与他人共餐时进食更多，因为他们会花更多的时间在餐桌上。有陌生人在场时人们会遵循其他人所制定的规范——如果其他人吃得多，他们也会吃得多。人们在其他人不吃东西时吃得更少，是因为担心吃得太多会被负面评价。

为了解释社会促进运行方式的其他变异，我们现在从非互动的环境转向更为互动的环境和真正的群体过程。

元分析
结合来自不同研究的数据来衡量整体信度和特定效度的统计程序。

（二）群体任务分类

社会促进研究区分了容易和困难任务，也因此局限于不需要主动、人际协调和分工的任务。许多任务属于这一类（如穿衣服、洗车、骑自行车），也有许多任务并不属于这一类（如盖房子、踢足球、经营企业）。我们可以预期社会在场对任务表现有不同的影响，不仅是作为社会在场程度的函数（被动的旁观者、合作者、群体任务中相互依赖的互动），而且是作为正在被执行的特定任务的函数。我们需要的是一种分类法，即根据数量有限的心理上有意义的参数对任务类型进行分类。

为了解决群体是否比个体表现得更好这一实际问题，伊万·斯坦纳（Ivan Steiner, 1972, 1976）开发了一种三维**任务分类法**（task taxonomy），它基于对以下三个问题的回答：

（1）该任务是可分的还是一元的？
- 可分任务受益于分工，不同的人执行不同的子任务。
- 一元任务不能被明显地分解为子任务。例如，盖房子是可分任务，拉绳子是一元任务。

（2）该任务是最大化还是最优化的任务？
- 最大化任务是强调数量的开放式任务，目标是做尽可能多的事情。
- 最优化任务是有既定标准的任务，目标是达到标准，既不超过也不低于标准。例如，拉绳子是最大化任务，但维持绳子上一个特定值的力是最优化任务。

（3）个人的投入如何与群体的产出相关？
- 相加任务：群体的产出是所有个体投入的总和（例如，一组人种树）。
- 补偿任务：群体的产出是个体投入的平均值（例如，一组人估计阿姆斯特丹酒吧的数量）。
- 析取任务：群体选择某一个体的投入作为其采纳的结果（例如，一群人在周末提议做不同的事情，他们会采纳一个人的建议）。
- 合取任务：群体的产出由最慢或能力最差的成员的任务进度或水平决定（例如，一个团队在装配线上工作）。
- 自由裁决任务：个体投入与群体产出之间的关系不直接由任务特征或社会习俗规定；相反，群体可以自由决定自己喜欢的行动方案（例如，一个小组决定一起铲雪）。

任务分类法
可根据是否可以进行劳动分工、是否有预定要达到的标准以及个体的投入如何发挥作用来对群体任务进行分类。

过程损失
成员之间可能存在的各种干扰，导致群体表现差于个体表现。

协作缺失
协作行为方面的问题，导致群体表现差于个人表现。

这些参数允许我们对任务进行分类。例如，拔河是一元的、最大化的和相加的任务，装配汽车是可分的、最优化的和合取的任务，许多群体决策任务是可分的、最优化的和析取的（或补偿的）任务。至于群体是否优于个体，斯坦纳认为，一般来说，群体的实际表现总是低于群体的潜力（基于其人力资源的潜力）。这种不足主要是由于**过程损失**（process loss；例如由个别成员活动的协调造成的损失、特定的有权力的群体成员造成的不成比例的影响，以及各种社会干扰）。然而在这种背景下，斯坦纳的分类法让我们可以预测什么样的任务更有利于群体的表现。

对于相加任务，群体的表现优于最佳个体的表现。在补偿任务中，群体的表现要优于大多数个体，因为平均值最有可能是正确的。对于析取任务，群体的表现与最佳个体的表现相当，甚至比之更差——群体不能比提出的最好想法做得更好。对于合取任务，群体的表现与最差个体的表现相当——除非任务是可分割的，在这种情况下，劳动分工可以将最弱的成员重新分配到更容易的任务中，从而提高群体的表现。

虽然斯坦纳强调了**协作缺失**（coordination loss）在阻止一个群体在其成员潜力方面表现最佳的作用，但他也提出了一种完全不同的可能性，一种更根本的心理类型的缺失——动机缺失。

（三）社会抑制和社会冲击

一百多年前，法国农业工程教授马克西米利安·林格尔曼（Maximilien Ringelmann, 1913）发表了一系列实验，研究了不同数量的人、动物和机器执行农业任务时的效率（Kravitz & Martin, 1986）。在一项研究中，他让年轻男子单独成组或 2 人、3 人、8 人为一组，水平拉动一根系在测力计上的绳子（测力计是一种测量力的大小的仪器）。他发现，每个人所耗费的力随着群体规模的增大而减小，即群体越大每个人拉动的力度就越小（见图 8.5）。这被称为**林格尔曼效应**（Ringelmann effect）。

我们之前的讨论对此提出了两种可能的解释：

- 协作缺失：由于推搡、注意力分散，以及人们倾向于轻微地互相拉扯，被试无法充分发挥他们的潜力。
- 动机缺失：被试的积极性更低；他们根本就没有那么努力。

阿兰·英厄姆（Alan Ingham）及其同事们通过一项巧妙的研究比较了群体中的协作缺失和动机缺失。一种情况下，研究者让不同大小的真实群体拉绳子；另一种情况下，让只有一个真实的被试和一些实验助手所组成的"虚假群体"拉绳子。实验助手被要求在假装拉绳子的同时发出真实的呐喊以示用力。真正的被试被安排在第一个位置，所以并不知道后面的实验助手们实际上没有真正用力。如图 8.6 所示，在虚假群体中，被试减少了他们的努力。因为没有协作的可能，所以没有损失可以被归因于协作；这种努力的减少只能被归因于动机缺失。在真实群体中个体努力的额外减少则可被归因于协作缺失（Ingham, Levinger, Graves, & Peckham, 1974）。

比布·拉塔内及其同事把这种动机缺失称为**社会抑制**（social loafing），他们通过大喊、欢呼和鼓掌的任务重复了这种效应。例如，让被试单

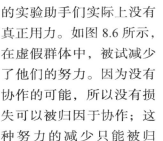

图 8.5 林格尔曼效应：每个人所耗费的力作为群体规模的函数

随着水平拉动绳子的人数的增加，每个人耗费的努力减少了：在 8 人组中，每个人耗费的努力均为单人组的一半。

来源：Ringelmann, 1913.

社会抑制 现代办公室会让人们感到自己是克隆人，在无聊的环境中做着不需要动脑的工作——这可不是让人精神饱满地投入工作的好办法。

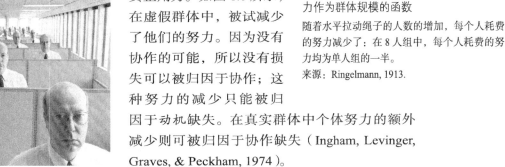

图 8.6 小组拉绳过程中的协作缺失与动机缺失

- 随着小组人数从 1 人增加到 6 人，每个人的出力都有所下降。
- 在虚假群体中是由于努力的减少，即动机缺失。
- 在真实群体中更明显地表现为协作缺失。

来源：Ingham, Levinger, Graves, & Peckham, 1974.

林格尔曼效应
个体在一项任务上的努力随着群体规模的增大而减少。

社会抑制
与单独或协同任务（个体产出不被合并）相比，在进行集体任务时（个体产出与其他群体成员产出汇集在一起），个人努力会减少。

独成组或 2 人、4 人、6 人成组并尽可能大声地欢呼和鼓掌。每个人产生的音量在 2 人组中减少了 29%，在 4 人组中减少了 49%，而在 6 人组中减少了 60%。在大喊的任务中，被试可以单独大喊，或者 2 人、6 人成组大喊，有的组是真实的，有的组是虚假的（小组成员戴着眼罩和不断发出"白噪音"的耳机）。正如英厄姆及其同事的实验，虚假组被试的努力明显减少，而真实组被试则有额外的协作缺失（Latané, Williams, & Harkins, 1979）。见图 8.7 中的结果。

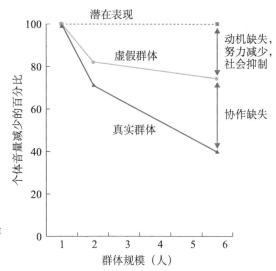

图 8.7　2 人组、6 人组、真实组和虚假组中个体叫喊音量的减少情况

● 社会抑制：随着群体规模的扩大，学生的音量变小了。
● 如图 8.6 所示，这表明在虚假组中存在动机缺失，而在真实组中缺乏协作造成了额外的损失。

来源：Latané, Williams, & Harkins, 1979, Experiment 2.

因此，社会抑制是一种个人倾向，当人们认为他人也在做某项工作时就会不那么努力地工作（即抑制）（见专栏 8.2）。更正式地说，它指的是"与单独或协同任务相比，在进行集体任务时（其中个体产出与其他群体成员产出汇集在一起）个人努力的减少"（Williams, Karau, & Bourgeois, 1993, p. 131）。

 专栏 8.2　　　**你的生活**

你不喜欢团队项目吗？

在心理学课堂上（如同真实的工作环境），你们会经常被划分成不同的小组作为一个团队来工作。你感觉如何？你们中的一些人可能会想："这意味着我要做所有的工作来弥补其他偷懒的人。"也有人可能会想："太好了，其他人工作时我可以偷懒了。"这个问题非常重要——想象一下在世界杯决赛的足球场、客机的驾驶舱、政府危机会议或美国国家航空航天局（NASA）任务控制中心偷懒的后果。是什么决定了人们是偷懒还是努力工作以实现群体目标？这个问题与社会生活的方方面面都息息相关。有关社会抑制的这部分内容为此提供了一些解释。

抑制的一个显著特征是，随着群体规模增大，新成员的加入对所付出努力之增量的影响会逐渐减小：努力的减少符合一个负加速的幂函数（见图 8.8）。因此，例如当第三方加入一个两人小组时，其所减少的个人努力是相对较大的，而一个额外成员对一个由 20 人组成的小组的冲击是极小的。能产生较大冲击的群体规模是 1 ～ 8 名成员。

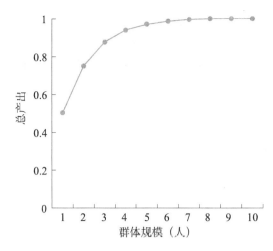

图 8.8 群体总产出作为群体规模的负加速幂函数

随着群体规模的扩大，每个新成员对群体行为的相对冲击越来越小：新成员的加入使减少的努力越来越小。

社会抑制与社会困境和公共产品研究发现的**搭便车效应**（free-rider effect）（Frohlich & Oppenheimer, 1970; Kerr, 1983）有关（第 11 章）。搭便车者是指利用共享的公共资源而不为其维护做出贡献的人。例如，使用道路系统、参观国家公园、享受公共医疗福利的逃税者就是搭便车者。社会抑制和搭便车效应的主要区别在于，虽然社会抑制减少了个体在共同活动任务上的努力，但他们确实对集体产出有贡献（存在动机的缺失）；相比之下，搭便车者利用集体产出，却对其毫无贡献（动机不同；见 Williams, Karau, & Bourgeois, 1993）。

社会抑制是一种普遍而活跃的现象。卡劳和威廉姆斯（Karau & Williams, 1993）对 20 世纪 90 年代早期进行的 78 项社会抑制研究进行了元分析，发现 80% 的个体－群体比较研究中存在社会抑制这一现象。这是一个非常重要的整体效应（综述见 Harkins & Szymanski, 1987; Williams, Harkins, & Karau, 2003; Williams, Karau, & Bourgeois, 1993）。一般的社会抑制范式是将个人或共同的表现与执行某种附加任务的小组（如头脑风暴）进行对比，或与虚假群体的表现进行对比。人们被引导去相信他们是与不同数量的其他人一起执行任务，但实际情境是被安排单独执行任务。

在实验室研究、现场研究、西方和亚洲文化背景的研究中都发现了这种现象。这一效应已经在体育活动任务（如拍手、拉绳和游泳）、认知任务（如激发创意）、评价任务（如对诗歌的质量评分）和感知任务（如迷宫任务）中被发现。人们甚至会在餐馆付小费时偷懒！在一项研究中，20% 的人会在单独坐着时给小费，但只有 13% 的人会在五六个人一起吃饭时给小费（Freeman, Walker, Bordon, & Latané, 1975）。

一项社会动机研究综述提出了人们会在群体中偷懒的三个原因（Geen, 1991）：

- **产出公平**：我们相信他人会偷懒，因此为了维持公平（Jackson & Harkins, 1985）和避免成为一个"傻瓜"（Kerr & Bruun, 1983），我们会偷懒。
- **评价忧虑**：我们担心别人评价，但当我们匿名、无法被识别时就会退缩不前、偷懒，特别是当一项任务没有吸引力时更是如此（Kerr & Bruun, 1981）。当我们可以被识别，从而会被他人评价时，社会抑制就会减少（Harkins, 1987; Harkins & Szymanski, 1987）。
- **与标准相匹配**：通常我们对群体的标准或规范没有清晰的认识，所以我们退缩不前、偷懒。然而，一个明确的个人、社会或群体绩效标准的存在会减少懈怠（Goethals & Darley, 1987; Harkins & Szymanski, 1987; Szymanski & Harkins, 1987）。

群体规模可能会产生由**社会冲击**（social impact）造成的效应（Latané, 1981）。主试发出的拍手、叫喊、头脑风暴或其他任何指令（即尽可能努力工作的社会义务）

搭便车效应

通过避免高昂的成员义务并且让其他成员承担这些成本来获得群体成员资格的好处。

社会冲击

通常是由群体规模、时间和物理接近性等因素造成的他人对我们的态度和行为的影响。

都会对被试产生社会冲击。如果只有一个被试和一个主试，主试的指令冲击最大；如果有两个被试，主试对每个被试的冲击则会减半；如果有三个被试，主试的冲击就是三分之一；依此类推。个体责任的扩散随着群体规模的扩大而扩大（另见第13章关于旁观者对受害者冷漠的情况下责任扩散如何运作的内容）。

抑制并不是群体任务的必然结果。除了群体规模之外，其他因素也会影响抑制的倾向（见Geen, 1991; Williams, Karau, & Bourgeois, 1993）。例如，主试的个人识别能力强（Williams, Harkins, & Latané, 1981），个体对任务的参与程度高（Brickner, Harkins, & Ostrom, 1986），合作伙伴的努力程度高（Jackson & Harkins, 1985），存在群际比较（Harkins & Szymanski, 1989），预期合作者将表现不佳且该任务具有很重要的意义（Williams & Karau, 1991），这些因素都被证明可以减少抑制。

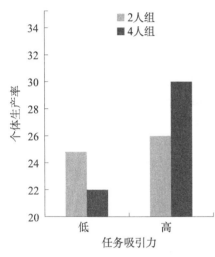

图8.9 个人努力作为任务吸引力和群体规模的函数

- 社会补偿。被试在执行一项相对不太吸引人的折纸任务时偷懒。
- 4人组的个体生产率低于2人组。
- 对于一项有吸引力的任务，社会抑制的效果正好相反：4人组比2人组的个体生产率要高。

来源：Zaccaro, 1984.

有时候人们在集体工作时甚至比协同工作时更努力，以此来补偿他人在重要任务或重要群体中被预期的懈怠，这是一种**社会补偿**（social compensation）效应。斯蒂芬·扎卡罗（Stephen Zaccaro, 1984）的一项研究要求被试以2人或4人为一组把纸折成小帐篷——通常会出现抑制效应（见图8.9）。然而，对于那些认为自己是在与外群体竞争、被强调任务吸引力和社会相关性的被试，其表现则大不相同。研究结果与社会抑制效应相反，被试在规模更大的群体中建造出了更多的帐篷。这是一个不同寻常的发现。相对于那些认为群体会不可避免地阻碍个体实现其真正潜力（Steiner, 1972）的悲观观点，扎卡罗的研究表明，在某些情况下，群体生活可能会使人们超越其个人潜力，即在群体中可能存在着过程增益（Shaw, 1976）。

在其他一些情况下，人们同样可能在群体中比单独工作时更加努力（如Guzzo & Dickson, 1996）。一种情况是，人们更看重集体而不是个人。崇尚集体主义的东方文化相比崇尚个体主义的西方文化做到了这一点（Hofstede, 1980; Smith, Bond, & Kağitçibaşi, 2006; 见第16章）。因此，若在中国（Earley, 1989, 1994）和日本（Matsui, Kakuyama, & Onglatco, 1987）发现人们在团队中比独自工作时更加努力，你就不会感到惊讶了。人们在群体中比独自一人时更努力工作的另一种情况是，群体及其成员相信并期望群体能够有效地实现重要目标（Guzzo, Jost, Campbell, & Shea, 1993; Sheppard, 1993）。

研究者们又重新对群体过程增益的前景和群体增强任务动机的能力产生了兴趣（Brown, 2000; Kerr & Park, 2001）。卡劳和威廉姆斯（Karau & Williams, 1993）对78项社会抑制研究的元分析发现，任务的重要性和群体对个体的重要性是促进群体努力的两个关键因素。这些因素可能彼此相关。人们可能特别有动力去努力完成重要的任务，因为这定义了对其自我概念或社会认同至关重要的群体成员身份（Fielding & Hogg, 2000）。

例如，史蒂夫·沃切尔（Steve Worchel）及其同事的一项研究让被试先独自制作纸链条，然后再作为一个小组制作纸链条（Worchel, Rothgerber, Day, Hart, & Butemeyer, 1998）。在团队合作阶段被试只在自己的小组中工作，或与一个外群体竞争。此外，被试要么有各自的名牌和不同颜色的外套，要么小组里的每个人都有相同的名牌和同样颜色的外套。沃切尔及其同事发现，当一个群体具有高凸显性时（即拥有群体自己的名牌、同色系的外套和群际竞争），人们在群体中要比单独工作时更加努力。生产的效率增加了5个纸链条；在群体最不凸显的情况下，人们产生了抑制（即生产效率减少了4个纸链条）；在群体中等凸显的情况下，并没有显著偏离基本的生产效率（即生产率为11个纸链条）。卡劳和哈特（Karau & Hart, 1998）发现，具有高度凝聚力的群体也会

社会补偿

在集体任务中更加努力，以补偿实际感知到的或预期的其他群体成员的努力或能力不足。

出现类似的过程，因为群体中包含了成员们彼此喜欢的人。

一般来说，对群体表现的研究都假设群体表现要比个体差，并且群体过程和动机的收益更多的是例外而不是普遍规律。这种群体普遍比个体更糟糕的假设，也支撑了许多关于人群等集体行为的经典研究（如 Zimbardo, 1970；见第 11 章）。然而，其他研究则强调，尽管群体中的个体行为方式与个体单独行动时有所不同，但这是一种行为的变化而非行为的恶化（Hogg & Abrams, 1988; Klein, Spears, & Reicher, 2007; Reicher, Spears, & Postmes, 1995），实际上组织机构中的人们喜欢在群体中工作，并发现自己在群体中获得了满足感、找到了动力（Allen & Hecht, 2004）。我们现在所知道的社会抑制效应也可以应用在团队项目非常普遍的组织和教育环境中来克服懈怠行为（Aggarwal & O'Brien, 2008）。

詹姆斯·索罗维基（James Surowiecki, 2004）在其著作《群体的智慧》中列举了大量群体表现优于个体的例子。例如，在电视真人秀《谁想成为百万富翁》中，参赛者可以给一个专家打电话或让演播室的观众投票来决定四个答案中哪一个是正确的。索罗维基发现，专家有 65% 的概率是正确的，但是观众（一群随机的人）有 91% 的概率产生正确的答案。

三、群体凝聚力

一个群体最基本的特性之一就是它的**凝聚力**（cohesiveness，团结性、集体荣誉感、团队精神、士气），也就是它作为一个紧密团结、独立存在的实体"联结在一起"的方式，其特征是行为一致、依恋群体，以及成员之间相互支持。凝聚力的强弱因群体、环境和时间的不同而不同。凝聚力极低的群体似乎根本就不是群体，所以这个词可能也抓住了作为一个群体而不是一个非群体的本质——将一个集合体转变成一个群体的心理过程。

因此，凝聚力是一个描述性术语，用于定义整个群体的属性。这与我们在本章开头讨论的类别所具有的实体性密切相关。但是，"凝聚力"这一术语同样可用来描述个体对群体及其成员的依恋，并因此对整个群体的内聚性负责的心理过程。此处的潜在问题是，讨论群体具有凝聚力是有意义的，而讨论个体具有凝聚力是无意义的。

群体凝聚力 把一切都放在一起，包括发挥团队精神、全心投入、竭尽全力。

在经历了近十年的非正式使用之后，费斯廷格、沙赫特和巴克（Festinger, Schachter, & Back, 1950）在一项如今已成为经典的研究中正式定义了凝聚力的概念。他们认为，根据群体及其成员的吸引力和群体满足个人目标的程度，有一种力量作用于个体。这些吸引力的合力产生了凝聚力，而凝聚力影响群体成员的连续性和对群体规范的遵守（见图 8.10）。

因为像"力场"这样的概念很难操作化，也因为这个理论在如何准确定义凝聚力的操作化（在具体测量或实验操作方面）上不够精确，社会心理学家几乎立即简化了他们对凝聚力概念的定义。例如，在关于麻省理工学院学生住房项目的凝聚力研究中，费斯廷格、沙赫特和巴克（Festinger, Schachter, & Back, 1950）只是简单地问学生："哪三个人……你在社交中遇到的最多？"（p. 37；本研究的更多细节见第 14 章）

如果使用人际喜好来描述凝聚力，不难想象那些能增加喜好的因素（例如相似、合作、人际接受度高、有共同的威胁）通常也能增强凝聚力。此外，更强的凝聚力能引起对群体规范的遵从，突出相似性，改善群体内部的沟通，并提高好感度（Cartwright, 1968; Dion, 2000; Hogg, 1992; Lott & Lott, 1965）。

有人认为（Hogg, 1992, 1993; Turner, 1982, 1984），这种群体凝聚力视角代表了

凝聚力
一个群体的特性，能有效地把人们作为群体成员而彼此联系在一起，也能把群体作为一个整体联系在一起，给群体一种团结一致的感觉。

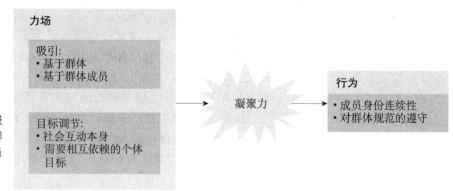

图 8.10 费斯廷格、沙赫特和巴克（1950）的群体凝聚力理论

费斯廷格、沙赫特和巴克（1950）认为，基于吸引和目标调节的力场作用于个体群体成员，使群体或多或少具有凝聚力，而这种凝聚力影响成员身份的连续性和成员对群体规范的遵守。

来源：Hogg, 1992.

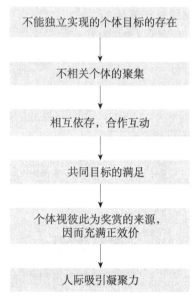

图 8.11 社会凝聚力 / 人际依存模型的总框架

来源：Hogg, 1992.

一个更广泛的社会群体的社会凝聚力或人际依存模型（见图 8.11）。研究者只在他们所强调模型的组成部分上存在差异。因为社会心理学家还没有真正解决如何清楚地将凝聚力操作化的问题（Evans & Jarvis, 1980; Mudrack, 1989），所以近期的研究倾向于应用领域（Levine & Moreland, 1990）。特别是在运动心理学方面，研究者设计了一批严格的量表。例如，维德迈耶、布劳利和卡伦（Widmeyer, Brawley, & Carron, 1985）开发了由 18 个条目组成的群体环境问卷来衡量运动团队的凝聚力。

社会认同研究者提出了一个基本问题（Hogg, 1992, 1993; Turner, 1984, 1985; 见第 11 章）：在多大程度上通过对人际吸引力的聚合（或其他算术积分）来分析群体凝聚力，才能真正把握一个群体的过程。实际上群体已经在分析中完全消失了，只剩下了人际吸引（Berscheid & Reis, 1998; 见第 14 章）。

为解决这个问题，豪格（Hogg, 1993）区分了**个人吸引**（personal attraction，基于亲密关系和个人喜好的真正的人际吸引）和**社会吸引**（social attraction，个体间的喜好，源于对自我和他人的感知，不是基于个体性，而是基于群体规范或典型性）。严格来说，个人吸引与群体无关，而社会吸引是群体成员"喜好"的组成部分。例如，你可能喜欢杰西卡，因为你们是有着长期亲密关系的朋友（这是个人吸引），但也可能你喜欢她是因为你们都是同一个飞镖队的成员（这是社会吸引）。当然，反过来说，你可能不喜欢杰西卡，因为你们之间长期以来存在敌意（低个人吸引），或者你不喜欢她是因为她效力于竞争对手的飞镖队（低社会吸引）。

因此，社会吸引是群体成员身份的喜好方面。它是自我归类理论所规定的，将自己和他人归类为群体成员，以及在心理上认同一个群体的过程所产生的一系列效应（族群中心主义、从众、群际分化、刻板印象化、内群体团结）之一（Turner, Hogg, Oakes, Reicher, & Wetherell, 1987; 见第 11 章）。这是一个正确但优雅的讽刺，你可以把某人作为一个群体的成员但不是作为个人来喜欢，反之亦然（Mullen & Copper, 1994）。

与传统模型相比，这种分析至少有两个主要优势：

- 它不会减少群体团结和凝聚力对人际吸引的影响。
- 它既适用于小的互动群体（传统模式中唯一有效的关注点），也适用于大的社会类别，如一个民族或一个国家（人们可以因共同的民族或国家群体成员身份而感到彼此吸引）。

这一视角有实证研究支持。例如，豪格和特纳（Hogg & Turner, 1985）将人们与他们表面上喜欢或不喜欢的其他人聚集在一起（其他人是他们喜欢或不喜欢的人这一事实与群体的存在无关），或者根据他们喜欢或不喜欢对方的标准，明确地将他们归

个人吸引

基于个人的偏好和人际关系而产生的对某人的喜好。

社会吸引

基于共同群体成员身份，以及个人在群体中的典型性而产生的对某人的喜好。

类为一个群体。研究发现，人与人之间的吸引并不自动与更强的团结联系在一起（见图 8.12）。相反，当人际喜爱既不是群体的内隐基础，也不是群体的外显基础（即在随机归类条件下）时，群体团结不受人际吸引的影响。

在另一项研究中，豪格和哈迪（Hogg & Hardie，1991）对一支澳大利亚足球队进行了问卷调查。他们发现，对团队典型性和规范的感知与基于群体的社会吸引显著相关，但与人际吸引并不相关。这种差异在那些对团队有强烈认同感的成员中最为强烈。对业余女子网球联赛的研究（Hogg & Hains，1996），以及对组织的子组和准自然主义讨论组的研究（Hogg, Cooper-Shaw, & Holzworth，1993）也发现了类似的结果。

这种将凝聚力与群体团结和社会认同联系起来的更广泛观点，或许可以解释为什么忠诚对群体生活如此重要。例如，马克·范·伍格特和克莱尔·哈特（Mark Van Vugt & Claire Hart，2004）在他们的社会黏合假说中认为，只有当群体成员表现出对内群体的忠诚，愿意为了群体的利益而牺牲自身利益或优势时，群体合作才能得以持续；因此，人们对不忠诚的反应非常强烈（另见 Levine & Moreland，2002）。

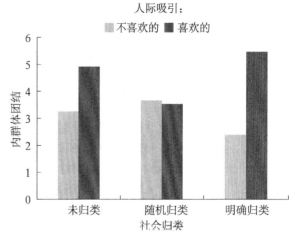

人际吸引：
■ 不喜欢的　■ 喜欢的

图 8.12　内群体团结作为人际吸引和社会归类的函数
根据人际关系偏好被明确归类为一个群体的学生，或者仅仅是被聚集在一起的学生，与受欢迎的群体表现出更强的团结，而对于那些被随机归类的学生，无论这个群体有多受欢迎，他们都表现出同样的团结。
来源：Hogg & Turner，1985.

四、群体社会化

许多群体都有一个被人们熟知的显著特征，即新成员加入，老成员离开，成员被群体社会化，而群体反过来又被烙上个人贡献的印记。群体是随时间不断变化的动态结构。然而，群体的这种动态性在社会心理学中常常被忽视，社会心理学领域的分析是相当静态的，并且排除了时间流动性的作用。许多社会心理学家认为，这大大削弱了社会心理学理论对群体过程和群际行为的解释力（Condor，1996，2006；Levine & Moreland，1994；Tuckman，1965；Worchel，1996）。

组织心理学更注重时间的作用，其中纵向分析比较常见且相当复杂（Wilpert，1995）。例如，科德里、米勒和史密斯（Cordery, Mueller, & Smith，1991）研究了两家矿物加工厂为期 20 个月的工作满意度、旷工和员工离职情况，发现尽管自治的工作小组改善了员工的工作态度，但旷工和员工离职的情况也增多了。

布鲁斯·塔克曼（Bruce Tuckman，1965）以小型互动群体为研究对象，描述了非常著名的这类群体发展的五个阶段：

- 形成：熟悉环境及前期培训阶段。
- 风暴：冲突阶段，在这个阶段成员彼此足够了解，开始解决关于目标和实践的分歧。
- 规范化：在经历了风暴阶段后，出现了共识、凝聚力和共同的认同感和目标感。
- 执行：团队作为一个整体顺利工作的阶段，团队有共同的规范和目标，有良好的士气和氛围。
- 解散期：团队因目标已经完成或因其成员失去兴趣和动力并进入下一个阶段而解散。

近来，迪克·莫兰和约翰·莱文（Dick Moreland & John Levine，1982，1984；Levine & Moreland，

群体社会化

群体及其成员之间的动态关系，描述了群体成员通过群体的承诺和角色的变化跨越群体的路径。

1994; Moreland, Levine, & Cini, 1993）提出了一种**群体社会化**（group socialisation）模型，用以描述和解释个体随时间推移跨过群体的路径。他们关注的是群体和个体成员在跨越整个群体生命周期时的动态相互关系。这种分析不仅关注个体如何改变以适应群体，而且关注新成员如何有意或无意地成为群体内创新和改变的有力来源（Levine, Moreland, & Choi, 2001）。这涉及三个基本过程：

- 评价：群体成员及潜在成员参与一个持续的比较过程，即将群体过去、现在和未来的收益与潜在替代关系的收益相比较（Thibaut & Kelley, 1959；见第 14 章对社会交换理论的讨论）。同时，作为整体的群体会根据个体成员对群体的贡献来评价成员。这种双边评价的动机是，人们有创造期望的目标和需求。如果这样的期望得到满足（或很可能被满足），人们就会表达对社会的认可；如果期望没有得到满足，人们就会表达对社会的反对，并且可能会采取行动去改变行为或者拒绝个体或群体。

- 承诺：评价以一种相对直接的方式影响个体对群体以及群体对个体的承诺。这种双向的积极承诺取决于群体和个体是否具有一致的目标和价值观、感受到积极的联结、愿意付出努力，并希望继续保持成员关系。然而在任何时候都可能存在承诺的不对称，比如个体更忠于群体或群体更忠于个体。这会造成不稳定，因为它赋予承诺最少的一方更大的权力，从而对实现更平等的承诺产生了压力。

- 角色转换：一个成员在群体中所扮演的角色类型急剧变化。随着时间推移，角色转换叠加在更持续的承诺变化上，角色转换的发生由群体和个体关于转换的标准来控制。一般有三种角色类型：一是非成员，包括尚未加入群体的未来成员及已离开群体的前成员；二是准成员，包括尚未取得正式成员资格的新成员，以及已丧失成员资格的边缘成员；三是正式成员，与群体关系密切，并拥有与实际成员资格相关的所有特权和责任的人。

基于这些过程，莫兰和莱文（Moreland & Levine, 1982, 1984）提供了详细的个体跨越群体的路径说明（见图 8.13）。群体社会化有五个不同的阶段，包括群体和个体的相互评价和影响，每一个阶段都由一个明确的角色转换来预示或总结（见专栏 8.3）。

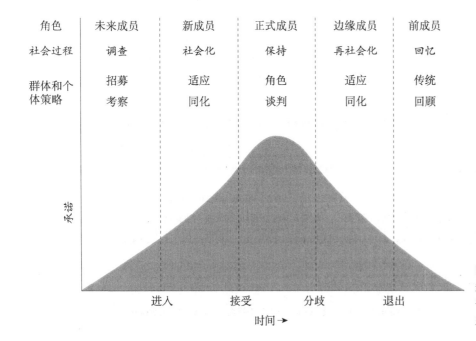

图 8.13 群体社会化过程模型
群体社会化。个体成员跨越群体的过程伴随着承诺的变化，并以角色间断为标志。
来源：Moreland & Levine, 1982.

专栏 8.3　　重点研究

群体社会化的阶段

莫兰和莱文（Moreland & Levine, 1982, 1984; Moreland, Levine, & Cini, 1993）区分了群体社会化的五个阶段（见图 8.13）：

1. 调查：群体招募潜在成员，成员反之考察群体。这个过程可以是正式的采访和问卷调查（例如加入一个组织），也可以是非正式的形式（例如加入学生会）。成功的结果带来角色转换，即进入群体。

2. 社会化：群体同化新成员并用它的方式对其进行培养。反之，新成员也试图让群体适应其观点。社会化可以是非结构化的、非正式的，也可以是非常正式的（例如一个组织的入职程序）。成功的社会化以接受为标志。

3. 保持：正式成员之间进行角色协商。角色不满可能会导致角色转换（分歧），这可能是

意料之外的、没有计划的，也可能是可预计的（例如大学毕业和大学生离校）。

4. 再社会化：当出现分歧在意料之中时，则不会发生再社会化；当分歧是非预期的时，成员会被边缘化到一个反常的角色并试图重新社会化。若这一过程成功，则恢复正式成员资格；若这一过程失败，则成员退出该群体。退出可能以精心设计的仪式为标志（例如在军事法庭上被仪式性地剥去勋章）。

5. 回忆：当个体离开群体后，双方都会回忆。这可能是对"记得什么时候……"的美好回忆，也可能是更极端的极权主义政权改写历史的例子。

来源：Moreland & Levine, 1982.

角色转换　毕业典礼是一种公共仪式，标志着学生从一个阶段到另一个阶段的重要过渡。

莫兰及其同事对特定的角色转换进行了研究，尤其是那些与成为成员相关的角色转换（Brinthaupt, Moreland, & Levine, 1991; Moreland, 1985; Moreland & Levine, 1989; Pavelchak, Moreland, & Levine, 1986）。角色转换是群体生活的一个重要方面。当个体和群体具有同等的承诺，并在角色转换的意义和发生的时间（例如学生开始研究生生活的时间）方面共享相同的标准时，角色转换会变得顺利和容易；否则可能会在是否应该或是否确实发生角色转换的问题上产生冲突，例如员工的表现是否值得升职而不是获得奖金。出于这个原因，角色转换标准常常变得形式化和公开化，而仪式化的礼节或加入群体的**起始仪式**（initiation rites）成为群体生活的中心部分。它们可以是以庆祝和赠送礼物为标志的愉快活动（例如毕业、婚礼），但它们往往也包含一定程度的痛苦或羞辱（例如割礼、守丧）。这些仪式通常有三种重要的功能：

- 象征：允许公众对身份改变产生一致认可。
- 学徒期：帮助个体适应新角色和新标准。
- 忠诚激发：愉悦的起始仪式伴随着礼物和特权，这可能引起感激并增强对群体的承诺。

鉴于最后这种功能，不愉快的起始仪式在生活中的流行以及它带来的显著效果令人困惑。当然，人们会避免加入有严格准入仪式的群体，若不幸无法避免，那么

起始仪式

标志着群体成员角色转换，通常是痛苦或尴尬的公共程序。

至少他们也应该随后讨厌这个群体，并且不会对该群体表现出承诺感。

我们可以从**认知失调**（cognitive dissonance）的角度来理解这种反常现象（Festinger, 1957；第6章已讨论过）。一种令人厌恶的入会方式会使两种想法之间产生失调："为了加入这个群体，我有意识地经历了一段痛苦的经历"和"这个群体的某些方面并不那么好"（因为群体生活通常包含了积极和消极方面）。此外，起始仪式一般是公开的，且不能被拒绝，所以我可以通过修正我对群体的看法来减少失调感——淡化消极方面，关注积极方面。对我来说，结果是对该群体的评价更加积极，从而对群体做出更大的承诺。

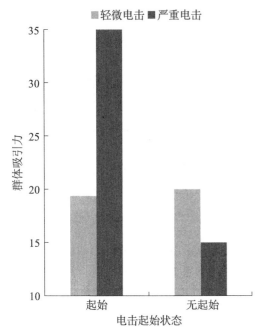

图8.14 群体吸引力作为电击严重程度和电击起始状态的函数
● 即将参加一个无聊的小组讨论的被试受到了轻微或严重的电击。
● 当电击被作为起始仪式时，受到严重电击的被试比受到轻微电击的被试认为该群体更具吸引力。
资料来源：Gerard & Mathewson, 1966.

这项分析预测，开始的越不愉快，那么之后对群体的评价将更积极。阿伦森和米尔斯（Aronson & Mills, 1959）的实验（详见第6章）对这一观点进行了检验。阿伦森和米尔斯招募了一些女学生来参加一个关于性心理学的小组讨论。在加入这个小组之前，她们听取了一段简短的讨论并对其进行了评分。这是一段关于低等动物第二性征的极其乏味和生硬的讨论。控制组被试和第二组被试都给出了正确评价，其中第二组被试经历了一个温和的起始阶段，她们大声朗读了五个带有模糊的性暗示的单词。然而，第三组被试经历了一个极端的起始阶段，她们大声朗读了明确包含淫秽词语的段落，之后她们却评价这些讨论非常有趣。

哈罗德·杰勒德和格罗弗·马修森（Harold Gerard & Grover Mathewson, 1966）担心，这种效应之所以产生可能是因为参加极端准入仪式的被试或是被包含淫秽内容的段落引起性唤起，或是发现讨论并不像这段文字本身那么极端时而感到宽慰。为了排除这些可能，他们重复了阿伦森和米尔斯的研究，让被试对一场即将开始的无聊讨论进行审核和评分。或是作为明确的开始，或是在完全与随后的讨论无关的其他借口下，被试被给予轻微或严重的电击。正如认知失调理论预测的那样，痛苦的经历只有在被认为是一种起始仪式时才会提高人们对群体的评价（见图8.14）。（现在回答本章开头"你怎么认为？"中的第二个问题。）

认知失调
同时拥有两种相反的认知而产生的心理紧张状态。人们往往会通过改变或拒绝其中一种认知来降低这种紧张感。费斯廷格提出，人们在态度、信念和行为中寻求和谐，并试图减少因这些因素间的不一致产生的紧张感。

规范
态度和行为的一致性，这种一致性定义了群体成员身份并使群体之间得以区分。

五、规范

许多年前，社会学家威廉·格雷厄姆·萨姆纳（William Graham Sumner, 1906）将**规范**（norms）描述为"民风"——因其最初是适应基本需求的，所以被群体表现为风俗习惯。之后，谢里夫（Sherif, 1936）将规范描述为"由于个体接触而被标准化的习俗、传统、规则、价值观、时尚和所有其他行为标准"（p. 3）。虽然规范可以采取由立法和制裁来执行的明确规则形式（例如关于私有财产、污染和侵略的社会规范），但大多数社会心理学家同意西奥迪尼和特罗斯特（Cialdini & Trost, 1998）的观点，即规范是

群体成员所理解的，并且在没有法律效力的情况下指导或约束社会行为的规则和标准。这些规范来自与他人的互动；它们可能会也可能不会被明确表述出来，任何对偏离规范的制裁都来自社交网络，而不是法律体系。（p. 152）

另一位社会学家哈罗德·加芬克尔（Harold Garfinkel, 1967）则将规范视为日常生活中隐含的、未被观察到的、被视为理所当然的背景。人们通常认为一种行为是"自然的"或只是"人性的"，直到这种行为被违反规范的行为所打断，人们会突然意识到这种行为"仅仅"是规范性的。实际上，皮亚杰的认知发展理论描述了儿童如何慢慢地开始意识到规范不是客观事实，并表明即使是成年人也很难意识到这一点（Piaget, 1928, 1955）。

加芬克尔设计了一种被称为**本土方法论**（ethnomethodology）的通用方法论来检测这些背景规范。其中一种具体的方法是通过违反规范来引起人们的注意。例如，加芬克尔让学生在家里待 15 分钟，表现得就好像他们是寄宿生一样。也就是说，他们很有礼貌，说话很正式，而且只有在别人跟他们说话的时候才这么做。他们的家人对此表示震惊、困惑、尴尬和愤怒，并指责他们自私、粗鲁和缺乏考虑！一个家庭互动的隐性规范被揭示出来，违反这一规范引起了强烈的反应。

社会认同论学者特别强调规范的群体定义维度（如 Abrams & Hogg, 1990a; Abrams, Wetherell, Cochrane, Hogg, & Turner, 1990; Hogg, 2010; Hogg & Smith, 2007; Turner, 1991）。规范是一种态度和行为上的规则，反映了社会群体（小群体或大的社会类别）的轮廓，因此规范的间断也标志着群体的边界。规范充分体现了描述一个群体并将其与其他群体区分开来的属性。因为群体定义了我们是谁，所以群体规范也具有规定性，告诉我们作为群体成员应该如何行事。例如，大学生和讲师的行为受到非常不同的规范约束，通过知道某人是学生还是讲师，就能对其恰当的规范行为有明确的预期。（反思本章开头"你怎么认为？"中的第三个问题：哪些规范存在冲突？）

豪格和里德（Hogg & Reid, 2006）指出，这种规范视角超越了社会心理学中描绘行为规律的描述性规范（"是"规范）和传达对行为的赞同或反对的命令性规范（"应该"规范）之间的传统区分（如 Cialdini, Kallgren, & Reno, 1991）。相反，通过将规范与群体成员身份捆绑，规范的描述性和命令性得以整合，正如我们稍后所讨论的，群体规范为群体成员提供了道德指南。

另外，规范和**刻板印象**（stereotype）是密切相关的——术语"行为规范"和"刻板印象行为"实际上指的是同一件事。然而，研究传统通常将这两个领域分开：规范指的是一个群体中共享的行为，而刻板印象（见第 2、10 和 11 章）指的是个体对其他群体成员共享性的概括。

本土方法论　事实上，这个男人似乎是穿着相当华丽的短裤前往参加一个严肃的商务会议，这引起了人们对商务着装规范存在的注意。

群体规范可以对人们产生强大的影响。例如，西奥多·纽科姆（Theodore Newcomb, 1965）于 20 世纪 30 年代在本宁顿学院进行了一项关于规范的经典研究。这所大学有进步派和自由派的规范，但也吸引了来自保守派的中上阶层家庭的学生。1936 年的美国总统选举这一契机允许纽科姆进行了一项秘密投票，结果发现一年级的学生强烈支持保守党候选人，而三年级和四年级的学生则倾向于投票给自由党和共产党/社会党候选人（见图 8.15）。据推测，长期接触自由派规范导致了政治偏好的变化。

艾伯塔·西格尔和西德尼·西格尔（Alberta Siegel & Sidney Siegel, 1957）进行的一项对照研究将美国一所私立大学的新生随机分配到不同类型的学生宿舍——女生联谊会和普通学生宿舍。在这所特定的大学里，女生联谊会有着保守的风气，而普通学生宿舍里则有着更进步和自由的规范。两位研究者测量了学生在学年开始和结束时的保守程度。图 8.16 显示了暴露在自由派规范下是如何减少保守主义的。

规范是为个体服务的。它们规定了在某种情况下可以接受的行为的有限范围，因此它们能减少不确定性，并有助于我们自信地选择"正确"的行动方针。规范提供了一个**参照系**（frame of reference），在这个参照系中我们可以定位自己的行为。谢里夫

本土方法论
由加芬克尔设计的方法，包括违反隐藏的规范来揭示规范的存在。

刻板印象
人们对社会群体及其成员所普遍共有的、简化的评价性印象。

参照系
相关人员在特定情况下可以使用的、主观上构想的态度或行为维度立场上的完整范围。

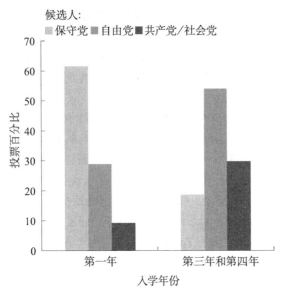

图 8.15 纽科姆的本宁顿研究：对 1936 年总统候选人的投票偏好作为受自由派规范影响的函数

在 1936 年的总统大选中，美国本宁顿学院一年级学生表现出一种传统保守的投票模式，而三年级和四年级学生在长期接触学院的自由派规范后，表现出明显更自由的投票模式。
来源：Newcomb, 1965.

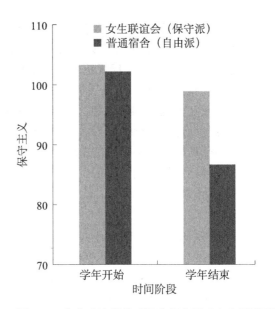

图 8.16 宿舍政治规范对学生保守派或自由派投票倾向的影响

来源：Siegel & Siegel, 1957.

（Sherif, 1936）在其研究规范形成的经典实验中探索了这一观点（详见第 7 章专栏 7.1）。他指出，人们独自进行感知判断时会将自己的估计作为参照系；然而，当在群体中时，人们则会将群体的判断范围作为框架，并迅速收敛于群体的均值。

谢里夫认为，人们使用其他成员的估计作为一个社会参照系来引导自己，他还认为自己的实验中形成了一个初始的群体规范。规范是群体成员之间互动产生的一种自然属性，一旦被创建就会获得自己的生命。随后，这些成员单独接受测试，但他们仍旧遵守原来形成的规范。在一项研究中，那些在一年后再次接受单独测试的人仍然显著地受到群体规范的影响（Rohrer, Baron, Hoffman, & Swander, 1954）。

这一点在游动效应研究中得到了惊人的证明（Jacobs & Campbell, 1961; MacNeil & Sherif, 1976）。在一个由三个给出极端估计的助手和一个真正的被试组成的小组中，出现了一个相对极端的规范。这个小组经历了几"代"，其中一个助手成员离开，另一个真正的被试加入，直到这个小组的成员中没有一个是最初的成员。最初的极端规范仍然对被试的估计有很大的影响。这很好地证明了规范是一种真正的群体现象：它只能从群体中产生，但它可以在群体事实上不存在的情况下影响个体的行为（Turner, 1991）。这就好像群体以规范的形式存在于个体的头脑中。

规范还在协调成员为实现群体目标而采取的行动方面发挥作用。在对工厂生产规范的早期经典研究中，科克和弗伦奇（Coch & French, 1948）描述了这样一个群体，他们为自己设定了每小时 50 个单位的生产标准，并将其作为获得工作职位的最低标准。新成员很快接受了这一规范。那些没有这样做的人受到了强烈的排斥性惩罚，在某些情况下，他们的工作还受到了蓄意破坏。一般来说，对组织工作团队目标设定的研究已很好地证明，当群体规范体现了明确的群体绩效和生产目标时，群体成员会更努力工作，同时对群体也更满意（Guzzo & Dickson, 1996; Weldon & Weingart, 1993）。

规范在本质上是抵制变化的，毕竟其功能是提供稳定性和可预见性。但规范最初是为了处理特定情况而产生的，只要这些情况存在，规范就会一直存在。然而，规范最终也会随着环境的变化而变化。规范在其"可接受行为的范围"上各不相同，有些是狭隘和高限制性的（如军事着装规范），而另一些则是宽泛和低限制性的（如大学讲师着装规范）。一般来说，与群体忠诚和群体生活中心相关的规范的可接受行为范围较窄，而与群体的边缘特征相关的规范则限制较少。最后，某些群体成员被允许有比其他成员更大的可接受的行为范围，比如地位高的成员（如领导者）比地位低的成员及追随者更容易逃脱惩罚（这一现象将在第 9 章讨论）。

谢里夫夫妇（Sherif & Sherif, 1964）对美国城市青少年帮派的开创性研究，为不同类型规范的模式和结构提供了证据。参与式观察者渗入这些帮派，并对他们进行了几个月的研究。这些帮派给自己起名，戴上各种各样的徽章，对帮派成员的着装有严格的规定。着装规范很重要，因为帮派之间的区别很大程度上是通过着装来区分的。这些帮派在性道德和如何与外人（如父母、警察）打交道方面也有严格的规范。然而，领导者在遵守这些规范和其他规范方面被允许有一定程度的自由。

规范是群体行为的准绳，群体通过规范影响成员行为。有关社会影响的确切过程请参见第 7 章。

道德

如前所述，规范的一个关键特征是它规定了人们作为认同群体、视自己为群体一部分的群体成员，应该和不应该做什么。规范传达了什么是对的、什么是错的，以及什么是道德行为等信息。

道德原则是人们行为的基本组织原则，它能调节行为激活（处理）和行为抑制（回避）（Janoff-Bulman & Carnes, 2013; Higgins, 1998）。道德原则可以使人们团结一致，但也常常使人们产生分歧。社会中许多最棘手、最具破坏性的冲突都围绕着道德的分歧和冲突，如善与恶的冲突。

乔纳森·海特（Jonathan Haidt, 2012）基于"道德基础理论"区分了不同的道德原则。人们在道德推理中会优先考虑不同的道德原则，因此具有不同政治和宗教倾向的人对道德中的"善"会存在分歧。因为道德原则及其表达和交流都与强烈的道德情感有关，比如内疚和羞耻（Giner-Sorolla, 2012），所以这种分歧和冲突可能是剑拔弩张的。根据乔舒亚·格林（Joshua Greene, 2013）的观点，尽管许多道德判断是自动的和情绪化的，但它们也可以是高度受控和理性的。格林认为，道德思考是一种更深思熟虑、更可控的道德判断方式，对文化和社会差异的情绪反应可以解释群体之间的价值冲突和攻击行为。

关于群体与本章最相关的观点是，道德和道德原则对于群居的群体来说是一种社会功能，以及关于什么是"正确的"行为方式的共享观念可能会由于定义这种行为的文化、宗教或政治背景而有所不同（Ellemers, Pagliaro, & Barreto, 2013）。群体围绕他们认为正确的事情来配置其规范性态度和实践非常重要。也许更具煽动性的是，群体把自己的道德原则建立在规范实践的基础之上。当群体与其他群体进行比较时，几乎总是会寻求占据道德高地。而极端情况下，人们会在群际冲突中选择含蓄地或公然地指责其他群体道德沦丧。

适用于全人类的全球性道德原则是我们最大的规范共同体，往往是亚群体的终极道德参照系。因此，亚群体会主张将这些原则体现在自身的规范属性中，并比其他群体更准确地体现这些原则，言下之意是我们比他们更有人性（参照 Haslam, 2006；第 10 章对"去人性化"的讨论）。

六、群体结构

凝聚力、社会化和规范主要涉及群体的一致性。然而，只有极少数的群体存在所有成员都平等、所有成员都进行相同的活动或自由交流的情况。在群体中，成员在所扮演的角色、所隶属的亚群体、所拥有的地位、可以轻松地与谁沟通、如何体现群体规范，以及他们是中心成员还是边缘成员的程度上都是不同的。这就是**群体结构**（group structure）的含义，对于外群体来说它的特征可能并非显而易见。

（一）角色

角色（roles）与规范非常相似；它们描述并规定行为。然而，尽管规范适用于整个群体，但是角色却适用亚群体内的亚群体成员。此外，虽然规范区分了不同的群体，但它们通常不是为了促进社会群体之间的建设性互动而有意制定的。相反，为了整个群体的利益，角色被专门设计来区分群体中不同的个体。

角色不是人本身，而是分配给人的行为方式。它们可以是非正式的、内隐的（如在朋友们之中），也可以是正式的、外显的（如在飞机的机组人员之中）。在小群体中，一个非常普遍的角色分化存在于任务专家（负责提出想法并让事情顺利执行的人）和社会情感专家（每个人都喜欢的人，因为他们擅长处理群体中的关系）之间（如 Slater, 1955）。角色在一个群体中出现的原因有很多，例如：

- 它们代表劳动分工；只有在最简群体中才没有劳动分工。
- 它们提供了群体内部明确的社会期望，并提供了成员之间如何相互联系的信息。
- 它们为成员提供了自我定义和在群体中的位置。

角色能促进群体功能。然而，不灵活的角色划分有时可能对群体不利。举一个现实生活中的例子：由于客机机组人员在飞行前严格区分角色（谁做什么），机组人员未能使用除冰装置，致使飞机起飞后不久坠毁的悲剧性后果（Gersick & Hackman, 1990）。在国家和全球层面，不同安全组织（如美国中央情报局、美国联邦调查局、美国国家安全局、国际刑警组织、国家和地区警察部队）之间的角色分化可能会阻碍保护我们免受恐怖袭击所需信息的自由流通。

角色有时也可以与特定任务导向群体之外的更大类别成员（如专业群体）相关联。以任务为导向的群体可能成为角色冲突的背景，而角色冲突实际上是更广泛的群际冲突的表现，如在医院里医生和护士之间可能发生的冲突（如 Oaker & Brown, 1986）。

群体结构

将一个群体划分为不同的角色，这些角色通常在地位和声望方面具有差异。

角色

区分群体内部不同活动的行为模式，以及为了群体的更大利益而相互关联的行为模式。

对应偏差

一种普遍的归因偏差，即人们倾向于认为行为反映了（对应于）稳定的潜在人格属性。

虽然我们经常采用戏剧的视角来谈论人们"表演"或"扮演"的角色，但这可能并非全然正确。我们扮演的角色也许与演员所扮演的不同角色十分相似，但许多人只是看到我们扮演的某个特定角色就据此推断这是我们的真实面目。职业演员很容易被用同样的方式定型。保罗·格林格拉斯 2006 年的电影《93 航班》讲述了 2001 年 9 月 11 日美国遭受的恐怖袭击，这部电影之所以有如此难以置信的影响力，原因之一是出演该电影的演员并非已经被定型的知名演员。这种将角色内归因于角色扮演者秉性的倾向很可能代表了**对应偏差**（correspondence bias）（Gawronski, 2004; Gilbert & Malone, 1995; 另见第 3 章）。

这样做的言下之意是，个体应该避免在群体中扮演地位较低的角色，否则可能会难以摆脱其带来的后续问题。关于角色改变行为的力量，或许最有力、最著名的社会心理学例证是津巴多的监狱模拟实验（Zimbardo, 1971; Banuazizi & Movahedi, 1975; 见专栏 8.4）。

最终，角色可以影响我们是谁——我们的认同和自我概念（见 Haslam & Reicher, 2005, 2012）。社会学家详细阐述了这一观点，以解释社会互动和更广泛的社会对行为的期望如何为人们创造持久和真实的认同——角色认同理论（McCall & Simmons, 1978; Stryker & Statham, 1986; 见 Hogg, Terry, & White, 1995）。

警卫与囚犯：监狱模拟中的角色行为

菲利普·津巴多对人们如何接受和内化角色，并以此来引导行为很感兴趣。他还关注人们对角色的规定而非角色扮演者的性格是否最终决定了角色内行为。在一项著名的角色扮演实验中，24 名心理状态稳定的斯坦福大学男性学生志愿者被随机分配扮演囚犯或警卫的角色。这些囚犯在自己家中被逮捕，最初由警方处理，然后在斯坦福大学心理学系地下室建造的模拟监狱中被移交给狱警。

津巴多原计划观察为期两周的角色扮演练习。然而，他不得不在六天后停止研究！虽然这些学生心理稳定，而且那些被分配到警卫或囚犯角色的人之前没有秉性上的差异，但事情完全失控了。狱警不断骚扰、羞辱和恐吓囚犯，他们利用心理手段破坏团结，在囚犯中播下不信任的种子，一些警卫的行为越来越野蛮和残忍。

囚犯们最初反抗了。然而，他们逐渐变得被动

和服从，因为他们表现出个人和群体解体以及与现实严重脱节的症状。一些囚犯不得不从研究中被释放出来，因为他们表现出严重的情绪紊乱症状（思维混乱，无法控制地哭泣和尖叫），其中一名囚犯出现了全身的心身性皮疹。

津巴多对监狱模拟实验结果的解释是，学生们（过于）遵守了他们以为被期望应该扮演的角色（见 Haney, Banks, & Zimbardo, 1973）。而这一解释受到了质疑。史蒂夫·赖歇尔（Steve Reicher）和亚历克斯·哈斯拉姆（Alex Haslam）认为，被试所面临的情境增加了他们对自身的不确定感，为了减少这种不确定感，他们将可用的身份（警卫或囚犯）内化，并采用符合规范的适当行为来定义自己（Reicher & Haslam, 2006; Haslam & Reicher, 2012）。这是一个群体认同和遵从群体规范的过程，受对自我概念的不确定性的驱使（见 Hogg, 2012）。

（二）地位

并非所有的角色都是平等的，有些角色更受重视和尊重，从而赋予角色占有者更高的**地位**（status）。在大多数群体中，地位最高的角色是领导者（第 9 章）。一般来说，地位较高的角色或其占有者具有两个属性：

- 具有被一致认可的声望。
- 倾向于发起被群体采纳的想法和活动。

例如，社会学家怀特（W. F. Whyte, 1943）在意大利裔美国移民社区帮派的参与式观察中发现，即使是相对不善言辞的怀特"博士"，也会用"打败"这个词来描述自己如何成为"诺顿帮"13 名成员的头领。然而，单凭这种攻击行为赢得的被一致认可的声望，还不足以确保他的高地位。他承认自己的地位还取决于他总是为团队着想的事实。

群体中的地位等级结构不是固定的，而是可能随着时间和情况的变化而不同。以管弦乐队为例，首席小提琴手在音乐会上地位最高；而工会代表在与管理层的谈判中地位最高。关于群体中为何如此容易出现地位等级，有一种源于社会比较理论的解释（Festinger, 1954; Suls & Miller, 1977），即地位等级是群体内部社会比较的表达和反映。群体提供了一些相关人群，以便我们通过社会比较来评估我们的观点和能力的有效性。

群体中某些角色拥有更大的权力和影响力，同时也拥有超过其容纳限度的"申请者"，这些人也因此更具有吸引力、更受欢迎。在与这些角色相关的行为维度上

地位
对群体中某一角色或角色占有者的声望，或对群体及其成员作为一个整体的声望的一致性评价。

进行激烈的社会比较，意味着那些未能获得该角色的群体成员中，大多数人必然会得出自身能力不如那些成功人士的结论。由此，也就出现了占据有吸引力角色的人比其他人更优越这样的共同观念——被一致认可的声望和高地位。（你对安德烈娅有什么建议吗？见本章开头"你怎么认为？"中的第四个问题。）

群体内部的地位等级经常变得制度化，因此成员们并不会持续地进行社会比较。相反，他们只是简单地假定特定的角色或角色占有者地位高于他们自己的角色或他们自己。对新创建群体地位等级结构形成的研究支持了这一观点。斯特洛特贝克、詹姆斯和霍金斯（Strodtbeck, James, & Hawkins, 1957）召集了模拟陪审团来对实际审判的笔录进行审议并做出裁决。他们发现，陪审团主席的高地位角色几乎总是属于那些在陪审团之外也拥有更高职业地位的人（如教师或心理学家，而不是门卫或机械师）。

对这种现象的一种解释是**期望状态理论**（expectation states theory）（Berger, Fisek, Norman, & Zelditch, 1977；Berger, Wagner, & Zelditch, 1985；见 De Gilder & Wilke, 1994；Ridgeway, 2001）。地位源自两组截然不同的特征：

- **特定地位特征**（specific status characteristics）是与完成群体任务的能力直接相关的属性（例如在运动队中是一名优秀的运动员，在乐队中是一名优秀的音乐家）。
- **扩散地位特征**（diffuse status characteristics）是指与完成群体任务的能力没有直接关系的属性，但通常在社会中受到积极或消极的评价（例如富有、拥有白领职业、白人）。

扩散地位特征可产生有利的预期，这些预期会被泛化到所有情况，甚至可能是那些与群体所做的事情没有任何关联的情况。群体成员只是简单地认为那些具有高扩散地位特征的人（如医生）将比其他人更有能力促进群体的目标（例如分析审判笔录以做出裁决），从而具有更高的特定地位。

通常在一个新成立的群体中，特定地位特征和扩散地位特征都会对一个人的整体地位做出各自的附加贡献。因此，如果你所在的城市正在当地剧院为一部音乐剧物色演员，布伦达很可能因为她有着丰富的女低音（特殊地位特征）而出演一个角色，而鲁道夫也可能因为他有着梦幻般的外表（扩散地位特征）而被选中。但毫无疑问，索菲亚则会成为真正的明星，因为她在其他作品（特殊地位特征）中是一位成功的女高音，与此同时，她穿着大多数服装看起来很迷人（扩散地位特征）。可怜的鲁道夫不能用唱歌来获得这个机会，所以他在这个群体里的整体地位只能由他的扩散地位特征来决定。

戴维·诺特纳罗斯和西奥多·格林斯坦（David Knottnerus & Theodore Greenstein, 1981）研究了一个新成立的小组中特定地位特征和扩散地位特征的不同贡献。女性被试们与一名女性搭档完成两项据称相关的任务。研究通过告知被试她们在第一项任务（一项知觉任务）中比搭档表现得更好或更差来操纵特定地位特征，通过引导被试相信她们比搭档更年轻或更年长来操纵扩散地位特征。第二项任务是一个构词任务，通过测量被试接受其搭档建议的妥

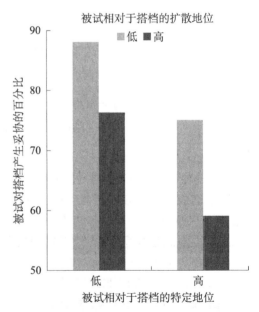

图 8.17　妥协作为被试相对于搭档的特定和扩散地位特征的函数

在构词任务中，女性被试更容易接受一位女性搭档的建议，其前提是搭档的特定地位特征更高（在类似任务中表现良好），且扩散地位特征也更高（年龄更大）。

来源：Knottnerus & Greenstein，1981.

期望状态理论

角色是人们基于地位对他人的表现产生期望的结果。

特定地位特征

与群体任务直接相关的个人能力信息。

扩散地位特征

关于一个人的能力的信息只与群体任务有间接关系，并主要来自群体外的大规模类别成员。

协次数作为有效的地位指标。结果显示，如果被试认为其特定地位或扩散地位均比她们的搭档更低，则妥协的次数更多（见图 8.17）。其他有助于在一个群体中获得高地位的因素包括较深的资历、自信、以往任务的成功和高群体定位。

（三）沟通网络

尽管并不是所有的角色都需要相互交流，但是在一个群体中扮演不同角色的人需要通过沟通来协调他们的行为。因此，根据角色来组织一个群体，就需要一个规定了谁可以轻松地与谁沟通的内部**沟通网络**（communication network）。尽管这样的网络可以是非正式的，但我们所熟知的可能是大型组织和官僚机构（如大学或政府机构）中严格规范化的沟通网络。不同类型的沟通网络对群体功能有什么影响？什么影响了网络类型的发展？

亚历克斯·巴韦拉斯（Alex Bavelas, 1968）认为，一个重要的因素是一个人与另一个人沟通所需要跨越的路径数量。例如，如果我可以直接与院长沟通，那么我们之间只需跨越一个路径；但是如果我还必须经过系主任，那么则需要跨越两个路径。在弗朗兹·卡夫卡（Franz Kafka, 1925）的经典小说《审判》中，中心人物"K"需要面对令人困惑且不断增加的沟通路径才能与该组织的高级人员沟通。图 8.18 展示了一些经过实验研究的沟通网络；左边的沟通网络比右边更加集中。

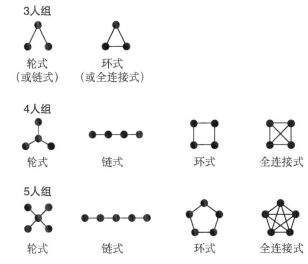

图 8.18 经过实验研究的沟通网络
被研究最多的沟通网络是那些涉及 3 个、4 个或 5 个成员的网络（点表示位置或角色或个体，而线表示沟通路径）。图中从左往右，沟通网络集中度越来越低。

对于相对简单的任务，高集中度可以提高群体表现（Leavitt, 1951），中心人物能够有效地接收、整合和传递信息，同时允许边缘成员专注于分配给他们的角色。对于相对复杂的任务，低集中度的结构更好（Shaw, 1964），因为频繁且复杂的信息沟通将使中心人物负荷过重，并使其无法有效地整合、吸纳和传递信息。因此，边缘成员将感到拖延和沟通不畅。对于复杂的任务，过度集中的沟通网络可能会导致严重的协作缺失（Steiner, 1972；见本章前文）。然而，从长远来看，一旦建立了适当的程序并充分学习，对复杂任务的集中化也可能会带来良好的结果。

另一个值得考虑的重要因素是群体成员能感受到的自主程度。因为群体成员依赖于信息枢纽来调节和传播信息，边缘成员在群体中的权力要更小，他们会感受到更多限制和依赖。根据荷兰心理学家毛克·马尔德（Mauk Mulder, 1959）的研究，那些拥有更多权力——权力更集中并感觉像一个"关键人物"的群体成员，能够感受到更多的自主性和满足感；所以群体边缘成员的满意度可能较低，而通常被认为是团队领导者的中心成员则满意度较高。因此，集中化的沟通网络会降低群体的满意度、和谐度和团结度，进而使群体内部产生冲突。有关组织的研究发现，工作满意度和组织承诺受到员工认为自己拥有的控制力的影响，而这种控制力与沟通网络有关，尤其是与员工的决策参与感知有关（Evans & Fischer, 1992）。

在几乎所有的群体中，特别是在组织团体中，正式的沟通网络通常也要由非正式的"小道消息"沟通作为补充。与主流观点相反，根据西蒙兹（Simmonds, 1985）的研究，80% 的小道消息是与工作有关的，而其中 70% ~ 90% 的信息是准确的。

沟通网络 像拍电影这样包罗万象的活动，需要分工和以团队领导者为中心的集中化沟通网络——《星球大战》的导演 J. J. 艾布拉姆斯对此非常了解。

沟通网络
用于管理群体中不同角色之间沟通的可能性或易用性的一系列规则。

最后，随着过去二十年来计算机媒介沟通（computer-mediated communication, CMC）的迅猛发展，组织沟通网络研究的准则也面临改写（Hollingshead, 2001）。现如今，组织中存在基本不需要在现实中碰面的虚拟人群，他们更多使用电子沟通路径，这种路径通常是高分布式的，没有集中的沟通枢纽（Hackman, 2002）。CMC 的一个潜在积极作用是，它可以淡化地位带来的差异，从而促进所有成员之间更平等的参与（见第 15 章）。

（四）亚群体与横断类别

几乎所有的群体都在结构上分化为亚群体。这些亚群体可以嵌套在更大的群体之中（如大学的不同系、公司的不同部门）；也可以代表更大的类别，这些类别成员甚至可以在这个更大的群体之外（例如，心理学系的社会心理学家也是更大的社会心理学家群体中的成员）。在这个例子中，亚群体并不是嵌套的，而是一种横断类别（Crisp, Ensari, Hewstone, & Miller, 2003; Crisp & Hewstone, 2007）。

群体过程受亚群体结构显著影响。主要问题是，亚群体之间经常互相竞争，有时会伤害到更大的群体。例如，公司内部的分歧可能会使良性竞争逐渐陷入彻底冲突。研究表明，当一家公司收购另一家公司时，其中就包含原公司和新公司两个亚群体，他们之间可能产生极端的冲突（如 Cartwright & Schoenberg, 2006; Terry, Carey, & Callan, 2001）。在这种情况下，提供有效的领导来弥合亚群体之间的深刻分歧是非常困难的，此时需要的是有效的群际领导（Hogg, 2015; Hogg, Van Knippenberg, & Rast, 2012a; 见第 9 章）。

当群体包含意识形态或核心价值观和态度上不同的亚群体时，**分裂**（schism）就可能产生（Sani, 2005）（见专栏 8.5）。如果一个亚群体认为更大的群体不再代表其价值观，不再体现其认同，那么该亚群体可能对其社会认同感到不确定，并开始在较大的群体中寻求更大的自主权和独立性来定义自身（Wagoner & Hogg, 2016），或者会选择彻底分裂成为一个单独的群体。在这两种情况下，亚群体仍旧可能尝试改变大群体。这可能会造成极端冲突并使得群体分裂——这种情况经常发生在政治和宗教背景下（Sani & Reicher, 1998, 2000），但也可能发生在艺术和科学背景下。将意识形态分歧转变为分裂的一个关键因素是缺乏发言权——如果规模较小的边缘化群体感到，他们对多数人所持有的意识形态以及对其认同降低的关切，根本并没有得到多数人的倾听，分裂的可能性就会加大（Sani, 2005）。

分裂
一个群体被划分成态度、价值观或意识形态都不同的亚群体。

　　专栏 8.5　　　　　**我们的世界**

欧洲和美国的分裂：英国脱欧和加州独立

2016 年 6 月 23 日英国举行公投，52% 的投票支持英国脱离欧盟，一时间英国脱欧（英国退出欧盟）占了上风。英国于 1973 年加入欧盟（EU），这是二战后欧洲各国运动的一部分，目的是建立一个具有全球竞争力的贸易集团，并建立一种超越民族主义议题的欧洲身份认同。民族主义议题导致了 20 世纪毁灭性的战争。公投时欧盟有 28 个成员国，人口超过 5.1 亿，德国、英国和法国这三个国家为其提供经济基础。推动英国进行"脱欧"投票的，似乎是一种失去自主权的感觉——尤其是在移民、贸易经济、国家认同和文化实践方面。

在大西洋彼岸，加利福尼亚州正在兴起一场类似的运动——有时被称为"加州独立运动"，这场运动旨在使加州退出美国并成为一个独立的国家（见 2017 年的《洛杉矶时报》）。美国有 50 个州，人口 3.25 亿。而加利福尼亚州于 1848 年从墨西哥手中获得，有 4 000 万人口，是美国人口最多的州，目前是世界第六大经济体。加州人经常开玩笑说要脱离联邦。他们觉得自己有一个独特的身份和相关的规范信念及实践，比其他州的人更进步，他们渴望在移民、治理、全球化、环境监管等领域拥有更大的自主权。2016 年美国总统大选使唐纳德·特朗普入驻白宫，这激化了加州的独立企图。加州人以 62% 对 32% 的投票支持民主党候选人希拉里·克林顿，而不支持共和党候选人特朗普。加州人感到被剥夺了公民权利，在国家中没有发言权，也因此无法掌握自身命运，所以想通过脱离联邦来寻求自治。与英国脱欧不同，加州独立不太可能成功，因为这需要获得美国其他大多数州的赞成。美国 11 个州最后一次脱离联邦是在 1861 年，而紧随其后的是美国内战！

当更大的群体在社会人口学意义上包含在整个社会中具有破坏性群际关系的亚群体时，亚群体的冲突问题往往是最明显且有害的，例如新教徒和天主教徒一起在北爱尔兰经商（Hewstone, Cairns, Voci, Paolini, McLernon, Crisp, et al., 2005）。对群际关系，包括横断和嵌套的亚群体中的群际关系的完整讨论请参阅第 11 章。

（五）偏常者和边缘成员

许多（如果不是大多数的话）群体也是根据两种成员类型进行组织的：

- 最能体现群体属性的人：**核心成员**，群体的典型代表。
- 没有体现群体属性的人：**边缘成员**或非典型成员。

高度典型化的成员通常对群体有重要的影响，并可能担任领导角色——我们将在第 9 章讨论这些角色。边缘成员的情况则完全不同。

何塞·马克斯（José Marques）及其同事的研究表明，边缘成员不受欢迎是因为他们具有令人讨厌的特征（如不诚实、自恋、偏执），他们处于群体的边缘，甚至可能被视为"害群之马"（Marques & Páez, 1994）或者是偏常者，他们可以在评价上和实质上被排除在群体之外。如果一个人不受欢迎的属性使其处于内群体和外群体之间的边界上，那么若他被归类为内群体成员而非外群体成员，反而会更不受欢迎——他会被视为偏常者甚至叛徒。产生这种现象的原因是他不受欢迎的属性反映了内群体不良的一面，因此也反映了社会认同和成员自我概念的不佳——我们宁愿在团队中没有偏常者，但不介意他们属于某个外群体。其动机是通过积极的社会认同来达到自我增强（Abrams & Hogg, 1988; Tajfel & Turner, 1986）。

马克斯和艾布拉姆斯及其同事将这一观点阐述为更为广泛的**主观群体动力学**（subjective group dynamics）理论（Marques, Abrams, Páez, & Taboada, 1998; Pinto, Marques, Levine, & Abrams, 2010），该理论关注的是边缘成员，即非典型的群体成员——不能很好地体现群体规范属性的人。评价边缘成员和原型偏差者的潜在动机是降低身份不确定性（参照 Hogg, 2012）。当一个群体被认为是高度实体化时，显示出对边缘成员更强烈的排斥并不奇怪（Lewis & Sherman, 2010），因为边缘成员对群体原型的完整性构成了更大威胁。

群体中的偏常者会对群体规范的完整性构成威胁，从而威胁到群体认同。如果偏常者与群体规范的背离是朝向外群体（称为"反规范偏离"），而不是远离外群体（称为"亲规范偏离"），那么这一点尤其具有威胁性。反规范偏离者比亲规范偏离者得到的评价更为负面。因此，"害群之马"，也即典型的反规范偏离者，会受到特别严厉的评价和对待（Marques, Abrams, Páez, & Hogg, 2001; Marques, Abrams, &

主观群体动力学
规范偏离者对群体规范的背离朝向外群体（反规范偏离）比远离外群体（亲规范偏离）受到更严厉惩罚的过程。

Serodio, 2001）。矛盾的是，边缘成员也可能因此在群体中发挥某种重要作用——群体（特别是其领导者）可以发表中伤和排斥边缘成员的言论来使人们清楚地了解该群体的边界。

在群体中成为边缘成员的方式有很多。以"害群之马"和"反规范偏离者"身份伪装的边缘成员若不能使群体受益就会遭到排斥。然而，边缘地位也可能对整个群体起到更积极的作用（Ellemers & Jetten, 2013），例如亲规范偏离者。另一种产生积极作用的方式与边缘成员在群体中扮演重要的角色相关，他们可以成为群体内部社会变革的推动者。恰当条件下，边缘成员因其通常处于群体边缘，所以才可能占据充当群体规范批评者的独特地位。

马修·霍恩西（Matthew Hornsey, 2005）及其同事对群际批判的研究表明，相较于来自外群体成员的批评，群体更能接受来自内群体成员的批评（Hornsey & Imani, 2004; Hornsey, Oppes, & Svensson, 2002）；相较于来自新成员的批评，群体更能接受来自旧成员的批评（Hornsey, Grice, Jetten, Paulsen, & Callan, 2007）。就此合理推断，若批评者被贴上"偏常者"标签，那么其作为批评者的声音就很难被听到；而来自外群体的批评者和新成员通常也更容易被贴上这样的标签。

持不同意见的人若作为小群体团结起来，则更有可能获得发言权——我们就会有效地形成一个分裂（见前文），或在群体中形成一个活跃的少数人群体。实际在很多方面，边缘成员、偏常者和持异议者如何影响更广泛群体的研究，就是对少数人影响的分析（见第 7 章的详细讨论）。

然而，小群体中的个体若感到自己被多个主导或支配性群体积极地边缘化和排斥（或驱逐，见下一节），就会在自身的归属感、认同、自尊、控制力和存在意义上感受到强烈的威胁感。这种致命要素的混合可能会导致个人或群体暴力的形成，以反抗造成所谓的排斥和边缘化的根源（Betts & Hinsz, 2013）。这样的例子不胜枚举——从美国的校园枪击案到全球恐怖主义。

■ 七、人们为什么加入群体？

回答这个问题并不容易。这取决于我们如何定义一个群体，再者，人们"为什么"加入群体与人们"如何"加入群体是完全不同的问题。人们在加入所属群体时的自由选择程度也各不相同。在选择"加入"性别、民族、国家或社会阶层群体时，我们几乎没有选择，成员基本上是由外部指定的。在某种程度上，我们可以选择加入哪个职业或政治群体，尽管这种选择的自由度可能比我们想象的要低；而在我们选择参加哪个俱乐部、社团和娱乐团体时则有很大的选择自由。即使是最强烈的由外部指定的社会类别成员身份，如性别和民族，也可以允许在一定程度上选择作为该群体成员身份可能产生的影响（如群体的规范和实践），这也可能反映了与自由选择加入较少由外部指定的群体相似的动机和目标。

（一）加入群体的原因

然而，我们可以确定一系列或多或少直接导致人们加入或形成群体（例如聚集，协调其行动，宣布自己是群体成员）的环境、动机、目标和目的。例如，物理上的接近可以促进群体形成。我们倾向于去喜欢，或者至少学会去忍受与我们亲近的人（Tyler & Sears, 1977）。人们与其周围的人形成群体，这促进了群体的形成。费斯廷格、沙赫特和巴克（Festinger, Schachter, & Back, 1950）对学生住房项目的经典研究（另见第 14 章）关注的就是接近性在群体形成、群体凝聚力和群体规范遵守中的作用。相似的兴趣、态度和信念也会导致人们形成或加入一个群体。

另一个加入群体的强大而可靠的理由是，人们共享的目标需要行为上的相互依赖才能实现。

这个观点是谢里夫（Sherif, 1966）关于群际行为的现实冲突理论（将在第 11 章讨论）的核心。例如，我们如果关心环境恶化，就很可能最终加入一个环保组织，因为与志趣相投的人分工合作、相互依赖比单独行动能获得更大的成就。人们通过加入群体来完成他们自己无法完成的事情。

人们可以为了相互间的积极支持，或仅仅是为了快乐而加入群体，比如为了避免孤独（Peplau & Perlman, 1982）。人们也可以为了自我保护和个人安全加入群体，比如青少年加入帮派（Ahlstrom & Havighurst, 1971），登山者加入登山队。人们还可以在压力大的时候加入一些团体来获得情感支持，比如为艾滋病患者及其亲友提供支持的团体就完成了这一功能。

奥斯卡·刘易斯（Oscar Lewis, 1969）在他的小说《桑切斯家族之死》中对墨西哥天主教守灵仪式的有力描述，阐释了人们在压力环境下走到一起的方式。斯坦利·沙赫特（Stanley Schachter, 1959）在受控的实验室环境中探讨了同样的想法。然而，在压力条件下形成群体是有条件的。极端的压力和剥夺（例如在经历集中营囚禁或自然灾害后）有时会导致社会解体和个人孤立，而不是形成群体（Middlebrook, 1980）。这可能是因为压力和从属之间的关联并不是机械的：如果从属关系不是应对压力的有效方法，那么压力可能并不会导致群体的形成。托马斯·基尼利（Thomas Keneally, 1982）在其颇具影响力的传记小说《辛德勒名单》中证明了这一点，作者描述了纳粹在波兰克拉科夫对犹太人犯下的暴行。尽管他们承受了极大的压力，但明显并没有发生从属关系：从属很难维持，而且很可能只会使情况更加恶化。

（二）从属和群体形成的动机

人们为什么加入群体的问题，可以根据人们从属的基本动机是什么来重新定义（Hogg, Hohman, & Rivera, 2008；另见第 13 章）。根据鲍迈斯特和利里（Baumeister & Leary, 1995）的观点，人类存在一种基本的、强大的归属需求，这导致人们从属、加入并成为群体的成员。此外，无论是在人与人之间还是在群体之中，归属感以及和他人的联结感都会产生一种强大的、高回报的自尊感和自我价值感（Leary, Tambor, Terdal, & Downs, 1995），自尊作为一种社会计量仪为人们提供了关于自身社会基础和联结的优劣信息（Leary & Baumeister, 2000）。

根据**恐惧管理理论**（terror management theory）（Greenberg, Pyszczynski, & Solomon, 1986; Greenberg, Solomon, & Pyszczynski, 1997; Pyszczynski, Greenberg, & Solomon, 2004; Solomon, Greenberg, & Pyszczynski, 1991; 见第 4 章），人们面临的最根本威胁是死亡的不可避免，因此人们生活在对死亡的永久恐惧中，而对死亡的恐惧是人类存在最强大的激励因素。人们从属以及加入群体以减少对死亡的恐惧。从属关系和群体形成是非常有效的恐惧管理策略，因为其通过与超越个体的规范体系联结而提供了一种象征性的不朽。所以，从属和群体的形成提高了自尊，使人们对自己感觉良好——感到自己是不朽的，生活积极且振奋。

加入群体的最后一个重要动机是获得社会认同（Hogg, 2006; Hogg & Abrams, 1988; Tajfel & Turner, 1986）。群体为人们提供了一个公认的、有效的关于我们是谁、我们应该如何表现，以及我们将如何被他人对待的定义和评价。根据**不确定性－认同理论**（uncertainty-identity theory）（Hogg, 2007b, 2012；见第 11 章），加入和认同群体的一个基本动机是减少关于我们是谁、我们应该如何表现，以及其他人将如何看待我们、如何与我们互动的不确定感（见专栏 8.6）。

恐惧管理理论

认为人类最基本的动机是减少对死亡必然性的恐惧。在有效的恐惧管理中，自尊可能是核心因素。

不确定性－认同理论

为了减少不确定性，并对自己是谁感到更舒适，人们选择认同那些与众不同、定义明确、具有共识性规范的群体。

专栏8.6   我们的世界

叙利亚：一项关于不确定性和存在性恐惧的个案研究

2011年叙利亚人口约为2 200万。经过近六年的残酷内战，2016年底有40万叙利亚人死亡，480万人逃离这个国家，660万人在叙利亚国内流离失所，400万儿童实际上没有受过教育。这场灾难的代价（我们都看过阿勒颇的后末日景象）估计为2 000亿美元。

人类的适应力令人难以置信，但每天与死亡对抗，无穷无尽的经济、社会和认同不确定性带来的压倒性感受会对人们产生深远影响。一种可能性是，叙利亚的经历可能会成为（很像之前的伊拉克）极端主义的沃土，一些人会被所有定义为信奉极端组织和身份的意识形态所吸引。关于这种可能性何以从恐惧管理理论和不确定性－认同理论中推导出来，见本章描述，也见第4章和第11章。

豪格及其同事进行了一系列实验，以证明那些在抽象的实验室条件下（最简群体范式；见第11章）被随机归类为一个群体的成员，或被归类为更实际的"现实生活"群体的成员，实际上是认同群体的。在两种情况下，这种认同会更强烈：（1）他们处于自我或自我相关的不确定性状态；（2）该群体具有帮助其减少自我不确定性的能力的属性（例如，该群体是一个高度实体化的群体）。回到恐惧管理理论，许多学者认为，人们关注自己的死亡（被恐惧管理理论家操纵的死亡率凸显性）与群体认同相关现象有关，与其说是因为对死亡过程的恐惧，不如说是因为对自己死后会发生什么的不确定（Hohman & Hogg, 2011, 2015; Martin & Van den Bos, 2014; Van den Bos, 2009）。霍曼和豪格（Hohman & Hogg, 2011）进行了两项实验来支持这一观点，即与自我相关的存在不确定性而不是存在性恐惧在群体认同和人们捍卫自己的文化世界观方面发挥着关键作用。

除了考虑不确定性，人们还被鼓励加入那些被一致积极评价的群体（如高地位群体），从而得到一个积极的社会认同。这是因为我们自己和他人都会根据自身所属群体的相对吸引力、有利条件和群体声望来评价自己（Abrams & Hogg, 1988; Hogg & Abrams, 1990; Long & Spears, 1997; Tajfel & Turner, 1986; 另见第11章）。

（三）为什么不加入群体？

也许"为什么人们加入群体？"的问题应该被反问："为什么人们不加入群体？"不作为群体的一员是孤独的，剥夺了我们的社会交往、社会保护和物质保护，也剥夺了我们实现复杂目标的能力、对我们是谁的一种稳定的感觉，以及对我们应该如何表现的信心（见第13章）。

被主动地排斥在一个群体之外或被**社会排斥**（social ostracism）可能是非常痛苦且影响广泛的（Williams, 2002, 2009）。基普·威廉姆斯（Kip Williams）设计了一个有趣的范式来研究被排除在群体之外的后果（Williams, Shore, & Grahe, 1998; Williams & Sommer, 1997）。实验让一个由3人组成的小组等待进行实验，在等待过程中，3个学生开始在房间里互相扔球。过了一段时间，其中两个学生（实际上是实验助手）不把球扔给第3个学生（真正的被试）。只是看这个研究的视频都会让人

社会排斥
被一致同意排除在群体之外。

社会排斥 这个年轻的女孩感到了被排斥的孤独——当这种排斥显而易见时，这种孤独就会被放大。

感到不适。(想象一下被试的感受！)那个真正的被试会表现出自我意识和尴尬，许多人会试图让自己忙于其他活动，比如玩钥匙、盯着窗外或仔细检查自己的钱包。这个范式已经被成功地改编成一个叫作网络排斥的网络范式(Williams, Cheung, & Choi, 2000)。

我们现在对排斥的原因和后果有了一定的了解。例如：

- 那些排斥他人的人通常低估排斥所造成的社会痛苦的程度(Nordgren, Banas, & MacDonald, 2011)。
- 被排斥会导致缺乏有意义的存在感(Zadro, Williams, & Richardson, 2004)，还会导致攻击性(Wesselmann, Butler, Williams, & Pickett, 2010; Williams & Warburton, 2003)。
- 排斥的感觉很容易被诱发，如被一台电脑(Zadro, Williams, & Richardson, 2004)或者被一个令人讨厌的外部组织(如"三 K"党)激发(Gonsalkorale & Williams, 2007)。有时候，即使被排除在外也是有好处的(如在打牌时唯一赢钱的人)，而被包括在内却不一定有好处(如在打牌时与其他输家一样输钱的人)，但它们都会令你产生被排斥的感觉(见 Van Beest & Williams, 2006)。

小结

- 尽管"群体"有许多定义，但社会心理学家通常认为，至少群体是一群人的集合，这些人把自己定义为一个群体，他们的态度和行为受群体规范的制约。群体成员通常还需要有共同的目标、相互依赖、相互影响和面对面地互动。
- 人们在他人面前比独处时能更好地完成简单的、学习得很好的任务，而在面对困难的、学习得很差的任务时则会表现得更差。
- 我们可能会出于多种原因受到这种影响。社会在场可能会本能地驱动习惯性行为，我们可能会学会担心他人对我们表现的评价，也可能会被别人分散注意力，或者他人可能会让我们感到不自在或关注自我表现。
- 任务不仅在难度上不同，而且在结构和目标上也不同。一项任务是否受益于分工，以及个体任务表现如何相互关联，对个体表现和群体表现之间的关系有着重要的影响。
- 人们在群体中比独自完成任务时投入的精力更少，除非任务涉及个人并且任务很有趣，或人们的个人贡献是明确的，或群体对人们的自我定义很重要，人们可能会在群体中比独自完成任务时付出更多的努力。
- 具有凝聚力的群体，其成员更倾向于像群体成员一样互相支持，也更可能认同这个群体并遵守其规范。
- 群体成员身份是一个动态的过程，在这个过程中我们的承诺感不同，我们在不同的阶段扮演不同的角色并承受着角色之间的急剧转换，最终被群体以不同的方式社会化。
- 群体制定规范是为了控制成员的行为，定义群体，并将本群体与其他群体区分开来。群体和社会规范可以为行为提供道德指南。
- 群体内部被构造成不同角色，这些角色调节互动并最优化地服务于群体的集体利益。角色规定行为。角色的吸引力也有所不同，从而影响群体内的地位。群体同样按亚群体、中心群体和边缘群体成员进行内部构造。
- 人们可能会加入或形成群体来完成无法独自完成的事，以获得认同感和减少自我不确定性，同时加入群体也可能是为了获得社会支持或仅仅是为了社交的乐趣。
- 被一个群体拒绝或排斥是令人厌恶的，可能会导致极端的反应。

关键词

Audience effects 旁观者效应

Cognitive dissonance 认知失调

Cohesiveness 凝聚力

Communication network 沟通网络

Coordination loss 协作缺失

Correspondence bias 对应偏差

Diffuse status characteristics 扩散地位特征

Distraction–conflict theory 分散－冲突理论

Drive theory 驱动理论

Entitativity 实体性

Ethnomethodology 本土方法论

Evaluation apprehension model 评价忧虑模型

Expectation states theory 期望状态理论

Frame of reference 参照系

Free-rider effect 搭便车效应

Group 群体

Group socialization 群体社会化

Group structure 群体结构

Initiation rites 起始仪式

Mere presence 单纯在场

Meta-analysis 元分析

Norms 规范

Personal attraction 个人吸引

Process loss 过程损失

Ringelmann effect 林格尔曼效应

Roles 角色

Schism 分裂

Social attraction 社会吸引

Social compensation 社会补偿

Social facilitation 社会促进

Social impact 社会冲击

Social loafing 社会抑制

Social ostracism 社会排斥

Specific status characteristics 特定地位特征

Status 地位

Stereotype 刻板印象

Subjective group dynamics 主观群体动力学

Task taxonomy 任务分类法

Terror management theory 恐惧管理理论

Uncertainty–identity theory 不确定性－认同理论

文学和影视

《魔鬼联队》

这部 2009 年上映的传记类体育题材电影由汤姆·霍伯执导，麦克·辛、蒂莫西·斯波和科尔姆·米尼主演，探讨了组建一支有凝聚力和有效率的团队所面临的挑战。电影时代背景为 20 世纪 60 年代末和 70 年代初，它聚焦于英国德比郡和利兹联足球俱乐部——展示布莱恩·克拉夫（Brian Clough，麦克·辛饰）在短短几年的时间里，如何把德比郡从联赛垫底的球队带到了甲级联赛的顶端。然而，当克拉夫在 1974 年被任命为利兹联队的主教练时，他在团结球队的挑战中惨败。这部电影也与我们对领导力的讨论（第 9 章）和对群际行为的讨论（第 11 章）有关。另一部与之相关的传记类体育题材影片是 2011 年的电影《点球成金》，由布拉德·皮特和菲利普·塞默·霍夫曼主演。故事发生在美国棒球界，讲述了总经理比利·比恩（Billy Beane，皮特饰）如何将机能失调的奥克兰运动队转变成一支极具竞争力的球队。

《荒岛余生》

这部 2000 年由罗伯特·泽米吉斯执导、汤姆·汉克斯主演的电影探讨了排斥和孤独的后果。汤姆·汉克斯饰演的角色被困在一座岛上。他用照片装饰一个排球，让它看起来像一个他称之为"威尔逊"（Wilson）的人——威尔逊让他维持着与人类社会的联系。

《国土安全》

2011 年首播的政治惊悚剧，至今仍在热播。克莱尔·丹妮丝饰演的凯丽·马西森（Carrie Mathison）是一位才华横溢、冷酷无情、患有双相情感障碍的中情局官员。这部剧几乎涵盖了所有的社会心理学内容，但它的重点是打击恐怖主义对国土安全的威胁，它将个体和人际行为定位在更广泛的群体过程和群际关系背景下。它探讨了文化、认同、攻击性、领导力、社会影响、劝服和从众等主题。

《新生六居客》

这是一部非常成功的英国情景喜剧，于 2011 年首播。虚构的曼彻斯特梅德洛克大学（Manchester Medlock University）有六名新生，他们住在校外的一间合租屋里——你或许可以想象，各种各样的群体过

程应有尽有。20世纪80年代的英国情景喜剧《超现实大学生活》也是如此：一个暴力的朋克，一个准无
政府主义的伪知识分子，一个长期受苦的嬉皮士，还有一个油嘴滑舌的人，他们共同生活在一套混乱的房
子里。

请你思考

1. 是什么使一个群体成为一个群体？

2. 他人在场如何以及为什么会影响个体的表现？

3. 利用社会抑制知识来解释为什么员工的工作效率有时低于预期。

4. 角色在群体中具有重要的作用——但是角色扮演会存在危险吗？

5. 人们为什么要加入群体？

延伸阅读

Baron, R. S., & Kerr, N. (2003). *Group process, group decision, group action* (2nd ed.). Buckingham, UK: Open University Press. 对群体过程研究主题的总体概述。

Brown, R. J. (2000). *Group processes* (2nd ed.). Oxford, UK: Blackwell. 一部非常易读的群体过程导论，其中强调了群体内的社会影响过程，尤其是从众、规范和少数人影响。

Cialdini, R. B., & Trost, M. R. (1998). Social influence: Social norms, conformity, and compliance. In D.T. Gilbert, S. T. Fiske, & G. Lindzey (Eds.), *The handbook of social psychology* (4th ed., vol. 2, pp. 151–192). New York: McGraw-Hill. 一篇全面的社会影响研究概述，其中规范部分尤为精彩。

Gruenfeld, D. H., & Tiedens, L. Z. (2010). Organizational preferences and their consequences. In S. T. Fiske, D. T. Gilbert, & G. Lindzey (Eds.), *Handbook of social psychology* (5th ed., vol. 2, pp.1252–1287). New York: Wiley. 对社会心理学理论和组织过程研究的最新和详细概述，包括组织中的群体过程。

Hackman, J. R., & Katz, N. (2010). Group behavior and performance. In S. T Fiske, D. T. Gilbert, & G. Lindzey (Eds.), *Handbook of social psychology* (5th ed., vol. 2, pp. 1208–1251). New York: Wiley. 全面、详细和最新的群体行为综述。

Hogg, M. A., & Smith, J. R. (2007). Attitudes in social context: A social identity perspective. *European Review of Social Psychology*, 18, 89–131. 一篇以理论为导向的综述，重点探讨了规范是如何与群体、群体成员身份和社会认同联系在一起的。

Hogg, M. A., & Tindale, R. S. (Eds.) (2001). *Blackwell handbook of social psychology: Group processes*. Oxford, UK: Blackwell. 一部由顶尖专家撰写的涵盖整个群体过程领域的26章合集。

Leary, M. R. (2010). Affiliation, acceptance, and belonging: the pursuit of interpersonal connection. In S. T. Fiske, D. T. Gilbert, & G. Lindzey (Eds.), *Handbook of social psychology* (5th ed., vol. 2, pp. 864–897). New York: Wiley. 详细论述了为什么人们具有与他人建立联系从而形成群体的动机。

Levine, J. M. (Ed.) (2013). *Group processes*. New York: Psychology Press. 一部由顶尖学者撰写的涵盖群体过程各方面的最新且全面的章节合集。

Levine, J. M., & Hogg, M. A. (Eds.) (2010). *Encyclopedia of group processes and intergroup relations*. Thousand Oaks, CA: SAGE. 一部由该领域所有顶尖学者撰写的关于群体社会心理学各方面的全面且易读的条目汇编。

Levine, J., & Moreland, R. L. (1998). Small groups. In D. T. Gilbert, S. T. Fiske, & G. Lindzey (Eds.), *The handbook of social psychology* (4th ed., vol. 2, pp. 415–469). New York: McGraw-Hill. 对小群体领域的全面概述——最新的第5版删去了专门介绍小群体互动的章节。

Stangor, C. (2016). *Social groups in action and interaction* (2nd ed.). New York: Psychology Press. 一部最新、全面和易于理解的关于群内和群际过程的社会心理学著作。

Williams, K. D., Harkins, S. G., & Karau, S. J. (2007). Social performance. In M. A. Hogg & J. Cooper (Eds.), *The SAGE handbook of social psychology: Concise student edition* (pp. 291–311). London: SAGE. 聚焦于个人表现如何受群体影响的理论和研究概述。

第 **9** 章

领导力和群体决策

章节目录

你怎么认为？

1. 简是一位精力充沛但令人害怕的办公室经理，她每天都有大大小小的事情要忙。她总是希望自己眼皮子底下的员工们能立刻开始工作，而他们也确实这样做了。但是，当她不在办公室时，你认为她的员工工作会有多努力？

2. 组织正面临一场危机，这场危机将成员们团结成一个紧密而有凝聚力的整体。现在，你们需要一个有创新力并能得到团队全力支持的新老板。你们是应该任命史蒂夫（他现在是组织外人员，但拥有所有组织需要的领导技能），还是马丁（他已经在公司里工作了十多年）？

3. 顶点（Acme）航空航天公司的设计小组致力于为火星着陆设计火箭，为此经常开小组会议，组里共有 8 个人。因为必须迅速而顺利地做出决策，强大又有魅力的小组领导便自行挑选了成员，这样大家就能齐心协力地朝着同一目标努力了。这项设计火箭的任务非常困难，来自其他航天机构的竞争压力很大。你认为这种人员安排能带来好的设计吗？

一、领导者和群体决策

在第 8 章中，我们了解到群体的大小、组成、寿命和目的各不相同。群体的实体性和凝聚力也有差别，它们有不同的形式，被不同的方法构造出角色和分组。然而，几乎所有的群体都有着某种形式的权力和影响力的不平等分配，有些人领导，其他人跟随。比如，康塞尔曼（如 Counselman, 1991）发现，即便是表面上平等主义或者无领导的群体，也可以很轻易地挖掘出默认的领导力结构。尽管领导力有多种方式（如民主、独裁、非正式、正式、自由放任），但它几乎是所有社会群体的一个基本方面。

我们知道人们可以因为许多不同的原因聚集在一起，执行许多不同的任务（见第 8 章）。最常见的原因之一是通过某种形式的小组讨论来做决策。事实上，影响我们生活的许多最重要的决定都是由群体做出的，而通常我们不是这些群体的成员。有人说，人们做出的大多数决定实际上是集体决定——我们不仅经常作为一个群体做出决定，而且那些看起来是由个人做出的决定，也都是根据群体的想法或行为做出的。

本章继续讨论群体互相影响的过程，并关注两个最重要的群体现象：领导力和群体决策。

二、领导力

在我们所属的许多群体（团队、委员会、组织、友谊小群体、俱乐部）中，我们会遇到领导者，他们的"好"主意会得到其他成员的支持，他们有别人的追随，有能力让好事发生。领导者使团队作为一个高效和协调的整体发挥作用，领导力是人类生存环境中不可或缺的一部分，它甚至可能为我们物种的生存发挥进化功能（Van Vugt, Hogan, & Kaiser, 2008）。

有效的领导具有巨大的影响力。美国的一项研究表明，表现出色的高管比表现一般的高管能为公司多增加 2 500 万美元的价值（Barrick, Day, Lord, & Alexander, 1991），而另一项研究表明，高效的 CEO（首席执行官）能将公司业绩提高 14%（Joyce, Nohria, & Roberson, 2003）。史蒂夫·乔布斯是苹果公司的创始人和长期的首席执行官，在公司的崛起中发挥了绝对关键的作用，他以独断专行的领导和非凡的远见，把苹果公司打造成了现代世界中计算和电子通信的主导力量（Isaacson, 2011）。在体育方面，雅各布斯和辛格尔（Jacobs & Singell, 1993）研究了美国的棒球队在二十年间的表现，发现成功的球队往往拥有战术技巧高超或擅长提高单个队员表现的教练。

历史和政治新闻常常描绘领导人的事迹和他们斗争的故事：若想了解 20 世纪最伟大的领导人之一纳尔逊·曼德拉的生平，请阅读他的自传《漫漫自由路》；玛格丽特·撒切尔 1993 年出版的自传《唐宁街岁月》也引人入胜；还有理查德·布兰森、史蒂夫·乔布斯、鲍勃·盖尔多夫、桑尼·波诺，以及其他无数人的传记（或自传），都为我们提供了有关企业和公共领域有效领导的深刻见解。

传记经常是关于领导力的，最经典的历史记载也主要是关于领导者行为的。我们的日常生活处处被领导力影响，例如在政治、政府、企业、工作、教育、科学和艺术领域的领导力，而我们也在不同程度上扮演着领导角色。毫不意外地，人们对领导力有着浓厚的兴趣，我们对领导者和领导力都有自己的看法。

无能的领导和邪恶的领导尤其能引起所有人的关注（如 Kellerman, 2004）。优秀的领导者正直、果断，有能力和远见（Hogan & Kaiser, 2006）；而极度糟糕或者危险的领导者贬低他人，对别人的痛苦漠不关心，不能接受批评，压制异议，自以为是（Mayer, 1993）。领导力低下的四种最主要的表现形式为：无法组建一个高效的团队，管理团队的人际交往能力差，缺乏敏感性和对他人的关心，以及无法提升自己的技能或资格。非常糟糕的领导者也有所谓的人格"黑暗三角"——自恋、马基雅维利主义和精神变态（Paulhus & Williams, 2002）。

独裁领导人尤其有害，因为他们往往让统治阶层的精英围着自己，用意识形态和奖惩来哄骗他们。这使得他们可以通过恐惧和行使原始权力而不是通过提供领导力来控制群众（Moghaddam, 2013）。在创造和推翻独裁者的过程中起关键作用的主要是统治精英，而不是民众。类似地，马基雅维利式和自恋型的领导者也使用权力，他们的权力其实是一种基于恐惧的欺凌和暴政（如 Haslam & Reicher, 2005），而不是展现领导力。

马基雅维利式的领导者会不遗余力地维持他们在群体中的身份和权力地位（他们仔细地布局和计划，并在群体中挑拨不同的个人和群体），而自恋型领导者被夸大、自大、嫉妒、傲慢、傲气和缺乏同理心所消耗，同时也被一种权力意识、特殊/独一无二/崇高地位的感觉和对无限成功的幻想所消耗（Baumeister, Smart, & Boden, 1996; Rosenthal & Pittinsky, 2006; 另见第4章）。

为了理解领导者如何领导、在特定情况下什么会影响一个可能成为领导者的人，以及**领导力**（leadership）的社会后果可能是什么，社会心理学已经融合了多种理论视角。然而，从 20 世纪 70 年代末开始，社会心理学对领导力的关注逐渐减弱。1985 年第 3 版《社会心理学手册》为领导力专门写了一整章（Hollander, 1985），而 1998 年的第 4 版并没有关于领导力的章节。相较之下，组织心理学中的领导力研究蓬勃发展（如 Northouse, 2009; Yukl, 2013），大多数的领导力研究来自管理和组织科学领域。但是，领导力绝对是超越学科界限的话题——尽管组织领导力很重要，但政治/公共领导力和团队领导力也很重要。

近年来，社会心理学家对领导力的兴趣正在复兴，例如豪格和廷代尔所编（Hogg & Tindale Eds., 2001）的《Blackwell 社会心理学手册：群体过程》中有两章是关于领导力的（Chemers, 2001; Lord, Brown, & Harvey, 2001），克鲁格兰斯基和希金斯所编（Kruglanski & Higgins Eds., 2007）的第 2 版《社会心理学：基本原理手册》（Hogg, 2007a）、菲斯克等所编（Fiske, Gilbert, & Lindzey Eds., 2010）的第 5 版《社会心理学手册》（Hogg, 2010），以及莱文所编（Levine Ed., 2013）的《群体过程》（Hogg, 2013b），皆涉及了领导力研究。此外，哈斯拉姆、赖歇尔和普拉托夫（Haslam, Reicher, & Platow, 2011）还出版了一本完全是社会心理学导向的关于领导力的书。

（一）定义领导力

领导力的定义尚存争议，其定义取决于考察的是领导力的哪个方面，从哪个学科或理论视角出发，以及出于什么实际目的。从社会心理学的角度来看，凯莫斯（Chemers, 2001）很好地将领导力定义为"一个社会影响的过程，通过这个过程，一个人在实现集体目标的过程中争取并动员他人的帮助"（p. 376）。领导力需要有一个人，或者说是一个集体，他（们）影响着另一个人或者一组人的行为——有领导力的地方，就必须有追随者。

另一种看待领导力的方式是：什么不是领导力？如果一个朋友劝诱你用一个周末的时间去打扫她的公寓，而你同意了，那么要么是因为你喜欢她，要么是因为你害怕她，但那是影响力而不是领导力——这是一个典型的顺从案例（如 Cialdini & Trost, 1998；见第 6 章）。与此相关的，权力的行使通常不能被称为领导力（如 Chemers, 2001; Lord, Brown, & Harvey, 2001; Raven, 1993），尽管权力可能是有效领导的结果（Turner, D. D., 2005）。如果你同意是因为你知道社区规范要求你们在周末清理卫生，那么这就是一个遵从规范的例子（如 Turner, J. C., 1991），而不是领导力的例子。而如果你的朋友首先劝服你相信，大家应该制定一个社区清洁规范，然后你又遵守了这个规范，那么这就是领导力。领导者在确定集体目标方面发挥着关键作用。在这方面，领导力更倾向于是一个群体过程，

领导力

动员集体成员一起实现集体目标。

而不是人际过程。作为一个影响过程，领导力在群体情境中的影响比在人际情境中更为明显。

关于领导力的另一个问题是：什么是"好的"领导？这个问题问得不好，它需要分成两个不同的问题：什么是高效 / 低效的领导者？什么是好 / 坏的领导者？一个高效的领导者能够成功地设定新目标并影响他人实现这些目标。在这里，对领导力的评估很大程度上是一个客观事实——领导者在制定新目标方面有多大的影响力，以及目标是否实现。

相比之下，评价领导者是好是坏，很大程度上是基于个人的偏好、观点和目标，以及领导者是属于自己的团队还是另一个团队的主观判断。我们根据领导者的性格（如善良、恶劣、有魅力）、他们用来影响别人和实现目标的手段（如劝说、胁迫、压迫、民主决策）的合理性和道德性，以及他们用以领导追随者的群体目标的本质（如拯救环境、减少饥饿和疾病、生产商品、打击压迫、进行种族灭绝）来评价一个领导者是好是坏。在这里，好的领导者是那些拥有我们所称赞的特质、使用我们所认可的手段、制定并实现我们重视的目标的人。

因此，世俗的西方人和"基地"组织的支持者可能不同意奥萨马·本·拉登是一个好的领导者（他们认为他的目标毫无价值，且手段不道德），但可能会同意他是一个相对高效的领导者（因为他动员了宗教激进分子围绕他的目标行动）。

（二）个人特质与个体差异

伟大的或臭名昭著的领导人，如丘吉尔、甘地、曼德拉、斯大林、撒切尔或希特勒，似乎都有着某些特殊且独特的能力，使他们从普通人中脱颖而出。通常，我们倾向于从这些人的个性（即使某些人倾向于领导别人的人格特征）而不是领导力的背景或过程来寻求解释。例如，我们倾向于用伟人的行为来将历史拟人化：1812 年法国军队占领莫斯科是拿破仑干的，1917 年俄国革命是列宁干的，20 世纪 80 年代的英国是撒切尔时代。民间智慧也倾向于把科学上的巨大飞跃——科学历史学家托马斯·库恩（Thomas Kuhn, 1962）称之为范式转换——归因于爱因斯坦、弗洛伊德、达尔文和哥白尼等伟人的独立行动。

人们偏爱的**伟人理论**（great person theory）就是将领导力归因于人格，这种偏爱可以从人们如何理解自己世界的角度来解释。在本书的前面章节（第 3 章），我们发现人们倾向于将他人的行为归因于稳定的潜在特质（如 Gawronski, 2004; Gilbert & Malone, 1995; Haslam, Rothschild, & Ernst, 1998），尤其当这个"他人"是我们的关注焦点的时候。领导者当然会在群众的背景下脱颖而出，因此是我们关注的焦点，这又进一步加强了我们对其特质和行

伟大的召唤　贝拉克·奥巴马是美国第一位黑人总统，他完成了两届任期。历史学家们争论着对"伟大"的赞誉，但一致认为他在总统任期内的贡献是名垂青史的。

为之间对应关系的认识（如 Fiske & Dépret, 1996; Meindl, 1995; Meindl, Ehrlich & Dukerich, 1985）。

在日常生活中，社会心理学家与人们几乎没有什么不同。他们也曾试图用人格特质来解释领导力，即某些人格特质使一些人成为比其他人更高效的领导者。伟人领导理论源远流长，可以追溯到柏拉图和古希腊时期。尽管有些学者，例如 19 世纪的弗朗西斯·高尔顿（Francis Galton, 1892），坚持认为领导者都是天生的，但大多数学者并不认为有效的领导力是一种天生的属性。相反，他们认为，领导力是一

伟人理论
倾向于将有效领导归因于先天或后天的个体特征。

个在人生的很早阶段就已习得的人格属性的集合，它赋予了某些人魅力和领导倾向（如 Carlyle, 1841; House, 1977）。

为了找到与有效领导相关的特质，科学家已经做了大量的研究。例如，在身材、健康、外表的吸引力、自信、社交能力、支配欲，尤其是智力和健谈能力等方面，领导者显然要高于人群平均水平。智商之所以重要，可能是因为人们期望领导者能够迅速思考和做出反应，并且要比其他人更易获取信息；而健谈有助于吸引别人的注意力，使人在感知上更为凸显。但也有不具备这些属性却高效的"领袖"，如甘地和拿破仑身体矮小，有些领袖看起来也不是很聪明。

早期，拉尔夫·斯托格迪尔（Ralph Stogdill）回顾了领导力文献，并得出结论：领导力不仅仅是"某些特质的组合"（Stogdill, 1948, p. 66）。最近，另一些人则站出来说，寻找领导力人格很简单但是没有用（如 Conger & Kanungo, 1998）。大体上来说，各种特质之间，以及特质与有效领导之间的相关性很低（Stogdill, 1974；报告的平均相关性为 0.30）。

尽管如此，人们仍然认为之所以有些人比其他人更优秀，是因为他们长期拥有某些特质，使得他们更能够坚持有效的领导。这一观点在现代变革型领导理论（强调魅力在领导力中的作用）（见本章后面的"变革型领导"部分）中以不同的形式重现（如 Avolio & Yammarino, 2003; Bass, 1985; Conger & Kanungo, 1998）。这一传统理论不关注某些具体的特质，而是关注所谓的**大五**（Big Five）人格维度：外倾性/精力充沛性、宜人性、责任心、情绪稳定性和经验开放性。提摩太·贾奇（Timothy Judge）及其同事（Judge, Bono, Ilies, & Gerhardt, 2002）对 73 项研究进行的元分析发现，这些属性与领导力的总体相关为 0.58。有效领导的最佳预测因素是外倾、经验开放和负责任。

也有与真正的"坏"领导相关的属性。有一个不得不提的叫作"黑暗三角"的人格变量（自恋、马基雅维利主义、精神变态——见第 4 章），便是与消极或对他人漠不关心紧密相关的。越发膨胀的自恋的特点是夸大自我价值，马基雅维利主义的特点是无情地操纵他人以谋取私利，精神变态则是冷酷无情和暴躁冲动（Paulhus & Williams, 2002）。我相信大家都能很容易地想到这样的领导人！

（三）情境视角

强调人格和个体差异的取向将有效领导归因于拥有特别持久的特质，与之对应的一种观点认为，如果情况正确，那么任何人都可以成为高效的领导者。这种视角最极端的形式是否认任何领导者的个人影响。例如，列夫·托尔斯泰的史诗小说《战争与和平》中的许多内容反映出他对伟大的历史人物的批判："为了归纳出历史规律，我们必须撇开国王、大臣和将军，选择影响大众的同质且极小的元素进行研究。"（Tolstoy, 1869, p. 977）同样，卡尔·马克思的历史理论也强调群体的行为，而不是个人的行为。

这种视角可能过于极端。迪安·西蒙顿（Dean Simonton, 1980）分析了 300 场战争的结果，其中关于将军及其军队的档案数据非常可靠。尽管军队规模、指挥结构多样化等情境因素与敌人伤亡有关，但领导者的一些与经验和以往战斗记录有关的个人属性也与胜利有关。换言之，尽管情境因素影响结果，但领导者的属性也至关重要。

有时，我们会发现自己处于领导地位。温斯顿·丘吉尔就是一个经常被引用的例子。尽管许多人认为他善于辩论、固执己见，显然不适合政府，但这正是一位伟大的战时领导人所需要的特征。然而，第二次世界大战一结束他就被踢出了政府，因为他的这些品质并不是和平时期的领导人最需要的。

社会心理学家在更可操控的实验中发现了同样的现象。例如，在对美国男孩夏令营的群际关系的经典研究（详见第 11 章）中，穆扎费尔·谢里夫及其同事

大五

五个主要的人格维度：外倾性/精力充沛性、宜人性、责任心、情绪稳定性和经验开放性。

（Sherif, Harvey, White, Hood, & Sherif, 1961）将男生被试分成几个小组，后来这些小组参加了同一个比赛，某个小组中的一个男孩便取代了原来的组长，因为他强健的体魄和其他各项素质令他更有能力在竞争对抗中成功地领导这个小组。卡特和尼克松（Carter & Nixon, 1949）（这两个人可不是美国前总统！）发现了同样的现象：几对小学生执行三种不同的任务（一项智力任务、一项文书任务和一项机械装配任务），在前两项任务中起到领导作用的人很少会在机械装配任务中也起带头作用。

总的来说，领导力反映了任务或情境的要求，而并不是完全由个人品质决定的，尽管个人品质可能会起到一定的作用。与丘吉尔的例子相反的是，领导者有时可以改变自己以适应变化的环境。1990 年，纳尔逊·曼德拉从二十六年监禁中获释，大部分的监禁时间里，他被隔离在开普敦附近的罗本岛上。当他获释时，政治形势已经发生了翻天覆地的变化。然而，他能够读懂这些变化，并在 1994 年带领非洲人国民大会在南非取得政治胜利。有效的领导是个人特征和情境要求正确结合的结果。

（四）领导者行为

如果有效的领导是领导者个性和情境要求之间相互作用的结果，那么我们就需要了解领导者都有什么属性。我们已经看到，人格并不是像人们想象得那么可靠的一种领导力属性。也许领导者实际做的事情、他们的实际行为会更可靠一些？这个想法催生了社会心理学中一些经典的领导力研究。

例如，唐纳德·利皮特和拉夫尔·怀特（Ronald Lippitt & Ralph White, 1943）利用男生参加课外活动俱乐部的契机研究了不同领导风格对团队氛围、士气和效能的影响。这些俱乐部的领导者实际上是研究人员提前安排好的"实验助手"，他们接受了三种不同风格领导者的培训：

- **独裁型领导者**（autocratic leaders）：组织俱乐部的活动，下达命令，态度冷漠，且只专注于自己手头上的工作。
- **民主型领导者**（democratic leaders）：征集成员们的建议，与大家讨论计划，并且表现得像普通的俱乐部成员。
- **自由放任型领导者**（laissez-faire leaders）：让大家自行其是，尽量不做干预。

每个俱乐部都被分配一种领导风格。一个实验助手担任七个星期的领导者，然后就被换掉；这样换了两次，每个扮演领导者的人都会采取一种领导风格，但每个小组只接触到同一种领导风格（但是由三个不同的"领导者"展现）。这种巧妙的控制使利皮特和怀特能够将领导行为本身与某个领导者的具体行为方式区分开来，这样他们就可以排除掉人格的影响。

独裁型领导者
以命令下属为主要行事风格的领导者。

民主型领导者
以协商和得到追随者的认可为主要行事风格的领导者。

自由放任型领导者
以漠不关心下属为主要行事风格的领导者。

利皮特和怀特的发现如图 9.1 所示，民主型领导者比独裁型或自由放任型领导者更受欢迎。他们创造了一种友善的、以团队为中心的、以任务为导向的氛围，这种氛围与相对较高的团队生产力相关，而团队生产力并不为领导者是否亲自在场所影响。相反，独裁型领导者创造了一种进取的、互相依赖的、以自我为导向的群体氛围，只有当领导者在场时，这种氛围才与高生产力相关。（你会如何回答本章开头"你怎么认为？"中的第一个问题？）自由放任型领导者创造了一种友善的、以团队为中心但以玩乐为导向的氛围，这种氛围与低生产力有关，只有在领导者缺席的情况下，生产力才会提高。利皮特和怀特利用这些发现来宣传他们的观点，即民主型领导比其他领导行为更有效。

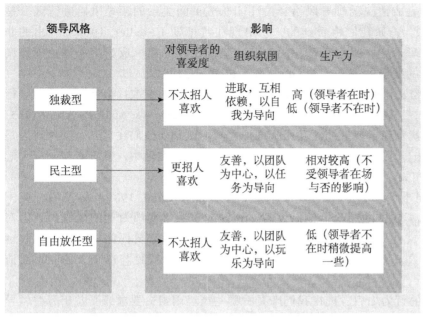

领导风格	影响		
	对领导者的喜爱度	组织氛围	生产力
独裁型	不太招人喜欢	进取，互相依赖，以自我为导向	高（领导者在时）低（领导者不在时）
民主型	更招人喜欢	友善，以团队为中心，以任务为导向	相对较高（不受领导者在场与否的影响）
自由放任型	不太招人喜欢	友善，以团队为中心，以玩乐为导向	低（领导者不在时稍微提高一些）

图 9.1 领导风格及其影响

独裁型、民主型和自由放任型领导风格对组织氛围、生产力以及下属对领导者的喜爱度的影响各不相同。

来源：Lippitt & White, 1943.

独裁型领导者 "听我一个人说就行了，这样既省时间，又不用争论！"（奥斯卡·王尔德）

利皮特和怀特对独裁型和民主型领导风格的区别在后来的研究中以稍微不同的形式出现。在关于群体内互动风格的研究中，研究小组沟通的先驱罗伯特·贝尔斯（Robert Bales）确定了两个关键的领导角色：任务专家和社会情感专家（Bales, 1950; Slater, 1955）。任务专家专注于制定解决方案，会经常提出建议和指导；社会情感专家则专注于其他小组成员的感受。很少有人能同时兼任这两个角色，相反这些角色会被分到不同的个人身上，而担任任务专家角色的人更有可能成为主导性的领导者。

对群体和组织的随机观察结果验证了这种双重领导的理念。例如，在 20 世纪 80 年代英国工党和保守党之间的选举斗争中，有一个主题是英国应该拥有什么样的领导人。在民众的眼中，当时的工党领袖尼尔·金诺克是一位关心民情、友善且平易近人的领袖，而保守党领袖玛格丽特·撒切尔则是一位头脑冷静、以任务为导向的经济理性主义者。

俄亥俄州立大学的领导力研究称得上是第三个主要领导力项目（如 Fleishman, 1973; Stogdill, 1974）。该研究设计了一个衡量领导行为的量表，即**领导者行为描述问卷**（leader behavior description questionnaire, LBDQ）（Shartle, 1951），并对定规和关怀进行了区分。定规性强的领导者定义团队的目标，并组织成员为实现这些目标而开展工作：他们以任务为导向。关怀性强的领导者关心下属的福利，并会尽力促进团队的和谐关系：他们以关系为导向。贝尔斯（Bales, 1950）认为任务导向和社会情感属性是负相关的，与他不同的是，俄亥俄州立大学的研究人员认为他们的维度是独立的，一个人可能在定规（任务导向）和关怀（社会情感）上都很强，这样的人将是一个特别高效的领导者。

研究支持了后一种观点，最高效的领导者恰恰是那些在定规和关怀两个维度上得分都高于平均水平的人（Stogdill, 1974）。例如，理查德·索伦蒂诺和奈杰尔·菲尔德（Richard Sorrentino & Nigel Field, 1986）在五周的时间里对 12 个问题解决小组进行了详细的观察。那些在贝尔斯系统（Bales, 1950）的任务完成和社会情感两个维度上评分都很高的小组成员随后会被小组选为领导者。

领导者行为描述问卷

俄亥俄州立大学领导力研究人员设计的量表，旨在测量领导行为，并区分出"定规"与"关怀"两个维度。

对关注团队任务及其完成情况的领导风格和关注团队成员间关系的领导风格进行区分是非常普遍的（见专栏 9.1）。正如我们将看到的，它出现在费德勒（Fiedler, 1964）提出的非常有影响力的领导力权变理论中，并以稍微不同的形式呈现在领导者 – 成员交换理论中强调领导者与其追随者间关系的质量的部分（如 Graen & Uhl-Bien, 1995）。

此外，这可能是一种跨文化的区别，但需要注意的是，任务导向型或社会情感型的领导行为可能因文化而异。例如，三隅二不二和马克·彼得森（Jyuji Misumi & Mark Peterson, 1985）在日本进行的领导力研究就发现了任务绩效和团队维护之间的区别。他们注意到，一种行为是算作任务绩效还是团队维护，在不同的文化中是不一样的。在某些文化中，领导者与同事一起吃午餐与更好的团队维护相关，而在其他文化中则并非如此。

彼得·史密斯及其同事（Smith, Misumi, Tayeb, Peterson, & Bond, 1989）从美国、英国和日本进行的研究中得出了同样的结论。他们发现，领导者普遍重视绩效和团队维护，但对这两种行为的衡量标准因文化而异。例如，在英国和美国，领导者需要评估员工的工作表现时会直接与员工交谈；而在东亚，这种做法就不太妥当，合适的方式是与这个人的同事交流情况。

在了解了高效领导者的行为之后，现在我们来看看哪些情境因素会要求或受益于哪些领导行为，行为和情境如何相互作用才能产生有效的领导？

专栏 9.l　你的生活

你应该怎样领导他人？

你已经被任命为一个小型学生委员会的领导者，该委员会就校园环境和生活质量问题向大学管理部门提供建议。如果你以前没有做过类似的事情，那么这项任务可能会让你非常害怕——你应该成为什么样的领导者？你想得越多，选择和可能性就越多。

你是应该以一种指令性或"专制"的方式引领大家，还是用更具协商性和民主性的方式做一位幕后领导者？是应该以整个组的任务为重，还是以组员之间的关系为重？是应该以同样的方式对待所有的小组成员，还是应该认识到每个成员的贡献不一样，并与某些人互动更紧密？也许这些问题的答案取决于团队的规模、团队任务的性质、任务的难度、成员的经验、你和其他成员认为这个团队和任务有多重要、团队组织有多紧密、就某些任务而言这个团队的人才配备和结构、你和其他人对团队的认同程度等。你怎么决定这一切？本章讨论的领导风格及其影响因素应该对你有所帮助。

（五）权变理论

领导力的**权变理论**（contingency theories）认为，领导行为或领导风格的有效性取决于领导情境——有些风格比其他风格更适合某些情境或任务。例如，战斗中的机组人员、有组织的决策小组、芭蕾舞团或经济危机中的国家等情境中适用的领导风格会截然不同。

权变理论

认为某些特定行为或者行事风格的领导的效能取决于领导情境本质的领导力理论。

1. 费德勒的权变理论

社会心理学中第一个也是最著名的权变理论是弗雷德·费德勒（Fred Fiedler, 1964）的权变理论。费德勒和贝尔斯（Bales, 1950）一样，将专横、重视团队成功的任务导向型领导者与轻松、友善、非指导性、善于交际的关系导向型领导者区别开来，前者从任务的完成而非团队的拥戴中寻求自尊，后者从快乐和谐的群体关系中获得自尊。

费德勒以一种相当不寻常的方式来衡量领导风格，基于他的**最难共事者量表** [least preferred co-worker (LPC) scale]，被调查者可从多个维度（如愉快 – 不愉快、无聊 – 有趣、友善 – 不友善）评价他们最不想共事的人，所得的 LPC 分数可用于区分两种不同的领导风格。

- 高 LPC 分数表明一种关系导向的领导风格，因为这个人倾向于对别人有好感，即使那个人表现得不够好。
- 低 LPC 分数表明一种任务导向的领导风格，因为这个人对表现欠佳的同事会很苛刻。

费德勒将情境按以下三个维度的重要性降序分类：

- 领导者 – 成员关系的质量。
- 任务结构的清晰性。
- 领导者因其领导地位而拥有的内在权力和权威。

良好的领导者 – 成员关系、明确的任务和重要的职位权力能造就最佳的"情境控制力"（领导起来很容易），而糟糕的领导者 – 成员关系、模糊的任务和较低的职位权力则会导致最差的"情境控制力"（领导起来很难）。根据三个因素的好坏（高低），可以非常精确地从 I（"非常高"）到Ⅷ（"非常低"）对**情境控制力**（situational control）进行分类（见图 9.2）。

费德勒运用情境控制力的概念来预测领导效能：

- 当情境控制力较低（团队需要一个指导型的领导者来推进任务的完成）和较高（团队的工作做得很好，所以不需要担心成员的士气和人际关系）时，任务导向型（低 LPC 分数）领导者最为高效。
- 当情境控制力处于这两个极端之间时，关系导向型（高 LPC 分数）领导者会更加高效。

最难共事者 测量你的领导风格的第一步就是选出那个你觉得最难共事的人。

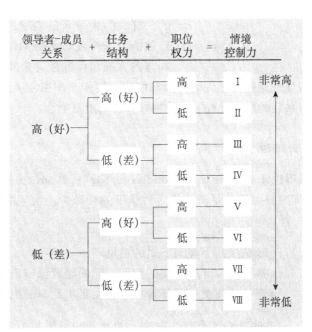

图 9.2 费德勒的八类别情境控制力量表作为领导者 – 成员关系、任务结构和职位权力的函数

- 情境控制力的八类别量表 [从 I（非常高）到Ⅷ（非常低）] 可以通过将情境划分为领导者 – 成员关系的好坏、任务结构的好坏和职位权力的高低来构建。
- 前置假设为领导者 – 成员关系要比任务结构更重要，而任务结构要比职位权力更重要。因此，一个情境会根据领导者 – 成员关系划分，再根据任务结构划分，最后才是职位权力。

来源：Fiedler, 1965.

最难共事者量表

费德勒开发的通过测量对最难共事者的态度偏好来衡量领导风格的量表。

情境控制力

费德勒对任务特征的分类，判断标准是高效完成任务需要多少外界的控制。

　　图 9.3 展现了情境控制力和领导效能间的关系。图中还显示了费德勒（Fiedler, 1965）通过集中整理已发表的研究报告而得到的 LPC- 领导效能相关性的组合，结果与预测相当吻合。

　　元分析证实了这一点。施特鲁布和加西亚（Strube & Garcia, 1981）对 178 项检验该理论的实证研究进行了元分析，施瑞斯海姆、泰珀和泰特劳特（Schriesheim, Tepper, & Tetrault, 1994）对这些研究的一个子集进行了进一步的元分析。总体而言，费德勒基于权变理论的预测得到了普遍支持，然而现在下结论还为时尚早，因为争议和批评并存（如 Peters, Hartke, & Pohlmann, 1985）：

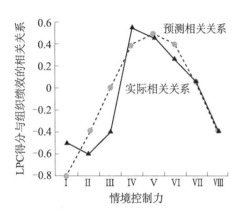

图 9.3 最难共事者（LPC）得分和领导效能之间的预测与实际相关关系作为情境控制力的函数

- 当情境控制力非常高或非常低时，权变理论预测 LPC 得分和组织绩效之间呈负相关关系。
- 当领导者是以关系为导向（LPC 得分很高）时，组织绩效会比较差；反之，当领导者是以任务为导向（LPC 得分很低），组织绩效会较好。
- 当控制力处于中间水平时，二者则呈现出正相关关系：关系导向领导者的领导效能更高。这些观测到的相关关系是通过一系列支持性研究得出的。

来源：Fiedler, 1965.

- 费德勒认为，领导风格是个人的一种特征，不会随着时间和情境的变化而变化，这与以下观点不一致：（1）当代的人格观，即人格可以在很多方面发生变化（如 Snyder & Cantor, 1998）；（2）LPC 得分的重测信度相对较低（相关系数从 0.01 到 0.93 不等，中位数为 0.67）（Rice, 1978）；（3）在上文介绍的经典研究中，利皮特和怀特（Lippitt & White, 1943）可以很容易地训练实验中的"实验助手"表现出不同的领导风格。

- 费德勒预先假设领导者 - 成员关系比任务结构更重要，而任务结构在情境控制力评估中要比职位权力更重要，这一点可能是错的。这些因素之间的重要性排序本身可能就是情境因素的函数。事实上，拉玛达·辛格（Ramadhar Singh）及其同事（Singh, Bohra, & Dalal, 1979）在预测和结果之间获得了更好的契合，他们的八分法是基于参与者的主观评分，而不是费德勒的先验分类。

- 权变理论区分了高 LPC 领导者（LPC 得分大于 64）和低 LPC 领导者（LPC 得分低于 57）的领导效能。那么，得分在 57 ~ 64 的人是如何表现的呢？这是一个合理的问题，因为大约 20% 的人属于这一范围。约翰·肯尼迪（John Kennedy, 1982）（重申，不是美国前总统！）为解决这个问题进行了一项研究。他发现，高分者和低分者的表现与权变理论所预测的一样，但中分者的表现最好，情境偏好并不影响他们的领导效能。这个发现无疑限制了权变理论，这似乎无法解释约 20% 的人或事例的领导效能。

- 虽然权变理论探讨了人的特性与情境如何相互作用，从而影响领导效能，但它忽略了决定领导者兴衰的群体过程，以及领导力的情境复杂性。

2. 常规决策理论

常规决策理论（normative decision theory, NDT；如 Vroom & Jago, 1988）是第二种权变理论，其主要关注的是群体决策背景下的领导力。常规决策理论把领导者的决策方式分为三种：

> **常规决策理论**
> 一种领导力权变理论，重点关注群体决策的背景下不同领导风格的效能。

- 独裁型：不询问下属的意见。
- 协商型：寻求下属的意见，但领导者保留最终决定的权威。
- 群体决策型：领导者和下属在真正共享的决策过程中是平等的。

这些策略的有效性取决于领导者和下属的关系如何（这一点会影响下属的投入

程度和支持程度），以及任务的清晰度和结构（这一点会影响领导者需要下属投入的程度）。

在决策背景下，如果下属对工作非常投入，对领导者很支持，任务明确且结构合理，那么独裁型领导会是非常有效的。当任务不太明确时，便需要更多的下属参与，因此协商型领导是最好的。当下属不是很投入或支持时，便需要群体决策来增加参与和投入。NDT 的预测从实验中得到了很好的支持（如 Field & House, 1990）——按理论规定行事的领导者和管理者会做出更好的决策，并从下属那里得到更好的评级。然而，下属们往往更喜欢他们能充分参与的群体决策，即使这不是最有效的策略。

3. 路径—目标理论

第三种权变理论是**路径—目标理论**（path-goal theory, PGT; House, 1996），但它也可以被归类为交易型领导理论（见下一小节）。PGT 假设领导者的主要职能是通过明确指出有助于下属实现目标的途径（即行为和动作）来激励他们。它区分了上文介绍过的领导者行为描述问卷提出的两类领导者行为：定规，领导者指导与任务相关的活动；关怀，领导者满足下属的个人和情感需求。当追随者不清楚自己的目标以及如何实现这些目标时（比如，任务是新的、困难的或模棱两可的），定规是最有效的。当下属能很好地处理任务时，定规就不那么有效了。它甚至可能适得其反，因为它看起来像是干预和微管理。当任务很枯燥或令人不舒服时，关怀是最有效的，但当下属已经投入工作并斗志昂扬时，关怀就不那么有效了，甚至可能会多余、令人分心。

关于路径—目标理论的实证证据是混合的，方法论上的漏洞、不完整、简单化会影响到对方法论的测试（Schriesheim & Neider, 1996）。这一理论对人际关系的聚焦，低估了领导者激励整个工作团队而不仅仅是下属个人的方式。

（六）交易型领导

权变理论虽然很流行，但却相当静态。它们没有捕捉到领导力的艺术——领导者和下属相互支持和感激，正是因为这样领导者才能好好领导，鼓励下属跟随自己（Messick, 2005）。**交易型领导**（transactional leadership）理论解决了权变理论的这一局限性。

这里的关键假设是，领导力是一个"类似于经济生活中契约关系的交换过程，并取决于参与者的诚信"（Downton, 1973, p. 75）。领导者与下属进行交易以完成任务，领导者会创造期望和设定目标，并为完成任务提供认可和奖励（Burns, 1978）。在团队奖惩形塑合作和信任的背景下，领导者和下属各取所需（Bass, 1985）。领导者 - 成员交易也会有一个公平维度（Walster, Walster, & Berscheid, 1978；另见第 14 章）。因为高效的领导者比成员在引导团队实现目标方面发挥着更大的作用，下属可能会通过社会认可、赞扬、声望、地位和权力等有效领导的标志来奖励领导者，以此实现领导者和成员之间的公平。

1. 特质信用

埃德温·霍兰德（Edwin Hollander, 1958）对**特质信用**（idiosyncrasy credit）的分析是一种早期著名的领导力研究取向，主要关注领导者与下属之间的交易。领导者要想有效率，就需要下属让他们在尝试新想法和新方向时有创新精神——领导者需要被允许与众不同。根据前文介绍的公平论据，霍兰德想知道什么情况会促进领导者和下属之间的这种交易，在这种情况下下属会为领导者提供能够使他们与众不

路径—目标理论
一种领导力权变理论，也可以被归类于交易理论，其关注"定规"和"关怀"行为是如何激励下属的。

交易型领导
一种领导力取向，关注领导者和下属之间的资源交换。也是一种领导风格。

特质信用
霍兰德提出的交易型理论，下属们允许领导者相对特立独行，以此来奖励他们实现了群体的目标。

同的资源。

他相信，某些行为会使群体建立起特质信用——领导者最终可以"兑现"这一资源。良好的"信用评级"可以通过以下方式建立：

- 最初严格遵守既定的群体规范。
- 确保群体认为已经通过民主的方式选举你为领导者。
- 确保你有能力实现群体的目标。
- 成员们能看见你对群体、群体理想和抱负的认可。

一位领导者如果拥有良好的信用评级，那么他在追随者眼中便会是一个具有合法性、能够为群体带来积极影响、不循规蹈矩，即具有独特性、创造性和创新性的形象。

既往研究为这一分析提供了一定的支持。在一项实验中，梅雷伊（Merei, 1949）在匈牙利的一个托儿所里将表现出领导潜能的大孩子介绍给小部分的小孩子。结果表明，最成功的领导者是那些最初遵守了已有的群体惯例、后来才逐渐引入微小变化的领导者。在另一项研究中，霍兰德和朱利安（Hollander & Julian, 1970）发现，声称通过民主方式选举出的决策小组领导者会得到该小组更多的支持、认为自己更有能力完成这项任务且更有可能提出与整个小组都不同的解决方案。

另一种对为什么前文提到的条件能使领导者有创新性的解释是基于领导力的社会认同论，这种解释并不是建立在人际公平与交易和特质信用的概念上（如 Hogg & Van Knippenberg, 2003; Hogg, Van Knippenberg, & Rast, 2012b; 见"社会认同与领导力"部分）。这里使用的是创新信用一词（Abrams, Randsley de Moura, Marques, & Hutchison, 2008; Randsley de Moura, Abrams, Hutchison, & Marques, 2011）。

艾布拉姆斯及其同事认为，是创新而非特质令组织给领导者得以大展手脚的空间。无论领导者做什么，无论他们怎样获得领导地位，他们都能让团队成员支持团队创新愿景的关键因素在于，要让成员们认识到领导者是"我们中的一员"——一个符合原型的、值得信赖的团队成员，他认同团队，因此不会对团队造成伤害（如 Platow & Van Knippenberg, 2001）。如果一个人非常认同团队本身，那么他就会信任这类领导者（如 Yamagishi & Kiyonari, 2000），并会很大程度上追随其领导，不论他们的行为有多创新和违反规范——无论领导者做什么都很可能对团队最为有利。

为支持创新信用的概念，达恩·范·尼彭伯格（Daan van Knippenberg）及其同事（Van Knippenberg, Van Knippenberg, & Bobbio, 2008）认为，在领导集体创新和变革时，与非原型的领导者相比，符合原型的领导者更被下属们信任为会保持一致性和连贯性、能守护群体的身份，因此能更加有效地激发下属为变革做出贡献的意愿。这个结果是他们在两个关于组织合并的场景实验中发现的。

领导者－成员交换理论
一种领导力理论，主张有效的领导依赖于领导者与成员个人建立良好的私人交换关系的能力。

垂直二元连接模型
领导者－成员交换理论的早期版本，认为领导者与成员之间的二元关系中有一个鲜明的分界线——下属要么被视为内群体成员，要么被视为外群体成员。

2. 领导者－成员交换理论

领导者－成员交换理论［leader–member exchange (LMX) theory］（如 Graen & Uhl-Bien, 1995; Sparrowe & Liden, 1997）描述了领导者和下属之间的交换关系（即交换尊重、信任和喜爱等资源的关系）的质量如何变化，其中领导者和下属的交换起着核心作用。最初，LMX 理论被称为**垂直二元连接模型**［vertical dyad linkage (VDL) model］（Dansereau, Graen, & Haga, 1975）。根据 VDL 研究人员的说法，领导者会与不同的下属发展二元交换关系。在这些二元关系中，下属可被视为与领导者关系密切且有价值的"内群体"成员，或者是与领导者关系比较疏远而被视为"外群体"的成员。

随着 VDL 模型演变成 LMX 理论，这种将领导者－成员的交换关系二分为内群体和外群体的处理方式被连续型的交换关系所取代。这些关系包括基于相互信任、尊重和责任感的关系（高质量的 LMX 关系），以及基于领导者和成员之间正式雇佣合同条款的关系（低质量的 LMX 关系）。

在高质量的 LMX 关系中，下属会受到领导者的青睐并能获得宝贵的资源，包括物质（如金钱、特权）和心理（如信任、自信）方面的好处。领导者与成员之间的交换超越了正式的雇佣合同，管理者表现出影响力和支持，给予下属更大的自主权和责任。高质量的 LMX 关系能激励下属将团队和领导者的目标内化到自己的目标中。在低质量的 LMX 关系中，下属不受领导者的青睐，获得的宝贵资源也较少。领导者－成员交换只是遵守雇佣合同的条款，领导者很少试着去发展或激励下属。下属只会遵守领导者的目标，而不必将其内化为自己的目标。

LMX 理论预测，有效的领导取决于高质量 LMX 关系的发展。这样的关系能提升下属的幸福感和工作表现，并通过忠诚、感激和包容感将他们与团队更紧密地联系在一起。通常情况下，由于领导者必须与大量下属建立关系，他们无法与所有人建立高质量的 LMX 关系——选择一些下属投入大量的人际能量，而对待其他人就用普通的方式，这样做更有效率。选择的过程需要时间，因为需要经历许多阶段，包括角色扮演（领导者对下属有期望，并让下属尝试不同的角色）、角色塑造（领导者和成员之间相互做交换，如交换信息或支持，确立下属的角色）、角色习惯化（领导者－成员关系已变得稳定、顺畅和自动化）。

研究证实，在大多数组织中确实存在差异化的 LMX 关系。当领导者和下属的态度相似、所属的社会和人文群体类似且都表现优异时，更有可能发展出高质量的 LMX 关系。高质量的 LMX 关系也与（大多数研究是相关而不是因果研究）员工表现更好、更满意相关，这些员工对组织更忠诚，也不太可能离开组织（Schriesheim, Castro, & Cogliser, 1999）。LMX 关系发展的阶段与更笼统的群体发展模式一致（如 Levine & Moreland, 1994; Tuckman, 1965; 见第 8 章）。

LMX 理论的主要局限性在于，它关注的是领导者和成员之间的二元关系。这里有个问题：正如我们所注意到的，领导力是一个团队合作过程，即使一个领导者似乎与一个个体互动，这种互动也是被限定在团队成员的宽泛背景下。下属们作为团队成员相互影响，并会被自己眼中领导者与其他团队成员的关系所影响（如 Hogg, Martin, & Weeden, 2004; Scandura, 1999）。

让我们从领导力的社会认同论的角度来考虑这一点（如 Hogg & Van Knippenberg, 2003；见本章"社会认同与领导力"部分）。强烈认同某个群体的成员可能会发现，有利于某些成员而非其他成员的差异化 LMX 关系过于个性化，并会使群体分裂。他们不会支持这样的领导者；相反，他们可能更喜欢并强烈支持一种不那么"因人而异"的领导风格，这样的领导者会对所有成员一视同仁。这一假设已经在威尔士和印度两地的组织领导力感知实地调查中得到了验证和支持（Hogg, Martin, Epitropaki, Mankad, Svensson, & Weeden, 2005）。

（七）变革型领导

交易型领导理论代表了对领导力的特别关注。然而，交易型领导本身就是一种与其他领导风格有鲜明对比的特殊领导风格。在定义交易型领导时，政治学家詹姆斯·伯恩斯（James Burns, 1978）将其与**变革型领导**（transformational leadership）进行了对比：交易型领导者鼓励下属的自身利益，而变革型领导者则激励下属不要局限于个人私利，将目光放长远（Judge & Bono, 2000）。

变革型领导有三个关键组成部分：

- 个人考虑：关注下属的需要、能力和抱负，以帮助他们提升抱负、能力并满足他们的需要。
- 智力刺激：挑战下属的基本思维、假设和实践，帮助他们发展更新、更好的

> **变革型领导**
> 关注领导者如何变革群体目标和行为的领导力取向——其主要途径是运用魅力。也是一种基于魅力的领导风格。

心态和实践。

- 魅力型 / 鼓舞人心型领导：提供活力、理性论证和紧迫感来改变追随者（Avolio & Bass, 1987; Bass, 1985）。

变革型领导理论家们意识到，如果希特勒、波尔布特等臭名昭著的独裁者因为魅力或鼓舞人心就被包含在变革型领导者的神圣群体中，那么这个理论就会出问题——只要领导者围绕自己的目标动员群体，那么所有人都是高效的领导者了。因此，需要区分将魅力用于社会事务、通过"道德提升"的方式来改善社会的优秀魅力型领导者和利用个人魅力来摧毁群体和社会的不良魅力型领导者，前者是变革型的，后者则不是（如 O'Connor, Mumford, Clifton, Gessner, & Connelly, 1995；另见本章前面的"定义领导力"部分）。

交易型领导和变革型领导之间的区分还被加入了第三种领导类型——自由放任（不干涉）型领导，即不做选择或决策，不奖励他人或塑造他人的行为。根据阿沃利奥（Avolio, 1999）的说法，自由放任型领导的概念为他的"全方位领导模式"提供了一个基准点，该模式将变革型领导置于最高点（Antonakis & House, 2003）。

最初由巴斯和阿沃利奥（Bass & Avolio, 1990）开发的**多因素领导力问卷**（multifactor leadership questionnaire, MLQ）旨在衡量交易型和变革型领导。现有的第 5 版已经被应用于世界各地组织的每一个层面。它已经成为组织和管理研究界所实际选择的领导力问卷——产出了大量的大规模元分析（如 Lowe, Kroeck, & Sivasubramaniam, 1996；另见 Avolio & Yammarino, 2003）。

在当代，变革型领导理论面临的一个挑战是填补变革的"黑匣子"——确切地明白下属个人的头脑中发生了什么，才导致他们为了迎合领导者的愿景而改变自己的思想和行为。沙米尔、豪斯和阿瑟（Shamir, House, & Arthur, 1993）认为，下属认同领导者，并以此方式使领导者的愿景成为自己的愿景。德维尔、艾登、阿沃利奥和沙米尔（Dvir, Eden, Avolio, & Shamir, 2002）认为，变革型领导者的行为会使下属更强烈地认同组织的核心价值观。

这两种观点都与领导力的社会认同论产生了共鸣（如 Hogg & Van Knippenberg, 2003；见本章"社会认同与领导力"部分）。当团队成员对团队有强烈的认同感时，被视为核心团队成员的领导者便能够在定义团队目标和实践时进行创新。强烈的认同感与将群体规范内化到自己的信念和行为中相关联，这样领导者才能进行团队改革。

（八）魅力与魅力型领导

魅力（charisma）的概念是变革型领导理论的核心，正如我们之前所看到的，为了区分非变革型的恶棍（如希特勒）和改革英雄（如甘地），我们对好的和坏的魅力进行了区分。当然，这种区别是有问题的——一个人心中的变革领袖可能在另一个人的眼中就是个战犯，反之亦然（就像一个人心中的自由战士是另一个人眼中的恐怖分子一样）。

多因素领导力问卷
用于测量交易型领导和变革型领导的最通用的问卷。

魅力型领导
基于领导者拥有的或表现出的魅力的领导风格。

奥萨马·本·拉登是一个变革型领导人吗？贝拉克·奥巴马呢？你的答案可能更多地取决于你的政治劝服力和意识形态倾向，而不是变革型领导理论中关于好与坏的魅力的概念（参见本章前面对领导力的高效 / 低效与好 / 坏维度的讨论）。新闻集团创始人兼首席执行官鲁伯特·默多克和苹果公司创始人兼首席执行官史蒂夫·乔布斯呢？毫无疑问，这两个人都具有变革性和魅力，但他们是否具有"糟糕的魅力"，因为他们似乎未能确保组织的道德操守（以 2011 年媒体曝出的默多克旗下报纸电话窃听丑闻为例），或者表现得极度自恋（以乔布斯为例，见 Isaacson, 2011）？

一个更普遍的问题是，魅力在变革型领导中有什么作用。学者们将**魅力型领导**（charismatic leadership）视为下列二者的产物，即领导者的个人魅力和下属在特定情况下对领导者魅力的反应——仅凭个人魅力可能无法保证魅力型领导（如 Bryman, 1992）。然而，下面这个推论很难被推翻：个人魅力是一种持久的人格特质——在这种情况下，过去的领导力人格理论的一些局限性被重新引入（Haslam & Platow, 2001; Mowday & Sutton, 1993）。事实上，魅力型 / 变革型领导与大五人格维度中的外倾性 / 精力充沛性、宜人性和经验开放性有着明确的联系（如 Judge, Bono, Ilies, & Gerhardt, 2002）。魅力型领导也与有远见的领导力相关结构（如 Conger & Kanungo, 1998），以及人们对于领导者眼界的不同评判标准有关。有远见的领导者是一种特殊的人，他们能够为一个团队确定理想的未来目标，并动员下属们将这些目标内化为自己的目标。

毫无疑问，魅力会让你更容易成为一个高效的领导者，这可能是因为有魅力的人在情感上有表现力，热情，有动力，口才好，有远见，自信和能响应他人（如 House, Spangler, & Woycke, 1991; Riggio & Carncy, 2003）。这些特质使一个人具有影响力和劝服力，因此能够让他人认同他对团队的愿景，并为集体目标牺牲个人目标。迈因德尔和勒纳（Meindl & Lerner, 1983; Meindl, Ehrlich, & Dukerich, 1985）讨论了有远见的领导者如何提高下属们的共同认同感，以及这种共同身份如何产生一种集体的"英雄动机"，让人们将集体目标置于个人目标之上。

另一种关于魅力在领导力中的作用的观点是，魅力是由下属们为领导者构建的；魅力是有效领导的结果或者关联因素，而不是原因。例如，迈因德尔（Meindl, 1995; Meindl, Ehrlich, & Dukerich, 1985; 另见 Shamir, Pillai, Bligh, & Uhl Bien, 2006）谈到了领导力的浪漫；人们倾向于将有效领导归因于领导者的行为，而忽视领导者的缺点（如 Fiske & Dépret, 1996）。领导力的社会认同论（如 Hogg & Van Knippenberg, 2003; 见本章"社会认同与领导力"部分）也提供了类似的分析，但强调共有身份在魅力型领导中的作用。在一个成员的归属感和认同感强烈的群体中，社会认同过程使群体的原型（中心）领导者具有影响力、具有吸引力和值得信赖，并使其具有创新精神。下属们将这些品质内归因于领导者的人格，从而构建了一种魅力型领导人格（Haslam & Platow, 2001; Platow & Van Knippenberg, 2001）。

（九）领导者感知和领导力图式

1. 领导者归类理论

社会认知研究视角（见第 2 章）构建了一种探讨领导力的取向，这种取向聚焦于我们关于领导者的图式以及将某人归类为领导者的原因和后果。**领导者归类理论**（leader categorization theory, LCT）或领导力的内隐理论（如 Lord, Brown, Harvey, & Hall, 2001; Lord & Brown, 2004; Lord & Hall, 2003）假设，我们对领导力的感知在我们选择和认可领导者的决策中起着关键作用。这会影响领导者的权力基础，进而影响他们影响他人和有效领导的能力。

人们对领导力有内隐的理论，这些理论塑造了他们对领导者的看法。在评估一个特定的领导者时，基于这些内隐理论的领导力图式［洛德及其同事称之为"原型"（prototype）］被激活，并且人们会将某个领导者的特征与有效领导的相关图式进行对比。这些领导力图式可以描述在一般情境下高效领导者的独立属性，或者在非常特定的情境下领导力的特别属性。

领导者归类理论
关于不同类型的领导者在不同情境下的领导行为，人们有多种图式。当一位领导者被归为某一类型时，这位领导者会如何行动的图式就会逐渐丰满起来。

根据 LCT，我们可以推断，某个领导者的特征和某个人的领导力图式之间的匹配度越高，这个人对这个领导者的印象越好。例如，如果你的领导力图式倾向于把"聪明""有组织性""敬业"作为领导力的核心属性，那么当你越是觉得一个领导者是聪明的、有组织的、有奉献精神的，你就越有可能认可这个领导者。

LCT 关注的是领导力和领导者（例如军事将领、总理、CEO）的类别和相关图式，而不是关于各种社会群体（例如心理学系、公司、运动队）的图式。LCT 的领导者类别与不同群体的特定任务和职能息息相关，例如 CEO 图式可能同样适用于苹果、戴尔、维珍、丰田、星巴克和谷歌等公司，而每个公司的团队规范和原型却可能截然不同。LCT 在很大程度上没有回答群体成员关系模式如何影响领导力的问题，而领导力的社会认同论解决了这个问题（如 Hogg & Van Knippenberg, 2003；详见"社会认同与领导力"部分）。

2. 期望状态和地位特征

还有一种理论也侧重于领导者归类过程，但更具社会学意义，且没有像领导者归类理论那样涉及大量社会认知的细节；它就是期望状态理论或**地位特征理论**（status characteristics theory）（如 Berger, Fisek, Norman, & Zelditch, 1977; Berger, Wagner, & Zelditch, 1985; Ridgeway, 2003）。群体内的影响力（以及领导力）被归因于所拥有的特定地位特征（与群体实际行为相匹配的特征）和扩散地位特征（社会中高地位群体的模式化特征）。要想发挥作用，领导者需要具备使其能够有效完成任务的特征（即特定地位特征），以及将其归类为高地位社会人口类别成员的特征（即扩散地位特征）。有效领导是被别人感知到的胜任群体任务的能力和社会地位的加和函数。

（十）社会认同与领导力

领导力是一种关系，在这种关系中一个群体中的某些成员（通常是一个成员）能够影响其他成员接受新的价值观、态度和目标，并为实现这些价值观、态度和目标而努力。一个高效的领导者会激励其他人采纳能定义群体成员身份的价值观、态度和目标，并以集体的方式为群体服务。同时，一个高效的领导者可以将个人行动转变为集体行动。因此，领导力具有重要的认同功能。人们希望他们的领导者表达和概括他们的身份，阐明和专注于他们的身份，锻造和转变他们的身份，并且巩固、稳定和锚定他们的身份。

领导力的社会认同论（social identity theory of leadership）（Hogg, 2001; Hogg & Van Knippenberg, 2003; Hogg, Van Knippenberg, & Rast, 2012b）将这种关于领导力的认同视角（如 Haslam, Reicher, & Platow, 2011）置于中心地位。随着人们对一个群体的认同度越来越高，他们会越来越关注群体的原型，关注群体中什么样的人更符合原型，这是因为原型定义了群体以及作为群体成员的身份。在这种情况下，原型成员往往比不那么符合原型的成员更有影响力，作为领导者也更加高效，因此原型领导者的领导效能比非原型领导者更高。虽然如领导者归类理论（见本章前面）所述，领导模式通常确实会影响到领导者的领导效能，但当一个群体为成员们的自我概念和认同提供凸显和重要的基础时，群体原型就变得重要，也许比领导模式更加重要。

这一观点首先得到了海恩斯、豪格和杜克（Hains, Hogg, & Duck, 1997）的实验室实验的支持，在实验中，被试要么被明确地归类，要么仅仅聚集为一个群体（因此，群体成员身份的凸显性有高低之分）。在参与一项互动性小组任务之前，被试们对随机任命的领导者的领导效能进行评估，该领导者被描述为符合原型或非原型的群体成员，具备或不具备与一般领导力图式一致的特征。结果正如所预测的，图式一致的领导者的领导效能通常被认为比图式不一致的领导者更高，然而当群体成员身份凸显时，群体原型性就成为成员们评判领导效能的重要影响因素（见图 9.4）。

这些发现在一项关于拓展训练组的纵向现场研究（Fielding & Hogg, 1997）、一些进一步的实验（如 Hogg, Hains, & Mason, 1998）和相关研究（如 Platow & Van Knippenberg, 2001）中均得到了验证。其他研究表明，在凸显群体中，内群体

地位特征理论
一种关于群体内影响力的理论，认为那些既具有任务相关特征（特定地位特征）又具有高社会地位（扩散地位特征）的人会更有影响力。又被称作期望状态理论。

领导力的社会认同论
社会认同论的延伸，旨在将领导力解释为一种认同过程，认为原型领导者比非原型领导者在凸显群体中更为高效。

领导者（即更符合原型的领导者）比外群体领导者（即非原型的领导者）更为高效（Duck & Fielding, 1999; Van Vugt & De Cremer, 1999）。这是一个非常有力又可靠的效应——典型的领导者比不那么典型的领导者更能被成员们强烈地认可，他们被认为领导效能更高，尤其是当成员们认为所属群体是他们社会身份的核心时（Van Knippenberg, 2011）。

许多与社会认同相关的过程（见 Abrams & Hogg, 2010; Hogg, 2006）使原型领导者在凸显群体中更有影响力：

- 原型成员最能体现群体的属性，因此他们被视为从众过程的来源，而非目标——他们似乎是其他成员会一致看齐的人（参照 Turner, J. C., 1991）。

- 原型成员作为群体的成员被爱戴（一种去个性化的社会吸引过程），而且群体成员通常就原型达成一致，因此整个群体都喜欢领导者——他或她会很受欢迎（Hogg, 1993）。这个过程有助于领导者产生影响（我们更倾向于听喜欢的人的话；Berscheid & Reis, 1998）。它还加重了领导者和追随者之间评价（地位）感知的差异。

- 原型领导者发现群体对自我定义更为核心和重要，因此对群体的认同度更高。他们对群体大量"投资"，而且更有可能以服务群体的方式行事。他们紧紧拥护群体规范，会更加偏向内群体而非外群体，会更公平地对待内群体成员，并以促进内群体发展的方式行事。这些行为确认了他们的原型性和成员资格，并促使群体成员们更加相信领导者是为了群体的最佳利益而行动的，即使有时似乎他们并不是这样的——原型领导者拥有合理性的光环（Tyler, 1997; Tyler & Lind, 1992; 见 Platow, Reid, & Andrew, 1998）。其结果是，原型领导者可以具有创新性和变革性。自相矛盾的是，他们对群体规范的偏离可能比非原型的领导者更甚（Abrams, Randsley de Moura, Marques, & Hutchison, 2008; Randsley de Moura, Abrams, Hutchison, & Marques, 2011）。

- 原型是群体生活的核心，因此与原型相关的信息会引起关注。原型领导者是原型信息的最直接来源，因此在群体背景下显得尤为突出。成员们密切关注领导者，并像其他社会认知和推理领域一样，将领导者的行为归因于领导者人格的恒定性或本质属性——他们会产生**对应偏差**（correspondence bias）（Gawronski, 2004; Gilbert & Malone, 1995; 见第 3 章）。这一过程可以为领导者构建一种魅力型人格（被归因的行为包括涌现出影响力、能够获得他人的顺从、受欢迎、地位更高、具有创新精神和被信任），从而进一步加强其领导地位（Haslam & Platow, 2001）。

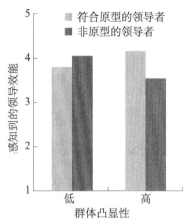

图 9.4　领导者的领导效能作为领导者的群体原型性和群体凸显性的函数

- 当群体凸显性高时，领导者的特征是否符合群体的原型对于确定感知到的领导效能来说非常重要。

- 当群体凸显性低时，原型就没有这个影响了。

来源：Hains, Hogg, & Duck, 1997.

原型领导者通过扮演原型管理者来获得成功——赖歇尔和霍普金斯恰当地称之为"身份企业家"（Reicher & Hopkins, 2001, 2003），而塞拉尼安则称之为社会身份框架（Seyranian, 2012; Seyranian & Bligh, 2008）。他们以构建、重构或改变群体原型的方式进行交流，而这样又保护或提升了他们在群体中的中心地位。这个过程被称为规范谈话（Hogg & Giles, 2012; Hogg & Tindale, 2005; 另见 Fiol, 2002; Gardner, Paulsen, Gallois, Callan, & Monaghan, 2001; Reid & Ng, 2000）。因此，有效领导的一个关键属性，正是这种富有远见和变革性的活动，它会定义或改变群体认为自己是什么，以及成员的身份（Reicher, Haslam, & Hopkins, 2005）。认为自己可能不是原型的领导者通常会采取以群体为导向的行为来加强他们的成员资格（如 Platow & Van Knippenberg, 2001）。领导者可以通过多种方式进行规范谈话和扮演身份企业家的角色（见专栏 9.2）。

已有大量证据表明，领导者会通过沟通来积极地以这种方式构建身份认同。以

对应偏差

一种普遍的归因偏差，即人们倾向于认为行为反映了（对应于）稳定的潜在人格属性。

下案例都可反映出身份企业家和社会认同框架：玛格丽特·撒切尔和尼尔·金诺克关于 1984—1985 年英国矿工罢工的演讲（Reicher & Hopkins, 1996b），英国穆斯林关于投票或弃权的政治动员尝试（Hopkins, Reicher, & Kahani-Hopkins, 2003），反堕胎演讲（Hopkins & Reicher, 1997; Reicher & Hopkins, 1996a），通过关注国家和地方的联系来保护英国的狩猎传统（Wallwork & Dixon, 2004），苏格兰政治家的演讲（Reicher & Hopkins, 2001），美国总统演讲（Seyranian & Bligh, 2008），帕特里斯·卢蒙巴在刚果民族独立运动期间的演讲（Klein & Licata, 2003），以及在 BBC 监狱研究实验期间囚犯试图同时动员囚犯和警卫对抗管理层（Reicher, Hopkins, Levine, & Rath, 2005）。

领导力的社会认同论得到了实验室实验和很多自然主义研究的实证支持，并重新激发了社会心理学和组织心理学中关注群体成员和社会认同作用的领导力研究（Ellemers, De Gilder, & Haslam, 2004; Haslam, Reicher, & Platow, 2011; Van Knippenberg & Hogg, 2003; Van Knippenberg, Van Knippenberg, De Cremer, & Hogg, 2004; 另见 Hogg, 2007a）。与领导者归类理论（Lord & Brown, 2004; 见本章前文）一样，领导力的社会认同论也与领导力研究中倾向于关注下属在领导力中的角色相关联——领导者要领导，下属必须跟随。这一趋势的一个焦点在于（被相当尴尬地称为）"跟随"的关系，已有研究探索了如何赋予追随者权力来创造伟大而高效的领导者（如 Kelley, 1992; Riggio, Chaleff, & Lipman Blumen, 2008; Shamir, Pillai, Bligh, & Uhl-Bien, 2006）。

 专栏 9.2   你的生活

规范谈话与身份企业家

你曾想过要代表公职人员吗？美国 2016 年总统竞选之后也许没有美国人会这么想。想一想你的国家中最近一次的国家领导人竞选。候选人用了什么策略来把自己刻画成"人民中的一员"，从而赢得了竞选？如果是你在参加竞选，你会使用什么策略呢？

研究表明，作为领导者共有五种方法可以保护和提高下属眼中个人的群体原型属性：

1. 多肯定自己的原型属性，或者批评自身行为中不符合群体原型的方面。
2. 指出群体中的异类和边缘成员以此来强调

自己的群体原型属性，或者为群体构建出某个原型来夯实自己的原型属性。
3. 否定与你争夺领导位置的其他候选人，说他们并不是群体的原型，以此来让自己坐稳领导者的位置。
4. 把那些对你自己的原型最有利的外群体作为相关的比较群体。
5. 参与到提高或降低群体身份凸显性的谈话中。如果你的原型性很高，那么提高身份的凸显性能为你带来领导力的高原型红利；如果你不太符合群体的原型，那么降低凸显性能帮你避免非原型领导者可能会有的问题。

（十一）信任和领导力

信任在领导力中扮演着重要角色（如 Dirks & Ferrin, 2002），人们都非常关注企业腐败以及不道德和不可信的企业及政府领导人（如 Brown, Treviño, & Harrison, 2005; Kellerman, 2004）。如果要追随我们的领导人，就需要相信他们的行为符合我们整个群体的最大利益，而不是为了其个人利益。

因此，如果我们觉得领导人的言行不能反映其真实想法和真实身份，我们往往会怀疑他们，不愿意信任或支持他们，我们认为他们是不真实的。如果领导者能够确保他们的下属相信自己的真实，他们就会赢得信任、忠诚和支持（Avolio & Gardner, 2005; Rego, Vitória, Magalhães,

Ribeiro, & e Cunha, 2013; Walumbwa, Avolio, Gardner, Wernsing, & Peterson, 2008）。2016 年美国总统大选期间，共和党试图削弱民主党总统候选人希拉里·克林顿的选举支持率，于是策划攻击希拉里，说她是不真实的，将其描述成不值得信任和招人讨厌的形象。

信任有助于领导，因为比起不受信任的领导者，人们更愿意从态度和行为上迎合他们信任的领导者。信任能激发对认知一致性的追求，而不信任则会激发否定心态，在这种心态下，人们会停下来思考，产生认知上的对立（Mayo, 2015）。

1. 公正与公平

领导者需要下属的信任，这样他们才能够创新和转型。信任领导者的一个重要基础是认为他们以公平公正的方式行事。根据汤姆·泰勒（Tom Tyler）的**群体价值模型**（group value model）（Lind & Tyler, 1988）和**群体权威关系模型**（relational model of authority in groups）（Tyler, 1997; Tyler & Lind, 1992），公平和公正的观念对群体生活至关重要。因为领导者所做的决定对追随者有重要影响（如晋升、绩效评估、职责分配），追随者关心的是领导者在做出这些决定时的公平程度。在判断公平性时，下属们会从**分配正义**（distributive justice）和**程序正义**（procedural justice）两个方面来评价一个领导者。公正性和公平性判断会影响决策引起的反应以及对做出这些决策的当局者的反应，从而影响领导效能（De Cremer, 2003; De Cremer & Tyler, 2005）。

程序正义在领导力情境中尤其重要，这可能是因为公平的程序传达了对群体成员的尊重。这种情况下，下属对这个群体的感觉会更加积极，更认同它，更倾向于合作与顺从（Tyler, 2011）。由于成员对群体的认同感更强，他们更关心领导者在程序上是否公平（如 Brockner, Chen, Mannix, Leung, & Skarlicki, 2000），而不那么关心领导者在分配上是否公平。这种不对称性之所以产生，是因为随着认同的增强，对群体内部关系的关注（程序正义）会压倒性地高过对工具性结果，即激励和制裁（分配正义）的关注（如 Vermunt, Van Knippenberg, Van Knippenberg, & Blaauw, 2001）。

2. 社会困境

事实上，公正，特别是程序正义有益于领导效能，因为它能建立信任和加强群体认同，这就使领导力更加可能是解决社会困境的一种方式。**社会困境**（social dilemmas）本质上是一种信任危机——人们表现得自私，因为他们不相信别人会为了集体长期的更大利益而牺牲眼前的私利（如 Dawes & Messick, 2000; Liebrand, Messick, & Wilke, 1992）。（我们将在第 11 章更全面地讨论社会困境。）

众所周知，社会困境很难解决（Kerr & Park, 2001）。然而，如果能够从根源上解决信任问题，那么社会困境的问题就并非不可能解决。实现这一点的一种方法是通过让人们强烈地认同一个群体来使人们互相信任——人们倾向于信任内群体的成员（如 Brewer, 1981; Yamagishi & Kiyonari, 2000），因此更有可能为了更大的群体利益牺牲自身利益（如 Brewer & Schneider, 1990; De Cremer & Van Vugt, 1999）。领导力在这一过程中起着至关重要的作用，因为领导者可以通过建立共同的认同感、共同的命运、个体间的信任和集体利益监护感，将独立的个人目标转变为共同的集体目标（如 De Cremer & Van Knippenberg, 2003; Van Vugt & De Cremer, 1999）。

（十二）性别鸿沟、玻璃天花板和玻璃悬崖

在世界大部分地区，男性和女性都在生活的不同领域行使领导权威。然而，在工作、政治和意识形态领域，占据最高领导地位的通常是男性。在西欧这样的自

群体价值模型
一种认为群体内的程序正义会使成员们觉得被珍视，并因此更加忠于群体、认同群体的观点。

群体权威关系模型
泰勒对群体中的权威有效性如何依赖于以公平和公正为基础的下属与领导者间关系的解释。

分配正义
决策结果的公正性。

程序正义
决策程序的公正性。

社会困境
短期的个人利益与长期的群体利益相悖的情境。

玻璃天花板　提到登上顶峰的女性，脸书的首席运营官谢丽尔·桑德伯格绝对是其中一位，但是女性仍然可能比男性遇到更多阻碍（见 www.makers.com/sheryl-sanberg）。

由民主地区，过去的四五十年里性别观念已经发展得更加进步。然而，尽管女性现在位居管理中层的比例相对不错，但她们在高管和"精英"领导职位上的代表性仍然不足——存在**玻璃天花板**（glass ceiling）（Eagly & Karau, 1991; Eagly, Karau, & Makhijani, 1995; Eagly, Makhijani, & Klonsky, 1992）。

男性真的比女性更适合担任领导者吗？研究表明并非如此，尽管女性和男性往往有不同的领导风格，不同的领导环境也可能适合不同的性别，但对女性领导者的评价通常比男性领导者更高，而且总体而言，她们被认为比男性更具变革性和参与性，并会对追随者的良好表现给予更多的赞扬（Eagley, Johansen-Schmidt, Van Engen, & Vinkenburg, 2002）。如果女性和男性同样有能力成为高效的领导者，那为什么在领导力上存在性别差距？

艾丽斯·伊格利提出的解释是**角色一致性理论**（role congruity theory）（Eagly, 2003; Eagly & Karau, 2002; Heilman, 1983）。由于一般的领导力图式与能动性强这一男性刻板印象（男性自信、控制欲和支配欲强）之间的重叠比与集体性强这一女性刻板印象（女性深情、温柔和有教养）之间的重叠更大，人们对男性领导者比对女性领导者更看好。这些对领导力的感知会促进或阻碍有效领导。他们把女性置于棘手的境地：如果她们集体性强的话，那她们可能就会陷入不适合做领导者的困境；如果她们能动性强的话，那她们就像撒切尔夫人一样有被称为"铁娘子""恶性肿瘤陛下""阿提拉母鸡"的风险（Genovese, 1993）。

研究为角色一致性理论提供了支持（Martell, Parker, Emrich, & Crawford, 1998; Shore, 1992）。该理论的一个含义是，如果领导力图式改变或人们对性别的刻板印象改变，那么人们对男性和女性领导者的评价将发生变化。研究表明，当对领导者角色的定义使用更多男性化的术语和词语时，男性领导者就会比女性领导者受到更高的评价，反之亦然（Eagley, Karau, & Makhijani, 1995）。

实现领导层性别平等的另一个障碍可以从领导力的社会认同论（前面已讨论）来理解。在对自我定义至关重要的群体中，如果群体的规范与对成员的性别刻板印象相一致，那么男性或女性领导者就被视为是高效的，而且他们的实际工作也会更出成果。因此，传统的、对性别有刻板印象的人会支持男性而非女性成为一个具有工具性规范的群体（如卡车运输公司）的领导者；对于具有表现性规范的群体（如托幼群体）来说，他们则更倾向于选择一位女性而非男性作为领导者。但是，那些对性别的传统刻板印象不深的人则不太倾向于以这种方式行事，甚至相反（Hogg, Fielding, Johnson, Masser, Russell, & Svensson, 2006）。

实现领导层性别平等的第三个障碍是女性在权威声明上的效能低于男性——总体而言，男性声明并把持的领导职位要比女性多得多（Bowles & McGinn, 2005）。然而，不论是女性还是男性，他们对权威的声明是同样有效的。鲍尔斯和麦金恩提出了女性声明权威的四个主要障碍。第一是角色不协调，正如前面所讨论的。第二是缺乏关键管理经验。第三是家庭负担大，占用了女性胜任领导职位所需的时间。

第四个障碍是缺乏动力——女性不像男性那样"渴望"领导力。她们羞于自我推销，大多以"促进者"或"协调员"等非正式头衔担任不太显眼的背景角色。尽管这种联系尚未明确，但女性不愿声明权威的一个潜在原因可能是**刻板印象威胁**（stereotype threat）（Inzlicht & Schmader, 2011; Steele & Aronson, 1995; Steele, Spencer, &

玻璃天花板
阻碍女性以及普遍意义上的少数群体登上领导者位置的无形障碍。

角色一致性理论
主要被用于解释领导力的性别鸿沟，认为因为对女性的社会刻板印象与人们关于有效领导的图式不一致，所以女性被认为是糟糕的领导者。

刻板印象威胁
人们感觉自己将按照所属群体的消极刻板印象被他人评价和对待，进而所表现出来的行为恰恰在无意间证实了这些刻板印象。

Aronson, 2002; 见第 10 章）。女性会担心关于女性和领导力的负面刻板印象会成真，因此不太有动力去成为领导者。此外，为了自我提升并声明领导地位，女性不得不与大众对女性的刻板印象做斗争。她冒着被视为"咄咄逼人"的风险，并被同时来自男人和女人的负面反应所包围（Rudman, 1998; Rudman & Glick, 2001）。（我们将在第 10 章回到关于刻板印象威胁的话题。）

米歇尔·瑞安（Michelle Ryan）及其同事认为，女性领导者不仅面临着玻璃天花板，而且面临着**玻璃悬崖**（glass cliff）（Ryan & Haslam, 2007; Ryan, Haslam, Morgenroth, Rink, Stoker, & Peters, 2016）。在失败风险更高、被批评的可能性更大的情形下，女性比男性更有可能被任命为领导职位，因为这些职位涉及对处于危机中的群体的管理。因此，女性常常面临着一个玻璃悬崖，她们作为领导者的地位岌岌可危，可能注定要失败。

哈斯拉姆和瑞安（Haslam & Ryan, 2008）进行了三项实验，其中管理学毕业生、高中生或商业领袖为一个假想的组织挑选一个领导者，该组织的绩效要么正在提高，要么正在下降（即快要失败）。正如预测的那样，当组织的绩效是下降而不是提高时，女性比同等资格的男性更可能被选中。此外，做出这些"玻璃悬崖式任命"的参与者还认为，这些职位适合女性所拥有的独特领导能力，且这是女性的良好领导机会。但还有一个很煞风景的事实，即这些参与者也相信，这个处于失败状态的组织的领导职位，对于女性来说会是一个充满压力的工作岗位，因为要付出"感情"上的劳动！似乎，在业绩不佳的时候，女性可能会受到青睐，这并不是因为人们认为女性能改善现状，而是因为她们被视为优秀的人事管理者，可以为组织失败承担责任（Ryan, Haslam, Hersby, & Bongiorno, 2011）。

瑞安及其同事也报告了其他聚焦于政治领导力的支持性研究（Ryan, Haslam, & Kulich, 2010）。一项关于 2005 年英国大选的档案研究显示，在保守党中女性比男性更难赢得席位。另一项研究实验性地考察了英国政治学课上的大学生们如何选择一个候选人参加补选，这个席位要么是安全的（由自己的政党以很大的优势获得），要么是有风险的（反对党占得优势）。研究结果显示，男性候选人比女性候选人更有可能被选中争夺一个安全席位，但当席位很难赢得时，女性候选人则获得更多选票。

（十三）群际领导

领导力的一个未被充分研究的方面是它的群际背景，领导者不仅领导他们的群体成员，而且以不同的方式领导他们的群体对抗其他群体。在讨论领导力时经常被援引的政治和军事领导人是真正的群际背景下的领导人——他们领导自己的政党、国家或军队对抗其他政党、国家或军队。

领导力的论调通常涉及我们与他们的较量，即从定义上将内群体与特定的外群体或离经叛道的内群体派系区分开来（Reicher, Haslam, & Hopkins, 2005; Seyranian, 2012）。群际关系的本质也会影响领导力，因为它会改变群体的目标或群体内部的关系。在前面的章节中，我们曾描述过谢里夫的一项实验——在参加夏令营的男孩之中，群际竞争是如何改变群体的领导力的（Sherif, Harvey, White, Hood, & Sherif, 1961）。在另一项关于工会和管理层的模拟谈判的研究中，相对缺乏安全感的领导者（很可能被他们的集团罢免）会积极地通过与其他集团竞争来"讨价还价"，以确保他们的领导地位（Rabbie & Bekkers, 1978）。或许这就解释了一个大家都非常熟悉的策略，即政治领导人奉行用侵略性的外交政策（在他们相信自己能够获胜的领域）来抑制他们在国内的不受欢迎程度。1982 年阿根廷和英国之间的马尔维纳斯群岛战争是在两国政府都在国内政治上不受欢迎的背景下发生的，这无疑提升了撒切尔夫人的领导力；1991 年和 2003 年的两场海湾战争在最初阶段可能也分别巩固了美国总统老布什和小布什的领导地位。

但是，群际领导还有另一个方面——在群体内部更深层次的亚群体划分中建立

玻璃悬崖
女性比男性更可能被安排到一些很容易失败或招致批评的危险领导岗位。

统一的群体身份、愿景和目标。虽然社会认同论是一种关于群际关系的理论（如 Tajfel & Turner, 1986），但领导力的社会认同论实际上关注的是群体内的原型性、共享的群体成员身份和群体内的信任。然而，对有效领导的巨大挑战往往不仅仅是超越个人之间的差异，还要在具有巨大分歧的群体之间架起桥梁，以建立一种综合的愿景和认同感。例如，对伊拉克的有效领导必须要求弥合逊尼派、什叶派和库尔德人之间的历史分歧，对美国的有效领导必须要求弥合民主党和共和党之间的深刻鸿沟，对欧盟的有效领导必须要求弥合 28 个成员国[①]之间的巨大分歧。"领导力"这一术语是一种很常见的说法，通常更适用于描述群际领导（Hogg, 2009; Pittinsky, 2009; Pittinsky & Simon, 2007）。（思考一下本章开头"你怎么认为？"中的第二个问题：新老板应该是史蒂夫还是马丁？）

豪格及其同事最近提出了一种群际领导模型（Hogg, 2015; Hogg, Van Knippenberg, & Rast, 2012a）。有效的群际领导面临着构建社会和谐、消除群体冲突的共同目标和认同感的艰巨任务。这里的一个问题是，群际领导者通常被视为代表一个群体而不是另一个群体。对于另外一个群体来说，他们是群体外部的领导者，因此他们的领导效能会受到影响（Duck & Fielding, 1999, 2003）。这个问题已经在组织并购的背景下得到了很好的研究。收购常常失败，正是因为收购组织的领导者会被怀疑，因为他或她之前是群体外的成员（如 Terry, Carey, & Callan, 2001）。

这些问题可能会因为内群体投射（ingroup projection）而加剧——从属于一个更大的上位群体的群体会高估他们自身的特征对上位群体的代表性（Wenzel, Mummendey, & Waldzus, 2007）。在这种情况下，当属于某一个亚群体的领导者升职掌管整个上位群体时，他会被另一个亚群体视为根本不是上位群体的原型。

这里有一个有趣的问题，即少数人群体或者地位较低的亚群体通常没有内群体投射。这两种亚群体都认为，上位群体的属性能最好地代表主导亚群体的属性（Sindic & Reicher, 2008）。在这种情况下，少数人群体会将来自多数人群体的上位领导者视为原型。然而，这样的领导者不会太占优势，因为少数人群体会感到领导者的代表性欠佳，因此不太可能充分地认同上位群体（Hohman, Hogg, & Bligh, 2010）。

豪格及其同事认为，有效的群际领导取决领导者构建群际关系认同的能力（Hogg, 2015; Hogg, Van Knippenberg, & Rast, 2012a）。群际领导者们努力建立一个共同的内群体认同（Gaertner & Dovidio, 2000; Gaertner, Dovidio, Anastasio, Bachman, & Rust, 1993; 见第 11 章）。然而，这需要谨慎地执行。当它威胁到亚群体的亚群体认同时，效果很可能适得其反。

相反，群际关系认同是一种对亚群体成员身份的自我界定，这种成员身份界定将亚群体间的关系合并为上位群体成员身份的一部分。这种认同承认亚群体成员身份的完整性和珍贵贡献，以及它们和上位群体实际上是通过协作的亚群体关系来界定的。领导者可以采取许多行动来建立群际关系认同，从而提高群际绩效。这些行动包括将群际合作作为群体认同的一个重要方面，扩展群际边界以声明群际关系，以及组建跨越边界的领导联盟。

在这一部分的总结中，领导力上的巨大挑战往往不仅在于超越个体差异，还在于弥合深刻的群体分歧，以及建立一种综合的愿景和认同感。大多数关于领导力的理论和研究集中在单个群体内对个体的领导上，但其实许多（如果不是大多数的话）领导力情境都涉及群际关系（Pittinsky & Simon, 2007）。

■ 三、群体决策

群体会执行许多任务，而决策是最重要的任务之一。影响着我们生活的许多方面的决策在很大程度上是由群体做出的，如选拔委员会、陪审团、议会、审查委员会和朋友圈子。此外，

---

① 2020 年 1 月 31 日，英国脱离欧盟。欧盟现有 27 个成员国。——译者注

我们中的许多人会花很大一部分工作的时间在群体中做决策。

长期以来，社会心理学家对群体决策中涉及的社会过程，以及群体做出的决策是否比个人做得更好或与之不同都很感兴趣。

我们可能会认为，人类聚在一起做决策是因为群体能比个人做出更好的决策，即两个人比一个人做出的决策更好。然而，正如第 8 章所介绍的，群体的表现会受到很多因素的影响。群体决策的另一个维度是，决策小组的成员代表不同群体。这种情况有一个更恰当的名字——群际决策，我们将在第 11 章讨论这一概念。

（一）群体决策的规则

现有研究已经开发了多种模型来将决策小组中初始意见的情况与决策小组的最终决策联系起来（Stasser & Dietz-Uhler, 2001; Stasser, Kerr, & Davis, 1989）。其中一些模型是复杂的计算机模拟模型（Hastie, Penrod, & Pennington, 1983; Penrod & Hastie, 1980; Stasser, 1988; Stasser & Davis, 1981），而另一些模型虽然以正式的数学形式表达，但与生活中真实群体的关系更为直接。

詹姆斯·戴维斯（James Davis）提出的**社会决策基模**（social decisions schemes）是群体决策领域最著名的模型之一，它制定了几个可以为群体所采用的显性或隐性决策规则（Davis, 1973; Stasser, Kerr, & Davis, 1989）。了解群体中个人意见的初始分布，以及群体在何种规则下运作，可以很好地预测群体的最终决策。我们可以将这些规则应用于制度化的群体，例如议会，也可以应用于非正式的群体，例如一群朋友要决定看哪部电影（见专栏 9.3）。

群体所采用的特定规则会受到决策任务性质的影响。对于智力性任务（有明显正确的解决方案，如数学难题），小组会倾向于采用实事求是规则；对于判断性任务（没有明显正确的解决方案，例如用什么颜色的油漆刷客厅），小组则更倾向于采用多数人获胜规则（Laughlin, 1980; Laughlin & Ellis, 1986）。

> **社会决策基模**
> 显性或隐性的决策规则，它们将个人意见与群体决策联系起来。

决策规则也会因严格性和小组成员之间的权力分配而有所不同：

- 严格性是指规则要求多大程度的一致性——"达成完全一致的意见"是严格性非常高的，而"少数服从多数"就不那么严格。
- 成员之间的权力分配指的是规则有多少权威性——权威规则将权力集中于一个成员，而平等主义规则则将权力分散到所有成员中（Hastie, Penrod, & Pennington, 1983）。

专栏 9.3　　我们的世界

社会决策基模：一个组织如何能达成一项决策

詹姆斯·戴维斯区分了决策小组可以采用的几项隐性或显性的决策规则：

- 一致性：讨论的目的是让异类服从。
- 少数服从多数：通过讨论确认多数人的立场，并把它当作群体立场。
- 真理获胜：通过讨论确定可能正确的立场。

- 三分之二的大多数：除非有三分之二的多数票，否则群体无法做出决定。
- 第一次转变：群体最终会根据任何成员提出的第一次意向的转变来做出决定。

来源：Davis, 1973; Stasser, Kerr, & Davis, 1989.

一般来说，更严格的规则同时会伴随着更低的权力集中度，因此更为平等，且决策权在整

个群体中的分布更加均匀——在"一致性"上非常严格，但权力集中度很低，而在"三分之二的大多数"上则不那么严格，但权力集中度更高（Hastie, Penrod, & Pennington, 1983）。一个群体采用的规则可以产生多大影响，很大程度上取决于其严格性。规则不仅会影响群体决策本身，而且会影响成员的偏好、他们对群体决策的满意程度、对群体讨论本质的看法以及成员之间的感情（Miller, 1989）。例如，更严格的决策规则会使群体达到最终一致性的进程变得更慢、更详尽，决策目标更难达成，但它可能会增加成员的喜爱程度和对决策质量的满意度。

诺伯特·克尔（Norbert Kerr）的**社会转型基模**（social transition scheme）集中关注一个特定决策下运作的群体在最终决策过程中其成员立场的实际变化模式（Kerr, 1981; Stasser, Kerr, & Davis, 1989）。为了做到这一点，成员的意见在讨论过程中受到监督（Kerr & MacCoun, 1985），要么通过定期询问参与者，要么通过让成员注意到自己的意见是否有任何变化。这些程序可以是侵入性的，因此对自然而然进行的讨论过程有多大的影响便成了一个问题。

关于群体决策，也有研究集中在隐性信息上（Stasser & Titus, 2003）。隐性信息描述的是这样一种情况：群体成员共享有利于一般选择或决策的信息，而未被共享的私人信息是有利于更优选择或决策的。在这种情况下，群体通常会做出一个一般的选择或决策。最近一项对 65 个隐性信息研究的元分析（Lu, Yuan, & McLeod, 2012）得出的结论是，群体提到的共同信息比独特信息要多，并且与拥有完整信息的群体相比，隐性信息群体找到正确解决方案或做出最佳决策的可能性要低八倍。

（二）头脑风暴

有些决策任务需要团队想出创造性和新颖的解决方案，一种常见的方法是**头脑风暴**

（brainstorming; Osborn, 1957）。团队成员在不考虑方案质量的情况下尽量快地产生很多想法，他们只是简单地说出任何能想到的不加评判的想法，并在可能的情况下以其他人的想法为基础向外发散。头脑风暴能促进创造性思维，从而使团队更具创造性。头脑风暴的有效性已经得到普遍认可，因此它被商业和广告公司广泛采用。

然而，研究表明事实并非如此。虽然头脑风暴小组确实比非头脑风暴小组能产生更多的想法，但小组中的个人并不会比他们独立工作时更有创造性。沃尔夫冈·施特勒贝和迈克尔·迪尔（Wolfgang Stroebe & Michael Diehl, 1994）通过回顾文献发现，名义群体（即个体自主产生想法而不互动的头脑风暴小组）的创造力比实际中互动的群体要高出一倍（另见 Diehl & Stroebe, 1987; Mullen, Johnson, & Salas, 1991）。

头脑风暴　鼓励无限制地输出新想法有时候可以被用来加强群体的创造力，这个过程可能很有意思——但是这个策略到底效果怎么样呢？

头脑风暴小组表现不佳至少可被归因于四个因素（Paulus, Dzindolet, Poletes, & Camacho, 1993）：

- 评价顾虑：尽管指导语已经明确鼓励不拘一格地产生尽可能多的想法，但成员仍然会顾虑如何给人留下好印象，这就会导致自我审查和生产力的降低。
- 社会抑制和搭便车：由于任务的集体性质，个人的动机会变弱（见第 8 章）。
- 产出匹配：由于头脑风暴是一种新颖的方式，成员们会根据平均团队绩效来构建绩效标准，并由此产出自己的想法，这会导致产出水平回归均值。

社会转型基模
描绘当群体朝着最终决定前进时，成员意见的递增变化的方法。

头脑风暴
为了促进群体的创造力，鼓励群体产生越多越好的新想法。

- **产出阻碍**（production blocking）：个人创造力和生产力降低，因为在试图产出自己的想法的同时，其他正在产出想法的人的竞争会导致干扰效应。

施特勒贝和迪尔（Stroebe & Diehl, 1994）总结了相关证据并得出结论，产出阻碍可能是挖掘头脑风暴小组创造性潜力的主要障碍。他们讨论了一些补救办法，其中两个看起来非常有用。

- 电子头脑风暴可以减轻新想法产生时被诸如倾听他人或等待轮流发言等事情阻碍的程度（Hollingshead & McGrath, 1995）：通过线上方式进行头脑风暴的小组产生的想法比非电子小组和名义电子小组都要更多（Dennis & Valacich, 1993; Gallupe, Cooper, Grise, & Bastianutti, 1994）。
- 异质群体中，成员对头脑风暴主题有着不同类型的知识背景，这种多样性会创造一个特别激励人的环境，从而减轻产出受阻的影响。如果通过其他方式也减少了产出阻碍，那么异质的头脑风暴小组的表现可能会优于异质的名义小组。

既然已经有令人信服的证据表明，面对面的头脑风暴实际上并不能提高个人的创造力，那为什么人们如此相信头脑风暴的效果，并一直通过头脑风暴来让小组产生新的想法呢？这种悖论可能源于**群体效力幻觉**（illusion of group effectivity）（Diehl & Stroebe, 1991; Stroebe, Diehl, & Abakoumkin, 1992; 另见 Paulus, Dzindolet, Poletes, & Camacho, 1993）。我们都会时不时地参加小组讨论，因此我们都有在小组中产生想法的个人经验。群体效力幻觉是一种基于经验的信念，即实际上我们在团队中比独自一人时会产生更多更好的想法。

这种幻觉至少可以通过三种方式产生：

- 如果把群体中每个人单独想到的想法加和，那么总量会多于群体的原创想法，但群体的新想法比任何一个成员独自想到的都要更多。那么，身处群体中就会比独自一人时能接触到更多的思想。当一个人不记得团队的新想法是自己想出来的还是别人想出来的时，他就会在心理上夸大自己的贡献。他会觉得自己的工作效率更高，而且得到了团队的帮助，然而事实上他的工作效率更低。施特勒贝、迪尔和阿巴昆金（Stroebe, Diehl, & Abakoumkin, 1992）让参与者在由 4 个人组成的名义或真实小组中进行头脑风暴，并要求他们估计自己提出的想法所占的比例，这些想法分别是：（1）他们自己已经建议的；（2）其他人已经建议但他们也想到了的；（3）其他人提出但他们没有想到的。结果表明，与名义组的参与者相比，真实组的参与者高估了他们认为自己想到了但没有提出的想法的百分比（见图 9.5）。

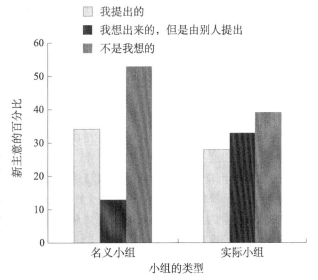

图 9.5　在名义和真实头脑风暴小组中，分别被归因于自己和他人的新想法的百分比

与名义小组中的被试相比，真实小组中的被试低估了自己没有想到的新想法的个数，并且高估了自己想到但是别人提出的新想法的个数。

来源：Stroebe, Diehl, & Abakoumkin, 1992.

图例：
- 我提出的
- 我想出来的，但是由别人提出
- 不是我想的

纵轴：新主意的百分比（0–60）
横轴：小组的类型（名义小组、实际小组）

产出阻碍
因为被打断和轮流发言，头脑风暴小组中个人的创造力和生产力会受损。

群体效力幻觉
基于经验错误地认为我们在群体里比单独一人时能产生更多、更好的新想法。

- 头脑风暴通常很有趣。比起单独一人，人们更喜欢在群体中集思广益，也对自己的表现更满意。
- 小组成员知道他们只是说出了自己的部分想法，因为其他人已经提出了剩下的想法。尽管所有成员都处于相同的地位，但个人并不了解他人内心深处的想法，因此会将其他人相对较低的公共生产力归因于自己相对较高的潜在生产力。于是，该小组就会被视为增强或证实了他们自己的高水平表现。

（三）群体记忆

群体决策的另一个重要方面是回忆信息的能力。例如，陪审团需要回忆证词才能做出裁决，人事甄选小组需要回忆能够区分候选人的数据来进行任命。群体记忆甚至可以成为某些群体聚在一起的主要原因，例如一群老朋友经常聚会主要是为了回忆。在更大范围内，组织需要获取、分发、解释和存储大量信息。组织学习的任务超级复杂（Argote, 2013）。

1. 群体记忆

群体是否比个人记得更多的材料？群体的记忆会更加准确吗？不同的人会记得不同的信息，因此当他们作为一个群体来分享这些信息时这个群体的记忆就会比任何一个个体都更有效（Clark & Stephenson, 1989, 1995）。群体回忆比个体回忆更容易，这是因为成员之间交流的是非共享信息，而群体能够识别出所听到的信息是否真实（Lorge & Solomon, 1955）。然而，群体对个体的优势取决于记忆任务。在简单的和人工的任务（如无意义的单词）上，群体的优势会比在复杂和真实的任务（如故事）上更显著。对此的一种解释是"过程损失"（Steiner, 1976；见第8章）。在试图回忆复杂的信息时，群体的回忆和决策策略就不太实用了，从而不能充分利用群体的所有人力资源。

然而，群体记忆不仅仅是对事实的集体反刍。这是一个建设性的过程，通过这一过程，群体商定的共同事务能得以解决。有些人的记忆有助于形成共识，而另一些人的记忆则不会。这样一来，这个群体就会形成自己的真理观。然后，这个真理观就会指导每个成员将什么存储为正确记忆，而哪些内容应该作为错误的记忆丢弃。达成共识的过程取决于前面讨论的社会影响过程的范围（见第7章），以及本章讨论的群体决策偏差。大多数关于群体记忆的研究集中在个体和群体的记忆容量上。但也有关于其他方面的，例如克拉克和斯蒂芬森（Clark & Stephenson, 1989）审视了记忆的内容和结构（见专栏9.4和图9.6），米德尔顿和爱德华兹（Middleton & Edwards, 1990）运用了话语分析取向（将在第15章中讨论）。

2. 交互记忆

关于群体记忆的另一种视角是，不同的成员记得不同的东西（记忆会分工给不同人），但每个人也需要记住"谁记得什么"，即找谁来获取信息。丹·韦格纳（Dan Wegner）称之为**交互记忆**（transactive memory），一个表明群体成员已达成某个协议的术语（Wegner, 1987, 1995；另见Moreland, Argote, & Krishnan, 1996）。这个观点涉及群体中的个人如何分担记忆负荷，这样每个人只负责记住群体需要知道的部分内容，但所有成员都知道每个记忆域由谁负责。交互记忆是用于编码、存储和检索信息的共享系统。群体在拥有交互记忆系统会比没有交互记忆系统时记得更多的信息（Hollingshead, 1996）。

例如，大学的心理学系需要记住大量与研究、研究生督导、本科教学、设备和行政事务有关的实用信息。如果让一个人记住所有信息，那就太多了。相反，某个人对某个特定领域负责（例如研究），但我们所有人都有一个交互记忆，就能使我

交互记忆
群体成员关于群体内谁要记住哪些信息以及谁擅长什么的共享记忆。

们记住谁负责哪个领域。交互记忆在婚姻等亲密关系中也很常见，例如双方都知道其中一方记得财务事项，而另一方记得方向。

 专栏 9.4　　　　　　　　　**重点研究**

三个臭皮匠胜过一个诸葛亮

个人和群体的记忆是有区别的。

诺埃尔·克拉克（Noel Clark）、杰弗里·斯蒂芬森（Geoffrey Stephenson）及其同事做了一系列关于群体记忆的实验（如 Clark, Stephenson, & Rutter, 1986; Stephenson, Abrams, Wagner, & Wade, 1986; Stephenson, Clark, & Wade, 1986）。克拉克和斯蒂芬森（Clark & Stephenson, 1989, 1995）就他们的研究给出了大体介绍。总的来说，学生们或警察以个人为单位或在群体（四人小组）中回忆关于警方对一名据称被强奸了的妇女进行的 5 分钟问询的信息。问询要么是真实的，要么是以录音或录像的形式播放出来的表演片段。被试需要自由地回忆问询的内容，并回答相关的问题（有线索的回忆）。被试回

忆信息的方式被分析用以考察以下内容：

- 回忆出了多少正确信息。
- 犯了几个重构错误：与原始刺激一致但并没有在审讯中出现的内容。
- 犯了几个混淆错误：与原始刺激并不一致的内容。
- 有几个后设语意：对人物动机的揣测信息或以其他方式超出原始刺激范围的信息。

如图 9.6 所示，小组比个人回忆出了更多正确信息，而且后设语意更少，但是二者在重构错误和混淆错误的数量上并没有太大区别。

来源：Clark & Stephenson, 1989.

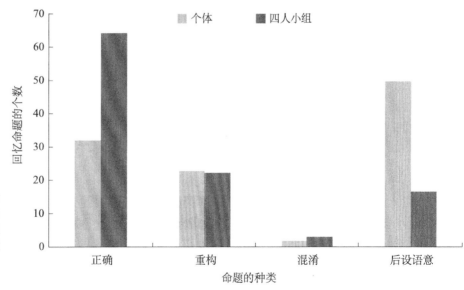

图 9.6　**个体和群体记忆的差别**

个体和群体记忆之间存在着质和量的差别。孤立的个体或四人小组回忆警方对一名据称是强奸受害人的证词。与个体相比，群体可以回忆更多正确的信息，并做出更少的后设语意（即对人物动机的揣测或以其他形式做出的超纲阐述）。

来源：Clark & Stephenson, 1989.

交互记忆是一种群体层面的表征，虽然它存在于个体的头脑中，但它只能通过个体在心理上归属于某个群体才能显现出作用，否则交互记忆没有任何价值或用处。例如，除了她的队友，还有谁关心这个月是否轮到玛丽带橙汁来参加运动队的训练呢？某个个体的交互记忆不可能存在。在此方面，交互记忆的概念与威廉·麦独孤（William McDougall, 1920）的**群体心智**（group mind）概念（第 1 章和第 11

> **群体心智**
> 麦独孤提出的观点，当某个人处于群体中时，个体的思维模式会截然不同。

章）有关——群体心智从本质上区别于个体的心理状态和认知模式。

韦格纳、埃伯和雷蒙德（Wegner, Erber, & Raymond, 1991）描述了交互记忆的发展过程。当群体初次形成或夫妻刚在一起时，交互记忆的基础通常是社会归类。人们刻板地根据成员的资格类别将记忆域分配给个人。例如，异性恋伴侣的双方最初可能会发展出一种交互记忆，在这种记忆中，记忆是根据性别角色刻板印象分配的——双方都认为做饭和社交安排的负责人应该是女性，修理汽车和管道的人则应该是男性。基于类别的交互记忆是默认模式。然而，在大多数情况下，群体会继续发展出更为复杂的记忆分配系统：

- 群体可以协商不同记忆领域的责任人。例如，夫妻可以通过讨论决定谁负责账单、谁负责杂货、谁负责汽车等。
- 群体可以根据相关的专业知识分配记忆域。例如，会议组织委员会可能会将社交项目的责任分配给之前成功履行过该职责的人。
- 群体可以根据对信息的可得性分配记忆域。例如，会议组织委员会可能会把宣传的任务分配给一个有丰富的宣传资料、大量的潜在客户并且在广告媒体圈有人脉的人。

交互记忆有一个潜在的陷阱。一对搭档或一组人的记忆分布不均匀意味着当一个人离开时，群体记忆会暂时丧失或减少（见专栏 9.5）。这可能是非常具有破坏性的。例如，如果我系负责记住本科教学事务的人突然离开，就可能会出现可怕的危机。团队通常会很快恢复，因为可能会有其他人（通常已经具有一些专业知识和信息访问权）可以立即承担责任。然而，在夫妻中，伴侣通常是不可替代的。一旦一个人离开（也许是因为死亡或分居），那么整个群体的记忆就会消失。记忆的丧失有可能导致（至少部分地）与丧亲相关的抑郁。快乐的记忆消失，我们对自己的认识也会因缺乏信息而受到损害，并且我们必须承担起责任去记住以前不需要记住的各种事情。

3. 群体文化

通过社会共享认知和群体文化的视角可以更广泛地了解群体记忆（Tindale, Meisenhelder, Dykema-Engblade, & Hogg, 2001）。我们倾向于认为，文化是存在于社会层面的东西，例如文化是描述诸如民族或国家等大规模社会类别的习俗（惯例、仪式、符号和行话）（见第 16 章）。然而，却没有理由将文化局限于这类群体。莫兰、阿戈特和克里什南（Moreland, Argote, & Krishnan, 1996）认为，文化是群体记忆的一个实例，因此文化也可以存在于较小的群体中，如组织、运动队、工作组甚至家庭。对群体文化的分析在工作团队研究中最为深入（Levine & Moreland, 1991）。这类群体有大量关于规范、盟友和敌人、集团、工作条件、工作动机、绩效和绩效评估、谁适合、谁擅长什么的知识。

 专栏 9.5   **我们的世界**

一起学习的群体就会聚在一起

交互记忆：对抗它的丧失，促进它的发展

交互记忆意味着，当一个人离开一个群体时，群体记忆会暂时丧失或减少，这对群体的运转是非常不利的。琳达·阿戈特（Linda Argote）及其同事们做了一项实验，其中实验组在连续几周内聚在一起做复杂的折纸任务（Argote, Insko, Yovetich, & Romero, 1995）。成员的离开确实会破坏团队的学习和表现，并且随着时间的推移，坏影响会越来越糟糕，这也许是因为组建得越好的团队，其交互记忆越发达。他们也试过为新成员提供单独的折纸训练来减轻这个问题，但并不奏效。

　　鉴于员工离职是组织生活中的一个事实，并且新成员大多数情况下是单独受训，生产力所受的影响对于工作小组和整个组织而言非常重大。莫兰、阿戈特和克里什南（Moreland, Argote, & Krishnan, 1996）认为，如果群体成员能一起学习，而不是单独行动，那么交互记忆系统会发展得更快、运行得更有效。因此，组织或工作小组的新成员应该一起受训，而不是分开受训。莫兰及其同事报告的一系列实验室实验结果表明，在交互记忆的发展和运行上，群体训练确实优于个体训练。

　　交互记忆的一个反面例子来自 2000 年戴维斯杯网球锦标赛。英国双打队由蒂姆·亨曼和格雷格·鲁塞德斯基（Gred Rusedski）组成，二人一起训练，队伍运行流畅并被寄予厚望。在与厄瓜多尔队比赛之前，鲁塞德斯基因故退出，由阿尔文德·帕玛（Arvind Parmar）代替顶上。亨曼和帕玛之前从未组过队，也没有发展出交互记忆系统。出人意料地，他们二人直落三盘输给了厄瓜多尔队。

（四）团体迷思

　　群体有时会因遵循并不完善的决策程序而出现决策失误，这种决策的后果可能是灾难性的。欧文·贾尼斯（Irving Janis, 1972）采用档案法，依靠回顾性的叙述和内容分析，将美国的一些结果不太好的外交决策（如 1961 年的猪湾惨败、1941 年的珍珠港事件）与其他取得好结果的决策（如 1962 年的古巴导弹危机）进行了比较。贾尼斯创造了**团体迷思**（groupthink）这个词来描述产生糟糕决策的群体决策过程。从定义上看，团体迷思被界定为一种思维模式，在这种模式中，团体中达成一致意见的愿望凌驾于采取适当且理性决策程序的动机之上（Janis, 1982; Janis & Mann, 1977）。

　　团体迷思的前因、症状和后果如图 9.7 所示。团体迷思的主要原因在于过高的团体凝聚力（对凝聚力的讨论见第 8 章），此外还有与群体的基本结构缺陷和直接的决策环境相关的其他原因。这些因素加在一起，会产生与决策程序缺陷相关的症状，例如对目标和替代解决方案的讨论和考虑不够充分、有偏差，以及未能向团体外的专家寻求建议（见本章开头"你怎么认为？"中的第三个和第四个问题）。

　　关于团体迷思的描述性研究（如 Hart, 1990; Hensley & Griffin, 1986; Tetlock, 1979）基本上支持了这个说法（但请参见 Tetlock, Peterson, McGuire, Chang, & Feld, 1992），而实验研究则发现凝聚力的作用很少，或和其他因素共同起作用。实验在四人实验室或准自然主义小组中搭建了团体迷思的背景条件，然后要么操纵凝聚力（通常作为朋友对作为陌生人）和领导力变量（领导意识或对权力的需求），要么操

前因
- 过高的团体凝聚力
- 团体与外界绝缘，不接收外部的信息和影响
- **缺乏公正领导和鼓励适当程序的规范**
- 成员们的意识形态同质化
- 来自外部威胁和任务复杂性的高压力

症状
- 感到团体坚不可摧和高度一致
- 坚信团体一定是正确的
- 倾向于忽视或不信任与团体立场相悖的信息
- 直接向持有不同意见的人施压，令他们跟团体保持一致
- 将外群体成员刻板印象化

糟糕的决策程序（成功或取得有利结果的概率极低）

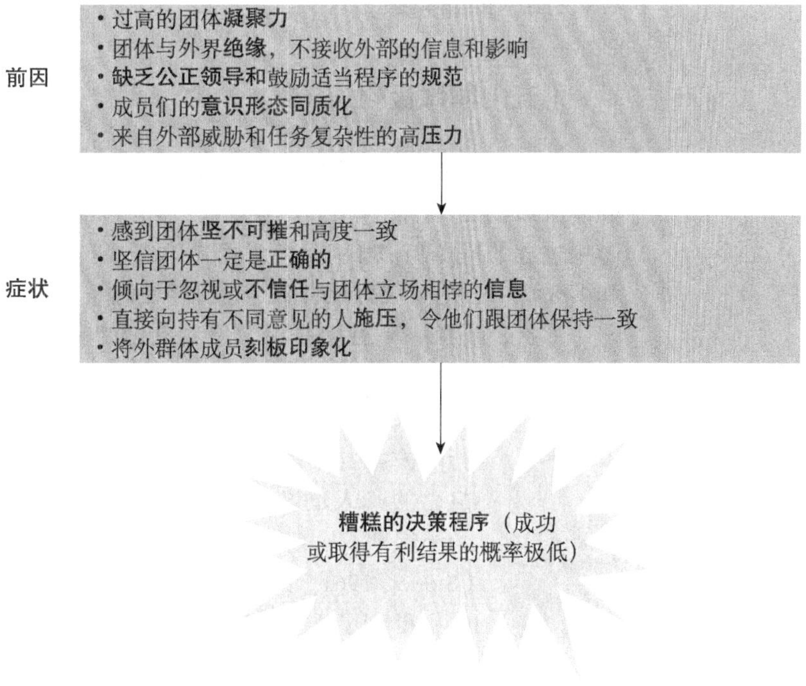

图 9.7　团体迷思的前因、症状和后果

来源：Janis & Mann, 1977.

团体迷思
一种存在于高凝聚力团体中的思维模式，该模式中达成一致意见的愿望凌驾于采取适当且合理的决策程序的动机之上。

纵有效决策的程序性指导语。

有些人发现凝聚力和团体迷思之间没有关系（Flowers, 1977; Fodor & Smith, 1982），有些人发现二者只在特定的条件下才有正向的关系（Callaway & Esser, 1984; Courtright, 1978; Turner, Pratkanis, Probasco, & Leve, 1992），有些则是负相关（Leana, 1985）。

这些问题促使人们提出其他方法来解释团体迷思（Aldag & Fuller, 1993; Hogg, 1993）。例如，在明确群体凝聚力与团体迷思的关系之前可能需要更精确地定义群体凝聚力（Longley & Pruitt, 1980; McCauley, 1989），目前它的范围是从亲密的友谊到基于群体的喜好。豪格和海因斯（Hogg & Hains, 1998）对472名参与者参与的四人讨论小组进行了一项实验室研究，发现团体迷思的症状与凝聚力有关，但仅仅是当凝聚力表征群体的喜好而不是友谊或人际吸引力时。

也有人认为，团体迷思仅仅是"风险转移"的一个具体实例。例如，一个倾向于做出风险决策的群体，通过讨论更具风险的决策而变得极端（Myers & Lamm, 1975; 见"群体极化"部分）。其他人认为，团体迷思可能根本不是一个群体过程，而是个体为应对过度压力而采取的措施的集合（Callaway, Marriott, & Esser, 1985）。群体成员面临决策压力，因此采取防御性应对策略，这些策略涉及次优决策程序，这是团体迷思的症状。这种行为被群体成员相互强化，从而导致有缺陷的群体决策。

（五）群体极化

民间智慧认为，群体、委员会和组织在决策上天生比个人更保守。个人很可能会冒险，而群体决策则是一个乏味的平均过程，还有可能会过于谨慎。这与我们所知道的关于从众和社会影响过程的许多知识相一致（见第7章）。谢里夫（Sherif, 1936）的游动效应研究（已在第7章和第8章中讨论）很好地说明了这种平均过程。

那么，想象一下社会心理学家看到詹姆斯·斯通纳（James Stoner, 1961）未发表的硕士论文研究结果时有多么兴奋吧（另见 Stoner, 1968）。在斯通纳的实验中，参与者为选择困境中的假想人提供咨询和建议（Kogan & Wallach, 1964），在这种情况下，可取但危险的行动方案与不那么可取但更谨慎的行动方案形成对比（见专栏9.6）。参与者提出自己的私人建议，然后分组讨论每一个选择困境，并得出一个所有成员一致通过的小组建议。斯通纳发现，与个人相比，群体更倾向于推荐有风险的选项。斯通纳（Stoner, 1961）的发现在沃勒克、科根和贝姆（Wallach, Kogan, & Bem, 1962）的研究中得到了重复。这种现象被称为**风险转移**（risky shift），但后来也有研究记录了比个人建议更为谨慎的群体建议，导致风险转移被视为更广泛的**群体极化**（group polarisation）现象的一部分（Moscovici & Zavalloni, 1969）。

群体极化（Isenberg, 1986; Myers & Lamm, 1976; Wetherell, 1987）是一种倾向，即群体做出的决策比单个成员初始立场的平均值更为极端。例如，一批本就稍微赞成死刑的人进行小组讨论，很可能会产生强烈赞成死刑的集体决定。尽管半个世纪的研究产生了许多不同的理论来解释两极分化，但是它们都可以被简化为三种主要的视角：劝服论据、社会比较/文化价值观和社会认同论。

1. 劝服论据

劝服论据理论（persuasive arguments theory）关注新论据在改变人们意见上的劝服力（Burnstein & Vinokur, 1977; Vinokur & Burnstein, 1974）。人们倾向于通过

风险转移

通过小组讨论产生的小组决策的风险性倾向于要比成员们在讨论前的个人观点平均值的风险性更高，但前提是讨论前的平均值就已经偏向冒险。

群体极化

通过小组讨论产生的小组决策倾向于比成员们在讨论前的个人观点平均值更极端。

劝服论据理论

认为群体成员会被支持他们最初立场的新信息劝服，从而在维护自己的最初立场上变得更加极端。

引用支持性论据来公开表达自己的观点。因此，在一个倾向于某个特定方向的群体中，人们不仅会听到以前接触过的熟悉论据，而且还会接收到闻所未闻但支持自己立场的新颖论据（Gigone & Hastie, 1993; Larson, Foster-Fishman, & Keys, 1994）。这样就导致他们的观点将变得更加根深蒂固和极端，整个群体的观点也将变得更加极端。

专栏 9.6　经典研究

对于冒险的建议

一个选择困境的例子

假设被试的任务是建议其他人采取可能在两个极端——冒险和谨慎之间的行动。下面是这种选择困境的例子（Kogan & Wallach, 1964）。

> L 先生是一位 30 岁的已婚物理研究者，现已获得一家大型高校实验室的五年任期。在他思考未来五年的时候，他意识到自己可能会研究一个长期的难题。如果自己能找到解决方案，那么这将解决该领域的基本科学问题并为自己带来科学荣誉。然而，如果找不到解决方案，那么 L 先生就没什么成果来表明自己这五年在实验室的工作成就，这样

> 一来他将很难再找到好工作了。相反，正如他的很多科研助手正在做的，他可以做一些短期的课题，这些问题的解决方法更容易找到，但科学意义没那么大。

假设你（实验被试）正在为 L 先生出谋划策。下面列出了一些能找到解决 L 先生所想的长期难题的可能方法。为了让 L 先生对长期难题的选择变得值得，请在你最不能接受的方法旁边打个叉。

然后，被试在 10 点量表上做出回答，表明 L 先生能解决长期难题的可能性。

来源：Kogan & Wallach, 1964.

例如，本就赞成死刑的人很可能通过与志同道合的其他人讨论，听到赞成死刑的新论据，从而更加强烈地赞成实行死刑。思考一个问题的过程强化了我们的观点（Tesser, Martin, & Mendolia, 1995），在公开的讨论中重复自己和他人的论据也是如此（Brauer, Judd, & Gliner, 1995）。

2. 社会比较／文化价值观

社会比较理论（social comparison theory）或**文化价值观理论**（cultural values theory）（Jellison & Arkin, 1977; Sanders & Baron, 1977）是指，人们寻求社会认同并试图避免社会责难。小组讨论中，成员会意识到哪些观点在社会上是可取的或符合文化价值观，因此他们会朝着群体的方向转变，以获得认可和规避反对。例如，赞成死刑的人发现自己周围的人都赞成死刑，那么他或她会认为这是一种符合社会价值观的态度，即使事实可能并非如此。在这个例子中，寻求社会认可可能会导致你在支持死刑方面变得更加极端。社会比较视角有两个变体：

- 风潮效应：在了解哪一种极端态度（即极端立场）是社会需要的时候，互动讨论中的人们可能会争相表现得更坚定地拥护这种观点。让－保罗·科多尔（Jean-Paul Codol, 1975）称之为同侪之首（*primus inter pares*）效应。
- 多元化的无知：因为人们在公开场合的行为方式有时并不能反映他们的实际想法，所以他们可能会对其他人的真实想法一无所知（Miller & McFarland,

社会比较（理论）

将我们的行为和观点与他人的行为和观点进行比较，以建立正确的或为社会所认可的思维和行为方式。

文化价值观理论

认为群体中的人们会采纳成员们在更广泛的文化中关于某个立场的观点，并根据社会认可的原因调整自己的观点。

1987; Prentice & Miller, 1993; 另见第 5 章和第 6 章)。

小组讨论可以做的一件事就是消除多元化的无知。当人们有相对极端的态度，但认为其他人大多是温和的时，小组讨论可以揭示出其他人的态度到底有多极端。这样，人们就会忠于自己的想法。极化与其说是态度的转变，不如说是真实态度的表达的转变。

3. 社会认同论

劝服论据和社会比较取向得到了一些研究的支持，但也有研究得出与之相悖的结果（Mackie, 1986; Turner, J.C., 1991; Wetherell, 1987）。例如，在争论和劝服不太可能发挥作用的情况下（如感知任务；Baron & Roper, 1976），以及在缺乏群体监督而导致社会需求作用最小化的情况下（Goethals & Zanna, 1979; Teger & Pruitt, 1967），群体决策仍然可以两极分化。总的来说，我们无法认为一种观点比另一种观点具有明显的经验优势。伊森伯格（Isenberg, 1986）认为，这两种取向都是正确的（它们解释了不同情况下的极化现象），我们应该具体说明每种取向的适用范围。

还有第三种视角，由约翰·特纳及其同事提出（Turner, 1985; Turner, Hogg, Oakes, Reicher, & Wetherell, 1987; 另见第 11 章）。与劝服论据和社会比较 / 文化价值观理论不同，**社会认同论**（social identity theory），特别是其对社会归类过程［**自我归类理论**（self-categorization theory）］的关注，将两极分化视为一种规律性的从众现象（Turner & Oakes, 1989）。讨论小组中的人从小组成员所担任的职位出发，构建了一种群体规范表征，并使之与组外人士或特定外群体的立场形成对比。

这样的规范不仅最小化了群体内的多样性（即群体内成员之间的差异），而且还将内群体与外群体区分开来，因此这些规范不一定是群体内成员的平均值，它们可能是从外显或内隐的外群体中极化出来的（见图 9.8）。负责在群体内部自我定位的自我归类过程会引发对内群体规

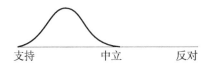

第一阶段：
态度维度上内群体位置的实际分布。不在钟形曲线下的标度位置对应于外群体成员持有的态度。

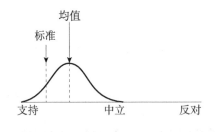

第二阶段：
感受到内群体标准的极化位置与外群体成员的平均位置不同。

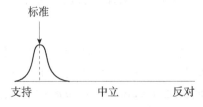

第三阶段：
内群体成员顺应极化了的群体标准，导致群体内位置的分布是同质且极化的。

图 9.8　群体极化：自我归类导致的对极化群体的遵从
之所以会发生群体极化，是因为定义内群体的规范是极化的，且偏离了内群体成员的位置，而人们会按照内群体进行自我归类，并与之保持一致。

社会认同论
基于自我归类、社会比较和从内群体属性出发构建共同自我定义的群体成员身份和群际关系理论。

自我归类理论
由特纳等人提出，探索归类过程如何制造出社会认同以及群体和群际行为的理论。

范的遵从——因此，如果规范是极化的，则自我归类趋近于群体极化点。如果规范是非极化的，则自我分类收敛于群体的平均位置。

研究支持了这一视角，具体的途径包括：（1）证实规范是如何两极分化的（Hogg, Turner, & Davidson, 1990）；（2）表明人们更容易被内群体成员劝服，而不是被外群体成员或个人所劝服；（3）表明只有当最初的群体倾向被认为是一种群体规范而不是个人意见的集合时，才会出现群体极化（Mackie, 1986; Mackie & Cooper, 1984; Turner, Wetherell, & Hogg, 1989）。

这种极化视角最近被用于分析美国共和党内部的温和派和极端右翼茶党派系之间的分裂（Gaffney, Rast, Hackett, & Hogg, 2014）。温和的共和党人在与茶党人进行直接比较时会将观点转向左翼（远离茶党），而在与共同的外围组织（民主党）进行比较时则会将观点转向右翼（靠近茶党）。极化效应在那些对自己的身份感到不确定的参与者中会得到加强。

兹拉坦·克里赞和罗伯特·巴伦（Zlatan Krizan & Robert Baron, 2007）的一项实验表明，为了解释群体极化现象，自我归类需要满足一些边界条件。具体来说，内群体应该是社会认同的一个重要来源，群际区分应该是长期凸显的，小组讨论的主题应该是与自我相关的或其他吸引成员的话题。当这些条件得到满足时，群体成员最易被社会类别背景凸显性所影响，并且他们会希望最大限度地与内群体相似，同时想要与外群体保持距离。

■ 四、陪审团裁决

人们对陪审团格外感兴趣，因此陪审团是无数小说和电影的焦点。例如，约翰·格里森姆的小说《失控的陪审团》和 2003 年改编的电影都戏剧性地突出了下面关于陪审团决策的重要社会心理学观点。回到现实，1995 年对美国体育明星辛普森谋杀案的审判和 2004 年对迈克尔·杰克逊变童案的审判实际上使美国社会陷入停顿，因为人们像看激动人心的电视连续剧一样关注这两件大事。在大西洋彼岸的南非，对奥斯卡·皮斯托瑞斯被指控谋杀女友瑞瓦·斯蒂坎普的审判在 2014—2016 年的三年时间里也吸引了全国人民。

陪审团代表着最重要的决策群体之一，这不仅是因为陪审团被标榜为一个社会中所有民主、公平和公正的象征，而且因为陪审团的决定会对被告、受害者和社会带来深远的影响。陪审团由普通人组成，刑法中陪审团的职责是做出涉及某人无罪或有罪的关键决定。在这方面，陪审团是法官的替代品，是世界上很多国家法律制度的基础。它们通常与英国法律联系在一起，但其他国家（如阿根廷、日本、俄罗斯、西班牙和委内瑞拉）已经做出了改变，将非专业公民的意见纳入其中（Hans, 2008）。在某些文化中，外行人象征着社会的公平——当这个群体是一个陪审团时，它的决定必须是对所有涉及人士公平对待的象征。

陪审团的裁决可以在庭审之外产生广泛而戏剧性的后果。1992 年的洛杉矶骚乱就是一个很好的例子，那次骚乱是由一个全白人陪审团对警察殴打一名黑人嫌疑人的案件做出令人出乎意料的"无罪"判决引发的（见第 11 章专栏11.1）。当然，陪审团也是群体，因此会受到本章讨论的群体决策缺陷的影响——应该使用哪些决策方案？应该由谁来领导？为什么让某个人领导？如何避免团体迷思和群体极化？（Hastie, 1993; Hastie, Penrod, & Pennington, 1983; Kerr, Niedermeier, & Kaplan, 1999; Tindale, Nadler, Krebel, & Davis, 2001）

陪审团裁决　像所有群体一样，陪审团也难免在得出最佳结论的过程中犯错误。感性诉求的陈腔滥调即便不会影响到法官，也会影响到陪审团。

被告和受害人的特征也会影响到陪审团的审议。提供充分的事实证据（Baumeister & Darley, 1982），向陪审团提供书面而非口头的面对面证词（Kaplan, 1977; Kaplan & Miller, 1978），或明确指示陪审团排除其他干扰只考虑证据（Weiten, 1980），这三种措施可以减少偏差。可即便如此，外形较好的被告依然更有可能被无罪释放（Michelini & Snodgrass, 1980），或得到较轻的判决（Stewart, 1980）。种族也会影响陪审团。例如在美国，黑人更有可能被判入狱（Stewart, 1980）。此外，美国陪审团做出的裁决中，谋杀白人的人被判死刑的可能性是谋杀黑人的两倍多（Henderson & Taylor, 1985）。

残暴的犯罪常常激起人们要求采取严厉措施的呼声。然而，引入严厉的法律和严厉的惩罚（如死刑）可能会适得其反——陪审员的定罪决策会受到阻碍（Kerr, 1978）。想象一下陪审团在审议一个案件时的痛苦，在这个案件中被告破坏了一辆汽车，而按照定罪他将被判处死刑。美国的研究表明，无论陪审员支持还是不支持死刑，都会对判决产生可靠但很小的影响——每100次判决中就有1～3次会受到影响（Allen, Mabry, & McKelton, 1998）。

陪审团通常需要记住和理解大量的信息。研究表明，有一种**近因**（recency）效应，即在试验后期提供的信息在决策中的权重更大（Horowitz & Bordens, 1990）。此外，不可采纳的证据（证人提供的证据或律师插话的证据，由于程序原因被法官裁定为不可采纳的证据）仍然会影响到陪审团的审议（Thompson & Fuqua, 1998）。陪审团还要应付复杂的证据、大量的证据、复杂的法律条文和法律术语，这三项都使得陪审团的审议过程极其苛刻，并成为次优决策的牺牲品（Heuer & Penrod, 1994）。

陪审团的"领班"在指导陪审团做出裁决的过程中起着很重要的作用，因为这个人扮演着领导者的角色（见本章前面的介绍）。研究表明，领班最有可能是社会经济地位较高、有陪审员经验或在陪审团第一次开庭时就坐在桌子头一席的人（Strodtbeck & Lipinski, 1985）。这一点值得关注，因为扩散地位特征（Berger, Fisek, Norman, & Zelditch, 1977; Ridgeway, 2001；已在第8章中讨论过）正在影响着陪审团的程序。

年龄较大、受教育程度较低或社会经济地位较低的陪审员更有可能投定罪票。然而，男性和女性没有区别，只是女性更有可能在强奸案审判中判定被告有罪（Nemeth, 1981）。在权威主义方面得分高的陪审员在受害人是权威人物（如警察）时倾向于定罪，而更为平等主义的陪审员在定罪上有着反方向的偏差，当被告是权威人物时，他们倾向于定罪（Mitchell, 1979）。

关于决策方案，如果三分之二或更多的陪审员最初赞成某一个备选方案，那么这很可能是陪审团的最终裁决（Stasser, Kerr, & Bray, 1982）。如果没有这样的少数服从多数，则结果很有可能是悬而未决。三分之二多数裁定规则可能被陪审员倾向于投无罪票的趋势所调整，特别是在证据不足以证明有罪的情况下；在这种情况下，少数赞成无罪的人会占据上风（Tindale, Davis, Vollrath, Nagao, & Hinsz, 1990）。

根据迈克尔·萨克斯和莫莉·马蒂（Michael Saks & Mollie Marti, 1997）的一项元分析，陪审团的规模本身也很重要。较大的陪审团，比如说12人而不是6人，更有可能任命少数群体成员作为代表。如果某个特定少数群体的成员占陪审团总人数的10%，随机选择意味着每个12人陪审团中将包括1名少数群体成员，但在6人陪审团中这个概率要减少一半。此外，如果少数人或持不同意见者的观点很重要，那么他们在大陪审团中的影响要比在小陪审团中更大。如果六分之一的陪审员赞成无罪释放，那么在6人陪审团中，"偏常者"将得不到社会支持；而在一个12人陪审团中，"偏常者"则可以得到支持。对从众和独立性以及对少数人影响的研究（见第7章）表明，不同意见在12人陪审团中比在6人陪审团中更有可能占上风。

近因

一种呈现顺序效应，即后来呈现的信息对社会认知有更大的影响。

小结

- 领导力是一个不用胁迫就能产生影响的过程，胁迫可能会破坏真正的领导力，只会带来顺从和服从。

- 虽然有一些广泛的人格特质（如外倾性 / 精力充沛性、经验开放性，以及责任心）与有效领导有关，但仅仅有人格特质是远远不够的。

- 领导力是一个群体过程，在此过程中一个人改变群体中的其他成员，使他们接受一个共同的愿景，并激励他们以群体的身份去追求这个愿景——领导力绝不仅仅在于管理一个群体的活动。变革型领导是通过魅力、体贴和鼓舞人心来实现的。

- 领导力涉及领导者和下属之间的交易——领导者为团队做一些事情，作为回报，团队也要允许领导者采取能实现有效领导的措施。

- 领导力有一个身份维度——下属们希望自己的领导者能够塑造、变革、表达他们是谁，即他们的身份。如果下属们感受到领导者是"我们中的一员"，那就可以大大提升领导力。

- 信任在领导力中扮演着重要的角色——如果有团队的信任，领导者们就会有更大的创新空间。

- 有效的领导和好的领导并不是一回事——有效的领导能成功地影响团队去采纳和实现（新）目标，而好的领导会追求大家珍视的目标，使用大家赞成的方法，并拥有大家赞赏的品质。

- 以任务为中心（定规）的领导风格和以人 / 关系为中心（关怀）的领导风格的大体区别是——它们的相对有效性和其他领导风格的有效性依赖于相应的背景因素（比如团队的性质、任务的性质）。

- 如果领导者的属性和行为被认为符合一般或特定模式的有效领导图式，或与成员和领导者共享的群体成员身份 / 认同的规范 / 原型相一致，那么领导效能就会得到提高。

- 有时候可以通过讨论之前群体成员意见的分布，以及当时群体中盛行的决策规则，来准确地预测群体决策。

- 人们相信集体的头脑风暴能够提高个人的创造力，尽管有证据表明，集体并不比没有互动的个体做得更好，以及个人在群体里的表现也不会比单独时更好。这种关于群体效力的幻觉之所以产生，可能是因为集体头脑风暴过程中认知会被扭曲，以及人们能从集体头脑风暴中得到快乐。

- 群体，特别是有交互记忆结构的、已经组织得很好的群体，在记忆信息方面通常比个体更有效。

- 具有指令型领导者的高凝聚力团体更容易产生团体迷思——过度渴望达成共识导致糟糕的决策。

- 那些在决策维度上已经倾向于极端的群体，往往会做出比成员最初的平均立场更极端的决策。

- 陪审团也会有群体决策的偏差和错误。

关键词

Autocratic leaders 独裁型领导者

Big Five 大五

Brainstorming 头脑风暴

Charismatic leadership 魅力型领导

Contingency theories 权变理论

Correspondence bias 对应偏差

Cultural values theory 文化价值观理论

Democratic leaders 民主型领导者

Distributive justice 分配正义

Glass ceiling 玻璃天花板

Glass cliff 玻璃悬崖

Group mind 群体心智

Great person theory 伟人理论

Group polarisation 群体极化

Group value model 群体价值模型

Groupthink 团体迷思

Idiosyncrasy credit 特质信用

Illusion of group effectivity 群体效力幻觉

Laissez-faire leaders 自由放任型领导者

Leader behaviour description questionnaire 领导者行为描述问卷

Leader categorization theory 领导者归类理论

Leader-member exchange (LMX) theory 领导者－成员交换理论

Leadership 领导力

Least-preferred co-worker (LPC) scale 最难共事者量表

Multifactor leadership questionnaire 多因素领导力问卷

Normative decision theory 常规决策理论
Path-goal theory 路径—目标理论
Persuasive arguments theory 劝服论据理论
Procedural justice 程序正义
Production blocking 产出阻碍
Recency 近因
Relational model of authority in groups 群体权威关系模型
Risky shift 风险转移
Role congruity theory 角色一致性理论
Self-categorization theory 自我归类理论
Situational control 情境控制力
Social comparison theory 社会比较理论

Social decisions schemes 社会决策基模
Social dilemmas 社会困境
Social identity theory 社会认同论
Social identity theory of leadership 领导力的社会认同论
Social transition scheme 社会转型基模
Status characteristics theory 地位特征理论
Stereotype threat 刻板印象威胁
Transactional leadership 交易型领导
Transactive memory 交互记忆
Transformational leadership 变革型领导
Vertical dyad linkage (VDL) model 垂直二元连接模型

文学和影视

《意志的胜利》《帝国的毁灭》

这两部电影以两种不同的形式描绘了 20 世纪最邪恶的领导人之一。《意志的胜利》是莱妮·里芬施塔尔于 1934 年拍摄的一部关于阿道夫·希特勒的经典影片——将希特勒塑造成了一个复兴德国的"伟大领袖"。这部电影由希特勒、赫尔曼·戈林等人"主演"。《帝国的毁灭》是一部 2004 年上映的备受争议的电影，由奥利弗·希施比格尔执导，改编自历史学家约阿希姆·费斯特（Joachim Fest）的著作。它描绘了希特勒在柏林地下掩护体中的最后日子，直到他在 1945 年 10 月 30 日自杀。这部电影很有争议，因为它把希特勒描绘成一个功能失调的可怜人，而不是一个对全人类的苦难负有不可估量责任的丑陋怪物。

《十二怒汉》《失控的陪审团》

这两部电影是根据强调陪审团决策的书籍改编的。《十二怒汉》是 1957 年上映的一部经典电影，导演是西德尼·吕美特，主演是亨利·方达。影片完全在陪审室中展开，对陪审团的社会影响和内部决策过程进行了令人难以置信的有力刻画。《失控的陪审团》于 2003 年上映，由加里·弗莱德执导，约翰·库萨克、达斯汀·霍夫曼和吉恩·哈克曼主演，戏剧化地展示了陪审团是如何被肆无忌惮地操控的。

《惊爆十三天》

这是一部 2000 年上映的电影，由罗杰·唐纳森执导。该片的背景是 1962 年 10 月长达两周的古巴导弹危机，当时我们离西方和苏联之间的全面核战争已经非常接近。重点是肯尼迪的决策小组。他们是否存在团体迷思？电影非常精彩地呈现了总统和高层在危机下的决策。本片也与第 11 章（群际行为）有关。

《末代独裁》

这部 2006 年由凯文·麦克唐纳执导的电影是基于吉尔斯·福登（Giles Foden）的同名小说改编的，复杂地描绘了 20 世纪 70 年代乌干达的独裁者伊迪·阿明（福雷斯特·惠特克饰）——一位全能且富有魅力的领导人，他在人际交往中很有魅力，但他又无端猜疑有人想要毁灭他，并用尽手段保护自己。阿明要为他严重的暴行——50 万人死亡以及所有亚洲人被驱逐出这个国家负责。

请你思考

1. 什么是领导力的伟人理论？这个理论的有效性如何？
2. 变革型领导者和交易型领导者有什么不一样？
3. 一个高凝聚力的群体是否有可能察觉不到更广泛的社会观点和期望？
4. 哪些因素会阻碍小组头脑风暴的生产力？
5. 有些情况下，一个团队做出的决策会比任何成员单独做出的决策都还要极端。这是为什么呢？

延伸阅读

Baron, R. S., & Kerr, N. (2003). *Group process, group decision, group action* (2nd ed.). Buckingham, UK: Open University Press. 对群体过程研究的总体概述，涵盖对群体决策的精彩讨论。

Brown, R. J. (2000). *Group processes* (2nd ed.). Oxford, UK: Blackwell. 一部非常易读的群体过程导论，它从欧洲的视角出发，并涵盖了群际关系。它有一个关于领导力的章节。

Gilovich, T. D., & Gryphon, D. W. (2010). Judgment and decision making. In S. T. Fiske, D. T. Gilbert, & G. Lindzey (Eds.), *Handbook of social psychology* (5th ed., Vol, 1, pp. 542–588). New York: Wiley. 虽然这一详细且最新的章节主要是关于个体决策的，但也涉及群体决策。

Geothals, G. R., & Sorenson, G. (Eds.) (2004). *Encyclopedia of leadership*. Thousand Oaks, CA: Sage. 这是一份真正的巨大资源，有四卷、近 2 000 页、120 万字、373 篇短文条目，由 311 位学者撰写而成，包含几乎所有从事领导力研究的学者。你想知道的有关领导力的一切都能在这本书中找到。

Gruenfeld, D. H., & Tiedens, L. Z. (2010). Organizational preferences and their consequences. In S. T. Fiske, D. T. Gilbert, & G. Lindzey (Eds.), *Handbook of social psychology* (5th ed., Vol. 2, pp. 1252–1287). New York: Wiley. 最新且详细的社会心理学理论和组织过程研究概述，包括组织中的决策和领导力。

Hackman, J. R., & Katz, N. (2010). Group behavior and performance. In S. T. Fiske, D. T. Gilbert, & G. Lindzey (Eds.), *Handbook of social psychology* (5th ed., Vol. 2, pp. 1208–1251). New York: Wiley. 一篇全面、详细且最新的群体行为综述。

Hogg, M. A. (2010). Influence & leadership. In S. T. Fiske, D. T. Gillbert, & G. Lindzey (Eds.), *Handbook of social psychology* (5th ed., Vol. 2, pp. 1166–1207). New York: Wiley. 详细且最新的领导力理论和研究概述，将领导力看作群体中社会影响的过程。

Hogg, M. A. (2013b). Leadership. In J. M. Levine (Ed.), *Group processes* (pp. 241–266). New York: Psychology Press. 从社会心理学而非组织和管理科学视角对领导力研究进行了最新且全面的概述。

Hollander, E. P. (1985). Leadership and power. In G. Lindzey & E. Aronson (Eds.), *Handbook of social psychology* (3rd ed., Vol.2, pp. 485–537). New York: Random House. 一篇经典的社会心理学导向的领导力研究综述。

Levine, J. M. (Ed.) (2013). *Group processes*. New York: Psychology Press. 一部由顶尖学者撰写的涵盖群体过程各方面的最新且全面的章节合集。

Levine, J. M., & Hogg, M. A. (Eds.) (2010). *Encyclopedia of group processes and intergroup relations*. Thousand Oaks, CA: SAGE. 一部由该领域所有顶尖学者撰写的关于群体社会心理学各方面的全面且易读的条目汇编。

Levine, J., Moreland, R. L. (1998). Small groups. In D. T. Gilbert, S. T. Fiske, & G. Lindzey (Eds.), *The handbook of social psychology* (4th ed., Vol. 2, pp. 415–469). New York: McGraw-Hill. 对大多数群体决策研究会涉及的小群体领域的全面概述——最新的第 5 版手册删去了专门介绍小群体互动的章节。

Stangor, C. (2016). *Social groups in action and interaction* (2nd ed.). New York: Psychology Press. 一部最新、全面和易于理解的关于群内和群际过程的社会心理学著作。

Tindale, R. S., Kameda, T., & Hinsz, V. B. (2003). Group decision making. In M. A. Hogg & J. Cooper (Eds.), *The SAGE handbook of social psychology* (pp. 381–403). London: SAGE. 一篇全面的群体决策综述，尤其强调了群体决策的共享性。

Yukl, G. (2013). *Leadership in organizations* (8th ed.). Upper Saddle River, NJ: Pearson. 一部从组织的视角直接、全面且通俗易懂地解读领导力的著作，大多数领导力研究往往是在这些组织进行的。

第 **10** 章

偏见与歧视

你怎么认为？

1. 汤姆确信自己并不仇视同性恋者，只是不喜欢和同性恋者在一起或者讨论同性恋话题。为了证明自己的"友善"，汤姆每年向艾滋病慈善机构捐赠 5 英镑。你相信汤姆没有偏见吗？

2. 当你应聘工作失败时，另一位能力不如你的人却获得了这份工作，究其原因，在于这个人所属的群体始终处于社会的劣势地位。对此，你会有什么感受？

3. 一个英国的社区团体建议将新移民的孩子送往一所特殊学校，在那里，孩子首先可以学习说英语，随后继续接受教育。这个团体表示，这是为了孩子们的利益着想。你对此有什么疑虑吗？

4. 阿曼德是居住在瑞典的以色列人，他在政治和宗教方面的观念非常传统。他不喜欢来自巴勒斯坦的移民，因为他认为巴勒斯坦人占领了以色列的土地。但是，实际上，他不喜欢任何移民。你怎么解读他的这些看法？

一、偏见的本质和维度

偏见（prejudice）和歧视是人类面临的两个最大问题。当群体间产生极度的厌恶时，群体成员可能成为被折磨与践踏的无辜受害者；也就是说，我们人类亲手制造了一系列问题。鉴于偏见和歧视是理解人类启蒙之路所必须解读的现象，厘清偏见的产生原因及后果自然成为人类最大的挑战。在漫漫的人类发展史中，我们可以漫步月球，培育转基因生物，移植器官，飞行于万米高空，通过互联网与陌生人随时随地沟通。但是，近些年来，我们却对许多事情毫无预防之力，比如巴勒斯坦与以色列对耶路撒冷的争夺，又比如北爱尔兰地区天主教徒和新教徒的冲突。在现实社会中，大大小小的群体均会遭受偏见；它已经进入我们每个人的生活，成为人类社会的必要组成部分。例如，到了16世纪，得益于中欧贸易往来的充足发展，中国人接触欧洲人的概率大大提升。拉皮埃尔和法恩斯沃思（LaPiere & Farnsworth, 1949）引用一位儒家学者写给其儿子的一封信，试图证明当时的中国人仍然对欧洲人持贬低的态度。

> 这些眼窝深陷、鹰钩鼻的"海洋人"是硕大的猛兽……尽管他们是人类无疑，但是他们看起来不具有人类的任何心理官能。最为野蛮的农民却更有人性……训练他们很容易，只要有耐心，很快就能教会他们人类的行为举止。（引自 LaPiere & Farnsworth, 1949, p. 228）

当某个外群体被**去人性化**（dehumanisation）后，偏见的问题尤为突出。人们若被视为低人一等，所遭受的非人待遇完全不亚于一只昆虫被无情碾压的状态。不仅如此，人们遭受偏见之后，如果获得了能力和资源，反倒继而歧视其他外群体。从有限的机遇和狭窄的眼界，到身体的暴力伤害到**种族灭绝**（genocide），人类在这个世界上所遭受的众多苦难和痛苦都伴随着歧视的存在。

在自由民主的社会中，大多数人认为偏见是令人难以接受的人类行为之一，与种族歧视、偏执一样，带有深深的侮辱他人之意。然而，从受到他人不起眼的主观臆测，到遭受粗鲁的对待、带有攻击性的偏执，甚至是暴力，几乎所有人都经历过形式多样的偏见。年龄、民族、种族、性别等均会成为每个人被他人臆断的参照点，与此同时，人们经常发现自己对他人也会自然而然地进行这种臆断。

其实，这里存在着一个明显的悖论，即偏见不为社会所欢迎，却弥漫于社会之中。在某些社会中，虽然偏见的形成是制度化结果，并经过了复杂的合理化过程，却依然无法否认偏见来源于日常实践这个事实。南非的种族隔离政策就是典型的制度化偏见，却被堂而皇之地包装为对文化差异的认知与尊重（见纳尔逊·曼德拉的传奇自传，1994）。事实上，人们对特定群体产生的刻板印象内容，经常可以表明该群体所受到的偏见与歧视，即刻板印象不仅展现了群体的现状，还解释了群体何以至此，以及为何以这种方式被对待（Crandall, Bahns, Warner, & Schaller, 2011）。

偏见
不喜欢一个社会群体及其成员的态度。

去人性化
剥夺人们的尊严和人性。

种族灭绝
一种极端的偏见，表现形式为整体消灭一个社会群体。

偏见不仅是一个独立的研究主题，也与社会心理学的一些其他研究领域有关。本章主要探讨偏见的本质、形式、后果及理论。在此基础，本书随后（第11章）将偏见和歧视作为一种群际现象，关注它们对群际关系所产生的广泛影响，继而（第10、11章）形成完整体系，以阐释偏见和歧视。然而，偏见以对群体的消极刻板印象为基础（见第2章），它往往会转换为一个群体对外群体的攻击（见第12章），它也是凸显人们自我认识（见第4章）以及对他人的认识（见第2、3章）的关键。此外，从群体的态度角度考虑，偏见与歧视的关系可被视为态度－行为关系的一种模式（见第5、6章）。

从许多方面来看，社会心理学是致力于探索偏见的唯一学科。偏见是一种社会心理现象。事实上，偏见的双重社会性毋庸置疑，它涉及人们对他人的感觉与行为反应，而且，人们所属的群体以及决定该群体属性的特有群际关系所营造的历史背景，既影响着群体成员的偏见，也为这些偏见提供了存在情境。

二、偏见态度和歧视行为

"prejudice"（偏见）一词涉及拉丁语 *prae* 和 *judicium* 两个词根，从字面上理解，其带有"预判"的含义，普遍表现为人们对一个社会群体（比如美国人、西印度群岛人、政客、学生）所产生的态度（见第 5 章）。受到**三因素态度模型**（three-component attitude model；见第 5 章）的广泛影响，关于偏见的传统观点（Allport, 1945b）同样认为偏见包含三个要素：

> **三因素态度模型**
> 态度由认知、情感和行为三部分组成。这种三重划分遵循一种古老的传统，即强调人类经验以思想、感觉和行动为基础。

- 认知：关于群体的信念。
- 情感：对群体所产生的强烈感觉（通常是消极的）以及认定其所具有某些特质。
- 意动：采取特定模式与群体进行互动的意图（此意图关注行动的特定方式，并不关注所采取的特定行为）。

然而，三因素模型并没有获得所有理论家的支持（见第 5 章），偏见的一些其他概念界定则包含歧视行为。例如，鲁珀特·布朗（Rupert Brown）将偏见界定为：

> 基于群际关系而对外群体成员持有贬义的社会态度或认知信念，表露消极的情绪，展现敌对性与歧视行为。（Brown, 1995, p. 8）

专栏 10.1 所呈现的研究解释了偏见如何引发歧视，并成为歧视的基础。这项研究尽管全部使用虚构的群体，却也能有效说明偏见的许多主要特点。第一个议题是偏见信念和歧视表现之间的关系，其本质是态度 – 行为关系（见第 5 章）。回顾一下社会学家理查德·拉皮埃尔（Richard LaPiere, 1934）邀请一对年轻的美国华裔夫妇一起周游美国两年的研究经历（第 5 章）。他们在 250 家酒店、汽车宿营地、游客之家、餐馆等地方住宿或吃饭时，只遭受到一次拒绝（即 0.4%），从这些人的行为表现中，几乎难以发现反华裔的偏见。然而，周游历程结束之后，拉皮埃尔联系了 128 家他们到过的酒店，并询问是否愿意接待华裔客人，结果 92% 的酒店回答为不愿意接待，7% 的酒店表示根据具体情况而定，仅有 1% 的酒店表示愿意接待。无须多言，这显然呈现了毋庸置疑的偏见！

拉皮埃尔基于真实世界的研究表明，偏见难以被发现。对此，萨姆·盖特纳和杰克·多维迪奥（Sam Gaertner & Jack Dovidio, 1977）采取实验室研究做了进一步证实。在这项实验中，被试是正在等待参加一项实验（该实验并不存在）的白人女大学生。在研究者的引导下，她们无意间听到实验室的隔壁房间发生了一起"突发状况"——几把椅子好像砸中了另外一位也在等待参与实验的女学生。在研究过程中，研究者要么诱导被试相信除自身之外，没有其他人可以

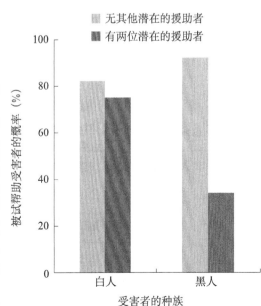

图 10.1　旁观者的无动于衷作为受害者种族的函数

当没有其他援助者在场时，无论遭受意外的女性同伴是白人还是黑人，白人女性均愿意提供帮助。但是，只要有其他援助者存在，白人女性愿意帮助黑人女性同伴的意愿就显著低于对白人女性同伴的帮助意愿。尽管白人女性对同种族受害者也存在旁观者效应，但面对外种族的黑人女性受害者时，这种旁观者效应则扩大了许多倍。

来源：Gaertner & Dovidio, 1977.

校园中的偏见和歧视

一个虚构的"被污名化群体"的出现

乔·福加斯（Joe Forgas, 1983）的研究证实了大学生对校园中的不同群体具有明确的看法。比如，他们对工科学生的印象涉及饮酒习惯（爱喝啤酒）、文化偏好（除了运动，就没有其他的了）、衣着打扮（实用且保守）等方面的认识。这些认识带有预判的意味，而且所有工科学生均被认为具有这些特征。这些看法（认知要素）如果与强烈的感受（情绪）或者产生某种行为活动的特定打算（意动）无关，便仅仅是一类不会造成伤害后果的观念（见第 5 章对三因素态度模型的讨论），并不属于偏见的讨论范畴，自然不会出现与偏见相关的问题。

然而，一旦上述认识与大学生对工科学生及其特征的强烈消极感受建立联结，那么，相应的行为意图将必然随之而生。如果你对工科学生及其特征产生了厌恶与鄙视，那么你不仅可能认为他们低人一等，更有可能试图远离他们，抓住所有机会羞辱他们，甚至幻想一个崭新的世界中没有他们的存在。

这样的情况已然属于偏见，却未必成为一种社会问题。在强大的社会与法律制约之下，公众极端看法的表达或者行为意图的展现受到约束，导致自己可能无法觉察他人是否具备相似的看法。但是，人们若发现某种偏见并非个人独有，不仅会与他人就此展开交流，还将通过建立组织的方式展现具体的看法。基于此，极端的行为意图将越来越多，比如建议在校园中孤立工科学生，阻止他们享用校园资源（如酒吧、学生会大楼等）。即使社会压力得以广泛制约这种歧视的蔓延，个人或小规模群体也能由此过程获得歧视某位工科学生的权力感。

在大学中，学生倘若可以获得合理的相应权力，他们将随意践行自己的各种意图，沉迷于对工科学生的蓄意歧视，比如剥夺他们的人权，贬低与羞辱他们，驱赶他们进入铁栅栏所围建的聚集区，一步步地摧毁他们。在这样的社群现象中，偏见不仅早已成为常态化、常规化行为表现的组成部分，更是被这些表现不断地合理化。

帮助那位女学生，要么诱导被试相信有另外两个人可能伸出援手。一般来说，这样的实验过程将导致旁观者效应（详见第 13 章），即被试因为其他援助者的存在而降低帮助受害者的意愿。

但是，图 10.1 的实验结果表明，受害者的种族身份信息对旁观者效应产生了影响，即被试若得知被椅子砸中的女学生为白人，旁观者效应并不明显，若得知其为黑人（图 10.1 中的条形 3 与条形 4 所示），这种效应便尤为突出。由此可见，当白人被试认为有其他援助者可以帮助黑人女学生的时候，不愿出手相救的行为表现明显就是歧视。

值得注意的是，偏见不易在特定情境中被发现。如果上述实验并未设计"两个可能出手相助的人"，研究结果便成为白人女性更愿意帮助黑人女性，而不是白人女性。只有这个情境因素被引入实验后，潜在的偏见才得以呈现。所以，当歧视尚未出现时，由于缺乏这种明显的外部表现，应注意到偏见可能已经通过间接的、微妙的方式得以表达（详见本章"性别刻板印象和角色的保持"部分）。

三、偏见和歧视的对象

偏见不受文化和历史的制约，当然也不是中年人、白种人、异性恋者、男性等群体的专属。人类几乎可以用各种各样的方式将任何群体变为偏见的对象。一些群体之所以不断遭受偏见，原因在于鲜明的、无处不在的、具有社会机能的社会归类所产生的作用，以及这些群体普遍所处的偏低的社会地位。种族、民族、性别、年龄、性取向、生理和精神健康等因素往往被用来描述这些群体。研究发现，在导致刻板印象的各类基础要素中，性别、种族和年龄最为普遍（Mackie, Hamilton, Susskind, & Rosselli, 1996）。不难想象，关于偏见的研究，大多数集中在这三个方面，尤其是性别和种族 / 民族。

（一）性别歧视

无论是男性研究者，还是女性研究者，他们所开展的**性别歧视**（sexism）研究几乎全部关注女性所遭受的偏见和歧视（Deaux & LaFrance, 1998）。纵观人类社会的历史，女性总是性别歧视的受害者，原因在于，女性在商业、政治、就业等活动中拥有的权力地位低于男性。然而，性别角色可能始终存在，毕竟它在赋予男性具有能动属性的结构性权力的同时，却只为女性提供具有共生属性的二元或人际关系权力（如 Jost & Banaji, 1994）。反之，如果男性在职场和社会中处于低权力地位，他们也会因自身的社会性别而处于不利位置，并遭受性别歧视（Croft, Schmader, & Block, 2015）。

1. 性别刻板印象

关于性别刻板印象的研究发现，男性和女性均认为男性是有能力的、独立的，女性是热情的、善于表达的（Broverman, Vogel, Broverman, Clarkson, & Rosenkrantz, 1972; Spence, Helmreich, & Stapp, 1974）——根据刻板印象内容模型，能力和热情（或社会性）是人们感知他人的两个基本维度（Cuddy, Fiske, & Glick, 2008; Fiske, Cuddy, & Glick, 2007; 见第 2 章）。正如苏珊·菲斯克（Susan Fiske, 1998, p. 377）所说："典型的女性是友善却缺乏能力的，相反，典型的男性则是具有能力却未必友善的。"这些观念具有稳固的跨文化普遍性，遍及欧洲、北美、南美、大洋洲、部分中东地区等地方（Deaux, 1985; Williams & Best, 1982）。可见，性别刻板印象已经成为一种普遍的社会**刻板印象**（stereotype）。

人们清楚地知道，这些刻板印象并不能说明人们相信或赞同它们。事实上，只有当人们产生强烈的偏见时，了解什么与相信什么这二者之间才是强相关的关系（Devine, 1989）。在大多数情况下，男性和女性不会产生强烈的内群体性别刻板印象（Martin, 1987），而且，女性经常否认个人遭受了歧视，认为性别歧视是其他女性所遭遇的事情（Crosby, Cordova, & Jaskar, 1993; Crosby, Pufall, Snyder, O'Connell, & Whalen, 1989）。

受到挑战的性别刻板印象 这位年轻的科学家改进了 DNA 匹配方法，有助于破案。

即使男性和女性的刻板印象具有一般化的表现，人们仍然倾向于采用亚型来表征性别。西方文化所认同的四种典型女性亚型是家庭主妇、性感女性、职业女性和女权主义者 / 女运动员 / 女同性恋者（Deaux & LaFrance, 1998; Fiske, 1998），前两类女性被认为具有热情和社会性，后两类则被认为具有能力。典型的女性则更贴近于家庭主妇或性感女性亚型。男性亚型并不十分鲜明，只有商人和"男子汉"这两种亚型较为明确，凸显了男性强大的能

性别歧视
基于他人的性别对其产生偏见和歧视。

刻板印象
人们对社会群体及其成员所普遍共有的、简化的评价性印象。

力，以及较弱的热情表现。典型的男性往往介于这两种表现之间。一般来讲，男性和女性均认为女性群体的同质性要强于男性群体（Lorenzi-Cioldi, Eagly, & Stewart, 1995）。

至少在西方文化中，能力、独立、热情和友善被视为人类值得拥有且应珍视的品质。假如果真如此，刻板印象的内涵将不存在价值高低的差异。然而，早期研究发现，女性刻板印象值得被珍视的程度低于男性刻板印象。英奇·布罗韦曼（Inge Broverman）和她的同事要求79名精神科（包括临床心理学、精神病学、社会工作等专业）临床实习医生描述一个健康的、成熟的、社交能力强的人，这个人可以是男性、女性或者不表明性别，结果发现，无论是男实习医生还是女实习医生，几乎都采用相同的词语（反映能力）描述健康的成年男性；而健康的成年女性则被认为是顺从的、易激动的、注重外表的——这些特征与健康的成年男性几乎无关（Broverman, Broverman, Clarkson, Rosencrantz, & Vogel, 1970）。这是一个不好的预兆，因为女性不被纳入正常且健康的成年人范畴！

2. 行为与性别角色

性别刻板印象能否反映人格和行为中的性别差异？或许男性和女性真的具有不同的人格？例如，戴维·巴坎（David Bakan, 1966）曾指出，男性的能动性（即行动取向）强于女性，反过来，女性的共生性强于男性（另见 Williams, 1984）。这的确是一个复杂的问题。纵观人类社会的历史进程，男性所展现的**性别角色**（sex role）不同于女性（男性追求家庭之外的全职工作，而女性则是操持家务），正如本书第8章所说，角色规范对人们行为的制约符合社会对角色的要求。

性别差异，如果确实存在的话，或许反映了一个事实，即男性和女性在群体和社会中所扮演的角色不同，角色分配由权力更大的社会群体（典型的男性群体）来决定与完成（Eagly & Steffen, 1984; Koenig & Eagly, 2014）。根据**角色一致性理论**（role congruity theory），当人们的表现有别于角色期望时，观察者会做出消极的反应——这项研究主要关注女性获得领导角色时，他人因此产生的消极反应和可能出现的激烈抵制表现（Eagly & Karau, 2002；见下文以及第9章）。

另一种看法认为，男女之间存在本质上的人格差异，以支撑各自扮演不同的性别角色，也就是说，生理基础决定了角色分工。这是一种可以且已经被政治化的观点。

社会心理学研究表明，两性之间存在着少量的系统性差异，但不足以由此判断人们的性别情况。换句话说，即使知道一个人在上述表征性别的某个维度上的相应表现，也难以准确预测其性别情况（Parsons, Adler, & Meece, 1984）。例如，研究发现，人们感知到的男性和女性军校学员之间（Rice, Instone, & Adams, 1984）、男性和女性管理者之间（Steinberg & Shapiro, 1982）的刻板印象差异夸大了实际的性别差异。一般来说，关于性别刻板印象的真实规律远比其所展现的状态更为复杂（Eagly & Carli, 1981; Swim, 1994）。

性别刻板印象无法消失的根源之一在于，始终存在的**社会性别**（gender）决定了角色分工。一般来说，女性承担了大量的餐馆服务员、电话接线员、秘书、护士、保姆、牙科保健师、图书管理员、小学和幼儿园教师等工作，而男性则大多数从事律师、牙科医生、卡车司机、会计师、高级行政官和工程师等工作（Greenglass, 1982）。一些工作被贴上了"女性专属"的标签，并因此遭受了价值贬低。

为证实上述观点，艾丽斯·伊格利和瓦莱丽·斯特芬（Alice Eagly & Valerie Steffen, 1984）让男生和女生分别对虚拟人物进行性别刻板印象的等级评定，这些人物包括男性和女性，要么被描述为主内的家务操持者，要么被描述为主外的全职工作者，还有一种情况则是不提供任何的就业信息。如图10.2所示，无论虚拟人物的性别是男是女，与全职工作者相比，家务操持者都被认为更为女性化。这样的结果

性别角色
被视为符合性别刻板印象的行为。

角色一致性理论
主要被用于解释领导力的性别鸿沟，认为因为对女性的社会刻板印象与人们关于有效领导的图式不一致，所以女性被认为是糟糕的领导者。

社会性别
一个人的生理性别刻板印象属性。

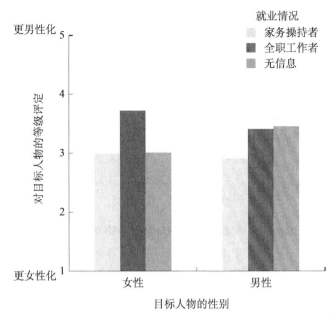

图 10.2 特质评定作为目标人物的性别和就业情况的函数

无论目标人物的性别是男是女，相比于全职工作者，男女学生被试都将家务操持者评定为更为女性化。

来源：Eagly & Steffen, 1984.

表明，有些角色可能已经被性别化，伴随女性越来越多地承担男性化角色，性别刻板印象可能随之发生显著变化。但是，相反的结果同样可能发生，即女性若承担传统的男性角色，这些角色的价值反而遭到贬低。

在探讨性别群际关系时，有一个事实不能被忽略，那就是在界定不同角色在社会中的相对地位时，男性仍然比女性掌握着更多的社会政治权力。所以，不出所料，女性很难获得更强的男性化角色或职业。以往研究发现，在一些美国大学中，女学者申请博士后岗位时，面对男性同事与学术同人的优越感而可能气馁（比如，"你这么可爱，我真的很难想象你会成为教授"；Harris, 1970），并且在应聘研究岗位时也会遭受偏见（如 Fidell, 1970; Lewin & Duchan, 1971）。过去的四十年，已经发生了巨大的转变。所以，现代的西方大学中若仍然存在这样公然的歧视，这着实是最令人震惊的事情。

然而，在较为进步的大学环境之外，这样的变化更加缓慢且波及范围更窄。女性仍然很难进入大型组织的高级领导层，这就是职业的**玻璃天花板**（glass ceiling）（如 Eagly, 2003; Eagly, Karau, & Marhijani, 1995），或者她们发现自己正站在**玻璃悬崖**（glass cliff）上，因为她们被置于危机－领导角色中，不仅将面临各种批评，而且注定失败（Haslam & Ryan, 2008; Ryan & Haslam, 2007; Ryan, Haslam, Morgenroth, Rink, Stoker, & Peters, 2016）——见第 9 章。

位于中层的女性管理者往往具有良好的表现，但是当继续向上攀升或者即将进入高层时，她们将遭遇看不见的玻璃天花板。一种解释是男性对掌握权力的女性产生了偏见，由此引发的强烈抵制构筑了玻璃天花板（如 Rudman & Glick, 1999, 2001；见专栏10.2）。另外，一旦社会性别刻板印象与组织规范不一致，拥有相应生理性别的一方将遭遇玻璃天花板。例如，杨和詹姆斯（Young & James, 2001）发现，男性航空服务员遭遇玻璃天花板的原因很简单，就是人们对男性群体所持有的刻板印象令他们无法相信男性可以成为优秀的航空服务员，这恰恰是男性刻板印象所造成的障碍。

3. 性别刻板印象和角色的保持

大众传媒是影响传统性别刻板印象传播与保持的最有力因素之一。人们对如下这些显而易见的大众传媒内容并不陌生：袒胸露背的女人趴在船上、汽车上、摩托

玻璃天花板
阻碍女性以及普遍意义上的少数群体登上领导者位置的无形障碍。

玻璃悬崖
女性比男性更可能被安排到一些很容易失败或招致批评的危险领导岗位。

专栏 10.2　　重点研究

抵制效应：注重自我提升的女性不被社会所接纳

违背社会性别刻板印象将遭受社会和经济方面的报复，这就是抵制效应。劳里·拉德曼（Laurie Rudman）和彼得·格利克（Peter Glick）认为，女性若被评价为自信、能力极强，便违反了人们对女性固有刻板印象的期望，即女性理应具有共生特质，并由此形成社会性和服务性导向的表现（例如和蔼的、有同情心的、关心他人的）。与之相比，男性具有能动特质（例如坚强的、果断的和独立的）（Rudman, 1998; Rudman & Glick, 1999, 2001）。所以，有能力的女性并不受欢迎，还被认为缺乏人际交往能力，这导致与同水平的男性相比，受雇的机会减少。如果工作属性强调共生性，能动型女性所遭受的惩罚则尤其明显。相反，共生性强的男性就不会遭遇同样的事情，即不会被低估能力（Croft, Schmader, & Block, 2015）。在拉德曼和格利克看来，这种不对称源自如下事实，即社会性别刻板印象更加强调对女性行为表现的规范，从而为女性套上了更紧的枷锁。

抵制效应得到了许多研究的支持。例如，马德莱娜·海尔曼（Madeleine Heilman）和她的同事们（Heilman, Wallen, Fuchs, & Tamkins, 2004）邀请学生被试完成个人决策任务。研究者提供了一份飞行器公司销售副总裁助理的工作信息，并虚构了一些从事这份工作的员工信息。这份工作明显带有男性刻板印象的色彩，虚构的员工性别既有男性，也有女性，以及他们先前的销售记录要么是成功的，要么是有待商榷是否成功。被试对这些员工的能力、人际偏好和敌意进行等级评定。结果发现：

- 如果提供明确的成功销售记录，男性和女性员工获得的能力评价没有差异；如果提供的成功销售记录有待商榷，男性员工获得的能力评价显著高于女性员工。
- 如果提供明确的成功销售记录，男性员工受欢迎的程度显著高于女性员工；如果提供的成功销售记录有待商榷，男性和女性员工受欢迎的程度相同。

这些结果说明，在模糊的信息环境下，当女性涉足男性刻板印象色彩浓厚的领域时（例如属于"男人"的工作市场），能力将会被否定，倘若她们的能力得以印证而不容置疑，她们便会不太受欢迎，个人也会被贬低（关于工作场所中社会性别刻板印象对女性的影响，见 Heilman & Parks-Stamm, 2007）。

车上，以及其他各种消费品周围；电视综艺节目里缺少不了女性的点缀；戏剧的核心情节里几乎找不到女人的身影，她们只有体现性别或浪漫的娱乐作用；现实题材的电视节目也是选择呈现荒唐怪诞的女性角色以加深这种性别刻板印象。这些画面日积月累所产生的影响不容忽视，与之相比，发挥着同样乃至更强大作用的隐喻画面，更加难以被人察觉，以致削弱其影响的难度也随之加大。

例如，戴恩·阿彻（Dane Archer）和他的同事们用 **面孔论**（face-ism）来说明人们对男性的描述更加突出头部，而对女性的描述则侧重身体这一现象（Archer, Iritani, Kimes, & Barrios, 1983）。阿彻和同事们分析了 1 750 张男性和女性画像（既有来自报纸、杂志的照片，也有学生的绘画作品），发现所有描述几乎都符合面孔论（另见 Copeland, 1989）。对此，请各位读者观看电视访谈或者纪录片时，不妨观察镜头是以怎样的方法尽可能对准男性的面部，以及女性的面部和上半身。面孔论认为，相对于男性，女性的外表比智力更为重要。毕竟，许多照片通过凸显面孔以彰显人物的野心和智慧（Schwartz & Kurz, 1989）。

伍锡洪（Sik Hung Ng）发现，另一种体现性别歧视的隐蔽形式就是使用男性化的通称（Ng, 1990; 另见 Wetherell, 1986）。谈及社会大众时，人们通常使用男性

面孔论

大众传媒对男性的刻画更加凸显男性的头部，而较少展现其身体，但对女性的描述则恰恰相反。

化代词（如 he、him、his 等）以及类似"mankind"的词语。这些做法令人产生的印象便是，女性与人类基本的男性化模式之间存在偏差。像"家庭主妇"（housewife）、"主席"（chairman）这样的词，始终维持着职业和角色中的性别分类。由于语言是人们表征世界的最常用途径（见第 15 章），改变性别刻板印象可能需要人们改变书面语和口语中习惯使用的词汇、习语和表达。例如，在世界各地心理学家坚持使用的 APA 出版格式中，语言规范明确要求不能使用带有性别歧视的语言。

还有大量证据表明，解读演员成功或失败的各种方式均离不开演员的性别因素（见第 3 章的"群际归因"）。一般来说，男性的成功表现会被归因为有能力，相较而言，女性的相同表现则会被归因为幸运或者所完成的任务简单（见图 10.3）。例如，凯·迪奥克斯和蒂姆·埃姆斯维勒（Kay Deaux & Tim Emswiller，1974）让学生被试观看他们的同学完成知觉任务的表现，这些任务有男性化和女性化的刻板印象特征之分（前者如识别千斤顶，后者如识别针线作品的类型）。在男性化的知觉任务中，被试认为男性成功完成任务依靠能力的程度远高于成功的女性（见图 10.4）。在女性化的知觉任务中，被试对男性和女性成功完成任务的归因（attribution）没有显著差异。

性别刻板印象的保持　你认为英国女团组合 Little Mix（小混混）是在维持对女性的刻板印象，还是她们正在致力于事业的发展？

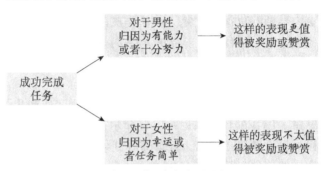

图 10.3　男性和女性成功完成同样任务时的归因

面对同一任务的成功结果，男性的成功原因被认为是有能力、努力，女性的成功原因则被认为是幸运、任务简单。这样的归因导致被试对应得性和赞赏性呈现出不同的评价。

还有一些现象并不支持这样的归因偏差。例如，引导被试评价演员的行为而非演员本身后，性别刻板印象的归因偏差便不复存在（Izraeli, Izraeli, & Eden, 1985）。也有研究证实，女性在传统的男性化活动领域取得成功时（比如成为高级管理者），人们会认为她们比同样成功的男性更值得拥有这份成功（Taynor & Deaux, 1973）。

然而，一般来说，男性和女性都存在性别刻板印象式归因，这引导每个人对自身作为男性或女性做出不同的价值判断。也就是说，面对同样的成就，女人可能认为自己无法像男人一样配得上这份成功。实际上，这是布伦达·梅杰和埃伦·科纳（Brenda Major & Ellen Konar,

归因
为自己和他人的行为寻求解释的过程。

图 10.4　对女性或男性成功完成男性化和女性化任务的归因

被试对男性成功完成男性化任务的归因明显倾向于能力而非幸运。
来源：Deaux & Emswiller, 1974.

1984）于20世纪80年代早期从管理学专业的男生和女生中发现的现象。女生估计她们的工资起薪大概比男生的预估低14%，而最高工资的预估则低31%。

4. 性别歧视的变迁

改变这些歧视现象的难度很大，以致改变的进程很缓慢。不过，在一些西方社会中，大多数显而易见的性别歧视的确正在消退。只是，性骚扰仍然以各种各样的方式存在着（Willness, Steel, & Lee, 2007）。西方各国赋予女性投票权的差异相当大。英国女性于1928年、新西兰女性于1893年获得投票权。瑞士延迟至1971年才赋予女性投票权，但是内阿彭策尔州的女性直到最近的1990年才获得州投票权。另外，沙特阿拉伯的女性直到2015年才获得投票权。

许多社会也正在纷纷出台反歧视法和平权法案，后者主要是发生在美国。历史上，处于一些职位或位置上的人并不能代表少数群体，比如组织机构中的高管职位、政府中的高级职位。对此，平权法案系统规定了少数群体同样具有资格胜任这些位置，以使得少数群体可以更多、更容易地获取这些位置。1997年英国大选的一个特点就是，某项平权法案增加了女性在议会的代表席位，从布莱尔于1997年5月正式就职开始，当届政府中的女性议员人数几乎翻倍，从62席增长至120席（共659席，百分比从9%增至18%）。在2015年大选后，650席的议会议员中191席为女性（占比29%）。

社会心理学的研究已经在探索这些改变所产生的效果。例如，在20世纪70年代早期，凯瑟琳·巴托尔和安东尼·巴特菲尔德（Kathryn Bartol & Anthony Butterfield, 1976）发现，与同样的男性领导者相比，组织机构中女性领导者的价值会被低估。尽管到了20世纪80年代早期，这样的现象有所消失（Izraeli & Izraeli, 1985），但是，伊格利（Eagly, 2003）从盖洛普的1995年民意调查中发现，22个国家的人们不分男女，普遍愿意男性成为领导者。

在20世纪60年代中期，戈德堡（Goldberg, 1968；另见 Pheterson, Kiesler, & Goldberg, 1971）让女学生评价内容相同，但作者姓名为男性（John T. McKay）或女性（Joan T. McKay）的作品。结果发现，被标注为女性作者的内容所获得的评价低于男性作者。20世纪80年代后期重复验证这个实验并未得到同样的结果。与此同时，综合分析共涉及20 000人的104项研究结果显示，大部分研究并未发现社会性别偏差（Swim, Borgida, Maruyama, & Myers, 1989）。还有，评估600余名商店男女主管的业绩表现并未发现性别歧视（Peters, O'Connor, Weekley, Pooyan, Frank, & Erenkrantz, 1984），就业补偿领域的专家分别对女性、男性居多的职位进行补偿时也未出现性别歧视（Schwab & Grams, 1985）。

许多国家已经将社会性别差异引发的歧视认定为非法行为。不仅如此，西方社会的许多或者说大多数生活领域中，人们已经不能容忍性别歧视的存在。有时候，这样的状态也不利于发现传统的或以往典型的性别歧视。研究者已经尝试采用更为巧妙、复杂的方法表现当代性别歧视的模式以测量性别刻板印象（Glick & Fiske, 1996; Swim, Aikin, Hall, & Hunter, 1995）。

例如，彼得·格利克和苏珊·菲斯克（Peter Glick & Susan Fiske, 1996, 1997, 2001）构建了一个性别歧视迫选量表，受访者可在女性的吸引力、依赖性、认同等维度进行敌意和善意的态度选择。性别歧视者对粉领族（即女性体力工作者）、"性工作者"、家庭主妇等传统女性秉持善意的态度，认为她们具有异性吸引力，应受到保护，具有性别角色互补的作用。反之，职业女性、女权主义者、女运动员、女同性恋者等非传统女性会遭受敌意态度，被认为不受异性欢迎，强势，充满竞争力。善意的性别歧视所产生的消极影响显著弱于敌意的性别歧视，因为前者的表现明显不像性别歧视（Barreto & Ellemers, 2005）。所以，不足为奇的是，公共场所里更容易发现善意的性别歧视行为，私人空间里更容易呈现恶意的性别歧视行为（Chisango, Mayekiso, & Thomae, 2015）。

男性和女性虽然都会做出反对性别歧视的行为，但往往基于不同原因。2009年，意大利民众示威游行抗议总理西尔维奥·贝卢斯科尼的性别歧视行为。女性游行者对贝卢斯科尼敌意和善意的性别歧视都感到愤怒并进行谴责，男性游行者则只对敌意的性别歧视感到耻辱和进行谴责，希望恢复他们男性应有的名誉（Palsdino, Zaniboni, Fasoli, Vaes, & Volpato, 2014）。

格利克和菲斯克（Glick & Fiske, 1997）还拓展了他们的量表，以便测量女性对男性的敌意和善意态度；历经二十年的研究显示，敌意和善意的性别歧视之间具有紧密联系，即身为敌意的性别歧视者同时也是善意的性别歧视者（Glick & Fiske, 2001, 2011），这样的关系还得到了跨文化的验证（Glick, Fiske, Mladinic, Saiz, Abrams, Masser, & López López, 2000; Glick, Lameiras, Fiske, Eckes, Masser, Volpato, & Wells, 2004）。

艾丽斯·伊格利和安东尼奥·姆拉迪尼奇（Alice Eagly & Antonio Mladinic, 1994）总结关于"女性遭受的偏见"的研究时发现，女性的工作不再受到贬低；相对于男性而言，女性的积极刻板印象已然出现；大多数人更加喜欢女性。然而，这些不容置疑的事实仍有其制约性，因为支撑这些结论的事实数据主要来自一些西方社会。在其他国家和地区，女性所面临的困境并不乐观。20 世纪 90 年代，阿富汗的塔利班组织规定女性没有资格接受教育，尼日利亚的女性若通奸则会被判以石刑处死，还有许多国家和地区的女性对自己身体和生育权利的选择受到了限制。这样的地方可以说数不胜数。经济学家斯蒂芬·克拉森（Stephan Klasen, 1994）提供了一个相当明确的数据：在他从事研究的那段时间里，因堕掉女胎和杀害女婴习俗而"消失的女性"人口数达到 76 000 000（没错，足足有 7 600 万！）。

（二）种族歧视

基于种族或民族而产生的歧视应被归咎于历史上一些惨绝人寰的大规模非人道行径。性别歧视导致杀婴习俗（尤其是女婴和女胎被选择性杀死与放弃）持续存在，对此，许多发展中国家已经广泛采取禁止措施（Freed & Freed, 1989）。种族灭绝的行径普遍存在，近些年，在德国、伊拉克、波黑、卢旺达等地，类似的事情始终未能停止。

大多数**种族歧视**（racism）方面的研究关注美国的反黑人态度和行为。纵观历史，美国白人对黑人形成了负面的刻板印象，普遍认为黑人被奴役、从事农务和体力劳动（LeVine & Campbell, 1972; Mackie, Hamilton, Susskind, & Rosselli, 1996; Plous & Williams, 1995）。在此方面，美国白人对拉美裔美国人的刻板印象与黑人相似，但对亚裔和犹太人的刻板印象则完全不同。

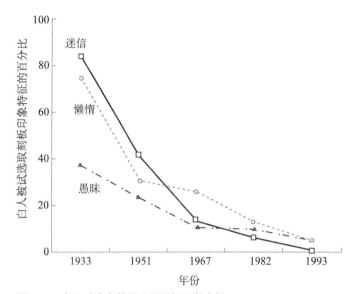

图 10.5　白人对非裔美国人的贬低逐渐降低

白人被试选择"迷信""懒惰""愚昧"等贬低性的刻板印象特征描述非裔美国人的比例显著降低。

来源：Dovidio, Brigham, Johnson, & Gaertner, 1996.

关于美国社会反黑人态度的研究发现，自从
20 世纪 30 年代以来，针对黑人的负面态度急剧减少（如 Devine & Elliot, 1995; Dovidio, Brigham, Johnson, & Gaertner, 1996; Smedley & Bayton, 1978; 见图 10.5）。同样的事情虽然也发生在英国和西欧的少数族群中，但是，近些年来，与移民有关的公开的族群偏见现象有些死灰复燃。

1. 新型种族歧视

那么，西方工业化国家的种族偏见是否已经消失了？未必如此。如图 10.5 所

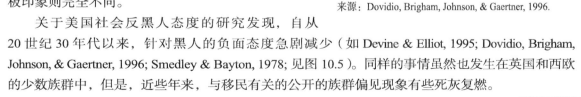

种族歧视
基于人们的种族或民族而产生的偏见和歧视。

示，1933 年至 1993 年的六十年间，认为非裔美国人迷信、懒惰、愚昧的白人比例明显降低。但是，这个数据并不代表白人对非裔美国人的刻板印象已经消失，帕特丽夏·迪瓦恩和安德鲁·埃利奥特（Patricia Devine & Andrew Elliot, 1995）发现，45% 的调查对象仍然认为非裔美国人是懒惰的。另外，迪瓦恩和埃利奥特还发现，超过 25% 的调查对象认为非裔美国人健壮、有节奏感、智商不高、易犯罪、不友善和总是大声喧哗。这些刻板印象尽管有所变化，但仍未消除。而且，当隐蔽的种族歧视者聚在一起时（比如在酒吧里、在政党集会中、在示威游行时），人们习得的尊重和宽容等比较普遍的社会习俗也将出现一丝摇摆，公开表达种族歧视态度的行为也越来越多。

由于法律禁止明显的、公然的种族歧视（贬低、辱骂、虐待、迫害、袭击等），现在很难发现由此产生的社会谴责。的确，在大多数场合，相当多的人并不会展现这些种族歧视行为。然而，种族歧视可能不仅仅是转入"地下"，也不可能只是转入了"地下"，而是转换了存在的模式。这是许多新的或现代种族歧视理论的核心。人们可能仍然是种族歧视者，只是采取了不同的、可能更为隐蔽的方式表征和传递种族歧视（Crosby, Bromley, & Saxe, 1980）。

新形式的种族歧视有厌恶性种族歧视（Gaertner & Dovidio, 1986）、当代种族歧视（McConahay, 1986）、象征性种族歧视（Kinder & Sears, 1981; Sears, 1988）、倒退性种族歧视（Rogers & Prentice-Dunn, 1981）和矛盾性种族歧视（Hass, Katz, Rizzo, Bailey, & Eisenstadt, 1991）。这些理论观点尽管存在许多不同之处，却均认为人们处于冲突之中。一方面，人们对外种族群体具有深层的厌恶情绪；另一方面，人们因受制于当代的平等价值观压力又必须遵守无偏见的行为方式（Brewer & Miller, 1996; Brown, 1995; Hilton & Von Hippel, 1996）。例如，萨姆·盖特纳和约翰·多维迪奥（Sam Gaertner & John Dovidio, 1986）提出的厌恶性种族歧视概念认为，平等价值观的约束力有所减弱时，深层的种族厌恶将转变为显性的种族歧视。戴维·西尔斯（David Sears, 1988）的象征性种族歧视概念认为，人们基于早期习得的种族恐惧和刻板印象对黑人形成了负面情绪，并与新教伦理所具象化的道德价值观融合后，为自己的反黑人态度开脱，以及由此使自己的表达合法化。

一般而言，当代各种隐蔽的种族歧视反映了群际平等信念之下，人们如何处理对种族的根本性厌恶问题——实际上，这是解决认知失调的过程（Gawronski, Peters, Brochu, & Strack, 2008）。解决方法往往是回避和否认种族歧视的存在，比如远离外种族群体的生活，回避探讨种族的话题，否认存在偏见，否认种族的劣势，反对平权运动或者其他解决种族劣势问题的方式。这些观点起初源自对美国种族关系的研究，但已经被彼得·格利克和苏珊·菲斯克（Peter Glick & Susan Fiske, 1996）用于研究社会性别，以及被汤姆·佩蒂格鲁和罗埃尔·梅尔滕斯（Tom Pettigrew & Roel Meertens, 1995）研究欧洲的种族态度。

2. 发现种族歧视

如何发现新型种族歧视是社会心理学面临的一项挑战。学者们已经设计了许多量表，但仍然需要一些令被试难以察觉的措施，从而避免社会赞许性的影响（Crosby, Bromley, & Saxe, 1980; Devine, 1989; Greenwald & Banaji, 1995）；对此，可以参阅前面章节（第 5 章）对不易令人察觉的态度测量方式（如生理指标、行为测量、虚假情报法、内隐联想测验）的探讨。社会距离是不易被人察觉的偏见测量方式之一，其关注人与人之间的心理或身体接近程度。例如，种族歧视的态度持续存在于亲密的社会距离环境（如婚姻），较少出现于并不十分亲密的社会距离环境（如在同一所学校）（Schofield, 1986）。在印度的种姓制度中，人们可以接纳低等级的人，但不会将其列为结婚对象（Sharma, 1981）。

偏见行为看起来并不像偏见是导致潜在偏见出现的另一种情形。1981 年，在亚拉巴马州进行的一项实验中，白人或黑人助手侮辱白人被试，后者随后有机会对他们施加电击，结果发现，愤怒的白人给予辱骂他们的黑人助手更强的电击。但是，当白人并未受到侮辱时，他们给予黑人助手的电击强度反而弱于白人助手所遭受的电击（Rogers & Prentice-Dunn, 1981）。

在人们相对自动化的认知中，偏见也会不经意地表露出来（见第 2 章）。例如，邓肯（Duncan, 1976）让加利福尼亚州的白人学生被试观看录像，内容是一位黑人男性和一位白人男性的对话直播，谈话过程逐渐恶化为争吵且伴有轻微的肢体推搡。当白人推搡黑人时，被试将这个行为理解为游戏，只有 13% 的被试认为是暴力。反过来，当黑人推搡白人时，73% 的被试将其认定为暴力行为。

萨姆·盖特纳和约翰·麦克劳林（Sam Gaertner & John McLaughlin, 1983）的一项实验同样证明了偏见可以得到良好的掩饰。研究者向被试提供成对的单词，都是描述白人或黑人的各种积极或消极的形容词，可以清晰体现二者各自的社会类别。被试的任务是判断每对单词是否有实际意义，并通过按钮做出"是"或"否"的选择。被试的反应时便能体现每对单词表征被试固有态度的程度，即某对形容词的反应时越短，越能表明被试持有该形容词所描述的态度。结果如图 10.6 所示，被试较难将消极词语与黑人和白人进行匹配，但是意图将积极词语与白人匹配的速度明显快于同黑人的匹配。

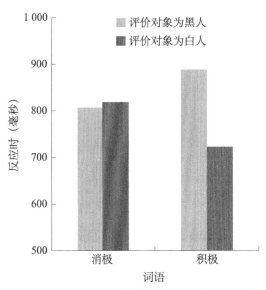

图 10.6　意图将积极或消极词语与白人或黑人的社会类别进行匹配的反应时

白人被试将不同种族标签与消极词语关联的速度不存在差异。但是，白人被试将积极词语与白人关联的速度快于将黑人与积极词语关联。

来源：Gaertner & McLaughlin, 1983.

自动性是查明偏见所秉承的基本原则（Bargh, 1989）。刻板印象基于归类而自动形成，归类又往往由一些类别启动因子（如口音、长相、着装）所引发。人们如果已经显而易见地意识到这些启动因子或类别，便几乎无法控制刻板印象的形成。

迪瓦恩的系列实验之一（Devine, 1989）发现，人们识别非裔美国人原型（如懒人、奴隶、黑皮肤、黑人、运动健将）的速度相当快。所以，一位不具有任何种族特征的演员仅仅因为叫"Donald"，便被赋予了消极的种族刻板印象。可见，人们对非裔美国人已经形成了根深蒂固的消极刻板印象。法齐奥和他的同事们从概念上再次提出了一个颇具争议的结果，即不管人们持有偏见的程度是深是浅，对启动的前意识敏感性并不存在差异（Fazio, Jackson, Dunton, & Williams, 1995）。然而，其他研究发现，被当代种族歧视量表评估为偏见得分较高的被试，更容易出现自动效应（Lepore & Brown, 1997; Wittenbrink, Judd, & Park, 1997）。

社会类别及其刻板印象归因存在内隐式的记忆联结，自动性概念便与此有关。因此，揭示潜在的刻板印象关联作为一种不引人注目的方法可以将隐蔽起来的偏见检测出来。这个观点便是第 5 章已详细介绍过的**内隐联想测验**（implicit association test, IAT）的基础（Greenwald, McGhee, & Schwartz, 1998; 另见 Ashburn-Nardo, Voils, & Monteith, 2001; Cunningham, Preacher, & Banaji, 2001; Greenwald, Banaji, Rudman, Farnham, Nosek, & Mellott, 2002）。

关于内隐认知联想究竟能在多大程度上反映出对人和社会有影响的真实行为，一直存在很多争论。最近的一项元分析研究发现，即使内隐联想无法十分有效地预测实际的偏见表现，结果却"足以说明歧视产生的作用已经具备社会性意义，因为这些作用既可以同时影响许多人，又可以不断地影响单一个体"（Greenwald, Banaji, & Nosek, 2015, p. 553）。

人们在表达自己、与外种族群体交流、讨论外种族群体的时候，会在不经意间无心地使用一些带有种族歧视的语言（如 Potter & Wetherell, 1987; Van Dijk, 1993; Van Dijk & Wodak, 1988; 另见第 15 章）。范·戴克（Teun Van Dijk, 1987）长期追踪分析荷兰和南加利福尼亚的白人在日常生活中自然而然讨论其他种族（如黑人、东

内隐联想测验

一种测量态度的反应时测验，尤其可测量人们拟掩盖的、不受大众欢迎的态度。

印度裔、北非裔、西班牙裔、亚裔）时的谈话内容，他格外注意语言中的各种细节现象。研究根据 1980—1985 年所进行的 180 次自由访谈，通过质性分析探索了人们日常话语中如何嵌入并不断复现种族歧视。（对话语分析方法的介绍见 Wetherell, Taylor, & Yates, 2001。）

群际语言偏差效应提供了更多基于语言偏见的认知指标（Franco & Maass, 1996; Maass, 1999; Maass, Salvi, Arcuri, & Semin, 1989; 见第 5 章）。安妮·马斯（Anne Maass）和她的同事们发现，人们谈论外群体的积极特征和内群体的消极特征时，会使用具体化的语言简单描述事件，但讨论外群体的消极特征和内群体的积极特征时，更多使用与持久性特质有关的笼统化和抽象化词汇。由此，我们可以识别对外群体的消极态度：当人们谈论他们所持有的偏见时，这些外群体成员开始变成笼统的、抽象的形象。

最后，人们尽管可以经常控制自己的言论，却对非语言交流渠道的内容缺乏控制力，这为测量潜在情绪和偏见提供了丰富指标（Burgoon, Buller, & Woodall, 1989; DePaulo & Friedman, 1998; 另见第 15 章）。

如果每个人成长的社会环境中普遍存在偏见（现实好像几乎就是如此），那么种族和民族偏见就会非常普遍。大多数人能认识到一些相关的刻板印象，所以需要解决的问题是有意控制自动化的刻板印象反应。对此，偏见较低的人似乎更擅长做到这种控制（Devine, 1989）。汤姆·佩蒂格鲁曾提道：

> 许多南方人曾向我坦言……他们的脑袋里纵使不再对黑人持有偏见，但与黑人握手的时候仍然感觉不舒服。这些感受都源自他们在孩童时期从原生家庭中所习得的东西。（Pettigrew, 1987, p. 20）

总之，显性的种族歧视和偏见都是非法行为且会受到道德谴责，大多数人由此约束自己的想法和行为，但是这些历史悠久的偏见实在难以轻易摆脱。种族歧视的种子仍然存在，并且会以各种隐蔽微妙的形式表现出来。种族和文化的怨恨与偏袒藏于表面之下，平时不会显现，但一旦有可使偏见的表达合法化的社会环境出现（如某种政治体制），这些怨恨与偏袒便能随时被激活。波黑 1992 年发生的暴力行动、卢旺达 1994 年发生的恐怖屠杀、什叶派穆斯林和雅兹迪族在叙利亚和伊拉克遭受的迫害，这些冰冷的事实令世人警惕。同样令人担心的是，在法国、德国、英国等许多西方国家，日益增强的大众传媒的影响已经超过了过去十年间的极右势力。虽然大众传媒并非有意为之，但它无疑为公开表达种族歧视态度营造了一个支持性和合法化的环境。

另外，尽管许多研究认为许多西方社会中显性的歧视可能正在消失，但这并不意味着存续几十年甚至几个世纪的种族歧视将随之发生快速变化。在过去的三十年里，即使人们对黑人的态度已经发生了显著改善，但黑人在许多西方国家所面临的身体、物质、精神方面的困境仍未改变。在美国，非裔美国人数量是总人口的 12%，但 37% 的监狱服刑人员是非裔美国人，他们多数是因为非暴力性的药物违法行为入狱。这便造成了一个恶性循环。海泰伊和埃伯哈特（Hetey & Eberhardt, 2014）发现，人们若认为个别服刑机构的黑人罪犯比例较高，便会以此为依据支持增加更多的惩罚性措施。

（三）年龄歧视

年龄或代际刻板印象的存在是毋庸置疑的。从每个人身上几乎都可以看到这种刻板印象，人们更容易在工作环境中强烈感受到它们所引发的期望和误解。苏珊·米切尔（Susan Mitchell, 2002）总结了四种不同年代的刻板印象，部分原因是年龄增长确实导致行为产生了变化，但在成年早期的发展过程中，社会环境中的价值观差异也影响着这些刻板印象。

- 传统主义者：生于 1925—1945 年，务实派；耐心，忠诚，工作努力；尊重权威；遵守规则。
- 婴儿潮一代：出生于 1946—1960 年，乐观派；重视团队工作和协作；有雄心壮志；工作狂。
- X 一代：出生于 1961—1980 年，怀疑派，自力更生，自担风险，平衡工作和个人生活。
- 千禧一代（也称 Y 一代）：出生于 1981—1999 年，希望派；重视有意义的工作、多元化和多变性；精通科技。

20 世纪 90 年代末以来出生的人被称为互联网一代、短信一代或者在线一代——典型特征就是可以通过互联网轻而易举地持续获得信息以及同他人保持联结。这代人敏捷灵活，视互联网为他们的体外大脑以便快速处理多个任务，渴望即时满足和快速的解决方案，缺乏耐心和深度思考的能力。

然而，人们如何对待老年人是**年龄歧视**（ageism）所关注的主要议题。在许多文化中，尤其是扩大家庭居多的文化中，老年人普遍受到社区居民的尊重，他们被认为是聪慧和知识渊博的老师与主事者。但是，在一些社会中，如英国、荷兰、澳大利亚、新西兰和美国等国家，大量的核心家庭已经取代了扩大家庭，导致老年人的境遇早已不如往日。在这些社会中，青年人的水平被赋予了很高的价值，相较而言，老年人的数量越来越多，反倒成了一个不受欢迎的群体。不过，对老年群体的刻板印象具有许多亚型，包括约翰·韦恩式保守型（爱国，信教，怀旧）、小镇邻居型（节俭，寡言，守旧）、完美祖父型（明智，友善，令人愉悦）、黄金岁月型（富于冒险性，善于社交，成功）、沮丧型（沮丧，不修边幅）、极度失能型（无行为能力，精力不足）和无理取闹－脾气暴躁型（充满愤恨、抱怨，有偏见）（Brewer, Dull, & Lui, 1981）。

人们普遍认为，老年人是社区中没有价值和权力的群体。老年人的许多基本人权被剥夺，无人理会他们的特有需求。作为年龄刻板印象和歧视的对象，老年人的身体健康也会因此遭受不利影响（Levy, 2009; Levy, Zonderman, Slade, & Ferrucci, 2009; Pascoe & Richman, 2009）。

年轻人常常认为，人一旦超过 65 岁，就容易愤愤不平，出现病态，缺乏吸引力，不开心，吝啬，低效，缺乏社交技能，过度自我表露，过度控制，精力不足，以自我为中心，无能，身体虚弱，身心脆弱（见 Noels, Giles, & Le Poire, 2003）。这些描述不仅仅表征了刻板印象，更是对老年人提出规定，并据此控制老年人的行为（North & Fiske, 2013）。年轻人期望老年人符合上述刻板印象，当老年人的确如此时，年轻人则做出积极的反应。反之，若老年人有违年轻人所认定的刻板印象，年轻人便做出愤怒的消极反应。

不仅如此，年轻人一般缺少与老年人的日常交集，因此代际的碰撞更易激活群际层面而非人际层面的知觉，导致消极刻板印象加深，进一步引发代际相互躲避以及最低程度的群际接触。如此循环往复，老年人持续被社会所孤立以及边缘化，代际交流问题可能会使这些情况更加糟糕（如 Fox & Giles, 1993; Harwood, Giles, & Ryan, 1995; Hummert, 1990; Kite & Johnson, 1988; Williams, 1996；见第 15 章）。

一个有意思的现实是，年龄极大的老者似乎可以跨越年龄歧视，重新获得他人的尊重，只是更多的尊重来自大众媒体而非街头巷尾。例如，2000 年媒体对英国女王母亲 100 岁生日的报道，以及对 2012 年伊丽莎白二世登基六十周年的钻石庆典的报道。

（四）对性少数者的歧视

在世界各地，性少数者和 LGBTQ（女同性恋者、男同性恋者、双性恋者、跨性别者、酷儿）族群都是偏见和歧视的目标（Herek & McLemore, 2013）。但是，这种情况并非自古有之。两千年前，罗马人对所有形式的性取向都相对宽容。伴随基

年龄歧视
人们因为年龄而遭受到的偏见和歧视。

督教的出现，涉及性行为的社会规范变得更具有约束性，同性恋（主要聚焦于男性间的性行为）被定义为不正常且有违道德的表现，同性恋者所遭受的迫害不仅为众人所接受，且变得合法化。

美国的一项早期研究发现，大多数人相信同性恋者是"病人"，应该被剥夺法律权益（Levitt & Klassen, 1974）。另外，仅有 39% 的调查对象"愿意受诊于同性恋医生"（Henry, 1994）。1973 年，美国精神医学会正式将同性恋从精神疾病名单中移除。当然直至今日，包括一些伊斯兰国家与非洲国家在内，全球仍有许多地方认定同性关系违法并最高可以判处死刑（Bereket & Adam, 2008）。

自 20 世纪 60 年代后期以来，西方社会逐步放宽对同性关系的态度。但是，20 世纪 80 年代的艾滋病传播导致这一进展遭到阻碍，并激起了社会上的一些消极态度（Altman, 1986; Herek & Glunt, 1988; 见专栏 10.3）。可见，社会中的一些特定领域里仍然持续存在着深深的仇同偏见。但现在，像始于 1972 年的旧金山同性恋骄傲大游行、始于 1978 年的悉尼同性恋狂欢节等规模庞大的同性恋庆典活动，不仅未引发负面反应，还得到了大多数人的支持。当然，在美国、加拿大、大多数西欧和南美国家，同性婚姻已经合法。所有这些事实都在帮助女同性恋者、男同性恋者、双性恋者建立面对偏见的信心（Kwon, 2013）。

然而，赫雷克和麦克莱默（Herek & McLemore, 2013）回顾有关同性偏见的研究后发现，虽然这些进步已经是不争的事实，但女同性恋者、男同性恋者、双性恋者仍然需要面对广泛的污名化，正如之前介绍过的种族歧视和性别歧视，尽管社会规范和法律已经改变，但偏见仍然挥之不去。对于同性偏见来说，组织化的宗教（尤其是秉承传统或极端主义的宗教）依然脱不了干系（Batson, Schoenrade, & Ventis, 1993; Herek, 1987; Herman, 1997）。

（五）对生理缺陷者或精神障碍患者的歧视

生理缺陷者早已长期遭受偏见和歧视，他们被蔑视、被讨厌、被矮化（Jodelet, 1991）。例如，大多数马戏表演会在即兴演出区域展示各种各样的"畸形人"（托德·布朗宁 1932 年执导的电影《畸形人》对此有过倾力刻画），许多戏剧也离不开生理缺陷者所制造的神秘感（例如大卫·林奇 1980 年执导的电影《象人》、费里尼 1969 年执导的电影《爱情神话》、维克多·雨果1831 年创作的小说《巴黎圣母院》等）。

在大多数西方社会，对生理缺陷的公然歧视已经属于非法行为，不被社会所接纳。许多国家尽力满足生理缺陷者的特殊要求，例如为使用轮椅者提供无障碍的坡道，交通十字路口提供语音信号。每四年一届的残疾人奥运会更是生理残缺者展示自己与健全者无异的又一舞台。

一般来说，人们已经不再贬低生理缺陷者。但是，刻板印象内容模型（Cuddy, Fiske, & Glick, 2008）显示，生理缺陷者仍然被评价为热情但缺乏能力（Rohmer & Louvet, 2012）。不仅如此，人们面对生理缺陷者时也经常感到不知所措，不确定该以何种方式与他们互动（Heinemann, 1990）——这是群际焦虑的一个例子（如 Stephan, 2014; Stephan & Stephan, 1985, 2000; 见第 11 章）。这反而于无意中形成了居高临下的态度、言语和行为，导致生理缺陷被强化和永久化（Fox & Giles, 1996a, 1996b; 另见第 15 章）。

过去二十五年间，人们对生理缺陷者的态度改善并没有扩展至精神或心理缺陷者。在中世纪，患有精神分裂症的女人被视为巫婆，并绑在火刑柱上施以火刑；希特勒的"终极方案"既残害犹太人，也没有放过精神障碍者。尽管极大败坏当地名声的伦敦伯利恒圣玛丽亚医院早已被关闭，同样的情形可能仍然流行于世界各地的精神病院，比如最近曝光的希腊和罗马尼亚地区的精神病院。虽然这些是极端的例子，但无知和恐惧加剧了强烈的偏见，制度化和面对面的歧视表现仍然随处可见。

精神异常总是受到污名化，为家庭蒙羞。所以，不足为奇的现象是，注重荣耀的文化之下，

 专栏 10.3　　　　　　　　　我们的世界

艾滋病和反同偏见

对艾滋病的恐惧已经成为歧视同性恋者的正当理由

艾滋病由 HIV 感染发展而成,是致死率很高的严重疾病。HIV 主要通过体液传播,比如输血、吸毒者共用静脉注射器、同性恋者间的性行为。虽然艾滋病绝不是同性恋者的专属疾病,但西方国家的主要感染者均是同性恋者(截至 1988 年,美国 63% 的艾滋病患者是同性恋者;Herek & Glunt,1988),所以,人们认定艾滋病和同性恋之间存在关联。

人们因害怕和不了解艾滋病,加之对其与同性恋的关系一知半解,对同性恋者产生了潜在偏见。在许多方面,基于对自我和社会的恐惧,艾滋病成为人们公开歧视同性恋者的道德依据:当同性恋者公开身份的时候,恐同者才会感到轻松。在恐同者眼中,同性恋者权益的改善就等同于艾滋病本身的扩散。

格雷戈里·赫雷克和埃里克·格兰特(Gregory Herek & Eric Glunt,1988,p. 888)探讨了美国公众对艾滋病的反应,以说明艾滋病与同性恋之间的关联,以及阐释人们的反同态度。在 20 世纪 80 年代早期,美国媒体的确忽视了艾滋病的传染性,因为人们认为艾滋病仅仅是"一个已经死去和即将死去的同性恋者的事",有时候甚至被称为"同性恋者的瘟疫"。一位名叫帕特里克·布坎南(Patrick Buchanan)的共和党专栏作家曾写道:"导致艾滋病危机的一个原因,或者说唯一原因,便是同性恋者随意否认未曾沉溺于有违道德的、违反自然的、不卫生的、不健康的、自杀式的肛交做法,这种性行为是 HIV 传播的主要媒介。"(1987,p. 23)他认为(Buchanan,1987,p. 23):"民主党应该作为导致美国艾滋病蔓延的暗中同谋者被送上民意法庭,因为他们通过请求修订州和联邦民权法,使同性的性行为成为受法律保护的民事权利,从而让它与女性或黑人权利一起处于同样的道德平台。"

天主教凭借艾滋病和同性恋的表面关联,反对同性恋者享有民权保护。还有一些人更为极端:据说休斯敦市长职位的一位候选人公然开玩笑说,他解决城市艾滋病困境的方法就是"杀死酷儿"(引自 Herek & Glunt,1988,p. 888)。

家庭为了保护荣耀(如 Rodriguez Mosquera,2013),保险起见的做法是隐藏有精神健康问题的家庭成员,拒绝寻求精神健康服务的帮助(Brown, Imura, & Mayeuz,2014)。这样的做法必然会伤害家庭成员并使偏见得以维持。

总体上看,西方社会倾向于忽视精神疾病,不愿为精神疾病的存在承担责任,因此大多数的精神疾病研究只能获得很低的基金支持,精神疾病患者难以得到充足的照料和医疗资源。自 20 世纪 80 年代早期开始,英国和美国等国家出台了关于慢性精神疾病患者的"制度化"政策,如果社区资源难以提供充足的保障,这些患者便不宜住院。

精神疾病偏见的另一种表现是借用"发疯"标签将对作为整体的少数群体的歧视去人性化和合理化。"有所不同"变成了"发疯"(Szasz,1970)。人们开玩笑时总是存在不好的一面。例如,当听到一个"与众不同"的新事物时,人们可能会说"你一定是疯了"。20 世纪 60 年代至 70 年代期间的研究发现,女性的刻板行为并不符合人们所认定的典型的、正常的成年人应有的行为表现(Broverman, Broverman, Clarkson, Rosencrantz, & Vogel,1970),在这个意义上,女性就是"适应不良者"(Chesler,1972; Eichler,1980)。在白人中产阶级群体主导的病态文化差异之下,黑人和其他少数族群也有同样的遭遇(Nahem,1980; Waxman,1977)。

更让人难以想象的是,偏见往往造成残酷的生存条件(贫穷,健康状况不佳,低自尊,暴力等),进而可能引发少数群体产生一些精神紊乱。按照这样的方式,人们对精神疾病的恐惧和

无知既与族群偏见相吻合，又可能加剧族群偏见。

■ 四、歧视的表现形式

前面对普遍遭受偏见的一些群体展开了讨论，由此可见，歧视可能具有各种不同的表现形式。关键之处在于，偏见总是以微妙的隐蔽方式呈现，粗鲁的显性歧视已经并不多见。这一章已经介绍了偏见的一些现代模式。本节将重点讲述三种行为表现：拒绝帮忙，敷衍了事，反向歧视。这些行为看起来并不像歧视，却可能隐藏着偏见。

（一）拒绝帮忙

不愿为其他群体的努力提供有效协助来帮助改善他们的社会处境，是确保这些群体始终处于不利境遇的方式之一。个体（例如，房东不愿意租房给少数族群成员）、组织（例如，组织可能不愿意为坐轮椅的职工提供恰当设施）或者整个社会（例如，政府可能不愿意立法以支持足够的产假天数）都会采用这种方式。

拒绝帮忙也是厌恶性种族歧视的一个标志（参见本章前面的内容），它既有种族焦虑，又有强烈的厌恶，还伴有夸大缺点程度的信念，致使人们不愿提供帮助。研究发现，拒绝帮忙在一些特定情境中尤为明显，确切地说，就是当这种不情愿可以被归因于其他因素而非偏见的时候。本章前面介绍的盖特纳和多维迪奥（Gaertner & Dovidio, 1977）的实验就是拒绝帮忙的一个实例。当白人同伴遭遇紧急状况时，只要白人被试相信还有其他潜在援助者可以帮忙，那么，他们帮助黑人的意愿便低于对白人的帮助。

（二）敷衍了事

敷衍了事（tokenism）是指对少数群体的成员做出相当小或微乎其微的一种积极反应，即一种流于形式的表现。人们敷衍了事就是为了避免与偏见混为一谈，并有正当借口避免投入更大的、更有意义的积极做法，或顺理成章地展现歧视（"别烦我，我难道做的还不够多吗？"）。例如，唐纳德·达顿和罗伯特·莱克（Donald Dutton & Robert Lake, 1973）以及罗森菲尔德和同事们（Rosenfield, Greenberg, Folger, & Borys, 1982）的研究发现，事先帮一名陌生黑人一个小忙的白人被试，与未曾给予小忙的白人被试相比，随后更不太愿意提供其他形式的帮助。当类似施舍黑人乞丐一些金钱这样的小忙，激活了人们对黑人的消极刻板印象时，敷衍了事效应会更加明显。（你觉得汤姆是不是有问题？参见本章开头"你怎么认为？"中的第一个问题。）

敷衍了事是各种组织和社会更为广泛使用的手段。在美国，一些组织的做法备受指责，它们走形式般地雇用非裔、拉美裔等少数群体，随后便不再采取更多基本的、重要的措施以保障为其提供公平的机会。这些组织只是以雇用少数群体作为幌子，避免被指控为带有偏见。这个层面的敷衍了事对那些代表少数群体的受雇者来说，可能造成损害自尊的严重后果（Chacko, 1982；参见"反向歧视"部分）。

敷衍了事也可以通过简单的数字形式来解读。例如，罗莎贝丝·坎特（Rosabeth Kanter, 1977）发现，当群体规模相当小时，该群体会被视作少数群体而遭到走形式般的对待。在此基础之上，赖特关注少数群体难以融入主流群体这一障碍的本质，将敷衍了事界定为"任何群际背景，置于其中的优势群体与劣势群体之间的障碍并非不可跨越，但群体成员若想进入优势地位，则必须克服严苛的限制"

敷衍了事
对少数群体做出公开的微小让步，进而避免被指责为具有偏见和歧视。

（Wright, 2001, p. 224）。

（三）反向歧视

反向歧视（reverse discrimination）是敷衍了事的极端表现形式。有时候，人们以自己的方式将残存的偏见态度表现为更加偏向遭受偏见的群体成员，而非其他群体成员。例如，托马斯·奇德斯特（Thomas Chidester, 1986）邀请白人学生通过语音设备与另外一名学生进行"交友"谈话，被试无法从表面上判断对方是黑人还是白人。结果发现，这些白人被试可以有理有据地阐明陌生黑人学生比陌生白人学生更好。本书前面提到的达顿和莱克（Dutton & Lake, 1973）的研究也发现了相似结果。（对本章开头"你怎么认为？"中的第一个问题的回答可以参考这些结果。）

反向歧视由于主要发生在少数群体成员身上，短期内可以为他们带来有利的结果。但长远来看，这些成员依然要遭受损害性的结果（Fajardo, 1985；参见本章接下来的内容），而且并没有证据表明反向歧视可以减少歧视者由来已久的偏见。然而，根据认知失调理论（Festinger, 1957；见第 6 章）和自我知觉理论（Bem, 1972；见第 4 章），人们在没有明显的外在压力时产生反向歧视，可能是希望通过这样的行为来改变自身的态度与自我概念。总而言之，反向歧视是隐藏偏见的一种有效方式，但也反映出人们的矛盾心理、表达平等主义或者钦佩和尊重等真挚情感的期望（Carver, Glass, & Katz, 1977; Gaertner & Dovidio, 1986）。

研究者面临的挑战是，厘清人们偏爱少数群体的行为何时属于反向歧视，何时作为改变缺点的真正尝试（例如平权行动，参见本章开头"你怎么认为？"中的第二个问题）。

五、污名和偏见的其他影响

从相对微小的不便到巨大的痛苦，偏见对受害者的影响多种多样。一般来说，偏见具有伤害性，因为它会导致群体及其成员都被污名化（Crocker, Major, & Steele, 1998; Goffman, 1963; Swim & Stangor, 1998）。伊丽莎白·帕斯科和劳拉·里奇曼（Elizabeth Pascoe & Laura Richman, 2009）对 134 项研究的元分析发现，人们感知到的歧视对身心都会产生明显的负面作用，还会显著提升压力，并与不健康行为存在关联。戈登·奥尔波特（Gordon Allport, 1954b）认为，偏见的受害者可能至少遭遇 15 种后果。下面来看这些后果中的部分内容。

（一）污名

珍妮弗·克罗克（Jennifer Crocker）和她的同事们将**污名**（stigma）界定为："被污名化的个体具有（或被认为具有）某些属性或特征，导致其在特定社会环境下的社会身份受到贬低。"（Crocker, Major, & Steele, 1988, p. 505）偏见和歧视的对象是受污群体成员，他们也就由此成为受污个体。污名的主观体验取决于两个因素，即可见性（或隐藏性）与可控性。

涉及种族、社会性别、肥胖、年龄等方面的显而易见的污名，意味着人们难以避免成为刻板印象和歧视的目标——作为可见的受污群体成员，会不可避免地体验到偏见（Steele & Aronson, 1995）。可见的受污者并不能通过掩盖污名的方式，应对可能由污名引发的刻板印象、偏见和伤害。

同性恋、某些疾病，还有一些意识形态和宗教信仰都是隐藏性污名，可以让

反向歧视
公开表示对少数群体的支持，以避免被指责为对该群体存在偏见和歧视。

污名
一种导致群体成员被负面评价的群体属性。

人们避免体验到偏见。格雷戈里·赫雷克（Gregory Herek, 2007）将这种形式的隐藏状态称为内化污名。但是，这种隐藏可能需要付出很高的成本（Goffman, 1963）。人们不能直面真实的自己，还要时刻警惕不经意间表现出来的符合污名的行为。纵使可隐藏的受污认同可以在家里（一种私密环境）自由表达，但若这种自由表达在工作等公共环境引发了消极结果，人们便较难做到同样的自由表达，因为这有可能让其觉得自己有一个"分裂的自我"（Sedlovskaya, Purdie-Vaughs, Eibach, LaFrance, Romero-Canyas, & Camp, 2013）。

可控的污名强调人们不关注事情的对与错，认为污名是受污者主动选择而不是被动承受的结果，比如肥胖、抽烟和同性恋都被认为是可控的污名——人们有责任承担选择这些事情之后的结果。不可控的污名则强调人们相信受污者别无选择，如种族、性别和某些疾病。与不可控的污名相比，可控的污名所导致的恶劣反应和极端歧视更为严重。例如，克里斯·克兰德尔（Chris Crandall, 1994）解释了当代西方文化中肥胖者遭受消极对待的原因——不仅仅是肥胖受到强烈的污名化，还在于人们相信肥胖具有可控性（另见 Crandall, D'Anello, Sakalli, Lazarus, Nejtardt, & Feather, 2001; Crandall, Nierman, & Hebl, 2009）。

当相信自身遭受可控的污名时，人们便会试图努力摆脱污名。与隐藏一样，这个过程同样需要付出很高的成本。其实，许多人所认定的可控的污名并不具有可控性或者相当难以控制（在某些情况下，肥胖就属于这类）。尝试控制污名基本上会徒劳无功，除了污名本身所产生的消极作用外，受污者还会感受到强烈的挫败感和不足感。但是，有些人仍然致力于重新评价污名以及消除他们所遭受的偏见和歧视（Crocker & Major, 1994）。

许多显而易见的原因导致污名持续存在（见 Crocker, Major, & Steele, 1998）。个体和群体如果将自己或所属群体与其他受污个体或群体相比，将获得相对积极的自我认同感和社会认同感——以受污群体作为向下比较的目标，人们会有一种自我评价的优势（Hogg, 2000b; Hogg & Gaffney, 2014）。污名有利于将优势群体的不平等地位和不公平资源分配变得合理化。这些优势群体坚定地维持污名的存在，因为污名具有制度正当化的功能，而制度正当化的作用就是为现状提供合情合理的证明（Jost & Banaji, 1994; Jost & Kramer, 2002; Jost & Van der Toorn, 2012）。人们可能需要污名化那些同自己持有不同世界观的群体，因为人们若不采取这样的方式羞辱和诋毁外群体，那么，他们基于自身世界观而形成的对现有生活的控制感，以及对生活中必然之事的无力感，可能都会被打破（Solomon, Greenberg, & Pyszczynski, 1991）。

最后，罗伯特·库尔茨班和马克·利里（Robert Kurzban & Mark Leary, 2001）提出了污名的进化解释视角。污名化是适应性认知过程的结果，有助于人们躲避资源匮乏的社会交换对象，因为他们可能对自己获取资源产生威胁，或者可能由于彼此间差异而携带传染性病原体。

（二）自我价值、自尊和心理幸福感

群体一旦从界定上被污名化，其价值便会遭受贬低。他们的社会地位较低，几乎没有什么社会权力，更难以避免社会大众对他们的负面印象。年满14岁的非裔美国人已经意识到自身在他人眼中具有负面形象（Rosenberg, 1979），墨西哥裔美国人（Cacas, Ponterotto, & Sweeney, 1987）、同性恋者（D'Emilio, 1983）和许多女性（Crosby, 1982）也都有这样的意识。受污群体成员将这些价值内化成并不受欢迎的自我形象，进而在相关情境中压抑**自尊**（self-esteem）（见第4章）。研究发现，女性普遍了解男性对她们的消极刻板印象，经常按照这些刻板印象看待自己，在性别作为自我感知的凸显基础的条件下，的确出现了自尊的降低（如 Hogg, 1985; Hogg & Turner, 1987b; Smith, 1985）。

但是，群体及其成员都很善于挖掘对抗低地位以及被一贯轻视的情形的方法，所以受到压抑的自尊绝不是偏见的必然结果（如 Dion & Earn, 1975; Dion, Earn, &

自尊
对自己的感觉和评价。

Yee, 1978; Tajfel & Turner, 1986; 另见第 11 章）。尽管受污者会因比较敏感而出现低自尊、降低生活满意度，以及某些情况下有些沮丧的情形，但受污群体的大多数成员能够抵御各种抨击，并且有能力保持正面的自我形象（Crocker & Major, 1989, 1994; Crocker, Major, & Steele, 1998; Kwon, 2013）。

在日复一日的生活中，从粗鲁的种族主义言论与毫不遮掩的身体攻击，到被商场售货员无视或者迟迟叫不来酒吧服务生的这些轻慢，自尊可以被偏见一点点侵蚀。新闻记者埃利斯·科塞（Ellis Cose, 1993）描述过这样的场景：一家律师事务所的非裔美国籍合伙人被阻拦在自己的办公室之外，原因是一位并不认识他的年轻白人律师以他是黑人为由，认定他陷入犯罪活动中。

更多难以察觉的偏见形式同样可以损伤自尊。例如，托马斯·查科（Thomas Chacko, 1982）让女性管理者被试判断她们的能力、经验、教育背景或性别等因素影响她们受雇于该工作的程度。另外，还了解了被试对组织的承诺感以及对工作各方面的满意度。结果发现，被试若认为仅仅凭借女性身份而获得当前工作，那么，所报告的组织承诺感和工作满意度都低于那些认为自己凭借能力获得工作的女性（见图 10.7）。这就是敷衍了事所导致的消极结果。

反向歧视也能影响自尊。丹尼尔·法哈多（Daniel Fajardo, 1985）让白人教师对四篇真实的论文范本（来自大学生的入学记录）进行较差、中等、优秀的质量等级判断。老师们知道这些论文的作者是申请进入大学的高中生，他们要么是白人，要么是黑人。结果表明，老师们评定同样的论文，若认定作者是黑人学生，所给予的评价高于认定作者是白人学生的情况（见图 10.8），当论文质量被评价为中等时，这种差异更为明显。

短期内，反向歧视可能促进少数学生的自信。但长远来看，学生会对自己的能力和未来前景形成不切实际的看法，当希望受到现实的冲击时，自尊将会受损。反向歧视还有可能阻止学生于学业早期寻求他们需要的帮助，这将使他们的学习处于劣势。

与之相关的是，旨在改变特定群体无法在高层次职位和高社会地位中获得足够代表性的历史境况的平权行动，却出乎意料地诱发了传统优势群体成员的消极反应。传统的优势群体成员可能产生不公平感和相对剥夺感（见第 11 章），由此激发重建公平（见第 12 章）或者重新审视所属群体优势地位的行为。这可能对少数群体产生冲击，最终将影响少数群体成员的自尊。

（三）刻板印象威胁

被污名化的群体知道他人对其具有消极刻板印象，因而存在克劳德·斯蒂尔和乔舒亚·阿伦森（Claude Steele & Joshua Aronson, 1995; Steele, Spencer, & Aronson, 2002）所界定的**刻板印象威胁**（stereotype threat）（另见 Inzlicht & Schmader, 2011;

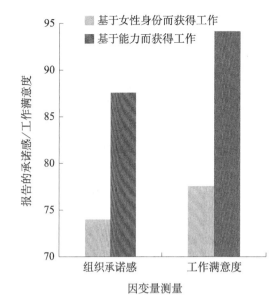

图 10.7　组织承诺感和工作满意度作为员工感知到的受雇原因的函数

一种敷衍了事的隐患：女性管理者若认为自己仅仅因为女性身份而获得工作，则组织承诺感和工作满意度都低于那些认为凭借能力获得工作的女性。

来源：Chacko, 1982.

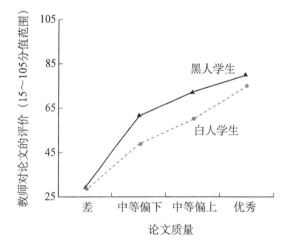

图 10.8　白人教师对不同种族学生的论文的评价

与白人学生的论文相比，白人教师更加肯定黑人学生的论文，尤其是论文被评价为中等质量时，这种差异在论文被评定为较差或优秀时更为明显。反向歧视导致了意想不到的结果，就是黑人学生更少寻求帮助或被给予指导以提升他们实际上非常平庸的表现。

来源：Fajardo, 1985.

刻板印象威胁

人们感觉自己将按照其所属群体的消极刻板印象被他人评价和对待，进而所表现出来的行为恰恰在无意间证实了这些刻板印象。

Maass & Cadinu, 2003; Schmader, Johns, & Forbes, 2008; Shapiro & Neuberg, 2007）。受污者意识到其他人可能带着刻板印象来判断和对待他们。所以，当他们需要完成对自己来说至关重要的任务时，尤其是在感受到主导当前环境的文化世界观与自己所属群体存在不同时，他们便会担心自己的行为表现可能证实别人所持有的刻板印象，结果他们的行为反倒符合这些刻板印象，成为自我实现预言（参见本章随后的"自我实现预言"部分）。刻板印象威胁导致的担忧增加了焦虑和消极想法（Cadinu, Maass, Rosabianca, & Kiesner, 2005），限制了工作记忆（Van Loo & Rydell, 2013）。这些担忧还会影响任务表现。例如，一位想在学业上有所建树的西印度裔英国人意识到别人存在看低其智力的刻板印象后，在课堂上回答问题时可能会非常焦虑。她担心一丝一毫的错误就可能被他人按照刻板印象解释为智力低下。这样的焦虑不仅使她分散注意力，还极有可能降低回答问题的质量。

为了验证刻板印象威胁假设，斯蒂尔和阿伦森让白人和黑人学生参加一项"非常困难"的测试（题目来自美国研究生入学考试的口语部分），并预先告知被试测试内容为"智力能力诊断"或"只是一项实验室练习"。在测试过程中，测试项目被有意设计成能唤起被试的种族刻板印象意识。比如，被试被要求完成类似"＿＿CE""＿＿ERIOR"这样意思含混的词语填空。不出所料，黑人学生若预先知道测试目的是诊断智力能力，他们比其他被试更多地填写出种族相关单词[（比如 race（种族）、inferior（低下的）]。斯蒂尔和阿伦森还发现，黑人学生的实际测试结果比学习水平相当的白人学生要差一些。

刻板印象威胁存在于各种各样的情形中（见 Wright & Taylor, 2003），比如女性和数学、低社会经济地位和智力、老年人和记忆、女性和谈判技巧、黑人和白人男性与运动水平。不仅如此，当男性发现自身处于女性主导的共生角色中，并且意识到男性不擅长交流的刻板印象后，他们很难表达情感以及与他人建立联系（Croft, Schmader, & Block, 2015）。菲利普·戈夫（Phillip Goff）和他的同事们进行了一项有趣的研究，发现刻板印象威胁导致人们在族际接触过程中，将自身置于更加远离彼此的位置（Goff, Steele, & Davies, 2008；另见第 15 章表 15.3 有关社交距离的内容）。还有证据表明，拥有积极社会刻板印象的群体成员存在与刻板印象威胁相反的表现，这被称为刻板印象提升（Walton & Cohen, 2003）。

已有研究总结了一些应对刻板印象威胁负面作用的方法（Maass & Cadinu, 2003; Shapiro & Neuberg, 2007）：

- 了解刻板印象威胁（Schmader & Martens, 2005）。
- 降低个体认同与引发消极反应的某个行为之间的关联程度（Major & Schmader, 1998）。
- 降低个体自尊与引发消极反应的某个行为之间的关联程度（Pronin, Steele, & Ross, 2004）。
- 强烈认同受污群体（如 Schmader, 2002）。
- 多与引发焦虑的外群体进行积极的群际接触（Crisp & Abrams, 2008）。

人们感受到力量也能应对刻板印象威胁。提前感受到自身拥有力量的女性被试在完成数学测试时，较少受到刻板印象威胁和工作记忆的限制，测试成绩更好（Van Loo & Rydell, 2013）。

（四）失败和劣势

群体偏见的受害者无法获得优质教育、医疗、住房、工作等许多有利于人们良好发展和获得成功的社会资源。基于此，歧视就是导致他们确实存在劣势以及明显难以达到社会高标准的直接证据。偏见受害者将这些失败的感觉内化，导致出现长期的无动于衷以及毫无动机：他们知道不可能成功，从而很容易放弃努力。

有一些证据表明，在某些特定环境中，女性往往比男性预测到更多的失败，从而失去动力

（如 Smith, 1985 ）。正如前面所提到的，女性可能将成功归因于幸运、任务简单等外在因素。

　　本书将在随后的第 11 章更加全面地讨论剥夺和劣势。在生活中可以发现，即使受污群体存在明显的劣势，所属成员却经常否认个人有过被歧视的经历。费伊·克罗斯比（Faye Crosby）和她的同事们发现，遭受分配歧视的职业女性很少表示自己亲身经历过任何形式的性别歧视（Crosby, 1982 ）。不仅如此，人们对个人歧视的否认率相当高（Crosby, 1984; Crosby, Cordova, & Jaskar, 1993; Crosby, Pufall, Snyder, O'Connell, & Whalen, 1989 ），在许多受污群体成员身上都发现了个体否认遭受歧视的现象（Guimond & Dubé-Simard, 1983; Major, 1994; Taylor, Wright, & Porter, 1994 ）。

（五）归因的模糊性

　　归因过程可通过归因的模糊性以完全不寻常的方式影响被污名化的人们。受污者对他人对待自己的原因十分敏感（Crocker & Major, 1989 ）。那位酒吧生不为我服务，原因在于我是黑人，还是仅仅因为其他人的召唤声更大？她先为我服务是不是因为我是黑人，她想隐藏她的种族歧视？我的晋升速度如此之快，是因为遵守规章政策还是凭借自己的真实能力？归因的模糊性明显会导致人们在社会互动中产生质疑和不信任。

　　归因的模糊性同样不利于受污个体的自尊。受污个体经常无法将积极结果归为自己努力的成效，而是归为平权行动、敷衍了事或者反向歧视所发挥的作用。他们还有可能暗中将他人的消极反应归因为偏见。卡伦·鲁杰罗和唐·泰勒（Karen Ruggiero & Don Taylor, 1995 ）告知女性被试一份来自男性评价者对她的负面评价结果，结果发现评价者具有偏见的可能性导致实验结果有所不同。只有当评价者具有偏见的可能性为 100% 时，被试才会将负面评价结果归因为偏见的作用。除此之外，她们将所有比较模糊的评价结果都归因为自身工作的不足。

（六）自我实现预言

　　偏见性态度引发明显或隐蔽的歧视行为，最终导致劣势的出现。基于这个形式，刻板信念所引发的现实结果恰好证实了这个信念，这就是**自我实现预言**（self-fulfilling prophecy）（综述见 Jussim, Eccles, & Madon, 1996; Jussim & Fleming, 1996）。例如，多夫·伊登（Dov Eden, 1990）事先让以色列国防军的排长对其士兵的表现拥有很高的期待。11 个星期的训练项目结束后，高期待的排长所带士兵的训练表现远超过"没有期待"的排长的训练结果。或许，关于自我实现预言的大多数知名研究均参照了罗森塔尔和雅各布森（Rosenthal & Jacobson, 1968）的模式（见专栏 10.4）。

自我实现预言　这些孩子具有的不同人格和种族。这些因素能创造教育预期，而这些预期最终可能变为事实。

　　卡尔·沃德（Carl Word）和他的同事们关于自我实现预言的研究同样堪称经典。在实验 1 中，白人被试扮演面试官，应聘者为白人和黑人。结果发现，被试对待白人和黑人应聘者的方式完全不同。面试黑人比面试白人时，被试表现出更多的表达错误（如语法错误、用语不准确、言语不流畅）、更短的面试时长和更少的非言语互动。在实验 2 中，另外一组白人被试模仿实验 1 中白人被试面试白人或黑人的方式，仅面试白人应聘者。结果发现，与模仿面试白人方式的被试相比，模仿面试黑人方式的被试认为白人应聘者的表现欠佳且更为紧张（Word, Zanna, & Cooper, 1974 ）。

自我实现预言

人们对某个人所持有的期望和假设，将影响人们与其之间的互动，并最终使其行为发生改变以符合人们的期望。

专栏 10.4   经典研究

教室中的皮格马利翁效应

多夫·伊登（Dov Eden, 1990）将皮格马利翁效应界定为"自我实现预言的一种特殊表现"。众所周知，乔治·萧伯纳编写过一部名为《卖花女》的戏剧，也称为《皮格马利翁》。随后被改编为电影《窈窕淑女》搬上大银屏，故事演绎了一位普通的伦敦东区女孩变为上流社会优雅贵妇的过程。罗伯特·罗森塔尔（Robert Rosenthal）和勒诺·雅各布森（Lenore Jacobson）的著名作品《教室中的皮格马利翁效应》（*Pygmalion in the Classroom*, 1968）把神话带进了现实。他们著作的封皮上写道："简单来讲，若老师希望学生表现优异并展现智力的增长，学生确实能做到；若老师不产生任何希望……学生实际上可能在很多方面都会气馁。"

罗森塔尔和雅各布森对小学生进行了智商测试，随后告诉老师测试结果可以准确预测哪个学生将来成为"天才"，并向老师提供了20位小"天才"的名字。然而，事实上，研究者只是随机选择了20个名字，"天才"和"非天才"小学生之间也并不存在智商的差别。不久，老师们便认为这些"非天才"学生不如"天才"学生，包括缺乏好奇心、兴趣少以及不太开心。可见，老师们已经对两类学生形成了刻板化的期望。学生的成绩也与这些期望保持一致。

罗森塔尔和雅各布森分别在第一年年末、第二年年初、第二年年末测试了学生的智商。他们发现，被认为是"天才"的学生在两年的智商测试中，都比"非天才"的学生表现出更明显的智商提升（见图10.9）。这个结果根本无法获得所有人的

信任。对此，罗森塔尔和鲁宾（Rosenthal & Rubin, 1978）对随后的345项研究进行了**元分析**（meta-analysis），证实这种现象的确存在。罗森塔尔并未将这种效应的积极潜能局限于教育领域，还想将其应用于商业和医疗领域。例如，雇员的表现印证了管理者的预期，病人的精神和心理健康印证了临床医生的预期。

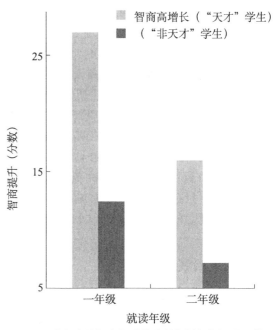

图 10.9   小学生的智商提升作为教师刻板期望的函数

教室中的皮格马利翁效应。小学生在一年级、二年级时展现了智商的提升。然而，被视为"天才"的小学生展现了更明显的提升，这些被随机选择的"天才"小学生只是令教师相信他们具有发展出更高智商的潜能。

来源：Rosenthal & Jacobson, 1968.

马克·斯奈德（Mark Snyder）及其同事系统研究了信念成为现实的过程（Snyder, 1981, 1984）。一种范式是引发观察者期待他们即将面对的人（也就是"行动者"）具有外倾人格。观察者和行动者的信念与行动结果均在整个互动过程中被仔细追踪，直到行动者的行为和自我知觉符合最初的期待为止（见图10.10）。

有确凿的研究证据表明，人们对性别的刻板期望可以切实产生相应的行为，只有部分研究证据表明人们对种族和民族的刻板期望也能如此。另外，无法证实刻板期望可以导致社会经济地位的变化（Jussim & Fleming, 1996）。

社会心理学研究主要关注自我实现预言的人际影响。在一些情境中，预言的确成真，但整体效应较小，即个体仅有4%的行为受他人预期的影响。李·尤西姆

元分析
结合来自不同研究的数据来衡量整体信度和特定效应量的统计程序。

（Lee Jussim）和他的同事们认为，如果将自我实现预言效应置于真实的群际互动之中，这 4% 的影响虽然偏小，却也是相当显著的（Jussim, Eccles, & Madon, 1996; Jussim & Fleming, 1996）。在自然的人际互动中，人们倾向于根据他人的人格而非社会刻板印象来感知他们。但在群际环境中，刻板印象和群体感知则开始发挥作用。刻板印象在一定程度上与现实相符（并不是随意出现的），并且在各种各样的社会情境中，行动者会反复遭遇来自许多不同的外群体成员的刻板期望。其中的 4% 将被极度放大。

刻板印象威胁（Steele, Spencer, & Aronson, 2002; 参见前面"刻板印象威胁"部分）也可能是自我实现预言的原因之一。事实上，在美国，相关研究一直将刻板印象威胁视为与种族有关的学业不佳现象的一个成因。黑人学生始终担心他们的学业不佳会遭受刻板性解释。日积月累，这个过程不仅让黑人学生产生了巨大的焦虑，还令其减少努力，降低学业目标，最终彻底辍学。在美国，类似的刻板印象威胁分析还被应用于女性在数学和科技领域的成就欠佳以及代表性不足的现象。

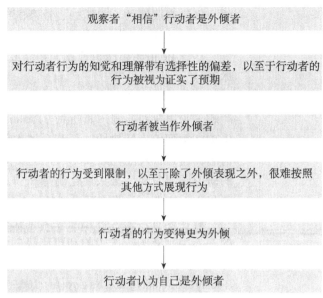

图 10.10　信念可能最终成为现实的系列步骤
来源：Snyder, 1981, 1984.

观察者"相信"行动者是外倾者

↓

对行动者行为的知觉和理解带有选择性的偏差，以至于行动者的行为被视为证实了预期

↓

行动者被当作外倾者

↓

行动者的行为受到限制，以至于除了外倾表现之外，很难按照其他方式展现行为

↓

行动者的行为变得史为外倾

↓

行动者认为自己是外倾者

（七）去人性化、暴力和种族灭绝

本章的大部分重点内容集中于偏见的间接或微妙形式及其影响，这比较符合大多数西方民主国家目前所面临的事态。在这些国家中，反歧视法已经实施，清除种族主义和性别歧视语言的运动也发挥了相应的作用。

但是，偏见的极端情况不容忽视。偏见性态度往往有共同之处，人们认为遭受偏见的对象是邋遢的、愚蠢的、冷漠的、令人厌恶的、暴躁的、心理状态不稳定的（Brigham, 1971; Katz & Braly, 1933）。这些描述将人贬低得毫无价值，认定他们不需要或者不值得被关心、被礼貌对待以及被尊重。再加上恐惧和仇恨，这些内容无疑会成为强大的组合：不仅将人认定为丧失人性（Haslam, 2006），还为个人暴力、大众侵犯或者系统性的灭绝创造了特定的社会环境。

赫伯特·克尔曼（Herbert Kelman, 1976）最先科学地探索了去人性化。去人性化是一个过程，在个体互相联结的社群中，人们被否认具有其成员资格，并被抛弃在"道德圈"之外，置于不再作为人类应享有权利和被考虑的境地（Opotow, 1990）。自相矛盾的是，当人们感受到社会联结时，这反而加剧了去人性化及其影响。更准确地说，人们与内群体成员建立满意的社会联结为个体营造了安全环境，令其对外群体成员进行无所顾忌的去人性化。这个看法得到了亚当·韦齐和尼古拉斯·埃普利（Adam Waytz & Nicholas Epley, 2012）四项实验结果的支持。研究中，被试感受到社会联结后，不太可能将人类的心智状态归为各种各样社会群体成员的属性，尤其是距离越远的群体成员，这种归属就越不可能。另外，被试感受到社会联结后，也更有可能建议采取严酷的方式对待被去人性化的那些人。

去人性化否认了人们的人类独特性以及人类本性（Haslam, 2006; Haslam & Loughnan, 2014; Haslam, Loughnan, & Kashima, 2008; 另见 Bain, Vaes, & Leyens, 2014; Vaes, Leyens, Paladino, & Miranda, 2012）。人类独特性是指使人类与其他动物有别的属性，如精致、礼貌、道德和高级认知。当被否认具有人类独特性时（一种保留动物性的去人性化过程），人们便被比作动物，被视为孩子般

的、未发育成熟的、粗糙的、荒谬的或者落后的。人类本性是指人类所共有的基本属性，如情绪性、主体性、热情和认知灵活性。当被否认具有人类本性时（一种保留机械性的去人性化过程），人们便被明里暗里地比作物品或机器，被视为冷漠的、死板的、无活力的、缺少情感和主体性的。

去人性化可能具有独特的脑区活动特征，使其有别于人们被识别为人类时的正常感知。拉萨娜·哈里斯和苏珊·菲斯克（Lasana Harris & Susan Fiske, 2009）发现，去人性化的感知特征出现在被评价为低热情－低能力的人们和群体身上，而低热情－低能力的认知评价会引发厌恶情绪，这是去人性化导致的一种主要情绪（Frank, Matsumoto, & Hwang, 2015）。他们总结 fMRI 的研究结果发现，去人性化的感知与部分脑区的激活度降低有关，尤其是内侧前额皮层，该脑区与个人知觉、共情感受、推断他人动机并理解其想法以及心理状态的心理理论过程有关。

总体来看，去人性化与类人猿化有关（Vaes, Leyens, Paladino, & Miranda, 2012）——老练的、人类独有的、次级的和更高级的情绪，被更多地归于内群体成员而非外群体成员，因此，外群体成员比内群体成员看来，不像人类，更像类人猿（如动物一般）（如 Cortes, Demoulin, Rodriguez, Rodriguez, & Leyens, 2005; Leyens, Demoulin, Vaes, Gaunt, & Paladino, 2007; Leyens, Rodriguez-Perez, Rodriguez-Torres, Gaunt, Paladino, Vaes, et al., 2001）。这个归因过程受**本质主义**（essentialism）影响——被归因的品质被视为反映了群体可能先天具有的那些不易改变的属性（Haslam, Rothschild, & Ernst, 1998; Medin & Ortony, 1989; 见第 3 章）。例如，20 世纪 30 年代和 40 年代时纳粹将犹太人描述为老鼠，1994 年卢旺达种族大屠杀时期胡图族将正在被他们屠杀的图西族描述为蟑螂。

奇怪的是，人们有时候会对自己去人性化（Bastian, Jetten, Chen, Radke, Harding, & Fasoli, 2013）。当意识到采用了不道德的行为方式，对他人造成了情绪上或身体上的伤害时，人们便会认为自己不是人。在这类行为所营造的背景下，人们视自己为机器或动物，实际上则是远离了这类行为，以此保护广义自我概念的完整性。

然而，缺少了机构或法律的明确援助，去人性化经常成为个体对外群体实施暴力行为的推动剂。例如，2011 年英国的几个城市出现了袭击亚洲移民的现象，美国的"三 K"党因私刑处死黑人而臭名昭著（参见 1988 年影响力极大的电影《烈血大风暴》），德国曾经对土耳其移民进行过纳粹式袭击，印度依然暗地里实施屠杀女婴的习俗（Freed & Freed, 1989）。2004 年曝光的阿布格莱布监狱虐囚丑闻就是典型的去人性化例证，一些美籍看守参与了举世震惊的虐待伊拉克战俘事件，全过程都有视频记录。

当偏见被社会的道德所接纳以及获得法律支持时，大众歧视的系统行为便随之产生。具体形式为种族隔离制度，即将目标群体与社群的其他成员隔离开。众所周知的新近案例就是南非于 1948 年至 1994 年期间实施的种族隔离制度，不过美国教育领域直到 20 世纪 50 年代中期仍然存在类似的种族隔离系统。像澳大利亚和美国等"新世界"国家为原住民保留居住地，也可能是种族隔离的一种形式。南非的种族隔离以及其他的种族隔离大多从为隔离群体利益着想的角度，为其自身寻找到了相当多的社会正当理由（参见本章开头"你怎么认为？"中的第三个问题）。

种族灭绝是合法化偏见的最极端形式（Staub, 1989），是对目标群体进行系统性的逐步消灭。

本质主义

一种普遍的倾向，认为行为反映了人们或其所属群体潜在的、不变的，往往是与生俱来的属性。

去人性化的过程令人们对他人相对轻易地采取最为恶劣的羞辱和暴力行为（参见托马斯·基尼利 1982 年的传记体小说《辛德勒名单》或者 1984 年的电影《杀戮战场》）。20 世纪 40 年代早期，被详细记录在档的纳粹对犹太人的大屠杀是最令人毛骨悚然的种族灭绝行径，600 万犹太人被纳粹有计划地逐步消灭于中欧集中营。在波兰的奥斯维辛集中营，1942 年 1 月至 1944 年夏，共有 200 万犹太人被毒气杀害（也就是说，每天约有 2 220 名男人、女人和小孩死亡）。

近来发生的种族灭绝事件也有很多，比如萨达姆·侯赛因对北伊拉克库尔德人和南伊拉克什叶派的灭绝，波黑塞族于 1992 年至 1995 年在波黑进行的"种族清洗"，1994 年卢旺达大屠杀的 100 天时间里胡图族对图西族的灭绝，2003 年至 2010 年数十万非阿拉伯人在苏丹西部达尔富尔地区失去生命。

种族灭绝也可采用更加间接的方式实施，即通过制造大规模的物质条件恶劣的环境，令群体切实遭受疾病，或者因酗酒、药物滥用、极度绝望而自杀与被谋杀等境遇导致自我灭亡。澳大利亚原住民、加拿大因纽特人和巴西印第安人的困境便属于这种状态。种族灭绝（不过，此处用"种族灭亡"更为贴切，与大屠杀的野蛮行为有所区别）的另外一种形式是文化同化，在这种同化中，广泛的通婚以及对群体文化和语言的系统性打压，使整个文化群体可能作为离散的实体而消失（如 Taft, 1973；见第 15 章）。在一些并不切实推进文化多元化的社会中，文化同化的形式可能普遍存在（例如英格兰曾经对待威尔士和苏格兰的做法、日本曾经对待国内菲律宾裔的做法等）。群体从国家的官方历史记载中被剔除也是种族消亡的一种形式。新闻记者约翰·皮尔格（John Pilger, 1989）记录的澳大利亚原住民便属于这种状况。

■ 六、对偏见和歧视的解释

人们为什么具有偏见？毫不奇怪，偏见理论关注更为极端的偏见形式，特别是前面探讨过的攻击和暴力。在 20 世纪初，偏见被普遍认为是人们对某类人（或某些种族）与生俱来的本能反应，就像动物出于本能而对待其他同类的反应（Klineberg, 1940）。不过，这类观点由于经不住科学检验而不再适用。

但是，偏见可能仍然存在与生俱来的成分。证据表明，包括人类在内的高等动物对不熟悉和不寻常的事物存在固有的恐惧（Hebb & Thompson, 1968），从而对于某些方面有所不同的群体，已经设定了态度消极的对待模式。**纯粹曝光效应**（mere exposure effect）也得到了研究的支持（Zajonc, 1968），这种效应是指人们对待刺激的态度会随着与其接触频次和对其熟悉度的增加而改善，假如人们对待该刺激的初始反应并不消极的话（Perlman & Oskamp, 1971）。

另外一种观点认为，偏见是后天习得的结果。戈登·奥尔波特以及随后的亨利·泰弗尔（Henri Tajfel, 1981b）认为，人们对某些群体的厌恶和怀疑源自早年生活中的学习，孩子甚至未曾对目标群体有任何的了解，这提供了一种框架，它为所有与该群体有关的后续信息与体验涂上了情绪色彩（见 Brown, 1995; Durkin, 1995; Milner, 1996）。马丁·巴雷特和贾尼斯·肖特（Martyn Barrett & Janis Short, 1992）发现，5 ～ 10 岁的英国儿童对其他欧洲国家几乎没有事实性的知识，却表现出明确的偏好：法国人和西班牙人最受他们欢迎，其次是意大利人，德国人最不受欢迎。4 ～ 5 岁儿童已经产生了鲜明的民族偏好，因为这个年龄的社会认知系统依赖于明显的知觉特性，它们为归类和社会比较提供了明确的基础（Aboud, 1988）。但是，亚当·拉特兰（Adam Rutland, 1999）认为，国家和民族刻板印象的形成略晚，应该到 10 岁之后才能成形。这些情绪偏好为孩子习得父代态度和行为提供了有力的框架（Goodman, 1964; Katz, 1976; 见第 5 章）。

父代偏见可以通过父代模式（例如，孩子亲眼看到父母表达种族厌恶）、工具性或操作性条件作用（例如，父母赞同种族歧视行为，不赞同非种族歧视行为），以及经典条件作用（例如，白人小孩因与亚裔小孩玩耍而遭到父母严厉责骂）等方式进行传递。

本节将讨论偏见的一些主要理论，这其中也考虑到个体差异可能产生的作用（Hodson & Dhont, 2015）。这些观点多半将偏见视为对某些群体的攻击性的大规模

纯粹曝光效应
反复接触某一对象，会使该对象更具吸引力。

表达。第11章将继续探讨偏见的另外一种形式，即偏见被视为一种与社会归类和身份认同过程有关的群际行为。

（一）挫折—攻击

伴随反犹太主义于20世纪30年代在欧洲（尤其是在德国）的兴起，解释偏见现象成为社会心理学的主要工作。在1939年，约翰·多拉德（John Dollard）和他的同事们提出了**挫折—攻击假说**（frustration-aggression hypothesis），认为"攻击行为的产生必然以挫折的存在为前提，反之，挫折的存在总是导致某种形式的攻击"（Dollard, Doob, Miller, Mowrer, & Sears, 1939, p. 1）。挫折—攻击理论的基础为心理动力学假设，即许多固有的心理能量促使人类心智进行心理活动，随后通过某个心理活动的完成而得到宣泄，也就是说，当心理能量通过宣泄得以释放之后，整个系统重新恢复心理平衡。

多拉德及其同事认为，个体的目标需要唤起心理能量才能实现，而目标的实现就是宣泄。但如果目标的实现受到阻碍（即挫败），心理能量依然处于激活状态，系统持续存在心理不平衡，便只能通过攻击恢复平衡。换句话说，挫折导致了"对攻击的驱动"，而攻击也是唯一实现宣泄的途径。

虽然攻击的目标通常是引发挫折知觉的主体，但在许多情形中，导致挫折的主体是不固定的（如官僚体制）、模糊的（经济）、相当强大的（一个高大强壮并手持武器的人）、不可及的（特有的个人官僚），或是所爱之人（父亲或母亲）。这样的主体，还有一些其他情形，阻止或抑制人们对知觉到的挫折来源进行攻击，结果导致人们为减少挫折感而产生的强大攻击被一个替代目标所移置（一个人或者一个无生命的物体），而这个目标则可以被无所顾忌地合法攻击。换句话说，**替罪羊**（scapegoat）出现了。

纵使挫折—攻击理论可以广泛地、相对准确地解释人际攻击现象（见第12章），多拉德和同事们的首要目标却是解释群际攻击，尤其是与偏见有关的暴力和攻击现象。如果相当多的人（或群体）在实现目标的过程中受到挫折，以及挫折来自其无法攻击且十分强大或者太遥远的另外一个群体，那么一个较弱的群体便具有了替罪羊的功能，成为被攻击的移置目标。图10.11展示了挫折—攻击假说如何解释德国20世纪二三十年代反犹太主义的兴起。

卡尔·霍夫兰和罗伯特·西尔斯（Carl Hovland & Robert Sears, 1940）的档案研究结果支持了挫折—攻击假说。这项研究收集了美国南部两个长达五十余年的经济指数，一个表示效益受阻（棉花的价格），一个表示种族攻击（被私刑处死的黑人数量）。这两个指数呈负相关关系，即棉花价格下降（遭受挫折）时，被私刑处死的黑人数量增加（移置性攻击）。

群际攻击的研究重点集中于**移置**（displacement），这也是多拉德和同事们阐释替罪羊概念的核心，因此也是解读偏见和群际攻击的关键。在一项研究中（Miller & Bugelski, 1948），夏令营的青年人十分期待在小镇上过夜，夏令营管理者却令他们完成一些无聊且困难的测试，导致他们无法实现目标而受挫。与并未受到这种形式挫折的控制组相比，由于遭受挫折，这些年轻人对两个少数群体的刻板态度变得恶劣了。

其他研究的结论并不一致（见 Baumeister, Dale, & Sommer, 1998）。例如，糟糕的测验或实验任务结果所引发的挫折，既能增加种族偏见（Cowen, Landes, & Schaet, 1958），也可以减少偏见（Burnstein & McRae, 1962），或者对偏见没有影响（Stagner & Congdon, 1955）。另外，尚无系统证据表明群际攻击和群内攻击具有反向

挫折—攻击假说
一种认为所有挫折均能导致攻击，以及所有攻击全部源自挫折的理论。被用于解释偏见和群际攻击现象。

替罪羊
个体或群体成为另一个个体、群体或者其他一些情形产生愤怒和挫折之后被攻击的目标。

移置
心理动力学的概念，指的是将消极情绪转移到一个人或群体身上，而不是最初引发消极情绪的那个人或群体。

相关的关系（也就是说，群体内产生的愤怒不可能通过攻击其他族群而得到宣泄）（Tanter, 1966, 1969）。

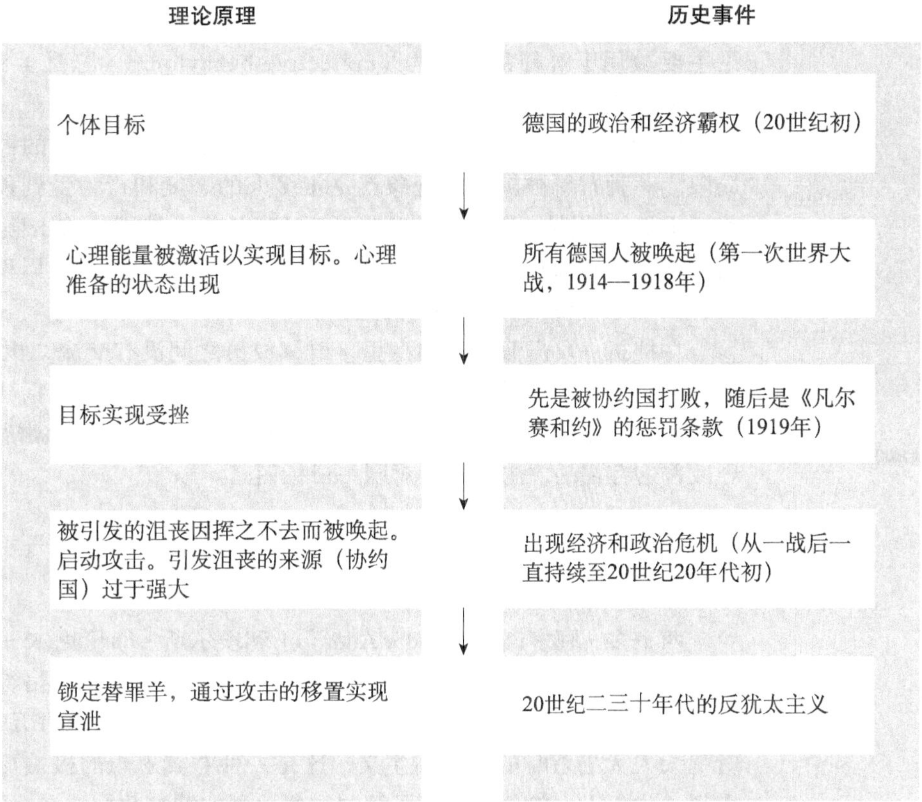

在这些研究中，很难判断攻击是移置性的（即所有的攻击都集中于某个特定替罪羊）还是泛化的（即针对引发挫折的主体而产生的愤怒，溢出后转向其他无关刺激）结果。例如，在米勒和布古尔斯基（Miller & Bugelski, 1948）的研究中，被试同样对夏令营管理者产生了愤怒。如果移置性攻击和泛化性攻击同时发挥了作用，将很难预测攻击行为的实施对象。

为了解决这个问题，尼尔·米勒（Neal Miller, 1948）提出，移置性攻击和泛化性攻击的机制可能完全相反。因此，替罪羊与实际的挫折源并不十分相同（移置性攻击基于

理论原理	历史事件
个体目标	德国的政治和经济霸权（20世纪初）
心理能量被激活以实现目标。心理准备的状态出现	所有德国人被唤起（第一次世界大战，1914—1918年）
目标实现受挫	先是被协约国打败，随后是《凡尔赛和约》的惩罚条款（1919年）
被引发的沮丧因挥之不去而被唤起。启动攻击。引发沮丧的来源（协约国）过于强大	出现经济和政治危机（从一战后一直持续至20世纪20年代初）
锁定替罪羊，通过攻击的移置实现宣泄	20世纪二三十年代的反犹太主义

图 10.11　挫折—攻击假说对德国 20 世纪二三十年代反犹太主义兴起机制的解释

挫折—攻击假说中各原理的顺序反映了德国在第一次世界大战前后发生的一系列事件最终导致全国盛行反犹太主义的过程。

对实际挫折源的攻击受阻，攻击目标与实际挫折源越相似，攻击便越强烈），但也不是十分不一样（泛化性攻击意味着潜在攻击目标与实际挫折源越来越不一样时，攻击也随之减少）。尽管在替罪羊出现之后，可以利用这个原则进行有效的事后分析，但仍然很难准确预测替罪羊（如 Horowitz, 1973）。

验证挫折—攻击假说的研究面临着另一个重要困境，就是挫折既不是产生攻击的必要因素，也不足以导致攻击的形成。攻击的产生无需挫折的存在，挫折也不一定导致攻击的出现（Bandura, 1973; Berkowitz, 1962）。结果，挫折—攻击假说只能解释部分群际攻击现象。群际攻击仍然需要其他的解释机制予以说明，或者说，偏见与群际攻击需要得到整合式的解读。

在尝试调整挫折—攻击的研究假设过程中，伦纳德·伯科威茨（Leonard Berkowitz, 1962）提出了三点改变：

- 旨在减少挫折感而形成的攻击行为切实达到宣泄效果的概率，可以被与攻击有关的情境线索予以提升，这些线索与过去或当前某个有冲突或不喜欢的特定群体（替罪羊）有关。
- 引发攻击的未必是客观存在的挫折，还可能是主观（认知加工）感觉到的挫折。
- 相当多令人厌恶的事件（比如疼痛、极端气温、其他有毒刺激）也可以引发攻击，挫折仅仅是其中的一种事件。

这个修正后的挫折—攻击理论支持环境暗示和认知调节等因素对攻击行为数量和动向的控制作用（Berkowitz, 1974; Konečni, 1979）。米勒和他的同事们总结道，八十年来有关挫折—攻击关系的研究表明：（1）挫折可以导致攻击，却并不必然导致攻击；（2）虽然巨大的挫折会导致公开的攻击行为，但力度不大的挫折更多引发间接的攻击行为；（3）聚少成多的挫折会提升攻

击的概率（Miller, Pederson, Earlywine, & Pollock, 2003）。不过，这个修正后的挫折—攻击理论主要被用于解释**集体行为**（collective behaviour）（骚乱）和**相对剥夺**（relative deprivation）（第 11 章均有相关讨论）。

尽管进行了这些修正，但挫折—攻击假说在解释大众的群际攻击和偏见时仍然存在其他的局限。一种有待被解释的现象就是很多人的态度和行为受到控制和引导，所以这其中必然存在着基本的一致性和清晰的逻辑性。批评者认为，挫折—攻击假说无法准确解释偏见的核心特征，原因在于这种简化的路径只是基于个体心理或情绪状态的累积来推论群体的表现（Billig, 1976; Brown, 2000; Hogg & Abrams, 1988）。

在挫折—攻击假说的模型里，群体成员之间没有交流，也不会被置于大众传播或历史之中。这些人只是被动承受个体挫折和愤怒的受害者，而不是包括建构、内化、实施群体规范在内的社会过程的主动参与者（见第 7 章）。正是很多人的个体攻击行为恰好同时选择了同一目标，才导致普遍存在的攻击只是针对同一目标而已。

（二）权威人格

西奥多·阿多诺（Theodor Adorno）和埃尔斯·弗伦克尔－不伦瑞克（Else Frenkel-Brunswik）及其同事于 1950 年出版了著作《权威人格》，提出一种人格综合征，认为具有这种倾向的人都尊崇权威主义。**权威人格**（authoritarian personality）理论的历史背景为第二次世界大战期间纳粹对犹太人大屠杀时的法西斯主义，这是一种右翼思想的极端形式。阿多诺和弗伦克尔－不伦瑞克都是犹太人，曾分别逃离了德国和奥地利的纳粹政权。

权威人格理论认为，专制型和惩罚型的子女教养方式是成年期出现各种信念的原因。它们包括：**族群中心主义**（ethnocentrism）；无法容忍犹太人、非裔美国人以及其他少数族群和宗教；悲观且冷漠地看待人类本性；政治和经济态度保守；怀疑民主（将这些观点应用于本章开头"你怎么认为？"中第四个问题的阿曼德案例）。当前众所周知的加利福尼亚 F 量表就与权威人格理论有关，它原本被用于测量法西斯主义的倾向，后来被更多用于测量权威主义。

虽然早期研究取得了令人满意的结果，但是，罗杰·布朗（Roger Brown, 1965）从方法论方面提出了一些批评意见。最犀利的意见如下：

- 各种量表均采用被试倾向于选择同意（**默许心向**，acquiescent response set）的条目，人为夸大各量表之间的相关程度。
- 访谈者既了解理论假设，又知道许多访谈对象具有高权威主义得分，因此极有可能受到证实偏差的影响（Rosenthal, 1966）。

权威人格在将近七十年的时间里引起了众多研究者的兴趣（如 Bray & Noble, 1978; Christie & Jahoda, 1954; Titus & Hollander, 1957; 综述见 Duckitt, 2000）。但是，从人格视角对偏见进行解读还有许多局限（Billig, 1976; Brown, 1995, 2000; Hogg & Abrams, 1988; Reynolds, Turner, Haslam, & Ryan, 2001）。具有较强影响力的情境和社会文化因素并未得到强调。

汤姆·佩蒂格鲁（Tom Pettigrew, 1958）对南非同美国北部与南部进行了跨文化比较，检验了权威人格假设。研究发现，来自南非和美国南部的白人明显比美国北部的白人具有更强的种族主义，但并没有发现这些白人在权威人格表现上存在差异。基于此，佩蒂格鲁再结合其他研究结果后认为，纵使人格可能导致一些人于某些环境中遭受偏见，但已经将偏见合法化为社会规范的偏见文化也是必须

集体行为
诸如聚集、抗议或骚乱等人群行为。

相对剥夺
感到自己拥有的东西比自己应得的要少。

权威人格
一种源自童年期、使个体倾向于产生偏见的人格综合征。

族群中心主义
相对于其他群体，对我们自己所属群体的全方位评价偏好。

默许心向
一种同意态度问卷项目的倾向。如果只有同意态度问卷中的全部或大部分项目才能获得高分，这就会导致解释上的歧义。

且应充分考虑的因素。

这一结论得到了其他研究的支持。例如，拉尔夫·米纳德（Ralph Minard, 1952）发现，位于西弗吉尼亚州一个采煤矿区的大部分（60%）白人矿工，当情境中出现鼓励或抑制偏见的规范时，其态度和行为极易由种族主义转向无种族主义。沃尔特·斯蒂芬和戴维·罗森菲尔德（Walter Stephan & David Rosenfield, 1978）发现，在改变儿童的种族态度上，族际接触比养育背景更具决定性作用。

阿多诺团队坚信，偏见是儿童期发展出来的一种人格风格。这种观点却较难解释人们对社会群体的态度和行为突然出现戏剧化转变的原因。例如，德国的极端反犹太主义仅在两次世界大战之间存在了短短的十年时间——远远不够德国家庭的整整一代人采取新的育儿方式教养出权威性的、带有偏见的孩子。

更为戏剧化的现象是，人们对待单一事件可以出现突然的态度和行为转变。这样的例子不少，例如 1941 年日本轰炸珍珠港，1982 年阿根廷占领马尔维纳斯群岛，当然还有 2001 年 9 月 11 日纽约和华盛顿发生恐怖袭击。人格并未来得及改变，但是态度和行为的确发生了变化。

事实上，偏见与其他的人类行为模式基本一样，都是与大规模社会力量之间的互动，都是基于行为和认知所决定的范畴而发展，也都是个人独一无二的经历和关系（Snyder & Cantor, 1998）。虽然偏见普遍基于社会性、群际、社会认同等因素所构筑的背景，但人们是否、何时以及如何经历与表现偏见仍然存在个体差异，且这些差异主要取决于人们过去和当前所独有的生活经历（Hodson & Dhont, 2015）。

（三）教条主义和保守思想

米尔顿·罗克奇（Milton Rokeach, 1948, 1960）解读偏见的方式与权威人格理论十分相似。由于权威主义并非政治及经济上的右翼人士所特有（如 Tetlock, 1984），罗克奇便关注于认知风格，尤其是称之为**教条主义**（dogmatism）或保守思想的一种偏执的普遍化综合表现（专栏 10.5）。教条主义的特征是将对立的信念体系进行孤立，面对新信息时拒绝改变信念，呼吁权威证明现有信念的正确性。罗克奇（Rokeach, 1960）编制的人格风格量表具有很好的信度，与权威主义的测量结果有不错的关联效度，已经得到了广泛的使用。

但教条主义概念同权威人格理论一样，对偏见的解释也存在局限性。教条主义概念将群体现象简化为个体人格倾向的集合，极大忽视了更为广泛的社会文化环境以及群体规范对偏见产生的作用（Billig, 1976; Billig & Cochrane, 1979）。

（四）右翼权威主义

最近，权威主义的观点已经复苏，但是并不涉及心理动力和人格方面的探讨。鲍勃·阿尔特迈耶（Bob Altemeyer, 1981, 1988, 1994, 1998; 另见 Duckitt, 1989; Duckitt, Wagner, du Plessis, & Birum, 2002）认为，权威主义作为态度的集合包含三个部分：

- 传统主义：遵守公认权威所认可的社会习俗。
- 权威侵犯：支持侵犯那些被社会定义为异常的人。
- 权威服从：服从于社会公认的权威。

右翼权威（RWA）量表可以测量这一系列的态度因素。根据这一视角，权威主义是一种因人而异的意识形态。另外，在社会科层制中，权力的地位源自正确的、

教条主义
一种僵化的、偏执的，会导致人们产生偏见的认知风格。

你的生活

与教条的、保守的权威主义者的亲密接触

我们都曾时不时碰到过感觉起来像是教条的、保守的人，他们可能就是权威主义者。在你的经验中，这些人一定存在偏见吗？这些属性在不同情况下的稳定程度如何？一个人会不会在某种环境（或工作）中是权威主义者，在另一种环境（或家庭）中依然是权威主义者？像军事冲突或者飞机驾驶舱出现紧急状况这样的压力情境，如果身处其中的一位团队领导者表现出独断专行，你会认定他是偏执者吗？那警察呢？人们经常认为警察接受的训练就

是发号施令，以至于显得专制，而且他们总被认为是种族主义者。这样的假定是否合理？还有，因为有些人固执己见且看起来教条，就认定他们也有偏见，这样的假定合理吗？例如，致力于改变气候的科学家这么做就很少被认为有偏见，但一些研究表明，否认气候变化的人若是有些教条且还是社会保守派，他们持有偏见的倾向性更强（如 Unsworth & Fielding, 2014）。你怎么认为？本章讨论了权威主义、教条主义、保守思想三者与偏见的关系。

道德的行为（遵守社会习俗）。质疑权威和传统是激怒当前合法权威的违法行为。所以，权威主义令现状合法化并得以维持。右翼权威主义观点所面临的一个问题是，其能否较少与个体的差异，而是更多与情境的影响产生关联——同样的一个人能在不同情境中表现出不同的右翼权威主义（如 Stenner, 2009）。

（五）社会支配理论

吉姆·斯达纽斯（Jim Sidanius）和费利西娅·普拉图（Felicia Pratto）的研究以意识形态在偏见中的作用为核心，描述了复杂却很主要的"个体差异"，分析了基于群际关系的剥削权力，这就是**社会支配理论**（social dominance theory）（如 Pratto, 1999; Pratto, Sidanius, Stallworth, & Malle, 1994; Sidanius & Pratto, 1999）。

社会支配理论解释了人们在多大程度上接受或拒绝社会意识形态或迷思，它们要么令科层制和歧视合法化，要么令平等和公平合法化。那些期待自己所属群体处于支配地位以及比外群体高出一等的人具有很高的社会支配倾向，这导致他们拒绝平等主义的意识形态，接受将科层制和歧视合法化的迷思。这类人比低社会支配倾向的人更容易产生偏见。

社会支配理论最初关注内群体支配外群体的欲望。这种支配效果有时候看起来是前后矛盾的。在处于支配地位的群体中，具有高社会支配倾向的成员可能支持平权行动，它起初看起来像是削弱科层制，目的在于从战略上安抚处于从属地位的低级别群体，但从根本上看则是保护和强化科层制（Chow, Lowery, & Hogan, 2013）。一些研究还认为，社会支配倾向的影响范围可能更广泛。米尔弗龙和同事的四项研究显示，高社会支配倾向者对环境的关注度低，更愿意支配和利用自然环境，且与权威主义和政治意识形态等其他相关因素没有关联（Milfront, Richter, Sibley, & Fischer, 2013）。

社会支配理论还被用于描述人们对群体间不平等关系的一种更为普遍的期望，而不管人们的所属群体是处于科层制的顶层还是底层（如 Sidanius, Levin, Federico, & Pratto, 2001; Duckitt, 2006）。这样的发展变化令社会支配理论看起来与**制度正当化理论**（system justification theory）更加相似（如 Jost & Hunyadi, 2002; Jost & Van der Toorn, 2012; 详见第 11 章）。制度正当化理论认为，即使人们所属的社会群体被当前

社会支配理论

认为当某种意识形态将服务于内群体的科层制合法化并拒绝平等主义的意识形态时，个体对这种意识形态的接纳将导致偏见。

制度正当化理论

认为当某种意识形态维持当前现状并证明其具有正当性时，人们对这种意识形态的坚持将导致社会的停滞。

社会系统置于不利位置，某些社会环境仍然导致人们拒绝社会改变，反倒维持当前的社会系统并找证据证明其公正。

社会支配理论一直遭受批评的原因在于，社会支配倾向备受群际环境中的情境性和更持久的特性的影响（如 Turner & Reynolds, 2003）。施密特、布兰斯科姆和卡彭（Schmitt, Branscombe, & Kappen, 2003）的五项研究支持了这一观点，研究证实人们对待不公平的态度取决于其所属群体在科层制中的位置，以及该群体相对于其他群体而言的凸显性。推动人们趋向不平等的首要因素是人们的群体认同，其次才是人们的社会支配倾向。威尔逊和刘（Wilson & Liu, 2003）基于男性比女性更加支持科层制这一观点，质疑社会支配理论的演变。二人提出的证据表明，当考虑到社会性别认同的强烈作用时，实际上，社会性别和社会支配倾向之间的关联便不存在了。女性若产生了极强的社会性别认同，她们具有社会支配倾向的程度便高于男性。

（六）信念一致性

罗克奇（Rokeach, 1960）拓展偏见的人格理论的同时，还提出了一个单独的**信念一致性理论**（belief congruence theory）。信念系统是个体的重要根基，信念系统的个体间相似性或一致性确保人们维持自己信念的有效性。因此，一致性具有奖励作用，并会产生吸引力和积极的态度（Byrne, 1971; Festinger, 1954）。反之，不一致会导致消极的态度。正如罗克奇（Rokeach, 1960）所说，"信念对社会歧视的决定性作用，远比族群资格更为重要"（p. 135）——偏见并不是基于群体成员资格的一种态度，而是一致性信念缺乏所导致的个体反应。

有研究曾让被试报告对他人的态度，这些人通过口头描述或者照片被展示给被试，他们既可能与被试属于同一个种族，也可能来自不同的种族，既可能具有相似的信念，也可能存在不同的信念。结果发现，相比于种族，信念对态度似乎确实更具决定性作用（如 Byrne & Wong, 1962; Hendrick, Bixenstine, & Hawkins, 1971; Rokeach & Mezei, 1966）。但是，当涉及类似友情这样更加亲密的行为时，种族因素所发挥的作用比信念更重要（如 Insko, Nacoste, & Moe, 1983; Triandis & Davis, 1965）。

运用信念一致性解释偏见，至少存在两个问题。第一个问题是罗克奇（Rokeach, 1960）的理论被一个重要条件限制了解释力。在偏见被制度化或受到社会许可的环境中，信念一致性无法发挥作用，因为偏见成为有关族群身份的问题（见图 10.12）。这就是应用罗克奇理论的限制条件，人们认为最明显以及最令人痛苦的偏见并不在其解释范围之内，比如卢旺达的族群偏见和北爱尔兰的宗教偏见就被排除在外。

第二个问题为，罗克奇对相对少量的偏见给予了自己的解释。他对这些环境下信念一致性可能如何影响偏见的解释，实际上可能是对信念相似性如何产生人际吸引的解释（Brown, 2000; Brown & Turner, 1981）。检验信念一致性理论的研究范式采用重复测量的实验设计，让人们对逐一呈现的刺激材料给予态度上的评定。一些刺激材料显示个体来自同一个种族，另一些材料显示个体来自不同的种族，所有这些个体都具有不同的信念。每一个群体内部清晰的信念同质性和群体间信念的不连续性的缺乏都可能使群际边界产生混淆，并使关注点集中于个体之间的差异，而不是个体的族群身份。这个研究范式可能无意间降低了族群的情境凸显性，导致被试将个体视为独立的，而非隶属于某一族群。

这种解释得到了实验的一定支持，在这些实验中，信念相似性与群体成员身份有着清晰的区分。在泰弗尔的一项研究中，作为被试的儿童需要奖励匿名的其他儿童，这些等待接受奖励的儿童可能与被试具有相同的态度（基于一项图片偏好任务），或者研究并不为被试提供相似性方面的信息。结果发现，被试要么明确地将这些孩子归为同一群体（简单地标记为 X 群体）的成员，要么不归类（Billig &

信念一致性理论

认为相似的信念能促进人们之间的好感与社会和谐，反之不相似的信念会导致反感和偏见。

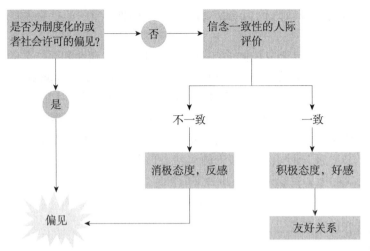

图 10.12 信念一致性理论
当社会许可的偏见并不存在时，偏见就会成为关于信念一致性的人际评价问题。
来源：Rokeach, 1960.

信念一致性 相似的衣服、相似的信念以及相似的行为是产生好感与社会和谐的强效配方。

Tajfel, 1973）。这项研究所采用的**最简群体范式**（minimal group paradigm）将在第 11 章进行具体介绍。测定研究结果的核心指标就是某些孩子比其他孩子更容易成为**歧视**（discrimination）的目标。

如图 10.13 所示，尽管信念相似性增加了偏好程度（符合信念一致性理论的预测），但是，归类对偏好效应的作用更强，而且仅在两种归类情况下，差异便具有了统计学意义（差异值显著大于 0）。信念一致性理论很难预测最后这两种效应；弗农·艾伦和戴维·怀尔德（Vernon Allen & David Wilder, 1975）的实验发现了同样的结果。迈克尔·迪尔（Michael Diehl, 1988）也许提供了最确凿的证据，他发现人们即使更喜欢态度相似的个体而不是态度有所不同的个体（尽管歧视方面的差别不大），但与态度有所不同的外群体相比，态度相似的外群体却并不受欢迎，而且受到更多的歧视。

最简群体范式
研究社会归类本身对行为的影响的实验方法。

歧视
偏见的行为表现。

（七）其他解释

对偏见的解释还有另外两种
主要视角。第一种视角涉及人们
如何构建和使用刻板印象，第 2
章的社会认知和社会思维部分对
此进行了着重说明，第 11 章对此
也有介绍。第二种视角从整体上
将偏见和歧视视为群际行为的一
部分。第 11 章将对其进行介绍。

作为本章的扩展和延续，第
11 章的结尾部分将继续探讨偏见
的衰减。研究偏见的社会心理机
制旨在充分了解这个现象后，试
图减少偏见的发生以及缓解冲突。
人们讨论可能减少偏见的方法时，

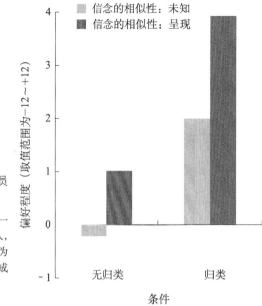

图 10.13 对信念相似和同一群体成员
的偏好

尽管同那些没有提供与被试存在相似性这一
信息的人相比，被试更偏好与自己相似的人，
然而被试更为偏好那些仅需明确其可被归为
内群体成员的人。事实上，只有对内群体成
员的偏好程度达到了统计显著性。

来源：Billig & Tajfel, 1973.

往往依赖于其所赞同的特定偏见视角和理论。群际视角和理论（具体内容见第 11 章）所提供的
思路有别于本章以人为核心的各种解释。

小结

- 偏见可以被视为对待某一社会群体的态度，可能表现为明显的歧视行为，也可能不会如此。

- 最为普遍的偏见以性别、种族、民族、年龄、性取向、生理和精神障碍为基础。在大多数西方国家，近
些年，立法和社会态度已经明显减少了这些偏见（不包括最后两种类型），但是仍然有很长的路要走。

- 立法和社会谴责抑制了更为极端的偏见。偏见转为隐蔽的表达形式或者被情境所约束时很难被察觉，并
混入日常的设想、语言和话语之中，可能很难引起人们的注意。

- 偏见的受害者可能遭受精神和心理的不利境遇，自尊低，被污名化，意志消沉，经历身体和语言上的虐
待。在偏见的最极端形式中，可以表现为去人性化和种族灭绝。

- 偏见可能是无法实现目标以致受挫后的一种相对普遍的反应，弱势群体由此变为原始挫折源的替罪羊，
成为人们的攻击对象。这种方式并不能解释所有的偏见。

- 人们成长于严厉且约束性强的家庭，一般可能发展出偏见型人格，而偏见则可能是具有这类人格的人所
表现出来的异常行为。这或许可以解释为什么即使一些人具有偏见，但是，存在鼓励偏见的社会环境似
乎是更强的、更具有诊断作用的决定因素。

- 对偏见的这些解释并不能有效地说明偏见现象所普遍存在的集体属性。这些解释忽视了人们与他人的交
流，以及受到宣传的鼓吹和大众传媒的影响等现实情形。

关键词

Acquiescent response set 默许心向
Ageism 年龄歧视
Attribution 归因
Authoritarian personality 权威人格
Belief congruence theory 信念一致性理论

Collective behaviour 集体行为
Dehumanisation 去人性化
Discrimination 歧视
Displacement 移置
Dogmatism 教条主义

Essentialism 本质主义
Ethnocentrism 族群中心主义
Face-ism 面孔论
Frustration—aggression hypothesis 挫折—攻击假说
Gender 社会性别
Genocide 种族灭绝
Glass ceiling 玻璃天花板
Glass cliff 玻璃悬崖
Implicit association test 内隐联想测验
Mere exposure effect 纯粹曝光效应
Meta-analysis 元分析
Minimal group paradigm 最简群体范式
Prejudice 偏见
Racism 种族歧视
Relative deprivation 相对剥夺

Reverse discrimination 反向歧视
Role congruity theory 角色一致性理论
Scapegoat 替罪羊
Self-esteem 自尊
Self-fulfilling prophecy 自我实现预言
Sex role 性别角色
Sexism 性别歧视
Social dominance theory 社会支配理论
Stereotype 刻板印象
Stereotype threat 刻板印象威胁
Stigma 污名
System justification theory 制度正当化理论
Three-component attitude model 三因素态度模型
Tokenism 敷衍了事

文学和影视

《卢旺达饭店》

特瑞·乔治（Terry George）于 2004 年执导的一部令人触目惊心的传记兼历史题材电影，唐·钱德尔和尼克·诺特联袂主演。电影以 1994 年胡图族用 100 天时间残忍屠杀 50 万～ 100 万图西族人的卢旺达大屠杀为背景，讲述了一位胡图族饭店经理保罗·鲁斯萨巴吉纳（Paul Rusesabagina，钱德尔饰）任职于基加利一家比利时人经营的高级酒店，以此为图西人提供庇护场所的故事。这部电影涉及对亲社会行为和无私行为的讨论（见第 14 章）。

《相助》

2011 年上映的一部影片，由泰特·泰勒执导，艾玛·斯通、维奥拉·戴维斯和奥克塔维娅·斯宾瑟联袂主演。故事发生在 20 世纪 60 年代初的密西西比州杰克逊县，通过描述南部白人女性同她们的黑佣以及保姆（帮助的主角）的关系，有力地刻画了种族现实。斯通所扮演的一位当地新闻记者尤金妮亚·斯基特·费伦（Eugenia Skeeter Phelan）具有现代的进步思想，以此展现当时的民权运动。她通过采访这些需要帮助的黑佣，为自己的新书积累素材，进而讲述美国南部诸州的黑人故事。错综复杂的故事展现了黑佣在与白人家庭普遍长达几十年的共同生活中对被污名化、处于劣势和遭受歧视的感受，以及她们对所照看的白人孩子的爱。

《阴谋》

2001 年上映的一部电影，由肯尼思·布拉纳和科林·费尔斯主演。电影采用令人触目惊心的戏剧化形式，讲述了两个小时的纳粹绝密会议中，15 个人经过讨论，最终一致同意希特勒的"最终解决方案"，即消灭欧洲的所有犹太人。影片根据仅存的会议纪要进行实时拍摄，再现了世界历史上最臭名昭著的聚会之一。电影主题不仅涉及去人性化和种族灭绝，还有通常情况下的群体决策现象。

《穿条纹睡衣的男孩》

马克·赫尔曼改编自 2006 年约翰·伯恩出版的小说的同名电影，于 2008 年上映。一个名为布鲁诺（Bruno）的小男孩与另外一个叫什穆埃尔（Shmuel）的小男孩成了朋友，什穆埃尔穿着奇怪的条纹睡衣，生活的地方被电线组成的围墙圈住了。布鲁诺发现自己不被允许与什穆埃尔成为朋友。布鲁诺是德国人，他的父亲在二战期间负责看管关押犹太人的集中营，这些犹太人即将遭受灭绝。而什穆埃尔作为犹太人，等待他的命运便是被屠杀。这部令人震撼的电影展现了跨越群体边界的群际接触和友谊。

请你思考

1. 哪些群体最常遭受偏见？举任意一个群体来说明为什么它始终是偏见的对象？

2. 公然的种族歧视可能受到公开的谴责，然而种族歧视依然潜伏于隐蔽之处。你如何才能发现隐蔽的种族歧视？

3. 关于偏见，挫折—攻击假说实际上揭示了什么？

4. 权威人格的研究背景是什么？

5. 教师对学生接受教育后的能力的预期是好是坏，是否有可能影响学生的智力发展？

延伸阅读

Brewer, M.B. (2003). *Intergroup relations* (2nd ed.). Philadelphia, PA: Open University Press. 一部易读和全面的群际关系研究论著，包括与偏见直接相关的问题。

Brewer, M.B. (2007). The social psychology of intergroup relations: Social categorization, ingroup bias, and outgroup prejudice. In A. W. Kruglanski, & E. T. Higgins (Eds.), *Social psychology: Handbook of basic principles* (2nd ed., pp. 785–804). New York: Guilford Press. 全面覆盖有关偏见、歧视和群际行为的研究。

Brown, R. J. (1995). *Prejudice: Its social psychology.* Oxford, UK: Blackwell. 作为奥尔波特1954年经典著作——《偏见的本质》的续篇，这是一部易于理解、详细且全面的著作，介绍了社会心理学对偏见的定义。

Crocker, J., Major, B., & Steele, C. (1998). Social stigma. In D. T. Gilbert, S. T. Fiske, & G. Lindzey (Eds.), *The handbook of social psychology* (4th ed., Vol. 2, pp. 504–553). New York: McGraw-Hill. 对关于成为偏见对象和被污名化群体成员之经历的研究的概述。

Dovidio, J. F., & Gaertner, S.L. (2010). Intergroup bias. In S. T. Fiske, D. T. Gilbert, & G. Lindzey (Eds.), *Handbook of social psychology* (5th ed., Vol. 2, pp. 1084–1121). New York: Wiley. 最新且翔实的群际歧视研究综述。

Dovidio, J., Glick. P., Hewstone, M., & Esses, V. (Eds.) (2010). *Handbook of prejudice, stereotyping and discrimination.* London: SAGE. 一部由顶尖研究者撰写的关于刻板印象化、偏见和群际行为的章节合集。

Dovidio, J. F., Glick, P. G., & Rudman, L. (Eds.) (2005). *On the nature of prejudice: Fifty years after Allport.* Malden, MA: Blackwell. 顶尖学者为纪念奥尔波特经典著作《偏见的本质》出版50周年而撰写的有关偏见的章节合集。

Duckitt, J. (1992). *The social psychology of prejudice.* New York: Praeger. 一部全面探讨偏见和族群中心主义性质和成因的著作。

Jones, J. M. (1996). *The psychology of racism and prejudice.* New York: McGraw-Hill. 一部探讨刻板印象化和偏见成因及后果的权威著作。

Levine, J. M., & Hogg, M. A. (Eds.) (2010). *Encyclopedia of group processes and intergroup relations.* Thousand Oaks, CA: SAGE. 一部由该领域的所有顶尖学者撰写的全面且易读的群体社会心理学入门汇编，包括群际关系和偏见。

Stangor, C. (Ed.) (2000). *Stereotypes and prejudice: Essential readings.* Philadelphia, PA: Psychology Press. 一部关于刻板印象化和偏见的注释合集，该合集有引导性概述章节和介绍每一篇文章的评述章节。

Wright, S. C., & Taylor, D. M. (2007). The social psychology of cultural diversity: Social stereotyping, prejudice, and discrimination. In M. A. Hogg, & J. Cooper (Eds.), *The SAGE handbook of social psychology: Concise student edition* (pp. 361–387). London: SAGE. 对偏见和歧视的全面概述，涉及刻板印象化以及与社会多样性有关的问题。

Yzerbyt, V., & Demoulin, S. (2010). Intergroup relations. In S. T. Fiske, D. T. Gilbert, & G. Lindzey (Eds.), *Handbook of social psychology* (5th ed., Vol. 2, pp. 1024–1083). New York: Wiley. 对群际关系领域的全面概述，包括对偏见和歧视的探讨。这本最新版经典手册是理论和研究的主要来源。

第 **11** 章

群际行为

章节目录

你怎么认为?

1. 理查德是一名老派的保守主义者,他同意报纸上的如下言论:"护士们不要再抱怨自己的工资了,毕竟医院的勤杂工的工资更低,他们不也是闭口不谈,继续工作吗?"对此你有什么看法?

2. 琼和艾莉森是亲密的同学,她们上大学后被分到了不同的宿舍楼。虽然相邻,但是不同的宿舍楼之间文化差异很大,并且相互之间竞争也很激烈。她们的友谊会发生怎样的变化?

3. "没有其他的办法了,我们必须去雨林,我们现在需要木材。如果我们不去的话,他们就会去。"这则新闻公告使得人们思考滥用稀缺资源的方式。对此,是否有解决方法呢?

4. 你是否在电视新闻中看到过一群人在示威,并且想知道这究竟是如何开始的?是不是他们的信念体系中的某一个基本方面已经发生了转变?

5. 当一群足球支持者聚集时,他们似乎会倒退成为某种"超级野兽",变得情绪化、善变、反社会和危险。你可能先前听说过这种表述,但是从心理学角度出发,这种表述准确吗?

一、什么是群际行为？

国家之间的冲突、政治对抗、革命、民族间的关系、公司间的谈判和竞争性的团队运动都是**群际行为**（intergroup behavior）的例子。因此，群际行为最初的定义是"涉及两个或两个以上的独立社会群体的一个或多个代表之间互动的任何行为"。这个定义相当准确地描述了社会心理学家所研究的大部分群际行为的特征。但是，由于只关注面对面的互动，此定义存在局限性。

关于群际行为，一个更加广泛、准确的定义是：任何因人们认识到自身和其他人是不同社会群体成员而受到影响的感知、认知或行为都是群际行为。这个定义具有如下隐藏的有趣含义：它承认社会群体间（例如民族或国家之间）的真实或者感知到的关系会对这些群体成员产生深远和普遍的影响，并且这种影响远超出了面对面接触的情境。此类型的定义起源于社会心理学的一种特殊视角，即群际视角，它认为许多的社会行为都受到我们所属的社会类别和这些类别之间的权力和地位关系的影响。像这样一种看待发展中的理论的广泛视角，称为**元理论**（metatheory；见第1章）。

在很多方面，关于群际行为，本章将整合在先前章节中已讨论过的社会影响（第7章）、群体过程（第8章和第9章）和偏见与歧视（第10章）。社会影响和群体过程一般被视为发生在群体内部，但凡人们具有一个所属的群体（内群体），就会有他们所不属于的群体（外群体）。群体中发生的事情都几乎发生在群际或内-外群体的背景下，群体过程几乎很难不受到群际关系的影响。正如先前在第10章中讨论的，偏见和歧视是群际行为的形式（例如在不同的种族、年龄群体和性别之间）。在与此相关的讨论中（见第10章），反复出现的一个主题是与偏见和歧视有关的人格或人际视角解释（例如权威人格、教条主义、挫折—攻击），此角度的解释具有局限性，因为其未充分考虑到此种现象的形成在群际方面的原因。

对群际行为的研究面临的重要挑战涉及个人（人际行为）和群体（群际行为）之间的差异，以及和谐的群际关系怎样会转化为冲突，反之亦然。因此，关于群际行为的社会心理学理论应该具有直接的应用环境，例如在就业环境中对群际关系的解释（Hartley & Stephenson, 1992）。

二、相对剥夺和社会动荡

先前对挫折—攻击假说的讨论（第10章）是以伦纳德·伯科威茨（Leonard Berkowitz, 1962）对原始理论的修正作为对群际偏见、歧视和攻击的解释（Dollard, Doob, Miller, Mowrer, & Sears, 1939）。伯科威茨认为，主观的（而非客观的）挫折感是一系列令人反感的事件（如热、冷）中的一种，这些事件会煽动攻击性，而攻击性的实际表达是由攻击性联想（例如情境暗示、过去的联想）加强的。

群际行为
发生于个体中的行为，受到个体对不同社会群体的认识和认同的调节。

元理论
一套相互关联的概念和原理，用于确定哪些理论或理论类型是恰当的。

伯科威茨（Berkowitz, 1972a）使用这一分析来解释集体群际攻击行为，特别是骚乱。当时，美国刚刚经历了一些骚乱，这些骚乱发生在长时间的高温天气下，例如1965年8月的瓦茨骚乱和1967年8月的底特律骚乱（见图11.1）。炎热是一种"令人反感的事件"，会助长个体和集体的攻击性（如 Anderson & Anderson, 1984; Baron & Ransberger, 1978; Carlsmith & Anderson, 1979; 另见第12章）。

伯科威茨认为，在感知到相对剥夺感的情况下（例如在20世纪60年代后期的美国黑人），人们会感到挫折感。漫长而炎热的夏季加剧了这种感受（特别是处于贫穷、拥挤的，几乎没有空调或冷却植被的城市街区），并且增加了个人攻击行为的普遍性，而攻击性刺激（例如武装警察）的存在又加剧了这种行为。个人的攻击行为变得更加普遍，并且通过社会促进过程转变为真正的集体暴力（Zajone, 1965；见第 8 章），即其他人的存在促进了主导行为模式（在当前情况下为攻击行为）。

（一）相对剥夺

群际攻击的一个重要前提是**相对剥夺**（relative deprivation）（Walker & Smith, 2002）。剥夺不是一个绝对的条件，它总是相对于其他条件而言，即一个人新获得的繁荣可能是其他人眼中可怕的剥夺。乔治·奥威尔在《通往维根码头之路》中很好地捕捉到了这一点，他在对 20 世纪 30 年代英国工人阶级困境的描述中写道："在一次与一名矿工的交谈中，我问他所在地区的住房短缺是什么时候开始变得严重的；他回答说，'当我们被告知时'。意思是说：'直到最近，人们的标准变得如此之低，以至于他们认为几乎任何程度的过度拥挤都是理所当然的。'"（George Orwell, 1962, p. 57）

相对剥夺这一概念是由社会学家萨姆·斯托弗（Sam Stouffer）及其同事在他们庞大的战时研究著作《美国士兵》中提出的（Stouffer, Suchman, DeVinney, Star, & Williams, 1949），并由另一位社会学家詹姆斯·戴维斯（James Davis, 1959）进行了更为全面的发展。相对剥夺是指在成就或现实（"是什么"）和期望或权利（"应该是什么"）之间感知到的差异（Gurr, 1970）。（你能回答本章开头"你怎么认为？"中关于理查德的第一个问题吗？）

詹姆斯·戴维斯（James Davis, 1969）提出了一个 **J 曲线**（J-curve）模型来表示人们基于过去和当前的成就来构建未来期望的方式。在某些情况下，成就可能会突然低于不断上升的期望值。当这种情况发生时，相对剥夺就会特别严重，并会引起集体动荡——期望值上升引发的革命（见专栏 11.1）。J 曲线的名称来源于图 11.2 中的实线。

历史事件确实符合 J 曲线模型。例如，20 世纪 30 年代早期的大萧条导致农产品价格突然下跌，这与波兰的反犹太主义的增强有关（Keneally, 1982）。戴维斯（Davies, 1969）列举了法国革命和俄国革命、美国内战、德国纳粹主义的兴起和美国 20 世纪 60 年代黑人力量的增长，我们还可以加上 2008 年股市的崩盘和随之而来的经济衰退之后的全球动荡浪潮——"就业"抗议、2011 年英国骚乱，以及 2011 年发生于北非和中东（包括突尼斯、埃及、利比亚、也门、叙利亚和约旦）的"阿拉伯之春"民众起义。

在所有的这些情况下，长期的（20～30 年）日益繁荣之后，都会出现陡峭而

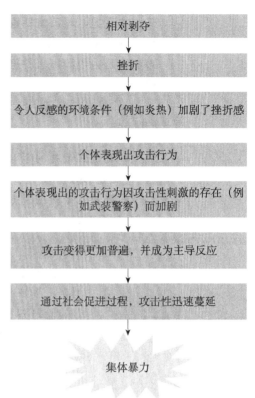

图 11.1 使用"炎炎长夏"来解释集体暴力

由相对剥夺造成的挫折，由于存在令人反感和攻击性的环境刺激，表现为个体的攻击性，并通过社会促进过程演化为集体暴力。
来源：Berkowitz, 1972a.

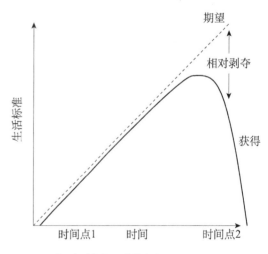

图 11.2 相对剥夺的 J 曲线假设

在期望值不断上升的情况下，当获得突然受挫时，相对剥夺就变得尤为强烈。
来源：Davies, 1969.

相对剥夺
感到自己拥有的东西比自己应得的要少。

J 曲线
描述当所获得的东西突然低于不断上升的期望值时，就会出现相对剥夺的图形。

突然的衰退。对戴维斯理论中的预测进行的系统性检验则不那么鼓舞人心。例如，玛丽莉·泰勒（Marylee Taylor, 1982）在对美国政治和社会态度的纵向调查中发现，几乎没有证据表明人们的期望是由他们过去的经验构建的，也没有证据表明满意度是基于现实与这些期望之间的匹配程度。

英国社会学家加里·朗西曼（Gary Runciman, 1966）对以下两种形式的相对剥夺进行了重要的区分：

- **利己式相对剥夺**（egoistic relative deprivation），来自个体相对于其他与自身类似的个人的剥夺。
- **博爱式相对剥夺**（fraternalistic relative deprivation），来自与不同的其他人或其他群体成员的比较。

衡量这两种类型的相对剥夺的研究表明，它们之间是独立的（如 Crosby, 1982）。与社会动荡有关的是博爱式相对剥夺，特别是群际相对剥夺，而不是利己式（即人际）相对剥夺。例如，罗纳德·埃伯利斯（Ronald Abeles, 1976）发现，相比于利己式相对剥夺的衡量标准，美国黑人的好斗性与博爱式相对剥夺的衡量标准更加密切相关。瑟奇·吉蒙德和利斯·迪贝－西马德（Serge Guimond & Lise Dubé-Simard, 1983）发现，在蒙特利尔，与利己式比较相比，好斗的使用法语的人在对使用法语的人和使用英语的人进行群际工资比较时，会感受到更强烈的不满和挫折。

在印度，与印度教徒相比，穆斯林的地位迅速下降。拉玛·特里帕蒂和拉什米·斯里瓦斯塔（Rama Tripathi & Rashmi Srivasta, 1981）发现，那些感知到最强烈博爱式剥夺（例如在就业机会、政治自由方面）的穆斯林，对印度教徒表现出了极大的敌意。在一项对澳大利亚失业工人的研究中，伊恩·沃克和利昂·曼（Iain Walker & Leon Mann, 1987）发现，主要是感知到博爱式剥夺的人考虑进行激进的

利己式相对剥夺

相对于我们的愿望或与他人相比，我们自身感觉个人所拥有的东西比应得的少。

博爱式相对剥夺

相对于我们自身所处群体的愿望或与其他群体相比，我们感觉自身所处群体所拥有的东西比应得的少。

专栏 11.1　　**我们的世界**

不断上升的期望值与集体抗议

以 1992 年洛杉矶骚乱作为实例来说明大群体的相对剥夺感

1992 年 4 月 29 日爆发的洛杉矶骚乱造成 50 多人死亡，2 300 人受伤。此次骚乱发生的最直接原因是四名洛杉矶警察被控殴打黑人驾驶员罗德尼·金，而这四名警察被一个由郊区白人组成的陪审团宣布无罪。警察打人的过程被录制成视频，并在全国的电视台播放。在黑人的失业率不断上升和不利处境不断加深的背景下，此次无罪判决被黑人视为美国白人贬低美国黑人的特别强烈的象征。

骚乱的爆发点是洛杉矶中南部的佛罗伦萨大道和诺曼底大道的交叉口。最初，只是有人从当地的一家卖酒的商店偷酒、打破车窗和向警察投掷石块。警察集体出动但是随后为缓解紧张局势而撤离。这使得该十字路口基本被掌握在了暴徒的手中。他们攻击白人和西班牙裔。碰巧开车经过的白人卡车司机雷金纳德·丹尼（Reginald Denny）被拖出驾驶室，遭到暴打。数百万人通过电视看到了这一幕，并且此次事件成了骚乱的象征。

洛杉矶中南部在当时是比较典型的黑人贫民区。然而，佛罗伦萨大道和诺曼底大道的交叉口无论如何也不是贫民区中最差的地方，它是一个相对来说较为富裕的黑人街区，在 20 世纪 80 年代，该区的贫困率从 33% 下降到只有 21%。骚乱的最初爆发发生在这里，而不是在一个更为贫穷的街区，这符合社会动荡的相对剥夺理论。

抗议（例如示威、违法和破坏私人财产），而感知到利己式剥夺的人报告了个人压力症状（例如头痛、消化不良、失眠）。这项研究特别具有启发性，它揭示了利己式剥夺和博爱式剥夺如何造成不同的结果，并且后者与社会动荡相关，表现为群际或集体抗议（见"社会抗议和集体行动"部分）或者攻击。

里夫·万内曼和汤姆·佩蒂格鲁（Reeve Vanneman & Tom Pettigrew, 1972）的一项研究很好地体现了剥夺的主观性。美国城市白人中对黑人表示最消极的态度的人，是那些最强烈地认为白人作为一个群体比黑人相对较差的人。这种剥夺显然是博爱式的，并且由于在现实中白人比黑人的生活更好，这种剥夺显然是主观的。有时还会出现相当激烈地竞相成为受害者的态势，在这种情况下，优势群体和劣势群体都宣称自己才是真正的受害者，以便占领道德制高点（Noor, Shnabel, Halabi, & Nadler, 2012; 见 Young & Sullivan, 2016）。

博爱式相对剥夺不会自动转换为群际竞争行为或社会抗议。要想完成此转换，至少涉及另外四个因素。第一，人们需要强烈地认同他们所在的群体，相对剥夺才会真正变得重要。卡罗琳·凯利和萨拉·布赖因林格（Caroline Kelly & Sara Breinlinger, 1996）对女性活动家进行的一项纵向研究发现，只有在强烈认同女性群体的女性中，相对剥夺才可以预测对女性群体活动的参与。多米尼克·艾布拉姆斯（Dominic Abrams, 1990）发现，与英国人相比，如果苏格兰青少年感受到博爱式相对剥夺，并且强烈认同自己是苏格兰人，他们会更加强烈地支持苏格兰民主党。

第二，那些感受到相对剥夺的群体不太可能参与集体行动，除非这种行为被认为是能带来社会变革的一种实际可行的方式（见"社会抗议和集体行动"部分）。乔安妮·马丁（Joanne Martin）及其同事进行的一项角色扮演研究很好地说明了这一点（Martin, Brickman, & Murray, 1984）。他们让女工想象自己是经理，相对于公司中同等级别的男性来说，她们的工资较低，由略低至低很多不等，并且女工还得到关于女经理在调动资源改变自己的处境方面处于有利或者不利的地位的信息。结果表明，相对剥夺与薪酬不平等的程度密切相关，但抗议与感知到的抗议成功与否的概率更为密切。

第三，相对剥夺取决于对不公正的感知。不公正的一种形式是分配不公正，即感到相对于期望或其他群体等而言，得到的比应得的要少；另外一种形式的不公正是程序不公正，即觉得自己是不公正程序的受害者。汤姆·泰勒及其同事探讨了分配正义和程序正义之间的区别（Tyler & Lind, 1992; Tyler & Smith, 1998; 见 De Cremer & Tyler, 2005）。他们认为，程序上的不公正可能是群际抗议的一个特别有力的动机。程序正义在群体内尤为重要，如果人们经历了不公正的程序，他们往往会不认同并且失去对群体目标的承诺（见第 9 章对领导力的讨论）。然而，在群际背景下，很难将不公正程序和不公正分配进行区分。例如，群际地位差异（分配不公）可能建立在不公正程序（程序不公）上（Brockner & Wiesenfeld, 1996）。

第四，博爱式相对剥夺基于特定的内群体 - 外群体比较，因此能够预测我们与谁进行比较是非常重要的（Martin & Murray, 1983; Walker & Pettigrew, 1984）。从社会比较理论（Festinger, 1954; 见 Križan & Gibbons, 2014; Suls & Wheeler, 2000）来看，我们会期望与相似的他人进行比较，上面所引用的研究也支持这一点（如 Abeles, 1976; Runciman, 1966）。例如，费伊·克罗斯比（Faye Crosby, 1982）的"女工满意悖论"可能就会出现，这是因为女工将自己的工资和工作条件与其他女性进行比较，从而避免考虑更大范围的基于性别的工资和条件的不平等（Major, 1994）。然而，许多群际比较，特别是那些导致最明显冲突的比较，是在明显不同的群体（如南非黑人和白人）之间进行的。处理这个问题的一个方法是考虑各群体在多大程度上参与了争夺稀缺资源的实际冲突（见"现实冲突"部分）。

（二）社会抗议和集体行动

人们对相对剥夺的反应往往涉及持续的社会抗议，以实现社会变革。关于抗议的研究是复杂的，它需要衔接社会心理学、社会学和政治学的建构（Becker & Tausch, 2015; Klandermans, 1997, 2003; Reicher, 1996; Stürmer & Simon, 2004; Van Zomeren, Postmes, & Spears, 2008）。作为对个人不满或怨气如何转化为集体行动的研究，抗议研究的关键问题之一是同情者如何以及为什么会被动员成为活动家或参与者？

伯特·克兰德曼斯（Bert Klandermans, 1997）认为，这涉及个人态度和行为之间的关系（见第5章）。同情者对某一问题持同情态度，然而这些态度并不自动转化为行为。即使在没有群际竞争的情况下，也存在一些潜在的族群中心主义（见本章后面的"合作、竞争和社会困境"部分），诱人的是"搭便车"（见第8章），即继续作为一个同情者而不是成为参与者。克兰德曼斯还认为，抗议是发生在他所谓的"多组织领域"的群际行为，即抗议运动涉及群际思想和意识形态的冲突，以及与其他或多或少具有同情心的组织进行政治化和战略化定位。他描述了参与社会运动的四个步骤（概述见 Stürmer & Simon, 2004）：

- 成为动员潜力的一部分。首先，你必须是一个同情者，动员潜力最重要的决定因素是博爱式相对剥夺（感觉自己作为一个群体被相对剥夺），以"我们"与"他们"相对比为目标取向，认为某个群体应对你的困境负责，以及相信通过集体行动进行社会变革是可能的。
- 成为动员企图的目标。仅仅成为同情者是不够的，你还必须了解你能做什么和正在做什么（如占领、示威、游说）。在这方面，媒体接触和非正式的沟通网络至关重要。
- 培养参与的动机。作为一个同情者，只了解正在发生的事情是不够的，你还必须有参与的动机。动机来自你对抗议结果的重视程度，以及你认为抗议会真正带来好处的程度（一种期望值分析；Ajzen & Fishbein, 1980）。如果抗议结果的集体利益受到高度重视（集体动机），如果重要他人重视你的参与（规范动机），如果预期有价值的个人结果（奖赏动机），则动机最强。规范动机和奖赏动机在防止同情者在别的参与上搭便车很重要。这种对动机的分析与艾森和费什拜因（Ajzen & Fishbein, 1980）的理性行为理论对态度 – 行为关系的描述惊人地相似（见第5章）。
- 克服参与的障碍。最后，如果存在不可逾越的障碍，例如没有交通工具去示威，或健康状况不佳，即使有强烈的动机也可能无法转化为行动。然而，如果积极性很高，这些障碍也有可能被克服。

克兰德曼斯谈论的是集体抗议，其背景假设是抗议的目的是实现社会公益。然而，在模型的某些方面，特别是人们如何成为目标和产生动机，与我们和个体或集体恐怖主义行为相关联的极端化过程有更多的相关性（Horgan, 2014）。贝克和陶施（Becker & Tausch, 2015）援引了赖特及其同事（Wright, Taylor, & Moghaddam, 1990）对规范性集体行动（符合现状道德，例如和平抗议）和非规范性集体行动（违反现状道德，例如暴力和恐怖主义）的区分，他们还引入了情绪成分。规范性抗议与持续的愤怒相关联，而愤怒最终是一种以行动为重点的建设性情绪，而非规范性抗议则与蔑视相关联，蔑视使一个群体被去人性化，并将其应受谴责的行为本质化为不可改变的行为（Bell, 2013; Fischer & Roseman, 2007）。

回到克兰德曼斯，贝恩德·西蒙（Bernd Simon, 2003; Stürmer & Simon, 2004）认为，克兰德曼斯模型在成本 – 收益方面过于强调个人的决策。西蒙提出了社会认同分析（另见 Haslam & Reicher, 2012; Van Zomeren, Leach, & Spears, 2012; Van Zomeren, Postmes, & Spears, 2008），他认为，当人们非常强烈地认同一个群体时，他们对集体不公正、需求和目标有着紧密的共同认知。他们也有共同的态度和行为意向，相互信任和喜欢，集体受到群体规范和合法群体领袖的影响。

此外，群体动机使个人动机黯然失色，它克服了社会行动的困境（Klandermans, 2002）。只要成员相信抗议是一种有效的前进方式，这些过程就会增加参与集体抗议的概率（Bluic, McGarty, Reynolds, & Muntele, 2007）。

三、现实冲突

群际行为的一个关键特性是**族群中心主义**（ethnocentrism）（Brewer & Campbell, 1976; LeVine & Campbell, 1972），对此，威廉·萨姆纳（William Sumner）这样描述：

> 在这种观点中，一个人的群体是一切的中心，所有其他群体都以它为参照来衡量和评级……每一个群体都在滋养自己的骄傲和虚荣心，夸耀自己的优越性，高举自己的神灵，蔑视外来者。每个群体都认为自己的习俗是唯一正确的……族群中心主义导致一个民族夸大和强化自己习俗中一切独特的、有别于他人的东西。（Sumner, 1906, p. 13）

与其他基于个体或人际过程（如挫折—攻击、相对剥夺、权威主义、教条主义）来解释偏见、歧视和群际行为的族群中心主义起源的视角相比，穆扎费尔·谢里夫（Muzafer Sherif, 1962）认为，"我们不能从个体的属性推断出群体情境的特征"（p. 8），族群中心主义的起源在于群际关系的性质。对于谢里夫来说，

> 群际关系是指两个或两个以上群体及其各自成员之间的关系。每当属于一个群体的个体与另一个群体或其成员在群体认同方面进行集体或个体互动时，我们就有了群际行为的实例。（Sherif, 1962, p. 5）

谢里夫认为，在各群体争夺稀缺资源的地方，群际关系就会变得冲突化和以族群为中心。他于 1949 年、1953 年和 1954 年在美国一个少年夏令营进行的一系列著名现场实验中检验了这一观点（Sherif, 1966）。实验程序包括三个阶段：

现实冲突 谢里夫认为，群际竞争导致冲突，然后导致歧视。当各群体为同一个目标竞争，而只有一个群体才能实现目标时，这种情况就会加剧。

- 阶段 1：男孩们来到营地，营地是由实验者管理的，但男孩们并不知道这一点。他们参与各种营地范围内的活动，通过这些活动他们建立了友谊。
- 阶段 2：随后，营地被分为两个部分，对友谊也进行了分离。现在这两个群体是孤立的，有单独的生活区和日常活动，他们形成了自己的规范和地位差异。除了一些已具雏形的族群中心主义外，他们之间几乎没有相互参照。
- 阶段 3：两个群体聚集在一起，进行有组织的群际竞争，包括体育竞赛和其他活动。这就产生了激烈的竞争和群际敌意，这种敌意迅速蔓延到有组织的竞争之外的情况。以族群为中心的态度和行为被放大，并与群际攻击和群际团结结合在一起。几乎所有的群际接触都退化成了群际敌对。例如，当两个群体一起吃饭时，吃饭变成了群体间互相扔食物的机会。群际关系急剧恶化，以至于有两项实验在这一阶段匆匆结束。

然而，其中一项实验进入了阶段 4。

- 阶段 4：为两个群体提供**上位目标**（superordinate goals），即他们都希望实现的

族群中心主义 相对于其他群体，我们对自己所属群体的全方位评价偏好。

上位目标 两个群体都希望实现的目标，但只有两个群体合作才能实现。

目标，然而他们自己却无法单独实现此目标，他们必须合作共事。

作为上位目标的一个例子（本章后面也有涉及），两个群体被告知运送各自都想看的电影的卡车陷入了困境，需要拉出来，但因为卡车非常重，需要每个人帮忙。谢里夫的实验具有奇妙的象征意义，即男孩们合作使用的拉卡车的绳子，正是之前交战中激烈拔河时使用的绳子。谢里夫和同事发现，由于两个群体为实现上位目标而进行合作性互动，他们的关系逐渐改善。

关于这些实验，有一些值得注意的地方：

- 即使在没有群际竞争的情况下，也存在一些潜在的族群中心主义（见"现实冲突理论"部分）。
- 偏见、歧视和族群中心主义的产生是真实的群际冲突的结果。
- 男孩们没有权威或教条的人格。
- 受到挫折较少的群体（胜利者）通常是表现出较大群际攻击性的群体。
- 尽管朋友实际上是外群体成员，但还是形成了内群体（见第 8 章）。
- 对立群体成员之间的简单接触并没有改善群际关系（见"现实冲突理论"部分）。

（一）现实冲突理论

为了解释他的发现，谢里夫（Sherif, 1966）提出了群际行为的**现实冲突理论**（realistic conflict theory），即人际和群际目标关系的性质决定了人际和群际关系的性质（见图 11.3）。具有共同目标的个体，其目标的实现需要相互依存，他们会进行合作，形成群体；而具有相互排斥目标（即只有一个人能够获得的稀缺资源，如赢棋）的个体则会进行个体间的竞争，这种竞争会阻碍群体的形成或导致现有群体的崩溃。在群际层面，相互排斥的目标会产生群际冲突和族群中心主义，而需要群体间相互依存才能实现的共同目标（即上位目标）则会减少冲突，鼓励群际和谐。关于谢里夫对社会心理学的一系列贡献的总结见沃恩的文章（Vaughan, 2010b）。

谢里夫的模式广泛地得到了其他自然主义实验的支持（Fisher, 1990）。例如，罗伯特·布莱克和简·穆顿（Robert Blake & Jane Mouton, 1961）在 30 个研究中采用了类似的程序，每个研究进行两周，涉及美国 1 000 多名参加管理培训计划的企业人员。菲利普·津巴多（Phillip Zimbardo）的模拟监狱实验（Haney, Banks, & Zimbardo, 1973；见第 8 章）也揭示了相互排斥的群际目标如何产生冲突和敌对的群际关系。谢里夫的研究在黎巴嫩（Diab, 1970）和苏联（Andreeva, 1984）被成功地重复，但在英国，安德鲁·泰尔曼和克里斯托弗·斯潘塞（Andrew Tyerman & Christopher Spencer, 1983）的研究并不那么成功。泰尔曼和斯潘塞使用一个成熟的童子军团体作为参与

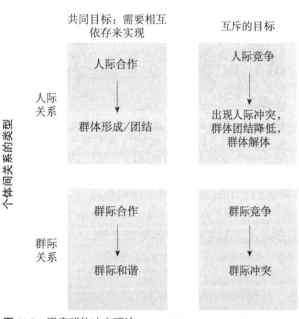

图 11.3 现实群体冲突理论
个人与群体之间的目标关系决定了合作性或竞争性的互依关系，从而决定了人际和群际行为的性质。
来源：Sherif, 1966.

现实冲突理论
谢里夫的群际冲突理论，从群际目标关系的性质来解释群际行为。

者，发现不同的"巡逻队"并没有表现出接近预期的敌意。此外，即使在没有上位目标的情况下，巡逻队之间的合作也很容易增加。泰尔曼和斯潘塞认为，已经存在完善的上位群体是产生此种情况的原因。

现实冲突理论非常有道理，并且对理解群际冲突很有帮助，特别是在应用环境中。例如，玛丽莲·布鲁尔和唐纳德·坎贝尔（Marilynn Brewer & Donald Campbell,

1976）调查了非洲的 30 个部落群体，发现针对居住在附近的外群体部落，因其很可能成为水和土地等稀缺资源的直接竞争对手，而会受到更大的贬损。（见本章开头"你怎么认为？"中的第三个问题：琼和艾莉森之间之所以存在问题，是因为她们所住的"部落"离得很近。）罗纳德·费希尔（Ronald Fisher, 1990, 2005）更进一步概述了如何利用建立上位目标来帮助解决社群之间甚至国家之间的冲突。

现实冲突理论存在一个问题，因为在多项研究中，有如此多的变量共同作用，我们如何确定最终决定群际行为的是目标关系的性质呢？实际上，这可能是互动所具有的合作性或竞争性所致，也可能仅仅是两个独立群体的存在所致（如 Dion, 1979; Turner, 1981b）。这些因果关系是混杂的，稍后我们将继续探讨这一点。

（二）合作、竞争和社会困境

现实冲突理论关注的是人们的目标、行为的竞争性或合作性与关系的冲突性或和谐性之间的关系。我们可以通过设计不同目标关系的"游戏"，让两个或更多的一起玩，从而在抽象环境中研究这些关系。数学家约翰·冯·诺依曼和经济学家奥斯卡·摩根斯特恩（John Von Neumann & Oskar Morgenstern, 1944）提出了一个模型，用于分析人们在一些重要事件（例如与金钱、权力相关的事件）上发生冲突的情况。这个模型被称为决策论、博弈论或效用论，它在 20 世纪六七十年代引发了大量的研究。

该模型的高度抽象性引起了关于其与现实世界中冲突的相关性（普遍性）的问题，这导致了它在 20 世纪 80 年代的衰落（Apfelbaum & Lubek, 1976; Nemeth, 1970）。这种研究大多涉及人际冲突（见第 14 章）。然而，在更广泛的、以社会困境作为破坏合作的人类信任危机的研究背景下（如 Van Lange, Balliet, Parks, & Van Vugt, 2014），它对群际冲突，例如囚徒困境、货运博弈和公地困境有重要的影响（如 Liebrand, Messick, & Wilke, 1992）。

1. 囚徒困境

囚徒困境（prisoner's dilemma）由卢斯和霍华德·莱法（R. D. Luce & Howard Raïffa, 1957; Rapoport, 1976）提出，是经过最广泛研究的博弈。它以一则逸事为基础，侦探分别询问两名明显有罪的嫌疑人，只有足够的证据可以判定他们犯有较轻的罪行。这两名嫌疑人分别获得一次认罪的机会，但是他们知道如果其中一人认罪而另一人不认罪，认罪者将获得豁免权，而供词将被用来判定另一人犯有更严重的罪行；如果两人都认罪，则各自会被判处较轻的刑罚；如果两人都不认罪，则各自会被判处很轻的刑罚。囚犯所面临的两难境地可以用报酬矩阵来概括（见图 11.4）。

虽然互相都不认罪会产生最好的共同结果，但相互怀疑和缺乏信任几乎总是鼓励着双方承认罪行，这一发现已在数百项使用各种实验条件和报酬矩阵的囚徒困境实验中得到重复（Dawes, 1991）。囚徒困境被描述为"两人的、混合动机的、非零和的博弈"，这是个很拗口的说法，但它意味着有两个人参与其中，他们每个人都经历了合作动机和竞争动机之间的冲突，结果可能是双方都得到了好处，也可能是两败俱伤。相反，零和博弈是一方的收益永远是另一方的损失，即对于一个饼来说，我拿的分量越大，留给你的分量就越小。

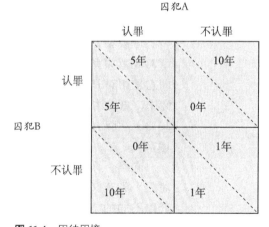

图 11.4 囚徒困境

每一个象限显示了当两人、一人或无人认罪时，因犯 A 的刑期（对角线以上）和因犯 B 的刑期（对角线以下）。

囚徒困境

在两人的博弈中，双方在竞争与合作之间徘徊。根据相互的选择，可以双赢，也可以两败俱伤。

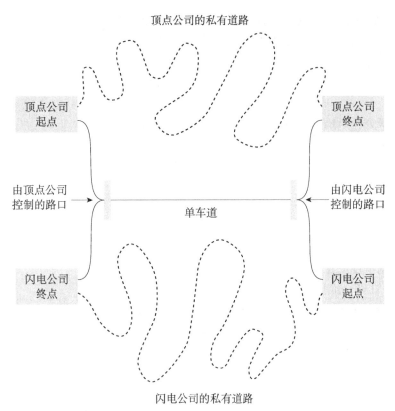

顶点公司的私有道路

顶点公司起点

由顶点公司控制的路口 →

单车道

顶点公司终点

由闪电公司控制的路口 ←

闪电公司终点

闪电公司起点

闪电公司的私有道路

图 11.5　货运博弈

两名参与者进行一场博弈，他们分别为不同的货运公司工作，将货物从一个地方运到另一个地方。他们可以使用自己的私有路线，但也有一条更短的共享路线，其缺点是其中一部分为单车道。

来源：Deutsch & Krauss, 1960.

2. 货运博弈

在这种博弈中，有顶点（Acme）和闪电（Bolt）两家货运公司，将货物从一个地方运到另一个地方（Deutsch & Krauss, 1960）。两家公司都有自己的私有路线，但还有一条速度快得多的共享路线，但是这条路线有一个重大缺陷，其中一部分只有单车道（见图 11.5）。显然，互利的解决方案是两家公司轮流使用单车道路段。但研究却一再发现，人们会为了单车道的使用而争吵不休。通常情况下，双方进入该路段后在其中正面相遇，然后浪费时间争论，直到一方退让。同样，相互不信任也产生了次优的联合结果。

这些博弈凸显了缺乏信任的有害后果，并且在现实中同样会产生类似的后果。例如，伊朗和伊拉克之间的相互不信任助长了它们在 20 世纪 80 年代关于谁是阿拉伯河水道合法所有者的可怕冲突。当它们在经历了可怕的暴行、一百多万军民伤亡和经济破坏，于 1988 年休战时，边界恰恰还停留在八年前战争开始时的位置。

博弈论的基础是将人类定性为"经济人"（*homo œconomicus*）的理性描述——一种人类心理模型，源于西方对工作和产业的思考（Cartwright, 2011; Stroebe & Frey, 1982; 另见第 2 章对规范模型和行为决策理论的讨论）。可能由于这种视角，基于博弈论的研究存在一个问题，即它是相对非社会的。例如，它常常忽略直接沟通和间接沟通的作用。在两人和多人囚徒困境博弈中，直接沟通可以非常可靠地减少冲突、增加合作（Liebrand, 1984; Meleady, Hopthrow, & Crisp, 2013）。互动者的反应也实现了间接沟通的功能，其中灵活的反应行为可增加合作（Apfelbaum, 1974）。

同样，人们对博弈的看法也常常被忽视。例如，商品或资源的分配或交换总会引起人们对公平和正义的认识问题。通常情况下，人们把实验性博弈理解为竞争性情境。然而，如果博弈以不同的方式引入，例如作为一种对人类互动或国际冲突解决的研究，人们的行为会更具合作性（Abric & Vacherot, 1976; Eiser & Bhavnani, 1974）。此外，如果明确引入公平规则，互动者对公平的解决方案会更有信心，行为会更具合作性，对结果也会更满意（McClintock & Van Avermaet, 1982; Mikula, 1980）。

3. 公地困境

公地困境

一种两难的社会困境，即如果人人合作，则人人受益；如果人人竞争，则人人受害。

许多其他的社会困境涉及一些个体或群体对有限资源的利用（Foddy, Smithson, Schneider, & Hogg, 1999; Kerr & Park, 2001）。这些本质上是多人囚徒困境，即如果每个人都合作，就能达成一个对所有人都最佳的解决方案；但如果每个人都竞争，那么每个人的利益都会受损。**公地困境**（commons dilemma），或者说"公地悲剧"

（Hardin, 1968），其名称来自英国村落曾经拥有的公共牧场。人们可以在这块土地上放牛，如果大家都适当地使用这块土地，它就会自我恢复，并继续使他们所有人受益。然而，想象一下，100 个农民围绕着一个只能养活 100 头牛的公地，如果每个人放一头牛，公有土地就会得到最大限度的利用，并将纳税降到最低。然而，一个农民可能会认为，如果他多放一头奶牛，他的产量将翻倍，而因过度放牧产生的成本将由所有 100 个农民平均承担，落到自己身上的成本极小，所以这个农民增加了第二头奶牛。如果所有 100 个农民都这样推理，他们就会迅速破坏公地，从而产生公地悲剧。

公地困境是可再生资源困境的一个例子，即公地是一种可再生资源，只要每个人在"收获"资源时表现出克制，就能持续支持许多人。世界上许多最紧迫的环境保护问题都是可再生资源困境。例如，雨林和海洋鱼群如果被适当地获取，就是可再生资源（Clover, 2004）（见本章开头"你怎么认为？"中的第二个问题）。

另一种社会困境是公共产品困境。公共产品是为每个人提供的，例如公共卫生、国家公园、国家公路网、公共广播和电视。由于公共产品人人都可以使用，人们就会想去使用它们，而不为它们的维护做出贡献。这是一种**搭便车效应**（free-rider effect）（Kerr, 1983; Kerr & Bruun, 1983; 见第 8 章），即人们只是自利地利用一种资源，而不去维护它。

例如，如果只是一个人逃税漏税，它对警察部门、急救服务或正常运行的道路系统的影响就微乎其微；但如果每个人都这样想，那么像现在一样有效的、可以加速救援的公路系统和急救服务将不再存在。同样，如果只有你一个人不付费下载音乐和电影，那么影响不大；但如果有数百万人这样做，那么对这些创意产业的不利影响是致命的。如果我没有修好我的汽车排气管或者没有在花园里种树，那么对减少噪声、大气和视觉污染的贡献微乎其微；但如果住在我附近的每个人都如此，那么这一带将成为可怕的居住地。

加勒特·哈丁（Garrett Hardin）在反思公地悲剧时指出：

> 毁灭是所有人都会冲向的目的地，在一个相信公地自由的社会中，每个人都在追求自己最大的利益。公地自由给所有人带来毁灭。（Hardin, 1968, p. 162）

关于社会困境的研究发现，当自我利益与集体利益对立时，通常的结果是竞争和资源的破坏（Edney, 1979; Sato, 1987）。然而，一些研究也发现了高水平的志愿社会合作（Caporael, Dawes, Orbell, & Van de Kragt, 1989），布鲁尔和她的同事们的一系列研究确定了这种情况可能发生的一种条件（Brewer & Kramer, 1986; Brewer & Schneider, 1990; Kramer & Brewer, 1984, 1986），即当人们认同共同利益时，他们的社会认同（见本章稍后的"社会认同"部分）来自获得资源的整个群体时，自我利益就会从属于共同利益。然而，他们也发现，当不同的群体而不是个体能够获得公共利益时，随之而来的群际竞争确保了以族群为中心的行动，而这种行动的破坏性远远大于单纯的自我利益。对雨林、鱼类和湿地等有限资源的国际竞争悲惨地加速了这些资源的消失。

4. 解决社会困境

一般来说，人们很难摆脱社会困境的陷阱，因为存在信任危机，人们无法相互信任（Van Lange, Balliet, Parks, & Van Vugt, 2014），人性的贪婪占了上风（Seuntjens, Zeelenberg, Van de Ven, & Breugelmans, 2015）。即使是对利他准则的呼吁也是出奇地无效（Kerr, 1995）——如果你知道别人是搭便车的，你肯定也不想被人当傻瓜（Kerr & Bruun, 1983）。由于自私行为在社会困境中占了上风，所以为使困境消失，往往会强加结构性的解决方案（Kerr, 1995）。结构性解决方案包括限制使用资源的人数

搭便车效应
通过避免高昂的成员义务并且让其他成员承担这些成本来获得群体成员资格的好处。

（如许可证），限制人们可以取用资源的数量（如配额），将资源的管理权交给个体（领导者）或单一群体，促进使用资源的人之间的自由交流，以及将报酬转向有利于合作而不是竞争等措施。

结构性解决办案的问题是，它们需要一个开明和强大的当局来执行措施、管理官僚机构和处理违法行为，然而这可能很难实现。一个典型的例子是，面对全球灾难，世界各国无法制定结构性解决方案来限制碳排放以避免气候变化。我们已经召开了大量的由地球上几乎所有主要国家主办的全球峰会，并且制定了多个协议。然而，一些国家仍然不会为了人类的更大利益而牺牲自身利益——在极度的沮丧和绝望中，2007 年理查德·布兰森和阿尔·戈尔为鼓励从大气中清除二氧化碳的设计举措提供 2 500 万美元的悬赏。2015 年的《巴黎协定》由 195 个缔约国在第 21 届联合国气候变化大会上制定。到 2016 年年中，几乎所有 195 个缔约国都签署了该协议，但只有 22 个缔约国批准了该协议，这太少了，以至于它无法生效。

一个结构性解决方案是任命一个领导者来管理资源（如 De Cremer & Van Vugt, 2002; Rutte & Wilke, 1984; Van Vugt & De Cremer, 1999）。领导者在一定情况下，能非常有效地解决社会困境。当人们的群体面临社会困境时，尤其是当他们对群体有强烈的认同感时，具有亲社会倾向的人对领导力持相对开放的态度（De Cremer, 2000; De Cremer & Van Vugt, 1999）。领导者的魅力并不关键，但重要的是，领导者作为群体的代表成员，可以被看作"我们中的一员"（De Cremer, 2002）。具有亲自我取向的人对领导力持不太开放的态度，除非他们对群体有强烈的认同感，并且把领导者看作服务群体和代表群体的人。魅力型领导者特别善于帮助亲自我的成员以亲社会和服务群体的方式行事。

如果结构性解决方案如此困难，我们还有什么其他选择？在社会困境解决中，特别有效的一个因素是群体认同（Foddy, Smithson, Schneider, & Hogg, 1999; Van Vugt & De Cremer, 1999）。当人们非常强烈地认同一个共享资源的群体时，这些人的行为方式将会使群体作为整体受益，而不是将自己从群体中分离出来（如 Brewer & Kramer, 1986; Brewer & Schneider, 1990; De Cremer, Van Knippenberg, Van Dijk, & Van Leeuwen, 2008）。这就好比大量争夺使用权的个体被转化为一个个体来精心照料资源，这是一个很好的比喻，对一个群体的认同实际上确实以这种方式改变了人们的心理。

认同可以促进有助于建立信任的建设性沟通（Meleady, Hopthrow, & Crisp, 2013），也可以促进可保护规范的发展性沟通（如 Bouas & Komorita, 1996; Meleady, Hopthrow, & Crisp, 2013），还可鼓励人们遵守这些规范（如 Sattler & Kerr, 1991）；它可以提升人们对分配和程序正义的感知（Tyler & Smith, 1998），让人们感觉到保护行动确实有效果（Kerr, 1991）。事实上，公共产品的私有化之所以可能会增加自私的非节约行为，正是因为它抑制了这些社会认同的过程（Van Vugt, 1997）。

四、社会认同

（一）最简群体

现实冲突理论（Sherif, 1966）将群际行为追溯至目标的相互依存，但却混淆了一些可能的诱因。研究表明，族群中心主义态度和群际竞争关系容易被引发，而难以被抑制。例如，在谢里夫的夏令营研究的阶段 2，族群中心主义已有雏形，但当时群体刚刚形成，它们之间并没有现实冲突（另见 Blake & Mouton, 1961; Kahn & Ryen, 1972）。其他研究者发现，竞争性的群际行为会在如下条件下自发地出现：

- 即使在群体间的目标关系不相互依存的情况下（Rabbie & Horwitz, 1969）。
- 在明显是非竞争性的群际关系条件下（Ferguson & Kelley, 1964; Rabbie & Wilkens, 1971）。
- 在明显是合作性的群际关系条件下（Rabbie & DeBrey, 1971）。

那么，群际行为的最低要求是什么？是集体以族群为中心并进行群际竞争的那些充要条件吗？（琼和艾莉森的问题可以从最简群体范式的角度来探讨，见本章开头"你怎么认为？"中的第二个问题。）

泰弗尔及其同事设计了一种有趣的研究方法来回答这个问题，即**最简群体范式**（minimal group paradigm; Tajfel, Billig, Bundy, & Flament, 1971）。英国学校的男生，参加了他们认为有关决策的一项研究，他们被完全随机地分配到两组中的一组，但据说分组的依据是他们对艺术家瓦西里·康定斯基或保罗·克利的画作的偏好。孩子们只知道他们自己属于哪个组（康定斯基组或克利组），而外组和同组成员的身份则通过使用代号来掩盖。然后，孩子们在每一对只通过代码编号和组别成员来确定身份的接收者之间单独分配金钱。

通过一系列精心设计的分配矩阵，对许多不同的组内和组外成员（不包括自己在内）重复进行纸笔任务，以梳理出人们正在使用的策略。结果显示，在公平的背景下，孩子们强烈地偏好自己的群体，即他们采用了内群体偏好策略（FAV；见专栏 11.2）。这是一个相当惊人的发现，因为这些群体规模非常小，它们是根据一个薄弱的标准建立起来的，没有过去的历史或可能的未来，孩子们甚至不知道小组中其他成员的身份，而且在分配金钱的任务中，自身不作为接收者，并未涉及自身利益。

随后实验中的群体规模则越来越小。例如，毕利希和泰弗尔（Billig & Tajfel, 1973）明确地将参与者随机地归类为 X 组或 Y 组成员，从而消除他们可能基于表面上喜欢同一个艺术家这一原因来推断同一组中的人在人际上彼此相似的任何可

最简群体范式
研究社会归类本身对行为的影响的实验方法。

🦶 **专栏 11.2**　　　　**经典研究**

最简群体范式

分配策略和样本分配矩阵（参与者圈出一对数字，以表明他们希望如何分配点数）

A. 两个样本分配矩阵。在每个矩阵中，参与者圈出代表他们希望如何在组内成员和组外成员之间分配矩阵中的点数（代表真钱）的数列。

1. 内群体成员：　7　8　9　10　11　12　13　14　15　16　17　18　19
　　外群体成员：　1　3　5　7　9　11　13　15　17　19　21　23　25

2. 内群体成员：　18　17　16　15　14　13　12　11　10　9　8　7　6
　　外群体成员：　5　6　7　8　9　10　11　12　13　14　15　16　17

B. 分配策略。通过分析对大量矩阵的回答，可以确定参与者的点数分配受以下每种策略影响的程度。

- 公平性：　　　　　F　　各群体之间平均分配点数
- 最高共同利益　　MJP　最大限度地提高两个接收者共同获得的点数，无论哪一组获得的点数更多
- 最高内群体利益　MIP　最大限度地为内群体获取点数
- 最大差异　　　　MD　最大限度地提高有利于内群体的点数差异
- 偏好　　　　　　FAV　综合 MIP 和 MD 进行分配

来源：Tajfel, 1970；基于 Hogg & Abrams, 1988。

能性。特纳（Turner, 1978）通过简单分配点数的任务，推翻了点数和金钱之间的联系。其他的研究除了采用点数分配任务之外，还包括了对族群中心主义态度、情感和内涵方面的测量。另一项研究使用真正的硬币作为奖励（Vaughan, Tajfel, & Williams, 1981），7 岁和 12 岁的儿童简单地将硬币分发给未标明身份的组内和组外成员，结果两个年龄组中都出现了明显的内群体偏好。

从数百个包含广泛的参与者的最简群体实验中得出的有力结论是，仅仅被归类为群体成员就会产生族群中心主义和群际竞争行为（Bourhis, Sachdev, & Gagnon, 1994; Diehl, 1990; Tajfel, 1982）。其他研究表明，最简归类可以在内隐水平上产生内群体偏好，因此是一种人们可能无意识控制的效应（Otten & Wentura, 1999）；社会归类可以产生非常广泛的自动化效应。例如，杰伊·范·巴维尔和威廉·坎宁安（Jay Van Bavel & William Cunningham, 2011）报告了一个耐人寻味的发现，居住在纽约的自我归类为美国人的人错误地认为墨西哥（一个令人恐惧和具有威胁性的外群体）在地理位置上比加拿大（一个没有威胁性的外群体）更接近，这就很好地印证了一句话：你应该与你的朋友保持亲密，但要与你的敌人更亲密！

社会归类（social categorization）是必要的，但对于产生群际行为来说可能并不充分。例如，豪格及其同事进行的一系列最简群体实验表明，如果让参与者对如何使用复杂和不寻常的最简群体矩阵感到更加确定和自信，归类就不会产生群体认同和群际歧视（如 Grieve & Hogg, 1999; 见 Hogg, 2000c, 2007b, 2012）。人们认同群体，甚至是最简群体的原因之一，可能是减少不确定感（见"减少不确定性"部分）。因此，只有当人们认同类别时，归类才会产生认同和歧视，只有当归类可能减少情境中的不确定感时，人们才会认同此类别。

最简群体范式并非没有受到质疑。例如，研究者对所使用的措施、程序和统计数据进行了激烈的辩论（Aschenbrenner & Schaefer, 1980; Bornstein, Crum, Wittenbraker, Harring, Insko, & Thibaut, 1983; Branthwaite, Doyle, & Lightbown, 1979; Turner, 1980, 1983），并对偏好本身在多大程度上反映的是理性的经济自利，而不是基于社会认同的群际差异进行了辩论（Rabbie, Schot, & Visser, 1989; Turner & Bourhis, 1996）。

另一个反对意见是，实验的条件造成了一种需求特征，即参与者符合实验者明显的期望或仅仅是符合群际竞争的一般规范（Gerard & Hoyt, 1974）。这种解释似乎不太成立，因为有证据表明，歧视与受到监视的意识无关（Grieve & Hogg, 1999），而且当对歧视性规范的遵守和意识增强时，歧视反而会减少（Billig, 1973; Tajfel & Billig, 1974）。事实上，那些没有被实际归类而只是接受实验描述的参与者预测的歧视（即没有歧视性规范）比被归类的参与者实际表现出的歧视要少得多（St Claire & Turner, 1982）。另外，在最简群际情境中，鼓励参与者遵循一个明确的合作规范几乎是不可能的（Hogg, Turner, Nascimento-Schulze, & Spriggs, 1986）。

虽然这不是对最简群体范式的批评，但阿梅莉·穆门代（Amélie Mummendey）及其同事已经发现了最简群体效应中的正负不对称性（Mummendey & Otten, 1998; Otten, Mummendey, & Blanz, 1996; 另见 Peeters & Czapinski, 1990）。在通常的范式中，参与者分配正值资源（如点数）；当他们分配负值资源（如惩罚）时，或者他们不是分配资源而是剥夺资源时，这种效应要弱得多或可能消失。

最后，最简群体效应确实反映了最大群体或现实生活中群体的情况。群体确实会努力使自己优于相关的外群体。例如，鲁珀特·布朗（Rupert Brown, 1978）利用英国 20 世纪 70 年代的竞争性工资谈判发现，一家飞机工程工厂的一个部门的车间管理员为了将自己相对于竞争性外群体的相对优势提高到 1 英镑，每周牺牲的绝对值高达 2 英镑。此外，对护士的研究表明，虽然护士应该是有爱心和自我牺牲精神的，但其内群体认同与其他自我牺牲精神较弱的群体一样，均与内群体偏好有关

社会归类
将人们划分为不同社会群体的成员。

（ Oaker & Brown, 1986; Skevington, 1981; Van Knippenberg & Van Oers, 1984 ）。

（二）社会认同论

正是最简群体研究所显示的社会归类在群际行为中的基本作用，使得泰弗尔和特纳提出了社会认同的概念（Tajfel, 1974; Tajfel & Turner, 1986）。这个简单的概念在过去的四十年里，已发展成也许是最杰出的关于群体过程、群际关系和集体自我的社会心理学分析，即**社会认同论**（ social identity theory ）。社会认同论有许多理论上兼容并蓄的子理论和重点。例如，泰弗尔和特纳（Tajfel & Turner, 1986）最初的分析侧重于群际关系，被称为群际关系的社会认同论。特纳及其同事后来关注的是自我归类和群体整体过程，即**自我归类理论**（ self-categorization theory; Turner, Hogg, Oakes, Reicher, & Wetherell, 1987 ），被称为群体的社会认同论（见 Abrams & Hogg, 2001, 2010; Hogg, 2006; Hogg & Abrams, 1988, 2007; Turner, 1999; 另见第 4 章）。关于泰弗尔对社会心理学的一系列贡献的总结见沃恩的文章（ Vaughan, 2010c ）。

1. 社会认同和群体成员身份

社会认同论的两个核心前提是：（1）社会结构上分为不同的社会群体，这些群体彼此之间存在权力和地位关系（如美国的黑人和白人、北爱尔兰的天主教徒和新教徒、伊拉克的逊尼派和什叶派）；（2）社会类别（国家或教会等大群体，但也有组织等中等群体，或俱乐部等小群体）为成员提供**社会认同**（ social identity ），即对一个人是谁的定义和评价，以及对这一身份所包含的内容的描述和评价。社会认同不仅描述属性，还规定作为一个成员应该怎么想、怎么做。例如，成为"学生"这一社会类别的成员，不仅意味着定义和评价自己，以及被他人定义和评价，而且意味着以学生的特有方式思考和行为。

社会认同是来自群体成员身份的自我概念的一部分。它与群体和群际行为有关，这些行为具有一些普遍特征：族群中心主义、**内群体偏好**（ingroup favouritism）和**群际分化**（intergroup differentiation），对内群体规范的遵从，内群体的团结和凝聚力，以及建立在相关群体**刻板印象**（stereotype）上的对自我、外群体和内群体的看法。

社会认同与个人认同是完全分开的，个人认同是自我概念的一部分，它来自人格特质和我们与他人的特殊个人关系（Turner, 1982）。个人认同与群体和群际行为无关，与人际和个人行为相关。人们根据他们对自身的定义，拥有与他们所认同的群体、亲密关系和特异属性一样多的社会和个人身份。然而，虽然我们有许多离散的社会和个人身份，但我们主观上将自我看作一个连续的、不间断的综合体——主观上将自我体验为支离破碎的、不连续的是有问题的，并与各种心理疾病存在关联。

社会认同论将社会认同与个人认同区分开来，有意避免用人格属性或人际关系来解释群体和群际过程。社会认同论学者认为，许多关于群体过程和群际关系的社会心理学理论是有局限性的，因为它们通过聚合人格倾向或人际关系的影响来解释现象。

权威人格（ authoritarian personality ）理论和**挫折—攻击假说**（ frustration–aggression hypothesis ）就是上述后一种偏见和歧视解释视角的例子（Billig, 1976;

社会认同论
基于自我归类、社会比较和从内群体属性出发构建共同自我定义的群体成员身份和群际关系理论。

自我归类理论
由特纳等人提出，探索归类过程如何制造出社会认同以及群体和群际行为的理论。

社会认同
从我们的社会群体成员身份中所得到的自我概念。

内群体偏好
与其他群体相比，更偏好自身所属群体的行为。

群际分化
强调自身所属群体与其他群体之间差异的行为。

刻板印象
人们对社会群体及其成员所普遍共有的、简化的评价性印象。

权威人格
一种源自童年期、使个体倾向于产生偏见的人格综合征。

挫折—攻击假说
一种认为所有挫折均能导致攻击，以及所有攻击全部源自挫折的理论。被用于解释偏见和群际攻击现象。

见第 10 章）。举例来看，如果一个社会心理学家问人们为什么要把胳膊伸出车窗外以示转弯，那么用肌肉动作的生物化学原理来解释这个行为则无法回答这个问题。从遵守社会规范的角度来解释会更合适（虽然问一个生物化学家这样的问题不合适）。正是**还原主义**（reductionism）的问题（详见第 1 章）促使社会认同论学者区分了社会认同和个人认同（Doise, 1986; Israel & Tajfel, 1972; Moscovici, 1972; Taylor & Brown, 1979; Turner & Oakes, 1986）。

2. 社会归类、原型和去个性化

自我归类理论（Turner, Hogg, Oakes, Reicher, & Wetherell, 1987），即群体的社会认同论，明确了归类作为社会认同现象的社会认知基础是如何运作的。人们在认知上将社会类别/群体表示为原型。**原型**（prototype）是一组模糊的属性（感知、信念、态度、情感、行为），它描述了一个群体，并将其与相关的其他群体区分开来。原型遵循**元对比原则**（meta-contrast principle）——它们最大限度地提高了群际与群内差异的比例，这样就突出了群体的**实体性**（entitativity）（Campbell, 1958; Hamilton & Sherman, 1996; 见第 8 章）。

元对比确保了群体原型不是简单的内群体属性的平均，因此群体中最符合原型的人不是平均化的群体成员。由于原型也能捕捉到群际分化，它们通常会从群体平均化向远离相关外群体比较的方向偏移。原型是理想类型而不是平均类型，可以想象，一个群体原型可能是如此理想，以至于没有一个成员可以真正地具体化它。

原型是群体的认知表征，因此它与刻板印象密切相关（见第 2 章）。然而，从社会认同的角度来看，只有当一个原型为群体成员所共有时，它才是刻板印象（Tajfel, 1981a）。最后，原型是依赖于情境的，即特定原型的属性会随着进行比较的外群体、在场的内群体成员以及比较或互动的目标而改变。这种情境依赖性在新形成的群体（一个任务群体）中可能是相当极端的，但在牢固地扎根于持久群际刻板印象的完善群体（如种族群体）中就不那么极端了。

例如，在民族群体之间（如 Rutland & Cinnirella, 2000）和政治派别之间（Gaffney, Rast, Hackett, & Hogg, 2014）的感知中可以发现原型的情境效应。例如，尼克·霍普金斯和克里斯托弗·穆尔（Nick Hopkins & Christopher Moore, 2001）发现，尽管苏格兰人认为自己与英格兰人存在不同，但当他们在对比苏格兰人和德国人时，这种苏格兰人－英格兰人的差异就会变小。尽管苏格兰人可能不喜欢这样，但是他们认为自己与英格兰人之间的差异在不断缩小！

虽然认同及其相关属性受情境影响，但它们并不是由情境决定的。范·巴维尔和坎宁安（Van Bavel & Cunningham, 2010）提出了迭代再处理模型——他们引用了神经科学研究的结果，即存储在记忆中的认同定义属性是如何被情境线索激活和修改，以满足特定情境需求的。然而此认同定义属性不一定会在持久的意义上发生根本性的改变，除非特定的情境在一个人的生活中变得普遍存在。

对人们进行归类的过程会导致**去个性化**（depersonalisation）。当我们对他人进行归类时，我们通过相关的内群体或外群体原型的视角来看待他们，即我们将他们视为一个群体的成员，而不是独特的特异性个体。我们在知觉上突出他们与相关原型的相似性（即同化他们），从而以刻板和以族群为中心的方式来看待他们。当我们对自身进行归类时，也会发生完全相同的情况，即我们用内群体原型来定义、感知和评价自己，并按照这个原型来行事。自我归类会产生内群体规范行为（遵从群体规范；见第 7 章）和自我刻板印象化（见第 2 章），因此它是导致我们向群体成员趋同的过程。去个性化并不等同于去人性化，然而如果人们深深地憎

还原主义
用较低分析水平的语言和概念来解释现象，通常解释力会受损。

原型
对某一类别的典型特征、理想特征的认知表征。

元对比原则
一个群体的原型是该群体中"与内群位置的差异"和"与外群位置的差异"之比最大的位置。

实体性
一个群体在多大程度上看起来像一个连贯的、独特的和统一的实体。

去个性化
对自我和他人的感知和对待，不是将其作为独特的个体，而是作为社会群体的原型化身。

恨外群体，并以刻板印象化来剥夺其成员应享有的尊重或尊严，去个性化就会导致去人性化（见第 10 章）。

去个性化是基于归类的认知过程，它将自我属性或多或少地转化为体现群体的原型。人们对这种认知机制的解释略有不同。比尔·斯旺（Bill Swann）及其同事用身份融合这个术语来描述社会归类将个人或个体自我与群体融合的过程，其结果是自我和群体变得难以区分（Swann, Gómez, Seyle, Morales, & Huici, 2009; Swann, Jetten, Gomez, Whitehouse, & Bastian, 2012）。完全融合为群体极端主义奠定了基础。范·维伦（Van Veelen）及其同事研究了个人自我是如何变得与群体无法区分的（Van Veelen, Otten, Cadinu, & Hansen, 2016），他们认为，这可以通过将群体属性分配给个人自我（去个性化）或将个人属性投射到群体上（投射）来实现。

3. 心理凸显性

是什么决定了一种或另一种社会认同在什么时候成为对自我和他人进行社会归类的心理凸显基础呢？如果不回答这个问题，社会认同论学者就会遇到一个严重的科学问题，他们将无法预测或操纵可能的社会认同行为。

彭妮·奥克斯（Penny Oakes）及其同事借鉴了坎贝尔（Campbell, 1958）和布鲁纳（Bruner, 1958）的研究来回答这个问题（Oakes, 1987; Oakes, Haslam, & Turner, 1994; Oakes & Turner, 1990; 见第 2 章）。具备如下条件的社会类别可以作为自我分类的基础：（1）长期可及（例如在记忆中容易获取）；（2）在特定情境下可及（例如具有明确的情境线索）。并且，还需要这些社会类别能够对情境提供合理的解释：（1）可说明人们之间的相似性和差异性（即它们符合情境的结构方式）；（2）说明人们为什么会有这样的行为（即它们符合人们应当遵守的规范）。从技术上讲，凸显性一方面是长期可及性和情境可及性的交互函数，另一方面是结构拟合和规范拟合的交互函数。范·巴维尔和坎宁安（Van Bavel & Cunningham, 2010）的迭代再处理模型（参见上文）表明，这是一个迭代过程，其中为满足情境需求和目标，记忆中的属性会被调用和临时修改。

4. 积极独特性和自我增强

社会认同的动力来自两个基本过程：自我增强和减少不确定性。社会认同论的一个关键前提是，群体代替了互相的地位和声望——有些群体只是比其他群体有更高的声望和地位，而在特定情境中的人们也会意识到这一点。不足为奇的是，各群体在社会地位和声望上相互竞争（Tajfel & Turner, 1986；另见 Hogg & Abrams, 1988）。他们以有利的方式相互竞争来产生差异，因为积极的内群体差异可为群体成员提供有利的（积极的）社会认同。人际比较一般追求相似性（如 Festinger, 1954; Suls & Wheeler, 2000），与人际比较不同的是，群际比较追求建立有利于内群体评价的差异。

追求积极独特性和积极社会认同是一系列现象的基础（Ellemers, Spears, & Doosje, 1999），例如不端行为。尼克·埃姆勒（Nick Emler）及其同事认为，不端行为，特别是在男孩中是一种战略行为，旨在维护相关同伴眼中的良好声誉（Emler & Hopkins, 1990; Emler & Reicher, 1995）。因此，不端行为通常是一种发生在公共场合的群体活动，因为这满足了其认同 – 确认的功能（Emler, Ohana, & Moscovici, 1987）。此外，不端行为对那些在学校不努力学习的儿童特别有吸引力，因为不端行为提供了另一种获得积极认同的来源（它是如此有吸引力，以至于大多数儿童在某种程度上都曾经尝试过）。赖歇尔和埃姆勒（Reicher & Emler, 1985）认为，与女孩相比，男孩更有可能出现不端行为的一个原因是男孩在学校表现良好的压力更大，因此成绩不佳的感觉更强烈：建立另一种积极的社会认同的动机要强烈得多。

积极独特性作为一个群体层面的过程，映射出人类通过自我增强来实现自尊的基本动机（Sedikides & Strube, 1997；见第 4 章）。在此基础上，社会认同研究者提出自尊是社会认同情境中的一个关键动机。关于自尊动机的研究（Abrams & Hogg, 1988; Crocker & Luhtanen, 1990; Crocker & Major, 1989; Hogg & Abrams, 1990; Long & Spears, 1997; Rubin & Hewstone, 1998）表明：

- 群际分化可提升自尊。
- 压抑的自尊不会驱动群际分化。
- 与群体过程有关的是集体自尊，而不是个人自尊。
- 群体中的人们具备高创造性和能力来保护自身不被低等级群体成员的低自尊影响。

5. 减少不确定性

根据不确定性－认同理论，社会认同过程的动机还包括是减少不确定性（Hogg, 2000c, 2007b, 2012）。人们的根本动机是要知道自己是谁，以及自己与他人的关系—他们需要对自己的想法、感受和行为，以及对他人的想法、感受和行为感到相对确定。我们需要知道他人的期望，以便使生活可以预测，并使我们能够规划有效的行动。

群体认同可以非常有效地减少不确定性。对群体的认同，通过相关的原型，立即并且自动地定义了我们与内群体和外群体中他人的关系，并设定我们和他人将如何行动。大量使用最简群体范式的变体进行的实验研究表明，人们会对群体产生认同感，并且当人们处于不确定状态时，对群体的认同感更强（如 Grieve & Hogg, 1999）。

然而，当我们对自己感到不确定时，我们更倾向于认同高实体性的群体，因为它们提供了结构更优和更清晰的自我意识（Castano, Yzerbyt, & Bourgignon, 2003; Hogg, Sherman, Dierselhuis, Maitner, & Moffitt, 2007; Hogg, Meehan, & Farquharson, 2010; Yzerbyt, Castano, Leyens, & Paolino, 2000）。此外，我们可以在感知上突出我们现有所属群体的实体性（Sherman, Hogg, & Maitner, 2009）。这种对高实体性群体的偏好有着重要的含义。

如果不确定性是尖锐的、持久的和高度自我相关的，人们可能就会努力认同那些不仅仅具有实体性，而且还具有极端性的群体（Hogg, 2014）。这样的群体可以被描述为群体中心（Kruglanski, Pierro, Mannetti, & De Grada, 2006）。它们在规范上是同质的、内向的、不容忍异己的和高度族群中心主义的，并且受强大的、包罗万象的、正统的意识形态体系的支配。此外，它们还拥有强大的甚至是专制的领导力。一项对澳大利亚大学生的研究发现，自我相关的不确定性会增加对一个极端主义校园抗议团体的支持（Hogg, Meehan, & Farquharson, 2010）；一项对英国的组织成员的研究发现，自我相关的不确定性与对专制组织领导者的更高支持相联系（Rast, Hogg, & Giessner, 2013）。

这也许可以解释为什么在与战争、革命、经济崩溃或自然灾害有关的社会不稳定时期，往往会出现极端主义、正统主义和群体不容忍。这也解释了为什么宗教认同具有持久的吸引力（它们提供了一种独特的自我意识、一套习俗和仪式、一种完善的意识形态和一个强大的道德指南针，它们甚至可以应对已经存在的不确定性），以及宗教信仰趋向于宗教狂热的趋势（Hogg, Adelman, & Blagg, 2010）。

6. 社会认同和群际关系

社会认同论最初是为了解释群际冲突和社会变迁而发展起来的，这就是泰弗尔最初的社会认同论（Tajfel, 1974; Tajfel & Turner, 1986）。

为了追求积极社会认同，群体和个体可以采取不同的行为策略，而这些策略的选择取决于人们对自己所属群体和其他群体间关系性质的信念（Ellemers, 1993; Hogg & Abrams, 1988; Tajfel & Turner, 1986; Taylor & McKirnan, 1984）——见图 11.6。这些信念可能与群际关系的现实（它们是意识形态的建构）相符，也可能不相符，首先取决于作为个体是否有可能从一个地位较低的群体中"通过"，并被一个地位较高的群体接受。**社会流动信念体系**（social mobility belief system）抑制了下级群体的群体行动，相反，它鼓励个体脱离群体，追求自己和近亲被主流群体所接纳。西方民主政治制度中就存在社会流动的信念。

如果人们认为群际界限是无法"逾越"的，那么就存在一种**社会变革信念体系**（social change belief system）。积极社会认同只能通过群体行动来实现，而所采取的行动受现状（现有的地位和权力等级）安全与否的影响。以一个不安全的制度为例，长期以来印度传统的印度教种姓制度是安全的（Sharma, 1981），但现在在印度次大陆上，年轻人在选择配偶时，这一点受到了挑战（Ghimire, Axinn, Yabiku, & Thornton, 2006）。与之相反，如果认为现状是稳定的、合法的，从而是安全的，那么就很难设想出一种替代性的社会结构［即不存在**认知替代方案**（cognitive alternatives）］，更不用说真正的社会变革之路，于是群体就可能采取**社会创造性**（social creativity）策略：

- 他们可以在新颖的或非正统的层面上进行有利于从属群体的群际比较。例如，杰勒德·勒迈纳（Gerard Lemaine, 1966, 1974）让儿童进行群际竞赛，建造最好的小屋，他发现，那些被提供了差的建筑材料因而没有可能获胜的小组会强调他们的花园有多好。
- 他们可以试图改变附加在群体特征上的共识性价值观（例如"黑人是美丽的"这一口号）。
- 他们可以将自己与其他地位低下或较低的群体进行比较（例如"贫穷白人种族主义"）。

当社会变革与认识到现状是非法的、不稳定的和不安全的相关联，并且存在认知替代方案（即可想象的和可实现的替代性社会秩序）时，就会发生直接的**社会竞争**

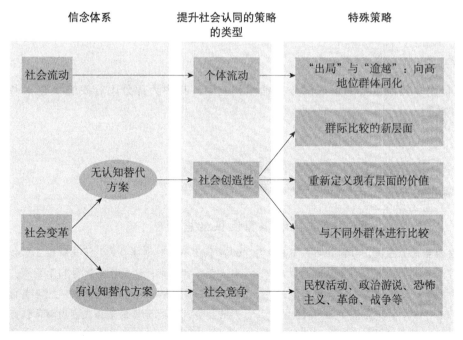

图 11.6 社会认同论：提升社会认同的信念结构和策略
对群际关系性质的信念影响群体成员可以采取的保持或实现积极社会认同的一般和具体策略。

社会流动信念体系
相信群际界限是可渗透的，因此，一个人有可能从地位较低的群体进入地位较高的群体，以改善社会身份。

社会变革信念体系
认为群际界限是不可逾越的。因此，地位较低的个人只有通过挑战地位较高群体的合法地位才能改善社会身份。

认知替代方案
认为现状是不稳定、不合法的，与优势群体进行社会竞争是提高社会认同的适当策略。

社会创造性
基于群体的行为策略，提高社会认同，但不直接攻击主导群体的地位。

社会竞争
基于群体的行为策略，通过直接对抗社会主流群体的地位来提升社会认同。

（social competition），即直接群际冲突（如政治行动、集体抗议、革命、战争）。社会运动通常是在这些情况下出现的（如 Haslam & Reicher, 2012; Klandermans, 1997, 2003; Milgram & Toch, 1969; Tyler & Smith, 1998; 见本章之前的内容）。

与社会认同论密切相关的是约翰·约斯特（John Jost）及其同事的**制度正当化理论**（system justification theory）（Jost & Banaji, 1994; Jost & Hunyadi, 2002; Jost & Van der Toorn, 2012; 见第 10 章）。社会停滞状态被归结为一种意识形态，这种意识形态使现状合理化和合法化。从属群体的成员认同并保护这种意识形态，即使他们这样做是在维持自己的弱势地位。这样做的根本动机可能是减少不确定性，即生活在劣势中但确定自己的地位比挑战现状和面对不确定的未来要好（Hogg, 2007b, 2012）。

群际关系的社会认同论得到了实验室和自然主义研究的支持（Hogg & Abrams, 1988; Ellemers, 1993; 新西兰的一项研究见专栏 11.3 和图 11.7），并在社会心理学的许多领域得到了阐述和扩展（如语言和民族性研究；见第 15 章）。社会认同论将群际行为的一般形式（如族群中心主义、刻板印象化）归结为与社会归类有关的过程，将具体表现（如冲突、和谐）归结为人们对群际关系性质的信念。

亚力克斯·哈斯拉姆及其同事在 1991 年第一次海湾战争后关于澳大利亚人对美国人刻板印象的微妙变化的研究中捕捉到了这一点（Haslam, Turner, Oakes, McGarty, & Hayes, 1992）。对澳大利亚、英国和美国进行比较的澳大利亚人对美国人的印象相对不好，在海湾冲突过程中，这种刻板印象进一步恶化，特别反映在傲慢、争论和传统主义等方面。之所以在这些特定方面而不是其他方面的态度发生恶化，是因为这些方面与战争期间感知到的美国人针对其他国家的行动直接相关。

社会变革　这些里约残奥会运动员宣传了残疾人的正面形象。在这个例子中，这位盲人运动员只是需要在路上得到帮助。

7. 其他方面

社会认同论有很多其他重要的组成部分、延伸和应用，其中大部分内容我们将在本书其他章节进行讨论，包括：

专栏 11.3　　　我们的世界

社会变革：增强原住民的自豪感

毛利人是新西兰的原住民，目前约占人口的 15%。其余人口主要是帕克哈人（Pakeha，即欧裔白人）。格雷厄姆·沃恩收集了来自城市和农村背景的年幼（6～8 岁）和年长（10～12 岁）的毛利和帕克哈儿童的内群体（族群）偏好数据（Vaughan, 1978a, 1978b）。这些数据是在 20 世纪 60 年代的不同时期收集的，正是新西兰社会发生重大变革的时期；这些数据如图 11.7 所示。箭头代表每一时间和每一地点各族群中儿童年龄由小到大的趋势，超过 50% 的选择代表内群体偏好，低于 50% 的选择代表外群体偏好。

在年长组儿童族群中心主义总体减少的情况

下（可能是一种发展趋势），数据显示，城市帕克哈人偏好自己所属的群体，但与农村帕克哈人相比，以族群为中心的倾向较低，并且农村毛利人比城市毛利人表现出更明显的外群体偏好。最有趣的发现是，在1961—1971年，城市毛利人从外群体偏好转变为内群体偏好，这种变化反映了20世纪60年代末和70年代初，以60年代末美国黑人权力运动为模式的棕色（毛利人）权力运动的兴起。

在城市里，群际感知可能不那么以族群为中心，其原因有很多，可能包括族际接触。搬到城市的毛利人往往与传统的波利尼西亚大家庭（以及毛利文化的其他方面）相隔绝，发现他们不得不与帕克哈人竞争工作。族群权力关系逐渐调整，地位不那么平等的族际接触的可能性增加，也许这在一定程度上减少了对帕克哈人的偏见，提高了毛利人的族群自豪感。

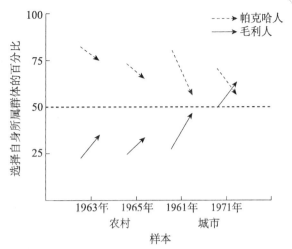

图 11.7 毛利和帕克哈儿童的内群体偏好作为社会变革（时间和群际接触的性质）的函数

箭头的方向显示了每个群体中儿童年龄从年幼到年长的趋势。到1971年，年长组的城市毛利人比年长组的城市帕克哈人表现出更多的内群体偏好。在1961—1971年，帕克哈人的内群体偏好和毛利人的外群体偏好均出现了系统性的下降，其中年长组的儿童比年幼组的儿童表现得更为明显。

来源：Vaughan, 1978b；见 Tajfel, 1978。

- 参考信息影响理论（Abrams & Hogg, 1990a; Turner, 1991; Turner & Oakes,1989），涉及从众（第7章）和群体极化（第9章）。
- 社会吸引假说，涉及群体中的凝聚和吸引现象（Hogg, 1993；第8章）。
- 主观群体动力学理论，涉及群体中的偏差过程（Marques, Abrams, Páez, & Taboada, 1998; Pinto, Marques, Levine, & Abrams, 2010；第8章）。
- 领导力的社会认同论（Hogg & Van Knippenberg, 2003; Hogg, Van Knippenberg, & Rast, 2012b；第9章）。
- 态度 – 行为关系的社会认同论（Terry & Hogg, 1996; Hogg & Smith, 2007；第5章）
- 去个体化现象的社会认同论（Klein, Spears, & Reicher, 2007; Reicher, Spears, & Postmes, 1995；见后面的"去个体化和自我觉知"部分）。
- 创造力的社会认同分析（Haslam, Adarves-Yorno, Postmes, & Jans, 2013）。
- 集体负罪感，即你作为群体成员，对你的群体过去所犯的过错感到内疚（Doosje, Branscombe, Spears, & Manstead, 2006; Goldenberg, Halperin, Van Zomeren, & Gross, 2016）。

五、社会认知

虽然自我归类理论在社会认知上强调群体和群际行为（Farr, 1996），但它明确地与更广泛的社会分析相衔接（Doise, 1986；见第1章）。这是因为，正如我们所看到的，它是更广泛的社会认同论的一部分。然而，社会认知视角（见第2章的全部内容）提供了一些其他更纯粹的认知解释，这些解释侧重于对群际行为有重要影响的认知和感知效应。

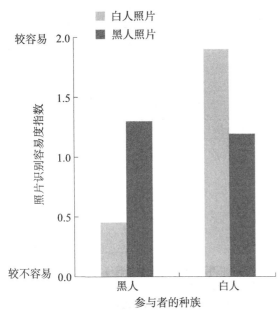

图 11.8 面孔识别的难易程度作为参与者的种族和照片中的人的种族的函数
如果是种族外群体而不是种族内群体成员的面孔，黑人和白人参与者都更难识别出他们之前见过的面孔。
来源：Brigham & Barkowitz, 1978.

（一）归类和相对同质性

最明显的效应是刻板印象化。对人（或物）的归类会引起**加重效应**（accentuation effect; Tajfel, 1959）。归类在知觉上加重了一个类别中人与人之间的相似性和不同类别中人与人之间在与归类相关的维度上的差异，即刻板印象维度（Doise, 1978; Eiser & Stroebe, 1972; Tajfel & Wilkes, 1963）。加重可能是不对称的，人们在知觉上将外群体成员同质化的程度比内群体成员高："他们看起来都很像，但他们是多样化的。"（Brigham & Malpass, 1985; Quattrone, 1986）

约翰·布里格姆和保罗·巴科维茨（John Brigham & Paul Barkowitz, 1978）让黑人和白人大学生针对 72 张黑白面孔的照片回答如下问题：在先前出现过的 24 张照片中（12 张黑人和 12 张白人），你们有多大把握看到过这张照片？图 11.8 显示，参与者发现识别外群体的面孔比内群体的面孔更难，并且这种效应是稳健的。其他比较"盎格鲁裔"与黑人（Bothwell, Brigham, & Malpass, 1989）、"盎格鲁裔"与西班牙裔（Platz & Hosch, 1988）和日裔（Chance, 1985）的研究，以及对学生饮食俱乐部（Jones, Wood, & Quattrone, 1981）、大学联谊会（Park & Rothbart, 1982）和人工实验室群体（Wilder, 1984）的研究也印证了这一点。

在定义群体的维度上（Lee & Ottati, 1993），以及当群体处于竞争状态时（Judd & Park, 1988；见 Ostrom & Sedikides, 1992），**相对同质性效应**（relative homogeneity effect）会增强。主要的解释是，我们对内群体成员比外群体成员更熟悉，对内群体成员有更详细的了解，因此可以更好地区分他们（Linville, Fischer, & Salovey, 1989; Wilder, 1986）。虽然是合理的，但这可能不是完整的故事。例如，若参与者报告对内群体的熟悉程度不比对外群体的熟悉程度高，并且关于两个群体的信息同样极少（Wilder, 1984），就会出现外群体同质性效应（Jones, Wood, & Quattrone, 1981）。沃尔特·斯蒂芬（Walter Stephan, 1977）发现，无论是隔离学校还是融合学校的儿童（即群际熟悉度较低或较高），对自己所属群体的评价都比另外两个外群体更同质。如果外群体同质性不是不可避免的，那么是什么因素影响了相对同质性效应？

一个线索是，大多数研究使用了多数群体，但斯蒂芬（Stephan, 1977）所研究的群体是少数群体（墨西哥裔和黑人）。当外群体被认为是相对较小的群体，即少数群体时，相对外群体同质性效应更强（Bartsch & Judd, 1993; Mullen & Hu, 1989）。为了检验相对同质性是否受内群体的多数－少数状态影响，贝恩德·西蒙和鲁珀特·布朗（Bernd Simon & Rupert Brown, 1987）进行了一项最简群体研究。研究中，相对群体规模会发生变化，参与者需要对内群体和外群体的差异性进行评分，并标出他们对内群体的认同程度。图 11.9 显示，与内群体相比，多

加重效应
对同一类别中人与人之间的相似性和不同类别中人与人之间差异的高估。

相对同质性效应
一种认为外群体成员都是一样的，而内群体成员则更具有差异性的倾向。

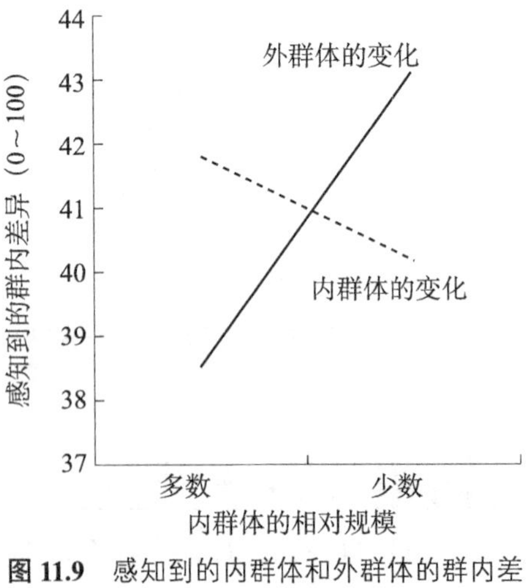

图 11.9 感知到的内群体和外群体的群内差异作为内群体的相对多数或少数状态的函数
多数群体认为外群体比内群体的变化小（通常的相对同质性效应）。然而，少数群体的看法恰恰相反——他们认为外群体的变化比内群体的变化大。
来源：Simon & Brown, 1987.

数群体认为外群体的变化较小（普遍的外群体同质性效应），但少数群体的结果则相反。而且，后一种内群体同质性效应伴随着更高的群体认同，这与社会认同论相一致：少数群体将自己更强烈地归类为一个群体，因此他们的观念、态度和行为也被更强烈地去个性化（见本章前面内容）。

（二）记忆

社会归类与人们基于类别的记忆有关（Fiske & Taylor, 1991）。谢莉·泰勒及其同事让参与者听性别混合或种族混合的讨论小组的录音，然后要求他们将录音中不同的陈述归于某位发言者。结果发现，参与者很少将这些陈述归于错误的类别，但在类别内，他们不善于识别正确的发言者，即他们很少犯类别间的错误，但犯了许多类别内的错误（Taylor, Fiske, Etcoff, & Ruderman, 1978）。

基于类别的记忆效应可以是选择性的。约翰·霍华德和迈伦·罗特巴特（John Howard & Myron Rothbart, 1980）让参与者阅读描述内群体或外群体成员行为的陈述，其中有些行为对行为者来说是有利的，有些则是不利的。之后，对于每一种行为，参与者必须回想做出这种行为的是内群体成员还是外群体成员。对于有利行为，参与者回忆的准确率相同，但与内群体成员相比，他们更善于回忆外群体成员做出的不利行为（见图 11.10）。

这些实验表明，关于人的信息是如何在认知上表现出来，并以同一类别中人与人之间的最小化差异的类别属性进行组织的。此外，评价性偏见可能会影响到哪些信息与某一特定的类别相关联。

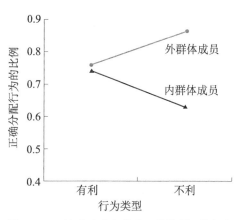

图 11.10　对行为者的行为分配作为项目偏好和行为者内群体／外群体地位的函数

参与者回忆是内群体成员还是外群体成员做出了有利的行为的能力相同，但与内群体成员相比，他们更善于回忆外群体成员做出的不利行为。

来源：Howard & Rothbart, 1980.

（三）特异性刺激和虚假相关

对哪些信息与哪些分类相关联的一个特别重要的影响因素是信息的独特程度。任何不寻常的东西（在统计上不常见的、罕见的、不寻常的、相对生动的或显眼的物体、事件和人）都会吸引我们的注意力，我们在认知上会变得更加活跃（Taylor & Fiske, 1978）。因此，我们会更多地关注一群女人中的一个男人、一群白人中的一个黑人，或者我们认为的天才、恐怖分子或电影明星。独特的个体也会或多或少地影响我们对群体整体形象的构建。我们将独特的个体推广到整个群体，尤其是当我们没有事先期望，并且对这个类别也不熟悉的时候（Quattrone & Jones, 1980）。例如，当遇到一个极其愚蠢（独特的个体）的火星人（不熟悉的群体）时，我们很容易认为这个群体就是愚蠢的。

特异性的另一个影响是，人们倾向于根据配对特异性或联想意义，在同时发生的不同事件之间感知到**虚假相关**（illusory correlation）（Chapman, 1967；虚假相关已在第 2 章中充分讨论）。基于独特性的虚假相关可能有助于解释刻板印象化，尤其是针对少数群体的消极刻板印象化（Hamilton, 1979; Hamilton & Sherman, 1989; Mullen & Johnson, 1990）：消极事件之所以独特，是因为它们在主观上比积极事件的发生频率低；少数群体之所以独特，是因为人们与他们的接触相对较少。基于联想意义的虚假相关也可能涉及针对少数群体的消极刻板印象化，即人们有先入为主的观念，认为负面属性与少数群体有关（McArthur & Friedman, 1980）。

虚假相关

认知上夸大两个刺激或事件共同发生的概率，或者发现实际上并不存在的共变关系。

对于消极行为而言，当存在高记忆负荷时（McConnell, Sherman, & Hamilton, 1994; Mullen & Johnson, 1990），以及当人们被唤起时（Kim & Baron, 1988），基于特异性的虚假相关会更强。一旦一个群体和某一领域（如智力）的负面属性之间的虚假相关被建立起来，我们就倾向于将负面印象泛化到其他领域（如社会领域；Acorn, Hamilton, & Sherman, 1988）。

然而，虚假相关可能只能部分解释刻板印象化。它没有考虑到人们在刻板印象化时的情感和自我概念投入，也没有考虑到刻板印象中群体之间真正的权力和地位差异。正如我们在本章和第10章中所看到的，我们如何建构和使用刻板印象是由群际关系所框定的，并受认知、情感和修辞性动机的支配（Leyens, Yzerbyt, & Schadron, 1994; McGarty, Haslam, Turner, & Oakes, 1993; Oakes, Haslam, & Turner, 1994）。

（四）最优区分

在玛丽莲·布鲁尔（Marilynn Brewer, 1991）的**最优区分**（optimal distinctiveness）理论中，独特性以一种相当不同的方式影响群际行为（见 Leonardelli, Pickett, & Brewer, 2010）。在她的信息处理双过程模型（Brewer, 1988, 1994；见第2章）的基础上，布鲁尔认为，处理他人信息的默认模式是以他们的类别成员资格为标准的（满足识别人与人之间相似性的需要）。但是，如果一个人在任务中是自我参与的，或者与刺激者相关或相互依赖，那么信息加工就会基于关于这个人的非常具体和个性化的信息（这满足了识别人与人之间差异的需要）。在大多数情境中，人们努力使他人和自己达到令人满意的差异性水平，以解决相似性需要和差异性需要之间的紧张关系。在群际行为中，这表现为在同质化的背景下，群体成员（包括自我）之间一定程度的差异性。琼-保罗·科多尔（Jean-Paul Codol, 1975）较早发现的一种相关现象——同侪之首效应可用来描述群体中的人如何在竞争中相互区别，以成为最具代表性或最好的群体成员。

从布鲁尔的角度来看，人们受到包容性/同一性（通过群体成员身份来满足）和独特性/唯一性（通过个体性来满足）这两种冲突的动机的驱动，所以他们试图在这两种动机之间取得平衡，以达到最优区分。较小的群体过度满足了对独特性的需要，所以人们努力追求更大的包容性，而较大的群体过度满足了对包容性的需要，所以人们努力追求独特性。

这一观点的一个隐义是，与那些非常大或非常小的群体相比，人们应该对中等规模群体的成员更满意（Hornsey & Jetten, 2004）。研究者通常在实验室里使用规模相对受限的群体来检验这一观点。为了研究相对规模差异巨大的群体，多米尼克·艾布拉姆斯（Dominic Abrams, 1994）分析了英格兰和苏格兰4 000多名18～21岁青少年的政治认同调查数据。他发现，与大党（工党、保守党）相比，小党（绿党、社会民主党、苏格兰民族党）确实为党员提供了更坚实、更鲜明的身份认同。

■ 六、群际情绪

最优区分
人们努力在包容与分离的矛盾动机之间取得平衡，在群体中表现为群内分化与群内同质化的平衡。

处于对自己而言重要的群体中的人们，对外群体和自己所属群体中的同伴，以及与群体成员身份相关的事件和行为有强烈的情绪——情绪的强度和类型是群际关系的关键特性。针对群际关系这一方面的研究一直很少。然而在过去的二十年里，关于群际情绪的研究出现了激增（Goldenberg, Halperin, Van Zomeren, & Gross, 2016; Iyer & Leach, 2008）。

黛安娜·麦基和埃利奥特·史密斯（Diane Mackie & Eliot Smith）提出了**群际情绪理论**（intergroup emotions theory, IET）来解决群体情境中的情绪问题（Mackie, Devos, & Smith, 2000; Mackie & Smith, 2002a; 另见 Mackie, Maitner, & Smith, 2009; Mackie & Smith, 2002b）。它建立在社会认同论和情绪评价理论的基础上，这些理论认为个人情绪是由情境对自身利弊的评价而产生的（如 Lazarus, 1991; Parkinson & Manstead, 1992; 见第 2 章）。在群体背景下，自我是集体的自我，因此评价是在此情境对"我们"有害或有利的层面上进行的，而不一定是为了个体自己。

当人们认同一个群体时，相关的群际情绪就会发挥作用，一个人越是强烈地认同其群体，该情绪就越强烈（如 Wohl & Branscombe, 2008）。对内群体的伤害被当作自我伤害，而此种伤害往往来自外群体的行为，因此就会产生对外群体的消极情绪。促进内群体发展的行为，通常来自内群体成员的行为，它会产生对内群体及其成员的积极情绪。情绪具有行动倾向，对外群体的情绪可能转化为与歧视或偏见相关的行为，对内群体的情绪则转化为与团结和凝聚相关的行为。通过 IET 也可以预测，由于存在共同的认同纽带，自身能很快感受到内群体成员感受到的情绪。

人们对自己情绪的产生有一定的控制能力，并通过调节情绪来推进特定目标的实现（Gross, 2015）。在群际情境中，目标调节不是基于个人的，而是基于群体的（Goldenberg, Halperin, Van Zomeren, & Gross, 2016; Maitner, Mackie, & Smith, 2006）。塔米尔（Tamir, 2016）区分了两种目标类型：享乐型目标，旨在增加愉快（如自豪、尊重、希望）和减少不愉快（如内疚）的群体性情绪；工具型目标，通常与短期的负面情绪体验相关，如恐惧、愤怒和受挫，对群体具有工具性价值。

群际情绪也可能受到人们的调节焦点的影响（Higgins, 1998；见第 4 章）；具体来说，群体成员对群际焦点既可能有促进作用，也可能有预防作用（Jonas, Sassenberg, & Scheepers, 2010）。在群际环境中，促进焦点会加强人们对内群体的积极情绪相关偏差和行为倾向，预防焦点则会加强人们对外群体的消极情绪相关偏差和行为倾向（Shah, Brazy, & Higgins, 2004）。

关于群际和集体情绪的其他研究侧重于特定群体的情绪。已有关于集体内疚和羞耻感的研究，以及这些情绪如何影响人们实施赔偿与和解行为的意图，特别是公开道歉和政治行动意图的研究（如 Branscombe & Doosje, 2004; Brown, Gonzalez, Zagefka, Manzi, & Cehajic, 2008; Doosje, Branscombe, Spears, & Manstead, 1998, 2006; Iyer, Schmader, & Lickel, 2007; Nadler & Shnabel, 2015）。

如果人们觉得在他们的控制之下，群体做出了应受指责的行为，因此他们在某种程度上负有责任，他们就会产生集体内疚感。如果人们觉得自己群体的行为对群体的形象有不良影响，但这些行为不在他们的控制之下，他们在很大程度上对这些行为没有责任，他们就会产生集体羞耻感。因此，是集体内疚感而非羞耻感促进了旨在纠正错误的群际行为，如道歉或赔偿。如果集体羞耻感被视为可耻结果的来源，那么集体羞耻感很可能促使人们回避或逃避引起羞耻感的事件，甚至内群体本身。

七、集体行为和人群

集体行为（collective behaviour）通常指大量的人在同一时间出现在同一地点，以统一的方式表现出的不稳定、高度情绪化和违反社会规范的行为（Graumann & Moscovici, 1986; Milgram & Toch, 1969; Moscovici, 1985b），包括谣言（见第 3 章）、时尚和潮流、社会运动和邪教，以及表情、热情、焦虑、恐惧和敌意的传染蔓延。

传染涉及一些可以想象到的奇怪行为（Klapp, 1972）。在 17 世纪 30 年代，郁金香狂热症席卷了欧洲西北部，人们用钱财换取一个最终一文不值的球茎；在 15

群际情绪理论
认为在群体背景下，对个人有害或有利的评价是在社会认同的层面上进行的，因此主要产生积极的内群体情绪和消极的外群体情绪。

集体行为
诸如聚集、抗议或骚乱等人群行为。

世纪，欧洲出现了修女互相咬人的流行病；在 18 世纪，出现了修女像猫一样喵喵叫的流行病；在 10 世纪到 14 世纪之间，欧洲频频出现跳舞狂热症，人们不断地从一个城镇跳到另一个城镇，直到跌倒，甚至死亡。

然而在通常情况下，研究集体行为是一件比较清醒的事情。它是对人群（crowd）行为的研究。人群行为是一种生动的事件，无论是对于参与其中的人，还是对于那些目睹事件的人，抑或通过文学和媒体目睹事件的人来说，都是如此（见专栏 11.4）。想想 20 世纪 30 年代的纳粹集会、20 世纪 60 年代和 70 年代初华盛顿的民权和反越战集会、1990 年柏林墙倒塌时的庆祝活动、2009 年德黑兰街头的政治示威，以及 2017 年初美国和世界其他地区的反特朗普游行。再想想 20 世纪 60 年代末以来的摇滚音乐节、2011 年开罗塔利尔广场的抗议活动、2012 年伦敦伊丽莎白二世女王的钻石周年庆典，以及 2016 年伊斯坦布尔和土耳其其他城市的大规模民主集会。还有每年圣诞节前的伦敦牛津街，其拥挤程度使得人们不可能在人群中穿行。但一切都在印度的一些印度教朝圣活动面前相形见绌，仅仅在 2013 年的一天，阿拉哈巴德的印度教大壶节就有 3 000 万朝圣者。人群事件真是无奇不有。

专栏 11.4   你的生活

在人群中

我们大多数人都曾参与过人群事件，例如示威或集会、音乐会或节日街头庆祝活动。在本章讨论人群行为的背景下，请思考你自己在人群中的经历：

- 你是否感觉到强烈的情绪（例如欣喜、愤怒、悲伤），这些感觉是否似乎受到周围人所表达的不断变化的情绪的影响？
- 你是否在人群中感到迷失，即个人无法辨认、无法负责，因此自由地做出一些你通常

不会做出的可能是社会无法接受的行为？
- 你是否感觉到与人群中的其他人有很强的友情和共同身份联结？
- 你是否有时会对自己作为这个人群中的一员应该如何行动感到不确定，即你不知道应该怎么做才能准确地表达你对这个人群的认同和你的成员资格？
- 当不确定如何行动时，你是如何解决的——你会向谁寻求指导？

人们也相当喜欢处于人群中，它可以让人精力充沛，振奋人心。蒂瓦里及其同事报告了来自大壶节朝圣者的纵向数据，结果显示出参与集体活动如何显著地提升了人们的幸福感（Tewari, Khan, Hopkins, Srinivasan, & Reicher, 2012）。

在实验室中研究人群行为是很困难的。然而，研究者已经做出了一些尝试。例如，约翰·弗伦奇（John French, 1944）将他的参与者锁在一个房间里，然后在门下送入烟雾，同时发出火灾警报。撇开研究伦理不谈，这项研究作为在实验室制造恐慌的尝试并不成功。其中一组人踢开了门，打翻了烟雾发生器，而另一组人则冷静地讨论他们的反应正在被实验者观察的可能性！

（一）早期理论

最早的集体行为理论之一是由古斯塔夫·勒庞（Gustave LeBon, 1896/1908）提出的，他经历了法国社会大动荡时期。他观察并阅读了关于 1848 年革命和 1871 年巴黎公社的伟大革命人群的描述，包括左拉的小说《萌芽》和《崩溃》，以及雨果的《悲惨世界》。他对人群"原始、卑劣和可怕"的行为感到震惊，人们的文明意识人格似乎消失了，被野蛮的动物本能所取代。勒庞认为：

仅仅因为某人是一个有组织的人群的一部分，这个人就在文明的阶梯上下降了好几级。在孤立的情况下，他可能是一个有修养的人。在人群中，他成了一个野蛮人，即一个凭本能行事的生物。（LeBon, 1896/1908, p. 12）

勒庞认为人群之所以会产生原始的、同质的行为，是因为（见图 11.11）：

- 成员是匿名的，因此不必对自己的行为负个人责任。
- 思想和情感通过传染过程迅速而不可预测地传播。
- 无意识的反社会动机（"祖先的野蛮"）通过暗示（一个类似于催眠的过程）得到释放。

勒庞的理论仍然很重要（见 Apfelbaum & McGuire, 1986; Hogg & Abrams, 1988; Reicher, 1987, 1996, 2001），主要是因为他认为人群行为是病态/异常的观点影响了后来的集体行为理论（如 Freud, 1921; McDougall, 1920; Zimbardo, 1970）。例如，弗洛伊德认为，人群"解锁"了无意识。社会的道德标准之所以能维持文明行为，是因为它们作为超我被植入人的心中。在人群中，超我被人群领袖所取代，他就像催眠师一样，控制着无意识和不文明的内在冲动。人群领袖之所以有这样的影响，是因为我们每个人都有一种深层的、原始的本能使我们在人群中倒退为"原始部落"——存在之初原始残暴的人类群体。只有推翻了原始部落的首领，即"原始之父"，文明才得以进化和发展。这种分析被用来解释吉姆·琼斯"牧师"为何对他的邪教追随者拥有如此巨大的力量，以至于他们中的 900 多人于 1978 年在圭亚那的琼斯镇集体自杀（Ulman & Abse, 1983）。（思考本章开头"你怎么认为？"中的第四个问题。）

另一位有影响的早期理论家是威廉·麦独孤，他将人群的特点描述为

过度情绪化、冲动、暴力、善变、不一致、不坚决、行动极端，只表现出粗俗的情感和不精致的情绪。极易受暗示，在思考时粗心，在判断中草率，除了简单的和不完美的推理形式外，不可能有任何其他形式的推理，容易被左右和控制，缺乏自我意识，没有自尊和责任感，容易被自身力量的意识所迷惑，所以它倾向于产生我们已经习得的对任何不负责任的绝对权力所期望的所有表现形式。（McDougall, 1920, p. 45）

麦独孤认为，最普遍的本能情绪是简单的原始情绪（如恐惧、愤怒）。因此，这些情绪在任何人类集合体中都是最常见和最广泛共享的情绪。更复杂的情绪则是罕见的，也是不那么广泛的。因此，引起原始简单情绪的刺激会引起强烈的共同反应，而引起较复杂情绪的刺激则不会。原始情绪在人群中迅速传播和加强，因为每个成员的情绪表达都会对其他成员产生进一步的刺激——一种被称为"原始同情"的雪球效应。这种效应不容易被抑制，因为成员们会感觉到自

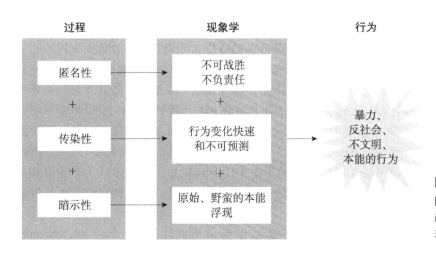

图 11.11 勒庞的人群模型
匿名性、传染性和暗示性共同作用，产生反社会和暴力的人群行为。
来源：Hogg, 1992.

己的人格被剥夺，个人责任感降低。

（二）去个体化和自我觉知

最近对集体行为的解释摒弃了早期取向的一些具体内容（例如强调本能情绪、心理动力学

去个体化 穿着制服的人，在大群体中有一种隐姓埋名的感觉。

框架），但保留了基本视角。人们避免行使自己冲动、攻击和自私的天性，是因为他们在反对"不文明"行为规范的社会中，被视为独特的个体。在人群中，这些约束得到了放松，我们可以恢复天性，开始攻击、自私、反社会行为的狂欢，其中的中介机制是**去个体化**（deindividuation）。

由费斯廷格、佩皮通和纽科姆（Festinger, Pepitone, & Newcomb, 1952）提出的"去个体化"一词，源于荣格对"个体化"的定义，即"一个分化的过程，其目标是个体人格的发展"（Jung, 1946, p. 561）。最全面地发展这一概念的是菲利普·津巴多（Philip Zimbardo, 1970），他认为，身处大群体为人们提供了一个匿名的遮盖物，分散了个人对其行为后果的责任。这导致了身份的丧失，减少了对社会评价的关注，即导致了一种去个体化状态，因其不受通常的社会和

个人的控制，这种状态会使行为变得冲动、非理性、退步和无所拘束。

关于去个体化的研究主要聚焦于匿名对人群行为的影响。费斯廷格、佩皮通和纽科姆（Festinger, Pepitone, & Newcomb, 1952）发现，身穿灰色实验室大衣，坐在光线不足的房间里进行小组讨论的参与者比控制条件下的参与者对他们的父母做出了更多的负面评价（另见Cannavale, Scarr, & Pepitone, 1970）。同样，穿着实验室大衣的参与者在讨论情色文学时，比更容易识别的个体使用了更多的淫秽语言（Singer, Brush, & Lublin, 1965）。

津巴多（Zimbardo, 1970）进行了一系列实验，这些实验通过让参与者穿戴斗篷和头巾（让人联想到"三K"党）对他们进行去个体化。在一项实验中，去个体化的女学生在配对联想学习任务中对另一个女生进行电击，电击的持续时间是传统穿着的参与者的两倍。在另一项经典的研究中，津巴多在斯坦福大学心理学系的地下室构建了一个模拟监狱，发现那些因被装扮成警卫而去个体化的学生对其他因被装扮成囚犯而去个体化的学生极其残忍（Zimbardo, Haney, Banks, & Jaffe, 1982；见第8章）。也有证据表明，如果处于黑暗的环境且在一个较大的群体中，人们更愿意对某人动用私刑（Mullen, 1986），或者诱使一个不安的人跳楼（Mann, 1981；见第12章）。

最后，埃德·迪纳（Ed Diener）及其同事利用万圣节进行了一项巧妙的研究——万圣节时街上到处都是伪装着的、匿名的、正在进行"不给糖就捣蛋"的活动的孩子们（Diener, Fraser, Beaman, & Kelem, 1976）。研究人员观察了1 300多名儿童的行为，他们单独或集体来到西雅图的27个定点家庭，在那里他们被热情地邀请进门，并被告知从桌子上"拿一颗糖果"。一半的儿童首先被问及他们的名字和住址，以减少他们的去个体化。研究发现，去个体化的儿童拿取额外糖果的可能性是另外一组儿童的两倍多，违规率从个体化儿童的8%到去个体化儿童的80%不等。

去个体化

人们失去社会化的个体身份认同感，并从事非社会化通常是反社会行为的过程。

虽然匿名似乎常常会增加攻击性反社会行为（Dipboye, 1977），但有一些发现与之不一致。津巴多（Zimbardo, 1970）采用去个体化范式对比利时士兵进行研究，发现当他们穿着斗篷和兜帽时，他们给予电击的时间较短。津巴多认为，这可能是因为这些士兵是一个完整的群体（即已经去个体化），而"斗篷和兜帽"则具有减少去个体化的矛盾效果。

然而，其他研究发现当一个人匿名或作为一个群体的成员时，攻击性会降

低（Diener, 1976）。在罗伯特·约翰逊和莱斯利·唐宁（Robert Johnson & Leslie Downing, 1979）进行的一项研究中，女性参与者在配对联想学习任务中对同组"学习者"进行电击。当这些女性穿上类似于"三K"党成员或护士的衣服时，她们就被去个体化。实验者通过对相似性进行明确的评论来强调服装的影响。每组中的一半人还佩戴一个显示自己名字的大徽章，以使他们个体化（即减少了去个体化）。即使在那些穿成"三K"党成员的人中，去个体化也没有增加攻击性（见图 11.12）。然而，穿成护士的人比穿成"三K"党成员的人的攻击性要小得多，并且去个体化的护士是所有参与者中攻击性最低的。

这些研究告诉我们两件重要的事情：（1）匿名并不会自动导致人们更具攻击性和反社会性；（2）围绕着去个体化的规范性期望可能会影响行为。在约翰逊和唐宁的研究中，当女性穿得像护士时，她们会变得更有爱心。在津巴多的去个体化方法（即斗篷和兜帽）和一些伊斯兰国家的妇女穿戴卡多尔（chador，全长面纱）之间也有惊人的相似之处（Jahoda, 1982）。卡多尔不仅没有释放反社会的冲动，反而非常精确地规定了一个人的社会义务。

迪纳援引杜瓦尔和维克隆德（Duval & Wicklund, 1972）的客观自我觉知（意识到自己是关注的对象）概念，更充分地探讨了自我觉知在去个体化中的作用：

一个去个体化的人被群体中的环境因素阻止，无法实现自我觉知。去个体化的人被阻止了对自己作为独立个体的觉知，也被阻止了对自己行为的监督。（Diener, 1980, p. 210）

人群降低了自我觉知，造成了一种去个体化的心理状态，对行为产生了特定的后果（见图 11.13）。

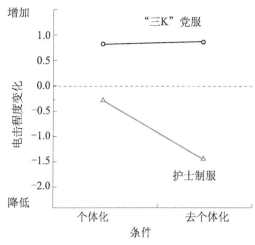

图 11.12 电击的施用作为去个体化和统一类型的函数

● 在配对联想学习任务中，身着两种制服中任何一种制服的女性参与者认为，她们给了同组学习者不同程度的电击。
● 那些装扮成"三K"党成员的人给学习者的电击程度增加，而装扮成护士的人给学习者的电击程度降低。
● 此外，去个体化参与者（即没有佩戴大号个人名牌的参与者）并没有更具攻击性，事实上，作为护士的去个体化参与者是所有参与者中攻击性最低的。

来源：Johnson & Downing, 1979.

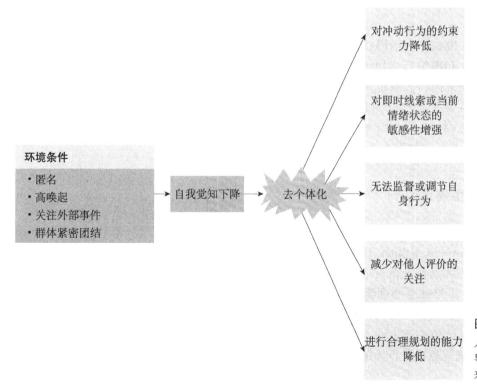

图 11.13 自我觉知和去个体化
人群状况中存在的环境因素会降低自我觉知并导致去个体化状态，从而产生典型的人群行为。
来源：Diener, 1980.

虽然这些后果并不必然包括攻击行为，但它们确实促进了反社会行为的出现。为了支持迪纳的模型，史蒂文·普伦蒂斯 - 邓恩和罗纳德·罗杰斯（Steven Prentice-Dunn & Ronald Rogers, 1982）发现，在完成集体任务时，与在安静的、照明良好的房间里被指示要专注于自己的思想和感觉的单独工作的参与者相比，在黑暗的房间里被大声的摇滚乐阻止自我觉知的参与者给"学习者"的电击更强烈。

另一种关于去个体化的视角区分了公共和私人的自我觉知（Carver & Scheier, 1981; Scheier & Carver, 1981）。减少对私人自我（自我的感觉、思想、态度和其他私人方面）的关注等同于去个体化，但它不一定会产生反社会行为，除非有适当的规范（见图 11.14）。正是减少了对公共自我（一个人希望别人如何看待自己的行为）的关注，才导致行为独立于社会规范，从而成为反社会行为。

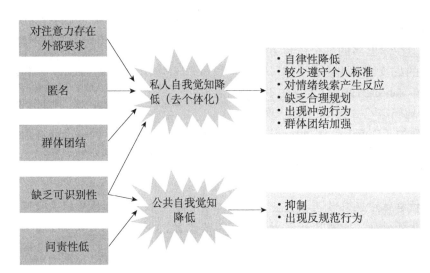

图 11.14　私人和公共自我觉知与去个体化
人群中存在的环境因素会降低公共和私人自我觉知，但与禁止和反规范的人群行为相关的是公共自我觉知的降低。
来源：Hogg & Abrams, 1988.

所有的去个体化模式，包括那些注重自我觉知的模式都停留在损失上，包括个体性损失、认同损失、觉知损失和理想行为损失。批评者认为，所有这些"损失"，最好的情况可能只是限制我们可以谈论的集体行为的范围，最坏的情况是可能对此提供了一个完全不充分的理解。相反，我们应该关注变化，包括身份的变化、觉知的变化和行为的变化（如 Klein, Spears, & Reicher, 2007; Postmes & Spears, 1998; Reicher, Spears, & Postmes, 1995; 另见 Haslam & Reicher, 2005, 2012）（见本章开头"你怎么认为？"中的第五个问题）。

（三）紧急规范理论

紧急规范理论（emergent norm theory）采取一种非常不同的取向来解释集体行为（Turner, 1974; Turner & Killian, 1957）。它没有把集体行为当作病态或本能行为，而是注重把集体行为当作规范支配行为，就像其他任何群体行为一样。社会学家特纳（R. H. Turner，不是社会心理学家约翰·特纳）认为，人群的独特之处在于它没有正式的组织或传统的既定规范来约束行为，所以解释人群行为的问题就是要解释一种规范是如何从人群中产生的（即"紧急规范理论"，见图 11.15）。人群中的人发现自己在没有明确规范指导行为的情况下聚集在一起，他们的注意力被独特的行为（或独特

紧急规范理论
集体行为受到规范的约束，这一过程基于在最初无规范的人群中产生的独特行为。

个体的行为）所吸引。这种行为隐含着一种规范，因此存在着违背规范的压力。多数人的不作为被解释为对规范的默认，从而加重了违背规范的压力。

通过关注规范，紧急规范理论认为，人群中的成员可以在制定适当的行动规范时相互交流。然而，人群行为的普遍性质受到独特行为所扮演角色的影响，这种行为大概是在大多数人的日常生活中比较少见的行为，例如反社会行为。还有两个关键性的观察。迪纳（Diener, 1980）观察到，受规范约束的人群必须是有自我觉知的人群（除非人们是可识别的，从而是个体化的和有自我觉知的，否则没有必要遵守规范），然而有证据表明，自我觉知在人群中非常低。利昂·曼（Leon Mann）及其同事的一项实验支持了迪纳的观点：无论一个同盟者是否建立了宽大或侵略性的规范，参与者在匿名时比可识别时都更具攻击性（Mann, Newton, & Innes, 1982）。然而当侵略性规范存在时，匿名参与者也更具侵略性。

第二种批评意见来自史蒂文·赖歇尔（Steven Reicher, 1982, 1987），他提醒我们，人群很少在规范为零时聚集。更多的时候，人群中的成员出于一个特定的目的而聚集在一起，因此带来一套明确的共同规范，以约束他们作为特定群体成员的行为（例如欢迎女王、观看奥运会、在议会外示威、在校园内抗议或在牛津街购物的人群）。特纳所说的缺乏既定规范的传统，可能更贴近虚幻而非现实。赖歇尔认为，人群中有一种逻辑，是紧急规范理论所不能充分捕捉到的。

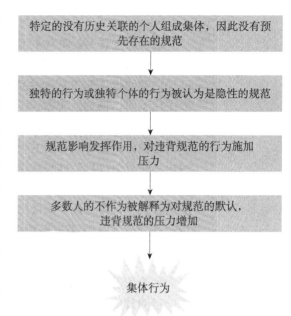

图 11.15 紧急规范理论
在最初无规范的人群中，为了约束行为，其中独特的行为会成为相关规范出现的基础。
来源：Turner & Killian, 1957.

（四）社会认同论

通常被忽视的人群行为的一个重要方面是群际现象（Reicher & Potter, 1985）。许多人群事件都涉及直接的对抗，例如警察与暴徒、敌对帮派或球队支持者之间的对抗。即使在没有直接对抗的情况下，也有象征性的对抗，因为人群事件象征着人群（或其代表的更广泛群体）与国家之间的对抗。例如，克利夫·斯托特（Cliff Stott）及其同事对足球比赛中的骚乱的分析清楚地表明，这些事件是支持者和警察之间的群际对抗，骚乱支持者的行为受到警察行为的影响，反之亦然（Stott & Adang, 2004; Stott, Hutchison, & Drury, 2001）。即使是表面上没有问题的学生校园骚乱，最终也是骚乱者与被要求平息骚乱的当局之间的群际对抗（Ruddell, Thomas, & Way, 2005）。

第二点是，人群中的人远没有失去身份，实际上承担了人群所提供的身份，从特异的个人身份转变为作为人群成员的共同社会身份。这些观点是赖歇尔（Reicher, 1982, 1987, 1996, 2001）提出的，他将社会认同论（本章）应用于集体行为。这种分析已经被扩展为 SIDE 模型（去个体化现象的社会认同模型；Klein, Spears, & Reicher, 2007; Postmes & Spears, 1998; Reicher, Spears, & Postmes, 1995）。

人们出于特定的目的，作为特定社会群体的成员（例如抗议环境破坏的环保主义者）走到一起。人们有着高度共同的社会认同，这促进了根据群体成员身份对自己和他人进行社会归类，正是这种更广泛的社会认同对人群行为进行了限制。例如，对某些群体而言，暴力可能是正常的（例如欧洲各地的新纳粹团体），而对其他群体而言暴力可能是不合法的（例如板球比赛的支持者）。

　　虽然这些普遍的群体规范对可接受的人群行为进行了限制，但往往很少有规范来规定在人群中该如何行事。人群成员从其他人（通常是核心群体成员）的身份一致性行为中寻找指导。自我归类使得人们遵从这些情境特异性行为规范，这就解释了为什么人群事件中不同群体的行为往往不同。例如，警察以一种方式行事，而抗议者则以不同的方式行事，因为尽管他们受到同样的环境刺激，但他们的行为受到不同群体成员身份的控制。

　　这种分析似乎与人群中实际发生的情况一致。例如，罗伯特·福格尔森（Robert Fogelson，1970）在对 20 世纪 60 年代美国种族骚乱的分析中发现了一个值得注意的特性，即暴力不是任意的或没有方向的；米尔格拉姆和托克（Milgram & Toch, 1969）也报告了对瓦茨骚乱参与者的描述，其中大力强调了积极的社会认同。赖歇尔（Reicher, 1984; Reicher & Potter, 1985）解释了 1980 年春天发生在布里斯托尔圣保罗区的一次骚乱（是随后在 20 世纪 80 年代初英国其他城市发生的广泛骚乱的先导事件）。从这一分析中得出的三个重要观点是：

- 暴力、焚烧和抢劫并不是无节制的，人群是"有秩序的"，暴乱者是有选择的。攻击只针对社区中国家的象征，即银行、警察和企业家。
- 人群只在自己的社区，即圣保罗区的范围内活动。
- 在暴动期间并作为暴动的结果，暴动者感受作为圣保罗社区成员的强烈的积极社会认同。

　　当人们认识到这次骚乱是一次反政府抗议时，所有这些都是说得通的。圣保罗社区的一部分是布里斯托尔的一个经济贫困地区，它在全国严重失业的时期，失业率非常高。赖歇尔对骚乱的通用分析也可成功解释 2011 年席卷英国的一连串城市骚乱（Reicher & Stott, 2011），以及 1999 年伍德斯托克音乐节三十周年纪念时发生的骚乱（Vider, 2004）。

八、改善群际关系

　　关于偏见和群际行为的不同理论提出了通过减少偏见和群际冲突来改善群际关系的不同方法。从人格理论的角度看（如权威人格、教条主义；第 10 章），减少偏见需要改变偏见持有者的人格，这就需要抑制那些制造偏执者的父母的育儿策略。从挫折—攻击理论（第 10 章）或相对剥夺理论的角度看，可以通过防止挫折、降低人们的期望值、分散人们的注意力来使其意识不到自己受到了挫折、为人们提供无害的（非社会的）活动来发泄他们的挫折，或者确保在受挫的人中尽量减少攻击性联想，从而最大限度地减少偏见和群际冲突。

　　尽量减少攻击性暗示，增加非攻击性暗示是很重要的。大量的研究表明，如果减少武器的供应，攻击性就会减少。当牙买加在 1974 年实施严格的枪支控制以及对影视中的枪支场景进行审查后，抢劫和枪击率急剧下降（Diener & Crandall, 1979），当华盛顿特区实施手枪控制法后，暴力犯罪也有类似的减少（Loftin, McDowall, Wiersema, & Cottey, 1991）。仅仅是看到枪支，无论是真实的还是想象的，都能引起**武器效应**（weapons effect；见第 12 章）。相反，非攻击性的线索，如婴儿和笑声可以减少攻击性（Berkowitz, 1984；另见第 12 章关于媒体对暴力的描述如何增加其后反社会行为发生率的解释）。

武器效应

仅仅是一种武器的存在就会增加用它来进行攻击的可能性。

　　对于现实冲突理论（本章）来说，上位目标的存在以及为实现这些目标而进行的合作能逐渐减少群际敌意和冲突，避免互斥的目标也会有所帮助。最后，从社会认同的角度来看，如果群际刻板印象变得不那么贬低和两极化，并且存在着互相合法化的非暴力形式的群际竞争，偏见和公开冲突就会减少。

（一）宣传和教育

宣传信息，如官方对人们摒弃偏见的劝告，通常以绝对的道德标准（如人道主义）为前提，这对遵守道德标准的人可能是有效的，且因其传达了社会对歧视的不赞同，它还可以压制形式更极端的歧视。

由于偏见至少有一部分基于无知（Stephan & Stephan, 1984），促进接纳多样性的教育也许可以减少偏执，特别是对儿童的正规教育（Stephan, 2014; Stephan & Stephan, 2001），这包含向儿童讲解歧视的道德含义，或向他们传授不同群体的事实。这一方法的一个问题是，如果儿童在课堂之外系统地接触到偏见（例如偏执的父母、沙文主义的广告和歧视的实质后果），正规教育只能产生微不足道的影响。

另一种可能更有效的教育方法是让儿童体验成为偏见的受害者。1970 年，艾奥瓦州的一位教师简·埃利奥特（Jane Elliot）拍摄了一部名为《风暴之眼》（*The Eye of the Storm*）的课堂示范短片，她将班上的幼儿分为蓝眼睛和棕眼睛的孩子。"棕眼睛"和"蓝眼睛"的孩子们在一天后交替处于低等地位：他们被嘲笑，被剥夺特权，被指责为呆板、懒惰和马虎，并被要求戴上一个特殊的项圈。人们希望，被污名化的经历会让孩子们感到不愉快，从而使他们在对他人抱有偏见时三思而后行。

关于偏见的一个问题是，它是无意识的，是对他人的刻板印象的"膝跳反射"。回顾本章前面的内容，即使是最基本的群际归类，也会自动产生内群体偏好（Otten & Wentura, 1999）。如果教会儿童留心他人，不使用刻板印象对待他人，而是把他人当作复杂的、完整的个体来考虑，会发生什么？刻板印象反应会减少吗？兰格、巴什纳和查诺维茨（Langer, Bashner, & Chanowitz, 1985）从幼儿对残疾人的想法和感受出发，探讨了这一问题，发现接受过留心他人训练的儿童对其他残疾儿童表现出更积极的态度和行为。一般来说，发展与他人共情的能力，会大大降低此人在身体上、口头上直接或间接地伤害他人的能力（Miller & Eisenberg, 1988）。共情是亲社会行为发展的一个环节（见第 13 章）。

（二）群际接触

不利于外群体的态度是偏见和冲突的核心。这种态度体现在普遍的社会意识形态中，并因无法获得能证实或改善消极态度的信息而得以维持。在大多数情况下，不同群体之间实际的社会和物质隔离加强了这种孤立，例如北爱尔兰的新教 – 天主教所处的状态（Hewstone, Cairns, Voci, Paolini, McLernon, Crisp, et al., 2005）。他们之间长期缺乏群际接触，很少有机会见到外群体的真正成员。由于教育、职业、文化和物质上的差异，以及对接触给自己带来的负面后果的焦虑，这些群体被隔离开来（Stephan, 2014; Stephan & Stephan, 1985）。

1. 群际焦虑

人们往往在与被污名化群体的成员互动时感到焦虑，他们担心做错事或说错话，担心对方对自己的看法，最终变为担心互动会很坎坷、有压力和不舒服，因此人们觉得最好是干脆避免与受污群体交往。斯蒂芬夫妇（Stephan & Stephan, 2000）在其整合威胁模型中，指出了人们在群际接触中预期会经历的焦虑的四种来源：

- 现实的威胁，即一个人的生存、幸福感、政治权力等受到威胁的感觉。
- 象征性威胁，即外群体对一个人的价值观、信仰、道德和规范构成的威胁。

- 群际焦虑，即在群际互动中体验到的对自我的威胁（如尴尬、害怕被拒绝）。
- 消极刻板印象，即基于对某一外群体的消极刻板印象而产生的群际焦虑（并非实际经历过的，而是基于想象或预期的群际焦虑）。

针对群际焦虑，斯蒂芬（Stephan, 2014）提出它有三个组成部分：情感上的（忧虑、痛苦和不安的厌恶感）、认知上的（人们预感到在自己的群体中会尴尬、不喜欢、拒绝、歧视和不认可）和生理上的（皮质醇增加、血压升高和其他形式的生理唤起）。这些"症状"由四类因素造成：人格特质和个人特征（例如低同理心、高攻击性、低模糊性和复杂性容忍度，斯蒂芬也将强烈的内群体认同作为个人特征）、消极态度和认知（例如先前对外群体的偏见和不利的刻板印象）、个人经验（例如先前很少与外群体接触）和情境因素（例如不明朗的情境和角色、竞争导向、不友好和敌对的互动、不受尊重的待遇）。

群际焦虑有许多后果，斯蒂芬（Stephan, 2014）将它们归纳为认知上的（认知资源枯竭，执行功能受损，感觉自己对外群体的消极态度得到了证实）、情感和情绪上的（对外群体的情感一致的评价被实例化——从更积极的角度看，如果突如其来相遇的情形的尴尬程度比预期的低，可能会产生内疚感），以及行为上的（公开的、言语的和非言语的行为，这些行为反映了一个人的焦虑、尴尬和烦躁感）。

总的来说，群际焦虑会使人们避免面对面的群际接触，而偏好某种形式的隔离状态。在某些情况下，对感知到的群际威胁的一种更极端的反应是集体自恋（Golec de Zavala, Cichocka, Eidelson, & Jayawickreme, 2009），在这种情况下，一个群体会产生强烈的族群中心主义、赋权感、优越感、全能感、自我中心主义、对认可和承认的需求，再加上高度但不稳定的自尊和脆弱的自我意识。

2. 接触有多有效？

总会引发不满风暴的接触或预期的接触的一种情况是移民。我们都看过许多欧洲国家对来自非洲、中东和阿富汗的移民和难民大量涌入的反应的报道——2015 年约有 100 万人乘船前往欧洲海岸，然后主要从陆路前往德国、英国和斯堪的纳维亚半岛。移民引发了从就业竞争到文化价值观侵蚀的各种担忧。

尽管专栏 11.5 中概述的观点很有道理，但半个多世纪以来对接触假说的研究得出了复杂结论（如 Amir, 1976; Cook, 1985; Fox & Giles, 1993; Schofield, 1991），其中至少有部分原因是不受控制的现场研究占主导地位和奥尔波特的条件清单扩大得过于具体。尽管如此，汤姆·佩蒂格鲁和琳达·特罗普（Tom Pettigrew & Linda Tropp, 2006）还是报告了在 1949 年到 2000 年之间，横跨 38 个国家、涉及 713 个样本的 515 项接触研究的权威性元分析的稳健结果，发现了大量支持奥尔波特核心论点的证据，即合作、共同的目标、平等的地位以及地方当局和规范的支持是群际接触产生积极的群际态度变化的最重要和最有利的前提条件。矛盾的是，某些形式的接触可以减少刻板印象威胁，即人们担心自己的行为会证实他人对其所属群体的负面刻板印象的倾向（Crisp & Abrams, 2008；见第 10 章）。

然而，在接触如何产生影响方面存在一些关键问题（概述见 Brewer & Miller, 1996; Brown, 1995, 1996; Hewstone, 1994, 1996; Pettigrew, 1998）。这些问题包括相似性的作用和有利的个体间态度向有利的群际态度泛化的过程。同样重要的是，不愉快的群际接触只是证实了一个人最坏的恐惧，并会加强先前的偏见，抑制未来的接触（Stephan, 2014）。事实上，巴洛及其同事从在澳大利亚和美国进行的一组研究中发现，消极的接触恶化了群际态度，积极的接触改善了群际态度（Barlow, Paolini, Pedersen, Hornsey, Radke, Harwood, et al., 2012）。

专栏 11.5　　　　　　　　　**我们的世界**

群际接触是否能改善群际关系?

一项有趣的研究发现,宗主国会以不同的方式解释移民构成的威胁,因此会对移民做出不同的反应,这取决于它们是以遗产、历史、血缘关系和与土地的联系来界定其民族文化认同(如德国、意大利、法国和新西兰),还是从共同的身份、共同的公民价值观和社会契约的角度来定义(如澳大利亚、加拿大和美国)(如 Citrin, Green, Muste, & Wong, 1997; Esses, Dovidio, Semenya, & Jackson, 2005; Esses, Jackson, Dovidio, & Hodson, 2005)。前者主要是一种民族认同,优先考虑社区和共同纽带(*Gemeinschaft*),在其中移民被视为一种文化威胁;后者主要是一种公民认同,优先考虑工具性联合和共同认同(*Gesellschaft*),在其中移民被视为对公民社会和就业的威胁。这种区别与普伦蒂斯、米勒和莱特代尔(Prentice, Miller, & Lightdale, 1994)对共同纽带和共同身份群体的区分密切相关(见第 8 章的讨论)。

然而在适当的情况下,接触可以减少焦虑、改善群际关系(Brown & Hewstone, 2005; Pettigrew, 1998; Pettigrew & Tropp, 2006),即**接触假说**(contact hypothesis),此科学观点最早是由戈登·奥尔波特(Gordon Allport, 1954b)在美国最高法院为美国教育体系的种族隔离铺平道路的那一年提出的。以下是奥尔波特提出的接触条件:

- 它应该是长期的、涉及合作的活动,而不是随意的、无目的的互动。在谢里夫(Sherif, 1966)的夏令营研究中,正是这种接触改善了关系。
- 它应该发生在官方和机构支持融合的框架内。尽管反对歧视或争取平等机会的立法本身并不能废除偏见,但它提供了一种有利于出现更宽容的社会实践的社会氛围。
- 它应使具有平等社会地位的人或群体聚集在一起,地位不平等者的接触更容易确认刻板印象,从而加剧偏见。

有关互联网在群际接触中可以发挥的作用,以及对接触假说的综述,请参阅阿米亥-汉堡和麦肯纳的文章(Amichai-Hamburger & McKenna, 2006)。

3. 相似性

偏见往往基于无知和对不可调和的群际差异的感知(Pettigrew, 1971; Stephan & Stephan, 1984)。接触会使人们认识到他们事实上比他们所想的要相似得多,因此他们会喜欢上对方(Byrne, 1971;另见第 13 章)。这种观点存在一些问题:

- 由于群体往往是非常不同的,接触会发掘出更深刻或更广泛的差异,从而进一步降低喜爱度,恶化群际态度(如 Barlow, Paolini, Pedersen, Hornsey, Radke, Harwood, et al., 2012)。
- 由于群体实际上是如此不同,以至于宣扬他们是相似的可能会产生误导,这将建立虚假的积极期望,而这种期望不会在接触中得到证实。
- 研究表明,群际态度不仅仅是无知或不熟悉的问题,相反它们反映了群体间真实的利益冲突,而且往往是由既存的社会类别所维持的,通过接触获得的新知识可能会改变态度。

> **接触假说**
> 认为将对立的社会群体成员聚集在一起可改善群际关系、减少偏见和歧视的观点。

4. 泛化

不同群体代表之间进行接触应该是为了改善对整个群体的态度,而不仅仅是对参与接触的特定外群体成员的态度。韦伯和克罗克(Weber & Crocker, 1983)提出了三种可能发生的模式:

- 簿记，即关于外群体有利信息的积累逐渐改善了刻板印象。如果外群体信息以范例的形式存储，那么随着新范例的增加或检索，态度会发生戏剧性的变化（Smith & Zárate, 1992）。
- 转换，即外群体的戏剧性反刻板印象信息使态度突然改变。
- 亚型化，即不一致的刻板印象信息产生一个亚型，所以外群体刻板印象变得更加复杂，但上位类别不变。

总的来说，接触可以改善参与者的态度，但不太可能泛化到整个群体（Amir, 1976; Cook, 1978）。其中一个原因是，大多数群际接触实际上是人际接触，即作为个体的个人之间的接触，而不是群体成员之间的接触。对一个人的态度为什么会泛化到与这个人没有明确关系的其他人身上，这是没有充分理由的。例如，如果你喜欢米格尔这个朋友，而他恰好是西班牙裔这一事实并不重要，那么你对米格尔的喜欢不会泛化到其他恰好是西班牙裔的人身上，也不会泛化到整个"西班牙裔"这个类别上。

这导致了一个有趣的悖论：如果在接触过程中人们的群体隶属关系更凸显，而不是更不凸显，那么群际接触就更有可能泛化，这就是相互分化模型（Hewstone & Brown, 1986; Johnston & Hewstone, 1990）。这个想法得到了研究的支持。戴维·怀尔德（David Wilder, 1984）让来自敌对学院的参与者就一项合作任务进行接触，其中外群体的人要么在该学院是高度典型的，要么是高度非典型的，其行为令人愉快或不愉快。图11.16显示，相对于没有接触的控制组，只有在既愉快又与典型的外群体成员接触的情况下，态度才会有普遍的改善（另见 Rothbart & John, 1985; Weber & Crocker, 1983）。

诺曼·米勒和玛丽莲·布鲁尔（Norman Miller & Marilynn Brewer, 1984; Miller, Brewer, & Edwards, 1985）对此有不同的观点。他们认为，引起人们对群体隶属关系关注的接触将迅速退化为冲突，从而导致泛化态度的恶化。相反，他们建议人际交往应强调社会情感方面，避免与群体或任务相关的方面，即"去归类"或个性化。这似乎是有效的（Hamburger, 1994），但这个想法还只是在抽象的实验环境中得到了检验，这里的群际关系缺乏与"真实"群际关系相关的强大情感和个人投入。在存在真实群际冲突的地方（例如以色列人和巴勒斯坦人之间），几乎不可能让人们从他们的群体归属中转移注意力。

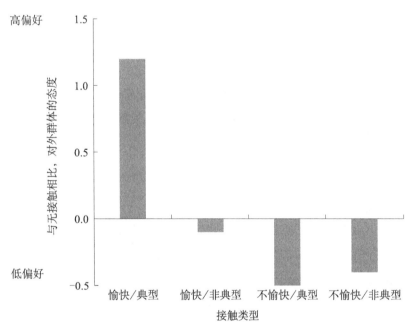

图 11.16 外群体态度作为接触的愉快程度和外群体对象典型性的函数
与无接触相比，只有接触是愉快的并且所接触对象是典型成员时，对敌对学院的态度才会改善。
来源：Wilder, 1984.

扩展接触
了解与外群体成员有密切关系的内群体成员可以改善自身对外群体的态度。

斯蒂芬·赖特（Stephen Wright）及其同事提出了人际接触思想的两个有前途的变体，即**扩展接触**（extended contact）和转承接触（Wright, Aron, McLaughlin-Volpe, & Ropp, 1997；另见 Dovidio, Eller, & Hewstone, 2011）。这两种变体非常相似，但严格

来说，扩展接触是指知道内群体成员与外群体成员是朋友，而转承接触是指观察内群体成员与外群体成员的互动（Vezzali, Hewstone, Capozza, Giovannini, & Wölfer, 2014）。

如果人们目睹了或了解他人之间有回报的跨群体人际友谊，那么群际态度就会得到改善。例如，如果我的朋友约翰有亲密的外群体朋友，那么也许这个外群体并不像想象的那么糟糕。这种推论之所以可能成立，是因为同一群体的成员有一个共同的身份，它把他们联系在一起，从而形成一定程度的主体间性，让他们把他人当作自己来体验，即赖特、阿伦和特罗普（Wright, Aron, & Tropp, 2002）提出的将他人纳入自我。

现在有大量的证据证实，以扩展和转承接触为途径的跨群体友谊确实可以改善群际态度（Davies, Tropp, Aron, Pettigrew, & Wright, 2011; Vezzali, Hewstone, Capozza, Giovannini, & Wölfer, 2014）。与直接接触相比，间接接触有一些优势：它可以发生在存在较深的群际隔离的地方，它唤起的群际焦虑较少，由于群体成员身份凸显，泛化的可能性更大，而且人们并不需要真正认识任何外群体成员。间接接触也很容易通过阅读故事、观看视频，甚至监控脸书来实现。

在扩展接触的基础上，理查德·克里斯普（Richard Crisp）也提出，想象接触有助于改善群际态度（Crisp & Turner, 2012）。例如，索菲娅·斯塔西（Sofia Stathi）及其同事发现，一般来说，想象与单个外群体成员愉快相遇的参与者随后对未来与外群体的交往更有信心。他们还发现，与个体化信息相比，当群体信息更凸显时，以及当想象中的互动涉及的外群体成员是典型的而不是非典型的时，想象接触对促进泛化最为有效（Stathi, Crisp, & Hogg, 2011）。

对超过 70 项关于想象接触的研究进行的元分析发现，想象接触能显著改善群际态度、情感、意图和行为，而且如果人们在认知上详细阐述他们想象中的接触的背景，效果会更好（Miles & Crisp, 2014）。想象接触的效果在儿童中也比在成人中好，说明想象接触可以成为旨在促进社会和谐的教育策略的一个关键组成部分。鉴于偏见可以通过群际隔离来维持，因此许多群体之间的接触有限，想象接触作为改善群际态度的工具可能具有很大的潜力。

与扩展、转承和想象接触相关的是换位思考这一概念，它在改善群际态度方面起着一定的作用。如果我们能够从另一个人的角度出发，像他一样体验世界，我们就不太可能对这个人抱有负面态度，而更有可能对他表现出亲社会的行为（见第 13 章）。现在有证据表明，换位思考可以改善群际态度（Galinsky, 2002; Galinsky & Moskowitz, 2000; Vescio, Sechrist, & Paolucci, 2003）。

另一个不需要引起人们对原有群际情境关注的过程是"重新分类"。萨姆·盖特纳的共同内群体认同模型（Gaertner & Dovidio, 2000; Gaertner, Dovidio, Anastasio, Bachman, & Rust, 1993; Gaertner, Mann, Murrell, & Dovidio, 1989; Gaertner, Rust, Dovidio, Bachman, & Anastasio, 1996）表明，如果能够鼓励对立群体的成员将自己重新归类为同一群体的成员，根据定义，群际态度不仅会得到改善，而且实际上会消失（有关此过程的一些限制，参见本章稍后内容）。

5. 多元文化背景下的接触政策

最初处理族际关系最无歧视性和最无偏见的路径似乎是保持"色盲"，即完全忽略群体差异（Berry, 1984; Schofield, 1986）。这是一种"大熔炉"政策，在这种政策下所有群体表面上都被平等对待（另见第 16 章中讨论的同化概念）。这种路径至少有三个局限性：

- 它忽视了歧视已对某些群体造成不利的证据（例如教育或健康方面），除非采取积极措施来纠正问题，否则劣势将持续存在。
- 它忽视了族群 / 文化差异的现实（例如对穆斯林妇女着装的规定）。
- 大熔炉根本不是真正的熔炉，而是一个"溶"炉，少数族群在其中被主流社会群体溶解和同化：少数族群被剥夺了他们的文化遗产，进而这些文化遗产不复存在。

2005 年 11 月在法国发生的大规模骚乱，以及 2015 年和 2016 年同样在法国发生的一系列恐怖袭击事件都可归因于这个国家采取了文化一元论和族群同化的做法：尽管法国有大量的北非穆斯林，但这种做法并不正式承认法国国内的文化／族群差异。具有讽刺意味的是，这种对文化／民族／种族差异视而不见的同化政策造成了文化上的劣势和相关的歧视和偏见。这种否认文化差异的一个相当显著的副作用是，法国几乎没有关于文化／族群问题的统计数据。

同化主义的替代方案是多元主义或多元文化主义（Verkuyten, 2006）——这种路径承认文化多样性这一现实，试图改善消极态度和纠正不利处境，同时维护不同群体的文化完整性（见第16 章）。这种路径主张建立一个文化多元的社会，在这个社会中各组成群体之间的关系是和谐的。经验研究表明，类似于多元文化的群际安排可能会有效地减少群际冲突（Hornsey & Hogg, 2000a；见"多元化和多样性"部分）。然而，最近发生的事件表明，实施多元化政策需要谨慎，以避免其维持隐性冲突和滋生分离主义。尽管英国和澳大利亚都以不同的方式为多元化提供了强有力的政治支持，但 2005 年 7 月在伦敦的公共交通线路上发生了一系列爆炸事件，2005 年 12 月在澳大利亚悉尼发生了大规模的反黎巴嫩人的骚乱。

（三）上位目标

谢里夫（Sherif, 1966）在其夏令营研究中，通过让交战双方合作以实现上位目标（任何一个群体都无法单独实现的共同目标），成功地改善了群际关系。上位目标的有效性已被其他研究证实（Brown & Abrams, 1986; Ryen & Kahn, 1975; Turner, 1981b; Worchel, 1979）。欧盟提供了一个绝妙的自然实验室来研究上位认同（欧洲）对从属群际关系（欧洲内部国家间）的影响（如 Chryssochoou, 2000; Cinnirella, 1997; Huici, Ros, Cano, Hopkins, Emler, & Carmona, 1997）。一个特别有效的上位目标是抵抗来自共同敌人的共同威胁（Dion, 1979; Wilder & Shapiro, 1984）。这使联盟的基础可以暂时改善昔日对手之间的关系（例如，苏联的存在为西方国家提供了一个共同的敌人，使其团结了近四十五年）。

有一个重要的限定条件，如果各群体不能实现目标，上位目标并不能减少群际冲突。史蒂夫·沃切尔（Steve Worchel）及其同事在两个群体之间创造了竞争、合作或独立的关系，然后提供一个上位目标，各群体要么成功，要么失败。除了以前竞争的群体未能实现目标的情况，在所有其他情况中，上位目标都改善了群际关系。在未能实现目标的情况中，实际上关系发生了恶化（Worchel, Andreoli, & Folger, 1977）。然而，只有当失败可以被正当地或不正当地归因于外群体的行动时，为实现上位目标而进行的不成功的群际合作才会使群际关系恶化（Worchel & Novell, 1980）。

如果有足够的外部理由，且外群体不受指责，较为常见的群际关系改善就会出现。例如，1982 年英国和阿根廷之间的马尔维纳斯群岛冲突为减少阿根廷内部的派系冲突提供了一个上位目标。阿根廷内部的合作行动失败了（阿根廷输掉了战争），并且由于军政府的行动很容易受到指责，派系冲突再次发生，几乎立即导致军政府被推翻（Latin American Bureau, 1982）。

（四）多元化和多样性

群际关系的主要问题之一是，在大多数情况下，群体实际上是与更大群体完全嵌套或交叉的亚群体（Crisp, Ensari, Hewstone, & Miller, 2003；见第 8 章）。例如，加泰罗尼亚人主要是西班牙人的一个亚群体，而巴斯克人则是跨西班牙人和法国人的一个交叉类别。在这两种情况下，亚群体在总体身份认同的定义中很少具有平等的代表性——一个群体的代表性要好于其他群体，其结果是其他群体具有从属感（Mummendey & Wenzel, 1999; Wenzel, Mummendey, & Waldzus, 2007）。加泰罗尼亚人和巴斯克人觉得他们的属性在西班牙人的总体认同中没有得到很好的体现。当一个组织合并或收购另一个组织时也会出现类似的问题，合并后的实体包含合并前的实体，通常合并前的实体在合并后的实体中地位较低，代表性较差（如 Terry, Carey, & Callan, 2001）。

即使在亚群体之间关系合理良好的情况下也会出现另一个与上位目标有关的问题——为实现共同目标而进行的密集或长期合作会逐渐模糊群际界限（Gaertner & Dovidio, 2000；见本章之前对共同内群体认同模型的讨论）。尽管这似乎是解决群际冲突的理想方案，但却可能适得其反。尽管各群体可能有上位目标，但他们也可能希望保持自己的个体认同来抵制成为单一实体的威胁。因此，新的冲突可能会出现以维持群际独特性。这种效应已经在化工厂（Blake, Shepard, & Mouton, 1964）、工程工厂（Brown, 1978）和实验室（Brown & Wade, 1987; Deschamps & Brown, 1983）中观察到。欧盟中一些国家对自治的呼声日渐高涨，最终导致英国 2016 年投票退出欧盟，这往往被归结为受到布鲁塞尔文化同质化的压力过大，侵蚀了民族特色。

霍恩西和豪格（Hornsey & Hogg, 2000a, 2000b, 2000c）开展的一项研究发现，谨慎地权衡上位身份和积极的亚群体独特性可以为社会和谐提供有希望的蓝图。这模仿了澳大利亚和加拿大等国明确推行的多元文化主义或文化多元化的社会政治策略；英国在暗中推行此策略，而美国则通过促进多样性来推行此策略。这种策略之所以行之有效是因为通过保留独特的文化认同，引发群际敌对的威胁就不再存在。同时，上位认同的存在使各亚群体能够把自己看作具有互补作用、在同一个团队中为实现同一目标而努力的独特群体。更广泛地讲，这一理念表明，要想解决群际冲突，可以建立这样的群体，它们不仅基于对多样性的宽容，而且实际上鼓励多样性的存在，并将其作为社会认同的特性（Hogg, 2015；另见 Hogg & Hornsey, 2006; Niedenthal & Beike, 1997; Roccas & Brewer, 2002; Wright, Aron, & Tropp, 2002）。

关于目标关系和社会和谐的最后一点是我们前面对零和目标和非零和目标的讨论。当两个群体把他们的目标关系看成是零和的时，他们就会把关系描述为竞争关系——如果他们得到的多，我们就得到的少。可以分配的份额是固定的，因此他们的行动是为了挫败我们的目标。当两个群体认为其目标关系是非零和的时，他们倾向于把关系描述为合作关系——如果他们得到的多，我们也得到的多。如果我们合作，可以占据更多的份额，因此他们的行动是在帮助我们实现目标。目标关系不一定必须是准确感知到的，它们受制于意识形态和修辞。以英国、法国、德国乃至世界上几乎所有国家的移民辩论为例，一方认为移民是坏事，因为移民来了会抢占工作机会，吸走公共资金，这种零和的言论与对移民的排外、偏见和不宽容有关。另一方则认为移民是好的，因为移民带来了技能、活力和热情，创造了新的就业机会和更多的财富，这是一种非零和的言论，与国际主义和对移民的积极态度有关。

（五）沟通与谈判

处于冲突中的群体可以尝试通过就冲突进行直接沟通和谈判来解决冲突，以改善群际关系，这包括谈判、调解或仲裁。这些程序非常复杂，在解决争端时受到各种心理障碍的影响（如自尊、情绪、错误归因；Ross & Ward, 1995; Thompson, 2015; Thompson & Loewenstein, 2003; Thompson, Medvec, Seiden, & Kopelman, 2001）。一个现实的问题是，谈判者可能很难从对方的角度出发，这种失败被谈判的群际性质所放大，使得妥协几乎是不可能的（Carroll, Bazerman, & Maury, 1988; Galinsky & Mussweiler, 2001）。此外，许多谈判是在不同文化之间进行的，因此会出现一系列跨文化沟通的问题，使事情变得复杂化（如 Carnevale & Leung, 2001; Kimmel, 1994; 另见 R. Bond & Smith, 1996; Smith & M. H. Bond, 1998 ）。

1. 谈判

群际谈判一般是在对立群体的代表之间进行，例如工会和管理层可以尝试通过代表之间的直接谈判来解决争端。20 世纪最重要的群际谈判之一是 1945 年 2 月斯大林、丘吉尔和罗斯福作为第二次世界大战即将胜利的盟国（苏联、英国和美国）的代表在克里米亚召开的雅尔塔会议。在此次会议上，就国际分歧的谈判决定了当今世界的性质。社会心理学研究表明，当人们代表自己所属的社会群体进行**谈判**（bargaining）时，他们往往比单纯为自己谈判时要激烈得多、妥协得少（Benton & Druckman, 1974; Breaugh & Klimoski, 1981 ）。当谈判者意识到他们正在被组成人员或直接或通过媒体观察时，这种效应就会增强（Carnevale, Pruitt, & Britton, 1979 ）。

这种相对不妥协的"看涨"策略，比起双方都做出对等让步的人际策略，更不可能获得令人满意的妥协（Esser & Komorita, 1975 ）。因此，群体代表之间的直接谈判很有可能陷入僵局，在这种情况下，任何一个群体都不认为自己可以在不丢脸的情况下做出妥协。

一个典型的例子是，1990 年乔治·布什（老布什）和萨达姆·侯赛因在媒体的策划下就科威特的困境进行谈判，谈判中布什威胁要"踢萨达姆的屁股"，而侯赛因威胁要让"异教徒"美国人"在自己的血里游泳"，这不是一个好的开始。在 2006 年，伊朗总统马哈茂德·艾哈迈迪·内贾德和美国总统乔治·布什（小布什）相互辱骂，内贾德指责布什是一个"异教徒"，而后者则指责前者是"邪恶轴心"的成员，这同样不是一个好的开始。研究表明，当存在价值观冲突而不仅仅是利益冲突时，在谈判中表达愤怒会适得其反，使事情变得更加糟糕（这里提到的案例就是如此）（Harinck & Van Kleef, 2012 ）。

伊恩·莫利（Ian Morley）探讨了谈判中群际和人际因素的相互作用，表明谈判通常遵循一系列阶段（Morley & Stephenson, 1977 ）。第一阶段是群际阶段，代表们以群体成员身份行事，评估每个群体的实力和力量。第二阶段是人际关系较强的阶段，个体之间要努力建立和谐的人际关系，以便更容易解决问题。最后一个阶段也涉及群际关系，谈判者要确保最后的决定符合自己所属群体的一贯目标。密切的人际关系受到比较非正式的谈判程序和情境的激励，可以促进谈判的进行。然而，密切的人际关系也有一个缺点：整个群体可能对"背叛"感到恐惧，可能会诉诸或回到更具对抗性的群际行为，从而阻碍谈判进程。

群际谈判常常被作为实现更广泛的社会变革的一种方式而得到研究。然而更多的时候，它实际上是一种维持现状的方式（Morley, Webb, & Stephenson, 1988 ）。处于冲突中的群体会孤立地解决某一方面的分歧，具体分歧的解决使得更广泛的群际问题保持不变。

2. 调解

为了打破谈判的僵局，可以请第三方在各群体之间进行**调解**（mediation）（pruitt, 1981 ）。为了使得调解有效，调解人应该具有权力，并且必须被两个群体视为是公正的（Lim & Carnevale, 1990 ），而且两个群体的立场应该已经相当接近（Rubin, 1980 ）。有偏向的调解人是无效的，因为他们不被信任；软弱的调解人也是无效的，因为他们对顽固群体施加的压力很小，无法使他们的诉求变得合理。

虽然调解人无权强行达成和解，但他们可以在几个重要方面提供帮助：

- 他们能够降低与僵局相关的情绪热度（Tetlock, 1988 ）。

谈判
代表们通过直接谈判达成协议，解决群际冲突的过程。

调解
解决群际冲突的过程，其中中立的第三方介入谈判过程以促进解决。

- 他们能够帮助减少误解、鼓励理解和建立信任。
- 他们能够提出新颖的妥协方案以实现双赢，即把零和冲突（其中一组人的收益恰恰是另一组人的损失，一方收益越多，另一方损失越大）改变为非零和冲突（两组人都能获得收益）。
- 他们可以帮助双方从站不住脚的位置上不失面子地优雅撤退。
- 他们可以通过威胁公开曝光某一群体的不合理之处来抑制不合理的诉求和行为。
- 它们可以减少群体内部的冲突，从而帮助群体澄清其协商一致的立场。

调解 一个有效的调解人需要具有权力并被视为是公正的。在此方面，世界杯足球赛的情境与法律情境没有什么不同。

历史记录了有效调解的例子，例如亨利·基辛格在 20 世纪 70 年代中期的外交活动，包括在 1973 年阿以冲突后的两年时间里分别与双方会面，使以色列与其阿拉伯邻国之间达成一些重要协议（Pruitt, 1981）。在 20 世纪 70 年代末，吉米·卡特采用了一种略微不同的策略将埃及总统安瓦尔·萨达特和以色列总理梅纳赫姆·贝京"幽禁"在美国华盛顿附近的戴维营。30 天后，双方达成了一项协议，结束了自 1948 年以来以色列和埃及之间存在的战争状态。

3. 仲裁

许多群际冲突非常棘手，根本利益分歧很大，因此调解无效。最后的手段是**仲裁**（arbitration），即邀请调解人或其他一些第三方强制执行具有相互约束力的解决方案。研究表明，仲裁确实是解决冲突的最后手段（McGillicuddy, Welton, & Pruitt, 1987）。但仲裁可能会适得其反，如果双方都采用离谱的最终立场，希望仲裁能产生对自身更有利的妥协的话（Pruitt & Rubin, 1986）。解决此问题的一种方式是终局仲裁，其中第三方选择一个最终报价，这往往能促成更合理的最终立场。

4. 和解

虽然直接沟通有助于改善群际关系，但紧张局势和猜疑往往非常严重，以至于无法进行直接沟通。相反，存在冲突的群体相互威胁、胁迫或报复，如果这种行为循环往复，冲突就会升级。例如，在第二次世界大战期间，德国相信它可以通过轰炸英国的城市来促使英国投降，而盟军相信他们可以通过轰炸德国的城市来打破德国的意志。同样，日本认为它可以通过轰炸珍珠港劝阻美国干涉其在亚洲的帝国主义扩张，而美国认为它可以通过持续轰炸城市和村庄使北越坐到谈判桌前。

威胁、胁迫和报复造成可怕后果的例子数不胜数。一方采取无条件的合作策略，希望另一方给予相应的回报，能否打破这种循环？实验室的研究表明，这种做法是行不通的，因为单方面的无条件合作只会招致报复和剥夺（Shure, Meeker, & Hansford, 1965）。

查尔斯·奥斯古德（Charles Osgood, 1962）提出了一种更有效的办法，即**和解**（conciliation，即不进行报复），但要有足够的力度来阻止剥夺。它引用了与互惠原

仲裁
通过邀请中立的第三方实施具有相互约束力的解决方案来解决群际冲突的过程。

和解
群体间相互合作以避免冲突升级的过程。

则和与动机归属有关的社会心理原则，因此被称为 "渐进和互惠地减少紧张局势的举措"（缩写为 GRIT）。GRIT 至少包括两个阶段：

- 一方当事人宣布其和解意图（允许归因于明确的非恶意动机），明确规定其即将做出的小幅让步（激活互惠准则），并邀请其对手也这样做。
- 发起者完全按照宣布的方式并以公开的方式做出让步，现在另一群体面临着强大的压力，被要求做出回应。

实验室研究为这一程序的有效性提供了证据。例如，一种针锋相对的策略，即从一个合作行为开始，然后通过配合另一方的最后反应来进行，这种策略能发挥有力的调和作用，并且可以改善当事双方的关系（Axelrod & Dion, 1988; Komorita, Parks, & Hulbert, 1992）。林斯克及其同事对 GRIT 的直接实验室测试（如 Linskold, 1978; Linskold & Han, 1988）证实，合作意向的宣布能促进合作，反复的和解行为能促进信任，而权力平等的维持能防止剥夺。GRIT 类型的策略在国际关系中得到了有效的运用，例如在 20 世纪 60 年代初的柏林危机期间苏联和美国之间的合作，以及以色列和埃及之间的多次合作。

■ 小结

- 群际行为是指任何受群体成员对某一外群体的看法影响的行为。
- 群体成员在主观上感到作为一个群体，相对于他们的期望或相对于其他群体感到被剥夺时会进行集体抗议。
- 对稀缺资源的竞争往往会产生群际冲突，为实现共同目标而进行合作则会减少冲突。
- 社会归类可能是形成群体并参与群际行为的唯一必要前提，但前提是人们认同这个类别。
- 自我归类是指从心理上认同一个群体并作为群体成员行动的过程（例如从众、刻板印象化、族群中心主义、内群体团结）。
- 社会认同过程和现象的动机是减少与自我有关的不确定性和提高自己所认同的群体的声望。
- 社会比较和自尊需求促使群体以不同的方式（取决于群际关系的性质）争夺相对积极的社会认同。
- 人群行为可能并不代表身份的丧失和向原始反社会本能的倒退，相反它可能是受局部情境规范支配的群体行为，而这些规范又被更广泛的社会认同所框定。
- 偏见、歧视和群际冲突很难减少，教育、宣传和共同的目标可能会有帮助，只要满足一些条件，简单地使群体在身体上或心理上相互接触就能有效地减少冲突，其他策略包括谈判、调解、仲裁和和解。

■ 关键词

Accentuation effect 加重效应	Emergent norm theory 紧急规范理论
Arbitration 仲裁	Entitativity 实体性
Authoritarian personality 权威人格	Ethnocentrism 族群中心主义
Bargaining 谈判	Extended contact 扩展接触
Cognitive alternatives 认知替代方案	Fraternalistic relative deprivation 博爱式相对剥夺
Collective behaviour 集体行为	Free-rider effect 搭便车效应
Commons dilemma 公地困境	Frustration–aggression hypothesis 挫折—攻击假说
Conciliation 和解	Illusory correlation 虚假相关
Contact hypothesis 接触假说	Ingroup favouritism 内群体偏好
Deindividuation 去个体化	Intergroup behaviour 群际行为
Depersonalisation 去个性化	Intergroup differentiation 群际分化
Egoistic relative deprivation 利己式相对剥夺	Intergroup emotions theory 群际情绪理论

J-curve J 曲线　　　　　　　　　　　　　　Self-categorization theory 自我归类理论
Mediation 调解　　　　　　　　　　　　　　Social categorization 社会归类
Meta-contrast principle 元对比原则　　　　　Social change belief system 社会变革信念体系
Metatheory 元理论　　　　　　　　　　　　　Social competition 社会竞争
Minimal group paradigm 最简群体范式　　　　Social creativity 社会创造性
Optimal distinctiveness 最优区分　　　　　　Social identity 社会认同
Prisoner's dilemma 囚徒困境　　　　　　　　Social identity theory 社会认同论
Prototype 原型　　　　　　　　　　　　　　Social mobility belief system 社会流动信念体系
Realistic conflict theory 现实冲突理论　　　　Stereotype 刻板印象
Reductionism 还原主义　　　　　　　　　　　Superordinate goals 上位目标
Relative deprivation 相对剥夺　　　　　　　　System justification theory 制度正当化理论
Relative homogeneity effect 相对同质性效应　　Weapons effect 武器效应

文学和影视

《萌芽》

爱弥尔·左拉 1885 年的小说，将法兰西第二帝国时期法国穷人所经历的苦难带到读者面前，其中对人群行为的描述非常有力，后来被古斯塔夫·勒庞等社会学家借鉴，发展出集体行为理论。

《通往维根码头之路》

乔治·奥威尔 1937 年的小说，聚焦于英国工人阶级的困境，有力地描绘了相对贫困剥夺，具有鲜明的时代特征。

《老爷车》

克林特·伊斯特伍德 2008 年执导的电影，他也是该片的主演。在当代底特律，伊斯特伍德饰演的角色沃尔特·科瓦尔斯基（Walt Kowalski）是一个骄傲而又沉默的朝鲜战争老兵，他偏执的态度与时代的变化格格不入。尽管人口结构发生了变化，但沃尔特仍拒绝放弃自己生活了一辈子的街区。本片讲述了他与一个赫蒙族少年和他的移民家庭发展友谊的故事——一部关于群际友谊和群际宽容与尊重发展的辛酸而又微妙的令人振奋的故事。

《西班牙内战》

安东尼·比弗在 2006 年出版的 1936—1939 年西班牙内战史——虽然学术性极强，但却是一本畅销书，也是一本引人入胜的好书。该书是本章所讨论的所有内容的完美案例，它有力地描述了全球背景下群际关系的多层次和复杂程度。书中描绘了右翼民族主义者和左翼共和势力之间战斗的起伏。但这场战争也发生在共产主义早期崛起之时和第二次世界大战发生之前，各国和各政治派别为争夺权力和影响力而陷入了无休止的冲突，包括纳粹、法西斯、无政府主义者、斯大林派和托洛茨基派，涉及德国、意大利、法国、英国、墨西哥和苏联等国。

《星球大战》

恕我们直言，如果没有提到《星球大战》，那么我们这本书就是不完整的！原版三部曲于 20 世纪 70 年代末 80 年代初问世，前传三部曲于 21 世纪初问世，续集三部曲于 2010 年代末问世（目前最后一部电影计划于 2019 年上映）。乔治·卢卡斯的《星球大战》是一部太空史诗，是对银河系范围内的群体过程和群际关系的研究，呈现了以控制银河帝国和统治宇宙为目的的、善与恶之间的宇宙斗争。这场斗争与"原力"有关——绝地武士是"原力"的守护者，他们利用"原力"为善，试图建立一个良性的银河系政府，而西斯则利用"原力"的"黑暗面"为恶，试图消灭绝地武士，建立一个残酷的极权主义政权来统治宇宙。《星球大战》虽是科幻作品，但它不仅充满了与本章相关的社会心理学主题，也更广泛地贯穿了本学科的范围。

请你思考

1. 相对剥夺的经历如何影响攻击倾向？
2. 根据谢里夫的观点，当群际目标不相容时就会产生偏见。这是什么意思？他提供了解决方法吗？
3. 什么是社会认同？一个人可以同时具有多个社会身份吗？
4. 少数群体成员对群际关系的信念在预计的社会变革中如何发挥重要作用？
5. 为减少偏见，仅为来自不同群体的人们提供群际接触的机会这一途径为什么效果不佳？

延伸阅读

Abrams, D., & Hogg, M. A. (2010). Social identity and self-categorization. In J. F. Dovidio, M. Hewstone, P. Glick, & V. M. Esses (Eds.), *The SAGE handbook of prejudice, stereotyping and discrimination* (pp. 179–193). London: SAGE. 最新、详细和全面的社会认同研究和理论综述。

Brewer, M. B. (2003). *Intergroup relations* (2nd ed.). Philadelphia, PA: Open University Press. 一部易读和全面的群际关系研究论著。

Brewer, M. B. (2007). The social psychology of intergroup relations: Social categorization, ingroup bias, and outgroup prejudice. In A. W. Kruglanski & E. T. Higgins (Eds.), *Social psychology: Handbook of basic principles* (2nd ed., pp. 785–804). New York: Guilford Press. 对群际行为、偏见和歧视研究的全面综述。

Brown, R. J., & Gaertner, S. (Eds.) (2001). *Blackwell handbook of social psychology: Intergroup processes*. Oxford, UK: Blackwell. 一部由顶尖社会心理学家撰写的 25 章合集，涵盖了群际过程的整个领域。

De Dreu, C. K. W. (2010). Social conflict: The emergence and consequences of struggle and negotiation. In S. T. Fiske, D. T. Gilbert, & G. Lindzey (Eds.), *Handbook of social psychology* (5th ed., Vol. 2, pp. 983–1023). New York: Wiley. 对群际冲突及谈判在解决此类冲突中的作用进行了全新且全面的探讨。

Dovidio, J. F., & Gaertner, S. L. (2010). Intergroup bias. In S. T. Fiske, D. T. Gilbert, & G. Lindzey (Eds.), *Handbook of social psychology* (5th ed., Vol. 2, pp. 1084–1121). New York: Wiley. 对群际偏见作为群际行为的特性进行了最新且翔实的综述。

Dovidio, J., Glick. P., Hewstone, M., & Esses, V. (Eds.) (2010). *Handbook of prejudice, stereotyping and discrimination*. London: SAGE. 一部由顶尖研究者撰写的关于刻板印象化、偏见和群际行为的章节合集。

Fiske, S. T. (2010). Interpersonal stratification: Status, power, and subordination. In S. T. Fiske, D. T. Gilbert, & G. Lindzey (Eds.), *Handbook of social psychology* (5th ed., Vol. 2, pp. 941–982). New York: Wiley. 对群际关系的权力和地位面向进行了最新且翔实的概述。

Hogg, M. A. (2006). Social identity theory. In P. J. Burke (Ed.), *Contemporary social psychological theories* (pp. 111–136). Palo Alto, CA: Stanford University Press. 简明、易读且最新的当代社会认同论概述。

Hogg, M. A. (2013a). Intergroup relations. In J. Delamater, & A. Ward (Eds.), *Handbook of social psychology* (2nd ed., pp. 533–562). New York: Springer. 一篇易于理解的关于群际关系、偏见和歧视的社会心理学研究综述。

Hogg, M. A., & Abrams, D. (Eds.) (2001). *Intergroup relations: Essential readings*. Philadelphia, PA: Psychology Press. 一部群际关系研究评述合集，包括一个起导读作用的概述性章节和各评述性章节。

Hogg, M. A., & Abrams, D. (2007). Intergroup behavior and social identity. In M. A. Hogg & J. Cooper (Eds.), *The SAGE handbook of social psychology* (pp. 407–431). London: SAGE. 对群际关系和社会认同过程研究的全面概述。

Levine, J. M. (Ed.) (2013). *Group processes*. New York: Psychology Press. 一部由顶尖学者就群体和内群体过程的各方面撰写的最新且全面的章节合集。

Levine, J. M., & Hogg, M. A. (Eds.) (2010). *Encyclopedia of group processes and intergroup relations*. Thousand Oaks, CA: SAGE. 一部由该领域的所有顶尖学者撰写的全面且易读的群体社会心理学入门汇编。

Stangor, C. (2016). *Social groups in action and interaction* (2nd ed.). New York: Psychology Press. 一部最新、全面且易于理解的群内和群际社会心理学著作。

Thompson, L. L. (2015). *The mind and heart of the negotiator* (6th ed.). New York: Pearson. 一部关于谈判心理学的经典著作。

Tropp, L. R. (Ed.) (2012). *The Oxford handbook of intergroup conflict*. New York: Oxford University Press. 一部由顶尖学者撰写的 21 章合集，聚焦于群际冲突、偏见和冲突的减少，以及对和平构建的挑战。

Van Lange, P. A. M., Balliet, D., Parks, C. D., & Van Vugt, M. (2014). *Social dilemmas: Understanding human cooperation*. New York: Oxford University Press. 一部最新且全面探讨社会困境和人类合作动力机制的著作。

Yzerbyt, V., & Demoulin, S. (2010). Intergroup relations. In S. T. Fiske, D. T. Gilbert, & G. Lindzey (Eds.), *Handbook of social psychology* (5th ed., Vol. 2, pp. 1024–1183). New York: Wiley. 这一最新经典珍藏版对群际关系领域进行了全面概述——是理论和研究的主要来源。

第 **12** 章

攻　击

你怎么认为？

1. 你认为世界正变得更安全和更少出现暴力行为吗？心理学家斯蒂芬·平克认为，如果从一个很长的时间跨度来判断，是这样的。

2. 玛丽讽刺她的男朋友托尼，并散布关于他的一些谣言，但是她没有动手打/推搡过他；托尼从没有讽刺过玛丽或者散布关于她的谣言，但是他动手打/推搡过她。谁更具有攻击性呢？

3. 我们都看过这种自然纪录片：一群看上去很讨厌的非洲野犬恶毒地将一些可怜的小动物撕成碎片并撕咬、扭打在一起。人类也会这样吗？动物的行为能在多大程度上有助于我们理解人类攻击？

4. 如果你的邻居认为观看暴力电影和玩血腥的电脑游戏是一种很好的宣泄情绪的方式，你会如何反驳该观点？

5. 汤姆有一系列喜欢的色情网站，他的女朋友知道后要求他不再观看。汤姆狡辩说，这不会伤害任何人，自己也不会变成一个强奸犯！作为一个初露头角的社会心理学家，你该如何说服他？

■ 一、我们社群中的攻击

提起攻击，什么会吸引你的注意力？是媒体报道中的战争伤亡、恐怖活动中无辜的受害者，还是在大规模屠杀中被残害的儿童？是社区中的盗窃行为、儿童被亲属严重伤害的新闻，还是报纸上看到的相邻城市发生的强奸事件？其中一些事件（或许不是全部）是对他人造成人身伤害或财产损失的犯罪行为和令人震惊的暴力事件。那么两人间不友好的语言属于攻击吗？正如我们所见，这些在我们日常生活中都是重要的问题，并且在不同程度上属于攻击行为，其中有些微不足道，有些则非常残暴。

让我们了解一下谋杀。2008 年每 100 000 个被谋杀的人中，美国有 5 个，俄罗斯有 14 个，哥伦比亚有 40 个，牙买加高达 60 个。你的国家是如何衡量的？假设各国的统计都是同等可信的，谋杀率会随着许多原因而变化，例如致命武器的易得性、贫穷或战争的环境和文化或亚文化中对暴力的支持。我们在这一章将探索这些影响，我们也会在"社会影响"部分再次阐述谋杀的相关因素。

我们中的许多人偶尔会目睹攻击行为，而我们中的多数人会定期目睹攻击行为发生或者攻击者存在的证据和标志，包括涂鸦、破坏行为、激烈的争论、歧视女性的音乐和武器。攻击的受害者通常缺乏权力或是弱势群体，例如年幼者、年老者、病人和来自少数族群成员。一项对 11 ~ 12 岁儿童的调查发现，有一半的儿童被其他儿童推、踢、打和袭击，有三分之二的儿童曾被同辈群体施以身体虐待或情感虐待（Lind & Maxwell, 1996）。

我们中的大部分人可能玩过攻击类的游戏（打架、视频游戏和具有身体接触的体育运动），但会约束发生潜在伤害的可能性。一项对 10 000 个女性的调查发现，20% 的女性会在晚上走路的时候感到"非常不安全"，尽管只有低于 1% 的女性报告在一年中实际受到过伤害（Jones, Gray, Kavanagh, Moran, Norton, & Seldon, 1994）。有证据表明，现代社会已经成为一个更加暴力的地方，其中恐怖主义被列为名单之首（2015 年巴黎恐怖袭击有 130 人遇害，2016 年尼斯恐怖袭击遇害人数有 86 人）。与此同时，大规模的枪击事件在西方国家已经变得越来越普遍，尤其是在美国（2016 年奥兰多枪击事件造成了 50 人死亡、53 人受伤）。

有一些因素被牵扯进来，包括对儿童的家庭暴力（Straus, 2001）、儿童接触暴力媒体（Bushman & Huesmann, 2001）、一些国家枪支的易得性（O'Donnel, 1995），以及全球变暖（Anderson, Bushman, & Groom, 1997）。然而，在《人性中的善良天使：暴力为什么会减少》一书中，斯蒂芬·平克（Steven Pinker, 2011）提出了与此相反的有力证据，表明这个世界实际已经不像以前那样有很多的攻击行为了。

我们会给出一系列由相对剥夺的持续影响造成的攻击和暴力的潜在原因，包括当贫穷的人和比他们富有的人比较时所感知到的逐渐拉大的差距。始于 2011 年的占领行动所提出的"99%"的概念凸显了后萧条时代人们对日益加剧的经济不平等的觉知和不满——尽管值得注意的一点是，大部分的游行示威都是非暴力的。

同样值得注意的是，暴力和攻击的生动形象和视频刻画在现在是不可避免的。20 世纪 60 年代末和 70 年代初，整个世界被电视上和杂志上越南战争的影像所震惊，但是现在关于暴力和攻击行为的影像每天都在电视新闻和时事频道中出现，人们只需简单点击视频网站 YouTube 和许多其他网络资源及社交媒体。接触到攻击比以前更简单容易得多。

如果攻击是无所不在的，那么它是人性中不可避免的一部分吗？一些学者（如 Ardrey, 1961）认为，攻击是人类的本能，是人类与其他生物共享的内在固定行为模式。如果攻击有遗传基础，那么它的表达似乎就是不可避免的。其他学者则描绘了一个不太灰暗的图像，认为即使攻击倾向是我们行为举止的一部分，它也是可以受到控制并被阻止表达的。对于心理学家而言，最急迫的挑战是揭示人类攻击他人的原因和找到减少对受害者、攻击者和社会的严重影响的方式。但是，首先考虑一下定义"攻击"的一些尝试。

二、定义和测量

（一）定义攻击

研究者发现，对于如何描述、解释攻击和它的组成部分很难达成共识。某位研究者可能是使用身体行为，如推、打、敲来定义攻击，然而另一位研究者可能加入其他特性，如言语威胁、口头侮辱和面部表情。单纯地忽视和排斥某人也可以被认为是攻击，这必然会产生攻击反应（DeWall, Twenge, Bushman, Im, & Williams, 2010; Warburton, Williams, & Cairns, 2006; Wesselmann, Butler, Williams, & Pickett, 2010; Williams & Warburton, 2003）。攻击也部分受到社会和文化规范的影响。在宾夕法尼亚的阿米什人中，攻击的标准很低，即使是回避或排斥也被认为是一种非常苛刻的待遇，而在大多数帮派亚文化中，肢体残害和谋杀可能很普遍。关于文化规范控制攻击行为的部分将在第 16 章讨论。

社会心理学在不同的层次上定义了攻击：

- 造成个人身体伤害和财产损失的行为（Bandura, 1973）。
- 意图伤害同类中他人的行为（Scherer, Abeles, & Fischer, 1975）。
- 以伤害或损害意图避免这种对待的他人为目的的行为（Baron, 1977）。
- 意图给他人施加的不同形式的暴力（Baron & Byrne, 2000）。
- 意图对他人施加的会立即引起伤害的行为（Anderson & Huesmann, 2003）。

什么被认为是攻击的重要组成部分（见专栏 12.1）？迈克尔·卡尔森（Michael Carlson）及其同事认为，在不同研究背景中发现的攻击行为定义的共同点是"伤害意图"（Carlson, Marcus-Newhall, & Miller, 1989）。

专栏 12.1　你的生活

攻击定义的组成部分

一个令人满意的攻击定义的组成部分会包括什么？动机重要吗？那么攻击目标呢？一些情境会不会太复杂以至于无法得出正确的结论？考虑你所做的事和你所见的行为来判断以下哪些会被认为是攻击？

- 实际伤害而不是暴力未遂行为。
- 身体伤害而不是心理伤害（如语言辱骂）。
- 对某人的伤害而不是对动物或财产的伤害。
- 在战争中对人类的伤害。
- 则允许（如拳击比赛中）的伤害。

- 有意伤害而不是疏忽造成的伤害。
- 受害者认为伤害已经发生的信念。
- 受害者所谓的"最大利益"考虑而进行的伤害（如打儿童耳光）。
- 自我伤害，如自残或自杀。
- 社会排斥。

这里提到的只是其中一部分，你也许还能想到一些可以或不可以视作攻击的情况。与朋友讨论这些问题。对攻击的定义达成共识很难吗？

（二）测量攻击

事实上，研究者使用与社会**价值观**（values）相符的定义，结果是不同研究者、在不同文化中，对攻击行为的研究也会不同。例如，因为对他人愤怒而表现出来的身体暗示和实际伤害他人的行为是相同的吗？保护土地的抗议运动和国际恐怖主义可以相比吗？或者打小孩屁股和连环杀人犯的行为是同一类型吗？

由于攻击定义的问题尚未解决，研究者对此进行了**操作性定义**（operational definitions；见第1章），以便我们可以在实际的研究中操纵和测量攻击。然而，不同的研究者会使用不同的操作性定义，包括：

（1）行为类比：
- 打一个充气的塑料娃娃（Bandura, Ross, & Ross, 1963）。
- 按一个可以电击他人的按钮（Buss, 1961）。

（2）意图信号：
- 在实验室环境背景下意图使用暴力的言语表达（Geen, 1978）。

（3）自我或他人的评定：
- 关于以前攻击行为的自我报告（Leyens, Camino, Parke, & Berkowitz, 1975）。
- 教师和同学对儿童攻击程度的评定（Eron, 1982）。

（4）间接攻击：
- 关系攻击，比如损害他人的同辈关系（Crick & Grotpeter, 1995）或散播谣言（Lansford, Skinner, Sorbring, Di Giunta, Deater-Deckard, Dodge, et al., 2012; Warren, Richardson, & McQuillin, 2011）。

价值观
一种高阶概念，旨在为态度的组织提供结构。

操作性定义
以允许操纵或测量的方式定义一个理论术语。

类比物
旨在忠实地模仿"真实事物"的设备或测量方法。

外部效度
实验环境和日常生活环境的相似性。

这些测量最初都是使用**类比物**（analogues，即身体攻击的替代品），这可以使研究者的攻击研究获得伦理上的许可（见第1章）——在实验室情境下很难将实际身体伤害合理化。

一个关键的问题是，我们能否在现实生活中将类似的攻击测量结果推广到更大的人群中。例如，阿诺德·巴斯（Arnold Buss, 1961）发明的攻击（电击）机器的**外部效度**（external validity）如何？这类似于斯坦利·米尔格拉姆（Milgram, 1963）在他的服从实验中使用的设备（第7章）。在使用这个设备进行的一项实验中，有暴力史的囚犯会对同伴实施更高强度的电击（Cherek, Schnapp, Moeller, & Dougherty, 1996；另见 Anderson & Bushman, 1997）。与此相似的是，也可以将实验室和真实生活中的酒精、高温、直接挑衅和媒体中的暴力所导致的攻击的影响进行类比。

攻击是非常不同的，没有单一的定义可以涵盖这些差异（玛丽和托尼都有攻击性吗？详见本章开头"你怎么认为？"中的第二个问题）。

三、理论视角

如何测量攻击与我们如何定义它是息息相关的，而这取决于理论视角。鉴于攻击影响着我们的生活，关于攻击存在众多理论，这一点并不令人惊讶。

对于人类为什么会对同类进行攻击，以及是什么因素造成人类会恶意或残忍地对待彼此，一直以来有众多的推测（Geen & Donnerstein, 1983）。对攻击的解释主要分为两类，即生物学视角和社会视角，不过两者之间并没有严格区分。关于这两种解释哪种更优越的争论，有一个例子是**先天与后天之争**（nature-nurture controversy），即人类的行为是先天遗传还是社会环境所决定的？（关于这个争论的一个相关例子涉及亲社会行为的起源；见第 13 章。）

因为我们的兴趣在于攻击的社会心理机制，我们聚焦于社会因素以及整合了社会学习成分的理论。然而，攻击行为的生物学基础也不容忽视，毕竟暴力是身体系统的反应。一个问题是，一些生物学解释太具有生物性，这似乎对任何形式的社会取向理论都有所威胁。

（一）生物学解释

关于攻击最突出的一种解释就是，攻击是天生的行为倾向，虽然行为结果可以修正，但是源头是不变的。攻击是一种本能，反应模式是先天基因所决定的。如果真是这样，攻击应该展现出本能的特征。根据灵长类生物学家亚瑟·里奥佩尔（Arthur Riopelle, 1987）所说，**本能**（instinct）是

- 目标导向的，终止于特定的结果（如袭击）。
- 有益于个体和种系的。
- 适应正常环境的（尽管不是异常环境）。
- 被同类中大部分成员共享的（虽然其表现形式因人而异）。
- 随着个体成熟而清晰发展的。
- 无法根据个体经验习得的（尽管它可以与后天因素相结合而得到加强）。

三种取向解释了人类攻击中的大多数生物学属性（如果不是全部）。所有人都认为攻击是人性的内在组成部分，因此我们在出生时就被编码以这种方式行事。对此，最早的是心理动力学取向，可以追溯到 20 世纪早期，紧接着是基于动物行为研究的动物行为学取向，而第三种解释主要来自进化社会心理学。

1. 心理动力学

在《超越快乐原则》一书中，弗洛伊德（Freud, 1920/1990）提出人类攻击源于一种固有的死亡本能（Death Instinct/*Thanatos*），它是与生存本能（Life Instinct/*Eros*）完全相反的。死亡本能最初指向自我毁灭，但是在后来的发展中，它逐渐转向毁灭他人。作为一名医生，弗洛伊德的医学背景强烈影响他提出的理论，这也是对第一次世界大战造成人类大量伤亡的反思。就像源于生存本能的性冲动，源于死亡本能的攻击冲动自然而然地建立在需要被表达的身体紧张和需要上。弗洛伊德的观点被后来的理论家，即**新弗洛伊德学派**（neo-Freudians）所修正，他们认为攻击虽然更多基于理性，但仍然是与生俱来的过程，人们借此寻求原始生存本能的释放，而这些本能为所有物种所共有（Hartmann, Kris, & Loewenstein, 1949）。

2. 动物行为学

20 世纪 60 年代，三部对人类攻击本能有重大影响的著作都建立在与动物行为的对比的基础之上，分别是 1966 年康拉德·洛伦茨的《论攻击》（*On Aggression*）、罗伯特·阿德里（Robert Ardrey）的《领地的规则》（*The Territorial Imperative*）和 1967 年德斯蒙德·莫利斯的《裸猿》（*The Naked Ape*）。他们解释攻击的这一视角被称为**动物行为学**（ethology），这是生物学的一个分支，致力于研究本能或者所有物

先天与后天之争
关于人类行为是由遗传因素还是环境因素决定的经典争论。科学家普遍认为，这是两者相互作用的结果。

本能
通过基因传递的先天驱力或冲动。

新弗洛伊德学派
修正弗洛伊德原始理论的精神分析理论家。

动物行为学
认为动物的行为应当在实际的自然和社会环境中进行研究的取向。行为是由基因决定的，并且受自然选择的控制。

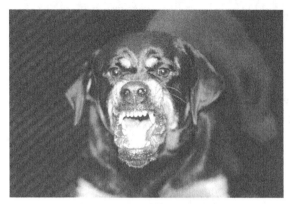

威胁显示　动物中的攻击经常局限于绥靖姿态。你觉得这种姿态对疯狂的小狗能起作用吗？

种在它们自然环境里的固定行为模式。

如同新弗洛伊德学派，动物行为学家强调攻击的功能性。但是他们也发现，潜在的或本能的攻击是天生的，而实际的攻击则是由环境中被称为**释放器**（releasers）的特定刺激引起的。洛伦茨认为，攻击具有生存价值。某种动物对其物种中的其他成员更具攻击性，其功能是用这种方式来区分其他个体和家庭个体以便于最有效地利用可用资源，如性选择和交配、食物和领地。大多数时候，物种内攻击不会造成实际暴力，因为动物只会表现出能被其他动物识别的本能威胁姿态，然后离开现场。

即使斗争真的爆发了，也不太会造成死亡，因为失败的动物会表现出本能的投降姿态以避免胜利者的杀戮。例如，一些动物会服从地趴在地上。随着时间的流逝，在诸如猴子等群居动物中，求和姿态有助于建立统治等级制度或者进食秩序。因此，虽然攻击驱力是天生的，但是攻击的表达取决于环境中释放器的适当刺激。

洛伦茨（Lorenz, 1966）将这种理论延伸到人类身上，认为人类也天生具有**争斗本能**（fighting instinct）。然而，争斗本能的生存价值对于人类来说没有像其他动物那么明显。这主要是因为人类缺乏发达的攻击器官，如獠牙或者爪子。因此，显而易见的求和姿态也没有得到发展（或者有可能是在进化过程中消失了）。

这种取向有两种启示：一是一旦我们开始使用暴力，我们似乎不知道如何停止；二是为了杀戮，我们需要使用武器。我们所处的时代的先进科学技术已经让我们制造出大规模杀伤性武器，这些武器可以进行远距离操作，因此无法利用受害者痛苦的视觉和听觉反馈来说服胜利者停止杀害。例如，1916 年超过四个月的索姆河战役导致 170 万人死亡和受伤。

这种疯狂在一起氢弹引爆中达到了顶峰。1961 年 10 月，苏联在北冰洋偏远群岛引爆了威力高达 5 000 万吨 TNT 当量的“沙皇炸弹”，这是有史以来最强大的核武器，是 1945 年广岛原子弹爆炸造成 200 000 人死亡的力量的 3 000 倍。在冷战的高峰期，有 65 000 枚核弹库存（2016 年下降到 15 375 枚）。简而言之，即使在我们尚未动用生物或化学武器之前，人类也有能力轻而易举地伤害他人。

3. 进化社会心理学

进化社会心理学（evolutionary social psychology）是在进化理论和社会生物学（见第 1 章）的基础上发展起来的，但它是以对整个社会心理学学科的修正视角呈现出来的。进化社会心理学是野心很大的理论取向，它不仅假设攻击是与生俱来的，而且主张所有社会行为都有其生物学基础（Caporael, 2007; Kenrick, Maner, & Li, 2005; Neuberg, Kenrick, & Schaller, 2010; Schaller, Simpson, & Kenrick, 2006）。第 13 章和第 14 章将讨论利他行为和人际吸引的进化视角。

这种源于达尔文理论的进化观点是具有启发性的，其认为行为可以进化，因为它促进了基因的生存，使个体能够长时间存活以便将相同的基因传给下一代。攻击是适应性的，因为个体必须生存够久才能繁衍，这样对个体和物种都有益。考虑到这样的情况，即危险威胁着物种的后代，大部分动物（通常是母亲）会通过强烈的攻击来做出回应，其攻击水平通常比其他情况下要高。例如，一只母鸟可能会冒着生命危险来保护幼鸟。如果你在树林里徒步旅行，碰巧遇到了熊和它的幼崽，愿上

释放器
动物行为学家认为在环境中触发攻击反应的特定刺激。

争斗本能
动物行为学家主张人类与其他动物共同拥有的攻击内在冲动。

进化社会心理学
进化心理学的一种延伸，认为人类复杂的社会行为具有适应性，有助于个体、近亲和整个物种的存续。

天会保佑你。

在属地物种中，攻击与保护领地有关，与此同时攻击也会增加资源的获取（Vaughan，2010d）。对人类来说，攻击行为的适应性体现为社会和资源优势——要么为了保护我们已有的资源，要么为了获得新的资源。

4. 生物学解释的不足

攻击的生物学解释是相当有吸引力的，因为它们与普遍认为的暴力是人性的一部分这一假设存在共鸣，并与我们的普遍经验相呼应。在这种情况下，某些情绪（如愤怒）与强烈的身体反应有关。17 世纪的哲学家托马斯·霍布斯有一个著名观点，认为人类的生命是肮脏、野蛮和短暂的。然而，从广义上讲，行为科学家（Goldstein, 1987; Rose & Rose, 2000; Ryan, 1985）对攻击的本能基石是存疑的，其依据是本能的概念（1）取决于未知、不可知和无法衡量的能量；（2）仅仅得到了人类有限的实际行为和有偏差的实证观察的支持；（3）对攻击的预防或控制的实用性很低；（4）依靠循环逻辑提出没有任何证据的因果关系。

总而言之，大多数研究人类攻击的社会心理学家认为，进化心理学对理解攻击的发生和持续的总体贡献是有限的（Geen, 1998）。（见本章开头"你怎么认为？"中的第三个问题。）然而，一些坚定的进化论者主张：

> 说一个人具有某种特质并不是说他的外显行为对环境不敏感……而是说特定基因型的行为表现主要取决于环境的输入和对环境的反应。（Kenrick, Li, & Butner, 2003, p. 12）

换句话说，在遗传的内容和环境允许的行为类型之间存在交互作用。例如，如果伊戈尔天生是一个易怒的人，那么当一帮强大的欺凌者在附近的酒吧时，最好的办法是不要触发他平常的对抗性自我（一种行为特质）。这是一种交互主义的论点，这种观点实际上是一种生物社会取向。

（二）社会视角和生物社会视角的解释

通常社会心理学家并不支持用本能定义攻击的理论，他们倾向于强调学习和社会背景的作用。然而其中一些仍包含生物学因素，我们称之为**生物社会理论**（biosocial theories）。本小节概述的其中两种观点认为，驱力（或唤起状态）是攻击的前提，尽管它们在内部因素和外部因素如何相互作用以促进攻击反应的方面有所不同。

1. 挫折与攻击

最初版本的**挫折—攻击假说**（frustration-aggression hypothesis）指出，攻击的先决条件是挫折。此假说源自 20 世纪 30 年代耶鲁大学的一群心理学家用来解释偏见的研究（如第 10 章所描述的）。人类学家约翰·多拉德（John Dollard）及其心理学家同事主张，攻击总是由某些挫折事件或者情境引起的，换言之，挫折总是会导致攻击（Dollard, Doob, Miller, Mowrer, & Sears, 1939）。这种推断已经被用于解释失业对暴力的影响（Catalano, Novaco, & McConnell, 1997），以及社会经济剥夺在对伊拉克库尔德人和波黑非塞族人的"种族清洗"中的作用（Dutton, Boyanowsky, & Bond, 2005; Staub, 1996, 2000）。

生物社会理论

在攻击的背景下，强调先天成分的理论，不过并不认为完成由本能决定。

挫折—攻击假说

一种认为所有挫折均能导致攻击，以及所有攻击全部源自挫折的理论。被用于解释偏见和群际攻击现象。

挫折—攻击理论非常具有吸引力，因为它与弗洛伊德理论取向有明显的不同。正如戈德斯坦（J. H. Goldstein, 1980, pp. 262−263）所说："这是一个没有精神分析鬼话的理论。不需要本我、自我、超我、自我防御机制。"后来的研究表明，此理论的基本假设是简单的，并不能对攻击进行完全解释（见 Berkowitz, 1993; Miller, Pederson, Earlywine, & Pollock, 2003）。一个主要的缺陷是，该理论对挫折的定义不太清楚以及难以预测哪种挫折可能导致攻击。

2. 激发转移

另一种引用驱力概念的取向是道夫·齐尔曼（Dolf Zillmann, 1979, 1988）的**激发转移模型**（excitation-transfer model）。攻击的表达（或者任何其他情绪）受三个因素影响：（1）习得的攻击行为；（2）其他来源的唤起或者激发；（3）个体对唤起状态的解释，例如认为以攻击方式回应是适当的。

齐尔曼认为，这种残留的唤起会从一种情境转移到另一种情境，从而增加采取攻击反应的可能性，特别是当攻击行为充分建立在某人的行为准则之上时。根据齐尔曼的观点，任何可以显著增加整体激发水平的经验都可能导致非预期的结果。

激发转移模型
攻击的表达是习得的行为、其他来源的唤起，以及个体对唤起状态的解释的函数。

仇恨犯罪
一类对具有刻板印象少数群体成员的暴力。

从图 12.1 可知，一名学生在体育馆锻炼身体完后身体仍处于唤起状态，当他开车去当地超市的停车场时，有人抢先将车停到他准备停的位置。虽然只是一件令人讨厌的小事，但运动完后的残留激发（现在已经遗忘）触发了学生的辱骂行为。

强烈的唤起往往会导致我们比平时更具攻击性。例如，当对厨房的一些餐具不满意时，我们会对伴侣感到恼火；当孩子偶然走失时，我们会对他严厉责骂；当交通特别拥堵时，我们会打不雅手势。如果正好你开一辆红色的汽车，你可能需要提防这种情况。法国的一项研究安排一辆汽车在交通信号灯处挡住等候的其他车辆，结果发现，当汽车是红色而不是蓝色、绿色、黑色或白色时，被阻碍的驾驶员会更快地鸣喇叭或闪烁大灯（Guéguen, Jacob, Lourel, & Pascua, 2012）。在足球比赛中经常产生的极端的唤起容易引起两队球迷之间的暴力冲突（Kerr, 2005）。

从齐尔曼的理论来看，所有这些情况都有一定的意义，它也可以用于解释性唤起的体验（见本章后面关于色情的部分），或者任何一种其影响会长期存在的前刺激。关于唤起的一般概念在接下来安德森和布什曼（Anderson & Bushman, 2002a）的一般攻击模型中有所解释。

路怒 对许多人来说，堵车作为日常会遇到的令人沮丧的事情，有时会演变成攻击。

3. 仇恨犯罪

攻击的生物学和社会模式可以为人们为什么会攻击他人提供一种令人信服的分析。有时，暴力与偏见有关，正如先前的章节在对挫折—攻击假说的讨论中所提到的（另见第 10 章）。**仇恨犯罪**（hate crimes）就是其中的一个例子。不过，偏见的一些旧目标已被取代：美国南部从 20 世纪 30 年代对非裔美国人的私刑已经变成各种形式的迫害和对其他少数群体

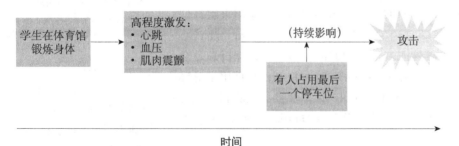

学生在体育馆锻炼身体 → 高程度激发：
· 心跳
· 血压
· 肌肉震颤
（持续影响） → 攻击
有人占用最后一个停车位

时间

图 12.1 攻击的激发转移模型的应用

来源：Zillman, 1979.

的迫害（Green, Glaser, & Rich, 1998）。在一些国家，仇恨犯罪现在是一类刑事犯罪（Vaughan, 2010a）。参见专栏 12.2 中关于同性恋者遭到迫害的例子。

4. 攻击可以习得

婴儿对攻击冲动的逐渐控制显然依赖于广泛的学习过程（Miles & Carey, 1997）。**社会学习理论**（Social learning theory）是心理学中一种应用广泛的行为取向，它强调行为或行为序列的获得、外在行为的刺激和行为的维持。

阿尔伯特·班杜拉是社会学习理论的著名支持者（Bandura, 1977; Bandura & Walters, 1963），他将之用于解释攻击（Bandura, 1973）。当然，如果反社会行为可以习得，亲社会行为也可以（见第 13 章）。尽管班杜拉指出了攻击的生物学因素，但这个理论强调直接或者替代经验的作用。通过社会化，儿童可以通过自己获得奖励或者他人因某行为获得奖励而习得攻击。

直接经验学习（learning by direct experience）的观点是基于斯金纳的操作性条件作用原理，即孩子通过实际经历的奖励和惩罚来维持行为。例如，如果乔纳森拿走了玛格丽特的饼干，没有人来干预，那么他的行为就通过一块饼干而得到了强化。**替代经验学习**（learning by vicarious experience）的观点认为，学习是通过模仿他人的过程进行的。

模仿的概念并不新鲜，法国社会学家加布里埃尔·塔尔德（Gabriel Tarde, 1890）的一本大胆的书《模仿律》就论述了这一主题。社会学习理论的创新之处在于，它主张被模仿的行为必须以某种方式得到奖赏，以及父母、兄弟姐妹和同伴对儿童来说比其他人更容易成为儿童模仿学习的对象。攻击的学习序列可以从人们之间的直接活动延伸到媒体影像

> **社会学习理论**
> 班杜拉的观点，认为人类的社会行为不是天生的，而是从合适的榜样中习得的。
>
> **直接经验学习**
> 因为会得到奖赏而采取某种行为。
>
> **替代经验学习**
> 在观察到他人因某一行为得到奖励后而习得这种行为。

替代学习 儿童可以通过玩视频游戏而习得攻击，在这些游戏中，英雄角色的攻击性会不断增强。

专栏 12.2 　　　　　我们的世界

仇恨犯罪、同性恋者和马修·谢巴德的例子

经常受到极端仇恨犯罪对待的就是同性恋群体。反同性恋者与受害者没有直接的冲突，只是因为对同性恋有强烈的消极情感而攻击同性恋者。许多同性恋者曾报告说，他们是仇恨犯罪的受害者。有研究发现，94% 的同性恋者报告自己曾经因为性取向而成为受害者（National Gay and Lesbian Task Force, 1990）。富兰克林（Franklin, 2000）在美国北卡罗来纳的一个社区学院调查了 489 名不同种族及社会经济地位的学生，发现有 10% 的人曾以身体攻击或威胁来攻击同性恋者，有 24% 的人报告他们曾以语言诽谤被他们认为是同性恋者的人。

马修·谢巴德（Matthew Shepard），这个怀俄明州 21 岁的大学生，是一名同性恋者。他在 1998 年被两位反同性恋者所杀害，成为仇恨犯罪的受害者。马修被从酒吧带到一个空旷的草原，他被绑在围栏上，被枪敲打到丧失意识，最后被丢弃在严寒的天气下而死亡。杀害他的人承认他们在攻击他时大笑。两位攻击者都被判终身监禁。死者马修的母亲对他们非常仁慈，没让他们被判死刑，他们的女朋友也以共犯被起诉。

这种仇恨犯罪虽然并不常见，但却让全世界开始关注同性恋者被歧视的问题，马修也成为许多少数群体原告的一个精神象征。

（如电视），这也可以解释成年人在今后生活中的学习。

根据班杜拉的观点，一个人在特定情境下是否具有攻击性取决于：

- 个体被他人攻击的先前经历。
- 过去的攻击行为有多成功。
- 当前一个攻击者获得奖赏或惩罚的可能性。
- 情境中的认知、社会和环境等复杂因素。

班杜拉的研究使用多种实验情境表明，儿童很容易模仿他人的攻击行为。成年人扮演示范者时尤其具有影响力，这是因为孩子认为年长者是负责任和权威的形象（另见第5章和第14章）。其早期发现指出，当儿童看到成年人在公开场所表现出攻击行为时，**模仿**（modelling）更加明显。更令人不安的是，孩子们看到成年示范者在电视上激烈表演时也会表现出攻击行为（见专栏12.3和图12.2）。

近年来一个令人瞩目的理论发展是将社会学习理论与对特定认知图式——**脚本**（script；见

模仿
一个人重现现实生活或象征性榜样的行为、态度和情绪反应的倾向。也叫观察学习。

脚本
关于事件的图式。

📠 **专栏 12.3**　　　　　　**经典研究**

击打波波娃娃

仅仅只是观察就足以习得并表现出某种行为吗？阿尔伯特·班杜拉及其同事提出了这个问题，并在斯坦福大学进行了一系列实验。他们的研究不仅使原本比较狭隘的实验研究包含社会因素，也对攻击的来源提出了广泛的思考。根据社会学习理论的观察学习概念，观察一种行为会使观察者产生认知表征，让他可以体验到替代性强化。这种强化指的是这样一种过程：示范者的示范结果，无论是是奖赏还是惩罚，都会对观察者产生远程强化作用。如果是这样的话，则攻击很可能是许多可以习得的行为形式之一。

班杜拉等（Bandura, Ross, & Ross, 1963）以4～5岁的儿童为对象来验证这种推测，实验中儿童观看成年男性或女性与充气波波娃娃玩耍。有以下四种实验条件：

1. **现场**：成人示范者进入儿童玩耍的房间，玩过一些组合玩具后，成人开始攻击波波娃娃。行为包括坐在娃娃身上、打它的鼻子、用锤子打头及踢它。语言包括"打它鼻子""蹭""踢它"及"打倒它"。之后，独自留儿童与波波娃娃玩耍。
2. **录像**：与现场条件相同，只是让儿童观看录像。
3. **卡通**：与前两种条件相同，只是以卡通形

式呈现，且房间布置成卡通的摆设。
4. **控制**：儿童直接与波波娃娃玩耍，并未参与以上任何实验情境。

结果如图12.2所示：无论在哪种条件下，观看了成年人攻击行为的儿童在以后的行为中都更具攻击性。其中，最具攻击示范效果的实验条件是现场观看。然而，卡通和录像实验条件都会增加儿童的模仿性攻击这一结论也给批评者助力，认为影视中的暴力可能对儿童以后的行为产生严重影响。

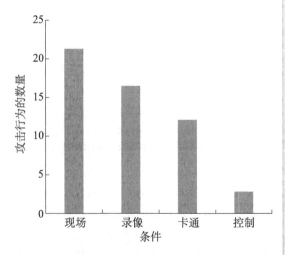

图12.2　儿童如何仅仅通过观察习得攻击
来源：Bandura & Walters, 1963.

第 2 章）的学习相结合。儿童从周围人那里学习行为准则，从而使攻击内化。例如，如果某种情境被认为是令人沮丧或具有威胁性的，儿童就会确定一个标靶，并将习得的攻击作为一种惯例来实施（Perry, Perry, & Boldizar, 1990）。某种攻击序列一旦在儿童时期建立，就会持续存在（Anderson & Huesmann, 2003; Huesmann, 1988）。对美国谋杀和过失杀人年龄趋势的研究表明，这种形式的攻击在 15～25 岁迅速达到顶峰，然后系统性地下降（US Department of Justice, 2001）。

社会学习取向对攻击研究产生了深远影响，它也触动了群体的共鸣，并直接增加了对视觉媒体中暴力对儿童和成人影响的研究。如果暴力是习得的，那么接触富有攻击性和成功的示范者会使人们进行模仿。攻击可以成为一种既定的行为模式，甚至成为一种生活方式，并很可能通过世代相传的模仿而重现（Huesmann, Eron, Lefkowitz, & Walder, 1984）。当然，这并不意味着不可能改变。如果攻击可以习得，那么它也可以被矫正。这也是临床和社区心理学家使用的行为矫正程序（如愤怒管理）的基础，它们可用来帮助人们找到不那么咄咄逼人的表达自己和与他人打交道的方式。

最后，打屁股对儿童的社会性发展有什么影响？根据社会学习理论，你可能会预测至少在攻击者威力更大的情况下，孩子们将会学到击打他人的行为。在一项关于儿童和父母的两年追踪研究中，默里·斯特劳斯（Murray Straus）及其同事记录了儿童每周被打屁股的次数（从无到多于 3 次）。在两年时间里，他们发现随着时间的推移打屁股的次数与反社会行为之间几乎呈线性关系。更重要的是，根本没被打屁股的孩子两年后有较少的反社会行为（Straus, Sugarman, & Giles-Sims, 1997）。

布莱恩·布特威尔（Brian Boutwell）及其同事做的一项研究区分了环境和遗传因素（Boutwell, Franklin, Barnes, & Beaver, 2011）。他们的数据来自对美国 2001 年出生的儿童所进行的一项大规模纵向研究，该研究包括双生子在内（大约 1 300 对异卵双生子和 250 对同卵双生子），这使得我们可以用此数据来研究遗传对行为的影响。结果表明，长期反社会行为的遗传易感性在被打屁股的儿童中更为明显，这种影响在女孩中不明显。

四、个人与情境因素

前面的理论都没有对攻击的多样性提供完整的解释，即使有明显的诱发条件，也有其他不太明显的影响因素。考虑一下文化价值观（见第 16 章）和社会压力如何导致失业移民在酒吧发生争吵，尽管醉酒也可能是原因。其他例子包括贫困、长期受挫和社会不利条件的潜在影响，这些影响的累积常常会导致公共和家庭暴力。

另一种理解攻击的方式是关注个人和情境因素。尽管在概念上可以区分个人和情境因素，但常识表明，两者之间的相互作用决定了个人的行为方式（见 Ross & Nisbett, 1991）。就像库尔特·勒温早期场论中关于人与环境之间的张力这一概念一样（见第 1 章），人们在任何情况下都将其独特性和他们个人建构情境的方式相联系。尽管在攻击情境中将个人变量与情境变量分开可能过于简单化或出于概念上的便利，但这确实反映了大多数研究所采取的方式。

考虑一些发生攻击的情境：对被取笑的反应、轻微交通事故造成的纠纷、长期贫困、对待抱怨的伴侣的方法，或是父母对孩子的控制。其中一些涉及情境变量，但通过仔细观察可发现，有些与个人或其类别（穷人、伴侣和父母）相关。然而，重要的是，并非同一类中的所有人都在相同的情况下以相同的方式做出回应。

（一）人格和个体差异

1. 人格

攻击倾向的发展非常早，并成为一种可以与将敌对意图归因于他人的倾向相联系的相对稳定的行为模式（Graham, Hudley, & Williams, 1992）。例如，罗威尔·休斯曼和南希·格拉（Rowell Huesmann & Nancy Guerra, 1997）发现，8 岁儿童若具有攻击性，在以后几年中会更有攻击性。

这也许表明，人们攻击是因为具有"攻击型人格"。确实，对人的攻击性进行评价是一些心理测试和临床评估的重要组成部分（Sundberg, 1977），例如确定暴力罪犯再次犯罪的可能性（Mullen, 1984）。你能根据你的朋友通常倾向于攻击行为的程度对他们进行打分吗？

有些人"天生"就比其他人更具攻击性，这是不太可能的。然而，由于年龄、性别、文化和生活经历上的原因，有些人确实会比其他人更具有攻击性。暴力罪犯通常具有低自尊和较差的挫折承受能力。然而，自尊心和自负感过强的自恋者似乎特别容易产生攻击行为（Bushman & Baumeister, 1998）。社会工作者如果发现某位儿童的暴力水平高于一般儿童（尤其是在家中），则该儿童会被列入高风险人群，而且需要初级干预。

一项涉及 27 个研究和 2 646 名被试的元分析表明，犯罪与不安全型**依恋风格**（attachment style）有关（Ogilvie, Newman, Todd, & Peck, 2014）。犯罪者比非犯罪者更可能具有早期不安全型依恋史，这适用于所有类型的犯罪（即性犯罪、暴力犯罪、非暴力犯罪和家庭暴力，即使没有精神病理基础）。详见第 14 章关于依恋理论的细节，以及表 14.1 中包括安全型（与不安全型）依恋在内的主要依恋风格。

2. A 型人格

研究发现了一种被称为 **A 型人格**（Type A personality）的行为模式（Matthews, 1982）。A 型人格的人在与他人相处时表现得过于活跃和过度竞争，并且可能对那些认为在重要任务上与他们竞争的人更具攻击性（Carver & Glass, 1978）。他们更容易患冠心病。A 型人格的人更喜欢在压力下独自工作，而不是与他人一起工作，这可能是为了避免面对他人的无能和满足情境掌控感（Dembroski & MacDougall, 1978）。

A 型行为可以通过多种方式对社会造成破坏。据报告，A 型人格的人更容易虐待儿童（Strube, Turner, Cerro, Stevens, & Hinchey, 1984），或在组织的管理角色中给同事和下属（而不是他们自己的主管）造成困扰（Baron, 1989）。他们显然知道什么时候该划清界限！

3. 激素

依恋风格
对人们亲密关系本质的描述，认为其形成于童年。

A 型人格
"冠状动脉倾向"人格——一种与心脏病相关的行为模式，其特征是雄心勃勃、具有紧迫感、争强好胜和充满敌意。

激素活动可能与攻击有关，这是不是一个流行的谬论？应该不是，它们或许存在真实的联系。布莱恩·格拉杜（Brian Gladue, 1991）发现，男性公开的攻击性高于女性。此外，这种性别差异同样适用于异性恋和同性恋男性，即生理性别（男性和女性）而不是性取向是主要的影响因素。在第二项研究中，格拉杜及其同事通过唾液测试测量了男性参与者的睾酮水平，并评估了他们是属于 A 型还是 B 型人格（Berman, Gladue, & Taylor, 1993）。当男性的睾酮水平较高或男性属于 A 型人格，或者两者同时符合时，在实验环境中给予对手的电击水平也较高。总的来说，睾酮水平升高（男性和女性）与攻击之间的相关较小，仅为 0.14（Book, Starzyk, & Quinsey, 2001）——如果是因果关系，睾酮水平则可以解释 2% 的攻击变异。

然而，睾酮水平和攻击性之间的相关关系并不意味着前者是因，后者是果。并且，因果关系还可能是反方向的。例如，在国际象棋或网球比赛中取胜可能会导致睾酮水平暂时升高（Gladue, Boechler, & McCall, 1989; Mazur, Booth, & Dabbs, 1992）。荷兰的两项研究对于二者之间的联系更具说服力（Cohen-Kettenis & Van Goozen, 1997; Van Goozen, Cohen-Kettenis, Gooren, Frijda, & Van der Poll, 1995）。研究发现，接受性激素治疗的变性人中，当由女性转为男性时攻击倾向会增加，而由男性变成女性时攻击倾向则会下降。

尽管对动物和人类研究的综述都证实了睾酮和攻击之间的联系，但它们也表明有其他激素与此相关，包括去甲肾上腺素、多巴胺和 5- 羟色胺（Anholt & Mackay, 2012; Chichinadze, Chichinadze, & Lazarashvili, 2011）。关于激素的作用，更广泛的情况是复杂的，原因包括：（1）关于恐惧、压力和愤怒引起的攻击以及工具性攻击的研究各不相同；（2）所涉及的激素可能只是与攻击有关，而不是引起攻击的原因；（3）通常需要环境触发来激活激素反应和攻击性的表达。

4. 性别和社会化

传统上社会和发展心理学都强调性别特征引起的社会化差异，例如对家庭主妇和职场工作者进行区分。该解释是基于**社会文化理论**（sociocultural theory），而非基于进化社会心理学的**性选择理论**（sexual selection theory; Archer, 2004）。

大量的研究证实，在文化和社会经济群体中，男性通常比女性更具有攻击性。然而，差异大小会随攻击的种类和背景而变化。男性比女性更常使用身体暴力，然而在类似情况下，女性与男性一样可能使用言语攻击，尽管她们的攻击程度可能较小（Eagly & Steffen, 1986; Harris, 1992）。一项对 9 个国家儿童攻击性性别差异的元分析揭示了两种趋势（Lansford, Skinner, Sorbring, Di Giunta, Deater-Deckard, Dodge, et al., 2012）：

- 男孩和男人一样，总是比女孩表现出更多的身体攻击。
- 在关系攻击方面，性别和国籍存在交互作用。例如，意大利女孩的关系攻击频率高于意大利男孩，但中国女孩的关系攻击频率低于中国男孩。

5. 宣泄

宣泄（catharsis）是攻击的一个工具性目的。我们通过行为来释放压抑的情绪，这就是**宣泄假说**（cathartic hypothesis）。虽然为弗洛伊德所提出，但这种观念可追溯到亚里士多德和古希腊的悲剧，即通过宣泄情绪人们可以净化情感（Scherer, Abeles, & Fischer, 1975）。这个想法非常具有大众吸引力。也许"发泄"能让我们恢复平静。一本畅销书的作者给出了以下建议：

> 尽你所能打枕头或沙袋。如果你对某个人生气，请想象他的脸在枕头或沙袋上，并通过身体和语言发泄愤怒。你将对枕头或沙袋施加暴力，以停止因抱有愤怒而对自己施加暴力的行为。（Lee, 1993, p. 96）

在日本，有些公司已经遵循了这一原则，即提供一个房间，里面有复制老板形象的玩具，员工可以通过"痛打老板"来释放紧张情绪（Middlebrook, 1980）。

社会文化理论
心理性别差异是由个体根据其性别在社会中的适应程度决定的，又称作社会角色理论。

性选择理论
行为的性别差异取决于进化而非社会。

宣泄
一种对压抑感的戏剧性释放，认为通过与令人沮丧的事物（或替代物）互动或通过替代经验可以消耗攻击动机。

宣泄假说
积极采取行动，甚至只是观看攻击性材料也会减少愤怒和攻击的观点。

宣泄 这是一个愤怒管理中心，你可以去那里发泄一下——在此情景下，尽情击打。

　　然而，关于宣泄效用的问题已经存在了很多年（Geen & Quanty, 1977; Konečni & Ebbesen, 1976），最近的实验研究已经彻底反驳了宣泄行为可以减少攻击的观点（见 Bushman, 2002; Krahé, 2014）。布什曼、鲍迈斯特和斯塔克（Bushman, Baumeister, & Stack, 1999）发现，那些认为打沙袋能减轻压力的人，后来更有可能惩罚反对他们的人（见专栏 12.4）。

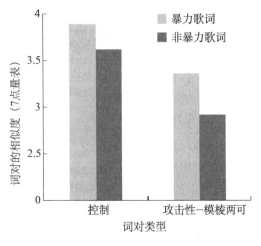

图 12.3 听到暴力或非暴力歌词后对攻击性或模棱两可词对相似度的评分

● 参与者听到带有暴力或者非暴力歌词的歌曲。
● 暴力歌词诱发了对先前模棱两可的词对的攻击性联想。
● 这与宣泄假说相矛盾，因为根据该假说，听暴力歌词应该减少而不是增加攻击性想法。

来源：Anderson, Carnagey, & Eubanks, 2003.

　　克雷格·安德森（Craig Anderson）及其同事通过五项实验证明了带有暴力歌词的歌曲对攻击性情感和想法的影响（Anderson, Carnagey, & Eubanks, 2003）。实验中，学生听暴力或非暴力摇滚歌曲，然后根据语义相似性对词对进行评分。词的含义要么明显具有攻击性（如鲜血、屠夫、呛和枪支），要么模棱两可（如胡同、瓶子、岩石和棍子）。词对有攻击性－模棱两可、攻击性－攻击性、模棱两可－模棱两可（后面两对作为控制条件）三类。如图12.3所示，听到暴力歌词时会产生启动效

专栏 12.4　　经典研究

宣泄可能比不宣泄更糟糕

　　你是否曾感到非常愤怒并通过大叫、打枕头或摔盘子的方式来宣泄情绪？宣泄后你感觉好些了吗？人们普遍认为，这种攻击性的"设计师爆发"可以有效减少焦虑和攻击。沃恩及其同事发现，他们实验中的许多参与者相信宣泄的作用，即认为观看暴力运动可以降低攻击发生的可能性（Wann, Carlson, Holland, Jacob, Owens, & Wells, 1999）。然而，宣泄假说并未获得支持。一般来说，宣泄式的攻击实际上会增加攻击行为。若果真如此，主张宣泄是愤怒及攻击性的有效治疗方法的说法其实是一种危险的迷思。

　　布什曼、鲍迈斯特和斯塔克（Bushman, Baumeister, & Stack, 1999）检验了这种假说，他们让学生阅读三篇虚构的报纸文章：一篇是支持宣泄的文章，某知名大学研究者主张宣泄行为可以减少攻击倾向；一篇是反对宣泄的文章，有研究发现宣泄无法使后续的攻击性减少；一篇是中性文章，与攻击或宣泄无关。

　　接着要求学生写一篇文章，而这篇文章在他们等待实验时会被另一位学生（事实上是实验者）严厉地批评。实验者对文章有非常负面的评价，且

评价会引发愤怒，例如"这是我见过最糟的文章之一"。阅读了支持宣泄的文章的愤怒学生，与阅读了反对宣泄的文章或中性文章的学生相比，更倾向于选择打沙袋运动。那些没有被引发愤怒但阅读了支持宣泄的文章的学生，较其他两组仍更可能选择打沙袋运动。这项研究的结果突出了流行信念如何影响人们选择宣泄式压力释放方式，以及这种选择如何受人们感受到的愤怒程度所影响。

　　上述研究后来又增加了文章写作者接下来可以与批评者互动的内容。阅读完三篇文章之一后，有些学生被要求花两分钟来打沙袋。接着，他们参与一个竞争性的反应时任务，当竞争者比较慢时（假装在另一个房间），他们可以给予对方不同程度的惩罚（噪声音量）。作为最后的转折，就在这次遭遇之前，其中一组学生被诱导相信竞争者就是那位批评他们文章的人。

　　那些预期自己接下来会与批评者互动的人，在见面前更愿意选择打沙袋。此外，那些阅读支持宣泄的文章的学生，即使在打沙袋之后在任务中仍表现出较强的攻击性（释放更大的噪声）——不过依据宣泄假说的看法，在宣泄后应该会减少攻击。因此，这项研究发现宣泄不能释放压力，事实上反而更糟。

应（更大的语义相似性），这种效应在攻击性－模棱两可词对（如鲜血／棍子）中出现的频率高于控制词对（屠夫／枪支或胡同／岩石）。这种攻击性想法的增加显然有悖于宣泄假说。

在该研究之后，布什曼向宣泄假说发出最后一击：

> 发泄愤怒会使其消失还是激化？本研究结果表明，对怒气的发泄就像火上浇油一样，只会使其更加激化。（Bushman, 2002, p. 729）

6. 酒精

> 酒进去，奇怪的东西就会冒出来。（席勒，《皮柯洛米尼父子》，1799；引自 Giancola, Josephs, Parrott, & Duke, 2010）

人们通常以为酒精会迷惑大脑并使我们以反社会、非法或令人尴尬的方式行事。有多少人只有在喝酒后才唱卡拉 OK？这是去抑制假说的一部分（见本章接下来的内容）。也就是说，酒精会损害大脑皮层的控制，而增加大脑原始区域的活动。酒精与攻击行为之间的因果关系已经确立（Bartholow, Pearson, Gratton, & Fabiani, 2003; Bushman & Cooper, 1990; Giancola, 2003）。饮酒越多，攻击性越强（Bailey & Taylor, 1991）。即使是不经常喝酒的人，只要喝酒，其也会变得富有攻击性（LaPlace, Chermack, & Taylor, 1994）。

在一项关于酒精对攻击影响的实验研究中，男生被分配到酒精或安慰剂条件下（Taylor & Sears, 1988）。接着，他们和其他参与者一起参加涉及反应时的竞争任务。在每次竞争中，反应较慢的一方将会被另一方电击。电击强度的选择由参与者决定，不过实际上由实验者控制，包括对手接受的电击始终是高强度的，且输赢比率各半。图 12.4 显示了处于酒精或安慰剂条件的参与者给予高强度电击的比例。

有四个阶段（没有压力→温和→强烈→没有压力）的社会压力，其中一名正在监视程序的实验者有时会鼓励参与者施加电击。结果表明，饮酒与社会压力之间存在交互作用：受到鼓励的酒精组更容易受到影响，即使在后来解除压力后也继续给予高强度的电击。古斯塔夫森（Gustafson, 1992）的延伸研究发现，醉酒的男性比清醒的男性更具攻击性，当受到鼓励时，他们会给对方更强烈的电击。

一个类似的日常场景是社交性饮酒，例如在聚会上或酒吧里，其他人可能会怂恿饮酒者变得更具攻击性。虽然有证据支持酒精与攻击之间存在关系，但是尚不完全清晰。为了对此进行验证，弗劳尔及其同事从几家酒吧招募了男性饮酒者，并测量了他们血液中的酒精含量及其对假想的性侵犯的影响（Flowe, Stewart, Sleath, & Palmer, 2011）。这些男性被问到有关情景，以了解他们与四名穿着保守或撩人的女性的交往程度。情景中可能采取的行动从亲吻到日益密切的性接触，以至性侵犯和强奸。结果表明，血液中酒精含量较高与性侵犯（包括强奸）的可能性有关。如果一个假想的女性穿着撩人的衣服，这些效应会更加明显。

酒精会损伤许多高层次认知功能，如注意、信息编码和从记忆中提取信息。酒精引起的损伤会导致人

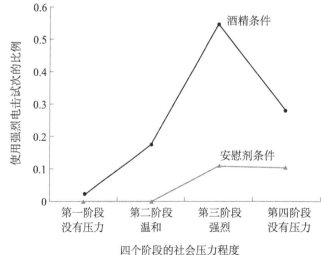

图 12.4 在酒精和社会压力的影响下，参与者给对方强烈电击的比例

来源：Taylor & Sears, 1988.

去抑制

对习得的冲动控制行为（社会习俗）或这种情况下的攻击行为失去约束力。对某些人而言，酒精具有去抑制作用。

去个体化

人们失去社会化的个体身份认同感，并从事非社会化通常是反社会行为的过程。

去人性化

剥夺人们的尊严和人性。

集体攻击

一群甚至可能彼此不认识的个体对另一个体或群体的统一攻击。

们在人际交往中处于风险之中（Bartholow, Pearson, Gratton, & Fabiani, 2003）。具体来说，当负面印象被认为威胁程度较小时，它们可以防止正面印象发生变化。无论后果如何，这些效应都有可能是被禁止和社交不当行为的前兆。过度饮酒所带来的损害被称为酒精性近视，它导致我们将注意力集中在挑衅性线索而不是抑制性线索上——因此，酒精与攻击之间存在联系（Giancola, Josephs, Parrott, & Duke, 2010）。

酒精也可以对攻击产生间接影响。可能存在一种安慰剂效应。如果你期待酒精能使人更具有攻击性，它就有可能。洛朗·贝格（Laurent Bègue）及其同事通过一项受控的自然主义现场实验发现，当男生喝了他们认为含有酒精的鸡尾酒安慰剂时，他们的行为会更具攻击性（Bègue, Subra, Arvers, Muller, Bricout, & Zorman, 2009）。也可能有启动效应。威廉·佩德森（William Pedersen）及其同事进行的一项实验室实验表明，仅仅启动酒精相关想法也会增加攻击行为的发生率（Pedersen, Vasquez, Bartholow, Grosvenor, & Truong, 2014）。

7. 去抑制、去个体化和去人性化

有时候，人们会表现得不合规矩。**去抑制**（disinhibition）指的是减少通常的社会力量，以制止我们采取反社会、非法或不道德的行为。人们会通过几种方式失去对攻击的正常抑制。专栏 12.5 描述了攻击者经历**去个体化**（deindividuation）状态的情况。这个过程（详见第 11 章）涉及会影响攻击者的情境因素的改变，例如他人在场或者缺乏认同感。同时，我们纳入了攻击者如何感知受害者等其他因素，例如将受害人**去人性化**（dehumanisation）。

莱昂·曼（Leon Mann, 1981）探索了与**集体攻击**（collective aggression），即"引诱人群"（baiting crowd）有关的特定环境中的去个体化。典型情况是，有人威胁说要从高楼跳下，而人群聚集在下面，有些人开始高喊"跳下，跳下"。1938 年发生在纽约的戏剧性例子便是如此：成千上万的人围观，有些人甚至等了 11 个小时，直到一名男子从 17 楼的酒店窗台跳下身亡，人们才结束观看。

曼分析了在 20 世纪六七十年代报纸上报道的 21 个自杀案例，他发现其中 10 个都曾经有过围观人群，因此认为自杀有可能是人群引诱所致。通过对比有引诱人群和无引诱人群，他发现，引诱比较容易发生在晚上，并且在人数较多时（超过 300 人），人群与自杀者会有一段距离，通常是聚集在楼下。这些条件很有可能导致人们去个体化。此外，人群等待越久，越会引诱自杀者自杀，这可能是兴奋或挫折所致（见图 12.5）。

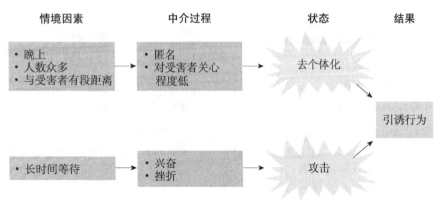

图 12.5　引诱人群：去个体化和挫折
来源：Mann, 1981.

专栏 12.5　　　　　　　　　　　　我们的世界

去个体化和去人性化

去个体化

去个体化会降低人们感知到的攻击行动将遭到惩罚的可能性。

一个生动的例子是 1968 年越南战争期间的米莱事件，在这一事件中，美国士兵屠杀了一整个村庄的无辜平民。官方调查显示，该部队以前也在没有任何命令下达前就杀害并折磨平民。该区域是一个所谓的自由射击区，因此对任何移动的物体进行射击都是合法的，并认为战争的全部精神是赞美暴力（Hersh, 1970）。

此外，作为大群体中的一员会有一种匿名感或去个体化心态，这进一步增强了士兵对他们不会作为个体被惩罚的感觉（见第 11 章中提到的去个体化效应）。这种匿名感有助于将攻击情绪转化成实际暴力，它可能是通过成为一个大群体的一员而发生，例如聚集在人群中引诱自杀者跳楼（Mann, 1981）或帮派强奸，或者它可能通过另一种保护匿名的方式发生，例如"三 K"党成员所戴的白色头巾（Middlebrook, 1980）、武装抢劫犯或恐怖分子脸上的长袜，或是促使儿童窃取糖果和金钱的万圣节面具（Diener, Fraser, Beaman, & Kelem, 1976）。马拉穆斯（Malamuth, 1981）发现，在美国一所大学接受调查的男学生中，近三分之一承认，如果确定自己不会被抓住，就有可能会实施强奸行为！

对受害者去人性化

当受害者而不是攻击者是匿名的或以某种方式被去人性化时，就会出现攻击者去个体化的另一种形式（Haslam, 2006; Haslam & Loughnan, 2014; Haslam, Loughnan, & Kashima, 2008; 见第 10 章），在这种个体化状态中，攻击者无法轻易看到受害者所遭受的痛苦和伤害。这可以削弱任何基于羞耻感和罪恶感而受到的约束。

这种现象的可怕例子已经被记录在案，例如对精神病人或犯人的暴力相向，要么让他们不穿衣服，要么穿着统一服装，使他们无法被当作个体来对待（Steir, 1978）。在暴力影视中，匿名或被去个体化的受害者，会对某些观看者产生去抑制作用，鼓励他们淡化伤害从而更可能模仿暴力行为（Bandura, 1986）。

战争是最极端和不人道的去抑制现象。例如，1945 年美军在广岛和长崎投下的原子弹导致成千上万人丧生。卡罗尔·科恩（Carol Cohn, 1987）指出，军队会称这种受害者为"目标""攻击物"，甚至是"附带伤害"，以为他们使用核武器的正当性辩护。

美军在越南战争时使用同样的语义策略，为杀害越南平民进行合理化辩护（Sabini & Silver, 1982）；胡图族在卢旺达大屠杀期间将图西族称为"蟑螂"，以利于消灭他们；纳粹将犹太人称为"老鼠"和"害虫"，以埋下大屠杀的种子。1993 年，曾经是南斯拉夫一部分的波黑塞族将对穆斯林的屠杀行为称为"种族清洗"。媒体也会不经意地降低大规模杀戮的恐怖影响。电视节目常常以战争艺术来描述 1991 年伊拉克的军队竞赛，鼓励观众在电视机前观赏。

布罗克·巴斯蒂安（Brock Bastian）及其同事在暴力视频游戏研究中使用了"网络去人性化"这一术语（另见专栏 12.6）。例如，《真人快打》游戏玩家觉得自己和对手作为人类都被削弱了（Bastian, Jetten, & Radke, 2012）。

去人性化的其他例子，请参见第 10 章。

在以色列的一项研究中，娜奥米·斯特鲁奇和沙洛姆·施瓦茨（Naomi Struch & Shalom Schwartz, 1989）考察了犹太教非正统派对正统派的攻击性，他们用对正统派教会的强烈反对来衡量这种攻击性。他们发现了两个有贡献的因素：一是对群际利益冲突的感知（另见第 11 章），二是将犹太教正统派去人性化的程度。

（二）情境变量

环境因素可从两个方面影响攻击，包括炎热和拥挤。在本小节，我们也将讨论体育赛事与攻击的关系。

1. 炎热

我们的日常话语中常提到体温和攻击的关系，因此炎热会引起攻击并不令人意外。我们可能 "火冒三丈" "怒火中烧"，或告诉某人 "冷静下来"。随着环境温度的升高，家庭暴力（Cohn, 1993）、自杀性暴力（Maes, De Meyer, Thompson, Peeters, & Cosyns, 1994）和集体暴力（Carlsmith & Anderson, 1979）都有所增加。

基思·哈里斯和史蒂芬·斯塔德勒（Keith Harries & Stephen Stadler, 1983）研究了 1980 年整个 12 个月发生在达拉斯的袭击率。天气炎热和潮湿时袭击更为普遍，但在天气极端炎热或潮湿时并不会如此。另一项研究发现，两年中的谋杀和强奸率与每日平均气温的波动有正相关（Anderson & Anderson, 1984）。道格拉斯·肯里克和史蒂芬·麦克法兰（Douglas Kenrick & Steven MacFarlane, 1986）通过记录鸣笛的次数来评估司机对绿灯时挡车的反应，发现随着温度的上升，鸣笛次数会变多。炎热和攻击之间的关系甚至在古罗马也有记载（Anderson, Bushman, & Groom, 1997）。也许令人惊讶的是，即使在本来非常炎热的地区，例如印度，在最热的日子也表现出更多的负面情绪（Ruback & Pandey, 1992）。

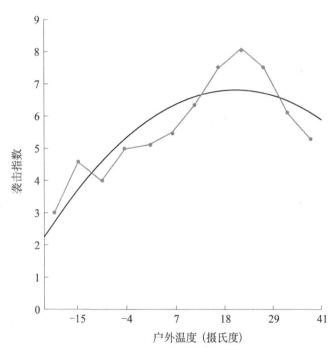

图 12.6 袭击率与户外温度的关系
数据已被拟合成一条曲线。可以发现，这是一条倒 U 形曲线。
来源：Cohn & Rotton, 1997.

炎热和攻击的关系呈倒 U 形曲线（Halpern, 1995）：随着气温的升高，攻击行为也会增多，至少上升到一定程度。而当天气变得非常炎热时，攻击水平会趋于平稳然后下降，这一趋势表明，极端高温会消耗我们的能量。在这里我们应该注意，引起攻击的关键变量可能是环境温度。艾伦·科恩和詹姆斯·罗顿（Ellen Cohn & James Rotton, 1997）在明尼阿波利斯的两年时间里（1987—1988）根据每天的温度追踪记录了人身袭击的频率。他们的数据显示出倒 U 形曲线（见图 12.6）。

科恩和罗顿还发现，与其他时间相比，傍晚的袭击更为频繁。明尼阿波利斯的大多数人白天在温度受控的环境中工作，结果直到人们结束工作后，环境温度的影响才显现出来。进一步的分析表明，温度本身是曲线趋势的原因，而不仅仅是一天中的时间（Cohn & Rotton, 2005）。科恩和罗顿（Cohn & Rotton, 1997）还报告了炎热和酒精消耗之间的关系。当人们晚上饮用更多酒来解渴时，酒精的摄入会成为引起攻击行为的中介变量。

2. 拥挤

长期以来，拥挤导致争斗已经在各种动物中得到证实（如 Calhoun, 1962）。对于人类而言，拥挤是一种主观状态，其特征是感觉到自己的空间被侵犯（见第 15 章）。个人空间侵犯和高人口密度之间存在区别，但事实上两者之间存在重叠。城市化要求更多的人共享有限的空间，从而增加了压力并可能导致反社会后果。

在多伦多进行的一项研究中，温迪·雷戈奇（Wendy Regoeczi, 2003）指出，人口密度作为一项总体衡量标准可能会助长该地区的犯罪总数。但是，对拥挤状态至关重要的变量是更细微的，如家庭密度（每套住房中的人数）和邻里密度（独立住房还是高层住房）。其结果表明，这两种密度都与自我报告的攻击感以及与陌生人互动时的退缩感呈正相关。

在监狱背景下，克莱尔·劳伦斯和凯瑟琳·安德鲁（Claire Lawrence & Kathryn Andrew, 2004）在刑法环境研究中证实了一致的发现。拥挤会让人更有可能认为英国监狱中发生的事件具有攻击性，而领导者则被视为更具敌意和恶意。在新西兰的一个急性精神科，布拉德利·吴（Bradley Ng）及其同事发现，拥挤（由病房占用率较高推断）与暴力事件数量增加和言语攻击性增加有关（Ng, Kumar, Ranclaud, & Robinson, 2001）。

3. 体育赛事

体育赛事可能与观众的暴力行为有关。自己 20 世纪 70 年代初以来，欧洲足球，尤其是英国足球，已经与流氓行为紧密联系在一起。2000 年欧洲杯期间，一些英格兰球迷在比利时的暴力行径无疑导致英格兰未被选为 2006 年世界杯的举办地，英格兰被迫等待更长的时间。就对足球狂热者的刻板印象而言，大众的歇斯底里是"足球流氓"的典型特征（Murphy, Williams, & Dunning, 1990）。

但是，观众和球迷的暴力行为不仅仅是欧洲足球比赛的特色。在六大洲以及各种不同的体育活动中都记录到了体育骚乱（Russell, 2004），而且其中的因果关系非常复杂，涉及个体、人际关系、情境、社会环境和社会结构因素的相互作用（Spaaij, 2014, p. 146）。另外，与体育有关的暴力行为通常与体育赛事本身之间的联系不大。

试图纯粹根据人群中的去个体化来解释观众的暴力行为是很诱人的，但是彼得·马什（Peter Marsh）及其同事基于对足球流氓行为的研究提出了另一个原因。球迷的暴力行为往往发生在远离体育场的地方，在比赛开始之前就策划好了，在比赛日，可能看起来是一群杂乱无章的支持者，实际上可以由几个具有不同地位的球迷群体组成。通过在一段时间内参与仪式化的攻击行为，忠实的追随者可以"晋升"到地位更高的群体，并可以继续追求"职业结构"。双方球迷如果认真遵守团体规则，可以避免对自己或他人造成实际的身体伤害。例如，比赛结束后追逐对手（"目送他人离开"）不必以暴力结束；商定的准则是没有人被捕。有组织的足球流氓行为是一种舞台表演，而不是不可控的骚乱（Marsh, Russer, & Harré, 1978）。

足球流氓行为可以用更多的社会术语来理解。例如，帕特里克·墨菲（Patrick Murphy）及其同事描述了足球在英国是如何作为工人阶级运动项目兴起的。到 20 世纪 50 年代，这项运动与工人阶级对男性攻击性的重视有关。政府（作为中产阶级）试图控制这项运动的这一方面，以加强阶级团结，并鼓励增加暴力，使之超越比赛本身（Murphy, Williams, & Dunning, 1990）。这个描述是社会性的（请参见"社会影响"部分），涉及群际关系和攻击的亚义化合法性（见第 10 章）。最后，可以从群际角度看待流氓行为，尤其是流氓对待警察的方式，反之亦然（Stott & Adang, 2004; Stott, Hutchison, & Drury, 2001; 另见第 11 章）。

■ 五、一般攻击模型

让我们反思一下攻击研究中的各种理论和因素。这些理论是否有用，是否所有因素都能预测攻击行为？总体来看，答案是肯定的，但单独讲，其作用又十分有限。所以为了将各种变量联系起来，安德森和布什曼（Anderson & Bushman, 2002a）建立了**一般攻击模型**（general aggression model, GAM；见图12.7）。该模型的主要宗旨是，我们已经讨论过的个人和情境变量之间的相互作用激活了三种内部状态（情感、认知和唤起），一个人对情境的评价要么是周密的，要么是冲动的，其结果是社会遭遇。

　　一般攻击模型为之后对攻击的研究提供了理论框架支持。例如，朱莉娅·霍西（Julia Hosie）及其同事考察了现实情境中（判刑前的社区法医精神卫生服务）人格因素在澳大利亚男性罪犯中的作用（Hosie, Gilbert, Simpson, & Daffern, 2014）。包括**大五**（Big Five）人格特质在内的人格变量是图12.7中描述的"个人"输入的一个例子。尼古拉·鲍斯和玛丽·麦克默伦（Nicola Bowes & Mary McMurran, 2013）进行了一项元分析，以检验与攻击相关的思维过程和暴力行为之间的关系。他们发现，支持暴力的信念与实际的暴力相关，并展示了认知如何在输入和行动之间起中介作用（见图12.7）。

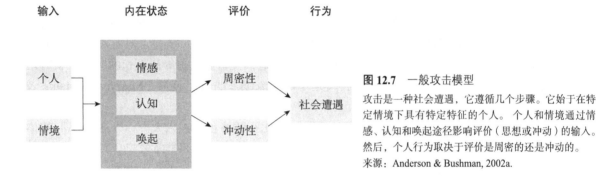

图12.7　一般攻击模型

攻击是一种社会遭遇，它遵循几个步骤。它始于在特定情境下具有特定特征的个人。个人和情境通过情感、认知和唤起途径影响评价（思想或冲动）的输入。然后，个人行为取决于评价是周密的还是冲动的。

来源：Anderson & Bushman, 2002a.

六、社会影响

（一）弱势群体

　　处于社会弱势地位可能是产生攻击行为的潜在原因，当然，这类群体也是暴力的受害者。美国一项有关青年暴力的综述发现，年轻的、城市中贫困的、来自少数族裔的男性发生凶杀和非致命暴力事件的比例较高，这在很大程度上是由于社会和生态因素的综合影响（Tolan & Gorman-Smith, 2002）。

　　高危青年在儿童时期就有反社会行为的迹象，同时在市中心地区界定，他们很可能有不健全的家庭、集中的贫困和低于平均水平的社区设施，并与界定和促进可接受的社会行为的规范隔绝。亲社会道德规范是抵制攻击的重要堡垒，特别是在年轻人中。它们的缺失被反复可靠地证明会造成道德推脱（Bundura, 2002），从而导致年轻人变得具有攻击性，尤其是对同龄人的霸凌（Gini, Pozzoli, & Hymel, 2014）。

　　在之前的第11章中，我们探讨了社会弱势与群际行为的关系。调节社会弱势与攻击间关系的一个关键因素是弱势群体感受到的**相对剥夺**（relative deprivation）程度，尤其是相对于其他群体而言感受到的相对剥夺程度（称为博爱式相对剥夺；Runciman, 1966），或者是在期望值不断上升的背景下，该群体在多大程度上感受到一种突发性的重大挫折（Davies, 1969）。

　　相对剥夺是一种不满足感，与感知到改善生活条件的机会微乎其微相关。在这种情况下，如果不能合理改善，被剥夺的个体可能会故意破坏公物、袭击或入室盗

一般攻击模型

安德森的模型，包括个人和情境变量，以及与不同攻击类型相关的认知过程和情感过程。

大五

五个主要的人格维度：外倾性/精力充沛性、宜人性、责任心、情绪稳定性和经验开放性。

相对剥夺

感到自己拥有的东西比自己应得的要少。

窃；被剥夺的群体可能会进行集体攻击，如暴力抗议或暴动。1992 年的洛杉矶种族骚乱表面上是直接由陪审团的一项判决引发的，该判决宣告殴打一名黑人司机的白人警察无罪，但在发生骚乱的洛杉矶附近，非裔美国人中也存在持续的相对剥夺（见第 11 章专栏 11.1）。2015 年在巴尔的摩和 2016 年在密尔沃基发生了类似的抗议和暴动，其动因几乎相同，但重要的区别在于它们发生在更广泛的反对不公正和不利地位斗争的框架内——黑人的命也是命运动。

不论是实证研究还是历史分析都支持相对剥夺这一概念的有效性（Walker & Smith, 2002）。相对剥夺可部分合理地解释移民的暴力增加等事件。例如，2015 年和 2016 年失业率很高时，对抗进入欧洲的中东和北非移民和难民的暴力行为明显增加。

（二）犯罪和人口统计学变量

以下介绍两个引起研究人员关注的人口统计学变量，即性别和种族，其中包括专门针对凶杀的数据。

基于**社会性别**（gender）的刻板印象使得人们觉得男性比女性更具攻击性。随着西方社会中对性别角色的重新定位，女性对暴力的抑制作用将减弱。最近几十年来，西方大多数社会中对男性和女性角色的重新定义（另见第 14 章）与女性酗酒和吸毒现象的增加有关。女性重返劳动力市场的同时失业率普遍上升，这进一步加剧了对人（和财产）的犯罪。尽管刑事暴力在男性中比在女性中仍然更为普遍，但女性中暴力犯罪（尤其是谋杀）的发生率增长更快。由于收集了相关数据，我们将种族包括在内［请参见图 12.8 中库珀和史密斯（Cooper & Smith, 2011）在美国进行的研究，他们的分析中同时包括了犯罪者和受害者］。

在整个历史中，**文化规范**（cultural norms）和价值观始终存在差异，这些差异使一些社会比其他社会具有更多或更少的攻击性。

对攻击和暴力的态度随时间和文化的不同而不同，在一种文化或一个国家内部的不同群体之间也是如此。西方国家将民主、人权和非暴力视为核心文化价值观，但事实并不总是如此。原因通常很明显，屡次入侵的历史、使某些定居点更具竞争力或更加脆弱的地理环境，以及使某些群体得以成功突袭的生物进化因素，这些都在一定程度上塑造了特定社会的社会哲学。

在东西方文化的比较中，哲学基础可以微妙地影响整个国家的例子屡见不鲜（Bell & Chaibong, 2003）。这些广泛的差异可以影响到群际攻击的表达方式（Forbes, Collinsworth, Zhao, Kohlman, & LeClaire, 2011）。但是，这些哲学也是动态的，可以根据背景而快速变化。近几十年来，激进的犹太复国主义和伊斯兰极端主义的发展就是这方面的例子。

某些社会或社会中的某些群体拥护一种**尊荣文化**（culture of honour），这种文

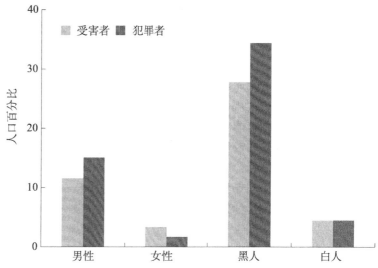

图 12.8 不同于一般人口的家庭受害者人口统计数据

- 原始数据集包括 2009 年和 2010 年每 10 万名犯罪者和受害者的凶杀率。
- 犯罪者和受害者分为以下四类：白人男性、白人女性、黑人男性和黑人女性。
- 根据四个类别中每一个类别的犯罪者和受害者的数量，将凶杀率转换为百分比。
- 主要发现有：与女性相比，男性成为受害者的可能性高出 3 倍，而成为犯罪者的可能性则高出 9 倍；与白人相比，黑人成为受害者的可能性高出 6 倍，而成为犯罪者的可能性则高出 8 倍。

来源：Cooper & Smith, 2011.

社会性别
一个人的生理性别刻板印象属性。

文化规范
起源于文化传统的规范。

尊荣文化
一种认可男性暴力的文化，旨在应对对社会声誉或经济地位的威胁。

化特别强调修饰和捍卫自己和家人的声誉和人格；尤其是对于男性而言，维护其作为有能力的提供者和强有力的保护者的声誉至关重要（Nisbett & Cohen, 1996; Nowak, Gelfand, Borkowski, Cohen, & Hernandez, 2016; 另见第 16 章）。在这样的文化中，男性特别容易察觉到轻蔑、侮辱和威胁，并对它们做出攻击性的回应（Cohen, Nisbett, Bowdle, & Schwarz, 1996）。奥斯特曼和布朗（Osterman & Brown, 2011）甚至发现，以自杀为形式的暴力行为也上升了，特别是在以尊荣文化为特征的美国各州的农村白人中。

约瑟夫·万德洛（Joseph Vandello）、道夫·科恩（Dov Cohen）及其同事广泛研究了尊荣文化对家庭暴力的影响（Vandello & Cohen, 2003; Vandello, Cohen, Grandon, & Franiuk, 2009）。重视暴力以恢复尊荣的地区包括一些地中海国家、中东和阿拉伯国家、中美洲和南美洲以及美国南部。这项研究将巴西和美国本土的尊荣文化参与者与美国北部的参与者进行了比较，并在总体上对美洲地区的民族进行了比较，得出了三个结论：

- 女性不忠行为会损害男性声誉，尤其是在尊荣文化中。
- 男性名声可以通过严厉的惩罚得到部分恢复。
- 一方面是女性的忠诚和牺牲，另一方面是男性的荣誉，这种文化价值观使关系中的虐待行为得到认可。同样的价值观也奖励那些勇敢面对暴力的女性。

犯罪学家曼努埃尔·埃斯纳和拉娜·古奈姆（Manuel Eisner & Lana Ghuneim, 2013）进行了一项大规模研究，重点考察了在约旦安曼地区对待"羞辱"家庭的妇女的尊荣杀戮行为。他们发现，集体主义和父权制世界观下的青少年更多地认可尊荣杀戮。在男性和女性中，来自具有传统背景的较贫穷和受教育程度较低家庭的青少年，其对尊荣杀戮的认可度更高，这些家庭表现出道德推脱，这使他们习惯于暴力。此外，有父辈严厉的管教史的男性对女性贞节的重视程度最高。

埃斯纳和古奈姆（Eisner & Ghuneim, 2013）失望地评论道："在一个按照中东标准被认为是现代的国家中，这代表了很大一部分年轻人，他们至少有一些支持尊荣杀戮的态度。"（p. 413）在尊荣文化之外，对女性的攻击通常不是一个公开展示的问题。在重男轻女的文化中，男人和男孩对以男性为主导的暴力感到骄傲，但对以女性为主导的攻击感到羞耻（Hilton, Harris, & Rice, 2000）。

人际暴力在大多数社会中会发生，但是一些社会积极地实行一种互不侵犯的生活方式。已知有多达 25 个社会，其世界观是基于合作而不是竞争（Bonta, 1997）。这其中包括美国的哈特人和阿米什人、北极地区的因纽特人、非洲南部和中部的科伊桑人和非洲南部的布须曼人。这类社群很小，有时分散并且相对孤立，这表明这些可能是和平生存的必要前提。人类学家戈雷尔（Gorer, 1968）认为，和平社会存在的证据反驳了人类具有"杀手"本能的观念。

尽管有证据表明，攻击行为存在跨文化和跨国的差异，但我们仍需注意到：

> 正是个体单独或作为一个群体的成员殴打、咒骂、挑衅、无视、举报他人，散布他人的流言，因受伤害而报复他人，以及结盟对抗他人。（Bond, 2004, p. 74）

（三）暴力亚文化

许多社会包括少数群体，在这些群体中暴力被合法化为一种生活方式——它们代表了**暴力亚文化**（subculture of violence）（Toch, 1969）。这些群体的规范反映了对攻击的认可，不仅有对暴力行为的社会奖赏，也有因不顺从群体暴力活动而受到的制裁。在城市地区，这些群体经常被标记为黑帮并标榜自己为帮派，暴力对他们的重要性体现在他们的外表和行为上（Alleyne & Wood, 2010）。

暴力亚文化
在社会亚群体中，较高程度的暴力被认为是准则。

哈罗德·尼伯格（Harold Nieburg, 1969）在他的《政治暴力：行为过程》一书中描绘了西西里黑手党的传统入会仪式。经过长时间的观察后，新的黑手党成员被领到一张展示圣徒形象的桌子前，这是一个具有高度宗教意义的标志。从他的右手流出的血会洒在圣像上，他会宣誓对组织忠诚，与兄弟们生死与共。在短时间内，他会通过处决黑手党选出的合适人选来证明自己的价值。

大男子主义（machismo）在鼓励男孩和年轻人之间的暴力亚文化方面起着关键作用，这在拉丁美洲家庭中很明显（Ingoldsby, 1991）。在另一种拉丁文化中，意大利的传统村庄仍然鼓励青春期的男孩展示攻击性，以显示其有较好的性能力和在家庭中的主导地位（Tomada & Schneider, 1997）。结果就是，意大利学校中的男孩霸凌现象比英国、西班牙、挪威或日本更普遍（Genta, Menesini, Fonzi, Costabile, & Smith, 1996）。

安东尼·沃尔克（Anthony Volk）及其同事针对跨国霸凌行为提出了某种可预测的进化观点。由于青春期男孩的霸凌行为在不同的文化和时代都会发生，例如古希腊和文艺复兴时期的欧洲，所以它本质上是适应性的，而不是适应不良的——它通过发出生殖健康的信号而为霸凌者赋予优势（Volk, Camilleri, Dane, & Marini, 2012；另见第 14 章）。

暴力亚文化 现代城市文化中有一些年轻人遵循的准则，即暴力是解决争端的最有效方法。

七、大众媒体

> 暴力是感官上最具乐趣的事情之一。（昆汀·塔伦蒂诺，引自 Weaver & Kobach, 2012）

大众媒体对攻击的影响一直以来是人们普遍关注的焦点。有许多例子表明，人们模仿的暴力行为，如攻击、强奸和谋杀，与影视中的描述几乎完全相同；同样，观看过量的美化暴力的影视也会导致去抑制作用。**脱敏**（desensitisation）实验研究的结果有时可能难以推广至日常生活，因为参与者暴露在相对温和且时间较短的电视暴力情境中（Freedman, 1984; Geen & Donnerstein, 1983）。

特别是，影视中暴力的呈现方式可以将攻击行为和受害者所受的伤害淡化，并将攻击者描绘成不会受到惩罚的好人（Bandura, 1973, 1986）。根据社会学习理论，这将对儿童产生特别强大的影响，他们能轻易地模仿因攻击而得到强化的示范者的行为，或者至少是逃避惩罚的行为（Bandura, 1973）。关于暴力视频游戏是否也会对儿童产生有害影响存在着大量争论（见专栏 12.6，并考虑如何回答本章开头"你怎么认为？"中的第四个问题）。

彼得·希恩（Peter Sheehan, 1983）在一项对澳大利亚小学男孩和女孩的早期（1979—1981）研究中发现，儿童看电视的习惯与其攻击行为之间存在关系。在较大的儿童中（8～10岁），观看暴力节目和同伴评价的攻击性显著相关（$r = 0.25$），并且男孩的相关比女孩高。其他研究也支持这一发现，即大众媒体暴力与个人和人际攻击之间存在关联（见 Phillips, 1986），观看暴力电视的总数与攻击行为之间也存

大男子主义
必须用拳头或其他武器应对挑战、虐待甚至意见分歧的准则。

脱敏
对通常会引起强烈情绪反应的事物，例如暴力或性行为的反应严重减弱。

专栏 12.6　　　　　我们的世界

血腥视频游戏会让年轻人更具攻击性吗？

关于视频游戏暴力的影响，经常有激烈的争论。有些人相信儿童玩视频游戏会增加攻击水平，然而另一些人则主张游戏会减少攻击水平。支持者认为，游戏中角色之间的接触常常生动地表现为暴力，而儿童会将这些行为复制到日常人际互动中；社会学习理论的观点与此看法相似。专栏 12.3 曾指出，即使是卡通角色，儿童也会模仿。反对这种观点的研究者相信，儿童可以通过能量发泄和放松从游戏中获得宣泄。不过，我们已经对宣泄在这方面的功效提出了质疑（见专栏 12.4）。

游戏中的暴力镜头会让儿童对日常生活中的攻击结果脱敏感吗？当然，我们也要考量游戏内容本身。特雷西·迪茨（Tracy Dietz, 1998）分析了 33 款流行的视频游戏，发现将近 80% 不是将攻击视为立即的行为目标而是长期策略。

马克·格里菲思（Mark Griffiths, 1997）回顾了视频游戏对儿童攻击的影响，发现较小儿童的攻击水平有所增加，但是在青少年身上则未发现这个现象。不过他警告，因为大部分研究受方法限制，攻击指标源于对儿童玩游戏后自由活动的观察。

在荷兰进行的一项大规模研究中，埃米尔·范·沙伊和欧内·威格曼（Emil Van Schie & Oene Wiegman, 1997）观察了 300 多位儿童游戏后的自由活动，结果发现：

- 玩游戏时间与后续攻击水平间没有显著相关。
- 视频游戏无法取代儿童的休闲活动。
- 玩游戏时间与儿童智力呈正相关。

此外，他们发现花较多时间玩游戏的儿童，比较不可能表现出亲社会行为（见第 13 章中对儿童亲社会行为相关因素的讨论）。

布什曼、安德森及其同事已通过实验证明，观看暴力视频与大学生的攻击行为之间存在联系。玩过暴力视频游戏的学生称主人公更具侵略性和气氛感（Bushman & Anderson, 2002），并在随后观看记录真实生活的录像时表现出较低的肌电反应和心率，即发生了脱敏现象效应（Carnagey, Anderson, & Bushman, 2007）。

在另一项研究中，学生被分为两组，即先前接触过很多或很少暴力视频游戏的人。研究者在他们观看 25 分钟的几场极端暴力游戏时收集了脑电信号，发现低暴露组的学生表现出大脑对暴力的反应下降——一种脱敏作用；高暴露组的学生未出现此情况，可能是因为他们长期处于脱敏状态。尽管如此，与控制组相比，两组学生在电脑游戏中对对手的惩罚水平依然都很高（Engelhardt, Bartholow, Kerr, & Bushman, 2011）。

米歇尔·伊巴拉（Michele Ybarra）及其同事在美国进行了一项大规模的纵向调查，他们收集了将近 1 500 名年轻人的数据，这些年轻人在最近一年中玩过视频、电脑或网络游戏。其中 1.4% 的人报告说他们在过去一个月内携带武器去学校，这些武器包括小刀、枪、棒球棒、管子或其他武器（Ybarra, Huesmann, Korchmaros, & Reisner, 2014）。

芭芭拉·克拉（Barbara Krahé, 2014a）回顾了自己在德国进行的广泛实验研究，得出了以下结论：

> 实验证据支持调节变量，例如敌意的归因风格，增加了对攻击的规范接受程度以及情绪脱敏水平，这可能解释了从使用媒体暴力到攻击的路径。（p. 71）

最后，格雷特梅耶和马格（Tobias Greitmeyer & Dirk Mügge, 2014）对 98 个共 36 965 名参与者参与的暴力和亲社会视频游戏研究进行了一项有说服力的元分析，其结论是："暴力视频游戏会增加攻击性并降低亲社会性，而亲社会的视频游戏则具有相反的效果。"（p. 578）

在关系（Huesmann & Miller, 1994）。这不仅是因为人们模仿屏幕上看到或在报刊上读到的暴力行为，或是因为他们已经对暴力脱敏和去抑制；相反，有证据表明，只是看到和阅读暴力相关信息实际上也会提升某些人的攻击性。

斯蒂芬·布莱克和苏珊·贝文（Stephen Black & Susan Bevan, 1992）研究了看过暴力或非暴力电影的观众的攻击性。参与者在进入电影院之前或离开电影院后完成一份攻击性调查问卷，选择观看暴力电影的人的观看前攻击分数更高，而观看电影后的攻击分数甚至更高，且性别差异很小（见图12.9）。安德森和布什曼（Anderson & Bushman, 2002b）进行的元分析得出的结论是，无论人们如何研究媒体暴力与攻击的联系，其结果都是显著的，都存在实质性的正向关系（尽管这方面的研究存在一些方法论上的争议；见 Ferguson & Savage, 2012）。

根据国际攻击研究协会媒体暴力委员会的一份报告，"研究清楚地表明，媒体暴力消费会增加攻击行为的相对风险，其中的攻击是指对他人的故意伤害，可能是言语、关系或身体伤害"（Krahé, Berkowitz, Brockmeyer, Bushman, Coyne, Dill, et al., 2012, p. 336）。总而言之，问题不在于观看暴力媒体是否会加剧攻击，而在于为何会加剧攻击。

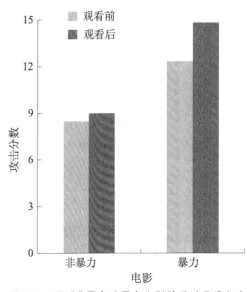

图 12.9　观看非暴力或暴力电影前后对观看者攻击分数的评定

- 根据看电影者在攻击问卷上的分数，喜欢观看暴力电影的人一般比较有暴力倾向。
- 观看暴力电影有一个额外效应，即观看后他们的攻击分数会提升。

来源：Black & Bevan, 1992.

（一）一种认知视角的分析

研究表明，大众媒体可以触发暴力作为对攻击性场景或描述的自动反应（Berkowitz, 1984; Eron, 1994; Huesmann, 1988）。伦纳德·伯科威茨（Leonard Berkowitz, 1984）基于**新联结主义分析**（neo-associationist analysis）认为，仅仅思考某一行为就能促进其得到实施（见第 1 章）。根据新联结主义，呈现给观众的真实或虚构的暴力影像，可以在日后转化为反社会行为，相反呈现帮助别人的影像可能会导致后来的亲社会行为（见图 12.10）。

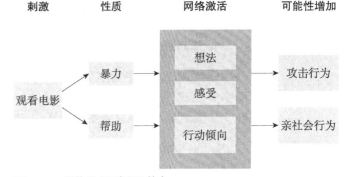

图 12.10　媒体的"无意识"效应：新联结主义分析

来源：Berkowitz, 1984.

伯科威茨认为，记忆可以被看作由节点组成的网络，一个节点可以包含想法和感受的实质性元素，这些元素通过联结路径相连。当一个想法产生时，它会从特定节点经由联结路径扩散到其他节点，这又可能导致**启动**（priming）效应（另见第 2 章）。因此，如果你正在看一部描述暴力帮派斗殴的电影，其他语义上相关的想法会被激活，例如拳打脚踢或开枪。该过程一般是自动化的，不需要过多有意识的思考。同样，与攻击相关的感受，例如愤怒情绪或其他相关情绪的某些组成部分（如恐惧或厌恶；Berkowitz, 2012）也会被激活。结果是，后续采取攻击行为的整体可能性将增加。这个行为可能与媒体演出相似，即"模仿犯罪"（Phillips, 1986）。

仅仅看到枪支就能诱使个体使用枪支吗？或许是。**武器效应**（weapons effect）是可以通过新联结主义取向解释的一种现象。伯科威茨提出了这样一个问题："是

新联结主义分析
一种关于攻击的观点，认为大众媒体向观众提供的暴力影像之后会转化成反社会行为。

启动
记忆中可及类别或图式的激活，会影响人们处理新信息的方式。

武器效应
仅仅是一种武器的存在就会增加用它来进行攻击的可能性。

手指扣动扳机还是扳机扣住手指？"（Berkowitz & LePage, 1967）如果武器使攻击影像不与大部分其他刺激联结，则个体的注意范围就会下降。在克雷格·安德森及其同事的启动实验中，首先给参与者观看枪支图片或自然风光（Anderson, Anderson, & Deuser, 1996），接着呈现颜色不同的攻击性或中性单词，他们的任务是报告单词的颜色。在武器图片先于攻击性单词的条件下，被试反应速度最慢。

我们不应由此推断武器总会引起暴力联想。例如，枪支可能与运动有关，而不是破坏性武器（Berkowitz, 1993）——更具体的术语是"武器效应"。然而，有大量证据表明，枪支的易得性或所有权与该国的自杀率和谋杀率显著相关（Stroebe, 2014）。

休斯曼及其同事认为，暴露于媒体暴力的长期不利影响对于儿童而言很可能是基于广泛的观察学习并伴随着攻击性脚本的获得，而对成人和儿童的短期影响则更可能是基于启动（Huesmann, Mois-Titus, Podolski, & Eron, 2003）。例如，萨拉·科因（Sarah Coyne）及其同事使用启动技术研究了女大学生对视频场景中三种内容——身体攻击、关系攻击或无攻击的反应。身体攻击和关系攻击的内容引发了后来的攻击想法，这使它们在记忆中更易于被启动（Coyne, Linder, Nelson, & Gentile, 2012）。

（二）强奸迷思、色情与攻击

暴露在色情杂志和影片中而产生的性唤起是否也会造成后续攻击？伊丽莎白·奥多尼-保鲁奇（Elizabeth Oddone-Paolucci）及其同事做的一项包含46个研究的元分析表明确实如此。他们发现，男人接触色情作品与性行为异常、性侵犯以及对亲密关系的态度和强奸迷思有关（Oddone-Paolucci, Genuis, & Violato, 2000）。

1. 强奸迷思

你对强奸迷思了解多少？菲利普·苏森巴赫（Philipp Sussenbach）及其同事举例说明了接受强奸迷思（rape myth acceptance, RMA）的典型信念："女人先引诱男人，然后哭诉遭到强奸。""很多女人暗地里希望被强奸。"以下是他们基于RMA量表的一些发现：

- 在一项对德国居民的相关研究中（Sussenbach & Bohner, 2011），在RMA量表上得分较高的人，其在右翼权威主义上的得分也高（见第10章）。
- 在一项眼动实验研究中，被试观看假想的由警察拍摄的强奸现场照片（Sussenbach, Bohner, & Eyssel, 2012），结果表明在RMA量表上得分较高的被试更快发现强奸一致性线索，如两个酒杯和一个瓶子。
- 在一项模拟受伤的实验中，当呈现与本案无关的与强奸迷思相符的信息时，RMA高分者在判刑上更为宽容，这表明RMA作为一种认知**图式**（schema），使被试即使在事实缺乏确定性的情况下也倾向于指责受害者（Eyssel & Bohner, 2011）。

2. 色情和攻击

图式
表征关于概念或刺激类型的知识的认知结构，包括它的属性以及这些属性之间的关系。

研究表明，色情对攻击的影响取决于所观看的色情作品种类。例如，观看有吸引力的裸体图片（轻度色情）有分散注意力的作用（与中性图片相比，这种图片会减少攻击性）（Baron, 1979; Ramirez, Bryant, & Zillmann, 1983），但观看露骨的图片（高度色情）则会增加攻击性（Baron & Bell, 1977; Zillmann, 1984, 1996）。非暴力色情所引起的性唤起导致攻击，主要是激发转移的结果（见图12.1）。然而，这种现象取决于个体后续是否经历挫折事件，此事件被视为攻击的触发契机。简言之，色情与攻击直接关联并没有令人信服的证据。

在一项更戏剧化的研究中，齐尔曼和布莱恩特（Zillmann & Bryant, 1984）让参与者看大量的暴力色情作品，接着他们被一实验同僚惹恼。结果发现，他们对强奸变得更宽容，在判刑上也更仁慈（见图 12.11）。然而，由于实验包括后续的诱发事件，这也可被视为激发转移的例子。

在色情背景下，基于更大样本的相关研究而非实验研究提出了另一种可能性。在研究色情与性犯罪的关联时，迈克尔·塞托（Michael Seto）及其同事认为，那些本就倾向于性犯罪的人最有可能受到色情刺激的影响，并且表现出最强烈的后果（Seto, Maric, & Barbaree, 2001）。

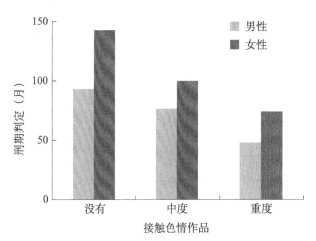

图 12.11 观看色情电影对判刑的影响
来源：Zillmann & Bryant, 1984.

当暴力与性在电影中同时出现时，至少有证据表明男性会对侵犯女性的行为脱敏——具有冷酷无情和贬低的态度（Donnerstein & Linz, 1994; Mullin & Linz, 1995）。派克和科姆斯托克（Paik & Comstock, 1994）的元分析发现，性暴力电视节目与后续暴力行为有关，且男性与攻击的联系比女性更明确（Donnerstein & Malamuth, 1997）。

丹尼尔·林茨（Daniel Linz）及其同事的研究发现，当女性表示喜欢暴力色情电影时，男性后续对女性会有更强的攻击意向（Linz, Donnerstein, & Penrod, 1988）。但这个结果也许说明了另一件事，即女性喜欢性暴力的迷思。事实证明，对女性明显喜欢这种行为的描述强化了强奸迷思，并削弱了对女性施暴的社会和认知约束（Malamuth & Donnerstein, 1982）。齐尔曼和布莱恩特（Zillmann & Bryant, 1984）指出，接触暴力色情作品的累积效应导致女性被描绘成"滥交和对社会不负责任"的人，从而使强奸行为被认为没那么严重。

近年来，女权运动对暴力色情作品的抵制有所增长。对于男性持续接触描述暴力和／或涉及女性的色情作品，女权主义视角表达了两种担忧：

- 接触暴力会导致男性对女性暴力受害者变得麻木和脱敏。
- 对色情作品的接触会发展成对女性的负面态度。

有些女权主义作家（见 Gubar & Hoff, 1989）主张色情作品是祸害，因为这些作品将女性描绘成从属于男性，并且女性的存在只是为了满足男性的性需求。在拉塞尔·吉恩（Russell Geen, 1998）的综述中，一种麻木不仁的态度或价值观正透过长期观看色情作品而形成。女性沦为男性的性奖赏（Mosher & Anderson, 1986）。通过对广泛可得的色情作品（录像、光盘和网站）进行分析，玛丽莲·科西亚诺斯（Marilyn Corsianos, 2007）发现，这些作品中最经常出现的画面和故事情节通常是男性为男性自身量身打造的。此外，在这种体裁中，男性之间的性场景几乎没有，相反，女同性恋者的行为对"直男"来说却很有吸引力。（见本章开头"你怎么认为？"中的第五个问题。你现在会对汤姆说什么？）

总的来说，林茨、威尔逊和唐纳斯坦（Linz, Wilson, & Donnerstein, 1992）区分了两个有关媒体暴力、性和女性的问题：（1）暴力描绘可以引起暴力；（2）贬低女性的信息会制度化为贬低女性的单一印象。后者被称为**客体化理论**（objectification theory）（Fredrickson & Roberts, 1997; Moradi & Huang, 2008）。当被女性内化后，性客体化会导致饮食失调、抑郁和性功能障碍。

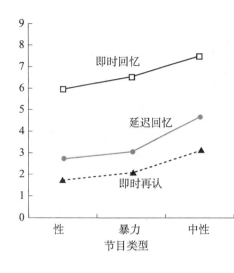

图 12.12 性、暴力和电视广告记忆

- 参与者观看三种电视节目：性、暴力和中性。
- 他们回忆和再认节目中的 9 个广告品牌。
- 中性节目中，他们能记住更多的品牌。
- 可见，性（和暴力）并不总是有卖点的。

来源：Bushman & Bonacci, 2002.

内隐联想测验
一种测量态度的反应时测验，尤其可测量人们拟掩盖的、不受大众欢迎的态度。

当男性将女性客体化后，他们更可能产生性骚扰的行为动机 [通过**内隐联想测验**（implicit association test）发现]，并对女性施加暴力（Rudman & Mescher, 2012）。

最后，关于媒体暴力、媒体色情及真实生活暴力间联系的议题还延伸到了网络（见 Durkin & Bryant, 1995）。互联网的发展使得大量信息直接进入家庭。有研究显示了国际恋童癖和儿童色情网站与儿童性虐待之间的关系。然而，即使这些变量之间存在相关，也仍需了解其中是否有因果关系。

在结束这节之前，我们先回到包含性的内容如何被一种普遍的媒介（即广告）运用的问题。试图利用性和暴力使得产品更易记忆从而取得商业成功，有时反而会适得其反。布拉德·布什曼和安吉利卡·博纳奇（Brad Bushman & Angelica Bonacci, 2002）让 300 多个年轻人观看三种电视节目（即性、暴力和中性）中的一种，每一种节目中都含有 9 个品牌的广告。接着，让被试尝试回忆和再认节目中的品牌。结论是有益的——见图 12.12。

八、家庭与亲密关系暴力

针对女性、儿童和老人的家庭暴力是具有重要心理成分的重大社会和公共健康问题（Tolan, Gorman-Smith, & Henry, 2006）。然而，亲密伴侣间的暴力引起了大多数研究的关注（Esquivel-Santoveña & Dixon, 2012; Shorey, Tirone, & Stuart, 2014），并且有大量的研究数据可供参考。

美国早期对 2 000 多个家庭的一项调查显示，在过去一年中，每十对已婚夫妇中就有三对受伤，其中六分之一涉故意伤害罪。这些行为包括推搡、用拳头击打、拍打、脚踢、扔东西或殴打，甚至受到枪支或刀具的威胁。

令人不可思议的是，在异性亲密关系中女性比男性更有可能对其伴侣使用身体攻击（Archer, 2000）。在亲密关系暴力上的这种性别差异有许多原因（Cross & Campbell, 2011）：

家庭暴力 当暴力表现为身体攻击时，通常会产生性别不对等。男性具有的生理优势导致其可被作为关系控制的一种方式。

- **进化视角**（Archer, 2013）：人类的恐惧是人类对威胁的一种适应性情绪反应，它能减少将身体暴露于危险之中的机会。对女性而言，面对直接攻击时恐惧程度更高。

- **生物学视角**：催产素可调节繁衍和养育行为（包括分娩）。当应对危险时，它可以减轻与恐惧相关的压力。

- **亲密伴侣暴力**：在亲密伴侣面前催产素更容易产生并释放。如果涉及威胁，则与伴侣相关的较高水平的催产素可以减轻所承受的压力并增加女性攻击的可能性。

- **文化规范**：西方文化中的女性通常在攻击水平上与男性相同，甚至超过男性。管理攻击表达的规范会随着文化的不同而改变，并为攻击中性别差异的出现提供另一条因果路径。

然而普遍意义上讲，女性暴力比男性暴力的伤害性要小得多；因为男性暴力通常更加严重，研究者通常使用术语"受虐女性"（Walker, 1993），或者更加普遍的"性别暴力"（DeKeseredy, 2011）。

北美的一项研究用醒目的数据表明，四分之一的凶杀案的被害者都是配偶。根据托德·沙克尔福德（Todd Shackelford, 2001），在同居关系中被谋杀的美国女性是在婚姻关系中的九倍之多，相似的状况也发生在加拿大。同居伴侣的分手率也更高。也有其他同居相关的因素，如贫困、年轻和拥有继子女。约翰·阿彻（John Archer, 2006）的一项元分析揭示了文化对女性家庭暴力的影响——在现代、世俗和自由以及女性在当地经济和家庭中都得到解放的社会中，这一比率要高得多。这被认为反映了女性传统社会角色的变化。

伴侣之间的暴力行为可以有许多不同的解释（Archer, 2000）。家庭冲突研究人员强调伴侣之间的相互争斗，而女权主义作家则描绘了男性施暴者与女性受害者之间的暴力遭遇。沃尔特·德基塞雷迪（Waltcr DeKeseredy, 2011）发现，美国保守的父亲权利组织有时会散布反女权主义文学。此外，父权制会破坏女性的健康和安全。关于家庭暴力，戴维·巴斯和乔舒亚·邓特利（David Buss & Joshua Duntley, 2011；另见 Archer, 2013）基于进化心理学提出了相反的观点。如果我们期望在亲密关系中出现一种普遍的和谐状态，我们就会忽视性冲突中的一个现实：男性主要与其他男性发生冲突，而女性也主要与其他女性发生冲突。性冲突实际上是男性和女性的进化利益对立的结果。

（一）性别不对等？

同性关系研究表明，女同性恋者、双性恋者和男同性恋者也是家庭暴力的受害者（Klinger & Stein, 1996; Letellier, 1994）——异性恋男性、异性恋女性和同性恋男性的亲密关系暴力比例相当（Nowinski & Bowen, 2012）。

男性攻击女性的印象似乎是很难改变的。理查德·哈里斯和辛西娅·库克（Richard Harris & Cynthia Cook, 1994）曾经让学生评价三种情景：丈夫殴打妻子、妻子殴打丈夫和男同性恋者殴打其男性伴侣，每种情况都是对言语挑衅的反应。结果发现，与其他两个情景相比，丈夫殴打妻子情景被视为最为暴力。此外，"受害者指责"——**公正世界信念**（belief in a just world；见第3章）的一个例子——最常发生在男同性恋受害者身上，他们也被认为最有可能离开这种关系。由此可见，同一行为会因为攻击者和受害者的性别不同而有所差异。

德基塞雷迪（DeKeseredy, 2006）和克莱尔·伦泽蒂（Claire Renzetti, 2006）一致认为，性别和种族不对等是虐待伴侣的基础：

公正世界信念
相信世界是公正的、可预测的，好事会发生在好人身上，坏事会发生在坏人身上。

- 异性恋关系中的大多数性侵犯来源于男性。
- 女性所使用的暴力大多是应对伴侣伤害的自我保护措施（见 Cross & Campbell, 2011）。
- 不同族群中的男性和女性的"性别行为"方式有所不同，包括对何时使用暴力的看法存在差异。

总之，想要基于本节引用的所有研究得出可靠的结论存在障碍。这些障碍来自样本量、方法论上的差异，以至性别平等和赋权方面的国家差异（Cross & Campbell, 2011; Esquivel-Santoveña & Dixon, 2012; Nowinski & Bowen, 2012）。

（二）伤害所"爱"之人

为什么人们会伤害亲密的人呢？这个问题没有简单答案，但是与以下一些因素存在联系：

- 攻击的习得模式，从父母亲或重要他人模仿而来，并且常常不会使用非攻击的方式来回应；儿童虐待存在代际循环（Straus, Gelles, & Steinmetz, 1980），并且在某些家庭中存在长期暴力，即所谓**虐待症候群**（abuse syndrome）；

- 家庭成员的接近性，这使他们容易成为烦恼、挫折的来源，当这些感受向外释放时，他们便会成为攻击目标。

- 压力，特别是经济困难、失业和疾病（包括产后抑郁；见 Searle, 1987）使得家庭暴力比较容易发生在贫困家庭里。

- 传统核心家庭的权力分配，这种分配往往有利于男性，使其容易在不民主的互动方式中扮演主导地位（Claes & Rosenthal, 1990）。

- 过度饮酒，通常与男性虐待妻子有关（Stith & Farley, 1993）。

这些因素的相互作用，再加上我们日常生活中遇到的压力，使得与我们亲密生活在一起的人更容易成为我们攻击的目标。

虐待症候群

接近性因素使得家庭中的压力和权力与虐待循环相联系。

■ 九、制度化攻击

（一）社会的角色

并非所有的社会和群体都认为攻击完全是不好的。当代西方工业社会的价值观将非暴力视为历史和社会文化因素共同作用的结果。这是一种源于政治、宗教、哲学及近代历史事件的综合伦理，包括第一次和第二次世界大战的暴行、与冷战有关的核毁灭威胁，以及抗议越南战争和核升级力的反战焦点。强调非暴力是对攻击的意义和目的的社会文化价值判断。然而，第二次世界大战结束后西方国家持续参与全世界的战争，并在 2001 年通过入侵阿富汗迅速、猛烈地报复了"基地"组织在美国制造的恐怖主义暴行。

我们曾提到，生物学理论主张攻击行为具有功能性价值。那么，除了个人自我防御，我们还能找到正当的人类攻击的例子吗？定义的议题再度呈现：有许多攻击，不论在人际或社会层次都旨在给人类或特定的群体带来积极的结果，通常具有维护**社会秩序**（social order）（Kelvin, 1970）的作用，或者可能是积极的社会变革或反对压迫的工具。

制度化攻击　许多运动项目都涉及攻击，但这些攻击得到了规则和条例的精心管控。

社会秩序

社会系统的平衡和控制，受规范、价值观、规则和法律所调节。

制度化攻击

通过纳入规则和规范而获得正式或非正式承认，以及社会合法性的攻击。

人类社会的持续性依赖于社会规范。那些已经发展良好的规范成为社会广泛共享的价值观，例如照顾我们的同胞。最终，法律为社会系统提供保障。有时，社会秩序的机制会允许暴力。虽然一些**制度化攻击**（institutionalised aggression）可能是合法的，但也可能产生社会期望或不期望的结果。对法律和秩序的需要会导致逮捕（期望的结果），但是也会造成虐囚（不期望的结果）；父母的管教会导致口头批评（期望的结果？），但也会造成严重的身体伤害（不期望的结果）。

恐怖主义是极端暴力的一个实例，令人记忆犹新。自从 2001 年 9 月 11 日对纽约和华盛顿的袭击以来，我们目睹了无休止的关于恐怖袭击的报道。尽管这些暴行中的绝大多数发生在阿富汗、中东和非洲，但几乎没有哪个角落能逃脱这些攻击和轰炸。仅在欧洲，2004年发生了马德里火车爆炸事件，2005年发生了伦敦地铁和公共汽车爆炸事件，2015年发生了巴黎爆炸事件，2016年发生了伊斯坦布尔机场、布鲁塞尔机场和尼斯海滨爆炸事件。

不同的组织辩称，它们毫无权力的地位让它们别无选择，只有致命的恐怖行径才能确保它们为"正义"而战。与自杀、堕胎和安乐死一样，重要的道德和政治议题是对攻击行为做出判断的基础。所有这些皆契合攻击的定义。

（二）战争

更为悲惨的是，大规模的攻击和战争与偏见、歧视和群际行为（第 10 章和第 11 章已讨论过）有关，是人类处境的一部分。即使是两百万年的人类进化以及工业化、通信革命、哲学、艺术和诗歌等也都无法降低集体暴力。近年来，发生在叙利亚、索马里、波黑、克罗地亚、科索沃、卢旺达、车臣、阿富汗和伊拉克等地的可怕暴力皆可说明，尽管我们可能认为人类是从文艺复兴时期开始平稳发展的，但 20 世纪是迄今为止人类屠杀中最血腥的一个世纪（Dutton, Boyanowski, & Bond, 2005）。

有种方法可以窥见这一悲剧，即看战争的发生范围及严重性。我们大多数人将两次世界大战视为广泛暴力的最明显例子，但还有许多其他例子。图 12.13 中的数据估值有多个来源，仅包括 20 世纪发生的洲际战争、内战、独立战争、种族灭绝、屠杀和暴行。它们也存在选择性，排除了死亡人数少于 100 万人的其他大规模暴力事例。

战争的长期影响常常被忽视。战争较多的社会拥有更多的战争式体育运动、对恶魔的信仰以及对犯罪的严厉惩处——令人惊讶的是，凶杀案和袭击的发生率也更高（Ember & Ember, 1994）。

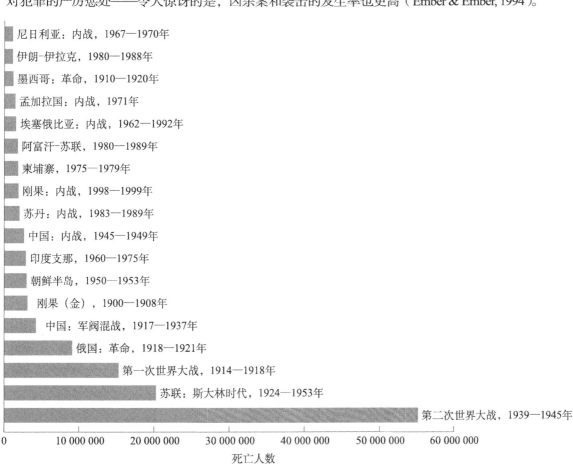

图 12.13 20 世纪超过 100 万人死亡的战争、革命、屠杀和暴行
来源：White, 2004.

（三）国家的角色

最惨绝人寰的不人道行为就是对抗人类本身。没有包含人民信念和情绪的支持性心理结构，战争是无法产生的。若缺乏这样的结构，国家领导人可以通过宣传创造出来（见第 6 章）。在战争期间，不论是军人还是百姓都需要保持高昂的士气。从第 11 章可知，种族灭绝是一种合法化且被付诸行动的偏见。有些政权会传播群体间基因有差异的信念，以说明压迫和屠杀行为是正当的。种族、道德和社会弱势的意识形态是造成纳粹政府直接对吉卜赛人、政治异议者、同性恋者、智力发育迟缓者、疾病患者及犹太人进行杀害的因素。希特勒表达的敌对情绪导致德国公民排斥犹太人，即使这些人原本是他们的邻居或朋友。这为《纽伦堡法案》的推出创造了一种氛围。它是犹太教堂被焚烧、犹太人大量被捕和被街头攻击的一小步，这可怕的恶性循环的结果就是上百万的犹太人被无情屠杀。

"战争"一词具有讽刺意味。邦德（Bond, 2004）指出，并非所有复杂社会都是民主的——莫哈丹（Moghaddam, 2013）认为，人类治理的正常默认状态可能是独裁——极权主义政权将广泛的暴力行为用作控制和统治的一种形式。

> 战争不是最致命的暴力形式。的确，尽管在我们这个世纪［20 世纪］的所有国内外战争中有 3 600 万人在战斗中丧生，但政府的种族灭绝、屠杀和其他大规模屠杀至少造成了 1.19 亿人死亡，其中约有 1.15 亿人被极权政府杀害。（Rummel, 1988；引自 Bond, 2004, p. 68）

国家的角色向其公民表明，在某些情况下侵略是合理的——因而也是符合规范的。而且，正如我们在前面几章中所看到的，人们会确认规范或服从命令，有些人甚至可能有倾向于服从权威人格（第 10 章）。事实上，强大的专利政体会迫使其公民不问自明地服从。

（四）个人的角色

在这一背景下，第 7 章提到的斯坦利 · 米尔格拉姆（Stanley Milgram, 1974）的服从实验与此非常相关。米尔格拉姆的研究显示，在鼓励一般人盲从权威的状况下，参与者会执行可怕的行为（给陌生人施予危险电击，只因为对方在学习中犯错）。米尔格拉姆反驳了可怕的事情由少数精神变态者所为这一观点，相反，他的研究结果表明，我们中的许多人会以同样的方式做出反应（Blass, 2004）。

虽然他的研究被批评是人为的，而且还对参与者撒谎，并企图引起"不道德行为"，米尔格拉姆却辩称该研究的贡献在于指出了一般人在服从合法权威时也会自愿攻击。在最初的实验（Milgram, 1963）几年后，美国军队即于 1969 年在越南米莱对男人、女人和儿童进行了大屠杀（详见 Dutton, Boyanowski, & Bond, 2005）。这一暴行在美国人心中留下的创伤比其他任何战争都要大，它打破了迷思，因为残酷行为是军方所允许的。

代理状态
米尔格拉姆构想的一种不加质疑的服从心态，在这种心态下，人们作为代理者将个人责任转移给下达命令的人。

米尔格拉姆将其研究结论推广到日常生活中。公民从小就被教育要服从国家法律和代表其权威的人物的命令。这样一来，人们就进入了一种**代理状态**（agentic state），并逃避对自己行为的责任。

（五）解释水平

我们在第 1 章曾指出，攻击及种种行为可以从不同水平来解释。对于战争，可以从个人中心到群体中心取向来解释。关于权威主义的研究主张，偏见、歧视、暴力和残酷的战争是极端或偏常的人格所致。米尔格拉姆则不用此种取向来解释，他指出，如果发出命令的权威者看起来是合法的，一般人会将自己视为国家代理人，并执行伤害他人的命令。谢里夫夫妇（Sherif & Sherif, 1953）通过将大规模冲突与群际关系的性质联系起来，进一步脱离了个体水平的解释，提出只有当自己所属群体的利益受到威胁时，针对外群体的歧视行为才会出现。近年来，邦德（Bond, 2004）强调有必要对攻击和战争同时进行个体和社会水平的分析。

泰弗尔（Tajfel, 1974）总结了群体中心取向，指出内群体的存在是偏见、分歧及冲突产生的基础。外群体则提供参照，并且必须与之远离（见第 11 章）。泰弗尔比较了以个人或以群体解释攻击的差异。第一种解释是伯科威茨（Berkowitz, 1962）提出的个体主义视角。第二种解释由泰弗尔提出，他采用了伯科威茨的说法，但对那些将社会作为"原因"的语词做了关键性的替换（见专栏 12.7）。泰弗尔的视角是社会认同论的基础（Tajfel & Turner, 1986；见第 11 章），提供了对认知过程和关于社会结构的信念之间相互作用的一种分析，这些过程与社会结构产生了或多或少有些极端的群际行为。

基于群体的集体攻击最近也被视为极端主义的一个方面，这可能是不确定性的关联因素或后果（Hogg & Blaylock, 2012; Hogg, Kruglanski, & Van den Bos, 2013）。大量的历史证据证明，暴力极端主义通常与社会不确定性相关联（Staub, 1989, 2010），一种论点认为，对自己作为主观上重要的群体之成员的社会身份的不确定性可能导致人们走向极端暴力，以保护其群体的意识形态、生活方式并最终促进其获得社会认同（Hogg, 2007b, 2012, 2014）。其他人则使用群体中心主义一词来描述一系列由不确定性引起的行为（Kruglanski, Pierro, Mannetti, & De Grada, 2006），并专注于不确定性可能导致人们采取极端行为以保护其文化世界观的方式（Martin & Van den Bos, 2014; Van den Bos, 2009）。

 专栏 12.7　　　　　　　　　**重点研究**

攻击和战争的两种解释

阿多诺、弗伦克尔－不伦瑞克、莱文森和桑福德（Adorno, Frenkel-Brunswik, Levinson & Sanford, 1950）认为，偏见和歧视可被归因于人格特征，即所谓权威人格（见第 10 章）。这种个体水平的解释可以在伯科威茨（Berkowitz, 1962, p.167）对攻击的说明中清楚地看到：

> 必须承认的是，目前依然倾向于从个体角度来考虑群体关系。群体之间的问题可以用个体心理学来解释。个体决定参与战争，战争是由个体发起，和平也是由个体所建立的。正是个体采纳了社会上盛行的信念，尽管这些观点在多大程度上得到其他人的认同决定了他是否愿意接受它们，并且他会将这些观点传递给其他个体。归根结底，正是这个单一个体去攻击那个令他恐惧和厌恶的少数族群，尽管他周围的许多人和他有同样的感受，并且在决定他是否愿意攻击这个少数族群方面发挥了重要的作用。

泰弗尔（20 世纪 70 年代早期在布里斯托尔工作）认为，这种观点使美国社会心理学受到了限制。他在 1974 年一篇未发表的文章中将伯科威茨的文字改述如下，加黑的文字表示原本强调个体的部分替代为强调社会的部分：

> 必须承认的是，目前依然倾向于从社会**结构**角度考虑群体关系。群体之间的问题无法用个体心理学来解释。**政府**决定参与战争，战争由**军队**发起，和平也是由**政府**所建立的。群体生活的社会条件决定了大部分人的信念及其共享程度。归根结底，一个单一个体对他不喜欢或厌恶的一个少数族群的攻击将是微不足道的，如果不是因为他与其他与他有同样感受的人行动一致，并且在决定他是否愿意攻击这个少数族群方面发挥了重要的作用的话。

来源：Tajfel, 1974；引自 Vaughan, 1988。

十、减少攻击

如何减少攻击取决于攻击的解释水平。在个体层面——个人作为攻击者而得到关注——有效的干预方式涉及政治决策、预算和社区意愿。目前有一些基于行为和咨询心理学的有效技术，它们需要当地机构、学校和家庭通过合作来实施。

网络霸凌　有一句口号是这样的：“网络霸凌会使受害者的内心留下伤痕。”

学校霸凌，作为一个特殊的问题，目前已经成为研究关注的一个重点。洪和埃斯佩拉奇（Hong & Espelage, 2012）回顾了关于学校霸凌和同辈伤害的研究和元分析后得出结论，反霸凌项目的效果是有限的，惩罚策略（如体罚和停学）被证明是无效的（参照 A. P. Goldstein, 1999）。他们认为更加有效的方法是多管齐下，包括改变霸凌者、被霸凌者和旁观者的行为，整治课堂和学校环境，借助家庭、社区和更广泛的社会力量。

对于那些会助长攻击性的对待女性的态度，我们可以利用直接的教育机会。例如，媒体研究课程可以帮助培养关键技能，以评估女性是否和如何被贬低，以及我们可以何种方式减弱强奸迷思（Linz, Wilson, & Donnerstein, 1992）。

和平研究

致力于研究和促进和平的多学科运动。

法律在减少攻击及其影响上也能起到一定作用。以美国持枪法为例。你应该对武器效应有了一些了解。讽刺的是，保存在家中的枪支和弹药本应是用来保护家庭的，然而这些枪支绝大多数却被用来杀害家庭成员和亲戚，尤其是在有吸毒和身体暴力史的家庭中（Kellerman, Rivara, Rushforth, Banton, Reay, Francisco, et al., 1993）。

与法律系统相关的是，需要特别针对遭受周期性暴力困扰、最有可能参与个人或集体暴力的那些群体的生活条件来解决攻击的根本原因。这其中，贫穷（Belsky, 1993）和相对（群际）剥夺是重要的潜在因素。

种族灭绝和战争等大规模暴力是另一回事。我们需要在教育体系中引入**和平研究**（peace studies）。和平教育不仅仅是一场反战运动，它还应扩展到涵盖和平关系和共处的所有方面。通过教育儿童如何不用具有攻击性也能建立及维持自尊（低自尊可能会导致攻击；见第 4 章），人们希望这将产生一种长期影响，并扩展到人们生活的全部领域（见 Shorey, Tirone, & Stuart, 2014）。

我们不可能挥一挥魔棒就使暴力消失。社会心理学家和其他研究者可同时考量个体和社会两个层面，让压力日益增加和资源逐渐减少的世界变得和谐。现在让我们转向人性和善的一面（第 13 章）。

小结

- 攻击的定义因研究者的理论视角而异。攻击的简单定义是企图对他人施加某些类型的伤害。
- 关于攻击的起源主要有两种解释；一是强调生物学起源，二是强调社会起源。
- 生物学解释可以追溯到达尔文的进化论。它们包括弗洛伊德的心理动力学取向、动物行为学理论，以及近来的进化社会心理学。这些取向强调的是同一物种所共有的由基因决定的行为模式。
- 社会视角的解释通常强调社会影响和 / 或学习过程的作用。有些解释结合了生物学因素，如挫折—攻击假说和激发转移模型。社会学习理论是一种发展取向，强调强化原则和榜样或示范者对儿童的影响。
- 有些研究聚焦于个人特征，如人格和性别。另一些研究则聚焦于暂时性的状态，如挫折、宣泄、挑衅和醉酒、脑损伤或精神疾病，以及去抑制。

- 其他研究则关注情境因素，包括环境压力源，如炎热和拥挤。一个显著的社会变量是相对剥夺——某些群体对与有权力的群体相比处于劣势的一种感知。
- 对攻击的社会态度可能会随着时间和文化背景而改变。例如，有证据表明，女性的攻击性正逐渐增加；另外，在身体攻击率方面存在文化差异，这反映的是长期以来不同文化规范和价值观的差异。
- 大众媒体，特别是电视，对攻击的影响效果是有争议的。对暴力的持续描绘可能会使年轻人对暴力后果脱敏，并为未来的行为提供一种模式。
- 关于家庭暴力，尤其是针对伴侣的暴力行为的报道，在我们的社会中引起了高度关注。家庭暴力实际上是否更加普遍存在尚不清楚。
- 战争和恐怖主义对人类存在持续和巨大的伤害。关于其原因与预防，单纯从政治角度来定义的观点忽略了许多要点，例如群际关系本身的作用、人们实际伤害他人的事实，以及世世代代对外群体长期存在的刻板印象和偏见。

关键词

Abuse syndrome 虐待症候群
Agentic state 代理状态
Analogue 类比物
Attachment styles 依恋风格
Belief in a just world 公正世界信念
Big Five 大五
Biosocial theories 生物社会理论
Catharsis 宣泄
Cathartic hypothesis 宣泄假说
Collective aggression 集体攻击
Cultural norms 文化规范
Culture of honour 尊荣文化
Dehumanisation 去人性化
Deindividuation 去个体化
Desensitisation 脱敏
Disinhibition 去抑制
Ethology 动物行为学
Evolutionary social psychology 进化社会心理学
Excitation-transfer model 激发转移模型
External validity 外部效度
Fighting instinct 争斗本能
Frustration–aggression hypothesis 挫折—攻击假说
Gender 社会性别
General aggression model 一般攻击模型
Hate crimes 仇恨犯罪
Implicit association test 内隐联想测验

Instinct 本能
Institutionalised aggression 制度化攻击
Learning by direct experience 直接经验学习
Learning by vicarious experience 替代经验学习
Machismo 大男子主义
Modelling 示范
Nature–nurture controversy 先天与后天之争
Neo-associationist analysis 新联结主义分析
Neo-Freudians 新弗洛伊德学派
Objectification theory 客体化理论
Operational definition 操作性定义
Peace studies 和平研究
Priming 启动
Relative deprivation 相对剥夺
Releasers 释放器
Schema 图式
Script 脚本
Sexual selection theory 性选择理论
Social learning theory 社会学习理论
Social order 社会秩序
Sociocultural theory 社会文化理论
Subculture of violence 暴力亚文化
Type A personality A 型人格
Values 价值观
Weapons effect 武器效应

文学和影视

《辛瑞那》

2005 年上映的一部政治惊悚片，由斯蒂芬·加汉执导，乔治·克鲁尼、马特·达蒙主演。这部电影着重于石油政治和中东的复杂性及阴谋，是对由国家发起的战略性攻击、个人自杀式恐怖主义和个人暴力代价的有力评论。同一题材的其他电影包括《反恐疑云》和《染血王国》（均在 2007 年上映）。

《上帝之城》

2002 年上映的一部电影，由费尔南多·梅里尔斯执导，描绘了里约热内卢贫民窟的帮派暴力。我们从中可以看到，当只有在街上才有保护，并且枪支可以提供安全、力量和知名度时，攻击和暴力会很容易成为一种生活方式。11 岁的小豆子（Li'l Dice）的故事最生动地说明了这一点，他谋杀了妓院中的所有人，并通过凭借残暴而获得的权力在几年内成为强大的帮派头目和毒贩。

《低俗小说》

1994 年上映的一部经典电影，由昆汀·塔伦蒂诺执导，约翰·特拉沃尔塔、塞缪尔·杰克逊和乌玛·瑟曼主演。流氓和犯罪分子在洛杉矶的暴力生活被生动地展现出来，但影片也因其巧妙而幽默的对话而著称，并着重于人物对生活及基本人性的看法。

《杀手没有假期》

2008 年上映的一部黑色电影，由马丁·麦克唐纳执导，科林·法瑞尔、布莱丹·格里森、拉尔夫·费因斯联袂出演。两名杀手肯与雷（分别由格里森和法瑞尔饰）因雷在教堂意外射杀了一个孩子而来到布鲁日。但雷并不知道，他们的黑帮老大哈里（费因斯饰）命令肯杀死他。这是一部极富幽默感的电影，充满了令人难忘的片段和场景。尽管这部电影描述的是暴徒和犯罪分子，但它与《低俗小说》形成了鲜明的对比，因为它所展现的暴力是可以理解的，甚至是有礼貌的，但它的确引起了人们对攻击和暴力在人们生活中的作用的思考。

《凯文怎么了》

2011 年上映的一部电影，由琳恩·拉姆塞执导。蒂尔达·斯文顿饰演一位青少年的母亲，她的儿子凯文有严重的精神障碍，他谋杀了他的父亲和妹妹，然后用弓箭在他的学校进行了冷血的屠杀。这是一部令人痛苦和令人不安的电影，当然与美国似乎无休止的校园暴力有关，例如 2012 年造成 20 名 6～7 岁儿童和 6 名成人死亡的桑迪胡克小学大屠杀，以及 2007 年造成 32 人死亡的弗吉尼亚理工大学大屠杀。这部电影探讨了遗传行为、心理健康和家庭关系在引发冷血的攻击行为中的相互作用，这些攻击行为往往是由青少年和青年人通过校园杀戮表现出来的。

请你思考

1. 什么是挫折—攻击假说？它能解释攻击的起源吗？
2. 儿童能否真的快速学会怎样变得具有攻击性？
3. 攻击的产生是否会因性别或文化而有所差异？
4. 在电视上观看暴力节目是否会让人们变得更具攻击性？
5. 用什么方式可以降低攻击倾向？

延伸阅读

Anderson, C. A., & Huesmann, L. R. (2007). Human aggression: A social-cognitive view. In M. A. Hogg & J. Cooper (Eds.), *The SAGE handbook of social psychology: Concise student edition* (pp. 259–287). London: SAGE. 两位世界级的攻击研究者对人类攻击研究进行了全面且易于理解的概述。

Baron, R. A., & Richardson, D. R. (1994). *Human aggression* (2nd ed.). New York: Plenum. 一部被人类攻击研究大量引用的著作。

Berkowitz, L. (1993). *Aggression: Its causes, consequences and control.* Philadelphia, PA: Temple University Press. 攻击领域的另一部权威著作。

Buford, B. (1993). *Among the thugs.* New York: Vintage. 一位内部人士对英国及其他欧洲背景下英国足球流氓的看法。这部作品非常吸引人，有评论者将其描述为《发条橙》的重生"。

Bushman, B. J., & Huesmann, L. R. (2010). Aggression. In S. T. Fiske, D. T. Gilbert, & G. Lindzey (Eds.), *Handbook of social psychology* (5th ed., Vol. 2, pp. 833–863). New York: Wiley. 当前最新、最翔实且最全面的关于人类攻击的各个方面和观点的理论及研究综述。

Cambell, A. (1993). *Men, women, and aggression.* New York:HarperCollins. 一部探讨性、性别和攻击的著作。

Glick, R. A., & Roose, S. P. (Eds.) (1993). *Rage, power, and aggression.* New Haven, CT: Yale University Press. 一部章节合集，回顾了关于攻击起源、性质和发展的研究、理论和临床视角。

Goldstein, A. P. (1994). *The ecology of aggression.* New York: Plenum. 正如标题所示，聚焦于生态因素如何影响攻击，这些因素可以是物理因素，也可以是社会因素。

Krahé, B. (2013). *The social psychology of aggression* (2nd ed.). New York: Psychology Press. 一部由世界级攻击研究者撰写的最新且权威的攻击社会心理学著作。

Rose, H., & Rose, S. (Eds.) (2000). *Alas, poor Darwin: Arguments against evolutionary psychology.* London: Vintage. 一群具有生物学、哲学和社会科学等各种背景的学者对用遗传来解释包括攻击在内的社会行为的充分性提出了担忧。

Staub, E. (2010). *The panorama of mass violence: Origins, prevention, healing and reconciliation.* New York: Oxford University Press. 对包括种族灭绝在内的大规模暴力的分析，以及对干预和治疗的一些思考。作者是世界上研究群体攻击的顶尖专家之一。

第 **13** 章

亲社会行为

章节目录

你怎么认为？

1. 阿瑟在地方报纸上看到了这样一个标题："无私的海豚拯救了冲浪者！"这真是个有趣的标题，然而海豚的行为究竟是不是无私的呢？

2. 身体健康的亚历克斯有一个充满希望的未来，但是他的孪生兄弟却因为需要每周进行血液透析而前途未卜。经过了长达数月的心理斗争，亚历克斯最终决定将自己的肾脏捐献给他的孪生兄弟。你愿意帮助你的血亲吗？这其中有进化方面的原因吗？

3. 13 岁的莉莉在同龄人之中身材相对高大。一天下午，她在公园里发现一个正在玩耍的小女孩身边徘徊着一个鬼鬼祟祟、形迹可疑的陌生人，陌生人在莉莉挺身而出后随即逃之夭夭。这件事情在街坊邻居口中传为美谈，莉莉还因此被授予了一枚见义勇为的勋章。但是，你的社会心理学同学在听了这个故事后表示："幸好莉莉平时的玩伴不在场，否则那个小女孩可能得不到莉莉的帮助。"你的同学为什么这么说？

4. 当你转过街角，发现前方人行道上横躺着一个人时，你会做什么？在做决定之前，你希望知道哪些信息？

一、社会心理学的另一面

第 10 章介绍了人们如何仅仅因为他人不是自己所属群体中的一员而讨厌或憎恨他人，第 11 章介绍了群体如何破坏性地进行相互排斥与竞争，第 12 章展现了人类的攻击性。由此，我们似乎可以理解，为什么有些人悲观地认为人类充满了仇恨和攻击性。甚至哲学家托马斯·霍布斯在 1651 年发表的关于人类生存状态的著作《利维坦》中也有这样一句名言："人类的生命除了孤独、贫穷、肮脏、粗野和短暂之外，别无他物。"

本章主要关注人性积极和利他的方面，探究人们为何、何时以及如何做出帮助他人的决定，哪怕这种助人行为对个体自身意味着终极的牺牲。例如，士兵宁愿向自己投掷引爆的手榴弹也要搭救战友；2001 年 9 月 11 日，消防员冒着生命危险营救被困在崩塌的纽约世贸中心大楼中的民众；在二战时期的欧洲，诸如奥斯卡·辛德勒和梅普·吉斯这样的普通人，冒着巨大的风险也要保护犹太人免遭纳粹迫害。

本章对人性美好与善良的关注实则与积极心理学的部分观点存在相通之处（如 Csikszentmihalyi & Nakamura, 2011; Seligman & Csikszentmihalyi, 2000; Sheldon, Kashdan, & Steger, 2011; Snyder & Lopez, 2009）。积极心理学起源于马丁·赛利格曼（Martin Seligman, 1991）的研究，有时会被不恰当地理解为对幸福的研究，然而它实际上是一种基于发展心理学和组织科学，且关注实用性和行动研究的更加广泛的研究视角（如 Donaldson, Csikszentmihalyi & Nakamura, 2011）。积极心理学的兴起是一场行为科学内部的运动，它关心个体生活的意义，致力于增强人类的优势，例如创造力、快乐、福流、责任、理想的表现和成就等。它着重关注个体和社群如何发挥情绪、创造力和行为的潜能，在积极的制度和体系下实现积极的情绪体验和个性发展。虽然本章并未直接讨论积极心理学，但在社会心理学领域，许多关于亲社会行为的研究都对"积极看待人类"这一观点做出了相应贡献。

（一）亲社会行为、助人行为与利他

研究者将有益于他人的行为称为亲社会行为、助人行为或利他行为，并且时常互换使用这些术语。然而在社会心理学的文献中，对这些术语的使用存在一些差异和区别（Schroeder, Penner, Dovidio, & Piliavin, 1995）。

亲社会行为（prosocial behaviour）广泛地包括了获得积极社会评价的行为，与其相对的是反社会行为。劳伦·维斯佩（Lauren Wispé, 1972）将亲社会行为定义为具有积极的社会后果并有益于他人生理或心理健康的行为。亲社会行为是志愿的，且旨在造福他人（Eisenberg, Fabes, Karbon, Murphy, Wosinski, Polazzi, et al., 1996）。亲社会不仅涵盖了助人和利他，还包括慈善、合作、友好、救援、牺牲、分享、同情和信任，其内涵被社会规范所界定。

助人行为（helping behaviour）是亲社会行为的子类别，是指有目的地让他人或者群体受益的行为。某人不小心丢失的 10 英镑钞票被他人捡到并且使用，这不能被称为助人行为；但如果他把这 10 英镑给了需要的人，则真正帮助了他人。如果某人因为想表现得慷慨大方而向慈善机构进行大规模的公开捐赠，这不属于助人行为。一些企业热衷于公益事业可能是为了推广产品，比如追求利润的长期增长。与此同时，出于反社会的目的表现出的助人也不在此类，比如过度帮助，即给予帮助是为了让别人看起来低人一等（Gilbert & Silvera, 1996）。

利他（altruism）是亲社会行为的另一个子类别，是指让他人而非自己受益的行为。真正的利他是无私的，但这很难被证实（Batson, 1991）。例如，我们真的能知

亲社会行为
可获得积极社会评价的行为。

助人行为
有目的地让他人受益的行为。

利他
一种特殊形式的助人行为，有时代价高昂，表现为对人类同胞的关心，并且在不期望个人利益的情况下进行。

道一个人的行为不是出于像逢迎他人这种不可告人的长期动机吗？欧文·斯托布（Ervin Staub, 1977）认为，人们通过亲社会行为会得到一些"私人"奖励，比如自我感觉良好或有道德感。关于人性究竟有多么宽宏大量还存在很多争议（Maner, Luce, Neuberg, Cialdini, Brown, & Sagarin, 2002）。

（二）姬蒂·吉诺维斯谋杀案

社会心理学领域对助人行为的研究始于 20 世纪 50 年代，在这之后的二十五年间，该领域的研究者发表了上千篇关于利他与助人的文章（Dovidio, 1984）。得益于此，我们不仅了解到为什么有时人们会对寻求帮助的人置之不理，还知道了为什么人们愿意不厌其烦地去帮助需要的人。推动这一系列研究的关键事件，就是 1964 年发生在纽约的年轻女性姬蒂·吉诺维斯被谋杀的案件，关于她被谋杀的报道震惊了当时的纽约居民（见专栏 13.1）。

姬蒂·吉诺维斯谋杀案对社会心理学的研究进程产生了巨大的影响，尤其是早期的亲社会和助人行为研究。雷切尔·曼宁（Rachel Manning）及其同事认为，这一标志性事件将研究的关注点集中在不助人的心理因素和群体如何阻碍了助人上（Manning, Levine, & Collins, 2007）。群体在紧急情况的集体干预中能够发挥的积极作用被低估了，尽管近年来这种偏差已经得到纠正（Levine & Crowther, 2008）。为了证实自己的批判，雷切尔·曼宁及其同事查阅了档案资料，并发出了极具挑衅的声明，认为实际上没有证据可以表明有 38 位目击者在场目睹了这起谋杀案，并做出了冷眼旁观的行为。

我们很难用传统的人类行为理论来解释亲社会行为，因为心理学家和哲学家们通常认为人类行为是利己的，人们所做的一切最终都是为了自己的利益——自利至上。亲社会行为的不同

专栏 13.1　　　　　　　　**经典研究**

姬蒂·吉诺维斯谋杀案：助人行为研究的助推器

纽约悲剧之夜

1964 年 3 月的一个深夜，姬蒂·吉诺维斯在下班回家的路上遭到一名持刀男子的袭击。

该事件发生在一个体面的社区——纽约市皇后区的丘园。姬蒂的尖叫和挣扎原本已经赶走了袭击者，但看到没人前来援救，男子随即又进行了袭击。她再次逃脱并大喊救命，然而此时的尖叫变得徒劳无益，她很快被逼得走投无路，又被连捅了八刀，随后遭到了性侵犯。大约过了半个钟头，持刀男子才把姬蒂杀死，可是在这期间没有任何一个邻居前来援助。

袭击开始大约半小时后，当地警方接到了一个目击者的匿名电话。目击者报告了这次袭击，但因不想"卷入其中"而不愿透露姓名。第二天，当警方询问该地区的居民时，有 38 个人公开承认他们听到了尖叫声，他们原本有时间去尝试阻止这场袭击，

但最终都没有采取行动。有些人也许是害怕自己也被袭击，因而没有冲到街上，这可以理解，但他们至少可以选择报警，为什么他们没有这样做呢？

这起极其可怕的悲惨事件引起了全美国媒体的关注，所有人都在问为什么没有一个邻居前来援助。毫无疑问，该事件也引起了包括拉塔内和达利（Latané & Darley, 1976, p. 309）在内的社会心理学家的极大兴趣：

这个故事成为那个年代新闻界轰动一时的事件。报纸、专栏作家和评论员纷纷斥责人心"冷漠"，牧师、教授和其他布道者认为这是"道德的麻木不仁""人性的灭绝"和"对同胞关心的丧失"。一些电影、电视特别节目、戏剧和书籍也因探讨这一事件而受到人们的欢迎，美国人开始对他们的不关心感到担忧。

寻常之处在于，它对人类行为的解读不再依赖于强化作用，更多地反映了对人性乐观积极的看法。为他人付出努力和牺牲的行为怎么可能是通常意义上的强化过程呢？

■ 二、人们为何及何时帮助他人

心理学中反复出现的一个主题是**先天与后天之争**（nature–nurture controversy），即关于行为在多大程度上是由生物学还是社会学习决定的争论。在第 12 章中，我们了解到这一争论在攻击相关研究中的体现，它将在本章再次出现。关于人们为何及何时帮助他人，也存在两种截然不同的观点————一种基于生物学和进化理论，另一种基于社会学习理论。其他的视角更多地提供了生物社会解释，探究共情、认知和情境特征对助人行为的影响。

（一）生物学与进化

生物学的观点认为，正如吃、喝等进食行为，帮助他人也是人类与生俱来的倾向。如果这一观点可以被证实，那么它也就解释了为什么人类在进化意义上如此成功。对于利他特质是否具有进化上的生存价值，社会心理学家（如 Campbell, 1975）、社会生物学家（如 Wilson, 1975）**和进化社会心理学家**（evolutionary social psychologists；如 Buss & Kenrick, 1998）纷纷发出了疑问。（参见本章开头"你怎么认为？"中的第一个问题。）

试想这样的情形：玛格丽特和她的朋友雷德正坐在父母的汽车后座上，此时汽车突然起火，雷德立刻从车里跳下来。但当意识到玛格丽特还在车里时，他随即又跳回燃烧的汽车上，抓住玛格丽特的外套，把她拉到安全的地方（Batson, 1983）。我们是否应该认为此类行为反映了遗传自我们祖先的利他冲动呢？答案尚在争论之中。事实上，雷德是一只爱尔兰雪达犬，这在一定程度上支持了利他和亲社会行为具有遗传成分的观点。但它同时也回避了一个问题：其他动物也是利他的吗？（回想一下本章开头"你怎么认为？"中的第一个问题。）

> 吸血蝙蝠会将血液哺给其他蝙蝠，尽管它们连续三天不吸血就有死亡的可能；地松鼠会向同伴发出警报，哪怕这会提醒捕食者自己的存在；清洁工鱼会进入宿主的嘴里清除寄生虫，即使这样做有被吃掉的危险；佛罗里达丛鸦经常会放弃自行繁衍后代，而是帮助父母抚养弟弟妹妹。在过去的几十年里，许多研究者对这些合作案例产生了理论和实践方面的兴趣，主要集中在对合作行为的适应性解释上。（Stevens, Cushman, & Hauser, 2005, p. 499）

先天与后天之争

关于人类行为是由遗传因素还是环境因素决定的经典争论。科学家普遍认为，这是两者相互作用的结果。

进化社会心理学

进化心理学的一种延伸，认为人类复杂的社会行为具有适应性，有助于个体、近亲和整个物种的存续。

进化生物学家一直在研究动物世界中的上述和其他类似的合作例子。杰弗里·史蒂文斯（Jeffrey Stevens）及其同事对动物和人类的合作行为做出了两种可靠的解释（Stevens, Cushman, & Hauser, 2005）：

- **互利共生**：合作行为给自身和他人都能带来益处，背叛者会比合作者获得更糟糕的结果。
- **亲缘选择**：人们倾向于和与自己有血缘关系的人进行合作，因为这有助于基因的延续；而无法让合作者获得直接利益的合作行为则是利他主义的体现。

在这两种进化观中，亲缘选择对人类利他行为明显更具解释力。那么有证据支持这一观点吗？尤金·伯恩斯坦（Eugene Burnstein）及其同事研究了利他行为的"决策规则"，认为这些规则可能反映了人与人之间的基因重叠（Burnstein, Crandall, &

Kitayama, 1994）。被试对自己在不同情境下的助人意愿进行评定（见图13.1），结果发现他们在日常生活中倾向于帮助病人而非健康的人，但在生死关头则倾向于帮助健康的人而非病人。这说明他们在日常生活中更多地考虑亲缘关系，而在生死关头则更多地考虑健康问题。这项研究还发现，人们在日常生活中更愿意帮助年幼或年老的人，但在饥荒情况下更愿意帮助 10 岁或 18 岁的人，而不是婴儿或老人。这些数据与近亲在"关键时刻"会得到重要的帮助这一观点相符。（回想一下本章开头"你怎么认为？"中的第二个问题。）

我们"天生"乐于帮助他人和亲属的观点引发了大量的争论，例如心理学家和社会生物学家之间的分歧（Vine, 1983）。很少有社会心理学家将进化论作为对人类亲社会行为的唯一解释，他们通常只在有限的范围内接受该理论的观点。哲学家德雷克·特纳（Derek Turner）提出了这样一个问题："利他是一种反常行为吗？"我们可以从心理学角度探讨人们帮助他人的动机，从哲学角度探讨这样做的道德义务，也可以从生物学的角度探讨我们所遗传的东西，但有一个概念是争论的焦点——适应性利他："自然选择怎么可能青睐那些为了他人利益而牺牲自身生殖适应性的有机体呢？"（Turner, 2005, p. 317）如果我收养了一个没有血缘关系的孩子，这是适应性利他强有力的例子吗？如果是的话，它的遗传机制是什么？又是如何进化的呢？

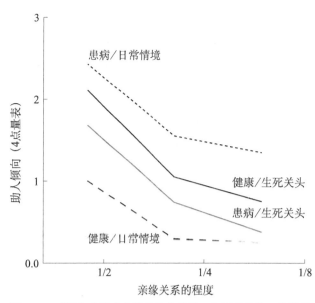

图 13.1 对健康或患病亲属的助人意愿：生死关头和日常情境的对比

● 健康与否、亲缘关系和助人意愿之间存在交互作用。
● 被试在生死关头或日常生活中，对处于健康或患病条件下，且与自己有着不同程度的亲缘关系的他人，具有做出助人行为的意愿。
● 被试普遍更愿意帮助近亲而不是远亲。
● 在日常生活中，被试更愿意帮助病人而不是健康的人，但在生死关头，被试更愿意帮助健康的人而不是病人。

来源：Burnstein, Crandall, & Kitayama, 1994.

把进化论作为利他的唯一解释存在的问题之一，就是缺乏具有说服力的证据。例如，我们很难从生物学层面，对类似人们未能帮助姬蒂·吉诺维斯这样的案例给出解释。另一个问题是，进化理论家对社会学习理论家的工作缺乏关注，尤其是模仿的作用（见"学会乐于助人"部分）。

罗斯·巴克（Ross Buck）和本森·金斯伯格（Benson Ginsburg）提出了"沟通基因"的概念，认为动物和人类都能进行沟通，这在一定程度上弱化了"利他基因"的解释力度（Buck & Ginsburg, 1991；另见 Buck, 2011）。沟通包括传递情绪信号（见第 15 章），这对维持社会联结（见第 14 章）至关重要，因此也就可能出现亲社会行为。这一观点与极端的进化论略有不同，正如本章后面将探讨的，我们可以进一步探究社会结构对亲社会行为的促进作用（Darley, 1991）。

（二）共情与唤起

进化论本身并不能完全解释人们为什么要帮助他人，然而由于遗传和环境因素的共同作用，有研究者尝试建立一种生物社会取向去解释亲社会行为。帮助同一物种的其他成员可能是通过自然选择进化而来的，但这种行为也受到环境因素的影响（Hoffman, 1981; Vine, 1983）。生物的进化机制促使个体采取行动，但何时以及如何行动将取决于个体的生命史和当时的情境。

在做出亲社会行为之前，常见的体验是由**共情**（empathy）引起的唤起状态（Gaertner & Dovidio, 1977; Hoffman, 1981）。共情是对他人痛苦的情绪反应，是目睹令人不安的事件后的反应。成年人和儿童对他人遇到麻烦时的反应都是感同身受，这意味着看着别人受苦是不愉快的体验。当看到电影里有人被折磨时，你是否会把目光移开？审查员会预先告知我们某部电影包括了暴力场景，而大多数人可能曾在

共情

感受他人体验的能力；认同并体验他人的情绪、想法和态度。

看到这些场景的时候流过眼泪。即使是一两天大的婴儿也能对另一个婴儿的痛苦做出反应（Sagi & Hoffman, 1976; Simner, 1971）。现实生活中，人们往往难以做出亲社会行为，因为人们可能在努力地避免表现出共情（Shaw, Batson, & Todd, 1994）。然而，当亲社会行为真正发生时，人们只是在试图减少自己的不适感吗？

亲社会行为的额外成分是共情，这是一种认同他人体验的能力，尤其是他们的感受（Krebs, 1975）。共情与换位思考有关，即能够通过别人的眼睛看世界，但又与之不同。通常来说，共情是基于情感和感受的（我感受到你的痛苦），而换位思考是基于认知的（我看到你的痛苦）（如 Batson, Early, & Salvarani, 1997; Maner, Luce, Neuberg, Cialdini, Brown, & Sagarin, 2002; 见专栏 13.2 中的"标记唤起"）。

（三）权衡是否提供帮助

旁观者计算模型

在处理紧急情况时，旁观者会将提供帮助的成本与收益和不提供帮助的成本与收益进行对比。

不提供帮助的共情成本

皮利亚温认为，不提供帮助会给对受害者困境引起共鸣的旁观者带来痛苦。

不提供帮助的个人成本

皮利亚温认为，不帮助处于困境中的受害者会让旁观者付出代价（例如受到他人指责）。

旁观者计算模型（bystander-calculus model）提出，助人行为涉及身体与心理两方面，是生理过程和认知过程混合的产物。社会学家简·皮利亚温（Jane Piliavin）认为，面对陷入困境的他人，旁观者在做出是否卷入的决策前要经过三个阶段的计算与权衡（Piliavin, Piliavin, Dovidio, Gaertner, & Clark, 1981）。首先，我们在生理上被他人的痛苦唤起；随后，这种唤起被识别为情绪；最后，我们评估提供助人行为的结果。见专栏 13.2。

令人意想不到的是，不提供帮助的个体要付出相应的代价。皮利亚温区分了**不提供帮助的共情成本**（empathy costs of not helping）和**不提供帮助的个人成本**（personal costs of not helping），其中一个关键的影响因素是旁观者和受害者之间的关系。我们已经知道，共情关注是个体为陷入痛苦的人提供帮助的动机之一；反之，当个体对他人的处境产生共情时，不提供帮助就会产生共情成本（例如焦虑）。

专栏 13.2　重点研究

旁观者计算模型的阶段

简·皮利亚温提出，助人行为的旁观者计算模型包括三个阶段。

生理唤起

我们对他人痛苦的第一反应是生理上的共情反应。生理唤起越强烈，我们就越有可能提供帮助。产生共情反应的快慢与身体的反应水平有关。例如，心跳越快，我们就会越快地做出反应（Gaertner & Dovidio, 1977）。在认知方面，当受害者所处的困境变得更明确、更严重时，旁观者的生理唤起就越强烈。

标记唤起

生理唤起是一回事，但感受到特定的情绪（恐惧、愤怒、爱）是另一回事。一般来说，唤起不会自动产生特定的情绪；人们对唤起的认知或想法，

在很大程度上决定了他们所感受到的情绪的本质（Parkinson & Manstead, 1992）。有时我们也会体验到受害者的痛苦。丹·巴特森（Dan Batson）认为，情境线索通常会引发另一种反应——共情关注（Batson & Coke, 1981），并且当旁观者认为他们与受害者相似时，他们更有可能体验到共情关注。

评估结果

最后，旁观者在帮助受害者之前会评估行动的结果，并选择能以最低成本减少受害者痛苦的行为（社会交换理论取向的亲密关系研究中也运用了类似的成本-收益分析；见第 10 章）。帮助他人的主要成本是时间和精力：这些成本越大，旁观者提供帮助的可能性就越小（Darley & Batson, 1973）。

因此，紧急情况的明确性、严重性以及旁观者与受害者间关系的密切程度，都会增加不提供帮助的成本。也就是说，任何能够加大受害者状态对旁观者的影响的因素，都会增加旁观者不提供帮助的共情成本。

不提供帮助的个人成本是多种多样的，例如受到公众的谴责或自责；受害者的某些特征也会影响个人成本，例如受害者越需要帮助，不提供帮助的成本就越大（Piliavin, Piliavin, Dovidio, Gaertner, & Clark, 1981）。如果你认为，只要自己不提供帮助，受害者就会因此丧生，那么这种情况就可能产生极高的个人成本。如果一个流浪汉在街上向你讨钱买酒，拒绝的个人成本可能并不高；但如果他请求的是买食品或药品的钱，此时拒绝的个人成本就可能相当高。

在其他条件相同的情况下，受害者与旁观者越相似，旁观者越有可能提供帮助（Krebs, 1975）。这是因为相似性会导致更强烈的生理唤起，从而增加了不提供帮助的共情成本；相似的受害者也可能是朋友，这就增加了不提供帮助的个人成本。此外，进化论的观点认为，人们对亲属的保护是出于对基因的保存。根据皮利亚温的模型我们也可以推论，旁观者和受害者之间的高度相似性，会导致不帮助受害者的成本达到令人痛苦的程度。试想一下，如果你不设法进入着火的房子去救自己的孩子，那该有多痛苦。

回顾吉诺维斯的案例，根据旁观者计算模型我们可以推论，尽管受害者的遭遇唤起了旁观者的个人痛苦和共情关注，但此时的共情成本和个人成本却不足以让他们伸出援手。尤其是个人成本，甚至可能阻碍了人们的干预行为。如果他们提供帮助却惨遭杀害呢？不提供帮助的成本可高可低，取决于人们如何解释情境。例如，这仅仅是一场激烈的婚姻争吵吗？当成年人决定是否在紧急情况下提供帮助时，情境的影响是非常重要的——这一点已经被拉塔内和达利的逐步决策方法所证实，我们将在本章后面对此进行讨论。

（四）共情与利他

根据旁观者计算模型，人们会在紧急情况下做出干预行为，因为唤起带来的不愉快体验促使他们提供帮助以寻求解脱（综述见 Batson & Oleson, 1991; Dovidio, Piliavin, Gaertner, Schroeder, & Clark, 1991）。这表明用"利他主义"解释亲社会行为存在用词不当，因为利他实际上是由自利或利己驱动的。皮利亚温和常（Piliavin & Charng, 1990, p. 27）则更加乐观：

> 似乎出现了一种"范式"的转变，较早的立场认为利他实际上揭示了利己的动机。然而，近年来发展的理论和数据更支持真正的利他主义，认为以造福他人为目标的行为确实存在，而且是人类本性的一部分。

巴特森及其同事（Batson, Duncan, Ackerman, Buckley, & Birch, 1981）认为，只有当人们不是为了缓解看到他人痛苦的烦恼而帮助他人时，他们才真正是利他的（例如在经过一个被困的司机后掉头回去帮忙）。这为吉诺维斯案提供了一个不同的视角。旁观者感到不安却不足以采取行动，也许是因为他们无法认同受害者。汉斯 - 沃纳·比尔霍夫和埃尔克·罗曼（Hans-Werner Bierhoff & Elke Rohmann, 2004）一致认为，在潜在的帮助者很容易选择不帮助的情况下（例如他们可以轻易逃跑或悄悄溜走），真正的利他行为才最有可能出现。

1. 换位思考

帕特丽夏·奥斯瓦尔德（Patricia Oswald, 1996）认为，共情需要换位思考，即我们需要能够从别人的角度来体验这个世界。此外，换位思考、共情的增强和助人行为的增加似乎是同时产生的（Maner, Luce, Neuberg, Cialdini, Brown, & Sagarin, 2002）。根据琼·德塞蒂和克劳斯·拉姆（Jean Decety & Klaus Lamm, 2006）的观点，从他人的角度看问题和对他人产生共情的能力具有进化意义。一些灵长类动物能够对他人的感受做出反应，但人类可以有意识地代替他人去感受和行动，正是这种能力解释了**共情关注**（empathic concern）对于利他行为的重要性。

巴特森及其同事（Batson, Early, & Salvarini, 1997; Batson, Van Lange, Ahmad, & Lishner, 2003）对鉴别他人的感受和切身将他人的感受当作自己的感受做了区分，后者是换位思考的一

警铃 儿童会对他人的痛苦信号，尤其是对另一个儿童的痛苦信号，产生共情。

个重要特性。指向不同对象的共情体验会导致截然不同的助人动机。主动想象他人的感受而引发的共情会产生利他动机，然而主动地想象自己的感受所引发的共情，可能会同时产生自我导向的痛苦体验，从而混合了利他和利己的双重动机。经历过压力事件的个体也许更能对处于类似境况的人们产生共情。例如，曾经无家可归或身患重病者对有相似遭遇之人就会产生共情。

女性比男性拥有更强的共情能力吗？通常来说好像是这样的（Klein & Hodges, 2001）。例如，一项研究让被试阅读一名与自己同性别的青少年对压力生活事件的描述，比如因为长痤疮而被嘲笑和戏弄，或者被他人背叛和拒绝（Batson, Sympson, Hindman, Decruz, Todd, Weeks, et al., 1996）。与没有相似经历的女性被试相比，在青春期有相似经历的女性被试，对同性别青少年产生了更多的共情，然而研究者并未在男性被试当中发现这一效应（见图 13.2）。巴特森用社会化对这种性别差异进行解释：女性更注重相互依存，表现为他人取向；而男性更注重独立性，表现为自我取向。在巴特森（Batson, Charng, Orr, & Rowland, 2002）的另一项研究中，大学生被试在研究者的引导下对一名被定罪的吸毒者产生了共情，并进一步泛化到行为反应上，即被试投票支持成立学校基金（不是被试自己的钱）来帮助其他吸毒者。在这个例子中，对来自受污名化群体的他人的共情引起了个体态度和行为的改变（在第 6 章中也讨论了态度的改变）。

共情是利他的重要组成部分——正是共情"指引"我们去回应他人的需求。德·瓦尔（De Waal, 2008）在一篇文献综述中写道："越来越多的证据表明，这种机制在远古时期的生态系统演化中就逐渐形成，可能与哺乳动物和鸟类的出现一样古老"（p. 279）。因此，较低级的生命形式也可以识别同类物种的情绪表达。然而在高等动物中，这种识别和共享情绪状态的能力已经演变为对同类物种真正的关心，并最终演化为换位思考的能力。

共情关注
巴特森助人行为理论中的一个要素。与个人痛苦（可能导致我们逃离现状）相反，它包括温暖的感觉、心地善良以及对需要帮助的人有同情心。

2. 共情、情绪与动机

共情关注会诱发各种情绪体验：同情、温柔、悲伤、痛苦，以及怜悯（Batson, Eklund, Chermok, Hoyt, & Ortis, 2007）。戈

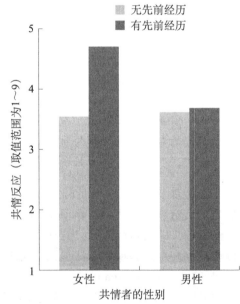

图例：
■ 无先前经历
■ 有先前经历

（纵轴）共情反应（取值范围为1～9）
（横轴）共情者的性别：女性、男性

图 13.2 女性和男性对陷入痛苦的青少年共情的差异

● 我们可能会认为，体验过压力情境会对有过同样经历的同性别青少年产生更多的共情。

● 在这项研究中，只有先前体验过压力情境的女性产生了更多的共情。

来源：Batson et al., 1996.

茨及其同事将共情和怜悯区分开来，将怜悯定义为"在目睹他人痛苦时产生的感受，这种感受随后会激发帮助他人的欲望"（Goetz, Keltner, & Simon-Thomas, 2010, p. 351）。一般来说，怜悯可以被定义为一种独特的情绪（Keltner & Lerner, 2010）——这种情绪可以与怜悯之爱相联系，是指人们对亲近之人甚至是对人性的爱（Berscheid, 2010; Sprecher & Fehr, 2005; 另见第 14 章对亲密关系的讨论）。相反，共情是由他人的困境引发的一种替代性情绪。

（五）学会乐于助人

对助人行为的另一种解释是，亲社会行为与社会化有着复杂的联系：它是后天习得的，而非天生的。经典条件作用、操作性条件作用和观察学习都有助于亲社会性的发展。近年来，亲社会行为的学习理论在发展和教育心理学领域受到了大量关注和支持——例如，有研究探明了亲社会行为是如何在儿童时期习得的（Eisenberg, Guthrie, Murphy, Shepard, Cumberland, & Carlo, 1999）。

童年是学习的关键时期。卡罗琳·扎恩-瓦克斯勒（Carolyn Zahn-Waxler）研究了儿童的情绪发展后得出结论，我们应对他人的痛苦的模式与学习分享、帮助和提供安慰的方式有关，这些模式会在 1～2 岁时形成（Zahn-Waxler, Radke-Yarrow, Wagner, & Chapman, 1992）。这些反应模式可以通过以下几种方式习得：

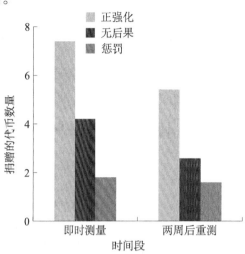

图 13.3 奖励和惩罚对儿童慷慨行为意愿的影响

- 8～11 岁的男孩观看大人玩游戏赚代币。
- 随后，大人把代币放到碗里，慷慨地把代币捐赠给海报上名叫博比的孩子。博比是个没有爸爸妈妈照顾的可怜孩子。
- 接下来轮到孩子们玩游戏。在实验组，大人使用口头强化奖励或惩罚儿童的慷慨行为（例如，"对你有好处"，或"那有点傻……现在你自己的代币会减少"）。
- 两种策略都对孩子们的行为产生了强烈的影响，包括即时影响和两周后的影响。
- 虽然本研究运用了强化原则，但它也清楚地展示了观察榜样的效果。

来源：Rushton & Teachman, 1978.

- 给予指示。琼·格鲁塞克（Joan Grusec）在她的育儿研究中发现，只是简单地告诉孩子们要帮助他人就有实际的效果（Grusec, Kuczynski, Rushton, & Simutis, 1978）。告诉孩子什么是适当的，实则是为孩子建立期望和行动的指南。然而，除非使用相当强大的形式，否则宣扬行善的价值可能遭到怀疑（Rice & Grusec, 1975）。此外，如果"传教士"的言行不一致，即"照我说的做，而不是照我做的做"，那么告诉孩子们要慷慨是行不通的。格鲁塞克发现，当成年人自己表现得自私却敦促孩子们表现得慷慨时，孩子们反而变得不那么慷慨了。
- 使用强化。人们更有可能重复那些受到奖励的行为。当儿童因为助人得到奖励时，他们更有可能在日后再次提供帮助；而如果没有得到奖励，他们就不太可能再次提供帮助（Grusec, 1991）。（见图 13.3 拉什顿关于强化和助人的研究。）
- 进行模仿。菲利普·拉什顿（J. Philippe Rushton, 1976）在其关于儿童助人行为影响因素的研究综述中总结道：强化对塑造行为是有效的，但**模仿**（modelling）比之更加有效。看到别人帮助他人是一种强大的学习形式。以小约翰尼为例，他可能会帮妈妈把购置的物品搬进家里，然后模仿妈妈把东西放好，并打扫自己的卧室，除此之外还可能会帮妈妈做其他事情。

观察学习的过程解释了人们如何习得态度（第 5 章）和攻击行为（第 12 章），而通过观察学习帮助他人是其中的一种特殊情况。以往较早的研究发现，观看电视节目中的亲社会行为会提高儿童对亲社会行为的积极态度（Coates, Pusser, & Goodman, 1976; Rushton, 1979）。然而随着时间的推移，这种正面的效应会逐渐减弱。

模仿
一个人重视现实生活或象征性榜样的行为、态度和情绪反应的倾向也叫观察学习。

学会亲社会 儿童很快就会学会分享和互助的价值。

亲社会的儿童也能够容忍延迟满足（Long & Lerner, 1974），他们在同龄人中更受欢迎（Dekovic & Janssens, 1992）。亲社会技能、应对能力和社交能力的发展之间存在密切的联系（Eisenberg, Fabes, Karbon, Murphy, Wosinski, Polazzi et al., 1996），这表明，从儿童期到成年期是一个全面的社会化过程。让人欣慰的是，学习亲社会行为在任何时候都不会太迟——成年人也会受到乐于助人的榜样的影响。见专栏13.3中的例子。

人们观察榜样并做出相似的行为，这仅仅是一种机械的模仿吗？阿尔伯特·班杜拉（Albert Bandura, 1973）的研究表明，事实并非如此（另见第12章）。根据**社会学习理论**（social learning theory），对榜样助人行为结果的了解决定了观察者是否会提供帮助。与直接学习一样，榜样助人行为的积极结果增加了榜样影响的有效性，而消极结果则降低了榜样影响的有效性。哈维·霍恩斯坦（Harvey Hornstein, 1970）在实验中让人们观察榜样归还丢失的钱包时的反应，这位榜样要么看起来非常乐意帮忙，要么看起来很不乐意，要么没有表现出强烈的反应。后来，被试发现了另一个"丢失的"钱包，那些观察到榜样乐意帮忙的人表现出更多助人行为，而那些观察到榜样不乐意帮忙的人更少地归还钱包。观察他人的行为结果被称为**替代经验学习**（learning by vicarious experience；另见第12章），它既能够增加人们的自私行为，也能够增加无私行为（Midlarsky & Bryan, 1972）。

社会学习理论
班杜拉的观点，认为人类的社会行为不是天生的，而是从合适的榜样中习得的。

替代经验学习
在观察到他人因某一行为得到奖励后而习得这种行为。

1. 游戏和媒体

显而易见，儿童可以从简单的道德推理教育中获益。劳伦斯·罗森克特（Lawrence Rosenkoetter, 1999）发现，在理解原理的前提下，观看具有道德教育意义的电视剧的儿童比不观看的儿童更频繁地表现出亲社会行为。金泰尔及其同事通过问卷调查研究了玩亲社会视频游戏对亲社会行为的影响（Gentile, Anderson, Yukawa, Ihori, Saleem, et al., 2009）。在一系列发展性研究中，来自三个年龄组的新加坡、美国和日本被试们体验了各类亲社会和暴力视频游戏。结果表明，当视频包含亲社会

专栏 13.3 　　　　**重点研究**

乐于助人的车主：榜样的作用

榜样在展示如何帮助他人的同时，也提醒我们助人行为是恰当的；榜样增加了我们帮助他人的信心，并提供了关于助人行为结果的信息（Rushton, 1980）。

在一项关于榜样作用的研究中，詹姆斯·布赖恩和玛丽·泰斯特（James Bryan & Mary Test, 1967）考察了榜样是否会影响过路的车主停下来帮助一位女士更换汽车轮胎。有两种情况：

1. 在实验条件下，被试首先驾车经过一位车胎没气的女士，此时路边停着另一辆车，一位男司机显然在帮这位女士更换轮胎；被试随后经过另一位车胎没气的女士，而此时这位女士独自一人，需要帮助。该实验条件为被试提供了助人的榜样。

2. 在控制条件下，被试只是驾车经过一位车胎没气且需要帮助的女士，而不会见到助人榜样。结果表明，接触过亲社会榜样的过路车主提供帮助的可能性比控制组的车主高出50%。

的内容时，被试表现得更加助人，但当视频内容是暴力的时，他们的行为表现更加伤人。研究者在不同的文化和年龄组中都发现了这一效应。

媒体的影响可以类推到音乐上。例如，托拜厄斯·格雷特梅耶（Tobias Greitmeyer, 2009）发现，来自德国和英国的被试在听了亲社会的歌曲后更愿意主动帮助他人。格雷特梅耶和奥斯瓦尔德（Greitmeyer & Osswald, 2010）报告，观看亲社会的视频增加了助人行为发生的比率；而且，这些视频使得观看者更容易产生亲社会的认知。因此，正如凯瑟琳·巴克利和克雷格·安德森（Katherine Buckley & Craig Anderson, 2006）所提出的，格雷特梅耶和奥斯瓦尔德也认为一般攻击模型（General Aggression Model, GAM）可以发展为一般学习模型（General Learning Model, GLM）。（一般攻击模型的作用机制见第 12 章图 12.7。）

2. 归因的影响

人们会对助人行为进行归因。持续性地助人需要人们将"乐于助人"的概念进行内化（见第 4 章中的自我知觉理论）。当人们需要选择是否做出助人行为时，"乐于助人"的概念能引导该行为的发生。在学习助人行为时，自我归因比强化的作用更大：被告知自己是"乐于助人者"的儿童比那些被口头表扬强化的儿童向需要帮助的儿童捐赠了更多的代币，且这一效应具有可持续性（Grusec & Redler, 1980）。事实上，佩里及其同事发现，当儿童没有达到自我归因的标准时，他们可能会自我感觉较差，并进行自我批评（Perry, Perry, Bussey, English, & Arnold, 1980）。

如果我们犹豫是否要帮助某个需要帮助的人，我们通常会试图弄明白这个人可能是谁或者是什么样的。有时我们甚至会责怪一个陷入困境的无辜受害者。这样做的原因之一是让这个世界看起来更加公正合理，在这里，坏事发生在坏人身上，好事则发生在好人身上——这就是**公正世界假设**（just-world hypothesis）（Furnham, 2003; Lerner & Miller, 1978; 见第 3 章）。人们应该为自己的困境负责，并得到他们应得的，并且由于倾向于认为自己是好人，人们通常认为坏事不会发生在自己身上。

因此，遭遇不幸的人也许是罪有应得（Bulman & Wortman, 1977）。如果受害是部分受害者的宿命，我们可能会认为"太好了，他们这是自作自受！"，并且不给予帮助。姬蒂·吉诺维斯案的一些目击者可能认为，这么晚才回家是她的错——这是人们对许多罪行的常见反应。再举一个令人不安的例子：也许有人会认为，某些被强奸的受害者也是"罪有应得"，只因她的穿着太紧或太暴露了。接受世界必然是公正的这一观点始于童年时期，是一种后天习得的归因。

幸运的是，大多数人认为苦难不是人们应得的。接受这一点会削弱人们对公正世界的信念，从而让正义得以实现。助人行为的另一个必要前提是，相信为他人提供的帮助是有效的。米勒（Miller, 1977）区分了两种可以说服潜在助人者的因素：（1）受害者是一个特例，而非众多案例中的一个；（2）被帮助的需要是暂时的而非持续的。这两种因素都让我们意识到"立刻"就给予帮助是有效的。

彼得·沃伦和伊恩·沃克（Peter Warren & Iain Walker, 1991）由此推论并发现，如果能够明确描述身处困境之人的需要，其他人可以根据这一信息判断提供帮助是否合理。在一项对 2 500 多名收信人的实地调查中，被调查者收到了一封信，内容是请求给苏丹的一个难民家庭捐款，信的措辞略有不同。当信的内容强调以下两点时，研究者收到了更多的捐款：（1）捐款仅限于这个特定的家庭，而不会分给苏丹的其他人；（2）这个难民家庭的需要只是暂时的。简而言之，情况合理，行动有效。

公正世界假设

勒纳和米勒认为，人们需要相信世界是一个公正的地方，在这里他得到了应得的东西。由于不应得的痛苦会削弱这种信念，人们可能会得出这样的结论，即受害者的命运是他们应得的。

三、旁观者效应

在前文中我们注意到，社会心理学家对姬蒂·吉诺维斯谋杀案中目击者和旁观者未施以援手的冷漠行为感到好奇和担忧。后续的研究一开始热衷于探究在紧急情况下，人们什么时候会伸出援手。后来，这个问题从紧急情况扩展到更普遍的亲社会环境：在非紧急的情况下，人们什么时候会提供帮助，例如捐款、献血或贡献自己的时间和精力？研究的重点也转移到了情境因素上，即在现实情境下影响**旁观者干预**（bystander intervention）的因素，而不再将重点放在助人行为的起源或学习上。

在亲社会行为的众多影响因素中，最具影响力和被彻底研究过的因素也许是潜在助人者是独自一人还是与他人在一起。我们现在知道的是，单独在场的旁观者比众多旁观者中的任何一个人都更有可能提供帮助，这就是所谓的**旁观者效应**（bystander effect）。（请用这一效应来解释本章开头"你怎么认为？"第三个问题中莉莉的勇气。）皮利亚温对助人行为的解释基于共情的观点，拉塔内和达利（Latané & Darley, 1970）提出的模型则与此不同，他们认为助人决策过程是基于他人的反应。

拉塔内与达利的认知模型

基于公众对吉诺维斯案的广泛讨论和关注，比布·拉塔内和约翰·达利开始了一项研究（Darley & Latané, 1968），现在被认为是社会心理学的经典研究。研究人员的问题是：对他人苦难的同情或者公民责任感，会使得人们在危险情况下做出亲社会干预的行为吗？此外，当有若干旁观者在场时，人们更有可能提供帮助吗？我们首先需要考虑**紧急情况**（emergency situation）的下列要素：

- 涉及人身或财产的危险。
- 属于不寻常事件，普通人很少遇到。
  - 事件性质存在广泛差异，例如从银行着火到行人遭遇抢劫的事件。
  - 不可预见，无法事先计划如何应对。
  - 需要即时行动，无法从容不迫地考虑各种选择。

在这里，请注意紧急情况的性质与谢里夫（如 Sherif, 1935）研究社会规范发展所使用的游动效应之间的相似性（见第7章和第8章）。两者都存在不确定性、模糊性，都缺乏结构性，都需要我们做出判断或决定；在这两种情况下，我们都可能会向他人寻求想法和行为的指导。所以，关于紧急情况的一个关键预测是，他人是否在场及他人如何行动会导致人们做出不同的反应。

拉塔内和达利指出，我们很容易给在紧急情况下未能帮助受害者的人们贴上冷漠的标签，即对他人的问题漠不关心。然而，吉诺维斯案的目击者们所表现出的漠不关心可能掩盖了其他的影响因素。一项早期的研究发现，当目击者人数增加时，更容易出现不提供帮助的情况。拉塔内和达利的旁观者干预认知模型指出，人们是否提供帮助是一系列决策的结果，在这一过程中的任何时候，人们都有可能做出不提供帮助的决定。专栏13.4呈现了该模型的步骤，具体的决策过程如图13.4所示（请回想你在回答本章开头"你怎么认为？"中的第四个问题时的思考过程）。接下来将概述一系列实验，旨在说明该模型的作用原理。

旁观者干预
一个人跳出旁观者的角色，在紧急情况下帮助另一个人。

旁观者效应
与独自一人相比，人们在他人在场时，更不愿意做出助人行为。旁观者的数量越多，人们越不愿意提供帮助。

紧急情况
通常是指不常见的、计划之外的、需要人们快速做出反应的事件，事件的性质可以不同。

专栏 13.4　　　　　经典研究

拉塔内和达利认知模型的步骤

做出助人决策

1. 我们是否注意到他人需要帮助的事件，比如发生了一起事故？

2. 我们如何解释这个事件？当我们认为受害者的情况很严重并将迅速恶化时，我们最有可能将情况定义为紧急情况，并提供帮助。兰斯·肖特兰和泰德·休斯顿（Lance Shotland & Ted Huston, 1979）发现，人们在紧急情况下（例如需要注射胰岛素治疗糖尿病）比在非紧急情况下（例如需要一些过敏药物）更愿意提供帮助。语言上的遇险信号（例如尖叫）能够有效增加旁观者干预的可能性：尖叫的行为使得人们在 75% 或更多的时候得到帮助。一旦人们把一种情况解释为紧急情况，

旁观者的冷漠程度就会显著降低（Clark & Word, 1974; Gaertner & Dovidio, 1977）。

3. 我们愿意承担提供帮助的个人责任吗？有时目睹紧急情况的旁观者知道还有他人在场，但其他人都没有采取行动，在吉诺维斯案中情况就是如此；有时承担责任的决定取决于旁观者在特定情况下的感受。在步骤 2 和步骤 3 中，其他人的影响显然起到了决定性的作用。

4. 我们的决定是什么？

5. 帮助是被规定的吗？如果我们不确定情况是否紧急，或者我们不知道如何应对这种紧急情况，别人的行为方式就会影响我们的反应。

来源：Darley & Latané, 1968.

1. "无风不起浪"

拉塔内和达利（Latané & Darley, 1970）邀请男性学生被试到会议室讨论在大学生活中遇到的一些问题。当学生们正在填写一份预备的问卷时，烟雾开始从墙上的通风口涌进室内，持续了六分钟之后，房间里充满了烟雾。此时，被试要么是独自一人，要么与他们不

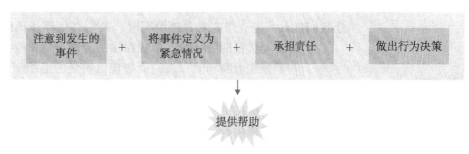

图 13.4　基于拉塔内和达利的认知模型的助人决策过程
来源：Latané & Darley, 1970.

认识的另外两名被试在一起，或者是与两名完全无视烟雾的被试（由主试假扮）在一起。被试会有什么反应呢？他们需要多长时间采取行动？研究人员想知道在这种情况下，人们是否会将他人的行为作为参照。事实证明就是如此，与和其他陌生人待在一起的被试相比，独自一人的被试更有可能报告烟雾。在独处组中，75% 的被试采取了积极的行动；而在与两个陌生人共处一室的小组中，只有 38% 的被试采取了行动。在两名消极的被试（由主试假扮）在场的情况下，被试报告烟雾的可能性更小，只有 10% 的被试采取了行动！

拉塔内和达利认为，他人在场会抑制人们对紧急情况做出反应：旁观者人数越多，人们反应的速度越慢。更糟糕的是，当其他旁观者处于被动状态时，人们会说服自己不存在紧急情况，因而不做出行为反应。上述研究中的一些被试后来报告说，烟雾并没有带来危险。在真正的紧急情况下，这很容易产生致命的后果。

2."苦恼的女人"

拉塔内和罗丁（Latané & Rodin, 1969）重复验证了这些结果，并将研究扩展到其他人可能处于危险中的情况。在这项研究中，男性被试独自一人或两人一组填写调查问卷时，其间听到另一房间里的女士正在费力地打开一个文件柜。接着，他们听到一声巨响，随后传来痛苦的喊叫和呻吟声。在独处的被试中，有70%做出了助人行为；而在成对的被试中，只有40%提供了帮助。消极被动的被试（由主试假扮）在场显示了情况并不紧急，因此做出助人行为的被试比例下降到了7%。此外，当同在一组的两名被试为朋友时，人们更多地提供了帮助（70%）。

3."当他的癫痫发作时"

旁观者必须亲自在场才会减少人们提供帮助的可能性吗？达利和拉塔内（Darley & Latané, 1968）设计了一项实验，实验中学生们被安排在不同的隔间里，只能通过对讲机进行交流。在三种实验条件下，被试分别认为自己属于由两个人（自己和"受害者"）、四个人或者六个人组成的小组。"受害者"通过对讲机告诉其他人自己患有癫痫病。随后，对讲机里传来他濒临窒息和喘气的声音，显然是癫痫发作，然后又变得安静。被试做出助人行为所需要的反应时间会随着旁观者数量的增加而延长吗？

结果表明，被试认定的"旁观者"数量越多，他们就越不可能提供帮助。在"受害者"的癫痫结束之前，被试提供帮助的比例分别为：独自一人的小组为85%，认为有另外两人在场的小组为62%，认为有另外四个人在场的小组为31%。随着时间的推移，情况有所改善，即6分钟之后被试提供帮助的比例分别为100%、81%和62%。

4.导致旁观者冷漠的过程

让我们盘点一下。当应对紧急情况时，人们必须停止他们手头的事情，然后做一些不常见的、无法预期的行为。单独在场的旁观者通常会毫不犹豫地提供帮助。然而，当有

责任分散
个体倾向于认为其他人会承担责任（结果导致没人承担责任）。这是旁观者效应的假设原因。

若干旁观者在场时，人们会表现出明显的退缩倾向，甚至可能根本不做出反应。当这种效应在旁观者人群中扩散时，他们就无法做出干预行为。那么，是什么让这一效应在群体中发生呢？

拉塔内和达利（Latané & Darley, 1976）在自己与其他研究者的实验数据中，发现了三类在社会过程中可能导致旁观者群体不愿提供帮助的原因。在区分这些可能的原因时，我们可以通过三个问题，根据沟通渠道的种类进行类推，来理解旁观者的行为：

- 个体是否意识到其他旁观者也在场？
- 个体能看到其他旁观者或听到他们的声音，并意识到他们如何反应吗？
- 这些旁观者能监控到个体的行为吗？

以下每个过程在回答上述三个问题的方式上都各具特色：

- **责任分散**（diffusion of responsibility）。回想一下社会抑制（见第8章的讨论），即群体中的成员通常会把行动的责任推卸给其他人。在紧急情况下，其他旁观者的在场给人们提供了机会，使之将行动或不采取行动的责任转移给他们。沟通渠道并不意味着个体需要被他人实实在在地看见或可以看见他们。只要他人在某种意义上存在，就会影响人们的行为。单独在场的个体最有可能提供帮助，因为他们相信自己承担了行动的全部责任。如果他们不采取行动，就没有人可以提供帮助了。具有讽刺意味的是，只要有另一名目击者在场，就可以出现责任分散的情况。
- 观众抑制。其他旁观者会让人们意识到自己在采取行动；人们不想因为反应过度而显得愚

蠢。在亲社会行为的情境中，这一
过程有时也被称为**对社交失误的恐
惧**（fear of social blunders）。你害怕
因为错误理解了他人的小危机而遭
到嘲笑吗？如果事实并非如此呢？
如果有人在开玩笑呢？我是 YouTube
恶搞视频的拍摄对象吗？沟通渠道
意味着旁观者可以看到或听到个体
的行为，但个体不必看见这些旁观
者。

- 社会影响。其他旁观者提供了行动
  的榜样。如果他们显得被动和镇定，
  那么情况可能看起来不那么严重。沟
  通渠道意味着个体可以看到其他旁观
  者，但反之则不然。

责任分散　一个令人心痛的场景——一个无家可归的女人站在威尼斯的河水中，向一群匆匆走过的行人乞讨，但没有成功。

5. 三合一实验

　　拉塔内和达利设计了复杂的实验专门检验上述三种过程的作用机制。实验使用
电视监视器和摄像机，诱导被试相信他们与旁观者相应地处于以下四种实验条件中
的任意一种：（1）他们能看见旁观者和被旁观者看见；（2）能看见旁观者，却不被
旁观者看见；（3）不能看见旁观者，但能被旁观者看见；（4）既看不见旁观者也不
被旁观者看见。复杂的实验设计存在其必要性，它使得我们可以探究社会影响和观
众抑制效应相继加入后对责任分散这一过程的影响。

　　需要注意的是，旁观者在紧急情况下在场或被认为在场时，我们就必然要考虑
到责任分散的过程。然而，这一实验还测量了其他过程的累加效应，使得我们可以将其与责任
分散的单独效应进行比较。通过研究专栏 13.5 中的内容，你就能很好地理解如何做到这一点。

> **对社交失误的恐惧**
> 害怕被他人看见自己行为不当或犯愚蠢的错误。避免被嘲笑的愿望抑制了旁观者群体对紧急情况做出有效反应。

专栏 13.5　　经典研究

三合一实验：令人震惊的经验

　　学生被试同意参加一项"压抑"研究，他们的任务是评定实验对象对语言刺激的反应方式是否表明他们受到了电击。实验规定，当特定的词语出现时，实验对象会受到主试的电击。被试会在另一个房间的闭路电视上观看这一过程，并通过研究实验对象的整体行为来判断电击在何时发生。这项实验在夜晚进行，地点是普林斯顿大学一座废弃的建筑物。被试两人一组进行实验（除了在"单独"条件下），实际上每次第二位被试都是主试的实验助手。

　　每对被试首先被带到一个放着陈旧的电击生

成器的控制室。主试随后发表评论，提示这些零件来自军队的剩余设备，并不可靠。电击生成器前放着一把椅子，电视摄像机正对着这把椅子。随后，被试被告知实验对象迟到了，自己可以先填写背景调查问卷来节省时间。被试被引导至各自的小隔间，每个小隔间里都有两台电视显示器和一台摄像机。显示器 1 正在工作，画面中是他们刚刚离开的控制室，电击生成器清晰可见。主试为显示器 2 和摄像头的存在道歉，声称它们属于另一名不在场的工作人员，因此不能触摸，此时显示器 2 和摄像头都在工作。这种额外存在且被认为是多余的设备为

下列几个实验条件提供了基础。在显示器 2 的画面中可以看到旁边隔间的被试，而摄像头则让隔壁的被试可以看到自己。五种实验条件分别是：

1. 独自一人。这一实验条件为基线条件，在此条件下，实际的被试一个人参与实验。实际被试房间里的摄像头正对着天花板，显示器 2 中的画面是旁边隔间的天花板，没有其他人的痕迹。

2. 责任分散。在其余的实验条件下，有两名被试（其中一位为主试的实验助手），但相互之间没有交流。显示器 2 只显示另一个隔间的天花板（摄像头指向的地方）。实际被试房间里的摄像机也正对着天花板。然而不同于"独自一人"的实验条件，在此条件下被试知道有一个旁观者在场。

3. 责任分散 + 社会影响。被试能够看到旁观者的反应，但反之则不然。摄像头对准了旁观者，因此被试可以在显示器 2 上看到另一名被试（实验助手）正在填写一份问卷。

4. 责任分散 + 观众抑制。旁观者能够看到被试的反应，但反之则不然。摄像头对准了被试。虽然被试看不到旁观者，但假设被试可以被旁观者看到。

5. 责任分散 + 社会影响 +

观众抑制。被试和旁观者可以看到彼此。两个摄像头分别对准了他们，他们可以在各自的显示器上看到对方。

紧急情况是这样发生的：主试把被试留在小隔间里，在显示器 1 上可以看到，主试回到控制室去调整电击生成器。在屏幕上，被试看到主试拿起了一些电线。它们肯定不是正确的电线，因为主试尖叫着跳起来，撞到墙上然后摔倒在摄像机拍摄范围之外的地上，只能看见主试的双脚朝上翘着。大约 15 秒后，他开始轻声呻吟，并持续了大约 6 分钟，直到获得帮助（Latané & Darley, 1976, p. 327）。

在每种实验条件下，实际的被试分别会怎么做呢？见图 13.5 中的结果。

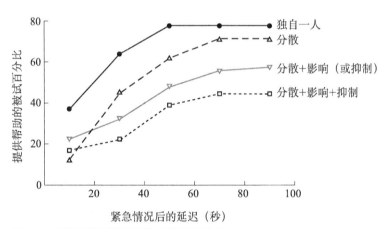

图 13.5　三种过程对帮助受害者意愿的影响

● 上图显示了随着时间的流逝，帮助摔倒的主试的累计人数（纵轴），以秒为单位（横轴）。

● 有四种实验条件，分别是独自一人的条件和旁观者在场的三组条件。

● 对其中两种条件下的结果（责任分散 + 观众抑制或社会影响）进行合并；它们的效应没有区别，且都涉及单向沟通。

● 随着沟通程度的增加，助人行为减少了：（1）简单的责任分散（没有沟通）减少了助人行为；（2）当加入了社会影响或观众抑制时，助人行为进一步减少（单向沟通）；（3）当三个过程同时起作用时（双向沟通），主试得到的帮助最少。

来源：Latané & Darley, 1976.

6. 旁观者效应的局限

旁观者在场通常会减少个体在紧急情况下提供帮助的可能性，但不同的旁观者组成可以减少未能提供帮助的情况。

互不相识的旁观者由于相互之间的沟通进展较慢，所以更不愿意帮助别人。当旁观者互相认识时，旁观者效应对亲社会行为的抑制要比在陌生人之间少得多（Latané & Rodin, 1969;

Rutkowski, Gruder, & Romer, 1983）。然而，乔迪·戈特利布和查尔斯·卡弗（Jody Gottlieb & Charles Carver, 1980）的研究表明，即使是在陌生人之间，如果他们知道以后将有机会与彼此进行互动，且可能需要解释他们的行为，这一效应对亲社会行为的抑制就会减少。总的来说，当旁观者是匿名的陌生人，且他们预期不会再见面时，旁观者效应最强，吉诺维斯案很可能就是这种情况。凯瑟琳·克里斯蒂和哈里森·沃伊特（Catherine Christy & Harrison Voigt, 1994）发现，如果受害者是熟人、朋友、亲戚，或是在公共场所被虐待的儿童，旁观者的冷漠就会减少。

上述研究存在一个共同点：在紧急情况下偶然出现的陌生旁观者通常不构成一个群体，但如果旁观者之间是朋友，则构成了群体。马克·莱文（Mark Levine）及其同事在系列实验中进一步证实了这一点。即使旁观者是陌生人，他们也可能提供帮助，前提是他们共享一个与自我相关的社会类别身份和相应的社会认同（Levine & Manning, 2013）。例如，如果受害者是女性，而旁观者是男性，那么性别就是一个凸显的类别，男性旁观者们组成了群体，因此狭义的男性性别角色刻板印象就可以"促进行动"（Levine & Crowther, 2008）。关键在于，如果社会认同是由情境启动的，那么关于如何在特定情境下做出反应的规范预期就会发挥作用。在缺乏凸显身份对适当的行为进行引导的情况下，人们非常依赖于自己来决定应该做什么（见第 11 章对集体行为的讨论）。

■ 四、方程中的个人

既然众多情境因素影响着亲社会行为，那么个人的某些方面是否也会对亲社会行为产生影响呢？让我们通过"行为是人和环境的产物"这一心理学箴言来重新建立平衡。

是否存在相对独立于情境的个人特征？研究主要集中在两个领域：暂时的心理状态和人格特征。前者包括我们每个人都可能经历的心境和感受的变化，后者意味着相对固定的属性。

（一）心境状态

我们都有过事情进展顺利的时候，也有过事情进展不顺的时候，我们都知道这会影响我们与他人的互动。亲社会研究表明，感觉良好的人比感觉不好的人更有可能帮助需要帮助的人。

1. 好的心境

有一个经典的实验范式，让被试相信他们在被要求完成的任务中获得了成功或遭遇了失败。结果发现，那些认为自己成功的人比那些认为自己失败或没有得到反馈的人更愿意提供帮助。艾丽斯·伊森（Alice Isen, 1970）发现，在一项任务上更成功的教师更有可能在后续的学校募捐活动上捐更多款。事实上，那些表现好的教师的捐款数额是其他人的 7 倍！因此，在不相关任务中取得成功的短暂感受，能够极大地影响亲社会行为。

伊森认为，做得好的人会产生一种"成功的温暖光辉"，这使得人们更有可能提供帮助。（你可以把这种效应与第 14 章提到的人际喜爱的强化—情感模型进行比较。）当人们感觉良好时，他们就不会太在意自己，反而会对他人的需求和问题更加敏感。好的心境意味着人们更有可能关注积极的事情（Isen, Clark, & Schwartz, 1976），对生活有更乐观的态度，以友善的方式看待世界（Isen & Stalker, 1982）。

在广播中听到好消息的人比听到坏消息的人更容易被陌生人吸引，更愿意提供帮助（Holloway, Tucker, & Hornstein, 1977），人们在晴朗、温和的日子里比在阴天、寒冷的日子里心情更好，更加乐于助人（Cunningham, 1979）。即使是大声朗读表达喜悦的陈述或回忆童年时的愉快经历，也能提高助人的概率。以往研究一致表明，好的心境在各种情况下都会促进助人行为的发生。

2. 坏的心境

与心情愉快的人相比，心情不好、悲伤或沮丧的人更专注于自己的内心世界。他们更专注于自己的问题和忧虑（Berkowitz, 1970），较少关心他人的福祉和帮助他人（Weyant, 1978）。伯科威茨（Berkowitz, 1972b）的研究表明，自我关注降低了学生在等待重要考试结果时提供帮助的比例和次数。类似地，达利和巴特森（Darley & Batson, 1973）让本来要做演讲的神学院学生分别认为他们迟到了、及时赶到或者早到了，然后他们有机会帮助一名明显在小路上跌倒的男子。各组被试提供帮助的比例分别是：迟到组 10%，及时赶到组 45%，早到组 63%。

自我关注并不总是减少助人行为。伊森及其同事发现，某些类型的自我关注可能会使人们更加乐于助人（Isen, Horn, & Rosenhan, 1973）。内疚就是这样一种感受（见专栏 13.6）。此外，并不是所有的坏情绪都会减少助人行为。愤怒显然是一种坏情绪，然而一项关于愤怒的行为后果的研究综述表明，愤怒可以产生围绕着打击不公、促进道德原则与合作的亲社会行为结果（Van Doorn, Zeelenberg, & Breugelmans, 2014）。

专栏 13.6　　　　　　　　　　　　**你的生活**

内疚帮助者的案例

"天啊！你弄坏了我的相机"

我们都很熟悉当我们不小心弄坏了什么东西或者伤害了某人时想要帮助他人的冲动——这种冲动经常转化为实际的助人行为。研究表明，那些意外弄坏东西或伤害别人的人确实表现出更多的助人行为。当被试认为自己破坏了实验、在考试中作弊、弄坏了昂贵的设备或给别人造成痛苦时，他们更有可能帮助自己冒犯的人。

丹尼斯·里甘（Dennis Regan）及其同事让一组女性被试相信，她们打破了一个昂贵的相机。后来，当她们有机会帮助另一名掉了一些杂货的女性时，50% 的"内疚"被试提供了帮助；而在控制组中，只有15%的人提供了帮助（Regan, Williams, & Sparling, 1972）。

一种解释是形象补偿假说：人们想要做出补偿。如果你伤害了别人，你可以通过弥补来恢复自尊。然而复杂之处在于，内疚的一方实际上会帮助任何需要帮助的人，而不仅仅是他们感到内疚的对象。因此，我们很难看出他们的自尊是如何受到威胁的。

根据鲍勃·西奥迪尼的消极缓解状态模型（如 Cialdini & Kenrick, 1976），伤害他人，甚至看到这种情况发生，都会导致旁观者体验到一种消极的情感状态，这进一步促使他们做些事情来缓解这种感受。我们逐渐认识到，帮助他人可以缓解消极情绪。因此，人们做出助人行为的动机是让自己感觉良好，而不是看起来很好。如果是这样，这个过程可以被更好地描述为享乐主义而不是利他主义，因为它是由自身利益所驱动的。

这一观点得到了以下发现的支持：承受或者目睹过伤害和痛苦，随后获得意外的金钱奖励或社会认可的人，比始终停留在坏心境里的被试提供更少的帮助（Cialdini, Darby, & Vincent, 1973; McMillen, 1971）。

总的来说，关于心境和类似心理状态的研究相对较复杂（见第 2 章），且研究表明体验到成功和感觉良好通常会促进亲社会的助人行为，但坏的心境可能会、也可能不会引发助人行为，这取决于他们是否被自我关注所调节。然而，提供帮助的一个常见结果是帮助者最终感觉良好（Williamson & Clark, 1989），并至少在一段时间内有更积极的自我评价。例如，威廉·克莱因（William Klein, 2003）报告了一项研究，在该研究中，学生被要求对一项言语任务的表现进行比较反馈。当反馈是积极的（即他们比第二名学生表现得更好）时，被试报告他们感到高兴（表明更积极的自我评价），且更愿意给参加类似任务的第三名学生提供有用的提示。这项研究也是由感觉良好引发亲社会行为的例子。

（二）个人属性

特殊的人际关系能使旁观者在紧急情况下感受到自己独特的责任，尤其是当旁观者和受害者之间有特殊的联系或对其有承诺（Geer & Jarmecky, 1973; Moriarty, 1975; Tilker, 1970），或者受害者特别依赖旁观者时（Berkowitz, 1978），这种情况更有可能发生。

1. 个体差异

还有其他个体因素会让人们提供更多帮助吗，即使只是暂时变得更加乐于助人？乐于助人是否存在个体差异或人格倾向？拉塔内和达利（Latané & Darley, 1970）认为，我们无法通过人格测验来预测助人行为，包括权威主义、疏离、可信度、马基雅维利主义（操纵他人的倾向）和获得认可的需要。

然而，有些人似乎确实比其他人更加乐于助人，例如南丁格尔、史怀哲和特蕾莎修女等著名人物。以往研究中并没有强有力的证据支持"乐善好施"综合征的存在（Schwartz, 1977）。研究发现，助人行为与我们将命运掌握在自己手中的信念、成熟的道德判断以及对他人的福祉负责的倾向存在相关（Eisenberg-Berg, 1979; Staub, 1974）。但是，这些证据无法强有力地将乐善好施者与其他人区分开来（即相关关系较小），部分研究者怀疑探究这种相关的尝试是否有意义（Bar-Tal, 1976; Schwartz, 1977）。

但有证据表明，人格属性可以预测亲社会行为。例如，一项针对 340 名年轻人的研究发现，在宜人性、自我超越的价值观和共情的自我效能等属性上得分较高的人更有可能表现出亲社会行为（Caprara, Alessandri, & Eisenberg, 2012）。此外，在紧急情况下始终提供帮助的人往往更高、更重，身体更强壮，而且在应对犯罪和紧急情况方面受过更好的训练（见 Huston, Ruggiero, Conner, & Geis, 1981）。（这些观点怎样帮助我们理解本章开头"你怎么认为？"第三个问题中莉莉的勇气？）

宽恕的能力似乎在亲社会行为中也扮演着重要的角色——宽恕在许多文化中都非常重要，且有助于亲密关系的维系（见第 14 章）。卡雷曼斯、范·兰格和霍兰（Karremans, Van Lange, & Holland, 2005）研究了宽恕的"溢出效应"。他们发现，那些愿意宽恕其他人（例如伴侣）冒犯自己的人，之后可能会表现得更亲社会——比如志愿为慈善机构工作或捐款（回想一下本章开头"你怎么认为？"中的第二个问题）。群际情境中的研究也涉及宽恕和道歉——一个群体在被外群体伤害后宽恕外群体，或一个群体为伤害了外群体而道歉，并且觉得自己应该对伤害外群体的行为负责（Iyer & Leach, 2008；见第 11 章）。

凯尔特纳及其同事研究了尴尬和亲社会行为之间的联系。如同前文讨论过的共情一样，尴尬是一种独特的情绪，与非人类灵长类动物的缓和行为有关（Keltner & Buswell, 1997; Keltner & Lerner, 2010）。缓和是对越界的屈服和接受，尴尬则意味着社会秩序被破坏了。在一系列的研究中，法因贝格、维勒和凯尔特纳（Feinberg, Willer, & Keltner, 2012）提供的证据表明，我们感到尴尬的程度传递了我们有多大可能帮助他人的信号。

米库林瑟及其同事对**依恋风格**（attachment styles；见第 14 章）的研究发现，安全型依恋的人更有可能具有同情心和利他行为（Mikulincer & Shaver, 2005）。由于依恋风格是在儿童时期形成的，一项从 4 岁追踪至成年早期的纵向研究发现，亲社会行为也与儿童早期的表现存在联系。有一些稳定的个体差异——比如与他人分

依恋风格
对人们亲密关系本质的描述，认为其建立于童年。

享、帮助他人和给予他人情感安慰的儿童在成年后会继续表现出这些行为（Eisenberg, Guthrie, Murphy, Shepard, Cumberland, & Carlo, 1999）。当然，这种行为的稳定性可以归因于环境的稳定性，比如安全的依恋。

总的来说，研究者谨慎地避免完全使用"人格"这个词来解释亲社会行为。研究者的共同观点是，不存在单独的利他或亲社会人格（Bierhoff & Rohmann, 2004）。一个人是否表现出亲社会行为，可能是由他们的人格、环境的属性和受助者的特点共同决定的（Gergen, Gergen, & Meter, 1972; Snyder & Cantor, 1998）。

那么宗教呢？尽管有组织的宗教经常与偏执和极端主义联系在一起（Batson, Schoenrade, & Ventis, 1993; Berger, 1999; Haidt, 2012; Hogg, Adelman, & Blagg, 2010），但几乎所有的宗教都把共情和助人作为一种核心的意识形态原则。当人们被宗教启动时，尤其是那些信奉某种宗教意识形态的人，他们应该更倾向于帮助他人，表现得更加亲社会（Galen, 2012; Norenzayan & Shariff, 2008）。一项包含 25 个严格控制的研究的元分析发现，宗教启动确实能显著预测主要针对宗教内群体成员的各种亲社会行为，且这一效应在信徒中表现得更强（Shariff, Willard, Andersen, & Norenzayan, 2016）。沙里夫及其同事注意到，宗教启动也可以预测其他行为，包括种族歧视和其他非亲社会的、针对外群体和非信徒的态度和行为。

2. 生活在大都市

拉塔内和达利（Latané & Darley, 1970）发现，常见的人口统计学变量，如兄弟姐妹的数量和父母的职业，与助人行为无关，然而家乡的规模大小与之相关。来自小城镇的人比来自大城市的人更有可能提供帮助，盖尔芬德、哈特曼、沃尔德和佩奇（Gelfand, Hartmann, Walder, & Page, 1973）的研究也证实了这一点。

保罗·阿马托（Paul Amato, 1983）对人口规模影响助人行为进行了系统的研究。他在澳大利亚的 55 个城镇调查了人们是否愿意提供帮助，比如捡起掉落的信封，捐款给慈善机构，为帮助学生完成课程作业写下自己最喜欢的颜色，偶然听到他人对话时纠正不准确的方向，以及帮助一个摔倒在小路上且伤了腿的陌生人。除了捡起掉落的信封外，结果显示，随着人口规模的增加（即在较大的城镇），助人行为相应地减少。四种助人行为的结果如图 13.6 所示，图中显示了每组数据的最佳拟合回归线。我们可以看到，随着人口规模的增加，向陌生人提供帮助的人数呈下降趋势。

较大的人口规模通常出现在城市环境中，而较小的人口规模则出现在农村环境中。也许是城市或农村的环境，而不是人口规模本身，导致助人行为出现差异。也许住在农村的人更关心他人，因为他们觉得环境没那么拥挤、没那么匆忙，也没有被噪声压得喘不过气来。总的来说，住在农村的人感觉到的"城市超负荷"和环境压力比住在繁华城市里的人要少（Bonnes & Secchiaroli, 1995; Halpern, 1995）。

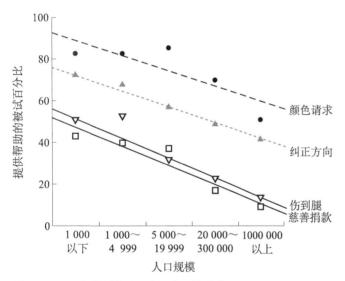

图 13.6 人口规模对帮助陌生人意愿的影响

● 回归线对每种助人行为的原始数据进行了拟合。

● 在人口规模较大的城市，陌生人预期从居民那里得到的帮助更少。

来源：Amato, 1983.

3. 吝啬鬼效应

当人们面对自己的死亡时，他们会变得更关心他人吗？对死亡凸显和恐惧管理的研究表明，当人们收到提醒，即生命会以死亡结束时，亲社会行为可能成为附带的行为——这是一种"忏悔！做功德！"

　　　　在圣诞节期间，西方文化中最珍贵、最常被讲述的故事之一是查尔斯·狄更斯的《圣诞颂歌》。在这个故事中，过去的圣诞鬼魂和现在的圣诞鬼魂向埃比尼泽·斯克鲁奇展示了他的残忍和自私如何对他自己和他人的生活产生了负面的影响。然而，直到未来的圣诞鬼魂让斯克鲁奇瞥见了自己被雕刻在墓碑开头的未来，对他人的仁慈和同情才最终战胜了他的吝啬和贪婪。狄更斯是在告诉我们，一个人应该把善良和关心他人看得比自私和物质财富更重要，否则就会毫无意义地、孤独地死去。（Jonas, Schimel, Greenberg, & Pyszczynski, 2002, p. 1342）

> **恐惧管理理论**
> 认为人类最基本的动机是减少对死亡必然性的恐惧。在有效的恐惧管理中，自尊可能是核心因素。

　　乔纳斯及其同事对**恐惧管理理论**（terror management theory）（如 Greenberg, Solomon, & Pyszczynski, 1997；见第 2 章）进行了检验，他们采访了那些走向殡仪馆的行人，殡仪馆有一块很大的牌子，上面写着"豪威（Howe）殡仪馆"。部分采访是在三个街区之外进行的，另一部分则是在殡仪馆门口进行的，此时行人可以看到整个标识。采访结束后，行人就慈善机构给人们带来的福利，对几家慈善机构进行评价。当行人站在殡仪馆前时，慈善机构得到的评价更高。就像吝啬鬼斯克鲁奇一样，他们看到了未来的圣诞鬼魂。

　　严格来说，恐惧管理理论对这种效应的解释是，当人们面对自己死亡的必然性，以及殡仪馆肯定会这样做时，他们会通过捍卫自己的文化世界观来追求象征性的不朽。在这种情况下，他们捍卫的是被社会认可的通过慈善机构进行的善行。

4. 能力："有能者，多助人"

　　感觉自己有能力处理紧急情况的人，更有可能提供帮助；他们意识到"我知道我在做什么"（Korte, 1971）。在这些情境下，特定类型的能力增加了助人行为：

- 被告知对电击有高耐受性的人更愿意帮助别人移动带电的物体（Midlarsky & Midlarsky, 1976）。
- 被告知擅长处理老鼠的人更有可能帮助重新抓住"危险"的实验鼠（Schwartz & David, 1976）。
- 能力的效应甚至可能泛化。卡兹丁和布赖恩（Kazdin & Bryan, 1971）发现，那些认为自己在体检甚至是创造力测验中表现良好的人后来更愿意献血。

　　某些技能的"组合"可能与某些紧急情况产生联系。在应对一位正在流血的陌生人时，接受过急救训练的人比未接受过急救训练的人提供帮助的次数更多（Shotland & Heinold, 1985）。

　　潘廷和卡弗（Pantin & Carver, 1982）向学生被试展示一系列关于急救和紧急情况的电影，让他们感觉自己更有能力。三周后，他们有机会帮助一名明显窒息的实验助手。结果表明，旁观者效应被之前看过电影的经历削弱了。潘廷和卡弗还报告说，随着时间的推移，助人行为持续增加。这一方面的技能开发是红十字会为许多国家的普通民众开设的急救培训课程的核心内容。

　　通过比较专业人员的帮助和新手的帮助，有实验研究考察了技能水平对助人行为的影响（Cramer, McMaster, Bartell, & Dragna, 1988）。有两组学生被试：高能力组的被试是注册护士，低能力组的被试是普通学生。在一个人为创设的情境中，每名被试在一名不提供帮助的主试实验助手的陪伴下等待。一名工人从邻近走廊的梯子上摔下来（一起人为操纵的事故，事先录制了呻吟声），与普通学生相比，注册护士们更有可能帮助这名工人。在实验后的问卷调查中，护士们明确表示，她们觉得自己有能力提供帮助。

总的来说，强调一个人拥有相关的技能意味着他应该使用这些技能。背后的自我认知是："我知道该做什么，所以我有责任采取行动。"能力可能具有情境特异性，也可能随着时间的推移而延续，继而泛化到不相关的情境中。

5. 领导者和追随者

关于能力这一主题，我们常常会想到充当领导者的情况。我们可能会认为，从定义上看，领导者比追随者更有能力，更有可能采取各种行动，包括在紧急情况下提供帮助。领导力的技能组成部分或许可以用来解释一些助人行为的结果。即便如此，鲍迈斯特及其同事（Baumeister, Chesner, Senders, & Tice, 1988）的一项研究还是明确了领导者角色的一个额外特征（另见第9章），它超越了"有能者，多助人"的解释：成为领导者意味着要承担广泛的责任。在紧急情况下，领导者的责任分散程度不如普通的团队成员。专栏13.7描述了鲍迈斯特及其同事是如何验证这个猜想的。

 专栏 13.7　　　　　　**重点研究**

表现得像个领导者能防止责任分散："这里谁说了算？"

有效领导的一个关键要求是指导团队决策（见第9章），并在紧急情况下，为行动提供控制和方向。罗伊·鲍迈斯特及其同事（Baumeister, Chesner, Senders, & Tice, 1988）做了一项实验，让32名男性和女性学生相信他们被分配到了四人小组，其中一名组员被随机分配为组长。学生们被告知，他们的任务是决定应该允许哪些核战争的幸存者进入该组织的防空洞。助手们可以提出建议，但他们指定的组长将做出最后的决定。

被试实际上进行了单独测试，一半被试被分配到领导者角色，另一半则是追随者；小组讨论是通过对讲机系统的磁带录音来模拟的。在一个关键时刻，每名被试都面临着一个模拟的紧急情况，即一名男性组员声音颤抖着说："谁来救救我，我噎住了！"随后，他咳了一声就不作声了。主试对那

些走出实验室试图提供帮助的被试说没有问题，所有人在实验结束后都接受了询问。

那些被指定为领导者的人更有可能提供帮助：高达80%（15人中有12人）的领导者提供了帮助，但只有35%（17人中有6人）的追随者提供了帮助。

在这项研究中，领导者被随机分配到他们的角色中，所以结果不是这些被试已经拥有的个人技能所致。在鲍迈斯特看来，成为领导者带来了广泛意义上的责任：

● 超越了小组任务的直接要求，涉及其他外部事件。

● 为普通成员倾向于出现责任分散的常见过程提供了一个缓冲，能调节人们表面上的冷漠，从而帮助受害者。

6. 性别差异

男人注定要成为"穿着闪亮盔甲的骑士"吗？文学作品和科学研究都表明，男性更有可能帮助女性，反之则不然。具体的研究例子包括帮助处于困境中的驾驶员（轮胎漏气、汽车抛锚），或者帮助搭便车的人（Latané & Dabbs, 1975）。与男性或者一对男女相比，当需要帮助的人是女性时，路过的汽车更有可能停下来（Pomazal & Clore, 1973; West, Whitney, & Schnedler, 1975）。停车的通常是独自驾车的年轻男性。艾丽斯·伊格利和莫琳·克劳利（Alice Eagly & Maureen Crowley, 1986）的一项元分析表明，男性更乐于帮助女性，尽管女性通常比男性表现出更多的共情。请阅读一项有趣的研究，该研究探讨了性唤起与帮助处于困境中的人们的可能性之间的联系（见专栏13.8和图13.7）。

伊格利（Eagly, 2009）在后来的一篇综述中总结道，男性和女性在亲社会行为的程度上是相似的，但在亲社会行为的表现类型上存在差异。她提出了一个生物学（不能忽视）和社会意义上的角色：

> 女性擅长的是共生和关系取向的亲社会行为，而男性的专长则是更主动、集体取向、更有力量的行为。这些基于不同设置的研究中出现的性别差异，符合广泛共享的性别角色观念。这些观念起源于劳动分工，它反映了男性和女性生理特性和社会结构之间的生物社会相互作用。性别角色对行为的影响受到激素过程、社会期望和个体秉性的调节。（Eagly, 2009, p. 644）

专栏 13.8　　你的生活

亲社会行为和男女互动

你是否怀疑男酒保会更快地为在吧台等酒的女客人而不是男客人服务？如果真是这样，也许骑士精神真的存在——男人无私地帮助需要帮助的女人，而不是需要帮助的男人？或者也许动机不那么纯粹——男人仅仅是出于性吸引来帮助陷入困境的女人吗？你想得越多，这个问题就变得越复杂。

根据本森的研究，性吸引可能确实起到了一定的作用。他发现身体上更有吸引力的女性得到的帮助更多（Benson, Karabenick, & Lerner, 1976）。普日贝拉（Przybyla, 1985）更直接地阐明了性唤起的作用。他让男学生和女学生观看色情或非色情视频，或根本没有视频。当学生离开实验室时，他们会遇到一位男性或女性实验助手，这名实验助手会"不小心"打翻一叠文件，并大叫："哦，不！""路过的人能帮忙收拾一下吗？"结果如图

13.7 所示，几乎所有看过色情视频的男性都有动力去帮助女性，他们还放松地花了 6 分钟来帮助她，但是男性却只得到了 30 秒的短暂帮助！

普日贝拉提到，男性和女性在观看色情视频时都报告了唤起程度。男性唤起程度越高，他帮助女性的时间就越长，但这一效应不会延伸到需要帮助的男性身上。相反，唤起程度越高的女性花在帮助别人上的时间越少。男性对女性的利他行为很可能受到他们对浪漫的渴望的干扰。然而，女性不太可能主动与陌生人互动（尤其是男性），这可能是在社会化过程中形成的经验。这与**社会文化理论**（sociocultural theory）对跨性别助人行为的解释是一致的，并在卡拉卡什安、沃尔特、克里斯托弗和卢卡斯（Karakashian, Walter, Christopher, & Lucas, 2006）的最新研究中得到了支持。

> **社会文化理论**
> 心理性别差异是由个人根据其性别在社会中的适应程度决定的。又称作社会角色理论。

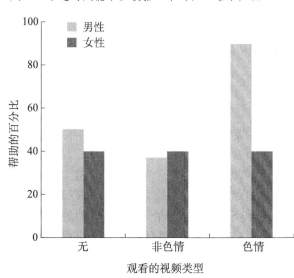

图 13.7　帮助异性陌生人作为性唤起的函数

● 男性和女性学生分别观看色情或非色情视频，或不看视频。

● 使用色情视频是为了诱发性唤起，并探究其对助人行为的影响。

● 然后，他们看到需要帮助的男性或女性实验助手。

● 结果出现了巨大的性别差异：男性被试非常愿意帮助异性陌生人，女性则不然。

来源：Przybyla, 1985.

（三）帮助预防犯罪

我们大多数人会同意，犯罪不是亲社会行为，但预防犯罪属于亲社会行为。以往研究关注轻微和非暴力犯罪的原因和预防，如财产盗窃和入店行窃，以及不端行为，如教室中的作弊。预防犯罪本身就涉及亲社会行为，例如发展邻里守望计划和相应的媒体宣传活动。当收益高而成本低时，人们最有可能从事非暴力犯罪活动。欺诈和逃税通常被认为具有高收益和低成本（Hassett, 1981; Lockard, Kirkevold, & Kalk, 1980）。

财产盗窃相对来说风险更大，据统计，这种犯罪活动在年轻男性中更为常见。随着个体的成熟，他们对成本和收益的评估也会发生变化。老年人更有可能欺骗顾客，或对于产品和服务撒谎，而不是真的去偷东西。然而，对财产盗窃的研究证明，有两个重要因素与亲社会行为相关：责任和承诺。

如果人们有提供帮助的责任感，他们就很有可能帮助他人。例如，我们在前文中看到，如果他们是犯罪或事故的唯一目击者，或者他们接受过处理紧急情况的培训，他们就会感到自己有责任。而对提供帮助具有责任感会增加做出亲社会行为的可能性。**事前承诺**（prior commitment）是一种特定的责任形式，它也可以引发亲社会行为。

在一项现场调查中，莫里亚蒂（Moriarty, 1975）找到那些独自坐在拥挤海滩上的人，然后走过去，拿着收音机和毯子坐在他们旁边。不久后，他和这些人进行了谈话，或只是简单地要了一根火柴（那时候吸烟是很普遍的！），或让这些人在他去散步的时候帮他看东西。所有被试都同意了第二个请求，并承诺自己是负责任的旁观者。这时一个研究助手走过来，拿起收音机并离开。在只被要了火柴的被试中，只有 20% 的人遵守了承诺；相比之下，在那些特别被要求负责任的被试里，则有 95% 的人遵守了承诺。这些被试甚至追赶着并抓住了研究助手，直到主试回来！

这种事前承诺的强大影响也在其他研究中得到了证实，例如在自助洗衣店里帮陌生人看管手提箱（Moriarty, 1975），在图书馆里帮另一个学生看管书（Shaffer, Rogel, & Hendrick, 1975），

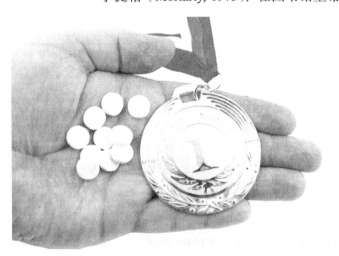

在教室里帮一个陌生人看管书（Austin, 1979）。结果是相似的，即在明确的事前承诺之后，人们做出亲社会干预的可能性很高。

欺骗、偷窃、撒谎和其他不道德的行为具有巨大的社会影响（如 Kirkwood, 2012; McCabe, Butterfield, & Trevino, 2012），是社会心理学关注的焦点。美国的大规模调查（Gallup, 1978; Hassett, 1981）发现，大约三分之二的人至少在学校里作弊过一次。在一项包含 24 000 多人的研究中，哈西特发现，违反各种道德行为准则的人数之多令人吃惊，约 25% 的人曾在报销账单上作弊，40% 的人曾酒后驾车，65% 的人曾从雇主那里偷过办公用品。了解什么样的情境会诱发这种行为，什么样的人最有可能做出这种行为，可以为减少这种行为的发生提供线索，甚至可以用亲社会行为来取代它。

作弊　体育比赛中的药物作弊已经引起了媒体的广泛关注，而国际赛事上的奖励更是起到了推波助澜的作用。

事前承诺
一个人在遇到麻烦前提前承担责任的协议，例如承诺保护他人的财产不被盗窃。

在体育竞技中，作弊也是个大问题。自行车运动员兰斯·阿姆斯特朗的兴奋剂丑闻引起了公众的注意（2012 年，美国反兴奋剂机构判定他使用了可提高成绩的药物）。2016 年，巴西里约热内卢的奥运会上也存在体育竞技中的作弊行为。

（四）入店行窃

从商店偷东西是一种犯罪行为，这引起了研究亲社会行为的心理学家的兴趣（Gelfand, Hartmann, Walder, & Page, 1973）。比克曼和罗森鲍姆（Bickman & Rosenbaum, 1977）发现，如果受到实验助手的提醒，大多数人会向管理层举报小偷。但海报或其他大众媒体信息在减少入店行窃方面不是很有效。这些非个人的提醒可能会影响人们对入店行窃的态度和举报小偷的行为，但却不会改变入店行窃的行为本身（Bickman & Green, 1977）。

为了减少入店行窃行为的发生，政府制定了各种方案，例如向人们介绍入店行窃的性质及其在财务和人力方面的成本。但是，人们发现，增加入店行窃的亲社会干预最有效的方法是举办一场讲座，强调如何及为什么要报告这种犯罪，以及为什么有时旁观者的行动受到了抑制（Klentz & Beaman, 1981）。

（五）考试作弊

考试作弊与人格之间有关联吗？在一项早期的研究中，麦金农（MacKinnon, 1933）区分了骗子和非骗子。他报告说，作弊者更经常对考试任务表现出愤怒的情绪，在考场里更具破坏性或攻击性（踢桌子腿、用拳头砸桌子）；不作弊的人更经常责怪自己没有解决问题，倾向于用语言描述问题并制定其他策略来帮助解决问题，他们表现得更紧张和坐立不安。几周后，学生们被问及是否在考试中作弊，那些没有作弊的人爽快地说自己没有作弊；那些作弊的人要么否认，要么承认，但他们表示自己并不为此感到内疚。此外，这种内疚感似乎是决定一个人是否作弊的关键变量：84% 的非作弊者表示，如果他们作弊，他们会感到内疚，那些不作弊的人对作弊的想法感到最内疚，而作弊者的内疚感反而最小。麦金农认为，作弊是"骗子"所固有的一种人格特征。

后续的研究也探讨了作弊和人格之间的关系。作弊的学生往往延迟满足的能力较差（Yates & Mischel, 1979），有较高的反社会倾向（Lueger, 1980）、较高的被认可的需求（Milham, 1974）、较低的人际信任（Rotter, 1980）、较高的慢性自我毁灭倾向（Kelley, Byrne, Przybyla, Eberly, Eberly, Greenlinger, Wan, et al., 1985）、较低的遵守职业道德的倾向，渴望努力地完成任务（Eisenberger & Shank, 1985），并坚信违规行为不会自动受到惩罚（Karniol, 1982）。尽管如此，这些相关性在人群中往往只有中等程度，表明情境因素发挥了显著的作用，提醒我们不妨寻找相应的补救措施。

一种短期的情境效应是唤起——因抓住机会而感到兴奋或激动。为什么不作弊呢，尤其是在被抓住的可能性很小的情况下（Scitovsky, 1980）？卢埃格尔（Lueger, 1980）从不同的角度看待唤起，认为它会分散注意力，让我们更难以控制自己的行为。在他的研究中，被试观看一部令人唤起或令人放松的电影，然后有机会在考试时作弊。在观看放松电影的被试中，有 43% 的人作弊了；而在观看唤起电影的被试中，有 70% 的人作弊了。矛盾的是，警告学生在考试中作弊被抓到会受到惩罚反而会增加作弊（Heisler, 1974），这也许是因为他们被唤起了。这些研究中大多数是在寻找阻止作弊的方法。传统的策略是增加惩罚的严厉程度。然而据估计，在自我报告的作弊者中，大约只有五分之一的人曾经被抓住（Gallup, 1978）。

回想一下麦金农（MacKinnon, 1933）的研究：也许增加人们的负罪感会减少作弊行为？人们通常认为作弊是错误的，那些作弊的人与不作弊的人一样强烈地反对作弊行为（Hughes, 1981）。部分机构引进了一些程序，以提高学生的道德意识，并以各种方式促进亲社会行为（见 Britell, 1981; Dienstbier, Kahle, Willis, & Tunnell, 1980）。丁斯特比尔及其同事报告说他们的研究取得了一些成功，因为他们更少地关注学生假定的道德缺失，而更多地关注如何凸显道德标准。类似地，在最近的实验研究中，通过启动社会认可的学术诚信规范来减少学生作弊，有望成为

社会支持网络 和关心你的人在一起可以帮助你应对生活中的考验和磨难。

有效的干预措施（Lonsbary, 2007）。

总之，很多人都爽快地承认各种偶然的、不道德的或非法的行为。诸如欺诈、逃税、保险诈骗、入店行窃、考试作弊，特别是知识产权盗窃（非法下载）等可能对他人造成严重后果的非暴力犯罪在我们的社会中普遍存在。以往研究不仅试图了解这些行为背后的原因，而且还探索各种解决办法，例如广告宣传运动、社区干预和基于监测技术的威慑。

（六）健康支持网络

本章中经常使用的"受害者"一词与亲社会行为中涉及健康的方面有关，即**社会支持网络**（social support network）。像癌症这样的受害事件会对其他人（家人、朋友、同事、医务人员）与患者的互动产生深远的影响：最初的厌恶反应可能会被表面上的喜悦所取代。不出所料，受害者可能会感到被污名化和不受欢迎。达科夫和泰勒（Dakof & Taylor, 1990）发现，社会支持网络中成员的反应会受到人们与受害者之间关系性质的调节，在更广泛的意义上，也会受到社会交往中文化限制的调节。在大多数核心家庭中，那些与癌症患者关系密切的家庭成员更有可能过度保护患者而不是逃避。他们的研究聚焦于受害者如何看待帮助的本质，以及这种看法如何与帮助的来源之间相互作用。

他们研究中的被试是 55 名癌症患者，大部分是居住在洛杉矶的白人。患者认为，亲密互动成员（家人、朋友）所做的那些与自己的自尊水平和受到的情感支持（例如关心、共情和情感）有关的行为是有益的。相比之下，对于对其有帮助的医务人员和其他癌症患者，患者的评价则是基于信息和具体的支持，例如预后和技术或医疗护理。当这两组中的互动成员脱离了他们原来的角色时，他们的行为就会被误导，且不再有帮助。就护理人员而言，被认为是有帮助的行为往往是那些与患者关系密切的人所赞赏的行为。

五、接受帮助

本章关注"助人者"的心理：我们什么时候会帮助他人，为什么我们会犹豫，我们如何增加社区中的助人行为？我们应该从另一个角度考虑问题。受助者总是需要帮助吗？我们已经讨论了在帮助他人的过程中会产生怎样的心理成本（Piliavin, Piliavin, Dovidio, Gaertner, & Clark, 1981），这引出了一个问题，即这是否也适用于那些被认为需要帮助的人。纳德勒（Nadler, 1986, 1991）认为同样适用。

西方社会鼓励人们自力更生，追求个人成就。于是，寻求帮助让人们陷入了两难的境地：受到帮助的好处被看似依赖他人的代价所抵消了。在以色列的一项研究中，纳德勒（Nadler, 1986）比较了基布兹集体农场的居民和城市居民寻求帮助的倾向。生活在集体农场里的人们在社会化的过程中更加珍视集体主义的文化，只有当他们认为自己所属群体的表现会与其他群体相比较时，他们才会在一项困难的任务上寻求帮助。然而，以色列的城市居民通常更加西方化和个体主义，只有当他们认为自己的个人表现会与其他个体进行比较时，他们才会寻求帮助（本研究的详细内容见第 16 章，尤其是图 16.4 和专栏 16.4）。

社会支持网络
那些了解我们、关心我们以及在我们面临压力的时候能够提供支持的人。

当人们感到被帮助证实了他们在社会中的依赖性和无能这种消极的刻板印象时，他们也会对帮助产生抵制或消极的反应。例如，女性经常（仁慈地）被定性为依赖他人，特别是依赖男性以寻求帮助（见第 10 章）。韦克菲尔德及其同事做了一项实验，让女性学生被试们意识到男性对女性依赖他人的刻板印象，然后让她们处于一个需要帮助的情境下（Wakefield, Hopkins, & Greenwood, 2012）。那些意识到依赖的刻板印象的被试（与那些没有意识到的人相比）更不愿意寻求帮助；而那些寻求帮助的被试，她们寻求的帮助越多，感觉越糟。

在我们的日常生活中，大多数的助人行为不涉及陌生人。相反，它们更可能发生在朋友、伴侣和亲戚这种持续的关系中。受助者会根据施助者的动机做出归因，并根据助人行为对这段关系的意义来解释施助者的行为。例如："我的伴侣很好！""你可以永远相信妈妈！"在一系列的研究中，埃姆斯及其同事得出结论，当我们接受帮助时，我们会注意"帮助是发自内心的（情感）、经过头脑权衡的（成本－收益），还是经由书本传递的（角色）"（Ames, Flynn, & Weber, 2004, p. 472）。在所有这些案例中，亲社会行为滋养了我们与他人的关系，并帮助定义了彼此在关系中的身份。

六、规范、动机和自我牺牲

（一）助人规范

通常来说，我们帮助别人只是因为"某些事情告诉我们"应该这样做。我们应该帮助老太太过马路，归还我们拾到的钱包，帮助一个哭泣的孩子。群体和社会规范（norms）在发展和维持亲社会行为方面发挥着关键作用——它们为人类行为提供了背景影响（见第 7 章），当然，它们是后天习得而非天生的。规范是一种行为标准，它描述并规定了人们所期望的"正常"或适当的行为。

几乎每种社会或文化都有这样一种规范：关心他人是好的，而自私是坏的。一个不成文的规则是，当成本相对不大时，如果他人需要帮助，我们就应该帮助他们。如果与社会责任有关的某种规范是普遍的，这就表明它是有用的，且它促进了社会生活。因此，对我们为什么要帮助别人的一种解释是，它是规范性的。按照规范行事会得到社会奖励，违反规范则会受到制裁。根据对现有社会秩序的威胁，制裁的范围可能从温和的反对到监禁，甚至更严重。

在亲社会和助人行为中，有两种基本规范起着关键作用：

- 互惠规范：我们应该帮助那些帮助我们的人。这一规范，也被称为**互惠原则**（reciprocity principle），它与乱伦禁忌的规范一样普遍（Gouldner, 1960）。然而，我们应该在何种程度上回报则会随情况发生变化。当有人心甘情愿地为我们做出巨大牺牲时，我们会为此深深感激；但如果他们所做的事情比我们期望的要少得多，我们就不会那么感激了（Tesser, Gatewood, & Driver, 1968）。此外，人们提供帮助可能只是为了回报过去已经受到的或未来可能受到的帮助（见第 14 章对社会交换的讨论）。当人们认为自己的声誉受到威胁时，受利己主义驱使的人更有可能采取亲社会行为（Simpson & Willer, 2008）。
- **社会责任规范**（social responsibility norm）：我们应该慷慨地帮助那些需要帮助的人，而不考虑将来的交换。一个社群中的成员往往愿意帮助那些有需要

规范
态度和行为的一致性，这种一致性定义了群体成员身份并使群体之间得以区分。

互惠原则
有时被称为互惠规范，或所谓"以德报德"。它说明可以通过先为他人提供帮助来获得顺从。

社会责任规范
认为我们应该帮助那些依赖他人和需要帮助的人。它与另一种不鼓励干涉他人生活的规范相矛盾。

社会责任规范　帮助需要帮助的人是一个关乎同情心的问题，而不仅仅是一种减少自身痛苦感的行为。

的人，即使他们是匿名捐赠者，且没有任何预期的社会奖励（Berkowitz, 1972b）。在实践中，人们通常有选择地应用这一规范，例如应用于那些并非出于自身过错而需要帮助的人，而不是门口的讨要者。人们将对地球未来的信念内化为一种规范的程度与环保主义有关（Fielding, McDonald, & Louis, 2008; Stern, Dietz, & Guagnano, 1995）。

当然，这两种规范都不能合理地解释动物的亲社会行为（Stevens, Cushman, & Hauser, 2005）。作为指导行为的准则，互惠和社会责任似乎是人类所特有的。即便如此，尽管我们应该帮助他人是人们口头上认可的首要规范，但它可能不是很令人信服——它是一种不容易转化为实际行动的理想（Teger, 1970）。亲社会道德规范作为一种理想，可能是人们口头上说要做有责任感的公民的一种表达。人们何时及为什么会遵守这些规范呢？本章前面提到的情境变量起到一定的作用。

（二）动机与目标

巴特森（Batson, 1994; Batson, Ahmad, & Tsang, 2002）认为，激励我们去帮助他人是动机的问题，且动机包含了目标。助人是一种工具性目标，还是通往终极的个人利益的中间步骤？或者说它本身就是一个终极目标，而任何随之产生的自我利益都是意想不到的副作用？我们在专栏 13.9 中总结了巴特森的思想。如果工具性目标只服务于自身利益，那么，以目标为导向的助人就不是利他的。然而，如果自利中的"自我"是一个集体的自我，即"我们"，那么有利于群体或社群，并因此有利于作为集体之一部分的我们自身的工具性目标导向行为，则更加接近利他主义。以**公地困境**（commons dilemma）为例，如果人们愿意为了长期的集体利益牺牲短期的个人利益，就可以解决这个问题（见第 11 章）。

（三）志愿者与殉道者

对于行为主体来说，亲社会和助人行为几乎总是涉及某种成本。成本可以相对较小（投入时间或金钱），也可以非常巨大（贡献一生）。自发助人的形式之一是志愿服务；这是一种对维持社会及嵌于其中的社区至关重要的活动，特别是在经济和社会困难时期（Wilson, 2000）。一个社区要从高水平的志愿服务中受益，它必须清楚地识别情境和机会，并增强志愿者的个人控制感（Clary & Snyder, 1991, 1999）。

志愿者通常向他人提供一种社区意识或公民参与意识（Omoto & Snyder, 2002）。这可以通过陪伴老人、为有困难的人提供咨询、为未受教育者提供辅导、通过临终关怀行动对绝症患者进行家访或帮助艾滋病患者等方式体现出来。在 1998 年的美

公地困境
一种两难的社会困境，即如果人人合作，则人人受益；如果人人竞争，则人人受害。

专栏 13.9　　　　　　　　　**重点研究**

帮助他人的四种动机

巴特森多年的研究让他得出结论，有四种动机影响着亲社会行为。我们助人的频率和表现方式可能取决于以下任意一种动机：

1. 利己主义：对自己有利的亲社会行为。我们可能通过帮助他人来获得物质、社会和自我奖励，以及逃避惩罚。
2. 利他主义：对他人有利的亲社会行为。利他并不意味着他人必须回报。这种亲社会动机在许多文化中都受到尊重。
3. 集体主义：对某个社会群体，例如家庭、族群或国家有利的亲社会行为。当然，对内群体有利的行为可能会伤害到外群体（见第 11 章）。
4. 原则主义：遵循道德原则的亲社会行为，例如"为最多数人谋取最大利益"。虽然道德推理和社会行为之间的关系不是很强，但这两个过程至少存在相关（Underwood & Moore, 1982）。

来源：Batson, 1994; Batson, Ahmad, & Tsang, 2002.

国，超过 100 万人每周会花 3.5 小时做这些或类似的事情。从政治方面的考虑来说，美国的右翼政党人士可能会促进志愿组织的活动以节省政府资金，而左翼人士则倾向于基层运动的方式来实现社会变革（Omoto, Snyder, & Hackett, 2010）。

马克·戴维斯（Mark Davis）及其同事已经证明，志愿活动需要人们面对痛苦，这是唤起共情反应的一个例子，需要精心设计的训练计划，让志愿者做好准备（Davis, Hall, & Meyer, 2003）。志愿服务需要一定程度的自我牺牲（时间、金钱、健康、家庭），所以那些受到驱使去做志愿者的人会将他们的承诺转化为相应的资源。富人和名人通常都拥有资源，所以那些做志愿者的人得到媒体的高度关注也就不足为奇了。这并不是件坏事，因为他们是强大的亲社会榜样。我们都很熟悉梅琳达·盖茨和比尔·盖茨的全球慈善工作，商业大亨沃伦·巴菲特的慈善事业，演员肖恩·佩恩为海地所做的积极宣传，以及演员和音乐家们的人道主义姿态，例如现场援助式项目的创始人鲍勃·盖尔多夫，还有许许多多的人。

尽管志愿服务、慈善和诸如此类的人道主义行为在很多方面都堪称亲社会行为的巅峰，但我们当中的怀疑论者有时会想，更以自我为导向的目标会在多大程度上影响亲社会行为的潜在动机。巴特森认为，社区参与可以被利己主义的动机所驱动（Batson, Ahmad, & Tsang, 2002），但他认为这只是四种动机中的一种（利己主义、利他主义、集体主义、原则主义），而这四种动机各有其优缺点。在招募志愿者时，一个有效的策略是引导潜在的志愿者，帮助他们在利他主义、原则主义或两者兼具的基础上，用另外的理由对利己主义进行补充。

埃弗特·范·德·弗利尔特（Evert van der Vliert）及其同事研究了更广泛的情境因素，这些因素影响了利己主义和利他主义在志愿活动中扮演的角色（Van der Vliert, Huang, & Levine, 2004）。在对 33 个国家志愿者的跨文化比较中，他们发现这两种动机在一些国家可以分开，在另一些国家则不能。他们描绘的景象很复杂，简单地说，每种动机的权重取决于一个国家的生态（气候）和整体财富水平。

这让我们看到了殉道者们——那些忍受苦难并能够为一项事业牺牲生命的人。有无数殉道者的例子，从 1981 年北爱尔兰的绝食者，到 1431 年圣女贞德在鲁昂的火刑柱上被烧死，再到世界各地面对全副武装的安保部队的示威游行（例如 1960 年南非的沙佩韦尔惨案）。纳尔逊·曼德拉说得很好：

我珍视民主和自由社会的理想，在这个社会中，所有人都将和睦相处，享有平等的机会。这是我希望为之而活并见证其实现的理想。但是，我的上帝，如果需要的话，我愿意为这个理想而死。（引自 Bélanger, Caouette, Sharvit, & Dugas, 2014, p. 494）

当我们想到殉道者时，我们往往会想到为了崇高的事业而做出的自我牺牲——就像曼德拉的情况一样。然而，人们也可以为邪恶的事业牺牲自己。这里的关键问题是，牺牲是为了人们自己相信的事业。那么，这是否意味着自杀的恐怖分子是利他主义者呢？是大公无私地走进一个拥挤的市场，然后引爆自己是利他主义，还是明知自己会被杀害，却在一个拥挤的迪斯科舞厅或机场开枪是利他主义？

利他主义的语言并不能真正帮助我们理解自杀式恐怖主义，它更应该被描述成一种群际行为（见第10章和第11章）——这是一种旨在使自己的群体凌驾于竞争群体之上的行为。从某种意义上说，它对个体也有帮助，因为恐怖组织承诺为弱势群体的家庭成员提供大量的经济支持，从而诱使他们进行自杀式的袭击。

在本章中，我们将利他视为典型的亲社会行为。然而，殉道的关键在于愿意为他人牺牲自己的生命。加拿大社会心理学家乔斯林·贝朗格（Jocelyn Bélanger）认为，纵观历史，殉道通常是由宗教和政治意识形态所驱动的，例如基督教、犹太教、早期伊斯兰教，哲学家苏格拉底之死，二战中的日本神风特攻队飞行员，还有斯里兰卡的泰米尔猛虎组织。意识形态也是有组织的自杀式恐怖主义的核心，在这种情境下，特定的意识形态包含了对他人的伤害和自我牺牲（Bélanger, Caouette, Sharvit, & Dugas, 2014; Kruglanski, Chen, Dechesne, & Fishman, 2009）。既然意识形态不是精神病理学，那么当殉道者和自杀的恐怖分子愿意为某项事业而献身时，他们其实既不是利他主义者也不是精神病患者。

小结

- 亲社会行为是指受到社会积极评价的行为，包括助人行为和利他行为。助人行为是指有意使他人受益的行为。利他行为是指不期望个人利益或回报，而希望使他人受益的行为。识别纯粹的利他行为比较困难，因为我们可能观察不到行为背后的动机或奖励。
- 姬蒂·吉诺维斯谋杀案刺激并引发了一场关于亲社会行为和旁观者干预的研究热潮。
- 关于人类亲社会行为的起源和本质存在两种对立的视角。一种是生物学的，来自进化论。另一种是社会的，基于强化原则，还包括模仿。大多数社会心理学家对于过分强调生物学的解释持谨慎态度。
- 第三种解释更为综合，以唤起、共情和成本－收益分析为特征。
- 出现紧急情况时，旁观者效应就发挥其作用了。当只有一个单独的旁观者在场时，助人行为更有可能发生。情境因素也是在紧急情况下助人行为发生的重要决定因素。
- 个体差异和人格属性影响助人行为的证据是混合的。人格属性与助人行为的相关较弱，但人们的情绪、依恋风格和能力在某些情境下对助人行为会产生很大的影响。
- 其他的亲社会行为研究还关注性别角色，预防或报告偷窃或入店行窃，以及考试和其他形式的作弊。
- 亲社会行为的接受者有时会感到他们的自主性受到了损害。然而，大多数的帮助实际上是提供给了我们认识的人们，而我们的行为促成了对关系的定义。
- 亲社会行为通常是由社会和文化规范规定的——我们做出亲社会行为是因为这是正确的事情。出于这个原因，许多人志愿帮助更广泛的社区或社会中的他人。备受瞩目的慈善家和人道主义者就是强大的亲社会榜样。

- 殉道者们会为了事业或意识形态而牺牲自己。宣扬仇恨外群体的意识形态往往使得针对外群体的暴力合法化——这可能会进一步支持自杀式的恐怖主义，它可以理解为一种为内群体服务甚至是自我服务的行为，而非利他行为。

关键词

Altruism 利他主义

Attachment styles 依恋风格

Bystander effect 旁观者效应

Bystander intervention 旁观者干预

Bystander-calculus model 旁观者计算模型

Commons dilemma 公地困境

Diffusion of responsibility 责任分散

Emergency situation 紧急情况

Empathic concern 共情关注

Empathy 共情

Empathy costs of not helping 不提供帮助的共情成本

Evolutionary social psychology 进化社会心理学

Fear of social blunders 对社交失误的恐惧

Helping behaviour 助人行为

Just-world hypothesis 公正世界假设

Learning by vicarious experience 替代经验学习

Modelling 模仿

Nature–nurture controversy 先天与后天之争

Norms 规范

Personal costs of not helping 不提供帮助的个人成本

Prior commitment 事前承诺

Prosocial behaviour 亲社会行为

Reciprocity principle 互惠原则

Social learning theory 社会学习理论

Social responsibility norm 社会责任规范

Social support network 社会支持网络

Sociocultural theory 社会文化理论

Terror management theory 恐惧管理理论

文学和影视

《辛德勒名单》

托马斯·肯尼利 1982 年出版的小说，讲述了二战期间居住在克拉科夫的德国工业家（也是纳粹党成员）奥托·辛德勒如何冒着巨大的风险，从奥斯维辛集中营的毒气室救出了 1 200 名犹太人。1993 年，这本书被翻拍成电影《辛德勒的名单》，由史蒂文·斯皮尔伯格导演，连姆·尼森和本·金斯利主演。

《天使爱美丽》

2001 年上映的法国浪漫喜剧，由让－皮埃尔·热内导演，奥黛丽·塔图主演。这部电影以蒙马特区为背景，对当代巴黎人的生活绝妙地进行了异想天开和理想化的描绘。艾米莉（Amélie）是一位年轻的女服务员，她的生活没有方向，直到她发现了一个具有童年纪念意义的旧盒子，她决心找到盒子的主人并归还，盒子的主人现在应该已经成年。在这个过程中，她和自己做了一个交易：如果她找到了盒子的主人，并且这个盒子让他感到高兴，她就会把自己的一生奉献给善良和善行。

《成为沃伦·巴菲特》

什么样的人是慈善家——是什么促使他们捐出大部分的财富？这部 2017 年的纪录片讲述了以节俭、古怪、"怪胎"而著称的亿万富翁、商业大亨兼投资家沃伦·巴菲特（1970 年以来一直担任伯克希尔·哈撒韦投资公司的董事长）的故事，并给出了引人入胜的见解。据估计，巴菲特在 2017 年的财富高达 787 亿美元，然而他一直以来都住在简朴的房子里（在内布拉斯加州的奥马哈），并且每天开车去上班。他承诺将 99% 的财富捐给慈善事业，其中大部分捐给了盖茨基金会。2010 年，巴菲特与盖茨和马克·扎克伯格达成协议，至少将一半的财富捐给慈善机构，并鼓励其他超级富豪也这样做。

《达拉斯买家俱乐部》

这部备受赞誉的 2013 年的传记片由马修·麦康纳、詹妮弗·加纳和杰瑞德·莱托主演。传记片的背景设在 20 世纪 80 年代发生艾滋病危机期间，麦康纳出演的角色——罗恩·伍德罗夫（Ron Woodroof）感染了 HIV，他竭尽全力面对人们对同性恋的偏见和对艾滋病歇斯底里的恐惧，才得以非法走私抗艾滋病药物进入得克萨斯州，他这么做不仅是为了治疗自己，也是为了治疗大量的其他艾滋病患者。他聪明地建立了一个买家俱乐部，通过这个俱乐部来分发药物，从而规避由美国食品药品管理局（FDA）设立的监管法案。伍德罗夫是一个复杂的角色，他所表现出的不容置辩的亲社会行为显然不是利他主义，因为它也是为自我服务的。

《华尔街之狼》和其他电影

马丁·斯科塞斯 2013 年的电影《华尔街之狼》由明星莱昂纳多·迪卡普里奥主演，是讲述美国银行业腐败和欺诈类型的电影之一。这一流派起源于汤姆·沃尔夫 1987 年的小说《虚荣的篝火》，小说以 20 世纪 80 年代的纽约金融界为背景，对贪婪、自私和不受约束的个人野心，即亲社会和利他行为的对立面进行了有力的评述。同样在 1987 年，电影《华尔街》——由奥利佛·斯通编剧和导演，迈克尔·道格拉斯主演——为我们带来了"宇宙的主人"戈登·盖柯（Gordon Gekko）和他的信条"贪婪是好的"，这是 20 世纪 80 年代的赞歌。最近的一些电影提醒我们，贪婪在 21 世纪初仍然盛行。除了《华尔街之狼》，还有 2011 年的电视电影《大而不倒》，由威廉·赫特、爱德华·阿斯纳和保罗·吉亚玛提主演；2015 年的电影《大空头》，由史蒂夫·卡瑞尔、瑞恩·高斯林和克里斯蒂安·贝尔主演。这些影片共同构成了一部令人不寒而栗的剧本，讲述了美国房地产泡沫和随之而来的 2007—2008 年金融危机，以及其引发另一场大萧条的切实可能性。这些可怕的电影既展现了过于贪婪、自私和权力的后果，也对群体过程、决策和领导力进行了绝妙的探索（第 8 章和第 9 章）。

请你思考

1. 进化论如何影响社会心理学对利他主义起源的理解？

2. 什么是共情？共情与帮助那些需要帮助的人有什么关系？

3. 是否有证据表明儿童可以学会帮助他人？

4. 在一名儿童遭到霸凌时，哪些情境因素或潜在帮助者身上的哪些个体差异，会增加儿童获得帮助的机会？

5. 社会心理学家可以给学校董事会提供什么建议来帮助减少考试作弊行为？

延伸阅读

Batson, C. D. (1998). Altruism and prosocial behaviour. In D. T. Gilbert, S. T. Fiske, & G. Lindzey (Eds.), *The handbook of social psychology* (4th ed., Vol. 2, pp. 282–316). New York: McGraw-Hill. 对亲社会行为主题的权威性概述。该手册最新第 5 版于 2010 年出版，但没有为亲社会行为单设一章。

Batson, C. D., Van Lange, P. A. M., Ahmad, N., & Lishner, D. A. (2007). Altruism and helping behavior. In M. A. Hogg & J. Cooper (Eds.), *The SAGE handbook of social psychology: Concise student edition* (pp. 241–258). London: SAGE. 全面、最新且易于理解的利他和亲社会行为研究概述。

Clark, M. S. (Ed.) (1991). *Prosocial behavior*. Thousand Oaks, CA: SAGE. 一部由在助人行为的社会心理学发展中起着重要作用的顶尖学者撰写的章节合集。

Rose, H., & Rose, S. (Eds.) (2000). *Alas, poor Darwin: Arguments against evolutionary psychology*. London: Vintage. 来自生物学、哲学和社会科学等各种背景的学者对用遗传和进化来解释包括利他在内的社会行为的充分性提出了担忧。

Schroeder, D. A., Penner, L. A., Dovidio, J. F., & Piliavin, J. A. (1995). *The psychology of helping and altruism*. New York: McGraw-Hill. 一部概述亲社会行为研究的著作。

Snyder, M., & Omoto, A. M. (2007). Social action. In A. W. Kruglanski, & E. T. Higgins (Eds.), *Social psychology:*

Handbook of basic principles (2nd ed., pp. 940–961). New York: Guilford Press. 全面且详细地探讨了集体亲社会行为——人们是如何团结起来做好事的。

Spacapan, S., & Oskamp, S. (Eds.) (1992). *Helping and being helped*. Newbury Park, CA: SAGE. 论述了现实生活中的各种助人行为，包括肾脏捐赠、中风患者的配偶支持和阿尔茨海默病患者的家庭支持。

第 **14** 章

吸引力和亲密关系

章节目录

你怎么认为？

1. 卡罗尔认为大卫比保罗更有吸引力，但却很少有机会遇到大卫。你认为，卡罗尔会更喜欢谁？更倾向于与谁建立关系？

2. 在与查尔斯一起吃饭时，艾瑞克提到自己正在从最近的浪漫关系中"牟利"。查尔斯不知道该说什么，但他认为这个评价很残酷无情。你能提供一个更善意的解释吗？

3. 在约会中，卡梅什察觉到爱莎妮在和其他人共处时会感到很不舒服，而且她还会避免让他们的其他家人来看望他们。目前，爱莎妮似乎对他们新出生的孩子不感兴趣。你觉得，这些事件之间有什么关联吗？

4. 我们可以科学地对爱情进行研究吗？还是应该把这些统计数据整理起来留给诗人们？

■ 一、喜欢、爱与亲和

总体而言，我们是智人，即现代人类（*Homo sapiens*）——聪明、足智多谋且富有智慧。然而，正如我们已经从本书其他章节中看到的那样，选用 *sapiens*（现代）一词颇具争议——人们受到感受、情绪和自身利益的强烈影响，所有这一切都与我们基本的社会本性相关联。我们的判断力不够理想，并且我们还会受到爱情、助人、仇恨和斗争的影响。本章研究喜欢和爱的部分，更本质的是研究我们为什么想要和他人在一起这一问题。也许我们的词典里缺乏这样的词语：*Homo socius*（社会人）——可以是同盟、朋友或者同伴的人类。我们首先讨论吸引过程的开始，之后去探索人们亲和他人（即选择与他人为伴）以及依恋他人的原因，还会问那个被世人反复提及的问题："什么是爱情？"最后将以如何维持人们最亲密的关系，以及该关系破裂时会发生什么来收尾。

史蒂夫·杜克（Steve Duck, 2008）认为，关于亲密关系的科学研究是社会心理学对早期人际吸引研究的新近拓展。该领域当下已经建立完善，甚至有了两种专门致力于此的期刊——《社会与人际关系杂志》（*Journal of Social and Personal Relationships*）和《人际关系》（*Personal Relationships*）。在本章中，我们主要关注亲密关系而非友谊。然而，两者之间有很多相关联的地方，这其中包括进化带来的作用（综述见 Seyfarth & Cheney, 2012）。不过我们首先要问：什么是人际吸引？

■ 二、有吸引力的人

当我们被他人吸引时，我们会深刻体验到这一点。我们被对方诱惑、迷住、吸引，我们想要了解并陪伴那个人。尽管许多初次相遇是偶然发生的，但在一定程度上，吸引力是产生友谊的必需品。而在另一程度上，吸引力也可以是亲密关系的前提条件。你相信一见钟情吗？

也许你会赞同这样的流行谚语：不要以貌取人，美貌是肤浅的，以及情人眼里出西施。不幸的是，对于我们中的部分人来说，有证据表明，最一开始决定我们对他人的评价的主要线索恰恰是他们的相貌。朱迪思·朗格卢瓦（Judith Langlois）及其同事（Langlois, Kalakanis, Rubenstein, Larson, Hallam, & Smoot, 2000）对 100 多项研究进行的**元分析**（meta-analysis）发现，这些谚语与其说是箴言，不如说是荒诞的迷思。值得注意的是，他们发现这些研究的整体影响偏小，因为其中一些研究只将吸引力区分为有和无这两个类别。考虑到这一点，他们总结认为，在被他人评价、被他人对待以及自身的行为表现方面，有吸引力的人与无吸引力的人之间存在差异。

> **元分析**
> 结合不同研究中的数据来衡量整体信度和特定效应量的统计程序。

两项重要的实验发现：（1）有吸引力的儿童比无吸引力的儿童从教师那里获得的分数更高，表现出的智力更高，更受欢迎并且适应能力更强；（2）有吸引力的成年人比无吸引力的成年人在工作中更成功，更受他人喜欢，身体更健康并且性经历更丰富——他们的约会也更多，态度更保守，更自信，自尊更强并且智力略高一等，心理健康情况也更好。

我们还了解一些拥有姣好相貌的其他优势：

- 婴儿凝视漂亮的面孔的时间更长（Slater, Von der Schulenburg, Brown, Badenoch, Butterworth, Parsons, & Samuels, 1998）！
- 计算机模拟研究表明，吸引力与女性化的面部特征有关，即使是对于男性的面孔而言，亦是如此（Rhodes, Hickford, & Jeffrey, 2000），并且吸引力与更苗条的身材有关（Gardner & Tockerman, 1994）。
- 有吸引力的人会被认为是朝气蓬勃的（Buss & Kenrick, 1998），也会被认为更加诚实（Yarmouk, 2000）；在审判中，如果被告是女性的话，陪审团的态度会更加柔和（Sigall &

Ostrove, 1975）。

研究发现，有吸引力的儿童比无吸引力的儿童得到的分数更高。戴维·兰迪和哈里·西加尔（David Landy & Harry Sigall, 1974）通过大学生对"美丽意味着有才华吗？"这一问题的回答研究了该效应。男生对两篇不同质量的文章中的其中一篇进行评分，每篇文章都附有女生作者的照片。控制组的参与者也对相同的文章进行评分，但不附有女作者的照片。"好"和"差"不同的文章轮流与有吸引力的或者无吸引力的照片配对。对研究者上述问题的回答是肯定的——令人感到遗憾的是，有吸引力的女生获得的分数更高（见图 14.1）。

具有吸引力是如此重要的一种资本，那些在化妆品和时尚物品上进行大额花费的人是在对他们的未来进行真正的投资！如果缺乏吸引力，仅仅是笑容也可以产生奇迹。乔·福加斯及其同事发现，有笑容的学生比没有笑容的学生因违规行为而受到的惩罚更少（Forgas, O'Connor, & Morris, 1983）。

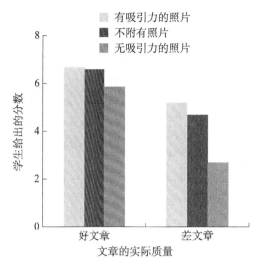

图 14.1 吸引力可以提高写作成绩
来源：Landy & Sigall, 1974.

三、进化和吸引力

进化论认为生物学因素引发了攻击、利他和情绪（见第 2、12、13 和 15 章），它也有助于理解我们为什么被一些人吸引，以及我们怎样选择长期伴侣。在极端的情形下，戴维·巴斯（David Buss, 2003）应用**进化社会心理学**（evolutionary social psychology）的主张，认为亲密关系只能从进化论的角度来理解。让我们来看一下关于我们自然禀赋的现代研究发现了什么。

（一）基因的作用

先前引用的朗格卢瓦及其同事的元分析发现，人际吸引的发展与我们如何挑选伴侣有部分关联。根据繁衍适应性这一进化论概念，人们以身体健康、年轻的相貌，以及身体和面孔的对称性作为线索，来猜测预期的伴侣是否有好的基因。

1. 生育

史蒂文·甘盖斯塔德（Steven Gangestad）及其同事研究了"优秀基因假说"，以发现女性认为男性的哪些特质是具有吸引力的。例如，当在不告知来源的条件下让女性闻一些 T 恤时，女性更喜欢身材匀称的男性穿过的 T 恤，但只在接近排卵期时才会如此（综述见 Gangestad & Simpson, 2000）。女性的生育状况会影响她与男性的关系。接近排卵期的女性更有可能偏爱更有竞争力的男性，特别是当她在考虑拥有一个短期伴侣的时候。而看待长期伴侣则会用另外的视角——他会不会成为一名好的父亲？他会在经济上成功，并表现出热情和忠诚吗？（见 Gangestad, Garver-Apgar, Simpson, & Cousins, 2007）

进化社会心理学
进化心理学的一种延伸，认为人类复杂的社会行为具有适应性，有助于个体、近亲和整个物种的存续。

2. 红色效应

男性也有自己的软肋。在旧金山的一个狂风大作的日子里，泰迪被夏洛特迷住了。夏洛特是一个非常漂亮的女性，她站在窗台边，红色的裙衣在风中飘荡（《红衣女郎》，1984）。据安德鲁·埃利奥特及其同事的研究，红色不仅吸引了泰迪，也吸引了其他男性的眼球。当红色被用作女性照片中的背景颜色时，它会增强女性的性吸引力，但不增强她的智慧感。红色与性之间的关联可以反映文化传统（例如红色口红）或者性别刻板印象。但这种关联也许还可以反映更多的出于本能的东西。研究发现，对于一些动物而言，红色是为交配做好准备的信号（Elliot & Niesta, 2008）。对穿着红色或者白色衬衫的女性进行评价的结果直接证实了红色服装的效应。对男性而言，穿红色衣服的女性是易于接受性爱的，这使得他们认为红衣女性既具有吸引力，又具有性欲（Pazda, Elliot, & Greitemeyer, 2012）。

3. 沙漏型身材

毫无疑问，男性对女性的身体有着浓厚的兴趣，不管是不是有意识地，他们都会注意到女性的腰臀比（waist-to-hip ratio, WHR）。一般来说，男性更喜欢典型的沙漏型身材（比率为0.70）；"优秀基因假说"指出，此比率意味着年轻、健康和生育能力。然而，这其中也存在着文化和生态方面的影响：在觅食社会中，瘦可能意味着会生病，因此男性更喜欢丰满（即腰臀比较大）的女性。在西方社会中，丰满可能意味着健康情况差，因此男性更喜欢瘦（即腰臀比较小）的女性（Marlowe & Wetsman, 2001）。这些效应均指向超越基因的社会和环境因素的作用。

（二）有吸引力的面孔

除了生物学解释的作用外，朗格卢瓦及其同事（Langlois, Kalakanis, Rubenstein, Larson, Hallam, & Smoot, 2000）还检测了人们熟悉的三条谚语的有效性：情人眼里出西施，不要以貌取人，以及美貌是肤浅的。这些谚语质疑了外表美在现实生活决策中的重要作用，并认为社会因素在关系的形成过程中发挥着必不可少的作用。例如，社会化理论强调社会和文化规范以及经验对美的判断的影响，社会期望理论认为社会刻板印象（见第 2 章）具有一定的现实影响。

从进化论的角度，如何理解"情人眼里出西施"这一谚语？外表吸引力是个人喜好或者时尚决定的问题，还是受我们基因影响的一种东西？吉尔·罗兹（Gill Rhodes, 2006）关于面孔知觉的研究回答了这一问题。罗兹研究了我们的面孔传达的社会信息，包括使面孔有吸引力的线索。一个有意思的发现是**平均化效应**（averageness effect）的"推力"（见专栏 14.1 和图 14.2）。

平均化效应
与不寻常或者具有独特性的面孔相比，人类在进化的过程中更喜欢普通的面孔。

在结束这一小节时，我们应该注意到，择偶偏好中外表吸引力的重要程度，在两性之间既有相似之处，也有不同之处。诺曼·李（Norman Li）及其同事发现，男性更多地选择外表有吸引力的伴侣，而女性更多地选择具有社会地位的伴侣（Li, Yong, Tov, Sng, Fletcher, Valentine, et al., 2013）。下面，我们将探讨社会地位的作用。

（三）寻找理想伴侣

其他吸引人的特征可能部分来源于我们的基因。加思·弗莱彻（Garth Fletcher, Tither, O'Loughlin, Friesen, & Overall, 2004；另见 Buss, 2003）研究了大学生对理想（或者标准）伴侣的期待。在长期关系中，三个"理想伴侣"维度指导着男性和女性的偏好：

- 温暖 - 可信：表达关心和亲密。
- 活力 - 吸引力：健康和生殖力的标志。
- 地位 - 资源：社会地位和财务状况良好。

专栏 14.1　　　　　　　　　　　**你的生活**

外表吸引力——进化还是文化?

你认为什么样的面孔最吸引人? 这个问题事关个人偏好吗? 事关文化或者亚文化规范吗? 进化是否发挥了作用? 也许每项在其中都发挥着作用。

年幼儿童对于美的偏好以及美的标准存在的跨文化一致性挑战着美的标准完全由文化决定这一观念。例如,男性和女性的身体和面孔(左右两部分的)对称性是大多数人在判断美丑时使用的标准。令人惊讶的是,面孔平均化也是一个加分项。

吉尔·罗兹(Gill Rhodes, 2006)通过询问面容美丽与否是否更多地取决于普遍的外表属性而非凸显的个人特征这一问题,研究了人类如何加工与面孔有关的信息。在研究中,参与者需要对面孔漫画做出判断,从平均到独特,每一张面孔都会有不同程度的差异。她发现,平均面孔比独特的面孔更具吸引力(另见 Rhodes, Sumich, & Byatt, 1999)。其他研究也发现了这种平均化效应(如 Langlois, Roggman, & Musselman, 1994)。

罗兹提出,这一效应的进化论基础是,平均面孔会把婴儿的注意力吸引到他们周围环境中最像人类面孔的物体上——一张平均面孔就像一个原型(Rhodes & Tremewan, 1996)。面孔偏好可能适用

于指导配偶选择。为什么面孔平均化(以及面孔对称化)会使一个人更有吸引力? 一种可能是,这些线索使面孔看起来更熟悉、更不奇怪。另一种可能是,平均化和对称都是健康程度良好的信号,因此也是“优秀基因”的信号——这是我们在寻找潜在伴侣时追寻的线索。

如何通过将一组真实面孔组合成复合面孔来创建平均化,可参见图 14.2 的示例。

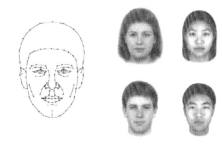

图 14.2 是什么使面孔更具吸引力?

- 通过锚点来使各照片的特征对齐。
- 通过将24张真实面孔的特征平均化,建立复合面孔。
- 这四张面孔都是复合的,通常被认为比真正的面孔更有吸引力。

来源: Rhodes, 2006.

一个公正的结论是,由于人类是生物和物理实体,所以生物和物理特征是最初吸引他人的重要线索,并且这其中有进化和普遍的基础。现在让我们来看一些我们认为的和吸引力相关的社会和情境因素。

四、什么可以增进喜欢?

假设有人通过了你的“吸引力”测试的第一关,那么还有哪些因素会促使你采取下一步行动? 这个问题得到了充分的研究,现已发现决定我们会更喜欢某人的几个重要因素:

- 邻近性: 他们在附近住或者工作吗?
- 熟悉性: 我们是否认识或者了解他们?
- 相似性: 他们和我们一样或者相似吗?

（一）邻近性

你很有可能会喜欢那些离你的居住地或者工作地相对**邻近**（proximity）的人——将此考虑为邻里因素。利昂·费斯廷格及其同事在著名的学生公寓研究中发现，人们更有可能选择住在同一栋楼甚至同一层楼的人作为朋友（Festinger, Schachter, & Back, 1950）。影响到社会交往细微建筑特征，例如楼梯的位置，也会影响到交朋友和建立友谊的过程。

观察图 14.3 中的公寓楼。在低楼层的居民中，1 号和 5 号公寓的居民与住在楼上的人互动最多。请注意，1 号和 5 号公寓的居民靠近楼上居民使用的楼梯，因此更有可能偶遇他们。1 号和 6 号比 2 号和 7 号更容易产生友谊。同样，5 号和 10 号也比 4 号和 9 号更容易产生友谊。虽然居民之间的物理距离是相同的，但互动率是不同的——熟络的程度取决于互动量。

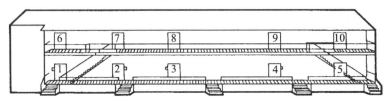

图 14.3　友谊选择、物理邻近性和住房设计
来源：Festinger, Schachter, & Back, 1950.

住在附近的人更易于接近，因此与他们互动需要付出的努力更少，而且互动带来的好处所需的成本也很小。考虑一下你的近邻：你希望与他们继续互动，并且在互动时感到轻松而非感到有压力。如果一开始你认为你更有可能与约翰而非布赖恩互动，那么你很可能会预期（也许是希望！）你会更喜欢约翰（Berscheid, Graziano, Monson, & Dermer, 1976）。回想一下本章开头"你怎么认为？"中的第一个问题，卡罗尔会更喜欢谁，是大卫还是保罗呢？

邻近性在 20 世纪成为一个更加精细的心理概念。"异地恋"的潜在负面影响可以通过打电话、发送电子邮件、发布脸书状态而减轻，或者还有更好的途径——可以通过即时语音或者视频等联系方式来减轻，例如 Skype 或者 FaceTime 等（综述见 Bargh & McKenna, 2004）。我们真的能在网上维持一段关系吗？（见专栏 14.2。）

（二）熟悉性

邻近性通常会带来更强的亲切性——朋友会像你最喜欢的一双鞋，会让你觉得很舒服。为什么我们会越来越喜欢经常遇到的某个陌生人的面孔？这一现象可以用**熟悉性**（familiarity）进行解释（Moreland & Beach, 1992）。相反，当熟悉的事物看起来不一样时，人们会感到不舒服。例如，人们通常不喜欢自己或者他人的镜像反转的照片（Mita, Dermer, & Knight, 1977）。

熟悉性增进喜欢的方式与重复呈现刺激增进喜欢的方式很相似——正如广告商用**纯粹曝光效应**（mere exposure effect; Zajonc, 1968）来让我们熟悉新产品那样（见第 6 章提到的重复广告效应）。在一个课堂环境中，迪克·莫雷尔和斯科特·比奇（Dick Morel & Scott Beach, 1992）发现，学生们与另一个新"学生"（实际上是研究人员的合作者）见面越频繁，越倾向于认为其更具吸引力（见图 14.4）。如果你想被人喜欢，就频繁出现在他（她）身边吧！

熟悉自然会产生吸引力（Reis, Maniaci, Caprariello, Eastwick, & Finkel, 2011），但也许并不总是如此。迈克尔·诺顿（Michael Norton）及其同事们指出，我们对另一个人了解得越多，就越能发现其与自己的差别，而这可能导致我们不喜欢对方，

专栏 14.2　　　　　　　　　　你的生活

网络邂逅

想一想你的网络关系。你有多少网络关系，它们有多深，它们如何映射到你"真实"的关系中？网络关系有巨大的个体差异，但很难找到缺乏网络关系的个体，有些人甚至吹嘘自己有数千个网络关系。

网络可以使人们相遇、建立友谊、坠入爱河、同居或者结婚。网络关系不一定仅停留在网络空间中：线上的"朋友"在"线下"也可能会会面，并形成"现实"的关系。

网络空间中缺少获取对方信息的来源——你不能触摸他们，根据所使用的媒介不同，你可能无法听到他们的声音或者看到他们的形象。即便如此，网络关系也可以从对对方知之甚少迅速变得亲密。同样，也可以很快结束，只要"动动手指"就可以了。

从一开始，基于文本的互联网媒介关系与线下的关系就有着显著的区别。通过互联网进行的初次会面无法获得通常有助于形成印象的身体和言语线索——不过，当前流行的在社交媒体发布照片和视频，以及使用即时视听互动媒介（例如 FaceTime 或者 Skype），可能会使线上关系发展为更接近线下世界。

戴维·雅各布森（David Jacobson, 1999）通过比较线上期望和线下经历（即与网上认识的人在现实中见面）研究了印象形成。他发现存在很大的差异　人们常常对诸如健谈性（"他们看上去很安静"）和扩张性（"他们在线上看上去很严谨，但线下却很有表现力"）等特征形成错误的印象。在线上，人们常常根据刻板印象来对看不到的人进行想象，例如职业。一位参与者报告说：

> 我不知道该如何看待卡迪娅。基于她的描述，我对她的印象是她可能超重，有点黑客范儿，但当我们见面时，我发现她很有吸引力。她身材匀称，拥有漂亮的头发，一点也不符合人们对程序员的刻板印象。（Jacobson, 1999, p. 13）

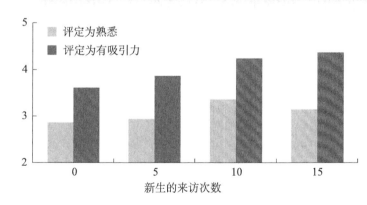

图 14.4 纯粹曝光与吸引力
- 这项研究测试了大学课堂情境中的"纯粹曝光"效应。
- 四名新来的女生参加了 0、5、10 或者 15 次课程。
- 学期结束时，使用幻灯片让班里的学生对这些女生的多个特征进行评分。
- 产生熟悉感的效应相对较弱，但通过来访形成吸引力的效应却逐渐增强。
来源：Moreland & Beach, 1992.

这就是"少即是多"效应（Norton, Frost, & Ariely, 2007）。例如，有数据显示，员工为老板工作的时间越长，他们对老板的喜爱程度越低；当人们更多地了解了名人的政治观点、信仰和态度后，名人的受欢迎程度也会降低（Norton, Frost, & Ariely, 2013）。这里的最低限度条件可能是，在所有条件相同的情况下，熟悉确实创造了一种积极的感知，从而增加了吸引力，但如果之后我们偶然发现了不同之处并了解到关于他人不好的方面或者自己不喜欢的地方，那么最初的良好印象就可能会发生改变（见第 2 章对第一印象形成的讨论），吸引力会减弱。

（三）态度相似性

由熟悉而暴露出来的差异会破坏吸引力。其含义是，对相似性（尤其是态度的相似性）的熟悉是喜欢的重要基础。在西奥多·纽科姆（Theodore Newcomb, 1961）的一项早期研究中，学生们在到访前先填写了关于他们的态度和价值观的问卷，作为回报，他们得到了免租金住房。在一个学期的过程中，研究者测量了人际吸引力的变化。起初，吸引力与邻近性密切相关，即学生喜欢住在附近的人。之后，另一个因素开始发挥作用——具有相容的态度。随着学期的进展，焦点转移到**态度相似性**（similarity of attitudes）。在相熟识之前，具有相似态度的学生彼此之间更有吸引力。这听起来很有道理，在现实生活中，发现你和室友在各种社会问题上的想法和感受是否一样是需要花费时间的。

唐·伯恩（Don Byrne）和热拉尔德·克洛雷（Gerald Clore）的研究表明，态度上的人际相似性是维持关系的重要因素（如 Byrne, 1971; Clore & Byrne, 1974）。如此可靠和一致的结果使得克洛雷（Clore, 1976）提出了"吸引力定律"，即对于某人的吸引力和彼此之间态度的相似比例呈线性关系。这一定律被认为不仅仅适用于态度。其他人所做的与你对事物的知觉或者看法相一致的任何事情都是有回报的，也就是具有强化作用。其他人越同意你的看法，这一行为就越如强化剂一般，使你更加喜欢他们。例如，如果你突然发现和你一起出去的某个人和你一样喜欢某一不知名的摇滚乐队，那么你对那个人的喜欢程度就会增加。

相反，态度和兴趣上的差异会导致回避和厌恶（Singh & Ho, 2000）。认知失调理论和其他认知一致性理论（见第 4 章）所描述的概念（我们在思维中应该保持一致）可以解释这一点。不一致令人担心，比如认识到我们喜欢某些东西但别人却不喜欢。解决这一问题的一个简单方法是不喜欢那个人，这就重新建立了一致性。因此，我们通常选择或者陪伴与我们相似的人，这让我们感到舒服。

娜塔莎·蒂德韦尔（Natasha Tidwell）及其同事在快速约会这一现代的情景中研究了相似性和初始吸引力之间的联系（Tidwell, Eastwick, & Finkel, 2013）。他们还区分了感知到的相似性和真实的相似性。前者是一个人对另一个人做出的可能设想，而后者则是对两人共同之处的独立的（或者客观的）评估（参照 Becker, 2013）。快速约会的本质是，我们根据对方与我们自己整体上有多相似或者不同的短暂证据做出快速的设想。在该研究中，感知到的相似性是更重要的预测因素。在短暂的相遇中，真实的相似性则可能是浪漫吸引力的一个比较微弱的决定因素。

（四）社会匹配

匹配在社会生活中至关重要。但在现代社会它已经成为一项利润丰厚的商业项目，涉及根据人们的相容态度和共享的人口学特征将他们配对。看似微不足道的相似之处也会增加吸引力，比如一个人的名字。参见专栏 14.3 和图 14.5 中琼斯、佩勒姆、卡尔瓦洛和米伦伯格（Jones, Pelham, Carvallo, & Mirenberg, 2004）的**档案研究**（archival research）。

态度相似性
吸引力的最重要的积极心理决定因素之一。

档案研究
涉及汇集或报告他人收集的数据的非实验方法。

（五）同型匹配

生活不是抽奖。人们在寻找伴侣的过程中，通常不会随意选择，而是尝试在一些特征上进行匹配。请仔细阅读当地报纸或者相关社交媒体的个人专栏，看看人们如何描述自己，以及他们寻求什么样的潜在伴侣。先前就已经持有的一些信念（例如在性别、体格、社会经济阶级和宗教信仰等方面的适宜性）会影响我们择偶的标准。这被称为**同型匹配**（assortative mating）。苏珊·斯普雷彻（Susan Sprecher, 1998）发现，除了邻近性和熟悉性外，在外表、社会背景和个性、社交能力和兴趣以及休闲活动等方面都相当匹配的人更容易相互吸引。"物以类聚，人以群分"的说法或许有一定道理。

专栏 14.3　　我们的世界

姓名里有什么？婚姻档案中的搜寻

琼斯及其同事（Jones, Pelham, Carvallo, & Mirenberg, 2004）从 ancestry.com 网站下载了包含新娘和新郎姓名的婚姻登记记录，这些记录可以追溯到 19 世纪。他们关注了几个常见的姓氏，如史密斯（Smith）、约翰逊（Johnson）、威廉姆斯（Williams）、琼斯（Jones）以及布朗（Brown）。他们预测，人们会找出与他们相似的人，并会呈不同比例地与一个名字或者姓氏与自己相似的人结婚。我们本质上是以自己为中心的人。与"我"有足够相似之处的人一定是个相当好的选择！

在一些初步的实验中，研究人员发现，人们更受这样的人吸引：（1）具有与自己的出生日期相似的随机实验代码数字（例如 PIN 码）；（2）包含他们自己姓氏字母的姓氏；（3）在电脑屏幕中穿着的运动衫上有与自己名字配对的数字。

这些发现促使他们对姓氏匹配的人的婚姻进行了一项档案研究。他们发现，人们最常选择具有相同姓氏的婚姻伴侣。60% 以上的史密斯和另一位史密斯结婚，50% 以上的琼斯和另一位琼斯结婚，超过 40% 的威廉姆斯嫁给了另一位威廉姆斯。所有这些选择都不是随机的。

我们可以顺便注意到，这位研究者名叫约翰·琼斯！

来源：Jones, Pelham, Carvallo, & Mirenberg, 2004, Study 2.

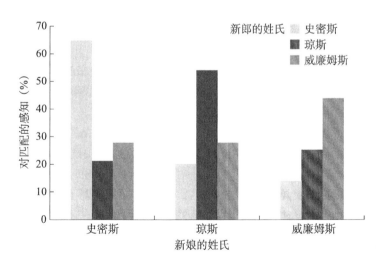

图 14.5 "别名史密斯和琼斯"：姓氏匹配和婚姻

● 根据早期美国婚姻档案记录建立姓氏数据库。
● 通常出现的姓氏提供了足够大的样本，由此可以找到婚前相同的姓氏。
● 匹配的姓氏——史密斯斯们、琼斯们甚至是威廉姆斯们都绝非偶然。

来源：Jones, Pelham, Carvallo, & Mirenberg , 2004 , Study 2.

人们确实依赖于我们讨论过的多种线索对潜在伴侣进行评估（Kavanagh, Robins, & Ellis, 2010）。然而，人们也使用他们的个人婚配"社会计量器"来校准他们的志向水平。社会计量器是一种衡量自尊的指标，它建立在感受到的他人对自己的社会包容或者排斥的基础上。（第 4 章中与自我相关的部分讨论了这一点。）

同型匹配
基于个体与他人某一个或者某几个特征的相似性而对个体进行的非随机的配对。

同型匹配 相似的年龄、种族和文化是增进人际喜爱、约会和婚配的因素。

卡瓦纳及其同事的研究表明，人们使用如下匹配方式：在相似的志向水平上选择既不太接受也不拒绝自身的伴侣。

跨时期进行的队列研究支持这一观点吗？格鲁伯－巴尔迪尼（Gruber-Baldini）及其同事对 21 岁以上的已婚夫妇进行了一项纵向研究（Gruber-Baldini, Schaie, & Willis, 1995）。在第一次测试时，他们发现了年龄、教育、智力和态度灵活性方面的相似之处。另一项发现是，随着时间的推移，一些配偶的态度灵活性和语言流利程度变得更加相似。因此，同型匹配阶段的初始相似性因他们的共同经历而增强。在外表方面，也有一个很强的现实考量因素，人们通常会选择一个与自己的外表吸引力相似的浪漫伴侣（Feingold, 1988）。

对跨族群或者跨文化群体约会的研究表明，影响吸引力的文化相似性因素之间存在着复杂的相互作用。对美国四个族群（亚裔、非裔、拉美裔和欧裔／白种美国人）异性恋约会偏好的研究表明，参与者通常更喜欢他们自己所属族群的伴侣（Liu, Campbell, & Condie, 1995）。从个人社会网络获得的认可是对伴侣偏好的最有力的预测因素，其次是文化相似性和外表吸引力。虽然文化和族群相似性是决定伴侣选择的重要因素，但族际研究指出还有其他因素，特别是社会文化中性态度的变化，以及约会实践和亲密关系发展方式上的文化差异，还有更明显的邻近性和相似性因素。

1. 种族和网络约会

在同型匹配的情境下，两项大规模约会网站研究考察了在选择约会对象时的种族偏好。乔治·扬西（George Yancey, 2007）对白人、黑人、西班牙裔和亚裔用户的雅虎个人主页的种族选择进行了比较，结果发现，不同用户与其他种族的伴侣会面的意愿各不相同：女性与其他种族男性约会的可能性较低，而亚裔则比白人或者西班牙裔更有可能与黑人约会。政治上保守或者与宗教右翼结盟的人进行族际约会的意愿较低，这也许并不令人感到惊奇。许多人口统计学因素（年龄、城市规模、受教育水平）对种族约会偏好的影响不大。

格伦·角皆（Glenn Tsunokai）及其同事分析了匹配网（match.com）的异性恋和同性恋亚裔男性用户的种族选择（Tsunokai, McGrath, & Kavanagh, 2014），发现与先前关于吸引力和伴侣选择的族际研究相比，亚裔异性恋女性和亚裔同性恋男性更倾向于通过与白人约会来"跨越肤色边界"。

网络约会的一种更间接的形式是社交网站（SNSs）的副产品，其中最受欢迎的是脸书，该网站在 2014 年底拥有 14 亿活跃用户。杰西·福克斯（Jesse Fox）及其同事研究了使用过脸书的大学生之间关系发展的各个阶段（Fox, Warber, & Makstaller, 2013；对关系发展各个阶段的概述见 Knapp, 1978）。他们得出结论认为，脸书实际上是一把"双刃剑"，因为它让用户既了解又监视潜在的和现有的伴侣。收集到的信息可能是令人担忧的，无论是关于自己的信息，还是关于伴侣的信息。请考虑从焦点群体参与者中摘录的以下内容：

泰伦斯：脸书让一段关系的开始变得更方便和容易。

佩里：如果只是为了认识一些人，那么在关系初期就还不错。但如果这段关系真的开始了，那么脸书就没什么好处了。

塔玛拉：我有点希望脸书未曾存在过。

莉亚点头同意道：它正在毁灭世界。（Fox, Warber, & Makstaller, 2013, pp. 785-786）

（六）个人特征

1. 人格

虽然相似性是吸引力的一个重要预测因素，但人们也会在朋友或者伴侣身上发现其他有吸引力的东西。在一项关于三种关系（浪漫关系、同性友谊和异性友谊）的研究中，斯普雷彻（Sprecher, 1998）证实了具有相似的兴趣、休闲活动、态度、价值观和社交技能是吸引力的决定因素。然而，上述因素不像其他个人特征那么重要，例如具有"理想的人格"、热情和善良，以及相互喜欢。邻近性和熟悉性也很重要；相比之下，智力、收入潜力和能力相对不重要。凯瑟琳·科特雷尔（Catherine Cottrell）及其同事在对理想伴侣的描述中增加了另一项名列前茅的属性——可信赖性（Cottrell, Neuberg, & Li, 2007）。他们的发现可推广到其他互依的关系上，比如在工作和运动团队中的关系。我们将在本章的后面部分讨论信任的重要性，但现在我们可以注意到，当我们考虑亲密关系如何发展及如何维持的时候，信任是超越吸引力的。

2. 自我表露和信任

在谈话中表露自己某些方面的意愿（即**自我表露**，self-disclosure）是关系中保持长期亲密的一个重要决定因素。根据社会渗透模型（Altman & Taylor, 1973），人们与密友分享的亲密话题多于泛泛之交或者陌生人，且他们向喜欢和信任的人透露的信息更多。反之亦然，人们更喜欢表露更多关于他们自身的感受和想法的人（Collins & Miller, 1994）。表露个人信息并对伴侣表露的信息保持敏感和及时应答无论在发展关系（Laurenceau, Barrett, & Pietromonaco, 1998）还是在维持关系方面（Cross, Bacon, & Morris, 2000）都至关重要。

在杰弗里·维特恩格尔（Jeffrey Vittengl）和克雷格·霍尔特（Craig Holt, 2000）的一项研究中，互不相识的学生参加了简短的交谈，在谈话前后，他们均对他们的积极和消极情感以及他们自我表露的意愿进行了评分。结果发现，更多的自我表露导致了积极情感的增加。尽管如此，自我表露并不普遍，与另一个人分享的信息的数量和深度因文化和性别的不同而存在差异。例如，对 205 项关于自我表露的研究进行的元分析表明，女性比男性自我表露得更多（Dindia & Allen, 1992）。

在文化方面，库尔特·勒温（Kurt Lewin, 1936）早就观察到了美国人和德国人之间的差异。在初次相遇时，美国人比德国人表露得更多，但并没有像德国人那样随着关系的进展而变得亲密。最近关于个体主义文化和集体主义文化（美国和德国都是个体主义文化）之间更深刻区别的研究发现，来自个体主义文化的个体自我表露的信息比来自集体主义文化的个体要多（见第 16 章）。当分享信息时，个体主义者更多提供自己作为个体的信息，而集体主义者则更多分享自己作为群体成员的信息（Gudykunst, Matsumoto, Ting-Toomey, Nishida, Kim, & Heyman, 1996；对表露的文化差异的综述见 Goodwin, 1999）。

自我表露在关系中之所以重要，另一个原因可能是信任维持着关系。在生活中，人们试图减少风险，但他们也需要并寻求关系。其中存在的问题是，关系是一项风险很大的事情，深陷其中会使自己容易受到他人的伤害。人们需要建立人际信任来管理基于关系的风险（Cvetkovich & Löfstedt, 1999）。自我表露在减少风险和建立信任方面发挥着重要作用——你的朋友或者伴侣的自我表露越多，你在关系中就越会感到安全并信任他或者她。可见，信任和良好的关系是相辅相成的（Holmes, 2002; Rempel, Ross, & Holmes, 2001）。

自我表露
与他人分享亲密信息和感受。

信任在关系中的中心作用可能会给在线发展新的关系和维持已建立的关系带来问题（Green & Carpenter, 2011）。已有的关系通常受益于额外新增的在线交流维度，比如在已经建立相互信任的氛围中能够进行更即时和更频繁的交流。然而，越来越多的人将社交网络和交友网站作为认识新的人和发展新关系的情境。正是在这里，欺骗和阴谋诡计隐约可见。你如何知道是否可以信任一个人，以及自我表露可以到什么程度？矛盾的是，网络交流所提供的相对匿名性和私密性也促进人们坦诚相待和自我表露，这两者对信任和关系发展都很重要（Caspi & Gorsky, 2006; Christopherson, 2007）。

（七）文化刻板印象

当将集体主义社会与个体主义社会相比较时，会发现前者培育了一个互依而不是独立的自我，并鼓励和谐而非竞争性的人际关系（见第4章和第16章）。然而，有些人想知道，在如何评价潜在的朋友和伴侣方面，是否真的有如此大的文化差异。例如，琳达·奥尔布赖特（Linda Albright）及其同事通过在每个国家使用相同的数据收集方法，比较了来自美国和中国的参与者（Albright, Malloy, Dong, Kenny, Fang, Winquist, et al., 1997）。文化内（评价者与目标均处于相同文化中）的数据是基于面对面互动收集的，跨文化（评价者与目标处于不同文化中）的数据是基于照片收集的。他们发现，**大五**（Big Five）人格维度（包含各种更具体的特质）在两国以及文化内和文化间都得到了一致的使用。无论评价者与目标是何族群，人们都会积极地看待一个有吸引力的人。

惠勒和金（Ladd Wheeler & Youngmee Kim, 1997）对韩国人和北美人进行比较的研究，在很大程度上支持了奥尔布赖特及其同事的发现。然而，惠勒和金也发现了一些文化差异（见图14.6）。虽然与吸引力相关的刻板印象在两种文化中具有许多共同的成分并且与大五人格维度存在重叠，但两种文化在认为能代表外表吸引力的东西方面确实存在一定程度的差异：

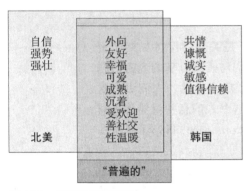

图 14.6 文化差异和吸引力

- 提供有着不同外表美的人物照片，请韩国参与者对照片中人物的社交能力特质进行评定。
- 将他们的评分与先前研究中的美国和加拿大参与者的数据进行对比。
- 有些特质是"普遍的"，与这三个民族群体均有关。
- 其他特质要么专属于个体主义文化（北美），要么专属于集体主义文化（韩国）。

来源：Wheeler & Kim, 1997.

- 对北美人来说，积极的刻板印象包括自信、强势和强壮，即与个体主义者相关的特征。
- 对韩国人来说，积极的刻板印象包括共情、慷慨、敏感、诚实和值得信赖，即与集体主义者相关的特征。

五、吸引力和回报

在心理学中，很少有一种理论能从整体上解释一种现象。更常见的是，几种理论提供了侧重于不同方面或者隐含过程的视角。吸引力理论也不例外。在最广泛的层面上，吸引力理论可以分为把人性看作努力保持认知一致性的理论，以及把人性看作追求快乐并避免痛苦的理论，即行为主义或者强化取向。一致性理论——例如平衡理论（第5章）和认知失调理论（第6章）——提供了一个简单的命题。人们通常喜欢和他们相似的人——一致是一种肯定性的体验，能产生积极的情感。然而，如果彼此喜欢的人之间有分歧，他们就会体验到紧张，然后试图改变各自的态度，使彼此更相似。如果这种分歧发生在彼此没有强烈吸引的相对陌生的人之间，那么不平衡感或者失调感就不会那么强，他们也就不太可能寻求接触。

大五
五个主要的人格维度：外倾性/精力充沛性、宜人性、责任心、情绪稳定性和经验开放性。

我们现在讨论两种直接基于强化的取向，以及另外两种基于人的行为但同时也源于强化原则的社会交换模型。

（一）一种强化取向

总的想法很简单。给我们回报的人会与快乐直接联系在一起，于是我们喜欢他们；惩罚我们的人会与痛苦直接联系在一起，于是我们不喜欢他们。这些思想在哲学、文学和普通心理学中有着悠久的历史，它们也被应用于社会心理学以帮助解释人际吸引（Walster, Walster, & Berscheid, 1978）。

在一个与经典条件作用或者巴甫洛夫条件作用有关的变体中（另见第 5 章），伯恩和克罗雷（Byrne & Clore, 1970）提出了**强化—情感模型**（reinforcement-affect model）——就像巴甫洛夫的狗学会将铃声与食物的正强化联系起来，人类也可以将另一个人与周围即时环境中其他积极或者消极的方面联系在一起。他们提出，任何背景（以及中性刺激），即使只是可能意外地与回报相关联，也都会得到积极的评价。然而，如果它与惩罚关联，它就会得到消极的评价。

另一个相关的例子是格里菲特和维奇（Griffitt & Veitch, 1971）的一项早期环境实验，它发现非常简单的环境特征，例如感到炎热或者拥挤，就可以减少我们对陌生人的吸引力（见专栏 14.4 和图 14.7）。

> **强化—情感模型**
> 一种吸引力模型，假定我们会喜欢在我们体验到积极感受（其本身就是一种强化）时出现在我们周围的人。

专栏 14.4　　经典研究

在炎热与拥挤环境中评价陌生人

想象一下，在完成了一份衡量对各种社会问题的意见的 24 项态度量表后，你被邀请与其他学生一起参与一项关于"不同环境条件下的判断过程"的调查，再去完成后续的一系列问卷。你不知道你处于八个不同的实验小组中的哪一组。你穿着短裤和衬衫，和你所在小组的成员共同进入一个 3 米长、2.2 米宽的房间中。

通过设立八个小组，威廉·格里菲特和拉塞尔·维奇（William Griffitt & Russell Veitch, 1971）测试了三个自变量的影响：（1）炎热程度，即环境温度，要么是 23℃ 的正常温度，要么是 34℃ 的高温。（2）人群密度。房间中同时有 3～5 个小组成员或者 12～16 个小组体员。（3）态度相似性。请注意，一些参与者在炎热或者拥挤的环境中回答问卷时，确实会感受到一定程度的来自环境的压力。作为对态度相似性的测量，每个参与者在看完一个匿名陌生人

对 24 项态度量表（与参与者先前完成的态度量表相同）的反应后，都会对该陌生人进行评分。陌生

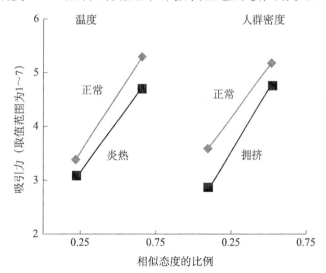

图 14.7 吸引力和背景特征的强化效应
- 学生们认为，一个态度上更相似的陌生人更有吸引力。
- 压力性的背景因素，例如感到热或感到拥挤，会降低陌生人的吸引力。

来源：Griffitt & Veitch, 1971.

生人实际上是虚构的。该陌生人所做的答复与该参与者所做的答复在部分项目上相似，例如相似性为 0.25（低相似性）或者 0.75（高相似性）。

最后，通过参与者对两个问题的评价，计算出该陌生人的吸引力：在多大程度喜爱这名陌生人？有多渴望和这名陌生人成为同事？

态度相似性的作用是惊人的。毫不奇怪，态度与参与者更相似的陌生人比不太相似的陌生人更有吸引力，这证实了态度相似对于初始吸引力的重要性，正如在前面的部分讨论过的那样。

研究结果也表明，感觉炎热或者感觉拥挤也会影响对陌生人吸引力的判断。在经典条件作用的情境中，这意味着在两种不同环境压力源的情况下，仅仅是负面背景的环境就可能会导致另一个人看起来不那么有吸引力。

社会交换 婚姻不是轻易缔结的。在长期的关系中，伴侣将仔细权衡各自的成本和收益。

关于我们的感受如何被约束或者条件化的研究与社会心理学中的另一个焦点有关，即态度的**自动激活**（automatic activation；见第 5 章）。简而言之，情感、刺激效价和态度等术语和好与坏、积极与消极以及趋向与回避等基本心理维度有关（De Houwer & Hermans, 2001）。

（二）作为社会交换的关系

强化基于回报和惩罚模式。当我们审视如何应用经济学研究社会行为时，心理学家们实际上谈论的是**社会交换**（social exchange）：报酬、成本和回报。相比之下，行为经济学家则关注社会心理过程如何影响人们的经济决策（见 Cartwright, 2014）。

那么，是否存在一个关系市场，即人类可以满足互动需要、亲密需要、"爱和被爱"的需要的地方？虽然社会交换理论是**行为主义**（behaviourism）流派的理论之一，但它也是一种结合互动来研究人际关系的路径。此外，它还直接关注亲密关系。

（三）成本和收益

如果两个人要在一段关系中取得进展，那将是因为他们可从交换利益的方式中获益（即回报）。社会交换是社会学家乔治·霍曼斯（George Homans, 1961）提出的一种行为模式，它用经济学概念来解释我们的人际关系，并与行为主义联系在一起。我们是否喜欢一个人，取决于**成本 – 回报比率**（cost-reward ratio）："从他人那里得到积极的回报需要多少成本？"社会交换理论也认为，每个参与者的结果是由他们的联合行动所决定的。

一段关系是一种持续的日常活动。我们试图获得、保存或与其他人交换有价值的东西。我们准备用什么来换取他们将要给予我们的东西？有些交换是简短而肤浅的，而另一些则是长期的、极其复杂的和十分重要的。在任何情况下，我们得到的结果或回报都取决于其他人的所作所为。随着时间的推移，我们试图形成一种理性且互利的互动方式。

社会交换是人与人之间付出与回报的关系，而关系是一种商业交易。那么，这

自动激活
根据法齐奥的研究，与情景线索有较强评价性关联的态度更易于从记忆中自动浮现。

社会交换
人们在决定做什么之前会权衡成本和回报。

行为主义
强调用强化程式来解释可观测的行为。

成本 – 回报比率
社会交换理论的原则，根据这一原则，是否喜欢一个人是通过计算被这个人强化所需的成本来确定的。

是研究重要关系的一种枯燥的路径吗？如果真是这样的话，那么它的支持者就会说，尽管该路径很枯燥，但它仍然是有效的。事实上，社会交换是最重要的领导力路径之一，即领导力交易理论的核心特征——该理论把有效领导追溯到领导者与追随者之间的互利交换（如 Graen & Uhl-Bien, 1995; Hollander, 1958; 见第 9 章）。

从广义上讲，交换的资源包括商品、信息、爱情、金钱、服务和地位（Foa & Foa, 1975）。每一个都可能是特殊的，因此它的价值取决于是谁给予回报。因此，如果拥抱来自一个特殊的人，那么拥抱（"爱"的一种具体表现）就会更有价值。每种回报也可以是具体的，就像金钱一样。在一段关系中也存在成本，比如追求需要时间或者朋友持有不同观点。因为资源是与伴侣交易的，所以我们会尝试使用**最小最大化策略**（minimax strategy），即将成本最小化并且将回报最大化。当然，我们可能没有意识到我们正在这样做，并且可能会反对这样的做法！

约翰·蒂博和哈罗德·凯利（John Thibaut & Harold Kelley, 1959）的《群体社会心理学》是一本极具影响力的书，它为后来的许多研究提供了基础。它认为，为了应对已经发生的行为，我们必须理解关系的结构，因为正是这种结构界定了将会得到的回报和惩罚。根据最小最大化策略，当成本超过回报时，关系就将无法令人满意。在实践中，人们互相交换资源，希望能获得**利润**（profit）。也就是说，回报需要超过成本。这是一种定义"良好关系"的新方式。回想一下本章开头"你怎么认为？"中的第二个问题，你怎么解释艾瑞克的意思呢？

（四）比较水平

社会交换理论的最后一个重要组成部分是每个人的**比较水平**（comparison level, CL）所起的作用，这是据以判断一个人的所有关系的一种标准。人们的比较水平是他们过去与其他人进行类似交流的经验的产物。如果当前交换的结果是正的（即从一个人那里获得的收益超过他们的 CL），那么这种关系就会被认为是令人满意的，并认为对方似乎具有吸引力。但是，如果最终结果为负的（即收益低于 CL），则会出现不满。这种模式是有好处的，因为一段关系中的两个人都有可能获得收益，从而获得满足。CL 这一概念有助于解释为什么某些关系在某些时候是可以接受的，而在另一些时候则是不可接受的（见专栏 14.5）。

最小最大化策略
在与他人建立关系时，人们尝试将成本最小化，并且将回报最大化。

利润
从持续互动的关系中获得的超过成本的回报流。

比较水平
随着时间发展变化，使我们可以判断新的关系是否有利的标准。

专栏 14.5　你的生活

你从一段感情中得到了什么？

在发展新的关系或者维持现有的关系时，你是如何计算的呢？你会权衡什么？什么动机会影响你的计算？根据社会心理学的研究，你可能比想象中更有计算能力；你的思考可能会受到你的比较水平的影响。

一个人的比较水平（CL）是独特的，因为每个人都有独特的经历。你的 CL 是你过去与他人间关系的所有结果的平均值，也是你可能听说过的其他人的结果的平均值。这可能会因不同的关系而有所不同，所以你的医生和恋人的 CL 会不同。

你进入一段新关系是在你所了解或者认识的其他人的背景下进行的，再加上所遇到的与他们相关的收益和损失。这一流变平均值构成了特定领域中关系的基线。只有当一次新的相遇超过了这一基线时，它才能被认为是令人满意的。

以你和另一个人的约会为例。结果被定义为回报（例如度过一段美好的时光或者发展一段潜在的关系）减去成本（例如投入多少钱、安排有多困难或者有多大风险，你是否觉得你错过了给人留下好印象的机会）。实际结果将取决于你如何比较此次约会与你过去或者现在类似情况下的其他约会，也可能取决于在你看来其他人的约会看上去有多成功。

你的 CL 会随着时间的推移而改变，这让事情变得更复杂了一些。虽然年龄可能不会让你变得更聪明，但随着年龄的增长，你对于未来向另一个人承诺抱有的期望可能比年轻时更多。

还有一个额外的概念——备择的比较水平。假

设你已经有了令人满意的关系，但之后却新遇到了一个人，一个迷人的陌生人。俗话说："这山望着那山高。"用社会交换的语言来说，有出现回报高于成本的前景。

你觉得这一切听起来计算得太多了吗？那么现在对自己诚实吧！无论结果如何，局势都已变得不稳定。决定吧，决定吧……

（五）社会交换、公平和正义

交换理论有前景吗？总的来说，答案是肯定的。交换理论的一个强大特性是，它适应了各种关系的变化，包括：

- 人与人之间如何看待回报和成本的差异（你可能会认为，来自伴侣的免费建议是有益的，而其他人可能并不会认可其好处）。
- 人自身基于不同比较水平的差异，无论是随时间变化还是根据不同的情境而变化（我喜欢有人相伴，但我在买衣服时更喜欢独自一人）。

这一理论经常被使用。例如，卡里尔·拉斯布尔特（Caryl Rusbult）展示了包括回报、成本和比较水平在内的投资如何与关系中的满意度和承诺相关（Rusbult, Martz, & Agnew, 1998）。对于我们如何理解社会正义（本小节将进一步探讨）和领导力（见第 9 章），以及如何理解一段关系的破裂为何常伴随于承诺的缺失之后，这也是一个重要的视角（Le & Agnew, 2003；稍后讨论）。事实上，西方社会可能实际上是建立在一种社会交换体系之上的，在这种体系中，我们在与他人的关系中争取公平或者平衡（Walster, Walster, & Berscheid, 1978）。

大多数人相信，在社会的法律和规范内，交换的结果应该是公正和正义的：我们应该遵守"规则"。正义和公正被认为是群体生活（见第 9 章对领导力的作用的讨论）和群际关系（第 11 章）的特性。公平和平等不是完全相同的概念。在工作环境中，平等要求所有人都得到同样的报酬，而公平要求那些工作最努力的人或者从事最重要工作的人获得更多的报酬。

人们在人际关系中最幸福的时候是他们相信给予和获取近似相等的时候。**公平理论**（equity theory）是在工作动机的背景下发展起来的，并通过斯塔西·亚当斯（J. Stacey Adams, 1965）在社会心理学中流行起来。它涉及两种主要情形：

- 交换是相互的（就像在婚姻中）。
- 有限的资源必须得到分配（例如法官判定赔偿损害）。

在这两种情形中，公平理论都预测，人们期望资源被公平地给予，并且这种给予与他们的贡献成正比。（见第 13 章中如何应用公平准则来帮助理解亲社会行为。）我们帮助了别人，别人也应该帮助我们，这是公平的。只有当满足以下条件时，杰克和吉尔之间才存在公平：

公平理论

社会交换理论的一个特例，当伴侣双方都认为自身的投入与结果之比与另一方的相同时，这种关系就被定义为是公平的。

$$\frac{杰克的结果}{杰克的投入} = \frac{吉尔的结果}{吉尔的投入}$$

杰克估算了他从与吉尔的关系中得到的结果与所投入的成本的比率，然后将这个

比率与吉尔的比率进行比较（见图 14.8）。如果两个比率相等，杰克会觉得他们两个人都得到了公正或者公平的对待。当然，关于什么是公正，吉尔也许会有她自己的想法。也许杰克的想法是非常理想化的！

如果一段关系是公平的，那么参与者的结果（回报减去成本）与他们的投入或者对关系的贡献是成正比的。其潜在概念是**分配正义**（distributive justice; Homans, 1961）。它是社会正义的一个方面，在广泛的意义上是指对某一群体的每个成员所得到的资源进行分配时实行公正准则。公平理论可应用于社会生活的许多领域，例如剥削关系、帮助关系和亲密关系（Walster, Walster, & Berscheid, 1978）。人们遭受的对待越不公平，他们感到的痛苦就越大。当我们长期被不公平对待时，这段关系很可能会结束（Adams, 1965）。

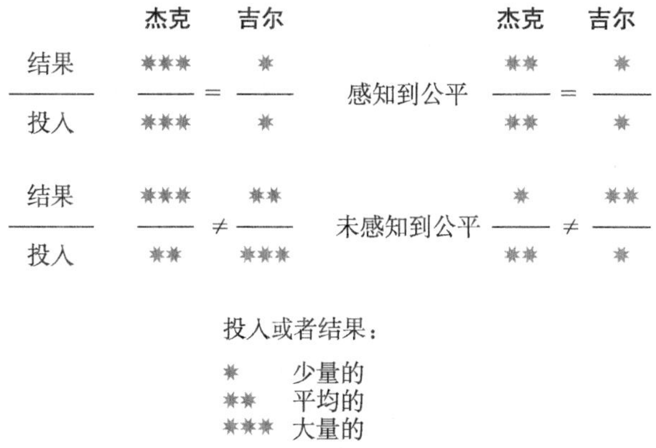

分配正义（公正地分配资源）应区别于**程序正义**（procedural justice，公正的程序——可能会，也可能不会导致公平地分配资源）。程序正义在某些群体中尤为重要，在这些群体中，成员对群体的依恋更多地依赖于被公正地对待（程序正义）而非被公正地分配资源（De Cremer & Tyler, 2005; Tyler & Smith, 1998; 第 11 章）。

图 14.8 应用于两种公平关系和两种不公平关系的公平理论
来源：Baron & Byrne, 1987.

投入或者结果：
* 少量的
** 平均的
*** 大量的

（六）规范的作用

虽然亚当斯（Adams, 1965）认为，人们在分配资源时总是偏好公平规范，但情况可能并不总是如此（Deutsch, 1975）。当资源根据投入分配时，我们可以有区别地评估朋友的投入与陌生人的投入：对于陌生人倾向于根据能力分配资源，而对于朋友则同时根据能力和努力分配资源（Lamm & Kayser, 1978）。当涉及友谊时，可能会触发共同的义务而非公平规范：我们期望我们的朋友比陌生人更能承担起他们的责任，比如帮助我们粉刷我们的新房子！

这里也有性别差异：女性偏好平等规范，男性偏好公平规范（Major & Adams, 1983）。这种差异可能是基于性别刻板印象角色，在这种角色中，女性通过平等对待人来争取互动中的和谐与和平。我们还看到，在群体情境中，群体内部的程序正义可能比分配正义或者平等更为重要（见第 11 章）。

考虑到后文中题为"成功的关系（和失败的关系）"的章节，我们增加一项附加内容：不是每个研究亲密关系的人都热衷于社会交换和公平理论模型。例如，安德鲁·莱德贝特（Andrew Ledbetter）及其同事认为，过于狭隘地关注自身公平的伴侣，很难维持他们的关系（Ledbetter, Stassen-Ferrara, & Dowd, 2013）。他们为传统的交换和公平模型提供了一种变体——自我延伸理论。当把自我延伸到能够将对方包含于其中时，有效的亲密关系才会得到更好的维持。当伴侣使用关系语言（例如使用"我们"）和共同行动分享他们的一些想法时，就会发生这种情况。

分配正义
决策结果的公正性。

程序正义
决策程序的公正性。

六、依恋

对依恋的研究最初集中于婴儿和照顾者之间的联结上，但现在已经扩展到包括了成人建立亲密联系的不同方式。首先，我们探讨一个与这一主题紧密关联的现象——亲和。

（一）社会隔离和亲和需要

亲和需要（need to affiliate），即与他人相伴的需要是强大且普遍的。它奠定了我们形成积极持久的人际关系的基础（Leary, 2010），并在对群体的依恋方面发挥着关键作用（Baumeister & Leary, 1995；见第 8 章）。当然，有时我们会想要享受独处的时光——人们也会调整对隐私的需要（O'Connor & Rosenblood, 1996; Pedersen, 1999）。然而，过多的社会隔离确实是可怕的（Perlman & Peplau, 1998）。

有许多关于长期被隔离的故事，例如被单独监禁的囚犯和沉船幸存者。然而，在这种情况下，隔离往往伴随着惩罚或者缺乏食物的可能性。因此，阿德米拉尔·伯德（Admiral Byrd）的记录也许是我们所拥有的最有趣的例子——他的隔离是自愿并且是有计划进行的，有足够的补给来满足他的身体需要。1934 年，伯德自告奋勇，独自一个人在南极气象站待了六个月，观察和记录情况。他与外界唯一的联系是通过电台来与主探险基地进行的。起初，他想"独处一段时间并足够久地品味和平、宁静和孤独以了解它们到底有多好"（Byrd, 1938, p. 4）。但在第四个星期，他感到寂寞、迷茫和困惑。他开始幻想自己与熟悉的人相伴，从而使自己的经历变得更有情趣。九周后，伯德全神贯注于宗教信仰问题，就像僧侣一样，沉溺于"生命的意义"。他的思想转变为相信他并不是孤身一人："在宇宙中，人类并不孤独。虽然我与人类隔绝，但我并不孤独。"（p. 185）三个月后，他变得极度沮丧，麻木冷漠，被幻觉和奇怪的想法所困扰。

社会心理学家威廉·麦独孤（William McDougall, 1908）认为，人类天生就有动力聚集在一起，并成为群体的一部分，就像一些动物生活在畜群或者群居地一样。这是一种**本能**（instinct）理论。行为主义者约翰·华生（John Watson, 1913）对此进行了严厉的批评，他认为，将从众行为称为从众本能很难站得住脚。后来，对社会行为的生物学解释要复杂得多。亲和关系已经被广泛研究，所以我们只选择了两个主题：当人们变得焦虑时，他们会想要找人陪伴吗？婴儿照顾不足的后果有多严重？

（二）隔离和焦虑

斯坦利·沙赫特（Stanley Schachter, 1959）在他的经典著作《亲和心理学》中描述了被隔离与焦虑之间的联系。孤独会让人们想与别人相伴，即使是与陌生人短暂地相处。与人做伴有助于减少焦虑，这可能有两个原因：他人分散了对令人担忧的情况的注意力，或者他人被视为**社会比较**（social comparison）过程的参照基准。沙赫特的研究证实了后一种解释。詹姆斯·库利克（James Kulik）及其同事展示了这个过程如何被用来帮助手术病人进行术后康复，尤其是对于心脏病患者（Kulik, Mahler, & Moore, 1996；见专栏 14.6）。

亲和需要可能会受到诸如恐惧这样的临时状态的影响，而且我们并不是想和随便某个人在一起，而是想和特定的人在一起。沙赫特最初的论断可以修改为："悲惨的人喜欢与那些同样处于悲惨境地的人为伍。"（Gump & Kulik, 1997）减少焦虑只是激发社会比较过程的需要之一。在更广泛的情境中，每当我们审视一个特殊群体（朋友们）的观点时，我们就会进行这些比较。关于人们如何成为这个特殊群体的一部分，本章后面将进行讨论。

一种可能特别痛苦的隔离的情况是，它是由他人或者整个群体故意强加给你的，尤其是当你被排斥时（Williams, 2002, 2009）。之前，在第 8 章中，我们讨论了在群体情境中发生的排斥现象——当然，个人在人际关系中也存在相互排斥的现

亲和需要
与他人建立联结并与之接触的冲动。

本能
通过基因传递的先天驱力或冲动。

社会比较（理论）
将我们的行为和观点与他人的行为和观点进行比较，以建立正确的或为社会所认可的思维和行为方式。

象，产生同样的戏剧化效果。被排斥的感受甚至也可能被一些似乎很琐碎的事情激发，例如谈话时一方转移视线会让另一方觉得这段关系只是自己一厢情愿（Wirth, Sacco, Hugenberg, & Williams, 2010），进而导致自尊直线下降，甚至让人觉得自己没有存在的意义（如 Zadro, Williams, & Richardson, 2004）。

专栏 14.6　　　　　　　　　　　　重点研究

心贴心：手术前共用病房的效应

库利克、马勒和穆尔（Kulik, Mahler, & Moore, 1996）记录了心脏病患者之间的言语互动，研究了手术前的室友分配情况对亲和模式的影响，包括他们手术前的焦虑程度以及手术后恢复的速度。如果社会比较在该情境中起了一定作用，那么假使对方也是心脏病患者，这种社会比较就应该显露出来。研究结果证实，社会比较是起作用的：

- 当他们的室友是心脏病患者而不是非心脏病患者的时候，患者更有可能在谈论手术和以后康复的前景时阐明他们的想法。

- 当室友已经做了手术的时候，这种效应是最强的。当患者 A 未进行手术并且患者 B 已做完手术时，患者 A 就会不那么焦虑，这是通过病人手术前要求的抗焦虑药物和镇静剂的减少的数量来衡量的。

- 患者如果被分配到一个心脏病患者而不是非心脏病患者作为室友，也更有可能更早地出院，这是根据手术后的住院时间来衡量的。

（三）社会剥夺的影响

在婴儿期，以社会剥夺形式出现的社会亲和的缺乏具有特别严重的破坏性影响。英国精神病学家约翰·鲍尔比（John Bowlby, 1988）记录了两部电影的发行对 20 世纪 50 年代研究儿童的研究人员的影响，其中一部是勒内·斯皮茨（René Spitz, 1947）的《悲伤：婴儿期的危险》，另一部是詹姆斯·罗伯逊（James Robertson, 1952）的《两岁小孩去医院》。事实证明，生存不仅取决于身体上的需要，也取决于对照顾和亲密互动的独特需要。

精神分析学家斯皮茨（Spitz, 1945）报告了这样一项研究：一些婴儿在一个拥挤的机构里住了两年，他们被无法照顾他们的母亲留在那里。这些婴儿有吃有喝，但很少被抚摸，而且大多被限制在他们的婴儿床上。与其他接受足够照料的被收容儿童相比，他们的心理和社会性发展较差，而且死亡率极高。斯皮茨用**医院病**（hospitalism）一词来描述他发现的这些孩子的心理状

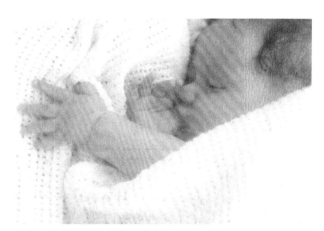

依恋　哈洛和鲍尔比的早期研究表明，婴儿在需要食物的同时也需要抚触。大量拥抱、温暖和柔软的感觉具有奇效。

况。20 世纪 90 年代初，罗马尼亚孤儿院被遗弃儿童令人心碎的电视画面生动地展现了医院病。罗伯逊是在伦敦塔维斯托克临床诊所与研究所工作的精神病学社会工作者和精神分析师，并被鲍尔比视为灵感之源。罗伯逊的精彩电影讲述了一个年轻女孩因住院接受小手术而与母亲分离八天导致情绪恶化的情况。

医院病
在被剥夺了与照顾者亲密接触的被收容的婴儿中观察到的一种冷漠和抑郁状态。

当时，哈里·哈洛（Harry Harlow）及其威斯康星大学的同事们的研究聚焦于社会隔离对新生恒河猴的破坏性影响（Harlow, 1958; Harlow & Harlow, 1965），包括剥夺与母亲的联结。猴子妈妈提供的不仅仅是接触、食物、摇摆和温暖：她是幼猴社会化链条中的第一个环节。哈洛的研究被扩展到完全与任何生命体隔离长达 12 个月的幼猴身上。如此长时间的单独监禁产生了严重后果。幼猴有时会蜷缩在角落里，反复地摇动着，咬着自己。当后来接触到正常的同伴时，它们没有进入与其他幼猴的摸爬滚打游戏中，它们也没能保护自己不受攻击。成年后，它们表现出性无能。此外，哈洛的早期研究也指出了母亲和婴儿之间温暖接触的重要性，这为依恋研究奠定了基础（Williams & Bargh, 2008）。

（四）依恋风格

很明显，婴儿被长期社会剥夺会产生心理创伤，尤其是与长期照顾者（通常是母亲）的分离。鲍尔比（Bowlby, 1969）及其在英国塔维斯托克研究所的同事们重点研究了婴儿对母亲的**依恋行为**（attachment behaviour），注意到幼小的孩子总是与母亲保持密切的关系。幼儿通过哭泣和笑容向照顾者发出信号，并通过依附或者跟随来保持邻近性，鲍尔比将所有这些都归因于与生俱来的亲和驱力。与亲和相比，依恋涉及在特定时间点与少数人或者一个人建立亲密关系的额外步骤。

对于鲍尔比和许多其他社会心理学家来说，依恋行为不仅限于母亲与婴儿的经历，而且可以在整个生命周期中被观察到。用鲍尔比的话说，它伴随着人们"从摇篮到坟墓"的整个生命历程。稳定的成人关系自有其源头（Berscheid, 1994）。研究表明，它们起源于童年的依恋动力学，并使我们产生了影响我们余生的特定的**依恋风格**（attachment styles）。辛迪·哈赞（Cindy Hazan）和菲利普·谢弗（Phillip Shaver, 1987）在解释我们作为成年人所经历的爱和寂寞的过程中，定义了三种依恋风格——安全型、回避型和焦虑型，它们也被发现存在于儿童身上（见表 14.1）。

表 14.1　三种依恋风格的特征

依恋风格	特征
安全型	信任他人；不担心被抛弃；相信自己是有价值的和受人喜爱的；发现亲近他人很容易；习惯于依赖他人，反之亦然。
回避型	抑制对依恋的需求；过去的亲密尝试都被拒绝；当接近他人时感到不舒服；发现很难信任或者依赖他人；当任何人接近时都感到紧张。
焦虑型	担心别人不会回报自己对亲密的渴望；感觉亲密的伴侣没有真正提供爱，或者可能离开；想和某人融合又担心吓到别人。

来源：Hazan & Shaver, 1987.

依恋行为
婴儿与母亲或者主要照顾者维持亲密的物理邻近性的倾向。

依恋风格
对人们亲密关系本质的描述，认为其形成于童年。

朱迪·菲尼和帕特·诺勒（Judy Feeney & Pat Noller, 1990）发现，童年时期发展起来的依恋风格会影响生命后期异性浪漫关系的形成方式。他们评估了已婚夫妇之间的依恋程度、沟通方式和关系满意度，并发现安全型依恋的个体（对亲密关系很满意以及对关系的焦虑较低）的配偶也更多地具有与他们相似的安全型依恋。

其他研究表明，具有回避型依恋风格的人通常会报告厌恶性的性感受和经历，并且当孩子出生时，他们对养育孩子的满意度更低、压力更大（Birnbaum, Reis, Mikulincer, Gillath, & Orpaz, 2006; Rholes, Simpson, & Friedman, 2006）。随着孩子年龄的增长，他们与孩子的关系越来越不亲密（Rholes, Simpson, & Blakely, 1995）。一篇对 60 多项关于自我报告的依恋风格和养育风格的相关研究的综述得出结论，安全型依恋与更积极的养育行为、情绪、认知和结果有稳固并且可靠的关系，而不安全型依恋则与更消极的养育行为、情绪、认知和结果有关（Jones, Cassidy, & Shaver, 2015）。现在回想一下本章开头"你怎么认为？"中的第三个问题，在爱莎妮遇到卡梅什之前，她的生活中可能发生了什么而造成她目前的困境？

对浪漫关系的研究表明，鲍尔比是对的——依恋是一个贯穿一生的过程，而不仅仅是婴儿期的一个特征，而且生命早期采纳的依恋风格在以后生命里的关系中占主导地位。我们现在对依恋风格和浪漫关系有了更多了解：

- 安全型依恋的成年人更容易接近他人，享受深情挚爱以及持久的关系（Brennan & Shaver, 1995）；他们探索自身周围社会和物质环境的能量感和意愿也更强（Luke, Sedikides, & Carnelley, 2012）。

- 回避型依恋的成年人不太习惯与他人亲近，更容易被嫉妒所阻碍，且更不倾于进行自我表露（Brennan & Shaver, 1995）；他们更有可能不忠（Dewall, Lambert, Slotter, Pond, Deckman, et al., 2011）；他们比安全型依恋的成年人在受到威胁时产生战斗–逃跑图式的速度更快（Ein-Dor, Mikulincer, & Shaver, 2011）；他们在解释陌生人的想法和感受时不太可能有同情心（Izhaki-Costi & Schul, 2011）。

- 焦虑型依恋的成年人更容易坠入爱河，他们在关系中经历的情绪起伏更多，更容易不快乐（Brennan & Shaver, 1995）；他们对可能的威胁更加警惕（Ein-Dor, Mikulincer, & Shaver, 2011）；他们会表现出伤痛的感受，将威胁感转嫁，从而使伴侣感到内疚（Overall, Girme, Lemay, & Hammond, 2014）；但他们没有成功地形成满意的关系（McClure & Lydon, 2014）。

克劳迪娅·布伦博和克里斯·弗雷利（Claudia Brumbaugh & Chris Fraley, 2006）的研究表明，一段浪漫关系中的依恋风格很可能会延续到另一段关系中。然而，人们的风格并不是固定不变的。李·柯克帕特里克和辛迪·哈赞（Lee Kirkpatrick & Cindy Hazan, 1994）进行的一项为期四年的研究表明，如果现有一个安全型依恋的伴侣，并且这种关系产生了信任，那么不安全型依恋的伴侣的不安全感可能会降低。内森·哈德逊（Nathan Hudson）及其同事在五个时间段对 172 对夫妻进行了伴侣管理研究。他们发现，依恋安全性是可协调的，伴侣安全性水平的变化会直接影响到另一方的安全性水平（Hudson, Fraley, Brumbaugh, & Vicary, 2014）。

另一项大规模的元分析发现，焦虑型和回避型依恋与关系满意度和承诺之间的负相关在更持久的关系中会变得更高（Hadden, Smith, & Webster, 2014）。因为这是一项相关性的研究，所以无法回答关系恶化是原因还是结果这一问题。也许焦虑型和回避型依恋对关系的消极影响会随着时间的推移而增加。随着时间的推移，最初的朦胧感消散，依恋风格造成关系恶化的影响愈加凸显。

安全型依恋风格　儿童可以从与有同情心的照顾者的接触中获益。他们更有可能成为既自立又信任他人的人。

1. 进入脸书

想象一下这样的场景：一个女人担心她的男朋友不像她爱他那样爱她，担心他会为了别人而离开她。在焦虑和猜疑的驱使下，她登录了脸书，看看是否能找到他脚踏两条船的证据。在他的脸书页面上，她看到他最近在朋友列表里添加了三个有魅力的女人，在一张照片中，他的手臂搂着一个不知名的漂亮女孩，并且他的关系状态仍然是"单身"而不是"恋爱中"。看到他的脸书页面让她的感受更加糟糕——嫉妒、不安全以及害怕被拒绝。然而，几个小时后，她再次检查了他的脸书页面，看看是否能找到新的信息。（Marshall, Bejanyan, Di Castro, & Lee, 2013, p. 1）

社交网站的吸引力不仅在于能够提供与他人保持联系的机会，还在于能够维持浪漫关系。脸书的到来带来了监视能力，甚至那些与我们关系亲密的人也会监视我们。马绍尔及其同事研究了依恋风格与脸书监视和脸书嫉妒之间的关系（Marshall, Bejanyan, Di Castro, & Lee, 2013）。他们的研究是通过网络招募来进行的，参与者是有异性恋伴侣的人。他们发现，那些焦虑型依恋的人不那么信任别人，他们更有可能检查他们伴侣的脸书页面，并且会对在其中发现的东西更嫉妒。埃米·缪斯（Amy Muise）及其同事们探索了一种性别差异，发现在脸书上监视自己的伴侣时，女性比男性更频繁地报告嫉妒的感受（Muise, Christofides, & Desmarais, 2014）。

2. 纵向研究

很少有针对儿童进行的依恋风格研究，因此大多数研究并不是真正的发展性的研究。我们所提到的研究通常测量成人的依恋风格，而对儿童的依恋风格没有进行单独的评估。严格地说，即使是同一时间对不同年龄组进行测验的横断研究也不是发展性的研究。

相比之下，伊娃·克洛宁（Eva Klohnen）在三十多年的时间里进行了一项真正的纵向研究。在 20 多岁时是回避型或者安全型依恋风格的女性，到 40 多岁和 50 多岁的时候仍然如此。这些年间，她们与他人之间关系的差别也延续了下来。与安全型依恋的女性相比，回避型依恋的女性与他人的关系更加疏远，她们更不自信、更多疑，但更自立（Klohnen & Bera, 1998）。

这种跨时间的个体内部稳定性引出了另一个问题：占主导地位的依恋风格是否随着历史变迁而发生变化？孔拉特及其同事对 1988 年至 2011 年期间 94 个样本进行了元分析，其中包括 25 243 名美国大学生（Konrath, Chopik, Hsing, & O'Brien, 2014）。他们发现，在此期间，安全型依恋的学生的比例从 49.0% 下降到了 41.6%，而不安全型依恋风格的比例则从 51.0% 上升至 58.4%。孔拉特及其同事认为，这是因为在这段时间里，学生们与他人的积极关系有所减少，与无亲密情感关系的人相处变得更令人舒适。人们可能会猜测，以计算机为媒介的关系（例如社交媒体和脸书中的"朋友"）在这方面可能起到了一些作用。

依恋理论自 20 世纪 80 年代以来受到越来越多的关注，并在致力于"爱情"（我们的下一主题）的流行文学中变得更加时尚。

■ 七、亲密关系

亲密的关系给你带来了什么？也许是绒毛般的温暖，也许是激情，也许是爱。但是当你搜索你的记忆库时，也会有其他令人担忧的想法，比如嫉妒。

亲密关系是许多强烈情绪的熔炉（Fitness, Fletcher, & Overall, 2007）。根据**关系中的情绪模型**（emotion-in-relationships model），关系依赖于对伴侣行为的强烈、成熟和广泛的期望（Berscheid & Ammazzalorso, 2001）。能够表达自己情绪的人通常在亲密的关系中受到重视，特别是安全型依恋风格的人（Feeney, 1999）。然而，有一点需要引起警觉。在亲密关系中感受到所有情绪的上升趋势使得我们有必要管理它

关系中的情绪模型
由于行为对于人际期望产生干扰的概率增加，亲密关系中强烈情绪的引发提供了一种背景。

们的表达，尤其是消极的情绪（Fitness, 2001）。如果肆无忌惮地表达对伴侣的所有感受，那么这段关系可能不会长久。因此，表达对伴侣的感受时需要谨慎，甚至需要策略。

（一）什么是爱情？

我们已经讨论了人际吸引的过程。我们已经探索了我们选择熟人和朋友的方式、与他人亲和的强大需求，以及我们如何对特定的个体产生依恋。所以，现在我们来谈一谈人类的共同兴趣——爱情。我们能否用前文所述的那些原则来理解与我们所爱的非常特定的人之间的关系，并且思考喜欢和爱是否不同？ **爱情**（love）曾经是一个被忽视的实证研究的主题，现在却成为研究的焦点（Dion & Dion, 1996）。

人们通常谈论激情、浪漫、陪伴、迷恋和性吸引，但很难界定这些术语。再加上爱的方式被视为是神奇和神秘的——是诗歌和音乐的素材，而不是科学的素材——把爱情带入实验室的难度就变得更加复杂。尽管如此，我们对爱情的了解仍然与日俱增（见本章开头"你怎么认为？"中的第四个问题）。不出所料，很难对爱情进行实验，所以大多数研究只能基于调查和访谈。

齐克·鲁宾（Zick Rubin, 1973）区分了喜欢和爱，并开发了能对它们分别进行测量的量表。举几个鲁宾量表中题目的例子。朱莉认为阿蒂的适应能力非常强，是她认识的最讨人喜欢的人之一，她会强烈推荐他做一份负责任的工作。当谈到弗兰克时，朱莉发现很容易忽视他的缺点，如果她不能永远和他在一起，她会"感到痛苦"以及"对他很有占有欲"。朱莉喜欢哪一个，她爱哪一个？其他研究人员补充说，喜欢（liking）涉及与人互动的欲望，爱（loving）增加了信任的元素，而恋爱（being in love）意味着性欲和兴奋（Regan & Berscheid, 1999）。

爱的种类

在一项关于爱的种类的研究中，贝弗利·费尔（Beverley Fehr, 1994）提出了这样一个问题：普通人和爱情研究者是否以同样的方式思考爱情？她通过分析心理学研究中常用的几种爱情量表背后的因素，并让普通人思考将爱情分为哪些类型能够最好地描述不同场景中的各种亲密关系，据此来回答前述问题。费尔找到了一个简单的回答和一个更复杂的回答：

> **爱情**
> 情绪、思维和行为的组合，通常会很强烈，且与亲密关系相联系。

- 在她的数据集中，至少有两种广义类型的爱是合理一致的：（1）陪伴之爱；（2）激情或者浪漫之爱。这一发现证实了哈特菲尔德和沃尔斯特（Hatfield & Walster, 1981）先前的工作。

爱情 浪漫之爱包括强烈的以及偶尔混乱的情绪，同情之爱则是从持续的亲密关系中逐渐发展出来的。

- 爱情研究者设计的量表对爱情的类型和亚型进行了相对清晰的区分，而普通人的观点则比较模糊。

激情之爱（passionate love）是一种强烈的情绪状态和一种混乱的感受，包含温柔、性、欢愉和痛苦、焦虑和放松、利他和嫉妒。相比之下，**陪伴之爱**（companionate love）则不那么强烈，其将友好的感受和深切的依恋结合在一起（Hatfield, 1987）。把激情之爱和陪伴之爱区分开来是很有道理的。我们喜欢和许多人相处，但我们没有与他们"恋爱"。最近，埃伦·伯斯奇德（Ellen Berscheid, 2010）将注意力集中在同情之爱上，并提出了无私、无条件、关怀、利他之爱（见第 13 章），甚至是共生之爱等同义词。也有人坚持认为，富有同情心的行动也是一种爱的形式（Collins, Kane, Metz, Cleveland, Khan, et al., 2014; Fehr, Harasymchuk, & Sprecher, 2014; Rauer, Sabey, & Jensen, 2014; Reis, Maniaci, & Rogge, 2014）。

一般来说，爱情会引发悲伤、愤怒、恐惧和幸福（Shaver, Morgan, & Wu, 1996；对"基本"情绪的讨论，见第 15 章）。亨德里克夫妇（Hendrick & Hendrick, 1995）还发现，人们对爱所赋予的意义存在性别差异：男性更倾向于把爱当作一种游戏来对待，而女性更倾向于以友谊为导向并且更务实，但也更有占有欲。

（二）爱情和浪漫

1932 年，美国词曲作家理查德·罗杰斯和洛伦茨·哈特提出了一个问题——"这难道不浪漫吗？"（Isn't it romantic），并试图告诉我们什么是爱情。社会心理学家对爱情与浪费的研究则显得平淡无奇，他们坚持对指向"恋爱"的行动和想法进行描述。浪漫的爱和友谊均源于结识，且通常都是由相同的因素引发的，例如邻近性、相似性、相互喜欢以及令人向往的个人特征。我们的爱人很可能是朋友，尽管是个特别的朋友！

然而，对于爱情而言还有更多东西。身处爱情中的人自我报告说，他们不断地想到他们的爱人；他们想花尽可能多的时间（并且往往是不现实的）与所爱之人在一起（Murstein, 1980）。毫无疑问，爱人成了一个人生活的焦点，而其他朋友则被排除在外（Milardo, Johnson, & Huston, 1983）。这是一种非常强烈的情绪，几乎难以控制。

你是否曾坠入爱河？我们说"坠入爱河"就好像这是一场发生在我们身上的意外，而不是我们主动参与的过程。当我们以这种方式恋爱时会发生什么？阿瑟·阿伦（Arthur Aron）及其同事们在一项短期纵向研究中谈到了这一点，该研究要求本科生在 10 周内每隔两周完成一份关于他们的爱情经历和自我概念的调查问卷（Aron, Paris, & Aron, 1995）。那些报告说在这段时间内坠入爱河的人报告了以他们的自我概念为中心的积极的经历。由于正有人爱着他们，他们的自尊就会增加。此外，他们的自我概念通过纳入他人的各个方面而得到了"扩展"。他们还报告说，他们的自我效能感有所提高，例如他们不仅制订计划，而且还实施计划。

一种被广泛接受的关于坠入爱河的说法是，它是受文化约束的。为了让人们体验爱情，群体需要相信爱情，并通过虚构和现实生活中的例子来使爱情成为一种选择。如果爱情是个意外，那么各种文化中应该都会有人逢此机缘——但事实确实是这样的吗？依恋理论主张，爱情既是一个生物学过程，也是一个社会过程，不能被简化为一种历史或者文化的发明（Hazan & Shaver, 1987）。事实上，在早期历史时代的主要文明古国，例如罗马、希腊、埃及以及中国，都有浪漫爱情的证据，它们不一定与婚姻有关，因为婚姻只是一种社会契约（Mellen, 1981）。例如在古罗马，尽管浪漫并不是选择配偶的基本因素，但夫妻之间是可以发展出爱情的。

生物学和进化也可能在异性恋的性别差异中发挥作用。阿克曼及其同事结合进

激情之爱
包括生理唤起在内的被他人强烈吸引的状态。

陪伴之爱
对他人的照顾和喜欢，通常因一起共享时光而产生。

化视角和成本－收益分析，认为首先表白自己爱意的更可能是男性而非女性。浪漫的爱是寻找伴侣的基础，但维持伴侣关系和照顾亲属需要承诺："让我们认真对待。"性接触可能是浪漫的爱的一种好处，但是这种伴侣关系也带来了性、生殖和生育义务。对于女性来说，怀孕和哺乳是爱情比较直接的代价。传统上，男性的成本并不那么紧迫：只需要对未来的资源做出承诺，比如声望和权力（"得到理想的工作"），以及相当于亲属照顾的安全性（Ackerman, Griskevicius, & Li, 2011）。

（三）标签和幻想

1. 爱的标签

在伊莱恩·哈特菲尔德和威廉·沃尔斯特（Elaine Hatfield & William Walster, 1981）的**三因素爱情理论**（three-factor theory of love）中，浪漫的爱是三个相互作用的变量的产物：

- 文化决定因素，其承认爱情是一种状态。
- 一个合适的爱的对象——在大多数文化中，以年龄相似的异性成员为范例。
- 情绪唤起，常被人们标签化为"爱情"，即当与一个合适的爱的对象互动，甚至只是想到对方时，就会感受到这一情绪唤起。

不管有没有标签，被迷住的人都会报告强烈的感受。虽然标签化唤起在本能上的吸引力似乎并不直观，但它有研究作为其基础。我们的生理反应并不总能很好地区分不同的情绪，例如我们可能会将自己所处的感受状态描述为愤怒、恐惧、快乐或者性唤起（Fehr & Stern, 1970）。

回想一下沙赫特和辛格（Schachter & Singer, 1962）提出的唤起促使我们做出归因的观点（见第 3 章），以及主张感受到的情绪主要是基于我们的利害评估的情感评价理论（如 Blascovich, 2008; Lazarus, 1991; 见第 2 章）。一些线索（例如心跳加快）表明原因是内在的，然后我们将这种经历标签化为一种情绪。如果我们在受辱之后感受到唤起，我们可能会将这种感受标签化为愤怒。然而，如果我们根据我们的性取向与一个有吸引力的适当性别的成员互动，我们可能会将这种唤起标签化为性吸引、喜欢甚至是爱情的前兆。即使是危险，或者至少是兴奋，也能成为浪漫的前兆（见专栏 14.7）！

> **三因素爱情理论**
> 哈特菲尔德和沃尔斯特区分了爱情的三个构成因素：爱情的文化概念、一个合适的爱的对象，以及情绪唤起。

专栏 14.7　经典研究

吊桥上的兴奋与吸引

唐纳德·达顿和阿瑟·阿伦（Donald Dutton & Arthur Aron, 1974）在不列颠哥伦比亚省卡比兰诺峡谷的一座吊桥上进行了一项著名的实验。他们用这样的方式来描述环境：

"实验"桥是卡比兰诺吊桥，这是一座 5 英尺①宽、450 英尺长的桥，由固定在缆绳上的木板构成，从卡比兰诺峡谷一侧连接到另一侧。这座桥有许多引人唤起的特征，例如倾斜、摇晃的倾向，给人的印象是人们随时会从侧面掉下来；钢丝绳扶手很低，也会使人形成上述印象；与桥下的岩石和浅滩有 230 英尺的落差。（Dutton & Aron, 1974, pp. 510-511）

---

① 1 英尺约为 0.3 米。——译者注

参与者是年轻人，他们每次一人小心翼翼地跨过一座高高的摇摇晃晃的吊桥。一位有魅力的年轻女子以进行研究为借口，向他们每一个人询问是否愿意为她填写一份调查问卷。接下来，她向他们提供了她的名字和电话号码，以备他们后续有其他问题要问。很多人打电话给她。然而，如果面试官是一个男人，或者设置的是一个更低、更安全的"控制"桥，则很少有人会打电话给面试官。被危险唤起，似乎增强了浪漫！

根据对33项实验研究的元分析，已经被描述为有吸引力的人的吸引力会被意外唤起增强，这种现象是可信的（Foster, Witcher, Campbell, & Green, 1998）。

三因素理论强调，爱情取决于过去对爱的概念的学习和了解、承认爱的对象的存在并受唤起的影响。然而，即使这些成分是必要因素，只是凑齐它们也不足以让爱发生。如果这些成分是充分条件的话，那么爱情就可以很容易地在实验室得到研究。这些成分要求约翰有一种爱的概念，并要求珍妮特通过吸引或者在房间里追逐约翰或者恭维他来提供唤起——然后，嘿，快点！"相爱吧"！

我们知道性唤起本身并不是爱的定义，并且情欲和爱是可以区分的。想想这样一件逸事，一个人被配偶要求对婚外情做出解释，然后他做出了经典的回答："但是，亲爱的，这并不意味着什么！"

2. 爱情和幻想

人们把不同的理想或者形象带入同一段爱情之中，这可能会影响到爱情的发展方式。如果伴侣不符合最初被认为的样子（或者最初被认为的人），人们很快就会失恋。最初的爱情不是为了伴侣，而是为了对这位伴侣形成的某种理想形象，比如"穿着闪亮盔甲的骑士"。这些形象可能来源于以前的恋人、小说中虚构的人物，以及父母等儿时的爱的对象。与该形象具有相似的外表特征可以启动连锁反应，该形象的其他特征也会被转移到伴侣身上。

我们所持有的关于理想伴侣的形象似乎是区分爱和喜欢的最好的方式。其中一些形象可能是基于幻想。其中之一就是相信浪漫的命运——"我们是天生一对"。这种幻想是有益的，既能让人一开始感到满意，也有助于将关系维持得更长久（Knee, 1998）。浪漫一般与积极幻想交织在一起（Martz, Verette, Arriaga, Slovic, Cox, & Rusbult, 1998; Murray & Holmes, 1997）。这种对自己的伴侣和关系的整体幻想也许不是件坏事——它有助于人们在不可避免的起伏中做出维持关系的安排（Murray, Holmes, & Griffin, 2003）。当伴侣辜负了自己的理想时，我们可以突出其美德，看淡其缺点。

（四）至爱

罗伯特·斯滕伯格（Robert Sternberg, 1988）认为，对于某些爱情经历来说，承诺和亲密与激情一样重要。激情大致等同于性吸引；亲密是指温暖、亲密和分享的感受；承诺是我们维持关系的决心，即使是处于危机时期。这三个维度在其他研究中也被证实为统计上独立的因素（Aron & Westbay, 1996）。虽然性欲和浪漫之爱在经验上是联系在一起的，但戴蒙德指出，它们可能是出于不同目标进化而来的不同生物系统：

欲望受交配系统的支配，其目的是为了繁殖而进行性结合。然而，浪漫之爱受制于依恋或者配对系统。（Diamond, 2003, p. 174）

因此，依恋或者配对关系可以直接指向异性和同性的伴侣。然而在同性性吸引的情况下，这种模式并不完全清楚。

在斯滕伯格的模型中，浪漫之爱被另一种经历所超越，那就是**完美之爱**（consummate love），它包含所有三个因素。通过系统地创造每一个因素的存在或者缺失的组合，我们可以区分出八种形式的爱，根据联结程度包括从无爱到完美之爱。由此产生了一些有趣的关系。愚昧之爱的特点是激情和承诺，但没有亲密（例如"旋风般的好莱坞式的浪漫"）。斯滕伯格对爱情类别的区分似乎很稳健（Diamond, 2003）。你是否经历过图 14.9 中的一些关系？

通过对实证研究的综述，伯斯奇德得出结论，对爱情的研究，特别是基于心理测验的研究，一般不会涉及亲密关系中爱情的变化过程：

> 关系本质上是暂时的。就像河流一样，它们随时间和空间流动，并随着它们所处环境的特性的变化而变化。这一事实对于爱情和其他关系现象的意义在于，用古代的圣贤赫拉克利特的话来说："人无法两次踏入同一条河流。"（Berscheid, 2010, p. 11）

在本章接下来的部分中，我们将介绍各种关于变化的研究，要么追踪一段时间的关系，要么研究在调查之前就已经在一起几年的伴侣。这自然会引出如下问题：如何维持一段亲密关系？哪些因素可能预示着这段关系即将破裂？但我们首先要问的问题是：我们是为了爱而结婚吗？

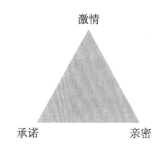

	激情	承诺	亲密
无爱	✗	✗	✗
迷恋	✓	✗	✗
空洞之爱	✗	✓	✗
喜欢	✗	✗	✓
愚昧之爱	✓	✓	✗
浪漫之爱	✓	✗	✓
陪伴之爱	✗	✓	✓
完美之爱	✓	✓	✓

图 14.9　斯滕伯格的爱情三角

● 三个因素（激情、承诺和亲密）是描述不同的爱情经历特征的关键。当同时存在这三个因素时，我们可以认定其为完美之爱。

● 当只存在一两个因素时，我们就以不同的方式去爱。两种常见的爱情类型是浪漫之爱和陪伴之爱。

来源：Sternberg, 1988.

（五）婚姻

1. 爱情和婚姻

爱情和浪漫作为决定结婚的基础，一直以来都是文学圈的热门话题。然而，在西方文化中，对于爱情和浪漫的态度随着时间的推移发生了变化，甚至仅在一代人的时间中也是如此。辛普森及其同事将其研究样本在三个时间点（分别是 1967 年、1976 年和 1984 年）对以下问题的回答进行了比较："如果一个男人（女人）有你想要的所有品质，在你不爱他（她）的情况下，你会和这个人结婚吗？"在 1984 年，"不"的答案要高得多，但在 1967 年，女性更可能说"会"（Simpson, Campbell, & Berscheid, 1986）。后来的一项研究记录了西方文化中一种走向婚姻以外的长期关系的趋势（Hill & Peplau, 1998）。尽管如此，美国的数据表明，爱情仍然是结婚的一个准确预测因素，但不足以保证幸福和稳定的关系。

还有一种得到了文化体制支持的普遍假设，即人类在性方面是一夫一妻制的，而且一夫一妻制是有益的，能产生积极的结果。至少这是社会所提倡的。事实上，一夫一妻制是历史上最近才出现的一种现象，但它肯定被主流文化所接受和提倡，视其为社会的基础，也是拥有浪漫关系的唯一适当方式。这就提出了如下问题：对我们的关系和心理健康来说，一夫一妻制是否真的更好？对相关证据的综述表明并非如此——没有证据表明一夫一妻制比非一夫一妻制能提供更多的性、关系或者家庭方面的利益（Conley, Ziegler, Moors, Matsick, & Valentine, 2012）。然而，由于一夫一妻

完美之爱

斯滕伯格认为，这是爱情的终极形式，它同时包含了激情、亲密和承诺。

制在社会上受到重视，它确实为那些践行一夫一妻制的人提供了一种道德优越感。

大多数关于婚姻的研究关注于西方的婚姻观念，因此似乎在文化上是短视的。从某种意义上说确实如此。这是因为"婚姻"作为一种社会和法律契约，在不同的文化和群体中有不同的形式，并且会随着时间的推移而发生变化。然而，在所有的文化和群体中，几乎所有的爱情关系都是由某种公共契约来确立的。

2. 包办婚姻

大多数文化长期偏爱为自己的孩子精心安排"合适"的伴侣。包办婚姻可以是非常成功的，特别是在根据婚姻的持续时间和社会功能来判断的情况下：拥有孩子，照顾年迈的父母，强化延伸家庭，以及建立一个更强大的社群。他们可以而且实际上也经常充当社群和部落之间的关系纽带。从历史上看，该功能一直占据绝对的中心地位（Evans-Pritchard, 1951; Fox, 1967）。在后工业社会，特别是西方的后工业社会，这种功能变得越来越弱，因为这些社会是围绕核心家庭组织起来的，而这些家庭不得不为了适应就业市场而搬来搬去。

在印度，有几项关于包办婚姻的研究。在第一项研究中，起初，婚姻包办的夫妻对彼此之间的爱情的评价比自由恋爱而结婚的夫妻低。而随着时间的推移，这一趋势发生了逆转（Gupta & Singh, 1982）。在第二项研究中，女学生更偏好包办婚姻，前提是她们自己同意这一婚事；但只要父母同意，她们就会赞成自由婚姻（Umadevi, Venkataramaiah, & Srinivasulu, 1992）。在第三项研究中，更喜欢自由婚姻的学生对于伴侣的社会文化背景比较开明，而那些更喜欢包办婚姻的学生则会从他们自己的亲属群体内部寻找伴侣（Saroja & Surendra, 1991）。

包办婚姻和自由婚姻的二分法是否过于简化了？人类学家维克多·德·蒙克（Victor De Munck, 1996）考察了斯里兰卡的穆斯林社区的爱情和婚姻。包办婚姻曾是一种文化偏好。然而，即使是在父母正式选择伴侣的时候，浪漫的爱情也会促成最终的决定。

这些研究突出强调了一些文化对于长辈作为合法媒人的重视与尊重。许多西方人认为他们永远不会考虑包办婚姻。然而，婚恋和国际婚配机构在西方文化中的人气正迅速增长，这或许反映出人们自由恋爱的机会减少了，对于生活忙碌的人而言尤其如此。

（六）同性浪漫关系

在关于亲密关系的研究中，同性恋关系一直没有得到充分的体现。大约从20世纪80年代初开始，随着西方社会对同性关系的认可以及法律承认逐渐增强，这种情况已经发生了变化。人们更多地认识到，关系理论不能简单地假定亲密关系的对象是异性（Peplau & Fingerhut, 2007；另见 Herek, 2007, 2011）。人们也认识到，同性关系的社会心理基础在很多方面都反映着异性关系，但可能会有一些不同，比如同性关系经常因遭受社会污名化和歧视而压力倍增（Totenhagen, Butler, & Ridley, 2012）。从国际角度看，仍有很长的路要走，例如同性恋行为在许多非洲、伊斯兰和中东国家仍然是违法的，有时甚至是死罪（如 Bereket & Adam, 2008）。

即使在西方国家，同性婚姻、同性恋收养，以及 LGBTQ 的性行为也一直是公众激烈争论的话题（Herek, 2011; Herek & McLemore, 2013）。如前所述（第10章），近年来情况有所改善，同性婚姻现在在美国、加拿大，以及西欧和南美洲的大部分地区是合法的。然而，很久以前，美国社会进步程度最高的州——加利福尼亚曾经使同性婚姻合法化，但这却在2008年被推翻——52%的加州人在一项提案中投票否定同性恋伴侣具有与异性恋伴侣相同的合法权利。随后在2012年，加州上诉法院将这一具有强烈宗教和社会政治意识形态色彩的投票结果推翻；根据他们在媒体上发表的裁决，该提案"没有任何目的，也没有任何效果，只会降低加州同性恋者的地位以及作为人的尊严，并将他们的关系和家庭的阶层正式列于异性伴侣的关系和家庭之下"。

■ 八、成功的关系（和失败的关系）

（一）维持关系

对关系维持的研究大多关涉婚姻——部分是由于其为历史产物（过去多为异性婚姻，所以研究兴趣也多在于此），另外也是因为传统的异性婚姻在抚养子女方面扮演着核心角色。然而，鉴于我们在本章所讨论的，婚姻只是众多爱情关系中的一种，因此在本节中我们不区分事实婚姻关系和其他长期的亲密关系。

外部影响，例如来自姻亲的压力，是除了爱情之外的其他可以延续婚姻关系的因素；也是造成分居的外部障碍，可能与离婚率的上升有关，但随着婚姻的延续，其阻碍会逐渐减弱（Attridge & Berscheid, 1994）。本杰明·卡尼和托马斯·布拉德伯里（Benjamin Karney & Thomas Bradbury, 1995）在一项关于婚姻满意度和稳定性的纵向研究中研究了大约 200 个变量。积极结果可由一组具有积极价值的变量（例如教育、就业以及值得赞许的行为）预测，而消极的结果则可由一组具有消极价值的变量（例如神经质、不幸的童年以及消极的行为）预测。然而，任何因素都不能可靠地单独预测婚姻满意度。

社会支持网络（social support networks）在维持亲密关系方面发挥着重要作用。这是因为"浪漫的关系不存在于真空中，而是处于由家庭成员、朋友和熟人组成的社会网络中"（Sprecher, 2011, p. 630）。如果配偶双方的支持网络重叠，则婚姻满意度更高。例如，当妻子的网络包括丈夫的亲属或者朋友，或者妻子的网络成员与丈夫的网络成员有关联时，妻子对婚姻的满意度更高。同样，当丈夫的婚姻网络与妻子的网络重叠时，丈夫的婚姻满意度更高（Cotton, Cunningham, & Antill, 1993）。

这种形式的社会支持不仅提高了婚姻满意度，而且更广泛地建立了关系满意度；充满亲密和关爱的关系已被证明对健康和幸福有很大的好处，并能使人们获得成长（Feeney & Collins, 2015）。特别是，这种关系可以帮助人们处理生活中的逆境，并主动追求生活中的机会。

玛格丽特·克拉克和南希·格罗特（Margaret Clark & Nancy Grote, 1998）基于公平理论对利益和成本的关注，确定了有助于或者会阻碍一段关系的行动：

- 利益起帮助作用。它们可以是有意的（例如，"我丈夫称赞我对衣服的选择"），或者是无意的（例如，"我喜欢和我妻子在公共场合相伴，因为她有吸引力"）。
- 成本起阻碍作用。它们可以是有意的（例如，"我妻子在别人面前纠正了我的语法"），或者是无意的（例如，"我丈夫打呼噜使我晚上睡不着觉"）。
- 共享行为起帮助作用。有时，这对一方有利，但对另一方不利（例如，"我仔细地听了一些我妻子想谈的事情，尽管我对这个问题没有兴趣"）。

浪漫小说中"爱情是持久的"，而电视肥皂剧和真人秀往往关注于关系破裂。一项针对美国新婚夫妇进行的为期十年的纵向研究发现，夫妻双方的婚姻满意度都在持续下降（Kurdeck, 1999）。这种下降包括两次加速下滑：一次是在第一年之后，"蜜月结束了"；另一次是在第八年，"七年之痒"！基兰·沙利文及其同事探究了纵向关系中痛苦的原因及解决方法（Kieran Sullivan, Pasch, Johnson, & Bradbury, 2010；见专栏 14.8）。

社会支持网络
那些了解我们、关心我们以及在我们面临压力的时候能够提供支持的人。

相互支持在亲密关系中的作用

基兰·沙利文及其同事们研究了新婚夫妇之间相互支持的纵向效应，其中重点考察了关系痛苦的原因和解决办法。他们招募了 172 对年龄为 18～35 岁、婚龄均不到 6 个月的夫妇，并观察他们曾经经历过的解决婚姻问题的谈话以及他们曾经给予对方个人支持的方式。研究人员在 10 年的时间里与参与者接触了 10 次，其中前三次是在观察的环境中，其余几次是通过让每个人完成婚姻满意度问卷进行的。在此期间，37 对夫妇离婚，离婚率为 22%。

关系痛苦发生在伴侣不认可或者不理解自己表露出的重要想法或者感受时，或者当一方用行动来表明不认可另一方时。这些结果说明伴侣可能没有理解、关心或者同情自己。

来源：Sullivan, Pasch, Johnson, & Bradbury, 2010.

想让一段关系幸存下来，伴侣需要彼此适应，在这种关系中，他们调整了各自的期望。陪伴之爱可以保护一段关系，因为它包含了深厚的友谊和关怀，而这种友谊和关怀是建立在长期、大量的共同经历之上的。但是，当人们产生一种与自主、能力和联结相关的自我决定感，以及伴侣双方出于综合和内在的原因而在一起时，关系也会蓬勃发展并且持久（Knee, Hadden, Porter, & Rodriguez, 2013）。这些条件支持开放的、真实的、非防御的行为和立场，其在抵御自我威胁的冲突中尤具价值。在这些方面，自由婚姻和包办婚姻都能在伴侣之间建立起类似的强大纽带。

本小节总结的许多主题与泰德·休斯顿（Ted Huston, 2009）对有效婚姻的"行为生态学"描述相吻合。他的纵向研究表明，夫妻

- 是家庭伴侣：双方具有传统的或者可行的、个性化的性别角色模式。
- 是爱人：因为性是大多数婚姻的核心要素。
- 是同伴和朋友：常常在共同的活动中保持友好的关系。
- 受社会支持网络所支持：该网络由他们的朋友和亲属组成。

（二）同甘共苦

伴侣什么时候才符合"同甘共苦"的格言呢？杰夫·亚当斯和沃伦·琼斯（Jeff Adams & Warren Jones, 1997）明确指出了促成当前关系的三个因素：

- 个人奉献：对于特定的伴侣和关系的积极吸引力。
- 道德承诺：由一个人的价值观和道德原则控制的义务感、宗教信仰责任感或者社会责任感。
- 约束承诺：造成离弃一段关系的成本高昂的因素，例如缺乏有吸引力的替代者，以及在这种关系中存在各种社会、财务或者法律上的投入。

承诺
持续一段人际关系的希望或者意图。

1. 承诺

我们在本章中多次提到**承诺**（commitment）。承诺增加了长相厮守的机会，甚至享受履行承诺的想法也是很重要的（Berscheid & Reis, 1998）。维塞尔奎斯特及其

同事（Wieselquist, Rusbult, Foster, & Agnew, 1999）发现，承诺和婚姻满意度、增进关系的行为以及信任之间存在联系。

有一系列风险因素可以预测一段关系的破裂，比如消极的沟通方式和缺乏社会支持网络。纵向研究发现，不受这些风险影响的健康关系的特点是：强烈的心理依恋、长期取向，以及坚持的意向（Arriaga & Agnew, 2001）。这些成分为承诺提供了投入；高承诺的伴侣更有可能长相守候（Adams & Jones, 1997）。在一段关系中主动做出承诺可能比被引导而做出承诺更重要（Berscheid & Reis, 1998）。主动承诺可能与我们的自我建构有关，也就是我们看待自己的方式（见第 4 章）。在克罗斯、培根和莫里斯（Cross, Bacon, & Morris, 2000）的一项研究中，将自己解释为与他人相互依赖的人比不按这种方式解释自己的人更忠于重要的人际关系。

如前所述，维塞尔奎斯特及其同事（Wieselquist, Rusbult, Foster, & Agnew, 1999）发现，承诺与婚姻满意度、促进关系的行为以及信任有关。促进一段关系的行动包括"鼓舞人心"，比如顺应一方伴侣的需要，愿意做出一些牺牲。维塞尔奎斯特的模型具有循环的特征：鼓舞人心的行为带来伴侣双方的彼此信任和相互承诺，以及随后的相互依赖关系。多米尼克·舍比（Dominik Schoebi）及其同事以相似的方法将承诺和婚姻满意度区分为不同概念，尽管它们在经验上是相关的，但相互承诺可以增加额外的收益。在一项对已婚夫妇十一年的纵向研究中，他们发现，当承诺包括维持关系的意图时，分居或者离婚的可能性较小。与此同时，伴侣中只要有一方表现出比另一方更低的承诺，关系就可能会走向消解（Schoebi, Karney, & Bradbury, 2012）。

2. 信任和宽恕

能够信任某人以及信任对方的动机是发展和维持关系的绝对关键。信任可以在面临逆境时使一段关系得到维持（Miller & Rempel, 2004）。缺乏信任与一种不安全型依恋风格有关（Mikulincer, 1998）。然而，在应对威胁性的人际关系时，这种被拒绝的感受可以在双方都具有高度承诺的情况下被抵消（Tran & Simpson, 2009）。

宽恕在关系维护中也起着关键作用。人皆犯错，宽恕是德：有时候，换副面孔是值得的，例如原谅一个犯了错的伴侣。这是一种价值很高的收益（McCullough, Worthington, & Rachal, 1997），它的等价举动也是如此，即为冒犯行为道歉（Azar, 1997）。弗兰克·芬彻姆（Frank Fincham, 2000）把宽恕描述为一种人际关系的建构，即一方原谅另一方。它是一个过程，在许多文化的历史、宗教信仰和价值观中能产生共鸣。宽恕是隔阂的解决办法，也是修补关系的积极举动。在对 175 项研究进行的元分析中，瑞安·费尔（Ryan Fehr）及其同事发现，人际宽恕更多地发生在亲密、高承诺以及令人满意的关系中（Fehr, Gelfand, & Nag, 2010）。宽恕伴侣也可引发后续亲社会行为（见 Karremans, Van Lange, & Holland, 2005；第 13 章）。

3. 理想的伴侣

男性和女性在婚配伴侣的偏好上存在差异——从本质上说，女性比男性更重视伴侣的财产，这使得她们的男性伴侣在家庭单元中扮演保护者和供养者的角色。为了解决我们祖先重复面临的挑战（例如食物短缺、环境恶劣、危险的野生动物），源于进化的压力构建了存在差异性的心理和行为过程（Buss & Schmitt, 1993）。

然而，有另一种观点：婚配偏好反映了当前的环境，而非进化的环境（Zentner & Eagly, 2015）。根据环境条件，男性和女性可能（也可能不）表现出基于性别刻板印象的婚配偏好——这是因为对某一特定伴侣在帮助实现自己预期过程中的收益和成本的评估将直接影响婚配偏好。因此，例如，一个人的种族和文化背景、社会经济环境、个人志向，以及性别和社会政治价值观将影响婚配偏好。曾特纳和伊格利（Zentner & Eagly, 2015）展示了这些与个体（而非种群）密切相关的因素如何显著影响人们的婚配偏好。

在一种更微观的层面上，你的伴侣符合你的理想吗？你在多大程度上符合你的伴侣的期望？这些考虑对你们的关系重要吗？这些都是加思·弗莱彻及其同事们探索过的问题（Fletcher, Simpson, Thomas, & Giles, 1999）。我们关于伴侣的理想形象是随着时间的推移而发展起来的，通常早于当前的关系。

在坎贝尔、辛普森、卡希和弗莱彻（Campbell, Simpson, Kashy, & Fletcher, 2001）的一项关于浪漫关系的研究中，人们在三个维度上对他们理想的浪漫伴侣进行评分：温暖－可信、活力－吸引力以及地位－资源。弗莱彻提出，这些维度在挑选配偶时同样重要（稍后讨论）。结果与理想标准模型一致：认为当前伴侣与理想伴侣的形象非常匹配的人对他们的关系更满意。

这一模型已经延伸到包括人们如何通过试图管理或者控制伴侣的行为来维持或者改善一段关系。因此，例如，个体可以影响其伴侣的自我概念，使伴侣的行为变得更趋近于其理想自我，这被称为米开朗基罗效应（见第 4 章）（Drigotas, Rusbult, Wieselquist, & Whitton, 1999; Rusbult, Finkel, & Kumashiro, 2009）。请看专栏 14.9 中尼科拉·奥弗罗尔（Nickola Overall）及其同事是如何验证这一想法的。

（三）关系破裂

乔治·莱文杰（George Levinger, 1980）指出了可预示一段关系结束的四个因素，这对同性伴侣同样适用（Schullo & Alperson, 1984）：

- 开始新的生活似乎是唯一的解决办法。
- 有其他可供选择的伴侣（另见 Arriaga & Agnew, 2001）。
- 预感到关系将破裂。
- 缺乏对持久关系的承诺。

拉斯布尔特和赞布罗特（Rusbult & Zembrodt, 1983）认为，一旦发现关系恶化，就可以用以下四种方法中的任何一种来应对。伴侣可以采取被动的姿态并表现出：

- 忠诚：等待改善的出现。
- 忽视：任由恶化继续下去。

另一种选择是，伴侣可以采取主动的立场，并表现出：

- 建言行为：着力改善关系。
- 退出行为：选择结束关系。

🗄 专栏 14.9　　　　**重点研究**

维持长期关系的策略

根据奥弗罗尔及其同事的研究，当人们判断自己的伴侣不够理想时，他们会使用各种认知策略来维持他们的关系。他们可能会通过以下方式经受沿

途的小波折：

- 发现伴侣的美德，看淡对方的缺点

（Murray & Holmes, 1999）。

- 降低期望，使之更符合伴侣力所能及的现实情况（Fletcher, Simpson, & Thomas, 2000）。
- 调整看法，以理想化的方式看待伴侣（Murray, Holmes, & Griffin, 1996）。

另一种方法是更直接地作用于伴侣。当人们试图理顺自己和想要成为的人之间的自我概念差异时，他们会进行**自我管理**（self-regulation；见第 4 章）。奥弗罗尔、弗莱彻和辛普森（Overall, Fletcher, & Simpson, 2006）基于理想标准模型提出了一个类似但更复杂的想法，它的关键维度是温暖－可信、活力－吸引力以及地位－资源。**伴侣管理**（partner regulation）这一新产生的模型为我们改善和维持长期关系提供了新的启示。首先，将我们对伴侣的感知与我们对伴侣的要求进行对比——通过与理想标准进行对比来测试感知。当现实情况开始不尽如人意时，管理就会开始生效。奥弗罗尔及其同事们给出了以下例子：玛丽非常重视

上述三个维度中的地位－资源；但她的伴侣约翰在经济来源方面的潜力有限。玛丽鼓励约翰再接受培训或者寻找另一份工作，这也许是一项重大挑战。但这能够带来好处——约翰的地位和资源可能更接近玛丽的理想，并提升他们关系的质量。

在一项长达一年多的纵向研究中，奥弗罗尔、弗莱彻、辛普森和西布利（Overall, Fletcher, Simpson, & Sibley, 2009）探究了不同的沟通策略在实现伴侣所期望的改变方面的成功率。他们发现，伴侣管理是一把双刃剑。

试图改变特质或者行为的直接和负性管理，例如要求或者唠叨，可能会在短期内失败并造成压力，但实际上长期来看是有作用的，但条件是伴侣须是顺从的。委婉和正性的管理，例如幽默和认可伴侣，可以在短期内起作用，但长期来看不能使关系发生显著的改变。"有时，即使是充满关爱和亲密的关系，也有可能为了追求和善而变得残酷，或者至少是坦率和诚实。"（Overall et al., 2009, p. 638）

目前还不清楚在最终分手时采取被动的还是主动的方法会带来更多的痛苦。这一问题还涉及其他因素，例如先前的吸引力、投入的时间和精力以及新伴侣的易得性。它也可以取决于易得的社会接触，例如来自家人和朋友的支持。往往是孤独增加了痛苦，使生活似乎难以忍受；如果把这种痛苦降到最低限度，从结束一段关系中恢复的速度会更快。

失败的后果

分手是一个过程，而不是一个单一的事件。史蒂夫·杜克（Steve Duck, 1982, 2007）提供了一个详细的**关系消解模型**（relationship dissolution model），包括伴侣会经历的四个阶段（见专栏 14.10 和图 14.10）。每个阶段都会攀升至一个阈限，其后伴随一种典型的行动形式。不出所料，克里斯托弗·法贡德斯（Christopher Fagundes, 2012）发现，在一段浪漫关系破裂后的两个月里，大学生经历了相当大的情绪动荡。痛苦在以下学生中更为明显：（1）焦虑型依恋更强的学生（见表 14.1）；（2）没有充当"终结者"主动结束关系的学生；（3）继续对分手后体验到的消极情绪进行更长久反思的学生。

你可能会想，"这是个相当严峻的问题"。确实如此。最常见的情况是，长期关系和婚姻的破裂是极其令人痛苦的。亲密的伴侣们在很长的一段时间里都在努力让关系发挥职能作用。他们互相强化彼此，并且同甘共苦。在婚姻的破裂中，至少有一方违背了契约（Simpson, 1987）。当然，分手会影响第三方。想想家庭破裂对孩子的影响。1921 年至 1991 年间对 1 200 多人进行的一项纵向档案研究表明，父母离婚的男性和女性自己也更有可能经历离婚（Tucker, Friedman, Schwartz, Criqui, Tomlinson-Keasey, Wingard, et al., 1997）。

自我管理
使自身行为符合理想或者本应达到的标准的策略。

伴侣管理
鼓励伴侣去符合理想行为标准的策略。

关系消解模型
杜克关于大多数破裂的长期关系进展过程的主张。

 专栏 14.10   你的生活

关系破裂的阶段

想想你上一次浪漫关系的破裂——这从来都不是一件令人愉快的事。分手是否经历了多个阶段，每一个阶段都无情地为下一步铺路？社会心理学家认为，关系破裂确实遵循一系列可预测的一般步骤。

1. 内在的心理阶段开始于一个沉思的时期，该阶段很少有外在的表现，也许希望把事情做好。人们在该阶段可能会通过刺痛伴侣和寻找第三方来表达自己的担忧。

2. 双方阶段（即二人阶段）导致决定采取一些行动，除非离开伴侣，否则通常说起来容易做起来难。争论的焦点在于，对于出了什么问题的责任归因存在分歧。如果运气好的话，他们可能会把他们的问题说清楚。

3. 社会阶段涉及一个新的因素：当关系已接近尾声时，伴侣可以与朋友商议，既为了获得对于不确定未来的支持，也为了确保自己的正确。社会网络可能会支持某方，宣判罪行、进行指责，并就像法庭一样，裁决关系消解。

4. 最后的殡仪阶段不仅仅是离开伴侣。它还可能涉及分割财产、分配孩子探视权以及努力确保个人的名誉。每个伴侣都想在未来的关系中展现自己可靠的形象。该关系的隐喻是死亡：它有葬礼，被埋葬，并通过竖立一块石碑来标记。这种"殡仪"活动寻求一种社会认可的关于这段关系的历程版本。

来源：Duck, 1982, 2007.

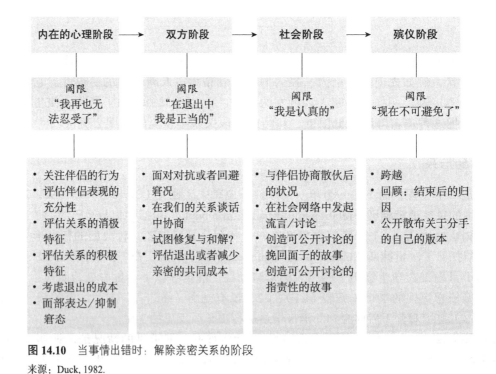

图 14.10   当事情出错时：解除亲密关系的阶段
来源：Duck, 1982.

严重的家庭冲突也会破坏亲子关系。海蒂·里吉奥（Heidi Riggio, 2004）对来自受离婚或者长期、高水平冲突影响的家庭中的年轻人进行了研究，发现他们会更多地感到缺乏社会支持，并且在关系中更焦虑。再加上离婚，与父亲的关系质量也降低了——尽管与母亲的关系质量没有降低，但这可能是因为与母亲的互动被期望继续下去。

关系破裂　　"我应该留下还是离开？"根据杜克的模型，人们将从各自的社会网络中寻求支持。

　　简而言之，我们中的大多数人生活在希望中，认为长期的亲密关系将涉及永恒的忠诚、信任和承诺。"三思而后行"这句格言是有道理的。

■ 小结

- 吸引力是友谊形成的必要条件，也是亲密关系的前奏。
- 进化和人类基因传递在解释什么使人们彼此吸引方面起着一定的作用。
- 在决定人们彼此吸引的原因上起着重要作用的变量包括物理属性，他们是否比邻而居或者是工作地点相邻，他们有多熟悉、有多相似，尤其是在态度和价值观方面。
- 对吸引力的解释包括：强化（激起积极感受的人更被喜欢）；社会交换（互动如果能增加利益、降低成本，就是有价值的）；双方在关系中取得公平结果的体验。
- 亲和是人类的一种强大的动机。长期与他人分离可能会导致令人不安的智力和社会后果，并可能导致幼儿不可逆转的心理损害。
- 亲和生命周期研究引发了对依恋和依恋风格的研究。儿童与他们的照顾者在心理上接触的方式会对他们成年后如何建立关系产生长期的影响。
- 爱情与单纯的喜欢是不同的。它也有不同的形式，例如浪漫之爱和陪伴之爱。
- 维持长期关系涉及伴侣管理，这种调节使用能使伴侣与自己的期望或者标准更接近的策略。
- 长期关系的破裂可以追溯到一系列阶段。关系消解模型认为存在四个阶段：内在的心理阶段、双方（二人）阶段、社会阶段以及殡仪阶段。

■ 关键词

Archival research 档案研究

Assortative mating 同型匹配

Attachment behaviour 依恋行为

Attachment styles 依恋风格

Automatic activation 自动激活

Averageness effect 平均化效应

Behaviourism 行为主义

Big five 大五

Commitment 承诺

Companionate love 陪伴之爱

Comparison level 比较水平

Consummate love 完美之爱

Cost–reward ratio 成本 - 回报比率

Distributive justice 分配正义

Emotion-in-relationships model 关系中的情绪模型

Equity theory 公平理论

Evolutionary social psychology 进化社会心理学

Familiarity 熟悉性

Hospitalism 医院病

Instinct 本能

Love 爱情

Mere exposure effect 纯粹曝光效应

Meta-analysis 元分析

Minimax strategy 最小最大策略

Need to affiliate 亲和需要

Partner regulation 伴侣管理

Passionate love 激情之爱

Procedural justice 程序正义

Profit 收益

Proximity 邻近性

Reinforcement–affect model 强化—情感模型

Relationship dissolution model 关系消解模型

Self-disclosure 自我表露

Self-regulation 自我管理

Similarity of attitudes 态度相似性

Social comparison（theory）社会比较（理论）

Social exchange 社会交换

Social support network 社会支持网络

Three-factor theory of love 三因素爱情理论

■ 文学和影视

《欲望都市》《老友记》《盖文和史翠西》

这些都是经典的电视剧，以严肃、机智和幽默的方式探索了友谊、性关系和爱情关系的复杂性。虽然这些剧已经完结了，但它们的收视率非常高，因此我们能在很长一段时间内看到重播。

《卡萨布兰卡》

许多影评人认为《卡萨布兰卡》是有史以来最伟大的电影——这是一部 1942 年由迈克尔·柯蒂兹执导的经典影片，由亨弗莱·鲍嘉［饰演里克（Rick）］和英格丽·褒曼［饰演伊尔莎（Ilsa）］、西德尼·格林斯垂特和彼得·洛主演。里克和伊尔莎之间的一段恋情因纳粹占领巴黎而中断——几年后，伊尔莎现身于里克在卡萨布兰卡经营的咖啡馆。影片在战争、混乱和其他使这段爱情难以为继的障碍的背景下讲述了爱情、友谊和亲密关系，以及仇恨和嫉妒。另一部同样经典的作品是大卫·里恩 1965 年的电影《日瓦戈医生》，该片改编自鲍里斯·帕斯捷尔纳克的小说，由奥马尔·沙里夫和朱莉·克里斯蒂主演。

《孩子们都很好》

这是一部广受欢迎的电影，上映于 2010 年，由丽莎·查罗登科执导，由安妮特·贝宁和朱丽安·摩尔饰演一对有两个青春期孩子的女同性恋情侣。马克·鲁弗洛扮演的精子捐献者被她们的两个孩子追踪。这是一个神话般非常令人愉悦的、有趣但又极为严肃的、对现代社会非异性恋关系和非传统婚姻的常态性的描绘。

《真爱至上》

一部绝对经典的英国爱情电影，上映于 2003 年。演员包括休·格兰特、连姆·尼森、科林·费尔斯、劳拉·琳妮、艾玛·汤普森、艾伦·瑞克曼、凯拉·奈特莉、比尔·奈伊和罗温·艾金森。比利·鲍伯·松顿饰演一位非常有自信的美国总统，他拜访了格兰特饰演的、以托尼·布莱尔为原型的英国新首相。这部电影讲述的是爱情的起起落落和障碍，还有太多令人难以忘怀的场景。

■ 请你思考

1. 关于人类如何选择配偶，进化社会心理学会阐述些什么？

2. 如何运用成本 - 收益分析来预测亲密关系的未来？

3. 一个人的依恋风格是如何发展的，在以后的生活中还会继续维持吗？

4. 浪漫之爱是普遍的吗，它是唯一一种爱情吗？

5. 关于为什么有些关系会成功，社会心理学能告诉我们什么？

延伸阅读

Berscheid, E. (2010). Love in the fourth dimension. *Annual Review of Psychology, 61*, 1-25. 深刻概述了社会心理学对爱情本质的理解有时会存在磕绊。正如标题所述，这篇综述还讨论了爱情的本质会随着时间而改变。

Bradbury, T. N., & Karney, B. R. (2010). *Intimate relationships*. New York: Norton. 一部重要且最新的聚焦于亲密关系的社会心理学著作。

Clark, M. S., & Lemay, E. P., Jr (2010). Close relationships. In S.T. Fiske, D. T. Gilbert, & G. Lindzey (Eds.), *Handbook of social psychology* (5th ed., Vol. 2, pp. 898-940). New York: Wiley. 最新、详细且全面的关于亲密关系的社会心理学综述。

Duck, S. (2007). *Human relationships* (4th ed.). London: SAGE. 杜克是一位顶尖的关系研究者，他的这本书聚焦于人们的互动、交情、友谊和关系。学生可以使用这个资源将这些概念应用于个人生活中。

Fitness, J., Fletcher, G. J. O., & Overall, N. (2007). Interpersonal attraction and intimate relationships. In M. A. Hogg & J. Cooper (Eds.), *The SAGE handbook of social psychology: Concise student edition* (pp. 219-240). London: SAGE. 详细且易于理解的亲密关系研究概述，包括关系中的情绪和关系的进化维度。

Fletcher, G. J. O., Simpson, J., Campbell, L., & Overall, N. (2013). *The science of intimate relationships*. New York: Wiley-Blackwell. 一部关于亲密关系科学的最新权威著作。

Goodwin, R. (1999). *Personal relationships across cultures*. London: Routledge. 涵盖了世界各地的研究，旨在探索文化价值观差异如何影响人们形成和维持各种关系。

Leary, M. R. (2010). Affiliation, acceptance, and belonging: The pursuit of interpersonal connection. In S. T. Fiske, D. T. Gilbert, & G. Lindzey (Eds.), *Handbook of social psychology* (5th ed., Vol. 2, pp. 864-897). New York: Wiley. 详细论述了为什么人们可能会亲和他人，从而形成关系和群体。

Mikulincer, M., & Goodman, G. S. (Eds.) (2006). *Dynamics of romantic love: Attachment, caregiving, and sex*. New York: Guilford. 从依恋、关怀和性的视角考察了亲密、嫉妒、自我表露、谅解和伴侣暴力等主题。

Rholes, W. S., & Simpson, J. A. (2004). *Adult attachment: Theory, research, and clinical implications*. New York: Guilford Press. 从生理、情绪、认知和行为视角考察了依恋理论。

Rose, H., & Rose, S. (Eds.) (2000). *Alas, poor Darwin: Arguments against evolutionary psychology*. London: Vintage. 来自生物学、哲学和社会科学等各种背景的学者对用遗传和进化来解释包括伴侣选择在内的社会行为的充分性提出了担忧。

Shaver, P. R., & Mikulincer, M. (2007). Attachment theory and research: Core concepts, basic principles, conceptual bridges. In A. W. Kruglanski & E. T. Higgins (Eds.), *Social psychology: Handbook of basic principles* (2nd ed., pp. 650-677). New York: Guilford Press. 对人类依恋和亲和关系研究和理论的全面综述。

第 **15** 章

语言与沟通

你怎么认为？

1. 卡玛莉妮早年生活在斯里兰卡，她和你一起在商店里挑选大米。你发现她会仔细检查米的颜色和气味，以及一种米的颗粒是否有破损等。此外，她可以至少说出七种米的名称。她的感官比你更敏锐吗？她比你掌握了更多的词汇吗？

2. 李恩 18 岁时来到了伦敦生活，而她掌握的英文不过寥寥数语。你有什么建议能够促进她更好地掌握英语？

3. 帕布罗和他的妻子黛安娜以及小儿子保罗刚从哥伦比亚移居到美国。他们认为能让他们的孩子同时掌握英语和西班牙语是很必要的。这是指让保罗成为双语者吗？

4. 桑托索刚从雅加达移民到海牙。在他的第一次工作面试中，他没有和面试官进行过多的眼神接触。为什么他会这样做？缺少眼神接触会导致他失去这份工作吗？

■ 一、沟通

　　沟通（communication）是社会交往的核心部分：人们有交往，就有沟通。想一想没有沟通的社会交往是否存在。人们不断地传播着有关感受、想法和体验的信息——甚至包括我们的身份——即便其中的某些"信息"是无意之间传播的。字词、面部表情、比画、**手势**（gestures）和触碰这些沟通方式不光出现在面对面交往中，也存在于手机、写作、短信、电子邮件或者视频通信中。

　　沟通在很多方面上都具有社交性质，它涉及人与人的关系、对意义的共同理解以及人与人如何相互影响。沟通是由发信人、信息、收信人以及沟通渠道构成的。然而，任何一个沟通活动都是相当复杂的，发信人同时也是收信人，反之亦然。此外，还有着无数甚至矛盾的信息通过诸多言语或非言语渠道同时传播着。

　　沟通研究是一个巨大工程，和很多学科都有着联系，比如心理学、社会心理学、社会学、语言学、社会语言学、哲学和文学批评等。社会心理学的潜在贡献是巨大的——由于社会心理学强调社会认知和近期更为关注的大脑过程及结构（见第 2 章），而不是人类互动，这一潜力可能尚未完全实现。沟通领域，尤其是语言和言语沟通领域依然缺少足够的研究，尽管沟通事实上在结构化认知中扮演着重要角色（Markus & Zajonc, 1985; Zajonc, 1989）。

　　失望之余，当前社会心理学研究中试图对语言研究与非言语沟通研究进行区分，同时也有一些学者关注会话与话语的本质。这三个有交集的领域，也在本章的结构中得到了反映。研究者发现，对沟通的充分理解需要结合言语和非言语沟通（Ambady & Weisbuch, 2010; Gasiorek, Giles, Holtgraves, & Robbins, 2012; Holtgraves, 2010; Semin, 2007）。我们也将谈到计算机媒介沟通，它正在快速成为许多人的主要沟通渠道（Birchmeier, Dietz-Uhler, & Stasser, 2011; Hollingshead, 2001）。

■ 二、语言

　　各种各样的口语建立在由规则约束的结构之上。在这个结构中，没有意义的音素组成意义的最小单元语素，语素进一步通过形态学规则构成字词，字词进一步通过句法规则构成句子。字词、句子本身以及整个口语表达的意义则由语义规则决定。于是，这些规则就组成了语法。正是因为关于形态、句法和语义规则的共享知识可以产生几乎无限的有意义的口语表达，**语言**（language）才成了一个强力的沟通媒介。

　　语言可以在很多层面上传达意义。从简单的**口语表达**（utterance，人们对他人发出的声音），到**言内行为**（locution，按照一定顺序排列的字词，例如"这房间真热"），再到**言外行为**（illocution，短语及语境，例如"这屋子真热"或许是陈述句，或是对没有更凉快房间的不满，抑或是对打开空调或移到其他房间的请求）（Austin, 1962; Hall, 2000）。

　　掌握一门语言也要求我们熟悉文化规则——合适的聊天内容、时间、地点、方式、对象等。社会心理学对语言的研究在这种在更广的社会情境下能够发挥重要作用，但是社会学也可以借由社会语言学做出类似的贡献（Fishman, 1989; Meyerhoff, 2011），对语篇的研究在这些领域也会成为研究的焦点（Edwards & Potter, 1992; McKinlay & McVittie, 2008; Potter & Wetherell, 1987）。哲学家约翰·塞尔（John Searle, 1979）指出了人们可以有意地使用语言进行沟通的五种含义。人们可以用语言来

沟通
人与人之间对有含义的信息的传递。

手势
有意义的肢体动作和姿势。

语言
通过共享的语法和语义规则传达意义的声音系统。

口语表达
人对他人发出的声音。

言内行为
有序排列的单词。

言外行为
有序排列的单词及其上下文。

- 说出想表达的东西。
- 要求某人去做某事。
- 表达感受与态度。
- 做出承诺。
- 直接达成某事。

语言是人类沟通的独有形式（见专栏 15.5 "语言的手势起源"）。尽管猿类通过从小训练也可以使用基本的手势进行有意义的沟通（Gardner & Gardner, 1971; Patterson, 1978），但是论及层次语言结构，即便是表现最好的猿类也远不及一个正常发育的 3 岁儿童（Limber, 1977）。这种语言的物种独特性体现了语言可能有着一种与生俱来的成分。诺姆·乔姆斯基（Noam Chomsky, 1957）认为，语法的最基本最普遍的规则是与生俱来的（称之为 "语言获得装置"），通过社会交往得以激活，并打开了通向语言的人门。其他的研究者认为，语言的基本规则是后天习得的。它们可以很容易地通过孩子与父母之间的前言语互动而习得（Lock, 1978, 1980），并且口语表达的含义和社会情境的关系紧密相连，以至于它们不太可能像是与生俱来的（Bloom, 1970; Rommetveit, 1974; 见 Durkin, 1995）。

（一）语言、思维与认知

语言在各种意义上都是社会性的。作为一个符号系统，它处于社会生活的核心部分（Mead, 1934）。语言的意义不止于此，就连思维可能也是由语言决定的。人们对世界的认识和理解基于语言学的范畴，思维也通常包括无声的、和自己的内在会话。列夫·维果斯基（Lev Vygotsky, 1962）认为，内在言语是思维的媒介，与外在言语（社会交往的媒介）相互依存，这种相互依存体现了语言的文化差异，而思维的文化差异则由言语反映出来。

语言学家爱德华·萨丕尔和本杰明·沃尔夫提出了一个更加极端的理论——**语言相对论**（linguistic relativity; Whorf, 1956）。布朗写道：

> 与语言形式受到认知的约束这种观点相反，相对论认为人类的一切认知过程（感知、记忆、推理与演绎）都随着语言的结构特征（词汇、形态、句法）而改变。（Brown, 1986, p. 482）

萨丕尔 - 沃尔夫假设的加强版本认为，语言完全决定思维，因此说着不同语言的人们，看到的世界完全不同，也处于完全不同的认知 - 感知时空中。因纽特人比起其他民族对雪有更深层的词汇表达，这是否意味着他们比我们看到了更多的不同？在英语世界，人们能区分会飞的生物和飞行的物体，而北美的霍皮人则不然，这是否表明他们看不出蜜蜂和飞机的任何差别？日语中的人称代词随人际关系的变化而不同，和英语中的人称代词有着些许差异，这是否又表明说英语的人就无法区分不同的人际关系？（对于卡玛莉妮的技能你是怎样解释的呢？见本章开头 "你怎么认为？" 中的第一个问题）

萨丕尔 - 沃尔夫假设的加强版本现在已经被认为是过于极端的学说（但请参见专栏 15.1），而其弱化版本似乎与事实更加贴合（Hoffman, Lau, & Johnson, 1986）。语言并不决定思维。相反，它只是允许我们更容易地交流物理或社会环境中对社群很重要的那些方面（如 Krauss & Chiu, 1998）。如果围绕雪这一概念进行交流是重要的，那么关于雪的词汇就会得以发展。如果一个人想要或者需要细致钻研红酒，那么简单快捷的方法便是从品酒师那里掌握一套词汇小抄。

尽管语言并不一定决定思维，但是它依然可以对思维起到约束作用，使得我们

语言相对论
认为语言决定思维，因此说着不同语言的人们看世界的角度有着绝对的差别。

或多或少地更倾向于联想到某些事物。失去了词汇描述的事物，也难以用思维去联想到它。正是由于这个原因，语言之间出现了大量的借用词。比如，英语从德语引进了 *Zeitgeist*（时代精神），从法语引进了 *raison d'être*（存在理由），从西班牙语引进了 *aficionado*（业余爱好者），从印地语引进了 *verandah*（阳台）。乔治·奥威尔的小说《1984》充分体现了这种观点：在以斯大林领导下的苏联社会为原型的小说背景中，社会中出现了一种高度限制性的语言，称作"新语"（Newspeak），用以压制异端思想，因为相关的单词根本不存在。

语言约束思维这一观点在安德里亚·卡纳基（Andrea Carnaghi）及其同事的研究中有着进一步的证明（Carnaghi, Maas, Gresta, Bianchi, Cardinu, & Arcuri, 2008）。在德语、意大利语以及其他的印欧语（包括英语）中，名词和形容词都能够表现我们对他人认识的不同。试比较 "Mark is *homosexual*"（马克有同性恋倾向；形容词用法）和 "Mark is a *homosexual*"（马克是一个同性恋者；名词用法）。在描述一个个体时，使用形容词表示个体具有的属性，而使用名词则暗示其社会群体归属。两句相比，显然后一句更能够引发人们的刻板推断（见第 2 章和第 10 章），以及与之相关的**本质主义**（essentialism）过程（如 Haslam, Rothschild, & Ernst, 1998），它将属性映射为类别的不变属性，通常是生物遗传属性。

另一种看待认知和思维之间关系的方式是"思考是为了行动"（Fiske, 1992），而语言则在社会交往和沟通中起作用，为落实思考的内容提供条件，而不是让思维停留在脑中。通过语言，思维就成了有目的的行为，其效果可以转化为现实。

根据语言范畴模型（Semin, 2000; Semin & Fiedler, 1991; Rubini, Menegatti, & Moscatelli, 2014），单词可以被归入四个语言学范畴之一，从非常具体到非常抽象——单词越抽象，其意向也就越模糊。抽象单词比具体单词通常有更多同义解释。在现实社会中，人们的目标影响着语言的使用。例如，语言使用研究表明，政客会使用抽象语言来加强所在党派信众的支持，而使用具体语言来拉拢或动摇那些中立派（Rubini, Menegatti, & Moscatelli, 2014）。另一些研究表明，使用抽象语言的人通常被认为具有更大的权力——原因是抽象语言的使用似乎既反映了裁决的意愿，也反映了抽象思维的一般风格（Wakslak, Smith, & Han, 2014）。

本质主义
一种普遍的倾向，认为行为反映了人们或其所属群体潜在的、不变的，往往是与生俱来的属性。

🗞 **专栏 15.1**　　　　**我们的世界**

空间中的群体：空间权威偏差

安妮·玛斯（Anne Maass）及其同事报告了一项有趣的研究，发现所在文化的书写方向是从左到右还是从右到左会影响我们如何在图片中放置人物（Maass, Suitner, Favaretto, & Cignacchi, 2009）。这称作空间权威偏差，即人们基于自己的视角，倾向于在表述上或是拍照时让更有权力的一方站到较少权力的一方的左侧（例如男性拍照时站在女性的左侧）。然而这种现象只发生在书写方向为从左到右的文化中（例如英语国家），而对于书写方向是从右到左的文化（例如阿拉伯国家），这种偏差就变成了更有权力的一方站在较少权力一方的右侧。作为我们的语言书写方式的结果，我们扫视世界的方式影响了我们描绘世界的方式——首先注意到的通常具有高优先级，也就是更有权力、地位更高的一方。

在英国文化中，男性通常站在女性的左边。新闻媒体或是小组讨论中这样的表述，进一步强化了男性有权力和高地位的假设。如果换成女性站在左边，这种感知就会受到挑战，女性则成为有更高权力的一方。

这一研究表明语言可以影响认知或感知，真是一个奇妙的世界。

（二）副语言和言语风格

语言交流不仅在于所交流的内容，更重要的是讲话的方式。**副语言**（Paralanguage）是指言语的非语言部分，即音量、重音、音高、语速、腔调、停顿、清嗓子、小声嘀咕以及叹气（Knapp, 1978; Trager, 1958）。时机、声调和音量（语言的韵律特征）尤其重要（如 Argyle, 1975），因为这些元素可以迅速转换话语的含义：陈述句句尾添加升调可使其转换成疑问句或是表达不确定性、怀疑或请求许可（Lakoff, 1973）。韵律特征为内在情绪提供重要线索：低声调可以表达悲伤或是无趣，而高声调可以传达愤怒、恐惧或惊讶（Frick, 1985）。快语速则通常表达一种权力和控制（Ng & Bradac, 1993）。

克劳斯·谢勒（Klaus Scherer, 1974）使用合成器创建了一系列有着不同副语言特征的中性短句，并要求被试通过这些特征辨别传达的情绪。表 15.1 列举了不同副语言所传达的不同情绪。

表 15.1　副语言线索传达的情绪

言语风格	对应情绪
音量变化（中等幅度） 音量变化（大幅度）	愉悦、消遣、高兴 恐惧
音调变化（中等幅度） 音调变化（大幅度）	愤怒、无趣、悲伤、恐惧 愉悦、消遣、高兴、惊讶
音调降低 音调升高	愉悦、无趣、悲伤 权势、愤怒、恐惧、惊讶
低音调 高音调	愉悦、无趣、悲伤 消遣、权势、愤怒、恐惧、惊讶
慢语速 快语速	无趣、厌恶、悲伤 愉悦、消遣、权势、愤怒、恐惧、高兴、惊讶
寡言少语 简洁明快	权势、无趣、厌恶、恐惧、悲伤 愉悦、消遣、高兴、惊讶
高声强调 中声强调 低声强调	愉悦、高兴、无趣、悲伤 权势、消遣 愤怒、厌恶、恐惧、惊讶
小全音 大全音	愤怒 愉悦、高兴
平铺直叙 抑扬顿挫	无趣 消遣、恐惧、惊讶

来源：Scherer, 1974.

注：达尔文（Darwin, 1872）最早确定了普遍的面部表情。埃克曼（Ekman, 1982, 2003）在后来的工作中区分了六种基本情绪（如表中楷体字所示）和它们之间的混合体。

除了上述提到的副语言线索以外，重音、语言变体以及语言本身的不同都是重要的**言语风格**（speech style）要素，它们之间的区别已经在社会心理学领域得到了广泛的研究（Holtgraves, 2014）。社会心理学中的语言研究更多侧重于说话的方式而非内容，也就是言语风格而非言语内容；而话语分析方法（见本章后面部分）则同时注重研究这两个方面。

副语言

言语的非语言部分（例如重音、音调、语速、腔调和停顿）。

言语风格

讲话方式（例如口音和语言），而非讲话内容。

（三）言语中的社会标记

人际交往中的言语风格区别相对微弱（Giles & Street, 1985）。我们有着一系列的风格，我们会根据交际活动的情境自动或有意调整我们的说话方式。比如，我们在对外国人和儿童讲话时会慢声慢语，使用简单易懂的词汇和简单的语法构造（Clyne, 1981; Elliot, 1981）。而在正式场合（例如采访），我们则使用长而复杂的语法构造以及更为标准的发音。

佩内洛佩·布朗和柯林·弗雷泽（Penelope Brown & Colin Fraser, 1979）对可能影响言语风格的语境进行了归纳，区别了两种广义的因素：（1）场景（例如沟通的目的、时间、是否有旁观者等）；（2）参与者（例如参与者的人格、族裔、彼此是否喜欢等）。既然这是对情境的客观分类，那么我们就应该记住，不同的人对同一个客观情境的定义也许有所差别。正式场合也许对另一个人来说则是不正式的场合。影响言语风格的是对情境的主观感知。

阿德里安·弗尔汉姆（Adrian Furnham, 1986）进一步指出，人们不仅仅根据主观感知到的情境选择言语风格，同时也为人们偏好的言语风格寻求适合的情境。比如，如果你想要进行一场非正式聊天，你就很有可能选择让人心旷神怡的咖啡厅而非会议室。

言语风格的语境区别指的是言语风格本身即可表明语境的一些特征。换句话说，言语本身就为谈话的对象、语境、谈话内容提供了线索，这也叫**社会标记**（social markers; Scherer & Giles, 1979）。研究最多的标记是群体成员的标记，比如社会阶层、族裔、性别和年龄。社会标记通常是可以明确分辨的，并且为群体成员提供可靠的线索。比如，英国人仅凭言语风格本身就可以轻易分辨出美国人、澳大利亚人以及南美人，甚至可以更好地分辨出对方是来自埃克塞特、伯明翰、利物浦、利兹还是埃塞克斯（见 Watson, 2009）！言语风格可以激活倾听者对说话者所隶属群体的态度。例如，电影《窈窕淑女》中的伊莉莎·杜利特尔（Eliza Doolittle）就是为了隐藏她的工人家庭背景才下了大功夫学习标准英语口音。

言语风格为社会心理学的语言研究中最常用的范式——**变语配对法**（matched-guise technique）提供了基础。该范式旨在使用言语本身来探索语言反映的态度（Lambert, Hodgson, Gardner, & Fillenbaum, 1960）。其中使用的方法包括对一些言语片段进行评分，这些言语片段在所有副语言特征、韵律、内容方面都是完全相同的，只有言语风格有区别（口音、方言、语言等）。所有这些言语片段都是由一个流利的双语者录制的。对说话者的评价维度通常分为两个不同的类别，它们反映了两个最基本的社会知觉维度——能力和热情（Cuddy, Fiske, & Glick, 2008; Fiske, Cuddy, & Glick, 2007; 见第 2 章）：

- 地位变量（例如聪明、胜任、有权力）。
- 团结变量（例如亲近、友好、热情）。

变语配对法已成为研究诸多文化环境中衡量标准语与非标准语时一种被广泛使用的方法。标准语通常和良好的经济地位、权力以及媒体使用相关。例如在英国，它被称作**标准英音**（received pronunciation, RP）。非标准语包括地区（例如约克郡）方言、郊区（例如伯明翰）方言，以及少数民族语言（例如英国的印地语）。

研究表明，标准语在社会地位和社会能力维度（例如智力、自信、抱负等）上比非标准语得到更好的评价（如 Giles & Powesland, 1975）。非标准语则在社会团结维度上得到更好的评价。举例来说，辛迪·加洛伊斯（Cindy Gallois）及其同事发现，如果涉及社会团结，澳大利亚白人和澳大利亚原住民都会在说英语时提升原住民口音（Gallois, Callan, & Johnstone, 1984）。在另一项研究中，豪格、乔伊斯和艾布拉姆斯（Hogg, Joyce, & Abrams, 1984）发现，如果涉及社会团结，瑞士裔德国人会提升非标准瑞士德语使用者相对于高地德语使用者的地位。

社会标记
能够表现情绪、语境、地位和成员身份的言语风格特征。

变语配对法
仅通过言语风格衡量态度的一种研究方法。

标准英音
标准的、高地位的英语口语。

（四）语言、认同与民族

变语配对法及相关的研究表明，我们说话的方式（口音甚至是用词）可以影响他人对我们的评价。这并不是由于特定的言语风格使我们自然而然地心生愉悦，而是因为人们将言语风格和特定的社会群体联系起来，而这些群体往往在社会上有着积极或消极的评价。如果说话者使用和低社会地位群体相关的言语风格，这可能导致人们在评价说话者时联想到那些群体及其相关的评价，包括说话者对自己的认识、对该群体和其他群体的认识，以及说话者在社会中的行为表现。所以说，社会群体彼此间的关系以及社会群体成员内部的关系会影响语言行为。

霍华德·吉尔斯（Howard Giles）和理查德·布赫斯（Richard Bourhis）及其同事基于**社会认同论**（social identity theory；见第 11 章）发展出了语言社会心理学的群际观（Giles, Bourhis & Taylor, 1977; Giles & Johnson, 1981, 1987）。由于原先的分析主要集中于区分不同民族的言语风格，该理论也被称作**民族语言认同理论**（ethnolinguistic identity theory）；然而，对语言和沟通的更广的群际分析囊括了群际环境的方方面面（如 Giles, 2012; Giles & Maass, 2016; Giles, Reid, & Harwood, 2010）。

1. 言语风格与民族

尽管不同民族在外表、着装、文化习俗以及宗教信仰上都有所区别，但是通常决定民族认同（见第 4 章）最显著的标志在于语言或言语风格——这里的民族认同是指作为一个**民族语言群体**（ethnolinguistic group，由语言或言语风格定义的一个民族群体）成员的社会认同。举例来说，英国的威尔士语和英语在口音和语言上大相径庭。言语风格也被认为是族群成员的一个相当重要、通常是刻板的或规范化的属性。展示威尔士属性的最有力方式是说带有威尔士口音的英语，当然更好的方式是直接讲威尔士语。

因为语言和言语风格中暗含民族认同，所以人们强化或是淡化其民族语言都会受到他们的民族身份的影响，这种民族认同即是自尊和自豪感的来源。这种认知反过来又会受到不同族群间社会权力和地位的影响，对英格兰区域性口音的研究就完美地诠释了这一观点（如 Watson, 2009）。一些口音在传播中得到强化，而另一些则逐渐消失。尽管在英格兰大众文化和小众文化之间存在流动性，但总的来说，口音的地理格局没有发生明显改变。北方口音，尤其是利物浦口音和泰恩赛德口音，得益于较少的移民和地区自豪感而得以蓬勃发展；由于人口的扩张，伯明翰口音则扩展到了威尔士边区；由于其"新潮"的形象，河口英语受到了伦敦东区口音的影响，开始大面积地扩张到东英吉利和英格兰东南部。

回到族群这一话题上来，几乎所有

沟通　我们使用口头和书面语言交流。我们还使用丰富的表情、手势和象征性动作——所有这些都与民族和国家有关。

社会认同论
基于自我归类、社会比较和从内群体属性出发构建共同自我定义的群体成员身份和群际关系理论。

民族语言认同理论
社会认同论在语言行为和民族语言群体方面的应用和延展。

民族语言群体
由语言定义的社会群体。

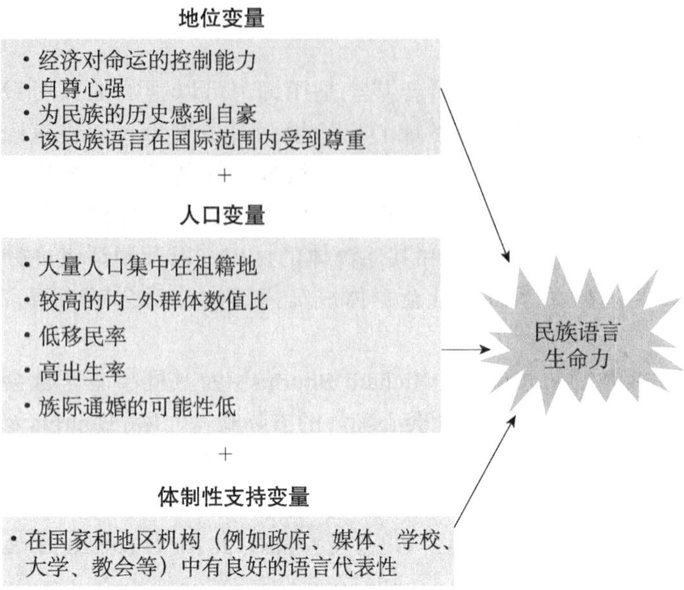

地位变量

- 经济对命运的控制能力
- 自尊心强
- 为民族的历史感到自豪
- 该民族语言在国际范围内受到尊重

+

人口变量

- 大量人口集中在祖籍地
- 较高的内-外群体数值比
- 低移民率
- 高出生率
- 族际通婚的可能性低

+

体制性支持变量

- 在国家和地区机构（例如政府、媒体、学校、大学、教会等）中有良好的语言代表性

民族语言生命力

图 15.1 什么时候语言是关键的？
民族语言生命力受地位、人口、体制性支持变量的影响。
来源：Giles, Bourhis, & Taylor, 1977; Hogg & Abrams, 1988.

的社会都是多元文化的，其中包括一个主导的高地位群体，其语言成为一国的通用语，而其他的语言则处于从属地位。但是在一些新移民国家，例如美国、加拿大和澳大利亚，多个大型的少数族群是共存的。自然地，关于民族和语言的研究大多来自这些国家，尤其是澳大利亚和加拿大。例如，澳大利亚的通用语是英语，但是有相当数量的华裔、意大利裔、希腊裔和越南裔社群（如 Gallois, Barker, Jones, & Callan, 1992; Gallois, Callan, 1986; Giles, Rosenthal, & Young, 1985; Hogg, D'Agata, & Abrams, 1989; McNamara, 1987; Smolicz, 1983; 见第 16 章专栏 16.6）。

2. 语言和生命力

吉尔斯、布赫斯和泰勒（Giles, Bourhis, & Taylor, 1977）首次引入**民族语言生命力**（ethnolinguistic vitality）一词来描述一种能影响语言行为的族际环境的客观特征（见图 15.1）。一个族群社会地位高，在人口政策或是体制上有良好的支持，该族群的民族语言生命力也就高。这些因素促进该民族语言的继续使用，从而保证了民族语言群体这一独特实体在社会中的生存。低生命力通常和该民族语言的使用下降相关，通常是缓慢消失，同时这一民族语言群体作为独特实体也会一并消失，也称作语言灭亡。

不同群体的客观的民族语言生命力构造是可以计算得出的（Giles, 1978; Saint-Blancat, 1985），但其实**主观生命力**（subjective vitality）——人们对其族群本身的生命力的个人认识对语言使用的影响更加直接（Bourhis, Giles, & Rosenthal, 1981; Harwood, Giles, & Bourhis, 1994; Sachdev & Bourhis, 1993）。总的来说，客观生命力和主观生命力是相对应的，但二者不必完全一致。

少数民族可能会在主观上认为他们的语言生命力并没有在客观指标上完全展示出来，在一些情况下，主导民族会主动鼓励少数民族贬低自己的语言生命力，从而抑制那些有可能威胁现状的民族语言复兴运动。族际关系以及对这些关系的主观理解，都有可能影响语言行为。

20 世纪 60 年代，在加拿大的魁北克省兴起了一股强烈而持久的法语复兴运动，这可以被看作主观生命力的一种变化（Bourhis, 1984; Sachdev & Bourhis, 2005）。其他旨在复兴的语言还包括以色列的希伯来语（被认为约在半个世纪前就灭亡的语言）、比利时的弗拉芒语、英国的威尔士语、印度的印地语，以及威尔士及其周边地区的威尔士语（见 Coupland, Bishop, Evans, & Garrett, 2006; Fishman, 1989）。这些研究得出了一致的结论，即民族语言生命力在这些语言使用者中才是最强大的。

一种语言也可能会灭亡。有许许多多民族语言认同丧失的例子，意大利裔加拿大人和苏格兰裔加拿大人现在都认为他们是盎格鲁裔加拿大人，巴西的第三代日裔已经完全丢失了他们的日本文化；澳大利亚的第一代和第二代希腊裔、意大利裔以及越南裔的语言生命力也正在消失（见 Edwards & Chisholm, 1987; Hogg, D'Agata, &

民族语言生命力
用以描述影响语言甚至民族语言群体存亡的族际环境客观特征的概念。

主观生命力
每个群体成员对其民族语言生命力的表征。

Abrams, 1989; Kanazawa & Loveday, 1988）。

罗德里格·奥拉德和睿尔·兰德里（Rodrigue Allard & Réal Landry, 1994）拓展了主观生命力的概念，他们认为应该对个人沟通环境予以更多的强调，即民族语言的长足发展依赖于言语接触的人际网络，而非对语言生命力所持有的主观信念。这种理论在加拿大的法语使用者中得到了体现（另见 Landry, Allard, & Deveau, 2007）。这样就容易理解了：如果一直使用，或者得到立法的支持，一种语言就可以得到繁荣发展。但是，主观生命力依然重要——它影响着语言机会、语言和认同动机，以及语言评价。一项对意大利裔澳大利亚人的研究（Hogg & Rigoli, 1996）表明，意大利裔的语言能力更多和主观生命力相关，而与人际言语接触无关。（回想一下本章开头"你怎么认为？"中的第二个问题，李恩的英语应该如何提高呢？）

（五）言语适应

族群等社会类别，受到群际关系的影响，会发展并维持或丧失其语言或言语风格。然而，类别本身是不会说话的。但是人们可以通过面对面的社交进行彼此沟通。人们说话时需要跟随语境调整其言语风格。这种思想构成了**言语适应理论**（speech accommodation theory）的基础（Giles, 1984; Giles, Taylor, & Bourhis, 1973），该理论强调了那些人们对不同倾听者采取不同言语风格的特定动机。可能涉及的动机包括帮助倾听者理解你所说的，或是促进特定的自我印象以获取社会赞许。

1. 语言趋同和趋异

基于大多数谈话涉及潜在的地位不平等的人这一假设，言语适应理论描述了可能发生的适应类型，这取决于谈话者彼此之间可能具有的社会倾向（见表15.2）。人际交往简单的场合（例如两个朋友之间）会发生双边**言语趋同**（speech convergence）。地位较高的说话者将其口音或讲话风格"向下"转移到地位较低的说话者，后者又将其"向上"转移。在这种情况下，趋同满足了认可或喜欢这一需求。趋同——尤其是有意的趋同行为（Simard, Taylor, & Giles, 1976）会增加人际言语风格的相似度，从而增强人际赞许和喜好（Bourhis, Giles, & Lambert, 1975）。该过程基于一个被广泛支持的想法，即相似通常会产生吸引（如 Byrne, 1971；见第 14 章）。

现在想想群际倾向存在的情况。如果地位较低群体的主观生命力较低，并相信社会流动是可能的（即在语言方面可以进入地位较高的群体），则地位较低的说话者会单方面向上趋同，地位较高的说话者则会单方面出现**言语趋异**（speech divergence）。在群际语境中，趋异建立了心理语言独特性，它在语言上将说话者所属的内群体与外群体区分开来。如果存在群际倾向并且地位较低的群体具有较高的主观生命力，再加上对社会变革的信念（即一个人不能进入地位较高的群体），就会出现双边趋异。此时，双方都追求心理语言独特性。

> **言语适应理论**
> 人与人之间面对面的会话中，言语风格根据语境（例如倾听者、周围环境）的改变而改变。
>
> **言语趋同**
> 口音或言语风格朝另一个人趋近。
>
> **言语趋异**
> 口音或言语风格与另一个人远离。

表 15.2　根据地位、社会倾向以及主观生命力而变化的言语适应

	地位较低群体的社会倾向和生命力		
	人际	群际	
说话者地位	低生命力（社会流动）	高生命力（社会变革）	
高	向下趋同	向上趋异	向上趋异
低	向上趋同	向上趋同	向下趋异

言语适应理论有很好的实证支持（Gallois, Ogay, & Giles, 2005; Giles, 2016）。例如，布赫斯和吉尔斯（Bourhis & Giles, 1977）发现，威尔士人在持标准英音（即标准的非区域性英语变种）的人在场时会增强其威尔士口音。布赫斯、吉尔斯、莱耶斯和泰弗尔（Bourhis, Giles, Leyens, & Tajfel, 1979）在比利时也发现了类似的效应，即讲弗拉芒语的人在讲法语的人在场时也会强化弗拉芒语。在这两个事例中，当时都正在进行语言复兴运动，因此具有高生命力的群际倾向是凸显的。而在低生命力的社会流动性背景下，豪格（Hogg, 1985）发现，英国女学生的言语风格则"向上"趋近她们的男性同胞。

群际环境中的适应反映了群际或社会认同的动态变化，其中言语风格受说话者的动机支配，而这种动机遵循内群体或外群体的言语模式。反过来说，对言语变体及其相关群体的相对地位和声望以及本民族语言群体的生命力的感知，充斥在这些动机之中。

2. 刻板印象化的言语

实际上，支配言语风格变化的可能是对适当言语规范的刻板印象的遵从（见第 7 章）。萨科勒、吉尔斯和切希尔（Thakerar, Giles, & Cheshire, 1982）在区分客观和主观适应时发现了这一点。人们在他们认为是相关的言语风格上趋同或趋异。客观适应可以反映这一点，但在某些情况下也许不能。例如，如果言语风格刻板印象（stereotype）与其他说话者的实际言语行为不同，则主观趋同可能看起来像客观趋异。

即使是"女王英语"（标准英音）也容易受到一些偏向大众化的刻板印象的困扰（Harrington, 2006）。对伊丽莎白二世女王的语音分析表明，自 1952 年以来，她在圣诞节广播中向英联邦讲话的皇家元音逐渐发生了变化，从"上等"的标准英音转向了更"标准"而不那么贵族的英语。这反映了曾经严格划分社会阶层的界线变得模糊——社会变革有时可以成为言语变革的催化剂。以前她可能会说"thet men in the bleck het"（那个戴黑帽子的人），现在她会说"that man in the black hat"。

近来，言语适应理论已扩展到非言语沟通（非言语行为将在本章后面讨论），因此其更准确的名字是**沟通适应理论**（communication accommodation theory）（Gallois, Ogay, & Giles, 2005; Giles, Mulac, Bradac, & Johnson, 1987; Giles & Noels, 2002; 见 Giles, 2016），该理论认为，语言和非语言中都会发生趋同和趋异。例如，安东尼·穆拉克（Anthony Mulac）及其同事发现，异性两人组中的女性在目光接触（现在称作"注视"，见本章后面部分）的次数上会趋同于男性（Mulac, Studley, Wiemann, & Bradac, 1987）。尽管这种适应通常在言语和非言语渠道之间是同步的，但有时则不是。弗朗西斯·比卢斯和罗伯特·克劳斯（Frances Bilous & Robert Krauss, 1988）发现，异性两人组中的女性在某些维度（例如说出的话语总量和打断次数）趋同于男性，而在其他方面（例如大笑）则趋异于男性。

刻板印象
人们对社会群体及其成员所普遍共有的、简化的评价性印象。

沟通适应理论
面对面人际关系中，言语和非言语沟通方式皆适应语境（例如倾听者、场景）而变化——整合了非言语沟通领域的言语适应理论延伸版本。

（六）双语和二语习得

多数国家是双语或多语的，这意味着人们需要精通两种或多种语言，以便有效地沟通并在不同环境中完成工作。虽然双语现象比较普遍，但在某些情况下人们需要掌握三种语言（见专栏 15.2）。这样的国家包含各种各样的民族语言群体和一个有着通用语言的主导群体。实际上很少有国家（如日本和葡萄牙）只使用一种语言。

专栏 15.2　　　　　　**我们的世界**

蒙特利尔的三语现象

自 20 世纪 70 年代以来，蒙特利尔的大众已经成为双语人口。在过去的几十年中，其居民更可能是以法语为母语的双语者，而不是使用英语的盎格鲁裔（Lamarre & Paredes, 2003）。这种不对称反映了两种语言群体的相对地位——很明显，英语是主导群体。社会变革，特别是法语的使用成为魁北克省语言政策的一部分并得到执行。1977 年的《法语宪章》授予法语与英语在学校的正式地位。随着时间的推移，人们对法裔的看法明显改善。

法语、英语相对地位的变化对新移民的子女产生了重大影响：他们现在大多是三语者。他们一度更倾向于以英语为第二语言，因为英语是主导群体的语言，但是现在他们选择说三种语言，例如在家里讲一定程度的祖先语或母语，而在公众场合讲两种当地语言。

对于大多数人来说，学习第二语言不仅是一项娱乐活动，更是一项关乎生死的重要条件。例如，印度裔（迄今为止是英国最大的海外出生群体——2015 年，英国 5 600 万人口中，近 80 万是外国出生的印度裔）在诸多语境下可以说印地语、马拉地语、古吉拉特语甚至更多，但必须学习英语才能接受正规教育并能够充分参与英国的就业、文化和日常生活。

二语习得不仅是为了获得基本的课堂熟练度，还可能是为了"渡过"假期——它是对一种嵌入其文化背景的语言的全盘掌握（Gardner, 1979）。学习第二语言需要达到类似母语的掌握水平（能够像讲母语者一样说话），这更多地取决于第二语言学习者的动机，而不是取决于语言能力或教学因素。未能获得类似本地人的熟练度会破坏自信心并引起物理和社会隔离，从而导致物质上的困难和心理上的困扰。例如，诺埃尔斯、本和克莱芒（Noels, Pon, & Clément, 1996）在英语水平较差的加拿大华人中发现了自卑感和明显的压力症状。

双语　那么，你不懂威尔士语吗？如果你打算在威尔士生活，了解一点威尔士语可能会有帮助。

吉尔斯和伯恩（Giles & Byrne, 1982）在早期模型（Gardner, 1979; Clément, 1980）的基础上，提出了二语习得的群际模型。有五个社会心理维度影响着从属群体成员学习主导群体语言的动机目标（见图 15.2）：

- 民族语言认同。
- 可用的替代身份个数。
- 可用的高级替代身份个数。
- 主观生命力感知。
- 对通过语言关从而成为主导群体的可能性的社会信念。

民族认同度低、主观生命力低以及认为自己可以"通过"语言关的信念，再加上许多其他潜在身份（其中许多身份具有很高的地位），这些条件会激发一个人获得类似本地人的二语熟练度。熟练掌握第二语言在经济和文化上都是有用的，它是对我们身份的补充。对特定情况下使用第二种语言的信心或焦虑会促进或抑制这种动机的实现。相反的社会心理条件（见图15.2）导致人们只获得课堂熟练度。由于担心被同化，掌握第二语言被认为会带来损失，因为它可能会引起群体敌对和对民族背叛的指控。智力和天赋也可能影响熟练程度。

语言、文化与移民

图15.2中的群际模型在布拉福德·霍尔和威廉·古迪孔斯特（Bradford Hall & William Gudykunst, 1986）在亚利桑那州进行的一项研究中得到了广泛支持。吉尔斯和伯恩（Giles & Byrne, 1982）的群际模型可以解释200多个来自各种文化和语言背景的国际学生的英语能力。该模型随后得到了修正，用以准确模拟在多元文化环境中二语习得的巨大复杂性（Garrett, Giles, & Coupland, 1989; Giles & Maass, 2016）。

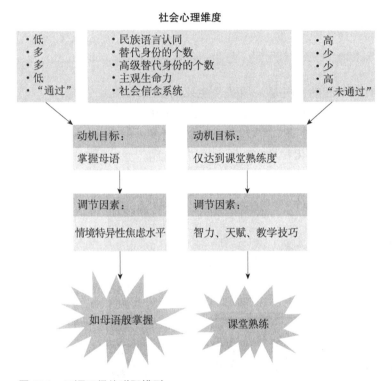

图15.2　二语习得的群际模型
二语习得受到动机目标的影响，这种目标由更广阔的社会认同和群际关系组成。
来源：Giles & Byrne, 1982.

例如，华莱士·兰伯特（Wallace Lambert）及其同事提出了一种多元文化假设（Lambert, Mermigis, & Taylor, 1986）。安全的少数民族语言群体不一定认为精通优势语言会带来损失，相反他们有时会认为这是一种补充。这种过程的例子包括日裔（San Antonio, 1987）和华裔（Bond & King, 1985）的英语精通，以及瓦尔多坦人（Valdotans，意大利北部的法语社群；Saint-Blancat, 1985）的意大利语精通。这些群体对主导语言有着如母语般的精通，但仍保留了自己的文化和民族语言传统。

对二语习得的这种分析将语言严格地置于其文化语境中，并将语言习得与更广泛的适应过程联系起来。例如，约翰·贝里（John Berry）及其同事对融合（人们保持自己的民族文化并与主导文化联系）、同化（人们放弃自己的民族文化并全心全意地拥立主导文化）、分离（人们保持自己的民族文化并使其与主导文化隔离开来）和边缘化（人们放弃自己的民族文化，但却无法与主导文化恰当地建立联系）（Berry, Trimble, & Olmedo, 1986；另见第16章中的图16.5）进行了区分。二语习得的结果可能是影响深远的。

多数群体成员通常没有动力去学习另一种语言并达到母语般的程度。根据约翰·爱德华兹（John Edwards, 1994）的说法，正是国际声望和效用以及英语的广泛使用（仅次于汉语和西班牙语，它是世界上第三通用的母语），使讲英语的人成了如此惨淡的外语学生：他们根本没有动力去熟练精通。伊特施·萨契戴夫和奥德雷·赖特（Itesh Sachdev & Audrey Wright, 1996）拓展了这一点。他们发现，比起亚洲语言，白人英国儿童更有动力学习欧洲语言：欧洲语言被认为更有用且地位更高，尽管样本中的儿童与亚洲人的日常交流显著多于和欧洲人的交流。（现在请回想一下本章开头"你怎么认为？"中的第三个问题，保罗成为双语者是不是一件好事？）

（七）群际语言与沟通

语言在群际环境中的身份界定功能是最早也是最多被探索的，涉及诸多国家、民族和地区语言及其言语风格群体——前文中的讨论已经描述了这种研究。然而，这种群际分析还在更广泛的社会认同和群际沟通环境中成功地得到了应用（Giles, 2012; Giles & Maass, 2016; Giles, Reid, & Harwood, 2010）。在大多数情况下，不仅强调语言和言语，而且更广泛地注重沟通功能。

在此，我们重点关注性别和年龄，但也有关于各种社会类别的研究，包括性取向（如 Hajek & Giles, 2005）、残疾（如 Ryan, Bajorek, Beaman, & Anas, 2005）、宗教（如 Klocek, Novoa, & Moghaddam, 2010），以及警察和社区（如 Giles, Choi, & Dixon, 2010）；还有关于各种环境中群际沟通的研究，包括家庭（如 Soliz, 2010）、教育（如 Edwards, 2010）、医疗保健（如 Watson, Gallois, Hewitt, & Jones, 2012）和组织（如 Peters, Morton, & Haslam, 2010）。

1. 性别

性别是一个人身份和认知的基础，在人际互动中有着深远的影响（Brewer & Lui, 1989）。因此，关于性别影响语言、言语及沟通的研究数不胜数（Palomares, 2012）。

对两性的言语风格差异的研究（Aries, 1996; Smith, 1985）大多来自西方国家，那里对语言-性别差异有着清晰的刻板印象（Haas, 1979；见第 10 章）。例如，女性大多被认为善交际、彬彬有礼、情绪化、乐观积极、乐于助人、小心翼翼、态度随和，更有可能谈论家庭主题。实际的语言差异远小于我们的刻板印象（Aries, 1997），而且这种差异受情境影响而变化。即便是基于生理学的副语言差异（女性的声音音调较高，音量柔和，变化明显，音调轻松悦耳）也受到情境的影响，并表现出明显的性别内差异（Montepare & Vega, 1988）。但是，总的来看，语言、言语和沟通中的性别差异是真实存在的——坎贝尔·利珀和梅兰妮·艾尔斯（Campbell Leaper & Melanie Ayres, 2007）的元分析证明，女性的语言使用方式、言语和沟通风格确实比男性更亲和、更具合作性。

由于言语风格受到性别刻板印象的影响（Weatherall, 1998），男性和女性或多或少地使用男性或女性的言语风格并不奇怪，这取决于他们具有多少传统性别角色倾向（Smith, 1985），或在看待自己的方式上有多少性别相关图式（Palomares, 2004）。非传统男性倾向于避开更多男性化的言语风格，而非传统女性也倾向于避开更多女性化的言语风格。言语适应理论认为，言语风格也可以根据即时的沟通语境而变化。在存在性别差异的情况下，男性和女性说话的方式，尤其是在二人沟通中，有时与权力相联系（见专栏 15.3）。

当孩子在相对性别隔离的人群中交往时，男孩和女孩会获得不同的互动和沟通风格，这些风格会持续到成年。女孩们强调合作与平等，并敏感地对待人际关系和处境。男孩们强调竞争和等级关系，并坚持自己的身份认同。就像有着不同语言沟通规范的文化群体之间的互动一样，男性和女性在会话中有着不同的假设和目标。由于某些相同的形式可能具有不同的含义，而对男性和女性又起不同的作用，性别间的误解几乎是不可避免的（如 Mulac, Bradac, & Gibbons, 2001）。

专栏 15.3　你的生活

言语风格、性别和权力

你是否注意到有些人在陈述问题时就好像在提问一样？他们会说"我们去吧？"，而不是"我们去吧"。为什么会这样？你对这个人有何感觉？这种效应对你的互动和关系有什么影响？

社会心理学家对此进行了研究，并将其划分进"无权力的言语"这一广泛现象中。有证据表明，在称呼男性或与男性交往时，女性可以采用"无权力"的言语形式（O'Barr & Atkins, 1980; Wiemann & Giles, 1988）。与男性陌生人或熟人交谈时，女性倾向于采用男性化（更有力）的言语风格（Hall & Braunwald, 1981; Hogg, 1985），而与亲密男性朋友交谈时则表现出女性化（不那么强力）的风格（Montepare & Vega, 1988）。

语言学家罗宾·拉考夫（Robin Lakoff, 2004）的《语言和女人的地位》一书概述了无权力的言语的本质，认为它涉及使用强势语（例如"非常""真的""如此"）、模糊限制语（例如"某种""某些""你知道的"）、附加疑问句（例如"……不是吗？"）、空洞的形容词（"华丽""可爱""神圣"）、将陈述句转换为疑问句的上升语调，以及礼节性的称呼。

权力也和打断并掌控话语的能力相关（Ng, Bell, & Brooke, 1993; Ng & Bradac, 1993; Reid & Ng, 1999）。在混有不同性别者的会话中，女性插嘴的频率比男性低：齐默曼和韦斯特（Zimmerman & West, 1975）报告说，男性插嘴的比例为 98%。但是其他研究表明，女性比男性更容易插嘴（Dindia, 1987）。

无权力的言语不仅限于女性。它只是反映了互动中的地位差异，并且已被证实可概括为低地位说话者的特征（Lind & O'Barr, 1979）。波普及其同事对言语风格的刻板观念进行研究后发现，女性（尤其是黑人女性）比白人男性有着更低的直接性和更高的情感风格（Popp, Donovan, Crawford, Marsh, & Peele, 2003）。从这个意义上讲，女性的言语现在更应该被描述为一种无权力的语言风格，而不是一种女性语言风格（Blankenship & Holtgraves, 2005）。

但是，在对语言沟通中的性别差异进行研究时，我们不应过度概括：情境因素被低估了，并且这些研究在文化上主要限于白人、中产阶级和西方社会（如 Crawford, 1995; Eckert & McConnell-Ginet, 1999）。

2. 年龄段和年代

一生中，我们都会经历一系列年龄段（婴儿、儿童、少年、青少年、青年、中年、老年），并且随着出生形成代际群。社会对个人态度和行为的不同刻板印象信念和期望不仅与年龄（Hummert, 2012）相关，还与人们的出生时间和年代有关（例如婴儿潮一代、X 世代、千禧一代；Myers & Davis, 2012）。年龄以及性别是个人身份、个人认知以及与他人互动的最底层的根基（Brewer & Lui, 1989）。

在西方社会中，**年龄歧视**（ageism）很普遍——老年人通常被认为赢弱、无能力、地位低下且基本上一文不值（Hummert, 2012; Noels, Giles, & Le Poire, 2003; 见第 10 章）。在不恰当的言语调节策略中，年轻人经常采用一种"婴儿谈话"方式同时与老年人进行交流（Caporael, Lukaszewski & Cuthbertson, 1983; Giles & Gasiorek, 2011; Ryan, Giles, Bartolucci, & Henwood, 1986），同时也伴有"哄老语"（使用简单和简短的句子）（Kemper, 1994）。虽然一些老人称赞这种同情，但许多人认为这是一种迁就（Nelson, 2005）。

年龄歧视

人们因为年龄而遭受到的偏见和歧视。

同时，年轻人会因老年人无法修饰自己的言语而发火（Fox & Giles, 1993; Williams, 1996）。因此，年轻人和老年人之间的代际相遇可能会强化刻板印象，而不是使其削弱（见第 11 章对群际接触的讨论）。吉尔斯及其同事的研究惊讶地发现，这些代际效应广为传播，在东亚地区更为明显（Giles, Noels, Ota, Ng, Gallois, & Ryan, et al., 2001）。

由于年龄类别无处不在，一旦我们达到特定的年龄，就自然而然知道对我们的期望是什么。实际上，与种族和性别一样，年龄是社会归类最原始、最熟悉和最自动化的形式之一（Mackie, Hamilton, Susskind, & Rosselli, 1996; Nelson, 2005）。几乎所有正式表格都要求填写年龄和性别。随着这些经验的积累，老年人很难不"按自己的年龄行事"。不适应我们年龄的社会代价可能是极端的——就像 20 世纪 80 年代的老电影《魔茧》中有趣地表现的那样。研究证实了这一点——亚历克斯·舍曼和妮拉·布兰斯科姆（Alex Schoemann & Nyla Branscombe, 2011）发现，比起符合年龄表现的女性，试图在着装和举止方面表现得更年轻的中年女性被大学生评价为更不讨人喜欢、更具有欺骗性。总体而言，当老年人没有"按年龄行事"时，尤其是年轻人似乎会感到恼火（North & Fiske, 2013）。

那么，也许老年人会花很长时间谈论自己的年龄，痛苦地表达自己的健康状况，表现出老年人言语的其他症状，这不仅是因为他们的年龄，还因为他们必须遵守社会期望（Coupland, Coupland, Giles, & Henwood, 1988）。可以肯定的是，代际沟通是困难的，甚至会影响心理和身体健康（Williams & Nussbaum, 2001）。然而，代内沟通是有促进作用的，能带来有益和高效的回报，这源于同龄人有着共同的生活经验，具备类似的世界观，从而在语言使用、沟通和言语风格上产生相似性（见 Myers & Davis, 2012）。

然而，代际沟通受到代际竞争的不利影响，工作方面的资源匮乏造成了年轻人与年老者之间的竞争（如 Garstka, Hummert, & Branscombe, 2005；见 Hummert, 2012）。这种群际环境使得两代受害者怨声载道——年轻人认为年老者不退休就不能解放工位，而年老者则认为组织更愿意雇用更廉价、更年轻的劳动力。年老者和年轻人展开竞争，比较谁是更大的受害方，这种竞争形成了竞争性受害的动力（Noor, Shnabel, Halabi, & Nadler, 2012）。

三、非言语沟通

言语（speech）很少脱离非言语线索单独发生。即使是打电话，人们也自然而然地使用手势，即便该手势不会被电话另一端的人"看到"。同样，电话和计算机媒介沟通（CMC）中的会话通常很困难，因为存在着许多无法获得的非言语线索。但是，非言语渠道并不一定与言语共同作用才能促进理解。有时，非言语信息与言语信息明显矛盾（例如带着微笑的威胁、讽刺和其他负面信息；Bugental, Love, & Gianetto, 1971; Noller, 1984）。

（一）非言语沟通的功能

你是否知道人们可以用副语言产生大约 20 000 种不同的面部表情和大约 1 000 种不同的线索？还有大约 700 000 种不同的身体姿势、面部表情和动作（见 Birdwhistell, 1970; Hewes, 1957; Pei, 1965）。而且人们很早就全面掌握了非言语行为的丰富意义，而不用经过任何正式培训。

我们到底该如何应对？即便是在最短暂的互动中，也可能涉及大量设备的转瞬即逝和同时使用，这甚至使得对行为进行编码都非常困难，更不用说分析特定的**非言语沟通**（non-verbal communications）的前因和后果了。在社会心理学界，非言语行为被公认为是非常重要的（Ambady & Weisbuch, 2010; Burgoon, Buller, & Woodall, 1989; DePaulo & Friedman, 1998; Matsumoto, Frank, & Hwang, 2012）。

非言语行为可以达成许多目的（Patterson, 1983）。我们可以使用它

言语
语言的声音产出。

非言语沟通
使用非书面语或口头语的方式（例如注视、面部表情、姿势、触摸等）将有意义的信息传达给他人。

- 收集有关他人的感受和意图的信息（例如，非言语线索通常是确定某人是否喜欢你的可靠指标）。
- 调节互动（例如，非言语线索可能表示话语的结束，或对其他人发言的期待）。
- 表达亲密感（例如触摸和相互目光接触）。
- 建立支配地位或控制权（例如非言语威胁）。
- 促进目标达成（例如用手指指）。

（二）非言语行为的变体

在后面有关注视、面部表情、肢体语言、触摸和人际距离的讨论中，非言语沟通的这些功能将变得明显。或许正是因为我们是无意识习得非言语行为的，我们往往不会意识到自己正在使用非言语线索，或者我们正受到其他人使用此类线索的影响：非言语沟通在很大程度上不会引起注意，却有着巨大的影响。

这并不是说非言语行为是完全不受控制的。相反，社会规范具有很强的影响力。例如，即便对一个傲慢的自恋狂或敌人的消失感到高兴，我们也不大可能在他们的葬礼上微笑——幸灾乐祸并不是值得表达的高尚情感，也许除了针对同样兴高采烈的人！个体差异和群体差异也会影响非言语行为——有些人对非言语线索的觉察和使用比其他人要好。罗伯特·罗森塔尔（Robert Rosenthal）及其同事（Rosenthal, Hall, DiMatteo, Rogers, & Archer, 1979）设计了一种非言语敏感度文件（PONS），用以映射其中的一些个体和群体差异。在所有条件都相同的情况下，非言语能力会随年龄的增长而提高，成功人士拥有更强的非言语能力，而患有各种精神疾病的人的非言语能力往往存在不足。

1. 性别差异

在解码视觉和听觉线索（例如腔调和音调）方面，女性通常比男性更好（E. T. Hall, 1979; J. A. Hall, 1978, 1984）。对此，最有可能的解释是社会因素而非进化因素（Manstead, 1992），包括鼓励女孩比男孩更多表达情感、更细心的儿童养育策略。一个问题是，女性的能力更强是否可归因于对非言语线索有更好的理解。根据贾内尔·罗西普和朱迪思·霍尔（Janelle Rosip & Judith Hall, 2004）的研究，答案是"是"——根据对非言语提示知识（TONCK）的测试结果，女性略有优势。威廉·艾克斯（William Ickes）进行的元分析表明，有这样的动机时（例如当她们认为自己的同理心被评价时，或者当性别角色对她们的期望被提出时），她们甚至更加精准（Ickes, Gesn, & Graham, 2000）。

我们所有人都可以提高非言语技能，并且有证据表明在一定程度上，我们如果接受培训就可以做到这一点（如 Matsumoto & Hwang, 2011）。非言语技能可用于改善人际沟通、检测欺骗、给人留下良好印象和隐藏我们的感受。由此，自然就出现了许多立足于沟通技能的实用书籍和课程。为什么不尝试一下 TONCK 呢？

2. 关系和依恋

不同的**依恋风格**（attachment styles）会影响人们的关系（见第 14 章）和他们的非言语行为。在亲密关系中，我们希望伴侣能够准确解码非言语线索并做出适当回应，来增强彼此的情绪安全感（Schachner, Shaver, & Mikulincer, 2005）。有不少研究致力于亲子互动中的非言语行为，以及这种非言语行为和儿童依恋风格的发展的

依恋风格
对人们亲密关系本质的描述，认为其形成于童年。

关系（Bugental, 2005），但关于成年人的依恋风格如何在亲密关系中以非言语的方式反映出来的研究较少。例如，如果哈里对与莎莉的关系中保持警惕，他可能会将她（模棱两可）的沉默视为一种拒绝。

（三）用面部表达情绪

你可能已经怀疑，情绪通过我们的身体，尤其是我们的面部表情，在我们的感情交流中，起着重要的作用，而且我们应该在某个时间和地点这样做（Keltner & Lerner, 2010）。保持"上唇紧闭"不总是最明智的举动，但是也不会出现情绪崩溃。除了我们的身体姿势和副语言外，我们的面部表情还可以告诉他人一些有关我们的个性，甚至是可能的社交行为的信息，例如我们是合作的、亲社会的（Niedenthal & Brauer, 2012）。

面部表情的科学研究主要聚焦于不同表情传达情绪的方式。达尔文（Darwin, 1872）认为，存在少量的普遍情绪，与其相关的是普遍的面部表情。之后的研究确定了通常的六种基本情绪（高兴、惊讶、悲伤、恐惧、厌恶、愤怒），这些情绪衍生出更复杂的混合情绪（Ekman, 1982, 2003; Scherer, 1986; 另见 Ortony & Turner, 1990）。有研究区分出轻蔑、尴尬、骄傲、羞耻、欲望、敬畏的表现（Keltner & Lerner, 2010），以及焦虑和恐惧的面部表情的显著不同（Perkins, Inchley-Mort, Pickering, Corr, & Burgess, 2012）。也有研究表明，人们体验到基本和复杂情绪的频率存在着跨文化的性别差异（Fischer, Mosquera, Van Vienan, & Manstead, 2004）。女性经常报告感受到"无力"的情绪（例如恐惧、悲伤、羞耻、内疚），而男性更经常报告感受到有力的情绪（例如愤怒、敌对）。

基本情绪具有独特的面部肌肉活动模式，例如与惊讶相关的表现有眉毛抬高、下腭下垂、额头出现水平皱纹、上眼睑升高和下眼睑降低（Ekman & Friesen, 1975）。人们甚至还开发出一种计算机程序，它可以同时改变不同的面部组成部分（如眼睛的圆度、嘴唇的粗细、眉毛的曲度、嘴和眼睛之间的距离），以在计算机屏幕上再现可识别的表情（Katsikitis, Pilowsky, & Innes, 1990）。

与基本情绪相关的面部表情具有相对普遍性。保罗·埃克曼（Paul Ekman）及其同事向人们展示表达六种基本情绪的一系列面孔照片，并让他们报告所表达的情绪（Ekman, 1971; Ekman & Friesen, 1971; Ekman, Friesen, O'Sullivan, Chan, Diacoyanni-Tarlatzis, Heider, et al., 1987）。来自各种西方和拉美文化（阿根廷、巴西、智利、德国、希腊、意大利、苏格兰、美国）、亚洲文化（中国香港、日本、印度尼西亚的苏门答腊岛、土耳其）及部落文化（婆罗洲、新几内亚）的人们在从来自相同和不同文化的人的面部表情中识别六种情绪方面都非常准确。

埃克曼的方法取决于参与者对姿势照片的评定，而不是对自然表情的评定。罗伯特·克劳斯（Robert Krauss）及其同事采用一种更自然的技术，通过播放日本和美国肥皂剧的录像带，要求人们识别出现的情绪（Krauss, Curran, & Ferleger, 1983）。和埃克曼的发现一样，研究中出现了惊人的跨文化相似性。

埃克曼的观点——基本情绪是普遍的——虽然并没有受到挑战（如 Russell, Bachorowski, & Fernandez-Dols, 2003），但是他的工作衍生出了大量研究，而且还有更多的研究在不断出现。埃克曼并没有就此止步，他还开发了一种面部动作编码系统（FACS），这是一种标准方法，可以基于小单位肌肉测量面部运动来反映各种潜在的情绪状态（Ekman, Friesen, & Hager, 2002）。该技术甚至已被用来测量黑猩猩的面部反应（Vick, Waller, Parr, Pasqualini, & Bard, 2007）。这项工作的目的是对"情绪"进行跨物种比较，以寻求进化过程中人类独有的特征以及可能与其他灵长类动物共享的特征。

面部表情的普遍性可能要么反映了个体发生的普遍性（早期社会化过程中的跨文化共性），要么反映了系统发生的普遍性（情绪与面部肌肉活动之间的先天联系）。对先天性耳聋、失明和无手的人进行的研究为系统发生的作用提供了一些支持。尽管这些人只有有限的常规线索（我们可以使用这些线索来了解哪些面部表情与哪些情绪相关），但他们表达基本情绪的方式与那些没有障碍的人大致相同（Eibl-Eibesfeldt, 1972）。对视力正常者和盲人的研究也发现了同样的情况。例如，大卫·松本和鲍勃·威林汉姆（David Matsumoto & Bob Willingham, 2009）将 2004 年残奥会运动员（先天性和非先天性盲人）的表现与 2004 年奥运会上视力正常运动员的表现进行了比较。

希拉里·埃尔芬拜因和诺亚·伊森克拉夫特（Hillary Elfenbein & Noah Eisenkraft, 2010）在研究面部表情时为所使用的方法增加了一些注意事项。表情所附带的含义可能会有所不同，具体取决于表情是已经做好的还是自发地产生的。他们呼吁进行更多自然主义的研究，并指出在现实生活中，观察者更有可能利用情境线索来解码情绪。

展示规则
怎样在一个场合下合适地表达情绪的文化和情境规则。

（四）面部展示规则

面部表情具有普遍性这一论证还必须加一个重要的限定条件。它有着明显的文化和情境规则——被称为**展示规则**（display rules），这些规则支配着表情（见图 15.3 及专栏 15.4）。

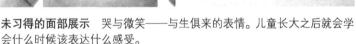
未习得的面部展示 哭与微笑——与生俱来的表情。儿童长大之后就会学会什么时候该表达什么感受。

六种基本情绪 愤怒、高兴、惊讶、恐惧、悲伤与厌恶。但是，哪个表情是哪一种情绪呢？

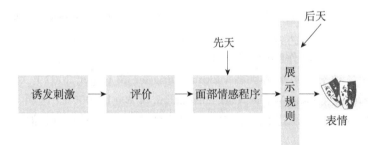

诱发刺激 → 评价 → 面部情感程序 → 先天 后天 展示规则 → 表情

图 15.3 面部情感程序：表达一种情绪
- 快速的面部信号伴随着许多情感状态。
- 这些信号是面部表情程序或面部"蓝图"。
- 它们区分了基本情绪和混合情绪。
- 先天与后天之间存在相互作用：信号具有遗传基础，但是展示规则源于经验，并对我们向他人展示的内容有一点控制。

来源：Ekman, 1971.

之所以存在这些规则，是因为我们还使用面部表情与其他人沟通（Gallois, 1993）。人们有着很多种不同的"惊讶"：当我们"选择"其中一种时，我们所展示出的面部表情可能还伴随着"哦，我的天！"或"哇！"之类的发声。通过对会话的精细分析，苏·威尔金森和希利亚·基青格（Sue Wilkinson & Celia Kitzinger, 2006）证明了我们有能力提前做出惊讶的回应。也许你想起了与朋友聊天的情景，你猜到了即将宣布的内容——你的脸开始动了……天哪，这真是个悬念！

展示规则存在文化、性别和情境的差异。地中海文化鼓励女性表达情绪，北欧和东亚文化则不鼓励男性表达情绪（如 Argyle, 1975）。在日本，人们被教导要控制负面情绪的面部表情，并用笑声或微笑来掩饰愤怒或悲伤。在西方文化中，嘲笑被击败的网球对手是不礼貌的，但在聚会上快乐地大笑是可以接受的。同样，在葬礼上大哭是可以的，但在商务场合中听到令人失望的新闻则不行。埃克曼的理论被描述为"最早解释心理过程如何具有普遍性和文化特异性的理论之一"（Matsumoto, 2004, p. 49）。

专栏 15.4　你的生活

当地人的误解

想想你上一次去国外度假的地方。你会遇到的一个明显问题是，当地人说一种你不会说或听不懂的语言——你是荷兰人，他们是中国人；你是英国人，他们是泰国人；等等。但是，另一个常见的问题是，你对本章所讨论的他们的非言语行为和展示规则也感到困惑。例如，当你说话时，你将视线放在他们的身上，但是当他们讲话时，他们却将视线移开——这会破坏会话的流畅性，并可能引发他们是冷漠的，而你是咄咄逼人的感受。另一种情况是，他们显得冷漠，而你在表达自己的感受时却充满活力。这些基于非言语行为和展示规则的文化误解可能会因其他文化差异而加剧。例如，来自个体主义文化的人通常会坚持自己的观点（这可以解释为咄咄逼人），而来自集体主义文化的人则倾向于服从那些具有较高社会地位的人（可以理解为缺乏知识）。另一种情况是，在某些文化中，人们不喜欢让人失望。因此，如果被问及如何到达某个地方，他们即使不知道目的地在哪里也会给出路线。

当然，我们在这里关注的是**先天与后天之争**（nature-nurture controversy），詹姆斯·拉塞尔（James Russell, 1994）的研究很好地说明了这一点，他对来自世界各地的人们在解码（或标记）六种基本情绪方面进行了研究并取得了巨大成功，如图 15.4 所示。

元分析已证实，普遍性和文化性成分都参与了情绪识别（Elfenbein & Ambady, 2002），以及我们如何体验情绪（Kitayama, Mesquita, & Karasawa, 2006）。一个有趣的发现是，人们识别和解码来自相同民族或地区群体表达的情绪方面更加准确。就像语言有方言一样，情绪可能也有方言，它们受地理、国家和社会边界的影响。

我们用面部来表达情绪，但是我们使用展示规则与他人进行沟通。这种区别为罗伯特·克劳特和罗伯特·约翰斯顿（Robert Kraut & Robert Johnston, 1979）关于微笑的一系列自然主义研究奠定了基础。他们研究了人们在各种环境中微笑的频率，包括保龄球馆、冰球竞技场和公共小径。人们在与他人交谈时比独自一人时更有可能微笑，这在女性中比在男性中更为明显（LaFrance, Hecht, & Levy-Paluck, 2003）。是否真的快乐似乎对人们是否微笑没有什么影响：微笑是一种比言语更重要的传达快乐的方式。图 15.5 显示了在保龄球比赛中无论表现好坏，面对队友（有社交互动）或面对对手（无社交互动）时微笑的保龄球手的百分比。对球迷的研究也得到了类似的结果

先天与后天之争
关于人类行为是由遗传因素还是环境因素决定的经典争论。科学家普遍认为，这是两者相互作用的结果。

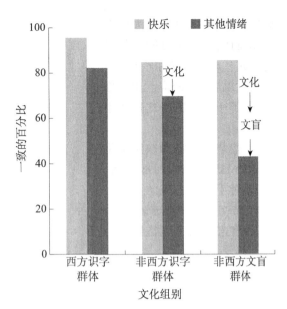

图 15.4 跨文化研究：成功解码基本情绪的面部表达

- 对来自三个教育／文化群体的人进行比较：来自西方的（20 个研究）或其他地方的（11 个研究）识字群体，以及来自其他地方的文盲群体（3 个研究）。
- 在所有文化中，人们对快乐的识别率都很高。
- 在其他情绪上的一致性相对没那么高，这取决于：（1）什么被认为是文化上合适的表达方式；（2）是否接触过情绪表达模式方面的知识。

来源：Russell, 1994.

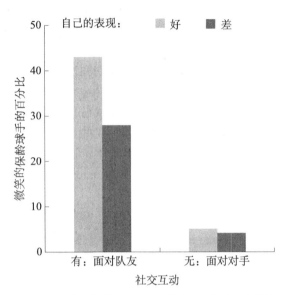

图 15.5 人们在与他人互动而不是表现出色时更多微笑

- 在保龄球馆里，面对队友时，笑容要比面对对手时多。
- 微笑与他们表现良好与否关系不大。

来源：Kraut & Johnston, 1979.

（Ruiz-Belda, Fernández-Dols, Carreara, & Barchard, 2003）：我们的笑容通常但并不总是需要观众。

埃克曼（Ekman, 1973）着眼于情绪展示的跨文化差异，监测了美国学生和日本学生私下观看紧张电影时的面部表情，然后与实验者私下讨论。两个群体都表现出消极情绪，但是在公众场合，只有美国人给出了表示消极情绪的面部表情。在公共场合，日本学生的面部表情预示着积极的情绪。玛丽安娜·拉弗朗斯（Marianne LaFrance）及其同事对 162 项研究进行的元分析显示，与亚洲同龄女性相比，西方女性被鼓励更多地微笑（LaFrance, Hecht, & Levy-Paluck, 2003）。显然，不同的文化（和性别）有着不同的展示规则。

最后，面部动作不仅仅是暗示我们情绪的线索；它们还被故意用于支持甚至替代口语。我们扬起眉毛以强调一个问题，或者皱眉、斜视来表达怀疑或轻蔑。一个相对新近的发展——美国手势语（American Sign Language, ASL）——与埃克曼在基本情绪面部表达方面的研究有关。ASL 是一种使用一组手语面部表情的惯例，这些表情具有情绪意义并且是动态的，即它们是实时发生的（Grossman & Kegl, 2007）。

（五）注视和眼神交流

沉默中常常有声音和言语。（奥维德；引自 Kleinke, 1986, p. 78）

注视

看着某人的眼睛。

我们花费大量时间注视彼此的眼睛。在两个人的环境中，人们将 61% 的时间用于**注视**（gaze），其持续约 3 秒钟（Argyle & Ingham, 1972）。眼神交流更准确地是指相互注视。恋人们花费大约 30% 的时间进行相互注视，其持续不到 1 秒钟。

注视也许是信息最丰富的非言语交流渠道（Kleinke, 1986）。它使我们可以推断他人的感受、信誉、真诚度、能力和专注度。尽管在某些情况下（例如在街上经过一个陌生人），眼神交流本身并不令人舒服，甚至令人尴尬。但这些信息是如此重要，以至于我们仍在注视。缺乏眼神行为可能同样令人不安，例如与看不清其眼睛的人（例如戴着墨镜的人）或持续避免目光接触的人进行互动会令人不安。如果有人无意间转移了视线，你可能会感到你与该人的关系贬值，甚至被排斥和疏远（Wirth, Sacco, Hugenberg, & Williams, 2010）。

相反，遮挡别人的眼睛会增加自己的安全感和隐私感。例如，沙文主义社会经常鼓励女性游客戴墨镜，并避免与男性发生跨性别眼神交流。在许多社会中，妇女都戴着面纱或专心盯着自己的移动设备来保护公共场所的隐私。

我们更关注喜欢的对象，而不是不喜欢的对象。更多的注视被用来表示亲密，尤其是相互注视。这似乎是一种常识，以至于即使是你错误地以为有人在看着你，也会增加你对那个人的喜欢程度（Kleinke, 1986）。

1. 视觉主导

朱迪思·霍尔（Judith Hall）及其同事的元分析证实，注视在沟通状态和行使控制权方面起着重要作用——其他重要因素包括面部表情增强、姿势扩张（看起来更大）、人际距离缩短，以及声音更大（Hall, Coats, & Smith-LeBeau, 2005）。人们在劝服或讨好时会注视更多（Kleinke, 1986）。严肃的注视也可能表示不赞成、强势或威胁。它可以阻止某人说话，甚至导致逃避。例如，埃尔斯沃思、卡尔史密斯和汉森（Ellsworth, Carlsmith, & Henson, 1972）发现，如果十字路口拐角处有人盯着看，等待的驾驶员离站时的速度要比没有人盯着看的时候更快。

地位较高的人可以采取特定的注视行为模式以发挥控制作用。比起同伴，他们更多注视地位低的人（Dovidio & Ellyson, 1985; Exline, 1971）。这就是**视觉主导行为**（visual dominance behaviour），即一种固定地盯着地位较低的说话者的倾向。采用这种视觉主导模式的领导者往往比没有采用这种模式的领导者被赋予更高的领导力分值（Exline, Ellyson, & Long, 1975）。总体而言，无权者往往更关注有权者，而不是相反，因为没有权力的人非常有动力去了解掌握权力的人（Fiske & Dépret, 1996; 另见 Fiske, 2010; Fiske & Berdahl, 2007）。

2. 地位和性别

女性通常比男性更多地进行眼神交流，这在某些情况下可能反映了传统的低地位与权力（Duncan, 1969; Henley, 1977; Henley & Harmon, 1985）。杰克·多维迪奥及其同事通过让两性伴侣讨论三个话题来研究权力在性别相关注视差异中的作用——一个话题中男性拥有更多专业知识，另一个话题中女性拥有更多专业知识，而第三个话题中两性具有同等的专业知识（Dovidio, Ellyson, Keating, Heltman, & Brown, 1988）。该研究记录了注视时间占说话时间和倾听时间的百分比。

图 15.6 中的结果表明，当男性或女性是专家（地位很高）时，他们占主导地位——说话时注视的时间几乎和倾听时一样多，甚至更多。当男性或女性不是专家（地位低下）时，他们表现出地位低下的状态——倾听时的注视多于说话。这项研究中有趣的发现是，当男性和女性都是专家时，男性占主导地位，而女性则表现出低地位模式。

视觉主导行为
注视低地位说话者的倾向。

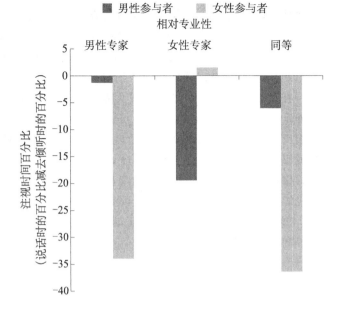

图 15.6 注视、性别专业性和主导性

- 当人们在说话时比在倾听时更多注视的时候，主导性的注视模式就会出现。请看纵轴，看看这是如何计算的。
- 在此图中，条形的负值越小，就越表明是主导性注视模式。
- 异性两人组中的男性和女性在处于高地位的专家角色时都采取了主导性注视模式。
- 当未指定身份时，只有男性采取了主导性注视模式。

来源：Dovidio et al., 1988.

3. 地位和种族

注视可以调节互动。相互注视下的目光接触是促进会话的重要手段（Argyle, 1971; Cary, 1978），而当不希望被牵扯进话局的时候，我们就会避免目光接触。一旦会话进行，注视就会在调节会话过程中起到重要作用。白人成年人在倾听时平均花费 75% 的时间注视，在说话时则花费 41% 的时间注视（Argyle & Ingham, 1972）。倾听者可以减少注视，发信号表示要发言，而说话者则可以增加注视，发信号表示要停止发言。

拉弗朗斯和梅奥（LaFrance & Mayo, 1976）指出，在非裔美国人中，这种模式被颠倒了，这使族际互动变得复杂。例如，一个白人说话者可能将黑人倾听者的低注视率解释为缺乏兴趣、粗鲁或企图欺骗和试图辩论，而黑人说话者则以相同的方式解释白人倾听者的高注视率。从倾听者的角度来看，白人可能会将黑人说话者的高注视率视为傲慢或争辩，而黑人可能会以相同的方式解释白人说话者的低注视率。与西方相比，日本的采访过程中的眼神交流要少，与西方倾听者以社交交流的方式看着说话者的眼睛不同，日本倾听者发现专注于说话者的膝盖没有那么大压力（Bond & Komai, 1976），但是这种做法可能使某些人感到不安！（你现在如何看待桑托索的困境？请参阅本章开头"你怎么认为？"中的第四个问题。）

注视也可以被有意用于完成某件事。注视可以被用于在第三方在场的情况下将信息（例如让人惊讶的大胆的说法）秘密地传达给合作伙伴，或者更公开地表示在已建立的工作关系中（例如乘船航行）或在嘈杂的环境中（如工厂生产线）的例行活动。

（六）姿势和手势

你的眼睛和面部可以交流，你的头、手、腿、脚和躯干也可以交流。人类学家雷·伯德怀斯泰尔（Ray Birdwhistell, 1970）进行了雄心勃勃的尝试，以构建一种完整的肢体沟通语言学，即所谓**身势学**（kinesics）。他主要在美国开展研究，确定了多达 70 个基本肢体动作单位（例如喇叭形鼻孔），并描述了有意义的肢体沟通单位的组合规则（例如耸肩、眉毛抬高和手掌向上翘的组合）规则。

我们会用手和手臂来丰富我们所讲内容的含义（Archer, 1997; Ekman & Friesen, 1972）。这在性别上存在差异：研究表明男性比女性更有可能举起握紧的拳头，以

身势学

肢体沟通语言学。

此作为自豪感或力量的象征（Schubert, 2004）。一些手势是通用的，例如通过移动手臂并用手指或拇指指点来指示方向。我们甚至在电话交谈时仍然这样做——为什么技术会成为我们的绊脚石？

手势是如此丰富的沟通渠道，以至于人类掌握手势可能早于口语。神经科学研究表明，只有像人类一样复杂的大脑才能处理真正的语言所依赖的语法（Corballis, 1999, 2004）。有关语言如何发展的简短演变史，请参见专栏 15.5。

凯里·约翰逊（Kerri Johnson）及其同事证实了一个普遍的看法，即我们将身体形态和身体运动都作为暗示某人性别的线索。例如，有些男人走路时会大摇大摆，有些女人会轻轻摇晃（Johnson, Gill, Reichman, & Tassinary, 2007）。我们还能推断出一个人的性取向。典型的性别组合线索，例如肩膀摆动的管状形体或髋部摇摆的沙漏形体，被认为暗示着异性恋取向。非典型性别组合被解释为暗示同性恋倾向（女同性恋或男同性恋）。

除此之外，**标志**（emblems）是一种特殊的手势，可以代替或代表口语，例如打招呼。有些标志在各种文化中得到了广泛理解，但许多是某一文化所特有的。同一事物可以通过不同文化中的不同手势来表示，并且同一手势可以在不同文化中表示不同的事物。

电话语言　当我们在电话中交谈时，面部表情和手势其实是多余的。

标志
可以取代口语的手势。

专栏 15.5　　重点研究

语言的手势起源

"手"屈一指

黑猩猩会说话吗？据我们所知并不会。通常，动物发声是受刺激限制的——与特定提示（例如食物来源或捕食者）相关的话语相对较少。我们自己有时伴随基本情绪的哭声（请参阅本章前面的"用面部表达情绪"）可能是我们灵长类祖先口语表达的痕迹。

科巴利斯认为语言演变如下：

1. 人猿与其他大猿分开（六七百万年前）。
2. 双足类人猿（例如古猿）使用手势（500 万年前）。
3. 语法添加到手势中，出现发声（200 万年前）。
4. 语音在智人中占主导地位（100 000 年前）。

毫无疑问，在智人出现之前，黑猩猩和早期的原始人就能发声了，但是声音控制在很大程度上是非自主的。自主控制发声所需的解剖学和皮层结构可能要等到智人出现后才形成。语音语言解放了双手，允许通过将言语和手部动作相结合来发展教学，并使得夜间交流成为可能。这些发展可以解释过去 100 000 年内所谓的"人类革命"，其特征是技术创新不断增强，所有其他类人不断灭亡。

有限地使用手势进行交流可以追溯到 2 500 万年前人类和猿猴的共同祖先那里。但是，当人类（我们的人类系）站起来走路时，他们的手不再是运动的工具，而是可以广泛用作手势交流的工具。像语音一样，手势语言也取决于大脑的左侧。

如今，手势语言的示例包括：

- 聋哑人使用的手语。
- 与说不同语言的人的沟通。
- 伴随语音的手势，通常是多余的，例如在电话中交谈时。
- 宗教团体的缄口沉默。
- 澳大利亚原住民和美国平原印第安人复杂的手势。

来源：Corballis, 1999, 2004.

手势　两个马上来，女士！

例如在西方，我们指着自己的胸部来表示"自我"；而在日本，他们则用手指指着鼻子来表示（DeVos & Hippler, 1969）。侧向点头在英国表示"不"，在印度则表示"是"，而在土耳其，头向后移动并使眼睛向上滚动表示"不"（Rubin, 1976）。在英国，人们用上翘的手指招手，而印度人则使用所有四个下垂的手指。在英国，如果你将手指伸过喉咙，那意味着有人遇到了大麻烦。在斯威士兰，同样的手势表示"我爱你"——在日本，则表示"我丢了工作"。手势含义的跨文化差异可能会产生严重的后果。你要当心在何时何地用食指和拇指做一个圆圈的手势。你可能会认为这意味着"还可以"或"很棒"；但在巴西，它的意思是"去你的！"（Burgoon, Buller, & Woodall, 1989）。

地位差异

肢体语言不仅可以说明或替代口头语言，还可以做更多的事情。它也可以有意或无意地传达正在互动的人们的相对地位（Hall, Coats, & Smith-LeBeau, 2005; Mehrabian, 1972）。拉里莎·泰登斯和艾利森·弗拉加尔（Larissa Tiedens & Alison Fragale, 2003）在一项关于二人组关系的研究中发现，身材高大或处于主导地位的个体通过采取伸展的姿势来占据更多的空间，这些姿势包括双臂放松并张开，双腿叉开，身体向后倾斜。地位低下的人做出的回应是相辅相成的：他们占用更少的空间，采取受限制的姿势，双臂和双腿内收，躯干弯曲。

这些姿势上的地位差异通常可以在男女之间的互动中看到。男性采取宽大的姿势，女性采取顺从的姿势（Henley, 1977）。姿势不仅传达了地位，还传达了偏好。彼此喜欢的人倾向于前倾，保持放松的姿势并彼此面对（Mehrabian, 1972）。并且在现实生活中，提示地位的非言语线索通常是组合起来使用的（Hall, Coats, & Smith-LeBeau, 2005），因此很难脱离情境而单纯依靠姿势做出可靠的地位推断。例如，直接感涉及眼神接触、身体放松、伴有微笑和声音表达、靠近的距离和手势使用（Prisbell, 1985），而主导感则涉及触摸、指向、侵入空间和居高临下（Henley & Harmon, 1985）。

（七）触摸

社交触摸也许是我们最早习得的交流形式。你是否回想过你的童年或者观察过年幼的孩子？在学习语言之前，甚至在我们不擅长使用身体姿势或手势之前，人们就通过触摸来提供和接收信息。身体不同部位（例如手、肩、胸）可产生许多不同类型（例如短暂、持久、牢固、柔和）的触摸。触摸的含义随类型、发生的语境、人物，以及与互动对象（例如丈夫和妻子、医生和病人、陌生人）之间的关系的变化而变化。正如塞耶（Thayer, 1986）所指出的那样，我们的语言反映了触摸的各种含义，例如"轻柔的触感""抓人眼球的体验""深度触动"。

琼斯和亚伯勒（Jones & Yarbrough, 1985）通过对 1 500 个人与人之间身体接触的分析，确定了五种不同的触摸类别：

- 积极的情感：传达欣赏、爱意、放心、抚育或性兴趣。
- 趣味性：传达幽默和乐趣。
- 控制性：引起注意或诱导顺从。

- 礼节性：满足礼节性要求（例如问候和离开）。
- 任务相关性：完成任务（例如护士诊脉或小提琴老师摆放学生的手）。

除了这些之外，还可以增添负面的情感（轻轻地将烦人的手推开）和过激的触碰（拍、踢、推、击）（Burgoon, Buller, & Woodall, 1989）。

即使是最偶然和短暂的触摸也会产生重大影响。饭店中的男性和女性顾客在女服务员随意触摸他们的手后给出了更多的小费（Crusco & Wetzel, 1984）。在另一项研究中，大学图书馆的职员短暂触碰结账的学生的手，被触碰的女生比没有被触碰的女生更喜欢职员甚至图书馆（Fisher, Rytting, & Heslin, 1976）。男生不受触碰影响。当在夜总会里播放浪漫的歌曲时，年轻女性更可能遵循男性的要求，轻轻搭着前臂翩翩起舞（Guéguen, 2007）。

舍雷尔·惠彻和杰弗里·费希尔（Sheryle Whitcher & Jeffrey Fisher, 1979）也报告了性别差异，这次是在医疗环境中。他们安排在手术前教学互动期间让女护士触摸或不触摸患者。尽管触摸简短并"专业"，但它们对术后的生理和问卷测量有重大影响。与未被触摸的女性患者相比，被触摸的女性患者有较少恐惧和焦虑，血压更低。不幸的是，被触摸的男性患者更加焦虑，血压更高！让我们来进一步探讨性别差异。

1. 性别差异

一般而言，男性触碰女性的频率要高于女性触碰男性的频率，并且与同性相比，人们更有可能触碰异性（Henley, 1973）。女性从被触摸中获得的快乐比男性大（Major, 1981），但是触摸的情境很重要。理查德·赫斯林（Richard Heslin, 1978）询问了男性和女性对被陌生人、同性或异性密友"挤压并拍打"身体的各个部位的愉悦程度。图 15.7 表明，两性都同意被同性触摸是相对不愉悦的，而被异性密友触摸则相对愉悦。女性不喜欢被陌生男性触摸，但是男性喜欢得到陌生女性的触碰！赫斯林（Heslin, 1978）还发现，男性比女性更容易理解性的含义，这对误解和误读有各种明显的影响（Heslin & Alper, 1983）。但是，应该指出的是，这项研究是过时的，因为没有报告这些作用是否受到性取向的调节。

触摸上的性别差异可能反映了一般的地位差异：发起触摸的人被认为比被触摸的人的地位更高（Major & Heslin, 1982）。梅杰（Major, 1981）认为，只有在互动者之间的地位差异不明确或可忽略时，才会产生通常的性别差异（女性比男性反应更积极）：在这种情况下，关于性别相关地位差异的更广泛的社会假设开始发挥作用。当触摸者的地位明显高于接受者时，男性和女性都会对被触摸产生积极的反应。

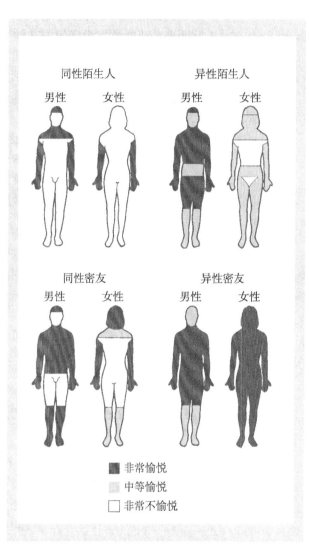

图 15.7　被触摸的感觉如何？

- 男女在被触及身体的不同部位时，愉悦感方面有所不同。
- 愉悦程度取决于人们是被同性还是异性、陌生人还是密友所触碰。
- 左上角是被同性陌生人触碰的男性和女性。
- 右上角是被异性陌生人触摸的男性和女性。
- 这些结果未按性取向细分。

来 源：Responses to Touch as an Index of Sex Role Norms and Attitudes by Richard Heslin, Washington, DC: American Psychological Association, 1978.

2. 文化差异

最后，触摸的实际使用量存在很大的跨文化差异。来自拉丁美洲、地中海和阿拉伯国家的人会大量使用触摸，而来自北欧、北美、澳大利亚和亚洲的人则不会（Argyle, 1975）。西德尼·朱拉德（Sidney Jourard, 1966）对不同国家咖啡馆中的夫妇在一个小时内的触摸行为进行了研究，结果发现伦敦没有触摸，佛罗里达有 2 次触摸，巴黎有 110 次触摸，而波多黎各有 180 次触摸。也许在波多黎各约会的伦敦人或在佛罗里达约会的巴黎人都会感到不舒服！

（八）亲密距离和个人距离

我们已经看到了身体的各个部分如何传达信息。我们身体之间的距离也可以做到这一点——人际距离的研究被称为**空间关系学**（proxemics）。身体上的亲密关系增加了可探知到的非言语线索的数量，使得"谈话"变得更加丰富；人们还可以使用人际距离来调节隐私和私密性：距离越大，就可以变得越私密。人类学家爱德华·霍尔（Edward Hall, 1966）的著作《隐藏的维度》确定了在美国发现的四个基本人际距离区域——从高亲密到低亲密，人们之间的距离越来越大（见表 15.3）。

如果你与某人有亲密关系，你们会走得很近；但如果地位有所不同，人们会在身体上远离（Hayduk, 1983; Hall, Coats, & Smith-LeBeau, 2005）。身体靠近有时会导致"不舒服"。霍尔（Hall, 1966）也引入了现在流行的术语**个人空间**（personal space），它反映了人们的身体缓冲区的重要性。这里有两个与喜好和地位有关的研究实例，一个是实验性的，另一个是观察性的：

空间关系学
人际距离的研究。

个人空间
身体周围被人们视为自身一部分的物理空间。

- 喜好：女生与女实验助手（即实验者的合作者）进行交谈，目的是显得友善或避免表现出友善。表现友善的学生把椅子平均放置在距助手 1.5 米的地方，而那些不想表现出友善的学生则将椅子放置在 2.25 米之外（Rosenfeld, 1965）。
- 地位：相比于与同级别的人进行交流，海军人员与不同级别的人进行互动时，保持了更大的人际距离，而且随着级别差异的增加，效应也更强（Dean, Willis, & Hewitt, 1975）。

表 15.3　社交的四种空间区域：多远才是舒适的？

区域	距离	描述
亲密距离	0.5 米以内	可能会发生身体接触。能够暴露一个人的许多信息。线索来自视线、声音、气味、体温以及呼吸深度和节奏。
个人距离	0.5～1.25 米	亲密接触和正式行为之间的过渡区域。西方国家与朋友和熟人的日常互动中的准则。触碰是可能的。尽管仍然有很多线索，但体温、气味和呼吸的影响已大大降低。
社交距离	1.25～4 米	典型的休闲和商务交流区域。许多线索消失了，但言语接触很容易维持。家具的布置有助于实现这一目标。在办公室中，书桌约 75 厘米宽，并且为了留出椅子空间，在书桌上互动的人相距仅 1 米多。更大的桌子可以作为表示等级的信号。
公共距离	4～8 米	沟通线索失去了一些影响。这是名人和讲师公共演讲的距离。在讲堂里，讲台通常位于第一排座位后面约 3.5 米处。法庭利用这一空间来防止与法官的轻松交流。这传递出了怎样的信息？互动是不必要的。

来源：Hall, 1966.

保护个人空间

人与人之间的距离强烈地暗示了亲密关系，如果看起来不合适，我们会感到非常不自在。迈克尔·阿盖尔和珍妮特·迪恩（Michael Argyle & Janet Dean, 1965）提出了一种亲密平衡理论。该理论预测，当一种形式的亲密信号增加时，其他形式（例如眼神接触）的亲密信号就会减少。例如，在接近仍然相距较远的陌生人时，你可能会审慎地注视；即将来临的陌生人进入你的社交区（约 3.5 米）后，你会避免注视并移开视线；而当陌生人来到自己的社交区域内时，你可能会表现出礼节性的认可（微笑或含糊的问候）。

你体验过电梯中的拥挤吗？根据亲密平衡理论，我们可以通过刻意盯着楼层号的闪烁来减少亲密线索（Zuckerman, Miserandino, & Bernieri, 1983）。如今，这要容易得多。我们所有人都可以盯着我们的便携式通信设备，其另外的优点是使我们看起来非常重要且"很受欢迎"。紧密的座位安排同样会使人感到拥挤（Sommer, 1969）。看看人们如何尝试在机场候机楼中为自己和其他乘客之间创造空间，他们或者沉迷于阅读，或者盯着他们的手持设备，或者用 iPod 听歌。

当个人空间受到侵犯时，人们常常会倍感压力。丹尼斯·米德尔米斯特（Dennis Middlemist）及其同事进行了一项令人难忘的研究，其中一名男实验助手在男人的小便池外面游荡，直到有人进入。实验助手跟着那个男人走进小便池，站在另一个与他有距离的小隔间里。他们离得越近，男人开始排尿的时间就越长，动作完成得越快（Middlemist, Knowles, & Mutter, 1976）！（可悲的是，我们怀疑这项奇妙而生动的研究现如今是否能通过大学伦理委员会的审查。）

个人空间感知方面的个体差异会随着年龄、性别和文化的不同而出现巨大的差异，并常常导致侵犯行为。例如，约翰·艾洛和斯坦利·琼斯（John Aiello & Stanley Jones, 1971）发现，美国的非裔儿童和工人阶级儿童比白人或非工人阶级儿童更倾向于与人站在一起。同样，南欧、中东和拉丁美洲的人们也离得更近一些，而在非洲和印度尼西亚的某些部落中，人们在交谈时常常会触碰（Argyle & Dean, 1965）。

（九）印象管理和欺骗

非言语沟通可能是潜意识的和自动的。我们通常不知道我们或其他人正在使用它，但是我们确实有一定的控制力和觉察力，可以策略性地使用非言语线索来给人留下印象，或者影响他人的信念、态度和行为（DePaulo, 1992）。有时，我们还可以探测到他人对非言语线索的策略性使用。

借由对适当非言语线索的控制，人们可能试图掩饰真实感受或传达虚假信息。通常，这种欺骗尝试不一定完全成功，因为信息会经由非言语渠道泄漏。正如弗洛伊德（Freud, 1905）振振有词地说道："有双眼、有双耳的人可能说服自己，凡人都无法守住秘密。如果嘴唇不动，他的指尖就会颤抖，他的每个毛孔都会渗出背叛。"

研究表明，人们比较擅长控制信息的言语内容以掩饰欺骗行为，但人们并不太擅长区分真相和谎言（Bond & DePaulo, 2006; Hauch, Blandón-Gitlin, Masip, & Sporer, 2015）。说谎者会尽量避免说一些可能会暴露自己的事情，因此他们较少发表事实性的陈述，而是倾向于发表模糊、笼统的陈述，并且在会话中留下空白（Knapp, Hart, & Dennis, 1974）。他们在发声上也有倾向，即伴有略微升高的音调（Ekman, Friesen, & Scherer, 1976）。

面部表情通常不会有"漏洞"：人们倾向于做出特殊而令人信服的努力，以控制面部表情欺骗。但是由于注意力转移到面部线索上，其他非言语交流渠道就得不到保障。例如，欺骗者倾向于更频繁地触摸他们的脸（Ekman & Friesen, 1974），或者摆弄手、眼镜或其他外部物体（Knapp, Hart, & Dennis, 1974）。

元分析显示，人们判断听觉上的欺骗比视觉上的欺骗更准确（Bond & DePaulo, 2006）。最近的一项仅针对言语行为的元分析得出的结论是，那些设计欺骗的人承受着更大的认知负担，使用更多的负面情绪词语（尤其是那些表达愤怒的词语）和否认的词语，让他们远离事件（Hauch, Blandón-Gitlin, Masip, & Sporer, 2015）。尽管如此，还是有一些有效的职业人士专门捕捉骗子！美国的一项研究发现，联邦警察和警长比法官能更准确地发现谎言（Ekman, O'Sullivan, & Frank, 1999）。对欺骗技术感兴趣的临床心理学家比学院和常规临床心理学家在这方面也更为准确。

有些人比其他人更善于掩盖欺骗。例如，习惯性地仔细监控自己的行为的人往往是更好的骗子（Siegman & Reynolds, 1983；有关自我监控的更多信息，请参见第 4 章）。那些具有强烈的动机去欺骗的人——比如认为这对职业晋升是必要的——往往善于控制言语渠道（DePaulo, Lanier, & Davis, 1983）；但讽刺的是，他们不擅长控制其他渠道。这往往是他们的弱点。

但是，人们通常很难发现欺骗（Bond & DePaulo, 2006; DePaulo, 1994）。即使是那些工作本质上是侦察骗局的人（例如在海关、警察、法律和情报行业）通常也不会显著优于一般人群（Kraut & Poe, 1980）。发现欺骗的人通常只会感到可疑，并不确定到底传达了哪些虚假信息（DePaulo & Rosenthal, 1979; DePaulo & DePaulo, 1989）。有趣的是，尽管女性在解读别人的非言语线索方面要比男性好（Hall, 1978），但在发现欺骗方面却不如男性（DePaulo & Rosenthal, 1979）。

使用计算机来检测欺骗怎么样？已经有许多计算机程序被设计出来——但它们主要侧重于言语线索。第一个程序早在 1974 年就由克纳普、哈特和丹尼斯（Knapp, Hart, & Dennis, 1974）进行了尝试——它主要分析词频。直到大约 2000 年才出现了更系统的、使用计算机来检测欺骗的尝试（见 Tausczik & Pennebaker, 2010）。豪克及其同事对 44 项相关研究进行了元分析，以评估计算机作为测谎仪的有效性（Hauch, Blandón-Gitlin, Masip, & Sporer, 2015）。他们得出结论，计算机并不一定比人强。计算机在计算线索方面优于人类，而人类在做出包含非言语和情境信息的整体判断方面更胜一筹。

我们更容易通过谎言逃脱惩罚而不会被发现吗？祖克曼、德保罗和罗森塔尔（Zuckerman, DePaulo, & Rosenthal, 1981）回顾了关于欺骗的研究，总体来说结论是接收者具有优势，即与骗子们掩盖行径相比，接收者能更好地发现欺骗。

印象管理和欺骗还有另一个后果，对此，我们已经讨论过了（见第 4、5 和 10 章）。社会心理学经常试图通过问卷调查或访谈来评估人们的基本态度和感受。我们对印象管理和欺骗的讨论表明，这样做是困难的。社会心理学家一直在寻求非反应性的、不引人注目的测量方法。例如，**虚假情报法**（bogus pipeline technique; Jones & Sigall, 1971），其中参与者被诱导相信，研究人员具有明确的生理学方法可用来检查其态度反应的有效性（见第 5 章）。

虚假情报法
一种测量技术，使人们相信"测谎仪"正在监测他们的情绪反应，从而测得他们的真实态度。

另一个例子是，马斯及其同事利用语言的群际偏差效应（Franco & Maass, 1996; Maass, 1999; Maass & Arcuri, 1996; Maass, Salvi, Arcuri, & Semin, 1989），通过言语风格检测潜在的偏见。持有偏见的人们从广义和笼统的角度谈论外群体的消极属性，从而使得这些属性持久和不可变，但这些人却以非常具体形象的术语谈论外群体的积极属性，这些术语只在特定的情境下发挥作用。

四、会话与话语

尽管本章将言语和非言语沟通分开考虑，但它们在沟通中通常同时出现（Cappella & Palmer, 1993）。非言语和副语言行为可以影响所讲内容的含义，并在会话流调节中起重要作用。沟通分析正在越来越倾向于言语和非言语维度的整合（如 Giles, 2012）——正如我们先前所见，言语适应理论已演变为沟通适应理论（Gallois, Ogay, & Giles, 2005; Giles, 2016）。

（一）会话

口语和非言语线索共同作用的语境是会话。会话具有不同的阶段（例如开始和结束）和一系列复杂的文化规则，这些规则控制着互动的每个阶段（Clark, 1985），例如礼节性的开场白（例如仪式）和闭幕语（例如"嗯，我必须走"）。现实中，人们彼此移开视线，分道扬镳，以非言语方式表示面对面会话的结束（看着手表或便携式设备是一种常见的但微妙的，也许是粗鲁的方式），结束电话会话的方式则是在对方回答之前延长停顿。

在会话过程中，为话轮指定规则很重要，否则会引起会话混乱。许多年前，阿盖尔（Argyle, 1975）描述了许多具体信号，人们使用这些信号来表明他们即将结束话轮，并为倾听者提供发言机会：

- 快到句子结尾。
- 提高或降低最后一个单词的语调。
- 延长最后一个音节。
- 使用未完成的句子来邀请别人继续（例如，"我原本要去海边，但是，呃……"）。
- 身体动作，例如打停止手势、睁大眼睛或在说完最后一个问题时抬起头，向后倚或者直接看着倾听者。

说话者使用尝试－抑制信号交出话语权，这样人们就能接上话。声音保持相同的音调，头部保持直立，目视前方，手部保持相同的姿势，说话者说话时可能更大声或更快，并且在快到句子结尾时仍然保持手势。同时，倾听者可能会定期发出信号，表明他们仍在倾听，不会中断。我们通过使用**反向通道沟通**（back-channel communication）来做到这一点：倾听者点头或者说"嗯""好吧"或"是"。视情况而定，打断会被认为是粗鲁的，但也可能表示影响力和权力，也可能表示参与、兴趣和支持（Dindia, 1987; Ng, 1996; Ng, Bell, & Brooke, 1993; Ng & Bradac, 1993; Reid & Ng, 1999）。关于人与人之间权力不平等的例子，见专栏 15.6。

> **反向通道沟通**
> 倾听者通过言语和非言语方式告知说话者他们依然在倾听的做法。

专栏 15.6　我们的世界

和你的医生沟通

医患沟通中的权力失衡

有效的沟通在医患咨询中至关重要。为了做出正确的诊断并提供适当的治疗，沟通环境应有助于医生获得尽可能多的信息。为此，医生应与患者建立融洽的关系，表现出同理心，鼓励患者坦率而大胆地讲话，并且通常要进行大量倾听。这是你看医生的经历吗？

美国的研究表明，在会话控制上存在明显的失衡，其中医生控制着会话（Fisher & Todd, 1983; West, 1984）。医生主导着大部分的交谈，他们发起 99% 的讲话，只剩下 9% 的问题由患者提出；在患者回答完最后一个问题之前，医生又会问一些问题，继续插话，然后就是主题转移，确定出诊安排，最后由医生控制会诊的终止。

这种沟通方式反映出医生和患者之间的权力和地位不平衡，其原因在于社会地位差异、共通的专业知识的缺乏、患者的不确定性和某种程度上的焦虑。这在会诊（医生的手术）的情境下显得更加突出。对话上的不平衡并不能促成开放性沟通，反而会抑制开放性；而且就诊断和治疗而言，沟通在许多情况下可能适得其反。

会话进程取决于双方彼此之间的了解程度。亲密的朋友在人际交往上反应更快，并且倾向于提出更多的话题并透露更多有关自己的信息（Hornstein, 1985）。在这种情况下，女性比男性更容易谈论和自我表露关系和个人话题（Davidson & Duberman, 1982; Jourard, 1971），但是两性都遵循互惠准则以管控自我表露的程度（Cozby, 1973）。这种互惠准则在长期关系中显得比较宽松（Morton, 1978）。

有效的沟通（主要是通过对话）对于持久的亲密关系至关重要（见第 14 章）。在异性婚姻的情况下，正如我们前面所看到的，男性和女性之间存在着沟通的误区（如 Mulac, Bradac, & Gibbons, 2001）。有效的沟通是与婚姻满意度存在最强相关的因素之一（Snyder, 1979），婚姻治疗师也将沟通问题视为婚姻痛苦的主要特征之一（Craddock, 1980）。

帕特·诺勒（Pat Noller, 1984）详细地分析了异性恋已婚伴侣之间的沟通，他使用的方法是让人们想象他们必须与伴侣沟通某些东西并用语言表达这种沟通（即编码他们想要进行的沟通）。然后，他们的伴侣必须对沟通进行解码以发现目标。研究者给出了几种选择，并且只能选择一种。

诺勒利用这种范式发现，在婚姻调适维度上得分高的夫妇比得分低的夫妇在编码自己的信息和解码伴侣的沟通方面更加准确。通常，女性在编码信息方面比男性要好，尤其是正面信息。对婚姻不满的夫妇倾向于在争论、挑刺、批评和胁迫上花更多的时间，不善倾听，对对方的消息无动于衷。总而言之，不良的婚姻沟通可能是一段痛苦关系的症状，而不是伴侣给关系带来的东西（Noller, 1984; Noller & Fitzpatrick, 1990）。在婚姻中对消息进行编码和解码有问题的人在与他人的关系中可能没有这种问题。

我们刚刚探索的日常对话或会话互动分析取向注重沟通的内容和方式。但是，它通常不关注所说的语义和动机这样的细节内容。后一种更广泛的分析称为"会话分析"（conversation analysis），通常简称为 CA（Sidnell, 2010; Sidnell & Stivers, 2012; Wetherell, 1998）。这种取向侧重于人们在互动过程中实际说的话。CA 起源于哈罗德·加芬克尔（Harold Garfinkel, 1967）的本土方法论，而且对于我们大多数人来说，比起本书介绍的社会心理学来，它似乎与社会学、性别研究和话语心理学更紧密相关。会话分析通常不会深入探讨互动的潜台词，然而接下来我们转向的话语分析和话语心理学会进行深入探讨（Wilkinson & Kitzinger, 2006; Wooffitt, 2005）。

（二）话语

语言与沟通的社会心理学倾向于分析言语风格和非言语沟通，而不是沟通的实际内容。它还倾向于将沟通行为分解为各个组成部分，从不同渠道的互动中重建更复杂的沟通。这种取向可能是有局限性的。

例如，大量语言研究都采用变语配对法（Lambert, Hodgson, Gardner, & Fillenbaum, 1960; 见本章前面的内容）。该技术将语音文本与语音样式（即非文本）分开，以便研究不同类型的语音样式标记对说话者评价的影响。但是，说的内容很少不具倾向性，它总是包含着群体成员身份信息（例如，老年人和年轻人谈论不同的事物并使用不同的语言）。另外，文本的含义本身可以通过语音样式进行更改。因此，话语的文本和非文本特征是不可分割的，它们共同传达意义并影响态度（Giles, Coupland, Henwood, Harriman, & Coupland, 1990）。因此，我们可能需要研究整个**话语**（discourse，说的什么内容、用了什么方式、由谁说的和出于什么目的），以便理解所出现的情境化态度（如 Billig, 1987; Edwards & Potter, 1992; McKinlay & McVittie, 2008; Potter & Wetherell, 1987）。

话语
特定情境或社会历史环境中的整个沟通事件或情节。

在研究种族歧视和性别歧视时，许多研究者都采纳了这个想法，因为种族歧视和性别歧视都是由话语创造并嵌入在话语之内的（Condor, 1988; Potter & Wetherell, 1987; Van Dijk, 1987, 1993; 另见第 10 章）。它也被用于研究青年语言（Widdicombe & Wooffitt, 1990, 1994）、代际谈话（Giles & Gasiorek, 2011; Harwood, Giles, & Ryan, 1995）、恐同症和对 HIV 携带者的偏见（Pittam & Gallois, 1996）、政治言论（Billig, 1987, 1991, 1996），以及集体行动和抗议活动（Reicher, 1996, 2001）。整个话语即是分析的单位，人们通过话语建构意义范畴。例如，对于我们大多数人来说，"经济"实际上并不存在。这个词是我们通过交谈才出现的［见第 3 章和第 5 章对**社会表征**（social representations）的讨论］。

话语分析（discourse analysis）的一个具体例子是马克·拉普利（Mark Rapley, 1998）对鲍琳·汉森（Pauline Hanson）在 1996 年 9 月的澳大利亚联邦议会首次演讲所做的分析。1996 年，汉森突然出人意料地当选为联邦议会议员，从而在澳大利亚一举成名。她立即成立了同名政党"鲍琳·汉森一国党"并担任领导人。"一国党"的宣言是民族主义、单一文化主义、反对平权运动、反移民、反知识分子、反艺术、实行经济孤立主义、支持拥有和持有武器的权利——一个极端保守的政党，反映出该党的组织结构是高度专制的。拉普利对汉森的讲话进行了仔细的分析，以确定"一国党"的真正动机。拉普利相信，现代偏见（见第 10 章）相对单薄的外衣里隐藏着旧式偏见的暗流。

显然，话语分析是非常有用的，它可以揭示隐藏的动机，将深层的偏见公之于众（Wetherell, Taylor, & Yates, 2001）。但是，社会心理学中的话语分析取向通常会更进一步，认为许多社会心理学概念（例如态度、动机、认知和身份认同）也可以通过话语来构成。因此，将它们视为真正的因果过程或结构的任何讨论都是被误导了。如果可以接受，最极端的形式甚至会拒绝当前的社会心理学，并引入一种新的社会心理学，将谈话而不是人、群体或认知作为基本的社会心理学单位（另见第 1 章）。

这是一个有趣且激进的想法，它构成了社会心理学话语分析取向的核心（如 Edwards, 1997; McKinlay & McVittie, 2008; Potter, 1996; Potter & Wetherell, 1987; Potter, Wetherell, Gill, & Edwards, 1990; Wooffitt, 2005）。它起源于后结构主义（Foucault, 1972）、本土方法论（Garfinkel, 1967）、行为发生学（Harré, 1979）和戏剧学视角（Goffman, 1959）。但是批评的一方认为，它在拒绝认知过程和结构方面过于极端（Abrams & Hogg, 1990b; Zajonc, 1989），保留认知并从理论上阐明其与语言的结合可能更有好处（见 Gasiorek, Giles, Holtgraves, & Robbins, 2012; Holtgraves, 2010）。

社会表征
把不熟悉的、复杂的现象转化为熟悉的、简单的形式，并对其进行集体详尽的解释。

话语分析
一套用来分析文本——特别是自然出现的语言——以理解它的意思和意义的方法。

五、计算机媒介沟通

发达国家的人们越来越多地通过电话、电子邮件和各种各样的互联网形式进行电子通信，如果认识不到这一点，那么关于沟通的章节将是不完整的。过去三十年中，最大的发展即是计算机媒介沟通（computer-mediated communication, CMC）的爆炸式增长，然后是自 2004 年脸书成立以来（2014 年底，脸书拥有近 14 亿用户），社交媒体的沟通角色越发重要。毫无疑问，研究 CMC 和社交媒体的社会心理学正在兴起（Birchmeier, Dietz-Uhler, & Stasser, 2011; Hollingshead, 2001; McGrath & Hollingshead, 1994），其中至少有六个基本发现：

- 在没有视频的情况下，CMC 限制了副语言和非言语沟通渠道。正如我们前面所看到的（第 14 章），这是一个悖论。这种限制会损害对信任的感知，伤害新关系的建立。但对于已经存在信任的现有关系而言，这样的限制就不那么重要了（Green & Carpenter, 2011）。即便如此，在线沟通的相对匿名性和隐私感也鼓励诚实和自我表露，因

性别特异性消息　"我不知道这是谁，但只有男人才会发这样的消息。"

为这些行为对信任和关系的发展非常重要（Caspi & Gorsky, 2006; Christopherson, 2007）。不过，可以通过强调（例如 "是的！！！"）或表情符号（例如 :) 或实际笑脸）将非言语和副语言提示引入 CMC。显然，视频聊天更贴近现实生活的沟通渠道。

- CMC 可以抑制交换的信息量，例如非言语的声音和身体线索。一般来说，在面对面的环境中，小组讨论的程序性方面可以改善信息交换和小组决策，但在计算机媒介的环境中可能不会具有相同的效果（Hollingshead, 1996; Straus & McGrath, 1994）。但是这并不是必然的结果，因为人们仍然可以在消息中注入有关性别（见第 6 点）、个体属性、行为情绪状态的语境和风格线索（Walther, Loh, & Granka, 2005; Walther & Parks, 2002）。

- CMC 具有 "参与－均衡效应"，可以抵消面对面沟通环境中发生的许多地位效应。人们可能会因为受到较少的个人识别而不会感到被抑制［见第 11 章提到的**去个体化**（deindividuation）］。效果取决于电子媒体如何有效地隐藏身份和地位标记（Spears & Lea, 1994）。例如，电子邮件通常具有清楚表明通信者身份和地位的签名。根据对去个体化现象的社会认同分析（Klein, Spears, & Reicher, 2007; Reicher, Spears, & Postmes, 1995），在高度凸显的社会认同下，个人匿名性将使人们强烈地遵从与身份一致的规范，从而容易受到群体领导者和规范群体成员的影响。CMC 研究已经证实了这一点（Postmes, Spears, & Lea, 1998; Postmes, Spears, Sakhel, & de Groot, 2001; Sassenberg & Boos, 2003; Spears, Lea, Postmes, & Wolbert, 2011）。

- 虽然总的来说，CMC 最初会阻碍互动和团队绩效，但随着时间的流逝，人们会成功地适应他们的沟通方式（Arrow, Berdahl, Bouas, Craig, Cummings, Lebie, et al., 1996; Walther, 1996）。在许多方面人们逐渐对 CMC 做出回应，就好像它不是以计算机为媒介一样。例如，威廉姆斯及其同事发现，当人们在电子邮件互动或聊天室中被忽略时，他们可以将其解释为排斥（称为网络排斥），并且可以像在面对面的情况中那样做出反应（Williams, Cheung, & Choi, 2000; Zadro, Williams, & Richardson, 2004; 有关社会排斥的更多信息请参阅第 8 章）。

- 进行 "网上冲浪" 不会对用户造成负面影响。他们不会一定变得孤独或沮丧，或在现实生活中不与他人进行社交互动。一般而言，互联网用户与朋友和家人的联系不亚于非用户。然而，他们似乎确实在看电视和看报纸上花费的时间更少（综述见 Bargh & McKenna, 2004）。

- 人格属性与人们使用社交媒体的程度（Correa, Hinsley, & de Zúñiga, 2010），以及他们所偏好的社交媒体（例如脸书与推特）（Hughes, Rowe, Batey, & Lee, 2012）相关。例如，对美国人的人格和社交媒体使用的研究发现，重度用户在外倾性和开放性方面得分较高，而在情绪稳定性方面得分较低（Correa, Hinsley & de Zúñiga, 2010）。但是，性别和年龄又淡化了这一点。外倾的男性和女性都更频繁地使用社交媒体，但是在社会不稳定的情况下，只有男性之间会更多地使用社交媒体。外倾性是年轻人使用情况的强有力的预测因素，而经验开放性在老年人中则是一个特别强的预测因素。

去个体化
人们失去社会化的个体身份认同感，并从事非社会化通常是反社会行为的过程。

　　我们已经注意到，男性和女性在彼此互动时的非言语沟通方式有所不同。罗伯·汤姆森和塔马·穆拉契弗（Rob Thomson & Tamar Murachver, 2001）进行的一项实验室研究发现，即使发件人不知道收件人的性别，学生电子邮件中使用的语言也存在性别差异。女性会使用更强烈的副词（例如"真的很不错"）、模糊限定语（例如"很有趣"）和情绪词（例如"我很沮丧"），并且她们会提供更多的个人信息（例如在哪里工作）。男性则更具侮辱性（例如"你选那门课程真蠢"），并会提供更多的意见（例如"抗议是值得的"）。当讨论的主题遵从性别刻板印象时，性别影响最为明显（Thomson, 2006）。通过对性别刻板印象行为的了解，你可能对这些发现并不感到惊讶！

小结

- 语言是由规则控制且有意义的共享的基本发音系统。言语是语言的表达。
- 语言不能决定思维，但可以简化我们与他人就重要问题进行沟通的方式。
- 我们的讲话方式可以使他人了解我们的感受、动机和社会群体从属，例如性别、地位、国籍和民族。
- 族群可能会积极推广自己的语言，或者逐渐放弃自己的语言，具体取决于他们认为自己的民族语言群体在多族群的背景下具有的生命力如何。
- 人们根据沟通环境来调整言语风格。少数族群趋向于融合地位较高的言语风格，除非他们认为身份地位等级不合法并且他们自己所属群体的生命力很高。
- 对于少数民族语言群体来说，如果其成员希望掌握主导群体的语言作为第二语言，动机至关重要。
- 非言语沟通渠道（例如注视、面部表情、姿势、手势、触摸、人际距离）能传达有关我们的态度、情绪和相对地位的重要信息。
- 虽然有着语言、性别、地位和文化差异，但人们可以使用姿势、手势和触摸进行非言语沟通。人际距离是暗示人际关系本质的线索。
- 与口语相比，我们对非言语沟通的了解和控制较少。面对面环境中的非言语提示通常会暴露想要隐藏的信息。
- 非言语线索在调节话轮和谈话的其他功能中起重要作用。
- 话语分析专注于完整的沟通事件，可以得出很多结论。
- 研究表明，计算机媒介沟通与通过其他方式进行信息沟通和传输存在一致性（例如，在聊天室中排斥他人，在不知情的情况下提供性别线索），研究还揭示了社交媒体使用情况与人格相关。

关键词

Ageism 年龄歧视

Attachment styles 依恋风格

Back-channel communication 反向通道沟通

Bogus pipeline technique 虚假情报法

Communication 沟通

Communication accommodation theory 沟通适应理论

Deindividuation 去个体化

Discourse 话语

Discourse analysis 话语分析

Display rules 展示规则

Emblems 标志

Essentialism 本质主义

Ethnolinguistic group 民族语言群体

Ethnolinguistic identity theory 民族语言认同理论

Ethnolinguistic vitality 民族语言生命力

Gaze 注视

Gestures 手势

Illocution 言外行为

Kinesics 身势学

Language 语言

Linguistic relativity 语言相对论

Locution 言内行为

Matched-guise technique 变语配对法

Nature-nurture controversy 先天与后天之争

Non-verbal communication 非言语沟通

Paralanguage 副语言

Personal space 个人空间

Proxemics 空间关系学

Received pronunciation 标准英音
Social identity theory 社会认同论
Social markers 社会标记
Social representations 社会表征
Speech 言语
Speech accommodation theory 言语适应理论
Speech convergence 言语趋同

Speech divergence 言语趋异
Speech style 言语风格
Stereotype 刻板印象
Subjective vitality 主观生命力
Utterance 口语表达
Visual dominance behaviour 视觉主导行为

文学和影视

《蓝色情人节》《火星救援》

这两部电影讲述了沟通截然不同的方面。《蓝色情人节》是 2010 年上映的浪漫喜剧，由瑞恩·高斯林和米歇尔·威廉姆斯主演，他们饰演一对婚姻破裂的夫妇。这部电影强调了沟通失调以及在功能失调的关系中语言的伤害性使用。这不是一部愉快的电影。雷德利·斯科特于 2015 年拍摄的电影《火星救援》更令人兴奋，该片由马特·达蒙、杰西卡·查斯坦、切瓦特·埃加福、肖恩·宾、杰夫·丹尼尔斯和克里斯汀·韦格主演。马特·达蒙所饰演的角色滞留在火星上，必须存活到救援到达——从地球到火星需要六个月的时间。生存的关键是能够与 2.25 亿公里外的地球进行通信——而他的通信系统已损坏，地球上的人认为他已经死了。

《幕后危机》《灵通人士》《副总统》

《幕后危机》是一部讽刺英国政治的电视喜剧，于 2005 年首播，并于 2012 年结束。该剧的主题和特色是使用语言控制人民，创造幻觉，构建和解构现实——每天都在谈论政府失败，创造出了一个令人难忘的新词——"omnishambles"（一团糟）。该剧激发了由阿尔曼多·伊安努奇执导并由彼得·卡帕尔迪、詹姆斯·甘多菲尼和汤姆·霍兰德主演的 2009 年喜剧电影《灵通人士》。因为这部电影的重点是英美之间的政府互动，这也与我们对文化的讨论有关（第 16 章)。《副总统》是广受好评的美国电视喜剧，于 2012 年首播。该剧也以《幕后危机》为基础，但这里的背景是美国政府，主要人物是副总统——语言方面不太明显。

《通天塔》

2006 年由亚力杭德罗·冈萨雷斯·伊纳里图执导的电影，由布拉德·皮特、凯特·布兰切特和盖尔·加西亚·贝纳尔主演。这是一部气势恢宏的多重叙事戏剧，对跨文化假设阻碍人们相互理解和交流这一主题进行了探索。每个子情节都以人们熟悉的文化语境为特色：在美国－墨西哥边境地区迷失的美国儿童，在需要听力的世界独自一人哀悼的聋哑日本女孩，以及两个滞留在摩洛哥沙漠中的美国人。

《迷失东京》

2003 年由索菲亚·科波拉执导的电影，由比尔·默瑞和斯嘉丽·约翰逊主演。这部电影（也与第 16 章相关）生动地刻画了在外国文化中不会讲当地语言，也不真正理解该文化的不得其所的感觉。这也是一部关于生命危机的电影——两位处于不同人生阶段却有着类似感情问题的美国人，被放逐到日本的一个大都市并彼此吸引。

请你思考

1. 语言如何塑造一个人的身份？

2. 是什么促使一个人学习第二语言？如何缓解移民群体适应宿主国家文化的挑战？

3. 非言语线索如何帮助我们了解另一个人？

4. 人们识别基本情绪的准确性如何？

5. 什么是个人空间？为什么我们要有个人空间？我们如何使用它？

延伸阅读

Ambady, N., & Weisbuch. M. (2010). Nonverbal behavior. In S. T. Fiske, D. T. Gilbert, & G. Lindzey (Eds.), *Handbook of social psychology* (5th ed., Vol. 1, pp. 464–497). New York: Wiley. 最新、全面且翔实的非言语沟通理论和研究综述。

Bayley, B., & Schechter, S. R. (Eds.) (2003). *Language socialization in bilingual and multilingual societies*. Clevedon, UK: Multilingual Matters. 社会语言学家、教育学家和其他社会科学家采用国际视角对从幼儿到成年人的语言社会化和双语现象发表各自的看法。环境包括家庭、学校、社区和工作场所。

Birchmeier, Z., Dietz-Uhler, B., & Stasser, G. (Eds.) (2011). *Strategic uses of social technology: An interactive perspective of social psychology*. Cambridge, UK: Cambridge University Press. 一部探讨社会心理学在理解计算机媒介沟通方面的作用的章节合集。

Comrie, B., Matthews, S., & Polinsky, M. (Eds.) (2003). *The atlas of languages* (Rev. ed.). New York: Facts on File. 对世界各地语言的起源和发展进行了详尽的阐述。

Giles, H. (Ed.) (2012). *The handbook of intergroup communication*. New York: Routledge. 一部聚焦丁群际沟通的各个方面的最新、全面和简明的章节合集——对群际沟通感兴趣的人必读。

Giles, H., & Maass, A. (Eds.) (2016). *Advances in intergroup communication*. New York: Peter Lang. 一部关于我们所了解的群际沟通的最新且权威的章节合集。

Giles, H., & Robinson, W. P. (Eds.) (1993). *Handbook of language and social psychology*. Oxford, UK: Pergamon Press. 早期经典的批判性和综述性章节合集，从语言和社会心理学视角介绍人际沟通。

Grasser, A. C., Millis, K. K., & Swan, R. A. (1997). Discourse comprehension. *Annual Review of Psychology, 48*, 163–189. 不偏不倚地概述了话语分析对普通心理学的技术贡献。

Holtgraves, T. (2010). Social psychology and language: Words, utterances and conversations. In S. T. Fiske, D. T. Gilbert, & G. Lindzey (Eds.), *Handbook of social psychology* (5th ed., Vol. 2, pp. 1386–1422). New York: Wiley. 对社会心理学理论和语言在沟通中的作用的研究进行了全面而详细的综述。

Holtgraves, T. (Ed.) (2014). *The Oxford handbook of language and social psychology*. New York: Oxford University Press. 一部涵盖语言社会心理学各个方面的权威章节合集。

Keltner, D., & Lerner, J. S. (2010). Emotion. In S. T. Fiske, D. T. Gilbert, & G. Lindzey (Eds.), *Handbook of social psychology* (5th ed., Vol. 1, pp. 317–352). New York: Wiley. 虽然这一章节是关于情感本身的，但它对情感沟通的综述也非常精彩。

Matsumoto, D., Frank, M. G., & Hwang, H. S. (Eds.) (2012). *Nonverbal communication: Science and applications*. Thousand Oaks, CA: Sage. 一部关于我们所了解的非言语沟通的最新且全面的章节合集。

Noels, K. A., Giles, H., & Le Poire, B. (2003). Language and communication processes. In M. A. Hogg & J. Cooper (Eds.), *The SAGE handbook of social psychology* (pp. 232–257). London: SAGE. 从社会心理学的视角对语言和沟通研究进行了综述，包括言语和非言语沟通。

Russell, J. A., & Fernandez-Dols, J. M. (Eds.) (1997). *The psychology of facial expression: Studies in emotion and social interaction*. Cambridge, UK: Cambridge University Press. 对面部表情理论视角的批判性概述，包括动物行为学、神经科学和发展心理学的观点。

Semin, G. (2007). Grounding communication: Synchrony. In A. W. Kruglanski, & E. T. Higgins (Eds.), *Social psychology: Handbook of basic principles* (2nd ed., pp. 630–649). New York: Guilford Press. 这是一个在概念上充满雄心的章节——它设定了一个整合各水平解释的议题，从而为理解人类沟通提供一个完整的框架。

第 **16** 章

文　化

你怎么认为？

1. 达恩是荷兰人，他从小接受的教育就强调要为自己所相信的事实辩护。在韩国生活了几个月后，他注意到当地人更关心的是维持社会关系的和谐，而不是判断谁对谁错。他想，为什么他们不说出自己的想法？

2. 柏妮丝和朱莉是土生土长的斐济人，她们在苏瓦的南太平洋大学学习社会心理学。她们担心，她们所学的知识是基于西方理论的，与她们所处社群以群体为中心的传统价值观之间的关联有限。她们的担心有道理吗？

3. 奥拉西奥是一名来自巴西的研究人员。他认为与一位脑膜的中国商务主管谈判可能不会比与一名巴西青少年沟通更具挑战性，因为对一个成年人来说，青少年这个群体相当于来自另一种文化。他想表达什么意思呢？

4. 惠子和她的新婚丈夫都是日本人。在北海道举行传统婚礼后，他们移居奥斯陆。之后，出现了一个两难的局面：他们应该继续保持本国的风俗习惯，还是应该完全变成挪威人？他们还有其他选择吗？

5. 杰西卡是一名住在伦敦的社会心理学学生，她为自己的康沃尔文化感到骄傲。她学过移民者在适应宿主文化时可能选择的途径，然后她想到了一个办法，即把移民的概念应用到康沃尔文化中。康沃尔人是以英国文化为主的少数族裔。那么，康沃尔文化的现状是什么？融合、同化、分离还是边缘化？

一、文化背景

文化是一个普遍被认知但却很难理解的概念，它已经被"研究、探索、推进、颠覆、扼杀、复兴和无限化"（Lonner, 1984, p. 108）。人们痴迷于文化、文化差异、文化敏感度、文化变迁、文化冲击、亚文化和文化接触，并对其有大量的谈论。但文化到底是什么？它对人的影响有多大，通过什么途径影响人，又是如何受到人的影响的？社会学家弗朗兹·博厄斯在 1932 年向美国科学促进会发表的演讲中呼吁，社会学要更加重视行为的文化差异：

> 忽视社会心理学，即个人对文化的反应，来探索社会学规律似乎是徒劳的。如果没有在特定文化背景下考虑个人行为，社会学规律只是空洞的公式，而不能融入生活。（引自 Kluckhohn, 1954, p. 921）

博厄斯认为文化是社会科学的核心，研究文化对人的影响是社会心理学学科的定义。文化、社会科学与社会心理学并不是相互孤立的。作为实验心理学学科的奠基人，冯特（Wundt, 1897, 1916）认为社会心理学就是对集体现象的研究（例如文化）——作为社会学奠基人之一的涂尔干（Durkheim, 1898）也认同这种观点（见 Farr, 1996; Hogg & Williams, 2000; 另见第 1 章）。

纵观本书，我们无时不注意到文化对行为的影响，例如在前面（第 3 章）我们讨论了文化如何渗入群际归因（见图 3.7）。在本章中，我们汇集并整合了这些观察结果，但也进一步提出了一些基本问题，即关于社会心理过程普遍性的问题，以及社会心理原则与那些没有发展出社会心理原则的文化之间关联性的问题。

跨文化心理学家和一些社会心理学家已经在一系列基本的人类行为和社会心理过程中证明了文化差异的存在，这个研究领域中的大多数研究确定了东西方文化之间的普遍差异。事实上，在社会心理学中，关于"文化"的主要争论都局限于这种对比，或者更准确地说，是（东方）集体主义和紧密型社会与（西方）个体主义和松散型社会的对比。

那么，最大的问题是："这些差异有多大？"它们仅仅是规范实践中的差异，还是更深层次地反映了基本的知觉和认知过程，甚至可能是大脑活动？也许规范实践和认知活动相互影响：

> 个人的思想和行为随着时间的推移影响着文化规范和实践，这些文化规范和实践又影响着个人的思想和行为。（Lehman, Chiu, & Schaller, 2004, p. 689）

在本章中，我们也将探讨语言障碍对有效沟通的影响、文化适应的性质，以及社会心理学家和跨文化心理学家在帮助改善跨文化关系中所起的作用。在最后的这一章中讨论的问题建立在前面各章探讨的许多主题与观点之上，并映现了这些主题与观点。我们希望本章能为前面的章节提供文化背景以及文化嵌入的挑战。

二、社会心理学对文化的定位

（一）社会心理学是否忽视了文化？

你最近远行了吗？有了便宜的机票，世界越来越触手可及。大多数欧洲人选择在欧洲旅行，美国人选择在墨西哥旅行，澳大利亚人和新西兰人选择在印度尼西亚和泰国旅行。俄罗斯人住在伦敦，日本人在夏威夷度假，荷兰人则前往托斯卡纳。此外，我们几乎所有人，尤其是生活在像伦敦、巴黎、阿姆斯特丹和伊斯坦布尔这样的大城市里的人，在日常生活中，每天都会与来自世界各地的人和丰富的文化交融在一起。互联网也可以为我们传递来自不同地方的不同文化。

在异国他乡，首先让人印象深刻的是不同的语言或口音，以及当地人的外表和衣着，其次是美食。其他差异可能更微妙，出现的速度也更慢——它们反映了潜在的价值观、态度以及表征系统和解释系统。文化注入行为，是民族与国家的命脉。由于文化实践在一种文化中是共享的，在不同的文化之间是不同的，所以文化研究与群体研究密切相关。然而，有史以来社会心理学中研究的群体过程和群际关系谈论的都是规范、常规以及差异，而不是文化（见第 8、9 和11 章）。

其实在历史上，心理学理论和社会心理学研究也被一种文化观所主导，即中产阶级文化，主要是美国白人文化（Farr, 1996）。当然，这并不奇怪，因为许多心理学家都是中产阶级的美国白人，而英语是全球的科学语言。美国不仅富有，能够促进基础科学研究，而且是迄今为止最大的说英语的国家。几十年前，一位著名的跨文化心理学家指出：

> 关于心理学的一个关键事实是，大多已故的和当代的心理学家都来自美国……只有大约 20% 的心理学家来自世界的其他地方。（Triandis, 1980, p. ix）

人们有一种自然的倾向，那就是无法意识到自己的生活方式其实只是众多可能性中的一种——那些看似自然的事情可能只是规范性的（Garfinkel, 1967）。社会心理学的问题在于，这样的文化视角一直占主导地位——社会心理学的理论和数据是**受特定文化背景约束**（culture-bound）的，同时在很大程度上是**脱离主体文化**（culture-blind）的。例如，大多数主要的社会心理学导论都来自美国，它们学术性强，权威性强，制作精美，但主要是由美国人为美国人所撰写的。然而，它们在世界各地都被使用，文化参照物和科学重心对于在美国以外长大和生活的人们来说似乎有些陌生。我们撰写本书的一个原因就是为了平衡这一点，以便于提供一个更具全局性的视角（见英文版序和第 1 章）。

在过去的几十年里，情况确实发生了变化。重新平衡后，文化已经被牢牢地放在了社会心理学科的议题上（见本章最后"延伸阅读"部分所列出版物）。20 世纪 50 年代至 80 年代初，美国白人在社会心理学的霸权已经被削弱，这主要是由于欧洲社会心理学的崛起，也是由于有越来越多的社会心理学家，虽然主要在北美接受教育，但具有东亚民族背景。然而，主流社会心理学仍然是由北美、欧洲西北地区和澳大拉西亚文化为主导。

社会心理学家对文化不够重视的另一个原因可能是因为实验法（Vaughan & Guerin, 1997）。正如前面（第 1 章）所解释的，社会心理学家一般认为实验室实验是检验因果理论最严格缜密的方法。这种对实验室实验的热衷可以追溯到 20 世纪初。实验室实验的重点是把研究变量与其他变量隔离开来，比如参与者的生平背景和文化背景。然而，人们确实把他们的个人经历和文化背景带进了实验室——正如亨利·泰弗尔（Henri Tajfel, 1972）所说，你不能在社会真空中做实验。

这并不是无关紧要的问题。由于实验在很大程度上将文化视为研究的无瑕疵背景，这种方法可能会阻止研究人员认识到文化本身可能是影响研究过程的变量。如果心理变量仅在一种文化背景下被操纵，我们如何才能确保操纵的效果在另一种文化中是相同的？——文化可以缓和操纵对因变量的影响。这表明文化本身可以而且可能应该是一个独立的变量，并且实验法可能是研究文化的有力方法。海因写道：

> 如果文化是社会大环境的话，那么社会心理学家所采用的实验法将会最适合研究文化如何影响人们的思想和行为。（Heine, 2010, p. 1427）

受特定文化背景约束
在特定文化背景下的理论和数据。

脱离主体文化
脱离了宿主文化的理论和数据。

（二）定义文化

文化没有一个统一的定义。人类学家、社会学家和心理学家之间数十年的激烈辩论产生了大量对文化的定义。博厄斯（Boas, 1930, p. 30）将文化定义为"群体的社会习惯"，彼得·史密斯和迈克尔·邦德（Peter Smith & Michael Bond, 1998, p. 69）将其定义为"意义共享系统"。共享活动和共享意义，两者都应该被包含在文化的定义中。如同海因（Heine, 2016）所认为的，文化是人们通过向他人学习而获得的共享观念、信仰、技术、习惯或实践。在不同定义间的差异方面，布里斯林指出：

> 克罗伯和克拉克洪（Kroeber & Kluckhohn, 1952）总结出，许多定义都包含"由符号传递的行为……模式，构成了人类群体的独特成就……观念及其附加价值观"。赫斯科维茨提出了同样有影响力的概括，即文化是"人类环境的人造的那部分"。特里安迪斯区分了有形文化［例如房屋和工具］和主观文化［例如人的价值观、角色和态度］。（Brislin, 1987, p. 275）

尽管定义各不相同，但它们都认为文化是人类互动的持久产物和影响因素。根据这一宽泛的视角，我们将文化视为一系列认知和实践，这些认知和实践表征了一个特定的社会群体，并将其与其他社会群体区分开来。同样，吉尔特·霍夫施泰德（Geert Hofstede, 2001, p. 9）将文化称为"对将一个群体或一类人与另一个群体或一类人区别开来的心智的集体规划"。从本质上讲，文化是国家、种族和民族层面上群体规范的表达（见第8章"规范"、第4章"自我与身份认同"和第11章"群际行为"）。

这一观点与莫兰等人的观点一致（Levine & Moreland, 1991; Moreland, Argote, & Krishnan, 1996; 另见第9章），他们认为文化是群体记忆的一个实例。因此，文化可以适用于各种规模的社会集体，包括家庭、工作小组和其他组织（Smith, Bond, & Kağıtçıbaşi, 2006）。这种视角确定了该如何分析文化和文化现象，即利用社会心理学的语言和概念所描述的社会影响、群体过程、群际关系以及自我与身份认同。

■ 三、文化、历史与社会心理学

19世纪德国社会心理学的早期起源以描述集体现象为标志（见第1章）。这些从事**民族心理学**（Völkerpsychologie）研究的学者意识到，群体在信仰和实践上是不同的，描述和解释这些差异应该成为社会心理学的一个焦点（如 Wundt, 1916）。然而，随着社会心理学的逐渐兴起，它的焦点却很快被集中在了个体而不是群体上。

值得注意的一个例外是苏联的发展心理学家们，即文化历史学派，他们关注人们如何通过由人类共同构建、发展和维持的思想媒介与环境互动（如 Luria, 1928; Vygotsky, 1978）。这一普遍视角与当代关于思维和语言间关系的语言范畴模型研究（见第15章）（Semin, 2000; Semin & Fiedler, 1991; 另见 Fiske, 1992; Rubini, Menegatti, & Moscatelli, 2014）具有相关性。具体而言，文化历史学派的思想在近期得到了发展和延伸（Cole, 1996; Rogoff, 2003），并对当代文化心理学产生了影响。

与社会心理学相反，到了20世纪初，人类学家越来越多地研究群体现象和差异，并研究文化的概念和文化传播过程。

民族心理学
研究集体心智的社会心理学的早期视角，盛行于19世纪中后期的德国。

（一）文化人类学的起源

在 16 世纪及之后，各种因素共同促成了构建自我、个体和社会群体的新方式（见第 4 章）：

- 世俗化：关注当下而不是来世。
- 工业化：人们被要求变动以寻求工作，因此他们需要拥有便携式的个人身份，而不是一个嵌在基于固定地理位置的大家庭的社会结构中的身份。
- 启蒙运动：一种赋予个人理性、能力和智力的哲学，用以管理他们的社会生活，构建和维护复杂的规范社会行为系统——文化（另见 Allport, 1954a; Fromm, 1941; Weber, 1930）。

到了 19 世纪末 20 世纪初，跨文化研究已经成了现代文化人类学的基础。影响文化人类学的一些关键作品有：英国作家詹姆斯·弗雷泽的《金枝》（1890）和马林诺夫斯基的《两性社会学》（1927），以及美国作家博厄斯的《原始人的心智》（1911）。于此之后，在这些早期人物中最具影响力的是哥伦比亚大学的弗朗兹·博厄斯，他始终主张人格是基于文化形成的。在社会行为被认为是由生物本能决定的舆论环境中，这不是件易事。例如，弗洛伊德和其他心理动力学理论家都主张社会行为是由生物本能所决定的（见第 12 章）。

博厄斯的想法得到了他的两个学生，玛格丽特·米德（Margaret Mead, 1928/1961）和鲁思·本尼迪克特（Roth Benedict, 1934）的推动。在详细的**民族志研究**（ethnographic research）的基础上，她们提供了丰富而具象的文化描述，即发现人们在不同文化下的行为有着巨大的差异，甚至存在不同于一般社会规范所认可的行为。由于米德也接受过心理学训练，她们齐心协力将人类学从研究普遍生物行为转向研究文化如何影响心理发展（Price-Williams, 1976）。到 20 世纪 50 年代，跨文化研究对儿童发展和社会化理论也做出了重大贡献（Child, 1954）。

文化人类学还曾有其他一些孤立但有影响力的早期心理学研究实例。在剑桥大学，巴特利特针对影响记忆的社会和文化因素进行了一系列实验（如 Bartlett, 1923, 1932）。在其中一项实验中，他借鉴了博厄斯的一则民间故事：《鬼魂之战》（*The War of the Ghosts*）。他让被试先阅读这个故事，然后从记忆中尽可能准确地重建这个故事。他运用系列再生法，使组中的每个被试都将回忆的版本传递给下一个被试，类似于散布谣言（见第 3 章）。结果原本的故事都被系统地重新构建了，使之与被试容易记住的内容相一致，其结果是故事的"文化"转变。

这项早期的研究与塞尔日·莫斯科维奇（Serge Moscovici, 1988）提出的社会表征概念（见 Lorenzi Cioldi & Clémence, 2001）非常一致，后者在第 3 章和第 5 章中进行了讨论。社会表征是使世界变得有意义的共享框架，它们是通过社会互动发展和维护的。

1940 年，奥托·克林伯格（Otto Klineberg）发表了颇有影响的著作《社会心理学》（*Social Psychology*），其中介绍了民族学（"种族科学"）和比较社会学的研究成果。这是一项远远超前于时代的创新。在 20 世纪的大部分时间里，社会心理学家常常避免跨文化研究。原因有两个：不愿研究结论被视为"主观性的"，尤其是人类学家经常被精神分析理论和方法所束缚（Segall, 1965）；他们也越来越致力于使用实验方法，并认为跨文化研究仅仅是描述性的（Vaughan & Guerin, 1997；见上文和第 1 章）。

（二）跨文化心理学的兴起

1966 年《国际心理学杂志》（*International Journal of Psychology*）在巴黎创刊和 1970 年《跨文化心理学杂志》（*Journal of Cross-Cultural Psychology*）在美国创刊标志着跨文化心理学的公开亮相。在后一杂志首期的开篇文章中，两位著名的社会心理学家洛伊丝·墨菲和加德纳·墨菲（Murphy & Murphy, 1970）讨论了跨文化心理学的前景。

民族志研究
以田野调查为基础的对一个特定社会的描述性研究，要求研究者深入其研究对象的日常生活中。

跨文化心理学的到来也以一些权威手册的出版为标志（如 Berry, Dasen, & Saraswathi, 1997; Berry, Poortinga, & Pandey, 1997; Triandis, Lambert, Berry, Lonner, Heron, Brislin, & Draguns, 1980）。然而，根据史蒂文·海因（Steven Heine, 2012）的说法，哈里·特里安迪斯（Harry Triandis, 1989）、杰罗姆·布鲁纳（Jerome Bruner, 1990）、黑泽尔·马库斯和北山忍（Hazel Markus & Shinobu Kitayama, 1991）接连发表的三篇开创性论文是现代文化心理学的显著标志——最后一篇是迄今为止在文化心理学领域被引用最多、影响最大的文章。

跨文化心理学家试图回答以下三个问题：

- 西方心理学理论在其他文化中是否有效？
- 是否存在特定于文化的心理建构？
- 我们如何发展具有普遍相关性的心理学？

长期以来，文化人类学家对其中的第二个和第三个问题很感兴趣（Kluckhohn, 1954）。随着新的学科分支的出现，新的术语和新的心理建构区分也相继出现：通过类比语音学和音位学之间的语言学区分（见第 15 章）得出了**客位－主位区分**（etic-emic distinction）。史密斯和邦德清晰地描述了客位－主位区分：

> 贝里……认为行为的"主位"分析是那些关注共性的分析，主要是那些……简单或可变的分析。例如，我们都吃东西，我们几乎都和某些人有亲密关系，我们都有攻击敌人的方式。与此同时，对这些行为的"客位"分析将侧重于在特定的文化环境中进行每种活动的不同方式。成功的主位分析有望建立适用于本文化地域内的有效共识。（Smith & Bond, 1998, p. 57）

例如，权力距离是一个主位建构，因为它可以在大多数文化中被观察到；而 amae（娇宠），或称被动之爱，是一个客位建构，可能仅限于日本文化（本章后面将讨论权力距离和 amae）。如果客位建构在跨文化层面得到了适当的探究并被建立起来，则它们可能"成长"为主位建构。

该分支学科已经被认可，它有自己的期刊、书籍、会议、社团和大学课程。但是，这个分支学科应该被称作跨文化心理学还是文化心理学——这两个术语似乎可以互换使用？跨文化心理学倾向于使用传统的社会心理学研究方法（问卷调查、访谈）和统计程序来比较和对比民族和国家（见 Smith, Bond, & Kağitçibaşi, 2006）；而文化心理学则倾向于使用更多的定性和话语分析方法来研究人们在其文化中的基本立场（如 Shweder, 1991）。然而，基于方法论的区分可能无助于充分理解文化。"文化心理学"一词现在可能是最常见的，它超越了方法论和元理论，从而指向文化的整体社会心理学研究（Heine, 2010, 2016）。

客位－主位区分
文化相对普遍的心理建构与文化相对特定的心理建构之间的对比。

本章后面的大部分内容将重点放在跨文化（有时是跨国家）的比较上。但是，如果我们的数据是跨文化的，那么我们是否可以公正地对待单个文化固有的复杂性呢？跨文化心理学家迈克尔·邦德提出，文化挑战可能已经超越了我们："跨文化心理学家永远不会在文化上正确，而只会在跨文化上正确。"（Bond, 2003, p. 281）我们将在本章的后面再讨论这个挑战性问题。

四、文化、思想与行为

（一）文化、认知与归因

在第 3 章中，我们看到了文化知识如何使我们能够根据情境做出行为的归因——不关注文化会对不幸的归因者产生"有趣的后果"。我们还发现在归因风格上存在文化差异，例如马来人和新加坡华人在族群中心偏差上的差异（Hewstone & Ward, 1985）——一个**终极归因偏误**（ultimate attribution error）的案例（见第 3 章图 3.7）。

在另一个例子中，印度人比北美人做出秉性而不是情境归因的可能性要低得多（Miller, 1984；见第 3 章图 3.8）——这是**基本归因偏误**（fundamental attribution error），或更准确地说是**对应偏差**（correspondence bias）（Gawronski, 2004）。现在有大量的研究证实，对应偏差可能源于西方文化世界观，即人是独立的，因此归因也是出于内在动机的。许多研究表明，在以社会为中心、集体主义或相互依存的观点占主导地位的非西方文化中，这种偏差就要弱得多（Kitayama & Uskul, 2011）。最近的研究进一步表明，这种文化差异甚至会出现在信息处理的早期自动化阶段（Na & Kitayama, 2011）。

达伦·莱曼（Darrin Lehman）的一篇评论强调了东亚人和北美人在思维过程中的微妙差异（Lehman, Chiu, & Schaller, 2004）。东亚人（和其他集体主义文化群体）的知识传统通常更为整体和关系导向，而北美人（和其他个体主义文化群体）的思维通常更具分析性和线性。在专栏 16.1 中，我们描述了一些发现，这些发现表明东亚人与北美人在思维方式和归因方式上有微妙的不同。我们稍后将看到，这种东西方的广泛差异将反映在他们不同的自我观念上和价值观的表达方式上。尼斯贝特使用"思维版图"一词形象地描述了这一现象，以表明来自东亚和西方的人们几千年来有着不同的思想体系。

终极归因偏误
将外群体的不良行为和内群体的良好行为内归因，以及将外群体的良好行为和内群体的不良行为外归因。

基本归因偏误
把别人的行为更多归因于内在而非情境原因的偏差。

对应偏差
一种普遍的归因偏差，即人们倾向于认为行为反映了（对应于）稳定的潜在人格属性。

专栏 16.1　　我们的世界

东亚人和美国人在思维和行为解释上的差异

东亚人的思维过程有可能与西方人不同吗？尼斯贝特、彭凯平和崔的研究表明，东亚人更经常

- 对环境中的事物有更好的记忆（例如，狼在黑暗的森林里）。
- 当需要在分散注意力的背景下判断刺激对象时，容易产生感知错误（例如，判断当固定杆后面的框架开始旋转时，此固定杆是否保持垂直）。
- 在对人们做出判断时对人们的社会背景很敏感。
- 在合理的前提下接受推理。
- 根据类别解决问题时关注类别中的典型事例。

- 接受关于自己的明显矛盾（例如，在某一时刻同意平等比个人野心更重要，但之后又不同意这一点）。
- 对意外行为不那么惊讶。
- 能从双方的视角来审视争论，并在发生冲突时做出妥协。
- 在预期未来的行为时认为行为趋势是可变的，而不是一成不变的。

来源：Choi & Nisbett, 2000; Masuda & Nisbett, 2001; Peng & Nisbett, 1999.

这种普遍的社会解释动力可能对"面子"的保护起到了一定的作用。（西方）个体主义文化和（东方）集体主义文化之间的一个显著区别在于对"面子"及其相关行为的重视程度。这可能是由于人们对羞耻的反应方式存在文化差异（Sheikh, 2014; Tangney & Dearing, 2002），这与更广泛的观点相一致，即人们在情绪的主观和心理体验上的文化差异很少，但人们在表达和

回应情绪的方式上存在很大差异（Van Osch, Zeelenberg, & Breugelmans, 2016；见第 2 章）。在个体主义社会中，羞耻感被归咎于他人，并表现为愤怒、怨恨、敌意和攻击；而在集体主义文化中，羞耻感旨在修复伤害和维持关系，助力于恢复性行为和补救性行为（如 Brown, Gonzalez, Zagefka, Manzi, & Cehajic, 2008）。

专栏 16.1 中的最后一个发现有一个有趣的含义。西方人通常很难理解均值回归的概念，因为他们假设存在永久性，即第一次发生的事情会再次发生，或者认为现有的趋势将会一直持续（Nisbett, Krantz, Jepson, & Kunda, 1983；见第 1 章）。这是因为西方人淡化了情境对事件和行为的影响。然而，东亚人更多地关注局势，而不是假设永久不变，因此东亚人不会期待到时候会发生什么，他们预计行为会随时间而变化，并且这个趋势不是线性的——他们对均值回归有更好的直观理解。

另一个有趣的文化差异是刻板印象的反弹效应，即人们被教育抑制自己的刻板印象后展现出更强烈的刻板印象迹象。张申和詹妮弗·亨特（Shen Zhang & Jennifer Hunt, 2008）让美国和中国的被试写了一篇关于同性恋者的文章，写作是在抑制他们刻板印象的指导语下或没有任何指导语的情况下进行的——两个受训群体都成功地抑制了他们的刻板印象。在完成一项填空任务后，他们被要求在没有指导语的情况下写另一篇有关同性恋者的文章。预期的刻板印象反弹效应出现了，但仅针对美国被试；中国被试仍然设法抑制他们的反同性恋刻板印象。其原因是集体主义，即相互依存的文化有助于人们学会抑制或表达自己的感受和态度，以维持社会和谐。因此，抑制刻板印象的亚洲人不会经历反弹。斯宾塞－罗杰斯及其同事发现，当群体成员身份是一个凸显的暗示时，中国人比美国人更有可能使用刻板印象。我们可以将其视为群体层面而不是个体层面的刻板印象化，即所讨论的群体具有高度的**实体性**（entitativity）（Spencer-Rodgers, Williams, Hamilton, Peng, & Wang, 2007）。

最后，北山及其同事报告了日本和美国被试在认知失调方面的差异（Kitayama, Snibbe, Markus, & Suzuki, 2004；见第 6 章）。日本人只有在社交线索活跃时才会感到失调，比如在做决定时考虑伙伴们的意见。

（二）文化、从众与服从

所罗门·阿希（Solomon Asch, 1951）从众研究（见第 7 章）是有史以来被最广泛重复的社会心理学实验之一。史密斯和邦德（Smith & Bond, 1998）对在美国和其他 16 个国家或地区进行的阿希实验的**元分析**（meta-analysis）揭示，不同文化之间在从众程度上存在巨大差异。在西欧和北美以外的地区，从众率普遍较高（见图 16.1）。在非西方文化中，阿希范式中的从众率更高，原因可能是参与者不希望因为不同意大多数人错误的回答而造成尴尬，即遵循多数人的做法是维护多数人的"同一个面子"。

1. 自给型文化中的从众

人们在工作和生活中所处的位置会严重影响人们在人际和群体中的处事方式。例如，来自西方和东方文化的人在极地地区长期生活时都会遭受生理和心理压力（Taylor, 1987）。此外，我们的地理位置可以与亲属关系、家庭结构、儿童发展以及与经济惯例相关的群体规范相互影响（如 Price-Williams, 1976; Smith & Bond, 1998）。

一项对两种生存文化的早期研究比较了它们在阿希型从众环境中的行为。一种是食物累积型文化，即塞拉利昂的泰姆奈民族（Temne）；另一种是狩猎－采集型社会，即加拿大的因纽特民族（Berry, 1967；见专栏 16.2）。

实体性
一个群体在多大程度上像一个连贯的、独特的、统一的实体。

元分析
结合来自不同研究的数据来衡量整体信度和特定效应量的统计程序。

2. 服从权威

在考虑社会心理学的一些主要发现时，史密斯和邦德（Smith & Bond, 1998）得出结论：也许唯一可靠的可跨文化重复的发现是对权威的服从（见第 7 章）。这并不奇怪，因为权威是所有社会制度的基石。稍后，我们将讨论一些更为实质性的差异，以及不同文化带来的一些有趣的差别。

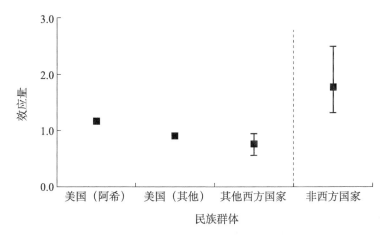

图 16.1　不同文化间从众效应量的差异

● 对"效应量"的分析表明，美国和其他西方国家样本的从众率低于世界其他地区的样本。

● 自阿希开展研究以来，美国人的从众率也有所下降。

来源：Smith & Bond, 1998.

专栏 16.2　　**我们的世界**

泰姆奈民族中没有异议人士的空间

塞拉利昂的泰姆奈民族提供了一个有趣的、关于文化如何影响从众行为的例子

约翰·贝里（John Berry, 1967）使用阿希从众范式的一种变体，假设人们的狩猎和食物采集行为应该影响个体对群体的认同程度。为了对此进行研究，他将塞拉利昂的泰姆奈人和加拿大的因纽特人进行了比较，发现泰姆奈人的从众率要高得多。

泰姆奈人只能依靠一种农作物为生，他们每年共同努力收割一次。由于这需要大量的合作和共同

努力，共识和协议在泰姆奈文化中得到了高度的重视和体现。贝里引用一位参与者的话说："当泰姆奈人选择一件事时，我们都必须同意这一决定，这就是我们所说的合作。"（Berry, 1967, p. 417）

相比之下，因纽特人的经济则是在相对独立的基础上不断狩猎和采集。因纽特人照顾自己和他们的直系亲属，因此在因纽特文化中，共识不太被强调。

（三）文化与社会化

到了 20 世纪 30 年代，哥伦比亚大学的人类学家（博厄斯、本尼迪克特、米德）已经证实，儿童的发展与文化规范密不可分。根据玛格丽特·米德的说法，萨摩亚人的规范规定年轻人"应该保持安静、早起、服从命令并努力而愉快地工作"（Mead, 1928/1961, p. 130），而在新几内亚的马努斯人中有一种使人们变得"好斗、暴力、专横"的文化倾向（Mead, 1930/1962, p. 233）。

奇代姆·加基特思巴斯（Ciğdem Kağitçibaşi）扩大了对社会化的研究，包括对家庭结构和价值观、不同文化中的儿童的价值观，以及这些价值观如何与社会经济互动的探索（见 Smith,

从众的必要性　这个萨米族家庭正在他们的驯鹿皮帐篷里用餐。他们生活在恶劣的环境中，在那里的生存依赖于严格遵守公共规范。

暴力亚文化
在社会亚群体中，较高程度的暴力被认为是准则。

尊荣文化
一种认可男性暴力的文化，旨在应对对社会声誉或经济地位的威胁。

大男子主义
必须用拳头或其他武器应对挑战、虐待甚至意见分歧的准则。

Bond, & Kağıtçıbaşı, 2006）。这些以家庭为中心的问题影响到一个人与他人的关系以及自我的发展：个体会变得更加独立还是互依？

家庭与攻击

"这是人性的一个基本方面，人们生活在一个弱肉强食的世界，人们需要竞争才能生存和繁荣。"（Bonta, 1997, p. 299）邦塔还引用了另一位作者的话，并指出了 25 个与这个所谓规则相悖的明显的例外。与跨文化评论中经常提到的社会化攻击不同，有些社会强调合作的重要性；它们贬低成就，因为它们认为成就会导致暴力。它们通常是非西方社群，并且大多是小型且孤立的（见第 12 章）。

暴力亚文化（subculture of violence）的规范也是通过家庭传播的，这就是在美国南部，暴力发生率历来比美国其他地区更高的原因——这种趋势仅限于涉及自己、家人或个人财产的情况（见专栏 16.3 和表 16.1）。有研究使用**尊荣文化**（culture of honour）的概念（Nisbett & Cohen, 1996）来赋予区域行为模式以意义（见第 12 章）。在这种情况下，它与攻击传统息息相关，特别是在男性（Cohen, Nisbett, Bowdle, & Schwarz, 1996）处理威胁时。它在一些地中海国家、中东和阿拉伯国家以及美国南部存在，并且显然与拉丁美洲家庭的**大男子主义**（machismo）有关。然而，它也可以与仁慈行为联系在一起：一个人可能被尊荣文化束缚而去帮助他人或伤害他人。阿拉伯语 *izzat*（伊扎特）也有同样的含义。

尊荣文化可能会带来可怕的社会后果，例如常常带来暴力和厌恶女性的行为（殴打、泼酸攻击和名誉杀人）。尊荣文化多出现于恶劣的环境中，在这种环境中生存需要合作与忠诚，并且由于缺乏可靠的机构和有效的权威，尊荣文化得以维持（Nowak, Gelfand, Borkowski, Cohen, & Hernandez, 2016）。然而，当制度可靠、权威有效时，即使在恶劣的环境中，尊荣文化的生存价值也会降低。因此，随着时间的推移，尊荣文化会变得越来越弱或逐渐消失。

 专栏 16.3　　　　　　　　**我们的世界**

南方尊荣

从历史上看，美国南部的凶杀率高于美国其他地区。尼斯贝特及其同事将南方更多的暴力事件与早期定居点发展起来的畜牧业经济联系起来。在世界其他地方，牧民通常在需要保护财产时更容易诉诸武力，特别是在他们的牲畜可随意游走的情况下。

当自我保护非常重要时，尊荣文化就可能发展起来。个人必须让对手知道，入侵是不能容忍的。在旧路易斯安那州，一名妻子和她的情人被法律移交给丈夫，丈夫可能会在他认为合适的时候惩罚他们，包括杀死他们。即使在今天，南方有关暴力行为的法律也比北方的法律更能容忍暴力行为，例如有关枪支所有权、配偶虐待、体罚以及死刑的法律。根据戴维·费希尔（David Fischer, 1989）的说法，南部的暴力并非不分青红皂白。例如，南部的

抢劫率不比北部高。尊荣文化适用于自我保护、家庭保护或在受到侮辱时。

先锋日虽然已经过去很久了，但仍然存在较高的暴力程度，这可能是由于在南部地区使用了更为暴力的育儿方式（见第 12 章对攻击性习得模式和虐待症候群的讨论）。男孩们被告知要挺身而出，并使用武力，而打屁股被认为是解决不当行为的正常办法。表 16.1 比较了南部和其他地区对使用暴力进行自我保护是否恰当的态度。

来源：Cohen & Nisbett, 1997; Nisbett & Cohen, 1996; Vandello & Cohen, 2003.

表 16.1　男性在自我防卫中使用暴力：美国南部与非南部之间的态度差异

问题和地区	同意率（%）	强烈同意率（%）
一个人有杀人权：		
1. 在自我防卫时：		
南部	92	70
非南部	88	57
2. 在保卫家人时：		
南部	97	80
非南部	92	67
3. 在保卫他的房子时：		
南部	69	56
非南部	52	18

来源：Blumenthal, Kahn, Andrews, & Head, 1972；引自 Taylor, Peplau, & Sears, 2000。

五、两种心理：东方与西方

菲斯克、北山、马库斯和尼斯贝特（Fiske, Kitayama, Markus, & Nisbett, 1998）提到了两种在文化模式上截然不同的社会系统或心理：欧裔美国人（也可称为西方）和东亚人（也可称为东方）。（见 Bell & Chaibong, 2003; Forbes, Collinsworth, Zhao, Kohlman, & LeClaire, 2011。）这种区分很方便，并且确实反映了文献中报告的大部分文化比较。然而，这种区分可能不足以捕捉亚群体之间更细微的文化差异。

对这两个地区的另一个密切相关的描述是，西方文化中的人具有独立的自我建构（自我概念），而东方文化中的人具有互存的自我建构（Markus & Kitayama, 1991, 2003; Schimmack, Oishi, & Diener, 2005）。当代文化心理学的许多焦点都集中在集体主义社会的互依自我与个体主义社会的独立自我之间的这种普遍区分上（Nisbett, 2003）。

东-西方和互依-独立的区分是很有用的。例如，拉美文化（比如墨西哥的文化），既是集体主义的，又是建立在个体互依的基础上的（Diaz-Guerrero, 1987）。然而，人们并不仅仅用"集

体主义"和"个体主义"这两个术语（Oyserman, Coon, & Kemmelmeier, 2002），其他术语，如独立性 – 互依性和私人自我 – 集体自我也被视为与个体主义 – 集体主义等同（另见 Brewer & Chen, 2007）。

文化层次上的区分，即集体主义 – 个体主义或紧密型社会 – 松散型社会的区分（见本章后面的"个体主义与集体主义"部分）可能反映在人们对自己及其社会关系的理解上。在历史上较新的、以市场为导向的、以人为本的社会中，自我和社会关系建立的基础都是相对独立的。但是，它们在历史悠久和传统的、以群体为中心的社会中是互依的。在第 4 章中我们讨论了自我与身份认同，包括自我的本质，以及是否应该或何时应该将自我描述为是独立的、互存的、集体的、关联的、自主的等。然而，在文化的背景下这里有几点值得重温。

两种自我

马库斯和北山（Markus & Kitayama, 1991）引入了**独立自我**（independent self）和**互依自我**（interdependent self）的概念，以区分在不同文化中发现的不同类型的自我（见表 16.2 和图 16.2）。个体主义（西方）文化中的人通常具有独立的自我，而集体主义（东方）文化中的人则具有互依的自我。

独立的自我是一个在自我和他人之间有明确界限的自主实体。思想、感受和能力等内在属性是稳定的，并且在很大程度上不受社会环境的影响。独立自我的行为主要是根据一个人的内在和性格特征来管理和指导的。相比之下，互依的自我在自我和他人之间有着灵活而分散的界限。它与人际关系紧密相连，对社会环境有高度的反映。这时候他人被视为自我的一部分，而自我被视为他人的一部分。没有集体就没有自我。一个人的行为主要是根据对他人的思想、感受和行动的感知来支配和组织的。对这两种自我进行区分对于人们如何在他们的文化中与其他人（重要人物）建立联系有着重要的意义。现在请回想一下达恩对在韩国"直言不讳"行为的担忧（本章开头"你怎么认为？"中的第一个问题）。

布鲁尔和加德纳（Brewer & Gardner, 1996）在个体自我和关系自我之间做了类似的区分：个体自我是根据将自己与所有其他人区分开的个人特质来定义的，关系自我是根据在群体之中与之互动的特定他人的关系来定义的。然而，加基特思巴斯（Kağitçibaşi, 2005）观察到，马库斯和北山将自主与独立、关联与互依并置，未能捕捉到相互关联并不意味着缺乏自主这样一个事实。因此，他提出了另一种二维模型，其中自主性和关联性上的变化形成了四种类型的自我概念。个体主义社会认识到自主需要的重要性，却忽视了人际关系的重要性，而集体主义社会则恰恰相反。

无论从什么维度区分自我概念，在解释自我的方式上固有的文化差异都可能是隐性的——我们几乎在没有意识的情况下进行操作（Kitayama, Snibbe, Markus, & Suzuki, 2004）。维维安·维尼奥尔斯（Vivian Vignoles）及其同事的一篇综述得出结论，尽管在自我概念上存在文化差异，但对自我的独特和完整的认识可能是普遍的（Vignoles, Chryssochoou, & Breakwell, 2000）。同样，对自尊的追求可能是普遍的（Wagner, Gerstorf, Hoppmann, & Luszcz, 2013），但追求自尊的方式在文化上是不同的（Falk & Heine, 2015）。在西方文化中，自尊是通过公开的自我提升来得到的；而在东方文化中，自尊是通过强调相互联结来得到的（Kitayama, Markus, Matsumoto, & Norasakkunkit, 1997；见第 4 章）。

独立自我
一种相对独立、内在和独特的自我。

互依自我
一种相对依赖于社会关系并且边界模糊的自我。

表 16.2　个人的东西方文化模式

独立自我	互依自我
是有界的、稳定的、自主的	是联结的、流动的、灵活的
具有指导行动的个人属性	参与可指导个人行动的社会关系
以成就为导向	以集体为导向
制定个人目标	履行义务并遵守规范
以完成目标、取得成就来定义人生	以对集体的贡献来定义人生
对自己的行为负责	与他人一起对共同的行为负责
是竞争性的	是合作性的
努力让自己感觉良好	将自己归入集体

来源：Fiske, Kitayama, Markus, & Nisbett, 1998.

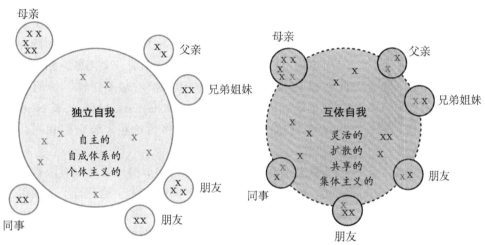

图 16.2　自我的表征：独立还是互依

● 一个人的所属文化（见表 16.2）可以映射自我与他人之间的关系。
● 对于独立自我：
　● 边界是不可渗透的；
　● 强大而独特的特质是内化的；
　● 重要他人的特质是沉默的和外在的。
● 对于互依自我：
　● 边界是可渗透的；
　● 强大的特质与是重要他人共享的；
　● 独特和内化的特质是沉默的。

来源：Markus & Kitayama, 1991.

　　因此，在个体主义和集体主义文化中，自我独特性和自尊意味着不同的东西。一个是孤立的有界的自我，它从孤立中获得意义和价值；另一个是关系自我，它从与他人的关系中获得意义。苏珊·克罗斯（Susan Cross）及其同事认为，在个体主义和集体主义文化中，互依自我是建立在不同关系之上的：前者基于密切的人际关系，而后者则基于与整个群体的关系（Cross, Bacon, & Morris, 2000）。

　　来自个体主义文化的人们在回答"我是谁"这个问题时，总是会强调对自己的独立描述，而那些来自集体主义文化的人们则会考虑与之互依的其他因素（Hannover & Kühnen, 2004）。

此外，东亚人与西方人在做出道德判断、归因、处理信息和寻求幸福方面还存在其他的差异（Choi & Choi, 2002）。

六、文化比较的维度

在广泛的东西方文化二分法中，我们可以从许多方面来比较文化。我们可以从它们的价值观、它们的个体主义和集体主义程度、它们对社会规范的取向和其执行情况、它们进行社会比较以确定其社会身份的方式、它们的亲社会程度，以及关系的性质和作用等方面对它们进行比较。

（一）价值观

价值观（values）研究在社会和行为科学中有着悠久的历史，其中心理学和社会学采用了不同的解释水平（level of explanation）。心理学在个体水平上探索价值观（见第 5 章），而社会学则采用社会视角。然而，在这两个学科中，价值观都被视为个人和社会用来以一种综合的、有意义的方式引导人们的特定态度和行为的广泛建构。价值观和群体、社会类别、文化息息相关，因此在社会水平上得到建构和维护。毫不奇怪，价值观研究是文化分析的核心（Fiske, Kitayama, Markus, & Nisbett, 1998）。在这一部分中，我们将讨论霍夫施泰德和施瓦茨的研究。

集体决策　在做群体决策时，人们可能会考虑不要破坏与其他群体成员间的关系。

价值观
一种高阶概念，旨在为态度的组织提供结构。

解释水平
用来解释现象的概念、机制和语言的类型。

个体主义
一种社会结构和世界观，即人们将个人的突出表现看得优于融入群体。

集体主义
一种社会结构和世界观，即人们优先考虑群体忠诚、承诺、遵从、归属和群体融入，而不是作为一个孤立的个体。

霍夫施泰德（Hofstede, 1980）提出要确定有限数量的维度，这些维度可以区分不同的文化。他进行了一项很经典的研究，在这项研究中，他向一家大型跨国公司（40 个不同国家或地区）的 117 000 名经理发放了一份问卷。通过因素分析，他分离出了四个可以比较这些国家或地区的维度（在 1991 年，在扩大到 50 个国家或地区样本的基础上，他增加了第五个维度——时间视角）：

- 权力距离：机构和实践中的权力不平等被接受的程度，或者平等主义（平均主义）被认可的程度（例如，员工是否可以自由表达与经理的不同意见？）。
- 不确定性规避：在应对生活中的不确定性时，为求稳定而做好计划（例如，相信公司规则永远不应该被打破）。
- 男子气概 - 女性气质：典型的男子气概（例如，取得成就、获得物质上的成功）或典型的女性气质（例如，促进人际和谐、关爱他人）。
- **个体主义 - 集体主义**（individualism–collectivism）：一个人的身份是由个人选择决定的还是由集体决定的（例如，可自由地调整自己的工作方式）。

这四个维度是表 16.3 所示数据的基础，其中分别取 40 个国家或地区中排名前四分之一和后四分之一的国家或地区按在各维度上的指数进行排序。请看以下示例：

- 丹麦在权力距离（0.18）、不确定性规避（0.23）和男子气概（0.16）上偏低，但在个体主义（0.74）上偏高——丹麦人不容易接受等级关系，他们容忍不确定的结果，乐于助人、喜好平等，但却是个体主义者。
- 日本在不确定性规避（0.92）和男子气概（0.95）方面表现突出——日本人追求明确的结果，希望减少生活中的不确定性，并希望获得物质上的成功。
- 新加坡在权力距离上较高（0.74），但在个体主义上较低（0.20）——新加坡人倾向于接受等级关系并且是集体主义者。

这一分析的一个有趣地方是，东西方国家或地区并不总是遵循东西方二分法。在这些维度中，迄今为止研究者最感兴趣的是个体主义 – 集体主义（Fiske, Kitayama, Markus, & Nisbett, 1998; Smith & Bond, 1998）。它被认为抓住了上述东西方二分法的本质。

表 16.3 工作价值观的跨文化差异

	权力距离		不确定性规避		个体主义		男子气概	
最低	奥地利	0.11	新加坡	0.08	委内瑞拉	0.12	瑞典	0.05
四分位	以色列	0.13	丹麦	0.23	哥伦比亚	0.13	挪威	0.08
	丹麦	0.18	中国香港	0.29	巴基斯坦	0.14	荷兰	0.14
	新西兰	0.22	瑞典	0.29	秘鲁	0.16	丹麦	0.16
	爱尔兰	0.28	英国	0.35	中国台湾	0.17	南斯拉夫	0.21
	挪威	0.31	爱尔兰	0.35	新加坡	0.20	芬兰	0.26
	瑞典	0.31	印度	0.40	泰国	0.20	智利	0.28
	芬兰	0.33	菲律宾	0.44	智利	0.23	葡萄牙	0.31
	瑞士	0.34	美国	0.46	中国香港	0.25	泰国	0.34
	英国	0.35	加拿大	0.48	葡萄牙	0.27	西班牙	0.42
	土耳其	0.66	土耳其	0.85	法国	0.71	哥伦比亚	0.64
	哥伦比亚	0.67	阿根廷	0.86	瑞典	0.71	菲律宾	0.64
	法国	0.68	智利	0.86	丹麦	0.74	德国	0.66
	中国香港	0.68	法国	0.86	比利时	0.75	英国	0.66
	巴西	0.69	西班牙	0.86	意大利	0.76	爱尔兰	0.68
	新加坡	0.74	秘鲁	0.87	新西兰	0.79	墨西哥	0.69
	南斯拉夫	0.76	南斯拉夫	0.88	加拿大	0.80	意大利	0.70
	印度	0.77	日本	0.92	荷兰	0.80	瑞士	0.70
	墨西哥	0.81	比利时	0.94	英国	0.89	奥地利	0.70
最高	委内瑞拉	0.81	葡萄牙	1.04	澳大利亚	0.90	委内瑞拉	0.73
四分位	菲律宾	0.94	希腊	1.12	美国	0.91	日本	0.95

来源：Hofstede, 1980.

夏洛姆·施瓦茨（Shalom Schwartz）在 1992 年进行的一项研究和随后在波兰进行的一项研究（Schwartz & Bardi, 1997）中，根据罗克奇关于价值观的早期经典著作（Rokeach, 1973；见第 5 章），采用了另一种路径。施瓦茨从 56 个被认为存在于不同文化中的价值观入手。然后，来自 56 个国家或地区的 40 000 多名师生根据这些价值观与自己的相关性对它们进行评分。施瓦茨运用多维标度技术确定了两个截然不同且有意义的维度：

- 变革开放性－保守主义，例如从自主到安全、传统。
- 自我增强－自我超越，例如从掌控、权力到平等主义、与自然的和谐。

施瓦茨的第一维度和霍夫施泰德的个体主义－集体主义之间存在相似之处，施瓦茨的第二维度和霍夫施泰德的权力距离之间也存在相似之处。施瓦茨的路径的一个优点是，他对个人层面与文化层面进行了单独的分析。

菲斯克、北山、马库斯和尼斯贝特（Fiske, Kitayama, Markus, & Nisbett, 1998）通过价值观的跨文化研究以及其他研究（如 Smith, Dugan, & Trompenaars, 1996）得出结论，并从价值取向的角度指出了三类国家：

- 西欧国家是个体主义和平等主义的。
- 东欧国家是个体主义和等级主义的。
- 亚洲国家是集体主义和等级主义的。

其他关于不同文化之间价值观差异的研究发现了更多基于不同视角的相似之处。例如，史密斯和邦德（Smith & Bond, 1998）提出，霍夫施泰德理论中的权力距离概念与我们在本章后面讨论的菲斯克关系模型理论中的权威等级（关系由权力和地位定义）之间存在相似性。邦德（Bond, 1996）认为，西方研究没有捕捉到中国人的基本价值观：儒家的工作动力论强调的是对家庭的角色义务。（请参见本章开头"你怎么认为？"中的第二个问题。）

（二）个体主义与集体主义

文化价值观研究的重点是区分社会的价值体系，其中最有影响力的是霍夫施泰德对个体主义和集体主义社会的区分。东方和更传统的农业社会倾向于集体主义，事实上人类社会组织的默认模式可能是集体主义——个体主义很可能是现代工业生产模式的产物，以及大家庭分裂为小家庭的产物 [见第 4 章鲍迈斯特关于自我历史的描述（Baumeister, 1987）]。

一个合理的假设是，在集体主义和个体主义社会中，人们普遍认同相关的价值观，也就是说，这些价值观是作为个人价值体系的一部分被个体内化的。特里安迪斯及其同事（Triandis, 1994b; Triandis, Leung, Villareal, & Clack, 1985）明确地阐述了这个假设。他们从个体层面入手，引入集体中心主义和自我中心主义的概念分别来描述集体主义和个体主义。集体中心主义者倾向于合作、社会支持、平等和诚实，而自我中心主义者则倾向于追求成就、失范、疏离、孤独和诸如舒适的生活、享乐及社会认可。

特里安迪斯及其同事发现，在不同的情况下，人们可能或多或少地具有集体中心或自我中心主义。文化作为一个整体之所以不同，是因为它们在要求集体中心主义或自我中心主义的普遍性上有所不同。个体主义文化更需要自我中心主义，而集体主义文化更需要集体中心主义。

（三）紧密型与松散型

另一种可以区分文化的方式是基于文化的紧密度和松散度，即社会规范的强度，以及对违反规范行为的制裁程度和对偏离规范行为的不容忍程度（Gelfand, Nishi, & Raver, 2006）。紧密型文化有明确和严格的规范，违反规范会得到严厉的制裁；松散型社会对规范的定义较为宽松，其容忍度更高。一项针对 33 个国家或地区的紧密度－松散度的研究将东亚国家或地区（例如新加坡）归为紧密型的极端，将西方国家或地区（例如荷兰）归为松散型的极端（Gelfand, Raver, Nishii, Leslie, Lun, et al., 2011）。另一项研究比较了美国的 50 个州，正如预期的那样，位于南方腹地的州（密西西比州、亚拉巴马州、阿肯色州）被归为紧密型的极端，而位于西海岸的州（加利福尼亚州、俄勒冈州、华盛顿州）被归为松散型的极端（Harington & Gelfand, 2014）。

（四）合作、竞争与社会认同

社会情境可以沿着合作－竞争这一维度来建构；某种情境可能有利于涉及个体或群体的合作性或者竞争性互动。在博弈研究中，这被概括为**囚徒困境**（prisoner's dilemma；第11章）。

史蒂夫·欣克尔和鲁珀特·布朗（Steve Hinkle & Rupert Brown, 1990）追寻了这个想法，并对**社会认同论**（social identity theory；第11章）提出了一个有趣的限定。他们认为，从集体主义到个体主义，群体的社会价值取向确实可以有所不同，但他们通过比较或不比较来定义自己——可以是比较意识形态，也可以是非比较意识形态。一些群体，例如运动队，本质上是比较性的——它们通常需要一个对照组来估算它们的价值。其他非比较性的群体，例如成员之间关系密切的家庭，没有必要将家庭成员的素质与邻居进行比较（见图 16.3）。

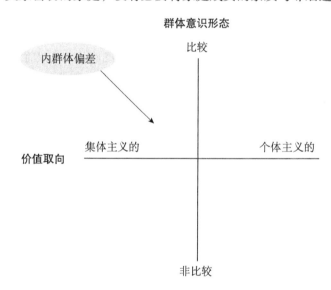

图 16.3 群际比较时人们的价值观与群体倾向相互影响

- 群体可能具有比较或非比较意识形态（ideology），这取决于群际比较对维持身份认同是否重要。
- 当一个人具有集体主义价值取向，且具有比较意识形态时，就会出现内群体偏差。
- 此组合出现在图的左上象限。

来源：Hinkle & Brown, 1990, p. 48.

这一分析的含义是，并非所有群际情境都会产生歧视——群体在参与群际歧视的程度上有所不同。图 16.3 左上象限显示了大多数（或所有）的歧视。

布朗及其同事（Brown, Hinkle, Ely, Fox-Cardamone, Maras, & Taylor, 1992）在一项研究中证实了这一观点，他们在英国参与者中测量了个体主义和集体主义价值观，这些参与者属于比较群体或非比较群体。他们发现，当一个人的价值取向是集体主义，而这个群体是比较群体时，其对外群体的歧视程度最高（图 16.1——在这里我们应该注意到，如果集体主义意味着更多的内群体认同，则可能会出现从众率在非西方的集体主义文化中也更高的情况）。

有三项研究进一步探讨了文化取向与社会认同之间的关系，这些研究都表明，人们对（文化）群体的认同越强烈，他们就会越强烈地认可和遵守界定相关（文化）群体的个体主义或集体主义规范。在第一项研究（Jetten, Postmes, & McAuliffe, 2002）中，北美人（个体主义文化）在高度认同自己的文化时比不认同自己的文化时更为个体主义，而印尼人（集体主义文化）在更强烈认同自己的文化时则更少个体主义。

囚徒困境
在两个人的博弈中，双方在竞争与合作之间徘徊。根据相互的选择，可以双赢，也可以两败俱伤。

社会认同论
基于自我归类、社会比较和从内群体属性出发构建共同自我定义的群体成员身份和群际关系理论。

意识形态
一套系统相关的信念，其主要功能在于解释。它会限制思维，使持有者难以摆脱它的模式。

在第二和第三项研究（McAuliffe, Jetten, Hornsey, & Hogg, 2003）中，参与者被归类并被描述为具有个体主义或集体主义群体文化的特殊群体成员。然后，他们根据一系列陈述对群体成员进行评价，这些陈述是由群体成员做出的，以反映个体主义或集体主义。当群体规范被规定为集体主义时，参与者对集体主义行为的评价要比对个体主义行为的评价更为积极；但是当群体规范被规定为个体主义时，参与者的这种偏好就会减弱。此外，与评价是由遵从凸显的规范所驱动的观点相一致，衰减只发生在高认同者身上，而不是低认同者。

进一步的研究发现（Hornsey, Jetten, McAuliffe, & Hogg, 2006），当群体被规定为个体主义且参与者强烈认同时，持不同意见的群体成员被容忍的程度更高，被拒绝的可能性更低（另见 Hornsey, 2005）。这项研究支持了上述盖尔范德的紧密型－松散型区分（如 Gelfand, Nishi, & Raver, 2006），并具有潜在的深远影响——例如，这意味着创造力、创新性和规范性变革可能更适合个体主义群体或社会。

许多人的社会认同的一个基本特征是，他们是否有宗教信仰并认同有组织的宗教。当然，世界上不同的地区历来都是不同宗教的熔炉——而且大多数研究表明，尽管有世俗化（把教育与宗教分离），但或者也许正是因为世俗化以及社会变革的不确定性（Hogg, Adelman, & Blagg, 2010），宗教在地球上的许多地方都越来越重要（Berger, 1999）——尽管在西方社会，这一趋势正在减弱。问题不仅仅在于宗教信仰上是否存在文化差异，而在于相关道德原则上是否存在文化差异（如 Haidt, 2012）。

理查德·施韦德（Richard Shweder）及其同事认为，有三种不同的道德准则指导着人们的道德判断：自主、社群精神和神性（Shweder, Much, Mahapatra, & Park, 1997）。海因（Heine, 2012）指出，这些道德准则在世界各地的分布各不相同：强调个人权利保护的自主在西方社会经济高度发达的国家中盛行；强调人际关系责任和义务的社群精神在互依文化中盛行；而神性则强调事物的自然和神圣秩序，它盛行于社会经济地位较低的西方人和信奉正统与极端宗教的人群中。

（五）集体主义与亲社会行为

我们在第13章中已经指出，**亲社会行为**（prosocial behaviour）在农村比在城市更为普遍。鉴于城市生活似乎鼓励更多的个体主义行为，人们不禁要问集体主义者是否比个体主义者更愿意提供和接受他人的帮助。

阿里·纳德勒（Arie Nadler, 1986；另见 Nadler, 1991）将生活在集体农场的以色列高中生和居住在城市的学生的求助倾向进行了比较，发现西方的生活方式促进了人们自力更生和个人成就意识。在以色列，集体农场的社会化强调集体主义价值观，在这种生活方式中，社群主义与平等主义的观念很重要，与同伴的合作也至关重要（Bettleheim, 1969）。集体农场的居民依靠的是同志关系——他们严重依赖于群体资源，把群体目标看得至高无上。相比之下，以色列的城市通常是西方化的，强调个体主义价值观，包括个人独立性和个人成就。

亲社会行为
可获得积极社会评价的行为。

寻求帮助具有很强的社会文化成分。纳德勒发现，这两个群体对待援助请求的方式截然不同。如果这种情况很明显地影响到整个群体，那么集体农场居民比城市居民更可能寻求帮助，反之（如果福利是落到个人头上的）亦然。在这些趋势中，男女之间没有差异。关于纳德勒如何验证这一观点，见专栏16.4与图16.4。

专栏 16.4　　　　　　　　**重点研究**

社会文化价值观与求助倾向

"看在我们是同志的份上，你能帮帮我吗？"

参与者是以色列的高中生。他们中的一半在各种集体农场长大，与家人住在一起，并就读于一所满足集体农场居民需求的高中。另一半为城里人，在以色列北部的两个中等城镇长大，与家人住在一起，就读于当地的高中。这项研究是在教室里进行的。

学生们试图解出 20 个字谜，任务的重要性通过暗示其表现可以预测生活中其他领域的成功来凸显。被试被告知：（1）有些字谜从未被解决过；（2）如果解决不了，他们可以向实验者寻求帮助。实验过程中被试请求帮助次数的比例被记录下来（例如，如果在 10 个未解决的字谜中，有 5 个寻求了帮助，得分就是 50%）。

在一个 2×2 的实验设计中，一半的集体农场组和一半的城市组首先接受以群体为导向的任务指导——他们的分数将与其他班级的平均分进行比较。另一半的学生接受以个人为导向的任务指导——他们的分数将与其他个人进行比较。

被试是否会根据群体的性质和指导寻求帮助？如果集体农场的居民是以群体为导向的，他们可能

会更经常地寻求帮助；而如果城市居民是以个体为导向的，他们可能会寻求帮助。

结果见图 16.4。

来源：Nadler, 1986.

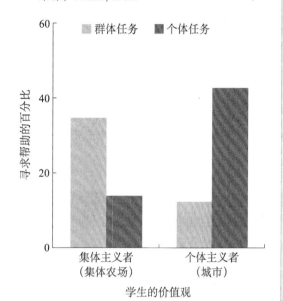

图 16.4 集体主义价值观、个体主义价值观以及何时寻求帮助

来源：Nadler, 1986.

（六）关系

如在第 14 章中所述，关系在人类生活中起着核心作用。因此，在不同的情况下，人们拥有和应用的简单关系模型的数量有限以及在不同文化中可能存在不同的关系模型，这一点不足为奇。为了探寻这一观点，阿兰·菲斯克发展出了一种基于**图式**（schema）概念的**关系理论**（relational theory）（Fiske, 1992; Fiske & Haslam, 1996; Haslam, 1994; 对图式的讨论见第 2 章）。

菲斯克提出了四种关系模型：

- **社群分享**（communal sharing, CS）：群体超越个人。处于社群关系中的人会感到团结和集体认同，例如恋人、团队和家庭。
- **权威等级**（authority ranking, AR）：由优先级和线性层次结构定义，例如作为下属的个人如何与长官建立联系，以及中国社会中的孝道传统。

图式
表征关于概念或刺激类型的知识的认知结构，包括它的属性以及这些属性之间的关系。

关系理论
一种基于有意义的社会关系结构的分析，这种关系在各种文化中都反复出现。

权威等级 在印度北部，一位105岁的老太太刚刚结束投票。敬老是集体主义社会的基石。

- 平等匹配（equality matching, EM）：关注在社会变革中如何保持平衡。平等匹配关系是指以各种形式的——对应为特征的关系，例如以牙还牙的报复、平等主义和实物互惠的拼车共乘。

- 市场计价（market pricing, MP）：基于对比例结果的感知。其例子有价格、租金、工资和税收。在市场计价的人际关系中，合作伙伴计算他们的相对成本和收益（参见第14章对成本 – 回报比率的讨论）。

在一天的时间里，随着互动伙伴和环境发生变化，人们可以循环使用所有这些模型。专栏16.5给出了这四种关系模型的工作原理示例。

专栏 16.5 **你的生活**

母子关系的四种模型

试想一下你与母亲的关系。她主要是你的母亲，但这种关系的细节可能会在一生中发生变化，甚至在一天之内也会发生变化。这些变化可以用菲斯克的关系模型来描述。

实际上，人们可以根据在不同时刻扮演的多重角色，使用菲斯克的四种关系模型中的任何一种。萨莉是约翰的母亲。在平常的一天中，他们采用不同的方式相互联系，而对发生的变化不太敏感。早上在家，萨莉和约翰一起准备早餐。

她做饮料时，他一边检查食物，一边把餐具放在桌上，没人介意谁付出了更多的努力（CS）。那天早上晚些时候，萨莉去上班，她是公司经理。约翰是同一家公司的销售代表，他母亲告诉他，他的销售额正在提高（AR）。那天晚饭后，他们下了一盘棋，谁下得好谁就赢（EM）。睡觉前，约翰向萨莉借了一笔钱买车。她仔细考虑并与约翰讨论。最后她同意了，但前提是约翰要把房子粉刷得很好（MP）。他们在一起，感受到整体关系是复杂的，生活是丰富的。

然而，不同模型的流行程度可能因文化而异，因为有些模型比其他模型更适合某些活动和社会文化实践。菲斯克及其同事（Fiske, Kitayama, Markus, & Nisbett, 1998）提供了一个关于土地的例子：土地可以成为一种投资（MP）、一个王国（AR）、一个平等地位的标志［如果所有公民都能拥有或都不能拥有它］（EM）、故乡，甚至是定义一个集体身份的公地（CS）。也许并不奇怪，在文化层面上，MP在个体主义文化中更为普遍；CS在集体主义文化中更为普遍；AR在东亚文化中发生频率更高，就像在实行封建制度的欧洲一样；EM在某些亚洲国家和美拉尼西亚地区的互依文化中盛行。

显然，我们在本章中讨论的两种主要的文化比较方式有些趋同。无论我们使用价值观模型还是关系模型来描述文化，都有一些共同的特征。

七、规范与认同视野中的文化

不同的文化可以从其物质结构、生产方式、法律和政治制度、语言、食物和衣着等方面来观察（Cohen, 2001）。但是，从社会心理学的角度来看，在我们对文化的工作定义中，最突出的是，文化是一种社会类别（它们可能集中在祖籍家乡或遍布世界各地），为人们提供了一种身份，这种身份以一种深刻的方式支配着人们生活的几乎每一个方面，它似乎是事物的自然秩序。在这一部分中，我们将简单地重申并描绘这一逻辑。

我们的文化为我们提供了一个身份和一组定义该身份的属性。文化影响着我们的思想、我们的感受、我们的穿着、我们吃什么和怎么吃、我们怎么说话、我们持有什么价值观和道德原则、我们彼此之间的互动方式，以及我们如何理解周围的世界。它甚至可以通过"合法化准则"和"对抗意识形态"来证明对某些外群体使用武力的正当性（Bond, 2004）。文化几乎渗透到我们生活的方方面面。也许正因为如此，文化往往被视为日常生活中理所当然的背景（如 Garfinkel, 1967），只有当我们遇到其他文化或当我们自己的文化受到威胁时，我们才能真正意识到我们文化的特征。像其他根深蒂固的规范体系一样，文化只有通过跨文化的接触或跨文化冲突才能为我们所知。

文化属性的一个关键特征是，它们以一种逻辑方式紧密地结合在一起，使我们的生活和我们生活的世界变得有意义。从这个意义上说，文化具有社会属性（见 Hewstone, 1989）、社会表征（见 Lorenzi-Cioldi & Clémence, 2001）和意识形态（Thompson, 1990）的某些属性（见第 3 章和第 5 章）。在认知层面上，我们自己的文化可能被形象地表示为一个组织良好且紧凑的原型（见第 2 章）。

因为文化使世界变得有意义，所以我们可以预期文化复兴将在社会不确定性的条件下发生（见 Hogg, 2007b, 2012），例如长期的经济危机。因为文化定义了身份，所以当我们文化的声望或独特性受到其他文化群体的威胁时，我们也会期望文化复兴。在这些方面，文化将遵循社会认同论所描述的群际行为原则（见第 11 章）。事实上，关于语言复兴（将语言作为文化中心）的研究恰恰表明了这一点（如 Giles & Johnson, 1987；见第 15 章）。

文化属性的另一个关键特征是，它们在文化成员之间共享，并在文化之间进行区分——此特征是规范性的，因此遵循规范的一般原则（第 8 章）。例如，与同一文化中的其他成员相比，文化领袖可能被允许在文化差异方面有更大的自由（如 Sherif & Sherif, 1964；见第 8 章）。文化形式可以通过人类互动而出现，并可以通过人类互动来维持或改变，如莫斯科维奇（Moscovici, 1988）的社会表征理论（见第 3 章）所述。文化形式也可以通过谈话而出现、维持、改变，如社会心理学中的话语视角所述（如 McKinlay & McVittie, 2008; Potter, 1996；见第 15 章）。

大规模文化的动态可能与组织和小群体中的小规模文化的动态非常相似。在这种情况下，群体社会化（如 Levine & Moreland, 1994；见第 8 章）和群体记忆（如 Moreland, Argote, & Krishnan, 1996；见第 9 章）的过程可能在社会层面上进行。

本节的主要信息必定是简短的，即虽然文化本身可以作为一个独立的主题来研究，但从某种意义上来说，它实际上是整个社会心理学的一个组成部分。

八、文化之间的接触

文化群体并不是孤立地生活的——他们彼此接触，每过一个十年，接触就越来越频繁。你不需要成为一个游客去体验另一种文化。纽约可能是文化交流的最佳范例，尽管在其他西方门户城市，如伦敦、巴黎、伊斯坦布尔、洛杉矶和阿姆斯特丹也可以看到这一点。跨文化接触可以是一种丰富的体验，一种有益的改变力量，但也可以成为一个类似压力锅的压力来源，在这个压力锅中，感知到的威胁和古老的敌意会演变成冲突（见 Prentice & Miller, 1999）。

大多数跨文化沟通持续的时间不足以导致人们行为的永久性改变或对另一个文化群体态度的永久性改变。回想一下**接触假说**（contact hypothesis）的复杂性——很难创造出能够持久改善群际态度和感受的接触条件（见第 11 章）。即使是来自不同文化的人之间的一次简短的面对面接触，实际上也更有可能产生或加强刻板印象和偏见（见第 2、10 和 11 章）。各种各样的因素都可能导致消极的结果，例如语言差异、既存偏见、族群中心主义、群际焦虑或群际冲突的历史。

地球村　跨国公司和廉价的航空旅行是可能导致文化距离缩小的两个因素。

（一）沟通、语言和言语风格

正如第 15 章所讨论的那样，多语言社会也是多文化社会，通常有一个地位较高的主导群体，其语言是通用语言，其文化实践占主导地位。因此，语言差异可能是跨文化沟通顺利与和谐进行的一个重大障碍（见 Giles, 2012; Giles & Maass, 2016）。如果你在法国，法语讲得不好，那么在与当地人交流时会遇到很大的障碍。短语书籍和符号语言只能带你走到这里为止。

即使是口音和言语风格也存在问题——讲母语的人可能对带有外国口音的人不太注意。例如，在澳大利亚的一项研究中，加卢瓦和卡伦（Gallois & Callan, 1986）发现，以澳大利亚英语为母语的澳大利亚人往往不太喜欢听带有意大利口音的人讲话，这可能是受对南欧移民的负面刻板印象的影响。在另一项同样在澳大利亚进行的研究中，加卢瓦、巴克、琼斯和卡伦（Gallois, Barker, Jones, & Callan, 1992）发现，中国学生的沟通风格可能会加重对该群体不利的刻板印象（见专栏 16.6）。

感知到的文化差异的大小会影响跨文化接触。人们认为一种文化与我们自己的文化相异的程度会影响跨文化的互动。沃恩（Vaughan, 1962）的一项早期社会距离研究表明，人们认为一种文化越是不同，就越希望与该文化群体的成员保持距离——其根本原因可能是传统的群际厌恶和敌意，但也有可能是担心和一个与自己的群体截然不同的外群体互动（Stephan, 2014）。无论何种原因，这都减少了跨文化接触的可能性。

群体之间接触的背景也很重要（见第 11 章）。例如合作、共同的目标和平等的地位，这些都更有可能出现在同一社会内的跨文化接触中，可以使接触更加积极。然而，这种接触还有其他特点，可以起到屏障的作用。例如，科克曼（Kochman, 1987）发现，非裔美国人在讲话中会使用较强的语调和表现力，使他们区别于大多数白人。这可以是一个意向性的社会语言标记；起到划定族际界限的作用，并保护他们的族群身份（见第 11 章和第 15 章）。

接触假说

认为将对立的社会群体成员聚集在一起可改善群际关系、减少偏见和歧视的观点。

📠 **专栏 16.6**　　　　　**我们的世界**

族群间的沟通风格差异可能会影响学生的学业能力感知

中国学生已轻松成为西方国家（尤其是英语国家）大学录取的最大的单一族裔海外学生群体。例如，在 2010—2015 年，中国学生在美国的比例从 0.8% 上升到 1.5%，在英国从 2.8% 上升到 4%。澳大利亚一直是中国留学生比例最大的国家，2010—2015 年，中国留学生比例仅略有下降，从 7.8% 降至 6.5%。

由于沟通风格上的文化差异，这些学生有时发现很难适应当地的沟通规范，即鼓励学生在课堂上与讲师互动并发表意见。

辛迪·加卢瓦及其同事（Gallois, Barker, Jones, & Callan, 1992）在澳大利亚的大学中研究了这一现象。他们准备了 24 张精心编制的学生和讲师之间交流的录像带，在录像中，学生采用顺从、自信或积极的沟通风格来寻求作业帮助或抱怨成绩。学生要么是男性，要么是女性；要么是英裔澳大利亚人，要么是中国人（讲师始终是英裔澳大利亚人，并与学生性别相同）。

加卢瓦及其同事安排澳大利亚学生、中国学生、讲师们观看录像短片，并对学生的行为维度和他们的沟通风格的有效性进行评价。所有参与者都认为，任何族裔背景学生的攻击风格都是不恰当的、无效的和非典型的。与刻板印象一致，顺从被认为在中国学生中比在澳大利亚学生中更为典型，自信被认为在澳大利亚学生中比在中国学生中更为典型。中国学生认为顺从风格比自信风格更有效。然而，讲师和澳大利亚学生均认为顺从风格效果不佳，顺从表明学生不太需要帮助。

显然，这种认为顺从风格表明缺乏需求和兴趣的假设可能会助长一种观点，即中国学生比澳大利亚同龄学生才华低。

国际接触可能会增加更多潜在的障碍——我们会与不同的国家、地区和政治机构以及与之相关的规范打交道（Smith, Bond, & Kağitçibaşi, 2006）。国际接触也往往是短期的、不频繁的，而且在亲密关系、相对地位和权力方面也更易变化。在本节的其余部分，我们将讨论跨国家的跨文化沟通。

一个非常明显的东西方差异是东亚人更倾向于使用"代码"，即对每个交流者来说信息中都具有隐含意义（Burgoon, Buller, & Woodall, 1989）。这在中国社会是公认的，比如称之为"含蓄"（Gao, Ting-Toomey, & Gudykunst, 1996）。因此，东西方人的互动有时会产生误解（Gallois & Callan, 1997）。例如，在一个美国人和一个日本人的谈话中，美国人可能显得直言不讳，而日本人则避而不谈。

非言语行为也存在明显的文化差异（见第 15 章）。我们用与文化相关的面部表情**展示规则**（display rules）来传达我们的情绪，身体姿势（**身势学**，kinesics）也可以表现出我们的文化背景，触摸和人际距离的变化亦是如此。东西方文化之间的相互注视率存在差异。例如，邦德和驹井（Bond & Komai, 1976）发现，与西方样本相比，日本年轻男性在采访过程中与观众之间的眼神交流较少。

又如，假设有人用食指和拇指围成一个圆圈向你打手势，你可能会认为他们的意思是"还好"或"很棒"。然而，在某些文化中，这象征着"金钱""一文不值"，甚至"给我滚蛋"（Burgoon, Buller, & Woodall, 1989; Morris, Collett, Marsh, & O'Shaughnessy, 1979）！

有时，在一种文化中相当正常的行为却违反了另一种文化中的道德标准。例如，在许多伊斯兰国家，西方女性应该避免穿暴露的衣服。不幸的是，违反文化规范的行为常常是无意识的，比如坐或站在提供食物的桌子上，这违反了新西兰毛利人的习俗。如果跨文化沟通导致了更多的焦虑和不确定性，群际以至跨文化接触可能会显著减少（Hogg, 2012; Stephan, 2014; 见第 11 章）。

（二）语言与理解

语言本身就构成了一个问题。将单词从一种语言直接翻译为另一种语言并不一定能保留原意。艾德蒙·格伦（Edmund Glenn, 1976）提供了从英语到法语或俄语

展示规则
怎样在一个场合下合适地表达情绪的文化和情境规则。

身势学
肢体沟通语言学。

的词义差异的例子。例如，人称代词"I"在英语中通常有主观含义，但在法语或俄语中则延伸到客观含义。在英语中，"as long as I undstand that"（只要我能理解）可以用法语表达为"s'il s'agit de"，这是一个习语，意思是"如果要处理的内容是"。英语中"here"是一个单一的单词，而西班牙语中"aquí"和"acá"虽都有表示"这里"之意，但它们之间是有区别的。"aquí"表示"就在这里"，是一个比较精确的地点范围，接近于英语中的"right here"；"acá"则指一个大概的地点范围，接近于英语中"hereabouts"。

除了直接翻译的问题之外，当单词或单词用法与特定文化的概念纠缠在一起时，语言可能会带来更大的问题。例如，鹿岛芳和鹿岛惠美子（Yoshi Kashima & Emiko Kashima, 1998）发现，对于某些语句，第一人称代词"I"在日语中可省略，但在英语中不可以。有趣的是，这可能反映了之前讨论过的独立自我和互依自我之间的自我概念差异（见表16.2和图16.2）。讲英语的个体主义者用"I"将自己与其他所有人区分开，而说日语的集体主义者则移除"I"以便将重要的他人纳入自我。另一个例子同样来自日语：日语中有一个词，*amae*，用于识别一种情感状态，这种情感状态具有交流意义，是日本传统文化的基础。

> *Amaeru*［*amae* 是它的名词形式］可以翻译为"依赖和假定他人的爱"……［它］具有明显的甜蜜感，通常用于表达孩子对成年人，尤其是父母的态度。我想除了"spoil"（娇宠）这个词之外，没有一个英语单词能和 *amaeru* 等同，但是"spoil"是一个及物动词，而且它的含义并不好……我认为，大多数日本成年人对小时候的甜蜜依赖都有着很深的记忆，并且或有意或无意地对此怀念终身。（Doi, 1976, p. 188）

这段引文中的背景是成人和儿童，但 *amae* 也适用于学生和教授，以及工作团队及他们的主管。按照习俗，日本人有强烈的体验 *amae* 的需求，对这种状态的了解为人际交往提供了情感基础。在对话过程中体验到 *amae* 的人会给对方提供非言语的暗示（例如沉默、沉思的表情甚至不自然的笑容），以"缓和气氛"。因此，这些线索不太可能被不熟悉语言和文化的人正确地解释。（请回想一下本章开头"你怎么认为？"中的第三个问题。）

（三）文化适应与文化变革

当人们移民时，他们会发现几乎不可能避免与宿主文化成员和其他移民文化群体密切接触。持久的密切接触必然会使新移民的行为和思维发生变化。与另一种文化特有的行为规则相互融合的过程就是**文化适应**（acculturation），当它适用于整个群体时，我们就会发生大规模的文化变革。然而，移民群体对这些变革会进行选择——最严峻的选择是同化还是保持独立。

文化适应的逻辑不仅适用于移民群体（例如移民到英国的印度人），而且也适用于当地居民群体，特别是在相对于当地人口来说移民人数相对较多的情况下。2009年，新西兰只有440万人口，人口非常稀少，然而其中国移民人数竟比人口5 600万的英国还多。2015年，近100万移民和难民大规模涌入欧洲，引发了欧洲大陆强烈的文化反冲并增强了排外态度，这可能影响了英国2016年举行的以全民公投为基础的脱欧投票。

文化变革会导致文化适应压力。例如，回想一下当少数族群文化被主流族群所同化时少数族群的感受（第4章专栏4.4）。

文化适应

个体学习了解另一种文化中的行为特征规则的过程。

一个有适应能力的人可以有双重身份，例如感觉自己既是墨西哥裔美国人又是英裔美国人（Buriel, 1987），既是希腊人又是澳大利亚人（Rosenthal, 1987）。一个类似的概念，即双重文化身份，被用于儿童族群社会化的研究中（见 Phinney & Rotheram, 1987）。当自我来源于多重文化背景时，人们可以拥有多元文化心智，使他们能够具有不止一个自我概念（见 Heine, 2010）。有时，他们可以借鉴这些自我概念，或者可以通过可引发不同自我概念的情境因素在不同的自我概念之间交替，从而进行框架切换（另见 Hong, Morris, Chiu, & Benet-Martínez, 2000）。

到达新国家的移民们会面临两难的境地：他们是会维持自己本土文化所定义的社会身份，还是会改变自己的社会身份以使其由宿主文化来定义？如何解决这个问题？跨文化心理学家贝里（如 Berry, Trimble, & Olmedo, 1986）确定了四种不同的文化适应途径（另见第 15 章——这些途径影响第二语言习得过程）。在权衡家庭文化和主导文化时，移民可以选择：

- 融合：保持本土文化，但也不完全脱离于主导文化。
- 同化：放弃本土文化并拥抱主导文化。
- 分离：保持本土文化并与主导文化隔离。
- 边缘化：既放弃本土文化，也无法与主导文化建立适当的联系。

这些选择如图 16.5 所示。（请回想一下本章开头"你怎么认为？"第四个问题中惠子和她的丈夫所面临的困境。然后回想一下"你怎么认为？"中的第五个问题，并回应杰西卡的做法。）

抛开学习第二语言（见第 15 章）的问题不谈，对于移民者来说最常见的途径是融合，这也是文化适应中压力最小的途径（Berry, Kim, Minde, & Mok, 1987）。减少压力的一个关键因素是**社会支持网络**（social support network）的易得性，就像处理亲密关系的破裂一样（见第 14 章）。基于讨论最大化和谐与稳定的群际关系理论，选择融合是有意义的（如 Hogg, 2015; Hornsey & Hogg, 2000a; Moghaddam, 2008; Verkuyten, 2006; Vescio, Hewstone, Crisp, & Rubin, 1999; 见第 11 章）。当人们所珍视的身份和做法受到尊重，并在一种高级文化中得以蓬勃发展时，人们往往会相处得更好。这种文化融合也让人们感到他们彼此之间的关系不具有竞争性，更像是不同的团队在"通力合作"。

然而，成功的融合是一个耗时的过程，而且在许多情况下，融合需要与宿主文化所期望的同化相抗衡。对于第二代移民（原始定居者的子女），如果所有人都真正做到文化融合，与长辈的冲突就会减少到最低。如果融合对个体移民来说是一个"好"的解决方案，那么它对整个移民群体，甚至对宿主文化也有好处吗？在我们回到文化多元主义或多元文化主义所带来的挑战之前，我们将探讨社会心理学在其研究、理论和更广泛的元理论中是如何处理文化和跨文化问题的。

文化适应压力　这些新入籍的德国公民可能会面临进一步的障碍。他们除了要使自己的语言更加流利外，还必须解决在这个新国家遇到的社会习俗中的各种微妙问题。

社会支持网络
那些了解我们、关心我们以及在我们面临压力的时候能够提供支持的人。

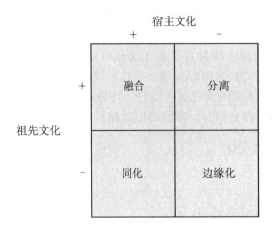

图16.5　文化适应的四种途径

- 贝里等人描述了移民们可以将其祖先文化与新的宿主文化相适应的四种途径。
- 正价（＋）表示移民在某种程度上接受了宿主文化或保留了祖先文化，或两者兼而有之。
- 负价（－）表示在现存的情况下，移民无法采用宿主文化或保留祖先文化，或同时采用两者。
- 移民的最佳结果是融合。

来源：Berry, Trimble, & Olmede, 1986.

九、社会心理学的跨文化考验

迈克尔·邦德（Michael Bond, 1988）出版的《社会心理学的跨文化挑战》一书在许多方面体现出号召作用——就像弗朗兹·博厄斯1932年对其社会学学科的呼吁一样（见本章开篇）。社会心理学家在发展他们的理论时，何时会注意到未经检验的普遍假设的局限性呢？无论是在不同文化的国家之间还是在同一种文化内部，当处理由地位界定的多数群体与少数群体之间的关系时，挑战都是多重的。

（一）跨文化挑战

尽管跨文化挑战通常是针对社会心理学的，但它实际上是双向的。跨文化心理学家和文化心理学家可以并且应该借鉴社会心理学的原理，并在其起源文化之外运用这些原理（Moghaddam, 1998; Smith, Bond, & Kağitçibaşi, 2006）。以改善跨文化关系为例。社会心理学家认为，跨文化关系是一种特殊的群际关系，在这种情况下，跨文化冲突、歧视和刻板印象化的驱动力被认为是社会心理学中所提及的群际行为（第11章）、自我概念（第4章）、偏见与歧视（第10章）、语言与沟通（第15章）和刻板印象化（第2章和第10章）。相反，社会心理学家又面临哪些挑战呢？

（二）本土社会心理学

我们应该界定出一种**本土心理学**（indigenous psychology）吗？换言之，每一种文化是否都应该具有自己的社会心理学，以在它所研究的主题和它所发展的解释结构中反映出它独特的视角？尤其是中东和亚洲国家，完全有理由对一种普遍存在的、具有侵略性的、以西方为中心的世界观产生合理的担忧：

> 现代心理学的意识形态和技术总的说来正被已经高度发达的心理信仰体系所覆盖，这些体系源自印度教、伊斯兰教、佛教、道教、儒教、神道教，或者它们的不同组合。（Turtle, 1994, pp. 9-10）

本土社会心理学最成功的例子是发展了一种相对独特的欧洲社会心理学（见第1章）。由于法西斯主义和第二次世界大战的影响，20世纪40年代、50年代和60年代初的欧洲社会心理学在很大程度上是美国社会心理学的边缘区。在这种背景

本土心理学
一种由特定文化群体创建并针对此特定文化群体的心理学，主张文化只能从其自身的角度来理解。

下，塞尔日·莫斯科维奇（Serge Moscovici, 1972）担心美国的社会心理学在文化上对欧洲人来说是陌生的，因为它没有以欧洲文化为优先考虑，它采用了与欧洲**元理论**（metatheory）相冲突的解释框架或元理论。莫斯科维奇主张以欧洲文化为背景的欧洲社会心理学。

尽管欧洲（尤其是西北欧）和美国有着不同的传统、历史和世界观，但它们的文化非常相似——都是工业化的、个体主义的西方民主文化。它们在很大程度上可以组合在一起，并与世界范围内非工业化集体主义与工业化集体主义文化形成对比。因此，即使我们把欧美社会心理学区分开来，两者之间的差异其实也并没有那么大，而且由于全球化、旅游和互联网的影响，这一差异正逐年缩小。

美国人罗伊·马尔帕斯（Roy Malpass, 1988）提醒我们，科学心理学是一项欧美事业（见第 1 章有关社会心理学的历史渊源的内容）。因此，来自西方文化的人既是科学家也是研究对象。所以，我们不应该对来自亚洲地区的本土心理学的需求感到惊讶——例如来自菲律宾的恩里克斯（Enriquez, 1993），来自中国的杨（Yang & Bond, 1990），来自印度的辛哈（Sinha, 1997）。1995 年，亚洲社会心理学会和《亚洲社会心理学杂志》（*Asian Journal of Social Psychology*）创立，并在随后的几年里滋养了东亚的社会心理学，激发了基于本土主题的研究，提出了有本土心理学性质的问题（Kashima, 2005; Kim, 2000; Ng & Liu, 2000; Yang, 2000）。

本土社会心理学的出发点是发展理论并将其应用于同一文化中。这个问题对于那些需要解决严重社会问题的发展中国家来说尤其重要，而在欧洲或美国发展起来的理论若在这些国家应用可能效果有限。例如，穆加达姆（Moghaddam, 1998）描述了通过激励人们像企业家一样行事来实现现代化的西方理念的应用是如何适得其反的——它导致了传统社群（例如中非俾格米人）和生态系统（例如巴西部分地区）的崩溃。事实上，全球化的一个根本问题正是假设发展中国家的人与西方国家的人拥有同样的社会心理资源（Stiglitz, 2002）。

另一个问题是社会心理学理论和社会行为倾向于关注静态的社会关系，而不是可能改变这些关系的动态过程（Moghaddam, 1990）。有一些值得注意的例外，如社会认同论（如 Tajfel & Turner, 1986; Hogg & Abrams, 1988; 见第 11 章）和少数人影响理论（如 Martin & Hewstone, 2010; Moscovici, 1976; 见第 7 章）。这些来自欧洲的理论旨在解决欧洲的科学和社会议程，并将欧洲社会心理学与美国社会心理学区分开来（见第 1 章；另见 Israel & Tajfel, 1972）。

解决每种文化中的问题实际上是否需要独立的本土心理学是一个有争议的问题。尽管需要考虑文化，但在当前的争议中却忽略了一个将理论与实践联系起来的老问题。由此产生的问题是，以实际成果为导向的**行动研究**（action research）取向（见第 6 章）是否更有用。同样，穆加达姆（Fathali Moghadam, 1990, 1998）也提倡一种**生成心理学**（generative psychology）——为此，他引用了 20 世纪 90 年代拉丁美洲和土耳其取得成功的例子。

（三）寻找普遍性

将普遍适用的人类属性和行为分类制表是早期文化人类学的特征。今天的社会心理学仍然如此——大多数社会心理学家通常致力于研究博厄斯所关注的问题，寻求社会行为的普遍规律和普遍心理过程的规范。

呼吁多种可应用于一系列特定文化群体的本土心理学，引发了涉及科学与意识形态和政治议程之间关系的问题、认识论和有效知识构成的问题，以及抽象科学探究在社会中的作用问题。对于每一种新的本土心理学，可能都有一套不同的法则和原则。我们是否会冒着科学巴尔干化的风险？此外，与本土理论驱动力相关的通常是文化相对主义的后结构主义假设，即所有的文化信仰体系和实践都是平等可接受的，并且没有普遍的心理真理。这些问题没有简单的答案或解决办法。

元理论
一套相互关联的概念和原理，用于确定哪些理论或理论类型是恰当的。

行动研究
在进行社会科学研究活动的同时，让参与者在此过程中解决一个社会问题。

生成心理学
一种旨在通过直接干预产生积极的社会变革的心理学。

一个现实的目标是鼓励社会心理学家拓宽其学科，以阐明基本的社会认知和感知，如社会归类（第 2 章），以及新兴的社会属性，如群体规范和社会表征（第 5、7 和 9 章）。通过这种方式，我们能够洞察人类行为的一般形式及其具体的文化和历史表现形式。普遍性和文化性在成熟社会心理辩证法中相互依存。（对不同文化中人格特质的普遍性和可变性的讨论见 Heine & Buchtel, 2009。）

跨文化研究和文化心理学对社会心理学家的挑战并不在于进行跨文化研究可能很困难。尽管跨文化研究面临挑战，但诸如社会认知（Devine, Hamilton, & Ostrom, 1994；见第 2 章）和任务导向的小群体互动（如 Moreland, Hogg, & Hains, 1994；见第 2 章和第 8 章）等研究也是如此。

真正的挑战是努力克服我们自己的文化近视——尝试从不同的文化视角看待事物，并意识到我们自己思维的文化局限性（见 Smith, Bond, & Kağıtçıbaşı, 2006）。社会心理学家和所有人一样，都被自己的文化参数所蒙蔽，他们的观点和解决的问题都是与自己的文化相关的。他们把我们引至那些基于特定文化的心理学，而不是一门普世的科学。另一个附带的问题是，占主导地位的心理学可以排斥所有其他心理学，并阻碍真正的普遍主义的发展。

一种与所有人都息息相关的社会心理学将在全球舞台上发挥值得称道的社会政治作用，或许还可以为那些致力于解决发展中国家广泛而紧迫问题的人道主义者们提供指导。此外，社会心理学可以帮助解释基本的社会心理过程如何与特定社会文化过程相互作用。这些活动可以帮助我们理解破坏性的盲从、群际冲突、家庭暴力、社会困境和社会变革。这些活动也可以告诉我们为什么高尚的态度很少转化为高尚的行为。

（四）多元文化挑战

世界上许多社会也面临着更广泛的挑战——多种文化能否共存？在一个多元文化的社会中，是应该允许所有文化形式蓬勃发展（即使它们有杀婴、切割生殖器和为维护名誉而杀人等习俗），还是应该随着全球价值观的变化而改变文化？例如，请考虑一个极端的例子：在阿富汗打击"基地"组织的运动，或在叙利亚和伊拉克打击其他一些恐怖组织的运动。这是一场反对普遍邪恶的斗争，还是将一种文化世界观强加于另一种世界观的侵略？当然，这是一个高度政治化的问题，超出了科学文本的范围。它面临着文化相对主义和所谓的后现代悖论的问题（Dunn, 1998）——人们倾向于接受宗教极端主义的信仰体系，以便找到一种独特的、规定性的身份，来填补现代工业化社会中的规范缺失和道德真空。

管理文化多样性

一个相对"较小"的问题是如何在多元社会中管理文化多样性（Guimond, de la Sablonnière, & Nugier, 2014）。这是我们之前讨论过（第 11 章）并在本章提到的解决群际冲突的文化应用问题。在群际层次上越来越多的人支持这样一种观点，即如果尊重群体所珍视的身份和做法，那么群体成员之间就会更加和谐。这个群体将在一种更高层次的文化中蓬勃发展，这种文化也让他们感到彼此之间的关系是合作的，而不是竞争的。

在文化和国家层次上，争论主要集中在同化和多元文化主义的相对优点上（见 Prentice & Miller, 1999）。穆加达姆（Moghaddam, 1998, 2008）将同化政策与通过促进多元文化来管理文化多样性的政策进行了对比（见图 16.6）。同化可以分为两种：完全同化和"熔炉同化"。前者意味着一种文化的消亡，而后者则不那么极端，它允许一种新的主导文化形式出现。

多元文化主义无论对于主导文化还是少数文化都更为积极和包容。在这种自由放任的形式下，文化多样性可以在没有宿主文化帮助的情况下继续存在。在族群飞地中，例如世界各地的许多唐人街、新加坡的小印度和一些亚洲城市的欧洲侨民社区，都是这种自由放任式的多元文化主义的例子。一个国家的政策以其积极的形式维持着文化的多样性。例如，加拿大和澳大利亚政府支持各种旨在在某种程度上维持移民群体文化完整性的活动。在心理层次上，积极的多元文化主义维系的文化单位可以是个体主义的也可以是集体主义的。贝朗格和皮纳德（Belanger & Pinard, 1991）指出，保持集体主义文化是一个世界性的趋势。

当然，文化多样性还有另一面。并不是每个人都将其视为一种幸事。宿主文化可将其视为一种文化和经济威胁，需要通过限制性和排他性的政策加以打击——出于愤怒，有些人可以发表仇恨言论，甚至出现仇恨犯罪。移民群体会感到在经济和文化上都处于劣势，并被有效地孤立在文化"贫民区"中——出于愤怒，他们成为极端主义的牺牲品。此外，同化主义、多元文化主义和文化色盲是复杂和持久的意识形态，它们支撑着政治进程和有关国家认同的辩论（Guimond, de la Sablonnière, & Nugier, 2014）。它们在社会上存在分歧，可以作为应对高度紧张的社会冲突的组织原则。

在伦敦、巴黎和罗马等西欧城市，大量移民正经历着加剧的群际对抗，在某些情况下还伴随着个体或集体恐怖行为。指责的矛头指向许多群体，例如北非人、穆斯林和东欧人。然而，根本问题不可能仅仅是文化差异——失业、经济劣势、教育和住房不足等，所有这些都起着非常重要的作用。在资源稀缺的情况下，零和心态可能占上风，或由冲突既得利益方挑起；通常这会加深群际界限，助长冲突并维持偏见（如 Sherif, 1966；第 11 章）。

多元文化主义不仅显而易见，而且在世界许多地区正在增加。例如，中国和西方之间正在开展更多的业务；欧洲共同体的扩张使大批人从东欧迁往西欧；南加利福尼亚最大的族群是西班牙裔，他们主要来自边境另一边的墨西哥。此外，互联网访问使商务、政府、学术和个人交流变得非常容易。简言之，全球化加速了。这些变化比以往任何时候都更需要心理学家对文化以及文化如何影响人们的思维、感受和行为进行更准确的定义（Hong & Mallorie, 2004）。此外，文化不是一成不变的。接触中的文化，特别是与生活并存的文化，可能会发生变化。充满活力的社会心理学能够跟踪文化内部和文化之间的变化并为合作发展做出贡献。

（五）未来将何去何从？

在进行跨文化比较时，我们经常提到西方文化和东亚文化之间的比较。也许有人会说，这些文化提供了最极端的心理对比，但从更平淡的层面上讲，原因很简单：中国、

文化多样性　这些年轻女性有着不同的民族血统，她们显然也很喜欢彼此的陪伴。

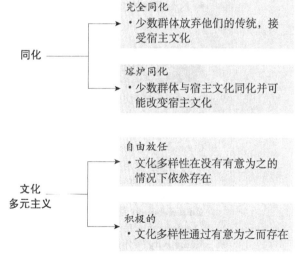

图 16.6　同化类型和文化多元主义类型

● 文化多样性是对社会的一种挑战。
● 在这一过程中，移民或本土少数群体可能会被完全同化或在宿主文化中留下一些印记。
● 另外，文化多元主义可能会蓬勃发展，无论是出于偶然还是有意为之。

来源：Allport, 1954b; Moghaddam, 1998.

日本和韩国的一些社会心理学家，或者是在西方工作或接受过西方培训但仍属于东亚人种的社会心理学家，掀起了这股研究热潮。然而，这确实提出了一个问题，即：非洲和南亚文化，以及某种程度上的中东和拉美文化，在何处可以融合在一起？让我们以如下观察来结束本书：

> 对于许多不从事跨文化研究的社会－人格心理学家来说，很难相信那些在东亚文化中长大的人与那些在欧美文化中长大的人会有如此大的不同。人们可能不得不在不同的文化中一次又一次地经历这一学习过程，这种观念可能令人不安。（Lehman, Chiu, & Schaller, 2004, p. 689）

小结

- 社会心理学的根源来自西方，该学科直到现在对文化的作用强调仍然不足。如果社会心理过程确实是普遍的，那么它们应该经得起跨文化的考验。
- 包括心理学家在内的人们，经常用自己的文化标准来解释来自不同文化背景的人的行为。
- 在 20 世纪初，人类学家而不是心理学家进行了几乎所有关于文化和行为的研究。
- 文化在社会行为方面差异很大，包括认知过程和归因风格。从众和攻击的准则也因文化而异。
- 东方人与西方人看待自己的方式和与他人建立关系的方式不同。东方人是集体主义者，相互依存；而西方人是个体主义者，互相独立。
- 以文化为特征的现代体系包括价值观的重大差异，特别是个体主义和集体主义的不同分布。
- 跨文化沟通有时会导致对含义和意图的误解。
- 诸如移民之类的适应性群体，从保留其族群身份到融入主导文化都面临着不同的适应性选择。文化适应压力是一种常见的问题。
- 有些社会心理原则可能适用于不同文化，有些则可能不适用。在追求那些仅适用于当地人的原则与普遍性原则之间存在着紧张关系。
- 这个世界的文化日益多元。既要培养文化多样性，又要保持群际和谐，这是一项挑战。

关键词

Acculturation 文化适应
Action research 行动研究
Collectivism 集体主义
Contact hypothesis 接触假说
Correspondence bias 对应偏差
Culture of honour 尊荣文化
Culture-blind 脱离主体文化
Culture-bound 受特定文化背景约束
Display rules 展示规则
Entitativity 实体性
Ethnographic research 民族志研究
Etic–emic distinction 主位－客位区分
Fundamental attribution error 基本归因偏误
Generative psychology 生成心理学
Ideology 意识形态
Independent self 独立自我
Indigenous psychology 本土心理学

Individualism 个体主义
Interdependent self 互依自我
Kinesics 身势学
Level of explanation 解释水平
Machismo 大男子主义
Meta-analysis 元分析
Metatheory 元理论
Prisoner's dilemma 囚徒困境
Prosocial behaviour 亲社会行为
Relational theory 关系理论
Schema 图式
Social identity theory 社会认同论
Social support network 社会支持网络
Subculture of violence 暴力亚文化
Ultimate attribution error 终极归因偏误
Values 价值观
Völkerpsychologie 民族心理学

文学和影视

《我爱贝克汉姆》《东就是东》

《我爱贝克汉姆》是 2002 年顾伦德·查达哈导演的一部电影，由帕敏德·纳格拉饰演印度女孩"杰西"（Jess）。这是一部轻松愉快的电影，讲述了不同文化在英国的冲突，以及文化如何创造期望，人们在不同文化中如何表现得看起来正常——杰西正处于基于文化和性别的不同角色期望的交叉点。与此类似，《东就是东》是一部 1999 年的文化冲突喜剧，故事发生在 20 世纪 70 年代的索尔福德——乔治·克汉（George Kahn）是一名巴基斯坦移民，他经营着一家炸鱼炸薯条店，并试图用巴基斯坦传统的方式抚养儿子。他逐渐意识到，儿子们把自己看作英国人，永远不会遵守他对婚姻、饮食、衣着和宗教的严格规定。

《蕾切尔的婚礼》

这是一部 2008 年由乔纳森·戴米担任导演的影片，由安妮·海瑟薇担任主演。这部电影是对文化作为商品的强有力评论，以在美国东部的一座乡村豪宅中举办的一场豪华的婚礼聚会为背景。婚礼的主人和客人都是开明的、受过良好教育的并且在政治上是正确的人——但当他们在装饰和娱乐等不同的文化习俗和象征之间往复时，他们却变得自以为是且虚伪。婚礼上唯一真实、真诚的人性化角色是刚从戒毒所出来的由海瑟薇饰演的小女儿金茉（Kym）。

《我在伊朗长大》

这是一部 2007 年上映的探讨文化失范的法国电影。年轻的玛吉·斯塔特拉皮（Marji Statrapi）庆祝 1979 年伊朗革命中国王的下台，但她很快发现自己是一个局外人，因为伊朗正趋于宗教极端主义和一种新形式的暴政。为了保护她，她的家人把她送到维也纳学习和建立新的生活，但玛吉发现这是一种难以融入的文化。但当她再次回到伊朗时，事情却发生了很大的变化，她觉得自己对伊朗的文化感到陌生——她必须决定自己属于哪里。

《撞车》

这是 2004 年由保罗·哈吉斯拍摄的一部令人震撼的电影，探讨了文化多样性，由唐·钱德尔、桑德拉·布洛克、马特·狄龙和詹妮弗·艾斯波西多主演。这部电影以洛杉矶这个拥有 1 700 万人口的大城市为背景，展示了不同文化之间如何经常相互猜疑，以及所有的文化彼此都有刻板印象，当人们焦虑不安时，这些刻板印象便会变得丑陋。这是一部发人深省的电影，它摆脱了传统的对美国南方人"愚昧守旧"的讽刺，并提出了一个具有挑战性的问题，即文化如何以及能否在地球村和谐共存。

请你思考

1. 文化会束缚我们的思维方式吗？

2. 你对独立自我和互依自我有什么理解，它们与文化有什么联系？

3. 个体主义和集体主义如何与世界文化相联系？

4. 什么是文化适应压力，主要的促成因素是什么？

5. 是否应该发展本土社会心理学？

延伸阅读

Adamopoulos, J., & Kashima, y. (Eds.) (1999). *Social psychology and cultural context.* London: SAGE. 来自世界各地的社会和跨文化心理学家探讨了社会心理学的文化背景及社会心理现象如何受到文化的影响。

Berry, J. W., Segall, M. H., and Kağitçibaşi, Ç. (Eds.) (1997). *Handbook of cross-cultural psychology* (2nd ed.). Boston, MA: Allyn and Bacon. 一部涉及跨文化心理学所有重要领域的三卷本综论。

Chiu, C.-Y., & Hong, Y.-Y. (2007). Cultural processes: Basic principles. In A. W. Kruglanski & E. T. Higgins

(Eds.), *Social psychology: Handbook of basic principles* (2nd ed., pp. 785–804). New York: Guilford Press. 全面且翔实的文化社会心理学综述。

Chryssochoou, X. (2004). *Cultural diversity: Its social psychology*. Oxford, UK: Blackwell. 一部探讨多元文化社会中移民等各种过程的通俗易懂、图文并茂的社会心理学著作。

Fiske, A. P., Kitayama, S., Markus, H. R., & Nisbett, R. E. (1998). The cultural matrix of social psychology. In D. T. Gilbert, S. T. Fiske, & G. Lindzey (Eds.), *The handbook of social psychology* (4th ed., Vol. 2, pp. 915–981). New York: McGraw-Hill. 对社会心理学和文化之间的联系的理论和过程的详细综述。

Heine, S. J. (2010). Cultural psychology. In S. T. Fiske, D. T. Gilbert, & G. Lindzey (Eds.), *Handbook of social psychology* (5th ed., Vol. 2, pp. 1423–1464). New York: Wiley. 全面且详细地探讨了文化社会心理学和社会心理学的文化背景，包括对理论和方法论问题的精彩论述。

Heine, S. J. (2016). *Cultural psychology* (3rd ed.). New York: Norton. 一部全面、最新且兼具学术性的关于文化社会心理学研究和文化对行为的影响的著作。

Moghaddam, F. M. (1998). *Social psychology: Exploring universals across cultures*. New York: Freeman. 一部明确将文化建构和分析纳入传统社会心理学主题的著作。

Moghaddam, F. M. (2008). *Multiculturalism and intergroup relations: Psychological implications for democracy in global context*. Washington, DC: American Psychological Association. 一部深思熟虑和翔实的关于当代多元文化社会（危机、机遇和潜在利益）的社会心理学著作。

Schaller, M., & Crandall, C. S. (Eds.) (2004). *The psychological foundations of culture*. Mahwah, NJ: Erlbaum. 对于文化起源、演变和本质问题，从认知、动机和社会互动的角度进行了考察。

Smith, P. B., Bond, M. H., & Kağitçibaşi, Ç. (2006). *Understanding social psychology across cultures*. London: SAGE. 史密斯和邦德早期著作（Smith & Bond, 1998）的大幅度修订版，整个构架围绕三个部分展开：总体框架、核心问题和全局变化。

Triandis, H. (1994). *Culture and social behaviour*. New York: McGraw-Hill. 这是一部古老的经典之作，但依旧是跨文化行为差异的优秀资料来源。

参考文献

Abeles, R. P. (1976). Relative deprivation, rising expectations, and black militancy. *Journal of Social Issues, 32*, 119–137.

Abelson, R. P. (1968). Computers, polls and public opinion – some puzzles and paradoxes. *Transaction, 5*, 20–27.

Abelson, R. P. (1972). Are attitudes necessary? In B. T. King (Ed.), *Attitudes, conflict and social change* (pp. 19–32). New York: Academic Press.

Abelson, R. P. (1981). The psychological status of the script concept. *American Psychologist, 36*, 715–729.

Abelson, R. P., Aronson, E., McGuire, W. J., Newcomb, T. M., Rosenberg, M. J., & Tannenbaum, P. H. (Eds.) (1968). *Theories of cognitive consistency: A sourcebook*. Chicago: Rand McNally.

Aboud, F. (1988). *Children and prejudice*. Oxford, UK: Blackwell.

Aboud, F. E. (1987). The development of ethnic self-identification and attitudes. In J. S. Phinney & M. J. Rotheram (Eds.), *Children's ethnic socialization: Pluralism and development* (pp. 32–55). Beverly Hills, CA: SAGE.

Abrams, D. (1990). Political identity: Relative deprivation, social identity and the case of Scottish Nationalism. *ESRC 16–19 Initiative Occasional Papers*. London: Economic and Social Research Council.

Abrams, D. (1994). Social self-regulation. *Personality and Social Psychology Bulletin, 20*, 473–483.

Abrams, D., & Hogg, M. A. (1988). Comments on the motivational status of self-esteem in social identity and intergroup discrimination. *European Journal of Social Psychology, 18*, 317–334.

Abrams, D., & Hogg, M. A. (1990a). Social identification, self-categorisation, and social influence. *European Review of Social Psychology, 1*, 195–228.

Abrams, D., & Hogg, M. A. (1990b). The social context of discourse: Let's not throw out the baby with the bath water. *Philosophical Psychology, 3*, 219–225.

Abrams, D., & Hogg, M. A. (2001). Collective identity: Group membership and self-conception. In M. A. Hogg & R. S. Tindale (Eds.), *Blackwell handbook of social psychology: Group processes* (pp. 425–460). Oxford, UK: Blackwell.

Abrams, D., & Hogg, M. A. (2004). Metatheory: Lessons from social identity research. *Personality and Social Psychology Review, 8*, 98–106.

Abrams, D., & Hogg, M. A. (Eds.) (1999). *Social identity and social cognition*. Oxford, UK: Blackwell.

Abrams, D., & Hogg, M. A. (2010). Social identity and self-categorization. In J. F. Dovidio, M. Hewstone, P. Glick, & V. M. Esses (Eds.), *The SAGE handbook of prejudice, stereotyping and discrimination* (pp. 179–193). London: SAGE.

Abrams, D., Randsley de Moura, G., Marques, J. M., & Hutchison, P. (2008). Innovation credit: When can leaders oppose their group's norms? *Journal of Personality and Social Psychology, 95*, 662–678.

Abrams, D., Wetherell, M. S., Cochrane, S., Hogg, M. A., & Turner, J. C. (1990). Knowing what to think by knowing who you are: Self-categorization and the nature of norm formation, conformity, and group polarization. *British Journal of Social Psychology, 29*, 97–119.

Abramson, L. Y., Seligman, M. E. P., & Teasdale, J. D. (1978). Learned helplessness in humans: Critique and reformulation. *Journal of Abnormal and Social Psychology, 87*, 49–74.

Abric, J. C., & Vacherot, C. (1976). The effects of representations of behaviour in experimental games. *European Journal of Social Psychology, 6*, 129–144.

Ackerman, J. A., Griskevicius, V., & Li, N. P. (2011). Let's get serious: Communicating commitment in romantic relationships. *Journal of Personality and Social Psychology, 100*, 1079–1094.

Acorn, D. A., Hamilton, D. L., & Sherman, S. J. (1988). Generalization of biased perceptions of groups based on illusory correlations. *Social Cognition, 6*, 345–372.

Adair, J., Dushenko, T. W., & Lindsay, R. C. L. (1985). Ethical regulations and their impact on research practice. *American Psychologist, 40*, 59–72.

Adamopoulos, J., & Kashima, Y. (Eds.) (1999). *Social psychology and cultural context*. London: SAGE.

Adams, J. M., & Jones, W. H. (1997). The conceptualization of marital commitment: An integrative analysis. *Journal of Personality and Social Psychology, 11*, 1177–1196.

Adams, J. S. (1965). Inequity in social exchange. *Advances in Experimental Social Psychology, 2*, 267–299.

Adorno, T. W., Frenkel-Brunswik, E., Levinson, D. J., & Sanford, R. M. (1950). *The authoritarian personality*. New York: Harper.

Aggarwal, P., & O'Brien, C. L. (2008). Social loafing on group projects: Structural antecedents and effect on student satisfaction. *Journal of Marketing Education, 30*, 255–264.

Ahlstrom, W., & Havighurst, R. (1971). *Four hundred losers: Delinquent boys in high school*. San Francisco, CA: Jossey-Bass.

Aiello, J. R., & Jones, S. E. (1971). Field study of the proxemic behavior of young children in three subcultural groups. *Journal of Personality and Social Psychology, 19*, 351–356.

Ajzen, I. (1989). Attitude structure and behavior. In A. R. Pratkanis, S. J. Breckler, & A. G. Greenwald (Eds.), *Attitude structure and function* (pp. 241–274). Hillsdale, NJ: Erlbaum.

Ajzen, I. (1998). Models of human social behavior and their application to health psychology. *Psychology and Health, 13*, 735–739.

Ajzen, I. (2001). Nature and operation of attitudes. *Annual Review of Psychology, 52*, 27–58.

Ajzen, I. (2002). Residual effects of past on later behavior: Habituation and reasoned action perspectives. *Personality and Social Psychology Review, 6*, 107–122.

Ajzen, I., & Fishbein, M. (1980). *Understanding attitudes and predicting social behavior*. Englewood Cliffs, NJ: Prentice Hall.

Ajzen, I., & Fishbein, M. (2005). The influence of attitudes on behavior. In D. Albarracín, B. T. Johnson, & M. P. Zanna (Eds.), *The handbook of attitudes* (pp. 173–221). Mahwah, NJ: Erlbaum.

Ajzen, I., & Madden, T. J. (1986). Prediction of goal-directed behavior: Attitudes, intentions and perceived behavioral control. *Journal of Experimental Social Psychology, 22*, 453–474.

Albarracín, D., Cohen, J. B., & Kumkale, G. T. (2003). When communications collide with recipients' actions: Effects of post-message behavior on intentions to follow the message recommendation. *Personality and Social Psychology Bulletin, 29*, 834–845.

Albarracín, D., & Vargas, P. (2010). Attitudes and persuasion: From biology to social responses to persuasive intent. In S. T. Fiske, D. T. Gilbert, & G. Lindzey (Eds.), *Handbook of social psychology* (5th ed., Vol. 1, pp. 394–427). New York: Wiley.

Albion, M. S., & Faris, P. W. (1979). *Appraising research on advertising's economic impacts* (Report no. 79–115). Cambridge, MA: Marketing Science Institute.

Albright, L., Malloy, T. E., Dong, Q., Kenny, D. A., Fang, X., Winquist, L., et al. (1997). Cross-cultural consensus in personality judgments. *Journal of Personality and Social Psychology, 72*, 558–569.

Aldag, R. J., & Fuller, S. R. (1993). Beyond fiasco: A reappraisal of the groupthink phenomenon and a new model of group decision processes. *Psychological Bulletin, 113*, 533–552.

Alexander, C. N., Zucker, L. G., & Brody, C. L. (1970). Experimental expectations and autokinetic experiences: Consistency theories and judgmental convergence. *Sociometry, 33*, 108–122.

Alicke, M. D., & Sedikides, C. (2009). Self-enhancement and self-protection: What they are and what they do. *European Review of Social Psychology, 20*, 1–48.

Allard, R., & Landry, R. (1994). Subjective ethnolinguistic vitality: A comparison of two measures. *International Journal of the Sociology of Language, 108*, 117–144.

Allen, M., Mabry, E., & McKelton, D. (1998). Impact of juror attitudes about the death penalty on juror evaluations of guilt and punishment. *Law and Human Behavior, 23*, 715–732.

Allen, N. J., & Hecht, T. D. (2004). The 'romance of teams': Towards an understanding of its psychological underpinnings and implications. *Journal of Occupational and Organizational Psychology, 77*, 439–461.

Allen, V. L. (1965). Situational factors in conformity. *Advances in Experimental Social Psychology, 2*, 133–175.

Allen, V. L. (1975). Social support for non-conformity. *Advances in Experimental Social Psychology, 8*, 1–43.

Allen, V. L., & Levine, J. M. (1971). Social support and conformity: The role of independent assessment of reality. *Journal of Experimental Social Psychology, 7*, 48–58.

Allen, V. L., & Wilder, D. A. (1975). Categorization, belief similarity, and group similarity. *Journal of Personality of Social Psychology, 32*, 971–977.

Alleyne, E., & Wood, J. L. (2010). Gang involvement: Psychological and behavioral characteristics of gang members, peripheral youth, and non-gang youth. *Aggressive Behavior, 36*, 423–436.

Allison, S. T., Mackie, D. M., & Messick, D. M. (1996). Outcome biases in social perception: Implications for dispositional inference, attitude change, stereotyping, and social behavior. *Advances in Experimental Social Psychology, 28*, 53–93.

Alloy, L. B., & Tabachnik, N. (1984). Assessment of covariation by humans and animals: The joint influence of prior expectations and current situational information. *Psychological Review, 91*, 112–149.

Allport, F. H. (1920). The influence of the group upon association and thought. *Journal of Experimental Psychology, 3*, 159–182.

Allport, F. H. (1924). *Social psychology*. Boston, MA: Houghton-Mifflin.

Allport, G. W. (1935). Attitudes. In C. M. Murchison (Ed.), *Handbook of social psychology* (pp. 789–844). Worcester, MA: Clark University Press.

Allport, G. W. (1954a). The historical background of modern social psychology. In G. Lindzey (Ed.), *Handbook of social psychology* (Vol. 1, pp. 3–56). Reading, MA: Addison-Wesley.

Allport, G. W. (1954b). *The nature of prejudice*. Reading, MA: Addison-Wesley.

Allport, G. W., & Postman, L. J. (1945). Psychology of rumor. *Transactions of the New York Academy of Sciences, 8*, 61–81.

Allport, G. W., & Postman, L. J. (1947). *The psychology of rumor*. New York: Holt, Rinehart & Winston.

Allport, G. W., & Vernon, P. E. (1931). *A study of values*. Boston, MA: Houghton-Mifflin.

Allyn, J., & Festinger, L. (1961). The effectiveness of unanticipated persuasive communications. *Journal of Abnormal and Social Psychology, 62*, 35–40.

Altemeyer, B. (1981). *Right-wing authoritarianism*. Winnipeg, Canada: University of Manitoba Press.

Altemeyer, B. (1988). *Enemies of freedom: Understanding right-wing authoritarianism*. San Francisco, CA: Jossey-Bass.

Altemeyer, B. (1994). Reducing prejudice in right-wing authoritarians. In M. P. Zanna & J. M. Olsen (Eds.), *The psychology of prejudice: The Ontario symposium* (pp. 131–148). Hillsdale, NJ: Erlbaum.

Altemeyer, B. (1998). The other 'authoritarian personality'. *Advances in Experimental Social Psychology, 30*, 47–92.

Altman, D. (1986). *AIDS and the new puritanism*. London and Sydney: Pluto Press.

Altman, I., & Taylor, D. A. (1973). *Social penetration: The development of interpersonal relationships*. New York: Holt, Rinehart & Winston.

Amato, P. R. (1983). Helping behavior in urban and rural environments: Field studies based on a taxonomic organisation of helping episodes. *Journal of Personality and Social Psychology, 45*, 571–586.

Ambady, N., & Weisbuch. M. (2010). Nonverbal behavior. In S. T. Fiske, D. T. Gilbert, & G. Lindzey (Eds.), *Handbook of social psychology* (5th ed., Vol. 1, pp. 464–497). New York: Wiley.

American Psychological Association (2002). Ethical principles of psychologists and code of conduct. *American Psychologist, 57*(12).

Ames, D. R., Flynn, F. J., & Weber, E. U. (2004). It's the thought that counts: On perceiving how helpers decide to lend a hand. *Personality and Social Psychology Bulletin, 30*, 461–474.

Amichai-Hamburger, Y., & McKenna, K. Y. A. (2006). The contact hypothesis reconsidered: Interacting via the Internet. *Journal of Computer-Mediated Communication, 11*, 825–843.

Amir, Y. (1976). The role of intergroup contact in change of prejudice and ethnic relations. In P. A. Katz (Ed.), *Towards the elimination of racism* (pp. 245–308). Elmsford, NY: Pergamon Press.

Anderson, C. A., & Anderson, D. C. (1984). Ambient temperature and violent crime: Tests of the linear and curvilinear hypothesis. *Journal of Personality and Social Psychology, 46*, 91–97.

Anderson, C. A., Anderson, K. B., & Deuser, W. E. (1996) Examining an affective framework: Weapon and temperature effects on aggressive thoughts, affect, and attitudes. *Personality and Social Psychology Bulletin, 22*, 366–376.

Anderson, C. A., & Bushman, B. J. (1997). External validity of trivial experiments: The case of laboratory aggression. *Review of General Psychology, 1*, 19–41.

Anderson, C. A., & Bushman, B. J. (2002a). Human aggression. *Annual Review of Psychology, 53*, 27–51.

Anderson, C. A., & Bushman, B. J. (2002b). The effects of media violence on society. *Science, 295*, 2377–2378.

Anderson, C. A., Bushman, B. J., & Groom, R. W. (1997). Hot years and serious and deadly assault: Empirical tests of the heat hypothesis. *Journal of Personality and Social Psychology, 73*, 1213–1223.

Anderson, C. A., Carnagey, N. L., & Eubanks, J. (2003). Exposure to violent media: The effects of songs with violent lyrics on aggressive thoughts and feelings. *Journal of Personality and Social Psychology, 84*, 960–971.

Anderson, C. A., & Godfrey, S. S. (1987). Thoughts about actions: The effects of specificity and availability of imagined behavioral scripts on expectations about oneself and others. *Social Cognition, 5*, 238–258.

Anderson, C. A., & Huesmann, L. R. (2003). Human aggression: A social-cognitive view. In M. A. Hogg & J. Cooper (Eds.), *The SAGE handbook of social psychology* (pp. 296–323). London: SAGE.

Anderson, C. A., & Huesmann, L. R. (2007). Human aggression: A social-cognitive view. In M. A. Hogg & J. Cooper (Eds.), *The SAGE handbook of social psychology: Concise student edition* (pp. 259–287). London: SAGE.

Anderson, C. A., & Slusher, M. P. (1986). Relocating motivational effects: A synthesis of cognitive and motivational effects on attributions for success and failure. *Social Cognition, 4*, 250–292.

Anderson, J., & McGuire, W. J. (1965). Prior reassurance of group consensus as a factor in producing resistance to persuasion. *Sociometry, 28*, 44–56.

Anderson, J. R. (1990). *Cognitive psychology and its implications* (3rd ed.). New York: Freeman.

Anderson, N. H. (1965). Adding versus averaging as a stimulus combination rule in impression formation. *Journal of Experimental Psychology, 70*, 394–400.

Anderson, N. H. (1971). Integration theory and attitude change. *Psychological Review, 78*, 171–206.

Anderson, N. H. (1978). Cognitive algebra: Integration theory applied to social attribution. In L. Berkowitz (Ed.), *Cognitive theories in social psychology* (pp. 1–126). New York: Academic Press.

Anderson, N. H. (1981). *Foundations of information integration theory*. New York: Academic Press.

Andreeva, G. (1984). Cognitive processes in developing groups. In L. H. Strickland (Ed.), *Directions in Soviet social psychology* (pp. 67–82). New York: Springer.

Anholt, R. R. H., & Mackay, T. F. C. (2012). Genetics of aggression. *Annual Review of Genetics, 46*, 145–164.

Antonakis, J., & House, R. J. (2003). An analysis of the full-range leadership theory: The way forward. In B. J. Avolio & F. J. Yammarino (Eds.), *Transformational and charismatic leadership: The road ahead* (pp. 3–33). New York: Elsevier.

Apfelbaum, E. (1974). On conflicts and bargaining. *Advances in Experimental Social Psychology, 7*, 103–156.

Apfelbaum, E., & Lubek, I. (1976). Resolution vs. revolution? The theory of conflicts in question. In L. Strickland, F. Aboud, & K. J. Gergen (Eds.), *Social psychology in transition* (pp. 71–94). New York: Plenum.

Apfelbaum, E., & McGuire, G. R. (1986). Models of suggestive influence and the disqualification of the social crowd. In C. F. Graumann & S. Moscovici (Eds.), *Changing conceptions of crowd mind and behavior* (pp. 27–50). New York: Springer.

Archer, D. (1997). Unspoken diversity: Cultural differences in gestures. *Qualitative Sociology, 20*, 79–105.

Archer, D., Iritani, B., Kimes, D. D., & Barrios, M. (1983). Face-ism: Five studies of sex differences in facial prominence. *Journal of Personality and Social Psychology, 45*, 725–735.

Archer, J. (2000). Sex differences in aggression between heterosexual partners: A meta-analytic review. *Psychological Bulletin, 126*, 697–702.

Archer, J. (2004). Sex differences in aggression in real-world settings: A meta-analytic review. *Review of General Psychology, 8*, 291–322.

Archer, J. (2006). Cross-cultural differences in physical aggression between partners: A social-role analysis. *Personality and Social Psychology Review, 10*, 133–153.

Archer, J. (2013). Can evolutionary principles explain patterns of family violence? *Psychological Bulletin, 139*, 403–440.

Ardrey, R. (1961). *African genesis*. New York: Delta Books.

Ardrey, R. (1966). *The territorial imperative*. New York: Atheneum.

Arendt, H. (1963). *Eichmann in Jerusalem: A report on the banality of evil*. New York: Viking.

Argote, L. (2013). *Organizational learning: Creating, retaining and transferring knowledge*. New York: Springer.

Argote, L., Insko, C. A., Yovetich, N., & Romero, A. A. (1995). Group learning curves: The effects of turnover and task complexity on group performance. *Journal of Applied Social Psychology, 25*, 512–529.

Argyle, M. (1971). *The psychology of interpersonal behaviour*. Harmondsworth, UK: Penguin.

Argyle, M. (1975). *Bodily communication*. London: Methuen.

Argyle, M. (1980). The development of applied social psychology. In R. Gilmour & S. Duck (Eds.), *The development of social psychology*. New York: Academic Press.

Argyle, M., & Dean, J. (1965). Eye-contact, distance and affiliation. *Sociometry, 28*, 289–304.

Argyle, M., & Ingham, R. (1972). Gaze, mutual gaze, and proximity. *Semiotica, 6*, 32–49.

Aries, E. (1996). *Men and women in interaction: Considering the differences*. New York: Oxford University Press.

Aries, E. (1997). Women and men talking: Are they worlds apart? In W. R. Walsh (Ed.), *Women, men and gender: Ongoing debates* (pp. 79–100). New Haven, CT: Yale University Press.

Arkes, H. R., Boehm, L. E., & Xu, G. (1991). Determinants of judged validity. *Journal of Experimental Social Psychology, 27*, 576–605.

Armitage, C. J., & Conner, M., (2001). Efficacy of the theory of planned behavior: A meta-analytic review. *British Journal of Social Psychology, 40*, 471–499.

Aron, A., Paris, M., & Aron, E. N. (1995). Falling in love: Prospective studies of self-concept change. *Journal of Personality and Social Psychology, 69*, 1102–1112.

Aron, A., & Westbay, L. (1996). Dimensions of the prototype of love. *Journal of Personality and Social Psychology, 70*, 535–551.

Aronson, E. (1984). *The social animal* (4th ed.). New York: Freeman.

Aronson, E. (1999). Dissonance, hypocrisy, and the self-concept. In E. Harmon-Jones & J. Mills (Eds.), *Cognitive dissonance: Progress on a pivotal theory in social psychology* (pp. 103–126). Washington, DC: American Psychological Association.

Aronson, E., Ellsworth, P. C., Carlsmith, J. M., & Gonzales, M. H. (1990). *Methods of research in social psychology* (2nd ed.). New York: McGraw-Hill.

Aronson, E., & Mills, J. (1959). The effects of severity of initiation on liking for a group. *Journal of Abnormal and Social Psychology, 59*, 177–181.

Arriaga, X. B., & Agnew, C. R. (2001). Being committed: Affective, cognitive, and conative components of relationship commitment. *Personality and Social Psychology Bulletin, 27*, 1190–1203.

Arrow, H., Berdahl, J. L., Bouas, K. S., Craig, K. M., Cummings, A., Lebie, L., McGrath, J. E., O'Connor, K. M., Rhoades, J. A., & Schlosser, A. (1996). Time, technology, and groups: An integration. *Computer Supported Cooperative Work, 4*, 253–261.

Arrow, H., McGrath, J. E., & Berdahl, J. L. (2000). *Small groups as complex systems: Formation, coordination, development, and adaptation*. Thousand Oaks, CA: SAGE.

Asch, S. E. (1946). Forming impressions of personality. *Journal of Abnormal and Social Psychology, 41*, 258–290.

Asch, S. E. (1951). Effects of group pressure upon the modification and distortion of judgements. In H. Guetzkow (Ed.), *Groups, leadership and men* (pp. 177–190). Pittsburgh, PA: Carnegie Press.

Asch, S. E. (1952). *Social psychology*. Englewood Cliffs, NJ: Prentice Hall.

Asch, S. E. (1956). Studies of independence and conformity: A minority of one against a unanimous majority. *Psychological Monographs: General and Applied, 70*, 1–70 (whole no. 416).

Aschenbrenner, K. M., & Schaefer, R. E. (1980). Minimal group situations: Comments on a mathematical model and on the research paradigm. *European Journal of Social Psychology, 10*, 389–398.

Ashburn-Nardo, L., Voils, C. I., & Monteith, M. J. (2001). Implicit associations as the seeds of intergroup bias: How easily do they take root? *Journal of Personality and Social Psychology, 81*, 789–799.

Ashmore, R. D. (1981). Sex stereotypes and implicit personality theory. In D. L. Hamilton (Ed.), *Cognitive processes in stereotyping and intergroup behavior* (pp. 37–81). Hillsdale, NJ: Erlbaum.

Ashmore, R. D., & Jussim, L. (1997). Towards a second century of the scientific analysis of self and identity. In R. Ashmore & L. Jussim (Eds.), *Self and identity: Fundamental issues* (pp. 3–19). New York: Oxford University Press.

Assael, H. (1981). *Consumer behavior and marketing action*. Boston, MA: Kent.

Atkin, C. K. (1977). Effects of campaign advertising and newscasts on children. *Journalism Quarterly, 54*, 503–558.

Atkin, C. K. (1980). *Effects of the mass media*. New York: McGraw-Hill.

Attridge, M., & Berscheid, E. (1994). Entitlement in romantic relationships in the United States: A social exchange perspective. In M. J. Lerner and G. Mikula (Eds.), *Entitlement and the affectional bond: Justice in close relationships* (pp. 117–148). New York: Plenum.

Augoustinos, M., & Innes, J. M. (1990). Towards an integration of social representations and social schema theory. *British Journal of Social Psychology, 29*, 213–231.

Augoustinos, M., & Tileaga, C. (2012). Twenty-five years of discursive psychology. *British Journal of Social Psychology, 51*, 405–412.

Austin, J. L. (1962). *How to do things with words*. Oxford, UK: Clarendon Press.

Austin, W. (1979). Sex differences in bystander intervention in a theft. *Journal of Personality and Social Psychology, 37*, 2110–2120.

Avolio, B. J. (1999). *Full leadership development: Building the vital forces in organizations*. Thousand Oaks, CA: SAGE.

Avolio, B. J., & Bass, B. M. (1987). Transformational leadership, charisma and beyond. In J. G. Hunt, B. R. Balaga, H. P. Dachler, & C. A. Schriesheim (Eds.), *Emerging leadership vistas* (pp. 29–50). Elmsford, NY: Pergamon Press.

Avolio, B. J., & Gardner, W. L. (2005). Authentic leadership development: Getting to the root of positive forms of leadership. *The Leadership Quarterly, 16*, 315–338.

Avolio, B. J., & Yammarino, F. J. (Eds.) (2003). *Transformational and charismatic leadership: The road ahead*. New York: Elsevier.

Axelrod, R., & Dion, D. (1988). The further evolution of cooperation. *Science, 242*, 1385–1390.

Azar, B. (1997). Forgiveness helps keep relationships steadfast. *APA Monitor*, 14 November.

Back, D., Küfner, A. C. P., Dufner, M., Gerlach, T. M., Rauthmann, J. F., & Denissen, J. J. (2013). Narcissistic admiration and rivalry: Disentangling the bright and dark sides of narcissism. *Journal of Personality and Social Psychology, 105*, 1013–1037.

Baddeley, A. D., Eysenck, M., & Anderson, M. C. (2009). *Memory*. Hove, England: Psychology Press.

Bailey, D. S., & Taylor, S. P. (1991). Effects of alcohol and aggressive disposition on human physical aggression. *Journal of Research in Personality, 25*, 334–342.

Bain, P. G., Kashima, Y., & Haslam, N. (2006) Conceptual beliefs about human values and their implications: Human nature beliefs predict value importance, value trade-offs, and responses to value-laden rhetoric. *Journal of Personality and Social Psychology, 91*, 351–367.

Bain, P. G., Vaes, J., & Leyens, J.-P. (2014). *Humanness and dehumanization*. New York: Psychology Press.

Bains, G. (1983). Explanations and the need for control. In M. Hewstone (Ed.), *Attribution theory: Social and functional extensions* (pp. 126–143). Oxford, UK: Blackwell.

Bakan, D. (1966). *The duality of human existence*. Chicago: Rand McNally.

Baldwin, J. M. (1897/1901). *Social and ethical interpretations in mental development*. New York: Macmillan.

Bales, R. F. (1950). *Interaction process analysis: A method for the study of small groups*. Reading, MA: Addison-Wesley.

Banaji, M. R., & Heiphetz, L. (2010). Attitudes. In S. T. Fiske, D. T. Gilbert, & G. Lindzey (Eds.), *Handbook of social psychology* (5th ed., Vol. 1, pp. 353–393). New York: Wiley.

Bandura, A. (1973). *Aggression: A social learning analysis*. Englewood Cliffs, NJ: Prentice Hall.

Bandura, A. (1977). *Social learning theory*. Englewood Cliffs, NJ: Prentice Hall.

Bandura, A. (1986). *Social foundations of thought and action: A social cognitive theory*. Englewood Cliffs, NJ: Prentice Hall.

Bandura, A. (1992). Exercise of personal agency through the self-efficacy mechanism. In R. Schwarzer (Ed.), *Self-efficacy: Thought control of action* (pp. 3–38). Washington: Hemisphere Press.

Bandura, A. (2002). Selective moral disengagement in the exercise of moral agency. *Journal of Moral Education, 312*, 101–119.

Bandura, A., Ross, D., & Ross, S. A. (1963). Imitation of film-mediated aggressive models. *Journal of Abnormal and Social Psychology, 66*, 3–11.

Bandura, A., & Walters, R. H. (1963). *Social learning and personality development*. New York: Holt, Rinehart & Winston.

Banks, W. C. (1976). White preference in Blacks: A paradigm in search of a phenomenon. *Psychological Bulletin, 83*, 1179–1186.

Banuazizi, A., & Movahedi, S. (1975). Interpersonal dynamics in a simulated prison: A methodological analysis. *American Psychologist, 30*, 152–160.

Bardi, A., & Schwartz, S. H. (2003). Values and behavior: Strength and structure of relations. *Personality and Social Psychology Bulletin, 29*, 1207–1220.

Bargh, J. A. (1984). Automatic and conscious processing of social information. In R. S. Wyer, Jr, & T. K. Srull (Eds.), *Handbook of social cognition* (Vol. 3, pp. 1–44). Hillsdale, NJ: Erlbaum.

Bargh, J. A. (1989). Conditional automaticity: Varieties of automatic influence in social perception and cognition. In J. S. Uleman & J. A. Bargh (Eds.), *Unintended thought* (pp. 3–51). New York: Guilford Press.

Bargh, J. A., Chaiken, S., Govender, R., & Pratto, F. (1992). The generality of the automatic attitude activation effect. *Journal of Personality and Social Psychology, 62*, 893–912.

Bargh, J. A., Lombardi, W. J., & Higgins, E. T. (1988). Automaticity of chronically accessible constructs in person X situation effects on person perception: It's just a matter of time. *Journal of Personality and Social Psychology, 55*, 599–605.

Bargh, J. A., & McKenna, K. Y. A. (2004). The internet and social life. *Annual Review of Psychology, 55*, 573–590.

Bargh, J. A., & Pratto, F. (1986). Individual construct accessibility and perceptual selection. *Journal of Experimental Social Psychology, 22*, 293–311.

Bargh, J. A., & Tota, M. E. (1988). Context-dependent automatic processing in depression: Accessibility of negative constructs with regard to self but not others. *Journal of Personality and Social Psychology, 54*, 925–939.

Bar-Hillel, M. (1980). The base-rate fallacy in probability judgements. *Acta Psychologica, 44*, 211–233.

Barjonet, P. E. (1980). L'influence sociale et des représentations des causes de l'accident de la route. *Le Travail Humain, 43*, 243–253.

Barlow, F. K., Paolini, S., Pedersen, A., Hornsey, M. J., Radke, H. R. M., Harwood, J., Rubin, M., & Sibley, C. G. (2012). The contact caveat: Negative contact predicts increased prejudice more than positive contact predicts reduced prejudice. *Personality and Social Psychology Bulletin, 38*, 1629–1643.

Barocas, R., & Gorlow, L. (1967). Self-report personality measurement and conformity behaviour. *Journal of Social Psychology, 71*, 227–234.

Baron, R. A. (1977). *Human aggression*. New York: Plenum.

Baron, R. A. (1979). Aggression, empathy, and race: Effects of victim's pain cues, victim's race, and level of instigation on physical aggression. *Journal of Applied Social Psychology, 9*, 103–114.

Baron, R. A. (1989). Personality and organisational conflict: The type A behavior pattern and self-monitoring. *Organisational Behavior and Human Decision Processes, 44*, 281–297.

Baron, R. A., & Bell, P. (1977). Sexual arousal and aggression by males: Effects of types of erotic stimuli and prior provocation. *Journal of Personality and Social Psychology, 35*, 79–87.

Baron, R. A., & Byrne, D. (1987). *Social psychology: Understanding human interaction* (5th ed.). Boston, MA: Allyn & Bacon.

Baron, R. A., & Byrne, D. (2000). *Social psychology: Under standing human interaction* (9th ed.). Boston, MA: Allyn & Bacon.

Baron, R. A., & Ransberger, V. M. (1978). Ambient temperature and the occurrence of collective violence: The 'long hot summer' revisited. *Journal of Personality and Social Psychology, 36*, 351–360.

Baron, R. A., & Richardson, D. R. (1994). *Human aggression* (2nd ed.). New York: Plenum.

Baron, R. S. (1986). Distraction–conflict theory: Progress and problems. *Advances in Experimental Social Psychology, 20*, 1–40.

Baron, R. S., & Kerr, N. (2003). *Group process, group decision, group action* (2nd ed.). Buckingham, UK: Open University Press.

Baron, R. S., & Roper, G. (1976). Reaffirmation of social comparison views of choice shifts: Averaging and extremity effects in an autokinetic situation. *Journal of Personality and Social Psychology, 33*, 521–530.

Barreto, M., & Ellemers, N. (2005). The burden of benevolent sexism: How it contributes to the maintenance of gender inequalities. *European Journal of Social Psychology, 35*, 633–642.

Barrett, L. F. (2006). Are emotions natural kinds? *Perspectives on Psychological Science, 1*, 28–58.

Barrett, M., & Short, J. (1992). Images of European people in a group of 5–10-year-old English school children. *British Journal of Developmental Psychology, 10*, 339–363.

Barrick, M. R., Day, D. V., Lord, R. G., & Alexander, R. A. (1991). Assessing the utility of executive leadership. *The Leadership Quarterly, 2*, 9–22.

Barron, F. (1953). Some personality correlates of independence of judgment. *Journal of Personality, 21*, 287–297.

Bar-Tal, D. (1976). *Prosocial behavior: Theory and research*. Washington, DC: Hemisphere Press.

Bartholow, B. D., Pearson, M. A., Gratton, G., & Fabiani, M. (2003). Effects of alcohol on person perception: A social cognitive neuroscience approach. *Journal of Personality and Social Psychology, 85*, 627–638.

Bartlett, F. C. (1923). *Psychology and primitive culture*. Cambridge, UK: Cambridge University Press.

Bartlett, F. C. (1932). *Remembering: A study in experiential and social psychology*. Cambridge, UK: Cambridge University Press.

Bartol, K. M., & Butterfield, D. A. (1976). Sex effects in evaluating leaders. *Journal of Applied Psychology, 61*, 446–454.

Bartsch, R. A., & Judd, C. M. (1993). Majority–minority status and perceived ingroup variability revisited. *European Journal of Social Psychology, 23*, 471–483.

Bass, B. M. (1985). *Leadership and performance beyond expectations*. New York: Free Press.

Bass, B. M., & Avolio, B. J. (1990). *Transformational leadership development: Manual for the Multifactor Leadership Questionnaire*. Palo Alto, CA: Consulting Psychologists Press.

Bastian, B., Jetten, J., Chen, H., Radke, H. R. M., Harding, J. F., & Fasoli, F. (2013). Losing our humanity: The self-dehumanizing consequences of social ostracism. *Personality and Social Psychology Bulletin, 39*, 156–169.

Bastian, B., Jetten, J., & Radke, H. R. M. (2012). Cyber-dehumanization: Violent video game play diminishes our humanity. *Journal of Experimental Social Psychology, 48*, 486–491.

Batson, C. D. (1983). Sociobiology and the role of religion in promoting prosocial behavior: An alternative view. *Journal of Personality and Social Psychology, 45*, 1380–1385.

Batson, C. D. (1991). *The altruism question: Toward a social-psychological answer.* Hillsdale, NJ: Lawrence Erlbaum.

Batson, C. D. (1994). Why act for the public good? Four answers. *Personality and Social Psychology Bulletin, 20*, 603–610.

Batson, C. D. (1998). Altruism and prosocial behaviour. In D. T. Gilbert, S. T. Fiske, & G. Lindzey (Eds.), *The handbook of social psychology* (4th ed., Vol. 2, pp. 282–316). New York: McGraw-Hill.

Batson, C. D., Ahmad, N., & Tsang, J. A. (2002). Four motives for community involvement. *Journal of Social Issues, 58*, 429–445.

Batson, C. D., Charng, J., Orr, R., & Rowland, J. (2002). Empathy, attitudes, and action: Can feeling for a member of a stigmatized group motivate one to help the group? *Personality and Social Psychology Bulletin, 28*, 1656–1666.

Batson, C. D., & Coke, J. S. (1981). Empathy: A source of altruistic motivation for helping? In J. P. Rushton & R. M. Sorrentino (Eds.), *Altruism and helping behavior: Social, personality, and developmental perspectives* (pp. 167–183). Hillsdale, NJ: Erlbaum.

Batson, C. D., Duncan, B., Ackerman, P., Buckley, T., & Birch, K. (1981). Is empathic emotion a source of altruistic motivation? *Journal of Personality and Social Psychology, 40*, 290–302.

Batson, C. D., Early, S., & Salvarani, G. (1997). Perspective taking: Imagining how another feels versus imagining how you would feel. *Personality and Social Psychology Bulletin, 23*, 751–758.

Batson, C. D., Eklund, J. H., Chermok, V. L., Hoyt, J. L., & Ortiz, B. G. (2007). An additional antecedent of empathic concern: Valuing the welfare of the person in need. *Journal of Personality and Social Psychology, 93*, 65–74.

Batson, C. D., & Oleson, K. C. (1991). Current status of the empathy–altruism hypothesis. In M. S. Clark (Ed.), *Prosocial behaviour* (pp. 62–85). Newbury Park, CA: SAGE.

Batson, C. D., Schoenrade, P., & Ventis, W. L. (1993). *Religion and the individual: A social-psychological perspective.* New York: Oxford University Press.

Batson, C. D., Sympson, S. C., Hindman, J. L., Decruz, P., Todd, R. M., Weeks, J. L., Jennings, G., & Burris, C. T. (1996). 'I've been there, too': Effect on empathy of prior experience with a need. *Personality and Social Psychology Bulletin, 22*, 474–482.

Batson, C. D., Van Lange, P. A. M., Ahmad, N., & Lishner, D. A. (2007). Altruism and helping behavior. In M. A. Hogg & J. Cooper (Eds.), *The SAGE handbook of social psychology: Concise student edition* (pp. 241–258). London: SAGE.

Battisch, V. A., Assor, A., Messé, L. A., & Aronoff, J. (1985). Personality and person perception. In P. Shaver (Ed.), *Review of personality and social psychology* (Vol. 6, pp. 185–208). Beverly Hills, CA: SAGE.

Baumeister, R. F. (1987). How the self became a problem: A psychological review of historical research. *Journal of Personality and Social Psychology, 52*, 163–176.

Baumeister, R. F. (1989). The optimal margin of illusion. *Journal of Social and Clinical Psychology, 8*, 176–189.

Baumeister, R. F. (1991). *Escaping the self: Alcoholism, spirituality, masochism, and other flights from the burden of selfhood.* New York: Basic Books.

Baumeister, R. F. (1998). The self. In D. T. Gilbert, S. T. Fiske, & G. Lindzey (Eds.), *Handbook of social psychology* (4th ed., Vol. 1, pp. 680–740). New York: McGraw-Hill.

Baumeister, R. F. (Ed.) (1993). *Self-esteem: The puzzle of low self-regard.* New York: Plenum.

Baumeister, R. F. (Ed.) (1999). *The self in social psychology.* Philadelphia, PA: Psychology Press.

Baumeister, R. F., Chesner, S. P., Senders, P. S., & Tice, D. M. (1988). Who's in charge here? Group leaders do lend help in emergencies. *Personality and Social Psychology Bulletin, 14*, 17–22.

Baumeister, R. F., & Covington, M. V. (1985). Self-esteem, persuasion, and retrospective distortion of initial attitudes. *Electronic Social Psychology, 1*, 1–22.

Baumeister, R. F., Dale, K., & Sommer, K. L. (1998). Freudian defense mechanisms and empirical findings in modern social psychology: Reaction formation, projection, displacement, undoing, isolation, sublimation, and denial. *Journal of Personality, 66*, 1081–1124.

Baumeister, R. F., & Darley, J. M. (1982). Reducing the biasing effect of perpetrator attractiveness in jury simulation. *Personality and Social Psychology Bulletin, 8*, 286–292.

Baumeister, R. F., & Leary, M. R. (1995). The need to belong: Desire for interpersonal attachments as a fundamental human motivation. *Psychological Bulletin, 117*, 497–529.

Baumeister, R. F., Smart, L., & Boden, J. M. (1996). Relation of threatened egotism to violence and aggression: The dark side of high self-esteem. *Psychological Review, 103*, 5–33.

Baumeister, R. F., & Sommer, K. L. (1997). What do men want? Gender differences and two spheres of belongingness: Comment on Cross and Madson. *Psychological Bulletin, 122*, 38–44.

Baumeister, R. F., Tice, D. M., & Hutton, D. G. (1989). Self-presentational motivations and personality differences in self-esteem. *Journal of Personality, 57*, 547–579.

Baumeister, R. F., & Vohs, K. D. (Eds.) (2007). *Encyclopedia of social psychology.* Thousand Oaks, CA: SAGE.

Baumeister, R. F., Zhang, L., & Vohs, K. D. (2004). Gossip as cultural learning. *Review of General Psychology, 8*, 111–121.

Baumgarten-Tramer, F. (1948). German psychologists and recent events. *Journal of Abnormal and Social Psychology, 43*, 452–465.

Baumrind, D. (1964). Some thoughts on ethics of research: After reading Milgram's 'Behavioral study of obedience'. *American Psychologist, 19*, 421–443.

Baumrind, D. (1985). Research using intentional deception: Ethical issues revisited. *American Psychologist, 40*, 165–174.

Bavelas, A. (1968). Communications patterns in task-oriented groups. In D. Cartwright & A. Zander (Eds.), *Group dynamics: Research and theory* (3rd ed., pp. 503–511). London: Tavistock.

Baxter, M. G., & Murray, E. A. (2002). The amygdala and reward. *Nature Reviews Neuroscience, 3*, 563–674.

Baxter, T. L., & Goldberg, L. R. (1988). Perceived behavioral consistency underlying trait attributions to oneself and another: An extension of the actor–observer effect. *Personality and Social Psychology Bulletin, 13*, 437–447.

Bayley, B., & Schechter, S. R. (Eds.) (2003). *Language socialization in bilingual and multilingual societies.* Clevedon, UK: Multilingual Matters.

Beattie, A. E., & Mitchell, A. A. (1985). The relationship between advertising recall and persuasion: An experimental investigation. In L. F. Alwitt & A. A. Mitchell (Eds.), *Psychological processes and advertising effects: Theory, research and applications.* Hillsdale, NJ: Erlbaum.

Beauvois, J. L., & Dubois, N. (1988). The norm of internality in the explanation of psychological events. *European Journal of Social Psychology, 18*, 299–316.

Beauvois, J. L., & Joule, R. V. (1996). *A radical dissonance theory.* London: Taylor & Francis.

Beck, L., & Ajzen, I. (1991). Predicting dishonest actions using the theory of planned behavior. *Journal of Research in Personality, 25*, 285–301.

Becker, J. C., & Tausch, N. (2015). A dynamic model of engagement in normative and non-normative collective action: Psychological antecedents, consequences, and barriers. *European Review of Social Psychology, 26*, 43–92.

Becker, O. A. (2013). Effects of similarity of life goals, values, and personality on relationship satisfaction and stability: Findings from a two-wave panel study. *Personal Relationships, 20*, 443–461.

Bègue, L., Subra, B., Arvers, P., Muller, D., Bricout, V., & Zorman, M. (2009). A message in a bottle: Extrapharmacological effects of alcohol on aggression. *Journal of Experimental Social Psychology, 45*, 137–142.

Bélanger, J. J., Caouette, J., Sharvit, K., & Dugas, M. (2014). The psychology of martyrdom: Making the ultimate sacrifice in the name of a cause. *Journal of Personality and Social Psychology, 107*, 494–515.

Belanger, S., & Pinard, M. (1991). Ethnic movements and the competition model: Some missing links. *American Sociological Review, 56*, 446–457.

Belch, G. E., & Belch, M. A. (2012). *Advertising and promotion: An integrated marketing communications perspective* (9th ed.). New York: McGraw-Hill.

Bell, D. A., & Chaibong, H. (2003). Introduction: The contemporary relevance of Confucianism. In D. A. Bell & H. Chaibong (Eds.), *Confucianism for the modern world* (pp. 1–28). New York: Cambridge University Press.

Bell, L. G., Wicklund, R. A., Manko, G., & Larkin, C. (1976). When unexpected behavior is attributed to the environment. *Journal of Research in Personality, 10*, 316–327.

Bell, M. (2013). *Hard feelings: The moral psychology of contempt*. New York: Oxford University Press.

Belsky, J. (1993). Etiology of child maltreatment: A developmental–ecological analysis. *Psychological Bulletin, 114*, 413–434.

Bem, D. J. (1967). Self perception: An alternative interpretation of cognitive dissonance. *Psychological Review, 74*, 183–200.

Bem, D. J. (1972). Self-perception theory. *Advances in Experimental Social Psychology, 6*, 1–62.

Bem, D. J., & Allen, A. A. (1974). On predicting some of the people some of the time: The search for cross-situational consistencies in behavior. *Psychological Review, 81*, 506–520.

Bem, D. J., & McConnell, H. K. (1970). Testing the self-perception explanation of dissonance phenomena: On the salience of premanipulation attitudes. *Journal of Personality and Social Psychology, 14*, 23–31.

Bem, S. L. (1981). Gender schema theory: A cognitive account of sex typing. *Psychological Review, 88*, 354–364.

Benedict, R. (1934). *Patterns of culture*. Boston, MA: Houghton Mifflin.

Bennett, E. B. (1955). Discussion, decision, commitment and consensus in group decision. *Human Relations, 8*, 25–73.

Bennett, M., & Sani, F. (Eds.) (2004). *The development of the social self*. New York: Psychology Press.

Benson, P. L., Karabenick, S. A., & Lerner, R. M. (1976). Pretty pleases: The effects of physical attractiveness, race, and sex on receiving help. *Journal of Experimental Social Psychology, 12*, 409–415.

Benton, A. A., & Druckman, D. (1974). Constituent's bargaining orientation and intergroup negotiations. *Journal of Applied Social Psychology, 4*, 141–150.

Bereket, T., & Adam, B. D. (2008). Navigating Islam and same-sex liaisons among men in Turkey. *Journal of Homosexuality, 55*, 204–222.

Berger, J., Fisek, M. H., Norman, R. Z., & Zelditch, M., Jr. (1977). *Status characteristics and social interaction*. New York: Elsevier.

Berger, J., Wagner, D., & Zelditch, M., Jr. (1985). Expectation states theory: Review and assessment. In J. Berger & M. Zelditch Jr (Eds.), *Status, rewards and influence* (pp. 1–72). San Francisco, CA: Jossey-Bass.

Berger, P. L. (1999). *The desecularization of the world: Resurgent religion and world politics*. Grand Rapids, MI: Eerdmans.

Berglas, S. (1987). The self-handicapping model of alcohol abuse. In H. T. Blane and K. E. Leonard (Eds.), *Psychological theories of drinking and alcoholism* (pp. 305–345). New York: Guilford Press.

Berglas, S., & Jones, E. E. (1978). Drug choice as a self- handicapping strategy in response to noncontingent success. *Journal of Personality and Social Psychology, 36*, 405–417.

Berkowitz, L. (1962). *Aggression: A social psychological analysis*. New York: McGraw-Hill.

Berkowitz, L. (1970). The self, selfishness and altruism. In J. Macaulay & L. Berkowitz (Eds.), *Altruism and helping behaviour*. New York: Academic Press.

Berkowitz, L. (1972a). Frustrations, comparisons, and other sources of emotion arousal as contributors to social unrest. *Journal of Social Issues, 28*, 77–91.

Berkowitz, L. (1972b). Social norms, feelings, and other factors affecting helping and altruism. *Advances in Experimental Social Psychology, 6*, 63–108.

Berkowitz, L. (1974). Some determinants of impulsive aggression: Role of mediated associations with reinforcements for aggression. *Psychological Review, 81*, 165–176.

Berkowitz, L. (1978). Decreased helpfulness with increased group size through lessening the effects of the needy individual's dependency. *Journal of Personality, 46*, 299–310.

Berkowitz, L. (1984). Some effects of thoughts on anti- and pro-social influences of media events: A cognitive-neo-association analysis. *Psychological Bulletin, 95*, 410–427.

Berkowitz, L. (1993). *Aggression: Its causes, consequences and control*. Philadelphia, PA: Temple University Press.

Berkowitz, L. (2012). A different view of anger: The cognitive-neoassociation conception of the relation of anger to aggression. *Aggressive Behavior, 38*, 322–333.

Berkowitz, L., & LePage, A. (1967). Weapons as aggression-eliciting stimuli. *Journal of Personality and Social Psychology, 7*, 202–207.

Berman, M., Gladue, B., & Taylor, S. (1993). The effects of hormones, type A behavior pattern, and provocation on aggression in men. *Motivation and Emotion, 17*, 125–138.

Bernard, M. M., Maio, G. R., & Olson, J. M. (2003). The vulnerability of values to attack: Inoculation of values and value-relevant attitudes. *Personality and Social Psychology Bulletin, 29*, 63–75.

Bernbach, W. (2002). *Bill Bernbach said*. New York: DDB Needham Worldwide.

Berns, G. S., Chappelow, J., Zink, C. F., Pagnoni, G., Martin-Skurski, M. E., & Richard, J. (2005). Neurobiological correlates of social conformity and independence during mental rotation. *Biological Psychiatry, 58*, 245–253.

Berry, J. W. (1967). Independence and conformity in subsistence level societies. *Journal of Personality and Social Psychology, 7*, 415–418.

Berry, J. W. (1984). Multicultural policy in Canada: A social psychological analysis. *Canadian Journal of Behavioural Science, 16*, 353–370.

Berry, J. W., Dasen, P. R., & Saraswathi, T. S. (Eds.) (1997). *Handbook of cross-cultural psychology, Vol. 2: Basic processes and human development* (2nd ed.). Needham Heights, MA: Allyn & Bacon.

Berry, J. W., Kim, U., Minde, T., & Mok, D. (1987). Comparative studies of acculturative stress. *International Migration Review, 21*, 491–511.

Berry, J. W., Poortinga, Y. P., & Pandey, J. (Eds.) (1997). *Handbook of cross-cultural psychology, Vol. 1: Theory and method* (2nd ed.). Needham Heights, MA: Allyn & Bacon.

Berry, J. W., Segall, M. H., and Kağitçibaşi, Ç. (Eds.) (1997). *Handbook of cross- cultural psychology* (2nd ed.). Boston, MA: Allyn and Bacon.

Berry, J. W., Trimble, J. E., & Olmedo, E. L. (1986). Assessment of acculturation. In W. J. Lonner & J. W. Berry (Eds.), *Field methods in cross-cultural research* (pp. 290–327). Beverly Hills, CA: SAGE.

Berscheid, E. (1994). Interpersonal relationships. *Annual Review of Psychology, 45*, 79–129.

Berscheid, E. (2010). Love in the fourth dimension. *Annual Review of Psychology, 61*, 1–25.

Berscheid, E., & Ammazzalorso, H. (2001). Emotional experience in close relationships. In G. J. O. Fletcher & M. Clark (Eds.), *Blackwell handbook of social psychology: Interpersonal processes* (pp. 253–278). Oxford, UK: Blackwell Publishers.

Berscheid, E., Graziano, W., Monson, T., & Dermer, M. (1976). Outcome dependency: Attention, attribution, and attraction. *Journal of Personality and Social Psychology, 34*, 978–989.

Berscheid, E., & Reis, H. T. (1998). Attraction and close relationships. In D. T. Gilbert, S. T. Fiske, & G. Lindzey (Eds.), *The handbook of social psychology* (4th ed., Vol. 2, pp. 193–281). New York: McGraw-Hill.

Bettleheim, B. (1969). *The children of the dream*. London: Thames and Hudson.

Betts, K. R., & Hinsz, V. B. (2013). Group marginalization: Extending research on interpersonal rejection to small groups. *Personality and Social Psychology Review, 17*, 355–370.

Bickman, L., & Green, S. K. (1977). Situational cues and crime reporting: Do signs make a difference? *Journal of Applied Social Psychology, 7*, 1–8.

Bickman, L., & Rosenbaum, D. P. (1977). Crime reporting as a function of bystander encouragement, surveillance, and credibility. *Journal of Personality and Social Psychology, 35*, 577–586.

Biener, L., & Abrams, D. (1991). The contemplation ladder: Validation of a measure of readiness to consider smoking cessation. *Health Psychology, 10*, 360–365.

Bierhoff, H.-W., & Rohmann, E. (2004). Altruistic personality in the context of the empathy–altruism hypothesis. *European Journal of Personality, 18*, 351–365.

Billig, M. (1973). Normative communication in a minimal inter-group situation. *European Journal of Social Psychology, 3*, 339–343.

Billig, M. (1976). *Social psychology and intergroup relations.* London: Academic Press.

Billig, M. (1978). *Fascists: A social psychological view of the National Front.* London: Harcourt Brace Jovanovich.

Billig, M. (1987). *Arguing and thinking: A rhetorical approach to social psychology.* Cambridge, UK: Cambridge University Press.

Billig, M. (1991). *Ideology and opinions: Studies in rhetorical psychology.* London: SAGE.

Billig, M. (1996). *Arguing and thinking: A rhetorical approach to social psychology.* Cambridge, UK: Cambridge University Press.

Billig, M. (2008). *The hidden roots of critical psychology.* London: Sage.

Billig, M., & Cochrane, R. (1979). Values of political extremists and potential extremists: A discriminant analysis. *European Journal of Social Psychology, 9*, 205–222.

Billig, M., & Tajfel, H. (1973). Social categorisation and similarity in intergroup behaviour. *European Journal of Social Psychology, 3*, 27–52.

Bilous, F. R., & Krauss, R. M. (1988). Dominance and accommodation in the conversational behaviours of same- and mixed-gender dyads. *Language and Communication, 8*, 183–194.

Birchmeier, Z., Dietz-Uhler, B., & Stasser, G. (Eds.) (2011). *Strategic uses of social technology: An interactionist perspective of social psychology.* Cambridge, UK: Cambridge University Press.

Birdwhistell, R. (1970). *Kinesics and context: Essays on body movement communication.* Philadelphia, PA: University of Pennsylvania Press.

Birnbaum, G. E., Reis, H. T., Mikulincer, M., Gillath, O., & Orpaz, A. (2006). When sex is more than just sex: Attach ment orientations, sexual experience, and relationship quality. *Journal of Personality and Social Psychology, 91*, 929–943.

Black, S. L., & Bevan, S. (1992). At the movies with Buss and Durkee: A natural experiment on film violence. *Aggressive Behavior, 18*, 37–45.

Blake, R. R., & Mouton, J. S. (1961). Reactions to intergroup competition under win/lose conditions. *Management Science, 7*, 420–435.

Blake, R. R., Shepard, H. A., & Mouton, J. S. (1964). *Managing intergroup conflict in industry.* Texas: Gulf Publishing.

Blankenship, K. L., & Holtgraves, T. (2005). The role of different markers of linguistic powerlessness in persuasion. *Journal of Language and Social Psychology, 24*, 3–24.

Blascovich, J. (2008). Challenge and threat. In A. J. Elliot (Ed.), *Handbook of approach and avoidance motivation* (pp. 431–446). New York: Erlbaum.

Blascovich, J., & Mendes, W. B. (2010). Social psychophysiology and embodiment. In S. T. Fiske, D. T. Gilbert, & G. Lindzey (Eds.), *Handbook of social psychology* (5th ed., Vol. 1, pp. 194–227). New York: Wiley.

Blascovich, J., & Seery, M. D. (2007). Visceral and somatic indexes of social psychological constructs. In A. W. Kruglanski & E. T. Higgins (Eds.), *Social psychology: Handbook of basic principles* (2nd ed., pp. 19–38). New York: Guilford Press.

Blascovich, J., & Tomaka, J. (1996). The biopsychosocial model of arousal regulation. *Advances in Experimental Social Psychology, 28*, 1–51.

Blass, T. (2004). *The man who shocked the world: The life and legacy of Stanley Milgram.* New York: Basic Books.

Bloom, L. (1970). *Language development: Form and function in emerging grammars.* Cambridge, MA: MIT Press.

Bluic, A. M., McGarty, C., Reynolds, K., & Muntele, D. (2007). Opinion-based group membership as a predictor of commitment to political action. *European Journal of Social Psychology, 37*, 19–32.

Blumenthal, M. D., Kahn, R. L., Andrews, F. M., & Head, K. B. (1972). *Justifying violence: Attitudes of American men.* Ann Arbor, MI: Institute for Social Research.

Blumer, H. (1969). *Symbolic interactionism: Perspective and method.* Englewood Cliffs, NJ: Prentice Hall.

Boas, F. (1911). *The mind of primitive man.* New York: Macmillan.

Boas, F. (1930). Anthropology. *Encyclopedia of the Social Sciences, 2*, 73–110.

Bochner, S., & Insko, C. A. (1966). Communicator discrepancy, source credibility, and opinion change. *Journal of Personality and Social Psychology, 4*, 614–621.

Bodenhausen, G. V., & Lichtenstein, M. (1987). Social stereotypes and information-processing strategies: The impact of task complexity. *Journal of Personality and Social Psychology, 52*, 871–880.

Bogardus, E. S. (1925). Measuring social distances. *Journal of Applied Sociology, 9*, 299–308.

Bohner, G., Bless, H., Schwarz, N., & Strack, F. (1988). What triggers causal attributions? The impact of valence and subjective probability. *European Journal of Social Psychology, 18*, 335–345.

Bohner, G., Chaiken, S., & Hunyadi, P. (1994). The role of mood and message ambiguity in the interplay of heuristic and systematic processing. Special issue: Affect in social judgments and cognition. *European Journal of Social Psychology, 24*, 207–221.

Bohner, G., Moskowitz, G. B., & Chaiken, S. (1995). The interplay of heuristic and systematic processing of social information. *European Review of Social Psychology, 6*, 33–68.

Bond, C. F., Jr. (1982). Social facilitation: A self-presentational view. *Journal of Personality and Social Psychology, 42*, 1042–1050.

Bond, C. F., Jr, & DePaulo, B. M. (2006). Accuracy of deception judgments. *Personality and Social Psychology Review, 10*, 214–234.

Bond, C. F., Jr, & Titus, L. J. (1983). Social facilitation: A meta-analysis of 241 studies. *Psychological Bulletin, 94*, 265–292.

Bond, M. H. (1996). Chinese values. In M. H. Bond (Ed.), *The handbook of Chinese psychology* (pp. 208–227). Hong Kong: Oxford University Press.

Bond, M. H. (2003). Marrying the dragon to the phoenix: Twenty-eight years of doing a psychology of the Chinese people. *Journal of Psychology in Chinese Societies, 4*, 269–283.

Bond, M. H. (2004). Culture and aggression: From context to coercion. *Personality and Social Psychology Review, 8*, 62–78.

Bond, M. H. (Ed.) (1988). *The cross-cultural challenge to social psychology.* Newbury Park, CA: SAGE.

Bond, M. H., & King, A. Y. C. (1985). Coping with the threat of Westernisation in Hong Kong. *International Journal of Intercultural Relations, 9*, 351–364.

Bond, M. H., & Komai, H. (1976). Targets of gazing and eye contact during interviews: Effects on Japanese nonverbal behaviour. *Journal of Personality and Social Psychology, 34*, 1276–1284.

Bond, R., & Smith, P. B. (1996). Culture and conformity: A meta-analysis of the Asch line judgment task. *Psychological Bulletin, 119*, 111–137.

Bonnes, M., & Secchiaroli, G. (1995). *Environmental psychology: A psycho-social introduction.* London: Sage.

Bonta, B. D. (1997). Cooperation and competition in peaceful societies. *Psychological Bulletin, 121*, 299–320.

Book, A. S., Starzyk, K. B., & Quinsey, V. L. (2001). The relationship between testosterone and aggression: A meta-analysis. *Aggression and Violent Behavior, 6*, 579–599.

Borden, R. J. (1980). Audience influence. In P. B. Paulus (Ed.), *Psychology of group influence* (pp. 99–131). Hillsdale, NJ: Erlbaum.

Bornstein, G., Crum, L., Wittenbraker, J., Harring, K., Insko, C. A., & Thibaut, J. (1983). On the measurement of social orientations in the minimal group paradigm. *European Journal of Social Psychology, 13*, 321–350.

Bornstein, R. F. (1989). Exposure and affect: Overview and meta-analysis of research, 1968–1987. *Psychological Bulletin, 106*, 265–289.

Bosveld, W., Koomen, W., & Vogelaar, R. (1997). Construing a social issue: Effects on attitudes and the false consensus effect. *British Journal of Social Psychology, 36*, 263–272.

Bothwell, R. K., Brigham, J. C., & Malpass, R. S. (1989). Cross-racial identification. *Personality and Social Psychology Bulletin, 15*, 19–25.

Bouas, K. S., & Komorita, S. S. (1996). Group discussion and cooperation in social dilemmas. *Personality and Social Psychology Bulletin, 22*, 1144–1150.

Bourhis, R. Y. (1984). *Conflict and language planning in Quebec.* Clevedon, UK: Multilingual Matters.

Bourhis, R. Y., & Giles, H. (1977). The language of intergroup distinctiveness. In H. Giles (Ed.), *Language, ethnicity and intergroup relations* (pp. 119–135). London: Academic Press.

Bourhis, R. Y., Giles, H., & Lambert, W. E. (1975). Social consequences of accommodating one's style of speech: A cross-national investigation. *International Journal of the Sociology of Language, 6,* 55–72.

Bourhis, R. Y., Giles, H., Leyens, J. P., & Tajfel, H. (1979). Psycholinguistic distinctiveness: Language divergence in Belgium. In H. Giles & R. St Clair (Eds.), *Language and social psychology* (pp. 158–185). Oxford, UK: Blackwell.

Bourhis, R. Y., Giles, H., & Rosenthal, D. (1981). Notes on the construction of a 'subjective vitality questionnaire' for ethnolinguistic groups. *Journal of Multilingual and Multicultural Development, 2,* 144–155.

Bourhis, R. Y., Sachdev, I., & Gagnon, A. (1994). Intergroup research with the Tajfel matrices: Methodological notes. In M. Zanna & J. Olson (Eds.), *The psychology of prejudice: The Ontario symposium* (Vol. 7, pp. 209–232). Hillsdale, NJ: Erlbaum.

Boutwell, B. B., Franklin, C. A., Barnes, J. C., & Beaver, K. M. (2011). Physical punishment and childhood aggression: The role of gender and gene–environment interplay. *Aggressive Behavior, 37,* 559–568.

Bowes, N., & McMurran, M. (2013). Cognitions supportive of violence and violent behavior. *Aggression and Violent Behavior, 18,* 660–665.

Bowlby, J. (1969). *Attachment and loss*: (Vol. 1) *Attachment*. London: Hogarth Press.

Bowlby, J. (1988). *A secure base: Parent–child attachment and healthy human development*. New York: Basic Books.

Bowles, H. R., & McGinn, K. L. (2005). Claiming authority: Negotiating challenges for women leaders. In D. M. Messick & R. M. Kramer (Eds.), *The psychology of leadership: New perspectives and research* (pp. 191–208). Mahwah, NJ: Erlbaum.

Bowman, C. H., & Fishbein, M. (1978). Understanding public reaction to energy proposals: An application of the Fishbein model. *Journal of Applied Social Psychology, 8,* 319–340.

Bradbury, T. N., & Karney, B. R. (2010). *Intimate relationships*. New York: Norton.

Branscombe, N. R., & Doosje, B. (Eds.) (2004). *Collective guilt: International perspectives*. Cambridge, UK: Cambridge University Press.

Branthwaite, A., Doyle, S., & Lightbown, N. (1979). The balance between fairness and discrimination. *European Journal of Social Psychology, 9,* 149–163.

Brauer, M., Judd, C. M., & Gliner, M. D. (1995). The effects of reoperated expressions on attitude polarization during group discussion. *Journal of Personality and Social Psychology, 68,* 1014–1029.

Bray, R. M., & Noble, A. M. (1978). Authoritarianism and decisions of mock juries: Evidence of jury bias and group polarization. *Journal of Personality and Social Psychology, 36,* 1424–1430.

Breakwell, G. M., & Canter, D. V. (1993). *Empirical approaches to social representations*. Oxford, UK: Clarendon Press.

Breaugh, J. A., & Klimoski, R. J. (1981). Social forces in negotiation simulations. *Personality and Social Psychology Bulletin, 7,* 290–295.

Breckler, S. J. (1984). Empirical validation of affect, behavior, and cognition as distinct components of attitude. *Journal of Personality and Social Psychology, 47,* 1191–1205.

Breckler, S. J., & Wiggins, E. C. (1989a). On defining attitude and attitude theory: Once more with feeling. In A. R. Pratkanis, S. J. Breckler, & A. G. Greenwald (Eds.), *Attitude structure and function* (pp. 407–427). Hillsdale, NJ: Erlbaum.

Breckler, S. J., & Wiggins, E. C. (1989b). Affect versus evaluation in the structure of attitudes. *Journal of Experimental Social Psychology, 25,* 253–271.

Breckler, S. J., Pratkanis, A. R., & McCann, C. D. (1991). The representation of self in multidimensional cognitive space. *British Journal of Social Psychology, 30,* 97–112.

Brehm, J. W. (1966). *A theory of psychological reactance*. New York: Academic Press.

Brennan, K. A., & Shaver, P. R. (1995). Dimensions of adult attachment, affect regulation, and romantic relationship functioning. *Personality and Social Psychology Bulletin, 21,* 267–283.

Brewer, M. B. (1981). Ethnocentrism and its role in interpersonal trust. In M. B. Brewer & B. Collins (Eds.), *Scientific inquiry and the social sciences* (pp. 345–360). San Francisco, CA: Jossey-Bass.

Brewer, M. B. (1988). A dual process model of impression formation. In T. K. Srull & R. S. Wyer (Eds.), *Advances in social cognition: A dual process model of impression formation* (Vol. 1, pp. 1–36). Hillsdale, NJ: Erlbaum.

Brewer, M. B. (1991). The social self: On being the same and different at the same time. *Personality and Social Psychology Bulletin, 17,* 475–482.

Brewer, M. B. (1994). Associated systems theory: If you buy two representational systems, why not many more? In R. Wyer & T. Srull (Eds.), *Advances in social cognition* (Vol. 7, pp. 141–147). Hillsdale, NJ: Erlbaum.

Brewer, M. B. (2001). The many faces of social identity: Implications for political psychology. *Political Psychology, 22,* 115–125.

Brewer, M. B. (2003). *Intergroup relations* (2nd ed.). Philadelphia, PA: Open University Press.

Brewer, M. B. (2007). The social psychology of intergroup relations: Social categorization, ingroup bias, and outgroup prejudice. In A. W. Kruglanski & E. T. Higgins (Eds.), *Social psychology: Handbook of basic principles* (2nd ed., pp. 785–804). New York: Guilford Press.

Brewer, M. B., & Campbell, D. T. (1976). *Ethnocentrism and intergroup attitudes: East African evidence*. New York: Halsted-Press (Sage).

Brewer, M. B., & Chen, Y-R. (2007). Where (who) are collectives in collectivism? Toward conceptual clarification of individualism and collectivism. *Psychological Review, 114,* 133–151.

Brewer, M. B., Dull, V., & Lui, L. (1981). Perceptions of the elderly: Stereotypes as prototypes. *Journal of Personality and Social Psychology, 41,* 656–670.

Brewer, M. B., & Gardner, W. (1996). Who is this 'We'? Levels of collective identity and self representation. *Journal of Personality and Social Psychology, 71,* 83–93.

Brewer, M. B., & Kramer, R. M. (1986). Choice behavior in social dilemmas: Effects of social identity, group size, and decision framing. *Journal of Personality and Social Psychology, 50,* 543–549.

Brewer, M. B., & Lui, L. L. (1989). The primacy of age and sex in the structure of person categories. *Social Cognition, 7,* 262–274.

Brewer, M. B., & Miller, N. (1996). *Intergroup relations*. Buckingham, UK: Open University Press.

Brewer, M. B., & Pierce, K. P. (2005). Social identity complexity and outgroup tolerance. *Personality and Social Psychology Bulletin, 31,* 428–437.

Brewer, M. B., & Schneider, S. (1990). Social identity and social dilemmas: A double-edged sword. In D. Abrams & M. A. Hogg (Eds.), *Social identity theory: Constructive and critical advances* (pp. 169–184). London: Harvester Wheatsheaf.

Brickner, M. A., Harkins, S. G., & Ostrom, T. M. (1986). Effects of personal involvement: Thought provoking implications of social loafing. *Journal of Personality and Social Psychology, 51,* 763–770.

Brief, A. P., Dukerich, J. M., & Doran, L. I. (1991). Resolving ethical dilemmas in management: Experimental investigation of values, accountability, and choice. *Journal of Applied Social Psychology, 21,* 380–396.

Brigham, J. C. (1971). Ethnic stereotypes. *Psychological Bulletin, 76,* 15–38.

Brigham, J. C., & Barkowitz, P. B. (1978). Do 'they all look alike'? The effect of race, sex, experience and attitudes on the ability to recognise face. *Journal of Applied Social Psychology, 8,* 306–318.

Brigham, J. C., & Malpass, R. S. (1985). The role of experience and contact in the recognition of faces of own- and other-race persons. *Journal of Social Issues, 41,* 139–156.

Brinthaupt, T. M., Moreland, R. L., & Levine, J. M. (1991). Sources of optimism among prospective group members. *Personality and Social Psychology Bulletin, 17,* 36–43.

Brislin, R. W. (1987). Cross-cultural psychology. In R. J. Corsini (Ed.), *Concise encyclopedia of psychology* (pp. 274–287). New York: Wiley.

Britell, J. K. (1981). Ethics courses are making slow inroads. *New York Times, Education Section,* 26 April, p. 44.

Broadbent, D. E. (1985). *Perception and communication*. London: Pergamon Press.

Brockner, J., Chen, Y-R., Mannix, E. A., Leung, K., & Skarlicki, D. P. (2000). Culture and procedural fairness: When the effects of what you do depend on how you do it. *Administrative Science Quarterly, 45,* 138–159.

Brockner, J., & Wiesenfeld, B. M. (1996). The interactive impact of procedural and outcome fairness on reactions to a decision: The effects of what you do depend on how you do it. *Psychological Bulletin, 120,* 189–208.

Broverman, I. K., Broverman, D. M., Clarkson, F., Rosencrantz, P. S., & Vogel, S. (1970). Sex-role stereotypes and clinical judgments of mental health. *Journal of Consulting and Clinical Psychology, 34,* 1–7.

Broverman, I. K., Vogel, S. R., Broverman, D. M., Clarkson, F. E., & Rosenkrantz, P. S. (1972). Sex-role stereotypes and clinical judgments of mental health: A current appraisal. *Journal of Social Issues, 28,* 59–78.

Brown, J. D. (2012). Understanding the better than average effect: Motives (still) matter. *Personality and Social Psychology Bulletin, 38,* 209–219.

Brown, M. E., Treviño, L. K., & Harrison, D. A. (2005). Ethical leadership: A social Learning perspective for construct development and testing. *Organizational Behavior and Human Decision Processes, 97,* 1127–1134.

Brown, P., & Fraser, C. (1979). Speech as a marker of situation. In K. R. Scherer & H. Giles (Eds.), *Social markers in speech* (pp. 33–108). Cambridge, UK: Cambridge University Press.

Brown, R. (1965). *Social psychology.* New York: Free Press.

Brown, R. (1986). *Social psychology* (2nd ed.). New York: Free Press.

Brown, R., & Fish, D. (1983). The psychological causality implicit in language. *Cognition, 14,* 237–273.

Brown, R., Gonzalez, R., Zagefka, H., Manzi, J., & Cehajic, S. (2008). Nuestra Culpa: Collective guilt and shame as predictors of reparation for historical wrongdoing. *Journal of Personality and Social Psychology, 94,* 75–90.

Brown, R. J. (1978). Divided we fall: An analysis of relations between sections of a factory workforce. In H. Tajfel (Ed.), *Differentiation between social groups: Studies in the social psychology of intergroup relations* (pp. 395–429). London: Academic Press.

Brown, R. J. (1995). *Prejudice: Its social psychology.* Oxford, UK: Blackwell.

Brown, R. J. (1996). Tajfel's contribution to the reduction of intergroup conflict. In W. P. Robinson (Ed.), *Social groups and identities: Developing the legacy of Henri Tajfel* (pp. 169–189). Oxford, UK: Butterworth-Heinemann.

Brown, R. J. (2000). *Group processes* (2nd ed.). Oxford, UK: Blackwell.

Brown, R. J., & Abrams, D. (1986). The effects of intergroup similarity and goal interdependence on intergroup attitudes and task performance. *Journal of Experimental Social Psychology, 22,* 78–92.

Brown, R. J., & Gaertner, S. (Eds.) (2001). *Blackwell handbook of social psychology: Intergroup processes.* Oxford, UK: Blackwell.

Brown, R. J., & Hewstone, M. (2005). An integrative theory of intergroup contact. *Advances in Experimental Social Psychology, 37,* 255–343.

Brown, R. J., Hinkle, S., Ely, P. C., Fox-Cardamone, L., Maras, P., & Taylor, L. A. (1992). Recognising group diversity: Individualist–collectivist and autonomous–relational social orientations and their implications for intergroup processes. *British Journal of Social Psychology, 31,* 327–342.

Brown, R. J., & Turner, J. C. (1981). Interpersonal and intergroup behaviour. In J. C. Turner & H. Giles (Eds.), *Intergroup behaviour* (pp. 33–65). Oxford, UK: Blackwell.

Brown, R. J., & Wade, G. S. (1987). Superordinate goals and intergroup behavior: The effects of role ambiguity and status on intergroup attitudes and task performance. *European Journal of Social Psychology, 17,* 131–142.

Brown, R. P., Imura, M., & Mayeux, L. (2014). Honor and the stigma of mental healthcare. *Personality and Social Psychology Bulletin, 40,* 1119–1131.

Brumbaugh, C. C., & Fraley, R. C. (2006). Transference and attachment: How do attachment patterns get carried forward from one relationship to the next? *Personality and Social Psychology Bulletin, 32,* 552–560.

Bruner, J. (1990) *Acts of meaning.* Cambridge, MA: Harvard University Press.

Bruner, J. S. (1957). On perceptual readiness. *Psychological Review, 64,* 123–152.

Bruner, J. S. (1958). Social psychology and perception. In E. E. Maccoby, T. M. Newcomb, & E. L. Hartley (Eds.), *Readings in social psychology* (3rd ed., pp. 85–94). New York: Henry Holt & Co.

Bruner, J. S., & Goodman, C. C. (1947). Value and need as organising factors in perception. *Journal of Abnormal and Social Psychology, 42,* 33–44.

Bruner, J. S., & Tagiuri, R. (1954). The perception of people. In G. Lindzey (Ed.), *Handbook of social psychology* (Vol. 2, pp. 634–654). Reading, MA: Addison-Wesley.

Brunswik, E. (1956). *Perception and the representative design of psychological experiments* (2nd ed.). Berkeley, CA: University of California Press.

Bryan, J. H., & Test, M. A. (1967). Models and helping: Naturalistic studies in aiding behavior. *Journal of Personality and Social Psychology, 6,* 400–407.

Bryman, A. (1992). *Charisma and leadership in organizations.* London: SAGE.

Buchanan, G. M., & Seligman, M. E. P. (1995). *Explanatory style.* Hillsdale, NJ: Erlbaum.

Buchanan, P. J. (1987). AIDS and moral bankruptcy. *New York Post,* 2 December, p. 23.

Buck, R. (2011). Communicative genes in the evolution of empathy and altruism. *Behavior Genetics, 41,* 876–888.

Buck, R., & Ginsburg, B. (1991). Spontaneous communication and altruism: The communicative gene hypothesis. In M. S. Clark (Ed.), *Prosocial behaviour* (pp. 149–175). Newbury Park, CA: SAGE.

Buckley, K. E., & Anderson, C. A. (2006). A theoretical model of the effects and consequences of playing video games. In P. Vorderer & J. Bryant (Eds.), *Playing video games: Motives, responses, and consequences* (pp. 363–378). Mahwah, NJ: Erlbaum.

Buckner, H. T. (1965). A theory of rumour transmission. *Public Opinion Quarterly, 29,* 54–70.

Budd, R. J., North, D., & Spencer, C. (1984). Understanding seat-belt use: A test of Bentler and Speckart's extension of the 'theory of reasoned action'. *European Journal of Social Psychology, 14,* 69–78.

Buford, B. (1993). *Among the thugs.* New York: Vintage.

Bugental, D. B. (2005). Interdisciplinary insights on nonverbal responses within attachment relationships *Journal of Nonverbal Behavior, 29,* 177–186.

Bugental, D. E., Love, L. R., & Gianetto, R. M. (1971). Perfidious feminine faces. *Journal of Personality and Social Psychology, 17,* 314–318.

Buhrmester, M., Kwang, T., & Gosling, S.D. (2011). Amazon's mechanical turk: A new source of inexpensive, yet high-quality data? *Perspectives on Psychological Science, 5,* 3–5.

Bulman, R. J., & Wortman, C. B. (1977). Attributions of blame and coping in the 'real world': Severe accident victims react to their lot. *Journal of Personality and Social Psychology, 35,* 351–363.

Bunge, C. (1903). *Principes de psychologie individuelle et sociale.* Paris: Alcan.

Burger, J. M. (1981). Motivational biases in the attribution of responsibility for an accident: A meta-analysis of the defensive attribution hypothesis. *Psychological Bulletin, 90,* 496–513.

Burger, J. M. (2009). Replicating Milgram: Would people still obey today? *American Psychologist, 64,* 1–11.

Burgoon, J. K., Buller, D. B., & Woodall, W. G. (1989). *Nonverbal communication: The unspoken dialogue.* New York: Harper and Row.

Burgoon, M., Pfau, M., & Birk, T. S. (1995). An inoculation theory explanation for the effects of corporate issue/advocacy advertising campaigns. *Communication Research, 22,* 485–505.

Buriel, R. (1987). Ethnic labelling and identity among Mexican Americans. In J. S. Phinney & M. J. Rotheram (Eds.), *Children's ethnic socialization: Pluralism and development* (pp. 134–152). Newbury Park, CA: SAGE.

Burnham, W. H. (1910). The group as a stimulus to mental activity. *Science, 31,* 761–767.

Burns, J. M. (1978). *Leadership.* New York: Harper & Row.

Burnstein, E., Crandall, C., & Kitayama, S. (1994). Some neo-Darwinian decision rules for altruism: Weighing cues for inclusive fitness as a function of the biological importance of the decision. *Journal of Personality and Social Psychology, 67,* 773–789.

Burnstein, E., & McRae, A. (1962). Some effects of shared threat and prejudice in racially mixed groups. *Journal of Abnormal and Social Psychology, 64,* 257–263.

Burnstein, E., & Vinokur, A. (1977). Persuasive argumentation and social comparison as determinants of attitude polarization. *Journal of Experimental Social Psychology, 13,* 315–332.

Bushman, B. J. (1984). Perceived symbols of authority and their influence on compliance. *Journal of Applied Social Psychology, 14,* 501–508.

Bushman, B. J. (1988). The effects of apparel on compliance: A field experiment with a female authority figure. *Personality and Social Psychology Bulletin, 14,* 459–467.

Bushman, B. J. (2002). Does venting anger feed or extinguish the flame? Catharsis, rumination, distraction, anger, and aggressive responding. *Personality and Social Psychology Bulletin, 28,* 724–731.

Bushman, B. J., & Anderson, C. A. (2002). Violent video games and hostile expectations: A test of the general aggression model. *Personality and Social Psychology Bulletin, 28,* 1679–1686.

Bushman, B. J., & Baumeister, R. F. (1998). Threatened egotism, narcissism, self-esteem, and direct and displaced aggression: Does self-love or self-hate lead to violence? *Journal of Personality and Social Psychology, 75,* 219–229.

Bushman, B. J., Baumeister, R. F., & Stack, A. D. (1999). Catharsis, aggression, and persuasive influence: Self-fulfilling or self-defeating prophecies? *Journal of Personality and Social Psychology, 76,* 367–376.

Bushman, B. J., & Bonacci, A. M. (2002). Violence and sex impair memory for television ads. *Journal of Applied Psychology, 87,* 557–564.

Bushman, B. J., & Cooper, H. M. (1990). Effects of alcohol on human aggression: An integrative research review. *Psychological Bulletin, 107,* 341–354.

Bushman, B. J., & Huesmann, L. R. (2001). Effects of televised violence on aggression. In D. Singer (Ed.), *Handbook of children and the media* (pp. 223–254). Thousand Oaks, CA: SAGE.

Bushman, B. J., & Huesmann, L. R. (2010). Aggression. In S. T. Fiske, D. T. Gilbert, & G. Lindzey (Eds.), *Handbook of social psychology* (5th ed., Vol. 2, pp. 833–863). New York: Wiley.

Bushman, B. J., & Stack, A. D. (1996). Forbidden fruit versus tainted fruit: Effects of warning labels on attraction to television violence. *Journal of Experimental Psychology: Applied, 2,* 207–226.

Buss, A. H. (1961). *The psychology of aggression.* New York: Wiley.

Buss, D. M. (2003). *The evolution of desire: Strategies of human mating* (rev. ed.). New York: Free Press.

Buss, D. M., & Duntley, J. D. (2011). The evolution of intimate partner violence. *Aggression and Violent Behavior, 16,* 411–419.

Buss, D. M., & Kenrick, D. T. (1998). Evolutionary social psychology. In D. T. Gilbert, S. T. Fiske, & G. Lindzey (Eds.), *The handbook of social psychology* (4th ed., Vol. 2, pp. 982–1026). New York: McGraw-Hill.

Buss, D. M., & Reeve, H. K. (2003). Evolutionary psychology and developmental dynamics: Comment on Lickliter and Honeycutt (2003). *Psychological Bulletin, 129,* 848–853.

Buss, D. M., & Schmitt, D. P. (1993). Sexual strategies theory: An evolutionary perspective on human mating. *Psychological Review, 100,* 204–232.

Butera, F., Mugny, G., Legrenzi, P., & Pérez, J. A. (1996). Majority and minority influence, task representation and inductive reasoning. *British Journal of Social Psychology, 35,* 123–136.

Byrd, R. E. (1938). *Alone.* New York: Putnam.

Byrne, D. (1971). *The attraction paradigm.* New York: Academic Press.

Byrne, D., & Clore, G. L. (1970). A reinforcement model of evaluative responses. *Personality: An International Journal, 1,* 103–128.

Byrne, D., & Wong, T. J. (1962). Racial prejudice, interpersonal attraction, and assumed dissimilarity of attitudes. *Journal of Abnormal and Social Psychology, 65,* 246–252.

Cacioppo, J. T., & Petty, R. E. (1979). Attitudes and cognitive response: An electrophysiological approach. *Journal of Personality and Social Psychology, 37,* 2181–2199.

Cacioppo, J. T., & Petty, R. E. (1981). Electromyograms as measures of extent and affectivity of information processing. *American Psychologist, 36,* 441–456.

Cacioppo, J. T., & Petty, R. E. (1982). The need for cognition. *Journal of Personality and Social Psychology, 42,* 116–131.

Cacioppo, J. T., & Tassinary, L. G. (1990). Inferring psychological significance from physiological signals. *American Psychologist, 45,* 16–28.

Cadinu, M., Maass, A., Rosabianca, A., & Kiesner, J. (2005). Why do women underperform under stereotype threat? Evidence for the role of negative thinking. *Psychological Science, 16,* 572–578.

Calder, B. J., & Ross, M. (1973). *Attitudes and behavior.* Morristown, NJ: General Learning Press.

Calhoun, J. B. (1962). Population density and social pathology. *Scientific American, 206,* 139–148.

Callaway, M. R., & Esser, J. K. (1984). Groupthink: Effects of cohesiveness and problem-solving procedures on group decision making. *Social Behavior and Personality, 12,* 157–164.

Callaway, M. R., Marriott, R. G., & Esser, J. K. (1985). Effects of dominance on group decision making: Towards a stress-reduction explanation of groupthink. *Journal of Personality and Social Psychology, 49,* 949–952.

Campbell, A. (1993). *Men, women, and aggression.* New York: HarperCollins.

Campbell, D. T. (1957). Factors relevant to the validity of experiments in social settings. *Psychological Bulletin, 54,* 297–312.

Campbell, D. T. (1958). Common fate, similarity, and other indices of the status of aggregates of persons as social entities. *Behavioral Science, 3,* 14–25.

Campbell, D. T. (1975). On the conflict between biological and social evolution and between psychology and moral tradition. *American Psychologist, 30,* 1103–1126.

Campbell, J. D. (1986). Similarity and uniqueness: The effects of attribute type, relevance, and individual differences in self-esteem and depression. *Journal of Personality and Social Psychology, 50,* 281–294.

Campbell, J. D. (1990). Self-esteem and clarity of the self-concept. *Journal of Personality and Social Psychology, 59,* 538–549.

Campbell, J. D., & Fairey, P. J. (1985). Effects of self-esteem, hypothetical explanations, and verbalisations of expectancies on future performance. *Journal of Personality and Social Psychology, 48,* 1097–1111.

Campbell, J. D., & Fairey, P. J. (1989). Informational and normative routes to conformity: The effect of faction size as a function of norm extremity and attention to the stimulus. *Journal of Personality and Social Psychology, 57,* 457–468.

Campbell, J. D., Tesser, A., & Fairey, P. J. (1986). Conformity and attention to the stimulus: Some temporal and contextual dynamics. *Journal of Personality and Social Psychology, 51,* 315–324.

Campbell, L., Simpson, J. A., Kashy, D. A., & Fletcher, G. J. O. (2001). Ideal standards, the self, and flexibility of ideals in close relationships. *Personality and Social Psychology Bulletin, 27,* 447–462.

Campbell, M. C., & Keller, K. L. (2003). Brand familiarity and advertising repetition effects. *Journal of Consumer Research, 30,* 292–304.

Cannavale, F. J., Scarr, H. A., & Pepitone, A. (1970). Deindividuation in the small group: Further evidence. *Journal of Personality and Social Psychology, 16,* 141–147.

Cantor, N., & Kihlstrom, J. F. (1987). *Personality and social intelligence.* Englewood Cliffs, NJ: Prentice Hall.

Cantor, N., & Mischel, W. (1977). Traits as prototypes: Effects on recognition memory. *Journal of Personality and Social Psychology, 35,* 38–48.

Cantor, N., & Mischel, W. (1979). Prototypes in person perception. *Advances in Experimental Social Psychology, 12,* 3–52.

Caplow, T. (1947). Rumours in war. *Social Forces, 25,* 298–302.

Caporael, L. R. (2007). Evolutionary theory for social and cultural psychology. In A. W. Kruglanski & E. T. Higgins (Eds.), *Social psychology: Handbook of basic principles* (2nd ed., pp. 3–18). New York: Guilford Press.

Caporael, L. R., Dawes, R., Orbell, J., & Van de Kragt, A. (1989). Selfishness examined: Cooperation in the absence of egoistic incentives. *Behavioral and Brain Sciences, 12,* 683–699.

Caporael, L. R., Lukaszewski, M. P., & Cuthbertson, G. H. (1983). Secondary baby talk: Judgments by institutionalized elderly and their caregivers. *Journal of Personality and Social Psychology, 44,* 746–754.

Cappella, J. N., & Palmer, M. (1993). The structure and organisation of verbal and non-verbal behavior: Data for models of production. In H. Giles & W. P. Robinson (Eds.), *Handbook of language and social psychology* (pp. 141–161). Oxford, UK: Pergamon Press.

Caprara, G. V., Alessandri, G., & Eisenberg, N. (2012). Prosociality: The contribution of traits, values, and self-efficacy beliefs. *Journal of Personality and Social Psychology, 102*, 1289–1303.

Carli, L. L. (1990). Gender, language, and influence. *Journal of Personality and Social Psychology, 59*, 941–951.

Carlsmith, J. M., & Anderson, C. A. (1979). Ambient temperature and the occurrence of collective violence: A new analysis. *Journal of Personality and Social Psychology, 37*, 337–344.

Carlsmith, J. M., & Gross, A. E. (1969). Some effects of guilt on compliance. *Journal of Personality and Social Psychology, 11*, 232–239.

Carlson, M., Marcus-Newhall, A., & Miller, N. (1989). Evidence for a general construct of aggression. *Personality and Social Psychology Bulletin, 15*, 377–389.

Carlyle, T. (1841). *On heroes, hero-worship, and the heroic.* London: Fraser.

Carnagey, N. L., Anderson, C. A., & Bushman, B. J. (2007). The effect of video game violence on physiological desensitization to real-life violence. *Journal of Experimental Social Psychology, 43*, 489–496.

Carnaghi, A., Maas, A., Gresta, S., Bianchi, M., Cardinu, M., & Arcuri, L. (2008). *Nomina sunt omna*: On the inductive potential of nouns and adjectives in person perception. *Journal of Personality and Social Psychology, 94*, 839–859.

Carnevale, P. J., & Leung, K. (2001). Cultural dimensions of negotiation. In M. A. Hogg & R. S. Tindale (Eds.), *Blackwell handbook of social psychology: Group processes* (pp. 482–496). Oxford, UK: Blackwell.

Carnevale, P. J. D., Pruitt, D. G., & Britton, S. D. (1979). Looking tough: The negotiator under constituent surveillance. *Personality and Social Psychology Bulletin, 5*, 118–121.

Carrithers, M., Collins, S., & Lukes, S. (Eds.) (1986). *The category of the person.* Cambridge, UK: Cambridge University Press.

Carroll, J. S., Bazerman, M. H., & Maury, R. (1988). Negotiator cognitions: A descriptive approach to negotiators' understanding of their opponents. *Organizational Behavior and Human Decision Processes, 41*, 352–370.

Carter, L. F., & Nixon, M. (1949). An investigation of the relationship between four criteria of leadership ability for three different tasks. *The Journal of Psychology, 27*, 245–261.

Cartwright, D. (1968). The nature of group cohesiveness. In D. Cartwright & A. Zander (Eds.), *Group dynamics: Research and theory* (3rd ed., pp. 91–109). London: Tavistock.

Cartwright, D., & Harary, F. (1956). Structural balance: A generalisation of Heider's theory. *Psychological Review, 63*, 277–293.

Cartwright, E. (2011). *Behavioral economics.* New York: Routledge.

Cartwright, E. (2014). *Behavioral economics* (2nd ed.). New York: Routledge.

Cartwright, S., & Schoenberg, R. (2006). Thirty years of mergers and acquisitions research: Recent advances and future opportunities. *British Journal of Management, 17*, S1–S5.

Carver, C. S., & Glass, D. C. (1978). Coronary-prone behavior pattern and interpersonal aggression. *Journal of Personality and Social Psychology, 36*, 361–366.

Carver, C. S., Glass, D. C., & Katz, I. (1977). Favorable evaluations of Blacks and the disabled: Positive prejudice, unconscious denial, or social desirability. *Journal of Applied Social Psychology, 8*, 97–106.

Carver, C. S., & Scheier, M. F. (1981). *Attention and self-regulation: A control theory approach to human behavior.* New York: Springer.

Cary, M. S. (1978). The role of gaze in the initiation of conversation. *Social Psychology, 41*, 269–271.

Casas, J. M., Ponterotto, J. G., & Sweeney, M. (1987). Stereotyping the stereotyper: A Mexican American perspective. *Journal of Cross-cultural Psychology, 18*, 45–57.

Caspi, A., & Gorsky, P. (2006). Online deception: Prevalence, motivation, and emotion. *Cyber Psychology and Behavior, 9*, 54–59.

Castano, E., Yzerbyt, V., & Bourgignon, D. (2003). We are one and I like it: The impact of group entitativity on group identification. *European Journal of Social Psychology, 33*, 735–754.

Catalano, R., Novaco, R., & McConnell, W. (1997). A model of the net effect of job loss on violence. *Journal of Personality and Social Psychology, 72*, 1440–1447.

Chacko, T. I. (1982). Women and equal employment opportunity: Some unintended effects. *Journal of Applied Psychology, 67*, 119–123.

Chaffee, S. H., Jackson-Beeck, M., Durall, J., & Wilson, D. (1977). Mass communication in political communication. In S. A. Renshon (Ed.), *Handbook of political socialization: Theory and research* (pp. 223–258). New York: Free Press.

Chaiken, S. (1979). Communicator physical attractiveness and persuasion. *Journal of Personality and Social Psychology, 37*, 1387–1397.

Chaiken, S. (1983). Physical appearance variables and social influence. In C. P. Herman, E. T. Higgins, & M. P. Zanna (Eds.), *Physical appearance, stigma, and social behavior: Third Ontario symposium* (pp. 143–178). Hillsdale, NJ: Erlbaum.

Chaiken, S. (1987). The heuristic model of persuasion. In M. P. Zanna, J. M. Olsen, & C. P. Herman (Eds.), *Social influence: The Ontario symposium* (Vol. 5, pp. 3–39). Hillsdale, NJ: Erlbaum.

Chaiken, S., & Eagly, A. H. (1983). Communication modality as a determinant of persuasion: The role of communicator salience. *Journal of Personality and Social Psychology, 45*, 241–256.

Chaiken, S., Liberman, A., & Eagly, A. H. (1989). Heuristic and systematic processing within and beyond the persuasion context. In J. S. Uleman & J. A. Bargh (Eds.), *Unintended thought* (pp. 215–252). New York: Guilford Press.

Chaiken, S., & Maheswaran, D. (1994). Heuristic processing can bias systematic processing: Effects of source credibility, argument ambiguity, and task importance on attitude judgement. *Journal of Personality and Social Psychology, 66*, 460–473.

Chance, J. E. (1985). *Faces, folklore, and research hypotheses.* Presidential address to the Midwestern Psychological Association convention, Chicago.

Chandra, S. (1973). The effects of group pressure in perception: A cross-cultural conformity study. *International Journal of Psychology, 8*, 37–39.

Chaplin, W. F., John, O. P., & Goldberg, L. R. (1988). Conceptions of states and traits: Dimensional attributes with ideals as prototypes. *Journal of Personality and Social Psychology, 54*, 541–557.

Chapman, L. J. (1967). Illusory correlation in observational report. *Journal of Verbal Learning and Verbal Behavior, 6*, 151–155.

Charng, H.-W., Piliavin, J. A., & Callero, P. L. (1988). Role identity and reasoned action in the prediction of repeated behavior. *Social Psychology Quarterly, 51*, 303–317.

Chemers, M. M. (2001). Leadership effectiveness: An integrative review. In M. A. Hogg & R. S. Tindale (Eds.), *Blackwell handbook of social psychology: Group processes* (pp. 376–399). Oxford, UK: Blackwell.

Chen, H., Yates, B. T., & McGinnies, E. (1988). Effects of involvement on observers' estimates of consensus, distinctiveness, and consistency. *Personality and Social Psychology Bulletin, 14*, 468–478.

Chen, S., Boucher, H. C., & Tapias, M. P. (2006). The relational self revealed: Integrative conceptualization and implications for interpersonal life. *Psychological Bulletin, 132*, 151–179.

Chen, S., Chen, K. Y., & Shaw, L. (2004). Self-verification motives at the collective level of self-definition. *Journal of Personality and Social Psychology, 86*, 77–94.

Cherek, D. R., Schnapp, W., Moeller, F., & Dougherty, D. M. (1996). Laboratory measures of aggressive responding in male parolees with violent and nonviolent histories. *Aggressive Behaviour, 22*, 27–36.

Chesler, P. (1972). *Women and madness.* Garden City, NY: Doubleday.

Chichinadze, K., Chichinadze, N., & Lazarashvili, A. (2011). Hormonal and neurochemical mechanisms of aggression and a new classification of aggressive behavior. *Aggression and Violent Behavior, 16*, 461–471.

Chidester, T. R. (1986). Problems in the study of inter-racial interaction: Pseudo-interracial dyad paradigm. *Journal of Personality and Social Psychology, 50*, 74–79.

Child, I. L. (1954). Socialization. In G. Lindzey (Ed.), *The handbook of social psychology* (Vol. 2, pp. 655–692). Cambridge, MA: Addison-Wesley.

Chisango, T., Mayekiso, T., & Thomae, M. (2015). The social nature of benevolent sexism and the antisocial nature of hostile sexism: Is benevolent sexism more likely to manifest in public contexts and hostile sexism in private contexts? *International Journal of Psychology, 50*, 363–371.

Chiu, C.-Y., & Hong, Y.-Y. (2007). Cultural processes: Basic principles. In A. W. Kruglanski & E. T. Higgins (Eds.), *Social psychology: Handbook of basic principles* (2nd ed., pp. 785–804). New York: Guilford Press.

Choi, I., & Choi, Y. (2002). Culture and self-concept flexibility. *Personality and Social Psychology Bulletin, 28,* 1508–1517.

Choi, I., & Nisbett, R. E. (2000). Cultural psychology of surprise: Holistic theories and recognition of contradiction. *Journal of Personality and Social Psychology, 79,* 890–905.

Chomsky, N. (1957). *Syntactic structures.* The Hague: Mouton.

Chomsky, N. (1959). Verbal behavior [review of Skinner's book]. *Language, 35,* 26–58.

Chow, R. M., Lowery, B. S., & Hogan, C. M. (2013). Appeasement: Whites' strategic support for affirmative action. *Personality and Social Psychology Bulletin, 39,* 332–345.

Christensen, L. (1988). Deception in psychological research: When is its use justified? *Personality and Social Psychology Bulletin, 14,* 664–675.

Christie, R., & Jahoda, M. (Eds.) (1954). *Studies in the scope and method of 'the authoritarian personality'.* New York: Free Press.

Christopherson, K. M. (2007). The positive and negative implications of anonymity in internet social interactions: "On the internet, nobody knows you're a dog." *Computers in Human Behavior, 23,* 3038–3056.

Christy, C. A., & Voigt, H. (1994). Bystander responses to public episodes of child abuse. *Journal of Applied Social Psychology, 24,* 824–847.

Chryssochoou, X. (2000). The representation(s) of a new superordinate category: Studying the stereotype of the European in the context of European integration. *European Psychologist, 5,* 269–277.

Chryssochoou, X. (2004). *Cultural diversity: Its social psychology.* Oxford, UK: Blackwell.

Cialdini, R. B., Borden, R. J., Thorne, A., Walker, M. R., Freeman, S., & Sloan, L. R. (1976). Basking in reflected glory: Three (football) field studies. *Journal of Personality and Social Psychology, 34,* 366–375.

Cialdini, R. B., Cacioppo, J. T., Bassett, R., & Miller, J. A. (1978). Low-balling procedure for producing compliance: Commitment then cost. *Journal of Personality and Social Psychology, 36,* 463–476.

Cialdini, R. B., Darby, B. L., & Vincent, J. E. (1973). Transgression and altruism: A case for hedonism. *Journal of Personality and Social Psychology, 9,* 502–516.

Cialdini, R. B., & Goldstein, N. J. (2004). Social influence: Compliance and conformity. *Annual Review of Psychology, 55,* 591–621.

Cialdini, R. B., Kallgren, C. A., & Reno, R. R. (1991). A focus theory of normative conduct: Theoretical refinement and reevaluation of the role of norms in human behavior. *Advances in Experimental Social Psychology, 21,* 201–234.

Cialdini, R. B., & Kenrick, D. T. (1976). Altruism as hedonism: A social development perspective on the relationship of negative mood state and helping. *Journal of Personality and Social Psychology, 34,* 907–914.

Cialdini, R. B., & Petty, R. E. (1979). Anticipatory opinion effects. In R. Petty, T. Ostrom, & T. Brock (Eds.), *Cognitive responses in persuasion.* Hillsdale, NJ: Erlbaum.

Cialdini, R. B., & Trost, M. R. (1998). Social influence: Social norms, conformity, and compliance. In D. T. Gilbert, S. T. Fiske, & G. Lindzey (Eds.), *The handbook of social psychology* (4th ed., Vol. 2, pp. 151–192). New York: McGraw-Hill.

Cialdini, R. B., Trost, M. R., & Newsom, J. T. (1995). Preference for consistency: The development of a valid measure and the discovery of surprising behavioral implications. *Journal of Personality and Social Psychology, 69,* 318–328.

Cialdini, R. B., Vincent, J. E., Lewis, S. K., Catalan, J., Wheeler, D., & Darby, B. L. (1975). Reciprocal concessions procedure for inducing compliance: The door-in-the-face technique. *Journal of Personality and Social Psychology, 31,* 206–215.

Cinnirella, M. (1997). Towards a European identity? Interactions between the national and European social identities manifested by university students in Britain and Italy. *British Journal of Social Psychology, 36,* 19–31.

Citrin, J., Green, D. P., Muste, C., & Wong, C. (1997). Public opinion toward immigration reform: The role of economic motivations. *The Journal of Politics, 59,* 858–881.

Citrin, J., Wong, C., & Duff, B. (2001). The meaning of American national identity: Patterns of ethnic conflict and consensus. In R. D. Ashmore, L. Jussim & D. Wilder (Eds.), *Social identity, intergroup conflict, and conflict reduction* (Vol. 3, pp. 71–100). New York: Oxford University Press.

Claes, J. A., & Rosenthal, D. M. (1990). Men who batter women: A study in power. *Journal of Family Violence, 5,* 215–224.

Clark, H. H. (1985). Language use and language users. In G. Lindzey & E. Aronson (Eds.), *Handbook of social psychology* (3rd ed., Vol. 2, pp. 179–232). New York: Random House.

Clark, K. B., & Clark, M. P. (1939a). The development of consciousness of self and the emergence of racial identification in Negro preschool children. *Journal of Social Psychology, 10,* 591–599.

Clark, K. B., & Clark, M. P. (1939b). Segregation as a factor in the racial identification of Negro preschool children. *Journal of Experimental Education, 8,* 161–163.

Clark, K. B., & Clark, M. P. (1940). Skin color as a factor in racial identification and preference in Negro children. *Journal of Negro Education, 19,* 341–358.

Clark, M. S. (Ed.) (1991). *Prosocial behavior.* Thousand Oaks, CA: SAGE.

Clark, M. S., & Grote, N. K. (1998). Why aren't indices of relationship costs always negatively related to indices of relationship quality? *Personality and Social Psychology Review, 2,* 2–17.

Clark, M. S., & Lemay, E. P., Jr. (2010). Close relationships. In S. T. Fiske, D. T. Gilbert, & G. Lindzey (Eds.), *Handbook of social psychology* (5th ed., Vol. 2, pp. 898–940). New York: Wiley.

Clark, N. K., & Stephenson, G. M. (1989). Group remembering. In P. B. Paulus (Ed.), *Psychology of group influence* (2nd ed., pp. 357–391). Hillsdale, NJ: Erlbaum.

Clark, N. K., & Stephenson, G. M. (1995). Social remembering: Individual and collaborative memory for social information. *European Review of Social Psychology, 6,* 127–160.

Clark, N. K., Stephenson, G. M., & Rutter, D. R. (1986). Memory for a complex social discourse: The analysis and prediction of individual and group remembering. *Journal of Memory and Language, 25,* 295–313.

Clark, R. D., III, & Word, I. E. (1974). Where is the apathetic bystander? Situational characteristics of the emergency. *Journal of Personality and Social Psychology, 29,* 279–287.

Clark, T. N. (1969). *Gabriel Tarde: On communication and social influence.* Chicago: University of Chicago Press.

Clary, E. G., & Snyder, M. (1991). A functional analysis of altruism and prosocial behaviour: The case of volunteerism. In M. S. Clarke (Ed.), *Prosocial behaviour* (pp. 119–147). Newbury Park, CA: SAGE.

Clary, E. G., & Snyder, M. (1999). Considerations of community: The context and process of volunteerism. *Current Directions in Psychological Science, 8,* 156–159.

Clément, R. (1980). Ethnicity, contact and communication competence in a second language. In H. Giles, W. P. Robinson, & P. M. Smith (Eds.), *Language: Social psychological perspectives* (pp. 147–154). Oxford, UK: Pergamon Press.

Clore, G. L. (1976). Interpersonal attraction: An overview. In J. W. Thibaut, J. T. Spence, & R. C. Carson (Eds.), *Contemporary topics in social psychology* (pp. 135–175). Morristown, NJ: General Learning Press.

Clore, G. L., & Byrne, D. (1974). A reinforcement–affect model of attraction. In T. L. Huston (Ed.), *Foundations of interpersonal attraction* (pp. 143–165). New York: Academic Press.

Clover, C. (2004). *The end of the line: How over-fishing is changing the world and what we eat.* London: Ebury Press.

Clyne, M. G. (1981). 'Second generation' foreigner talk in Australia. *International Journal of the Sociology of Language, 28,* 69–80.

Coates, B., Pusser, H. E., & Goodman, I. (1976). The influence of 'Sesame Street' and 'Mister Rogers' Neighbourhood' on children's prosocial behavior in preschool. *Child Development, 47,* 138–144.

Coch, L., & French, J. R. P., Jr (1948). Overcoming resistance to change. *Human Relations, 1,* 512–532.

Codol, J.-P. (1975). On the so-called 'superior conformity of the self' behaviour: Twenty experimental investigations. *European Journal of Social Psychology, 5,* 457–501.

Cohen, D. (2001). Cultural variation: Considerations and implications. *Psychological Bulletin, 127,* 451–471.

Cohen, D., & Nisbett, R. E. (1997). Field experiments examining the culture of honor: The role of institutions in perpetuating norms about violence. *Personality and Social Psychology Bulletin, 23,* 1188–1199.

Cohen, D., Nisbett, R. E., Bowdle, B. F., & Schwarz, N. (1996). Insult, aggression, and the southern culture of honor: An "experimental ethnography". *Journal of Personality and Social Psychology, 70,* 945–960.

Cohen-Kettenis, P. T., & Van Goozen, S. H. M. (1997). Sex reassignment of adolescent transsexuals: A follow-up study. *Journal of the American Academy of Child and Adolescent Psychiatry, 36,* 263–271.

Cohn, C. (1987). Nuclear language. *Bulletin of the Atomic Scientists,* June, 17–24.

Cohn, E. G. (1993). The prediction of police calls for service: The influence of weather and temporal variables on rape and domestic violence. *Journal of Environmental Psychology, 13,* 71–83.

Cohn, E. G., & Rotton, J. (1997). Assault as a function of time and temperature: A moderator-variable time-series analysis. *Journal of Personality and Social Psychology, 72,* 1322–1334.

Cohn, E. G., & Rotton, J. (2005). The curve is still out there: A reply to Bushman, Wang, and Anderson's (2005) 'is the curve relating temperature to aggression linear or curvilinear?' *Journal of Personality and Social Psychology, 89,* 67–70.

Cohn, N. (1966). *Warrant for genocide: The myth of the Jewish world conspiracy and the Protocol of the Elders of Zion.* New York: Harper & Row.

Cohn, N. (1975). *Europe's inner demons: An enquiry inspired by the great witch hunt.* London: Chatto.

Cole, M. (1996). *Cultural psychology: A once and future discipline.* Cambridge, MA: Belknap Press.

Collins, B. E. (1974). Four separate components of the Rotter I–E sale: Belief in a difficult world, a just world, a predictable world, and a politically responsive world. *Journal of Personality and Social Psychology, 29,* 381–391.

Collins, B. E., & Raven, B. H. (1969). Group structure: Attraction, coalitions, communication, and power. In G. Lindzey & E. Aronson (Eds.), *Handbook of social psychology* (Vol. 4, pp. 102–204). Reading, MA: Addison-Wesley.

Collins, N. L., Kane, H. S., Metz, M. A., Cleveland, C., Khan, C., et al. (2014). Psychological, physiological, and behavioral responses to a partner in need: The role of compassionate love. *Journal of Social and Personal Relationships, 31,* 601–629.

Collins, N. L., & Miller, L. C. (1994). Self-disclosure and liking: A meta-analytic review. *Psychological Bulletin, 116,* 457–475.

Colvin, C. R., & Block, J. (1994). Do positive illusions foster mental health? An examination of the Taylor and Brown formulation. *Psychological Bulletin, 116,* 3–20.

Colvin, C. R., Block, J., & Funder, D. C. (1995). Overly positive evaluations and personality: Negative implications for mental health. *Journal of Personality and Social Psychology, 68,* 1152–1162.

Comrie, B., Matthews, S., & Polinsky, M. (Eds.) (2003). *The atlas of languages* (Rev. ed.). New York: Facts on File.

Condor, S. (1988). Race stereotypes and racist discourse. *Text, 8,* 69–90.

Condor, S. (1996). Social identity and time. In W. P. Robinson (Ed.), *Social groups and identities: Developing the legacy of Henri Tajfel* (pp. 285–315). Oxford, UK: Butterworth-Heinemann.

Condor, S. (2006). Temporality and collectivity: Diversity, history and rhetorical construction of national entitativity. *British Journal of Social Psychology, 45,* 657–682.

Condry, J. (1977). Enemies of exploration: Self-initiated versus other-initiated learning. *Journal of Personality and Social Psychology, 35,* 459–477.

Conger, J. A., & Kanungo, R. N. (1998). *Charismatic leadership in organizations.* Thousand Oaks, CA: SAGE.

Conley, T. D., Collins, B. E., & Garcia, D. (2000). Perceptions of women condom proposers among Chinese Americans, Japanese Americans, and European Americans, *Journal of Applied Social Psychology, 30,* 389–406.

Conley, T. D., Ziegler, A., Moors, A. C., Matsick, J. L., & Valentine, B. (2012). A critical examination of popular assumptions about the benefits and outcomes of monogamous relationships. *Personality and Social Psychology Review, 17,* 124–141.

Connell, R. W. (1972). Political socialization in the American family: The evidence reexamined. *Public Opinion Quarterly, 36,* 323–333.

Conner, M., Lawton, R., Parker, D., Chorlton, K., Manstead, A. S. R., & Stradling, S. (2007). Application of the theory of planned behavior to the prediction of objectively assessed breaking of posted speed limits. *British Journal of Psychology, 98,* 429–453.

Conner, M., Norman, P., & Bell, R. (2002). The theory of planned behavior and healthy eating. *Health Psychology, 21,* 194–201.

Conner, M., Warren, R., Close, S., & Sparks, P. (1999). Alcohol consumption and the theory of planned behaviour: An examination of the cognitive mediation of past behaviour. *Journal of Applied Social Psychology, 28,* 1676–1704.

Cook, S. W. (1978). Interpersonal and attitudinal outcomes in cooperating interracial groups. *Journal of Research and Development in Education, 12,* 97–113.

Cook, S. W. (1985). Experimenting on social issues: The case of school desegregation. *American Psychologist, 40,* 452–460.

Cooke, R., & Sheeran, P. (2004). Moderation of cognition–intention and cognition–behaviour relations: A meta-analysis of properties of variables from the theory of planned behaviour. *British Journal of Social Psychology, 43,* 159–186.

Cooper, A., & Smith, E. S. (2011). *Homicide trends in the United States, 1980–2008.* Washington, DC: US Department of Justice. Retrieved 15 May 2017 from https://www.bjs.gov/content/pub/pdf/htus8008.pdf.

Cooper, H. M. (1979). Statistically combining independent studies: Meta-analysis of sex differences in conformity. *Journal of Personality and Social Psychology, 37,* 131–146.

Cooper, J. (1999). Unwanted consequences and the self: In search of the motivation for dissonance reduction. In E. Harmon-Jones & J. Mills (Eds.), *Cognitive dissonance: Progress on a pivotal theory in social psychology* (pp. 149–174). Washington, DC: American Psychological Association.

Cooper, J. (2007). *Cognitive dissonance: 50 years of a classic theory.* London: SAGE.

Cooper, J., & Axsom, D. (1982). Effort justification in psychotherapy. In G. Weary & H. Mirels (Eds.), *Integrations of Clinical and Social Psychology.* London: Oxford University Press.

Cooper, J., & Croyle, R. T. (1984). Attitudes and attitude change. *Annual Review of Psychology, 35,* 395–426.

Cooper, J., & Fazio, R. H. (1984). A new look at dissonance theory. *Advances in Experimental Social Psychology, 17,* 229–265.

Cooper, J., & Hogg, M. A. (2007). Feeling the anguish of others: A theory of vicarious dissonance. *Advances in Experimental Social Psychology, 39,* 359–403.

Copeland, G. A. (1989): Face-ism and primetime television. *Journal of Broadcasting & Electronic Media, 33,* 209–214.

Corballis, M. C. (1999). The gestural origins of language. *American Scientist, 87,* 138–145.

Corballis, M. C. (2004). The origins of modernity: Was autonomous speech the critical factor? *Psychological Review, 111,* 543–552.

Cordery, J. L., Mueller, W. S., & Smith, L. M. (1991). Attitudinal and behavioral effects of autonomous group working: A longitudinal field study. *Academy of Management Journal, 34,* 464–476.

Corneille, O., Klein, O., Lambert, S., & Judd, C. M. (2002). On the role of familiarity with units of measurement in categorical accentuation: Tajfel and Wilkes (1963) revisited and replicated. *Psychological Science, 13*(4), 380–383.

Correa, T., Hinsley, A. W., & de Zúñiga, H. G. (2010). Who interacts on the Web? The intersection of users' personality and social media use. *Computers in Human Behavior, 26,* 247–253.

Corsianos, M. (2007). Mainstream pornography and "women": Questioning sexual agency. *Critical Sociology, 33,* 863–885.

Cortes, B. P., Demoulin, S., Rodriguez, R. T., Rodriguez, A. P., & Leyens, J.-P. (2005). Infrahumanization or familiarity? Attribution of uniquely human emotions to the self, the ingroup, and the outgroup. *Personality and Social Psychology Bulletin, 31,* 253–263.

Cose, E. (1993). *Rage of a privileged class.* New York: HarperCollins.

Costanzo, P. R. (1970). Conformity development as a function of self-blame. *Journal of Personality and Social Psychology, 14,* 366–374.

Cotton, S., Cunningham, J. D., & Antill, J. (1993). Network structure, network support and the marital satisfaction of husbands and wives. *Australian Journal of Psychology, 45,* 176–181.

Cottrell, C. A., Neuberg, S. L., & Li, N. P. (2007). What do people desire in others? A sociofunctional perspective on the importance of different valued characteristics. *Journal of Personality and Social Psychology, 92*, 208–231.

Cottrell, N. B. (1972). Social facilitation. In C. McClintock (Ed.), *Experimental social psychology* (pp. 185–236). New York: Holt, Rinehart & Winston.

Cottrell, N. B., Wack, D. L., Sekerak, G. J., & Rittle, R. H. (1968). Social facilitation of dominant responses by the presence of others. *Journal of Personality and Social Psychology, 9*, 245–250.

Counselman, E. (1991). Leadership in a long-term leaderless women's group. *Small Group Research, 22*, 240–257.

Coupland, N., Bishop, H., Evans, B., & Garrett, P. (2006). Imagining Wales and the Welsh language: Ethnolinguistic subjectivities and demographic flow. *Journal of Language and Social Psychology, 25*, 351–376.

Coupland, N., Coupland, J., Giles, H., & Henwood, K. (1988). Accommodating the elderly: Invoking and extending a theory. *Language in Society, 17*, 1–41.

Courtright, J. A. (1978). A laboratory investigation of groupthink. *Communication Monographs, 45*, 229–246.

Covell, K., Dion, K. L., & Dion, K. K. (1994). Gender differences in evaluations of tobacco and alcohol advertisements. *Canadian Journal of Behavioural Science, 26*, 404–420.

Cowen, W. L., Landes, J., & Schaet, D. E. (1958). The effects of mild frustration on the expression of prejudiced attitudes. *Journal of Abnormal and Social Psychology, 58*, 33–38.

Coyne, S. M., Linder, J. R., Nelson, D. A., & Gentile, D. A. (2012). "Frenemies, fraitors, and mean-em-aitors": Priming effects of viewing physical and relational aggression in the media on women. *Aggressive behavior, 38*, 141–149.

Cozby, P. C. (1973). Self-disclosure: A literature review. *Psychological Bulletin, 79*, 73–91.

Craddock, A. (1980). The impact of social change on Australian families. *Australian Journal of Sex, Marriage and the Family, 1*, 4–14.

Cramer, R. E., McMaster, M. R., Bartell, P. A., & Dragna, M. (1988). Subject competence and minimization of the bystander effect. *Journal of Applied Social Psychology, 18*, 1133–1148.

Crandall, C. S. (1994). Prejudice against fat people: Ideology and self-interest. *Journal of Personality and Social Psychology, 66*, 882–894.

Crandall, C. S., Bahns, A. J., Warner, R., & Schaller, M. (2011). Stereotypes as justifications of prejudice. *Personality and Social Psychology Bulletin, 37*, 1488–1498.

Crandall, C. S., D'Anello, S., Sakalli, N., Lazarus, E., Nejtardt, G. W., & Feather, N. T. (2001). An attribution-value model of prejudice: Anti-fat attitudes in six nations. *Personality and Social Psychology Bulletin, 27*, 30–37.

Crandall, C. S., Nierman, A., & Hebl, M. (2009). Anti-fat prejudice. In T. D. Nelson (Ed.), *Handbook of prejudice, stereotyping and discrimination* (pp 469–488). New York: Psychology Press.

Crano, W. D. (2001). Social influence, social identity, and ingroup leniency. In C. W. K. de Dreu & N. K. de Vries (Eds.), *Group consensus and minority influence: Implications for innovation* (pp. 122–143). Oxford, UK: Blackwell.

Crano, W. D., & Alvaro, E. M. (1998). The context/comparison model of social influence: Mechanisms, structure, and linkages that underlie indirect attitude change. *European Review of Social Psychology, 8*, 175–202.

Crano, W. D., & Brewer, M. B. (2015). *Principles and methods of social research* (3rd ed.). New York: Routledge.

Crano, W. D., & Chen, X. (1998). The leniency contract and persistence of majority and minority influence. *Journal of Personality and Social Psychology, 74*, 1437–1450.

Crano, W. D., & Prislin, R. (2006). Attitudes and persuasion. *Annual Review of Psychology, 57*, 345–374.

Crano, W. D., & Seyranian, V. (2009). How minorities prevail: The context/comparison-leniency contract model. *Journal of Social Issues, 65*, 335–363.

Crawford, M. (Ed.) (1995). *Talking difference: On gender and language*. London: SAGE.

Crick N., & Grotpeter J. 1995. Relational aggression, gender and social psychological adjustment. *Child Development, 66*, 710–722.

Crisp, R. J., & Abrams, D. (2008). Improving intergroup attitudes and reducing stereotype threat: An integrated contact model. *European Review of Social Psychology, 19*, 242–284.

Crisp, R. J., Ensari, N., Hewstone, M., & Miller, N. (2003). A dual-route model of crossed categorization effects. *European Review of Social Psychology, 13*, 35–74.

Crisp, R. J., & Hewstone, M. (2007). Multiple social categorization. *Advances in Experimental Social Psychology, 39*, 163–254.

Crisp, R. J., & Turner, R. N. (2012). The imagined contact hypothesis. *Advances in Experimental Social Psychology, 46*, 125–182.

Crocker, J. (1981). Judgement of covariation by social perceivers. *Psychological Bulletin, 90*, 272–292.

Crocker, J., Alloy, L. B., & Kayne, N. T. (1988). Attributional style, depression, and perceptions of consensus for events. *Journal of Personality and Social Psychology, 54*, 840–846.

Crocker, J., Fiske, S. T., & Taylor, S. E. (1984). Schematic bases of belief change. In J. R. Eiser (Ed.), *Attitudinal judgment* (pp. 197–226). New York: Springer.

Crocker, J., & Luhtanen, R. (1990). Collective self-esteem and ingroup bias. *Journal of Personality and Social Psychology, 58*, 60–67.

Crocker, J., & Major, B. (1989). Social stigma and self-esteem: The self-protective properties of stigma. *Psychological Review, 96*, 608–630.

Crocker, J., & Major, B. (1994). Reactions to stigma: The moderating role of justifications. In M. P. Zanna & J. M. Olson (Eds.), *The psychology of prejudice: The Ontario symposium* (Vol. 7, pp. 289–314). Hillsdale, NJ: Erlbaum.

Crocker, J., Major, B., & Steele, C. (1998). Social stigma. In D. T. Gilbert, S. T. Fiske, & G. Lindzey (Eds.), *The handbook of social psychology* (4th ed., Vol. 2, pp. 504–553). New York: McGraw-Hill.

Crockett, W. H. (1965). Cognitive complexity and impression formation. In B. A. Maher (Ed.), *Progress in experimental personality research* (Vol. 2, pp. 47–90). New York: Academic Press.

Croft, A., Schmader, T., & Block, K. (2015). An underexamined inequality: Cultural and psychological barriers to men's engagement with communal roles. *Personality and Social Psychology Review, 19*, 343–370.

Crosby, F. (1982). *Relative deprivation and working women*. New York: Oxford University Press.

Crosby, F. (1984). The denial of personal discrimination. *American Behavioral Scientist, 27*, 371–386.

Crosby, F., Bromley, S., & Saxe, L. (1980). Recent unobtrusive studies of black and white discrimination and prejudice: A literature review. *Psychological Bulletin, 87*, 546–563.

Crosby, F., Cordova, D., & Jaskar, K. (1993). On the failure to see oneself as disadvantaged: Cognitive and emotional components. In M. A. Hogg & D. Abrams (Eds.), *Group motivation: Social psychological perspectives* (pp. 87–104). London: Harvester Wheatsheaf.

Crosby, F., Pufall, A., Snyder, R. C., O'Connell, M., & Whalen, P. (1989). The denial of personal disadvantage among you, me, and all the other ostriches. In M. Crawford & M. Gentry (Eds.), *Gender and thought* (pp. 79–99). New York: Springer.

Cross, C. P., & Campbell, A. (2011). Women's aggression. *Aggression and Violent Behavior, 16*, 390–398.

Cross, K. P. (1977). Not can but will college teaching be improved? *New Directions for Higher Education, 17*, 1–15.

Cross, S. E., Bacon, P. L., & Morris, M. L. (2000). The relational–interdependent self-construal and relationships. *Journal of Personality and Social Psychology, 78*, 791–808.

Cross, S. E., & Madson, L. (1997). Models of the self: Self-construals and gender. *Psychological Bulletin, 122*, 5–37.

Cross, W. E. (1987). A two-factor theory of black identity: Implications for the study of identity development in minority children. In J. S. Phinney & M. J. Rotheram (Eds.), *Children's ethnic socialization: Pluralism and development* (pp. 117–133). Beverly Hills, CA: SAGE.

Crusco, A. H., & Wetzel, C. G. (1984). The Midas touch: The effects of interpersonal touch on restaurant tipping. *Personality and Social Psychology Bulletin, 10*, 512–517.

Crutchfield, R. A. (1955). Conformity and character. *American Psychologist, 10*, 191–198.

Csikszentmihalyi, M., & Nakamura, J. (2011). Positive psychology: Where did it come from, where is it going? In K. M. Sheldon, T. B. Kashdan, & M. F. Steger (Eds.), *Designing positive psychology* (pp. 2–9). New York: Oxford University Press.

Cuddy, A. J. C., Fiske, S., & Glick, P. (2008). Warmth and competence as universal dimensions of social perception: The stereotype content model and the BIAS map. *Advances in Experimental Social Psychology, 40*, 61–149.

Cunningham, M. R. (1979). Weather, mood, and helping behavior: Quasi-experiments with the sunshine samaritan. *Journal of Personality and Social Psychology, 37*, 1947–1956.

Cunningham, W. A., Preacher, K. J., & Banaji, M. R. (2001). Implicit attitude measures: Consistency, stability, and convergent validity. *Psychological Science, 12*, 163–170.

Cutrona, C. E., Russell, D., & Jones, R. D. (1985). Cross-situational consistency in causal attributions: Does attributional style exist? *Journal of Personality and Social Psychology, 47*, 1043–1058.

Cvetkovich, G., & Löfstedt, R. E. (Eds.) (1999). *Social trust and the management of risk*. London: Earthscan.

Czopp, A. M., & Monteith, M. J. (2006). Thinking well of African Americans: Measuring complimentary stereotypes and negative prejudice. *Basic and Applied Social Psychology, 28*, 233–250.

Dakof, G. A., & Taylor, S. E. (1990). Victims' perceptions of social support: What is helpful from whom? *Journal of Personality and Social Psychology, 58*, 80–89.

Dansereau, F., Jr, Graen, G., & Haga, W. J. (1975). A vertical dyad linkage approach to leadership within formal organizations: A longitudinal investigation of the role-making process. *Organizational Behavior and Human Performance, 13*, 46–78.

Darley, J. M. (1991). Altruism and prosocial behavior: Reflections and prospects. In M. S. Clark (Ed.), *Prosocial behavior* (pp. 312–327). Newbury Park, CA: SAGE.

Darley, J. M., & Batson, C. D. (1973). From Jerusalem to Jericho: A study of situational and dispositional variables in helping behavior. *Journal of Personality and Social Psychology, 27*, 100–108.

Darley, J. M., & Latané, B. (1968). Bystander intervention in emergencies: Diffusion of responsibility. *Journal of Personality and Social Psychology, 8*, 377–383.

Darlington, R. B., & Macker, D. F. (1966). Displacement of guilt-produced altruistic behavior. *Journal of Personality and Social Psychology, 4*, 442–443.

Darwin, C. (1872). *The expression of emotions in man and animals*. Chicago: University of Chicago Press.

Das, E. H. H., de Wit, J. B. F., & Stroebe, W. (2003). Fear appeals motivate acceptance of action recommendations: Evidence for a positive bias in the processing of persuasive messages. *Personality and Social Psychology Bulletin, 29*, 650–664.

David, B., & Turner, J. C. (1996). Studies in self-categorization and minority conversion. Is being a member of the outgroup an advantage? *British Journal of Social Psychology, 35*, 179–199.

David, B., & Turner, J. C. (1999). Studies in self-categorization and minority conversion. The ingroup minority in intragroup and intergroup contexts. *British Journal of Social Psychology, 38*, 115–134.

David, B., & Turner, J. C. (2001). Majority and minority influence: A single process self-categorization analysis. In C. K. W. De Dreu & N. K. De Vries (Eds.), *Group consensus and innovation* (pp. 91–121). Oxford, UK: Blackwell.

Davidowicz, L. C. (1975). *The war against the Jews, 1933–1945*. New York: Holt, Rinehart & Winston.

Davidson, A. R., & Jacard, J. (1979). Variables that moderate the attitude–behavior relation: Results of a longitudinal survey. *Journal of Personality and Social Psychology, 37*, 1364–1376.

Davidson, L. R., & Duberman, L. (1982). Friendship: Communication and interactional patterns in same-sex dyads. *Sex Roles, 8*, 809–822.

Davies, J. C. (1969). The J-curve of rising and declining satisfaction as a cause of some great revolutions and a contained rebellion. In H. D. Graham & T. R. Gurr (Eds.), *The history of violence in America: Historical and comparative perspectives* (pp. 690–730). New York: Praeger.

Davies, K., Tropp, L. R., Aron, A., Pettigrew, T. F., & Wright, S. C. (2011). Cross-group friendships and intergroup attitudes: A meta-analytic review. *Personality and Social Psychology Review, 15*, 332–351.

Davis, J. A. (1959). A formal interpretation of the theory of relative deprivation. *Sociometry, 22*, 280–96.

Davis, J. H. (1973). Group decision and social interaction: A theory of social decision schemes. *Psychological Review, 80*, 97–125.

Davis, M. H., Hall, J. A., & Meyer, M. (2003). The first year: Influences on the satisfaction, involvement, and persistence of new community volunteers. *Personality and Social Psychology Bulletin, 29*, 248–260.

Dawes, R. M. (1991). Social dilemmas, economic self-interest, and evolutionary self-interest. In D. R. Brown & J. E. Keith-Smith (Eds.), *Frontiers of mathematical psychology: Essays in honour of Clyde Coombs* (pp. 53–79). New York: Springer.

Dawes, R. M., Faust, D., & Meehl, P. E. (1989). Clinical versus actuarial judgment. *Science, 243*, 1668–1674.

Dawes, R. M., & Messick, D. M. (2000). Social dilemmas. *International Journal of Psychology, 35*, 111–116.

De Cremer, D. (2000). Leadership selection in social dilemmas – not all prefer it: The moderating effect of social value orientation. *Group Dynamics, 4*, 330–337.

De Cremer, D. (2002). Charismatic leadership and cooperation in social dilemmas: A matter of transforming motives? *Journal of Applied Social Psychology, 32*, 997–1016.

De Cremer, D. (2003). A relational perspective on leadership and cooperation: Why it matters to care and be fair. In D. Van Knippenberg & M. A. Hogg (Eds.), *Leadership and power: Identity processes in groups and organizations* (pp. 109–122). London: SAGE.

De Cremer, D., & Tyler, T. R. (2005). Managing group behavior: The interplay between procedural fairness, self, and cooperation. *Advances in Experimental Social Psychology, 37*, 151–218.

De Cremer, D., & Van Knippenberg, D. (2003). Cooperation with leaders in social dilemmas: On the effects of procedural fairness and outcome favorability in structural cooperation. *Organizational Behavior and Human Decision Processes, 91*, 1–11.

De Cremer, D., Van Knippenberg, D., Van Dijk, E., & Van Leeuwen, E. (2008). Cooperating if one's goals are collective-based: Social identification effects in social dilemmas as a function of goal transformation. *Journal of Applied Social Psychology, 38*, 1562–1579.

De Cremer, D., & Van Vugt, M. (1999). Social identification effects in social dilemmas: A transformation of motives. *European Journal of Social Psychology, 29*, 871–893.

De Cremer, D., & Van Vugt, M. (2002). Intergroup and intragroup aspects of leadership in social dilemmas: A relational model of cooperation. *Journal of Experimental Social Psychology, 38*, 126–136.

De Dreu, C. K. W. (2010). Social conflict: The emergence and consequences of struggle and negotiation. In S. T. Fiske, D. T. Gilbert, & G. Lindzey (Eds.), *Handbook of social psychology* (5th ed., Vol. 2, pp. 983–1023). New York: Wiley.

De Dreu, C. K. W., De Vries, N. K., Gordijn, E., & Schuurman, M. (1999). Convergent and divergent processing of majority and minority arguments: Effects on focal and related attitudes. *European Journal of Social Psychology, 29*, 329–348.

De Gilder, D., & Wilke, H. A. M. (1994). Expectation states theory and motivational determinants of social influence. *European Review of Social Psychology, 5*, 243–269.

De Houwer, J., & Hermans, D. (2001). Editorial: Automatic affective processing. *Cognition and Emotion, 15*, 113–114.

De Houwer, J., Thomas, S., & Baeyens, F. (2001). Associative learning of likes and dislikes: A review of 25 years of research on human evaluative conditioning. *Psychological Bulletin, 127*, 853–869.

De Jong, P. F., Koomen, W., & Mellenbergh, G. J. (1988). Structure of causes for success and failure: A multi-dimensional scaling analysis of preference judgments. *Journal of Personality and Social Psychology, 55*, 1024–1037.

De Munck, V. C. (1996). Love and marriage in a Sri Lankan Muslim community: Toward an evaluation of Dravidian marriage practices. *American Ethnologist, 23*, 698–716.

De Waal, F. B. M. (2008). Putting the altruism back into altruism: The evolution of empathy. *Annual Review of Psychology, 59,* 279–300.

Dean, L. M., Willis, F. N., & Hewitt, J. (1975). Initial interaction distance among individuals equal and unequal in military rank. *Journal of Personality and Social Psychology, 32,* 294–299.

Deaux, K. (1976). *The behavior of women and men.* Monterey, CA: Brooks/Cole.

Deaux, K. (1985). Sex and gender. *Annual Review of Psychology, 36,* 49–81.

Deaux, K., & Emswiller, T. (1974). Explanations of successful performance on sex-linked tasks: What is skill for the male is luck for the female. *Journal of Personality and Social Psychology, 29,* 80–85.

Deaux, K., & LaFrance, M. (1998). Gender. In D. T. Gilbert, S. T. Fiske, & G. Lindzey (Eds.), *The handbook of social psychology* (4th ed., Vol. 1, pp. 788–827). New York: McGraw-Hill.

Deaux, K., & Philogene, G. (2001). *Representations of the social: Bridging theoretical traditions.* Oxford: Blackwell.

Deaux, K., Reid, A., Mizrahi, K., & Ethier, K. A. (1995). Parameters of social identity. *Journal of Personality and Social Psychology, 68,* 280–291.

Decety, J., & Lamm, C. (2006). Human empathy through the lens of social neuroscience. *The Scientific World Journal, 6,* 1146–1163.

Deci, E. L., & Ryan, R. M. (1985). *Intrinsic motivation and self-determination in human behavior.* New York: Plenum.

DeJong, W. (1979). An examination of self-perception mediation of the foot in the door effect. *Journal of Personality and Social Psychology, 37,* 2221–2239.

DeKeseredy, W. S. (2006). Future directions. *Violence against Women, 12,* 1078–1085.

DeKeseredy, W. S. (2011). Feminist contributions to understanding woman abuse: Myths, controversies, and realities *Aggression and Violent Behavior, 16,* 297–302.

Dekovic, M., & Janssens, J. M. (1992). Parents' child-rearing style and child's sociometric status. *Developmental Psychology, 28,* 925–932.

Delamater, J., & Ward, A. (Eds.) (2013). *Handbook of social psychology* (2nd ed.). New York: Springer.

Dembroski, T. M., & MacDougall, J. M. (1978). Stress effects on affiliation preferences among subjects possessing the Type A coronary-prone behavior pattern. *Journal of Personality and Social Psychology, 36,* 23–33.

D'Emilio, J. (1983). *Sexual politics, sexual communities: The making of a homosexual minority in the United States, 1940–1979.* Chicago: University of Chicago Press.

Dennis, A. R., & Valacich, J. S. (1993). Computer brainstorms: More heads are better than one. *Journal of Applied Psychology, 78,* 531–537.

Denzin, N. K., & Lincoln, Y. S. (Eds.) (2011). *The SAGE handbook of qualitative research* (4th ed.). Thousand Oaks, CA: SAGE.

DePaulo, B. (1992). Nonverbal behavior and self-presentation. *Psychological Bulletin, 111,* 203–243.

DePaulo, B. (1994). Spotting lies: Can humans learn to do better? *Current Directions in Psychological Science, 3,* 83–86.

DePaulo, B., & Friedman, H. S. (1998). Nonverbal communication. In D. T. Gilbert, S. T. Fiske, & G. Lindzey (Eds.), *The handbook of social psychology* (4th ed., Vol. 2, pp. 3–40). New York: McGraw-Hill.

DePaulo, B. M., Lanier, K., & Davis, T. (1983). Detecting the deceit of the motivated liar. *Journal of Personality and Social Psychology, 45,* 1096–1103.

DePaulo, B. M., & Rosenthal, R. (1979). Telling lies. *Journal of Personality and Social Psychology, 37,* 1713–1722.

DePaulo, P. J., & DePaulo, B. M. (1989). Can deception by salespersons and customers be detected through non-verbal behavioral cues? *Journal of Applied Social Psychology, 19,* 1552–1577.

Deschamps, J.-C. (1983). Social attribution. In J. Jaspars, F. D. Fincham, & M. Hewstone (Eds.), *Attribution theory and research: Conceptual, developmental and social dimensions* (pp. 223–240). London: Academic Press.

Deschamps, J.-C., & Brown, R. J. (1983). Superordinate goals and intergroup conflict. *British Journal of Social Psychology, 22,* 189–195.

Deutsch, M. (1975). Equity, equality and need: What determines which value will be used as a basis of distributive justice? *Journal of Social Issues, 31,* 137–149.

Deutsch, M., & Gerard, H. B. (1955). A study of normative and informational social influences upon individual judgment. *Journal of Abnormal and Social Psychology, 51,* 629–636.

Deutsch, M., & Krauss, R. M. (1960). The effect of threat upon interpersonal bargaining. *Journal of Abnormal and Social Psychology, 61,* 181–189.

Devine, P. G. (1989). Stereotypes and prejudice: Their automatic and controlled components. *Journal of Personality and Social Psychology, 56,* 5–18.

Devine, P. G., & Elliot, A. (1995). Are racial stereotypes really fading? The Princeton trilogy revisited. *Personality and Social Psychology Bulletin, 21,* 1139–1150.

Devine, P. G., Hamilton, D. L., & Ostrom, T. M. (Eds.) (1994). *Social cognition: Impact on social psychology.* San Diego, CA: Academic Press.

Devine, P. G., & Malpass, R. S. (1985). Orienting strategies in differential face recognition. *Personality and Social Psychology Bulletin, 11,* 33–40.

DeVos, G. A., & Hippler, A. E. (1969). Cultural psychology: Comparative studies of human behavior. In G. Lindzey & E. Aronson (Eds.), *Handbook of social psychology* (2nd ed., Vol. 4, pp. 322–417). Reading, MA: Addison-Wesley.

DeWall, C. N., Lambert, N. L., Slotter, E. B., Pond, R. S. Jr, Deckman, T., et al. (2011). So far away from one's partner, yet so close to romantic alternatives: Avoidant attachment, interest in alternatives, and infidelity. *Journal of Personality and Social Psychology, 101,* 1302–1316.

DeWall, C. N., Twenge, J. M., Bushman, B. J., Im, C., & Williams, K. D. (2010). A little acceptance goes a long way: Applying social impact theory to the rejection-aggression link. *Social Psychological and Personality Science, 1,* 168–174.

Diab, L. N. (1970). A study of intragroup and intergroup relations among experimentally produced small groups. *Genetic Psychology Monographs, 82,* 49–82.

Diamond, L. M. (2003). What does sexual orientation orient? A biobehavioral model distinguishing romantic love and sexual desire. *Psychological Review, 110,* 173–192.

Diaz-Guerrero, R. (1987). Historical sociocultural premises and ethnic socialization. In M. J. Rotheram (Ed.), *Children's ethnic socialization: Pluralism and development* (pp. 239–250). Newbury Park, CA: SAGE.

Dickens, C. (1854). *Hard times.* Harmondsworth, UK: Penguin.

Diehl, M. (1988). Social identity and minimal groups: The effects of interpersonal and intergroup attitudinal similarity on intergroup discrimination. *British Journal of Social Psychology, 27,* 289–300.

Diehl, M. (1990). The minimal group paradigm: Theoretical explanations and empirical findings. *European Review of Social Psychology, 1,* 263–292.

Diehl, M., & Stroebe, W. (1987). Productivity loss in brainstorming groups: Toward the solution of a riddle. *Journal of Personality and Social Psychology, 53,* 497–509.

Diehl, M., & Stroebe, W. (1991). Productivity loss in idea-generating groups: Tracking down the blocking effect. *Journal of Personality and Social Psychology, 61,* 392–403.

Diener, E. (1976). Effects of prior destructive behavior, anonymity, and group presence on deindividuation and aggression. *Journal of Personality and Social Psychology, 33,* 497–507.

Diener, E. (1980). Deindividuation: The absence of self-awareness and self-regulation in group members. In P. B. Paulus (Ed.), *Psychology of group influence* (pp. 209–242). Hillsdale, NJ: Erlbaum.

Diener, E., & Crandall, R. (1979). An evaluation of the Jamaican anticrime program. *Journal of Applied Social Psychology, 9,* 135–146.

Diener, E., Fraser, S. C., Beaman, A. L., & Kelem, R. T. (1976). Effects of deindividuation variables on stealing by Halloween trick-or-treaters. *Journal of Personality and Social Psychology, 33,* 178–183.

Diener, E., Kanazawa, S., Suh, E. M., & Oishi, S. (2015). Why people are in a generally good mood. *Personality and Social Psychology Review, 19,* 235–256.

Dienstbier, R. A., Kahle, L. R., Willis, K. A., & Tunnell, G. B. (1980). The impact of moral theories on cheating: Studies of emotion attribution and schema activation. *Motivation and Emotion, 4,* 193–216.

Dietz, T. L. (1998). An examination of violence and gender role portrayals in video games: Implications for gender socialization and aggressive behavior. *Sex Roles, 38,* 425–442.

DiFonzo, N., & Bordia, P. (2007). Rumor psychology: Social and organizational approaches. Washington, DC: American Psychological Association.

Dijksterhuis, A. (2010). Automaticity and the unconscious. In S. T. Fiske, D. T. Gilbert, & G. Lindzey (Eds.), *Handbook of social psychology* (5th ed., Vol. 1, pp. 228–267). New York: Wiley.

Dindia, K. (1987). The effects of sex of subject and sex of partner in interruptions. *Human Communication Research, 13,* 345–371.

Dindia, K., & Allen, M. (1992). Sex differences in self-disclosure: A meta-analysis. *Psychological Bulletin, 112,* 106–124.

Dion, K. K., Berscheid, E., & Walster, E. (1972). What is beautiful is good. *Journal of Personality and Social Psychology, 24,* 285–290.

Dion, K. K., & Dion, K. L. (1996). Toward understanding love. *Personal Relationships, 3,* 1–3.

Dion, K. L. (1979). Intergroup conflict and intragroup cohesiveness. In W. G. Austin & S. Worchel (Eds.), *The social psychology of intergroup relations* (pp. 211–224). Monterey, CA: Brooks/Cole.

Dion, K. L. (2000). Group cohesion: From 'field of forces' to multidimensional construct. *Group Dynamics, 4,* 7–26.

Dion, K. L., & Earn, B. M. (1975). The phenomenology of being a target of prejudice. *Journal of Personality and Social Psychology, 32,* 944–950.

Dion, K. L., Earn, B. M., & Yee, P. H. N. (1978). The experience of being a victim of prejudice: An experimental approach. *International Journal of Psychology, 13,* 197–214.

Dipboye, R. L. (1977). Alternative approaches to deindividuation. *Psychological Bulletin, 84,* 1057–1075.

Dirks, K. T., & Ferrin, D. L. (2002). Trust in leadership: Meta-analytic findings and implications for research and practice. *Journal of Applied Psychology, 87,* 611–628.

Doi, L. T. (1976). The Japanese patterns of communication and the concept of amae. In L. A. Samovar & R. E. Porter (Eds.), *Intercultural communication: A reader* (2nd ed., pp. 188–193). Belmont, CA: Wadsworth.

Doise, W. (1978). *Groups and individuals: Explanations in social psychology.* Cambridge, UK: Cambridge University Press.

Doise, W. (1982). Report on the European Association of Experimental Social Psychology. *European Journal of Social Psychology, 12,* 105–111.

Doise, W. (1986). *Levels of explanation in social psychology.* Cambridge, UK: Cambridge University Press.

Doise, W., Clémence, A., & Lorenzi-Cioldi, F. (1993). *The quantitative analysis of social representations.* London: Harvester Wheatsheaf.

Dolinski, D. (2000). On inferring one's beliefs from one's attempt and consequences for subsequent compliance. *Journal of Personality and Social Psychology, 78,* 260–272.

Doll, J., & Ajzen, I. (1992). Accessibility and stability of predictors in the theory of planned behaviour. *Journal of Personality and Social Psychology, 63,* 754–765.

Dollard, J., Doob, L. W., Miller, N. E., Mowrer, O. H., & Sears, R. R. (1939). *Frustration and aggression.* New Haven, CT: Yale University Press.

Doms, M. (1983). The minority influence effect: An alternative approach. In W. Doise & S. Moscovici (Eds.), *Current issues in European social psychology* (Vol. 1, pp. 1–32). Cambridge, UK: Cambridge University Press.

Doms, M., & Van Avermaet, E. (1980). Majority influence, minority influence, and conversion behavior: A replication. *Journal of Experimental Social Psychology, 16,* 283–292.

Donaldson, S. I., Csikszentmihalyi, M., & Nakamura, J. (Eds.) (2011). *Applied positive psychology: Improving everyday life, health, schools, work, and society.* London: Routledge.

Donnerstein, E., & Linz, D. (1994). Sexual violence in the mass media. In M. Costanzo & S. Oskamp (Eds.), *Violence and the law* (pp. 9–36). Thousand Oaks, CA: SAGE.

Donnerstein, E., & Malamuth, N. (1997). Pornography: Its consequences on the observer. In L. B. Schlesinger & E. Revitch (Eds.), *Sexual dynamics of anti-social behaviour* (2nd ed., pp. 30–49). Springfield, IL: Charles C. Thomas.

Doosje, B., Branscombe, N. R., Spears, R., & Manstead, A. S. R. (1998). Guilty by association: When one's group has a negative history. *Journal of Personality and Social Psychology, 75,* 872–886.

Doosje, B., Branscombe, N. R., Spears, R., & Manstead, A. S. R. (2006). Antecedents and consequences of group-based guilt: The effects of ingroup identification. *Group Processes and Intergroup Relations, 9,* 325–338.

Douglas, K. M., & Sutton, R. M. (2011). Does it take one to know one? Endorsement of conspiracy theories is influenced by personal willingness to conspire. *British Journal of Social Psychology, 50,* 544–555.

Dovidio, J. F. (1984). Helping behaviour and altruism: An empirical and conceptual overview. *Advances in Experimental Social Psychology, 17,* 361–427.

Dovidio, J. F., Brigham, J. C., Johnson, B. T., & Gaertner, S. L. (1996). Stereotyping, prejudice, and discrimination: Another look. In C. N. Macrae, C. Stangor, & M. Hewstone (Eds.), *Stereotypes and stereotyping* (pp. 276–319). New York: Guilford Press.

Dovidio, J. F., Eller, A., & Hewstone, M. (2011). Improving intergroup relations through direct, extended and other forms of indirect contact. *Group Processes and Intergroup Relations, 14,* 147–160.

Dovidio, J. F., & Ellyson, S. L. (1985). Patterns of visual dominance behavior in humans. In S. Ellyson & J. Dovidio (Eds.), *Power, dominance, and nonverbal behavior* (pp. 129–149). New York: Springer.

Dovidio, J. F., Ellyson, S. L., Keating, C. J., Heltman, K., & Brown, C. E. (1988). The relationship of social power to visual displays of dominance between men and women. *Journal of Personality and Social Psychology, 54,* 233–242.

Dovidio, J. F., & Gaertner, S. L. (2010). Intergroup bias. In S. T. Fiske, D. T. Gilbert, & G. Lindzey (Eds.), *Handbook of social psychology* (5th ed., Vol. 2, pp. 1084–1121). New York: Wiley.

Dovidio, J. F., Glick, P., Hewstone, M., & Esses, V. (Eds.) (2010). *Handbook of prejudice, stereotyping and discrimination.* London: SAGE.

Dovidio, J. F., Glick, P. G., & Rudman, L. (Eds.) (2005). *On the nature of prejudice: Fifty years after Allport.* Malden, MA: Blackwell.

Dovidio, J. F., Kawakami, K., & Beach, K. R. (2001). Implicit and explicit attitudes: Examination of the relationship between measures of intergroup bias. In R. Brown & S. Gaertner (Eds.), *Blackwell handbook of social psychology: Intergroup processes* (Vol. 4, pp. 175–197). Oxford, UK: Blackwell.

Dovidio, J. F., Pearson, A. R., & Orr, P. (2008). Social psychology and neuroscience: Strange bedfellows or a healthy marriage? *Group Processes and Intergroup Relations, 11,* 247–263.

Dovidio, J. F., Piliavin, J. A., Gaertner, S. L., Schroeder, D. A., & Clark, R. D., III. (1991). The arousal: Cost–reward model and the process of intervention: A review of the evidence. In M. S. Clark (Ed.), *Prosocial behaviour* (pp. 86–118). Newbury Park, CA: SAGE.

Downton, J. V. (1973). *Rebel leadership.* New York: Free Press.

Drigotas, S. M., Rusbult, C. E., Wieselquist, J., & Whitton, S. (1999). Close partner as sculptor of the ideal self: Behavioral affirmation and the Michelangelo phenomenon. *Journal of Personality and Social Psychology, 77,* 293–323.

Duck, J. M., & Fielding, K. S. (1999). Leaders and sub-groups: One of us or one of them? *Group Processes and Intergroup Relations, 2,* 203–230.

Duck, J. M., & Fielding, K. S. (2003). Leaders and their treatment of subgroups: Implications for evaluations of the leader and the superordinate group. *European Journal of Social Psychology, 33,* 387–401.

Duck, J. M., Hogg, M. A., & Terry, D. J. (1999). Social identity and perceptions of media persuasion: Are we always less influenced than others? *Journal of Applied Social Psychology, 29,* 1879–1899.

Duck, J. M., Hogg, M. A., & Terry, D. J. (2000). The perceived impact of persuasive messages on 'us' and 'them'. In D. J. Terry & M. A. Hogg (Eds.), *Attitudes, behavior, and social context: The role of norms and group membership* (pp. 265–291). Mahwah, NJ: Erlbaum.

Duck, S. (2007). *Human relationships* (4th ed.). Thousand Oaks, CA: SAGE.

Duck, S. (2008). A past and a future for relationship research. *Journal of Social and Personal Relationships, 25,* 189–200.

Duck, S. (Ed.) (1982). *Personal relationships, 4: Dissolving personal relationships.* London: Academic Press.

Duckitt, J. (1989). Authoritarianism and group identification: A new view of an old construct. *Political Psychology, 10,* 63–84.

Duckitt, J. (1992). *The social psychology of prejudice.* New York: Praeger.

Duckitt, J. (2000). Culture, personality and prejudice. In S. A. Renshon & J. Duckitt (Eds.), *Political psychology* (pp. 89–107). London: Macmillan.

Duckitt, J. (2006). Differential effects of right wing authoritarianism and social dominance orientation on outgroup attitudes and their mediation by threat from and competitiveness to outgroups. *Personality and Social Psychology Bulletin, 32,* 684–696.

Duckitt, J., Wagner, C., du Plessis, I., & Birum, I. (2002). The psychological bases of ideology and prejudice: Testing a dual process model. *Journal of Personality and Social Psychology, 83,* 75–93.

Duncan, S. (1969). Nonverbal communication. *Psychological Bulletin, 72,* 118–137.

Duncan, S. L. (1976). Differential social perception and attribution of intergroup violence: Testing the lower limits of stereotyping of blacks. *Journal of Personality and Social Psychology, 34,* 590–598.

Dunn, R. G. (1998). *Identity crises: A social critique of postmodernity.* Minneapolis, MN: University of Minnesota Press.

Dunning, D., Meyerowitz, J. A., & Holzberg, A. (1989). Ambiguity and self-evaluation: The role of idiosyncratic trait definitions in self-serving assessments of ability. *Journal of Personality and Social Psychology, 57,* 1082–1090.

Durkheim, E. (1898). Représentations individuelles et représentations collectives. *Revue de Metaphysique et de Morale, 6,* 273–302.

Durkin, K. (1995). *Developmental social psychology: From infancy to old age.* Oxford, UK: Blackwell.

Durkin, K. E., & Bryant, C. D. (1995). 'Log on to sex': Some notes on the carnal computer and erotic cyberspace as an emerging research frontier. *Deviant Behavior, 16,* 179–200.

Dutton, D. G., & Aron, A. P. (1974). Some evidence for heightened sexual attraction under conditions of high anxiety. *Journal of Personality and Social Psychology, 30,* 510–517.

Dutton, D. G., Boyanowsky, E. H., & Bond, M. H. (2005). Extreme mass homicide: From military massacre to genocide. *Aggression and Violent Behavior, 10,* 437–473.

Dutton, D. G., & Lake, R. (1973). Threat of own prejudice and reverse discrimination in interracial situations. *Journal of Personality and Social Psychology, 28,* 94–100.

Duval, S., & Wicklund, R. A. (1972). *A theory of objective self-awareness.* New York: Academic Press.

Dvir, T., Eden, D., Avolio, B. J., & Shamir, B. (2002). Impact of transformational leadership training on follower development and performance: A field experiment. *Academy of Management Journal, 45,* 735–744.

Eagly, A. H. (1978). Sex differences in influenceability. *Psychological Bulletin, 85,* 86–116.

Eagly, A. H. (1983). Gender and social influence: A social psychological analysis. *American Psychologist, 38,* 971–981.

Eagly, A. H. (1995). The science and politics of comparing women and men. *American Psychologist, 50,* 145–158.

Eagly, A. H. (2003). Few women at the top: How role incongruity produces prejudice and the glass ceiling. In D. Van Knippenberg & M. A. Hogg (Eds.), *Leadership and power: Identity processes in groups and organizations* (pp. 79–93). London: SAGE.

Eagly, A. H. (2009). The his and hers of prosocial behavior: An examination of the social psychology of gender. *American Psychologist, 64,* 644–658.

Eagly, A. H., Beall, A. E., & Sternberg, R. J. (Eds.) (2005). *The psychology of gender.* New York: Guilford Press.

Eagly, A. H., & Carli, L. (1981). Sex of researcher and sex-typed communications as determinants of sex differences in influenceability: A meta-analysis of social influence studies. *Psychological Bulletin, 90,* 1–20.

Eagly, A. H., & Chaiken, S. (1984). Cognitive theories of persuasion. *Advances in Experimental Social Psychology, 17,* 268–359.

Eagly, A. H., & Chaiken, S. (1993). *The psychology of attitudes.* Orlando, FL: Harcourt Brace Jovanovich.

Eagly, A. H., & Chaiken, S. (1998). Attitude structure and function. In D. T. Gilbert, S. T. Fiske, & G. Lindzey (Eds.), *The handbook of social psychology* (Vol. 1, pp. 269–322). Boston, MA: McGraw-Hill.

Eagly, A. H., & Chaiken, S. (2005). Attitude research in the 21st century: The current state of knowledge. In D. Albarracín, B. T. Johnson, & M. P. Zanna (Eds.), *The handbook of attitudes* (pp. 742–767). Mahwah, NJ: Erlbaum.

Eagly, A. H., & Crowley, M. (1986). Gender and helping behavior: A meta-analytic review of the social psychological literature. *Psychological Review, 100,* 283–308.

Eagly, A. H., Johannesen-Schmidt, M., Van Engen, M. L., & Vinkenburg, C. (2002). Transformational, transactional, and laissez-faire styles: A meta-analysis comparing men and women. *Psychological Bulletin, 129,* 569–591.

Eagly, A. H., & Karau, S. (1991). Gender and the emergence of leaders: A meta-analysis. *Journal of Personality and Social Psychology, 60,* 685–710.

Eagly, A. H., & Karau, S. J. (2002). Role congruity theory of prejudice toward female leaders. *Psychological Review, 109,* 573–598.

Eagly, A. H., Karau, S. J., & Makhijani, M. G. (1995). Gender and the effectiveness of leaders: A meta-analysis. *Psychological Bulletin, 117,* 125–145.

Eagly, A. H., Makhijani, M. G., & Klonsky, B. G. (1992). Gender and the evaluation of leaders: A meta-analysis. *Psychological Bulletin, 111,* 3–22.

Eagly, A. H., & Mladinic, A. (1994). Are people prejudiced against women? Some answers from research on attitudes, gender stereotypes, and judgments of competence. *European Review of Social Psychology, 5,* 1–35.

Eagly, A. H., & Steffen, V. J. (1984). Gender stereotypes stem from the distribution of women and men into social roles. *Journal of Personality and Social Psychology, 46,* 735–754.

Eagly, A. H., & Steffen, V. J. (1986). Gender and aggressive behavior: A meta-analytic review of the social psychological literature. *Psychological Bulletin, 100,* 309–330.

Eagly, A. H., Wood, W., & Fishbaugh, L. (1981). Sex differences in conformity: Surveillance by the group as a determinant of male nonconformity. *Journal of Personality and Social Psychology, 40,* 384–394.

Earley, P. C. (1989). Social loafing and collectivism: A comparison of the United States and the People's Republic of China. *Administrative Science Quarterly, 34,* 565–581.

Earley, P. C. (1994). Self or group: Cultural effects of training on self-efficacy and performance. *Administrative Science Quarterly, 39,* 89–117.

Easterbrook, J. A. (1959). The effect of emotion on cue utilization and organization of behavior. *Psychological Review, 66,* 183–201.

Ebbinghaus, H. (1885). *Memory: A contribution to experimental psychology.* H. A. Ruger & C. E. Bussenius (trans.). New York: Dover, 1964.

Eckert, P., & McConnell-Ginet, S. (1999). New generalizations and explanations in language and gender research. *Language in Society, 28,* 185–201.

Eden, D. (1990). Pygmalion without interpersonal contrast effects: Whole groups gain from raising manager expectations. *Journal of Applied Psychology, 75,* 394–398.

Edney, J. J. (1979). The nuts game: A concise commons dilemma analog. *Environmental Psychology and Nonverbal Behavior, 3,* 252–254.

Edwards, A. L. (1957). *Techniques of attitude scale construction.* New York: Appleton-Century-Crofts.

Edwards, D. (1997). *Discourse and cognition.* London: SAGE.

Edwards, D., & Potter, J. (Eds.) (1992). *Discursive psychology.* London: SAGE.

Edwards, J. (1994). *Multilingualism.* London: Routledge.

Edwards, J. (2010). *Language in the classroom*. Bristol, UK: Multilingual Matters.

Edwards, J., & Chisholm, J. (1987). Language, multi-culturalism and identity: A Canadian study. *Journal of Multilingual and Multicultural Development, 8*, 391–407.

Edwards, K. (1990). The interplay of affect and cognition in attitude formation and change. *Journal of Personality and Social Psychology, 59*, 202–216.

Edwards, K., & Smith, E. E. (1996). A disconfirmation bias in the evaluation of arguments. *Journal of Personality and Social Psychology, 71*, 5–24.

Ehrlich, H. J. (1973). *The social psychology of prejudice*. New York: Wiley.

Eibl-Eibesfeldt, I. (1972). Similarities and differences between cultures in expressive movements. In R. Hinde (Ed.), *Non-verbal communication* (pp. 297–314). Cambridge, UK: Cambridge University Press.

Eichler, M. (1980). *The double standard: A feminist critique of feminist social science*. London: Croom Helm.

Ein-Dor, T., Mikulincer, M., & Shaver, P. R. (2011). Attachment insecurities and the processing of threat-related information: Studying the schemas involved in insecure people's coping strategies. *Journal of Personality and Social Psychology, 101*, 78–93.

Einhorn, H. J., & Hogarth, R. M. (1981). Behavioral decision theory: Processes of judgment and choice. *Annual Review of Psychology, 32*, 53–88.

Eisen, S. V. (1979). Actor–observer differences in information inference and causal attribution. *Journal of Personality and Social Psychology, 37*, 261–272.

Eisenberg, N., Fabes, R. A., Karbon, M., Murphy, B. C., Wosinski, M., Polazzi, L., et al. (1996). The relationship of children's dispositional prosocial behaviour to emotionality, regulation, and social functioning. *Child Development, 67*, 974–992.

Eisenberg, N., Guthrie, I. K., Murphy, B. C., Shepard, S. A., Cumberland, A., & Carlo, G. (1999). Consistency and development of prosocial dispositions: A longitudinal study. *Child Development, 70*, 1360–1372.

Eisenberg-Berg, N. (1979). Relationship of prosocial moral reasoning to altruism, political liberalism and intelligence. *Developmental Psychology, 15*, 87–89.

Eisenberger, N. I., Lieberman, M. D., & Williams, K. D. (2003). Does rejection hurt? An fMRI study of social exclusion. *Science, 302*, 290–292.

Eisenberger, R., & Shank, D. M. (1985). Personal work ethic and effort training affect cheating. *Journal of Personality and Social Psychology, 49*, 520–528.

Eiser, J. R. (1986). *Social psychology: Attitudes, cognition and social behaviour*. Cambridge, UK: Cambridge University Press.

Eiser, J. R., & Bhavnani, K. K. (1974). The effects of situational meaning on the behaviour of subjects in the prisoner's dilemma game. *European Journal of Social Psychology, 4*, 93–97.

Eiser, J. R., & Stroebe, W. (1972). *Categorization and social judgement*. London: Academic Press.

Eisner, M., & Ghuneim, L. (2013). Honor killing attitudes amongst adolescents in Amman, Jordan. *Aggressive Behavior, 39*, 405–417.

Ekman, P. (1971). Universals and cultural differences in facial expressions of emotion. In J. K. Cole (Ed.), *Nebraska symposium on motivation* (Vol. 19, pp. 207–284). Lincoln, NE: University of Nebraska Press.

Ekman, P. (1973). Cross-cultural studies of facial expression. In P. Ekman (Ed.), *Darwin and facial expression* (pp. 169–222). New York: Academic Press.

Ekman, P. (1982). *Emotion in the human face*. New York: Cambridge University Press.

Ekman, P. (2003). *Emotions revealed*. New York: Times Books.

Ekman, P., & Friesen, W. V. (1971). Constants across cultures in the face and emotion. *Journal of Personality and Social Psychology, 17*, 124–129.

Ekman, P., & Friesen, W. V. (1972). Hand movements. *Journal of Communication, 22*, 353–374.

Ekman, P., & Friesen, W. V. (1974). Detecting deception from the body or face. *Journal of Personality and Social Psychology, 29*, 188–198.

Ekman, P., & Friesen, W. V. (1975). *Unmasking the face*. Englewood Cliffs, NJ: Prentice Hall.

Ekman, P., Friesen, W. V., & Hager, J. C. (2002). *Facial action coding system*. Salt Lake City, UT: Research Nexus.

Ekman, P., Friesen, W. V., O'Sullivan, M., Chan, A., Diacoyanni-Tarlatzis, I., Heider, K., Krause, R., Lecompte, W. A., Pitcairn, T., Riccibitti, P. E., Scherer, K., Tomita, M., & Tzavaras, A. (1987). Universals and cultural differences in the judgements of facial expressions of emotion. *Journal of Personality and Social Psychology, 53*, 712–717.

Ekman, P., Friesen, W. V., & Scherer, K. R. (1976). Body movement and voice pitch in deceptive interaction. *Semiotica, 16*, 23–27.

Ekman, P., O'Sullivan, M., & Frank, M. G. (1999). A few can catch a liar. *Psychological Science, 10*, 263–266.

Elfenbein, H. A., & Ambady, N. (2002). On the universality and cultural specificity of emotion recognition: A meta-analysis. *Psychological Bulletin, 128*, 203–235.

Elfenbein, H. A., & Eisenkraft, N. (2010). The relationship between displaying and perceiving nonverbal cues of affect: A meta-analysis to solve an old mystery. *Journal of Personality and Social Psychology, 98*, 301–318.

Ellemers, N. (1993). The influence of socio-structural variables on identity management strategies. *European Review of Social Psychology, 4*, 27–57.

Ellemers, N., De Gilder, D., & Haslam, S. A. (2004). Motivating individuals and groups at work: A social identity perspective on leadership and group performance. *Academy of Management Review, 29*, 459–478.

Ellemers, N., & Jetten, J. (2013). The many ways to be marginal in a group. *Personality and Social Psychology Review, 17*, 3–21.

Ellemers, N., Pagliaro, S., & Barreto, M. (2013). Morality and behavioral regulation in groups: A social identity approach. *European Review of Social Psychology, 24*, 160–193.

Ellemers, N., Spears, R., & Doosje, B. (Eds.) (1999). *Social identity*. Oxford, UK: Blackwell.

Elliot, A. J. (1981). *Child language*. Cambridge, UK: Cambridge University Press.

Elliot, A. J., & Niesta, D. (2008). Romantic red: Red enhances men's attraction to women. *Journal of Personality and Social Psychology, 95*, 1150–1164.

Ellis, R. J., Olson, J. M., & Zanna, M. P. (1983). Stereotypic personality inferences following objective versus subjective judgments of beauty. *Canadian Journal of Behavioral Science, 15*, 35–42.

Ellsworth, P. C., Carlsmith, J. M., & Henson, A. (1972). The stare as a stimulus to flight in human subjects: A series of field experiments. *Journal of Personality and Social Psychology, 21*, 302–311.

Ellsworth, P. C., & Gonzales, R. (2003). Questions and comparisons: Methods of research in social psychology. In M. A. Hogg & J. Cooper (Eds.), *The SAGE handbook of social psychology* (pp. 24–42). London: SAGE.

Elms, A. C. (1975). The crisis of confidence in social psychology. *American Psychologist, 30*, 967–976.

Elms, A. C. (1982). Keeping deception honest: Justifying conditions for social scientific research strategies. In T. L. Beauchamp & R. Faden (Eds.), *Ethical issues in social science research* (pp. 232–245). Baltimore, MD: Johns Hopkins University Press.

Elms, A. C., & Milgram, S. (1966). Personality characteristics associated with obedience and defiance toward authoritative command. *Journal of Experimental Research in Personality, 1*, 282–289.

Ember, C. R., & Ember, M. (1994). War, socialization, and interpersonal violence. *Journal of Conflict Resolution, 38*, 620–646.

Emler, N., & Hopkins, N. (1990). Reputation, social identity and the self. In D. Abrams & M. A. Hogg (Eds.), *Social identity theory: Constructive and critical advances* (pp. 113–130). London: Harvester Wheatsheaf.

Emler, N., Ohana, J., & Moscovici, S. (1987). Children's beliefs about institutional roles: A cross-national study of representations of the teacher's role. *British Journal of Educational Psychology, 57*, 26–37.

Emler, N., & Reicher, S. D. (1995). *Adolescence and delinquency: The collective management of reputation*. Oxford, UK: Blackwell.

Engelhardt, C. R., Bartholow, B. D., Kerr, G. T., & Bushman, B. J. (2011). This is your brain on violent video games: Neural desensitization to violence predicts increased aggression following violent video game exposure. *Journal of Experimental Social Psychology, 47*, 1033–1036.

Enriquez, V. G. (1993). Developing a Filipino psychology. In U. Kim & J. W. Berry (Eds.), *Indigenous psychologies: Research and experience in cultural context* (pp. 252–269). Newbury Park, CA: SAGE.

Erber, R. (1991). Affective and semantic priming: Effects of mood on category accessibility and inference. *Journal of Experimental Social Psychology, 27*, 480–498.

Erber, R., & Fiske, S. T. (1984). Outcome dependency and attention to inconsistent information. *Journal of Personality and Social Psychology, 47*, 709–726.

Eron, L. D. (1982). Parent–child interaction, television violence, and aggression of children. *American Psychologist, 37*, 197–211.

Eron, L. D. (1994). Theories of aggression: From drives to cognitions. In L. R. Huesmann (Ed.), *Aggressive behavior: Current perspectives* (pp. 3–11). New York: Plenum.

Esquivel-Santoveña, E. E., & Dixon, L. (2012). *Aggression and Violent Behavior, 17*, 208–219.

Esser, J. K., & Komorita, S. S. (1975). Reciprocity and concession making in bargaining. *Journal of Personality and Social Psychology, 31*, 864–872.

Esses, V. M., Dovidio, J. F., Semenya, A. H., & Jackson, L. M. (2005). Attitudes toward immigrants and immigration: The role of national and international identities. In D. Abrams, J. M. Marques, & M. A. Hogg (Eds.), *The social psychology of inclusion and exclusion* (pp. 317–337). Philadelphia, PA: Psychology Press.

Esses, V. M., Jackson, L. M., Dovidio, J. F., & Hodson, G. (2005). Instrumental relations among groups: Group competition, conflict, and prejudice. In J. F. Dovidio, P. Glick, & L. Rudman (Eds.), *Reflecting on the nature of prejudice* (pp. 227–243). Oxford, UK: Blackwell.

Evans, A. T., & Clark, J. K. (2012). Source characteristics and persuasion: The role of self-monitoring in self-validation. *Journal of Experimental Social Psychology, 48*, 383–386.

Evans, B. K., & Fischer, D. G. (1992). A hierarchical model of participatory decision-making, job autonomy, and perceived control. *Human Relations, 45*, 1169–1189.

Evans, N. J., & Jarvis, P. A. (1980). Group cohesion: A review and re-evaluation. *Small Group Behavior, 11*, 359–370.

Evans-Pritchard, E. E. (1937). *Witchcraft, oracles and magic among the Azande*. Oxford, UK: Oxford University Press.

Evans-Pritchard, E. E. (1951). *Kinship and marriage among the Nuer*. Oxford, UK: Clarendon Press.

Exline, R. V. (1971). Visual interaction: The glances of power and preference. In J. K. Cole (Ed.), *Nebraska symposium on motivation* (Vol. 19, pp. 163–206). Lincoln, NE: University of Nebraska Press.

Exline, R. V., Ellyson, S. L., & Long, B. (1975). Visual behavior as an aspect of power role relationships. In P. Pliner, L. Krames, & T. Alloway (Eds.), *Nonverbal communication of aggression* (Vol. 2, pp. 21–52). New York: Plenum.

Eyssel, F., & Bohner, G. (2011). Schema effects of rape myth acceptance on judgments of guilt and blame in rape cases: The role of perceived entitlement to judge. *Journal of Interpersonal Violence, 26*, 1579–1605.

Fagundes, C. P. (2012). Getting over you: Contributions of attachment theory for postbreakup emotional adjustment. *Personal Relationships, 19*, 37–50.

Fajardo, D. M. (1985). Author race, essay quality, and reverse discrimination. *Journal of Applied Social Psychology, 15*, 255–268.

Falk, C. F., & Heine, S. J. (2015). What is implicit self-esteem, and does it vary across cultures? *Personality and Social Psychology Review, 19*, 177–198.

Farr, R. M. (1996). *The roots of modern social psychology: 1872–1954*. Oxford, UK: Blackwell.

Farr, R. M., & Moscovici, S. (Eds.) (1984). *Social representations*. Cambridge, UK: Cambridge University Press.

Fast, N. J., Halevy, N., & Galinsky, A. D. (2012). The destructive nature of power without status. *Journal of Experimental Social Psychology, 48*, 391–394.

Fazio, R. H. (1986). How do attitudes guide behavior? In R. M. Sorrentino & E. T. Higgins (Eds.), *The handbook of motivation and cognition: Foundations of social behavior* (pp. 204–243). New York: Guilford Press.

Fazio, R. H. (1989). On the power and functionality of attitudes: The role of attitude accessibility. In A. R. Pratkanis, S. Breckler, & A. G.

Greenwald (Eds.), *Attitude structure and function* (pp. 153–179). Hillsdale, NJ: Erlbaum.

Fazio, R. H. (1995). Attitudes as object-evaluation associations: Determinants, consequences, and correlates of attitude accessibility. In R. E. Petty & J. A. Krosnick (Eds.), *Attitude strength: Antecedents and consequences* (pp. 247–282). Mahwah, NJ: Erlbaum.

Fazio, R. H., Blascovich, J., & Driscoll, D. M. (1992). On the functional value of attitudes: The influence of accessible attitudes upon the ease and quality of decision making. *Personality and Social Psychology Bulletin, 18*, 388–401.

Fazio, R. H., Effrein, E. A., & Falender, V. J. (1981). Self-perceptions following social interactions. *Journal of Personality and Social Psychology, 41*, 232–242.

Fazio, R. H., Jackson, J. R., Dunton, B. C., & Williams, C. J. (1995). Variability in automatic activation as an unobtrusive measure of racial attitudes: A bona fide pipeline. *Journal of Personality and Social Psychology, 69*, 1013–1027.

Fazio, R. H., Ledbetter, J. E., & Towles-Schwen, T. (2000). On the costs of accessible attitudes: Detecting that the attitude object has changed. *Journal of Personality and Social Psychology, 78*, 197–210.

Fazio, R. H., & Olson, M. A. (2003). Implicit measures in social cognition research: Their meaning and use. *Annual Review of Psychology, 54*, 297–327.

Fazio, R. H., & Olson, M. A. (2007). Attitudes: Foundations, functions, and consequences. In M. A. Hogg & J. Cooper (Eds.), *The SAGE handbook of social psychology: Concise student edition* (pp. 123–145). London: SAGE.

Fazio, R. H., & Powell, M. C. (1997). On the value of knowing one's likes and dislikes: Attitude accessibility, stress and health in college. *Psychological Science, 8*, 430–436.

Fazio, R. H., Sanbonmatsu, D. M., Powell, M. C., & Kardes, F. R. (1986). On the automatic activation of attitudes. *Journal of Personality and Social Psychology, 50*, 229–238.

Fazio, R. H., & Zanna, M. P. (1978). Attitudinal qualities relating to the strength of the attitude–behaviour relation. *Journal of Experimental Social Psychology, 14*, 398–408.

Fazio, R. H., Zanna, M. P., & Cooper, J. (1977). Dissonance and self-perception: An integrative view of each theory's proper domain of application. *Journal of Experimental Social Psychology, 13*, 464–479.

Feagin, J. (1972). Poverty: We still believe that God helps them who help themselves. *Psychology Today, 6*, 101–129.

Feather, N. T. (1974). Explanations of poverty in Australian and American samples: The person, society and fate. *Australian Journal of Psychology, 26*, 199–216.

Feather, N. T. (1985). Attitudes, values, and attributions: Explanations of unemployment. *Journal of Personality and Social Psychology, 48*, 876–889.

Feather, N. T. (1991). Human values, global self-esteem, and belief in a just world. *Journal of Personality, 59*, 83–106.

Feather, N. T. (1994). Attitudes toward high achievers and reactions to their fall: Theory and research toward tall poppies. *Advances in Experimental Social Psychology, 26*, 1–73.

Feather, N. T. (2002). Values and value dilemmas in relation to judgments concerning outcomes of an industrial conflict. *Personality and Social Psychology Bulletin, 28*, 446–459.

Feather, N. T., & Barber, J. G. (1983). Depressive reactions and unemployment. *Journal of Abnormal Psychology, 92*, 185–195.

Feather, N. T., & Davenport, P. R. (1981). Unemployment and depressive affect: A motivational and attributional analysis. *Journal of Personality and Social Psychology, 41*, 422–436.

Feather, N. T., & Simon, J. G. (1975). Reactions to male and female success and failure in sex-linked occupations: Impressions of personality, causal attributions, and perceived likelihood of different consequences. *Journal of Personality and Social Psychology, 31*, 20–31.

Feeney, B. C., & Collins, N. L. (2015). A new look at social support: A theoretical perspective on thriving through relationships. *Personality and Social Psychology Review, 19*, 113–147.

Feeney, J. A. (1999). Adult attachment, emotional control, and marital satisfaction. *Personal Relationships, 6*, 169–185.

Feeney, J. A., & Noller, P. (1990). Attachment style as a predictor of adult romantic relationships. *Journal of Personality and Social Psychology, 58*, 281–291.

Fehr, B. (1994). Prototype based assessment of laypeople's views of love. *Personal Relationships, 1*, 309–331.

Fehr, B., Harasymchuk, C., & Sprecher, S. (2014). Compassionate love in romantic relationships: A review and some new findings. *Journal of Social and Personal Relationships, 31*, 575–600.

Fehr, R. S., Gelfand, M. J., & Nag, M. (2010). The road to forgiveness: A meta-analytic synthesis of its situational and dispositional correlates. *Psychological Bulletin, 136*, 894–914.

Fehr, R. S., & Stern, J. A. (1970). Peripheral physiological variables and emotion: The James–Lange theory revisited. *Psychological Bulletin, 74*, 411–424.

Feinberg, M., Willer, R., & Keltner, D. (2012). Flustered and faithful: Embarrassment as a signal of prosociality. *Journal of Personality and Social Psychology, 102*, 81–97.

Feingold, A. (1988). Cognitive gender differences are disappearing. *American Psychologist, 43*, 95–103.

Fenigstein, A. (1984). Self-consciousness and the overperception of self as a target. *Journal of Personality and Social Psychology, 47*, 860–870.

Ferguson, C. J., & Savage, J. (2012). Have recent studies addressed methodological issues raised by five decades of television violence research? A critical review. *Aggression and Violent Behavior, 17*, 129–139.

Ferguson, C. K., & Kelley, H. H. (1964). Significant factors in overevaluation of own group's product. *Journal of Abnormal and Social Psychology, 69*, 223–228.

Festinger, L. (1950). Informal social communication. *Psychological Review, 57*, 271–282.

Festinger, L. (1954). A theory of social comparison processes. *Human Relations, 7*, 117–140.

Festinger, L. (1957). *A theory of cognitive dissonance*. Stanford, CA: Stanford University Press.

Festinger, L. (1964). *Conflict, decision and dissonance*. Stanford, CA: Stanford University Press.

Festinger, L. (1980). *Retrospections on social psychology*. New York: Oxford University Press.

Festinger, L., & Carlsmith, J. M. (1959). Cognitive consequences of forced compliance. *Journal of Abnormal and Social Psychology, 58*, 203–210.

Festinger, L., Pepitone, A., & Newcomb, T. M. (1952). Some consequences of deindividuation in a group. *Journal of Personality and Social Psychology, 47*, 382–389.

Festinger, L., Schachter, S., & Back, K. (1950). *Social pressures in informal groups: A study of human factors in housing*. New York: Harper.

Fidell, L. S. (1970). Empirical verification of sex discrimination in hiring practices in psychology. *American Psychologist, 25*, 1094–1098.

Fiedler, F. E. (1964). A contingency model of leadership effectiveness. *Advances in Experimental Social Psychology, 1*, 149–190.

Fiedler, F. E. (1965). The contingency model of leadership effectiveness. In H. Proshansky, B. Seidenberg (Eds.), *Basic studies in social psychology* (pp. 538–551). New York: Holt, Rinehart, and Winston.

Fiedler, K. (1982). Causal schemata: Review and criticism of research on a popular construct. *Journal of Personality and Social Psychology, 42*, 1001–1013.

Fiedler, K., Messner, C., & Bluemke, M. (2006). Unresolved problems with the I, the A, and the T: A logical and psychometric critique of the Implicit Association Test (IAT). *European Review of Psychology, 17*, 74–147.

Field, R. H. G., & House, R. J. (1990). A test of the Vroom–Yetton model using manager and subordinate reports. *Journal of Applied Psychology, 75*, 362–366.

Fielding, K. S., & Hogg, M. A. (1997). Social identity, self-categorisation and leadership: A field study of small interactive groups. *Group Dynamics, Theory, Research, and Practice, 1*, 39–51.

Fielding, K. S., & Hogg, M. A. (2000). Working hard to achieve self-defining group goals: A social identity analysis. *Zeitschrift für Sozialpsychologie, 31*, 191–203.

Fielding, K. S., McDonald R., & Louis, W. R. (2008). Theory of planned behaviour, identity and intentions to engage in environmental activism. *Journal of Environmental Psychology, 28*, 318–326.

Fincham, F. D. (1985). Attributions in close relationships. In J. H. Harvey & G. Weary (Eds.), *Attribution: Basic issues and applications* (pp. 203–234). Orlando, FL: Academic Press.

Fincham, F. D. (2000). The kiss of the porcupines: From attributing responsibility to forgiving. *Personal Relationships, 7*, 1–23.

Fincham, F. D., & Bradbury, T. N. (1987). Cognitive processes and conflict in close relationships: An attribution–efficacy model. *Journal of Personality and Social Psychology, 53*, 1106–1118.

Fincham, F. D., & Bradbury, T. N. (1993). Marital satisfaction, depression, and attributions: A longitudinal analysis. *Journal of Personality and Social Psychology, 64*, 442–452.

Fincham, F. D., & O'Leary, K. D. (1983). Causal inferences for spouse behavior in maritally distressed and non-distressed couples. *Journal of Social and Clinical Psychology, 1*, 42–57.

Fine, C. (2010). From scanner to soundbite: Issues in interpreting and reporting sex differences in the brain. *Current Directions in Psychological Science, 19*, 280–283.

Fiol, C. M. (2002). Capitalizing on paradox: The role of language in transforming organizational identities. *Organization Science, 13*, 653–666.

Fischer, A. H., Mosquera, P. M. R., Van Vienan, A. E. M., & Manstead, A. S. R. (2004). Gender and culture differences in emotion. *Emotion, 4*, 87–94.

Fischer, A. H., & Roseman, I. J. (2007). Beat them or ban them: The characteristics and social functions of anger and contempt. *Journal of Personality and Social Psychology, 93*, 103–115.

Fischer, D. (1989). *Albion's seed: Four British folkways in America*. New York: Oxford University Press.

Fishbein, M. (1967a). A behavior theory approach to the relation between beliefs about an object and the attitude toward the object. In M. Fishbein (Ed.), *Readings in attitude theory and measurement* (pp. 389–400). New York: Wiley.

Fishbein, M. (1967b). A consideration of beliefs and their role in attitude measurement. In M. Fishbein (Ed.), *Readings in attitude theory and measurement* (pp. 257–266). New York: Wiley.

Fishbein, M. (1971). Attitudes and the prediction of behaviour. In K. Thomas (Ed.), *Attitudes and behaviour* (pp. 52–83). London: Penguin.

Fishbein, M., & Ajzen, I. (1974). Attitudes toward objects as predictors of single and multiple behavior criteria. *Psychological Review, 81*, 59–74.

Fishbein, M., & Ajzen, I. (1975). *Belief, attitude, intention and behavior: An introduction to theory and research*. Reading, MA: Addison-Wesley.

Fishbein, M., Ajzen, I., & Hinkle, R. (1980). Predicting and understanding voting in American elections: Effects of external variables. In I. Ajzen & M. Fishbein (Eds.), *Understanding attitudes and predicting human behavior* (pp. 173–195). Englewood Cliffs, NJ: Prentice Hall.

Fishbein, M., Bowman, C. H., Thomas, K., Jacard, J. J., & Ajzen, I. (1980). Predicting and understanding voting in British elections and American referenda: Illustrations of the theory's generality. In I. Ajzen & M. Fishbein (Eds.), *Understanding attitudes and predicting human behavior* (pp. 196–216). Englewood Cliffs, NJ: Prentice Hall.

Fishbein, M., & Coombs, F. S. (1974). Basis for decision: An attitudinal analysis of voting behavior. *Journal of Applied Social Psychology, 4*, 95–124.

Fishbein, M., & Feldman, S. (1963). Social psychological studies in voting behavior: I. Theoretical and methodological considerations. *American Psychologist, 18*, 388.

Fisher, J. D., Rytting, M., & Heslin, R. (1976). Hands touching hands: Affective and evaluative effects of an interpersonal touch. *Sociometry, 39*, 416–421.

Fisher, R. J. (1990). *The social psychology of intergroup and international conflict resolution*. New York: Springer.

Fisher, R. J. (Ed.) (2005). *Paving the way: Contributions of interactive conflict resolution to peacemaking*. Rowman & Littlefield: Lanham, MD.

Fisher, S., & Todd, A. D. (1983). *The social organization of doctor–patient communication*. Washington, DC: Center for Applied Linguistics.

Fishman, J. A. (1989). *Language and ethnicity in minority sociolinguistic perspective*. Clevedon, UK: Multilingual Matters.

Fiske, A. P. (1992). The four elementary forms of sociality: Framework for a unified theory of social relations. *Psychological Review, 99*, 689–723.

Fiske, A. P., & Haslam, N. (1996). Social cognition is thinking about relationships. *Current Directions in Psychological Science, 5,* 143–148.

Fiske, A. P., Kitayama, S., Markus, H. R., & Nisbett, R. E. (1998). The cultural matrix of social psychology. In D. T. Gilbert, S. T. Fiske, & G. Lindzey (Eds.), *The handbook of social psychology* (4th ed., Vol. 2, pp. 915–981). New York: McGraw-Hill.

Fiske, S. T. (1980). Attention and weight on person perception. *Journal of Personality and Social Psychology, 38,* 889–906.

Fiske, S. T. (1992). Thinking is for doing: Portraits of social cognition from Daguerreotype to laser photo. *Journal of Personality and Social Psychology, 52,* 766–778.

Fiske, S. T. (1993a). Social cognition and social perception. *Annual Review of Psychology, 44,* 155–194.

Fiske, S. T. (1993b). Controlling other people: The impact of power on stereotyping. *American Psychologist, 48,* 621–628.

Fiske, S. T. (1998). Stereotyping, prejudice, and discrimination. In D. T. Gilbert, S. T. Fiske, & G. Lindzey (Eds.), *The handbook of social psychology* (4th ed., Vol. 2, pp. 357–414). New York: McGraw-Hill.

Fiske, S. T. (2010). Interpersonal stratification: Status, power, and subordination. In S. T. Fiske, D. T. Gilbert, & G. Lindzey (Eds.), *Handbook of social psychology* (5th ed., Vol. 2, pp. 941–982). New York: Wiley.

Fiske, S. T., & Berdahl, J. (2007) Social power. In A. W. Kruglanski & E. T. Higgins (Eds.), *Social psychology: Handbook of basic principles* (2nd ed., pp. 678–692). New York: Guilford.

Fiske, S. T., Cuddy, A., & Glick, P. (2007). Universal dimensions of social perception: Warmth and competence. *Trends in Cognitive Science, 11,* 77–83.

Fiske, S. T., Cuddy, A. J., Glick, P., & Xu, J. (2002). A model of (often mixed) stereotype content: Competence and warmth respectively follow from perceived status and competition. *Journal of Personality and Social Psychology, 82,* 878–902.

Fiske, S. T., & Dépret, E. (1996). Control, interdependence and power: Understanding social cognition in its social context. *European Review of Social Psychology, 7,* 31–61.

Fiske, S. T., Gilbert, D. T., & Lindzey, G. (Eds.) (2010). *Handbook of social psychology* (5th ed.). New York: Wiley.

Fiske, S. T., Lau, R. R., & Smith, R. A. (1990). On the varieties and utilities of political expertise. *Social Cognition, 8,* 31–48.

Fiske, S. T., & Neuberg, S. L. (1990). A continuum of impression formation, from category-based to individuating processes: Influences of information and motivation on attention and interpretation. *Advances in Experimental Social Psychology, 23,* 1–74.

Fiske, S. T., & Taylor, S. E. (1991). *Social cognition* (2nd ed.). New York: McGraw-Hill.

Fiske, S. T., & Taylor, S. E. (2013). *Social cognition: From brains to culture* (2nd ed.). Los Angeles: Sage.

Fiske, S. T., Xu, J., Cuddy, A., & Glick, P. (1999). (Dis)respecting versus (dis)liking: Status and interdependent predict ambivalent stereotypes of competence and warmth. *Journal of Social Issues, 55,* 473–489.

Fitness, J. (2001). Emotional intelligence in intimate relationships. In J. Ciarrochi, J. P. Forgas, & J. Mayer (Eds.), *Emotional intelligence in everyday life: A scientific enquiry* (pp. 98–112). Philadelphia, PA: Taylor & Francis.

Fitness, J., Fletcher, G., & Overall, N. (2007). Interpersonal attraction and intimate relationships. In M. A. Hogg & J. Cooper (Eds.), *The SAGE handbook of social psychology: Concise student edition* (pp. 219–240). London: SAGE.

Fleishman, E. A. (1973). Twenty years of consideration and structure. In E. A. Fleishman & J. F. Hunt (Eds.), *Current developments in the study of leadership.* Carbondale, IL: Southern Illinois University Press.

Fletcher, G. J. O., & Clark, M. S. (Eds.) (2001). *Blackwell handbook of social psychology: Interpersonal processes.* Oxford, UK: Blackwell.

Fletcher, G. J. O., Danilovics, P., Fernandez, G., Peterson, D., & Reeder, G. D. (1986). Attributional complexity: An individual differences measure. *Journal of Personality and Social Psychology, 51,* 875–884.

Fletcher, G. J. O., & Fincham, F. D. (Eds.) (1991). *Cognition in close relationships.* Hillsdale, NJ: Erlbaum.

Fletcher, G. J. O., Fincham, F. D., Cramer, L., & Heron, N. (1987). The role of attributions in the development of dating relationships. *Journal of Personality and Social Psychology, 53,* 481–489.

Fletcher, G. J. O., Simpson, J., Campbell, L., & Overall, N. (2013). *The science of intimate relationships.* New York: Wiley-Blackwell.

Fletcher, G. J. O., Simpson, J. A., & Thomas, G. (2000). Ideals, perceptions, and evaluations in early relationship development. *Journal of Personality and Social Psychology, 79,* 933–940.

Fletcher, G. J. O., Simpson, J. A., Thomas, G., & Giles, L. (1999). Ideals in intimate relationships. *Journal of Personality and Social Psychology, 76,* 72–89.

Fletcher, G. J. O., & Thomas, G. (2000). Behavior and on-line cognition in marital interaction. *Personal Relationships, 7,* 111–130.

Fletcher, G. J. O., Tither, J. M., O'Loughlin, C., Friesen, M., & Overall, N. (2004). Warm and homely or cold and beautiful? Sex differences in trading off traits in mate selection. *Personality and Social Psychology Bulletin, 30,* 659–672.

Fletcher, G. J. O., & Ward, C. (1988). Attribution theory and processes: A cross-cultural perspective. In M. H. Bond (Ed.), *The cross-cultural challenge to social psychology* (pp. 230–244). Newbury Park, CA: SAGE.

Flowe, H. D., Stewart, J., Sleath, E. R., & Palmer, F. T. (2011). Public house patrons' engagement in hypothetical sexual assault: A test of alcohol myopia theory in a field setting. *Aggressive Behavior, 37,* 547–558.

Flowers, M. L. (1977). A laboratory test of some implications of Janis's groupthink hypothesis. *Journal of Personality and Social Psychology, 35,* 888–896.

Floyd, D. L., Prentice-Dunn, S., & Rogers, R. W. (2000). A meta-analysis of research on protection motivation theory. *Journal of Applied Social Psychology, 30,* 407–429.

Foa, E. B., & Foa, U. G. (1975). *Resource theory of social exchange.* Morristown NJ: General Learning Press.

Focella, E. S., Stone, J., Fernandez, N. C., Cooper, J., & Hogg, M. A. (2016). Vicarious hypocrisy: Bolstering attitudes and taking action after exposure to a hypocritical ingroup member. *Journal of Experimental Social Psychology, 62,* 89–102.

Foddy, M., Smithson, M., Schneider, S., & Hogg, M. A. (Eds.) (1999). *Resolving social dilemmas: Dynamic, structural, and intergroup aspects.* Philadelphia, PA: Psychology Press.

Fodor, E. M., & Smith, T. (1982). The power motive as an influence on group decision making. *Journal of Personality and Social Psychology, 42,* 178–185.

Fogelson, R. M. (1970). Violence and grievances: Reflections on the 1960s riots. *Journal of Social Issues, 26,* 141–163.

Fong, G. T., Krantz, D. H., & Nisbett, R. E. (1986). The effects of statistical training on thinking about everyday problems. *Cognitive Psychology, 18,* 253–292.

Forbes, G. B., Collinsworth, L. L., Zhao, P., Kohlman, S., & LeClaire, J. (2011). Relationships among individualism—collectivism, gender, and ingroup/outgroup status, and responses to conflict: A study in China and the United States. *Aggressive Behavior, 37,* 302–314.

Forgas, J. P. (1983). The effects of prototypicality and cultural salience on perceptions of people. *Journal of Research in Personality, 17,* 153–173.

Forgas, J. P. (1994). The role of emotion in social judgments: An introductory review and an affect infusion model (AIM). *European Journal of Social Psychology, 24,* 1–24.

Forgas, J. P. (1995). Mood and judgment: The affect infusion model. *Psychological Bulletin, 117,* 39–66.

Forgas, J. P. (2002). Feeling and doing: Affective influences on interpersonal behavior. *Psychological Inquiry, 13,* 1–28.

Forgas, J. P. (Ed.) (2006). *Affect, cognition and social behavior.* New York: Psychology Press.

Forgas, J. P., & Fiedler, K. (1996). Us and them: Mood effects on intergroup discrimination. *Journal of Personality and Social Psychology, 70,* 36–52.

Forgas, J. P., Morris, S., & Furnham, A. (1982). Lay explanations of wealth: Attributions for economic success. *Journal of Applied Social Psychology, 12,* 381–397.

Forgas, J. P., O'Connor, K., & Morris, S. (1983). Smile and punishment: The effects of facial expression on responsibility attributions by groups and individuals. *Personality and Social Psychology Bulletin, 9,* 587–596.

Forgas, J. P., & Smith, C. A. (2007). Affect and emotion. In M. A. Hogg & J. Cooper (Eds.), *The SAGE handbook of social psychology: Concise student edition* (pp. 146–175). London: SAGE.

Forsterling, F. (1988). *Attribution theory in clinical psychology*. Chichester, UK: Wiley.

Foss, R. D., & Dempsey, C. B. (1979). Blood donation and the foot-in-the-door technique. *Journal of Personality and Social Psychology, 37,* 580–590.

Foster, C. A., Witcher, B. S., Campbell, W. K., & Green, J. D. (1998). Arousal and attraction: Evidence for automatic and controlled processes. *Journal of Personality and Social Psychology, 74,* 86–101.

Foster, E. K. (2004). Research on gossip: Taxonomy, methods, and future directions. *Review of General Psychology, 102,* 1015–1030.

Foucault, M. (1972). *The archaeology of knowledge*. London: Tavistock.

Fox, J., Warber, K. M., & Makstaller, D. C. (2013). The role of Facebook in romantic relationship development: An exploration of Knapp's relational stage model. *Journal of Social and Personal Relationships, 30,* 771–794.

Fox, R. (1967). *Kinship and marriage: An anthropological perspective*. New York: Cambridge University Press.

Fox, S. A., & Giles, H. (1993). Accommodating intergenerational contact: A critique and theoretical model. *Journal of Aging Studies, 7,* 423–451.

Fox, S. A., & Giles, H. (1996a). 'Let the wheelchair through!' An intergroup approach to interability communication. In W. P. Robinson (Ed.), *Social groups and identities: Developing the legacy of Henri Tajfel* (pp. 215–248). Oxford, UK: Butterworth-Heinemann.

Fox, S. A., & Giles, H. (1996b). Interability communication: Evaluating patronizing encounters. *Journal of Language and Social Psychology, 15,* 265–290.

Fox, S., & Hoffman, M. (2002). Escalation behavior as a specific case of goal-directed activity: A persistence paradigm. *Basic and Applied Social Psychology, 24,* 273–285.

Fox-Cardamone, L., Hinkle, S., & Hogue, M. (2000). The correlates of antinuclear activism: Attitudes, subjective norms, and efficacy. *Journal of Applied Social Psychology, 30,* 484–498.

Franco, F. M., & Maass, A. (1996). Implicit versus explicit strategies of outgroup discrimination: The role of intentional control in biased language use and reward allocation. *Journal of Language and Social Psychology, 15,* 335–359.

Frank, M. G., & Gilovich, T. (1989). Effect of memory perspective on retrospective causal attributions. *Journal of Personality and Social Psychology, 57,* 399–403.

Frank, M. G., Matsumoto, D., & Hwang, H. C. (2015). Intergroup emotions and political aggression: The ANCODI hypothesis. In J. P. Forgas, K. Fiedler, & W. D. Crano (Eds.), *Social psychology and politics* (pp. 183–189). New York: Psychology Press.

Franklin, K. (2000). Antigay behaviours among young adults: Prevalence, patterns, and motivators in a noncriminal population. *Journal of Interpersonal Violence, 15,* 339–362.

Frazer, J. G. (1890). *The golden bough*. London: Macmillan.

Fredericks, A. J., & Dossett, D. L. (1983). Attitude–behavior relations: A comparison of the Fishbein–Ajzen and the Bentler–Speckart models. *Journal of Personality and Social Psychology, 45,* 501–512.

Fredrickson, B. L., & Roberts, T. A. (1997). Objectification theory: Toward understanding women's lived experiences and mental health risks. *Psychology of Women Quarterly, 21,* 173–206.

Freed, R. S., & Freed, S. A. (1989). Beliefs and practices resulting in female deaths and fewer females than males in India. *Population and Environment, 10,* 144–161.

Freedman, J. L. (1984). Effect of television violence on aggressiveness. *Psychological Bulletin, 96,* 227–246.

Freedman, J. L., & Fraser, S. C. (1966). Compliance without pressure: The foot-in-the-door technique. *Journal of Personality and Social Psychology, 4,* 195–202.

Freedman, J. L., Wallington, S. A., & Bless, E. (1967). Compliance without pressure: The effect of guilt. *Journal of Personality and Social Psychology, 7,* 117–124.

Freeman, S., Walker, M. R., Bordon, R., & Latané, B. (1975). Diffusion of responsibility and restaurant tipping: Cheaper by the bunch. *Personality and Social Psychology Bulletin, 1,* 584–587.

Freides, D. (1974). Human information processing and sensory modality: Cross-modal functions, information complexity, memory, and deficit. *Psychological Bulletin, 81,* 284–310.

French, J. R. P. (1944). Organized and unorganized groups under fear and frustration. *University of Iowa Studies of Child Welfare, 20,* 231–308.

French, J. R. P., & Raven, B. H. (1959). The bases of social power. In D. Cartwright (Ed.), *Studies in social power* (pp. 118–149). Ann Arbor, MI: Institute for Social Research.

Freud, S. (1905). *Three contributions to the theory of sex*. New York: Dutton.

Freud, S. (1920/1990). *Beyond the pleasure principle*. New York: W. W. Norton.

Freud, S. (1921). Group psychology and the analysis of the ego. In J. Strachey (Ed.), *Standard edition of the complete psychological works* (Vol. 18, pp. 65–143). London: Hogarth Press.

Frey, D. (1986). Recent research on selective exposure to information. In L. Berkowitz (Ed.), *Advances in experimental psychology* (Vol. 19, pp. 41–80). New York: Academic Press.

Frey, D., & Rosch, M. (1984). Information seeking after decisions: The roles of novelty of information and decision reversibility. *Personality and Social Psychology Bulletin, 10,* 91–98.

Frick, R. W. (1985). Communication emotions: The role of prosodic features. *Psychological Bulletin, 97,* 412–429.

Frieze, I., & Weiner, B. (1971). Cue utilisation and attributional judgments for success and failure. *Journal of Personality, 39,* 591–605.

Frohlich, N., & Oppenheimer, J. (1970). I get by with a little help from my friends. *World Politics, 23,* 104–120.

Fromm, E. (1941). *Escape from freedom*. New York: Farrar & Rinehart.

Funder, D. C. (1982). On the accuracy of dispositional vs situational attributions. *Social Cognition, 1,* 205–222.

Funder, D. C. (1987). Errors and mistakes: Evaluating the accuracy of social judgment. *Psychological Bulletin, 101,* 75–90.

Funder, D. C., & Fast, L. A. (2010). Personality in social psychology. In S. T. Fiske, D. T. Gilbert, & G. Lindzey (Eds.), *Handbook of social psychology* (5th ed., Vol. 1, pp. 668–697). New York: Wiley.

Furnham, A. (1982). Explanations for unemployment in Britain. *European Journal of Social Psychology, 12,* 335–352.

Furnham, A. (1983). Attributions for affluence. *Personality and Individual Differences, 4,* 31–40.

Furnham, A. (1984). The Protestant work ethic: A review of the psychological literature. *European Journal of Social Psychology, 14,* 87–104.

Furnham, A. (1986). Some explanations for immigration to, and emigration from, Britain. *New Community, 13,* 65–78.

Furnham, A. (2003). Belief in a just world: Research progress over the past decade. *Personality and Individual Differences, 34,* 795–817.

Furnham, A., & Bond, M. H. (1986). Hong Kong Chinese explanations for wealth. *Journal of Economic Psychology, 7,* 447–460.

Gaertner, S. L., & Dovidio, J. F. (1977). The subtlety of white racism, arousal, and helping behavior. *Journal of Personality and Social Psychology, 35,* 691–707.

Gaertner, S. L., & Dovidio, J. F. (1986). The aversive form of racism. In J. F. Dovidio & S. L. Gaertner (Eds.), *Prejudice, discrimination, and racism* (pp. 61–89). New York: Academic Press.

Gaertner S. L., & Dovidio, J. F. (2000). *Reducing intergroup bias: The common ingroup identity model*. New York: Psychology Press.

Gaertner, S. L., Dovidio, J. F., Anastasio, P., Bachman, B., & Rust, M. (1993). The common ingroup identity model: Recategorization and the reduction of intergroup bias. *European Review of Social Psychology, 4,* 1–26.

Gaertner, S. L., Mann, J., Murrell, A., & Dovidio, J. F. (1989). Reducing intergroup bias: The benefits of recategorization. *Journal of Personality and Social Psychology, 57,* 239–249.

Gaertner, S. L., & McLaughlin, J. P. (1983). Racial stereotypes: Associations and ascriptions of positive and negative characteristics. *Social Psychology Quarterly, 46,* 23–40.

Gaertner, S. L., Rust, M. C., Dovidio, J. F., Bachman, B. A., & Anastasio, P. A. (1996). The contact hypothesis: The role of a common ingroup identity on reducing intergroup bias among majority and minority group members. In J. L. Nye & A. M. Bower (Eds.), *What's social about social cognition: Research on socially shared cognition in small groups* (pp. 230–260). Thousand Oaks, CA: SAGE.

Gaffney, A. M., & Hogg, M. A. (2016). Social identity and social influence. In S. Harkins, K. D. Williams, & J. Burger (Eds.), *The Oxford handbook of social influence* (pp. 1–39). New York: Oxford University Press.

Gaffney, A. M., Hogg, M. A., Cooper, J., & Stone, J. (2012). Witness to hypocrisy: Reacting to in-group hypocrites in the presence of others. *Social Influence, 7*, 98–112.

Gaffney, A. M., Rast, D. E., III, Hackett, J. D., & Hogg, M. A. (2014). Further to the right: Uncertainty, political polarization and the American 'Tea Party' movement. *Social Influence, 9*, 272–288.

Galen, L. W. (2012). Does religious belief promote prosociality? *Psychological Bulletin, 138*, 876–906.

Galinsky, A. D. (2002). Creating and reducing intergroup conflict: The role of perspective-taking in affecting out-group evaluations. In H. Sondak (Ed.), *Toward phenomenology of groups and group membership. Research on managing groups and teams* (Vol. 4, pp. 85–113). New York: Elsevier.

Galinsky, A. D., Gruenfeld, D. H., & Magee, J. C. (2003). From power to action. *Journal of Personality and Social Psychology, 85*, 453–466.

Galinsky, A. D., & Moskowitz, G. B. (2000). Perspective-taking: Decreasing stereotype expression, stereotype accessibility, and in-group favoritism. *Journal of Personality and Social Psychology, 78*, 708–724.

Galinsky, A. D., & Mussweiler, T. (2001). First offers as anchors: The role of perspective-taking and negotiator focus. *Journal of Personality and Social Psychology, 81*, 657–669.

Galizio, M., & Hendrick, C. (1972). Effect of musical accompaniment on attitude: The guitar as a prop for persuasion. *Journal of Applied Social Psychology, 2*, 350–359.

Gallois, C. (1993). The language and communication of emotion: Interpersonal, intergroup, or universal. *American Behavioral Scientist, 36*, 309–338.

Gallois, C., Barker, M., Jones, E., & Callan, V. J. (1992). Intercultural communication: Evaluations of lecturers and Australian and Chinese students. In S. Iwawaki, Y. Kashima, & K. Leung (Eds.), *Innovations in cross-cultural psychology* (pp. 86–102). Amsterdam: Swets & Zeitlinger.

Gallois, C., & Callan, V. J. (1986). Decoding emotional messages: Influence of ethnicity, sex, message type, and channel. *Journal of Personality and Social Psychology, 51*, 755–762.

Gallois, C., & Callan, V. J. (1997). *Communication and culture: A guide for practice.* Chichester, UK: Wiley.

Gallois, C., Callan, V. J., & Johnstone, M. (1984). Personality judgements of Australian Aborigine and white speakers: Ethnicity, sex and context. *Journal of Language and Social Psychology, 3*, 39–57.

Gallois, C., Ogay, T., & Giles, H. (2005). Communication accommodation theory: A look back and a look ahead. In W. Gudykunst (Ed.), *Theorizing about intercultural communication* (pp. 121–148). Thousand Oaks, CA: Sage.

Gallup, G. (1978). Gallup youth survey. *Indianapolis Star,* 18 October.

Gallupe, R. B., Cooper, W. H., Grise, M.-L., & Bastianutti, L. M. (1994). Blocking electronic brainstorms. *Journal of Applied Psychology, 79*, 77–86.

Galton, F. (1892). *Heredity genius: An inquiry into its laws and consequences.* London: Macmillan.

Gangestad, S. W., Garver-Apgar, C. E., Simpson, J. A., & Cousins, A. J. (2007). Changes in women's mate preferences across the ovulatory cycle. *Journal of Personality and Social Psychology, 92*, 151–163.

Gangestad, S. W., & Simpson, J. A. (2000). The evolution of human mating: Trade-offs and strategic pluralism. *Behavioral and Brain Sciences, 23*, 573–587.

Gao, G. (1996). Self and other: A Chinese perspective on interpersonal relationships. In W. B. Gudykunst, S. Ting-Toomey, & T. Nishida (Eds.), *Communication in personal relationships across cultures* (pp. 81–101). Thousand Oaks, CA: SAGE.

Gao, G., Ting-Toomey, S., & Gudykunst, W. B. (1996). Chinese communication processes. In M. H. Bond (Ed.), *Handbook of Chinese psychology* (pp. 280–293). Hong Kong: Oxford University Press.

Gardner, M. J., Paulsen, N., Gallois, C., Callan, V. J., & Monaghan, P. (2001). Communication in organizations: An intergroup perspective. In W. P. Robinson & H. Giles (Eds.), *The new handbook of language and social psychology* (pp. 561–584). Chichester, UK: Wiley.

Gardner, R. A., & Gardner, B. T. (1971). Teaching sign language to a chimpanzee. *Science, 165*, 664–672.

Gardner, R. C. (1979). Social psychological aspects of second language acquisition. In H. Giles & R. St Clair (Eds.), *Language and social psychology* (pp. 193–220). Oxford, UK: Blackwell.

Gardner, R. M., & Tockerman, Y. R. (1994). A computer–TV methodology for investigating the influence of somatotype on perceived personality traits. *Journal of Social Behavior and Personality, 9*, 555–563.

Gardner, W. L., Gabriel, S., & Diekman, A. B. (2000). Interpersonal approaches. In J. T. Cacioppo, L. G. Tassinary, & G. C. Berntson (Eds.), *Handbook of psychophysiology* (2nd ed., pp. 643–664). New York: Cambridge University Press.

Garfinkel, H. (1967). *Studies in ethnomethodology.* Englewood Cliffs, NJ: Prentice Hall.

Garrett, P., Giles, H., & Coupland, N. (1989). The contexts of language learning: Extending the intergroup model of second language acquisition. In S. Ting-Toomey & F. Korzenny (Eds.), *Language, communication, and culture* (pp. 201–221). Newbury Park, CA: SAGE.

Garstka, T. A., Hummert, M. L., & Branscombe, N. R. (2005). Perceiving age discrimination in response to intergenerational inequity. *Journal of Social Issues, 61*, 321–342.

Gasiorek, J., Giles, H., Holtgraves, T., & Robbins, S. (2012). Celebrating thirty years of the *JLSP*: Analyses and prospects. *Journal of Language and Social Psychology, 31*, 361–375.

Gaskell, G., & Smith, P. (1985). An investigation of youths' attributions for unemployment and their political attitudes. *Journal of Economic Psychology, 6*, 65–80.

Gawronski, B. (2003). Implicational schemata and the correspondence bias: On the diagnostic value of situationally constrained behavior. *Journal of Personality and Social Psychology, 84*, 1154–1171.

Gawronski, B. (2004). Theory-based bias correction in dispositional inference: The fundamental attribution error is dead, long live the correspondence bias. *European Review of Social Psychology, 15*, 183–217.

Gawronski, B., & Bodenhausen, G. V. (2011). The associative-propositional evaluation model: Theory, evidence and open questions. *Advances in Experimental Social Psychology, 44*, 59–127.

Gawronski, B., Peters, K. R., Brochu, P. M., & Strack, F. (2008). Understanding the relations between different forms of racial prejudice: A cognitive consistency perspective. *Personality and Social Psychology Bulletin, 34*, 648–665.

Gawronski, B., & Strack, F. (Eds.) (2012). *Cognitive consistency: A fundamental principle in social cognition.* New York: Guilford Press.

Gawronski, B., Walther, E., & Blank, H. (2005). Cognitive consistency and the formation of interpersonal attitudes: Cognitive balance affects the encoding of social information. *Journal of Experimental Social Psychology, 41*, 618–626.

Gazzaniga, M. S., Ivry, R., & Mangun, G. R. (2013). *Cognitive neuroscience: The biology of mind* (4th ed.). New York: Norton.

Geen, R. G. (1978). Some effects of observing violence on the behaviour of the observer. In B. A. Maher (Ed.), *Progress in experimental personality research* (Vol. 8, pp. 49–93). New York: Academic Press.

Geen, R. G. (1989). Alternative conceptions of social facilitation. In P. B. Paulus (Ed.), *Psychology of group influence* (2nd ed., pp. 15–51). Hillsdale, NJ: Erlbaum.

Geen, R. G. (1991). Social motivation. *Annual Review of Psychology, 42*, 377–399.

Geen, R. G. (1998). Aggression and antisocial behaviour. In D. T. Gilbert, S. T. Fiske, & G. Lindzey (Eds.), *The handbook of social psychology* (4th ed., Vol. 2, pp. 317–356). New York: McGraw-Hill.

Geen, R. G., & Donnerstein, E. (Eds.) (1983). *Aggression: Theoretical and empirical reviews.* New York: Academic Press.

Geen, R. G., & Gange, J. J. (1977). Drive theory of social facilitation: Twelve years of theory and research. *Psychological Bulletin, 84*, 1267–1288.

Geen, R. G., & Quanty, M. (1977). The catharsis of aggression: An evaluation of a hypothesis. *Advances in Experimental Social Psychology, 10*, 2–37.

Geer, J. H., & Jarmecky, L. (1973). The effect of being responsible for reducing another's pain on subject's response and arousal. *Journal of Personality and Social Psychology, 26*, 232–237.

Geertz, C. (1975). On the nature of anthropological understanding. *American Scientist, 63,* 47–53.

Gelfand, D. M., Hartmann, D. P., Walder, P., & Page, B. (1973). Who reports shoplifters? A field-experimental study. *Journal of Personality and Social Psychology, 25,* 276–285.

Gelfand, M. J., Nishii, L., & Raver, J. (2006). On the nature and importance of cultural tightness-looseness. *Journal of Applied Psychology, 91,* 1225–1244.

Gelfand, M. J., Raver, J. L., Nishii, L., Leslie, L. M., Lun, J., et al. (2011). Differences between tight and loose societies: A 33-nation study. *Science, 33,* 1100–1104.

Genovese, M. A. (1993). Women as national leaders: What do we know? In M. A. Genovese (Ed.), *Women as national leaders* (pp. 177–210). Newbury Park, CA: Sage.

Genta, M. L., Menesini, E., Fonzi, A., Costabile, A., & Smith, P. K. (1996). Bullies and victims in schools in central and south Italy. *European Journal of Psychology of Education, 11,* 97–110.

Gentile, D. A., Anderson, C. A., Yukawa, S., Ihori, N., Saleem, M., et al. (2009). The effects of prosocial video games on prosocial behaviors: international evidence from correlational, longitudinal, and experimental studies. *Personality and Social Psychology Bulletin, 35,* 752–763.

Gerard, H. B., & Hoyt, M. F. (1974). Distinctiveness of social categorisation and attitude toward ingroup members. *Journal of Personality and Social Psychology, 29,* 836–842.

Gerard, H. B., & Mathewson, G. C. (1966). The effects of severity of initiation on liking for a group: A replication. *Journal of Experimental Social Psychology, 2,* 278–287.

Gergen, K. J. (1971). *The concept of self.* New York: Holt, Rinehart & Winston.

Gergen, K. J. (1973). Social psychology as history. *Journal of Personality and Social Psychology, 26,* 309–320.

Gergen, K. J., Gergen, M. M., & Meter, K. (1972). Individual orientations to prosocial behavior. *Journal of Social Issues, 28,* 105–130.

Gersick, C. J., & Hackman, J. R. (1990). Habitual routines in task performing groups. *Organizational Behavior and Human Decision Processes, 47,* 65–97.

Ghimire, D. J., Axinn, W. G., Yabiku, S. T., & Thornton, A. (2006). Social change, premarital nonfamily experience, and spouse choice in an arranged marriage society. *American Journal of Sociology, 111,* 1181–1218.

Giancola, P. R. (2003). Individual difference and contextual factors contributing to the alcohol–aggression relation: diverse populations, diverse methodologies: An introduction to the special issue. *Aggressive Behavior, 29,* 285–287.

Giancola, P. R., Josephs, R. A., Parrott, D. J., & Duke, A. A. (2010). Alcohol myopia revisited: Clarifying aggression and other acts of disinhibition through a distorted lens. *Perspectives on Psychological Science, 5,* 265–278.

Gigone, D., & Hastie, R. (1993). The common knowledge effect: Information sharing and group judgment. *Journal of Personality and Social Psychology, 65,* 959–974.

Gilbert, D. T. (1995). Attribution and interpersonal perception. In A. Tesser (Ed.), *Advanced social psychology* (pp. 99–147). New York: McGraw-Hill.

Gilbert, D. T. (1998). Ordinary personology. In D. T. Gilbert, S. T. Fiske, & G. Lindzey (Eds.), *The handbook of social psychology* (4th ed., Vol. 2, pp. 89–150). New York: McGraw-Hill.

Gilbert, D. T., Fiske, S. T., & Lindzey, G. (Eds.) (1998). *The handbook of social psychology* (4th ed.). New York: McGraw-Hill.

Gilbert, D. T., & Malone, P. S. (1995). The correspondence bias. *Psychological Bulletin, 117,* 21–38.

Gilbert, D. T., & Silvera, D. H. (1996). Overhelping. *Journal of Personality and Social Psychology, 70,* 678–690.

Giles, H. (1978). Linguistic differentiation in ethnic groups. In H. Tajfel (Ed.), *Differentiation between social groups: Studies in the social psychology of intergroup relations* (pp. 361–393). London: Academic Press.

Giles, H. (Ed.) (1984). The dynamics of speech accommodation theory. *International Journal of the Sociology of Language, 46,* whole issue.

Giles, H. (Ed.) (2012). *The handbook of intergroup communication.* New York: Routledge.

Giles, H. (Ed.) (2016). *Communication accommodation theory: Negotiating personal and social identities across contexts.* Cambridge, UK: Cambridge University Press.

Giles, H., Bourhis, R. Y., & Taylor, D. M. (1977). Towards a theory of language in ethnic group relations. In H. Giles (Ed.), *Language, ethnicity, and intergroup relations* (pp. 307–348). London: Academic Press.

Giles, H., & Byrne, J. L. (1982). The intergroup model of second language acquisition. *Journal of Multilingual and Multicultural Development, 3,* 17–40.

Giles, H., Choi, C. W., & Dixon, T. (2010). Police-civilian encounters. In H. Giles, S. A. Reid, & J. Harwood (Eds.), *Dynamics of intergroup communication* (pp. 65–76). New York: Peter Lang.

Giles, H., Coupland, N., Henwood, K., Harriman, J., & Coupland, J. (1990). The social meaning of RP: An intergenerational perspective. In S. Ramsaran (Ed.), *Studies in the pronunciation of English: A commemorative volume in honour of A. C. Gimson* (pp. 191–211). London: Routledge.

Giles, H., & Gasiorek, J. (2011). Intergenerational communication practices. In K. W. Schaie & S. L. Willis (Eds.), *Handbook of the psychology of aging* (7th ed., pp. 233–248) London: Academic Press.

Giles, H., & Johnson, P. (1981). The role of language in ethnic group relations. In J. C. Turner & H. Giles (Eds.), *Intergroup behaviour* (pp. 199–243). Oxford, UK: Blackwell.

Giles, H., & Johnson, P. (1987). Ethnolinguistic identity theory: A social psychological approach to language maintenance. *International Journal of the Sociology of Language, 68,* 66–99.

Giles, H., & Maass, A. (Eds.) (2016). *Advances in intergroup communication.* New York: Peter Lang.

Giles, H., Mulac, A., Bradac, J. J., & Johnson, P. (1987). Speech accommodation theory: The next decade and beyond. In M. McLaughlin (Ed.), *Communication yearbook* (Vol. 10, pp. 13–48). Newbury Park, CA: SAGE.

Giles, H., & Noels, K. A. (2002). Communication accommodation in intercultural encounters. In T. K. Nakayama & L. A. Flores (Eds.), *Readings in cultural contexts* (pp. 117–126). Boston, MA: McGraw-Hill.

Giles, H., Noels, K., Ota, H., Ng, S. H., Gallois, C., Ryan, E. B., et al. (2001). Age vitality in eleven nations. *Journal of Multilingual and Multicultural Development, 21,* 308–323.

Giles, H., & Powesland, P. F. (1975). *Speech style and social evaluation.* London: Academic Press.

Giles, H., Reid, S., & Harwood, J. (Eds.) (2010). *The dynamics of intergroup communication.* New York: Peter Lang.

Giles, H., & Robinson, W. P. (Eds.) (1993). *Handbook of language and social psychology.* Oxford, UK: Pergamon Press.

Giles, H., Rosenthal, D., & Young, L. (1985). Perceived ethno-linguistic vitality: The Anglo- and Greek-American setting. *Journal of Multilingual and Multicultural Development, 6,* 253–269.

Giles, H., & Street, R. (1985). Communicator characteristics and behaviour. In M. L. Knapp & G. R. Miller (Eds.), *Handbook of interpersonal communication* (pp. 205–261). Beverly Hills, CA: SAGE.

Giles, H., Taylor, D. M., & Bourhis, R. Y. (1973). Towards a theory of interpersonal accommodation through language: Some Canadian data. *Language in Society, 2,* 177–192.

Gillig, P. M., & Greenwald, A. G. (1974). Is it time to lay the sleeper effect to rest? *Journal of Personality and Social Psychology, 29,* 132–139.

Gilovich, T. D., & Gryphon, D. W. (2010). Judgment and decision making. In S. T. Fiske, D. T. Gilbert, & G. Lindzey (Eds.), *Handbook of social psychology* (5th ed., Vol. 1, pp. 542–588).

Giner-Sorolla, R. (2012). *Judging passions: Moral emotion in persons and groups.* Hove. UK: Psychology Press.

Gini, G., Pozzoli, T., & Hymel, S. (2014). Moral disengagement among children and youth: A meta-analytic review of links to aggressive behavior. *Aggressive Behavior, 40,* 56–68.

Gladue, B. A. (1991). Aggressive behavioural characteristics, hormones, and sexual orientation in men and women. *Aggressive Behavior, 17,* 313–326.

Gladue, B. A., Boechler, M., & McCall, K. D. (1989). Hormonal response to competition in human males. *Aggressive Behaviour, 15*, 409–422.

Glaser, J., & Banaji, M. R. (1999). When fair is foul and foul is fair: Reverse priming in automatic evaluation. *Journal of Personality and Social Psychology, 77*, 669–687.

Glassman, L. R., & Albarracín, D. (2006). Forming attitudes that predict future behavior: A meta-analysis of the attitude–behavior relation. *Psychological Bulletin, 132*, 788–822.

Glenn, E. S. (1976). Meaning and behaviour: Communication and culture. In L. A. Samovar & R. E. Porter (Eds.), *Intercultural communication: A reader* (2nd ed., pp. 170–193). Belmont, CA: Wadsworth.

Glick, P. (2002). Sacrificial lambs dressed in wolves' clothing: Envious prejudice, ideology, and the scapegoating of Jews. In L. S. Newman & R. Erber (Eds.), *Understanding genocide: The social psychology of the Holocaust* (pp. 113–142). London: Oxford.

Glick, P., & Fiske, S. T. (1996). The ambivalent sexism inventory: Differentiating hostile and benevolent sexism. *Journal of Personality and Social Psychology, 70*, 491–512.

Glick, P., & Fiske, S. T. (1997). Hostile and benevolent sexism: Measuring ambivalent sexist attitudes toward women. *Psychology of Women Quarterly, 21*, 119–135.

Glick, P., & Fiske, S. T. (2001). Ambivalent sexism. *Advances in Experimental Social Psychology, 33*, 115–188.

Glick, P., & Fiske, S. T. (2011). Ambivalent sexism revisited. *Psychology of Women Quarterly, 35*, 530–535.

Glick, P., Fiske, S. T., Mladinic, A., Saiz, J. L., Abrams, D., Masser B., & López, W. (2000). Beyond prejudice as simple antipathy: Hostile and benevolent sexism across cultures. *Journal of Personality and Social Psychology, 79*, 763–775.

Glick, P., Lameiras, M., Fiske, S. T., Eckes, T., Masser, B., Volpato, C., & Wells, R. (2004). Bad but bold: Ambivalent attitudes toward men predict gender inequality in 16 nations. *Journal of Personality and Social Psychology, 86*, 713–728.

Glick, R. A., & Roose, S. P. (Eds.) (1993). *Rage, power, and aggression.* New Haven, CT: Yale University Press.

Godin, G. R., Valois, P., Lepage, L., & Desharnais, R. (1992). Predictors of smoking behaviour: An application of Ajzen's theory of planned behaviour. *British Journal of Addiction, 87*, 1335–1343.

Goethals, G. R., & Darley, J. M. (1987). Social comparison theory: Self-evaluation and group life. In B. Mullen & G. Goethals (Eds.), *Theories of group behavior* (pp. 21–48). New York: Springer.

Goethals, G. R., & Nelson, R. E. (1973). Similarity in the influence process: The belief–value distinction. *Journal of Personality and Social Psychology, 25*, 117–122.

Goethals, G. R., & Sorenson, G. (Eds.) (2004), *Encyclopedia of leadership.* Thousand Oaks, CA: SAGE.

Goethals, G. R., & Zanna, M. P. (1979). The role of social comparison in choice shifts. *Journal of Personality and Social Psychology, 37*, 1469–1476.

Goetz, J. L., Keltner, D., & Simon-Thomas, E. (2010). Compassion: An evolutionary analysis and empirical review. *Psychological Bulletin, 136*, 351–374.

Goff, P. A., Steele, C. M., & Davies, P. G. (2008). The space between us: Stereotype threat and distance in interracial contexts. *Journal of Personality and Social Psychology, 94*, 91–107.

Goffman, E. (1959). *The presentation of self in everyday life.* New York: Doubleday/Anchor Books.

Goffman, E. (1963). *Stigma: Notes on the management of spoiled identity.* Englewood Cliffs, NJ: Prentice Hall.

Goldberg, M. E., & Gorn, G. J. (1974). Children's reactions to television advertising: An experimental approach. *Journal of Consumer Research, 1*, 69–75.

Goldberg, P. (1968). Are some women prejudiced against women? *Trans-Action, 5*, 28–30.

Goldenberg, A., Halperin, E., Van Zomeren, M., & Gross, J. J. (2016). The process model of group-based emotion: Integrating intergroup emotion and emotion regulation perspectives. *Personality and Social Psychology Review, 20*, 118–141.

Goldman, M., Creason, C. R., & McCall, C. G. (1981). Compliance employing a two-feet-in-the-door procedure. *Journal of Social Psychology, 114*, 259–265.

Goldstein, A. P. (1987). Aggression. In R. J. Corsini (Ed.), *Concise encyclopedia of psychology* (pp. 35–39). New York: Wiley.

Goldstein, A. P. (1994). *The ecology of aggression.* New York: Plenum.

Goldstein, A. P. (1999). Aggression reduction strategies: Effective and ineffective. *School Psychology Quarterly, 14*, 40–58.

Goldstein, J. H. (1980). *Social psychology.* New York: Academic Press.

Golec de Zavala, A., Cichocka, A., Eidelson, R., & Jayawickreme, N. (2009). Collective narcissism and its social consequences. *Journal of Personality and Social Psychology, 97*, 1074–1096.

Gollwitzer, P. M., & Bargh, J. A. (Eds.) (1996). *The psychology of action: Linking cognition and motivation to behavior.* New York: Guilford Press.

Gollwitzer, P. M., & Kinney, R. F. (1989). Effects of deliberative and implemental mind-sets on illusion of control. *Journal of Personality and Social Psychology, 56*, 531–542.

Gollwitzer, P. M., & Sheeran, P. (2006). Implementation intentions and goal achievement: A meta-analysis of effects and processes. *Advances in Experimental Social Psychology, 38*, 69–119.

Gonsalkorale, K., & Williams, K. D. (2007). The KKK won't let me play: Ostracism even by a despised outgroup hurts. *European Journal of Social Psychology, 37*, 1176–1185.

Goode, J. (2016). *I taste red: The science of wine tasting.* Oakland, CA: University of California Press.

Goodman, M. (1964). *Race awareness in young children* (2nd ed.). New York: Cromwell-Collier.

Goodman, M. E. (1946). Evidence concerning the genesis of interracial attitudes. *American Anthropologist, 38*, 624–630.

Goodman, M. E. (1952). *Race awareness in young children.* Cambridge, MA: Addison-Wesley.

Goodwin, R. (1999). *Personal relationships across cultures.* London: Routledge.

Goodwin, S. A., Gubin, A., Fiske, S. T., & Yzerbyt, V. Y. (2000). Power can bias impression processes: Stereotyping subordinates by default and by design. *Group Processes and Intergroup Relations, 3*, 227–256.

Gorassini, D. R., & Olson, J. M. (1995). Does self-perception change explain the foot-in-the-door effect? *Journal of Personality and Social Psychology, 69*, 91–105.

Gordon, R. A. (1996). Impact of ingratiation on judgments and evaluations: A meta-analytic investigation. *Journal of Personality and Social Psychology, 71*, 54–70.

Gorer, G. (1968). Man has no 'killer' instinct. In M. F. A. Montagu (Ed.), *Man and aggression* (pp. 27–36). New York: Oxford University Press.

Gorn, G. J. (1982). The effects of music in advertising on choice: A classical conditioning approach. *Journal of Marketing, 46*, 94–101.

Gorsuch, R. L., & Ortbergh, J. (1983). Moral obligation and attitudes: Their relation to behavioral intentions. *Journal of Personality and Social Psychology, 44*, 1025–1028.

Gottlieb, J., & Carver, C. S. (1980). Anticipation of future interaction and the bystander effect. *Journal of Experimental Social Psychology, 16*, 253–260.

Gouldner, A. W. (1960). The norm of reciprocity: A preliminary statement. *American Sociological Review, 25*, 161–178.

Graen, G. B., & Uhl-Bien, M. (1995). Relationship-based approach to leadership: Development of leader–member exchange (LMX) theory of leadership over 25 years: Applying a multi-level multi-domain approach. *The Leadership Quarterly, 6*, 219–247.

Graham, S., Hudley C., & Williams, E. (1992). An attributional approach to aggression in African-American children. *Developmental Psychology, 28*, 731–740.

Granberg, D. (1987). Candidate preference, membership group, and estimates of voting behavior. *Social Cognition, 5*, 323–335.

Grant, F., & Hogg, M. A. (2012). Self-uncertainty, social identity prominence and group identification. *Journal of Experimental Social Psychology, 48*, 538–542.

Grant, F., Hogg, M. A., & Crano, W. D. (2015). Yes, we can: Physical activity and group identification among healthy adults. *Journal of Applied Social Psychology, 45*, 383–390.

Grasser, A. C., Millis, K. K., & Swan, R. A. (1997). Discourse comprehension. *Annual Review of Psychology, 48*, 163–189.

Graumann, C. F., & Moscovici, S. (Eds.) (1986). *Changing conceptions of crowd mind and behavior*. New York: Springer.

Graumann, C. F., & Moscovici, S. (Eds.) (1987). *Changing conceptions of conspiracy*. New York: Springer.

Green, D. P., Glaser, J., & Rich, A. (1998). From lynching to gay bashing: The elusive connection between economic conditions and hate crime. *Journal of Personality and Social Psychology, 75*, 82–92.

Green, M. G., & Carpenter, J. M. (2011). Trust, deception, and identity on the internet. In Z. Birchmeier, B. Dietz-Uhler, & G. Stasser (Eds.), *Strategic uses of social technology: An interactionist perspective of social psychology* (pp. 40–62). Cambridge, UK: Cambridge University Press.

Greenberg, J., Pyszczynski, T., & Solomon, S. (1986). The causes and consequences of self-esteem: A terror management theory. In R. Baumeister (Ed.), *Public self and private self* (pp. 189–212). New York: Springer.

Greenberg, J., & Rosenfield, D. (1979). Whites' ethnocentrism and their attributions for the behavior of blacks: A motivational bias. *Journal of Personality, 47*, 643–657.

Greenberg, J., Solomon, S., & Pyszczynski, T. (1997). Terror management theory of self-esteem and cultural worldviews: Empirical assessments and conceptual refinements. *Advances in Experimental Social Psychology, 29*, 61–139.

Greenberg, J., Solomon, S., Pyszczynski, T., Rosenblatt, A., Burling, J., Lyon, D., Simon, L., & Pinel, E. (1992). Why do people need self-esteem? Converging evidence that self-esteem serves an anxiety-buffering function. *Journal of Personality and Social Psychology, 63*, 913–922.

Greenberg, J., Williams, K. D., & O'Brien, M. K. (1986). Considering the harshest verdict first: Biasing effects on mock juror verdict. *Personality and Social Psychology Bulletin, 12*, 41–50.

Greene, J. (2013). *Moral tribes: Emotion, reason, and the gap between us and them*. New York: Penguin Group.

Greenglass, E. R. (1982). *A world of difference: Gender roles in perspective*. Toronto: Wiley.

Greenwald, A. G. (1980). The totalitarian ego: Fabrication and revision of personal history. *American Psychologist, 35*, 603–618.

Greenwald, A. G., & Banaji, M. R. (1995). Implicit social cognition: Attitudes, self-esteem, and stereotypes. *Psychological Review, 102*, 4–27.

Greenwald, A. G., Banaji, M. R., & Nosek, B. A. (2015). Statistically small effects of the Implicit Association Test can have societally large effects. *Journal of Personality and Social Psychology, 108*, 553–561.

Greenwald, A. G., Banaji, M. R., Rudman, L. A., Farnham, S. D., Nosek, B. A., & Mellott, D. S. (2002). A unified theory of implicit attitudes, stereotypes, self-esteem, and self-concept. *Psychological Review, 109*, 3–25.

Greenwald, A. G., McGhee, D. E., & Schwartz, J. L. K. (1998). Measuring individual differences in implicit cognition: The implicit association test. *Journal of Personality and Social Psychology, 74*, 1464–1480.

Greenwald, A. G., Poehlman, T. A., Uhlmann, E. L., & Banaji, M. R. (2009). Understanding and using the Implicit Association Test: III. Meta-analysis of predictive validity. *Journal of Personality and Social Psychology, 97*, 17–41.

Greenwald, A. G., & Pratkanis, A. R. (1984). The self. In R. S. Wyer, Jr, & T. K. Srull (Eds.), *Handbook of social cognition* (Vol. 3, pp. 129–178). Hillsdale, NJ: Erlbaum.

Greenwald, A. G., & Pratkanis, A. R. (1988). On the use of 'theory' and the usefulness of theory. *Psychological Review, 95*, 575–579.

Gregg, A. P., Seibt, B., & Banaji, M. R. (2006). Easier done than undone: Asymmetry in the malleability of implicit preferences. *Journal of Personality and Social Psychology, 90*, 1–20.

Gregson, R. A. M., & Stacey, B. G. (1981). Attitudes and self-reported alcohol consumption in New Zealand. *New Zealand Psychologist, 10*, 15–23.

Greitmeyer, T. (2009). Effects of songs with prosocial lyrics on prosocial behavior: Further evidence and a mediating mechanism. *Personality and Social Psychology Bulletin, 35*, 1500–1511.

Greitmeyer, T., & Mügge, D. (2014). Video games do affect social outcomes: A meta-analytic review of the effects of violent and prosocial video game play. *Personality and Social Psychology Bulletin, 40*, 579–589.

Greitmeyer, T., & Osswald, S. (2010). Effects of prosocial video games on prosocial behavior. *Journal of Personality and Social Psychology, 98*, 211–221.

Grieve, P., & Hogg, M. A. (1999). Subjective uncertainty and intergroup discrimination in the minimal group situation. *Personality and Social Psychology Bulletin, 25*, 926–940.

Griffiths, M. (1997). Video games and aggression. *The Psychologist*, September, 397–401.

Griffitt, W. B., & Veitch, R. (1971). Hot and crowded: Influence of population density and temperature on interpersonal affective behavior. *Journal of Personality and Social Psychology, 17*, 92–98.

Groff, B. D., Baron, R. S., & Moore, D. L. (1983). Distraction, attentional conflict, and drivelike behavior. *Journal of Experimental Social Psychology, 19*, 359–380.

Gross, A. E., & Fleming, J. (1982). Twenty years of deception in social psychology. *Personality and Social Psychology Bulletin, 8*, 402–408.

Gross, J. J. (2015). Emotion regulation: Current status and future prospects. *Psychological Inquiry, 26*, 1–26.

Gross, J. J. (Ed.) (2014). *Handbook of emotion regulation* (2nd ed.). New York: Guilford Press.

Grossman, R. B., & Kegl, J. (2007). Moving faces: Categorization of dynamic facial expressions in American Sign Language by deaf and hearing participants. *Journal of Nonverbal Behavior, 31*, 23–38.

Gruber-Baldini, A. L., Schaie, K. W., & Willis, S. L. (1995). Similarity in married couples: A longitudinal study of mental abilities and rigidity–flexibility. *Journal of Personality and Social Psychology, 69*, 191–203.

Gruenfeld, D. H., & Tiedens, L. Z. (2010). Organizational preferences and their consequences. In S. T. Fiske, D. T. Gilbert, & G. Lindzey (Eds.), *Handbook of social psychology* (5th ed., Vol. 2, pp. 1252–1287). New York: Wiley.

Grusec, J. E. (1991). The socialisation of altruism. In M. S. Clark (Ed.), *Prosocial behaviour* (pp. 9–33). Newbury Park, CA: SAGE.

Grusec, J. E., Kuczynski, L., Rushton, J. P., & Simutis, Z. M. (1978). Modelling, direct instruction, and attributions: Effects on altruism. *Developmental Psychology, 14*, 51–57.

Grusec, J. E., & Redler, E. (1980). Attribution, reinforcement and altruism: A developmental analysis. *Developmental Psychology, 16*, 525–534.

Grzesiak-Feldman, M., & Suszek, H. (2008). Conspiracy stereotyping and perception of group entitativity of Jews, Germans, Arabs and homosexuals by Polish students. *Psychological Reports, 102*, 755–758.

Gubar, S., & Hoff, J. (Eds.) (1989). *For adult users only: The dilemma of violent pornography*. Bloomington, IN: Indiana University Press.

Gudykunst, W. B., Matsumoto, Y., Ting-Toomey, S., Nishida, T., Kim, K., & Heyman, S. (1996). The influence of cultural individualism–collectivism, self-construals, and individual values on communication styles across cultures. *Human Communication Research, 22*, 510–543.

Guéguen, N. (2007). Courtship compliance: The effect of touch on women's behavior. *Social Influence, 2*, 81–97.

Guéguen, N., Jacob, C., Lourel, M., & Pascua, A. (2012). When drivers see red: Car color frustrators and drivers' aggressiveness. *Aggressive Behavior, 38*, 166–169.

Guenther, C. L., & Alicke, M. D. (2010). Deconstructing the better-than-average effect. *Journal of Personality and Social Psychology, 99*, 755–770.

Guerin, B. (1986). Mere presence effects in humans: A review. *Journal of Experimental Social Psychology, 22*, 38–77.

Guerin, B. (1989). Reducing evaluation effects in mere presence. *Journal of Social Psychology, 129*, 183–190.

Guerin, B. (1993). *Social facilitation*. Cambridge, UK: Cambridge University Press.

Guerin, B., & Innes, J. M. (1982). Social facilitation and social monitoring: A new look at Zajonc's mere presence hypothesis. *British Journal of Social Psychology, 21*, 7–18.

Guimond, S., de la Sablonnière, R., & Nugier, A. (2014). Living in a multicultural world: Intergroup ideologies and the societal context of intergroup relations. *European Review of Social Psychology, 25*, 142–188.

Guimond, S., & Dubé-Simard, L. (1983). Relative deprivation theory and the Québec Nationalist Movement: The cognitive–emotion distinction and the personal–group deprivation issue. *Journal of Personality and Social Psychology, 44*, 526–535.

Gump, B. B., & Kulik, J. A. (1997). Stress, affiliation, and emotional contagion, *Journal of Personality and Social Psychology, 72*, 305–319.

Gupta, U., & Singh, P. (1982). An exploratory study of love and liking and types of marriages. *Indian Journal of Applied Psychology, 19*, 92–97.

Gurr, T. R. (1970). *Why men rebel*. Princeton, NJ: Princeton University Press.

Gustafson, R. (1992). Alcohol and aggression: A replication study controlling for potential confounding variables. *Aggressive Behavior, 18*, 21–28.

Guttman, L. A. (1944). A basis for scaling qualitative data. *American Sociological Review, 9*, 139–150.

Guzzo, R. A., & Dickson, M. W. (1996). Teams in organizations: Recent research on performance and effectiveness. *Annual Review of Psychology, 47*, 307–338.

Guzzo, R. A., Jost, P. R., Campbell, R. J., & Shea, G. P. (1993). Potency in groups: Articulating a construct. *British Journal of Social Psychology, 32*, 87–106.

Haas, A. (1979). Male and female spoken language differences: Stereotypes and evidence. *Psychological Bulletin, 86*, 616–626.

Hackman, J. R. (2002). *Leading teams: Setting the stage for great performances*. Boston, MA: Harvard Business School Press.

Hackman, J. R., & Katz, N. (2010). Group behavior and performance. In S. T. Fiske, D. T. Gilbert, & G. Lindzey (Eds.), *Handbook of social psychology* (5th ed., Vol. 2, pp. 1208–1251). New York: Wiley.

Hadden, B. W., Smith, C. V., & Webster, G. D. (2014). Relationship duration moderates association between attachment and relationship quality: Meta-analytic support for the temporal adult romantic attachment model. *Personality and Social Psychology Review, 18*, 42–58.

Haddock, G., Rothman, A. J., Reber, R., & Schwarz, N. (1999). Forming judgements of attitude certainty, intensity, and importance: The role of subjective experiences. *Personality and Social Psychology Bulletin, 25*, 231–232.

Haddock, G., & Zanna, M. P. (1999). Affect, cognition, and social attitudes. *European Review of Social Psychology, 10*, 75–100.

Hagger, M. S., & Chatzisarantis, N. L. D. (2006). Self-identity and the theory of planned behaviour: Between- and within-participants analyses. *British Journal of Social Psychology, 45*, 731–757.

Haidt, J. D. (2012). *The righteous mind: Why good people are divided by politics and religion*. New York: Random House.

Haines, H., & Vaughan, G. M. (1979). Was 1898 a great date in the history of social psychology? *Journal for the History of the Behavioural Sciences, 15*, 323–332.

Hains, S. C., Hogg, M. A., & Duck, J. M. (1997). Self- categorization and leadership: Effects of group proto typicality and leader stereotypicality. *Personality and Social Psychology Bulletin, 23*, 1087–1100.

Haire, M., & Grune, W. E. (1950). Perceptual defenses: Processes protecting an organized perception of another personality. *Human Relations, 3*, 403–412.

Hajek, C., & Giles, H. (2005). Intergroup communication schemas: Cognitive representations of talk with gay men. *Language and Communication, 25*, 161–181.

Halberstadt, J., Sherman, S. J., & Sherman, J. W. (2011). Why Barack Obama is Black: A cognitive account of hypodescent. *Psychological Science, 22*, 29–33.

Hall, B. J., & Gudykunst, W. B. (1986). The intergroup theory of second language ability. *Journal of Language and Social Psychology, 5*, 291–302.

Hall, E. T. (1966). *The hidden dimension*. New York: Doubleday.

Hall, E. T. (1979). Gender, gender roles, and nonverbal communication. In R. Rosenthal (Ed.), *Skill in nonverbal communication* (pp. 32–67). Cambridge, MA: Oelgeschlager, Gunn & Hain.

Hall, E. T., & Braunwald, K. G. (1981). Gender cues in conversations. *Journal of Personality and Social Psychology, 40*, 99–110.

Hall, J. A. (1978). Gender effects in decoding nonverbal cues. *Psychological Bulletin, 85*, 845–857.

Hall, J. A. (1984). *Nonverbal sex differences: Communication accuracy and expressive style*. Baltimore, MD: Johns Hopkins University Press.

Hall, J. A., Coats, E. J., & Smith-LeBeau, L. S. (2005). Nonverbal behavior and the vertical dimension of social relations: A meta-analysis. *Psychological Bulletin, 131*, 898–924.

Hall, K. (2000). Performativity. *Journal of Linguistic Anthropology, 9*, 184–187.

Halpern, D. (1995). *Mental health and the built environment: More than bricks and mortar?* London: Taylor & Francis.

Hamburger, Y. (1994). The contact hypothesis reconsidered: Effects of the atypical outgroup member on the outgroup stereotype. *Basic and Allied Social Psychology, 15*, 339–358.

Hamilton, D. L. (1979). A cognitive attributional analysis of stereotyping. *Advances in Experimental Social Psychology, 12*, 53–84.

Hamilton, D. L. (Ed.) (2004). *Social cognition: Essential readings*. New York: Psychology Press.

Hamilton, D. L., & Gifford, R. K. (1976). Illusory correlation in interpersonal personal perception: A cognitive basis of stereotypic judgments. *Journal of Experimental Social Psychology, 12*, 392–407.

Hamilton, D. L., & Sherman, J. W. (1989). Illusory correlations: Implications for stereotype theory and research. In D. Bar-Tal, C. F. Graumann, A. W. Kruglanski, & W. Stroebe (Eds.), *Stereotyping and prejudice: Changing conceptions* (pp. 59–82). New York: Springer.

Hamilton, D. L., & Sherman, J. W. (1994). Stereotypes. In R. S. Wyler Jr & T. K. Srull (Eds.), *Handbook of social cognition* (Vol. 2, pp. 1–68). Hillsdale, NJ: Erlbaum.

Hamilton, D. L., & Sherman, S. J. (1996). Perceiving persons and groups. *Psychological Review, 103*, 336–355.

Hamilton, D. L., Stroesser, S. J., & Driscoll, D. M. (1994). Social cognition and the study of stereotyping. In P. G. Devine, D. L. Hamilton, & T. M. Ostrom (Eds.), *Social cognition: Impact on social psychology* (pp. 291–321). San Diego, CA: Academic Press.

Hamilton, D. L., & Zanna, M. P. (1974). Context effects in impression formation: Changes in connotative meaning. *Journal of Personality and Social Psychology, 29*, 649–654.

Hampson, S. E., John, O. P., & Goldberg, L. R. (1986). Category breadth and hierarchical structure in personality: Studies in asymmetries in judgments of trait implications. *Journal of Personality and Social Psychology, 51*, 37–54.

Haney, C., Banks, C., & Zimbardo, P. (1973). A study of prisoners and guards in a simulated prison. *Naval Research Review, 9*, 1–17 [Reprinted in E. Aronson (Ed.), *Readings about the social animal* (3rd ed., pp. 52–67). San Francisco, CA: W. H. Freeman].

Hannover, B., & Kühnen, U. (2004). Culture, context, and cognition: The semantic procedural interface model of the self. *European Review of Social Psychology, 15*, 297–333.

Hans, V. P. (2008). Jury systems around the world. *Annual Review of Law and Social Science, 4*, 275–297.

Hardin, G. (1968). The tragedy of the commons. *Science, 162*, 1243–1248.

Harinck, F., & Van Kleef, G. A. (2012). Be hard on the interests and soft on the values: Conflict issue moderates the effects of anger in negotiations. *British Journal of Social Psychology, 51*, 741–752.

Harkins, S. G. (1987). Social loafing and social facilitation. *Journal of Experimental Social Psychology, 23*, 1–18.

Harkins, S. G., & Szymanski, K. (1987). Social loafing and social facilitation: New wine in old bottles. In C. Hendrick (Ed.), *Review of personality and social psychology: Group processes and intergroup relations* (Vol. 9, pp. 167–188). Newbury Park, CA: SAGE.

Harkins, S. G., & Szymanski, K. (1989). Social loafing and group evaluation. *Journal of Personality and Social Psychology, 56*, 934–941.

Harlow, H. F. (1958). The nature of love. *American Psychologist, 13*, 673–685.

Harlow, H. F., & Harlow, M. K. (1965). The affectional systems. In A. M. Schrier, H. F. Harlow, & F. Stollnitz (Eds.), *Behavior of non-human primates* (Vol. 2). New York: Academic Press.

Harmon-Jones, E. (2000). Cognitive dissonance and experienced negative affect: Evidence that dissonance increases experienced negative affect even in the absence of aversive consequences. *Personality and Social Psychology Bulletin, 27*, 889–898.

Harmon-Jones, E., & Winkielman, P. (Eds.) (2007). *Social neuroscience: Integrating biological and psychological explanations of social behavior*. New York: Guilford Press.

Harré, N., Foster, S., & O'Neill, M. (2005). Self-enhancement, crash-risk optimism and the impact of safety advertisements on young drivers. *British Journal of Psychology, 96*, 215–230.

Harré, R. (1979). *Social being: A theory for social psychology*. Oxford, UK: Blackwell.

Harries, K. D., & Stadler, S. J. (1983). Determinism revisited: Assault and heat stress in Dallas, 1980. *Environment and Behavior, 15*, 235–256.

Harrington, J. (2006). An acoustic analysis of 'happy-tensing' in the Queen's Christmas broadcasts. *Journal of Phonetics, 34*, 439–457.

Harrington, J. R., & Gelfand, M. J. (2014). Tightness–looseness across the 50 united states. *Proceedings of the National Academy of Sciences, 111*, 7990–7995.

Harris, E. E. (1970). *Hypothesis and perception*. London: Allen & Unwin.

Harris, L. T., & Fiske, S. T. (2006). Dehumanizing the lowest of the low: Neuro-imaging responses to extreme outgroups. *Psychological Science, 17*, 847–853.

Harris, L. T., & Fiske, S. T. (2009). Social neuroscience evidence for dehumanised perception. *European Review of Social Psychology, 20*, 192–231.

Harris, N. B. (1992). Sex, race, and experiences of aggression. *Aggressive Behavior, 18*, 201–217.

Harris, R. J., & Cook, C. A. (1994). Attributions about spouse abuse: It matters who the batterers and victims are. *Sex Roles, 30*, 553–564.

Hart, P. T. (1990). *Groupthink in government: A study of small groups and policy failure*. Amsterdam: Swets & Zeitlinger.

Hartley, J. F., & Stephenson, G. M. (Eds.) (1992). *Employment relations: The psychology of influence and control at work*. Oxford, UK: Blackwell.

Hartmann, H., Kris, E., & Loewenstein, R. M. (1949). Notes on a theory of aggression. *Psychoanalytic Study of the Child, 3–4*, 9–36.

Harvey, J. H. (1987). Attributions in close relationships: Research and theoretical developments. *Journal of Social and Clinical Psychology, 5*, 420–434.

Harwood, J., Giles, H., & Bourhis, R. Y. (1994). The genesis of vitality theory: Historical patterns and discoursal dimensions. *International Journal of the Sociology of Language, 108*, 167–206.

Harwood, J., Giles, H., & Ryan, E. B. (1995). Aging, communication, and intergroup theory: Social identity and intergenerational communication. In J. Nussbaum & J. Coupland (Eds.), *Handbook of communication and aging research* (pp. 133–159). Mahwah, NJ: Erlbaum.

Haslam, N. (1994). Categories of social relationship. *Cognition, 53*, 59–90.

Haslam, N. (2006). Dehumanization: An integrative review. *Personality and Social Psychology Review, 10*, 252–264

Haslam, N., Bastian, B., Bain, P., & Kashima, Y. (2006). Psychological essentialism, implicit theories, and intergroup relations. *Group Processes and Intergroup Relations, 9*, 63–76.

Haslam, N., Bastian, B., & Bissett, M. (2004). Essentialist beliefs about personality and their implications. *Personality and Social Psychology Bulletin, 30*, 1661–1673.

Haslam, N., & Loughnan, S. (2014). Dehumanization and infrahumanization. *Annual Review of Psychology, 65*, 399–423.

Haslam, N., Loughnan, S., & Kashima, Y. (2008). Attributing and denying humanness to others. *European Review of Social Psychology, 19*, 55–85.

Haslam, N., Rothschild, L., & Ernst, D. (1998). Essentialist beliefs about social categories. *British Journal of Social Psychology, 39*, 113–127.

Haslam, S. A. (2004). *Psychology in organisations: The social identity approach* (2nd ed.). London: SAGE.

Haslam, S. A., Adarves-Yorno, I., Postmes, T., & Jans, L. (2013). The collective origins of valued originality: A social identity approach to creativity. *Personality and Social Psychology review, 17*, 384–401.

Haslam, S. A., & Platow, M. J. (2001). Your wish is our command: The role of shared social identity in translating a leader's vision into followers' action. In M. A. Hogg & D. J. Terry (Eds.), *Social identity processes in organizational contexts* (pp. 213–228). Philadelphia, PA: Psychology Press.

Haslam, S. A., & Reicher, S. D. (2005). The psychology of tyranny. *Scientific American, 16*, 44–51.

Haslam, S. A., & Reicher, S. D. (2012). When prisoners take over the prison: A social psychology of resistance. *Personality and Social Psychology Review, 16*, 154–179.

Haslam, S. A., Reicher, S. D., & Platow, M. J. (2011). *The new psychology of leadership: Identity, influence and power*. New York: Psychology Press.

Haslam, S. A., & Ryan, M. K. (2008). The road to the glass cliff: Differences in the perceived suitability of men and women for leadership positions in succeeding and failing organizations. *The Leadership Quarterly, 19*, 530–546.

Haslam, S. A., Turner, J. C., Oakes, P. J., McGarty, C., & Hayes, B. K. (1992). Context-dependent variation in social stereotyping 1: The effects of intergroup relations as mediated by social change and frame of reference. *European Journal of Social Psychology, 22*, 3–20.

Hass, R. G., Katz, I., Rizzo, N., Bailey, J., & Eisenstadt, D. (1991). Cross-racial appraisal as related to attitude ambivalence and cognitive complexity. *Personality and Social Psychology Bulletin, 17*, 83–92.

Hassett, J. (1981). But that would be wrong ... *Psychology Today*, November, 34–50.

Hastie, R. (1984). Causes and effects of causal attribution. *Journal of Personality and Social Psychology, 46*, 44–56.

Hastie, R. (1988). A computer simulation model of person memory. *Journal of Experimental Social Psychology, 24*, 423–447.

Hastie, R. (Ed.) (1993). *Inside the juror: The psychology of juror decision making*. Cambridge, UK: Cambridge University Press.

Hastie, R., & Park, B. (1986). The relationship between memory and judgment depends on whether the judgment task is memory-based or on-line. *Psychological Review, 93*, 258–268.

Hastie, R., Penrod, S. D., & Pennington, N. (1983). *Inside the jury*. Cambridge, MA: Harvard University Press.

Hatfield, E. (1987). Love. In R. J. Corsini (Ed.), *Concise encyclopedia of psychology* (pp. 676–677). New York: Wiley.

Hatfield, E., & Walster, G. W. (1981). *A new look at love*. Reading, MA: Addison-Wesley.

Hauch, V., Blandón-Gitlin, I., Masip, J., & Sporer, S. L. (2015). Are computers effective lie detectors? A meta-analysis of linguistic cues to deception. *Personality and Social Psychology Review, 19*, 307–342.

Haugtvedt, C. P., & Petty, R. E. (1992). Personality and persuasion: Need for cognition moderates the persistence and resistance of attitude changes. *Journal of Personality and Social Psychology, 63*, 308–319.

Hawking, S. W. (1988). *A brief history of time: From the Big Bang to black holes*. New York: Bantam.

Hawking, S. W., & Mlodinow, L. (2010). *The grand design*. New York: Bantam.

Hayduk, L. A. (1983). Personal space: Where we now stand. *Psychological Bulletin, 94*, 293–335.

Hazan, C., & Shaver, P. (1987). Romantic love conceptualized as an attachment process. *Journal of Personality and Social Psychology, 52*, 511–524.

Heaven, P. C. L. (1990). Human values and suggestions for reducing unemployment. *British Journal of Social Psychology, 29*, 257–264.

Hebb, D. O., & Thompson, W. R. (1968). The social significance of animal studies. In G. Lindzey & E. Aronson (Eds.), *Handbook of social psychology* (2nd ed., Vol. 2, pp. 729–774). Reading, MA: Addison-Wesley.

Heider, F. (1946). Attitudes and cognitive organisation. *Journal of Psychology, 21*, 107–112.

Heider, F. (1958). *The psychology of interpersonal relations*. New York: Wiley.

Heider, F., & Simmel, M. (1944). An experimental study of apparent behavior. *American Journal of Psychology, 57*, 243–259.

Heilman, M. E. (1983). Sex bias in work settings: The lack of fit model. *Research in Organizational Behavior, 5*, 269–298.

Heilman, M. E., & Parks-Stamm, E. J. (2007). Gender stereotypes in the workplace: Obstacles to women's career progress. *Advances in group Processes, 24*, 47–77.

Heilman, M. E., & Stopeck, M. H. (1985). Attractiveness and corporate success: Different causal attributions for males and females. *Journal of Applied Psychology, 70,* 379–388.

Heilman, M. E., Wallen, A. S., Fuchs, D., & Tamkins, M. M. (2004). Penalties for success: Reactions to women who succeed at male gender-typed tasks. *Journal of Applied Psychology, 89,* 416–427.

Heine, S. J. (2010). Cultural psychology. In S. T. Fiske, D. T. Gilbert, & G. Lindzey (Eds.), *Handbook of social psychology* (5th ed., Vol. 2, pp. 1423–1464). New York: Wiley.

Heine, S. J. (2016). *Cultural Psychology* (3rd ed.). New York: Norton.

Heine, S. J., & Buchtel, E. E. (2009). Personality: The universal and the culturally specific. *Annual Review of Psychology, 60,* 369–394.

Heinemann, W. (1990). Meeting the handicapped: A case of affective–cognitive inconsistency. *European Review of Social Psychology, 1,* 323–338.

Heisler, G. (1974). Ways to deter law violators: Effects of levels of threat and vicarious punishment on cheating. *Journal of Consulting and Clinical Psychology, 42,* 577–582.

Henderson, J., & Taylor, J. (1985). Study finds bias in death sentences: Killers of Whites risk execution. *Times Union,* 17 November, p. A19.

Hendrick, C., Bixenstine, V. E., & Hawkins, G. (1971). Race vs belief similarities as determinants of attraction: A search for a fair test. *Journal of Personality and Social Psychology, 17,* 250–258.

Hendrick, C., & Hendrick, S. S. (1995). Gender differences and similarities in sex and love. *Personal Relationships, 2,* 55–65.

Henley, N. M. (1973). The politics of touch. In P. Brown (Ed.), *Radical psychology* (pp. 421–433). New York: Harper & Row.

Henley, N. M. (1977). *Body politics: Power, sex, and nonverbal communication.* Englewood Cliffs, NJ: Prentice Hall.

Henley, N. M., & Harmon, S. (1985). The nonverbal semantics of power and gender: A perceptual study. In S. L. Ellyson & J. F. Dovidio (Eds.), *Power, dominance, and nonverbal behavior* (pp. 151–164). New York: Springer.

Henriques, J., Holloway, W., Urwin, C., Venn, C., & Walkerdine, V. (1984). *Changing the subject: Psychology, social regulation, and subjectivity.* London: Methuen.

Henry, W. A., III. (1994). Pride and prejudice. *Time,* 27 June, 54–59.

Hensley, T. R., & Griffin, G. W. (1986). Victims of groupthink: The Kent State University Board of Trustees and the 1977 gymnasium controversy. *Journal of Conflict Resolution, 30,* 497–531.

Herek, G. M. (1987). Religious orientation and prejudice: A comparison of racial and sexual attitudes. *Personality and Social Psychology Bulletin, 13,* 34–44.

Herek, G. M. (2007). Confronting sexual stigma and prejudice: Theory and practice. *Journal of Social Issues, 63,* 905–925.

Herek, G. M. (2011). Anti-equality marriage amendments and sexual stigma. *Journal of Social Issues, 67,* 413–426.

Herek, G. M., & Glunt, E. K. (1988). An epidemic of stigma: Public reaction to AIDS. *American Psychologist, 43,* 886–891.

Herek, G. M., & McLemore, K. A. (2013). Sexual prejudice. *Annual Review of Psychology, 64,* 309–333.

Herman, C. P., Roth, D. A., & Polivy, J. (2003). Effects of the presence of others on food intake: A normative interpretation. *Psychological Bulletin, 129,* 873–886.

Herman, D. (1997). *The antigay agenda: Orthodox vision and the Christian Right.* Chicago: University of Chicago Press.

Herr, P. M., Sherman, S. J., & Fazio, R. H. (1983). On the consequences of priming: Assimilation and contrast effects. *Journal of Experimental Social Psychology, 19,* 323–340.

Hersh, S. M. (1970). *My Lai: A report on the massacre and its aftermath.* New York: Vintage Books.

Heslin, R. (1978). Responses to touching as an index of sex-role norms and attitudes. Paper presented at the annual meeting of the American Psychological Association, Toronto, August.

Heslin, R., & Alper, T. (1983). Touch: A bonding gesture. In J. M. Wiemann & R. P. Harrison (Eds.), *Nonverbal interaction* (pp. 47–75). Beverly Hills, CA: SAGE.

Hess, E. H. (1965). The pupil responds to changes in attitude as well as to changes in illumination. *Scientific American, 212,* 46–54.

Hetey, R. C., & Eberhardt, J. I. (2014). Racial disparities in incarceration increase acceptance of punitive policies. *Psychological Science, 25,* 1949–1954.

Heuer, L., & Penrod, S. (1994). Trial complexity: A field investigation of its meaning and its effect. *Law and Human Behavior, 18,* 29–51.

Hewes, G. W. (1957). The anthropology of posture. *Scientific American, 196,* 123–132.

Hewstone, M. (1986). *Understanding attitudes to the European Community: A social-psychological study in four member states.* Cambridge, UK: Cambridge University Press.

Hewstone, M. (1989). *Causal attribution: From cognitive processes to collective beliefs.* Oxford, UK: Blackwell.

Hewstone, M. (1990). The 'ultimate attribution error': A review of the literature on intergroup causal attribution. *European Journal of Social Psychology, 20,* 311–335.

Hewstone, M. (1994). Revision and change of stereotypic beliefs: In search of the elusive subtyping model. *European Review of Social Psychology, 5,* 69–109.

Hewstone, M. (1996). Contact and categorization: Social psychological interventions to change intergroup relations. In C. N. Macrae, C. Stangor, & M. Hewstone (Eds.), *Stereotypes and stereotyping* (pp. 323–368). New York: Guilford Press.

Hewstone, M., & Antaki, C. (1988). Attribution theory and social explanations. In M. Hewstone, W. Stroebe, J.-P. Codol, & G. M. Stephenson (Eds.), *Introduction to social psychology: A European perspective* (pp. 111–141). Oxford, UK: Blackwell.

Hewstone, M., & Brown, R. J. (Eds.) (1986). *Contact and conflict in intergroup encounters.* Oxford, UK: Blackwell.

Hewstone, M., Cairns, E., Voci, A., Paolini, S., McLernon, F., Crisp, R. J., et al. (2005). Intergroup contact in a divided society: Challenging segregation in Northern Ireland. In D. Abrams, J. M. Marques, & M. A. Hogg (Eds.), *The social psychology of inclusion and exclusion* (pp. 265–292). New York: Psychology Press.

Hewstone, M., & Jaspars, J. M. F. (1982). Intergroup relations and attribution processes. In H. Tajfel (Ed.), *Social identity and intergroup relations* (pp. 99–133). Cambridge, UK: Cambridge University Press.

Hewstone, M., & Jaspars, J. M. F. (1984). Social dimensions of attribution. In H. Tajfel (Ed.), *The social dimension* (pp. 379–404). Cambridge, UK: Cambridge University Press.

Hewstone, M., Jaspars, J. M. F., & Lalljee, M. (1982). Social representations, social attribution and social identity: The intergroup images of 'public' and 'comprehensive' schoolboys. *European Journal of Social Psychology, 12,* 241–269.

Hewstone, M., & Ward, C. (1985). Ethnocentrism and causal attribution in Southeast Asia. *Journal of Personality and Social Psychology, 48,* 614–623.

Higgins, E. T. (1981). The 'communication game': Implications for social cognition. In E. T. Higgins, C. P. Herman, & M. Zanna (Eds.), *Social cognition: The Ontario symposium* (Vol. 1, pp. 343–392). Hillsdale, NJ: Erlbaum.

Higgins, E. T. (1987). Self-discrepancy: A theory relating self and affect. *Psychological Review, 94,* 319–340.

Higgins, E. T. (1996). Knowledge activation: Accessibility, applicability, and salience. In E. T. Higgins & A. W. Kruglanski (Eds.), *Social psychology: Handbook of basic principles* (pp. 133–168). New York: Guilford Press.

Higgins, E. T. (1997). Beyond pleasure and pain. *American Psychologist, 52,* 1280–1300.

Higgins, E. T. (1998). Promotion and prevention: Regulatory focus as a motivational principle. *Advances in Experimental Social Psychology, 30,* 1–46.

Higgins, E. T., Bargh, J. A., & Lombardi, W. (1985). The nature of priming effects on categorization. *Journal of Experimental Psychology: Learning, Memory, and Cognition, 11,* 59–69.

Higgins, E. T., Bond, R. N., Klein, R., & Strauman, T. (1986). Self-discrepancies and emotional vulnerability: How magnitude, accessibility, and type of discrepancy influence affect. *Journal of Personality and Social Psychology, 51,* 5–15.

Higgins, E. T., Roney, C., Crowe, E., & Hymes, C. (1994). Ideal versus ought predilections for approach and avoidance: Distinct self-regulatory systems. *Journal of Personality and Social Psychology, 66,* 276–286.

Higgins, E. T., & Silberman, I. (1998). Development of regulatory focus: Promotion and prevention as ways of living. In J. Heckhausen & C. S. Dweck (Eds.), *Motivation and self-regulation across the lifespan* (pp. 78–113). New York: Cambridge University Press.

Higgins, E. T., & Tykocinski, O. (1992). Self-discrepancies and biographical memory: Personality and cognition at the level of psychological situation. *Personality and Social Psychology Bulletin, 18*, 527–535.

Higgins, E. T., Van Hook, E., & Dorfman, D. (1988). Do self-attributes form a cognitive structure? *Social Cognition, 6*, 177–207.

Hill, C., & Peplau, L. (1998). Premarital predictors of relationship outcomes: A 15-year follow up of the Boston couples study. In T. N. Bradbury et al. (Eds.), *The developmental course of marital dysfunction* (pp. 237–278). New York: Cambridge University Press.

Hill, D., White, V., Marks, R., & Borland, R. (1993). Changes in sun-related attitudes and behaviours and reduced sunburn prevalence in a population at high risk of melanoma. *European Journal of Cancer Prevention, 1*, 447–456.

Hilton, D. J. (1988). Logic and causal attribution. In D. J. Hilton (Ed.), *Contemporary science and natural explanation. Commonsense conceptions of causality* (pp. 33–65). Brighton, UK: Harvester Press.

Hilton, D. J. (1990). Conversational processes and causal explanation. *Psychological Bulletin, 107*, 65–81.

Hilton, D. J. (2007). Causal explanation: From social perception to knowledge-based causal attribution. In A. W. Kruglanski & E. T. Higgins (Eds.), *Social psychology: Handbook of basic principles* (2nd ed., pp. 232–253). New York: Guilford.

Hilton, D. J., & Karpinski, A. (2000). *Attitudes and the implicit associations test*. Ann Arbor, MI: University of Michigan Press.

Hilton, J. L., & Von Hippel, W. (1996). Stereotypes. *Annual Review of Psychology, 47*, 237–271.

Hilton, N. Z., Harris, G. T., & Rice, M. E. (2000). The functions of aggression by male teenagers. *Journal of Personality and Social Psychology, 79*, 988–994.

Himmelfarb, S., & Eagly, A. H. (Eds.) (1974). *Readings in attitude change*. New York: Wiley.

Himmelweit, H. T., Humphreys, P., & Jaeger, M. (1985). *A model of vote choice based on a special longitudinal study extending over 15 years and the British election surveys of 1970–83*. Milton Keynes, UK: Open University Press.

Hinde, R. A. (1982). *Ethology: Its nature and relations with other sciences*. London: Fontana.

Hinkle, S., & Brown, R. (1990). Intergroup comparisons and social identity: Some links and lacunae. In D. Abrams & M. A. Hogg (Eds.), *Social identity theory: Constructive and critical advances* (pp. 48–70). Hemel Hempstead, UK: Harvester Wheatsheaf.

Hitler, A. (1933). *Mein Kampf*. Retrieved November 11, 2003, from http://www.greatwar.nl/books/meinkampf/meinkampf.pdf

Hodges, B. H., Meagher, B. R., Norton, D. J., McBain, R., & Sroubek, R. (2014). *Journal of Personality and Social Psychology, 106*, 218–234.

Hodges, S. D., Klaaren, K. J., & Wheatley, T. (2000). Talking about safe sex: The role of expectations and experience. *Journal of Applied Social Psychology, 30*, 330–349.

Hodson, G., & Dhont, K. (2015). The person-based nature of prejudice: Individual difference predictors of intergroup negativity. *European Review of Social Psychology, 26*, 1–42.

Hoffman, C., Lau, I., & Johnson, D. R. (1986). The linguistic relativity of person cognition: An English–Chinese comparison. *Journal of Personality and Social Psychology, 51*, 1097–1105.

Hoffman, C., Mischel, W., & Mazze, K. (1981). The role of purpose in the organisation of information about behavior: Trait-based versus goal-based categories in person cognition. *Journal of Personality and Social Psychology, 40*, 211–225.

Hoffman, M. L. (1981). Is altruism part of human nature? *Journal of Personality and Social Psychology, 40*, 121–137.

Hofmann, W., De Houwer, J., Perugini, M., Baeyens, F., & Crombez, G. (2010). Evaluative conditioning in humans: a meta-analysis. *Psychological Bulletin, 136*, 390–421.

Hofstede, G. (1980). *Culture's consequences: International differences in work-related values*. Beverly Hills, CA: SAGE.

Hofstede, G. (2001). *Culture's consequences: Comparing values, behaviours, institutions and organizations across nations* (2nd ed.). Thousand Oaks, CA: SAGE.

Hogan, R., & Kaiser, R. (2006). What we know about leadership. *Review of General Psychology, 9*, 169–180.

Hogg, M. A. (1985). Masculine and feminine speech in dyads and groups: A study of speech style and gender salience. *Journal of Language and Social Psychology, 4*, 99–112.

Hogg, M. A. (1992). *The social psychology of group cohesiveness: From attraction to social identity*. London: Harvester Wheatsheaf.

Hogg, M. A. (1993). Group cohesiveness: A critical review and some new directions. *European Review of Social Psychology, 4*, 85–111.

Hogg, M. A. (2000a). Social processes and human behavior: Social psychology. In K. Pawlik & M. R. Rosenzweig (Eds.), *International handbook of psychology* (pp. 305–327). London: SAGE.

Hogg, M. A. (2000b). Social identity and social comparison. In J. Suls & L. Wheeler (Eds.), *Handbook of social comparison: Theory and research* (pp. 401–421). New York: Kluwer/Plenum.

Hogg, M. A. (2000c). Subjective uncertainty reduction through self-categorization: A motivational theory of social identity processes. *European Review of Social Psychology, 11*, 223–255.

Hogg, M. A. (2001). A social identity theory of leadership. *Personality and Social Psychology Review, 5*, 184–200.

Hogg, M. A. (Ed.) (2003). *SAGE benchmarks in psychology: Social psychology*. London: SAGE.

Hogg, M. A. (2006). Social identity theory. In P. J. Burke (Ed.), *Contemporary social psychological theories* (pp. 111–136). Palo Alto, CA: Stanford University Press.

Hogg, M. A. (2007a). Social psychology of leadership. In A. W. Kruglanski & E. T. Higgins (Eds.), *Social psychology: A handbook of basic principles* (2nd ed., pp. 716–733). New York: Guilford Press.

Hogg, M. A. (2007b). Uncertainty-identity theory. *Advances in Experimental Social Psychology, 39*, 69–126.

Hogg, M. A. (2009). From group conflict to social harmony: Leading across diverse and conflicting social identities. In T. Pittinsky (Ed.), *Crossing the divide: Intergroup leadership in a world of difference* (pp. 17–30). Cambridge, MA: Harvard Business Publishing.

Hogg, M. A. (2010). Influence and leadership. In S. T. Fiske, D. T. Gilbert, & G. Lindzey (Eds.), *Handbook of social psychology* (5th ed., Vol. 2, pp. 1166–1207). New York: Wiley.

Hogg, M. A. (2012). Uncertainty-identity theory. In P. A. M. Van Lange, A. W. Kruglanski, & E. T. Higgins (Eds.), *Handbook of theories of social psychology* (Vol. 2, pp. 62–80). Thousand Oaks, CA: Sage.

Hogg, M. A. (2013a). Intergroup relations. In J. Delamater & A. Ward (Eds.), *Handbook of social psychology* (2nd ed., pp. 533–562). New York: Springer.

Hogg, M. A. (2013b). Leadership. In J. M. Levine (Ed.), *Group processes* (pp. 241–266). New York: Psychology Press.

Hogg, M. A. (2014). From uncertainty to extremism: Social categorization and identity processes. *Current Directions in Psychological Science, 23*, 338–342.

Hogg, M. A. (2015). Constructive leadership across groups: How leaders can combat prejudice and conflict between subgroups. *Advances in Group Processes, 32*, 177–207.

Hogg, M. A., & Abrams, D. (1988). *Social identifications: A social psychology of intergroup relations and group processes*. London: Routledge.

Hogg, M. A., & Abrams, D. (1990). Social motivation, self-esteem and social identity. In D. Abrams & M. A. Hogg (Eds.), *Social identity theory: Constructive and critical advances* (pp. 28–47). London: Harvester Wheatsheaf.

Hogg, M. A., & Abrams, D. (1999). Social identity and social cognition: Historical background and current trends. In D. Abrams & M. A. Hogg (Eds.), *Social identity and social cognition* (pp. 1–25). Oxford, UK: Blackwell.

Hogg, M. A., & Abrams, D. (2007). Intergroup behavior and social identity. In M. A. Hogg & J. Cooper (Eds.), *The SAGE handbook of social psychology: Concise student edition* (pp. 335–360). London: SAGE.

Hogg, M. A., & Abrams, D. (Eds.) (2001). *Intergroup relations: Essential readings*. Philadelphia, PA: Psychology Press.

Hogg, M. A., Adelman, J. R., & Blagg, R. D. (2010). Religion in the face of uncertainty: An uncertainty-identity theory account of religiousness. *Personality and Social Psychology Review, 14*, 72–83.

Hogg, M. A., & Blaylock, D. L. (Eds.) (2012). *Extremism and the psychology of uncertainty*. Boston: Wiley-Blackwell.

Hogg, M. A., & Cooper, J. (Eds.) (2007). *The SAGE handbook of social psychology: Concise student edition*. London: SAGE.

Hogg, M. A., Cooper-Shaw, L., & Holzworth, D. W. (1993). Group prototypicality and depersonalised attraction in small interactive groups. *European Journal of Social Psychology, 24*, 452–465.

Hogg, M. A., D'Agata, P., & Abrams, D. (1989). Ethnolinguistic betrayal and speaker evaluations among Italian Australians. *Genetic, Social and General Psychology Monographs, 115*, 153–181.

Hogg, M. A., Fielding, K. S., Johnson, D., Masser, B., Russell, E., & Svensson, A. (2006). Demographic category membership and leadership in small groups: A social identity analysis. *The Leadership Quarterly, 17*, 335–350.

Hogg, M. A., & Gaffney, A. (2014). Prototype-based social comparisons within groups: Constructing social identity to reduce self-uncertainty. In Z. Križan & F. X. Gibbons (Eds.), *Communal functions of social comparison* (pp. 145–174). New York: Cambridge University Press.

Hogg, M. A., & Giles, H. (2012). Norm talk and identity in intergroup communication. In H. Giles (Ed.), *The handbook of intergroup communication* (pp. 373–387). New York: Routledge.

Hogg, M. A., & Hains, S. C. (1996). Intergroup relations and group solidarity: Effects of group identification and social beliefs on depersonalized attraction. *Journal of Personality and Social Psychology, 70*, 295–309.

Hogg, M. A., & Hains, S. C. (1998). Friendship and group identification: A new look at the role of cohesiveness in groupthink. *European Journal of Social Psychology, 28*, 323–341.

Hogg, M. A., Hains, S. C., & Mason, I. (1998). Identification and leadership in small groups: Salience, frame of reference, and leader stereotypicality effects on leader evaluations. *Journal of Personality and Social Psychology, 75*, 1248–1263.

Hogg, M. A., & Hardie, E. A. (1991). Social attraction, personal attraction, and self-categorisation: A field study. *Personality and Social Psychology Bulletin, 17*, 175–180.

Hogg, M. A., Hohman, Z. P., & Rivera, J. E. (2008). Why do people join groups? Three motivational accounts from social psychology. *Social and Personality Psychology Compass, 2/3*, 1269–1280.

Hogg, M. A., & Hornsey, M. J. (2006). Self-concept threat and multiple categorization within groups. In R. J. Crisp & M. Hewstone (Eds.), *Multiple social categorization: Processes, models, and applications* (pp. 112–135). New York: Psychology Press.

Hogg, M. A., Joyce, N., & Abrams, D. (1984). Diglossia in Switzerland? A social identity analysis of speaker evaluations. *Journal of Language and Social Psychology, 3*, 185–196.

Hogg, M. A., Kruglanski, A., & Van den Bos, K. (2013). Uncertainty and the roots of extremism. *Journal of Social Issues, 69*, 407–418.

Hogg, M. A., Martin, R., & Weeden, K. (2004). Leader–member relations and social identity. In D. Van Knippenberg & M. A. Hogg (Eds.), *Leadership and power: Identity processes in groups and organizations* (pp. 18–33). London: SAGE.

Hogg, M. A., Martin, R., Epitropaki, O., Mankad, A., Svensson, A., & Weeden, K. (2005). Effective leadership in salient groups: Revisiting leader–member exchange theory from the perspective of the social identity theory of leadership. *Personality and Social Psychology Bulletin, 31*, 991–1004.

Hogg, M. A., Meehan, C., & Farquharson, J. (2010). The solace of radicalism: Self-uncertainty and group identification in the face of threat. *Journal of Experimental Social Psychology, 46*, 1061–1066.

Hogg, M. A., & Reid, S. A. (2006). Social identity, self- categorization, and the communication of group norms. *Communication Theory, 16*, 7–30.

Hogg, M. A., & Rigoli, N. (1996). Effects of ethnolinguistic vitality, ethnic identification, and linguistic contacts on minority language use. *Journal of Language and Social Psychology, 15*, 76–89.

Hogg, M. A., Sherman, D. K., Dierselhuis, J., Maitner, A. T., & Moffitt, G. (2007). Uncertainty, entitativity, and group identification. *Journal of Experimental Social Psychology, 43*, 135–142.

Hogg, M. A., & Smith, J. R. (2007). Attitudes in social context: A social identity perspective. *European Review of Social Psychology, 18*, 89–131.

Hogg, M. A., Terry, D. J., & White, K. M. (1995). A tale of two theories: A critical comparison of identity theory with social identity theory. *Social Psychology Quarterly, 58*, 255–269.

Hogg, M. A., & Tindale, R. S. (2005). Social identity, influence, and communication in small groups. In J. Harwood & H. Giles (Eds.), *Intergroup communication: Multiple perspectives* (pp. 141–164). New York: Peter Lang.

Hogg, M. A., & Tindale, R. S. (Eds.) (2001). *Blackwell handbook of social psychology: Group processes*. Oxford, UK: Blackwell.

Hogg, M. A., & Turner, J. C. (1985). Interpersonal attraction, social identification and psychological group formation. *European Journal of Social Psychology, 15*, 51–66.

Hogg, M. A., & Turner, J. C. (1987a). Social identity and conformity: A theory of referent informational influence. In W. Doise & S. Moscovici (Eds.), *Current issues in European social psychology* (Vol. 2, pp. 139–182). Cambridge, UK: Cambridge University Press.

Hogg, M. A., & Turner, J. C. (1987b). Intergroup behaviour, self-stereotyping and the salience of social categories. *British Journal of Social Psychology, 26*, 325–340.

Hogg, M. A., Turner, J. C., & Davidson, B. (1990). Polarized norms and social frames of reference: A test of the self-categorization theory of group polarization. *Basic and Applied Social Psychology, 11*, 77–100.

Hogg, M. A., Turner, J. C., Nascimento-Schulze, C., & Spriggs, D. (1986). Social categorization, intergroup behaviour and self-esteem: Two experiments. *Revista de Psicología Social, 1*, 23–37.

Hogg, M. A., & Van Knippenberg, D. (2003). Social identity and leadership processes in groups. *Advances in Experimental Social Psychology, 35*, 1–52.

Hogg, M. A., Van Knippenberg, D., & Rast, D. E., III. (2012a). Intergroup leadership in organizations: Leading across group and intergroup boundaries. *Academy of Management Review, 37*, 232–255.

Hogg, M. A., Van Knippenberg, D., & Rast, D. E., III. (2012b). The social identity theory of leadership: Theoretical origins, research findings, and conceptual developments. *European Review of Social Psychology, 23*, 258–304.

Hogg, M. A., & Vaughan, G. M. (2010). *Essentials of social psychology*. London: Pearson Education.

Hogg, M. A., & Williams, K. D. (2000). From I to we: Social identity and the collective self. *Group Dynamics: Theory, Research, and Practice, 4*, 81–97.

Hohman, Z. P., & Hogg, M. A. (2011). Fear and uncertainty in the face of death: The role of life after death in group identification. *European Journal of Social Psychology, 41*, 751–760.

Hohman, Z. P., & Hogg, M. A. (2015). Fearing the uncertain: Self-uncertainty plays a role in mortality salience. *Journal of Experimental Social Psychology, 57*, 31–42.

Hohman, Z. P., Hogg, M. A., & Bligh, M. C. (2010). Identity and intergroup leadership: Asymmetrical political and national identification in response to uncertainty. *Self and Identity, 9*, 113–128.

Holland, R. W., Verplanken, B., & Van Knippenberg, A. (2002). On the nature of attitude–behavior relations: The strong guide, the weak follow. *European Journal of Social Psychology, 32*, 869–876.

Hollander, E. P. (1958). Conformity, status, and idiosyncrasy credit. *Psychological Review, 65*, 117–127.

Hollander, E. P. (1967). *Principles and methods of social psychology*. New York: Oxford University Press.

Hollander, E. P. (1985). Leadership and power. In G. Lindzey & E. Aronson (Eds.), *Handbook of social psychology* (3rd ed., Vol. 2, pp. 485–537). New York: Random House.

Hollander, E. P., & Julian, J. W. (1970). Studies in leader legitimacy, influence, and innovation. *Advances in Experimental Social Psychology, 5*, 34–69.

Hollingshead, A. B. (1996). The rank order effect: Decision procedure, communication technology and group decisions. *Organizational Behavior and Human Decision Processes, 68*(3), 1–13.

Hollingshead, A. B. (2001). Communication technologies, the internet, and group research. In M. A. Hogg & R. S. Tindale (Eds.), *Blackwell handbook of social psychology: Group processes* (pp. 557–573). Oxford, UK: Blackwell.

Hollingshead, A. B., & McGrath, J. E. (1995). Computer-assisted groups: A critical review of the empirical research. In R. A. Guzzo & E. Salas (Eds.), *Team effectiveness and decision making in organizations* (pp. 46–78). San Francisco, CA: Jossey-Bass.

Holloway, S., Tucker, L., & Hornstein, H. A. (1977). The effects of social and nonsocial information on interpersonal behavior of males: The news makes news. *Journal of Personality and Social Psychology, 35,* 514–522.

Holmes, J. G. (2002). Interpersonal expectations as the building blocks of social cognition: An interdependence theory perspective. *Personal Relationships, 9,* 1–26.

Holtgraves, T. (2010). Social psychology and language: Words, utterances and conversations. In S. T. Fiske, D. T. Gilbert, & G. Lindzey (Eds.), *Handbook of social psychology* (5th ed., Vol. 2, pp. 1386–1422). New York: Wiley.

Holtgraves, T. (Ed.) (2014). *The Oxford handbook of language and social psychology.* New York: Oxford University Press.

Holtzworth-Munroe, A., & Jacobson, N. S. (1985). Causal attributions of married couples. When do they search for causes? What do they conclude when they do? *Journal of Personality and Social Psychology, 48,* 1398–1412.

Homans, G. C. (1961). *Social behavior: Its elementary forms.* New York: Harcourt, Brace and World.

Hong, J. S., & Espelage, D. L. (2012). A review of research on bullying and peer victimization in school: An ecological system analysis. *Aggression and Violent Behavior, 17,* 311–322.

Hong, Y.-Y., & Mallorie, L. M. (2004). A dynamic constructivist approach to culture: Lessons learned from personality psychology. *Journal of Research in Personality, 38,* 59–67.

Hong, Y.-Y., Morris, M. W., Chiu, C., & Benet-Martinez, V. (2000). Multicultural minds: A dynamic constructivist approach to culture and cognition. *American Psychologist, 55,* 705–720.

Hoorens, V. (2014). What's really in a name-letter effect? Name-letter preferences as indirect measures of self-esteem. *European Review of Social Psychology, 25,* 228–262.

Hopkins, N., & Moore, C. (2001). Categorizing the neighbors: Identity, distance, and stereotyping. *Social Psychology Quarterly, 64,* 239–252.

Hopkins, N., & Reicher, S. (1997). Social movement rhetoric and the social psychology of collective action: A case study of anti-abortion mobilization. *Human Relations, 50,* 261–286.

Hopkins, N., Reicher, S., & Kahani-Hopkins, V. (2003). Citizenship, participation, and identity construction: Political mobilization amongst British Muslims. *Psychologica Belgica, 43*(1/2), 33–54.

Horai, J. (1977). Attributional conflict. *Journal of Social Issues, 33,* 88–100.

Horgan, J. (2011). The perils of unleashing students' skepticism. *The Chronicle of Higher Education,* 21 January, pp. B6–B7.

Horgan, J. (2014). *The psychology of terrorism.* New York: Routledge.

Hornsey, M. J. (2005). Why being right is not enough: Predicting defensiveness in the face of group criticism. *European Review of Social Psychology, 16,* 301–334.

Hornsey, M. J., Grice, T., Jetten, J., Paulsen, N., & Callan, V. (2007). Group directed criticisms and recommendations for change: Why newcomers arouse more resistance than old-timers. *Personality and Social Psychology Bulletin, 33,* 1036–1048.

Hornsey, M. J., & Hogg, M. A. (2000a). Assimilation and diversity: An integrative model of subgroup relations. *Personality and Social Psychology Review, 4,* 143–156.

Hornsey, M. J., & Hogg, M. A. (2000b). Intergroup similarity and subgroup relations: Some implications for assimilation. *Personality and Social Psychology Bulletin, 26,* 948–958.

Hornsey, M. J., & Hogg, M. A. (2000c). Subgroup relations: A comparison of mutual intergroup differentiation and common ingroup identity models of prejudice reduction. *Personality and Social Psychology Bulletin, 26,* 242–256.

Hornsey, M. J., & Imani, A. (2004). Criticising groups from the inside and the outside: An identity perspective on the intergroup sensitivity effect. *Personality and Social Psychology Bulletin, 30,* 365–383.

Hornsey, M. J., & Jetten, J. (2004). The individual within the group: Balancing the need to belong with the need to be different. *Personality and Social Psychology Review, 8,* 248–264.

Hornsey, M. J., Jetten, J., McAuliffe, B. J., & Hogg, M. A. (2006). The impact of individualist and collectivist group norms on evaluations of dissenting group members. *Journal of Experimental Social Psychology, 42,* 57–68.

Hornsey, M. J., Oppes, T., & Svensson, A. (2002). 'It's OK if we say it, but you can't': Responses to intergroup and intragroup criticism. *European Journal of Social Psychology, 32,* 293–307.

Hornsey, M. J., Spears, R., Cremers, I., & Hogg, M. A. (2003). Relations between high and low power groups: The importance of legitimacy. *Personality and Social Psychology Bulletin, 29,* 216–227.

Hornstein, G. A. (1985). Intimacy in conversational style as a function of the degree of closeness between members of a dyad. *Journal of Personality and Social Psychology, 49,* 671–681.

Hornstein, H. A. (1970). The influence of social models on helping. In J. Macaulay & L. Berkowitz (Eds.), *Altruism and helping behavior* (pp. 29–42). New York: Academic Press.

Horowitz, D. L. (1973). Direct, displaced and cumulative ethnic aggression. *Comparative Politics, 6,* 1–16.

Horowitz, E. L. (1936). The development of attitudes towards the Negro. *Archives of Psychology, 194.*

Horowitz, E. L. (1939). Racial aspects of self-identification in nursery school children. *Journal of Psychology, 7,* 91–99.

Horowitz, I. A., & Bordens, K. S. (1990). An experimental investigation of procedural issues in complex tort trials. *Law and Human Behavior, 14,* 269–285.

Hosie, J., Gilbert, F., Simpson, K., & Daffern, M. (2014). An examination of the relationship between personality and aggression using the General Aggression and Five Factor models. *Aggressive Behavior, 40,* 189–196.

House, R. J. (1977). A 1976 theory of charismatic leadership. In J. G. Hunt & L. Larson (Eds.), *Leadership: The cutting edge* (pp. 189–207). Carbondale, IL: Southern Illinois University Press.

House, R. J. (1996). Path–goal theory of leadership: Lessons, legacy, and a reformulated theory. *The Leadership Quarterly, 7,* 323–352.

House, R. J., Spangler, W. D., & Woycke, J. (1991). Personality and charisma in the U.S. presidency: A psychological theory of leader effectiveness. *Administrative Science Quarterly, 36,* 364–396.

Hovland, C. I., Janis, I. L., & Kelley, H. H. (1953). *Communication and persuasion.* New Haven, CT: Yale University Press.

Hovland, C. I., Lumsdaine, A. A., & Sheffield, F. D. (1949). *Experiments in mass communication.* Princeton, NJ: Princeton University Press.

Hovland, C. I., & Sears, R. R. (1940). Minor studies in aggression: VI. Correlation of lynchings with economic indices. *Journal of Psychology, 9,* 301–310.

Hovland, C. I., & Weiss, W. (1952). The influence of source credibility in communication effectiveness. *Public Opinion Quarterly, 15,* 635–650.

Howard, J. A. (1985). Further appraisal of correspondent inference theory. *Personality and Social Psychology Bulletin, 11,* 467–477.

Howard, J. W., & Rothbart, M. (1980). Social categorization and memory for ingroup and outgroup behavior. *Journal of Personality and Social Psychology, 38,* 301–310.

Howell, D. C. (2010). *Statistical methods for psychology* (8th ed.). Belmont, CA: Duxbury.

Hraba, J. (1972). A measure of ethnocentrism? *Social Forces, 50,* 522–527.

Hraba, J., & Grant, G. (1970). Black is beautiful: A re-examination of racial preference and identification. *Journal of Personality and Social Psychology, 16,* 398–402.

Hudson, N. W., Fraley, R. C., Brumbaugh, C. C., & Vicary, A. M. (2014). Coregulation in romantic partners' attachment styles: A longitudinal investigation. *Personality and Social Psychology Bulletin, 40,* 845–847.

Huesmann, L. R. (1988). An information processing model for the development of aggression. *Aggressive Behavior, 14,* 13–24.

Huesmann, L. R., Eron, L. D., Lefkowitz, M. M., & Walder, L. O. (1984). Stability of aggression over time and generations. *Developmental Psychology, 20,* 1120–1134.

Huesmann, L. R., & Guerra, N. G. (1997). Children's normative beliefs about aggression and aggressive behaviour. *Journal of Personality and Social Psychology, 72*, 408–419.

Huesmann, L. R., & Miller, L. S. (1994). Long-term effects of repeated exposure to media violence in childhood. In L. R. Huesmann (Ed.), *Aggressive behaviour: Current perspectives* (pp. 153–186). New York: Plenum.

Huesmann, L. R., Mois-Titus, J., Podolski, C. L., & Eron, L. D. (2003). Longitudinal relations between children's exposure to TV violence and their aggressive and violent behavior in young adulthood: 1977–1992. *Developmental Psychology, 39*, 201–221.

Hughes, D. J., Rowe, M., Batey, M., & Lee, A. (2012). A tale of two sites: Twitter vs. Facebook and the personality predictors of social media usage. *Computers in Human Behavior, 28*, 561–569.

Hughes, M. T. (1981). To cheat or not to cheat? *Albany Times–Union*, 26 July, pp. B-1, B-3.

Huici, C., Ros, M., Cano, I., Hopkins, N., Emler, N., & Carmona, M. (1997). Comparative identity and evaluation of socio-political change: Perceptions of the European Community as a function of the salience of regional identities. *European Journal of Social Psychology, 27*, 97–113.

Hummert, M. L. (1990). Multiple stereotypes of elderly and young adults: A comparison of structure and evaluations. *Psychology and Aging, 5*, 182–193.

Hummert, M. L. (2012). Communication between age groups. In H. Giles (Ed), *The handbook of intergroup communication* (pp. 223–236). New York: Routledge.

Huston, T. L. (2009). What's love got to do with it? Why some marriages succeed and others fail. *Personal Relationships, 16*, 301–327.

Huston, T. L., Ruggiero, M., Conner, R., & Geis, G. (1981). Bystander intervention into crime: A study based on naturally-occurring episodes. *Social Psychology Quarterly, 44*, 14–23.

Ickes, W., Gesn, P. R., & Graham, T. (2000). Gender differences in empathic accuracy: Differential ability or differential motivation? *Personal Relationships, 7*, 95–109.

Ingham, A. G., Levinger, G., Graves, J., & Peckham, V. (1974). The Ringelmann effect: Studies of group size and group performance. *Journal of Experimental Social Psychology, 10*, 371–384.

Ingoldsby, B. B. (1991). The Latin American family: Familism vs machismo. *Journal of Comparative Family Studies, 23*, 47–62.

Insko, C. A. (1965). Verbal reinforcement of attitude. *Journal of Personality and Social Psychology, 2*, 621–623.

Insko, C. A. (1967). *Theories of attitude change*. New York: Appleton-Century-Crofts.

Insko, C. A., Nacoste, R. W., & Moe, J. L. (1983). Belief congruence and racial discrimination: Review of the evidence and critical evaluation. *European Journal of Social Psychology, 13*, 153–174.

Inzlicht, M., McGregor, I., Hirsh, J. B., & Nash, K. (2009). Neural markers of religious conviction. *Psychological Science, 20*, 385–392.

Inzlicht, M., & Schmader, T. (Eds.) (2011). *Stereotype threat: Theory, process, and application*. New York: Oxford University Press.

Isaacson, W. (2011). *Steve Jobs*. New York: Simon & Schuster.

Isen, A. M. (1970). Success, failure, attention, and reaction to others: The warm glow of success. *Journal of Personality and Social Psychology, 15*, 294–301.

Isen, A. M., Clark, M., & Schwartz, M. (1976). Duration of the effect of good mood on helping: 'footprints on the sands of time'. *Journal of Personality and Psychology, 34*, 385–393.

Isen, A. M., Horn, N., & Rosenhan, D. L. (1973). Effects of success and failure on children's generosity. *Journal of Personality and Social Psychology, 27*, 239–247.

Isen, A. M., & Stalker, T. E. (1982). The effect of feeling state on evaluation of positive, neutral, and negative stimuli when you 'accentuate the positive': Do you 'eliminate the negative'? *Social Psychology Quarterly, 45*, 58–63.

Isenberg, D. J. (1986). Group polarization: A critical review. *Journal of Personality and Social Psychology, 50*, 1141–1151.

Islam, M., & Hewstone, M. (1993). Intergroup attributions and affective consequences in majority and minority groups. *Journal of Personality and Social Psychology, 65*, 936–950.

Israel, J., & Tajfel, H. (Eds.) (1972). *The context of social psychology: A critical assessment*. London: Academic Press.

Ito, T. A., Larsen, J. T., Smith, N. K., & Cacioppo, J. T. (1998). Negative information weighs more heavily on the brain: The negativity bias in evaluative categorizations. *Journal of Personality and Social Psychology, 75*, 887–900.

Ito, T. A., Thompson, E., & Cacioppo, J. T. (2004). Tracking the timecourse of social perception: The effects of racial cues on event-related brain potentials. *Personality and Social Psychology Bulletin, 30*, 1267–1280.

Iyer, A., & Leach, C. W. (2008). Emotion in inter-group relations. *European Review of Social Psychology, 19*, 86–125.

Iyer, A., Schmader, T., & Lickel, B. (2007). Why individuals protest the perceived transgressions of their country: The role of anger, shame, and guilt. *Personality and Social Psychology Bulletin, 33*, 572–587.

Izhaki-Costi, O., & Schul, Y. (2011). I do not know you and I am keeping it that way: Attachment avoidance and empathic accuracy in the perception of strangers. *Personal Relationships, 18*, 321–340.

Izraeli, D. N., & Izraeli, D. (1985). Sex effects in evaluating leaders: A replication study. *Journal of Applied Psychology, 70*, 540–546.

Izraeli, D. N., Izraeli, D., & Eden, D. (1985). Giving credit where credit is due: A case of no sex bias in attribution. *Journal of Applied Social Psychology, 15*, 516–530.

Jacks, Z. J., & Cameron, K. A. (2003). Strategies for resisting persuasion. *Basic and Applied Social Psychology, 25*, 145–161.

Jackson, J., & Harkins, S. G. (1985). Equity in effort: An explanation of the social loafing effect. *Journal of Personality and Social Psychology, 49*, 1199–1206.

Jacobs, D., & Singell, L. (1993). Leadership and organisational performance: Isolating links between managers and collective success. *Social Science Research, 22*, 165–189.

Jacobs, R., & Campbell, D. T. (1961). The perpetuation of an arbitrary tradition through several generations of a laboratory microculture. *Journal of Abnormal and Social Psychology, 62*, 649–658.

Jacobson, D. (1999). Impression formation in cyberspace: Online expectations and offline experiences in textbased virtual communities. *Journal of Computer-Mediated Communication* [online serial], 5(1). doi:10.1111/j.1083-6101.1999.tb00333.x.

Jacoby, L. L., Kelly, C., Brown, J., & Jasechko, J. (1989). Becoming famous overnight: Limits on the ability to avoid unconscious influences of the past. *Journal of Personality and Social Psychology, 56*, 326–338.

Jahoda, G. (1979). A cross-cultural perspective on experimental social psychology. *Personality and Social Psychology Bulletin, 5*, 142–148.

Jahoda, G. (1982). *Psychology and anthropology: A psychological perspective*. London: Academic Press.

James, W. (1890). *The principles of psychology* (Vol. 1). New York: Holt.

Jamieson, D. W., & Zanna, M. P. (1989). Need for structure in attitude formation and expression. In A. R. Pratkanis, S. J. Breckler & A. G. Greenwald (Eds.), *Attitude structure and function* (pp. 383–406). Hillsdale, NJ: Erlbaum.

Janis, I. L. (1954). Personality correlates of susceptibility to persuasion. *Journal of Personality, 22*, 504–518.

Janis, I. L. (1967). Effects of fear arousal on attitude change: Recent developments in theory and experimental research. *Advances in Experimental Social Psychology, 3*, 167–224.

Janis, I. L. (1972). *Victims of groupthink: A psychological study of foreign policy decisions and fiascoes*. Boston, MA: Houghton Mifflin.

Janis, I. L. (1982). *Groupthink: Psychological studies of policy decisions and fiascoes* (2nd ed.). Boston, MA: Houghton Mifflin.

Janis, I. L., & Feshbach, S. (1953). Effects of fear-arousing communications. *Journal of Abnormal and Social Psychology, 48*, 78–92.

Janis, I. L., & Hovland, C. I. (1959). An overview of persuasibility research. In C. I. Hovland & I. L. Janis (Eds.), *Personality and persuasibility* (pp. 1–26). New Haven, CT: Yale University Press.

Janis, I. L., Kaye, D., & Kirschner, P. (1965). Facilitating effects of 'eating-while-reading' on responsiveness to persuasive communications. *Journal of Personality and Social Psychology, 1*, 181–186.

Janis, I. L., & King, B. T. (1954). The influence of roleplaying on opinion change. *Journal of Abnormal and Social Psychology, 49*, 211–218.

Janis, I. L., & Mann, L. (1977). *Decision making*. New York: Free Press.

Janoff-Bulman, R., & Carnes, N. C. (2013). Surveying the moral landscape: Moral motives and group-based moralities. *Personality and Social Psychology Review, 17*, 219–236.

Jarvis, W. B. G., & Petty, R. E. (1995). The need to evaluate. *Journal of Personality and Social Psychology, 70*, 172–192.

Jaspars, J. M. F. (1980). The coming of age of social psychology in Europe. *European Journal of Social Psychology, 10*, 421–428.

Jaspars, J. M. F. (1986). Forum and focus: A personal view of European social psychology. *European Journal of Social Psychology, 16*, 3–15.

Jellison, J., & Arkin, R. (1977). Social comparison of abilities: A self-presentation approach to decision making in groups. In J. M. Suls & R. L. Miller (Eds.), *Social comparison processes: Theoretical and empirical perspectives* (pp. 235–257). Washington, DC: Hemisphere Press.

Jellison, J. M., & Green, J. (1981). A self-presentation approach to the fundamental attribution error: The norm of internality. *Journal of Personality and Social Psychology, 40*, 643–649.

Jennings, M. K., & Niemi, R. G. (1968). The transmission of political values from parent to child. *American Political Science Review, 62*, 546–575.

Jetten, J., Haslam, C., & Haslam, S. A. (Eds.) (2012). *The social cure: Identity, health and well-being*. New York: Psychology Press.

Jetten, J., Postmes, T., & McAuliffe, B. J. (2002). We're all individuals: Group norms of individualism and collectivism, levels of identification, and identity threat. *European Journal of Social Psychology, 32*, 189–207.

Jodelet, D. (1991). *Madness and social representations*. Hemel Hempstead, UK: Harvester Wheatsheaf.

Johnson, B. T. (1994). Effects of outcome-relevant involvement and prior information on persuasion. *Journal of Experimental Social Psychology, 30*, 556–579.

Johnson, B. T., & Eagly, A. H. (1989). Effects of involvement on persuasion: Meta-analysis. *Psychological Bulletin, 106*, 290–314.

Johnson, D. W., & Johnson, F. P. (1987). *Joining together: Group theory and group skills* (3rd ed.). Englewood Cliffs, NJ: Prentice Hall.

Johnson, E. J., Pham, M. T., & Johar, G. V. (2007). Consumer behavior and marketing. In A. W. Kruglanski & E. T. Higgins (Eds.), *Social psychology: A handbook of basic principles* (2nd ed., pp. 869–887). New York: Guilford Press.

Johnson, K. L., Gill, S., Reichman, V., & Tassinary, L. G. (2007). Swagger, sway, and sexuality: Judging sexual orientation from body motion and morphology. *Journal of Personality and Social Psychology, 93*, 321–334.

Johnson, R. D., & Downing, L. L. (1979). Deindividuation and valence of cues: Effects on prosocial and antisocial behavior. *Journal of Personality and Social Psychology, 37*, 1532–1538.

Johnston, L., & Hewstone, M. (1990). Intergroup contact: Social identity and social cognition. In D. Abrams & M. A. Hogg (Eds.), *Social identity theory: Constructive and critical advances* (pp. 185–210). London: Harvester Wheatsheaf.

Jonas, E., Schimel, J., Greenberg, J., & Pyszczynski, T. (2002). The Scrooge effect: Evidence that mortality salience increases prosocial attitudes and behavior. *Personality and Social Psychology Bulletin, 28*, 1342–1353.

Jonas, K. J., Sassenberg, K., & Scheepers, D. (2010). Self-regulation within and between groups. *Group Processes and Intergroup Relations, 13*, 131–136.

Jones, B., Gray, A., Kavanagh, D., Moran, M., Norton, P., & Seldon, A. (1994). *Politics UK* (2nd ed.). Hemel Hempstead, UK: Harvester Wheatsheaf.

Jones, C. R., Olson, M. A., & Fazio, R. H. (2010). Evaluative conditioning: The "how" question. *Advances in Experimental Social Psychology, 43*, 205–255.

Jones, E. E. (1964). *Ingratiation: A social psychological analysis*. Des Moines, IA: Meredith Publishing Company.

Jones, E. E. (1979). The rocky road from acts to dispositions. *American Psychologist, 34*, 107–117.

Jones, E. E. (1990). *Interpersonal perception*. New York: Freeman.

Jones, E. E. (1998). Major developments in five decades of social psychology. In D. T. Gilbert, S. T. Fiske, & G. Lindzey (Eds.), *The handbook of social psychology* (4th ed., Vol. 1, pp. 3–57). New York: McGraw-Hill.

Jones, E. E., & Berglas, S. (1978). Control of attributions about the self through self-handicapping strategies: The appeal of alcohol and the role of underachievement. *Personality and Social Psychology Bulletin, 4*, 200–206.

Jones, E. E., & Davis, K. E. (1965). From acts to dispositions: The attribution process in person perception. In L. Berkowitz (Ed.), *Advances in experimental social psychology* (Vol. 2, pp. 219–266). New York: Academic Press.

Jones, E. E., Davis, K. E., & Gergen, K. (1961). Role playing variations and their informational value for person perception. *Journal of Abnormal and Social Psychology, 63*, 302–310.

Jones, E. E., & Goethals, G. R. (1972). Order effects in impression formation: Attribution context and the nature of the entity. In E. E. Jones, D. E. Kanouse, H. H. Kelley, R. E. Nisbett, S. Valins, & B. Weiner (Eds.), *Attribution: Perceiving the causes of behavior* (pp. 27–46). Morristown, NJ: General Learning Press.

Jones, E. E., & Harris, V. A. (1967). The attribution of attitudes. *Journal of Experimental Social Psychology, 3*, 1 24.

Jones, E. E., & McGillis, D. (1976). Correspondent inferences and the attribution cube: A comparative reappraisal. In J. H. Harvey, W. J. Ickes, & R. F. Kidd (Eds.), *New directions in attribution research* (Vol. 1, pp. 389–420). Hillsdale, NJ: Erlbaum.

Jones, E. E., & Nisbett, R. E. (1972). The actor and the observer: Divergent perceptions of the causes of behavior. In E. E. Jones, D. E. Kanouse, H. H. Kelley, R. E. Nisbett, S. Valins, & B. Weiner (Eds.), *Attribution: Perceiving the causes of behavior* (pp. 79–94). Morristown, NJ: General Learning Press.

Jones, E. E., & Pittman, T. S. (1982). Toward a general theory of strategic self-presentation. In J. Suls (Ed.), *Psychological perspectives on the self* (Vol. 1, pp. 231–262). Hillsdale, NJ: Erlbaum.

Jones, E. E., & Sigall, H. (1971). The bogus pipeline: A new paradigm for measuring affect and attitude. *Psychological Bulletin, 76*, 349–364.

Jones, E. E., Wood, G. C., & Quattrone, G. A. (1981). Perceived variability of personal characteristics in ingroups and outgroups: The role of knowledge and evaluation. *Personality and Social Psychology Bulletin, 7*, 523–528.

Jones, J. D., Cassidy, J., & Shaver, P. R. (2015). Parents' self-reported attachment styles: A review of links with parenting behaviors, emotions and cognitions. *Personality and Social Psychology Review, 19*, 44–76.

Jones, J. M. (1996). *The psychology of racism and prejudice*. New York: McGraw Hill.

Jones, J. T., Pelham, B. W., Carvallo, M., & Mirenberg, M. C. (2004). How do I love thee? Let me count the Js: Implicit egotism and interpersonal attraction. *Journal of Personality and Social Psychology, 87*, 665–683.

Jones, S. E., & Yarbrough, A. E. (1985). A naturalistic study of the meanings of touch. *Communication Monographs, 52*, 19–56.

Jost, J. T., & Banaji, M. R. (1994). The role of stereotyping in system-justification and the production of false consciousness. *British Journal of Social Psychology, 33*, 1–27.

Jost, J. T., & Hunyadi, O. (2002). The psychology of system justification and the palliative function of ideology. *European Review of Social Psychology, 13*, 111–153.

Jost, J. T., & Kramer, R. M. (2002). The system justification motive in intergroup relations. In D. M. Mackie & E. R. Smith (Eds.), *From prejudice to intergroup emotions: Differentiated reactions to social groups* (pp. 227–246). New York: Psychology Press.

Jost, J. T., & Kruglanski, A. (2002). The estrangement of social constructionism and experimental social psychology: History of the rift and prospects for reconciliation. *Personality and Social Psychology Review, 6*, 168–187.

Jost, J. T., & Major, B. (Eds.) (2001). *The psychology of legitimacy: Emerging perspectives on ideology, justice, and intergroup relations*. New York: Cambridge University Press.

Jost, J. T., & Van der Toorn, J. (2012). System justification theory. In P. A. M. van Lange, A. W. Kruglanski, & E. T. Higgins (Eds.), *Handbook of theories of social psychology*. (Vol. 2, pp. 313–343). London: Sage.

Joule, R.-V., & Beauvois, J.-L. (1998). Cognitive dissonance theory: A radical view. *European Review of Social Psychology, 8*, 1–32.

Jourard, S. M. (1966). An exploratory study of body- accessibility. *British Journal of Social and Clinical Psychology, 5*, 221–231.

Jourard, S. M. (1971). *The transparent self*. New York: Van Nostrand.

Joyce, W. F., Nohria, N., & Roberson, B. (2003). *What really works: The 4+2 formula for sustained business success*. New York: Harper Business.

Judd, C. M., & Park, B. (1988). Out-group homogeneity: Judgments of variability at the individual and group levels. *Journal of Personality and Social Psychology, 54*, 778–788.

Judge, T. A., & Bono, J. E. (2000). Five-factor model of personality and transformational leadership. *Journal of Applied Psychology, 85*, 751–765.

Judge, T. A., Bono, J. E., Ilies, R., & Gerhardt, M. W. (2002). Personality and leadership: A qualitative and quantitative review. *Journal of Applied Psychology, 87*, 765–780.

Judge, T. A., & Cable, D. M. (2004). The effect of physical height on workplace success and income. *Journal of Applied Psychology, 89*, 428–441.

Judge, T. A., & Cable, D. M. (2011). When it comes to pay, do the thin win? The effect of weight on pay for men and women. *Journal of Applied Psychology, 96*, 95–112.

Jung, C. G. (1946). *Psychological types or the psychology of individuation*. New York: Harcourt Brace. (Originally published 1922.)

Jussim, L., Eccles, J., & Madon, S. (1996). Social perception, social stereotypes, and teacher expectations: Accuracy and the quest for the powerful self-fulfilling prophecy. *Advances in Experimental Social Psychology, 28*, 281–388.

Jussim, L., & Fleming, C. (1996). Self-fulfilling prophecies and the maintenance of social stereotypes: The role of dyadic interactions and social forces. In C. N. Macrae, C. Stangor, & M. Hewstone (Eds.), *Stereotypes and stereotyping* (pp. 161–192). New York: Guilford Press.

Kafka, F. (1925). *The trial*. Harmondsworth, UK: Penguin.

Kağıtçıbaşı, Ç. (2005). Autonomy and relatedness in cultural context: Implications for self and family. *Journal of Cross-Cultural Psychology, 36*, 403–422.

Kahn, A., & Ryen, A. H. (1972). Factors influencing the bias towards one's own group. *International Journal of Group Tensions, 2*, 33–50.

Kahneman, D., & Tversky, A. (1973). On the psychology of prediction. *Psychological Review, 80*, 237–251.

Kanazawa, H., & Loveday, L. (1988). The Japanese immigrant community in Brazil: Language contact and shift. *Journal of Multilingual and Multicultural Development, 9*, 423–435.

Kanouse, D. E., & Hanson, L. R. Jr (1972). Negativity in evaluations. In E. E. Jones, D. E. Kanouse, H. H. Kelley, R. E. Nisbett, S. Valins, & B. Weiner (Eds.), *Attribution: Perceiving the causes of behavior* (pp. 47–62). Morristown, NJ: General Learning Press.

Kanter, R. M. (1977). Numbers: Minorities and majorities. In *Men and women of the corporation* (pp. 206–242). New York: Basic Books.

Kaplan, M. F. (1977). Discussion polarization effects in a modified jury decision paradigm: Informational influence. *Sociometry, 40*, 262–271.

Kaplan, M. F., & Miller, L. E. (1978). Reducing the effects of juror bias. *Journal of Personality and Social Psychology, 36*, 1443–1455.

Karakashian, L. M., Walter, M. I., Christopher, A. N., & Lucas, T. (2006). Fear of negative evaluation affects helping behavior: The bystander effect revisited. *North American Journal of Psychology, 8*, 13–32.

Karau, S. J., & Hart, J. W. (1998). Group cohesiveness and social loafing: Effects of a social interaction manipulation on individual motivation within groups. *Group Dynamics, 2*, 185–191.

Karau, S. J., & Williams, K. D. (1993). Social loafing: A meta-analytic review and theoretical integration. *Journal of Personality and Social Psychology, 65*, 681–706.

Karney, B. R., & Bradbury, T. N. (1995). Assessing longitudinal change in marriage: An introduction to the analysis of growth curves. *Journal of Marriage and the Family, 57*, 1091–1108.

Karniol, R. (1982). Behavioral and cognitive correlates of various immanent justice responses in children: Deterrent versus punitive moral systems. *Journal of Personality and Social Psychology, 43*, 881–920.

Karremans, J. C., Van Lange, P. A. M., & Holland, R. W. (2005). Forgiveness and its associations with prosocial thinking, feeling, and doing beyond the relationship with the offender. *Personality and Social Psychology Bulletin, 31*, 1315–1326.

Kashima, Y. (2005). Is culture a problem for social psychology? *Asian Journal of Social Psychology, 8*, 19–38.

Kashima, Y., & Kashima, E. (1998). Culture, connectionism, and the self. In J. Adamopoulos & Y. Kashima (Eds.) (1999). *Social psychology and cultural context* (pp. 77–92). London: SAGE.

Kasser, T., Koestner, R., & Lekes, N. (2002). Early family experiences and adult values: A 26-year, prospective longitudinal study. *Personality and Social Psychology Bulletin, 28*, 826–835.

Kassin, S. M. (1979). Consensus information, prediction and causal attribution: A review of the literature and issues. *Journal of Personality and Social Psychology, 37*, 1966–1981.

Kassin, S. M., Ellsworth, P. C., & Smith, V. L. (1989). The 'general acceptance' of psychological research on eyewitness testimony. *American Psychologist, 44*, 1089–1098.

Kassin, S. M., & Pryor, J. B. (1985). The development of attribution processes. In J. Pryor & J. Day (Eds.), *The development of social cognition* (pp. 3–34). New York: Springer.

Katsikitis, M., Pilowsky, I., & Innes, J. M. (1990). The quantification of smiling using a microcomputer-based approach. *Journal of Nonverbal Behavior, 14*, 3–17.

Katz, D. (1960). The functional approach to the study of attitudes. *Public Opinion Quarterly, 24*, 163–204.

Katz, D., & Braly, K. (1933). Racial stereotypes of one hundred college students. *Journal of Abnormal and Social Psychology, 28*, 280–290.

Katz, I., & Hass, R. G. (1988). Racial ambivalence and American value conflict: Correlational and priming studies of dual cognitive structures. *Journal of Personality and Social Psychology, 55*, 893–905.

Katz, P. A. (1976). *Towards the elimination of racism*. New York: Pergamon Press.

Kavanagh, P. S., Robins, S. C., & Ellis, B. J. (2010). The mating sociometer: A regulatory mechanism for mating aspirations. *Journal of Personality and Social Psychology, 99*, 120–132.

Kawakami, K., Young, H., & Dovidio, J. F. (2002). Automatic stereotyping: Category, trait, and behavioral activations. *Personality and Social Psychology Bulletin, 28*, 3–15.

Kazdin, A. E., & Bryan, J. H. (1971). Competence and volunteering. *Journal of Experimental Social Psychology, 7*, 87–97.

Keller, P. A., & Block, L. G. (1995). Increasing the persuasiveness of fear appeals: The effect of arousal and elaboration. *Journal of Consumer Research, 22*, 448–459.

Kellerman, A. L., Rivara, F. P., Rushforth, N. B., Banton, J. G., Reay, D. T., Francisco, J. T., et al. (1993). Gun ownership as a risk factor for homicide in the home. *New England Journal of Medicine, 329*, 1084–1091.

Kellerman, B. (2004). *Bad leadership: What it is, how it happens, why it matters*. Cambridge, MA: Harvard Business School Press.

Kelley, H. H. (1950). The warm–cold variable in first impressions of persons. *Journal of Personality, 18*, 431–439.

Kelley, H. H. (1952). Two functions of reference groups. In G. E. Swanson, T. M. Newcomb, & E. L. Hartley (Eds.), *Readings in social psychology* (2nd ed., pp. 410–414). New York: Holt, Rinehart & Winston.

Kelley, H. H. (1967). Attribution theory in social psychology. In D. Levine (Ed.), *Nebraska symposium on motivation* (pp. 192–238). Lincoln, NE: University of Nebraska Press.

Kelley, H. H. (1972a). Attribution in social interaction. In E. E. Jones, D. E. Kanouse, H. H. Kelley, R. E. Nisbett, S. Valins, & B. Weiner (Eds.), *Attribution: Perceiving the causes of behavior* (pp. 1–26). Morristown, NJ: General Learning Press.

Kelley, H. H. (1972b). Causal schemata and the attribution process. In E. E. Jones, D. E. Kanouse, H. H. Kelley, R. E. Nisbett, S. Valins, & B. Weiner (Eds.), *Attribution: Perceiving the causes of behavior* (pp. 151–174). Morristown, NJ: General Learning Press.

Kelley, H. H. (1973). The process of causal attribution. *American Psychologist, 28*, 107–128.

Kelley, H. H. (1979). *Personal relationships: Their structures and processes*. Hillsdale, NJ: Erlbaum.

Kelley, H. H., & Thibaut, J. (1978). *Interpersonal relations: A theory of interdependence*. New York: Wiley.

Kelley, K., Byrne, D., Przybyla, D. P. J., Eberly, C. C., Eberly, B. W., Greenlinger, V., Wan, C. K., & Grosky, J. (1985). Chronic self-destructiveness: Conceptualisation, measurement, and initial validation of the construct. *Motivation and Emotion, 9,* 35–151.

Kelley, R. E. (1992). *The power of followership.* New York: Doubleday.

Kellstedt, P. M. (2003). *The mass media and the dynamics of American racial attitudes.* Cambridge, UK: Cambridge University Press.

Kelly, C., & Breinlinger, S. (1996). *The social psychology of collective action.* London: Taylor & Francis.

Kelly, G. A. (1955). *The psychology of personal constructs.* New York: Norton.

Kelman, H. C. (1967). Human use of human subjects: The problem of deception in social psychology. *Psychological Bulletin, 67,* 1–11.

Kelman, H. C. (1976). Violence without restraint: Reflections on the dehumanization of victims and victimizers. In G. M. Kren & L. H. Rappoport (Eds.), *Varieties of psycho history* (pp. 282–314). New York: Springer.

Kelman, H. C., & Hovland, C. I. (1953). 'Reinstatement' of the communicator in delayed measurement of opinion change. *Journal of Abnormal and Social Psychology, 48,* 327–335.

Keltner, D., & Buswell, B. N. (1997). Embarrassment: Its distinct form and appeasement functions. *Psychological Bulletin, 122,* 250–270.

Keltner, D., Gruenfeld, D. H., & Anderson, C. (2003). Power, approach, and inhibition. *Psychological Review, 110,* 265–284.

Keltner, D., & Lerner, J. S. (2010). Emotion. In S. T. Fiske, D. T. Gilbert, & G. Lindzey (Eds.), *Handbook of social psychology* (5th ed., Vol. 1, pp. 317–352). New York: Wiley.

Kelvin, P. (1970). *The bases of social behaviour: An approach in terms of order and value.* London: Holt, Rinehart & Winston.

Kemper, S. (1994). Elderspeak: Speech accommodations to older adults. *Aging and Cognition, 1,* 17–28.

Keneally, T. (1982). *Schindler's ark.* Washington, DC: Hemisphere Press.

Kennedy, J. (1982). Middle LPC leaders and the contingency model of leader effectiveness. *Organizational Behavior and Human Performance, 30,* 1–14.

Kenny, D. A., & DePaulo, B. M. (1993). Do people know how others view them? An empirical and theoretical account. *Psychological Bulletin, 114,* 145–161.

Kenrick, D. T., Li, N. P., & Butner, J. (2003). Dynamical evolutionary psychology: Individual decision rules and emergent social norms. *Psychological Review, 110,* 3–28.

Kenrick, D. T., & MacFarlane, S. W. (1986). Ambient temperature and horn honking: A field study of the heat/aggression relationship. *Environment and Behavior, 18,* 179–191.

Kenrick, D. T., Maner, J. K., & Li, N. P. (2005). Evolutionary social psychology. In D. M. Buss (Ed.), *Handbook of evolutionary psychology* (pp. 803–827). New York: Wiley.

Kernis, M. H., Granneman, B. D., & Barclay, L. C. (1989). Stability and level of self-esteem as predictors of anger arousal and hostility. *Journal of Personality and Social Psychology, 56,* 1013–1022.

Kerr, J. H. (2005). *Rethinking aggression and violence in sport.* London: Routledge.

Kerr, N. L. (1978). Beautiful and blameless: Effects of victim attractiveness and responsibility on mock jurors' verdicts. *Journal of Personality and Social Psychology, 4,* 479–482.

Kerr, N. L. (1981). Social transition schemes: Charting the group's road to agreement. *Journal of Personality and Social Psychology, 41,* 684–702.

Kerr, N. L. (1983). Motivation losses in small groups: A social dilemma analysis. *Journal of Personality and Social Psychology, 45,* 819–828.

Kerr, N. L. (1995). Norms in social dilemmas. In D. A. Schroeder (Ed.), *Social dilemmas: Perspectives on individuals and groups* (pp. 31–47). Westport, CT: Praeger.

Kerr, N. L., & Bruun, S. (1981). Ringelmann revisited: Alternative explanations for the social loafing effect. *Personality and Social Psychology Bulletin, 7,* 224–231.

Kerr, N. L., & Bruun, S. (1983). The dispensability of member effort and group motivation losses: Free rider effects. *Journal of Personality and Social Psychology, 44,* 78–94.

Kerr, N. L., & MacCoun, R. J. (1985). The effects of jury size and polling method on the process and product of jury deliberation. *Journal of Personality and Social Psychology, 48,* 349–363.

Kerr, N. L., Niedermeier, K. E., & Kaplan, M. F. (1999). Bias in jurors vs bias in juries: New evidence from the SDS perspective. *Organizational Behavior and Human Decision Processes, 80,* 70–86.

Kerr, N. L., & Park, E. S. (2001). Group performance in collaborative and social dilemma tasks: Progress and prospects. In M. A. Hogg & R. S. Tindale (Eds.), *Blackwell handbook of social psychology: Group processes* (pp. 107–138). Oxford, UK: Blackwell.

Kervyn, N., Yzerbyt, V., & Judd, C. M. (2010). Compensation between warmth and competence: Antecedents and consequences of a negative relation between the two fundamental dimensions of social perception. *European Review of Social Psychology, 21,* 155–187.

Kesebir, P. (2014). A quiet ego quiets death anxiety: Humility as an existential anxiety buffer. *Journal of Personality and Social Psychology, 106,* 610–623.

Kiesler, C. A., & Kiesler, S. B. (1969). *Conformity.* Reading, MA: Addison-Wesley.

Kihlstrom, J. F. (2004). Implicit methods in social psychology. In C. Sansone, C. C. Morf, & A. T. Panter (Eds.), *The SAGE handbook of methods in social psychology* (pp. 195–212). London: SAGE.

Kilham, W., & Mann, L. (1974). Level of destructive obedience as a function of transmitter and executant roles in the Milgram obedience paradigm. *Journal of Personality and Social Psychology, 29,* 696–702.

Kim, H. S., & Baron, R. S. (1988). Exercise and the illusory correlation: Does arousal heighten stereotypic processing? *Journal of Experimental Social Psychology, 24,* 366–380.

Kim, U. (2000). Indigenous, cultural, and cross-cultural psychology: A theoretical, conceptual, and epistemological analysis. *Asian Journal of Social Psychology, 3,* 265–288.

Kimble, G. A. (1961). *Hilgard and Marquis' conditioning and learning* (2nd ed.). New York: Appleton-Century-Crofts.

Kimmel, P. R. (1994). Cultural perspectives on inter-national negotiations. *Journal of Social Issues, 50,* 179–196.

Kinder, D. R., & Sears, D. O. (1981). Symbolic racism vs. threats to the good life. *Journal of Personality and Social Psychology, 40,* 414–431.

King, M., & Taylor, D. M. (2011). The radicalization of homegrown jihadists: A review of theoretical models and social psychological evidence. *Terrorism and Political Violence, 23,* 602–622.

Kirkpatrick, L. A., & Hazan, C. (1994). Attachment styles and close relationships: A four-year prospective study. *Personal Relationships, 1,* 123–142.

Kirkwood, K. (2012). Defensive doping: Is there a moral justification for 'If you can't beat 'em – Join 'em?'. *Journal of Sport and Social Issues, 36,* 223–228.

Kitayama, S., Markus, H. R., Matsumoto, H., & Norasakkunkit, V. (1997). Individual and collective processes in the construction of the self: Self-enhancement in the United States and self-criticism in Japan. *Journal of Personality and Social Psychology, 72,* 1245–1267.

Kitayama, S., Mesquita, B., & Karasawa, M. (2006). Cultural affordances and emotional experience: Socially engaging and disengaging emotions in Japan and the United States. *Journal of Personality and Social Psychology, 91,* 890–903.

Kitayama, S., Snibbe, A. C., Markus, H. M., & Suzuki, T. (2004). Is there any 'free' choice? Self and dissonance in two cultures. *Psychological Science, 15,* 527–533.

Kitayama, S., & Uskul, A. (2011). Culture, mind, and the brain: Current evidence and future directions. *Annual Review of Psychology, 62,* 419–449.

Kite, M. E., & Johnson, B. T. (1988). Attitudes toward older and younger adults: A meta-analysis. *Psychology and Aging, 3,* 233–244.

Klandermans, B. (1997). *The social psychology of protest.* Oxford, UK: Blackwell.

Klandermans, B. (2002). How group identification helps to overcome the dilemma of collective action. *American Behavioral Scientist, 45,* 887–900.

Klandermans, B. (2003). Collective political action. In D. O. Sears, L. Huddy, & R. Jervis, (Eds.), *Oxford handbook of political psychology* (pp. 670–709). Oxford, UK: Oxford University Press.

Klapp, O. E. (1972). *Currents of unrest.* New York: Holt, Rinehart & Winston.

Klasen, S. (1994). 'Missing women' re-considered. *World Development, 22*, 1061–1071.

Klein, K. J. K., & Hodges, S. D. (2001). Gender differences, motivation, and empathic accuracy: When it pays to understand. *Personality and Social Psychology Bulletin, 27*, 720–730.

Klein, O., & Licata, O. (2003). When group representations serve social change: The speeches of Patrice Lumumba during the Congolese decolonization. *British Journal of Social Psychology, 42*, 571–593.

Klein, O., Spears, R., & Reicher, S. (2007) Social identity performance: Extending the strategic side of SIDE. *Personality and Social Psychology Review, 11*, 28–45.

Klein, S. B., Loftus, J., Trafton, J. G., & Fuhrman, R. W. (1992). Use of exemplars and abstractions in trait judgments: A model of trait knowledge about self and others. *Journal of Personality and Social Psychology, 63*, 739–753.

Klein, W. M. P. (2003). Effects of objective feedback and 'single other' or 'average other' social comparison feedback on performance judgments and helping behavior. *Personality and Social Psychology Bulletin, 29*, 418–429.

Klein, W. M. P., Shepperd, J. A., Suls, J., Rothman, A. J., & Croyle, R. T. (2015). Realizing the promise of social psychology in improving public health. *Personality and Social Psychology Review, 19*, 77–92.

Kleinke, C. L. (1986). Gaze and eye contact: A research review. *Psychological Bulletin, 100*, 78–100.

Klentz, B., & Beaman, A. L. (1981). The effects of type of information and method of dissemination on the reporting of a shoplifter. *Journal of Applied Psychology, 11*, 64–82.

Klineberg, O. (1940). *Social psychology*. New York: Holt.

Klineberg, O., & Hull, W. F. (1979). *At a foreign university: An international study of adaptation and coping*. New York: Praeger.

Klinger, R. L., & Stein, T. S. (1996). Impact of violence, childhood sexual abuse, and domestic violence and abuse on lesbians, bisexuals, and gay men. In R. P. Cabaj & T. S. Stein (Eds.), *Textbook of homosexuality and mental health* (pp. 801–818). Washington, DC: American Psychiatric Press.

Klocek, J., Novoa, C., & Moghaddam, F. (2010). Communication across religions. In H. Giles, S. A. Reid, & J. Harwood (Eds.), *Dynamics of intergroup communication* (pp. 77–88). New York: Peter Lang.

Klohnen, E. C., & Bera, S. (1998). Behavioural and experiential patterns of avoidantly and securely attached women across adulthood: A 31-year longitudinal perspective. *Journal of Personality and Social Psychology, 74*, 211–223.

Kluckhohn, C. (1954). Culture and behavior. In G. Lindzey (Ed.), *A handbook of social psychology* (Vol. 2, pp. 921–976). Cambridge, MA: Addison-Wesley.

Knapp, M. L. (1978). *Nonverbal communication in human interaction* (2nd ed.). New York: Holt, Rinehart & Winston.

Knapp, M. L., Hart, R. P., & Dennis, H. S. (1974). An exploration of deception as a communication construct. *Human Communication Research, 1*, 15–29.

Knee, C. R. (1998). Implicit theories of relationships: Assessment and prediction of romantic relationship initiation, coping, and longevity. *Journal of Personality and Social Psychology, 74*, 360–370.

Knee, C. R., Hadden, B. W., Porter, B., & Rodriguez, L. M. (2013). Self-determination theory and romantic relationships. *Personality and Social Psychology Review, 17*, 307–324.

Knottnerus, J. D., & Greenstein, T. N. (1981). Status and performance characteristics: A theory of status validation. *Social Psychology Quarterly, 44*, 338–349.

Knowles, E. S., & Linn, J. A. (Eds.) (2004). *Resistance and persuasion*. Mahwah, NJ: Erlbaum.

Kochman, T. (1987). The ethnic component in Black language and culture. In M. J. Rotheram (Ed.), *Children's ethnic socialization: Pluralism and development* (pp. 219–238). Newbury Park, CA: SAGE.

Koenig, A. M., & Eagly, A. H. (2014). Evidence for the social role theory of stereotype content: Observations of groups' roles shape stereotypes. *Journal of Personality and Social Psychology, 107*, 371–392.

Koffka, K. (1935). *Principles of Gestalt psychology*. New York: Harcourt, Brace & World.

Kogan, N., & Wallach, M. A. (1964). *Risktaking: A study in cognition and personality*. New York: Holt.

Komorita, S. S., Parks, C. D., & Hulbert, L. G. (1992). Reciprocity and the induction of cooperation in social dilemmas. *Journal of Personality and Social Psychology, 62*, 607–617.

Konečni, V. J. (1979). The role of aversive events in the development of intergroup conflict. In W. G. Austin & S. Worchel (Eds.), *The social psychology of intergroup relations* (pp. 85–102). Monterey, CA: Brooks/Cole.

Konečni, V. J., & Ebbesen, E. (1976). Disinhibition versus the cathartic effect: Artifact and substance. *Journal of Personality and Social Psychology, 34*, 352–365.

Konrath, S. H., Chopik, W. J., Hsing, C. K., & O'Brien, E. (2014). Changes in adult attachment styles in American college students over time: A meta-analysis. *Personality and Social Psychology Review, 18*, 326–348.

Koole, S. (2009). The psychology of emotion regulation: An integrative review. *Cognition and Emotion, 23*, 4–41.

Koriat, A., Adiv, S., & Schwarz, N. (2016). Views that are shared with others are expressed with greater confidence and greater fluency independent of any social influence. *Personality and Social Psychology Review, 20*, 176–193.

Korte, C. (1971). Effects of individual responsibility and group communication on help-giving in an emergency. *Human Relations, 24*, 149–159.

Kovera, M. B., & Borgida, E. (2010). Social psychology and law. In S. T. Fiske, D. T. Gilbert, & G. Lindzey (Eds.), *Handbook of social psychology* (5th ed., Vol. 2, pp. 1343–1385). New York: Wiley.

Krahé, B. (2013). *The social psychology of aggression* (2nd ed.). New York: Psychology Press.

Krahé, B. (2014). Media violence use as a risk factor for aggressive behaviour in adolescence. *European Review of Social Psychology, 25*, 71–106.

Krahé, B., Berkowitz, L., Brockmeyer, J. H., Bushman, B. J., Coyne, S. M., Dill, K. E., et al. (2012). Report of the Media Violence Commission. *Aggressive Behavior, 38*, 335–341.

Kramer, R. M., & Brewer, M. B. (1984). Effects of identity on resource use in a simulated commons dilemma. *Journal of Personality and Social Psychology, 46*, 1044–1057.

Kramer, R. M., & Brewer, M. B. (1986). Social group identity and the emergence of cooperation in resource conservation dilemmas. In H. A. Wilke, D. M. Messick, & C. G. Rutte (Eds.), *Psychology of decisions and conflict: Experimental social dilemmas* (pp. 205–234). Frankfurt, Germany: Verlag Peter Lang.

Kraus, S. J. (1995). Attitudes and the prediction of behaviour. A meta-analysis of the empirical literature. *Personality and Social Psychology Bulletin, 21*, 58–75.

Krauss, R. M., & Chiu, C. Y. (1998). Language and social behavior. In D. T. Gilbert, S. T. Fiske, & G. Lindzey (Eds.), *The handbook of social psychology* (4th ed., Vol. 2, pp. 41–88). New York: McGraw-Hill.

Krauss, R. M., Curran, N. M., & Ferleger, N. (1983). Expressive conventions and the cross-cultural perception of emotion. *Basic and Applied Social Psychology, 4*, 295–305.

Kraut, R. E., & Higgins, E. T. (1984). Communication and social cognition. In R. S. Wyer, Jr, & T. K. Srull (Eds.), *Handbook of social cognition* (Vol. 3, pp. 87–127). Hillsdale, NJ: Erlbaum.

Kraut, R. E., & Johnston, R. E. (1979). Social and emotional messages of smiling: An ethological approach. *Journal of Personality and Social Psychology, 37*, 1539–1553.

Kraut, R. E., & Poe, D. (1980). Behavioral roots of person perceptions: The deception judgments of the customs inspectors and laymen. *Journal of Personality and Social Psychology, 39*, 784–798.

Kravitz, D. A., & Martin, B. (1986). Ringelmann rediscovered: The original article. *Journal of Personality and Social Psychology, 50*, 936–941.

Krebs, D. L. (1975). Empathy and altruism. *Journal of Personality and Social Psychology, 32*, 1134–1146.

Krech, D., & Crutchfield, R. S. (1948). *Theory and problems of social psychology*. New York: McGraw-Hill.

Krech, D., Crutchfield, R., & Ballachey, R. (1962). *Individual in society*. New York: McGraw-Hill.

Krizan, A., & Baron, R. S. (2007). Group polarization and choice-dilemmas: How important is self-categorization. *European Journal of Social Psychology, 37,* 191–201.

Križan, Z., & Gibbons, F. X. (Eds.) (2014). *Communal functions of social comparison.* New York: Cambridge University Press.

Kroeber, A. L., & Kluckhohn, L. (1952). *Culture: A critical review of concepts and definitions.* Cambridge, MA: Peabody Museum.

Krosnick, J. A. (1990). Expertise and political psychology. *Social Cognition, 8,* 1–8.

Krosnick, J. A., & Alwin, D. F. (1989). Aging and susceptibility to attitude change. *Journal of Personality and Social Psychology, 57,* 416–425.

Krosnick, J. A., Betz, A. L., Jussim, L. J., & Lynn, A. R. (1992). Subliminal conditioning of attitudes. *Personality and Social Psychology Bulletin, 18,* 152–162.

Krosnick, J. A., Boninger, D. S., Chuang, Y. C., Berent, M. K., & Carnot, C. G. (1993). Attitude strength: One construct or many related constructs? *Journal of Personality and Social Psychology, 65,* 1132–1151.

Krosnick, J. A., Visser, P. S., & Harder, J. (2010). The psychological underpinnings of political behavior. In S. T. Fiske, D. T. Gilbert, & G. Lindzey (Eds.), *Handbook of social psychology* (5th ed., Vol. 2, pp. 1288–1342). New York: Wiley.

Kruger, J., & Dunning, D. (1999). Unskilled and unaware of it: How difficulties in recognizing one's own incompetence lead to inflated self-assessments. *Journal of Personality and Social Psychology, 77,* 1121–1134.

Kruglanski, A. W. (1975). The endogenous–exogenous partition in attribution theory. *Psychological Review, 82,* 387–406.

Kruglanski, A. W., Chen, X., Dechesne, M., & Fishman, S. (2009). Fully committed: Suicide bombers' motivation and the quest for personal significance. *Political Psychology, 30,* 331–357.

Kruglanski, A. W., & Higgins, E. T. (Eds.) (2007). *Social psychology: Handbook of basic principles* (2nd ed.). New York: Guilford Press.

Kruglanski, A. W., & Mackie, D. M. (1990). Majority and minority influence: A judgmental process analysis. *European Review of Social Psychology, 1,* 229–261.

Kruglanski, A. W., Pierro, A., Mannetti, L., & De Grada, E. (2006). Groups as epistemic providers: Need for closure and the unfolding of group-centrism. *Psychological Review, 113,* 84–100.

Kruglanski, A. W., & Webster, D. M. (1996). Motivated closing of the mind: 'Seizing' and 'freezing'. *Psychological Review, 103,* 263–283.

Kruglanski, A. W., Webster, D. W., & Klem, A. (1993). Motivated resistance and openness to persuasion in the presence or absence of prior information. *Journal of Personality and Social Psychology, 65,* 861–876.

Krull, D. S. (1993). Does the grist change the mill? The effect of the perceiver's inferential goal on the process of social inference. *Personality and Social Psychology Bulletin, 19,* 340–348.

Kuhn, T. S. (1962). *The structure of scientific revolutions.* Chicago: University of Chicago Press.

Kulik, J. A. (1983). Confirmatory attribution and the perpetuation of social beliefs. *Journal of Personality and Social Psychology, 44,* 1171–1181.

Kulik, J. A., Mahler, H. I. M., & Moore, P. J. (1996). Social comparison and affiliation under threat: Effects on recovery from major surgery. *Journal of Personality and Social Psychology, 71,* 967–979.

Kumkale, G. T., & Albarracin, D. (2004). The sleeper effect in persuasion: A meta-analytic review. *Psychological Bulletin, 130,* 143–172.

Kun, A., & Weiner, B. (1973). Necessary versus sufficient causal schemata for success and failure. *Journal of Research on Personality, 7,* 197–207.

Kunda, Z. (1990). The case for motivated reasoning. *Psychological Bulletin, 108,* 480–498.

Kunda, Z., & Sanitoso, R. (1989). Motivated changes in the self-concept. *Journal of Experimental Social Psychology, 25,* 272–285.

Kurdeck, L. A. (1999). The nature and predictors of the trajectory of change in marital quality for husbands and wives over the first 10 years of marriage. *Developmental Psychology, 35,* 1283–1296.

Kurzban, R., & Leary, M. R. (2001). Evolutionary origins of stigmatization: The functions of social exclusion. *Psychological Bulletin, 127,* 187–208.

Kwon, P. (2013) Resilience in lesbian, gay, and bisexual individuals. *Personality and Social Psychology Review, 17,* 371–383.

LaFrance, M., Hecht, M. A., & Levy-Paluck, E. (2003). The contingent smile: A meta-analysis of sex differences in smiling. *Psychological Bulletin, 129,* 305–334.

LaFrance, M., & Mayo, C. (1976). Racial differences in gaze behavior during conversations: Two systematic observational studies. *Journal of Personality and Social Psychology, 33,* 547–552.

Lakoff, R. (1973). Language and woman's place. *Language in Society, 2,* 45–80.

Lakoff, R. T. (2004). *Language and woman's place: Text and commentaries: Studies in language, gender, and sexuality* (Rev. exp. ed.). Oxford, UK: Oxford University Press.

Lalljee, M. (1981). Attribution theory and the analysis of explanations. In C. Antaki (Ed.), *The psychology of ordinary explanations of social behaviour* (pp. 119–138). London: Academic Press.

Lamarre, P., & Paredes, J. R. (2003). Growing up trilingual in Montreal: Perceptions of college students. In B. Bayley & S. R. Schechter (Eds.), *Language socialization in bilingual and multilingual societies* (pp. 62–80). Clevedon, UK: Multilingual Matters.

Lambert, W. E., Hodgson, R. C., Gardner, R. C., & Fillenbaum, S. (1960). Evaluation reactions to spoken language. *Journal of Abnormal and Social Psychology, 60,* 44–51.

Lambert, W. E., Mermigis, L., & Taylor, D. M. (1986). Greek Canadians' attitudes toward own group and other Canadian ethnic groups: A test of the multiculturalism hypothesis. *Canadian Journal of Behavioural Sciences, 18,* 35–51.

Lambert, W. W., Solomon, R. L., & Watson, P. D. (1949). Reinforcement and extinction as factors in size estimation. *Journal of Experimental Psychology, 39,* 637–641.

Lamm, H., & Kayser, E. (1978). The allocation of monetary gain and loss following dyadic performance: The weight given effort and ability under conditions of low and high intradyadic attraction. *European Journal of Social Psychology, 8,* 275–278.

Lander, E. S., Linton, L. M., Birren, B., Nusbaum, C., Zody, M. C., Baldwin, J., et al. (2001). Initial sequencing and analysis of the human genome. *Nature, 409,* 860–921.

Landman, J., & Manis, M. (1983). Social cognition: Some historical and theoretical perspectives. *Advances in Experimental Social Psychology, 16,* 49–123.

Landry, R., Allard, R., & Deveau, K. (2007). Bilingual schooling of the Canadian Francophone minority: A cultural autonomy model. *International Journal of the Sociology of Language, 185,* 133–162.

Landy, D., & Sigall, H. (1974). Beauty is talent: Task evaluation as a function of the performer's physical attractiveness. *Journal of Personality and Social Psychology, 29,* 299–304.

Langer, E. J. (1975). The illusion of control. *Journal of Personality and Social Psychology, 32,* 311–328.

Langer, E. J. (1978). Rethinking the role of thought in social interaction. In J. H. Harvey, W. I. Ickes, & R. F. Kidd (Eds.), *New directions in attribution research* (Vol. 2, pp. 35–58). Hillsdale, NJ: Erlbaum.

Langer, E. J., Bashner, R. S., & Chanowitz, B. (1985). Decreasing prejudice by increasing discrimination. *Journal of Personality and Social Psychology, 49,* 113–120.

Langer, E. J., Blank, A., & Chanowitz, B. (1978). The mindlessness of ostensibly thoughtful action. *Journal of Personality and Social Psychology, 36,* 635–642.

Langlois, J. H., Kalakanis, L., Rubenstein, A. J., Larson, A., Hallam, M., & Smoot, M. (2000). Maxims or myths of beauty? A meta-analytic and theoretical review. *Psychological Bulletin, 126,* 390–423.

Langlois, J. H., Roggman, L. A., & Musselman, L. (1994). What is average and what is not average about attractive faces? *Psychological Science, 5,* 214–220.

Lansford, J. E., Skinner, A. T., Sorbring, E., Di Giunta, L., Deater-Deckard, K., Dodge, K. A., et al. (2012). Boys' and girls' relational and physical aggression in nine countries. *Aggressive Behavior, 38,* 298–308.

LaPiere, R. T. (1934). Attitudes vs actions. *Social Forces, 13,* 230–237.

LaPiere, R. T., & Farnsworth, P. R. (1936). *Social psychology.* New York: McGraw-Hill.

LaPiere, R. T., & Farnsworth, P. R. (1949). *Social psychology* (3rd ed.). New York: McGraw-Hill.

LaPlace, A. C., Chermack, S. T., & Taylor, S. P. (1994). Effects of alcohol and drinking experience on human physical aggression. *Personality and Social Psychology Bulletin, 20*, 439–444.

Lariscy, R. A. W., & Tinkham, S. F. (1999). The sleeper effect and negative political advertising. *Journal of Advertising, 28*, 13–30.

Larson, J. R., Jr, Foster-Fishman, P. G., & Keys, C. B. (1994). Discussion of shared and unshared information in decision-making group. *Journal of Personality and Social Psychology, 67*, 446–461.

Latané, B. (1981). The psychology of social impact. *American Psychologist, 36*, 343–356.

Latané, B., & Dabbs, J. M., Jr. (1975). Sex, group size and helping in three cities. *Sociometry, 38*, 180–194.

Latané, B., & Darley, J. M. (1970). *The unresponsive bystander: Why doesn't he help?* New York: Appleton-Century-Crofts.

Latané, B., & Darley, J. M. (1976). Help in a crisis: Bystander response to an emergency. In J. W. Thibaut & J. T. Spence (Eds.), *Contemporary topics in social psychology* (pp. 309–332). Morristown, NJ: General Learning Press.

Latané, B., & Rodin, J. (1969). A lady in distress: Inhibiting effects of friends and strangers on bystander intervention. *Journal of Experimental Social Psychology, 5*, 189–202.

Latané, B., Williams, K. D., & Harkins, S. G. (1979). Many hands make light the work: The causes and consequences of social loafing. *Journal of Personality and Social Psychology, 37*, 822–832.

Latané, B., & Wolf, S. (1981). The social impact of majorities and minorities. *Psychological Review, 88*, 438–453.

Latin American Bureau (1982). *Falklands/Malvinas: Whose crisis?* London: Latin American Bureau.

Laughlin, P. R. (1980). Social combination processes of cooperative problem solving groups on verbal intellective tasks. In M. Fishbein (Ed.), *Progress in social psychology* (Vol. 1, pp. 127–155). Hillsdale, NJ: Erlbaum.

Laughlin, P. R., & Ellis, A. L. (1986). Demonstrability and social combination processes on mathematical intellective tasks. *Journal of Experimental Social Psychology, 22*, 177–189.

Laurenceau, J. P., Barrett, L. F., & Pietromonaco, P. R. (1998). Intimacy as an interpersonal process: The importance of self-disclosure, partner disclosure, and perceived partner responsiveness in interpersonal exchanges. *Journal of Personality and Social Psychology, 74*, 1238–1251.

Lavine, H., Huff, J. W., Wagner, S. H., & Sweeney, D. (1998). The moderating influence of attitude strength on the susceptibility to context effects in attitude surveys. *Journal of Personality and Social Psychology, 75*, 359–373.

Lawrence, C., & Andrew, K. (2004). The influence of perceived prison crowding on male inmates' perception of aggressive events. *Aggressive Behavior, 30*, 273–283.

Lazarus, R. S. (1991). *Emotion and adaptation*. New York: Oxford University Press.

Le, B., & Agnew, C. R. (2003). Commitment and its theorized determinants: A meta-analysis of the investment model. *Personal Relationships, 10*, 37–57.

Leana, C. R. (1985). A partial test of Janis's groupthink model: Effects of group cohesiveness and leader behavior on defective decision making. *Journal of Management, 11*, 5–17.

Leaper, C., & Ayres, M. M. (2007). A meta-analytic review of gender variations in adults' language use: Talkativeness, affiliative speech, and assertive speech. *Personality and Social Psychology Review, 11*, 328–363.

Leary, M. R. (1995). *Self-presentation: Impression management and interpersonal behavior*. Madison, WI: Brown & Benchmark.

Leary, M. R. (2010). Affiliation, acceptance, and belonging: The pursuit of interpersonal connection. In S. T. Fiske, D. T. Gilbert, & G. Lindzey (Eds.), *Handbook of social psychology* (5th ed., Vol. 2, pp. 864–897). New York: Wiley.

Leary, M. R., & Baumeister, R. F. (2000). The nature and function of self-esteem: Sociometer theory. *Advances in Experimental Social Psychology, 32*, 1–62.

Leary, M. R., & Kowalski, R. (1995). *Social anxiety*. New York: Guilford Press.

Leary, M. R., Tambor, E. S., Terdal, S. K., & Downs, D. L. (1995). Self-esteem as an interpersonal monitor: The sociometer hypothesis. *Journal of Personality and Social Psychology, 68*, 518–530.

Leary, M. R., & Tangney, J. P. (2012). *Handbook of self and identity* (2nd ed.) New York: Guilford.

Leavitt, H. J. (1951). Some effects of certain communication patterns on group performance. *Journal of Abnormal and Social Psychology, 46*, 38–50.

LeBon, G. (1896/1908). *The crowd: A study of the popular mind*. London: Unwin.

Ledbetter, A. M., Stassen-Ferrara, H. M., & Dowd, M. M. (2013). Comparing equity and self-expansion theory approaches to relational maintenance. *Personal Relationships, 20*, 38–51.

Lee, J. (1993). *Facing the fire: Experiencing and expressing anger appropriately*. New York: Bantam.

Lee, Y. T., & Ottati, V. (1993). Determinants of ingroup and outgroup perceptions of heterogeneity. *Journal of Cross-cultural Psychology, 24*, 298–318.

Lehman, D. R., Chiu, C.-Y., & Schaller, M. (2004). Psychology and culture. *Annual Review of Psychology, 55*, 689–714.

Lemaine, G. (1966). Inégalité, comparison et incomparabilité: Esquisse d'une théorie de l'originalité sociale. *Bulletin de Psychologie, 20*, 24–32.

Lemaine, G. (1974). Social differentiation and social originality. *European Journal of Social Psychology, 4*, 17–52.

Leonardelli, G. J., Pickett, C. L., & Brewer, M. B. (2010). Optimal distinctiveness theory: A framework for social identity, social cognition and intergroup relations. *Advances in Experimental Social Psychology, 43*, 65–115.

Lepore, L., & Brown, R. (1997). Category and stereotype activation: Is prejudice inevitable? *Journal of Personality and Social Psychology, 72*, 275–287.

Lepper, M. R., Greene, D., & Nisbett, R. E. (1973). Undermining children's intrinsic interest with extrinsic reward: A test of the over-justification hypothesis. *Journal of Personality and Social Psychology, 28*, 129–137.

Lerner, M. J. (1977). The justice motive: Some hypotheses as to its origins and forms. *Journal of Personality, 45*, 1–52.

Lerner, M. J., & Miller, D. T. (1978). Just-world research and the attribution process: Looking back and ahead. *Psychological Bulletin, 85*, 1030–1051.

Lesar, T. S., Briceland, L., & Stein, D. S. (1997). Factors related to errors in medication prescribing. *Journal of the American Medical Association, 277*, 312–317.

Leslie, J. B., & Van Velsor, E. (1996). *A look at derailment today*. Greensboro, NC: Centre for Creative Leadership.

Letellier, P. (1994). Gay and bisexual domestic violence victimisation: Challenges to feminist theories and responses to violence. *Violence and Victims, 9*, 95–106.

Leventhal, H., Singer, R., & Jones, S. (1965). Effects of fear and specificity of recommendations upon attitudes and behavior. *Journal of Personality and Social Psychology, 2*, 20–29.

Leventhal, H., Watts, J. C., & Pagano, R. (1967). Effects of fear and instructions on how to cope with danger. *Journal of Personality and Social Psychology, 6*, 313–321.

Levin, D. T. (2000). Race as a visual feature: Using visual search and perceptual discrimination tasks to understand face categories and the cross-race recognition deficit. *Journal of Experimental Psychology: General, 129*, 559–574.

Levine, J. M. (Ed.) (2013). *Group processes*. New York: Psychology Press.

Levine, J. M., & Hogg, M. A. (Eds.) (2010). *Encyclopedia of group processes and intergroup relations*. Thousand Oaks, CA: SAGE.

Levine, J. M., & Moreland, R. L. (1990). Progress in small group research. *Annual Review of Psychology, 41*, 585–634.

Levine, J. M., & Moreland, R. L. (1991). Culture and socialization in work groups. In L. B. Resnick, J. M. Levine, & S. D. Teasley (Eds.), *Perspectives on socially shared cognition* (pp. 257–279). Washington, DC: American Psychological Association.

Levine, J. M., & Moreland, R. L. (1994). Group socialization: Theory and research. *European Review of Social Psychology, 5*, 305–336.

Levine, J. M., & Moreland, R. L. (1998). Small groups. In D. T. Gilbert, S. T. Fiske, & G. Lindzey (Eds.), *The handbook of social psychology* (4th ed., Vol. 2, pp. 415–469). New York: McGraw-Hill.

Levine, J. M., & Moreland, R. L. (2002). Group reactions to loyalty and disloyalty. In E. Lawler & S. Thye (Eds.), *Advances in group processes* (Vol. 19, pp. 203–228). Amsterdam: Elsevier.

Levine, J. M., Moreland, R. L., & Choi, H.-S. (2001). Group socialization and newcomer innovation. In M. A. Hogg & R. S. Tindale (Eds.), *Blackwell handbook of social psychology: Group processes* (pp. 86–106). Oxford, UK: Blackwell.

Levine, J. M., Resnick, L. B., & Higgins, E. T. (1993). Social foundations of cognition. *Annual Review of Psychology, 44*, 585–612.

Levine, M., & Crowther, S. (2008). The responsive bystander: How social group membership and group size can encourage as well as inhibit bystander intervention. *Journal of Personality and Social Psychology, 95*, 1429–1439.

Levine. M., & Manning, R. (2013). Social identity, group processes, and helping in emergencies. *European Review of Social Psychology, 24*, 225–251.

LeVine, R. A., & Campbell, D. T. (1972). *Ethnocentrism: Theories of conflict, ethnic attitudes and group behavior*. New York: Wiley.

Levinger, G. (1980). Toward the analysis of close relationships. *Journal of Experimental Social Psychology, 16*, 510–544.

Levitt, E., & Klassen, A. (1974). Public attitudes towards homosexuality: Part of the 1970 national survey by the Institute for Sex Research. *Journal of Homosexuality, 1*, 29–43.

Levy, B. R. (2009). Stereotype embodiment: A psychosocial approach to aging. *Current Directions in Psychological Science, 18*, 332–336.

Levy, B. R., Zonderman, A., Slade, M. D., & Ferrucci, L. (2009). Negative age stereotypes held earlier in life predict cardiovascular events in later life. *Psychological Science, 20*, 296–298.

Lévy-Bruhl, L. (1925). *How natives think*. New York: Alfred A. Knopf.

Lewin, A. Y., & Duchan, L. (1971). Women in academia. *Science, 173*, 892–895.

Lewin, K. (1936). Some socio-psychological differences between the United States and Germany. *Character and Personality, 4*, 265–293.

Lewin, K. (1943). Forces behind food habits and methods of change. *Bulletin of National Research Council, 108*, 35–65.

Lewin, K. (1947). Frontiers in group dynamics. *Human Relations, 1*, 5–42.

Lewin, K. (1951). *Field theory in social science*. New York: Harper.

Lewin, K., Lippitt, R., & White, R. K. (1939). Patterns of aggressive behavior in experimentally created 'social climates'. *Journal of Social Psychology, 10*, 271–299.

Lewis, A., Snell, M., & Furnham, A. (1987). Lay explanations for the causes of unemployment in Britain: Economic, individualistic, societal or fatalistic? *Political Psychology, 8*, 427–439.

Lewis, A. C., & Sherman, S. J. (2010). Perceived entitativity and the black-sheep effect: When will we denigrate ingroup members? *Journal of Social Psychology, 150*, 211–225.

Lewis, B. (2004). *The crisis of Islam: Holy war and unholy terror*. London: Phoenix.

Lewis, O. (1969). *A death in the Sanchez family*. New York: Secker & Warburg.

Leyens, J.-P., Camino, L., Parke, R. D., & Berkowitz, L. (1975). Effects of movie violence on aggression in a field setting as a function of group dominance and cohesion. *Journal of Personality and Social Psychology, 32*, 346–360.

Leyens, J.-P., Demoulin, S., Vaes, J., Gaunt, R., & Paladino, M. P. (2007). Infrahumanization: The wall of group differences. *Journal of Social Issues and Policy Review, 1*, 139–172.

Leyens, J.-P., Rodriguez-Perez, A., Rodriguez-Torres, R., Gaunt, R., Paladino, M.-P., Vaes, J., et al. (2001). Psychological essentialism and the differential attribution of uniquely human emotions to ingroups and outgroups. *European Journal of Social Psychology, 31*, 395–411.

Leyens, J.-P., Yzerbyt, V. Y., & Schadron, G. (1992). Stereotypes and social judgeability. *European Review of Social Psychology, 3*, 91–120.

Leyens, J.-P., Yzerbyt, V., & Schadron, G. (1994). *Stereotypes and social cognition*. London: SAGE.

Li, N. P., Yong, J. C., Tov, W., Sng, O., Fletcher, G. J., Valentine, K. A., Jiang, Y. F., & Balliet, D. (2013). Mate preferences do predict attraction and choices in the early stages of mate selection. *Journal of Personality and Social Psychology, 105*, 757–776.

Li, Y. J., Johnson, K. A., Cohen, A. B., Williams, M. J., Knowles, E. D., & Chen, Z. (2012). Fundamental(ist) attribution error: Protestants are dispositionally focused. *Journal of Personality and Social Psychology, 102*, 281–290.

Lickel, B., Hamilton, D. L., Wieczorkowska, G., Lewis, A. C., & Sherman, S. (2000). Varieties of groups and the perception of group entitativity. *Journal of Personality and Social Psychology, 78*, 223–246.

Lieberman, M. D. (2000). Intuition: A social cognitive neuroscience approach. *Psychological Bulletin, 126*, 109–137.

Lieberman, M. D. (2010). Social cognitive neuroscience. In S. T. Fiske, D. T. Gilbert, & G. Lindzey (Eds.), *Handbook of social psychology* (5th ed., Vol. 1, pp. 143–193). New York: Wiley.

Lieberman, M. D., Gaunt, R., Gilbert, D. T., & Trope, Y. (2002). Reflexion and reflection: A social cognitive neuroscience approach to attributional inference. *Advances in Experimental Social Psychology, 34*, 199–249.

Liebrand, W., Messick, D., & Wilke, H. (Eds.) (1992). *A social psychological approach to social dilemmas*. New York: Pergamon Press.

Liebrand, W. B. G. (1984). The effect of social motives, communication and group size in an n-person multistage mixed-motive game. *European Journal of Social Psychology, 14*, 239–264.

Lifton, R. J. (1956). "Thought reform" of Western civilians in Communist Chinese prisons. *Psychiatry, 19*, 173–195.

Likert, R. (1932). A technique for the measurement of attitudes. *Archives of Psychology, 22*(140), 44–53.

Lim, R. G., & Carnevale, P. J. D. (1990). Contingencies in the mediation of disputes. *Journal of Personality and Social Psychology, 58*, 259–272.

Limber, J. (1977). Language in child and chimp? *American Psychologist, 32*, 280–295.

Lin, M. H., Kwan, V. S. Y., Cheung, A., & Fiske, S. T. (2005). Stereotype content model explains prejudice for an envied outgroup: Scale of anti–Asian American stereotypes. *Personality and Social Psychology Bulletin, 31*, 34–37.

Lind, E. A., & O'Barr, W. M. (1979). The social significance of speech in the courtroom. In H. Giles & R. N. St Clair (Eds.), *Language and social psychology*. Oxford, UK: Blackwell.

Lind, E. A., & Tyler, T. R. (1988). *The social psychology of procedural justice*. New York: Plenum Press.

Lind, J., & Maxwell, G. (1996). Children's experiences of violence in schools. *Children,* March. Wellington: Office of the Commissioner for Children.

Lindstrom, P. (1997). Persuasion via facts in political discussion. *European Journal of Social Psychology, 27*, 145–163.

Linskold, S. (1978). Trust development, the GRIT proposal, and the effects of conciliatory acts on conflict and cooperation. *Psychological Bulletin, 85*, 772–793.

Linskold, S., & Han, G. (1988). GRIT as a foundation for integrative bargaining. *Personality and Social Psychology Bulletin, 14*, 335–345.

Linssen, H., & Hagendoorn, L. (1994). Social and geographical factors in the explanation of European nationality stereotypes. *British Journal of Social Psychology, 23*, 165–182.

Linville, P. W. (1982). Affective consequences of complexity regarding the self and others. In M. S. Clark & S. T. Fiske (Eds.), *Affect and cognition: The 17th annual Carnegie symposium on cognition* (pp. 79–109). Hillsdale, NJ: Erlbaum.

Linville, P. W. (1985). Self-complexity and affective extremity: Don't put all of your eggs in one cognitive basket. *Social Cognition, 3*, 94–120.

Linville, P. W. (1987). Self-complexity as a cognitive buffer against stress-related depression and illness. *Journal of Personality and Social Psychology, 52*, 663–676.

Linville, P. W., Fischer, G. W., & Salovey, P. (1989). Perceived distributions of the characteristics of ingroup and outgroup members: Empirical evidence and a computer simulation. *Journal of Personality and Social Psychology, 57*, 165–188.

Linz, D., Wilson, B. J., & Donnerstein, E. (1992). Sexual violence in the mass media: Legal solutions, warnings, and mitigation through education. *Journal of Social Issues, 48*, 145–171.

Linz, D. G., Donnerstein, E., & Penrod, S. (1988). Effects of long-term exposure to violent and sexually degrading depictions of women. *Journal of Personality and Social Psychology, 55*, 758–768.

Lippitt, R., & White, R. (1943). The 'social climate' of children's groups. In R. G. Barker, J. Kounin, & H. Wright (Eds.), *Child behavior and development* (pp. 485–508). New York: McGraw-Hill.

Lippman, W. (1922). *Public opinion*. New York: Harcourt and Brace.

Litton, I., & Potter, J. (1985). Social representations in the ordinary explanation of a 'riot'. *European Journal of Social Psychology, 15,* 371–388.

Liu, J. H., Campbell, S. M., & Condie, H. (1995). Ethnocentrism in dating preferences for an American sample: The ingroup bias in social context. *European Journal of Social Psychology, 25,* 95–115.

Liu, T. J., & Steele, C. M. (1986). Attributional analysis and self-affirmation. *Journal of Personality and Social Psychology, 51,* 531–540.

Lock, A. (1980). *The guided reinvention of language*. London: Academic Press.

Lock, A. (Ed.) (1978). *Action, gesture and symbol: The emergence of language*. London: Academic Press.

Lockard, J. S., Kirkevold, B. C., & Kalk, D. F. (1980). Cost–benefit indexes of deception in nonviolent crime. *Bulletin of the Psychonomic Society, 16,* 303–306.

Lockwood, P., Jordan, C. H., & Kunda, Z. (2002). Motivation by positive or negative role models: Regulatory focus determines who will best inspire us. *Journal of Personality and Social Psychology, 83,* 854–864.

Loftin, C., McDowall, D., Wiersema, B., & Cottey, T. J. (1991). Effects of restrictive licensing of handguns on homicide and suicide in the District of Columbia. *New England Journal of Medicine, 325,* 1615–1620.

Loftus, E. F. (1996). *Eyewitness testimony*. Cambridge, MA: Harvard University Press.

Long, G. T., & Lerner, M. J. (1974). Deserving the 'personal contract' and altruistic behaviour by children. *Journal of Personality and Social Psychology, 29,* 551–556.

Long, K., & Spears, R. (1997). The self-esteem hypothesis revisited: Differentiation and the disaffected. In R. Spears, P. J. Oakes, N. Ellemers, & S. A. Haslam (Eds.), *The social psychology of stereotyping and group life* (pp. 296–317). Oxford, UK: Blackwell.

Longley, J., & Pruitt, D. G. (1980). Groupthink: A critique of Janis's theory. In L. Wheeler (Ed.), *Review of personality and social psychology* (Vol. 1, pp. 74–93). Beverly Hills, CA: SAGE.

Lonner, W. J. (Ed.) (1984). Differing views on 'culture.' *Journal of Cross-Cultural Psychology, 15,* 107–109.

Lonsbary, C. E. (2007). Using social norms to reduce academic dishonesty. *Dissertation Abstracts International: Section B: The Sciences and Engineering, 67*(7B), 4159.

Lord, R. G., & Brown, D. J. (2004). *Leadership processes and follower identity*. Mahwah, NJ: Erlbaum.

Lord, R. G., Brown, D. J., & Harvey, J. L. (2001). System constraints on leadership perceptions, behavior and influence: An example of connectionist level processes. In M. A. Hogg & R. S. Tindale (Eds.), *Blackwell handbook of social psychology: Group processes* (pp. 283–310). Oxford, UK: Blackwell.

Lord, R. G., Brown, D. J., Harvey, J. L., & Hall, R. J. (2001). Contextual constraints on prototype generation and their multilevel consequences for leadership perceptions. *The Leadership Quarterly, 12,* 311–338.

Lord, R. G., & Hall, R. (2003). Identity, leadership categorization, and leadership schema. In D. Van Knippenberg & M. A. Hogg (Eds.) *Leadership and power: Identity processes in groups and organizations* (pp. 48–64). London: SAGE.

Lorenz, K. (1966). *On aggression*. New York: Harcourt, Brace and World.

Lorenzi-Cioldi, F., & Clémence, A. (2001). Group processes and the construction of social representations. In M. A. Hogg & R. S. Tindale (Eds.), *Blackwell handbook of social psychology: Group processes* (pp. 311–333). Oxford, UK: Blackwell.

Lorenzi-Cioldi, F., & Doise, W. (1990). Levels of analysis and social identity. In D. Abrams & M. A. Hogg (Eds.), *Social identity theory: Constructive and critical advances* (pp. 71–88). London: Harvester Wheatsheaf.

Lorenzi-Cioldi, F., Eagly, A. H., & Stewart, T. L. (1995). Homogeneity of gender groups in memory. *Journal of Experimental Social Psychology, 31,* 193–217.

Lorge, I., & Solomon, H. (1955). Two models of group behavior in the solution of eureka-type problems. *Psychometrika, 20,* 139–148.

Los Angeles Times. (2017). California secessionists set to take another shot at 'Calexit' ballot initiative. *Los Angeles Times*, 12 May.

Lott, A. J., & Lott, B. E. (1965). Group cohesiveness as interpersonal attraction. *Psychological Bulletin, 64,* 259–309.

Lott, B. E. (1961). Group cohesiveness: A learning phenomenon. *Journal of Social Psychology, 55,* 275–286.

Lowe, K. B., Kroeck, K. G., & Sivasubramaniam, N. (1996). Effectiveness correlates of transformational and transactional leadership: A meta-analytic review. *The Leadership Quarterly, 7,* 385–425.

Lu, L., Yuan, Y. C., & McLeod, P. L. (2012). Twenty-five years of hidden profiles studies in group decision making: A meta-analysis. *Personality and Social Psychology Review, 60,* 103–121.

Luce, R. D., & Raïffa, H. (1957). *Games and decisions*. New York: Wiley.

Lueger, R. J. (1980). Person and situation factors influencing transgression in behavior-problem adolescents. *Journal of Abnormal Psychology, 89,* 453–458.

Luke, M. A., Sedikides, C., & Carnelley, K. (2012). Your love lifts me higher! The energizing quality of secure relationships. *Personality and Social Psychology Bulletin, 38,* 721–733.

Lumsdaine, A. A., & Janis, I. L. (1953). Resistance to 'counterpropaganda' produced by one-sided and two-sided 'propaganda' presentations. *Public Opinion Quarterly, 17,* 311–318.

Luria, A. R. (1928). The problem of the cultural development of the child. *Journal of Genetic Psychology, 35,* 493–506.

Lydon, J., & Dunkel-Schetter, C. (1994). Seeing is committing: A longitudinal study of bolstering commitment in amniocentesis patients. *Personality and Social Psychology Bulletin, 20,* 218–227.

Maass, A. (1999). Linguistic intergroup bias: Stereotype-perpetuation through language. *Advances in Experimental Social Psychology, 31,* 79–121.

Maass, A., & Arcuri, L. (1996). Language and stereotyping. In C. N. Macrae, C. Stangor, & M. Hewstone (Eds.), *Stereotypes and stereotyping* (pp. 193–226). New York: Guilford Press.

Maass, A., & Cadinu, M. (2003). Stereotype threat: When minority members underperform. *European Review of Social Psychology, 14,* 243–275.

Maass, A., & Clark, R. D., III. (1983). Internalisation versus compliance: Differential processes underlying minority influence and conformity. *European Journal of Social Psychology, 13,* 197–215.

Maass, A., & Clark, R. D., III. (1984). Hidden impact of minorities: Fifteen years of minority influence research. *Psychological Bulletin, 95,* 428–450.

Maass, A., & Clark, R. D., III. (1986). Conversion theory and simultaneous majority/minority influence: Can reactance offer an alternative explanation? *European Journal of Social Psychology, 16,* 305–309.

Maass, A., Clark, R. D., III, & Haberkorn, G. (1982). The effects of differential ascribed category membership and norms on minority influence. *European Journal of Social Psychology, 12,* 89–104.

Maass, A., Salvi, D., Arcuri, L., & Semin, G. (1989). Language use in intergroup contexts: The linguistic intergroup bias. *Journal of Personality and Social Psychology, 57,* 981–993.

Maass, A., Suitner, C., Favaretto, X., & Cignacchi, M. (2009). Groups in space: Stereotypes and the spatial agency bias. *Journal of Experimental Social Psychology, 45,* 496–504.

McArthur, L. A. (1972). The how and what of why: Some determinants of consequences of causal attributions. *Journal of Personality and Social Psychology, 22,* 171–193.

McArthur, L. Z. (1981). What grabs you? The role of attention in impression formation and causal attribution. In E. T. Higgins, C. P. Herman, & M. P. Zanna (Eds.), *Social cognition: The Ontario symposium* (Vol. 1, pp. 201–246). Hillsdale, NJ: Erlbaum.

McArthur, L. Z., & Baron, R. (1983). Toward an ecological theory of social perception. *Psychological Review, 90,* 215–238.

McArthur, L. Z., & Friedman, S. A. (1980). Illusory correlation in impression formation: Variations in the shared distinctiveness effect as a function of the distinctive person's age, race, and sex. *Journal of Personality and Social Psychology, 39,* 615–624.

McArthur, L. Z., & Post, D. L. (1977). Figural emphasis and person perception. *Journal of Experimental Social Psychology, 13,* 520–535.

McAuliffe, B. J., Jetten, J., Hornsey, M. J., & Hogg, M. A. (2003). Individualist and collectivist group norms: When it's OK to go your own way. *European Journal of Social Psychology, 33*, 57–70.

McCabe, D. L., Butterfield, K. D., & Trevino, L. K. (2012). *Cheating in college: Why students do it and what educators can do about it.* Baltimore, MD: Johns Hopkins University Press.

McCall, G., & Simmons, R. (1978). *Identities and interactions* (2nd ed.). New York: Free Press.

McCauley, C. (1989). The nature of social influence in groupthink: Compliance and internalization. *Journal of Personality and Social Psychology, 57*, 250–260.

McClintock, C. G., & Van Avermaet, E. (1982). Social values and rules of fairness: A theoretical perspective. In V. Derlaga & J. L. Grzelak (Eds.), *Cooperation and helping behavior: Theories and research* (pp. 43–71). New York: Academic Press

McClure, J. (1998). Discounting causes of behavior: Are two reasons better than one? *Journal of Personality and Social Psychology, 74*, 1–14.

McClure, M., & Lydon, J. E. (2014). Anxiety doesn't become you: How attachment anxiety compromises relational opportunities. *Journal of Personality and Social Psychology, 106*, 89–111.

McConahay, J. G. (1986). Modern racism, ambivalence, and the modern racism scale. In J. F. Dovidio & S. L. Gaertner (Eds.), *Prejudice, discrimination, and racism* (pp. 91–125). New York: Academic Press.

McConnell, A. R., Sherman, S. J., & Hamilton, D. L. (1994). On-line and memory-based aspects of individual and group target judgments. *Journal of Personality and Social Psychology, 67*, 173–185.

McCullough, M. E., Worthington, E. L., & Rachal, K. C. (1997). Interpersonal forgiving in close relationships, *Journal of Personality and Social Psychology, 73*, 321–336.

McDougall, W. (1908). *An introduction to social psychology.* London: Methuen.

McDougall, W. (1920). *The group mind.* London: Cambridge University Press.

McGarty, C., Haslam, S. A., Turner, J. C., & Oakes, P. J. (1993). Illusory correlation as accentuation of actual intercategory difference: Evidence for the effect with minimal stimulus information. *European Journal of Social Psychology, 23*, 391–410.

McGarty, C., & Penny, R. E. C. (1988). Categorization, accentuation and social judgement. *British Journal of Social Psychology, 27*, 147–157.

McGarty, C., & Turner, J. C. (1992). The effects of categorization on social judgement. *British Journal of Social Psychology, 31*, 147–157.

McGillicuddy, N. B., Welton, G. L., & Pruitt, D. G. (1987). Third-party intervention: A field experiment comparing three different models. *Journal of Personality and Social Psychology, 53*, 104–112.

McGinnies, E. (1966). Studies in persuasion: III. Reactions of Japanese students to one-sided and two-sided communications. *Journal of Social Psychology, 70*, 87–93.

McGrath, J. E., & Hollingshead, A. B. (1994). *Groups interacting with technology.* Newbury Park, CA: SAGE.

McGuire, W. J. (1964). Inducing resistance to persuasion. *Advances in Experimental Social Psychology, 1*, 191–229.

McGuire, W. J. (1968). Personality and susceptibility to social influence. In E. F. Borgatta & W. W. Lambert (Eds.), *Hand book of personality: Theory and research* (pp. 1130–1187). Chicago: Rand McNally.

McGuire, W. J. (1969). The nature of attitudes and attitude change. In G. Lindzey & E. Aronson (Eds.), *Handbook of social psychology* (2nd ed., Vol. 3, pp. 136–314). Reading, MA: Addison-Wesley.

McGuire, W. J. (1986). The vicissitudes of attitudes and similar representational constructs in twentieth-century psychology. *European Journal of Social Psychology, 16*, 89–130.

McGuire, W. J. (1989). The structure of individual attitudes and attitude systems. In A. R. Pratkanis, S. J. Breckler, & A. G. Greenwald (Eds.), *Attitude structure and function* (pp. 37–69). Hillsdale, NJ: Erlbaum.

McGuire, W. J., & Papageorgis, D. (1961). The relative efficacy of various types of prior belief-defence in producing immunity against persuasion. *Journal of Abnormal and Social Psychology, 62*, 327–337.

MacKay, N. J., & Covell, K. (1997). The impact of women in advertisements on attitudes toward women. *Sex Roles, 36*, 573–579.

Mackie, D. M. (1986). Social identification effects in group polarization. *Journal of Personality and Social Psychology, 50*, 720–728.

Mackie, D. M., & Ahn, M. N. (1998). In-group and out-group inferences: When in-group bias overwhelms out-group bias. *European Journal of Social Psychology, 28*, 343–360.

Mackie, D. M., & Cooper, J. (1984). Attitude polarization: The effects of group membership. *Journal of Personality and Social Psychology, 46*, 575–585.

Mackie, D. M., Devos, T., & Smith, E. R. (2000). Intergroup emotions: Explaining offensive action tendencies in an intergroup context. *Journal of Personality and Social Psychology, 79*, 602–616.

Mackie, D. M., Hamilton, D. L., Susskind, J., & Rosselli, F. (1996). Social psychological foundations of stereotype formation. In C. N. Macrae, C. Stangor, & M. Hewstone (Eds.), *Stereotypes and stereotyping* (pp. 41–78). New York: Guilford Press.

Mackie, D. M., Maitner, A. T., & Smith, E. R. (2009). Intergroup emotions theory. In T. D. Nelson (Ed.), *Handbook of prejudice, stereotyping and discrimination* (pp. 285–308). New York: Psychology Press.

Mackie, D. M., & Smith, E. R. (2002a). Intergroup emotions and the social self: Prejudice reconceptualized as differentiated reactions to outgroups. In J. P. Forgas & K. D. Williams (Eds.), *The social self: Cognitive, interpersonal, and intergroup perspectives* (pp. 309–326). New York: Psychology Press.

Mackie, D. M., & Smith, E. R. (Eds.) (2002b). *From prejudice to intergroup emotions: Differentiated reactions to social groups.* New York: Psychology Press.

Mackie, D. M., & Worth, L. T. (1989). Processing deficits and the mediation of positive affect in persuasion. *Journal of Personality and Social Psychology, 57*, 27–40.

Mackie, D. M., Worth, L. T., & Asuncion, A. G. (1990). Processing of persuasive in-group messages. *Journal of Personality and Social Psychology, 58*, 812–822.

McKiethen, K. B., Reitman, J. S., Rueter, H. H., & Hirtle, S. C. (1981). Knowledge organisation and skill differences in computer programmers. *Cognitive Psychology, 13*, 307–325.

McKimmie, B. M., Terry, D. J., Hogg, M. A., Manstead, A. S. R., Spears, R., & Doosje, B. (2003). I'm a hypocrite, but so is everyone else: Group support and the reduction of cognitive dissonance. *Group Dynamics: Theory, Research and Practice, 7*, 214–224.

McKinlay, A., & McVittie, C. (2008). *Social psychology and discourse.* Oxford, UK: Wiley-Blackwell.

MacKinnon, D. W. (1933). *The violation of prohibitions in the solving of problems.* Unpublished doctoral dissertation, Harvard University.

McMillen, D. L. (1971). Transgression, self-image, and complaint behaviour. *Journal of Personality and Social Psychology, 20*, 176–179.

McNamara, T. F. (1987). Language and social identity: Israelis abroad. *Journal of Language and Social Psychology, 6*, 215–228.

MacNeil, M., & Sherif, M. (1976). Norm change over subject generations as a function of arbitrariness of prescribed norms. *Journal of Personality and Social Psychology, 34*, 762–773.

Macrae, C. N., & Quadflieg, S. (2010). Perceiving people. In S. T. Fiske, D. T. Gilbert, & G. Lindzey (Eds.), *Handbook of social psychology* (5th ed., Vol. 1, pp. 428-463). New York: Wiley.

Macrae, C. N., Stangor, C., & Hewstone, M. (Eds.) (1996). *Stereotypes and stereotyping.* New York: Guilford Press.

Madden, T. J., Ellen, P. S., & Ajzen, I. (1992). A comparison of the theory of planned behavior and the theory of reasoned action. *Personality and Social Psychology Bulletin, 18*, 3–9.

Maes, M., De Meyer, F., Thompson, P., Peeters D., & Cosyns, P. (1994). Synchronised annual rhythms in violent suicide rate, ambient temperature and the light–dark span. *Acta Psychiatrica Scandinavica, 90*, 391–396.

Maio, G. R. (2010). Mental representation of social values. *Advances in Experimental Social Psychology, 42*, 1–43.

Maio, G. R., & Haddock, G. (2007). Attitude change. In A. W. Kruglanski & E. T. Higgins (Eds.), *Social psychology: Handbook of basic principles* (2nd ed., pp. 565–586). New York: Guilford.

Maio, G. R., & Haddock, G. (2010). *The psychology of attitudes and attitude change.* London: SAGE.

Maio, G. R., & Olson, J. M. (1994). Value–attitude–behaviour relations: The moderating role of attitude functions. *British Journal of Social Psychology, 33*, 301–312.

Maio, G. R., & Olson, J. M. (1995). Relations between values, attitudes, and behavioral intentions: The moderating role of attitude function. *Journal of Experimental Social Psychology, 31,* 266–285.

Maitner, A. T., Mackie, D. M., & Smith, E. R. (2006). Evidence for the regulatory function of intergroup emotion: Emotional consequences of implemented or impeded intergroup action tendencies. *Journal of Experimental Social Psychology, 42,* 720–728.

Major, B. (1981). Gender patterns in touching behavior. In C. Mayo & N. M. Henley (Eds.), *Gender and nonverbal behavior* (pp. 15–37). New York: Springer.

Major, B. (1994). From social inequality to personal entitlement: The role of social comparisons, legitimacy appraisals and group memberships. *Advances in Experimental Social Psychology, 26,* 293–355.

Major, B., & Adams, J. B. (1983). Role of gender, interpersonal orientation, and self-presentation in distributive justice behaviour. *Journal of Personality and Social Psychology, 45,* 598–608.

Major, B., & Heslin, R. (1982). Perceptions of same-sex and cross-sex reciprocal touch: It's better to give than to receive. *Journal of Nonverbal Behavior, 3,* 148–163.

Major, B., & Konar, E. (1984). An investigation of sex differences in pay expectations and their possible causes. *Academy of Management Journal, 27,* 777–792.

Major, B., Quinton, W. J., & McCoy, S. K. (2002) Antecedents and consequences of attributions to discrimination: Theoretical and empirical advances. *Advances in Experimental Social Psychology, 34,* 251–330.

Major, B., & Schmader, T. (1998). Coping with stigma through psychological disengagement. In J. K. Swim & C. Stangor (Eds.), *Prejudice: The target's perspective* (pp. 219–242). San Diego, CA: Academic Press.

Malamuth, N. M. (1981). Rape proclivity among males. *Journal of Social Issues, 37,* 138–157.

Malamuth, N. M., & Donnerstein, E. (1982). The effects of aggressive-pornographic mass media stimuli. *Advances in Experimental Social Psychology, 15,* 104–136.

Malinowski, B. (1927). *Sex and repression in savage society.* New York: Harcourt Brace.

Malkin, P. Z., & Stein, H. (1990). *Eichmann in my hands.* New York: Warner Books.

Malpass, R. S. (1988). Why not cross-cultural psychology? A characterization of some mainstream views. In M. H. Bond (Ed.), *The cross-cultural challenge to social psychology* (pp. 29–35). Newbury Park, CA: SAGE.

Malpass, R. S., & Kravitz, J. (1969). Recognition for faces of own and other race. *Journal of Personality and Social Psychology, 13,* 330–334.

Mandela, N. (1994). *The long walk to freedom: The autobiography of Nelson Mandela,* London: Little, Brown.

Maner, J. K., Luce, C. L., Neuberg, S. L., Cialdini, R. B., Brown, S., & Sagarin, B. J. (2002). The effects of perspective taking on motivations for helping: Still no evidence for altruism. *Personality and Social Psychology Bulletin, 28,* 1601–1610.

Manis, M. (1977). Cognitive social psychology. *Personality and Social Psychology Bulletin, 3,* 550–566.

Mann, L. (1977). The effect of stimulus queues on queue-joining behavior. *Journal of Personality and Social Psychology, 35,* 437–442.

Mann, L. (1981). The baiting crowd in episodes of threatened suicide. *Journal of Personality and Social Psychology, 41,* 703–709.

Mann, L., Newton, J. W., & Innes, J. M. (1982). A test between deindividuation and emergent norm theories of crowd aggression. *Journal of Personality and Social Psychology, 42,* 260–272.

Manning, R., Levine, M., & Collins, A. (2007). The Kitty Genovese murder and the social psychology of helping: The parable of the 38 witnesses. *American Psychologist, 62,* 555–562.

Manstead, A. S. R. (1992). Gender differences in emotion. In A. Gale & M. W. Eysenck (Eds.), *Handbook of individual differences: Biological perspectives* (pp. 355–387). Oxford, UK: Wiley.

Manstead, A. S. R. (2000). The role of moral norm in the attitude–behavior relation. In D. J. Terry & M. A. Hogg (Eds.), (1995). *Attitudes, behavior, and social context: The role of norms and group membership* (pp. 11–30). Mahwah, NJ: Erlbaum.

Manstead, A. S. R., & Parker, D. (1995). Evaluating and extending the theory of planned behaviour. *European Review of Social Psychology, 6,* 69–95.

Manstead, A. S. R., Proffitt, C., & Smart, J. L. (1983). Predicting and understanding mother's infant-feeding intentions and behavior: Testing the theory of reasoned action. *Journal of Personality and Social Psychology, 44,* 657–671.

Manstead, A. S. R., & Semin, G. R. (1980). Social facilitation effects: Mere enhancement of dominant responses? *British Journal of Social and Clinical Psychology, 19,* 119–136.

Mantell, D. M. (1971). The potential for violence in Germany. *Journal of Social Issues, 27,* 101–112.

Marks, G., & Miller, N. (1985). The effect of certainty on consensus judgments. *Personality and Social Psychology Bulletin, 2,* 165–177.

Marks, G., & Miller, N. (1987). Ten years of research on the false-consensus effect: An empirical and theoretical review. *Psychological Bulletin, 102,* 72–90.

Markus, H. (1977). Self-schemata and processing information about the self. *Journal of Personality and Social Psychology, 35,* 63–78.

Markus, H. (1978). The effect of mere presence on social facilitation: An unobtrusive test. *Journal of Experimental Social Psychology, 14,* 389–397.

Markus, H. (2004). Culture and personality: Brief for an arranged marriage. *Journal of Research in Personality, 38,* 75–83.

Markus, H., & Kitayama, S. (1991). Culture and the self: Implications for cognition, emotion, and motivation. *Psychological Review, 98,* 224–253.

Markus, H., & Kitayama, S. (2003). Models of agency: Sociocultural diversity in the construction of action. In V. Murphy-Berman & J. J. Berman (Eds.), *Cross-cultural differences in perspectives on the self* (Vol. 49, pp. 18–74). Lincoln, NE: University of Nebraska Press.

Markus, H., Kitayama, S., & Heiman, R. J. (1996). Culture and basic psychological principles. In E. T. Higgins & A. W. Kruglanski (Eds.), *Social psychology: Handbook of basic principles* (pp. 857–914). New York: Guilford Press.

Markus, H., & Nurius, P. (1986). Possible selves. *American Psychologist, 41,* 954–969.

Markus, H., & Sentis, K. P. (1982). The self in social information processing. In J. Suls (Ed.), *Psychological perspectives on the self* (Vol. 1, pp. 41–70). Hillsdale, NJ: Erlbaum.

Markus, H., & Wurf, E. (1987). The dynamic self-concept: A social-psychological perspective. *Annual Review of Psychology, 38,* 299–337.

Markus, H., Smith, J., & Moreland, R. L. (1985). Role of the self-concept in the social perception of others. *Journal of Personality and Social Psychology, 49,* 1494–1512.

Markus, H., & Zajonc, R. B. (1985). The cognitive perspective in social psychology. In G. Lindzey & E. Aronson (Eds.), *Handbook of social psychology* (3rd ed., Vol. 1, pp. 137–230). New York: Random House.

Marlowe, F., & Wetsman, A. (2001). Preferred waist-to-hip ratio and ecology. *Personality and Individual Differences, 30,* 481–489.

Marques, J. M., Abrams, D., Páez, D., & Hogg, M. A. (2001). Social categorization, social identification, and rejection of deviant group members. In M. A. Hogg & R. S. Tindale (Eds.), *Blackwell handbook of social psychology: Group processes* (pp. 400–424). Oxford, UK: Blackwell.

Marques, J. M., Abrams, D., Páez, D., & Taboada, C. M. (1998). The role of categorization and ingroup norms in judgments of groups and their members. *Journal of Personality and Social Psychology, 75,* 976–988.

Marques, J. M., Abrams, D., & Serodio, R. (2001). Being better by being right: Subjective group dynamics and derogation of in-group deviants when generic norms are undermined. *Journal of Personality and Social Psychology, 81,* 436–447.

Marques, J. M., & Páez, D. (1994). The 'black sheep effect': Social categorisation, rejection of ingroup deviates and perception of group variability. *European Review of Social Psychology, 5,* 37–68.

Marrow, A. J. (1969). *The practical theorist: The life and work of Kurt Lewin.* New York: Basic Books.

Marsh, P., Russer, E., & Harré, R. (1978). *The rules of disorder.* Milton Keynes, UK: Open University Press.

Marshall, T. C., Bejanyan, K., Di Castro, G., & Lee, R. A. (2013). Attachment styles as predictors of Facebook-related jealousy and surveillance in romantic relationships. *Personal Relationships, 20*, 1–22.

Martell, R. F., Parker, C., Emrich, C. G., & Crawford, M. S. (1998). Sex stereotyping in the executive suite: 'Much ado about something'. *Journal of Social Behavior and Personality, 13*, 127–138.

Martin, C. L. (1986). A ratio measure of sex stereotyping. *Journal of Personality and Social Psychology, 52*, 489–499.

Martin, J., Brickman, P., & Murray, A. (1984). Moral outrage and pragmatism: Explanations for collective action. *Journal of Experimental Social Psychology, 20*, 484–496.

Martin, J., & Murray, A. (1983). Distributive injustice and unfair exchange. In K. S. Cook & D. M. Messick (Eds.), *Theories of equity: Psychological and sociological perspectives*. New York: Praeger.

Martin, L. L., & Clark, L. F. (1990). Social cognition: Exploring the mental processes involved in human social interaction. In M. W. Eysenck (Ed.), *Cognitive psychology: An international review* (Vol. 1, pp. 266–310). Chichester, UK: Wiley.

Martin, L. L., & Van den Bos, K. (2014). Beyond terror: Towards a paradigm shift in the study of threat and culture. *European Review of Social Psychology, 25*, 32–70.

Martin, R. (1987). Influence minorité et relations entre groupe. In S. Moscovici & G. Mugny (Eds.), *Psychologie de la conversion*. Paris: Cossett de Val.

Martin, R. (1988). Ingroup and outgroup minorities: Differential impact upon public and private response. *European Journal of Social Psychology, 18*, 39–52.

Martin, R. (1996). Minority influence and argument generation. *British Journal of Social Psychology, 35*, 91–103.

Martin, R. (1998). Majority and minority influence using the afterimage paradigm: A series of attempted replications. *Journal of Experimental Social Psychology, 34*, 1–26.

Martin, R., & Hewstone, M. (1999). Minority influence and optimal problem solving. *European Journal of Social Psychology, 29*, 825–832.

Martin, R., & Hewstone, M. (2003). Social influence processes of control and change: Conformity, obedience to authority, and innovation. In M. A. Hogg & J. Cooper (Eds.), *The SAGE handbook of social psychology* (pp. 347–366). London: SAGE.

Martin, R., & Hewstone, M. (2007). Social influence processes of control and change: Conformity, obedience to authority, and innovation. In M. A. Hogg & J. Cooper (Eds.), *The SAGE handbook of social psychology: Concise student edition* (pp. 312–332). London: SAGE.

Martin, R., & Hewstone, M. (2008). Majority versus minority influence, message processing and attitude change: The source-context-elaboration model. *Advances in Experimental Social Psychology, 40*, 237–326.

Martin, R., & Hewstone, M. (Eds.) (2010). *Minority influence and innovation: Antecedents, processes and consequences*. Hove, UK: Psychology Press.

Martin, R., Hewstone, M., Martin, P. Y., & Gardikiotis, A. (2008). Persuasion from majority and minority groups. In W. Crano & R. Prislin (Eds.), *Attitudes and attitude change* (pp. 361–384). New York: Psychology Press.

Martz, J. M., Verette, J., Arriaga, X. B., Slovic, L. F., Cox, C. L., & Rusbult, C. E. (1998). Positive illusion in close relationships. *Personal Relationships, 5*, 159–181.

Maslach, C. (1979). Negative emotional biasing of unexplained arousal. *Journal of Personality and Social Psychology, 37*, 953–969.

Mason, W., & Suri, S. (2012). Conducting behavioral research on Amazon's Mechanical Turk. *Behavior Research Methods, 44*, 1–23.

Masuda, T., & Nisbett, R. E. (2001). Attending holistically versus analytically: Comparing the context sensitivity of Japanese and Americans. *Journal of Personality and Social Psychology, 81*, 922–934.

Matsui, T., Kakuyama, T., & Onglatco, M. L. (1987). Effects of goals and feedback on performance in groups. *Journal of Applied Psychology, 72*, 407–415.

Matsumoto, D. (2004). Paul Ekman and the legacy of universals. *Journal of Research in Personality, 38*, 45–51.

Matsumoto, D., Frank, M. G., & Hwang, H. S. (Eds.) (2012). *Nonverbal communication: Science and applications*. Thousand Oaks, CA: Sage.

Matsumoto, D., & Hwang, H. S. (2011). Evidence for training the ability to read microexpressions of emotion. *Motivation and Emotion, 35*, 181–191.

Matsumoto, D., & Willingham, B. (2009). Spontaneous facial expressions of emotion of blind individuals. *Journal of Personality and Social Psychology, 96*, 1–10.

Matthews, K. A. (1982). Psychological perspectives on the type-A behavior pattern. *Psychological Bulletin, 91*, 293–323.

Mayer, J. D. (1993). The emotional madness of the dangerous leader. *Journal of Psychohistory, 20*, 331–348.

Mayo, R. (2015). Cognition is a matter of trust: Distrust tunes cognitive processes. *European Review of Social Psychology, 26*, 283–327.

Mazur, A., Booth, A., & Dabbs, J. M. (1992). Testosterone and chess competition. *Social Psychology Quarterly, 55*, 70–77.

Mead, G. H. (1934). *Mind, self and society*. Chicago: University of Chicago Press.

Mead, M. (1928/1961). *Coming of age in Samoa*. New York: Morrow.

Mead, M. (1930/1962). *Growing up in New Guinea*. New York: Morrow.

Medin, D. L., & Ortony, A. (1989). Psychological essentialism. In S. Vosniadou & A. Ortony (Eds.), *Similarity and analogical reasoning* (pp. 179–195). Cambridge, UK: Cambridge University Press.

Medvec, V. H., Madley, S. F., & Gilovich, T. (1995). When less is more: Counterfactual thinking and satisfaction among Olympic medalists. *Journal of Personality and Social Psychology, 69*, 603–610.

Meeus, W., & Raaijmakers, Q. (1986). Administrative obedience as a social phenomenon. In W. Doise & S. Moscovici (Eds.), *Current issues in European social psychology* (Vol. 2, pp. 183–230). Cambridge, UK: Cambridge University Press.

Mehrabian, A. (1972). Nonverbal communication. In J. Cole (Ed.), *Nebraska symposium on motivation* (Vol. 19, pp. 107–162). Lincoln, NE: University of Nebraska Press.

Meindl, J. R. (1995). The romance of leadership as a follower-centric theory: A social constructionist approach. *The Leadership Quarterly, 6*, 329–341.

Meindl, J. R., Ehrlich, S. B., & Dukerich, J. M. (1985). The romance of leadership. *Administrative Science Quarterly, 30*, 78–102.

Meindl, J. R., & Lerner, M. (1983). The heroic motive: Some experimental demonstrations. *Journal of Experimental Social Psychology, 19*, 1–20.

Meleady, R., Hopthrow, T., & Crisp, R. (2013). Simulating social dilemmas: Promoting cooperative behavior through imagined group discussion. *Journal of Personality and Social Psychology, 104*, 839–853.

Mellen, S. L. W. (1981). *The evolution of love*. Oxford, UK: W. H. Freeman.

Menegatti, M., & Rubini, M. (2013). Convincing similar and dissimilar others: The power of language abstraction in political communication. *Personality and Social Psychology Bulletin, 39*, 596–607.

Merei, F. (1949). Group leadership and institutionalization. *Human Relations, 2*, 23–39.

Merritt, A. C., Effron, D., Fein, S., Savitsky, K. K., Tuller, D. M., & Monin, B. (2012). The strategic pursuit of moral credentials. *Journal of Experimental Social Psychology, 48*, 774–777.

Mervis, C. B., & Rosch, E. (1981). Categorization of natural objects. *Annual Review of Psychology, 32*, 89–115.

Messick, D. M. (2005). On the psychological exchange between leaders and followers. In D. M. Messick & R. M. Kramer (Eds.), *The psychology of leadership: New perspectives and research* (pp. 81–96). Mahwah, NJ: Erlbaum.

Metalsky, G. I., & Abramson, L. Y. (1981). Attributional styles: Toward a framework for conceptualization and assessment. In P. C. Kendall & S. D. Hollon (Eds.), *Cognitive–behavioral intentions: Assessment methods* (pp. 13–58). New York: Academic Press.

Meyerhoff, M. (2011). *Introducing sociolinguistics*. New York: Taylor & Francis.

Michelini, R. L., & Snodgrass, S. R. (1980). Defendant characteristics and juridic decisions. *Journal of Research in Personality, 14*, 340–350.

Middlebrook, P. N. (1980). *Social psychology and modern life* (2nd ed.). New York: Alfred A. Knopf.

Middlemist, R. D., Knowles, E. S., & Mutter, C. F. (1976). Personal space invasions in the lavatory: Suggestive evidence for arousal. *Journal of Personality and Social Psychology, 33*, 541–546.

Middleton, D., & Edwards, D. (Eds.) (1990). *Collective remembering.* London: SAGE.

Midlarsky, E., & Bryan, J. H. (1972). Affect expressions and children's imitative altruism. *Journal of Experimental Research in Personality, 6,* 195–203.

Midlarsky, M., & Midlarsky, E. (1976). Status inconsistency, aggressive attitude, and helping behavior. *Journal of Personality, 44,* 371–391.

Mikula, G. (1980). On the role of justice in allocation decisions. In G. Mikula (Ed.), *Justice and social interaction: Experimental and theoretical contributions from psychological research* (pp. 127–166). Bern, Switzerland: Hans Huber.

Mikulincer, M. (1998). Attachment working models and the sense of trust: An exploration of interaction goals and affect regulation. *Journal of Personality and Social Psychology, 74,* 1209–1224.

Mikulincer, M., & Goodman, G. S. (Eds.) (2006). *Dynamics of romantic love: Attachment, caregiving, and sex.* New York: Guilford.

Mikulincer, M., & Shaver, P. (2005). Attachment security, compassion, and altruism. *Current Directions in Psychological Science, 14,* 34–38.

Milardo, R. M., Johnson, M. P., & Huston, T. L. (1983). Developing close relationships: Changing patterns of interaction between pair members and social networks. *Journal of Personality and Social Psychology, 44,* 964–976.

Miles, D. R., & Carey, G. (1997). Genetic and environmental architecture of human aggression. *Journal of Personality and Social Psychology, 72,* 207–217.

Miles, E., & Crisp, R. J. (2014). A meta-analytic test of the imagined contact hypothesis. *Group Processes and Intergroup Relations, 17,* 3–26.

Milfont, T. L., Richter, A., Sibley, C. G., & Fischer, R. (2013). Environmental consequences of the desire to dominate and be superior. *Personality and Social Psychology Bulletin, 39,* 1127–1138.

Milgram, S. (1961). Nationality and conformity. *Scientific American, 205*(6), 45–51.

Milgram, S. (1963). Behavioral study of obedience. *Journal of Abnormal and Social Psychology, 67,* 371–378.

Milgram, S. (1974). *Obedience to authority.* London: Tavistock.

Milgram, S. (1992). *The individual in a social world: Essays and experiments* (2nd ed.). New York: McGraw-Hill.

Milgram, S., & Toch, H. (1969). Collective behavior: Crowds and social movements. In G. Lindzey & E. Aronson (Eds.), *Handbook of social psychology* (2nd ed., Vol. 4, pp. 507–610). Reading, MA: Addison-Wesley.

Milham, J. (1974). Two components of need for approval score and their relationship to cheating following success and failure. *Journal of Research in Personality, 8,* 378–392.

Mill, J. S. (1869). *The analysis of the phenomenon of the human mind.* New York: Kelley.

Millar, M. G., & Millar, K. U. (1990). Attitude change as a function of attitude type and argument type. *Journal of Personality and Social Psychology, 59,* 217–228.

Millar, M. G., & Tesser, A. (1986). Effects of affective and cognitive focus on the attitude–behavior relation. *Journal of Personality and Social Psychology, 51,* 270–276.

Miller, C. E. (1989). The social psychological effects of group decision rules. In P. B. Paulus (Ed.), *Psychology of group influence* (2nd ed., pp. 327–355). Hillsdale, NJ: Erlbaum.

Miller, D. T. (1977). Altruism and the threat to a belief in a just world. *Journal of Experimental Social Psychology, 13,* 113–124.

Miller, D. T., & McFarland, C. (1987). Pluralistic ignorance: When similarity is interpreted as dissimilarity. *Journal of Personality and Social Psychology, 53,* 298–305.

Miller, D. T., & Porter, C. A. (1980). Effects of temporal perspective on the attribution process. *Journal of Personality and Social Psychology, 39,* 532–541.

Miller, D. T., & Porter, C. A. (1983). Self-blame in victims of violence. *Journal of Social Issues, 39,* 139–152.

Miller, D. T., & Ross, M. (1975). Self-serving biases in the attribution of causality: Fact or fiction? *Psychological Bulletin, 82,* 213–225.

Miller, J. G. (1984). Culture and the development of everyday social explanation. *Journal of Personality and Social Psychology, 46,* 961–978.

Miller, N., & Brewer, M. B. (Eds.) (1984). *Groups in contact: The psychology of desegregation.* New York: Academic Press.

Miller, N., Brewer, M. B., & Edwards, K. (1985). Cooperative interaction in desegregated settings: A laboratory analogue. *Journal of Social Issues, 41,* 63–79.

Miller, N., Maruyama, G., Beaber, R. J., & Valone, K. (1976). Speed of speech and persuasion. *Journal of Personality and Social Psychology, 34,* 615–625.

Miller, N. E. (1948). Theory and experiment relating psychoanalytic displacement to stimulus–response generalisation. *Journal of Abnormal and Social Psychology, 43,* 155–178.

Miller, N. E., & Bugelski, R. (1948). Minor studies in aggression: The influence of frustrations imposed by the ingroup on attitudes toward outgroups. *Journal of Psychology, 25,* 437–442.

Miller, N. E., Pederson, W. C., Earlywine, M., & Pollock, V. E. (2003). A theoretical model of triggered displaced aggression. *Personality and Social Psychology Review, 7,* 75–97.

Miller, P. A., & Eisenberg, N. (1988). The relation of empathy to aggressive and externalizing/antisocial behavior. *Psychological Bulletin, 103,* 324–344.

Miller, P. J. E., & Rempel, J. K. (2004). Trust and partner-enhancing attributions in close relationships. *Personality and Social Psychology Bulletin, 30,* 695–705.

Milner, D. (1996). Children and racism: Beyond the value of the dolls. In W. P. Robinson (Ed.), *Social groups and identities: Developing the legacy of Henri Tajfel* (pp. 246–268). Oxford, UK: Butterworth-Heinemann.

Minard, R. D. (1952). Race relations in the Pocahontas coal field. *Journal of Social Issues, 8,* 29–44.

Mischel, W. (1968). *Personality and assessment.* New York: Wiley.

Mischel, W., Ebbesen, E. B., & Zeiss, A. R. (1976). Determinants of selective memory about the self. *Journal of Consulting and Clinical Psychology, 44,* 92–103.

Misumi, J., & Peterson, M. F. (1985). The performance-maintenance (P-M) theory of leadership: Review of a Japanese research program. *Administrative Science Quarterly, 30,* 198–223.

Mita, T. H., Dermer, M., & Knight, J. (1977). Reversed facial images and the mere exposure hypothesis. *Journal of Personality and Social Psychology, 35,* 597–601.

Mitchell, H. E. (1979). *Informational and affective determinants of juror decision making.* Doctoral dissertation, Purdue University.

Mitchell, S. (2002). *American generations: Who they are, how they live, what they think.* Ithaca, NY: New Strategists Publications.

Moghaddam, F. M. (1990). Modulative and generative orientations in psychology: Implications for psychology in the three worlds. *Journal of Social Issues, 46,* 21–41.

Moghaddam, F. M. (1998). *Social psychology: Exploring universals across cultures.* New York: Freeman.

Moghaddam, F. M. (2008). *Multiculturalism and intergroup relations: Psychological implications for democracy in global context.* Washington, DC: American Psychological Association.

Moghaddam, F. M. (2013). *The psychology of dictatorship.* Washington, DC: APA Books.

Moliner, P., & Tafani, E. (1997). Attitudes and social representations: A theoretical and experimental approach. *European Journal of Social Psychology, 27,* 687–702.

Monin, B., & Miller, D. T. (2001). Moral credentials and the expression of prejudice. *Journal of Personality and Social Psychology, 81,* 33–43.

Monson, T. C., & Hesley, J. W. (1982). Causal attributions for behavior consistent or inconsistent with an actor's personality traits: Differences between those offered by actors and observers. *Journal of Experimental Social Psychology, 18,* 426–432.

Monteil, J.-M., & Huguet, P. (1999). *Social context and cognitive performance.* Philadelphia, PA: Psychology Press.

Monteith, M. J. (1993). Self-regulation of prejudiced responses: Implication for progress in prejudice-reduction efforts. *Journal of Personality and Social Psychology, 65,* 469–485.

Montepare, J. M., & Vega, C. (1988). Women's vocal reactions to intimate and casual male friends. *Personality and Social Psychology Bulletin, 14,* 103–112.

Moons, W., Mackie, D. M., & Garcia-Marques, T. (2009). The impact of repetition-induced familiarity on agreement with weak and strong arguments. *Journal of Personality and Social Psychology, 96*, 32–44.

Moore, B. S., Sherrod, D. R., Liu, T. J., & Underwood, B. (1979). The dispositional shift in attribution over time. *Journal of Experimental Social Psychology, 15*, 553–569.

Moradi, B., & Huang, Y. (2008). Objectification theory and psychology of women: A decade of advances and future directions. *Psychology of Women Quarterly, 32*, 377–398.

Moreland, R. L. (1985). Social categorization and the assimilation of 'new' group members. *Journal of Personality and Social Psychology, 48*, 1173–1190.

Moreland, R. L., Argote, L., & Krishnan, R. (1996). Socially shared cognition at work: Transactive memory and group performance. In J. L. Nye & A. M. Bower (Eds.), *What's social about social cognition: Research on socially shared cognition in small groups* (pp. 57–84). Thousand Oaks, CA: SAGE.

Moreland, R. L., & Beach, S. R. (1992). Exposure effects in the classroom: The development of affinity among students. *Journal of Experimental Social Psychology, 28*, 255–276.

Moreland, R. L., Hogg, M. A., & Hains, S. C. (1994). Back to the future: Social psychological research on groups. *Journal of Experimental Social Psychology, 30*, 527–555.

Moreland, R. L., & Levine, J. M. (1982). Socialization in small groups: Temporal changes in individual–group relations. In L. Berkowitz (Ed.), *Advances in experimental social psychology* (Vol. 15, pp. 137–192). New York: Academic Press.

Moreland, R. L., & Levine, J. M. (1984). Role transitions in small groups. In V. Allen and E. van de Vliert (Eds.), *Role transitions: Explorations and explanations* (pp. 181–195). New York: Plenum.

Moreland, R. L., & Levine, J. M. (1989). Newcomers and oldtimers in small groups. In P. B. Paulus (Ed.), *Psychology of group influence* (2nd ed., pp. 143–186). Hillsdale, NJ: Erlbaum.

Moreland, R. L., Levine, J. M., & Cini, M. (1993). Group socialisation: The role of commitment. In M. A. Hogg & D. Abrams (Eds.), *Group motivation: Social psychological perspectives* (pp. 105–129). London: Harvester Wheatsheaf.

Moriarty, T. (1975). Crime, commitment and the responsive bystander: Two field experiments. *Journal of Personality and Social Psychology, 31*, 370–376.

Morley, I. E., & Stephenson, G. M. (1977). *The social psychology of bargaining*. London: Allen and Unwin.

Morley, I. E., Webb, J., & Stephenson, G. M. (1988) Bargaining and arbitration in the resolution of conflict. In W. Stroebe, A. W. Kruglanski, D. Bar-Tal, & M. Hewstone (Eds.), *The social psychology of intergroup conflict: Theory, research and applications* (pp. 117–134). Berlin: Springer-Verlag.

Morris, D. (1967). *The naked ape*. New York: McGraw-Hill.

Morris, D., Collett, P., Marsh, P., & O'Shaughnessy, M. (1979). *Gestures: Their origins and distribution*. New York: Stein & Day.

Morris, M. W., & Peng, K. P. (1994). Culture and cause: American and Chinese attributions for social and physical events. *Journal of Personality and Social Psychology, 67*, 949–971.

Morton, T. A., Hornsey, M. J., & Postmes, T. (2009). Shifting ground: The variable use of essentialism in contexts of inclusion and exclusion. *British Journal of Social Psychology, 48*, 35–59.

Morton, T. L. (1978). Intimacy and reciprocity of exchange: A comparison of spouses and strangers. *Journal of Personality and Social Psychology, 36*, 72–81.

Moscovici, S. (1961). *La psychanalyse: Son image et son public*. Paris: Presses Universitaires de France.

Moscovici, S. (1972). Society and theory in social psychology. In J. Israel & H. Tajfel (Eds.), *The context of social psychology: A critical assessment* (pp. 17–68). New York: Academic Press.

Moscovici, S. (1976). *Social influence and social change*. London: Academic Press.

Moscovici, S. (1980). Toward a theory of conversion behavior. *Advances in Experimental Social Psychology, 13*, 202–239.

Moscovici, S. (1981). On social representation. In J. P. Forgas (Ed.), *Social cognition: Perspectives on everyday understanding* (pp. 181–209). London: Academic Press.

Moscovici, S. (1982). The coming era of representations. In J.-P. Codol & J. P. Leyens (Eds.), *Cognitive analysis of social behaviour* (pp. 115–150). The Hague: Martinus Nijhoff.

Moscovici, S. (1983). The phenomenon of social representations. In R. M. Farr & S. Moscovici (Eds.), *Social Representations* (pp. 3–69). Cambridge, UK: Cambridge University Press.

Moscovici, S. (1984). *Psychologie Sociale*. Paris: Presses Universitaires de France.

Moscovici, S. (1985a). Social influence and conformity. In G. Lindzey & E. Aronson (Eds.), *Handbook of social psychology* (3rd ed., Vol. 2, pp. 347–412). New York: Random House.

Moscovici, S. (1985b). *The age of the crowd*. Cambridge, UK: Cambridge University Press.

Moscovici, S. (1988). Notes towards a description of social representations. *European Journal of Social Psychology, 18*, 211–250.

Moscovici, S. (2000). *Social representations: Explorations in social psychology*. Oxford: Blackwell.

Moscovici, S. (Ed.) (1973). *Introduction à la psychologie sociale* (Vol. 1). Paris: Larousse.

Moscovici, S., & Faucheux, C. (1972). Social influence, conforming bias, and the study of active minorities. *Advances in Experimental Social Psychology, 6*, 149–202.

Moscovici, S., & Lage, E. (1976). Studies in social influence: III. Majority vs minority influence in a group. *European Journal of Social Psychology, 6*, 149–174.

Moscovici, S., Lage, E., & Naffrechoux, M. (1969). Influence of a consistent minority on the responses of a majority in a colour perception task. *Sociometry, 32*, 365–380.

Moscovici, S., Mugny, G., & Van Avermaet, E. (2008). *Perspectives on minority influence*. Cambridge, UK: Cambridge University Press.

Moscovici, S., & Personnaz, B. (1980). Studies in social influence: V. Minority influence and conversion behavior in a perceptual task. *Journal of Experimental Social Psychology, 16*, 270–282.

Moscovici, S., & Personnaz, B. (1986). Studies on latent influence by the spectrometer method: I. The impact of psychologization in the case of conversion by a minority or a majority. *European Journal of Social Psychology, 16*, 345–360.

Moscovici, S., & Zavalloni, M. (1969). The group as a polarizer of attitudes. *Journal of Personality and Social Psychology, 12*, 125–135.

Mosher, D. L., & Anderson, R. D. (1986). Macho personality, sexual aggression, and reactions to guided imagery of realistic rape. *Journal of Research in Personality, 20*, 77–94.

Moskowitz, G. B. (2005). *Social cognition: Understanding self and others*. New York: Guilford Press.

Mowday, R. T., & Sutton, R. I. (1993). Organisational behavior: Linking individuals and groups to organizational contexts. *Annual Review of Psychology, 44*, 195–229.

Mucchi-Faina, A., Maass, A., & Volpato, C. (1991). Social influence: The role of originality. *European Journal of Social Psychology, 21*, 183–197.

Mudrack, P. E. (1989). Defining group cohesiveness: A legacy of confusion. *Small Group Behavior, 20*, 37–49.

Mugny, G. (1982). *The power of minorities*. London: Academic Press.

Mugny, G., & Papastamou, S. (1981). When rigidity does not fail: Individualization and psychologization as resistance to the diffusion of minority innovations. *European Journal of Social Psychology, 10*, 43–62.

Mugny, G., & Papastamou, S. (1982). Minority influence and psychosocial identity. *European Journal of Social Psychology, 12*, 379–394.

Muise, A., Christofides, E., & Desmarais, S. (2014). "Creeping" or just information seeking? Gender differences in partner monitoring in response to jealousy on Facebook. *Personal Relationships, 21*, 35–50.

Mulac, A., Bradac, J. J., & Gibbons, P. (2001). Empirical support for the gender-as-culture hypothesis: An intercultural analysis of male/female language differences. *Human Communication Research, 27*, 121–152.

Mulac, A., Studley, L. B., Wiemann, J. M., & Bradac, J. J. (1987). Male/female gaze in same-sex and mixed-sex dyads: Gender-linked differences and mutual influence. *Human Communication Research, 13*, 323–343.

Mulder, M. (1959). Power and satisfaction in task-oriented groups. *Acta Psychologica, 16*, 178–225.

Mullen, B. (1983). Operationalizing the effect of the group on the individual: A self-attention perspective. *Journal of Experimental Social Psychology, 19*, 295–322.

Mullen, B. (1986). Atrocity as a function of lynch mob composition: A self-attention perspective. *Personality and Social Psychology Bulletin, 12*, 187–197.

Mullen, B., Atkins, J. L., Champion, D. S., Edwards, C., Hardy, D., Story, J. E., & Vanderklok, M. (1985). The false consensus effect: A meta-analysis of 115 hypothesis tests. *Journal of Experimental Social Psychology, 21*, 262–283.

Mullen, B., & Copper, C. (1994). The relation between group cohesiveness and performance: An integration. *Psychological Bulletin, 115*, 210–227.

Mullen, B., & Hu, L. (1989). Perceptions of ingroup and outgroup variability: A meta-analytic integration. *Basic and Applied Social Psychology, 10*, 233–252.

Mullen, B., & Johnson, C. (1990). Distinctiveness-based illusory correlations and stereotyping: A meta-analytic integration. *British Journal of Social Psychology, 29*, 11–28.

Mullen, B., Johnson, C., & Salas, E. (1991). Productivity loss in brainstorming groups. *Basic and Applied Social Psychology, 12*, 3–24.

Mullen, B., & Riordan, C. A. (1988). Self-serving attributions for performance in naturalistic settings: A meta-analytic review. *Journal of Applied Social Psychology, 18*, 3–22.

Mullen, P. E. (1984). Mental disorder and dangerousness. *Australian and New Zealand Journal of Psychiatry, 18*, 8–17.

Mullin, C. R., & Linz, D. (1995). Desensitisation and resensitisation to violence against women: Effects of exposure to sexually violent films on judgments of domestic violence victims. *Journal of Personality and Social Psychology, 69*, 449–459.

Mummendey, A., & Otten, S. (1998). Positive–negative asymmetry in social discrimination. *European Review of Social Psychology, 19*, 107–143.

Mummendey, A., & Wenzel, M. (1999). Social discrimination and tolerance in intergroup relations: Reactions to intergroup difference. *Personality and Social Psychology Review, 3*, 158–174.

Murchison, C. (Ed.) (1935). *Handbook of social psychology*. Worcester, MA: Clark University Press.

Murphy, G., & Murphy, L. B. (1931/1937). *Experimental social psychology*. New York: Harper (rev. ed. published with T. M. Newcomb in 1937).

Murphy, L., & Murphy, G. (1970). Perspectives in cross-cultural research. *Journal of Cross-Cultural Psychology, 1*, 1–4.

Murphy, P., Williams, J., & Dunning, E. (1990). *Football on trial: Spectator violence and development in the football world*. London: Routledge.

Murphy, S. T., Monahan, J. L., & Zajonc, R. B. (1995). Additivity of nonconscious affect: Combined effects of priming and exposure. *Journal of Personality and Social Psychology, 69*, 589–602.

Murray, S. L., & Holmes, J. G. (1997). A leap of faith? Positive illusions in romantic relationships. *Personality and Social Psychology Bulletin, 23*, 586–604.

Murray, S. L., & Holmes, J. G. (1999). The mental ties that bind: Cognitive structures that predict relationship resilience. *Journal of Personality and Social Psychology, 77*, 1228–1244.

Murray, S. L., Holmes, J. G., & Griffin, D. W. (1996). The self-fulfilling nature of positive illusions in romantic relationships: Love is not blind, but prescient. *Journal of Personality and Social Psychology, 71*, 1155–1180.

Murray, S. L., Holmes, J. G., & Griffin, D. W. (2003). Reflections on the self-fulfilling effects of positive illusions. *Psychological Inquiry, 14*, 289–295.

Murstein, B. I. (1980). Love at first sight: A myth. *Medical Aspects of Human Sexuality, 14*(34), 39–41.

Myers, D. G., & Lamm, H. (1975). The polarizing effect of group discussion. *American Scientist, 63*, 297–303.

Myers, D. G., & Lamm, H. (1976). The group polarization phenomenon. *Psychological Bulletin, 83*, 602–627.

Myers, K. K., & Davis, C. W. (2012). Communication between the generations. In H. Giles (Ed.), *The handbook of intergroup communication* (pp. 237–249). New York: Routledge.

Na, J., & Kitayama, S. (2011). Spontaneous trait inference is culture specific: Behavioral and neural evidence. *Psychological Science, 22*, 1025–1032.

Nadler, A. (1986). Help seeking as a cultural phenomenon: Differences between city and kibbutz dwellers. *Journal of Personality and Social Psychology, 51*, 976–982.

Nadler, A. (1991). Help-seeking behavior: Psychological costs and instrumental benefits. In M. S. Clark (Ed.), *Prosocial behavior* (pp. 290–311). Newbury Park, CA: SAGE.

Nadler, A., & Shnabel, N. (2015). Intergroup reconciliation: Instrumental and socio-emotional processes and the needs-based model. *European Review of Social Psychology, 26*, 93–125.

Nahem, J. (1980). *Psychology and psychiatry today: A Marxist view*. New York: International Publishers.

Nail, P. R. (1986). Toward an integration of some models and theories of social response. *Psychological Bulletin, 100*, 190–206.

National Gay and Lesbian Task Force (1990). *Anti-gay violence, victimization & defamation in 1989*. Washington DC: Author.

Neal, D. T., Wood, W., Labrecque, J., & Lally, P. (2012). How do habits guide behavior? Perceived and actual triggers of habits in daily life. *Journal of Experimental Social Psychology, 48*, 492–498.

Neisser, U. (1967). *Cognitive psychology*. Englewood Cliffs, NJ: Prentice Hall.

Nelson, T. D. (2005). Ageism: Prejudiced against our feared future self. *Journal of Social Issues, 61*, 207–221.

Nemeth, C. (1970). Bargaining and reciprocity. *Psychological Bulletin, 74*, 297–308.

Nemeth, C. (1981). Jury trials: Psychology and law. In L. Berkowitz (Ed.), *Advances in experimental social psychology* (Vol. 14, pp. 309–367). New York: Academic Press.

Nemeth, C., & Chiles, C. (1988). Modelling courage: The role of dissent in fostering independence. *European Journal of Social Psychology, 18*, 275–280.

Nemeth, C., Swedlund, M., & Kanki, B. (1974). Patterning of the minority's response and their influence on the majority. *European Journal of Social Psychology, 4*, 53–64.

Nemeth, C., & Wachtler, J. (1983). Creative problem solving as a result of majority vs minority influence. *European Journal of Social Psychology, 13*, 45–55.

Nemeth, C., Wachtler, J., & Endicott, J. (1977). Increasing the size of the minority: Some gains and some losses. *European Journal of Social Psychology, 7*, 15–27.

Nemeth, C. J. (1986). Differential contributions of majority and minority influence. *Psychological Review, 93*, 23–32.

Nemeth, C. J. (1995). Dissent as driving cognition, attitudes, and judgments. *Social Cognition, 13*, 273–291.

Neuberg, S. L., & Fiske, S. T. (1987). Motivational influences on impression formation: Outcome dependency, accuracy-driven attention, and individuating processes. *Journal of Personality and Social Psychology, 53*, 431–444.

Neuberg, S. L., Kenrick, D. T., & Schaller, M. (2010). Evolutionary social psychology. In S. T. Fiske, D. T. Gilbert, & G. Lindzey (Eds.), *Handbook of social psychology* (5th ed., Vol. 2, pp. 761-796). New York: Wiley.

Newcomb, T. M. (1961). *The acquaintance process*. New York: Holt, Rinehart & Winston.

Newcomb, T. M. (1965). Attitude development as a function of reference groups: The Bennington study. In H. Proshansky & B. Seidenberg (Eds.), *Basic studies in social psychology* (pp. 215–225). New York: Holt, Rinehart & Winston.

Ng, B., Kumar, S., Ranclaud, M., & Robinson, E. (2001). Ward crowding and incidents of violence on an acute psychiatric inpatient unit. *Psychiatric Services, 52*, 521–525.

Ng, S. H. (1990). Androgenic coding of man and his memory by language users. *Journal of Experimental Social Psychology, 26*, 455–464.

Ng, S. H. (1996). Power: An essay in honour of Henri Tajfel. In W. P. Robinson (Ed.), *Social groups and identities: Developing the legacy of Henri Tajfel* (pp. 191–214). Oxford, UK: Butterworth-Heinemann.

Ng, S. H., Bell, D., & Brooke, M. (1993). Gaining turns and achieving high influence in small conversational groups. *British Journal of Social Psychology, 32*, 265–275.

Ng, S. H., & Bradac, J. J. (1993). *Power in language*. Thousand Oaks, CA: SAGE.

Ng, S. H., & Liu, J. H. (2000). Cultural revolution in psychology. *Asian Journal of Social Psychology, 3*, 289–293.

Nieburg, H. (1969). *Political violence: The behavioural process*. New York: St Martin's Press.

Niedenthal, P. M., & Beike, D. R. (1997). Interrelated and isolated self-concepts. *Personality and Social Psychology Review, 1*, 106–128.

Niedenthal, P. M., & Brauer, M. (2012). Social functionality of human emotion. *Annual Review of Psychology, 63*, 259–285.

Nier, J. A. (2005). How dissociated are implicit and explicit measures of racial attitudes? A bogus pipeline approach. *Group Processes and Intergroup Relations, 8*, 39–52.

Nisbett, R. E. (2003). *The geography of thought: How Asians and Westerners think differently … and why*. New York: Free Press.

Nisbett, R. E., & Cohen, D. (1996). *Culture of honor: The psychology of violence in the South*. Boulder, CO: Westview Press.

Nisbett, R. E., Krantz, D. H., Jepson, C., & Fong, G. T. (1982). Improving inductive inference. In D. Kahneman, P. Slovic, & A. Tversky (Eds.), *Judgment under uncertainty: Heuristics and biases* (pp. 445–462). New York: Cambridge University Press.

Nisbett, R. E., Krantz, D. H., Jepson, C., & Kunda, Z. (1983). The use of statistical heuristics in everyday inductive reasoning. *Psychological Review, 90*, 339–363.

Nisbett, R. E., & Ross, L. (1980). *Human inference: Strategies and shortcomings of social judgment*. Englewood Cliffs, NJ: Prentice Hall.

Nisbett, R. E., & Wilson, T. D. (1977). Telling more than we can know: Verbal reports on mental behavior. *Psychological Review, 84*, 231–259.

Nisbett, R. E., Zukier, H., & Lemley, R. E. (1981). The dilution effect: Non-diagnostic information weakens the implications of diagnostic information. *Cognitive Psychology, 13*, 248–277.

Noels, K. A., Giles, H., & Le Poire, B. (2003). Language and communication processes. In M. A. Hogg & J. Cooper (Eds.), *The SAGE handbook of social psychology* (pp. 232–257). London: SAGE.

Noels, K. A., Pon, G., & Clément, R. (1996). Language and adjustment: The role of linguistic self-confidence in the acculturation process. *Journal of Language and Social Psychology, 15*, 246–264.

Nolen-Hoeksma, S., Girgus, J. S., & Seligman, M. E. P. (1992). Predictors and consequences of childhood depressive symptoms: Five-year longitudinal study. *Journal of Abnormal Psychology, 101*, 405–422.

Noller, P. (1984). *Nonverbal communication and marital interaction*. Oxford, UK: Pergamon Press.

Noller, P., & Fitzpatrick, M. A. (1990). Marital communication in the eighties. *Journal of Marriage and the Family, 52*, 832–843.

Noller, P., & Ruzzene, M. (1991). Communication in marriage: The influence of affect and cognition. In G. J. O. Fletcher & F. D. Fincham (Eds.), *Cognition and close relationships* (pp. 203–233). Hillsdale, NJ: Erlbaum.

Noor, M., Shnabel, N., Halabi, S., & Nadler, A. (2012). When suffering begets suffering the psychology of competitive victimhood between adversarial groups in violent conflicts. *Personality and Social Psychology Review, 16*, 351–374.

Nordgren, L. F., Banas, K. J., & MacDonald, G. (2011). Empathy gaps for social pain: Why people underestimate the pain of social suffering. *Journal of Personality and Social Psychology, 100*, 120–128.

Norenzayan, A., & Shariff, A. F. (2008). The origin and evolution of religious prosociality. *Science, 322*, 58–62.

Norman, P., & Conner, M. (2006). The theory of planned behaviour and binge drinking: Assessing the moderating role of past behaviour within the theory of planned behaviour. *British Journal of Health Psychology, 11*, 55–70.

North, M. S., & Fiske, S. T. (2013) Act your (old) age: Prescriptive, ageist biases over succession, consumption, and identity. *Personality and Social Psychology Bulletin, 39*, 720–734.

Northouse, P. G. (2009). *Leadership: Theory and practice* (5th ed.). Thousand Oaks, CA: SAGE.

Norton, M. I., Frost, J. H., & Ariely, D. (2007). Less is more: The lure of ambiguity, or why familiarity breeds contempt. *Journal of Personality and Social Psychology, 92*, 97–105.

Norton, M. I., Frost, J. H., & Ariely, D. (2013). Less *is* often more: Additional evidence that familiarity breeds contempt and a call for

further research. *Journal of Personality and Social Psychology, 105*, 921–923.

Norton, M. I., Monin, B., Cooper, J., & Hogg, M. A. (2003). Vicarious dissonance: Attitude change from the inconsistency of others. *Journal of Personality and Social Psychology, 85*, 47–62.

Nosek, B. A., & Bar-Anan, Y. (2012). Scientific utopia: I. Opening scientific communication. *Psychological Inquiry, 23*, 217–243.

Nowak, A., Gelfand, M. J., Borkowski, W., Cohen, D., & Hernandez, I. (2016). The evolutionary basis of honor cultures. *Psychological Science, 27*, 12–24.

Nowinski, S. N., & Bowen, E. (2012). Partner violence against heterosexual and gay men: Prevalence and correlates. *Aggression and Violent Behavior, 17*, 36–52.

Nye, C. W., Roth, M. S., & Shimp, T. A. (2008). Comparative advertising in markets where brands and comparative advertising are novel. *Journal of International Business Studies, 39*, 851–863.

Nye, J. L., & Bower, A. M. (Eds.) (1996). *What's social about social cognition: Research on socially shared cognition in small groups*. Thousand Oaks, CA: SAGE.

Oaker, G., & Brown, R. J. (1986). Intergroup relations in a hospital setting: A further test of social identity theory. *Human Relations, 39*, 767–778.

Oakes, P. J. (1987). The salience of social categories. In J. C. Turner, M. A. Hogg, P. J. Oakes, S. D. Reicher, & M. S. Wetherell, *Rediscovering the social group: A self-categorization theory* (pp. 117–141). Oxford, UK: Blackwell.

Oakes, P. J., Haslam, S. A., & Reynolds, K. J. (1999). Social categorization and social context: Is stereotype change a matter of information or of meaning? In D. Abrams & M. A. Hogg (Eds.), *Social identity and social cognition* (pp. 55–79). Oxford, UK: Blackwell.

Oakes, P. J., Haslam, S. A., & Turner, J. C. (1994). *Stereotyping and social reality*. Oxford, UK: Blackwell.

Oakes, P. J., & Turner, J. C. (1990). Is limited information processing capacity the cause of social stereotyping? *European Review of Social Psychology, 1*, 111–135.

Obama, B. (2004). *Dreams from my father: A story of race and inheritance*. New York, NY: Three Rivers Press.

O'Barr, W. M., & Atkins, B. K. (1980). 'Women's language' or 'powerless language'? In S. McConnell-Ginet, R. Borker, & N. Furman (Eds.), *Women and language in literature and society* (pp. 93–110). New York: Praeger.

Ochsner, K. N. (2007). Social cognitive neuroscience: Historical development, core principles, and future promise. In A. W. Kruglanski & E. T. Higgins (Eds.), *Social psychology: Handbook of basic principles* (2nd ed., pp. 39–66). New York: Guilford Press.

Ochsner, K. N., & Lieberman, M. (2001). The emergence of social cognitive neuroscience. *American Psychologist, 56*, 714–734.

O'Connor, J., Mumford, M. D., Clifton, T. C., Gessner, T. L., & Connelly, M. S. (1995). Charismatic leaders and destructiveness: A historiometric study. *The Leadership Quarterly, 6*, 529–558.

O'Connor, S., & Rosenblood, L. (1996). Affiliation motivation in everyday experience: A theoretical perspective. *Journal of Personality and Social Psychology, 70*, 513–522.

Oddone-Paolucci, E., Genuis, M., & Violato, C. (2000). A meta-analysis of the published research on the effects of pornography. In C. Violato, E. Oddone-Paolucci, & M. Genuis (Eds.), *The changing family and child development* (pp. 48–59). Aldershot, UK: Ashgate.

O'Donnell, C. R. (1995). Firearm deaths among children and youth. *American Psychologist, 50*, 771–776.

Ogilvie, C. A., Newman, E., Todd, L., & Peck, D. (2014). Attachment and violent offending: A meta-analysis. *Aggression and Violent Behavior, 19*, 322–339.

Öhman, A., & Soares, J. J. F. (1994). "Unconscious anxiety": Phobic responses to masked stimuli. *Journal of Abnormal Psychology, 103*, 231–240.

Olson, J. M. (1988). Misattribution, preparatory information, and speech anxiety. *Journal of Personality and Social Psychology, 54*, 758–767.

Olson, J. M., & Fazio, R. H. (2002). Implicit acquisition and manifestation of classically conditioned attitudes. *Social cognition, 20*, 89–103.

Olson, J. M., & Zanna, M. P. (1993). Attitudes and attitude change. *Annual Review of Psychology, 44*, 117–154.

Omoto, A. M., & Snyder, M. (2002). Considerations of community: The context and process of volunteerism. *American Behavioral Scientist, 45,* 846–867.

Omoto, A. M., Snyder, M., & Hackett, J. D. (2010). Personality and motivational antecedents of activism and civic engagement. *Journal of Personality, 78,* 1703–1734.

Opotow, S. (1990). Moral exclusion and injustice: An introduction. *Journal of Social Issues, 46,* 1–20.

Oppenheim, A. N. (1992). *Questionnaire design, interviewing and attitude measurement* (2nd ed.). London: Pinter.

Orano, P. (1901). *Psicologia sociale.* Bari, Italy: Lacerta.

Orne, M. T. (1962). On the social psychology of the psychology experiment: With particular reference to demand characteristics and their implications. *American Psychologist, 17,* 776–783.

Ortony, A., & Turner, T. J. (1990). What's basic about basic emotions? *Psychological Review, 97,* 315–331.

Orvis, B. R., Kelley, H. H., & Butler, D. (1976). Attributional conflicts in young couples. In J. H. Harvey, W. J. Ickes, & R. F. Kidd (Eds.), *New directions in attribution research* (Vol. 1, pp. 353–386). Hillsdale, NJ: Erlbaum.

Orwell, G. (1962). *The road to Wigan pier.* Harmondsworth, UK: Penguin.

Osborn, A. F. (1957). *Applied imagination* (Rev. ed.). New York: Charles Scribner's Sons.

Osgood, C. E. (1962). *An alternative to war or surrender.* Urbana, IL: University of Illinois Press.

Osgood, C. E., Suci, G. J., & Tannenbaum, P. H. (1957). *The measurement of meaning.* Urbana, IL: University of Illinois Press.

Oskamp, S. (1977). *Attitudes and opinions.* Englewood Cliffs, NJ: Prentice Hall.

Oskamp, S. (1984). *Applied social psychology.* Englewood Cliffs, NJ: Prentice Hall.

Osterman, L. L., & Brown, R. P. (2011). Culture of honor and violence against the self. *Personality and Social Psychology Bulletin, 37,* 1611–1623.

Ostrom, T. M. (1968). The relationship between the affective, behavioural, and cognitive components of attitude. *Journal of Experimental Social Psychology, 5,* 12–30.

Ostrom, T. M. (1989b). Interdependence of attitude theory and measurement. In A. R. Pratkanis, S. J. Breckler, & A. G. Greenwald (Eds.), *Attitude structure and function* (pp. 11–36). Hillsdale, NJ: Erlbaum.

Ostrom, T. M., & Sedikides, C. (1992). Outgroup homogeneity effects in natural and minimal groups. *Psychological Bulletin, 112,* 536–552.

Oswald, F. L., Mitchell, G., Blanton, H., Jaccard, J., & Tetlock, P. E. (2013). Predicting ethnic and racial discrimination: A meta-analysis of IAT criterion studies. *Journal of Personality and Social Psychology, 105,* 171–192.

Oswald, P. A. (1996). The effects of cognitive and affective perspective taking on empathic concern and altruistic helping. *Journal of Social Psychology, 136,* 613–623.

Otten, S., Mummendey, A., & Blanz, M. (1996). Intergroup discrimination in positive and negative outcome allocations: Impact of stimulus valence, relative group status, and relative group size. *Personality and Social Psychology Bulletin, 22,* 568–581.

Otten, S., & Wentura, D. (1999). About the impact of automaticity in the minimal group paradigm: Evidence from affective priming tasks. *European Journal of Social Psychology, 29,* 1049–1071.

Overall, N. C., Fletcher, G. J. O., & Simpson, J. A. (2006). Regulation processes in intimate relationships: The role of ideal standards. *Journal of Personality and Social Psychology, 91,* 662–685.

Overall, N. C., Fletcher, G. J. O., Simpson, J. A., & Sibley, C. G. (2009). Regulating partners in intimate relationships: The costs and benefits of different communication strategies. *Journal of Personality and Social Psychology, 96,* 620–639.

Overall, N. C., Girme, Y. U., Lemay E. P. Jr, & Hammond, M. D. (2014). Attachment anxiety and reactions to relationship threat: The benefits and costs of inducing guilt in romantic partners. *Journal of Personality and Social Psychology, 106,* 235–256.

Oyserman, D. (2007). Social identity and self-regulation. In A. W. Kruglanski & E. T. Higgins (Eds.), *Social psychology: Handbook of basic principles* (2nd ed., pp. 432–453). New York: Guilford.

Oyserman, D., Coon, H. M., & Kemmelmeier, M. (2002). Rethinking individualism and collectivism: Evaluation of theoretical assumptions and meta-analyses. *Psychological Bulletin, 128,* 3–72.

Pagel, M. D., & Davidson, A. R. (1984). A comparison of three social-psychological models of attitude and behavioral plan: Prediction of contraceptive behavior. *Journal of Personality and Social Psychology, 47,* 517–533.

Paglia, A., & Room, R. (1999). Expectancies about the effects of alcohol on the self and on others as determinants of alcohol policy. *Journal of Applied Social Psychology, 29,* 2632–2651.

Paik, H., & Comstock, G. (1994). The effects of television violence on antisocial behaviour: A meta-analysis. *Communication Research, 21,* 516–546.

Paladino, M. -P., Zaniboni, S., Fasoli, F., Vaes, J., & Volpato, C. (2014). Why did Italians protest against Berlusconi's sexist behaviour? The role of sexist beliefs and emotional reactions in explaining women and men's pathways to protest. *British Journal of Social Psychology, 53,* 201–216.

Palomares, N. A. (2004). Gender schematicity, gender identity salience, and gender-linked language use. *Human Communication Research, 30,* 556–588.

Palomares, N. A. (2012). Gender and intergroup communication. In H. Giles (Ed), *The handbook of intergroup communication* (pp. 197–210). New York: Routledge.

Pandey, J., Sinha, Y., Prakash, A., & Tripathi, R. C. (1982). Right–left political ideologies and attribution of the causes of poverty. *European Journal of Social Psychology, 12,* 327–331.

Pantin, H. M., & Carver, C. S. (1982). Induced competence and the bystander effect. *Journal of Applied Social Psychology, 12,* 100–111.

Paolacci, G., & Chandler, J. (2014). Inside the Turk: Understanding Mechanical Turk as a participant pool. *Current Directions in Psychological Science, 23,* 184–188.

Paolacci, G., Chandler, J., & Ipeirotis, P. G. (2010). Running experiments on Amazon Mechanical Turk. *Judgment and Decision Making, 5,* 411–419.

Papastamou, S. (1986). Psychologization and processes of minority and majority influence. *European Journal of Social Psychology, 16,* 165–180.

Parducci, A. (1968). The relativism of absolute judgments. *Scientific American, 219,* 84–90.

Park, B. (1986). A method for studying the development of impressions of real people. *Journal of Personality and Social Psychology, 51,* 907–917.

Park, B., & Hastie, R. (1987). Perception of variability in category development: Instance- versus abstraction-based stereotypes. *Journal of Personality and Social Psychology, 53,* 621–635.

Park, B., & Rothbart, M. (1982). Perception of outgroup homogeneity and levels of social categorization: Memory for the subordinate attributes of ingroup and outgroup members. *Journal of Personality and Social Psychology, 42,* 1051–1068.

Park, S., & Catrambone, R. (2012). Social facilitation effects of virtual humans. *Human Factors, 49,* 1054–1060.

Parker, D., Manstead, A. S. R., & Stradling, S. G. (1995). Extending the theory of planned behaviour: The role of personal norm. *British Journal of Social Psychology, 34,* 127–137.

Parkinson, B. (1985). Emotional effects of false autonomic feedback. *Psychological Bulletin, 98,* 471–494.

Parkinson, B., & Manstead, A. S. R. (1992). Appraisal as a cause of emotion. In M. S. Clark (Ed.), *Emotion* (pp. 122–149) Newbury Park, CA: Sage.

Parsons, J. E., Adler, T., & Meece, J. L. (1984). Sex differences in achievement: A test of alternate theories. *Journal of Personality and Social Psychology, 46,* 26–43.

Pascoe, E. A., & Richman, L. S. (2009). Perceived discrimination and health: A meta-analytic review. *Psychological Bulletin, 135,* 531–554.

Patch, M. E. (1986). The role of source legitimacy in sequential request strategies of compliance. *Personality and Social Psychology Bulletin, 12,* 199–205.

Patterson, F. (1978). Conversations with a gorilla. *National Geographic, 154,* 438–465.

Patterson, M. L. (1983). *Nonverbal behavior: A functional perspective.* New York: Springer.

Paulhus, D. L., & Levitt, K. (1987). Desirable responding triggered by affect: Automatic egotism. *Journal of Personality and Social Psychology, 52*, 245–259.

Paulhus, D. L., & Williams, K. M. (2002). The dark triad of personality. *Journal of Research in Personality, 36*, 556–563.

Paulus, P. B., Dzindolet, M. T., Poletes, G., & Camacho, L. M. (1993). Perception of performance in group brainstorming: The illusion of group productivity. *Personality and Social Psychology Bulletin, 19*, 78–89.

Pavelchak, M. A., Moreland, R. L., & Levine, J. M. (1986). Effects of prior group memberships on subsequent reconnaissance activities. *Journal of Personality and Social Psychology, 50*, 56–66.

Pawlik, K., & Rosenzweig, M. R. (Eds.) (2000). *International handbook of psychology*. London: SAGE.

Pazda, A. D., Elliott, A. J., & Greitmeyer, T. (2012). Sexy red: Perceived sexual receptivity mediates the red-attraction relation in men viewing woman. *Journal of Experimental Social Psychology, 48*, 787–790.

Pechmann, C., & Esteban, G. (1994). Persuasion processes associated with direct comparative and noncomparative advertising and implications for advertising effectiveness. *Journal of Consumer Psychology, 2*, 403–432.

Pedersen, A., Walker, I., & Glass, C. (1999). Experimenter effects on ingroup preference and self-concept of urban Aboriginal children. *Australian Journal of Psychology, 51*, 82–89.

Pedersen, D. M. (1999). Models for types of privacy by privacy functions. *Journal of Environmental Psychology, 19*, 397–405.

Pedersen, W. C., Vasquez, E. A., Bartholow, B. D., Grosvenor, M., & Truong, A. (2014). Are you insulting me? Exposure to alcohol primes increases aggression following ambiguous provocation. *Personality and Social Psychology Bulletin, 40*, 1037–1049.

Peeters, G., & Czapinski, J. (1990). Positive–negative asymmetry in evaluations: The distinction between affective and informational negativity effects. *European Review of Social Psychology, 1*, 33–60.

Pei, M. (1965). *The story of language* (2nd ed.). Philadelphia, PA: Lippincott.

Peng, K., & Nisbett, R. E. (1999). Culture, dialectics, and reasoning about contradiction. *American Psychologist, 54*, 741–754.

Pennebaker, J. W. (1997). Writing about emotional experiences as a therapeutic process. *Psychological Science, 8*, 162–166.

Penrod, S., & Hastie, R. (1980). A computer simulation of jury decision making. *Psychological Review, 87*, 133–159.

Pepitone, A. (1981). Lessons from the history of social psychology. *American Psychologist, 36*, 972–985.

Peplau, L. A., & Fingerhut, A. W. (2007). The close relationships of lesbians and gay men. *Annual Review of Psychology, 58*, 400–424.

Peplau, L. A., & Perlman, D. (Eds.) (1982). *Loneliness: A sourcebook of current theory, research and therapy*. New York: Wiley.

Peretti-Watel, P., Obadia, Y., Dray-Spira, R., Lert, F., & Moatti, J.-P. (2005). Attitudes and behaviours of people living with HIV/AIDS and mass media prevention campaign: A French survey. *Psychology, Health and Medicine, 10*, 215–224.

Pérez, J. A., & Mugny, G. (1998). Categorization and social influence. In S. Worchel & J. M. Francisco (Eds.), *Social identity: International perspectives* (pp. 142–153). London: SAGE.

Perkins, A. M., Inchley-Mort, S. L., Pickering, A. D., Corr, P. J., & Burgess, A. P. (2012). A facial expression for anxiety. *Journal of Personality and Social Psychology, 102*, 910–924.

Perlman, D., & Oskamp, S. (1971). The effects of picture content and exposure frequency on evaluations of Negroes and Whites. *Journal of Experimental Social Psychology, 7*, 503–514.

Perlman, D., & Peplau, L. A. (1998). Loneliness. *Encyclopedia of mental health* (Vol. 2, pp. 571–581). New York: Academic Press.

Perry, D. G., Perry L., & Boldizar, J. P. (1990). Learning of aggression. In M. Lewis & S. Miller (Eds.), *Handbook of developmental psychopathology* (pp. 135–146). New York: Plenum.

Perry, D. G., Perry, L., Bussey, K., English, D., & Arnold, G. (1980). Processes of attribution and children's self-punishment following misbehaviour. *Child Development, 51*, 545–551.

Peters, K., Morton, T. A., & Haslam, S. A. (2010). Communication silos and social identity complexity in organizations. In H. Giles, S. A. Reid, & J. Harwood (Eds.), *Dynamics of intergroup communication* (pp. 221–234). New York: Peter Lang.

Peters, L. H., Hartke, D. D., & Pohlmann, J. T. (1985). Fiedler's contingency theory of leadership: An application of the meta-analytic procedure of Schmidt and Hunter. *Psychological Bulletin, 97*, 274–285.

Peters, L. H., O'Connor, E. J., Weekley, J., Pooyan, A., Frank, B., & Erenkrantz, B. (1984). Sex bias and managerial evaluation: A replication and extension. *Journal of Applied Psychology, 69*, 349–352.

Peterson, C. (1980). Memory and the 'dispositional shift'. *Social Psychology Quarterly, 43*, 372–380.

Peterson, C., Semmel, A., Von Baeyer, C., Abramson, L. Y., Metalsky, G. I., & Seligman, M. E. P. (1982). The attributional style questionnaire. *Cognitive Therapy and Research, 6*, 287–300.

Peterson, R., & Nemeth, C. (1996). Focus versus flexibility: Majority and minority influence can both improve performance. *Personality and Social Psychology Bulletin, 22*, 14–23.

Pettigrew, T. F. (1958). Personality and sociocultural factors in intergroup attitudes: A cross-national comparison. *Journal of Conflict Resolution, 2*, 29–42.

Pettigrew, T. F. (1971). *Racially separate or together*. New York: McGraw-Hill.

Pettigrew, T. F. (1979). The ultimate attribution error: Extending Allport's cognitive analysis of prejudice. *Personality and Social Psychology Bulletin, 5*, 461–476.

Pettigrew, T. F. (1981). Extending the stereotype concept. In D. L. Hamilton (Ed.), *Cognitive processes in stereotyping and intergroup behavior* (pp. 303–332). Hillsdale, NJ: Erlbaum.

Pettigrew, T. F. (1987). *Modern racism: American Black–White relations since the 1960s*. Cambridge, MA: Harvard University Press.

Pettigrew, T. F. (1998). Intergroup contact theory. *Annual Review of Psychology, 49*, 65–85.

Pettigrew, T. F., & Meertens, R. W. (1995). Subtle and blatant prejudice in Western Europe. *European Journal of Social Psychology, 25*, 57–75.

Pettigrew, T. F., & Tropp, L. R. (2006). A meta-analytic test of intergroup contact theory. *Journal of Personality and Social Psychology, 90*, 751–783.

Petty, R. E., & Cacioppo, J. T. (1979). Issue-involvement can increase or decrease persuasion by enhancing message-relevant cognitive responses. *Journal of Personality and Social Psychology, 37*, 1915–1926.

Petty, R. E., & Cacioppo, J. T. (1981). *Attitudes and persuasion: Classic and contemporary approaches*. Dubuque, IA: Brown.

Petty, R. E., & Cacioppo, J. T. (1986a). *Communication and persuasion: Central and peripheral routes to attitude change*. New York: Springer.

Petty, R. E., & Cacioppo, J. T. (1986b). The elaboration likelihood model of persuasion. *Advances in Experimental Social Psychology, 19*, 123–205.

Petty, R. E., Schuman, D. W., Richman, S. A., & Stratham, A. J. (1993). Positive mood and persuasion: Different roles for affect under high- and low-elaboration conditions. *Journal of Personality and Social Psychology, 64*, 5–20.

Petty, R. E., & Wegener, D. (1998) Attitude change: Multiple roles for persuasion variables. In D. T. Gilbert, S. T. Fiske, & G. Lindzey (Eds.) *The handbook of social psychology* (4th ed., Vol. 2, pp. 323–390). New York: McGraw-Hill.

Pevers, B. H., & Secord, P. F. (1973). Developmental changes in attribution of descriptive concepts to persons. *Journal of Personality and Social Psychology, 27*, 120–128.

Pfau, M., Compton, J. A., Parker, K. A., Wittenberg, E. M., An, C., Ferguson, M., et al. (2004). The traditional explanation for resistance versus attitude accessibility: Do they trigger distinct or overlapping processes of resistance? *Human Communication Research, 30*, 329–360.

Pfau, M., Roskos-Ewoldsen, D., Wood, M., Yin, S., Cho, J., Lu, K. H., et al. (2003). Attitude accessibility as an alternative explanation for how inoculation confers resistance. *Communication Monographs, 70*, 39–51.

Pheterson, G. I., Kiesler, S. B., & Goldberg, P. A. (1971). Evaluation of the performance of women as a function of their success, achievements and personal history. *Journal of Personality and Social Psychology, 19*, 114–118.

Phillips, D. P. (1986). Natural experiments on the effects of mass media violence on fatal aggression: Strengths and weaknesses of a new approach. *Advances in Experimental Social Psychology, 19*, 207–250.

Phinney, J. S., & Rotheram, M. J. (Eds.) (1987). *Children's ethnic socialization: Pluralism and development*. Newbury Park, CA: SAGE.

Piaget, J. (1928). *The child's conception of the world*. London: Routledge & Kegan Paul.

Piaget, J. (1955). *The child's construction of reality*. London: Routledge & Kegan Paul.

Pilger, J. (1989). *A secret country*. London: Vantage.

Piliavin, J. A., & Charng, H.-W. (1990). Altruism: A review of recent theory and research. *Annual Review of Sociology, 16*, 27–65.

Piliavin, J. A., Piliavin, I. M., Dovidio, J. F., Gaertner, S. L., & Clark, R. D., III. (1981). *Emergency intervention*. New York: Academic Press.

Pinker, S. (2011). *The better angels of our nature: The decline of violence and its causes*. London: Allen Lane.

Pinto, I. R., Marques, J. M., Levine, J. M., & Abrams, D. (2010). Membership status and subjective group dynamics: Who triggers the black sheep effect? *Journal of Personality and Social Psychology, 99*, 107–119.

Pittam, J., & Gallois, C. (1996). The mediating role of narrative in intergroup processes: Talking about AIDS. *Journal of Language and Social Psychology, 15*, 312–334.

Pittinsky, T. (Ed.). (2009). *Crossing the divide: Intergroup leadership in a world of difference*. Cambridge, MA: Harvard Business Publishing.

Pittinsky, T. L., & Simon, S. (2007). Intergroup leadership. *The Leadership Quarterly, 18*, 586–605.

Plaks, J., Levy, S. R., & Dweck, C. (2009). Lay theories of personality: Cornerstones of meaning in social cognition. *Social and Personality Psychology Compass, 3*, 1069–1081.

Platow, M. J., Reid, S. A., & Andrew, S. (1998). Leadership endorsement: The role of distributive and procedural behavior in interpersonal and intergroup contexts. *Group Processes and Intergroup Relations, 1*, 35–47.

Platow, M. J., & Van Knippenberg, D. (2001). A social identity analysis of leadership endorsement: The effects of leader ingroup prototypicality and distributive intergroup fairness. *Personality and Social Psychology Bulletin, 27*, 1508–1519.

Platow, M. J., Van Knippenberg, D., Haslam, S. A., Van Knippenberg, B., & Spears, R. (2006). A special gift we bestow on you for being representative of us: Considering leader charisma from a self-categorization perspective. *British Journal of Social Psychology, 45*, 303–320.

Platz, S. J., & Hosch, H. M. (1988). Cross-racial/ethnic eyewitness identification: A field study. *Journal of Applied Social Psychology, 18*, 972–984.

Plous, S., & Williams, T. (1995). Racial stereotypes from the days of American slavery: A continuing legacy. *Journal of Applied Social Psychology, 25*, 795–817.

Pomazal, R. J., & Clore, G. L. (1973). Helping on the highway: The effects of dependency and sex. *Journal of Applied Social Psychology, 3*, 150–164.

Popp, D., Donovan, R. A., Crawford, M., Marsh, K. L., & Peele, M. (2003). Gender, race, and speech style stereotypes. *Sex Roles, 48*, 317–325.

Poppe, E., & Linssen, H. (1999). Ingroup favouritism and the reflection of realistic dimensions of difference between national states in Central and Eastern European nationality stereotypes. *British Journal of Social Psychology, 38*, 85–102.

Popper, K. (1969). *Conjectures and refutations* (3rd ed.). London: Routledge & Kegan Paul.

Postmes, T., & Spears, R. (1998). Deindividuation and anti-normative behavior: A meta-analysis. *Psychological Bulletin, 123*, 238–259.

Postmes, T., Spears, R., & Lea, M. (1998). Breaching or building social boundaries? SIDE-effects of computer-mediated communication. *Communication Research, 25*, 689–715.

Postmes, T., Spears, R., Sakhel, K., & de Groot, D. (2001). Social influence in computer-mediated communication: The effects of anonymity on group behavior. *Personality and Social Psychology Bulletin, 27*, 1243–1254.

Potter, J. (1996). *Representing reality*. London: SAGE.

Potter, J., Stringer, P., & Wetherell, M. S. (1984). *Social texts and context: Literature and social psychology*. London: Routledge and Kegan Paul.

Potter, J., & Wetherell, M. S. (1987). *Discourse and social psychology: Beyond attitudes and behaviour*. London: SAGE.

Potter, J., Wetherell, M. S., Gill, R., & Edwards, D. (1990). Discourse: Noun, verb or social practice? *Philosophical Psychology, 3*, 205–217.

Powell, M. C., & Fazio, R. H. (1984). Attitude accessibility as a function of repeated attitudinal expression. *Personality and Social Psychology Bulletin, 10*, 139–148.

Pratkanis, A. R., & Greenwald, A. G. (1989). A sociocognitive model of attitude structure and function. *Advances in Experimental Social Psychology, 22*, 245–285.

Pratkanis, A. R., Greenwald, A. G., Leippe, M. R., & Baumgardner, M. H. (1988). In search of reliable persuasion effects: III. The sleeper effect is dead. Long live the sleeper effect. *Journal of Personality and Social Psychology, 54*, 203–218.

Pratto, F. (1999). The puzzle of continuing group inequality: Piecing together psychological, social and cultural forces in social dominance theory. *Advances in Experimental Social Psychology, 31*, 191–263.

Pratto, F., Sidanius, J., Stallworth, L. M., & Malle B. F. (1994). Social dominance orientation: A personality variable predicting social and political attitudes. *Journal of Personality and Social Psychology, 67*, 741–763.

Prentice, D. A., & Eberhardt, J. (Eds.) (2008). *Social neuroscience and intergroup behavior*. (Special issue of *Group Processes and Intergroup Relations* – all Vol 11, Issue 2). London: SAGE.

Prentice, D. A., & Miller, D. T. (1993). Pluralistic ignorance and alcohol use on campus: Some consequences of misperceiving the social norm. *Journal of Personality and Social Psychology, 64*, 243–256.

Prentice, D. A., & Miller, D. T. (Eds.) (1999). *Cultural divides: Understanding and overcoming group conflict*. New York: Russell Sage Foundation.

Prentice, D. A., Miller, D., & Lightdale, J. R. (1994). Asymmetries in attachment to groups and to their members: Distinguishing between common-identity and common-bond groups. *Personality and Social Psychology Bulletin, 20*, 484–493.

Prentice-Dunn, S., & Rogers, R. W. (1982). Effects of public and private self-awareness on deindividuation and aggression. *Journal of Personality and Social Psychology, 43*, 503–513.

Price-Williams, D. (1976). Cross-cultural studies. In L. A. Samovar & R. E. Porter (Eds.), *Intercultural communication: A reader* (2nd ed., pp. 32–48). Belmont, CA: Wadsworth.

Prisbell, M. (1985). Assertiveness, shyness and nonverbal communication behaviors. *Communication Research Reports, 2*, 120–127.

Pronin, E., Steele, C. M., & Ross, L. (2004). Identity bifurcation in response to stereotype threat: Women and mathematics. *Journal of Experimental Social Psychology, 40*, 152–168.

Pruitt, D. G. (1981). *Negotiation behavior*. New York: Academic Press.

Pryor, J. B., & Ostrom, T. M. (1981). The cognitive organization of social information: A converging-operations approach. *Journal of Personality and Social Psychology, 41*, 628–641.

Przybyla, D. P. J. (1985). *The facilitating effects of exposure to erotica on male prosocial behavior*. Unpublished doctoral dissertation, State University of New York at Albany.

Purkhardt, S. C. (1995). *Transforming social representations*. London: Routledge.

Pyszczynski, T., Greenberg, J., & Solomon, S. (1999). A dual-process model of defense against conscious and unconscious death-related thoughts: An extension of terror management theory. *Psychological Review, 106*, 835–845.

Pyszczynski, T., Greenberg, J., & Solomon, S. (2004). Why do people need self-esteem? A theoretical and empirical review. *Psychological Bulletin, 130*, 435–468.

Pyszczynski, T. A., & Greenberg, J. (1981). Role of disconfirmed expectancies in the instigation of attributional processing. *Journal of Personality and Social Psychology, 40*, 31–38.

Quattrone, G. A. (1986). On the perception of a group's variability. In S. Worchel & W. Austin (Eds.), *The psychology of intergroup relations* (Vol. 2, pp. 25–48). New York: Nelson-Hall.

Quattrone, G. A., & Jones, E. E. (1980). The perception of variability within ingroups and outgroups: Implications for the law of small numbers. *Journal of Personality and Social Psychology, 38,* 141–152.

Quigley-Fernandez, B., & Tedeschi, J. T. (1978). The bogus pipeline as lie detector: Two validity studies. *Journal of Personality and Social Psychology, 36,* 247–256.

Rabbie, J. M., & Bekkers, F. (1978). Threatened leadership and intergroup competition. *European Journal of Social Psychology, 8,* 9–20.

Rabbie, J. M., & DeBrey, J. H. C. (1971). The anticipation of intergroup cooperation and competition under private and public conditions. *International Journal of Group Tensions, 1,* 230–251.

Rabbie, J. M., & Horwitz, M. (1969). Arousal of ingroup–outgroup bias by a chance win or loss. *Journal of Personality and Social Psychology, 13,* 269–277.

Rabbie, J. M., Schot, J. C., & Visser, L. (1989). Social identity theory: A conceptual and empirical critique from the perspective of a behavioural interaction model. *European Journal of Social Psychology, 19,* 171–202.

Rabbie, J. M., & Wilkens, G. (1971). Ingroup competition and its effect on intragroup relations. *European Journal of Social Psychology, 1,* 215–234.

Rafiq, U., Jobanuptra, N., & Muncer, S. (2006). Comparing the perceived causes of the second Iraq war: A network analysis approach. *Aggressive Behavior, 32,* 321–329.

Ramirez, J., Bryant, J., & Zillman, D. (1983). Effects of erotica on retaliatory behavior as a function of level of prior provocation. *Journal of Personality and Social Psychology, 43,* 971–978.

Randsley de Moura, G., Abrams, D., Hutchison, P., & Marques, J. M. (2011). Leadership deviance. In J. Jetten & M. Hornsey (Eds.), *Rebels in groups: Dissent, deviance, difference and defiance* (pp. 238–258). Oxford, UK: Blackwell.

Rankin, R. E., & Campbell, D. T. (1955). Galvanic skin response to Negro and White experimenters. *Journal of Abnormal and Social Psychology, 51,* 30–33.

Rapley, M. (1998). 'Just an ordinary Australian': Self-categorization and the discursive construction of facticity in 'new racist' political rhetoric. *British Journal of Social Psychology, 37,* 325–344.

Rapoport, A. (1976). *Experimental games and their uses in psychology.* Morristown, NJ: General Learning Press.

Rast, D. E., III, Hogg, M. A., & Giessner, S. R. (2013). Self-uncertainty and support for autocratic leadership. *Self and Identity, 12,* 635–649.

Rauer, A. J., Sabey, A., & Jensen, J. F. (2014). Growing old together: Compassionate love and health in older adulthood. *Journal of Social and Personal Relationships, 31,* 671–696.

Raven, B. H. (1965). Social influence and power. In I. D. Steiner & M. Fishbein (Eds.), *Current studies in social psychology* (pp. 371–382). New York: Holt, Rinehart & Winston.

Raven, B. H. (1993). The bases of power: Origins and recent developments. *Journal of Social Issues, 49,* 227–251.

Raven, B. H., & French, J. R. P. (1958). Legitimate power, coercive power and observability in social influence. *Sociometry, 21,* 83–97.

Ray, M. L. (1988). *Short-term evidence of advertising's long-term effect* (Report no. 88–107). Cambridge, MA: Marketing Science Institute.

Reeder, G. D., & Brewer, M. B. (1979). A schematic model of dispositional attribution in interpersonal perception. *Psychological Review, 86,* 61–79.

Regan, D. T., & Fazio, R. H. (1977). On the consistency of attitudes and behavior: Look to the method of attitude formation. *Journal of Experimental Social Psychology, 13,* 38–45.

Regan, D. T., Williams, M., & Sparling, S. (1972). Voluntary expiation of guilt: A field experiment. *Journal of Personality and Social Psychology, 24,* 42–45.

Regan, J. (1971). Guilt, perceived injustice, and altruistic behaviour. *Journal of Personality and Social Psychology, 18,* 124–132.

Regan, P. C., & Berscheid, E. (1999). *Lust: What we know about human sexual desire.* Thousand Oaks, CA: SAGE.

Rego, A., Vitória, A. Magalhães, A., Ribeiro, N., & e Cunha, M. (2013). Are authentic leaders associated with more virtuous, committed and potent teams? *The Leadership Quarterly, 24,* 61–79.

Regoeczi, W. C. (2003). When context matters: A multilevel analysis of household and neighbourhood crowding on aggression and withdrawal. *Journal of Environmental Psychology, 23,* 457–470.

Reicher, S., Haslam, S. A., & Hopkins, N. (2005). Social identity and the dynamics of leadership: Leaders and followers as collaborative agents in the transformation of social reality. *The Leadership Quarterly, 16,* 547–568.

Reicher, S. D. (1982). The determination of collective behaviour. In H. Tajfel (Ed.), *Social identity and intergroup relations* (pp. 41–83). Cambridge, UK: Cambridge University Press.

Reicher, S. D. (1984). Social influence in the crowd: Attitudinal and behavioural effects of deindividuation in conditions of high and low group salience. *British Journal of Social Psychology, 23,* 341–350.

Reicher, S. D. (1987). Crowd behaviour as social action. In J. C. Turner, M. A. Hogg, P. J. Oakes, S. D. Reicher, & M. S. Wetherell, *Rediscovering the social group: A self-categorization theory* (pp. 171–202). Oxford, UK: Blackwell.

Reicher, S. D. (1996). Social identity and social change: Rethinking the context of social psychology. In W. P. Robinson (Ed.), *Social groups and identities: Developing the legacy of Henri Tajfel* (pp. 317–336). Oxford, UK: Butterworth-Heinemann.

Reicher, S. D. (2001). The psychology of crowd dynamics. In M. A. Hogg & R. S. Tindale (Eds.), *Blackwell handbook of social psychology: Group processes* (pp. 182–207). Oxford, UK: Blackwell.

Reicher, S. D., & Emler, N. (1985). Delinquent behaviour and attitudes to formal authority. *British Journal of Social Psychology, 24,* 161–168.

Reicher, S. D., & Haslam, S. A. (2006). Rethinking the psychology of tyranny: The BBC prison study. *British Journal of Social Psychology, 45,* 1–40.

Reicher, S. D., Haslam, S. A., & Smith, J. R. (2012). Working toward the experimenter: Reconceptualizing obedience within the Milgram paradigm as identification-based followership. *Perspectives on Psychological Science, 7,* 315–324.

Reicher, S. D., & Hopkins, N. (1996a). Seeking influence through characterising self-categories: An analysis of anti-abortionist rhetoric. *British Journal of Social Psychology, 35,* 297–311.

Reicher, S. D., & Hopkins, N. (1996b). Self-category constructions in political rhetoric: An analysis of Thatcher's and Kinnock's speeches concerning the British miners' strike (1984–5). *European Journal of Social Psychology, 26,* 353–371.

Reicher, S. D., & Hopkins, N. (2001). *Self and nation.* London: SAGE.

Reicher, S. D., & Hopkins, N. (2003). On the science of the art of leadership. In D. Van Knippenberg & M. A. Hogg (Eds.), *Leadership and power: Identity processes in groups and organizations* (pp. 197–209). London: SAGE.

Reicher, S. D., Hopkins, N., Levine, M., & Rath, R. (2005). Entrepreneurs of hate and entrepreneurs of solidarity: Social identity as a basis for mass communication. *International Review of the Red Cross, 87,* 621–637.

Reicher, S. D., & Potter, J. (1985). Psychological theory as intergroup perspective: A comparative analysis of 'scientific' and 'lay' accounts of crowd events. *Human Relations, 38,* 167–189.

Reicher, S. D., Spears, R., & Postmes, T. (1995). A social identity model of deindividuation phenomena. *European Review of Social Psychology, 6,* 161–198.

Reicher, S. D., & Stott, C. (2011). *Mad mobs and Englishmen? Myths and realities of the 2011 riots.* London: Constable and Robinson.

Reid, S. A., & Ng, S. H. (1999). Language, power, and intergroup relations. *Journal of Social Issues, 55,* 119–139.

Reid, S. A., & Ng, S. H. (2000). Conversation as a resource for influence: Evidence for prototypical arguments and social identification processes. *European Journal of Social Psychology, 30,* 83–100.

Reis, H. T., Maniaci, M. R., Caprariello, P. A., Eastwick, P. W., & Finkel, E. J. (2011). Familiarity does indeed promote attraction in live interaction. *Journal of Personality and Social Psychology, 101,* 557–570.

Reis, H. T., Maniaci, M. R., & Rogge, R. D. (2014). The expression of compassionate love in everyday compassionate acts. *Journal of Social and Personal Relationships, 31,* 651–676.

Reis, H. T., & Sprecher, S (Eds.) (2009) *Encyclopedia of human relationships.* Thousand Oaks, CA: SAGE.

Reisenzein, R. (1983). The Schachter theory of emotion: Two decades later. *Psychological Bulletin, 94*, 239–264.

Rempel, J. K., Ross, M., & Holmes, J. G. (2001). Trust and communicated attributions in close relationships. *Journal of Personality and Social Psychology, 81*, 57–64.

Renzetti, C. M. (2006). Commentary on Swan and Snow's 'The development of a theory of women's use of violence in intimate relationships'. *Violence Against Women, 12*, 1046–1047.

Reynolds, K. J., Turner, J. C., Haslam, S. A., & Ryan, M. K. (2001). The role of personality and group factors in explaining prejudice. *Journal of Experimental Social Psychology, 37*, 427–434.

Rhodes, G. (2006). The evolutionary psychology of facial beauty. *Annual Review of Psychology, 57*, 199–226.

Rhodes, G., Hickford, C., & Jeffrey, L. (2000). Sex-typicality and attractiveness: Are supermale and superfemale faces super-attractive? *British Journal of Psychology, 91*, 125–140.

Rhodes, G., Sumich, A., & Byatt, G. (1999). Are average facial configurations attractive only because of their symmetry? *Psychological Science, 10*, 52–58.

Rhodes, G., & Tremewan, T. (1996). Averageness, exaggeration, and facial attractiveness. *Psychological Science, 2*, 105–110.

Rhodes, N., & Wood, W. (1992). Self-esteem and intelligence affect influenceability: The mediating role of message reception. *Psychological Bulletin, 111*, 156–171.

Rhodewalt, F., & Strube, M. J. (1985). A self-attribution reactance model for health outcomes. *Journal of Applied Social Psychology, 15*, 330–344.

Rholes, W. S., & Pryor, J. B. (1982). Cognitive accessibility and causal attributions. *Personality and Social Psychology Bulletin, 8*, 719–727.

Rholes, W. S., & Simpson, J. A. (2004). *Adult attachment: Theory, research, and clinical implications.* New York: Guilford Press.

Rholes, W. S., Simpson, J. A., & Blakely, B. S. (1995). Adult attachment styles and mothers' relationships with their young children. *Personal Relationships, 2*, 35–54.

Rholes, W. S., Simpson, J. A., & Friedman, M. (2006). Avoidant attachment and the experience of parenting. *Personality and Social Psychology Bulletin, 32*, 275–285.

Rice, M. E., & Grusec, J. E. (1975). Saying and doing: Effects on observer performance. *Journal of Personality and Social Psychology, 32*, 584–593.

Rice, R. W. (1978). Construct validity of the least preferred co-worker score. *Psychological Bulletin, 85*, 1199–1237.

Rice, R. W., Instone, D., & Adams, J. (1984). Leader sex, leader success, and leadership process: Two field studies. *Journal of Applied Psychology, 69*, 12–31.

Ridgeway, C. L. (2001). Social status and group structure. In M. A. Hogg & R. S. Tindale (Eds.), *Blackwell handbook of social psychology: Group processes* (pp. 352–375). Oxford, UK: Blackwell.

Ridgeway, C. L. (2003). Status characteristics and leadership. In D. Van Knippenberg & M. A. Hogg (Eds.), *Leadership and power: Identity processes in groups and organizations* (pp. 65–78). London: SAGE.

Riess, M., Kalle, R. J., & Tedeschi, J. T. (1981). Bogus pipeline attitude assessment, impression management, and misattribution in induced compliance settings. *Journal of Social Psychology, 115*, 247–258.

Riess, M., Rosenfield, R., Melburg, V., & Tedeschi, J. T. (1981). Self-serving attributions: Biased private perceptions and distorted public descriptions. *Journal of Personality and Social Psychology, 41*, 224–231.

Riggio, H. R. (2004). Parental marital conflict and divorce, parent–child relationships, social support, and relationship anxiety in young adulthood. *Personal Relationships, 11*, 99–114.

Riggio, R. E., & Carney, D. R. (2003). *Social skills inventory manual* (2nd ed.). Redwood City, CA: MindGarden.

Riggio, R. E., Chaleff, I., & Lipman-Blumen, J. (Eds.). (2008). *The art of followership: How great followers create great leaders and organizations.* San Francisco: Jossey-Bass.

Ringelmann, M. (1913). Recherches sur les moteurs animés: Travail de l'homme. *Annales de l'Institut National Agronomique, 2*(12), 1–40.

Riopelle, A. J. (1987). Instinct. In R. J. Corsini (Ed.), *Concise encyclopedia of psychology* (pp. 599–600). New York: Wiley.

Risen, J. L., & Gilovich, T. (2007). Another look at why people are reluctant to exchange lottery tickets. *Journal of Personality and Social Psychology, 93*, 12–22.

Robinson, J. P., Shaver, P. R., & Wrightsman, L. S. (Eds.) (1991). *Measures of personality and social psychological attitudes.* New York: Academic Press.

Robinson, R. J., Keltner, D., Ward, A., & Ross, L. (1995). Actual versus assumed differences in construal: Realism in intergroup perception and conflict. *Journal of Personality and Social Psychology, 68*, 404–417.

Roccas, S., & Brewer, M. B. (2002). Social identity complexity. *Personality and Social Psychology Review, 6*, 88–109.

Rodriguez Mosquera, P. M. (2013). In the name of honor. On virtue, reputation, and violence. *Group Processes and Intergroup Relations, 16*, 271–278.

Roethlisberger, F., & Dickson, W. (1939). *Management and the worker.* Cambridge, MA: Harvard University Press.

Rogers, R. W., & Prentice-Dunn, S. (1981). Deindividuation and anger-mediated interracial aggression: Unmasking regressive racism. *Journal of Personality and Social Psychology, 41*, 63–73.

Rogers, W. S. (2003). *Social psychology: Experimental and critical approaches.* Maidenhead, UK: Open University Press.

Rogoff, B. (2003). *The cultural nature of human development.* Oxford, UK: Oxford University Press.

Rohan, M. (2000). A rose by any name? The values construct. *Personality and Social Psychology Review, 4*, 255–277.

Rohmer, O., & Louvet, E. (2012). Implicit measures of the stereotype content associated with disability. *British Journal of Social Psychology, 51*, 732–740.

Rohrer, J. H., Baron, S. H., Hoffman, E. L., & Swander, D. V. (1954). The stability of autokinetic judgments. *Journal of Abnormal and Social Psychology, 49*, 595–597.

Rokeach, M. (1948). Generalized mental rigidity as a factor in ethnocentrism. *Journal of Abnormal and Social Psychology, 43*, 259–278.

Rokeach, M. (1973). *The nature of human values.* New York: Free Press.

Rokeach, M. (Ed.) (1960). *The open and closed mind.* New York: Basic Books.

Rokeach, M., & Mezei, L. (1966). Race and shared belief as factors in social choice. *Science, 151*, 167–172.

Rommetveit, R. (1974). *On message structure: A framework for the study of language and communication.* New York: Wiley.

Ronay, R., & Von Hippel, W. (2010). The presence of an attractive woman elevates testosterone and physical risk taking in young men. *Social Psychological and Personality Science, 1*, 57–64.

Rosch, E. (1978). Principles of categorization. In E. Rosch & B. B. Lloyd (Eds.), *Cognition and categorization* (pp. 27–48). Hillsdale, NJ: Erlbaum.

Rose, H., & Rose, S. (Eds.) (2000). *Alas, poor Darwin: Arguments against evolutionary psychology.* London: Vintage.

Rosenberg, M. J. (1969). The conditions and consequences of evaluation apprehension. In R. Rosenthal & R. L. Rosnow (Eds.), *Artifact in behavioral research* (pp. 280–349). New York: Academic Press.

Rosenberg, M. J. (1979). *Conceiving the self.* New York: Basic Books.

Rosenberg, M. J., & Hovland, C. I. (1960). Cognitive, affective, and behavioral components of attitude. In M. J. Rosenberg, C. I. Hovland, W. J. McGuire, R. P. Abelson, & J. W. Brehm (Eds.), *Attitude organization and change: An analysis of consistency among attitude components.* New Haven, CT: Yale University Press.

Rosenberg, S., Nelson, C., & Vivekanathan, P. S. (1968). A multidimensional approach to the structure of personality impressions. *Journal of Personality and Social Psychology, 39*, 283–294.

Rosenberg, S., & Sedlak, A. (1972). Structural representations of implicit personality theory. *Advances in Experimental Social Psychology, 6*, 235–297.

Rosenberg, S. W., & Wolfsfeld, G. (1977). International conflict and the problem of attribution. *Journal of Conflict Resolution, 21*, 75–103.

Rosenfeld, H. M. (1965). Effect of approval-seeking induction on interpersonal proximity. *Psychological Reports, 17*, 120–122.

Rosenfield, D., Greenberg, J., Folger, R., & Borys, R. (1982). Effect of an encounter with a Black panhandler on subsequent helping for Blacks:

Tokenism or conforming to a negative stereotype? *Personality and Social Psychology Bulletin, 8,* 664–671.

Rosenfield, D., & Stephan, W. G. (1977). When discounting fails: An unexpected finding. *Memory and Cognition, 5,* 97–102.

Rosenkoetter, L. I. (1999). The television situation comedy and children's prosocial behavior. *Journal of Applied Social Psychology, 29,* 979–993.

Rosenthal, D. (1987). Ethnic identity development in adolescents. In J. S. Phinney & M. J. Rotheram (Eds.), *Children's ethnic socialisation: Pluralism and development* (pp. 156–179). Newbury Park, CA: SAGE.

Rosenthal, R. (1966). *Experimenter effects in behavioral research.* New York: Appleton-Century-Crofts.

Rosenthal, R., Hall, J. A., DiMatteo, M. R., Rogers, P. L., & Archer, D. (1979). *Sensitivity to nonverbal communication: The PONS test.* Baltimore, MD: Johns Hopkins University Press.

Rosenthal, R., & Jacobson, L. F. (1968). *Pygmalion in the classroom.* New York: Holt, Rinehart & Winston.

Rosenthal, R., & Rubin, D. B. (1978). Interpersonal expectancy effects: The first 345 studies. *Behavioral and Brain Sciences, 3,* 377–386.

Rosenthal, S. A., & Pittinsky, T. L. (2006). Narcissistic leadership. *The Leadership Quarterly, 17,* 617–633.

Rosip, J. C., & Hall, J. A. (2004). Knowledge of nonverbal cues, gender, and nonverbal decoding accuracy. *Journal of Nonverbal Behavior, 28,* 267–286.

Roskos-Ewoldsen, D. R., & Fazio, R. H. (1992). On the orienting value of attitudes: Attitude accessibility as a determinant of an object's attraction of visual attention. *Journal of Personality and Social Psychology, 63,* 198–211.

Rosnow, R. L. (1980). Psychology of rumour reconsidered. *Psychological Bulletin, 87,* 578–591.

Rosnow, R. L. (1981). *Paradigms in transition: The methodology of social enquiry.* Oxford, UK: Oxford University Press.

Ross, E. A. (1908). *Social psychology.* New York: Macmillan.

Ross, L. (1977). The intuitive psychologist and his shortcomings. *Advances in Experimental Social Psychology, 10,* 174–220.

Ross, L., Greene, D., & House, P. (1977). The 'false consensus effect': An egocentric bias in social perception and attribution processes. *Journal of Experimental Social Psychology, 13,* 279–301.

Ross, L., Lepper, M., & Ward, A. (2010). History of social psychology: Insights, challenges, and contributions to theory and application. In S. T. Fiske, D. T. Gilbert, & G. Lindzey (Eds.), *Handbook of social psychology* (5th ed., Vol. 1, pp. 3–50). New York: Wiley.

Ross, L., Lepper, M. R., & Hubbard, M. (1975). Perseverance in self-perception and social perception: Biased attribution processes in the debriefing paradigm. *Journal of Personality and Social Psychology, 32,* 880–892.

Ross, L., & Nisbett, R. E. (1991). *The person and the situation: Perspectives of social psychology.* New York: McGraw-Hill.

Ross, L., & Ward, A. (1995). Psychological barriers to dispute resolution. *Advances in Experimental Social Psychology, 27,* 255–304.

Ross, M., & Fletcher, G. J. O. (1985). Attribution and social perception. In G. Lindzey & E. Aronson (Eds.), *Handbook of social psychology* (3rd ed., Vol. 2, pp. 73–122). New York: Random House.

Rothbart, M. (1981). Memory processes and social beliefs. In D. L. Hamilton (Ed.), *Cognitive processes in stereotyping and intergroup behavior* (pp. 145–182). Hillsdale, NJ: Erlbaum.

Rothbart, M., & John, O. P. (1985). Social categorization and behavioral episodes: A cognitive analysis of intergroup contact. *Journal of Social Issues, 41,* 81–104.

Rothbart, M., & Park, B. (1986). On the confirmability and disconfirmability of trait concepts. *Journal of Personality and Social Psychology, 50,* 131–142.

Rothman, A. J., & Salovey, P. (1997). Shaping perceptions to motivate healthy behaviour: The role of message framing. *Psychological Bulletin, 121,* 3–19.

Rothman, A. J., & Salovey, P. (2007). The reciprocal relation between principles and practice: Social psychology and health behaviour. In A. W. Kruglanski & E. T. Higgins (Eds.), *Social psychology: A handbook of basic principles* (2nd ed., pp. 826–849). New York: Guilford Press.

Rotter, J. B. (1966). Generalized expectancies for internal versus external control of reinforcement. *Psychological Monographs, 80,* whole no. 609.

Rotter, J. B. (1980). Trust and gullibility. *Psychology Today, 14*(5), pp. 35–38, 40, 42, 102.

Ruback, R. B., & Pandey, J. (1992). Very hot and really crowded: Quasi-experimental investigations of Indian 'tempos'. *Environment and Behavior, 24,* 527–554.

Rubin, A. M. (1978). Child and adolescent television use and political socialization. *Journalism Quarterly, 55,* 125–129.

Rubin, J. (1976). How to tell when someone is saying no. *Topics in Culture Learning, 4,* 61–65.

Rubin, J. (1980). Experimental research on third-party intervention in conflict: Toward some generalizations. *Psychological Bulletin, 87,* 379–391.

Rubin, M., & Hewstone, M. (1998). Social identity theory's self-esteem hypothesis: A review and some suggestions for clarification. *Personality and Social Psychology Review, 2,* 40–62.

Rubin, Z. (1973). *Liking and loving: An invitation to social psychology.* New York: Holt, Rinehart and Winston.

Rubini, M., Menegatti, M., & Moscatelli, S. (2014). The strategic role of language abstraction in achieving symbolic and practical goals. *European Review of Social Psychology, 25,* 263–313.

Ruckmick, C. A. (1912). The history and status of psychology in the United States. *American Journal of Psychology, 23,* 517–531.

Ruddell, R., Thomas, M. O., & Way, L. B. (2005). Breaking the chain: Confronting issueless college town disturbances and riots. *Journal of Criminal Justice, 33,* 549–560.

Rudman, L. A. (1998). Self-promotion as a risk factor for women: The costs and benefits of counterstereotypical impression management. *Journal of Personality and Social Psychology, 74,* 629–645.

Rudman, L. A., & Glick, P. (1999). Feminized management and backlash toward agentic women: The hidden costs to women of a kinder, gentler image of middle managers. *Journal of Personality and Social Psychology, 75,* 1004–1010.

Rudman, L. A., & Glick, P. (2001). Prescriptive gender stereotypes and backlash against agentic women. *Journal of Social Issues, 57,* 743–762.

Rudman, L. A., & Mescher, K. (2012). Of animals and objects: Men's implicit dehumanization of women and likelihood of sexual aggression. *Personality and Social Psychology Bulletin, 38,* 734–746.

Ruggiero, K. M., & Taylor, D. M. (1995). Coping with discrimination: How disadvantaged group members perceive the discrimination that confronts them. *Journal of Personality and Social Psychology, 68,* 826–838.

Ruiz-Belda, M.-A., Fernández-Dols, J.-M., Carrera, P., & Barchard, K. (2003). Spontaneous facial expressions of happy bowlers and soccer fans. *Cognition and Emotion, 17,* 315–326.

Rumelhart, D. E., & Ortony, A. (1977). The representation of knowledge in memory. In C. R. Anderson, R. J. Spiro, & W. E. Montague (Eds.), *Schooling and the acquisition of knowledge* (pp. 99–136). Hillsdale, NJ: Erlbaum.

Rummel, R. J. (1988). *Political systems, violence, and war.* Paper presented at the United States Institute of Peace Conference, Airlie, VA.

Runciman, W. G. (1966). *Relative deprivation and social justice.* London: Routledge and Kegan Paul.

Rusbult, C., Finkel, E., & Kumashiro, M. (2009). The Michelangelo phenomenon. *Current Directions in Psychological Science, 18,* 305–309.

Rusbult, C. E., Martz, J. M., & Agnew, C. R. (1998). The Investment Model Scale: Measuring commitment level, satisfaction level, quality of alternatives, and investment size. *Personal Relationships, 5,* 357–391.

Rusbult, C. E., & Zembrodt, I. M. (1983). Responses to dissatisfaction in romantic involvements: A multi-dimensional scaling analysis. *Journal of Experimental Social Psychology, 19,* 274–293.

Rushton, J. P. (1976). Socialization and the altruistic behavior of children. *Psychological Bulletin, 83,* 898–913.

Rushton, J. P. (1979). Effects of prosocial television and film material on the behavior of viewers. *Advances in Experimental Social Psychology, 12,* 322–351.

Rushton, J. P. (1980). *Altruism, socialisation, and society.* Englewood Cliffs, NJ: Prentice Hall.

Rushton, J. P., & Teachman, G. (1978). The effects of positive reinforcement, attributions, and punishment on model induced altruism in children. *Personality and Social Psychology Bulletin, 4*, 322–325.

Russell, G. W. (2004). Sport riots: A social psychological review. *Aggression and Violent Behavior, 9*, 353–378.

Russell, J. A. (1994). Is there universal recognition of emotion from facial expressions? A review of the cross-cultural studies. *Psychological Bulletin, 115*, 102–141.

Russell, J. A. (2003). Core affect and psychological construct of emotion. *Psychological Review, 110*, 145–172.

Russell, J. A., Bachorowski, J.-A., & Fernandez-Dols, J.-M. (2003). Facial and vocal expressions of emotion. *Annual Review of Psychology, 54*, 329–349.

Russell, J. A., & Fernandez-Dols, J. M. (Eds.) (1997). *The psychology of facial expression: Studies in emotion and social interaction*. Cambridge, UK: Cambridge University Press.

Rutkowski, G. K., Gruder, C. L., & Romer, D. (1983). Group cohesiveness, social norms, and bystander intervention. *Journal of Personality and Social Psychology, 44*, 545–552.

Rutland, A. (1999). The development of national prejudice, ingroup favouritism and self-stereotypes in British children. *British Journal of Social Psychology, 38*, 55–70.

Rutland, A., & Cinnirella, M. (2000). Context effects on Scottish national and European self-categorizations: The importance of category accessibility, fragility and relations. *British Journal of Social Psychology, 39*, 495–519.

Rutte, C. G., & Wilke, H. A. M. (1984). Social dilemmas and leadership. *European Journal of Social Psychology, 14*, 105–121.

Ryan, E. B., Bajorek, S., Beaman, A., & Anas, A. P. (2005). I just want to know that 'Them' is me: Intergroup perspectives on communication and disability. In J. Harwood & H. Giles (Eds.), *Intergroup communication: Multiple perspectives* (pp. 117–137). New York: Peter Lang.

Ryan, E. B., Giles, H., Bartolucci, G., & Henwood, K. (1986). Psycholinguistic and social psychological components of communication by and with the elderly. *Language and Communication, 6*, 1–24.

Ryan, M. K., & Haslam, S. A., (2007). The glass cliff: Exploring the dynamics surrounding the appointment of women to precarious leadership positions. *Academy of Management Review, 32*, 549–572.

Ryan, M. K., Haslam, S. A., Hersby, M. D., & Bongiorno, R. (2011). Think crisis–think female: Glass cliffs and contextual variation in the think manager–think male stereotype. *Journal of Applied Psychology, 96*, 470–484.

Ryan, M. K., Haslam, S. A., & Kulich, C. (2010). Politics and the glass cliff: Evidence that women are preferentially selected to contest hard-to-win seats. *Psychology of Women Quarterly, 34*, 56–64.

Ryan, M. K., Haslam, S. A., Morgenroth, T., Rink, F., Stoker, J., & Peters, K. (2016). Getting on top of the glass cliff: Reviewing a decade of evidence, Explanations, and impact. *The Leadership Quarterly, 27*, 446–455.

Ryan, T. (1985). Human nature and the origins of war. *Hurupaa, 3*, 46–54.

Ryen, A. H., & Kahn, A. (1975). Effects of intergroup orientation on group attitudes and proxemic behavior. *Journal of Personality and Social Psychology, 31*, 302–310.

Sabini, J., & Silver, M. (1982). *The moralities of everyday life*. New York: Oxford University Press.

Sachdev, I., & Bourhis, R. Y. (1993). Ethnolinguistic vitality: Some motivational and cognitive considerations. In M. A. Hogg & D. Abrams (Eds.), *Group motivation: Social psychological perspectives* (pp. 33–51). Hemel Hempstead, UK: Harvester Wheatsheaf.

Sachdev, I., & Bourhis, R. Y. (2005). Multilingual communication and social identification. In J. Harwood & H. Giles (Eds.), *Intergroup communication: Multiple perspectives* (pp. 65–91). New York: Peter Lang Publishing.

Sachdev, I., & Wright, A. (1996). Social influence and language learning: An experimental study. *Journal of Language and Social Psychology, 15*, 230–245.

Sagi, A., & Hoffman, M. (1976). Emphatic distress in the newborn. *Developmental Psychology, 12*, 175–176.

Saint-Blancat, C. (1985). The effect of minority group vitality upon its sociopsychological behaviour and strategies. *Journal of Multilingual and Multicultural Development, 6*, 31–44.

St Claire, L., & Turner, J. C. (1982). The role of demand characteristics in the social categorization paradigm. *European Journal of Social Psychology, 12*, 307–314.

Saks, M. J. (1978). Social psychological contributions to a legislative committee on organ and tissue transplants. *American Psychologist, 33*, 680–690.

Saks, M. J., & Marti, M. W. (1997). A meta-analysis of the effects of jury size. *Law and Human Behavior, 21*, 451–467.

Salovey, P., Rothman, A. J., & Rodin, J. (1998). Health behaviour. In D. T. Gilbert, S. T. Fiske, & G. Lindzey (Eds.), *The handbook of social psychology* (4th ed., Vol. 2, pp. 633–683). New York: McGraw-Hill.

Sampson, E. E. (1977). Psychology and the American ideal. *Journal of Personality and Social Psychology, 35*, 767–782.

San Antonio, P. M. (1987). Social mobility and language use in an American company in Japan. *Journal of Language and Social Psychology, 6*, 191–200.

Sanders, G. S. (1981). Driven by distraction: An integrative review of social facilitation theory and research. *Journal of Experimental Social Psychology, 17*, 227–251.

Sanders, G. S. (1983). An attentional process model of social facilitation. In A. Hare, H. Blumberg, V. Kent, & M. Davies (Eds.). *Small groups*. London: Wiley.

Sanders, G. S., & Baron, R. S. (1977). Is social comparison relevant for producing choice shift? *Journal of Experimental Social Psychology, 13*, 303–314.

Sanders, G. S., Baron, R. S., & Moore, D. L. (1978). Distraction and social comparison as mediators of social facilitation. *Journal of Experimental Social Psychology, 14*, 291–303.

Sanders, G. S., & Mullen, B. (1983). Accuracy in perceptions of consensus: Differential tendencies of people with majority and minority positions. *European Journal of Social Psychology, 13*, 57–70.

Sani, F. (2005). When subgroups secede: Extending and refining the social psychological model of schisms in groups. *Personality and Social Psychology Bulletin, 31*, 1074–1086.

Sani, F., & Reicher, S. D. (1998). When consensus fails: An analysis of the schism within the Italian Communist Party (1991). *European Journal of Social Psychology, 28*, 623–45.

Sani, F., & Reicher, S. D. (2000). Contested identities and schisms in groups: Opposing the ordination of women as priests in the Church of England. *British Journal of Social Psychology, 39*, 95–112.

Sansone, C., Morf, C. C., & Panter, A. T. (Eds.) (2004). *The SAGE handbook of methods in social psychology*. Thousand Oaks, CA: SAGE.

Sansone, C., Weir, C., Harpster, L., & Morgan, C. (1992). Once a boring task always a boring task? Interest as a self-regulatory mechanism. *Journal of Personality and Social Psychology, 63*, 379–390.

Sargant, W. (1957). *Battle for the mind: A physiology of conversion and brainwashing*. Garden City, NY: Doubleday.

Saroja, K., & Surendra, H. S. (1991). A study of postgraduate students' endogamous preference in mate selection. *Indian Journal of Behaviour, 15*, 1–13.

Sassenberg, K. (2002). Common bond and common identity groups on the internet: Attachment and normative behavior in on-topic and off-topic chats. *Group Dynamics: Theory, Research, and Practice, 6*, 27–37.

Sassenberg, K., & Boos, M. (2003). Attitude change in computer-mediated communication: Effects of anonymity and category norms. *Group Processes and Intergroup Relations, 6*, 405–423.

Sato, K. (1987). Distribution of the cost of maintaining common resources. *Journal of Experimental Social Psychology, 23*, 19–31.

Sattler, D. N., & Kerr, N. L. (1991). Might versus morality explored: Motivational and cognitive bases for social motives. *Journal of Personality and Social Psychology, 60*, 756–765.

Saucier, G. (2000). Isms and the structure of social attitudes. *Journal of Personality and Social Psychology, 78*, 366–385.

Saxe, R., Moran, J. M., Scholz, J., & Gabrieli, J. (2006). Overlapping and non-overlapping brain regions for theory of mind and self reflection in individual subjects. *Social Cognitive and Affective Neuroscience, 1,* 229–234.

Scandura, T. A. (1999). Rethinking leader–member exchange: An organizational justice perspective. *The Leadership Quarterly, 10,* 25–40.

Schachner, D. A., Shaver, P. R., & Mikulincer, M. (2005). Patterns of nonverbal behaviour and sensitivity in the context of attachment relationships. *Journal of Nonverbal Behaviour, 29,* 141–169.

Schachter, S. (1959). *The psychology of affiliation.* Stanford, CA: Stanford University Press.

Schachter, S. (1964). The interaction of cognitive and physiological determinants of emotional state. *Advances in Experimental Social Psychology, 1,* 49–80.

Schachter, S. (1971). *Emotion, obesity, and crime.* New York: Academic Press.

Schachter, S., & Burdeck, H. (1955). A field experiment on rumour transmission and distortion. *Journal of Abnormal and Social Psychology, 50,* 363–371.

Schachter, S., & Singer, J. E. (1962). Cognitive, social and physiological determinants of emotional state. *Psychological Review, 69,* 379–399.

Schaller, M., & Crandall, C. S. (Eds.). (2004). *The psychological foundations of culture.* Mahwah, NJ: Erlbaum.

Schaller, M., Simpson, J., & Kenrick, D. (2006). *Evolution and social psychology.* New York: Psychology Press.

Schank, R. C., & Abelson, R. P. (1977). *Scripts, plans, goals, and understanding: An inquiry into human knowledge structures.* Hillsdale, NJ: Erlbaum.

Scheier, M. F., & Carver, C. S. (1981). Private and public aspects of self. In L. Wheeler (Ed.), *Review of personality and social psychology* (Vol. 2, pp. 189–216). London: SAGE.

Scherer, K. R. (1974). Acoustic concomitants of emotional dimensions: Judging affect from synthesised tone sequences. In S. Weitz (Ed.), *Nonverbal communication* (pp. 249–253). New York: Oxford University Press.

Scherer, K. R. (1978). Personality inference from voice quality: The loud voice of extroversion. *European Journal of Social Psychology, 8,* 467–488.

Scherer, K. R. (1986). Vocal affect expression: A review and model for future research. *Psychological Bulletin, 99,* 143–165.

Scherer, K. R., Abeles, R. P., & Fischer, C. S. (1975). *Human aggression and conflict.* Englewood Cliffs, NJ: Prentice Hall.

Scherer, K. R., & Giles, H. (Eds.) (1979). *Social markers in speech.* Cambridge, UK: Cambridge University Press.

Schie, E. G. M., & Wiegman, O. (1997). Children and videogames: Leisure activities, aggression, social integration, and school performance. *Journal of Applied Social Psychology, 27,* 1175–1194.

Schiller, J. C. F. (1882). *Essays, esthetical and philosophical, including the dissertation on the 'Connexions between the animal and the spiritual in man'.* London: Bell.

Schimmack, U., Oishi, S., & Diener, E. (2005). Individualism: A valid and important dimension of cultural differences. *Personality and Social Psychology Review, 9,* 17–31.

Schlenker, B. R. (1980). *Impression management: The self-concept, social identity, and interpersonal relations.* Monterey, CA: Brooks/Cole.

Schlenker, B. R., Dlugolecki, D. W., & Doherty, K. (1994). The impact of self-presentation on self-appraisal and behavior: The roles of commitment and biased scanning. *Personality and Social Psychology Bulletin, 20,* 20–33.

Schlenker, B. R., Weingold, M. F., & Hallam, J. R. (1990). Self-serving attributions in social context: Effects of self-esteem and social pressure. *Journal of Personality and Social Psychology, 58,* 855–863.

Schmader, T. (2002). Gender identification moderates stereotype threat effects on women's math performance. *Journal of Experimental Social Psychology, 38,* 194–201.

Schmader, T., Johns, M., & Forbes, C. (2008). An integrated process model of stereotype threat effects on performance. *Psychological Review, 115,* 336–356.

Schmader, T., & Martens, A. (2005). Knowing is part of the battle: Teaching stereotype threat as a means of improving women's math performance. *Psychological Science, 16,* 175–179.

Schmidt, C. F. (1972). Multidimensional scaling of the printed media's explanations of the riot of the summer of 1967. *Journal of Personality and Social Psychology, 24,* 59–67.

Schmitt, B. H., Gilovich, T., Goore, N., & Joseph, L. (1986). Mere presence and socio-facilitation: One more time. *Journal of Experimental Social Psychology, 22,* 242–248.

Schmitt, M. T., Branscombe, N. R., & Kappen, D. (2003). Attitudes toward group-based inequality: social dominance or social identity? *British Journal of Social Psychology, 42,* 161–186.

Schneider, D. J. (1973). Implicit personality theory: A review. *Psychological Bulletin, 79,* 294–309.

Schneider, D. J., Hastorf, A. H., & Ellsworth, P. C. (1979). *Person perception.* Reading, MA: Addison-Wesley.

Schoebi, D., Karney, B. R., and Bradbury, T. N. (2012). Stability and change in the first 10 years of marriage: Does commitment confer benefits beyond the effects of satisfaction? *Journal of Personality and Social Psychology, 102,* 729–742.

Schoemann, A. M., & Branscombe, N. R. (2011). Looking young for your age: Perceptions of anti-aging actions. *European Journal of Social Psychology, 41,* 86–95.

Schofield, J. W. (1986). Black–White contact in desegregated schools. In M. Hewstone & R. J. Brown (Eds.), *Contact and conflict in intergroup encounters* (pp. 79–92). Oxford, UK: Blackwell.

Schofield, J. W. (1991). School desegregation and intergroup relations: A review of the literature. In G. Grant (Ed.), *Review of research in education* (Vol. 17, pp. 335–409). Washington, DC: American Education Research Association.

Schriesheim, C. A., Castro, S. L., & Cogliser, C. C. (1999). Leader–member exchange (LMX) research: A comprehensive review of theory, measurement, and data-analytic practices. *The Leadership Quarterly, 10,* 6–113.

Schriesheim, C. A., & Neider, L. L. (1996). Path–goal leadership theory: The long and winding road. *The Leadership Quarterly, 7,* 317–321.

Schriesheim, C. A., Tepper, B. J., & Tetrault, L. A. (1994). Least preferred co-worker score, situational control, and leadership effectiveness: A meta-analysis of contingency model performance predictions. *Journal of Applied Psychology, 79,* 561–573.

Schroeder, D. A., Penner, L. A., Dovidio, J. F., & Piliavin, J. A. (1995). *The psychology of helping and altruism.* New York: McGraw-Hill.

Schubert, T. W. (2004). The power in your hand: gender differences in bodily feedback from making a fist. *Personality and Social Psychology Bulletin, 30,* 757–769.

Schul, Y. (1983). Integration and abstraction in impression formation. *Journal of Personality and Social Psychology, 44,* 45–54.

Schul, Y., & Burnstein, E. (1985). The informational basis of social judgments: Using past impression rather than the trait description in forming new impression. *Journal of Experimental Social Psychology, 21,* 421–439.

Schullo, S. A., & Alperson, B. L. (1984). Interpersonal phenomenology as a function of sexual orientation, sex, sentiment, and trait categories in long-term dyadic relationships. *Journal of Personality and Social Psychology, 47,* 983–1002.

Schwab, D. P., & Grams, R. (1985). Sex-related errors in job evaluation: A 'real-world' test. *Journal of Applied Psychology, 70,* 533–539.

Schwartz, N., & Kurz, E. (1989). What's in a picture? The impact of face-ism on trait attribution. *European Journal of Social Psychology, 19,* 311–316.

Schwartz, S. H. (1977). Normative influences on altruism. *Advances in Experimental Social Psychology, 10,* 222–279.

Schwartz, S. H. (1992). Universals in the content and structure of values: Theoretical advances and empirical tests in 20 cultures. *Advances in Experimental Social Psychology, 25,* 1–65.

Schwartz, S. H., & Bardi, A. (1997). Influences of adaptation to communist rule on value priorities in Eastern Europe. *Political Psychology, 18,* 385–410.

Schwartz, S. H., Cieciuch, J., Vecchione, M., Vecchione, E., Fischer, R. et al. (2012). Refining the theory of basic individual values. *Journal of Personality and Social Psychology, 103,* 663–668.

Schwartz, S. H., & David, T. B. (1976). Responsibility and helping in an emergency: Effects of blame, ability and denial of responsibility. *Sociometry, 39,* 406–415.

Schwarz, N. (1996). Survey research: Collecting data by asking questions. In G. R. Semin, & K. Fiedler (Eds.), *Applied social psychology* (pp. 65–90). London: SAGE.

Schwarz, N. (2000). Social judgement and attitudes: Warmer, more social, and less conscious. *European Journal of Social Psychology, 30,* 149–176.

Schwarz, N., & Strack, F. (1991). Context effects in attitude surveys: Applying cognitive theory to social research. *European Review of Social Psychology, 2,* 30–50.

Schwerin, H. S., & Newell, H. H. (1981). *Persuasion in marketing.* New York: Wiley.

Scitovsky, T. (1980). Why do we seek more and more excitement? *Stanford Observer,* October, p. 13.

Searle, A. (1987). The effects of postnatal depression on mother–infant interaction. *Australian Journal of Sex, Marriage & Family, 8,* 79–88.

Searle, J. (1979). *Expression and meaning: Studies in the theory of speech acts.* Cambridge, UK: Cambridge University Press.

Sears, D. O. (1983). The person-positivity bias. *Journal of Personality and Social Psychology, 44,* 233–250.

Sears, D. O. (1986). College sophomores in the laboratory: Influences of a narrow data base on social psychology's view of human nature. *Journal of Personality and Social Psychology, 51,* 515–530.

Sears, D. O. (1988). Symbolic racism. In P. Katz & D. Taylor (Eds.), *Towards the elimination of racism: Profiles in controversy* (pp. 53–84). New York: Plenum.

Sedikides, C. (1993). Assessment, enhancement, and verification determinants of the self-evaluation process. *Journal of Personality and Social Psychology, 65,* 317–338.

Sedikides, C. (1995). Central and peripheral self-conceptions are differentially affected by mood: Tests of the differential sensitivity hypothesis. *Journal of Personality and Social Psychology, 69,* 759–777.

Sedikides, C., & Anderson, C. A. (1994). Casual perceptions of inter-trait relations: The glue that holds person types together. *Personality and Social Psychology Bulletin, 20,* 294–302.

Sedikides, C., & Brewer, M. B. (Eds.) (2001). *Individual self, relational self, and collective self.* Philadelphia, PA: Psychology Press.

Sedikides, C., & Gregg, A. P. (2007). Portraits of the self. In M. A. Hogg & J. Cooper (Eds.), *The SAGE handbook of social psychology: Concise student edition* (pp. 93–122). London: SAGE.

Sedikides, C., & Ostrom, T. M. (1988). Are person categories used when organizing information about unfamiliar sets of persons? *Social Cognition, 6,* 252–267.

Sedikides, C., & Strube, M. J. (1997). Self-evaluation: To thine own self be good, to thine own self be sure, to thine own self be true, and to thine own self be better. *Advances in Experimental Social Psychology, 29,* 209–296.

Sedlovskaya, A., Purdie-Vaughns, V., Eibach, R. P., LaFrance, M., Romero-Canyas, R., & Camp, N. P. (2013). Internalizing the closet: Concealment heightens the cognitive distinction between public and private selves. *Journal of Personality and Social Psychology, 104,* 695–715.

Seeley, E. A., Gardner, W. L., Pennington, G., & Gabriel, S. (2003). Circle of friends or members of a group? Sex differences in relational and collective attachment to groups. *Group Processes and Intergroup Relations, 6,* 251–263.

Segall, M. H. (1965). Anthropology and psychology. In O. Klineberg & R. Christie (Eds.), *Perspectives in social psychology* (pp. 53–74). New York: Holt, Rinehart & Winston.

Seligman, M. E. P. (1991). *Learned optimism: How to change your mind and your life.* New York: Knopf.

Seligman, M. E. P., Abramson, L. Y., Semmel, A., & Von Baeyer, C. (1979). Depressive attributional style. *Journal of Abnormal Psychology, 88,* 242–247.

Seligman, M. E. P., & Csikszentmihalyi, M. (2000). Positive psychology: An introduction. *American Psychologist, 55,* 5–14.

Semin, G. R. (1980). A gloss on attribution theory. *British Journal of Social Psychology, 19,* 291–300.

Semin, G. R. (2000). Language as a cognitive and behavioral restructuring resource: Question-answer exchanges. *European Review of Social Psychology, 11,* 75–104.

Semin, G. R. (2007). Grounding communication: Synchrony. In A. W. Kruglanski & E. T. Higgins (Eds.), *Social psychology: Handbook of basic principles* (2nd ed., pp. 630–649). New York: Guilford Press.

Semin, G. R., & Fiedler, K. (1991). The linguistic category model, its bases, applications and range. *European Review of Social Psychology, 2,* 1–30.

Semmler, T., & Brewer, N. (2002). Effects of mood and emotion on juror processing and judgments. *Behavioral Sciences and the Law, 20,* 423–436.

Senchak, M., & Leonard, K. E. (1993). The role of spouses' depression and anger in the attribution–marital satisfaction relation. *Cognitive Therapy and Research, 17,* 397–409.

Seto, M. C., Maric, A., & Barbaree, H. E. (2001). The role of pornography in the etiology of sexual aggression. *Aggression and Violent Behaviour, 6,* 35–53.

Seuntjens, T. G., Zeelenberg, M., Van de Ven, N., & Breugelmans, S. M. (2015). Dispositional greed. *Journal of Personality and Social Psychology, 108,* 917–933.

Seyfarth, R. M., & Cheney, D. L. (2012). The evolutionary origins of friendship. *Annual Review of Psychology, 63,* 153–177.

Seyranian, V. (2012). Constructing extremism: Uncertainty provocation and reduction by extremist leaders. In M. A. Hogg & D. L. Blaylock (Eds.), *Extremism and the psychology of uncertainty* (pp. 228–245). Boston, MA: Wiley-Blackwell.

Seyranian, V., & Bligh, M. C. (2008). Presidential charismatic leadership: Exploring the rhetoric of social change. *The Leadership Quarterly, 19,* 54–76.

Shackelford, T. K. (2001). Cohabitation, marriage, and murder: Woman-killing by male romantic partners. *Aggressive Behavior, 274,* 284–291.

Shaffer, D. R., Rogel, M., & Hendrick, C. (1975). Intervention in the library: The effect of increased responsibility on bystanders' willingness to prevent a theft. *Journal of Applied Psychology, 5,* 303–319.

Shah, J. Y., Brazy, P. C., & Higgins, E. T. (2004). Promoting us or preventing them: Regulatory focus and manifestations of intergroup bias. *Personality and Social Psychology Bulletin, 30,* 433–446.

Shah, J. Y., Higgins, E. T., & Friedman, R. S. (1998). Performance incentives and means: How regulatory focus influences goal attainment. *Journal of Personality and Social Psychology, 74,* 285–293.

Shamir, B., House, R., & Arthur, M. (1993). The motivational effects of charismatic leadership: A self-concept based theory. *Organization Science, 4,* 1–17.

Shamir, B., Pillai, R., Bligh, M. C., & Uhl-Bien, M. (Eds.). (2006). *Follower-centered perspectives on leadership: A tribute to the memory of James R. Meindl.* Greenwich, CT: Information Age Publishing.

Shapiro, J. R., & Neuberg, S. L. (2007). From stereotype threat to stereotype threats: Implications of a multi-threat framework for causes, moderators, mediators, consequences, and interventions. *Personality and Social Psychology Review, 11,* 107–130.

Shapiro, P. N., & Penrod, S. (1986). Meta-analysis of facial identification studies. *Psychological Bulletin, 100,* 139–156.

Shariff, A. F., Willard, A. K., Andersen, T., & Norenzayan, A. (2016). Religious priming: A meta-analysis with a focus on prosociality. *Personality and Social Psychology Review, 20,* 27–48.

Sharma, N. (1981). Some aspect of attitude and behaviour of mothers. *Indian Psychological Review, 20,* 35–42.

Sharpe, D., Adair, J. G., & Roese, N. J. (1992). Twenty years of deception research: A decline in subjects' trust? *Personality and Social Psychology Bulletin, 18,* 585–590.

Shartle, C. L. (1951). Studies in naval leadership. In H. Guetzkow (Ed.), *Groups, leadership, and men* (pp. 119–133). Pittsburgh, PA: Carnegie Press.

Shaver, P. R., & Mikulincer, M. (2007). Attachment theory and research: Core concepts, basic principles, conceptual bridges. In A. W. Kruglanski & E. T. Higgins (Eds.), *Social psychology: Handbook of basic principles* (2nd ed., pp. 650–677). New York: Guilford Press.

Shaver, P. R., Morgan, H. J., & Wu, S. (1996). Is love a 'basic' emotion? *Personal Relationships, 3,* 81–96.

Shaw, L. L., Batson, C. D., & Todd, R. M. (1994). Empathy avoidance: Forestalling feeling for another in order to escape the motivational consequences. *Journal of Personality and Social Psychology, 67,* 879–887.

Shaw, M. E. (1964). Communication networks. *Advances in Experimental Social Psychology, 1*, 111–147.

Shaw, M. E. (1976). *Group dynamics* (2nd ed.). New York: McGraw-Hill.

Shaw, M. E., Rothschild, G., & Strickland, J. (1957). Decision process in communication networks. *Journal of Abnormal and Social Psychology, 54*, 323–330.

Sheehan, P. W. (1983). Age trends and the correlates of children's television viewing. *Australian Journal of Psychology, 35*, 417–431.

Sheeran, P. (2002). Intention-behavior relations: A conceptual and empirical review. *European Review of Social Psychology, 12*, 1–36.

Sheeran, P., & Taylor, S. (1999). Predicting intentions to use condoms: A meta-analysis and comparison of the theories of reasoned action and planned behavior. *Journal of Applied Social Psychology, 29*, 1624–1675.

Sheeran, P., Trafimow, D., Finlay, K., & Norman, P. (2002). Evidence that the type of person affects the strength of the perceived behavioural control–intention relationship. *British Journal of Social Psychology, 41*, 253–270.

Sheikh, S. (2014). Cultural variations in shame's responses: A dynamic perspective. *Personality and Social Psychology Review, 18*, 387–403.

Sheldon, K. M., Kashdan, T. B., & Steger, M. F. (Eds.) (2011). *Designing positive psychology: Taking stock and moving forward*. New York: Oxford University Press.

Sheppard, J. A. (1993). Productivity loss in performance groups: A motivational analysis. *Psychological Bulletin, 113*, 67–81.

Sherif, M. (1935). A study of some social factors in perception. *Archives of Psychology, 27*, 1–60.

Sherif, M. (1936). *The psychology of social norms*. New York: Harper.

Sherif, M. (Ed.) (1962). *Intergroup relations and leadership: Approaches and research in industrial, ethnic, cultural and political areas*. New York: Wiley.

Sherif, M. (1966). *In common predicament: Social psychology of intergroup conflict and cooperation*. Boston, MA: Houghton Mifflin.

Sherif, M., Harvey, O. J., White, B. J., Hood, W., & Sherif, C. (1961). *Intergroup conflict and cooperation: The robbers' cave experiment*. Norman, OK: University of Oklahoma Institute of Intergroup Relations.

Sherif, M., & Sherif, C. W. (1953). *Groups in harmony and tension: An integration of studies in intergroup relations*. New York: Harper & Row.

Sherif, M., & Sherif, C. W. (1964). *Reference groups*. New York: Harper & Row.

Sherif, M., & Sherif, C. W. (1967). Attitude as an individual's own categories: The social judgement–involvement approach to attitude and attitude change. In C. W. Sherif & M. Sherif (Eds.), *Attitude, ego-involvement, and change* (pp. 105–139). New York: Wiley.

Sherman, D. K., & Cohen, G. L. (2006). The psychology of self-defense: Self-affirmation theory. *Advances in Experimental Social Psychology, 38*, 183–242.

Sherman, D. K., Hogg, M. A., & Maitner, A. T. (2009). Perceived polarization: Reconciling ingroup and intergroup perceptions under uncertainty. *Group Processes and Intergroup Relations, 12*, 95–109.

Sherman, S. J., Presson, C. C., & Chassin, L. (1984). Mechanisms underlying the false consensus effect: The special role of threats to the self. *Personality and Social Psychology Bulletin, 10*, 127–138.

Shibutani, T. (1966). *Improvised news: A sociological study of rumor*. Indianapolis, IN: Bobbs-Merrill.

Shore, T. H. (1992). Subtle gender bias in the assessment of managerial potential. *Sex Roles, 27*, 499–515.

Shorey, R. C., Tirone, V., & Stuart, G. L. (2014). Coordinated community response components for victims of intimate partner violence: A review of the literature. *Aggression and Violent Behavior, 19*, 363–371.

Shotland, R. L., & Heinold, W. D. (1985). Bystander response to arterial bleeding: Helping skills, the decision-making process, and differentiating the helping response. *Journal of Personality and Social Psychology, 49*, 347–356.

Shotland, R. L., & Huston, T. L. (1979). Emergencies: What are they and do they influence bystanders to intervene? *Journal of Personality and Social Psychology, 37*, 1822–1834.

Shotter, J. (1984). *Social accountability and selfhood*. Oxford, UK: Blackwell.

Showers, C. (1992). Compartmentalization of positive and negative self-knowledge: Keeping bad apples out of the bunch. *Journal of Personality and Social Psychology, 62*, 1036–1049.

Showers, C., & Cantor, N. (1985). Social cognition: A look at motivated strategies. *Annual Review of Psychology, 36*, 275–305.

Shrauger, J. S., & Schoeneman, T. J. (1979). Symbolic interactionist view of self-concept: Through the looking glass darkly. *Psychological Bulletin, 86*, 549–573.

Shure, G. H., Meeker, R., & Hansford, E. A. (1965). The effectiveness of pacifist strategies in bargaining games. *Journal of Conflict Resolution, 9*, 106–117.

Shweder, R. A. (1991). *Thinking through culture: Expeditions in cultural psychology*. Cambridge, MA: Harvard University Press.

Shweder, R. A., & Bourne, E. J. (1982). Does the concept of the person vary cross-culturally? In A. J. Marsella & G. M. White (Eds.), *Cultural conceptions of mental health and therapy* (pp. 97–137). Dordrecht: Reidel.

Shweder, R. A., Much, N. C., Mahapatra, M., & Park, L. (1997). The 'big three' of morality (autonomy, community, and divinity), and the 'big three' explanations of suffering. In A. Brandt & P. Rozin (Eds.), *Morality and health* (pp. 119–169). New York: Routledge.

Sidanius, J., Levin, S., Federico, C. M., & Pratto, F. (2001). Legitimizing ideologies: The social dominance approach. In J. T. Jost & B. Major (Eds.), *The psychology of legitimacy: Emerging perspectives on ideology, justice, and intergroup relations* (pp. 307–331). New York: Cambridge University Press.

Sidanius, J., & Pratto, F. (1999). *Social dominance: An intergroup theory of social hierarchy and oppression*. New York: Cambridge University Press.

Sidnell, J. (2010). *Conversation analysis: An introduction*. London: Wiley-Blackwell.

Sidnell, J., & Stivers, T. (2012) (Eds.). *Handbook of conversation analysis*. Boston, MA: Wiley-Blackwell.

Siegel, A. E., & Siegel, S. (1957). Reference groups, membership groups, and attitude change. *Journal of Abnormal and Social Psychology, 55*, 360–364.

Siegman, A. W., & Reynolds, M. A. (1983). Self-monitoring and speech in feigned and unfeigned lying. *Journal of Personality and Social Psychology, 45*, 1325–1333.

Sigall, H., & Ostrove, N. (1975). Beautiful but dangerous: Effects of offender attractiveness and the nature of the crime on juristic judgment. *Journal of Personality and Social Psychology, 31*, 410–414.

Sillars, A. L. (1981). Attributions and interpersonal conflict resolution. In J. H. Harvey, W. J. Ickes, & R. F. Kidd (Eds.), *New directions in attribution research* (Vol. 3, pp. 281–305). Hillsdale, NJ: Erlbaum.

Silvia, P. J. (2006). Reactance and the dynamics of disagreement: Multiple paths from threatened freedom to resistance to persuasion. *European Journal of Social Psychology, 36*, 673–685.

Silvia, P. J., & Phillips, A. G. (2013). Self-awareness without awareness: Implicit self-focused attention and behavioral self-regulation. *Self and Identity, 12*, 114–127.

Simard, L., Taylor, D. M., & Giles, H. (1976). Attribution processes and interpersonal accommodation in a bi-lingual setting. *Language and Speech, 19*, 374–387.

Simmonds, D. B. (1985). The nature of the organizational grapevine. *Supervisory Management*, 39–42.

Simner, M. (1971). Newborn's response to the cry of another infant. *Developmental Psychology, 5*, 136–150.

Simon, B. (2003). *Identity in modern society: A social psychological perspective*. Oxford, UK: Blackwell.

Simon, B., & Brown, R. J. (1987). Perceived intragroup homogeneity in minority–majority contexts. *Journal of Personality and Social Psychology, 53*, 703–711.

Simonton, D. K. (1980). Land battles, generals and armies: Individual and situational determinants of victory and casualties. *Journal of Personality and Social Psychology, 38*, 110–119.

Simonton, D. K. (2003). Qualitative and quantitative analyses of historical data. *Annual Review of Psychology, 54*, 617–640.

Simpson, B., & Willer, R. (2008). Altruism and indirect reciprocity: The interaction of person and situation in prosocial behavior. *Social Psychology Quarterly, 71*, 37–52.

Simpson, J. A. (1987). The dissolution of romantic relationships: Factors involved in relationship stability and emotional distress. *Journal of Personality and Social Psychology, 53*, 683–692.

Simpson, J. A., & Kenrick, D. (1997). *Evolutionary social psychology.* Mahwah, NJ: Erlbaum.

Simpson, J. A., Campbell, B., & Berscheid, E. (1986). The association between romantic love and marriage: Kephart (1967) twice revisited. *Personality and Social Psychology Bulletin, 12*, 363–372.

Sindic, D., & Reicher, S. D. (2008). The instrumental use of group prototypicality judgments. *Journal of Experimental Social Psychology, 44*, 1425–1435.

Singer, J., Brush, C., & Lublin, S. (1965). Some aspects of deindividuation: Identification and conformity. *Journal of Experimental Social Psychology, 1*, 356–378.

Singh, R., Bohra, K. A., & Dalal, A. K. (1979). Favourableness of leadership situations studies with information integration theory. *European Journal of Social Psychology, 9*, 253–264.

Singh, R., & Ho, S. Y. (2000). Attitudes and attraction: A new test of the attraction, repulsion and similarity–dissimilarity asymmetry hypotheses. *British Journal of Social Psychology, 39*, 197–211.

Sinha, D. (1997). Indigenising psychology. In J. W. Berry, Y. Poortinga, & J. Pandey (Eds.), *Handbook of cross-cultural psychology*. Vol. 1: *Theory and method* (pp. 129–169). Boston. MA: Allyn & Bacon.

Sistrunk, F., & McDavid, J. W. (1971). Sex variable in conforming behavior. *Journal of Personality and Social Psychology, 17*, 200–207.

Skevington, S. (1981). Intergroup relations and nursing. *European Journal of Social Psychology, 11*, 43–59.

Skinner, B. F. (1963). Operant behavior. *American Psychologist, 18*, 503–515.

Skowronski, J. J., & Carlston, D. E. (1989). Negativity and extremity biases in impression formation: A review of explanations. *Psychological Bulletin, 105*, 131–142.

Slater, A., Von der Schulenburg, C., Brown, E., Badenoch, M., Butterworth, G., Parsons, S., & Samuels, C. (1998). Newborn infants prefer attractive faces. *Infant Behavior & Development, 21*, 345–354.

Slater, P. E. (1955). Role differentiation in small groups. *American Sociological Review, 20*, 300–310.

Smedley, J. W., & Bayton, J. A. (1978). Evaluative race–class stereotypes by race and perceived class of subjects. *Journal of Personality and Social Psychology, 3*, 530–535.

Smith, B. N., & Stasson, M. F. (2000). A comparison of health behaviour constructs: Social psychological predictors of AIDS-preventive behavioural intentions. *Journal of Applied Social Psychology, 30*, 443–462.

Smith, C. A., & Lazarus, R. S. (1990). Emotion and adaptation. In L. A. Pervin (ed.), *Handbook of personality: Theory and research* (pp. 609–637). New York: Guilford Press.

Smith, C. P. (1983). Ethical issues: Research on deception, informed consent, and debriefing. In L. Wheeler & P. Shaver (Eds.), *Review of personality and social psychology* (Vol. 4, pp. 297–328). Beverly Hills, CA: SAGE.

Smith, E. R. (1994). Social cognition contributions to attribution theory and research. In P. G. Devine, D. L. Hamilton, & T. M. Ostrom (Eds.), *Social cognition: Impact on social psychology* (pp. 77–108). San Diego, CA: Academic Press.

Smith, E. R. (2014). Evil acts and malicious gossip: A multiagent model of the effects of gossip in socially distributed person perception. *Personality and Social Psychology Review, 18*, 311–325.

Smith, E. R., Fazio, R. H., & Cejka, M. A. (1996). Accessible attitudes influence categorization of multiply categorizable objects. *Journal of Personality and Social Psychology, 71*, 888–898.

Smith, E. R., & Zárate, M. A. (1992). Exemplar-based model of social judgment. *Psychological Review, 99*, 3–21.

Smith, M. B., Bruner, J. S., & White, R. W. (1956). *Opinions and personality.* New York: Wiley.

Smith, P. B., & Bond, M. H. (1998). *Social psychology across cultures* (2nd ed.). London: Prentice Hall Europe.

Smith, P. B., Bond, M. H., & Kağitçibaşi, Ç. (2006). *Understanding social psychology across cultures.* London: SAGE.

Smith, P. B., Dugan, S., & Trompenaars, F. (1996). National culture and the values of organisational employees. *Journal of Cross-Cultural Psychology, 27*, 231–264.

Smith, P. B., Misumi, J., Tayeb, M., Peterson, M., & Bond, M. (1989). On the generality of leadership style measures across cultures. *Journal of Occupational Psychology, 62*, 97–109.

Smith, P. M. (1985). *Language, the sexes and society.* Oxford, UK: Blackwell.

Smolicz, J. J. (1983). Modification and maintenance: Language among school children of Italian background in South Australia. *Journal of Multilingual and Multicultural Development, 4*, 313–337.

Sniderman, P. M., Hagen, M. G., Tetlock, P. E., & Brady, H. E. (1986). Reasoning chains: Causal models of policy reasoning in mass publics. *British Journal of Political Science, 16*, 405–430.

Snyder, C. R., & Lopez, S. J. (Eds.) (2009). *Handbook of positive psychology* (2nd ed.). New York: Oxford University Press.

Snyder M. (1974). The self-monitoring of expressive behavior. *Journal of Personality and Social Psychology, 30*, 526–537.

Snyder, M. (1979). Self-monitoring processes. *Advances in Experimental Social Psychology, 21*, 88–131.

Snyder, M. (1981). On the self-perpetuating nature of social stereotypes. In D. L. Hamilton (Ed.), *Cognitive processes in stereotyping and intergroup behavior* (pp. 183–212). Hillsdale, NJ: Erlbaum.

Snyder, M. (1984). When belief creates reality. *Advances in Experimental Social Psychology, 18*, 248–306.

Snyder, M., & Cantor, N. (1998). Understanding personality and social behavior: A functionalist strategy. In D. T. Gilbert, S. T. Fiske, & G. Lindzey (Eds.), *Handbook of social psychology* (4th ed., Vol. 1, pp. 635–679). New York: McGraw-Hill.

Snyder, M., & Gangestad, S. (1982). Choosing social situations: Two investigations of self-monitoring processes. *Journal of Personality and Social Psychology, 43*, 123–135.

Snyder, M., & Miene, P. K. (1994). On the functions of stereotypes and prejudice. In M. P. Zanna & J. M. Olson (Eds.), *The psychology of prejudice: The Ontario symposium* (pp. 33–54). Hillsdale, NJ: Erlbaum.

Snyder, M., & Omoto, A. M. (2007). Social action. In A. W. Kruglanski & E. T. Higgins (Eds.), *Social psychology: Handbook of basic principles* (2nd ed., pp. 940–961). New York: Guilford Press.

Snyder, M. L., Stephan, W. G., & Rosenfield, D. (1978). Attributional egotism. In J. H. Harvey, W. Ickes, & R. F. Kidd (Eds.), *New directions in attribution research* (Vol. 2, pp. 91–120). Hillsdale, NJ: Erlbaum.

Soliz, J. (2010). Family as an intergroup domain. In H. Giles, S. A. Reid, & J. Harwood (Eds.), *Dynamics of intergroup communication* (pp. 181–194). New York: Peter Lang.

Solomon, S., Greenberg, J., & Pyszczynski, T. (1991). A terror management theory of social behavior: The psychological functions of self-esteem and cultural worldviews. *Advances in Experimental Social Psychology, 24*, 93–159.

Solomon, S., Greenberg, J., Pyszczynski, T., & Pryzbylinski, J. (1995). The effects of mortality salience on personally-relevant persuasive appeals. *Social Behavior and Personality, 23*, 177–190.

Sommer, R. (1969). *Personal space: The behavioral basis of design.* Englewood Cliffs, NJ: Prentice Hall.

Sorrentino, R. M., & Field, N. (1986). Emergent leadership over time: The functional value of positive motivation. *Journal of Personality and Social Psychology, 50*, 1091–1099.

Sorrentino, R. M., King, G., & Leo, G. (1980). The influence of the minority on perception: A note on a possible alternative explanation. *Journal of Experimental Social Psychology, 16*, 293–301.

Sorrentino, R. M., & Roney, C. J. R. (1999). *The uncertain mind: Individual differences in facing the unknown.* Philadelphia, PA: Psychology Press.

Spaaij, R. (2014). Sports crowd violence: An interdisciplinary synthesis. *Aggression and Violent Behavior, 19*, 146–155.

Spacapan, S., & Oskamp, S. (Eds.) (1992). *Helping and being helped.* Newbury Park, CA: SAGE.

Sparrowe, R. T., & Liden, R. C. (1997). Process and structure in leader–member exchange. *Academy of Management Review, 22*, 522–552.

Spears, R., & Lea, M. (1994). Panacea or panopticon? The hidden power in computer-mediated communication. *Communication Research, 21*, 427–459.

Spears, R., Lea, M., Postmes, T., & Wolbert, A. (2011). A SIDE look at computer-mediated interaction: Power and the gender divide. In Z.

Birchmeier, B. Dietz-Uhler, & G. Stasser (Eds.), *Strategic uses of social technology: An interactionist perspective of social psychology* (pp. 16–39). Cambridge, UK: Cambridge University Press.

Spence, J. T., Helmreich, R. L., & Stapp, J. (1974). The personal attributes questionnaire: A measure of sex role stereotypes and masculinity–femininity. *JSAS Catalog of Selected Documents in Psychology, 4,* 127.

Spencer-Rodgers, J., Williams, M. J., Hamilton, D. L., Peng, K., & Wang, L. (2007). Culture and group perception: Dispositional and stereotypic inferences about novel and national groups. *Journal of Personality and Social Psychology, 93,* 525–542.

Spitz, R. A. (1945). Hospitalism: An inquiry into the genesis of psychiatric conditions in early childhood. In A. Freud, H. Hartman, & E. Kris (Eds.), *The psychoanalytic study of the child* (Vol. 1, pp. 53–74). New York: International University Press.

Sprecher, S. (1998). Insiders' perspectives on reasons for attraction to a close other. *Social Psychology Quarterly, 61,* 287–300.

Sprecher, S. (2011). The influence of social networks on romantic relationships. Through the lens of the social network. *Personal Relationships, 18,* 630–644.

Sprecher, S., & Fehr, B. (2005). Compassionate love for close others and humanity. *Journal of Social and Personal Relationships, 22,* 629–651.

Srull, T. K. (1983). Organizational and retrieval processes in person memory: An examination of processing objectives, presentation format, and the possible role of self-generated retrieval cues. *Journal of Personality and Social Psychology, 44,* 1157–1170.

Srull, T. K., & Wyer, R. S., Jr. (1986). The role of chronic and temporary goals in social information processing. In R. M. Sorrentino & E. T. Higgins (Eds.), *Handbook of motivation and cognition: Foundations of social behavior* (pp. 503–549). New York: Guilford Press.

Srull, T. K., & Wyer, R. S., Jr. (1989). Person memory and judgement. *Psychological Review, 96,* 58–83.

Stagner, R., & Congdon, C. S. (1955). Another failure to demonstrate displacement of aggression. *Journal of Abnormal and Social Psychology, 51,* 695–696.

Stang, D. J. (1972). Conformity, ability, and self-esteem. *Representative Research in Social Psychology, 3,* 97–103.

Stang, D. J. (1976). Group size effects on conformity. *Journal of Social Psychology, 98,* 175–181.

Stangor, C. (1988). Stereotype accessibility and information processing. *Personality and Social Psychology Bulletin, 14,* 694–708.

Stangor, C. (2016). *Social groups in action and interaction* (2nd ed.). New York: Psychology Press.

Stangor, C. (Ed.) (2000). *Stereotypes and prejudice: Essential readings.* Philadelphia, PA: Psychology Press.

Stanley, D., Phelps, E., & Banaji, M. R. (2008). The neural basis of implicit attitudes. *Current Directions in Psychological Science, 17,* 164–170.

Stasser, G. (1988). Computer simulation as a research tool: The DISCUSS model of group decision making. *Journal of Experimental Social Psychology, 24,* 393–422.

Stasser, G., & Davis, J. H. (1981). Group decision making and social influence: A social interaction sequence model. *Psychological Review, 88,* 523–851.

Stasser, G., & Dietz-Uhler, B. (2001). Collective choice, judgment, and problem solving. In M. A. Hogg & R. S. Tindale (Eds.), *Blackwell handbook of social psychology: Group processes* (pp. 31–55). Oxford, UK: Blackwell.

Stasser, G., Kerr, N. L., & Bray, R. M. (1982). The social psychology of jury deliberations: Structure, process, and product. In N. Kerr & R. Bray (Eds.), *The psychology of the courtroom* (pp. 221–256). New York: Academic Press.

Stasser, G., Kerr, N. L., & Davis, J. H. (1989). Influence processes and consensus models in decision-making groups. In P. B. Paulus (Ed.), *Psychology of group influence* (2nd ed., pp. 279–326). Hillsdale, NJ: Erlbaum.

Stasser, G., & Titus, W. (2003). Hidden profiles: A brief history. *Psychological Inquiry, 14,* 304–313.

Stathi, S., Crisp, R. J., & Hogg, M. A. (2011). Imagining intergroup contact enables member-to-group generalization. *Group Dynamics, 15,* 275–284.

Staub, E. (1974). Helping a distressed person: Social, personality and stimulus determinants. *Advances in Experimental Social Psychology, 7,* 294–341.

Staub, E. (1977). *Positive social behavior and morality: I. Social and personal influences.* New York: Academic Press.

Staub, E. (1989). *The roots of evil: The psychological and cultural origins of genocide and other forms of group violence.* New York: Cambridge University Press.

Staub, E. (1996). Cultural–societal roots of violence: The example of genocidal violence and contemporary youth violence in the United States. *American Psychologist, 51,* 117–132.

Staub, E. (2000). Genocide and mass killings: Origins, prevention, healing and reconciliation. *Political Psychology, 21,* 367–382.

Staub, E. (2010). *The panorama of mass violence: Origins, prevention, healing and reconciliation.* New York: Oxford University Press.

Steele, C. M. (1975). Name-calling and compliance. *Journal of Personality and Social Psychology, 31,* 361–369.

Steele, C. M. (1988). The psychology of self-affirmation: Sustaining the integrity of the self. *Advances in Experimental Social Psychology, 21,* 261–302.

Steele, C. M., & Aronson, J. (1995). Stereotype vulnerability and the intellectual test performance of African-Americans. *Journal of Personality and Social Psychology, 69,* 797–811.

Steele, C. M., Spencer, S. J., & Aronson, J. (2002). Contending with group image: The psychology of stereotype and social identity threat. *Advances in Experimental Social Psychology, 34,* 379–440.

Steele, C. M., Spencer, S. J., & Lynch, M. (1993). Self-image resilience and dissonance: The role of affirmation resources. *Journal of Personality and Social Psychology, 64,* 885–896.

Steinberg, R., & Shapiro, S. (1982). Sex differences in personality traits of female and male master of business administration students. *Journal of Applied Psychology, 67,* 306–310.

Steiner, I. D. (1972). *Group process and productivity.* New York: Academic Press.

Steiner, I. D. (1976). Task-performing groups. In J. W. Thibaut & J. T. Spence (Eds.), *Contemporary topics in social psychology* (pp. 393–422). Morristown, NJ: General Learning Press.

Steir, C. (1978). *Blue jolts: True stories from the cuckoo's nest.* Washington, DC: New Republic Books.

Stenner, K. (2009). Three kinds of 'conservatism'. *Psychological Inquiry, 20,* 142–159.

Stephan, W. G. (1977). Cognitive differentiation in intergroup perception. *Sociometry, 40,* 50–58.

Stephan, W. G. (2014). Intergroup anxiety: Theory, research, and practice. *Personality and Social Psychology Review, 18,* 239–255.

Stephan, W. G., & Rosenfield, D. (1978). Effects of desegregation on racial attitudes. *Journal of Personality and Social Psychology, 36,* 795–804.

Stephan, W. G., & Stephan, C. W. (1984). The role of ignorance in intergroup relations. In N. Miller & M. B. Brewer (Eds.), *Groups in contact: The psychology of desegregation* (pp. 229–255). New York: Academic Press.

Stephan, W. G., & Stephan, C. W. (1985). Intergroup anxiety. *Journal of Social Issues, 41,* 157–175.

Stephan, W. G., & Stephan, C. W. (2000). An integrated threat theory of prejudice. In S. Oskamp (Ed.), *Reducing prejudice and discrimination* (pp. 23–46). Mahwah, NJ: Erlbaum.

Stephan, W. G., & Stephan, C. W. (2001). *Improving intergroup relations.* Thousand Oaks, CA: SAGE.

Stephenson, G. M., Abrams, D., Wagner, W., & Wade, G. (1986). Partners in recall: Collaborative order in the recall of a police interrogation. *British Journal of Social Psychology, 25,* 341–343.

Stephenson, G. M., Clark, N. K., & Wade, G. (1986). Meetings make evidence: An experimental study of collaborative and individual recall of a simulated police interrogation. *Journal of Personality and Social Psychology, 50,* 1113–1122.

Sternberg, R. J. (1988). *The triangle of love.* New York: Basic Books.

Stern, P. C., Dietz, T., & Guagnano, G. A. (1995). The new ecological paradigm in social psychological context. *Environment and Behavior, 27,* 723–743.

Stevens, J. R., Cushman, F. A., & Hauser, M. D. (2005). Evolving the psychological mechanisms for cooperation. *Annual Review of Ecology, Evolution and Systematics, 36*, 499–518.

Stewart, J. E. (1980). Defendant's attractiveness as a factor in the outcome of criminal trials: An observational study. *Journal of Applied Social Psychology, 10*, 348–361.

Stiglitz, J. (2002). *Globalization and its discontents*. London: Penguin.

Stith, S. M., & Farley, S. C. (1993). A predictive model of male spousal violence. *Journal of Family Violence, 8*, 183–201.

Stogdill, R. M. (1948). Personal factors associated with leadership: A survey of the literature. *Journal of Psychology, 25*, 35–71.

Stogdill, R. M. (1974). *Handbook of leadership*. New York: Free Press.

Stone, J. (2003). Self-consistency for low self-esteem in dissonance processes: The role of self-standards. *Personality and Social Psychology Bulletin, 29*, 846–858.

Stone, J., & Cooper, J. (2001). A self-standards model of cognitive dissonance. *Journal of Experimental Social Psychology, 37*, 228–243.

Stone, J., & Fernandez, N. C. (2008). To practice what we preach: The use of hypocrisy and cognitive dissonance to motivate behavior change. *Social and Personality Psychology Compass, 2*, 1024–1051.

Stone, J., Wiegand, A. W., Cooper, J., & Aronson, E. (1997). When exemplification fails: Hypocrisy and the motive for self-integrity. *Journal of Personality and Social Psychology, 72*, 54–65.

Stoner, J. A. F. (1961). *A comparison of individual and group decisions including risk*. Unpublished master's thesis, Massachusetts Institute of Technology, Boston.

Stoner, J. A. F. (1968). Risky and cautious shifts in group decisions: the influence of widely held values. *J Journal of Experimental Social Psychology, 4*, 442–459.

Storms, M. D. (1973). Videotape and the attribution process: Reversing actor's and observer's points of view. *Journal of Personality and Social Psychology, 27*, 165–175.

Storms, M. D., & Nisbett, R. E. (1970). Insomnia and the attribution process. *Journal of Personality and Social Psychology, 16*, 319–328.

Stott, C. J., & Adang, O. M. J. (2004). 'Disorderly' conduct: social psychology and the control of football 'hooliganism' at 'Euro2004'. *The Psychologist, 17*, 318–319.

Stott, C. J., Hutchison, P., & Drury, J (2001). 'Hooligans' abroad? Intergroup dynamics, social identity and participation in collective disorder at the 1998 World Cup finals. *British Journal of Social Psychology, 40*, 359–384.

Stouffer, S. A., Suchman, E. A., DeVinney, L. C., Star, S. A., & Williams, R. M., Jr (1949). *The American soldier. I: Adjustment during Army life*. Princeton, NJ: Princeton University Press.

Strauman, T. J., Lemieux, A. M., & Coe, C. L. (1993). Self-discrepancy and natural killer cell activity: Immunological consequences of negative self-evaluation. *Journal of Personality and Social Psychology, 64*, 1042–1052.

Straus, M. A., Gelles, R. J., & Steinmetz, S. K. (1980). *Behind closed doors: Violence in the American family*. Garden City, NY: Anchor Books.

Straus, M. A. (2001). *Beating the devil out of them: Corporal punishment in American families and its effects on children*. New Brunswick, NJ: Transaction.

Straus, M. A., Sugarman, D. B., & Giles-Sims, J. (1997). Spanking by parents and subsequent antisocial behaviour of children. *Archives of Pediatrics and Adolescent Medicine, 151*, 761–767.

Straus, S., & McGrath, J. E. (1994). Does the medium matter? The interaction of task type and technology on group performance and member reactions. *Journal of Applied Psychology, 79*, 87–97.

Strick, M., Holland, R. W., Van Baaren, R. B., Van Knippenberg, A., & Dijksterhuis, A. (2013). Humour in advertising: An associative processing model. *European Review of Social Psychology, 24*, 32–69.

Strickland, L. H., Aboud, F. E., & Gergen, K. J. (Eds.) (1976). *Social psychology in transition*. New York: Plenum.

Strodtbeck, F. L., James, R., & Hawkins, C. (1957). Social status in jury deliberations. *American Sociological Review, 22*, 713–718.

Strodtbeck, F. L., & Lipinski, R. M. (1985). Becoming first among equals: Moral considerations in jury foreman selection. *Journal of Personality and Social Psychology, 49*, 927–936.

Stroebe, W. (2011). *Social psychology and health* (3rd ed.). Maidenhead, England: Open University Press/McGraw Hill.

Stroebe, W. (2014). Firearm possession and violent death: A critical review. *Aggression and Violent Behavior, 18*, 709–721.

Stroebe, W., & Diehl, M. (1994). Why groups are less effective than their members: On productivity losses in idea-generating groups. *European Review of Social Psychology, 5*, 271–303.

Stroebe, W., Diehl, M., & Abakoumkin, G. (1992). The illusion of group effectivity. *Personality and Social Psychology Bulletin, 18*, 643–650.

Stroebe, W., & Frey, B. S. (1982). Self-interest and collective action: The economics and psychology of public goods. *British Journal of Social Psychology, 21*, 121–137.

Stroebe, W., Lenkert, A., & Jonas, K. (1988). Familiarity may breed contempt: The impact of student exchange on national stereotypes and attitudes. In E. W. Stroebe, A. Kruglanski, D. Bar-Tal, & M. Hewstone (Eds.), *The social psychology of intergroup conflict: Theory, research and applications* (pp. 167–187). New York: Springer.

Stroebe, W., Postmes, T. and Spears, R. (2012). Scientific misconduct and the myth of self-correction in science. *Perspectives on Psychological Science, 7*, 670–688.

Strube, M. J., & Garcia, J. E. (1981). A meta-analytic investigation of Fiedler's contingency model of leadership effectiveness. *Psychological Bulletin, 90*, 307–321.

Strube, M. J., Turner, C. W., Cerro, D., Stevens, J., & Hinchey, F. (1984). Interpersonal aggression and the type A coronary-prone behavior pattern: A theoretical distinction and practical implications. *Journal of Personality and Social Psychology, 47*, 839–847.

Struch, N., & Schwartz, S. H. (1989). Intergroup aggression: Its predictors and distinctiveness from ingroup bias. *Journal of Personality and Social Psychology, 56*, 364–373.

Stryker, S., & Statham, A. (1986). Symbolic interaction and role theory. In G. Lindzey & E. Aronson (Eds.), *The handbook of social psychology* (3rd ed., Vol. 1, pp. 311–378). New York: Random House.

Stürmer, S., & Simon, B. (2004). Collective action: Towards a dual-pathway model. *European Review of Social Psychology, 15*, 59–99.

Sullivan, K. T., Pasch, L. A., Johnson, M. D., & Bradbury, T. N. (2010). Social support, problem solving, and the longitudinal course of newlywed marriage. *Journal of Personality and Social Psychology, 98*, 631–644.

Suls, J., & Wheeler, L. (Eds.) (2000). *Handbook of social comparison: Theory and research*. New York: Kluwer/Plenum.

Suls, J. M., & Miller, R. L. (Eds.) (1977). *Social comparison processes: Theoretical and empirical perspectives*. Washington, DC: Hemisphere Press.

Sumner, W. G. (1906). *Folkways*. Boston, MA: Ginn.

Sundberg, N. D. (1977). *Assessment of persons*. Englewood Cliffs, NJ: Prentice Hall.

Surowiecki, J. (2004). *The wisdom of crowds: Why the many are smarter than the few and how collective wisdom shapes business, economies, societies, and nations*. New York: Doubleday.

Sussenbach, P., & Bohner, G. (2011). Acceptance of sexual aggression myths in a representative sample of German residents. *Aggressive Behavior, 37*, 374–385.

Sussenbach, P., & Bohner, G., & Eyssel, F. (2012). Schematic influences of rape myth acceptance on visual information processing: An eye-tracking approach. *Journal of Experimental Social Psychology, 48*, 660–668.

Sutton, R., & Douglas, K. (2013). *Social psychology*. London: Palgrave Macmillan.

Swann, W. B. (1984). Quest for accuracy in person perception: A matter of pragmatics. *Psychological Review, 91*, 457–477.

Swann, W. B. (1987). Identity negotiation: Where two roads meet. *Journal of Personality and Social Psychology, 53*, 1038–1051.

Swann, W. B., & Bosson, J. K. (2010). Self and identity. In S. T. Fiske, D. T. Gilbert, & G. Lindzey (Eds.), *Handbook of social psychology* (5th ed., Vol. 1, pp. 589–628). New York: Wiley.

Swann, W. B., Gómez, Á., Seyle, D. C., Morales, J. F., & Huici, C. (2009). Identity fusion: The interplay of personal and social identities in extreme group behavior. *Journal of Personality and Social Psychology, 96*, 995–1011.

Swann, W. B., Hixon, J. G., & de la Ronde, C. (1992). Embracing the bitter 'truth': Negative self-concepts and marital commitment. *Psychological Science, 3*, 118–121.

Swann, W. B., Jetten, J., Gomez, A., Whitehouse, H., & Bastian, B. (2012). When group membership gets personal: A theory of identity fusion. *Psychological Review, 119*, 441–456.

Sweeney, P. D., Anderson, K., & Bailey, S. (1986). Attribution style in depression: A meta-analytic review. *Journal of Personality and Social Psychology, 50*, 974–991.

Sweldens, S., Corneille, O., & Yzerbyt, V. (2014). The role of awareness in attitude formation through evaluative conditioning. *Personality and Social Psychology Review, 18*, 187–209.

Swim, J. K. (1994). Perceived versus meta-analytic effect sizes: An assessment of the accuracy of gender stereotypes. *Journal of Personality and Social Psychology, 66*, 21–36.

Swim, J. K., Borgida, E., Maruyama, G., & Myers, D. G. (1989). Joan McKay vs John McKay: Do gender stereotypes bias evaluation? *Psychological Bulletin, 105*, 409–429.

Swim, J. T., Aikin, K., Hall, W., & Hunter, B. A. (1995). Sexism and racism: Old-fashioned and modern prejudices. *Journal of Personality and Social Psychology, 68*, 199–214.

Swim, J. T., & Stangor, C. (1998). *Prejudice from the target's perspective*. Santa Barbara, CA: Academic Press.

Szasz, T. (1970). *The manufacture of madness*. New York: Delta.

Szymanski, K., & Harkins, S. G. (1987). Social loafing and self-evaluation with a social standard. *Journal of Personality and Social Psychology, 53*, 891–897.

Tabachnik, B. G., & Fidell, L. S. (2013). *Using multivariate statistics* (6th ed.). Boston, MA: Pearson.

Taft, R. (1973). Migration: Problems of adjustment and assimilation in immigrants. In P. Watson (Ed.), *Psychology and race* (pp. 224–239). Harmondsworth, UK: Penguin.

Tajfel, H. (1957). Value and the perceptual judgement of magnitude. *Psychological Review, 64*, 192–204.

Tajfel, H. (1959). Quantitative judgement in social perception. *British Journal of Psychology, 50*, 16–29.

Tajfel, H. (1969). Social and cultural factors in perception. In G. Lindzey & E. Aronson (Eds.), *Handbook of social psychology* (Vol. 3, pp. 315–394). Reading, MA: Addison-Wesley.

Tajfel, H. (1970). Experiments in intergroup discrimination. *Scientific American, 223*, 96–102.

Tajfel, H. (1972). Experiments in a vacuum. In J. Israel & H. Tajfel (Eds.), *The context of social psychology: A critical assessment*. London: Academic Press.

Tajfel, H. (1974). Social identity and intergroup behaviour. *Social Science Information, 13*, 65–93.

Tajfel, H. (1978). Intergroup behaviour: II. Group perspectives. In H. Tajfel & C. Fraser (Eds.), *Introducing social psychology* (pp. 423–445). Harmondsworth, UK: Penguin.

Tajfel, H. (1981a). Social stereotypes and social groups. In J. C. Turner & H. Giles (Eds.), *Intergroup behaviour* (pp. 144–167). Oxford, UK: Blackwell.

Tajfel, H. (1981b). *Human groups and social categories: Studies in social psychology*. Cambridge, UK: Cambridge University Press.

Tajfel, H. (1982). Social psychology of intergroup relations. *Annual Review of Social Psychology, 33*, 1–39.

Tajfel, H. (Ed.) (1984). *The social dimension: European developments in social psychology*. Cambridge, UK: Cambridge University Press.

Tajfel, H., & Billig, M. (1974). Familiarity and categorization in intergroup behaviour. *Journal of Experimental Social Psychology, 10*, 159–170.

Tajfel, H., Billig, M., Bundy, R. P., & Flament, C. (1971). Social categorization and intergroup behaviour. *European Journal of Social Psychology, 1*, 149–177.

Tajfel, H., & Fraser, C. (Eds.) (1978). *Introducing social psychology*. Harmondsworth, UK: Penguin.

Tajfel, H., & Turner, J. C. (1986). The social identity theory of intergroup behaviour. In S. Worchel & W. G. Austin (Eds.), *Psychology of intergroup relations* (2nd ed., pp. 7–24). Chicago: Nelson-Hall.

Tajfel, H., & Wilkes, A. L. (1963). Classification and quantitative judgement. *British Journal of Psychology, 54*, 101–114.

Tamir, M., (2016). Why do people regulate their emotions? A taxonomy of motives in emotion regulation. *Personality and Social Psychology Review, 20*, 199–222.

Tanford, S., & Penrod, S. (1984). Social influence model: A formal integration of research on majority and minority influence processes. *Psychological Bulletin, 95*, 189–225.

Tangney, J. P., & Dearing, R. L. (2002). *Shame and guilt*. New York: Guilford.

Tanter, R. (1966). Dimension of conflict behavior within and between nations, 1958–1960. *Journal of Conflict Resolution, 10*, 41–64.

Tanter, R. (1969). International war and domestic turmoil: Some contemporary evidence. In H. D. Graham & T. R. Gurr (Eds.), *Violence in America* (pp. 550–569). New York: Bantam.

Tarde, G. (1890). *Les lois de l'imitation*. Paris: Librairie Felix Alcan.

Tarde, G. (1898). *Etudes de psychologie sociale*. Paris: V. Giard & E. Briére.

Tarde, G. (1901). *L'opinion et la foule*. Paris: Librairie Felix Alcan.

Tarrant, M. (2002). Adolescent peer groups and social identity. *Social Development, 11*, 110–123.

Tausczik, Y., & Pennebaker, J. W. (2010). The psychological meaning of words: LIWC and computerized text analysis methods. *Journal of Language and Social Psychology, 29*, 24–54.

Taylor, A. J. W. (1987). *Antarctic psychology*. Wellington: Science Information Publishing Centre.

Taylor, D. M., & Brown, R. J. (1979). Towards a more social psychology. *British Journal of Social and Clinical Psychology, 18*, 173–179.

Taylor, D. M., & Jaggi, V. (1974). Ethnocentrism and causal attribution in a S. Indian context. *Journal of Cross-cultural Psychology, 5*, 162–171.

Taylor, D. M., & McKirnan, D. J. (1984). A five-stage model of intergroup relations. *British Journal of Social Psychology, 23*, 291–300.

Taylor, D. M., Wright, S. C., & Porter, L. E. (1994). Dimensions of perceived discrimination: The personal/group discrimination discrepancy. In M. P. Zanna & J. M. Olson (Eds.), *The psychology of prejudice: The Ontario symposium* (Vol. 7, pp. 233–255). Hillsdale, NJ: Erlbaum.

Taylor, M. C. (1982). Improved conditions, rising expectations, and dissatisfaction: A test of the past/present relative deprivation hypothesis. *Social Psychology Quarterly, 45*, 24–33.

Taylor, S. E. (1981). The interface of cognitive and social psychology. In J. Harvey (Ed.), *Cognition, social behavior, and the environment* (pp. 189–211). Hillsdale, NJ: Erlbaum.

Taylor, S. E. (1983). Adjustment to threatening events: A theory of cognitive adaptation. *American Psychologist, 38*, 1161–1173.

Taylor, S. E. (1998). The social being in social psychology. In D. T. Gilbert, S. T. Fiske, & G. Lindzey (Eds.), *The handbook of social psychology* (4th ed., Vol. 1, pp. 58–95). New York: McGraw-Hill.

Taylor, S. E. (2003). *Health psychology* (5th ed.). Boston, MA: McGraw-Hill

Taylor, S. E., & Brown, J. D. (1988). Illusion and well-being: A social psychological perspective on mental health. *Psychological Bulletin, 103*, 193–210.

Taylor, S. E., & Fiske, S. T. (1975). Point-of-view and perceptions of causality. *Journal of Personality and Social Psychology, 32*, 439–445.

Taylor, S. E., & Fiske, S. T. (1978). Salience, attention, and attribution: Top of the head phenomena. *Advances in Experimental Social Psychology, 11*, 249–288.

Taylor, S. E., Fiske, S. T., Etcoff, N. L., & Ruderman, A. J. (1978). Categorical and contextual bases of person memory and stereotyping. *Journal of Personality and Social Psychology, 36*, 778–793.

Taylor, S. E., & Koivumaki, J. H. (1976). The perception of self and others: Acquaintanceship, affect, and actor–observer differences. *Journal of Personality and Social Psychology, 33*, 403–408.

Taylor, S. E., Peplau, L. A., & Sears, D. O. (2000). *Social psychology* (10th ed.). Upper Saddle River, NJ: Prentice Hall.

Taylor, S. E., & Thompson, S. C. (1982). Stalking the elusive 'vividness' effect. *Psychological Review, 89*, 155–181.

Taylor, S. P., & Sears, J. D. (1988). The effects of alcohol and persuasive social pressure on human physical aggression. *Aggressive Behavior, 14*, 237–243.

Taynor, J., & Deaux, K. (1973). Equity and perceived sex differences: Role behavior as defined by the task, the mode, and the actor. *Journal of Personality and Social Psychology, 32*, 381–390.

Teger, A. (1970). *Defining the socially responsible response.* Paper presented at the 78th annual meeting of the American Psychological Association.

Teger, A. I., & Pruitt, D. G. (1967). Components of group risk taking. *Journal of Experimental Social Psychology, 3*, 189–205.

Tellis, G. J. (1987). *Advertising exposure, loyalty, and brand purchase: A two-stage model of choice* (Report no. 87–105). Cambridge, MA: Marketing Science Institute.

Tennen, H., & Affleck, G. (1993). The puzzles of self-esteem: A clinical perspective. In R. F. Baumeister (Ed.), *Self-esteem: The puzzle of low self-esteem* (pp. 241–262). New York: Plenum.

Terry, D., Gallois, C., & McCamish, M. (1993). The theory of reasoned action and health care behaviour. In D. Terry, C. Gallois, & M. McCamish (Eds.), *The theory of reasoned action: Its application to AIDS-preventive behaviour* (pp. 1–27). Oxford, UK: Pergamon Press.

Terry, D. J., Carey, C. J., & Callan, V. J. (2001). Employee adjustment to an organizational merger: An intergroup perspective. *Personality and Social Psychology Bulletin, 27*, 267–280.

Terry, D. J., & Hogg, M. A. (1996). Group norms and the attitude–behavior relationship: A role for group identification. *Personality and Social Psychology Bulletin, 22*, 776–793.

Terry, D. J., & Hogg, M. A. (Eds.) (2000). *Attitudes, behavior, and social context: The role of norms and group membership.* Mahwah, NJ: Erlbaum.

Terry, D. J., Hogg, M. A., & White, K. M. (1999). The theory of planned behaviour: Self-identity, social identity and group norms. *British Journal of Social Psychology, 38*, 225–244.

Terry, D. J., Hogg, M. A., & White, K. M. (2000). Attitude–behavior relations: Social identity and group membership. In D. J. Terry & M. A. Hogg (Eds.), *Attitudes, behavior, and social context: The role of norms and group membership* (pp. 67–93). Mahwah, NJ: Erlbaum.

Tesser, A. (1988). Toward a self-evaluation maintenance model of social behavior. *Advances in Experimental Social Psychology, 21*, 181–227.

Tesser, A. (2000). On the confluence of self-esteem maintenance mechanisms. *Personality and Social Psychology Review, 4*, 290–299.

Tesser, A., Gatewood, R., & Driver, M. (1968). Some determinants of gratitude. *Journal of Personality and Social Psychology, 9*, 233–236.

Tesser, A., Martin, L., & Mendolia, M. (1995). The impact of thought on attitude extremity and attitude–behavior consistency. In R. E. Petty & J. A. Krosnick (Eds.), *Attitude strength: Antecedents and consequences* (pp. 73–92). Mahwah, NJ: Erlbaum.

Tesser, A., & Schwartz, N. (Eds.) (2001). *Blackwell handbook of social psychology: Intraindividual processes.* Oxford, UK: Blackwell.

Tesser, A., & Shaffer, D. R. (1990). Attitudes and attitude change. *Annual Review of Psychology, 41*, 479–523.

Tetlock, P. E. (1979). Identifying victims of groupthink from public statements of decision makers. *Journal of Personality and Social Psychology, 37*, 1314–1324.

Tetlock, P. E. (1983). Policymakers: Images of international conflict. *Journal of Social Issues, 39*, 67–86.

Tetlock, P. E. (1984). Cognitive style and political belief systems in the British House of Commons. *Journal of Personality and Social Psychology, 46*, 365–375.

Tetlock, P. E. (1988). Monitoring the integrative complexity of American and Soviet policy rhetoric: What can be learned? *Journal of Social Issues, 44*, 101–131.

Tetlock, P. E. (1989). The structural bases of consistency among political attitudes: Effects of political expertise and attitude importance. Structure and function in political belief systems. In A. R. Pratkanis, S. J. Breckler, & A. G. Greenwald (Eds.), *Attitude structure and function* (pp. 129–151). Hillsdale, NJ: Erlbaum.

Tetlock, P. E. (2007). Psychology and politics: The challenges of integrating levels of analysis in social science. In A. W. Kruglanski & E. T. Higgins (Eds.), *Social psychology: A handbook of basic principles* (2nd ed., pp. 888–912). New York: Guilford Press.

Tetlock, P. E., & Boettger, R. (1989). Accountability: A social magnifier of the dilution effect. *Journal of Personality and Social Psychology, 57*, 388–398.

Tetlock, P. E., & Kim, J. I. (1987). Accountability and judgment processes in a personality prediction task. *Journal of Personality and Social Psychology, 52*, 700–709.

Tetlock, P. E., & Levi, A. (1982). Attribution bias: On the inconclusiveness of the cognition–motivation debate. *Journal of Experimental Social Psychology, 18*, 68–88.

Tetlock, P. E., & Manstead, A. S. R. (1985). Impression management versus intrapsychic explanations in social psychology: A useful dichotomy? *Psychological Review, 92*, 59–77.

Tetlock, P. E., Peterson, R. S., McGuire, C., Chang, S., & Feld, P. (1992). Assessing political group dynamics: A test of the groupthink model. *Journal of Personality and Social Psychology, 63*, 403–425.

Tewari, S., Khan, S., Hopkins, N., Srinivasan, N., & Reicher, S. D. (2012). Participation in mass gatherings can benefit well-being: Longitudinal and control data from a North Indian Hindu pilgrimage event. *PLoS ONE, 7*(10), e47291.

Thakerar, J. N., Giles, H., & Cheshire, J. (1982). Psychological and linguistic parameters of speech accommodation theory. In C. Fraser & K. R. Scherer (Eds.), *Advances in the social psychology of language* (pp. 205–255). Cambridge, UK: Cambridge University Press.

Thatcher, M. (1993). *The Downing Street years.* London: HarperCollins.

Thayer, S. (1986). Touch: The frontier of intimacy. *Journal of Nonverbal Behaviour, 10*, 7–11.

Thibaut, J. W., & Kelley, H. H. (1959). *The social psychology of groups.* New York: Wiley.

Thomas, W. I., & Znaniecki, F. (1918). *The Polish peasant in Europe and America* (Vol. 1). Boston, MA: Badger.

Thompson, J. B. (1990). *Ideology and modern culture: Critical social theory in the era of mass communication.* Stanford, CA: Stanford University Press.

Thompson, L. L. (2015). *The mind and heart of the negotiator* (6th ed.). New York: Pearson.

Thompson, L. L., & Loewenstein, J. (2003). Mental models of negotiation: Descriptive, prescriptive, and paradigmatic implications. In M. A. Hogg & J. Cooper (Eds.), *The SAGE handbook of social psychology* (pp. 494–511). London: SAGE.

Thompson, L. L., Medvec, V. H., Seiden, V., & Kopelman, S. (2001). Poker face, smiley face, and rant 'n' rave: Myths and realities about emotion in negotiation. In M. A. Hogg & R. S. Tindale (Eds.), *Blackwell handbook of social psychology: Group processes* (pp. 139–163). Oxford, UK: Blackwell.

Thompson, L. L., & Pozner, J.-E. (2007). Organizational behavior. In A. W. Kruglanski & E. T. Higgins (Eds.), *Social psychology: A handbook of basic principles* (2nd ed., pp. 913–939). New York: Guilford Press.

Thompson, W. C., Fong, G. T., & Rosenhan, D. L. (1981). Inadmissible evidence and juror verdicts. *Journal of Personality and Social Psychology, 40*, 453–463.

Thompson, W. C., & Fuqua, J. (1998). 'The jury will disregard …': A brief guide to inadmissible evidence. In J. M. Golding & C. M. MacLeod (Eds.), *Intentional forgetting: Interdisciplinary approaches* (pp. 133–154). Mahwah, NJ: Erlbaum.

Thomson, R. (2006). The effect of topic of discussion on gendered language in computer-mediated communication discussion. *Journal of Language and Social Psychology, 25*, 167–178.

Thomson, R., & Murachver, T. (2001). Predicting gender from electronic discourse. *British Journal of Social Psychology, 40*, 193–208.

Thoreau, H. D. (1854/1997). *Walden.* Oxford, UK: Oxford University Press.

Thorndike, E. L. (1940). *Human nature and the social order.* New York: Macmillan.

Thurstone, L. L. (1928). Attitudes can be measured. *American Journal of Sociology, 33*, 529–554.

Thurstone, L. L. (1931). The measurement of social attitudes. *Journal of Abnormal and Social Psychology, 26*, 249–269.

Thurstone, L. L., & Chave, E. J. (1929). *The measurement of attitude: A psychophysical method and some experiments with a scale for measuring attitude toward the church.* Chicago, IL: University of Chicago Press.

Tice, D. M. (1992). Self-presentation and self-concept change: The looking-glass self as magnifying glass. *Journal of Personality and Social Psychology, 63*, 435–451.

Tidwell, N. D., Eastwick, P. W., & Finkel, E. J. (2012). Perceived, not actual, similarity predicts initial attraction in a live romantic context: Evidence from the speed-dating paradigm. *Personal Relationships, 20*, 199–215.

Tiedens, L. Z., & Fragale, A. R. (2003). Power moves: Complementarity in dominant and submissive nonverbal behavior. *Journal of Personality and Social Psychology, 84*, 558–568.

Tilker, H. (1970). Socially responsible behavior as a function of observer responsibility and victim feedback. *Journal of Personality and Social Psychology, 14*, 95–100.

Tindale, R. S., Davis, J. H., Vollrath, D. A., Nagao, D. H., & Hinsz, V. B. (1990). Asymmetrical social influence in freely interacting groups: A test of three models. *Journal of Personality and Social Psychology, 58*, 438–449.

Tindale, R. S., Kameda, T., & Hinsz, V. B. (2003). Group decision making. In M. A. Hogg & J. Cooper (Eds.), *The SAGE handbook of social psychology* (pp. 381–403). London: SAGE.

Tindale, R. S., Meisenhelder, H. M., Dykema-Engblade, A. A., & Hogg, M. A. (2001). Shared cognition in small groups. In M. A. Hogg & R. S. Tindale (Eds.), *Blackwell handbook of social psychology: Group processes* (pp. 1–30). Oxford, UK: Blackwell.

Tindale, R. S., Nadler, J., Krebel, A., & Davis, J. H. (2001). Procedural mechanisms and jury behavior. In M. A. Hogg & R. S. Tindale (Eds.), *Blackwell handbook of social psychology: Group processes* (pp. 574–602). Oxford, UK: Blackwell.

Titus, H. E., & Hollander, E. P. (1957). The California F-scale in psychological research (1950–1955). *Psychological Bulletin, 54*, 47–74.

Toch, H. (1969). *Violent men*. Chicago: Aldine.

Todorov, A., Fiske, S. T., & Prentice, D. A. (2011) *Social neuroscience: Towards understanding the underpinnings of the social mind*. New York: Oxford University Press.

Todorov, A., Mandisodza, A. N., Goren, A., & Hall, C. C. (2005). Inferences of competence for faces predict election outcomes. *Science, 308*, 1623–1626.

Tolan, P., & Gorman-Smith, D. (2002). What violence prevention research can tell us about developmental psychopathology. *Development and Psychopathology, 14*, 713–729.

Tolan, P., Gorman-Smith, D., & Henry, D. (2006). Family violence. *Annual Review of Psychology, 57*, 557–583.

Tolstoy, L. (1869). *War and peace*. Harmondsworth, UK: Penguin.

Tomada, G., & Schneider, B. H. (1997). Relational aggression, gender, and peer acceptance: Invariance across culture, stability over time, and concordance among informants. *Developmental Psychology, 33*, 601–609.

Tomasello, M., & Vaish, A. (2013). Origins of human cooperation and morality. *Annual Review of Psychology, 64*, 231–255.

Tönnies, F. (1955). *Community and association*. London: Routledge & Kegan Paul (originally published in German in 1887).

Tormala, Z. L., Briñol, P., & Petty, R. E. (2007). Multiple roles for source credibility under high elaboration: It's all in the timing. *Social Cognition, 25*, 536–552.

Tormala, Z. L., Jia, J. S., & Norton, M. I. (2012). The preference for potential. *Journal of Personality and Social Psychology, 103*, 567–583.

Tormala, Z. L., & Petty, R. E. (2002). What does not kill me makes me stronger: the effects of resisting persuasion on attitude certainty. *Journal of Personality and Social Psychology, 83*, 1298–1313.

Tormala, Z. L., & Petty, R. E. (2004a). Resistance to persuasion and attitude certainty: The moderating role of elaboration. *Personality and Social Psychology Bulletin, 30*, 1446–1457.

Tormala, Z. L., & Petty, R. E. (2004b). Source credibility and attitude certainty: a metacognitive analysis of resistance to persuasion. *Journal of Consumer Psychology, 14*, 427–442.

Totenhagen, C. J., Butler, E. A., & Ridley, C. A. (2012). Daily stress, closeness, and satisfaction in gay and lesbian couples. *Personal Relationships, 19*, 219–233.

Tourangeau, R., Smith, T. W., & Rasinski, K. A. (1997). Motivation to report sensitive behaviours on surveys: Evidence from a bogus pipeline experiment. *Journal of Applied Social Psychology, 27*, 209–222.

Townsend, S. S. M., Major, B., Gangi, C. E., & Mendes, W. B. (2011). From "in the air" to "under the skin": Cortisol responses to social identity threat. *Personality and Social Psychology Bulletin, 37*, 151–164.

Trafimow, D. (2000). Habit as both a direct cause of intention to use a condom and as a moderator of the attitude–intention and the subjective norm–intention relations. *Psychology and Health, 15*, 383–395.

Trager, G. L. (1958). Paralanguage: A first approximation. *Studies in Linguistics, 13*, 1–12.

Tran, S., & Simpson, J. A. (2009). Pro-relationship maintenance behaviors: The joint roles of attachment and commitment. *Journal of Personality and Social Psychology, 97*, 685–698.

Trawalter, S., Adam, E. K., Chase-Lansdale, P. L., & Richeson, J. A. (2012). Concerns about appearing prejudiced get under the skin: Stress responses to interracial contact in the moment and across time. *Journal of Experimental Social Psychology, 48*, 682–693.

Triandis, H. C. (1971). *Attitude and attitude change*. New York: Wiley.

Triandis, H. C. (1977). *Interpersonal behavior*. Monterey, CA: Brooks/Cole.

Triandis, H. C. (1980). Values, attitudes and interpersonal behavior. In H. H. Howe & M. M. Page (Eds.), *Nebraska symposium on motivation* (Vol. 27, pp. 195–259). Lincoln, NE: University of Nebraska Press.

Triandis, H. C. (1989). The self and social behavior in differing cultural contexts. *Psychological Review, 96*, 506–520.

Triandis, H. C. (1994a). *Culture and social behavior*. New York: McGraw-Hill.

Triandis, H. C. (1994b). Theoretical and methodological approaches to the study of collectivism and individualism. In U. Kim, H. C. Triandis, C. Kağitçibaşi, S. Choi, & G. Yoon (Eds.), *Individualism and collectivism: Theory, methods, and applications* (pp. 41–51). Thousand Oaks, CA: SAGE.

Triandis, H. C., & Davis, E. G. (1965). Race and belief as shared determinants of behavior intentions. *Journal of Personality and Social Psychology, 2*, 715–725.

Triandis, H. C., Lambert, W., Berry, J., Lonner, W., Heron, A., Brislin, R., & Draguns, J. (Eds.) (1980). *Handbook of cross-cultural psychology* (Vol. 1–6). Boston, MA: Allyn & Bacon.

Triandis, H. C., Leung, K., Villareal, M. J., & Clack, F. L. (1985). Allocentric versus idiocentric tendencies: Convergent and discriminant validation. *Journal of Research in Personality, 19*, 395–415.

Tripathi, R. C., & Srivasta, R. (1981). Relative deprivation and intergroup attitudes. *European Journal of Social Psychology, 11*, 313–318.

Triplett, N. (1898). The dynamogenic factors in pacemaking and competition. *American Journal of Psychology, 9*, 507–533.

Trope, Y. (1986). Self-enhancement and self-assessment in achievement behavior. In R. Sorrentino & E. T. Higgins (Eds.), *Handbook of motivation and cognition* (Vol. 2, pp. 350–378). New York: Guilford Press.

Trope, Y., & Gaunt, R. (2007). Attribution and person perception. In M. A. Hogg & J. Cooper (Eds.), *The SAGE handbook of social psychology: Concise student edition* (pp. 176–194). London: SAGE.

Tropp, L. R. (Ed.) (2012). *The Oxford handbook of intergroup conflict*. New York: Oxford University Press.

Trotter, W. (1919). *Instincts of the herd in peace and war*. London: Oxford University Press.

Tsunokai, G. T., McGrath, A. R., & Kavanagh, J. K. (2014). Online dating preferences of Asian Americans. *Journal of Social and Personal Relationships, 31*, 796–814.

Tucker, J. S., Friedman, H. S., Schwartz, J. E., Criqui, M. H., Tomlinson-Keasey, C., Wingard, D. L., et al. (1997). Parental divorce: Effects on individual behavior and longevity. *Journal of Personality and Social Psychology, 73*, 381–391.

Tuckman, B. W. (1965). Developmental sequence in small groups. *Psychological Bulletin, 63*, 384–399.

Tuffin, K. (2005). *Understanding critical social psychology*. Thousand Oaks, CA: SAGE.

Turner, D. D. (2005). Altruism – is it still an anomaly? [Review of *Kindness in a cruel world: The evolution of altruism* by N. Barber. Prometheus: Amherst, NY, 2004]. *Trends in Cognitive Sciences, 9*, 317–318.

Turner, J. C. (1975). Social comparison and social identity: Some prospects for intergroup behaviour. *European Journal of Social Psychology, 5*, 5–34.

Turner, J. C. (1978). Social categorization and social discrimination in the minimal group paradigm. In H. Tajfel (Ed.), *Differentiation between social groups* (pp. 101–140). London: Academic Press.

Turner, J. C. (1980). Fairness or discrimination in intergroup behaviour? A reply to Branthwaite, Doyle and Lightbown. *European Journal of Social Psychology, 10*, 131–147.

Turner, J. C. (1981a). Some considerations in generalizing experimental social psychology. In G. M. Stephenson & J. M. Davis (Eds.), *Progress in applied social psychology* (Vol. 1, pp. 3–34). Chichester, UK: Wiley.

Turner, J. C. (1981b). The experimental social psychology of intergroup behaviour. In J. C. Turner & H. Giles (Eds.), *Intergroup behaviour* (pp. 66–101). Oxford, UK: Blackwell.

Turner, J. C. (1982). Towards a cognitive redefinition of the social group. In H. Tajfel (Ed.), *Social identity and intergroup relations* (pp. 15–40). Cambridge, UK: Cambridge University Press.

Turner, J. C. (1983). Some comments on 'the measurement of social orientations in the minimal group paradigm'. *European Journal of Social Psychology, 13*, 351–368.

Turner, J. C. (1984). Social identification and psychological group formation. In H. Tajfel (Ed.), *The social dimension: European developments in social psychology* (Vol. 2, pp. 518–538). Cambridge, UK: Cambridge University Press.

Turner, J. C. (1985). Social categorization and the self-concept: A social cognitive theory of group behavior. In E. J. Lawler (Ed.), *Advances in group processes: Theory and research* (Vol. 22, pp. 77–122). Greenwich, CT: JAI Press.

Turner, J. C. (1991). *Social influence*. Buckingham, UK: Open University Press.

Turner, J. C. (1999). Some current issues in research on social identity and self-categorization theories. In N. Ellemers, R. Spears, & B. Doosje (Eds.), *Social identity* (pp. 6–34). Oxford, UK: Blackwell.

Turner, J. C. (2005). Explaining the nature of power: A three-process theory. *European Journal of Social Psychology, 35*, 1–22.

Turner, J. C., & Bourhis, R. Y. (1996). Social identity, interdependence and the social group. A reply to Rabbie et al. In W. P. Robinson (Ed.), *Social groups and identities: Developing the legacy of Henri Tajfel* (pp. 25–63). Oxford, UK: Butterworth-Heinemann.

Turner, J. C., Hogg, M. A., Oakes, P. J., Reicher, S. D., & Wetherell, M. S. (1987). *Rediscovering the social group: A self-categorization theory*. Oxford, UK: Blackwell.

Turner, J. C., & Oakes, P. J. (1986). The significance of the social identity concept for social psychology with reference to individualism, interactionism and social influence. *British Journal of Social Psychology, 25*, 237–252.

Turner, J. C., & Oakes, P. J. (1989). Self-categorization and social influence. In P. B. Paulus (Ed.), *The psychology of group influence* (2nd ed., pp. 233–275). Hillsdale, NJ: Erlbaum.

Turner, J. C., & Reynolds. K. (2003). Why social dominance theory has been falsified. *British Journal of Social Psychology, 42*, 199–206.

Turner, J. C., Reynolds, K. J., Haslam, S. A., & Veenstra, K. E. (2006). Reconceptualizing personality: Producing individuality by defining the personal self. In T. Postmes & J. Jetten (Eds.), *Individuality and the group: Advances in social identity* (pp. 11–36). London: SAGE.

Turner, J. C., Wetherell, M. S., & Hogg, M. A. (1989). Referent informational influence and group polarization. *British Journal of Social Psychology, 28*, 135–147.

Turner, M. E., Pratkanis, A. R., Probasco, P., & Leve, C. (1992). Threat, cohesion, and group effectiveness: Testing a social identity maintenance perspective on groupthink. *Journal of Personality and Social Psychology, 63*, 781–796.

Turner, R. H. (1974). Collective behavior. In R. E. L. Faris (Ed.), *Handbook of modern sociology* (pp. 382–425). Chicago: Rand McNally.

Turner, R. H., & Killian, L. (1957). *Collective behavior*. Englewood Cliffs, NJ: Prentice Hall.

Turtle, A. M. (1994). Implications for Asian psychology of the adoption of a stance of theoretical indigenisation. In G. Davidson (Ed.), *Applying psychology: Lessons from Asia-Oceania* (pp. 9–13). Melbourne, Australia: Australian Psychological Society.

Tversky, A., & Kahneman, D. (1974). Judgment under uncertainty: Heuristics and biases. *Science, 185*, 1124–1131.

Tyerman, A., & Spencer, C. (1983). A critical test of the Sherifs' robbers' cave experiments: Intergroup competition and cooperation between groups of well acquainted individuals. *Small Group Research, 14*, 515–531.

Tyler, T. R. (1997). The psychology of legitimacy: A relational perspective on voluntary deference to authorities. *Personality and Social Psychology Review, 1*, 323–345.

Tyler, T. R. (2011). *Why people cooperate: The role of social motivations*. Princeton, NJ: Princeton University Press.

Tyler, T. R., & Jost, J. T. (2007). Psychology and the law: reconciling normative and descriptive accounts of social justice and system legitimacy. In A. W. Kruglanski & E. T. Higgins (Eds.), *Social psychology: A handbook of basic principles* (2nd ed., pp. 807–825). New York: Guilford Press.

Tyler, T. R., & Lind, E. A. (1992). A relational model of authority in groups. *Advances in Experimental Social Psychology, 25*, 115–191.

Tyler, T. R., & Schuller, R. A. (1991). Aging and attitude change. *Journal of Personality and Social Psychology, 61*, 689–697.

Tyler, T. R., & Sears, D. O. (1977). Coming to like obnoxious people when we have to live with them. *Journal of Personality and Social Psychology, 35*, 200–211.

Tyler, T. R., & Smith, H. J. (1998). Social justice and social movements. In D. T. Gilbert, S. T. Fiske, & G. Lindzey (Eds.), *The handbook of social psychology* (4th ed., Vol. 2, pp. 595–632). New York: McGraw-Hill.

Ulman, R. B., & Abse, D. W. (1983). The group psychology of mass madness: Jonestown. *Political Psychology, 4*, 637–661.

Umadevi, L., Venkataramaiah, P., & Srinivasulu, R. (1992). A comparative study on the concept of marriage by professional and non-professional degree students. *Indian Journal of Behaviour, 16*, 27–37.

Underwood, B., & Moore, B. (1982). Perspective-taking and altruism. *Psychological Bulletin, 91*, 143–173.

Unsworth, K. L., & Fielding, K. S. (2014). It's political: How the salience of one's political identity changes climate change beliefs and policy support. *Global Environmental Change, 27*, 131–137.

US Department of Justice. (2001). *Homicide trends in the United States*. Bureau of Justice Statistics. Retrieved 2 January 2002 from http://www.ojp.usdoj.gov/bjs/homicide/homtrnd.htm.

Utz, S., & Sassenberg, K. (2002). Distributive justice in common-bond and common-identity groups. *Group Processes and Intergroup Relations, 5*, 151–162.

Vaes, J., Leyens, J.-P., Paladino, M. P., & Miranda, M. P. (2012). We are human, they are not: Driving forces behind outgroup dehumanization and the humanization of the ingroup. *European Review of Social Psychology, 23*, 64–106.

Valentine, T., Pickering, A., & Darling, S. (2003). Characteristics of eyewitness identification that predict the outcome of real lineups. *Applied Cognitive Psychology, 17*, 969–993.

Valins, S. (1966). Cognitive effects of false heart-rate feedback. *Journal of Personality and Social Psychology, 4*, 400–408.

Valins, S., & Nisbett, R. E. (1972). Attribution processes in the development and treatment of emotional disorders. In E. E. Jones, D. E. Kanouse, H. H. Kelley, R. E. Nisbett, S. Valins, & B. Weiner (Eds.), *Attribution: Perceiving the causes of behavior* (pp. 137–150). Morristown, NJ: General Learning Press.

Van Bavel, J. J., & Cunningham. W. A. (2010). A social neuroscience approach to self and social categorization: A new look at an old issue. *European Review of Social Psychology, 21*, 237–284.

Van Beest, I., & Williams, K. D. (2006). When inclusion costs and ostracism pays, ostracism still hurts. *Journal of Personality and Social Psychology, 91*, 918–928.

Van den Bos, K. (2009). Making sense of life: The existential self trying to deal with personal uncertainty. *Psychological Inquiry, 20*, 197–217.

Van den Ven, N., & Zeelenberg, M. (2015). On the counterfactual nature of envy: "It could have been me". *Cognition and Emotion, 29*, 954–971.

Van der Pligt, J. (1984). Attributional false consensus, and valence: Two field studies. *Journal of Personality and Social Psychology, 46*, 57–68.

Van der Pligt, J., & De Vries, N. K. (2000). The importance of being selective: Weighing the role of attribute importance in attitudinal judgment. *Advances in Experimental Social Psychology, 32*, 135–191.

Van de Vliert, E., Huang, X., & Levine, R. V. (2004). National wealth and thermal climate as predictors of motives for volunteer work. *Journal of Cross-Cultural Psychology, 35*, 62–73.

Van Dijk, T. A. (1987). *Communicating racism: Ethnic prejudice in thought and talk*. Newbury Park, CA: SAGE.

Van Dijk, T. A. (1993). *Elite discourse and racism*. Newbury Park, CA: SAGE.

Van Dijk, T. A., & Wodak, R. (Eds.) (1988). *Discourse, racism and ideology* (special issues of Text, 8, nos 1 and 2). Amsterdam: Mouton de Gruyter.

Van Doorn, A., Zeelenberg, M., & Breugelmans, S. M. (2014). Anger and prosocial behavior. *Emotion Review, 6*, 261–268.

Van Goozen, S. H. M., Cohen-Kettenis, P. T., Gooren, L. J. G., Frijda, N. H., & Van der Poll, N. E. (1995). Gender differences in behaviour: Activating effects of cross-sex hormones. *Psychoneuroendocrinology, 20*, 343–363.

Van Gyn, G. H., Wenger, H. A., & Gaul, C. A. (1990). Imagery as a method of enhancing transfer from training to performance. *Journal of Sport and Exercise Psychology, 12*, 366–375.

Van Knippenberg, A., & Van Oers, H. (1984). Social identity and equity concerns in intergroup perceptions. *British Journal of Social Psychology, 23*, 351–361.

Van Knippenberg, D. (2011). Embodying who we are: Leader group prototypicality and leadership effectiveness. *The Leadership Quarterly, 22*, 1078–1091.

Van Knippenberg, D., & Hogg, M. A. (2003). A social identity model of leadership in organizations. In R. M. Kramer & B. M. Staw (Eds.), *Research in organizational behavior* (Vol. 25, pp. 243–295). Greenwich, CT: JAI Press.

Van Knippenberg, D., Van Knippenberg, B., & Bobbio, A. (2008). Leaders as agents of continuity: Self continuity and resistance to collective change. In F. Sani (Ed.), *Self-continuity: Individual and collective perspectives* (pp. 175–186). New York: Psychology Press.

Van Knippenberg, D., Van Knippenberg, B., De Cremer, D., & Hogg, M. A. (2004). Leadership, self, and identity: A review and research agenda. *The Leadership Quarterly, 15*, 825–856.

Van Lange, P. A. M. (2013). What we should expect from theories in social psychology: Truth, abstraction, progress, and applicability as standards (TAPAS). *Personality and Social Psychology Review, 17*, 40–55.

Van Lange, P. A. M., Balliet, D., Parks, C. D., & Van Vugt, M. (2014). *Social dilemmas: Understanding human cooperation*. New York: Oxford University Press.

Van Lange, P. A. M., Kruglanski, A. W., & Higgins, E. T. (Eds.) (2012). *Handbook of theories of social psychology*. Thousand Oaks, CA: SAGE.

Van Loo, K. J., & Rydell, R. J. (2013). On the experience of feeling powerful: Perceived power moderates the effect of stereotype threat on women's math performance. *Personality and Social Psychology Bulletin, 39*, 387–400.

Van Osch, Y., Zeelenberg, M., & Breugelmans, S. (2016). On the context dependence of emotion displays: Perceptions of gold medalists' expressions of pride. *Cognition and Emotion, 30*, 1332–1343.

Van Overwalle, F., & Siebler, F. (2005). A connectionist model of attitude formation and change. *Personality and Social Psychology Review, 9*, 231–274.

Van Schie, E. G. M., & Wiegman, O. (1997). Children and videogames: Leisure activities, aggression, social integration, and school performance. *Journal of Applied Social Psychology, 27*, 1175–1194.

Van Veelen, R., Otten, S., Cadinu, M., & Hansen, N. (2016). An integrative model of social identification: Self-stereotyping and self-anchoring as two cognitive pathways. *Personality and Social Psychology Review, 20*, 3–26.

Van Vugt, M. (1997). When the privatization of public goods may fail: A social dilemma approach. *Social Psychology Quarterly, 60*, 355–367.

Van Vugt, M., & De Cremer, D. (1999). Leadership in social dilemmas: The effects of group identification on collective actions to provide public goods. *Journal of Personality and Social Psychology, 76*, 587–599.

Van Vugt, M., & Hart, C. M. (2004). Social identity as social glue: The origins of group loyalty. *Journal of Personality and Social Psychology, 86*, 585–598.

Van Vugt, M., Hogan, R., & Kaiser, R. (2008). Leadership, followership, and evolution: Some lessons from the past. *American Psychologist, 63*, 182–196.

Van Zomeren, M., Leach, C. W., & Spears, R. (2012). Protestors as 'passionate economists': A dynamic dual pathway model of approach coping with collective disadvantage. *Personality and Social Psychology Review, 16*, 180–199.

Van Zomeren, M., Postmes, T., & Spears, R. (2008). Toward an integrative social identity model of collective action: A quantitative research synthesis of three socio-psychological perspectives. *Psychological Bulletin, 134*, 504–535.

Vandello, J. A., & Cohen, D. (2003). Male honor and female fidelity: Implicit cultural scripts that perpetuate domestic violence. *Journal of Personality and Social Psychology, 84*, 997–1010.

Vandello, J. A., Cohen, D., Grandon, R., & Franiuk, R. (2009). Stand by your man: Indirect prescriptions for honorable violence and feminine loyalty in Canada, Chile, and the United States. *Journal of Cross-Cultural Psychology, 40*, 81–104.

Vanneman, R. D., & Pettigrew, T. F. (1972). Race and relative deprivation in the urban United States. *Race, 13*, 461–486.

Vaughan, G. M. (1962). The social distance attitudes of New Zealand students towards Maoris and fifteen other national groups. *Journal of Social Psychology, 57*, 85–92.

Vaughan, G. M. (1964). The trans-situational aspect of conforming behavior. *Journal of Personality, 32*, 335–354.

Vaughan, G. M. (1977). Personality and small group behaviour. In R. B. Cattell & R. M. Dreger (Eds.), *Handbook of modern personality theory* (pp. 511–529). London: Academic Press.

Vaughan, G. M. (1978a). Social change and intergroup preferences in New Zealand. *European Journal of Social Psychology, 8*, 297–314.

Vaughan, G. M. (1978b). Social categorization and intergroup behaviour in children. In H. Tajfel (Ed.), *Differentiation between social groups: Studies in the social psychology of intergroup relations* (pp. 339–360). London: Academic Press.

Vaughan, G. M. (1986). Social change and racial identity: Issues in the use of picture and doll measures. *Australian Journal of Psychology, 38*, 359–370.

Vaughan, G. M. (1988). The psychology of intergroup discrimination. *New Zealand Journal of Psychology, 17*, 1–14.

Vaughan, G. M. (2010a). Hate crimes. In J. M. Levine & M. A. Hogg (Eds.), *Encyclopedia of group processes and intergroup relations* (pp. 395–398). Thousand Oaks, CA: SAGE.

Vaughan, G. M. (2010b). Sherif, Muzafer. In J. M. Levine & M. A. Hogg (Eds.), *Encyclopedia of group processes and intergroup relations* (pp. 753–756). Thousand Oaks, CA: SAGE.

Vaughan, G. M. (2010c). Tajfel, Henri. In J. M. Levine & M. A. Hogg (Eds.), *Encyclopedia of group processes and intergroup relations* (pp. 897–899). Thousand Oaks, CA: SAGE.

Vaughan, G. M. (2010d). Territoriality. In J. M. Levine & M. A. Hogg (Eds.), *Encyclopedia of group processes and intergroup relations* (pp. 913–916). Thousand Oaks, CA: SAGE.

Vaughan, G. M., & Guerin, B. (1997). A neglected innovator in sports psychology: Norman Triplett and the early history of competitive performance. *International Journal of the History of Sport, 14*, 82–99.

Vaughan, G. M., Tajfel, H., & Williams, J. (1981). Bias in reward allocation in an intergroup and an interpersonal context. *Social Psychology Quarterly, 44*, 37–42.

Verkuyten, M. (2006). Multiculturalism and social psychology. *European Review of Social Psychology, 17*, 148–184.

Verkuyten, M. (2010). Ethnic communication and identity performance. In H. Giles, S. A. Reid, & J. Harwood (Eds.), *The dynamics of intergroup communication* (pp. 17–28). New York: Peter Lang.

Vermunt, R., Van Knippenberg, D., Van Knippenberg, B., & Blaauw, E. (2001). Self-esteem and outcome fairness: Differential importance of procedural and outcome considerations. *Journal of Applied Psychology, 86*, 621–628.

Verplanken, B., & Aarts, H. (1999). Habit, attitude, and planned behaviour: Is habit an empty construct or an interesting case of automaticity? *European Review of Social Psychology, 10*, 101–134.

Verplanken, B., Aarts, H, Van Knippenberg, A., & Moonen, A. (1998). Habit versus planned behavior: A field experiment. *British Journal of Social Psychology, 37*, 111–128.

Verplanken, B., Hofstee, G., & Janssen, H. J. W. (1998). Accessibility of affective versus cognitive components of attitudes. *European Journal of Social Psychology, 28*, 23–35.

Verplanken, B., & Holland, R. (2002). Motivated decision-making: Effects of activation and self-centrality of values on choices and behavior. *Journal of Personality and Social Psychology, 82*, 434–447.

Vescio, T. K., Hewstone, M., Crisp, R. J., & Rubin, J. M. (1999). Perceiving and responding to multiple categorizable individuals: Cognitive processes and affective intergroup bias. In D. Abrams & M. A. Hogg (Eds.) (1999). *Social identity and social cognition* (pp. 111–140). Oxford, UK: Blackwell.

Vescio, T. K., Sechrist, G. B., & Paolucci, M. P. (2003). Perspective taking and prejudice reduction: The mediational role of empathy arousal and situational attributions. *European Journal of Social Psychology, 33*, 455–472.

Vezzali, L., Hewstone, M., Capozza, D., Giovannini, D., & Wölfer, R. (2014). Improving intergroup relations with extended and vicarious forms of indirect contact. *European Review of Social Psychology, 25*, 314–389.

Vick, S.-J., Waller, B. M., Parr, L. A., Pasqualini, M. C. S., & Bard, K. A. (2007). A cross-species comparison of facial morphology and movement in humans and chimpanzees using the Facial Action Coding System (FACS). *Journal of Nonverbal Behavior, 31*, 1–20.

Vider, S. (2004). Rethinking crowd violence: Self-categorization theory and the Woodstock 1999 riot. *Journal for the Theory of Social Behaviour, 34*, 141–166.

Vignoles, V. L., Chryssochoou, X., & Breakwell, G. M. (2000). The distinctiveness principle: Identity, meaning, and the bounds of cultural relativity. *Personality and Social Psychology Review, 4*, 337–354.

Vine, I. (1983). Sociobiology and social psychology – rivalry or symbiosis? The explanation of altruism. *British Journal of Social Psychology, 22*, 1–11.

Vinokur, A., & Burnstein, E. (1974). The effects of partially shared persuasive arguments on group-induced shifts: A problem-solving approach. *Journal of Personality and Social Psychology, 29*, 305–315.

Vinokur-Kaplan, D. (1978). To have – or not to have – another child: Family planning attitudes, intentions, and behavior. *Journal of Applied Social Psychology, 8*, 29–46.

Visser, P. S., & Cooper, J. (2003). Attitude change. In M. A. Hogg & J. Cooper (Eds.), *The SAGE handbook of social psychology* (pp. 211–231). London: SAGE.

Visser, P. S., & Cooper, J. (2007). Attitude change. In M. A. Hogg & J. Cooper (Eds.), *The SAGE handbook of social psychology: Concise student edition* (pp. 197–218). London: SAGE.

Visser, P. S., & Krosnick, J. A. (1998). Development of attitude strength over the life cycle: Surge and decline. *Journal of Personality and Social and Psychology, 75*, 1389–1410.

Vittengl, J. R., & Holt, C. S. (2000). Getting acquainted: The relationship of self-disclosure and social attraction to positive affect. *Journal of Social and Personal Relationships, 17*, 53–66.

Volk, A. A., Camilleri, J. A., Dane, A. V., and Marini, Z. A. (2012). Is adolescent bullying an evolutionary adaptation? *Aggressive Behavior, 38*, 222–238.

Von Hippel, W., Sekaquaptewa, D., & Vargas, P. (1995). On the role of encoding processes in stereotype maintenance. *Advances in Experimental Social Psychology, 27*, 177–254.

Von Neumann, J., & Morgenstern, O. (1944). *Theory of games and economic behavior*. Princeton, NJ: Princeton University Press.

Vroom, V. H., & Jago, A. G. (1988). *The new leadership*. Englewood Cliffs, NJ: Prentice Hall.

Vygotsky, L. S. (1962). *Thought and language*. New York: Wiley.

Vygotsky, L. S. (1978). *Mind in society*. Cambridge, MA: Harvard University Press.

Wakslak, C. J., Smith, P. K., & Han, A. (2014). Using abstract language signals power. *Journal of Personality and Social Psychology, 107*, 41–55.

Wagner, J., Gerstorf, D., Hoppmann, C., & Luszcz, M. A. (2013). The nature and correlates of self-esteem trajectories in late life. *Journal of Personality and Social Psychology, 105*, 139–153.

Wagoner, J. A., & Hogg, M. A. (2016). Normative dissensus, identity-uncertainty, and subgroup autonomy. *Group Dynamics, 20*(4), 310–322.

Wakefield, J. R. H., Hopkins, N., & Greenwood, R. M. (2012). Thanks, but no thanks: Women's avoidance of help-seeking in the context of a dependency-related stereotype. *Psychology of Women Quarterly, 36*, 423–443.

Walker, I., & Mann, L. (1987). Unemployment, relative deprivation, and social protest. *Personality and Social Psychology Bulletin, 13*, 275–283.

Walker, I., & Pettigrew, T. F. (1984). Relative deprivation theory: An overview and conceptual critique. *British Journal of Social Psychology, 23*, 301–310.

Walker, I., & Smith, H. J. (Eds.) (2002). *Relative deprivation: Specification, development, and integration*. Cambridge, UK: Cambridge University Press.

Walker, L. E. (1993). The battered woman syndrome is a psychological consequence of abuse. In R. J. Gelles & D. R. Loseke (Eds.), *Current controversies on family violence* (pp. 133–153). Newbury Park, CA: SAGE.

Wallace, P. M. (1999). *The psychology of the internet*. Cambridge, UK: Cambridge University Press.

Wallach, M. A., Kogan, N., & Bem, D. J. (1962). Group influence on individual risk taking. *Journal of Abnormal and Social Psychology, 65*, 75–86.

Wallwork, J., & Dixon, J. A. (2004). Foxes, green fields, and Britishness: On the rhetorical construction of place and national identity. *British Journal of Social Psychology, 43*, 21–39.

Walster, E. (1966). Assignment of responsibility for an accident. *Journal of Personality and Social Psychology, 3*, 73–79.

Walster, E., & Festinger, L. (1962). The effectiveness of 'overheard' persuasive communications. *Journal of Abnormal and Social Psychology, 65*, 395–402.

Walster, E., Walster, G. W., & Berscheid, E. (1978). *Equity theory and research*. Boston, MA: Allyn & Bacon.

Walther, E. (2002). Guilty by mere association: Evaluative conditioning and the spreading attitude effect. *Journal of Personality and Social Psychology, 82*, 919–934.

Walther, J. B. (1996). Computer-mediated communication: Impersonal, interpersonal, and hyperpersonal interaction. *Communication Research, 23*, 23–43.

Walther, J. B., Loh, T., & Granka, L. (2005). Let me count the ways: The interchange of verbal and nonverbal cues in computer-mediated and face-to-face affinity. *Journal of Language and Social Psychology, 24*, 36–65.

Walther, J. B., & Parks, M. R. (2002). Cues filtered out, cues filtered in: Computer-mediated communication and relationships. In M. L. Knapp & J. A. Daly (Eds.), *Handbook of interpersonal communication* (3rd ed., pp. 529–563). Thousand Oaks, CA: Sage.

Walton, D., & McKeown, P. C. (1991). Drivers' biased perceptions of speed and safety campaign messages. *Accident Analysis and Prevention, 33*, 629–640.

Walton, G. M., & Cohen, G. L. (2003). Stereotype lift. *Journal of Experimental Social Psychology, 39*, 456–467.

Walumbwa, F. O., Avolio, B. J., Gardner, W. L., Wernsing, T. S., & Peterson, S. J. (2008). Authentic leadership: Development and validation of a theory-based measure. *Journal of Management, 34*, 89–126.

Wänke, M. (2015). It's all in the face: Facial appearance, political ideology and voters' perceptions. In J. P. Forgas, K. Fiedler, & W. D. Crano (Eds.), *Social psychology and politics* (pp. 143–162). New York: Psychology Press.

Wann, D. L., Carlson, J. D., Holland, L. C., Jacob, B. E., Owens, D. A., & Wells, D. D. (1999). Beliefs in symbolic catharsis: The importance of involvement with aggressive sports. *Social Behavior and Personality, 27*, 155–164.

Warburton, W. A., Williams, K. D., & Cairns, D. R. (2006). When ostracism leads to aggression: The moderating effects of control deprivation. *Journal of Experimental Social Psychology, 42*, 213–220.

Warren, P., Richardson, D.S., & McQuillin, S. (2011). Distinguishing among nondirect forms of aggression. *Aggressive Behavior, 37*, 291–301.

Warren, P. E., & Walker, I. (1991). Empathy, effectiveness and donations to charity: Social psychology's contribution. *British Journal of Social Psychology, 30*, 325–337.

Watson, B. M., Gallois, C., Hewitt, D., & Jones, L. (2012). Culture and health care: Intergrou communication and its consequences. In

J. Jackson (Ed.), *The Routledge handbook of intercultural communication* (pp. 512–524). London: Routledge.

Watson, D. (1982). The actor and the observer: How are the perceptions of causality divergent? *Psychological Bulletin, 92,* 682–700.

Watson, J. B. (1913). Psychology as a behaviourist views it. *Psychological Review, 20,* 158–177.

Watson, J. B. (1930). *Behaviorism.* New York: Norton.

Watson, K. (2009) Regional variation in English accents and dialects. In J. Culpeper, F. Katamba, P. Kerswill, R. Wodak, & T. McEnery (Eds.), *English language: Description, variation and context* (pp. 337–357). Basingstoke, UK: Palgrave Macmillan.

Waxman, C. (1977). *The stigma of poverty.* New York: Pergamon Press.

Waytz, A., & Epley, N. (2012). Social connection enables dehumanization. *Journal of Experimental Social Psychology, 48,* 70–76.

Weary, G., Stanley, M. A., & Harvey, J. H. (1989). *Attribution.* New York: Springer-Verlag.

Weatherall, A. (1998). Re-visioning gender and language research. *Women and Language, 21,* 1–9.

Weaver, A. J., & Kobach, M. J. (2012). The relationship between selective exposure and the enjoyment of television violence. *Aggressive Behavior, 38,* 175–184.

Webb, E. J., Campbell, D. T., Schwartz, R. D., & Sechrest, L. (1969). *Unobtrusive measures: Nonreactive research in the social sciences.* Chicago, IL: Rand McNally.

Webb, T. L., Schweiger Gallo, I., Miles, E., Gollwitzer, P. M., & Sheeran, P. (2012). Effective regulation of affect: An action control perspective on emotion regulation. *European Review of Social Psychology, 23,* 143–186.

Webb, T. L., & Sheeran, P. (2006). Does changing behavioral intentions engender behavior change? A meta-analysis of experimental evidence. *Psychological Bulletin, 132,* 249–268.

Weber, M. (1930). *The Protestant ethic and the spirit of capitalism.* London: Allen & Unwin.

Weber, R., & Crocker, J. (1983). Cognitive processes in the revision of stereotypic beliefs. *Journal of Personality and Social Psychology, 45,* 961–977.

Wegener, D. T., Petty, R. E., & Smith, S. M. (1995). Positive mood can increase or decrease message scrutiny: The hedonic contingency view of mood and message processing. *Journal of Personality and Social Psychology, 69,* 5–15.

Wegner, D. M. (1987). Transactive memory: A transactive analysis of the group mind. In B. Mullen & G. R. Goethals (Eds.), *Theories of group behavior* (pp. 185–208). New York: Springer.

Wegner, D. M. (1995). A computer network model of human transactive memory. *Social Cognition, 13,* 319–339.

Wegner, D. M., Erber, R., & Raymond, P. (1991). Transactive memory in close relationships. *Journal of Personality and Social Psychology, 61,* 923–929.

Weiner, B. (1979). A theory of motivation for some classroom experiences. *Journal of Educational Psychology, 71,* 3–25.

Weiner, B. (1985). 'Spontaneous' causal thinking. *Psychological Bulletin, 97,* 74–84.

Weiner, B. (1986). *An attributional theory of motivation and emotion.* New York: Springer.

Weiner, B. (1995). *Judgments of responsibility.* New York: Guilford Press.

Weiten, W. (1980). The attraction–leniency effect in jury research: An examination of external validity. *Journal of Applied Social Psychology, 10,* 340–347.

Weldon, E., & Weingart, L. (1993). Group goals and group performance. *British Journal of Social Psychology, 32,* 307–334.

Wells, G. L., Memon, A., & Penrod, S. D. (2006). Eye witness evidence: Improving its probative value. *Psychological Science in the Public Interest, 7,* 45–75.

Wells, G. L., & Turtle, J. W. (1988). What is the best way to encode faces? In M. Gruneberg, P. E. Morris, & R. N. Sykes (Eds.), *Practical aspects of memory: Current research and issues* (Vol. 1, pp. 163–168). Chichester, UK: Wiley.

Wenzel, M., Mummendey, A., & Waldzus, S. (2007). Superordinate identities and intergroup conflict: The ingroup projection model. *European Review of Social Psychology, 18,* 331–372.

Wesselmann, E. D., Butler, F. A., Williams, K. D., & Pickett, C. L. (2010). Adding injury to insult: Unexpected rejection leads to more aggressive responses. *Aggressive Behavior, 35,* 232–237.

West, C. (1984). *Routine complications.* Bloomington, IN: Indiana University Press.

West, S. G., Whitney, G., & Schnedler, R. (1975). Helping a motorist in distress: The effects of sex, race and neighbourhood. *Journal of Personality and Social Psychology, 31,* 691–698.

Westie, F. R., & DeFleur, M. L. (1959). Automatic responses and their relationship to race attitudes. *Journal of Abnormal and Social Psychology, 58,* 340–347.

Wetherell, M. (1998). Positioning and interpretative repertoires: Conversation analysis and poststructuralism in dialogue. *Discourse and Society, 9,* 387–412.

Wetherell, M. S. (1986). Linguistic repertoires and literary criticism: New directions for a social psychology of gender. In S. Wilkinson (Ed.), *Feminist social psychology* (pp. 77–95). Milton Keynes, UK: Open University Press.

Wetherell, M. S. (1987). Social identity and group polarization. In J. C. Turner, M. A. Hogg, P. J. Oakes, S. D. Reicher, & M. S. Wetherell, *Rediscovering the social group: A self-categorization theory* (pp. 142–170). Oxford, UK: Blackwell.

Wetherell, M. S. (2012). *Affect and emotion: A new social science understanding.* London: Sage.

Wetherell, M. S., Taylor, S., & Yates, S. J. (2001). *Discourse as data: A guide for analysis.* London: SAGE.

Wetzel, C. G., & Walton, M. D. (1985). Developing biased social judgments: The false consensus effect. *Journal of Personality and Social Psychology, 49,* 1352–1359.

Weyant, J. (1978). The effect of mood states, costs and benefits on helping. *Journal of Personality and Social Psychology, 36,* 1169–1176.

Wheeler, L. (1991). A brief history of social comparison theory. In J. Suls & T. A. Wills (Eds.), *Social comparison: Contemporary theory and research* (pp. 3–21). Hillsdale, NJ: Erlbaum.

Wheeler, L., & Kim, Y. (1997). What is beautiful is culturally good: The physical attractiveness stereotype has different content in collectivist cultures. *Personality and Social Psychology Bulletin, 23,* 795–800.

Whitcher, S. J., & Fisher, J. D. (1979). Multidimensional reaction to therapeutic touch in a hospital setting. *Journal of Personality and Social Psychology, 37,* 87–96.

White, M. (2004). Thirty worst atrocities of the 20th century [electronic version], Retrieved 25 October 2006 from http://users.erols.com/mwhite28/atrox.htm.

White, P. A. (1988). Causal processing: Origins and development. *Psychological Bulletin, 104,* 36–52.

White, P. A., & Younger, D. P. (1988). Differences in the ascription of transient internal states to self and other. *Journal of Experimental Social Psychology, 24,* 292–309.

Whittaker, J. O., & Meade, R. D. (1967). Social pressure in the modification and distortion of judgment: A cross-cultural study. *International Journal of Psychology, 2,* 109–113.

Whorf, B. L. (1956). *Language, thought and reality.* Cambridge, MA: MIT Press.

Whyte, W. F. (1943). *Street corner society* (2nd ed.). Chicago: University of Chicago Press.

Wicker, A. W. (1969). Attitudes versus actions: The relationship of verbal and overt behavioral responses to attitude objects. *Journal of Social Issues, 25,* 41–78.

Wicklund, R. A. (1975). Objective self-awareness. *Advances in Experimental Social Psychology, 8,* 233–275.

Widdicombe, S., & Wooffitt, R. (1990). 'Being' versus 'doing' punk: On achieving authenticity as a member. *Journal of Language and Social Psychology, 4,* 257–277.

Widdicombe, S., & Wooffitt, R. (1994). *The language of youth subcultures.* London: Harvester Wheatsheaf.

Widmeyer, W. N., Brawley, L. R., & Carron, A. V. (1985). *The measurement of cohesion in sports teams: The group environment questionnaire.* London, Ontario: Sports Dynamics.

Wiemann, J. M., & Giles, H. (1988). Interpersonal communications. In M. Hewstone, W. Stroebe, J.-P. Codol, & G. M. Stephenson (Eds.),

Introduction to social psychology (pp. 199–221). Oxford, UK: Blackwell.

Wieselquist, J., Rusbult, C. E., Foster, C. A., & Agnew, C. R. (1999). Commitment, prorelationship behavior, and trust in close relationships. *Journal of Personality and Social Psychology, 77,* 942–966.

Wilder, D. A. (1977). Perceptions of groups, size of opposition and social influence. *Journal of Experimental Social Psychology, 13,* 253–268.

Wilder, D. A. (1984). Predictions of belief homogeneity and similarity following social categorization. *British Journal of Social Psychology, 23,* 323–333.

Wilder, D. A. (1986). Social categorization: Implications for creation and reduction of intergroup bias. *Advances in Experimental Social Psychology, 19,* 291–355.

Wilder, D. A., & Shapiro, P. N. (1984). Role of out-group cues in determining social identity. *Journal of Personality and Social Psychology, 47,* 342–348.

Wilder, D. A., & Shapiro, P. N. (1989). Role of competition-induced anxiety in limiting the beneficial impact of positive behavior by an outgroup member. *Journal of Personality and Social Psychology, 56,* 60–69.

Wilder, D. A., & Simon, A. F. (1998). Categorical and dynamic groups: Implications for social perception and intergroup behavior. In C. Sedikides, J. Schopler, & C. A. Insko (Eds.), *Intergroup cognition and intergroup behavior* (pp. 27–44). Mahwah, NJ: Erlbaum.

Wilkinson, S., & Kitzinger, C. (2006). Surprise as an interactional achievement: Reaction tokens in conversation. *Social Psychology Quarterly, 69,* 150–182.

Williams, A. (1996). Young people's evaluations of intergenerational versus peer under accommodation: Sometimes older is better. *Journal of Language and Social Psychology, 15,* 291–311.

Williams, A., & Nussbaum, J. F. (2001). *Intergenerational communication across the life span.* Mahwah, NJ: Erlbaum.

Williams, E. F., & Gilovich, T. (2012). The better-than-my-average effect: The relative impact of peak and average performance in assessments of self and others. *Journal of Experimental Social Psychology, 48,* 556–561.

Williams, J. A. (1984). Gender and intergroup behaviour: Towards an integration. *British Journal of Social Psychology, 23,* 311–316.

Williams, J. E., & Best, D. L. (1982). *Measuring sex stereotypes: A thirty nation study.* Beverly Hills, CA: SAGE.

Williams, K. D. (2002). *Ostracism: The power of silence.* New York: Guilford Press.

Williams, K. D. (2009). Ostracism: A temporal need-threat model. *Advances in Experimental Social Psychology, 41,* 279–314.

Williams, K. D., Cheung, C. K. T., & Choi, W. (2000). Cyberostracism: Effects of being ignored over the internet. *Journal of Personality and Social Psychology, 79,* 748–762.

Williams, K. D., Harkins, S. G., & Karau, S. J. (2003). Social performance. In M. A. Hogg & J. Cooper (Eds.), *The SAGE handbook of social psychology* (pp. 327–346). London: SAGE.

Williams, K. D., Harkins, S. G., & Karau, S. J. (2007). Social performance. In M. A. Hogg & J. Cooper (Eds.), *The SAGE handbook of social psychology: Concise student edition* (pp. 291–311). London: SAGE.

Williams, K. D., Harkins, S. G., & Latané, B. (1981). Identifiability as a deterrent to social loafing: Two cheering experiments. *Journal of Personality and Social Psychology, 40,* 303–311.

Williams, K. D., & Karau, S. J. (1991). Social loafing and social compensation: The effects of expectations of co-worker performance. *Journal of Personality and Social Psychology, 61,* 570–581.

Williams, K. D., Karau, S. J., & Bourgeois, M. (1993). Working on collective tasks: Social loafing and social compensation. In M. A. Hogg & D. Abrams (Eds.), *Group motivation: Social psychological perspectives* (pp. 130–148). London: Harvester Wheatsheaf.

Williams, K. D., Shore, W. J., & Grahe, J. E. (1998). The silent treatment: Perceptions of its behaviors and associated feelings. *Group Processes and Intergroup Relations, 1,* 117–141.

Williams, K. D., & Sommer, K. L. (1997). Social ostracism by coworkers: Does rejection lead to loafing or compensation? *Personality and Social Psychology Bulletin, 23,* 693–706.

Williams, K. D., & Warburton, W. A. (2003). Ostracism: A form of indirect aggression that can result in aggression. *International Review of Social Psychology, 16,* 101–126.

Williams, L. E., & Bargh, J. A. (2008). Experiencing physical warmth promotes interpersonal warmth. *Science, 322,* 606–607.

Williamson, G. M., & Clark, M. S. (1989). Providing help and relationship type as determinants of changes in moods and self-evaluations. *Journal of Personality and Social Psychology, 56,* 722–734.

Willness, C. R., Steel, P., & Lee, K. (2007). A meta-analysis of the antecedents and consequences of workplace sexual harassment. *Personnel Psychology, 60,* 127–162.

Wills, T. A. (1981). Downward comparison principles in social psychology. *Psychological Bulletin, 90,* 245–271.

Wilpert, B. (1995). Organizational behavior. *Annual Review of Psychology, 46,* 59–90.

Wilson, E. O. (1975). *Sociobiology: The new synthesis.* Cambridge, MA: Harvard University Press.

Wilson, E. O. (1978). *On human nature.* Cambridge, MA: Harvard University Press.

Wilson, J. (2000). Volunteering. *Annual Review of Sociology, 26,* 215–240.

Wilson, M. S., & Liu, J. H. (2003). Social dominance orientation and gender: The moderating role of gender identity. *British Journal of Social Psychology, 42,* 187–198.

Wirth, J., Sacco, D. F., Hugenberg, K., & Williams, K. D. (2010). Eye gaze as relational evaluation: Averted eye gaze leads to feelings of ostracism and relational devaluation. *Personality and Social Psychology Bulletin, 36,* 869–882.

Wishner, J. (1960). Reanalysis of 'impressions of personality'. *Psychological Review, 67,* 96–112.

Wispé, L. G. (1972). Positive forms of social behavior: An overview. *Journal of Social Issues, 28,* 1–19.

Witte, K., Berkowitz, J. M., Cameron, K. A., & McKeon, J. K. (1998). Preventing the spread of genital warts: Using fear appeals to promote self-protective behaviours. *Health Education and Behavior, 25,* 571–585.

Wittenbrink, W., Judd, C. M., & Park, B. (1997). Evidence for racial prejudice at the implicit level and its relationship with questionnaire measures. *Journal of Personality and Social Psychology, 72,* 262–274.

Wittgenstein, L. (1953). *Philosophical investigations.* Oxford, UK: Blackwell.

Wohl, M. J., & Branscombe, N. R. (2008). Remembering historical victimization: Collective guilt for current ingroup transgressions. *Journal of Personality and Social Psychology, 94,* 988–1006.

Wood, G. S. (1982). Conspiracy and the paranoid style: Causality and deceit in the eighteenth century. *William and Mary Quarterly, 39,* 401–441.

Wood, J. V. (1989). Theory and research concerning social comparisons of personal attributes. *Psychological Bulletin, 106,* 231–248.

Wood, W. (2000). Attitude change: Persuasion and social influence. *Annual Review of Psychology, 51,* 539–570.

Wood, W., Lundgren, S., Ouellette, J. A., Busceme, S., & Blackstone, T. (1994). Minority influence: A meta-analytic review of social influence processes. *Psychological Bulletin, 115,* 323–345.

Wood, W., & Neal, D. T. (2007). A new look at habits and the interface between habits and goals. *Psychological Review, 114,* 843–863.

Wood, W., & Quinn, J. M. (2003). Forewarned and forearmed? Two meta-analytic syntheses of forewarnings of influence appeals. *Psychological Bulletin, 129,* 119–138.

Wooffitt, R. (2005). *Conversation analysis and discourse analysis: A comparative and critical introduction.* London: Sage.

Worchel, S. (1979). Cooperation and the reduction of intergroup conflict: Some determining factors. In W. Austin & S. Worchel (Eds.), *The social psychology of intergroup relations* (pp. 262–273). Monterey, CA: Brooks/Cole.

Worchel, S. (1996). Emphasising the social nature of groups in a developmental framework. In J. L. Nye & A. M. Bower (Eds.), *What's social about social cognition: Research on socially shared cognition in small groups* (pp. 261–282). Thousand Oaks, CA: SAGE.

Worchel, S., Andreoli, V. A., & Folger, R. (1977). Intergroup cooperation and intergroup attraction: The effect of previous interaction and outcome of combined effort. *Journal of Experimental Social Psychology, 13,* 131–140.

Worchel, S., Cooper, J., & Goethals, G. R. (1988). *Understanding social psychology* (4th ed.). Chicago: Dorsey Press.

Worchel, S., & Novell, N. (1980). Effect of perceived environmental conditions during cooperation on intergroup attraction. *Journal of Personality and Social Psychology, 38,* 764–772.

Worchel, S., Rothgerber, H., Day, E. A., Hart, D., & Butemeyer, J. (1998). Social identity and individual productivity within groups. *British Journal of Social Psychology, 37,* 389–413.

Word, C., Zanna, M., & Cooper, J. (1974). The nonverbal mediation of self-fulfilling prophecies in interracial interaction. *Journal of Experimental Social Psychology, 10,* 109–120.

Wright, S. C. (2001). Restricted ingroup boundaries: Tokenism, ambiguity, and the tolerance of injustice. In J. T. Jost and B. Major (Eds.), *The psychology of legitimacy: Emerging perspectives on ideology, justice, and intergroup relations* (pp. 223–254). New York: Cambridge University Press.

Wright, S. C., Aron, A., McLaughlin-Volpe, T., & Ropp, S. A. (1997). The extended contact effect: Knowledge of cross-group friendships and prejudice. *Journal of Personality and Social Psychology, 73,* 73–90.

Wright, S. C., Aron, A., & Tropp, L. R. (2002). Including others (and their groups) in the self: Self-expansion and intergroup relations. In J. P. Forgas & K. Williams (Eds.), *The social self: Cognitive, interpersonal and intergroup perspectives* (pp. 343–363). New York: Psychology Press.

Wright, S. C., & Taylor, D. M. (2007). The social psychology of cultural diversity: Social stereotyping, prejudice, and discrimination. In M. A. Hogg & J. Cooper (Eds.), *The SAGE handbook of social psychology: Concise student edition* (pp. 361–387).

Wright, S. C., Taylor, D. M., & Moghaddam, F. M. (1990). Responding to membership in a disadvantaged group: from acceptance to collective protest. *Journal of Personality and Social Psychology, 58,* 994–1003.

Wrightsman, L. S. (1964). Measurement of philosophies of human nature. *Psychological Reports, 14,* 743–751.

Wundt, W. (1897). *Outlines of psychology.* New York: Stechert.

Wundt, W. (1916). *Elements of folk psychology: Outlines of a psychological history of the development of mankind.* London: Allen & Unwin (German original 1912).

Wyer, R. S., Jr. (1976). An investigation of relations among probability estimates. *Organizational Behavior and Human Performance, 15,* 1–18.

Wyer, R. S., Jr, & Carlston, D. E. (1994). The cognitive representation of persons and events. In R. S. Wyer Jr & T. K. Srull (Eds.), *Handbook of social cognition* (2nd ed., pp. 41–98). Hillsdale, NJ: Erlbaum.

Wyer, R. S., Jr, & Gordon, S. E. (1982). The recall of information about persons and groups. *Journal of Experimental Social Psychology, 18,* 128–164.

Wyer, R. S., Jr, & Gordon, S. E. (1984). The cognitive representation of social information. In R. S. Wyer Jr & T. K. Srull (Eds.), *Handbook of social cognition* (Vol. 2, pp. 73–150). Hillsdale, NJ: Erlbaum.

Wyer, R. S., Jr, & Gruenfeld, D. H. (1995). Information processing in social contexts: Implications for social memory and judgement. *Advances in Experimental Social Psychology, 27,* 49–91.

Wyer, R. S., Jr, & Martin, L. L. (1986). Person memory: The role of traits, group stereotypes, and specific behaviours in the cognitive representation of persons. *Journal of Personality and Social Psychology, 50,* 661–675.

Wyer, R. S., Jr, & Srull, T. K. (1981). Category accessibility: Some theoretical and empirical issues concerning the processing of social stimulus information. In E. T. Higgins, C. P. Herman, & M. P. Zanna (Eds.), *Social cognition: The Ontario symposium* (Vol. 1, pp. 161–198). Hillsdale, NJ: Erlbaum.

Wyer, R. S., Jr, & Srull, T. K. (1986). Human cognition in its social context. *Psychological Review, 93,* 322–359.

Yamagishi, T., & Kiyonari, T. (2000). The group as the container of generalized reciprocity. *Social Psychology Quarterly, 63,* 116–132.

Yancey, G. (2007). Homogamy over the net: Using internet advertisements to discover who interracially dates. *Journal of Social and Personal Relationships, 24,* 913–930.

Yang, K. S. (2000). Monocultural and cross-cultural indigenous approaches: The royal road to the development of a balanced global psychology. *Asian Journal of Social Psychology, 3,* 241–263.

Yang, K. S., & Bond, M. H. (1990). Exploring implicit personality theories with indigenous or imported constructs: The Chinese case. *Journal of Personality and Social Psychology, 58,* 1087–1095.

Yarmouk, U. (2000). The effect of presentation modality on judgements of honesty and attractiveness. *Social Behavior and Personality, 28,* 269–278.

Yates, B. T., & Mischel, W. (1979). Young children's preferred attentional strategies for delaying gratification. *Journal of Personality and Social Psychology, 37,* 286–300.

Ybarra, M., Huesmann, L. R., Korchmaros, J. D., & Reisner, S. L. (2014). Cross-sectional associations between violent video and computer game playing and weapon carrying in a national cohort of children. *Aggressive Behavior, 40,* 345–358.

Young, I., & Sullivan, D. (2016). Competitive victimhood: A review of the theoretical and empirical literature. *Current Opinion in Psychology, 11,* 30–34.

Young, J. L., & James, E. H. (2001). Token majority: The work attitudes of male flight attendants. *Sex Roles, 45,* 299–219.

Younger, J. C., Walker, L., & Arrowood, A. J. (1977). Post-decision dissonance at the fair. *Personality and Social Psychology Bulletin, 3,* 247–287.

Yuki, M. (2003). Intergroup comparison versus intragroup relationships: A cross-cultural examination of social identity theory in North American and East Asian cultural contexts. *Social Psychology Quarterly, 66,* 166–183.

Yukl, G. (2013). *Leadership in organizations* (8th ed.). Upper Saddle River, NJ: Pearson.

Yzerbyt, V., Castano, E., Leyens, J.-P., & Paolino, M. P. (2000). The primacy of the ingroup: The interplay of entitativity and identification. *European Review of Social Psychology, 11,* 257–295.

Yzerbyt, V., & Demoulin, S. (2010). Intergroup relations. In S. T. Fiske, D. T. Gilbert, & G. Lindzey (Eds.), *Handbook of social psychology* (5th ed., Vol. 2, pp. 1024–1083). New York: Wiley.

Yzerbyt, V. Y., Leyens, J.-P., & Schadron, G. (1997). Social judgeability and the dilution of stereotypes: The impact of the nature and sequence of information. *Personality and Social Psychology Bulletin, 23,* 1312–1322.

Yzerbyt, V. Y., Schadron, G., Leyens, J.-P., & Rocher, S. (1994). Social judgeability: The impact of meta-informational rules on the use of stereotypes. *Journal of Personality and Social Psychology, 66,* 48–55.

Zaccaro, S. J. (1984). Social loafing: The role of task attractiveness. *Personality and Social Psychology Bulletin, 10,* 99–106.

Zadro, L., Williams, K. D., & Richardson, R. (2004). How low can you go? Ostracism by a computer lowers belonging, control, self-esteem, and meaningful existence. *Journal of Experimental Social Psychology, 40,* 560–567.

Zahn-Waxler, C., Radke-Yarrow, M., Wagner, E., & Chapman, M. (1992). Development of concern for others. *Developmental Psychology, 28,* 126–136.

Zajonc, R. B. (1965). Social facilitation. *Science, 149,* 269–274.

Zajonc, R. B. (1968). Attitudinal effects of mere exposure. *Journal of Personality and Social Psychology, 9,* 1–27.

Zajonc, R. B. (1980). Cognition and social cognition: A historical perspective. In L. Festinger (Ed.), *Retrospections on social psychology* (pp. 180–204). New York: Oxford University Press.

Zajonc, R. B. (1989). Styles of explanation in social psychology. *European Journal of Social Psychology, 19,* 345–368.

Zanna, M. P. (1993). Message receptivity: A new look at the old problem of open- versus closed-mindedess. In A. A. Mitchell (Ed.), *Advertising exposure, memory and choice* (pp. 141–162). Hillsdale, NJ: Erlbaum.

Zanna, M. P., & Hamilton, D. L. (1972). Attribute dimensions and patterns of trait inferences. *Psychonomic Science, 27,* 353–354.

Zanna, M. P., Kiesler, C. A., & Pilkonis, D. A. (1970). Positive and negative affect established by classical conditioning. *Journal of Personality and Social Psychology, 14,* 321–328.

Zanna, M. P., & Rempel, J. K. (1988). Attitudes: A new look at an old concept. In D. Bar-Tal & A. W. Kruglanski (Eds.), *The social psychology of knowledge* (pp. 315–334). Cambridge, UK: Cambridge University Press.

Zebrowitz, L. A. (1996). Physical appearance as a basis of stereotyping. In C. N. Macrae, C. Stangor, & M. Hewstone (Eds.), *Stereotypes and stereotyping* (pp. 79–120). New York: Guilford Press.

Zebrowitz, L. A., & Collins, M. A. (1997). Accurate social perception at zero acquaintance: The affordances of a Gibsonian approach. *Personality and Social Psychology Review, 1,* 204–223.

Zeelenberg, M., Nelissen, R. M. A., Breugelmans, S. M., & Pieters, R. (2008). On emotion specificity in decision making: Why feeling is for doing. *Judgment and Decision Making, 3*, 18–27.

Zentner, M., & Eagly, A. H. (2015). A sociocultural framework for understanding partner preferences of women and men: Integration of concepts and evidence. *European Review of Social Psychology, 26*, 328–373.

Zhang, S., & Hunt, J. S. (2008). The stereotype rebound effect: Universal or culturally bounded process? *Journal of Experimental Social Psychology, 44*, 489–500.

Zillmann, D. (1979). *Hostility and aggression*. Hillsdale, NJ: Erlbaum.

Zillmann, D. (1984). *Connections between sex and aggression*. Hillsdale, NJ: Erlbaum.

Zillmann, D. (1988). Cognition–excitation interdependencies in aggressive behavior. *Aggressive Behavior, 14*, 51–64.

Zillmann, D. (1996). Sequential dependencies in emotional experience and behavior. In R. D. Kavanaugh, B. Zimmerberg, & S. Fein (Eds.), *Emotion: Interdisciplinary perspectives* (pp. 243–272). Mahwah, NJ: Erlbaum.

Zillmann, D., & Bryant, J. (1984). Effects of massive exposure to pornography. In N. M. Malamuth & E. Donnerstein (Eds.), *Pornography and sexual aggression* (pp. 115–138). New York: Academic Press.

Zimbardo, P. G. (1970). The human choice: Individuation, reason, and order versus deindividuation, impulse, and chaos. In W. J. Arnold & D. Levine (Eds.), *Nebraska symposium on motivation 1969* (Vol. 17, pp. 237–307). Lincoln, NE: University of Nebraska Press.

Zimbardo, P. G. (1971). *The Stanford prison experiment*. Script of the slide show.

Zimbardo, P. G., Ebbesen, E. E., & Maslach, C. (1977). *Influencing attitudes and changing behavior*. Reading, MA: Addison-Wesley.

Zimbardo, P. G., Haney, C., Banks, W. C., & Jaffe, D. (1982). The psychology of imprisonment. In J. C. Brigham & L. Wrightsman (Eds.), *Contemporary issues in social psychology* (4th ed., pp. 230–235). Monterey, CA: Brooks/Cole.

Zimbardo, P. G., & Leippe, M. R. (1991). *The psychology of attitude change and social influence*. New York: McGraw-Hill.

Zimbardo, P. G., Weisenberg, M., Firestone, I., & Levy, B. (1965). Communication effectiveness in producing public conformity and private attitude change. *Journal of Personality, 33*, 233–256.

Zimmerman, D. H., & West, C. (1975). Sex roles, interruptions, and silences in conversation. In B. Thorne & N. Henley (Eds.), *Language and sex: Differences and dominance* (pp. 105–129). Rowley, MA: Newbury House.

Zuckerman, M. (1979). Attribution of success and failure revisited, or: The motivational bias is alive and well in attribution theory. *Journal of Personality, 47*, 245–287.

Zuckerman, M., DePaulo, B. M., & Rosenthal, R. (1981). Verbal and non-verbal communication of deception. *Advances in Experimental Social Psychology, 14*, 1–59.

Zuckerman, M., Lazzaro, M. M., & Waldgeir, D. (1979). Undermining effects of the foot-in-the-door technique with extrinsic rewards. *Journal of Applied Social Psychology, 9*, 292–296.

Zuckerman, M., Miserandino, M., & Bernieri, F. (1983). Civil inattention exists – in elevators. *Personality and Social Psychology Bulletin, 9*, 578–586.

Zukier, H. (1986). The paradigmatic and narrative modes in goal-guided inference. In R. M. Sorrentino & E. T. Higgins (Eds.), *Handbook of motivation and cognition: Foundations of social behavior* (pp. 465–502). New York: Guilford Press.

Zuwerink, J. R., & Devine, P. G. (1996). Attitude importance and resistance to persuasion: It's not just the thought that counts. *Journal of Personality and Social Psychology, 70*, 931–944.

推荐阅读书目

ISBN	书名	作者	单价（元）
	心理学译丛		
978-7-300-26722-7	心理学（第3版）	斯宾塞·A. 拉瑟斯	79.00
978-7-300-12644-9	行动中的心理学（第8版）	卡伦·霍夫曼	89.00
978-7-300-09563-9	现代心理学史（第2版）	C. 詹姆斯·古德温	88.00
978-7-300-13001-9	心理学研究方法（第9版）	尼尔·J. 萨尔金德	78.00
978-7-300-32781-5	行为科学统计精要（第10版）	弗雷德里克·J. 格雷维特 等	139.00
978-7-300-28834-5	行为与社会科学统计（第5版）	亚瑟·阿伦 等	98.00
978-7-300-22245-5	心理统计学（第5版）	亚瑟·阿伦 等	129.00
978-7-300-33245-1	现代心理测量（第4版）	约翰·罗斯特 等	58.00
978-7-300-12745-3	人类发展（第8版）	詹姆斯·W. 范德赞登 等	88.00
978-7-300-13307-2	伯克毕生发展心理学：从0岁到青少年（第4版）	劳拉·E. 伯克	118.00
978-7-300-18303-9	伯克毕生发展心理学：从青年到老年（第4版）	劳拉·E. 伯克	55.00
978-7-300-29844-3	伯克毕生发展心理学（第7版）	劳拉·E. 伯克	258.00
978-7-300-32150-9	伯克毕生发展心理学（第7版·精装珍藏版）	劳拉·E. 伯克	698.00
978-7-300-30663-6	**社会心理学（第8版）**	**迈克尔·豪格 等**	**158.00**
978-7-300-18422-7	社会性发展	罗斯·D. 帕克 等	59.90
978-7-300-21583-9	伍尔福克教育心理学（第12版）	安妮塔·伍尔福克	139.00
978-7-300-29643-2	教育心理学：指导有效教学的主要理念（第5版）	简妮·爱丽丝·奥姆罗德 等	109.00
978-7-300-31183-8	学习心理学（第8版）	简妮·爱丽丝·奥姆罗德	118.00
978-7-300-23658-2	异常心理学（第6版）	马克·杜兰德 等	139.00
978-7-300-18593-4	婴幼儿心理健康手册（第3版）	小查尔斯·H. 泽纳	89.90
978-7-300-19858-3	心理咨询导论（第6版）	塞缪尔·格莱丁	89.90
978-7-300-29729-3	当代心理治疗（第10版）	丹尼·韦丁 等	139.00
978-7-300-30253-9	团体心理治疗（第10版）	玛丽安娜·施奈德·科里 等	89.00
978-7-300-25883-6	人格心理学入门（第8版）	马修·H. 奥尔森 等	118.00
978-7-300-12478-0	女性心理学（第6版）	马格丽特·W. 马特林	79.00
978-7-300-18010-6	消费心理学：无所不在的时尚（第2版）	迈克尔·R. 所罗门 等	99.80
978-7-300-12617-3	社区心理学：联结个体和社区（第2版）	詹姆士·H. 道尔顿 等	79.80
978-7-300-16328-4	跨文化心理学（第4版）	埃里克·B. 希雷	55.00
978-7-300-14110-7	职场人际关系心理学（第12版）	莎伦·伦德·奥尼尔 等	49.00
978-7-300-13303-4	生涯发展与规划：人生的问题与选择	理查德·S. 沙夫	45.00
978-7-300-18904-8	大学生领导力（第3版）	苏珊·R. 考米维斯 等	39.80
	西方心理学大师经典译丛		
978-7-300-17807-3	自卑与超越	阿尔弗雷德·阿德勒	48.00
978-7-300-17774-8	我们时代的神经症人格	卡伦·霍妮	45.00
978-7-300-33358-8	动机与人格	亚伯拉罕·马斯洛	79.00
978-7-300-17739-7	人的自我寻求	罗洛·梅	48.00

当代西方社会心理学名著译丛

* * * *

更多图书信息请登录中国人民大学出版社网站：www.crup.com.cn

图书在版编目（CIP）数据

社会心理学 : 第 8 版 /（　）迈克尔·豪格
(Michael A. Hogg) ,（　）格雷厄姆·沃恩
(Graham M. Vaughan) 著 ; 管健等译 . -- 北京 : 中国
人民大学出版社 , 2022.7
（心理学译丛）
书名原文 : Social Psychology, 8e
ISBN 978-7-300-30663-6

Ⅰ . ①社… Ⅱ . ①迈… ②格… ③管… Ⅲ . ①社会心
理学 Ⅳ . ① C912.6-0

中国版本图书馆 CIP 数据核字（2022）第 093792 号

心理学译丛

社会心理学（第 8 版）

迈克尔·豪格　　　　　著
格雷厄姆·沃恩

管健　赵礼　等 译

Shehui Xinlixue

出版发行	中国人民大学出版社			
社　　址	北京中关村大街 31 号		**邮政编码**	100080
电　　话	010-62511242（总编室）		010-62511770（质管部）	
	010-82501766（邮购部）		010-62514148（门市部）	
	010-62511173（发行公司）		010-62515275（盗版举报）	
网　　址	http://www.crup.com.cn			
经　　销	新华书店			
印　　刷	固安县铭成印刷有限公司			
开　　本	890 mm × 1240 mm　1/16		**版　　次**	2022 年 7 月第 1 版
印　　张	41.75 插页 2		**印　　次**	2025 年 7 月第 2 次印刷
字　　数	1 190 000		**定　　价**	158.00 元

Pearson

尊敬的老师：

您好！

为了确保您及时有效地申请培生整体教学资源，请您务必完整填写如下表格，加盖学院的公章后传真给我们，我们将会在 2~3 个工作日内为您处理。

请填写所需教辅的开课信息：

采用教材				□ 中文版　□ 英文版　□ 双语版
作　者			出版社	
版　次			ISBN	
课程时间	始于　　年　月　日		学生人数	
	止于　　年　月　日		学生年级	□ 专　科　□ 本科 1/2 年级 □ 研究生　□ 本科 3/4 年级

请填写您的个人信息：

学　校				
院系/专业				
姓　名		职　称		□ 助教 □ 讲师 □ 副教授 □ 教授
通信地址/邮编				
手　机		电　话		
传　真				
official email（必填） (eg：×××@ruc.edu.cn)		E-mail (eg：×××@163.com)		
是否愿意接受我们定期的新书信息通知：　□ 是　□ 否				

系/院主任：_____（签字）

（系 / 院办公室章）

____年____月____日

资源介绍：

——教材、常规教辅（PPT、教师手册、题库等）资源：请访问 www.pearsonhighered.com/educator。　　　　（免费）

——MyLabs/Mastering 系列在线平台：适合老师和学生共同使用；访问需要 Access Code。　　　　（付费）

100013　北京市东城区北三环东路 36 号环球贸易中心 D 座 1208 室

电话：（8610）57355003　　传真：（8610）58257961

Please send this form to：copub.hed@pearson.com